Zwangsvollstreckungsrecht

dtv

Schnellübersicht

AbgabenO (Auszug) 5
AnfechtungsG 8
ArbeitsgerichtsG (Auszug) 4
Bürgerliches Gesetzbuch (Auszüge) 7, 12
GerichtsverfassungsG (Auszug) 9
GerichtsvollzieherkostenG 17
Gerichtsvollzieherordnung (Auszug) 13
Geschäftsanweisung für Gerichtsvollzieher 14
G über das Verfahren in Familiensachen und in den Angelegenheiten der freiwilligen Gerichtsbarkeit (Auszug) 6
G über die Zwangsversteigerung und die Zwangsverwaltung 2
JustizbeitreibungsO 3
RechtspflegerG (Auszug) 11
SchuldnerverzeichnisVO 16
Strafgesetzbuch (Auszug) 18
ZivilprozessO (Auszüge) 1, 10
ZwangsverwalterV 15

Zwangsvollstreckungsrecht

u. a. mit Zivilprozessordnung (Auszug),
Zwangsversteigerungsgesetz,
Arbeitsgerichtsgesetz (Auszug), Abgabenordnung (Auszug),
Gerichtsvollzieherordnung (Auszug),
Geschäftsanweisung für Gerichtsvollzieher,
Bürgerliches Gesetzbuch (Auszug),
Anfechtungsgesetz,
Rechtspflegergesetz (Auszug),
Zwangsverwalterverordnung,
Schuldnerverzeichnisverordnung,
Gerichtsvollzieherkostengesetz

Textausgabe mit ausführlichem Sachregister
und einer Einführung
von Hartmut Glenk

4., überarbeitete Auflage
Stand: 3. Mai 2010

Deutscher Taschenbuch Verlag

Im Internet:

dtv.de

beck.de

Sonderausgabe
Deutscher Taschenbuch Verlag GmbH & Co. KG,
Friedrichstraße 1 a, 80801 München
© 2010. Redaktionelle Verantwortung: Verlag C. H. Beck oHG
Gesamtherstellung: Druckerei C. H. Beck, Nördlingen
(Adresse der Druckerei: Wilhelmstraße 9, 80801 München)
Umschlagtypographie auf der Grundlage
der Gestaltung von Celestino Piatti
ISBN 978-3-423-05587-1 (dtv)
ISBN 978-3-406-59644-5 (C. H. Beck)

Inhaltsverzeichnis

Abkürzungsverzeichnis VII
Einführung von Verbandsgeschäftsführer Hartmut Glenk XI

I. Gesetzliche Hauptbestimmungen zur Zwangsvollstreckung

1. **Zivilprozessordnung** in der Fassung der Bekanntmachung vom 5. Dezember 2005 (Auszug: §§ 704–945) 1
2. **Gesetz über die Zwangsversteigerung und Zwangsverwaltung** in der Fassung der Bekanntmachung vom 20. Mai 1898 95
3. **Justizbeitreibungsordnung** vom 11. März 1937 146
4. **Arbeitsgerichtsgesetz** in der Fassung der Bekanntmachung vom 2. Juli 1979 (Auszug) 151
5. **Abgabenordnung (AO 1977)** in der Fassung der Bekanntmachung vom 1. Oktober 2002 (Auszug) 156
6. **Gesetz über das Verfahren in Familiensachen und in den Angelegenheiten der freiwilligen Gerichtsbarkeit (FamFG)** vom 17. 12. 2008 (Auszug) 184

II. Materielle Nebenbestimmungen

7. **Bürgerliches Gesetzbuch (BGB)** in der Fassung der Bekanntmachung vom 2. Januar 2002 (Auszug) 207
8. Gesetz über die Anfechtung von Rechtshandlungen eines Schuldners außerhalb des Insolvenzverfahrens **(Anfechtungsgesetz – AnfG)** vom 5. Oktober 1994 250

III. Verfahrensrechtliche Nebenbestimmungen

9. **Gerichtsverfassungsgesetz (GVG)** in der Fassung der Bekanntmachung vom 9. Mai 1975 (Auszug) 257
10. **Zivilprozessordnung** in der Fassung der Bekanntmachung vom 5. Dezember 2005 (Auszug: §§ 108–113) 259
11. **Rechtspflegergesetz (RPflG)** vom 5. November 1969 (Auszug) 262
12. **Bürgerliches Gesetzbuch (BGB)** in der Fassung der Bekanntmachung vom 2. Januar 2002 (Auszug) 269

IV. Ausführungsbestimmungen

13. **Gerichtsvollzieherordnung (GVO)** vom 7. März 1980 (Auszug) 271
14. **Geschäftsanweisung für Gerichtsvollzieher (GVGA)** 283

Inhaltsverzeichnis

15. **Zwangsverwalterverordnung (ZwVwV)** vom 19. Dezember 2003 462
16. Verordnung über das Schuldnerverzeichnis **(Schuldnerverzeichnisverordnung – SchuVVO)** vom 15. Dezember 1994 470

V. Kostenvorschriften

17. Gesetz über Kosten der Gerichtsvollzieher **(Gerichtsvollzieherkostengesetz – GvKostG)** vom 19. April 2001 481

VI. Strafrecht

18. **Strafgesetzbuch (StGB)** in der Fassung der Bekanntmachung vom 13. November 1998 (Auszug) 495

Sachverzeichnis 497

Abkürzungsverzeichnis

Abs.	Absatz
AnfG	Anfechtungsgesetz
Anm.	Anmerkung
AO	Abgabenordnung
ArbGG	Arbeitsgerichtsgesetz
Art.	Artikel
ber.	berichtigt
BeurkG	Beurkundungsgesetz
BGB	Bürgerliches Gesetzbuch
BGBl. I bzw. II	Bundesgesetzblatt Teil I bzw. II
EGBGB	Einführungsgesetz zum Bürgerlichen Gesetzbuch
FamFG	Gesetz über das Verfahren in Familiensachen und in den Angelegenheiten der freiwilligen Gerichtsbarkeit
FNA	Bundesgesetzblatt Teil I, Fundstellennachweis A (Bundesrecht ohne völkerrechtl. Vereinbarungen)
G	Gesetz
GKG	Gerichtskostengesetz
GVG	Gerichtsverfassungsgesetz
GVGA	Geschäftsanweisung für Gerichtsvollzieher
GVO	Gerichtsvollzieherordnung
idF	in der Fassung
mWv	mit Wirkung vom
Nr.	Nummer
RGBl.	Reichsgesetzblatt (ab 1922 Teil I)
RPflG	Rechtspflegergesetz
S.	Satz; Seite
SchuVVO	Schuldnerverzeichnisverordnung
StGB	Strafgesetzbuch
v.	vom
V bzw. VO	Verordnung
vgl.	vergleiche
ZPO	Zivilprozessordnung
ZVG	Zwangsversteigerungsgesetz

Einführung

von Verbandsgeschäftsführer Hartmut Glenk,
Lehrbeauftragter und Direktor des Instituts für Genossenschaftswesen
und Bankwirtschaft Siegen/Berlin

Vorbemerkung

Das Vollstreckungsrecht ist uneinheitlich und unübersichtlich. Eine Flut von Gesetzen und Verordnungen regelt Zwangsmaßnahmen gegen den Bürger, sei es wegen zivilrechtlicher Geldforderungen oder der Herausgabe von Sachen, sei es wegen Steuern und Abgaben oder der Beitreibung von Gerichtskosten. Selbst Fachleuten fällt es schwer, den Überblick zu behalten, die Rechte ihrer Mandanten durchzusetzen oder sie vor Zwangsmaßnahmen zu schützen. Der vorliegende Band fasst singulär alle wesentlichen Bestimmungen des Zwangsvollstreckungsrechts und seiner Nebengebiete systematisch zusammen. Ziel der *Einführung* ist es, einen ersten Überblick zu geben und den Umgang mit den Rechtsvorschriften zu erleichtern. Es liegt in der Natur der Sache, dass ein Anspruch auf Vollständigkeit nicht erhoben wird. Das Gesamtvollstreckungsverfahren nach der Insolvenzordnung wurde in diesem Band nicht berücksichtigt (siehe hierzu Beck-Texte im dtv 5583 „InsO").

Das Zwangsvollstreckungsrecht wurde im Deutschen Reich mit der Zivilprozessordnung (ZPO) vom 30. 1. 1877 vereinheitlicht. Bis dahin galten unterschiedlichste Regelungen in den deutschen Einzelstaaten, die zum Teil noch auf das römische Recht zurückgingen. Aufgabe des Zwangsvollstreckungsrechts ist es, anstelle von „Faustrecht" und Willkür, eine einheitliche staatliche Leistung zur Verfügung zu stellen. Eine Leistung, die dem Gläubiger hilft, seine zuerkannten Ansprüche durchzusetzen, wobei die schutzwürdigen Interessen des Schuldners zu berücksichtigen sind.

Die vollstreckbaren Ansprüche des Gläubigers sind so vielfältig wie die Ausgestaltungsmöglichkeiten des Geschäfts- und Privatlebens. Zu ihnen gehören Ansprüche auf Duldung (Betreten eines Grundstücks) ebenso wie auf Unterlassung einer Handlung, z. B. einer wettbewerbswidrigen Maßnahme oder das eigenmächtige Abstellen der Stromzufuhr durch den Vermieter. Hauptsächlich wird allerdings die Hilfe der Vollstreckungsorgane (Vollstreckungsgericht, Gerichtsvollzieher) benötigt, um die Zwangsvollstreckung wegen Geldforderungen des Gläubigers, d. h. Ansprüche aus Vertragsverhältnissen, gegen den Schuldner durchzusetzen. Daneben kommt vor der eigentlichen Vollstreckung auch die Sicherung von Ansprüchen in Betracht, z. B. wenn ein Anspruch zwar besteht und fällig ist, aber ein vollstreckbarer Titel noch aussteht. Dann kann der Schuldner durch Arrest oder einstweilige Verfügung daran gehindert werden, Handlungen vorzunehmen, die den Gläubiger schädigen.

Obwohl die Überschuldung der Bevölkerung neue Rekordzahlen erreicht (lt. letzter Erhebung des Statistischen Bundesamtes sind 3 Mio. Privathaushalte überschuldet und ca. 1,2 Mio. von Zahlungsunfähigkeit bedroht, bei deutlichem Anstieg in der Gruppe der 20–29 jährigen) und der „Schuldner" keine

Einführung

Ausnahmeerscheinung mehr darstellt, geht das Vollstreckungsrecht – wie die überwiegende Volks- und Juristenmeinung – von dem klassischen, d. h. „böswilligen" Schuldner aus. Demnach ist er jemand, der sich leichtfertig und zur persönlichen Bereicherung am Vermögen des Gläubigers „vergriffen" hat, mitunter unter Zuhilfenahme unlauterer Methoden. Ein solcher Schuldner ist zur Erfüllung seiner Verpflichtungen nicht nur nicht in der Lage, er ist dazu auch nicht bereit. Der Zwangsvollstreckung mit Hilfe des Gerichtsvollziehers sieht er mit Gelassenheit entgegen: Das sich verschaffte, aber unbezahlte Gut befindet sich zum Zeitpunkt der Pfändung nicht (mehr) in seinem Gewahrsam, andere pfändbare Habe wird regelmäßig nicht vorgefunden. Wer solchermaßen verfährt, soll sich nicht wundern, wenn er den Kelch der Zwangsvollstreckung bis zur Neige leeren muss, was letztlich vollständigen Rufverlust und totalen wirtschaftlichen Ruin bis hin zur Obdachlosigkeit bedeuten kann.

Allerdings wird auch in Fachkreisen übersehen, dass tatsächlich im wesentlichen drei Schuldnergruppen zu unterscheiden sind:
– der gemeine Schuldner (s. o.), der sich aus Leichtfertigkeit oder gar vorsätzlich zu Lasten seiner Gläubiger verschuldet und persönlich bereichert,
– die Privatperson, die trotz unangreifbaren Verhaltens in Not gerät (Arbeitsplatzverlust, Berufsunfähigkeit) und Verbindlichkeiten weder zurückzahlen, geschweige denn Zinsen und Gebühren bedienen kann,
– der unternehmerisch Tätige, der trotz sorgfältigen Wirtschaftens in eine Existenzkrise gerät, sie nicht zu bewältigen vermag und „abstürzt", nicht selten durch Zutun von „Geschäftspartnern", die anschließend als „Gläubiger" vollstrecken. Zu dieser Schuldnergruppe gehören in zunehmendem Maße Existenzgründer, die zunächst den Verlockungen der staatlichen – und Bankenwerbung erliegen und kurz darauf den harten marktwirtschaftlichen Realitäten. Hier ist besonders tragisch, dass überwiegend qualifizierte junge Leute in den wirtschaftlichen und persönlichen Ruin geraten, aus dem sie – wenn überhaupt – jahrzehntelang nicht mehr herauskommen können.

Hinzu getreten ist eine neue Gruppe, nämlich *die einkommensarme Bevölkerungsschicht*, die trotz Arbeitsplatz, Leistungsbereitschaft, hoher Mobilität und geringster Krankenquote nicht mehr in der Lage ist, sich selbst als Single oder auch noch ihre Familie auskömmlich zu versorgen. Die Folgen der Finanzkrise werden ein weiteres dazu beitragen, dass aufgrund von existentiellen Problemen bei der Kreditierung die Zahl überschuldeter und letztlich insolventer Privathaushalte und Mittelständler weiter zunimmt.

Insofern gibt es „den" Schuldner nur noch in der Vorstellung „besserverdienender" Bevölkerungs-, aber auch Juristenkreise, die den einschneidenden Strukturveränderungen unserer Gesellschaft allenfalls mit Desinteresse begegnen.

Der wesentliche Fall der Zwangsvollstreckung ist die Vollstreckung wegen Geldforderungen. Dabei kommen in Betracht: Die Vollstreckung in das bewegliche Vermögen (körperliche Sachen, Forderungen und andere Rechte) durch Pfändung und die Vollstreckung in das unbewegliche Vermögen (unbebaute oder bebaute Grundstücke, Wohnungseigentum, Erbbaurecht) durch Zwangshypothek, Zwangsverwaltung oder Zwangsversteigerung. Außerdem findet die Zwangsvollstreckung statt zur Herausgabe von körperlichen Sachen, z. B. unter Eigentumsvorbehalt gelieferte Handelswaren; zur Herausgabe von Räumen (z. B. Mietwohnung, Gewerbeflächen); zur Herausgabe von Per-

Einführung

sonen (z. B. Kinder bei Sorgerechtsauseinandersetzungen) sowie zur Erzwingung von vertretbaren Handlungen (Instandhaltungsarbeiten des Vermieters, Schönheitsreparaturen durch den Mieter); zur Erzwingung von unvertretbaren Handlungen (Erstellen der Bilanz für einen Mitgesellschafter); zur Erzwingung einer Duldung (Betreten eines Grundstücks); zur Erzwingung einer Unterlassung (wettbewerbswidrige Handlungen, z. B. Abwerben von Mitarbeitern, verleumderische Aussagen über Konkurrenten, vorsätzlich unwahre Werbung, zur Irreführung geeignete Briefbogen).

Ob auf Geld gerichtete Ansprüche des Gläubigers letztlich realisiert werden können, hängt wesentlich von der Vermögenslage des Schuldners ab. Es ist deshalb bei jedem Vertragsabschluss empfehlenswert, die Bonität des Vertragspartners zu prüfen, d. h. ob er willens und in der Lage ist, die gewünschte Leistung auch zu bezahlen. Ggf. ist es, vor allem bei neuen Geschäftsbeziehungen, günstig, sich seine Forderung besichern zu lassen. Solche *vertraglichen Sicherungsmöglichkeiten* sind Sicherungsabtretung (§§ 398 ff. BGB), Eigentumsvorbehalt (§ 455 BGB), Bürgschaft (§ 765 ff. BGB) und Grundpfandrechte (§§ 1191 ff. BGB). Bei Kreditsicherungen ist hinsichtlich des Bürgen allerdings zu beachten, dass die Übernahme einer Bürgschaft für die Bank durch eine Person, bei der von vornherein zweifelhaft ist, ob sie realistischerweise in der Lage sein wird, ihre etwaigen Verpflichtungen zu erfüllen, unwirksam ist. Das Gleiche gilt dann, wenn die Übernahme der Bürgschaft für das Kreditinstitut möglicherweise mit den guten Sitten nicht zu vereinbaren ist, so z. B. die Veranlassung der Ehefrau – ohne eigenes Einkommen und Vermögen – oder eines noch in der Ausbildung befindlichen Kindes zur Übernahme einer Bürgschaft. Wer eine Absicherung versäumt, muss sich bei Ausfall der Forderung den Vorwurf gefallen lassen, in eigenen Angelegenheiten nicht sorgfältig gewesen zu sein. Das aber ist kein Freibrief für den Schuldner, sich aufgrund der Gutgläubigkeit zu Lasten des Vertragspartners zu bereichern. Bereits ein *gesetzlicher Schutz des Gläubigers* ist verankert im Zurückbehaltungsrecht (§§ 273 BGB, §§ 369 ff. HGB), Vermieterpfandrecht (§§ 559 ff. BGB), Werkunternehmerpfandrecht (§ 647 BGB) und in der Sicherungshypothek des Bauunternehmers (§ 648 BGB).

Der Schuldner sollte dringlich darauf achten, dass er bei Vertragsschluss zahlungswillig und zahlungsfähig ist, da ihm sonst der Vorwurf des Eingehungsbetruges (§ 263 StGB) gemacht werden könnte. Im Übrigen ist die nicht rechtzeitige Begleichung einer Forderung letztlich erheblich teurer, da u. U. Zinsen, Inkassogebühren, Rechtsanwaltshonorare, Gerichtskosten, Auslagen und Gebühren für den Gerichtsvollzieher der ursprünglichen Rechnung hinzugeschlagen werden. Deshalb sollte sich der redliche Schuldner bei Zweifeln an der Erfüllungsmöglichkeit seiner Verpflichtung frühestmöglich mit dem Gläubiger in Verbindung setzen, um eine *Stundung* zu erreichen. Der Gläubiger wiederum sollte sich die Einleitung eines Titulierungs- und Vollstreckungsverfahrens tunlichst überlegen, denn *er* muss letztlich die gesamten dadurch entstehenden Kosten tragen, wenn der Schuldner dauerhaft zahlungsunfähig geworden ist. Dann wirft der Gläubiger nämlich gutes Geld schlechtem hinterher und hat außerdem noch erhebliche Zeitaufwendungen für Bearbeitung und Überwachung einer wertlosen Forderung. Das steuermindernde *Ausbuchen* ist in sehr vielen Fällen die bessere Lösung.

Einführung

I. Vollstreckungsvoraussetzungen

1. Allgemeine Vollstreckungsvoraussetzungen

Vor Beginn jeder Vollstreckungsmaßnahme müssen die *allgemeinen Vollstreckungsvoraussetzungen* gegeben sein:
– ein vollstreckbarer Titel. Dieser ist eine öffentliche Urkunde, aus dem sich ein bestimmter Anspruch ergibt, der im Wege der Zwangsvollstreckung durchgesetzt werden darf. Aus diesem Titel müssen zweifelsfrei Gläubiger und Schuldner sowie die geschuldete Leistung hervorgehen;
– die Vollstreckungsklausel. Sie wird erteilt, nachdem das Gericht geprüft hat, ob der Titel wirksam und vollstreckbar ist. Die Vollstreckungsklausel wird als amtlicher Vermerk auf die Ausfertigung des Titels aufgebracht;
– die wirksame Zustellung der vollstreckbaren Ausfertigung des Titels an den Schuldner.

2. Besondere Vollstreckungsvoraussetzungen

Neben den *allgemeinen Vollstreckungsvoraussetzungen* gem. § 750 ZPO (Titel, Vollstreckungsklausel, korrekte Bezeichnung des Schuldners, Zustellung des Titels) gibt es auch *besondere* Vollstreckungsvoraussetzungen, deren Vorliegen das Vollstreckungsorgan ebenfalls zu prüfen hat. So kann das Gericht an den Vollstreckungsbeginn die Voraussetzung geknüpft haben, dass der Gläubiger eine *Sicherheitsleistung* zugunsten des Schuldners bei Gericht hinterlegt hat. Die Zwangsvollstreckung gegen den Schuldner darf dann erst beginnen, wenn die Leistung dieser Kaution nachgewiesen ist. Das erfolgt i. d. R. durch eine Urkunde der Hinterlegungsstelle des zuständigen Gerichts (§ 751 ZPO). Obsiegt der Schuldner letztlich, wird der hinterlegte Geldbetrag an ihn ausgekehrt. Das Gesetz sieht auch vor, dass der Schuldner die *Einstellung der Zwangsvollstreckung* durch Sicherheitsleistung bewirken kann (§§ 707, 769, 775, 776 ZPO). Weitere besondere Vollstreckungsvoraussetzungen sind *Wartefristen* (§§ 750 II, III; 798 ZPO) und *Vollstreckungshindernisse* (§§ 775, 778 ZPO, 89 f. InsO). Außerdem hat der Gerichtsvollzieher festzustellen, ob die Bestimmungen der §§ 756, 765, 765 a ZPO der Vollstreckung entgegenstehen.

3. Titulierungsarten

Der Vollstreckungstitel ist der verbriefte Nachweis der bestehenden Gläubigerforderung nach Art und Höhe bzw. Umfang. Das kann ein rechtskräftiges oder für vorläufig vollstreckbares Endurteil, aber auch ein Vollstreckungsbescheid oder ein Vergleich sein (§§ 704, 794 ZPO). Unklarheiten im Titel gehen zu Lasten des Gläubigers. Deshalb ist auf die korrekte Bezeichnung des Schuldners (Name, Vorname, Firma, Rechtsform) und vollständige Anschrift zu achten. Ebenso bei der Herausgabe von Sachen auf die genaue Bezeichnung der Sache, da die Vollstreckung sonst bereits wegen mangelnder Bestimmtheit scheitert. Da der Gerichtsvollzieher keine detektivischen Dienstleistungen erbringt und auch nicht erbringen sollte, hat er weder Spekulationen über den pfändbaren Gegenstand oder Gewahrsamsinhaber anzustellen noch die aktuelle Anschrift des Schuldners zu ermitteln. Im Zweifel gibt er den Vollstreckungsauftrag unerledigt zurück und berechnet dem auftraggebenden Gläubiger die entstandenen Kosten.

Einführung

a) Urteil. Das richterliche Urteil wird, sofern die Forderung des Gläubigers berechtigt ist, vom Prozessgericht erlangt. Das *Prozessgericht* ist streitige Gerichtsbarkeit im Gegensatz zur Vollstreckungsgerichtsbarkeit (s. u.). Neben den „ordentlichen Gerichten" (Amtsgericht, Landgericht, Oberlandesgericht/ Kammergericht und Bundesgerichtshof) sind die Verwaltungsgerichte (allgemeine und Fachgerichte) und besondere Gerichte (z. B. Arbeitsgerichte) Prozessgerichte. Tätigkeiten des Prozessgerichts sind vor allem: Zunächst die Sammlung des Prozessstoffes. Dabei haben die Beteiligten Gelegenheit, sich schriftlich zu äußern und Beweismittel zu benennen. Sodann Verhandlung und Erheben von Beweisen und, falls nötig: Maßnahmen zur Beweissicherung. Letztlich folgt die Entscheidungsfindung (Klageabweisung oder Klagestattgabe durch Urteil). Dem eigentlichen Haupttermin geht eine Güteverhandlung voraus (§§ 278, 495 ZPO), der sich bei Scheitern die mündliche Verhandlung i. d. R. nahtlos anschließt. Auch dann soll sich das Gericht bemühen, auf eine gütliche Einigung der Prozessbeteiligten hinzuwirken (s. o.). Mediationsverfahren erweitern das Vermittlungsinstrumentarium der Gerichte erheblich.

b) Vollstreckungsbescheid (§§ 699, 700 ZPO). Handelt es sich um Geldforderungen, hat der Gläubiger neben der Klageerhebung auch die Möglichkeit, einen gerichtlichen Mahnbescheid zu beantragen. Das für den Schuldner zuständige Amtsgericht stellt diese „gerichtliche Mahnung" zu und fordert ihn auf, die Forderung auszugleichen oder aber sich gegen eine unberechtigte Forderung mit dem „Widerspruch" zur Wehr zu setzen (§§ 688 ff. ZPO). Geschieht das innerhalb von zwei Wochen nicht, wertet das Gericht dieses Verhalten als Eingeständnis und erlässt einen Vollstreckungsbescheid gegen den Schuldner, der üblicherweise vom Gerichtsvollzieher zugestellt wird. Dann kann die Zwangsvollstreckung beginnen (§ 692 Abs. 1 Nr. 4 ZPO). Wird gegen den Mahnbescheid *Widerspruch* eingelegt, findet nach dem Wechsel von Schriftsätzen zwischen Schuldner und Gläubiger die mündliche Verhandlung statt, die mit einem Vergleich oder mit Urteil endet (§§ 694 ff. ZPO). Hieraus kann anschließend die Vollstreckung betrieben werden. Der Widerspruch gegen den Mahnbescheid hat aufschiebende Wirkung, d. h. vor Abschluss des Streitverfahrens kann i. d. R. keine Vollstreckung betrieben werden. Der *Einspruch* gegen den Vollstreckungsbescheid hindert die Vollstreckung nicht (§ 700 ZPO). Allerdings darf eine Verwertung der Pfandstücke erst erfolgen, wenn über den Einspruch rechtskräftig entschieden wurde. Im Arbeitsrecht gilt eine Abweichung: Beantragt ein Arbeitnehmer wegen nichtgezahlten Entgelts einen Mahnbescheid gegen den Arbeitgeber, muss dieser – abweichend von der ZPO – seinen etwaigen Widerspruch nicht innerhalb von zwei Wochen, sondern binnen einer Woche erheben. Ansonsten gelten im Wesentlichen die Vorschriften der ZPO (§ 46 a ArbGG).

c) Vergleich. aa) Anwaltsvergleich. Er ist eine Art des außergerichtlichen Vergleichs und kommt durch die Unterschrift der Parteien und ihrer Anwälte zustande. Damit hieraus vollstreckt werden kann, muss sich der Schuldner der sofortigen Zwangsvollstreckung unterwerfen (§ 796 a ZPO).

bb) Gerichtlicher Vergleich. Er dient der gütlichen Beilegung eines Rechtsstreits und kommt i. d. R. durch gegenseitiges Nachgeben der Prozessparteien zustande. Der gerichtliche Vergleich wird in der mündlichen Verhandlung zu Protokoll des Gerichts erklärt. Das Protokoll muss den Parteien vorgelesen und von ihnen genehmigt werden. Sowohl die Vergleichsschließenden als auch der Vorsitzende und der Urkundsbeamte der Geschäftsstelle müssen das Sitzungsprotokoll anschließend unterzeichnen (§ 794 I Nr. 1 ZPO).

Einführung

cc) *Notarielles Schuldanerkenntnis.* Kostengünstig für Schuldner und Gläubiger ist das *notarielle Schuldanerkenntnis.* Dabei akzeptiert der Schuldner die Ansprüche des Gläubigers, verzichtet auf Einwendungen und unterwirft sich ebenfalls der sofortigen Zwangsvollstreckung (§ 794 I Nr. 5 ZPO). Zu beachten ist aber, dass der Schuldner bei diesem konstruktiven Verhalten zwar letztlich kostengünstig handelt, dass dieser Gesichtspunkt aber für ihn bei Vorliegen einer Überschuldung kaum von Relevanz sein dürfte. Vielmehr sorgt er dafür, dass der Gläubiger bedeutend frühzeitiger gegen ihn vorgehen kann, als das unter Ausschöpfung aller zur Verfügung stehenden Rechtsmittel möglich wäre. Von Bedeutung ist diese strategische Überlegung vor allem dann, wenn die Forderung strittig, der Schuldner jedoch durch unlauteren Druck des Gläubigers zermürbt ist. Sorgfältiger Abwägung bedarf es vor allem dann, wenn eine Zwangsversteigerung „ins Haus" stehen könnte.

II. Vollstreckungsarten

1. Vorbemerkung

Bei der Zwangsvollstreckung wird zwischen der Einzelvollstreckung und der Gesamtvollstreckung unterschieden. Bei der Einzelvollstreckung geht jeder Gläubiger für sich, unabhängig von anderen, gegen den Schuldner vor. Hier gilt das Prinzip: „Wer zuerst kommt, mahlt zuerst." D. h. wenn der zuerst vollstreckende Gläubiger befriedigt ist, bleibt für die nach ihm kommenden möglicherweise nichts mehr übrig.

Bei Ansprüchen einer Mehrzahl von Gläubigern, die sich nach einer Insolvenz des Schuldners aus der „Masse" befriedigen wollen, wird die Vollstreckung auf Antrag durch das Vollstreckungsgericht nach der *Insolvenzordnung (InsO)* durchgeführt. Hier wird das gesamte Schuldnervermögen zugunsten der Gläubiger beschlagnahmt, um eine Gleichbehandlung bei der Befriedigung der Ansprüche sicherzustellen. Eine Einzelvollstreckung ist dann unzulässig. Die InsO regelt das Verhältnis des Gläubigers zum Schuldner, das Verwaltung und Aufteilung des Schuldnervermögens. Allerdings ist die Quote, die im Gesamtvollstreckungsverfahren an die Gläubiger ausgekehrt wird, insbesondere nach Abzug der Verfahrenskosten für Gericht und Insolvenzverwalter, verschwindend gering (durchschnittlich 3%). Nicht bedacht werden in der Praxis gläubigerseits zu leistende Personalkosten für die Verwaltung und Verwertung des Schuldnervermögens, die auch außerhalb eines Insolvenzverfahrens anfallen und den noch vorhandenen Vermögenswert aufzehren können. In den meisten Fällen verbleibt den (Masse)gläubigern nichts.

Bedauerlicherweise wird erst dann die Überlegung angestellt, ob man der Erhaltung des Schuldnerbetriebes nicht besser den Vorzug vor der Zwangsvollstreckung gegeben hätte. Eine zinslose Stundung birgt immer noch die Möglichkeit einer späteren, wenigstens teilweisen Befriedigung in sich. Die nachstehend dargestellten Vollstreckungsarten sind Maßnahmen der Einzelvollstreckung.

2. Mobiliarvollstreckung

a) Definition. Die häufigste Art der Zwangsvollstreckung ist die sogenannte „Mobiliarvollstreckung" wegen Geldforderungen. Damit ist nicht etwa die Pfändung von Möbeln gemeint, sondern ganz allgemein die Vollstreckung in

Einführung

bewegliche Sachen, also Gegenstände, Wertpapiere und Geld (§§ 803 ff. ZPO). Hier wird die Vollstreckung vom zuständigen Gerichtsvollzieher (§ 753 ZPO) in der Wohnung oder dem Betrieb des Schuldners durchgeführt. Erfahrungsgemäß sind durch die Mobiliarvollstreckung, wenn überhaupt, nur kleinere Beträge zu erlösen, so dass der Gläubiger gut beraten ist, wenn er den Vollstreckungsauftrag nur über einen Teilbetrag seiner Gesamtforderung erteilt, um Kosten zu sparen.

Im Übrigen ist der Gläubiger gut beraten, wenn er vor der Vollstreckung eine Sachverhaltsaufklärung durchführt und den zuständigen Gerichtsvollzieher um Auskunft bittet. Stellt sich heraus, dass bei dem Schuldner „nichts zu holen" ist, sollte auf die Durchführung der Zwangsvollstreckung schon aus Kostengründen vorläufig verzichtet werden. Versuche zu späteren Zeitpunkten versprechen wegen anderer Lebensumstände des Schuldners möglicherweise Erfolg.

b) Pfändungsverbote. Von der Pfändung ausgenommen sind alle Gegenstände, die zu einer bescheidenen Lebensführung des Schuldners notwendig sind. Die ZPO überlässt dem Schuldner beispielsweise: Wäsche in haushaltsüblicher Menge, Nahrungsmittel für vier Wochen oder den Gegenwert in Geld, Brille, Bibel und andere wichtige Literatur zu Bildungs- und Erbauungszwecken. Auch Waschmaschine, Kühlschrank und Fernsehgerät sind von der Pfändung ausgeschlossen, ebenso wie Betten und Kleidungsstücke, soweit sie zu einer „angemessenen, bescheidenen Lebens- und Haushaltsführung" notwendig sind (§ 811 ZPO). Hochwertige Geräte können gepfändet und und durch geringwertigere ersetzt werden (Austauschpfändung, §§ 811 a, b ZPO). Für die Berufsausübung erforderliche Sachen werden dem Schuldner überlassen. D. h., dass auch alle zur weiteren Berufsausübung einer *selbständigen* Tätigkeit notwendigen Sachen unpfändbar sind, was in der Praxis oft übersehen wird. Dabei ist es nach herrschender Meinung und Rechtsprechung unerheblich, ob die Sachen für einen Beruf benötigt werden, der zur Zeit nicht ausgeübt wird oder ob es sich um eine nebenberufliche Tätigkeit handelt. So sind beim Publizisten die Bibliothek, beim Musiker Schallplattensammlung, Instrumente und Musikanlagen generell unpfändbar, unabhängig von ihrem Wert und Umfang. Davon abgesehen würde eine Pfändung wegen der genauen Bezeichnung der Pfandsachen erheblichen praktischen Schwierigkeiten begegnen. Wegen limitierter Auflage und Unwiederbringlichkeit einzelner Stücke müsste jedes Stück individuell beschrieben und in einer Aufstellung verzeichnet werden. In einem Maschinenbaubetrieb kann nicht in maschinelle Anlagen vollstreckt werden, nur weil sie wegen Auftragsmangels derzeit nicht benötigt werden. Es ist dem Vollstreckungsorgan *objektiv unmöglich*, Sinn und Zweck der Sachen für die jeweilige (mögliche) Tätigkeit festzustellen. Aus diesem Grunde kommt bei beruflicher Verwendung der Sache eine Austauschpfändung nicht in Betracht; im Zweifel hat die Pfändung zu unterbleiben. Auch sämtliche für eine Aus-, Weiter- und Fortbildung geeigneten Sachen sind *unpfändbar. Hausrat* ist nicht etwa unpfändbar, sondern er soll nur dann nicht gepfändet werden, wenn voraussichtlich kein nennenswerter Erlös erzielt werden kann (§ 812 ZPO). Im Medienzeitalter gehören auch PCs zu den der Pfändung nicht unterliegenden Sachen, gleich ob sie privater oder beruflicher Nutzung dienen, da der Internetzugang durch das Recht auf Information geschützt ist.

Der Gesetzgeber hat es bislang bedauerlicherweise versäumt, die Liste der pfändungsfreien Sachen (§ 811 ZPO) zeitgemäß anzupassen. Hier hat offenbar

Einführung

die Einsicht gefehlt, dass auch einem Schuldner, zumal, wenn er unverschuldet in wirtschaftliche Not geraten ist, nicht zugemutet werden sollte, sein Leben in dauerhafter Armut zu verbringen oder in die Kriminalität abzugleiten. Die bisherige Rechtslage begünstigt solche Konstellationen, wobei die *Privatinsolvenz* nach der Insolvenzordnung wegen des komplizierten Verfahrens und einer Vielzahl ungeklärter Fragen immer noch wenig Erleichterung bringt. Auch wenn die Verfahrenskosten in Höhe von 2 000 € seit Einführung der Stundung im Jahr 2002 als Hürde weggefallen sind, so schreckt der Weg bis zum Insolvenzantrag (nachweislicher außergerichtlicher Eingungsversuch mit den Gläubigern, Bescheinigung des Scheiterns – i.d. R. durch die Schuldnerberatungsstellen –, Einigungsversuch mit Hilfe eines Schuldenbereinigungsplanes) die meisten potentielen Antragsteller ab.

Hinzu kommt, dass im Verhältnis zu den überschuldeten Haushalten nur wenige Schuldnerberatungsstellen vorhanden und diese zudem derart überlastetet sind, dass ein Erstgespräch durchschnittlich nach einer dreimonatigen Wartezeit stattfindet.

Im Bundesdurchschnitt kamen 2008 auf 100.000 Einwohner 589 Verbraucherinsolvenzen mit durchschnittlichen Schulden von 190.000 €. Die Gerichte haben seit Einführung des Verbraucherinsolvenzverfahrens 1999 Gläubigerforderungen bei Verbraucherinsolvenzen von insgesamt 38 Mrd. Euro ermittelt. Jüngste statistische Auswertungen prognostizieren als realistische „Rückzahlungsquote" nur 10% der Gesamtsumme (Stat. Bundesamt v. 21. 10. 2008).

3. Forderungspfändung

a) Forderungspfändung- und Überweisung (§§ 828ff. ZPO). Wegen Zahlungsansprüchen des Gläubigers kann nicht nur in Sachen, sondern auch in Rechte vollstreckt werden. Hier sind vorrangig Forderungen, also Zahlungsansprüche zu nennen, die der Schuldner seinerseits Dritten (Drittschuldner) gegenüber hat. So hat ein Arbeitnehmer Entgeltansprüche aus Arbeitsvertrag gegen seinen Arbeitgeber, die vom Gläubiger gepfändet werden können. Der Gläubiger des Arbeitnehmers beantragt beim zuständigen Amtsgericht einen Beschluss, dass die Lohn- bzw. Gehaltsansprüche gepfändet und ihm anstelle des Schuldners überwiesen, d. h. an den Gläubiger ausgekehrt werden (Pfändungs- und Überweisungsbeschluss). Auch hierbei sind die Pfändungsbeschränkungen zu beachten (§§ 850 ff. ZPO).

Für die Zwangsvollstreckung in Geldforderungen, aber auch in andere Vermögensrechte, sind die Amtsgerichte als Vollstreckungsgerichte zuständig (§§ 828, 764 ZPO). Wie sonst auch im Vollstreckungsverfahren, erfolgt die Forderungspfändung nur auf Antrag des Gläubigers (§ 496 ZPO). Die Angaben zum Schuldner, zum titulierten Anspruch und zur zu pfändenden Forderung müssen so präzise sein, dass sie in den Pfändungsbeschluss ohne weiteres aufgenommen werden können. Damit ein Gläubiger das Vollstreckungsrecht nicht missbraucht und alle nur erdenklichen Forderungen angibt und sie „ins Blaue hinein" pfänden lässt, muss außerdem glaubhaft dargelegt werden, dass die Forderung des Schuldners gegen den Drittschuldner tatsächlich besteht und auch pfändbar ist. Ansonsten führte das Verfahren zu einer unkontrollierbaren Offenlegung der Vermögensverhältnisse des Schuldners gegenüber Unbeteiligten. Damit könnte sowohl der Datenschutz unterlaufen als auch der Schuldner ohne Möglichkeit der Gegenwehr diskreditiert werden.

Einführung

Über den Antrag entscheidet der zuständige Rechtspfleger des Amtsgerichts durch Beschluss (§ 20 Nr. 16, 16 a, 17 RPflG). Leidet der Antrag an einem Mangel, was vom Gericht sorgsam zu prüfen ist, gibt es dem Gläubiger Gelegenheit, ihn zu beheben. Geschieht das in angemessener Frist nicht, ist der Antrag zurückzuweisen. Der Antrag ist auch dann zurückzuweisen, wenn dem Gericht bekannt ist, dass die zu pfändende Forderung abgetreten oder unpfändbar ist. Dann besteht kein Rechtsschutzbedürfnis des Gläubigers.

Der Pfändungsbeschluss enthält neben der konkreten Bezeichnung der zu pfändenden Forderung: die genaue Bezeichnung des Drittschuldners, das Zahlungsverbot (§ 829 I S. 1 ZPO) und das Gebot an den Schuldner, sich jeder Verfügung über die Forderung zu enthalten, insbesondere, sie nicht einzuziehen (§ 829 I S. 2 ZPO). Da das Gericht den Antrag auf Erlass des Pfändungsbeschlusses und die beigefügten Unterlagen von Amts wegen sorgfältig zu prüfen hat und dem Gläubiger Gelegenheit gegeben werden muss, Mängel auszuräumen, gehen Unklarheiten im Pfändungsbeschluss zu Lasten des Gläubigers. Für *Auslegungen* ist deshalb kein Raum.

Die Pfändung wird wirksam mit der Zustellung des Pfändungsbeschlusses (§ 829 III ZPO) an den Drittschuldner. Der Gerichtsvollzieher übergibt ihm hierzu eine beglaubigte Abschrift der Ausfertigung des Pfändungsbeschlusses. Damit erwirbt der Gläubiger ein Pfändungspfandrecht an der Forderung (§ 804 I ZPO). *Danach* stellt der Gerichtsvollzieher dem Schuldner sofort den Pfändungsbeschluss sowie eine Abschrift der Drittschuldnerzustellungsurkunde zu (§ 829 II S. 2 ZPO). Denn der Schuldner hat zunächst keinen grundgesetzlichen Anspruch auf rechtliches Gehör. Dem Interesse des Gläubigers wird Vorrang eingeräumt. Das ergibt sich aus der besonderen Gefahr einer möglichen *Vollstreckungsvereitelung* und der daraus gebotenen Beschleunigung des Verfahrens (§ 834 ZPO). Nach erfolgter Beschlagnahme hat der Schuldner die üblichen Rechtsmittel gegen die Pfändung. Hat der Schuldner mit seinen Rechtsmitteln keinen Erfolg oder legt er keine Rechtsmittel ein, so dass die Pfändung rechtskräftig wird, schließt sich üblicherweise die Verwertung der gepfändeten Forderung an. Diese *Verwertung* besteht in der „Überweisung" des gepfändeten Forderungsbetrages an den Gläubiger (§ 835 ZPO). Dadurch geht die Forderung auf ihn über. Zuvor, d. h. vor Erlass des Überweisungsbeschlusses, muss der Schuldner angehört werden, ob er Einwendungen geltend machen will. Erst dann ist die Verwertung durch Überweisung möglich und geboten. Eine andere Verfahrensweise liefe den Amtspflichten des Gerichts zuwider. Nach Zustellung des Pfändungsbeschlusses besteht nämlich keine Vereitelungsgefahr mehr. Eine solche Anhörung kann auch im Interesse des Gläubigers liegen, der auf diesem Wege weitere Informationen über die gepfändete Forderung erhält.

Dem *Drittschuldner* kommt bei der Forderungspfändung eine wesentliche Rolle zu. An ihn wird zugestellt und er hat ggf. die Forderung an den Gläubiger auszukehren. Denkbar ist, dass die Forderung bereits anderweitig gepfändet oder abgetreten ist. Insofern wird es für den Gläubiger von wesentlicher Bedeutung sein, ob die geltend gemachte (zu pfändende) Forderung wirklich besteht und, wenn ja, der Drittschuldner zur Zahlung an den Gläubiger bereit ist. Hier trifft den Drittschuldner eine Auskunftspflicht gegenüber dem Gläubiger (§ 840 I ZPO). Dabei hat der Drittschuldner die Wahl, ob er die Auskunft schriftlich oder dem Gerichtsvollzieher mündlich zu Protokoll erteilt (§ 840 III ZPO). Nach h. M. ist die Auskunftspflicht gegen den Drittschuldner nicht durchsetzbar. Der Drittschuldner, der sich nicht erklärt, kann

Einführung

allerdings für etwaigen Schaden des Gläubigers haftbar gemacht werden (§ 840 II S. 2 ZPO).
Die Pfändung gilt als bewirkt, sobald dem Drittschuldner der Beschluss zugestellt ist (§ 829 III ZPO). Damit ist ihm gerichtlich verboten, an den Schuldner zu zahlen. Zahlt der Drittschuldner in Kenntnis der Pfändung dennoch an den Schuldner, muss er ggf. ein zweites Mal, diesmal an den Gläubiger, leisten. Hat der Drittschuldner Zweifel, an wen er zu zahlen hat, etwa weil mehrere Gläubiger *zeitgleich* pfänden, darf er den Gesamtbetrag bei Gericht hinterlegen (§ 853 ZPO). Das Gericht hat dann von Amts wegen die Verteilung vorzunehmen (§§ 872–882 ZPO). Treffen Pfändung und Abtretung zusammen und hat der Drittgläubiger objektiv verständige Zweifel, an wen der Geldbetrag auszukehren ist, darf er gem. § 372 BGB hinterlegen. Bei schwieriger Sach- und Rechtslage trifft den Drittschuldner eine Erkundigungspflicht. *Nur unter diesen Voraussetzungen* ist die Hinterlegung gestattet. Eine bereits abgetretene Forderung kann nicht gepfändet werden. Der berechtigte Gläubiger steht in diesem Falle fest, der Drittschuldner ist zur Hinterlegung nicht befugt.

Besondere Bedeutung hat die Forderungspfändung für Selbständige. Sie haben üblicherweise eine Vielzahl von Auftraggebern, so dass i. d. R. auch Außenstände, d. h. Forderungen bestehen, die grundsätzlich der Pfändung unterliegen. Problematisch ist es für den Gläubiger, Kenntnisse über Auftraggeber und Außenstände zu erlangen. Hierbei hat das an Eides statt versicherte Vermögensverzeichnis besonderes Gewicht, wobei jedoch erhebliche Bewertungsschwierigkeiten bestehen. Zu beachten ist außerdem, dass auch dem Selbständigen die für seinen Lebensunterhalt erforderlichen Beträge, mindestens innerhalb der Pfändungsfreigrenzen der §§ 850 ff. ZPO, zu überlassen sind. Umstritten ist, inwieweit bei einem Selbständigen Geldbeträge von der Pfändung ausgenommen sind, die zur Weiterführung seiner Tätigkeit zwingend erforderlich sind, letztlich auch um Unterstützungspflichten öffentlicher Stellen zu vermeiden.

b) Vorpfändung. Bereits während der Ausfertigung und Zustellung des Titels kann der Gläubiger seine Rechte aus der bevorstehenden Zwangsvollstreckung wirkungsvoll schützen. Gem. § 845 ZPO steht ihm die „Vorpfändung" zur Verfügung. Dieses *vorläufige Zahlungsverbot* wird Schuldner und Drittschuldner durch den Gerichtsvollzieher zugestellt. Damit ist die Forderung vorläufig zugunsten des Gläubigers beschlagnahmt. Die Vorpfändung gilt für die Dauer eines Monats. Innerhalb dieses Zeitraums muss dann die eigentliche Zwangsvollstreckungsmaßnahme erfolgen. Geschieht das nicht, ist die Vorpfändung hinfällig.

4. Herausgabevollstreckung

a) Herausgabe von beweglichen Sachen (§§ 846 ff. ZPO). Nicht immer liegt der Zwangsvollstreckung eine *Geldforderung* zugrunde, sondern der Gläubiger hat das Interesse, eine bestimmte *Sache* wiederzuerlangen. So etwa, wenn der Eigentümer das geleaste Fahrzeug, der Verleiher eines kostbaren Buches das Buch oder der Händler das unter Eigentumsvorbehalt gelieferte – jedoch nicht bezahlte – Möbelstück herausverlangt. Der Titel muss dann statt eines Geldbetrages die *genaue Bezeichnung der Sache* enthalten. Der Schuldner ist verpflichtet, die Sache an einen vom Gläubiger beauftragten Gerichtsvollzieher herauszugeben (§ 847 ZPO). Der Gerichtsvollzieher nimmt dem Schuldner

Einführung

die Sache weg und übergibt sie dem Gläubiger (§ 883 I ZPO). Wird die Sache nicht vorgefunden, ist der Schuldner zur Abgabe der eidesstattlichen Versicherung verpflichtet. In diesem Verfahren muss der Schuldner sich über den Verbleib der Sache erklären (§ 883 II ZPO). Bei der Herausgabevollstreckung finden die Pfändungsschutzvorschriften der §§ 811, 812 ZPO bis auf wenige Ausnahmen keine Anwendung, weil die verlangten Sachen regelmäßig nicht dem Vermögen des Schuldners sondern dem des Gläubigers zuzurechnen sind, diesem aber vorenthalten werden.

b) Herausgabe von unbeweglichen Sachen (§ 885 ZPO). Der Hauptfall ist hier neben der Herausgabe von Schiffen oder Schiffsbauwerken, die Herausgabe von Grundstücken, d. h. auch von bebauten Grundstücken und Räumen. Der Titel muss die genaue Bezeichnung des Grundstückes bzw. der Wohn- oder Gewerberäume enthalten. Der Gerichtsvollzieher nimmt die Vollstreckung in der Weise vor, dass er den Schuldner aus dem Besitz setzt und den Gläubiger in den Besitz einweist (§ 885 I ZPO). Dabei hat der Gerichtsvollzieher strikt zu beachten, dass er gegen Dritte, die Gewahrsam oder Mitgewahrsam an den zu räumenden Flächen haben, nicht vorgehen darf: „Die Räumungsvollstreckung darf nicht betrieben werden, wenn ein Dritter, der weder im Vollstreckungstitel noch in der diesem beigefügten Vollstreckungsklausel namentlich benannt ist, im Besitz der Mietsache ist..." (BGH, Beschl. V. 14. 8. 2008 – I ZB 39/08). Der Gerichtsvollzieher hat keine Mutmaßungen etwa im Hinblick auf die Glaubwürdigkeit vorgelegter Unterlagen oder die Auskünfte von Personen anzustellen, denn der Gerichtsvollzieher ist kein detektivischer Dienstleister des Gläubigers, dem es obliegt, die Voraussetzungen für eine einwandfreie Vollstreckung zu schaffen. Das Grundrecht der Unverletzlichkeit der Wohnung und der formalistische Gedanke des Vollstreckungsrechts hat im Zweifel Vorrang vor dem Interesse des Gläubigers eine rasche, aber mit Unsicherheiten belastete Vollstreckung zu erreichen.

Räumungsfristen kann der Gerichtsvollzieher nicht bewilligen. Eine solche kann der Schuldner im Termin vor dem Prozessgericht, und nur dort, beantragen (§§ 721, 794a ZPO). Das Gericht hat dann die Möglichkeit, soweit es nach den Umständen angemessen erscheint, die Herausgabe von Wohnraum bis zur Dauer eines Jahres aufzuschieben. Diese Umstände muss der Schuldner darlegen (z. B. Examensvorbereitung eines Studenten). Hat er versäumt eine Räumungsfrist zu beantragen, bleibt ihm nur der übliche, aber wenig aussichtsreiche *Vollstreckungsschutzantrag* gem. § 765 a ZPO. Dass diese Vorschrift sehr restriktiv angewandt wird, liegt wohl an dem anachronistischen Schuldnerbild, das die Amtsgerichte weitgehend immer noch beherrscht. Die zuständigen Rechtspfleger sollten in der Praxis bei ihrer Ermessensentscheidung beweglicher sein: So kann die Zerschlagung der beruflichen Existenz eines Schuldners, der sich um außergerichtliche Einigung mit den Gläubigern bemüht, sehr wohl eine Härte i. S. der Vorschrift darstellen.

Bewegliche Gegenstände, also das „Habe" des Schuldners, werden vom Gerichtsvollzieher weggeschafft und dem Schuldner zur Verfügung gestellt (§ 885 II ZPO). Hat er keine Möglichkeit der Unterbringung, nimmt der Gerichtsvollzieher sie für längstens zwei Monate zur Verwahrung in die Pfandkammer. Holt der Schuldner seine Habe nicht ab, versteigert der Gerichtsvollzieher die Sachen und hinterlegt den Erlös. Nicht verwertbare Sachen werden vernichtet, d. h. zur Mülldeponie verbracht (§ 885 III, IV ZPO). Da weder der Gläubiger noch der Gerichtsvollzieher für eine anderweitige Unterkunft des Schuldners zu sorgen haben und die Kommunen Einzelper-

Einführung

sonen wegen Überbelegung oftmals keine Notunterkünfte mehr zur Verfügung stellen, besteht ein hohes Risiko der Obdachlosigkeit für den Räumungsschuldner. Dabei bleiben aber nach Auffassung des Verfassers zwei wesentliche Gesichtspunkte unberücksichtigt.

Zum einen kann das schutzwürdige Interesse des Räumungsschuldners, z. B. bei ernsthafter Krankheit, das Interesse des Gläubigers an der alsbaldigen Zurückerlangung der Mietflächen überwiegen. Dabei wird das Gericht zu berücksichtigen haben, inwieweit der Gläubiger selbst bei weiterer Belegung der Räume – ggf. ohne Mietzahlung – in wirtschaftliche Not geraten könnte oder ob der Gläubiger gewerblich in großem Umfange vermietet und ihm durch das Gericht eine Räumungsfrist unter Ausschöpfung der gesetzlichen Möglichkeiten durchaus zugemutet werden kann. Hausärztlichen Attesten ist auch im Hinblick auf die Strafbarkeit des Ausstellens von Gefälligkeitsattesten grundsätzlich Glauben zu schenken. Sie werden das einzig zu erlangende Gesundheitszeugnis sein, soweit in einem Landkreis Amtsärzte aus „Kostengründen" ohne *behördlichen* Auftrag Untersuchungen nicht mehr vornehmen und Bescheinigungen von „freien" Ärzten nicht mehr bestätigen dürfen. Damit wird die „Messlatte" an das pflichtmäßige Ermessen des Gerichts – ob nun Prozess- oder Vollstreckungsabteilung – deutlich höher gelegt. In einer sozialen Marktwirtschaft sollte bedeutsamen gesundheitlichen Erwägungen der Vorrang vor Vermögensinteressen eingeräumt werden, wenn es vertretbar ist.

Zweitens muss an dieser Stelle auf die Pflichten der Kommunalbehörden hingewiesen werden, zu prüfen, ob im Einzelfalle von der Möglichkeit, rückständige Mieten zu begleichen und damit eine fristlose Kündigung und Räumungsklage unwirksam zu machen sowie von der Möglichkeit der Wiedereinweisung in Wohnraum Gebrauch zu machen ist. Die Obdachlosigkeit eines Bürgers unter Hinweis auf fehlende Unterbringungsmöglichkeiten in Kauf zu nehmen, erscheint verfehlt. Ebenso wie die zwangsweise Unterbringung älterer, aber *nicht* pflegebedürftiger Menschen anlässlich einer Räumung in einem Pflegeheim, für das die Kommune letztlich auch aufzukommen hat und deren Kosten, unabhängig von der Unzumutbarkeit dem Betroffenen gegenüber, im Regelfall erheblich die finanziellen Aufwendungen übersteigen, die für den Verbleib in der Wohnung zu leisten wären. Die generalisierte Hilfeversagung, wie sie angesichts leerer öffentlicher Kassen auch in gebotenen individuellen Fällen mittlerweile häufig vorkommt, dürfte mit den Grundsätzen unseres Rechts- und Sozialstaats kaum in Einklang zu bringen sein.

c) Herausgabe von Tieren. Die Herausgabe von Tieren wird i. d. R. ihre Anspruchsgrundlage im Eigentum haben. Dann ist die Vollstreckung ohne weiteres möglich. Ansonsten ist die Vollstreckung in ein Tier, d. h. also die Herausgabe, wegen einer Geldforderung nach herrschender Meinung nur möglich, wenn es besonders wertvoll ist und die Interessen des pfändenden Gläubigers die Interessen des Schuldners an die Bindung zum Tier erheblich übersteigen. Gesichtspunkte des *Tierschutzes* sind ohnehin von Amts wegen zu berücksichtigen. Ansonsten sind Haustiere gem. § 811 ZPO grundsätzlich unpfändbar. Damit entfällt auch die Basis für eine Austauschpfändung, etwa die Wegnahme des Hundes und das Zurverfügungstellen eines Hamsters.

Einführung

5. Immobiliarvollstreckung

a) Grundsätzliches. Die Vollstreckung wegen Geldforderungen in Immobilien richtet sich nach dem Zwangsversteigerungs- und Zwangsverwaltungsgesetz (ZVG). Neben dem ZVG sind die Bestimmungen der ZPO, insbesondere des 8. Buches anzuwenden (§ 869 ZPO). Vollstreckungsobjekte sind gem. § 864 ZPO: Grundstücke mit allen wesentlichen und unwesentlichen Bestandteilen, Miteigentumsanteile und grundstücksgleiche Rechte, z. B. Erbbaurechte. Das Überpfändungsverbot des § 803 ZPO gilt im Zwangsversteigerungsverfahren nicht. Der Gläubiger kann zur Sicherung seiner Ansprüche eine Zwangshypothek eintragen lassen oder zur Befriedigung seiner Ansprüche die Zwangsversteigerung oder Zwangsverwaltung des Grundstücks beantragen. Alle drei Verfahren können nebeneinander betrieben werden, was auch sinnvoll ist, wenn z. B. sowohl die schnellste Sicherungsmöglichkeit, die Verhinderung des weiteren Werteverfalls und die Verwertung laufender Einkünfte sowie die endgültige Verwertung erreicht werden sollen.

b) Zwangshypothek. Sie entsteht gem. §§ 866, 867 I S. 2 ZPO durch Eintragung in das Grundbuch des örtlich zuständigen Grundbuchamtes. Sie dient der Sicherung der Gläubigerforderung an bestmöglicher Rangstelle. Der Gläubiger erwirbt mit ihr ein dingliches Recht am Grundstück. Da es sich um eine reine Sicherungshypothek handelt, muss der Gläubiger, wenn er hieraus vollstrecken will, zunächst gegen den Schuldner auf Duldung der Zwangsvollstreckung klagen. Hat der Schuldner mehrere Grundstücke, kann der Gläubiger den Gesamtbetrag seiner Forderung auf *einem* Grundstück eintragen lassen oder ihn auf *mehrere* Grundstücke verteilen (§ 867 II ZPO).

c) Zwangsversteigerung. Auf Antrag des Gläubigers beim örtlich zuständigen Amtsgericht wird die Zwangsversteigerung angeordnet (§ 15 ZVG), Vollstreckungstitel und Zustellungsnachweis sind beizufügen. Der Antrag muss sowohl das Grundstück als auch die Parteien konkret bezeichnen und sowohl den Anspruch betragsmäßig beziffern als auch den Titel nennen (§ 16 I ZVG). Zuständig ist der Rechtspfleger des Vollstreckungsgerichts (§ 3 Nr. 1 i RPflG). Der Beschluss wirkt als *Beschlagnahme* des Grundstücks (§ 20 ZVG). Damit kann der Schuldner nicht mehr über das Grundstück verfügen, aber Verwaltung und Benutzung verbleiben bei ihm (§ 24 ZVG), es sei denn, dass zugleich die Zwangsverwaltung angeordnet wurde (s. u.). Allerdings kann das Gericht dem Schuldner *Auflagen* machen, damit eine missbräuchliche Ausnutzung der weiterbestehenden Verwaltungsbefugnis zu Lasten des Gläubigers ausgeschlossen ist (§ 25 ZVG). Die Beschlagnahme des Grundstücks wird wirksam mit Zustellung des Versteigerungsbeschlusses an den Schuldner (§ 22 I S. 1 ZVG) sowie dem Eingang des Eintragungsersuchens beim *Grundbuchamt* (§ 22 I S. 2 ZVG). Damit erzwingt der Gläubiger die öffentliche Versteigerung. Das Vollstreckungsgericht bestimmt hierzu einen Termin, der öffentlich bekanntgemacht und den Beteiligten zugestellt wird. In diesem Termin darf nur ein Gebot zugelassen werden, das die Ansprüche des bestrangig betreibenden Gläubigers befriedigt und die Kosten des Verfahrens deckt (§ 44 I ZVG). Erreicht das Mindestgebot nicht 50% des vom Gericht festgesetzten Verkehrswertes, wird der Zuschlag nicht erteilt. Damit soll eine Verschleuderung des Grundstückes vermieden werden. Ggf. wird in zweiter Termin angesetzt, in dem die Vorschriften über das Mindestgebot nicht gelten.

Die *Teilungsversteigerung* trägt Züge der Zwangsvollstreckung, sie ist aber nicht dem Vollstreckungsrecht zuzurechnen. Sie dient der *Aufhebung des ge-*

Einführung

meinschaftlichen Rechtes (§§ 741 ff. BGB) an einem Grundstück, wenn Einvernehmen zwischen den Gemeinschaftern nicht zu erlangen ist. Dann erfolgt Versteigerung und Verteilung des Erlöses, womit die Gemeinschaft beendet und aufgelöst ist (§§ 180 ff. ZVG). Auch hier wird, ähnlich wie in der eigentlichen Zwangsvollstreckung, ein Wertverlust zu besorgen sein. Dem die Auflösung betreibenden Gemeinschafter kann der andere die Einwendungen des § 30 a ZVG entgegensetzen und so die Aussetzung des Verfahrens erzwingen. Hohe praktische Bedeutung hat die Teilungsversteigerung für die streitige Auseinandersetzung von ehelichen Gemeinschaften, nichtehelichen Gemeinschaften bei entsprechender Vertragsgestaltung der Vermögensverhältnisse sowie bei der Auseinandersetzung von Gesellschaftern, der Auflösung von Gesellschaften und Erbengemeinschaften. Auch dieser Bereich ist dem Rechtspfleger des Vollstreckungsgerichts vorbehalten (§ 3 Nr. 1 i RPflG).

d) Zwangsverwaltung. Die Zwangsverwaltung (§§ 146 ff. ZVG) dient der Befriedigung des Gläubigers aus den *Erträgen* des Grundstücks. Das sind beispielsweise Mieten, Pachten oder Ernteerträge. Sie wird häufig neben der Zwangsversteigerung angeordnet, wenn bis zum Versteigerungstermin zuviel Zeit vergeht. Wirft das Grundstück hohe Erträge ab, ist aber andererseits so belastet, dass sich kaum ein Ersteigerer finden wird, kann es sinnvoll sein, die Zwangsverwaltung anstelle der Zwangsversteigerung anzuordnen. Die Anordnung der Zwangsverwaltung wirkt als *Beschlagnahme* des Grundstücks (§ 148 II ZVG), durch die dem Schuldner die Verwaltung und Benutzung entzogen wird. Allerdings sind ihm die für seinen Hausstand unentbehrlichen Räume zu belassen (§ 149 I, II ZVG), weshalb die Zwangsverwaltung bei Eigentumswohnungen und Einfamilienhäusern wenig sinnvoll erscheint. Die Beschlagnahme wird wirksam durch: Zustellung des Anordnungsbeschlusses an den Schuldner (§ 22 I S. 1 ZVG), Eingang des Eintragungsersuchens beim Grundbuchamt (§ 22 I S. 2 ZVG) und die Inbesitznahme des Grundstücks durch den Zwangsverwalter (§ 151 I ZVG). Gegenüber den Mietern oder Pächtern wird die Beschlagnahme wirksam mit Zustellung eines Zahlungsverbotes. Dieses *Zahlungsverbot* erlässt das Vollstreckungsgericht auf Antrag des Gläubigers oder des Zwangsverwalters (§§ 146 I, 151 III ZVG). Kündigt der Gläubiger die bevorstehende Beschlagnahme an, wird das Zahlungsverbot mit der Kenntnisnahme der Mieter oder Pächter wirksam (§§ 22 II S. 3 ZVG, 845 ZPO). Mit Wirksamwerden der Beschlagnahme gegenüber Mietern oder Pächtern dürfen diese nicht mehr an den Eigentümer leisten (vgl. hierzu auch Abschnitt „Forderungspfändung" – Drittschuldner). Zur Durchführung der Verwaltung bestellt das Gericht einen Zwangsverwalter, der die Erträge einzieht. Hieraus werden zunächst die für eine ordentliche Bewirtschaftung des Grundstücks erforderlichen Aufwendungen bestritten. Verbleibende Überschüsse werden, nach Abzug der Verwaltungs- und Verfahrenskosten (§ 155 ZVG), an den bzw. die Gläubiger ausgekehrt. Der Zwangsverwalter hat das Grundstück ordnungsgemäß zu bewirtschaften und haftet den Beteiligten für die Anwendung der erforderlichen Sorgfalt (§ 154 ZVG).

Bedenklich ist in diesem Zusammenhang die oft anzutreffende Praxis, dass Zwangsverwalter Geldmittel zunächst für eigene Kosten und Gebühren, unter Vernachlässigung des ihnen anvertrauten Objektes verwenden. Statt pflichtgemäßer Werterhaltung entsteht auf diese Weise eine nachhaltige Wertminderung zu Lasten des Schuldners ebenso wie des Gläubigers. Bedenklich ist die Praxis mancher Amtsgerichte, die Kontrolle des Zwangsverwalters wegen angeblicher Arbeitsüberlastung ganz zu unterlassen und im Extremfalle auch

Einführung

auf Berichterstattungen zu verzichten. Neben Schadensersatzansprüchen aus Amtspflichtverletzung gem. § 839 BGB ist auch an die Verwirklichung des Straftatbestandes der Untreue gem. § 266 StGB zu denken.

Das Zwangsverwaltungsverfahren endet insbesondere: durch Antragsrücknahme des Gläubigers (§§ 29 I, 161 IV ZVG); Befriedigung des Gläubigers (§ 161 II ZVG); nach Ermessen des Gerichts, wenn Aufwendungen aus den Einnahmen nicht zu decken sind (§ 161 III ZVG) sowie nach Erteilung des Zuschlags in der Zwangsversteigerung. In den Fällen der §§ 153 b, c ZVG ist die Einschaltung eines Zwangsverwalters nicht erforderlich.

6. Erzwingung von Handlungen

Eine Sonderform der Vollstreckung ist die zur Erzwingung von Handlungen. Hier wird kein vermögenswerter, also genau in Geld bezifferbarer Betrag oder eine Sache gepfändet. Vielmehr hat der Gläubiger einen Anspruch auf eine bestimmte Handlung des Schuldners.

a) Vertretbare Handlungen. Dabei geht es um Handlungen, die der Gläubiger *auch durch einen anderen* auf Kosten des Schuldners vornehmen lassen kann (§ 887 ZPO). Es ist für den Gläubiger ohne Belang, wer die Person des Handelnden ist. Erzwingbare vertretbare Handlungen sind beispielsweise die Anfertigung, Reparatur, Beförderung oder Entfernung von Sachen. Der Durchsetzung vertretbarer Handlungen geht das Klageverfahren bei dem zuständigen Prozessgericht voraus. Mit dem Urteil wird der Gläubiger zugleich zur Ersatzvornahme berechtigt, wenn der Schuldner nicht persönlich leistet. Die Kosten darf er vom Schuldner einfordern. Zahlt dieser nicht, kann aus dem Ermächtigungstitel des Gläubigers die Zwangsvollstreckung wegen der Geldforderung betrieben werden. Leistet der Schuldner bei der Ersatzvornahme Widerstand, beispielsweise wenn seine Räume betreten werden müssen, ist der Gerichtsvollzieher zur Gewaltanwendung befugt (§ 892 ZPO).

b) Unvertretbare Handlungen. Eine „unvertretbare" Handlung (§ 888 ZPO) wird dann begehrt, wenn sie nur vom Schuldner *persönlich* vorgenommen werden kann und die Vornahme lediglich von seinem Willen abhängt und sie ihm objektiv möglich ist. D. h. die Vornahme der Handlung darf nicht von der Mitwirkung eines Dritten abhängig sein, denn hierauf hat der Schuldner keinen Einfluss. Die Durchsetzung der Handlung kann nicht vollstreckt werden, wenn sie dem Schuldner objektiv nicht möglich ist, z. B. wegen Krankheit. Die Erbringung einer wissenschaftlichen oder künstlerischen Leistung ist, *mangels objektiver Bestimmbarkeit* der Leistungen und Messbarkeit der Fähigkeiten des Schuldners, nicht vollstreckbar. Von besonderer Bedeutung ist die Erzwingung unvertretbarer Handlungen im *Gesellschaftsrecht*. Zum Beispiel dann, wenn ein Mitinhaber zur Berechnung und Geltendmachung seines Gewinnanteils die Einsicht in den Jahresabschluss des Unternehmens benötigt, der verantwortliche Gesellschafter die Bilanz aber pflichtwidrig nicht erstellt oder keine Einsicht gewährt (vgl. §§ 118, 166, 233 HGB). Andere häufig vorkommende Fälle sind die Auskunftsverweigerung, z. B. bezüglich der Vermögensverhältnisse eines Ehegatten bei familienrechtlichen Streitigkeiten, die Weigerung des Arbeitgebers, ein Zeugnis zu erteilen oder die Weigerung eines Gesellschafters oder organschaftlichen Vertreters, für das vertretene Unternehmen Verträge zu unterzeichnen.

c) Sanktionen bei Zuwiderhandlung. Verweigert der Schuldner die Vornahme der geschuldeten Handlung, kann das Gericht sie entweder mit Ordnungs-

Einführung

geld oder Ordnungshaft erzwingen. Das *Ordnungsgeld* beträgt höchstens 250 000 Euro (§ 890 ZPO) und verfällt zugunsten der Staatskasse, d. h. es kommt nicht dem Gläubiger zugute. Hatte der Schuldner die Handlung bei Vollstreckung des Ordnungsgeldes bereits vorgenommen, steht ihm ein Rückzahlungsanspruch zu. Das Ordnungsgeld wird nach den üblichen Vollstreckungsregeln durch den Gerichtsvollzieher beigetrieben. Für den Fall, dass es uneinbringlich ist, ordnet das Gericht zugleich mit der Ordnungsgeldfestsetzung eine *Ordnungshaft* an. Die Ordnungshaft darf insgesamt zwei Jahre nicht übersteigen. In wenigen Ausnahmefällen ist zwar eine Verurteilung zur Vornahme der unvertretbaren Handlung möglich, die Zuwiderhandlung bleibt aber *sanktionslos*. Wenn ein Dienstverpflichteter zur Leistung von Diensten verurteilt ist, wird angewandter Zwang sehr wahrscheinlich dazu führen, dass die Leistung mit Mängeln behaftet ist. Deshalb entfallen die Sanktionen. Hier wird es nach dem Urteil beim moralischen Appellieren und der Geltendmachung von Schadensersatzansprüchen bleiben müssen. Auch das Eingehen der Ehe, als Folge des Verlöbnisses, hat der Gesetzgeber nicht mit Zwangsgeld oder gar Zwangshaft bewehrt, offenbar in der Einsicht, dass man das „Glück" nicht mit rechtlichen Mitteln erzwingen kann. Und letztlich erschien es dem Gesetzgeber auch nicht sinnvoll, einen Ehegatten, der dem anderen das Stillen seiner *Fleischeslust* verwehrt („Herstellung des ehelichen Lebens"), zur Strafe solange in Zwangshaft zu nehmen, bis er die Befriedigung des Gatten oder der Gattin willfährig vollzieht (§ 888 III ZPO).

7. Erzwingung von Duldungen und Unterlassungen

a) Duldungen. Dulden bedeutet die Verpflichtung des Schuldners, die Vornahme einer Handlung nicht zu behindern. Die Bedeutung liegt beispielsweise im Nachbarschaftsrecht (§ 906 BGB, Beeinträchtigung durch Gerüche, Geräusche oder, § 912 BGB, Grenzüberschreitungen) und im Mietrecht (541 a BGB), wonach der Mieter Sanierungsarbeiten des Vermieters oder die Besichtigung seiner Räume zwecks Weitervermietung zu gestatten hat.

b) Unterlassungen. Sie sind vor allem bedeutsam im Bereich des Persönlichkeitsrechts (z. B. Beleidigung, Kreditgefährdung), des Wettbewerbsrechts (z. B. irreführende Werbung) und des Urheberrechts (z. B. Plagiat).

c) Sanktionen. Dem Schuldner werden gem. § 890 ZPO *Zwangsmaßnahmen* für den Fall angedroht, dass er der gerichtlichen Entscheidung zuwiderhandelt. In Betracht kommen Ordnungsgeld bis zu 250 000 Euro und Ordnungshaft bis zu zwei Jahren, wenn es nicht beigetrieben werden kann.

8. Vollstreckung in Urheberrechte, Patente, Gebrauchsmuster- und andere Rechte

a) Urheberrechte. Durch das Urheberrecht wird der Schöpfer von Werken der Literatur, Wissenschaft und Kunst (§ 1 UrhG) in seinen Beziehungen zum Werk geschützt. Das Urheberpersönlichkeitsrecht ist nicht pfändbar (§§ 29, 2 UrhG). Hier hinein kann nicht vollstreckt werden. Deshalb können nur die *Verwertungsrechte* (§§ 11, 15 ff. UrhG) Gegenstand der Zwangsvollstreckung gegen den Urheber sein (§ 113 UrhG). Diese ist allerdings nur unter engen Voraussetzungen möglich, da der Gesetzgeber der Bindung des Urhebers zu seinem Werk den *Vorrang* vor dem Vermögensinteresse des Gläubigers einräumt. Aus diesem Grunde gilt die ungewöhnliche Regelung, dass in Urhe-

Einführung

berverwertungsrechte *nur mit Einwilligung* des Urhebers eingegriffen werden kann. Eine Vollstreckung ohne diese Einwilligung ist unzulässig und wegen Verstoßes gegen gesetzliches Verbot nichtig. Hat der Urheber Nutzungsrechte übertragen, so ist auch die Zwangsvollstreckung gegen den Nutzungsberechtigten grundsätzlich unzulässig. Die Pfändung der Nutzungsrechte kann nur mit Zustimmung des Urhebers erfolgen (§§ 34, 35 UrhG). Lediglich die Zwangsvollstreckung gegen den Rechtsnachfolger (z. B. Erbe) des Urhebers ist von den o. a. Erschwernissen befreit, wenn das Werk bereits erschienen ist, da der Gesetzgeber hier eine geringere Bindung an das Werk annimmt (§§ 115 ff. UrhG).

b) Patent- und Gebrauchsmusterrecht. Patente werden für Erfindungen erteilt, die neu sind, auf einer erfinderischen Tätigkeit beruhen und gewerblich anwendbar sind (§ 1 PatG). Eine Erfindung gilt als auf einer erfinderischen Tätigkeit beruhend, wenn sie sich für den Fachmann nicht in naheliegender Weise aus dem Stand der Technik ergibt (§ 4 S. 1 PatG). Der *Gebrauchsmusterschutz* stellt weniger strenge Anforderungen und setzt neben der gewerblichen Anwendung einen „erfinderischen Schritt" voraus (§ 1 GebrMG). Beide Gesetze enthalten Bestimmungen des gewerblichen Rechtsschutzes, aber im Gegensatz zum Urhebergesetz keine Sondervorschriften zur Zwangsvollstreckung. Hier stehen beispielsweise Unterlassungsansprüche gegen unbefugte Nutzung sowie strafrechtliche Sanktionen bei Missbrauch im Vordergrund (§§ 139 ff. PatG; 24 ff. GebrMG). Das mag darin begründet liegen, dass der gewerbliche Rechtsschutz das Gewerbewesen, nicht jedoch künstlerisches oder geistiges Schaffen mit seiner Bindung zwischen Urheber und Werk, schützen will. Hieraus ergeben sich andere vollstreckungsrechtliche Konsequenzen. Nach herrschender Meinung unterliegen durch PatG bzw. GebrMG geschützte Sachen ohne weiteres dem Vollstreckungszugriff, soweit sie zur geschäftlichen Verwertung bereits in Verkehr gebracht worden sind. Gem. §§ 857, 851 ZPO werden außerdem das Patent- bzw. Gebrauchsmusterrecht an sich als pfändbar angesehen. Insofern ist hier der Schutz bzgl. der Zwangsvollstreckung schwächer ausgeprägt als der des Urhebers. Das *Erfinderpersönlichkeitsrecht*, zu dem auch das Recht gehört, ausschließlich über Veröffentlichung und Verwertung der Erfindung zu entscheiden, unterliegt dagegen nicht dem Vollstreckungszugriff. *Lizenzen* können gepfändet und verwertet werden, soweit sie der Lizenzgeber nicht persönlich an den Lizenznehmer gebunden hat und die Lizenz somit übertragbar ist.

c) Vollstreckung in Geschmacksmuster und Warenzeichen. Geschmacksmusterfähig sind ästhetisch wirkende Muster und Modelle (§ 1 GeschmMG), die zur gewerblichen *Massennutzung* geschaffen wurden. Die Abgrenzung zum Kunstwerk, das einen anderen schöpferischen Prozess voraussetzt und sich nicht zur Massenverwertung eignet, ist mitunter problematisch. Ein Muster kann sowohl unter den Schutz des GeschmMG als auch unter den des UrhG fallen. Soweit es lediglich dem Schutzbereich des GeschmMG zuzurechnen ist, kann das Geschmacksmuster ohne weiteres nach den üblichen Vorschriften der ZPO (§§ 857, 851) gepfändet und verwertet werden. Marken, geschäftliche Bezeichnungen und geographische Herkunftsangaben sind nach §§ 1, 3 Markengesetz (MarkenG) geschützt. Sie dienen der Unterscheidung im Geschäftsverkehr. Marken sind als „Gegenstand des Vermögens" grundsätzlich übertragbar (§ 27 MarkenG), sie können verpfändet werden (§ 29 Abs. 1 Nr. 1 MarkenG) oder Gegenstand der Zwangsvollstreckung sein (§ 29 Abs. 1 Nr. 2 MarkenG). Die Kennzeichnungen gem. §§ 1, 3 MarkenG werden durch die

Einführung

§§ 128, 135 MarkenG und § 13 UWG geschützt. Unterlassungsansprüche sind nach den üblichen ZPO-Vorschriften durchsetzbar.

III. Vollstreckung wegen Steuern und Abgaben

1. Bundes- und Landessteuern

Eine besondere Art der Zwangsvollstreckung ist die Vollstreckung der Finanzbehörden wegen Steuern und Abgaben. Ihre Erhebung und Beitreibung richtet sich nach Bundes- und Landesrecht, insbesondere nach der *Abgabenordnung*.

Im Gegensatz zu Gebühren und Beiträgen, die für eine Inanspruchnahme oder Leistung gezahlt werden, sind „Steuern Geldleistungen, die nicht eine Gegenleistung für eine besondere Leistung darstellen und von einem öffentlich-rechtlichen Gemeinwesen zur Erzielung von Einnahmen allen auferlegt werden, bei denen der Tatbestand zutrifft, an den das Gesetz die Leistungspflicht knüpft" (§ 3 Abs. 1 AO). Auf die Steuererklärung (§§ 149 ff. AO) ergeht i. d. R. der Steuerbescheid (§§ 155 ff. AO). Er ist zugleich Zahlungsaufforderung. Eine *Steueranmeldung* wird als *Steuerbescheid* angesehen (§ 168 AO). D. h. Grundlage der Ansprüche und der Vollstreckung sind die von der Behörde erstellten Steuerbescheide bzw. die Steueranmeldungen. Zahlt der Steuerschuldner seine geschuldeten Steuern nicht rechtzeitig, wird er mit einer einwöchigen Frist gemahnt (§ 259 AO). Nach Ablauf dieser Frist erstellt das Finanzamt selbst den vollstreckbaren Titel, ohne richterliche Prüfung und Mitwirkung. Gegen den Bescheid kann *Einspruch* (§ 348 AO) beim Finanzamt eingereicht werden, über den das Finanzamt im Einspruchsverfahren (§§ 367 ff. AO) selbst entscheidet. Diese Entscheidung wird dem Einspruchsführer samt Begründung mitgeteilt. Wichtig ist: Die Einlegung des Einspruchs entbindet nicht von der fristgerechten Zahlung. Dieses Rechtsmittel hat nämlich *keine aufschiebende Wirkung* (§ 361 AO).

Steuerliche *Nebenleistungen* sind: *Verspätungszuschläge*. Sie betragen bis zu 10% des geschuldeten Betrages oder bis zu 25 000 Euro und werden erhoben, wenn eine Steuererklärung nicht fristgemäß abgegeben wird und die Steuer dadurch nicht rechtzeitig festgesetzt werden kann (§ 152 AO). *Stundungszinsen* werden bei Stundung, also Aufschub der Steuerzahlung erhoben (§ 234 AO). Sie betragen monatlich 1/2 Prozent des geschuldeten Betrages, wobei der Betrag auf volle 50 Euro abgerundet wird. Stundungszinsen werden nur für volle Monate erhoben (§ 238 AO). *Säumniszuschläge* werden erhoben, wenn eine Steuer nicht rechtzeitig entrichtet wird. Der Steuerbetrag wird auf volle 50 Euro abgerundet, der Säumniszuschlag beträgt dann 1 Prozent der Steuerschuld je angefangenen Monat (§ 240 AO). Nach neuerer höchstrichterlicher Rechtsprechung können die Finanzämter nicht mehr in jedem Falle Säumniszuschläge erheben. Da der Säumniszuschlag keinen „Strafcharakter" hat und lediglich dazu dient, den *zahlungsfähigen* Steuerschuldner zur Zahlung anzuhalten, entfällt der Säumniszuschlag bzw. darf nicht erhoben werden, wenn von vornherein feststeht, dass der Steuerpflichtige aufgrund seiner wirtschaftlichen Verhältnisse nicht zahlungsunwillig, sondern un*fähig* war, die Steuerschuld rechtzeitig zu begleichen. *Verzugszinsen* werden dann berechnet, wenn der Steuerpflichtige einen Rechtsbehelf erfolglos eingelegt hat (§ 237 AO). Die Vorschriften über den Stundungszins gelten entsprechend.

Einführung

Wird nicht rechtzeitig gezahlt, kann das Finanzamt sofort das Beitreibungsverfahren einleiten. Das bedeutet, dass sich unmittelbar an die Säumnis des Steuerpflichtigen die *Vollstreckung* anschließt, was zu einschneidenden Härten führen kann. Um eine solche Situation zu vermeiden, kann der Steuerpflichtige Schutzanträge stellen, vor allem: *Fristverlängerung* zur Abgabe der Steuererklärung (§ 109 AO), die i. d. R. bei vernünftiger Begründung gewährt wird; *Aussetzung der Vollziehung* (§ 251 AO), dann kann Zahlungsaufschub gewährt werden, bis über einen eingelegten Einspruch entschieden ist und *Stundung* (§ 222 AO), die normalerweise nur gegen Sicherheiten gewährt wird. Hat die Vollstreckung keine Aussicht auf Erfolg oder stehen die Kosten in keinem vernünftigen Verhältnis zu einem möglichen Vollstreckungserfolg, kann das Finanzamt die Steueransprüche *niederschlagen*. D. h., dass die Steuerschuld einstweilen nicht beigetrieben wird und ein Vollstreckungsversuch erst dann wieder stattfindet, wenn Anhaltspunkte dafür bestehen, dass die Zwangsvollstreckung erfolgreich sein könnte (§ 261 AO). Der *Erlass* einer Steuerschuld, d. h. der endgültige Verzicht auf eine Steuerforderung (§ 227 AO), kommt, insbesondere bei der heutigen Haushaltslage, eher selten vor.

Die Vollstreckung wird von behördeneigenen *Vollziehungsbeamten* (§ 285 AO), aber auch von Gerichtsvollziehern durchgeführt. Die Vollstreckungsmaßnahmen erfolgen gem. §§ 249 ff. AO, die weitgehend den Bestimmungen der ZPO entsprechen. Im Übrigen werden die Vorschriften der ZPO ergänzend herangezogen. Die Verfahrensweise der Vollziehungsbeamten entspricht derjenigen der Gerichtsvollzieher. Auch bei der Steuervollstreckung gibt es das Verfahren zur Abgabe der *eidesstattlichen Versicherung*.

Vollstreckungsmaßnahmen der Steuerbehörde erfolgen nicht nur bei Ansprüchen aus dem Steuerschuldverhältnis. Hat der Steuerpflichtige seine Steuererklärungen oder Steuervoranmeldungen nicht rechtzeitig abgegeben und auch auf Erinnerungen des Finanzamtes nicht reagiert, kann ihm ein *Zwangsgeld* angedroht werden. Die *Festsetzung* des Zwangsgeldes erfolgt, wenn der Steuerpflichtige seine Steuererklärungen trotz Erinnerung und Zwangsgeldandrohung nicht einreicht (§ 328 Abs. 1 AO). Das Zwangsgeld beträgt bis zu 25 000 Euro (§ 329 AO) und kann wiederholt festgesetzt werden, solange, bis der Steuerpflichtige seinen Obliegenheiten nachgekommen ist. Während eine fruchtlose Vollstreckung in Zivilsachen und bei Steuerschulden bis auf die eidesstattliche Versicherung keine weiteren einschneidenden Konsequenzen hat, ergeht bei uneinbringlichem Zwangsgeld auf Antrag des Finanzamtes *Haftbefehl*. Die sich hieran anschließende „Ersatzzwangshaft" (§ 334 AO) dauert so lange an, bis der Steuerpflichtige seine Verpflichtungen erfüllt oder das Zwangsgeld „abgesessen" hat: mindestens einen Tag, höchstens jedoch zwei Wochen. Ist er danach noch unbotmäßig, kann die Behörde erneut Zwangsgeld festsetzen und vollstrecken.

Gegen die Ablehnung eines Stundungsantrages, Erlassantrages und gegen die Festsetzung von Zwangsgeldern und Verspätungszuschlägen kann der Steuerpflichtige binnen eines Monats nach Bekanntgabe *Beschwerde* gem. § 349 AO einlegen. Bei der Vollstreckung nach der Abgabenordnung ist die Allgemeine Verwaltungsvorschrift über die Durchführung der Vollstreckung nach der Abgabenordnung (VollstA) zu beachten.

Einführung

2. Gemeindesteuern

Neben den Steuern für Bund und Länder werden auch Gemeindesteuern erhoben. Bei den direkten Gemeindesteuern stellt das Finanzamt die sachliche und persönliche Steuerpflicht fest und ermittelt die Besteuerungsgrundlage. Diese wird anschließend dem Steuerpflichtigen und der Gemeinde in einem *Einheitswert- bzw. Steuermessbescheid* mitgeteilt. Das Steueramt der Gemeinde setzt auf dieser Grundlage die Steuer fest, fertigt den Steuerbescheid und übersendet ihn dem Steuerpflichtigen. Sowohl gegen den Einheitswert- oder Messbescheid als auch gegen den Steuerbescheid der Gemeinde kann Einspruch eingelegt werden. Soll Einspruch gegen die Höhe der Steuer eingelegt werden oder wird die Steuerpflicht überhaupt bestritten: Der Einspruch gegen den Steuerbescheid der Gemeinde ist erfolglos, wenn nicht vorher gegen den Messbescheid Einspruch beim Finanzamt eingelegt wurde. Denn es muss zunächst die Besteuerungs*grundlage* angegriffen werden, erst dann der Steuerbescheid. Bei Nichtzahlung der Steuer kann die Gemeinde, ähnlich wie das Finanzamt, sofort die Zwangsvollstreckung betreiben. Sie bedient sich dazu der *Vollziehungsbeamten* der Gemeindekasse. Die Befugnisse entsprechen weitgehend denen des Gerichtsvollziehers. Wie die Finanzverwaltung kann die Gemeinde die Steuerschuld erlassen, d. h. auf den Anspruch ganz verzichten; die Beitreibung niederschlagen, d. h. auf die Vollstreckung, aber nicht auf den Anspruch verzichten oder den fälligen Anspruch stunden (s. o.). Ergänzend zu den gesetzlichen Vorschriften gilt das jeweilige *Ortsrecht* der Gemeinde.

3. Sozialabgaben

Wichtigste Abgabe neben den Steuern sind die Sozialversicherungsabgaben. Sie werden im Falle der Nichtzahlung u. a. von Bediensteten der zuständigen AOK oder auch Beamten des Hauptzollamtes beigetrieben. Zur Eintreibung von Zöllen, Steuern und Gebühren unterhalten die Hauptzollämter eigene *Vollstreckungsstellen*. Die Beamten dieser Dienststelle werden oftmals im Auftrage der gesetzlichen Krankenkassen mit der Beitreibung rückständiger Sozialversicherungsbeiträge beauftragt. Die Durchführung der Vollstreckung richtet sich nach den bereits dargelegten Grundsätzen sowie dem Verwaltungsvollstreckungsgesetz (VwVG). Siehe: § 66 SGB X.

IV. Organe der Zwangsvollstreckung

An der Zwangsvollstreckung wirken neben den Richtern des Vollstreckungsgerichts und des Grundbuchamtes, Rechtspfleger und Gerichtsvollzieher bzw. Vollziehungsbeamte mit.

1. Vollstreckungsgericht: Rechtspfleger

Der Rechtspfleger ist Justizbeamter des gehobenen Dienstes, der sowohl Verwaltungsaufgaben als auch richterliche Aufgaben wahrnimmt. Der Rechtspfleger wurde früher in der Justizbehörde selbst und in der Rechtspflegerschule ausgebildet. Seit Umwandlung der Rechtspflegerschulen in Fachhochschulen führen die Absolventen die Bezeichnung „Diplom-Rechtspfleger" (siehe § 2 RpflG). Im Zuge der Reformierung der Rechtspflege hat sich das Berufsbild des Rechtspflegers weiter verändert, so dass die Aufgaben, den Richter zu entlasten, weiter zugenommen haben. Im Bereich der Zwangsvollstreckung

Einführung

sind die wichtigsten Aufgaben des Rechtspflegers die Entscheidung über den Vollstreckungsschutzantrag gem. § 765 a ZPO (§ 20 Nr. 17 RPflG) sowie die Verfahren nach dem Zwangsversteigerungs- und Zwangsverwaltungsgesetz (§ 3 Nr. 1 i RPflG).

Die Tätigkeitsfelder, die dem Rechtspfleger in eigener Verantwortung zugewiesen sind (§§ 3, 20–24 b, 29–31 RPflG), haben ein stetig höheres Niveau mit sich gebracht, so dass die Forderung nach einem damit Schritt haltenden Bildungsstandard einleuchtet. In ihrem Geschäftsbereich sind die Rechtspfleger den Richtern gleichgestellt. Diese zunehmende Verlagerung eigentlich *richterlicher Aufgaben* durch den Gesetzgeber auf Beamte mit Fachhochschulausbildung wird von denjenigen kritisiert, die für alle wichtigen Entscheidungen der Justiz die Bearbeitung durch universitär ausgebildete Volljuristen verlangen, zumal die Ausbildung an „behördlichen" Fachhochschulen der anderer Fachhochschulen nicht gleichwertig ist. Hieß es in der Fassung des Rechtspflegergesetzes vom 28. 10. 1994 noch in „§ 5 Vorlage an den Richter": „(1) Der Rechtspfleger hat ihm übertragene Geschäfte dem Richter vorzulegen, wenn ... 2. sich bei der Bearbeitung der Sache rechtliche Schwierigkeiten ergeben; ...", so ist dieser Passus in der Fassung des RPflG seit dem 6. 8. 1998 ersatzlos weggefallen. Ob diese Maßnahme sinnvoll gewesen ist, sei dahingestellt. In jedem Falle ergibt sich daraus eine besondere persönliche Verantwortung der einzelnen Beamten.

2. Gerichtsvollzieher

Den Gerichtsvollzieher trifft die Hauptlast der Vollstreckung. Er ist Beamter des mittleren Justizverwaltungsdienstes und zugleich „Selbständiger", da er seine Dienstgeschäfte in eigener Verantwortung (§ 58 GVGA), unabhängig von vorgegebenen Dienstzeiten, ausübt. Seine Aufgabe ist die Zustellung gerichtlicher Schriftstücke (§ 166 ZPO) und die zwangsweise Durchsetzung von Gerichtsurteilen, wenn der Schuldner nicht freiwillig leistet (§§ 753, 808 ff. ZPO). Die Vollstreckungshandlungen des GV beziehen sich im Wesentlichen auf die Pfändung von Geld sowie die Herausgabe beweglicher Sachen, von Räumen und Personen.

Das *Berufsbild* des Gerichtsvollziehers entspricht nicht mehr dem früheren „Büttel", der nur Weisungen des Gerichts vollstreckte. Vielmehr sind zahlreiche Aufgaben auf den Gerichtsvollzieher übergegangen, die zuvor „gerichtliche" Aufgaben waren. Der Gerichtsvollzieher ist aber kein Jurist oder Rechtspfleger. Da er i. d. R. eine Verwaltungsausbildung und zusätzliche Lehrgänge durchlaufen hat, verfügt er über Grundkenntnisse des Rechts. Aus diesem Grunde kann und darf er – bis auf Ausnahmen – keine rechtlichen Würdigungen anstellen, sondern ist ganz eng an die Durchführung seines Auftrages und seine Geschäftsanweisung (GVGA) gebunden (s. u.).

Im engen Rahmen der oben erläuterten Bedingungen übt der Gerichtsvollzieher seine Tätigkeit weitgehend selbständig aus. Der Gerichtsvollzieher ist nicht der „Laufbursche" des Gläubigers und nicht der „Feind" des Schuldners. Er bemüht sich, im Rahmen seiner Möglichkeiten, um sozialverträgliche und verständige Durchführung seiner Aufträge. Bereits in der Vergangenheit bemühten sich die Gerichtsvollzieher, zwischen Schuldner und Gläubiger zu vermitteln. Der Gesetzgeber hat dieser *Vermittlertätigkeit* eine gesetzliche Grundlage gegeben. Danach soll der Gerichtsvollzieher „in jeder Lage des Zwangsvollstreckungsverfahrens auf eine gütliche und zügige Erledigung hin-

Einführung

wirken." (§ 806 b S. 1 ZPO). Damit wird dem Umstand Rechnung getragen, dass der GV vor Ort die Verhältnisse des Schuldners und die Beziehung zwischen Gläubiger und Schuldner besser einzuordnen vermag als das Gericht. *Ratenzahlungen* und *Aufschub* bewilligen kann grundsätzlich der Gläubiger; der Gerichtsvollzieher nur in ganz wenigen, gesetzlich bestimmten Ausnahmefällen (§§ 765 a II, 813 a, 900 III ZPO). In der Praxis wird eine einvernehmliche Lösung zwischen Gläubiger und Schuldner durch Ratenzahlungen vielfach dadurch unterlaufen, dass Rechtsanwälte oder Inkassounternehmen den Vorschlägen der Gerichtsvollzieher nicht zustimmen, da ihnen im Hinblick auf Gebühreneinnahmen an einer gütlichen und zeitnahen Erledigung nicht gelegen ist. Sie schädigen dadurch nicht nur den Schuldner, sondern auch ihren Mandanten und sorgen zudem für unnötigen Arbeitsanfall bei allen Beteiligten. Der Gesetzgeber wäre gut beraten, bei der weiter anstehenden Reform des Vollstreckungsrechts die Befugnisse des Gerichtsvollziehers zu stärken. Die Gerichtsvollzieher beanstanden zudem, dass von Anwälten und Inkassounternehmen vielfach überhöhte oder gänzlich unberechtigte Kosten und Gebühren erhoben werden, die der Schuldner i. d. R. nicht kontrollieren und somit auch nicht beanstanden kann. Auch hier ist der Gesetzgeber gefordert, etwa dadurch, dass er dem Gerichtsvollzieher eine Nachprüfungsbefugnis einräumt. Kommt der Gläubigervertreter dem Begehren auf Postenkorrektur nicht nach, sollte der GV hierzu berechtigt und verpflichtet sein.

Dem GV obliegt das Verfahren zur Abnahme der *eidesstattlichen Versicherung* (§ 900 II ZPO). Bei diesem Verfahren handelt es sich nicht um einen reinen Vollstreckungsakt. Deshalb haben sich durch diese Aufgabenzuweisung Berufsbild und Stellung des GV in der Zwangsvollstreckung geändert. Da er Entscheidungen nach eigenem Ermessen zu treffen hat (§ 900 III ZPO), die früher dem Gericht vorbehalten waren, kann er nicht mehr als reines Vollstreckungsorgan angesehen werden. Aus diesem Grunde, aber auch wegen der stetig wachsenden Anforderungen an das Berufsbild, wird als künftige Voraussetzung für die Gerichtsvollziehertätigkeit ein Rechtspflegerdiplom, das erste juristische Staatsexamen oder ein vergleichbarer Abschluss verlangt. Dagegen ist nichts einzuwenden, sofern man das Kind nicht mit dem Bade ausschüttet und den sinnvoll weiterzubildenden Praktiker mit überbordender Theorie belastet, womit letztlich niemandem gedient wäre.

V. Die Durchführung der Zwangsvollstreckung durch den Gerichtsvollzieher

1. Vorbemerkung

Damit dem Gerichtsvollzieher die Vorschriften der ZPO verständlich werden, sind diese in der Gerichtsvollziehergeschäftsanweisung (GVGA) zusammengefasst und erläutert. Zugleich enthält die GVGA weitere Hinweise, die für die Dienstausübung des GV verbindlich sind und deren Beachtung zu seinen Amtspflichten gehört. Um sowohl als Gläubiger als auch als Schuldner gegen Pflichtverstöße des GV vorgehen zu können, ist die Kenntnis der GVGA unverzichtbar.

Einführung

2. Voraussetzungen

Die Zwangsvollstreckung findet nur gegen den im Titel bezeichneten Schuldner statt. Der GV darf nur vollstrecken, wenn er keinen Zweifel daran hat, dass die Person, gegen die er vorgehen will, der im Titel oder der Vollstreckungsklausel genannte Schuldner ist (§ 112 GVGA). Wirkt ein Schuldtitel auch gegen andere, z. B. den Rechtsnachfolger des Schuldners, hat der GV den Auftrag zurückzugeben (§ 75 GVGA). Es ist dann Sache des Gläubigers, den Titel vom Gericht umschreiben zu lassen oder einen anderen Schuldtitel zu besorgen, so dass die Vollstreckung gegen die andere Person möglich ist. Hat das Gericht angeordnet, dass die Zwangsvollstreckung von einer *Sicherheitsleistung* oder Teilsicherheitsleistung des Gläubigers abhängig ist, muss der entsprechende Nachweis erbracht sein, bevor der GV mit seinen Maßnahmen beginnen oder sie fortsetzen darf (§ 83 GVGA). Bei Handlungen, die innerhalb von Wohnungen vorgenommen werden sollen, muss der GV die üblichen *Sperrzeiten* (Sonn- und Feiertage, Nachtzeit) beachten, die nur mit richterlicher Erlaubnis hinfällig sind. Die richterliche Anordnung, die zugleich die Durchsuchungserlaubnis beinhaltet, hat der Gläubiger zu erwirken (§ 65 Nr. 2 GVGA). Außerhalb von Wohnungen gelten die Sperrzeiten nicht, wenn der GV die Vollstreckung wenigstens einmal zur Tageszeit an einem gewöhnlichen Wochentag vergeblich versucht hat und die Handlung für die Betroffenen keine *unbillige Härte* darstellt (§ 65 Nr. 1 GVGA).

Soweit eine richterliche Durchsuchungsanordnung erforderlich ist, hat der Richter sorgsam zu prüfen, ob die vom Gesetz geforderten Voraussetzungen hierfür vorliegen (Art. 13 II GG, § 758a ZPO). Obwohl die individuelle Prüfung zu den Amtspflichten des Richters gehört, nimmt man es damit in der Praxis oftmals nicht so genau: Es hat sich eingebürgert, dass sogenannte „Vorratsbeschlüsse" gefertigt werden. Dabei werden die Durchsuchungsanordnungen blanko als Formular erstellt und später fügt die Geschäftsstelle des Gerichts lediglich den Namen des Schuldners ein. Eine Prüfung des Einzelfalles durch den Richter findet somit tatsächlich gar nicht mehr statt. Eine außerordentlich bedenkliche Praxis, die weder dem Willen des Gesetzgebers noch den richterlichen Dienstpflichten entspricht. In einem Rechtsstaat ist auch das Trachten nach Arbeitserleichterung kein Argument, dem Gläubiger quasi ungeprüft eine richterliche Anordnung an die Hand zu geben.

3. Durchführung

Die Tätigkeit des GV beginnt i. d. R. mit Erteilung eines formlosen Auftrages durch den Gläubiger, soweit er nicht die Abnahme der eidesstattlichen Versicherung zum Gegenstand hat (§§ 4, 62 GVGA). Wann er den Vollstreckungsauftrag erledigt, ist in sein Ermessen gestellt. Er darf die Ausführung jedoch nicht verzögern und muss bei Eilsachen die gebotene Dringlichkeit beachten (§ 6 GVGA). Wenn der GV wegen begründeter Anhaltspunkte die *Fruchtlosigkeit* einer durchzuführenden Pfändung erwartet, sendet er zur Vermeidung unnötiger Kosten den Schuldtitel mit einer Benachrichtigung an den Gläubiger zurück, sofern dieser nicht zugleich einen Auftrag zur Abnahme der eidesstattlichen Versicherung erteilt hat (§ 63 GVGA).

Bei der Ausübung seiner Tätigkeit ist der GV verpflichtet, auch die *Interessen des Schuldners* zu beachten (§ 104 GVGA). Darin spiegelt sich wider, dass er, was oft missverstanden wird, kein Auftragnehmer des Gläubigers ist, son-

Einführung

dern ein unabhängiges Organ des Gerichts. Dass der GV bei der Durchführung seiner Maßnahmen „unnötige Schädigung oder Ehrenkränkung des Schuldners und die Erregung überflüssigen Aufsehens" vermeidet (§ 104 GVGA), sollte eigentlich eine Selbstverständlichkeit sein.

Durch den Widerspruch des Schuldners oder einer dritten Person soll sich der GV von seinen Handlungen nicht abhalten lassen. Da jeder Bürger das Grundrecht auf *Unverletzlichkeit der Wohnung* hat, darf der Gerichtsvollzieher die Räume des Schuldners zunächst nicht gegen dessen Willen betreten. (§ 107 Nr. 1 GVGA). Verweigert der angetroffene Schuldner jedoch die Durchführung der Vollstreckung, ist diese Weigerung ein Grund, ihm die eidesstattliche Versicherung abzunehmen, sofern und sobald ein entsprechender Auftrag des Gläubigers vorliegt. Der GV hat den Schuldner hierüber zu belehren (§ 107 Nr. 2 GVGA). Trifft er den Schuldner nicht an, hinterlässt der Gerichtsvollzieher üblicherweise eine Nachricht, aus der zu ersehen ist, an welchem Tag und zu welcher Uhrzeit er wieder vorstellig werden will. Dabei soll zwischen den Vollstreckungsversuchen eine Frist von mindestens zwei Wochen liegen (§ 185a Nr. 2d GVGA). Wird der Schuldner trotz Benachrichtigung erneut nicht angetroffen, darf der Gerichtsvollzieher *gewaltsam* in die Räume eindringen, sie durchsuchen und vollstrecken, wenn er das dem Schuldner zuvor schriftlich angekündigt hat (§ 107 Nr. 7 GVGA). D.h. er kann bei Erfordernis Türen fachhandwerklich öffnen lassen und zur Brechung von Widerstand die Hilfe von *Polizeibeamten* nachsuchen (§§ 107, 108 GVGA). Widerstand des Schuldners ist dann nicht nur sinnlos, sondern auch strafbar (§ 113 StGB: Freiheitsstrafe bis zu zwei Jahren oder Geldstrafe). Voraussetzung für gewaltsames Vorgehen ist allerdings wegen des Grundrechtsschutzes (s. o.) ein *richterlicher Durchsuchungsbeschluss*. Den hat nicht der Gerichtsvollzieher zu besorgen, sondern der Gläubiger auf eigene Kosten (§ 107 Nr. 3 GVGA). Ein Eindringen in fremde Räume ohne Vorzeigen und Aushändigen eines gültigen Durchsuchungsbeschlusses ist rechtswidrig. Das gilt jedoch nicht, wenn die Verzögerung, die mit der Einholung der richterlichen Anordnung verbunden ist, den Erfolg der Durchsuchung gefährden könnte (§ 107 Nr. 4 GVGA). Diese Annahme ist nur gerechtfertigt, wenn der GV bzw. der Gläubiger *tatsächliche konkrete Anhaltspunkte* hat, dass der Schuldner die Vollstreckung vereiteln würde. Diese Tatsachen sind nachzuweisen und in das Vollstreckungsprotokoll aufzunehmen. Ansonsten könnte jederzeit ins Blaue hinein ohne richterliche Anordnung vorgegangen werden. Solche Willkür ist mit dem Rechtsstaatsprinzip nicht in Einklang zu bringen. *Mitbewohner* des Schuldners haben die Durchsuchung zu dulden, wenn ihre persönlichen Umstände, z.B. Erkrankung, nicht entgegenstehen. Sonst hat die Durchsuchung zu unterbleiben (§ 107 Nr. 10 GVGA). Auch wenn nicht ausdrücklich in der GVGA geregelt, gilt das auch für eine etwaige *Verletzung der Intimsphäre* der Mitbewohner.

Der GV prüft im Allgemeinen nicht, ob der Schuldner Eigentümer der Sachen ist, die sich in seinen Räumen befinden. Lediglich Gegenstände, die *ganz offensichtlich* zum Vermögen eines Dritten gehören, pfändet der GV nicht. Hierzu gehören beispielsweise bei einem Handwerker in Reparatur gegebene Sachen oder Leergut des Handelsverkehrs bei einem Händler (§ 119 GVGA).

Eine Mobiliarvollstreckung führt selten zum Erfolg, das gilt auch für die *Austauschpfändung*. Hier nimmt der GV dem Schuldner eine an sich unpfändbare *erheblich* wertvollere Sache weg und stellt dem Schuldner eine dem gleichen Zwecke genügende geringwertigere Sache zur Verfügung, die er auf

Einführung

Rechnung des Gläubigers zunächst beschaffen muss. Der Differenzbetrag zwischen dem Verkaufserlös, abzüglich den Vollstreckungskosten und dem Austauschaufwand, kommt dem Gläubiger zugute. Theoretisch, denn meist deckt der Erlös nicht einmal die Vollstreckungskosten. Die Pfändung hat dann zu unterbleiben (§ 125 GVGA). Das ist so auszulegen, dass ein nicht nur unerheblicher Überschuss über die Kosten zu erwarten sein muss. Diese Überlegung stellen die Gerichtsvollzieher in der Praxis auch an und vermeiden somit *unverhältnismäßige* Maßnahmen.

§ 813 a ZPO gibt dem Gerichtsvollzieher die Möglichkeit, die Verwertung aufzuschieben, wenn sich der Schuldner verpflichtet, die Forderung und die Vollstreckungskosten innerhalb eines Jahres zu tilgen. Der Gerichtsvollzieher kann hierzu nach seinem Ermessen Höhe und Fälligkeit der *Raten* festsetzen. Davon abgesehen kann auch das Vollstreckungsgericht die Verwertung auf Antrag des Schuldners aussetzen (§ 813 b ZPO).

Verläuft die Vollstreckung erfolgreich, d. h. reichen die Pfandstücke aus, um die Forderung des Gläubigers ganz oder teilweise zu befriedigen, bringt der GV jeweils eine Siegelmarke an. Damit sind die Pfandstücke der Verfügung des Schuldners entzogen. Kleinere Gegenstände nimmt der GV an sich, größere werden innerhalb von ein bis drei Wochen ggf. von einer Spedition abgeholt (§§ 808, 809 ZPO). Die gepfändeten Gegenstände bringt er in der *Pfandkammer* unter (§ 139 GVGA). Die anschließende Verwertung der Pfandstücke erfolgt ohne besonderen Auftrag des Gläubigers grundsätzlich durch öffentliche Versteigerung (§ 141 GVGA). Hierzu macht der GV Ort und Zeit öffentlich bekannt (§§ 142, 143 GVGA). Auf Antrag des Gläubigers oder des Schuldners kommt auch eine andere Art der Verwertung, wie z. B. freihändiger Verkauf durch den GV, durch einen Dritten oder die Übereignung an den Gläubiger zu einem bestimmten Preis, in Betracht. Hierzu ist die Zustimmung des Antragsgegners erforderlich (§ 141 b Nr. 1, 1. GVGA). *Gepfändetes Geld* zahlt der Gerichtsvollzieher dem Gläubiger unverzüglich aus (§ 138 GVGA).

Bei der *Vollstreckung von Räumungsurteilen* hat den Gerichtsvollzieher den Schuldner „aus dem Besitz" seiner Wohn- oder Geschäftsräume zu setzen und den Gläubiger in die Lage zu versetzen, die tatsächliche Herrschaft über die Räume auszuüben (§ 180 Nr. 1, 2 GVGA). Bei der Räumung von Wohnraum setzt der GV den Räumungstermin auf einen Zeitpunkt nach Ablauf der etwaigen gerichtlichen *Räumungsfrist* fest (§ 181 GVGA). Der GV teilt sowohl dem Gläubiger als auch dem Schuldner Tag und Stunde der beabsichtigten Vollstreckung mit. Dem Schuldner ist der Vollstreckungstermin zuzustellen. Zwischen dem Tag der Zustellung und dem Termin müssen wenigstens drei Wochen liegen (§ 180 Nr. 2 GVGA). Durch den Räumungstermin soll dem Schuldner Gelegenheit zur freiwilligen Herausgabe der Räume und Ersatzbeschaffung gegeben werden. Besteht die Möglichkeit, dass der Schuldner *obdachlos* wird, benachrichtigt der GV die zuständige Verwaltungsbehörde (§ 181 Nr. 2 GVGA). Werden Personen angetroffen, die im Titel nicht genannt sind, aber Gewahrsam bzw. Mitgewahrsam behaupten, hat der GV die jetzt unzulässig gewordene Vollstreckung abzubrechen und dem Gläubiger den Auftrag zwecks „Nachbesserung" zurückzugeben.

Für die Räumungskosten ist der Gläubiger dem GV vorschusspflichtig (§ 180 Nr. 5 GVGA, § 5 GVKostG).

Weitere Aufgabe des Gerichtsvollziehers ist die Abnahme der *eidesstattlichen Versicherung* gem. § 807 ZPO (s. u.).

Einführung

Neben den Vollstreckungshandlungen aufgrund zivilrechtlicher Urteile obliegt dem Gerichtsvollzieher auch die *Beitreibung der Entschädigung* für das Opfer einer Straftat (§§ 406 StPO, 211 GVGA) und die *Beitreibung einer verfallenen Kaution* zur Abwendung der Untersuchungshaft (§§ 124 StPO, 212 GVGA). Außerdem vollstreckt der GV wegen *Geldstrafen, Geldbußen, Ordnungs- und Zwangsgeldern* und *Gerichtskosten* (§ 261 GVGA) und auch dann, wenn andere Bundes- oder Landesbehörden ihn um die Beitreibung ihrer Ansprüche ersuchen (§ 273 GVGA).

Für die besonders unangenehmen Seiten des Gerichtsvollzieherberufes, z. B. die *Herausgabevollstreckung* eines Kindes (§§ 1632, 1666, 1666 a BGB) oder eines Unterzubringenden, gibt es bedauerlicherweise weder erläuternde gesetzliche Bestimmungen noch ausführliche Hinweise und Handlungsanleitungen in der GVGA. Hier aber wären sie besonders nützlich gewesen, um diesem Gerichtsbediensteten seine ohnehin schwere Aufgabe zu erleichtern.

VI. Offenbarungsverfahren

1. Voraussetzungen und Durchführung

Führt die Durchsuchung beim Schuldner nicht zu einem Erfolg, d. h. verläuft die Pfändung fruchtlos, fertigt der Gerichtsvollzieher ein „Unpfändbarkeitsattest" (§ 807). Damit kann der Gläubiger den Gerichtsvollzieher beauftragen, dem Schuldner die eidesstattliche Versicherung abzunehmen. Der Schuldner ist dann verpflichtet, ein Verzeichnis über sein gesamtes Vermögen anzufertigen, in Gegenwart des Gerichtsvollziehers zu unterschreiben und die Richtigkeit an Eides statt zu versichern (§§ 899, 900 ZPO). Dabei hat der GV die üblichen Vollstreckungsvoraussetzungen sowie die besonderen Verfahrensvoraussetzungen zu prüfen. Dazu gehört neben der Fruchtlosigkeitsbescheinigung (§ 185 a Nr. 2 b GVGA) insbesondere, dass der Schuldner die Durchsuchung bei einem Vollstreckungsversuch verweigert hat (s. o.). Dabei ist zu prüfen, ob die beabsichtigte Durchsuchung nach Ort, Zeit und Umständen *gerechtfertigt* war (§ 185 a Nr. 2 c GVGA). Die eidesstattliche Versicherung hat der Schuldner vor dem GV persönlich zu leisten (§ 185 a Nr. 1 GVGA). Er bestimmt Ort und Termin und stellt dem Schuldner die Ladung persönlich oder durch die Post zu (§ 185 b Nr. 2, 3 GVGA). Dass der Termin nach pflichtgemäßem Ermessen in der Wohnung des Schuldners stattfinden *kann* (z. B. bei Krankheit des Schuldners), ansonsten aber im Geschäftszimmer des GV stattfinden *soll* (§ 185 b 2. GVGA), legt nahe, dass der Ort nicht willkürlich bestimmt werden darf und der Schuldner nicht, beispielsweise durch die Wahl der Geschäftsräume des Gläubigers, persönlich herabgesetzt wird. Dann dürfte regelmäßig die Erinnerung gem. § 766 ZPO als Rechtsschutz in Betracht kommen. Bei der Durchführung des nicht öffentlichen Termins hat der GV darauf zu achten, dass Dritte vom Inhalt der Sitzung keine Kenntnis erhalten und der Schuldner über die Bedeutung des Termins vollständig aufgeklärt wird (§ 185 d Nr. 1, 2. GVGA).

Die Durchführung eines Termins ist entbehrlich, wenn der Schuldner bei einem fruchtlosen Pfändungsversuch bereit ist, die eidesstattliche Versicherung sofort abzugeben und insoweit ein Auftrag des Gläubigers vorliegt oder der GV vom Einverständnis des Gläubigers ausgehen kann (§ 185 f GVGA). Macht der Schuldner gegenüber dem GV glaubhaft, dass er die Forderung binnen sechs Monaten tilgen werde, kann der GV den *Termin vertagen*, Raten-

Einführung

zahlung bewilligen und die Raten mit Einverständnis des Gläubigers jeweils für diesen einziehen (§ 185 h GVGA). Die Frist kann nochmals um zwei Monate verlängert werden, wenn der Schuldner nach Ablauf der sechs Monate nachweist, dass er drei Viertel der Forderung beglichen hat (§ 900 III ZPO).
Erhebt der Schuldner im Termin *Widerspruch* gegen die Verpflichtung zur Abgabe der eidesstattlichen Versicherung, den der GV für begründet hält, weist er bei unbehebbaren Mängeln den Auftrag zurück oder bestimmt bei behebbaren Mängeln einen neuen Termin (§ 185 i Nr. 1, 1. GVGA). Hält der GV die Gründe des Schuldners für unzutreffend, hebt der GV den Termin auf und legt dem Vollstreckungsgericht die Akte zur Entscheidung vor (§ 185 i Nr. 3, 4. GVGA). Im Gegensatz zu den sonst geltenden verfahrensrechtlichen Vorschriften darf der Widerspruch *nicht schriftlich* eingereicht werden. Vielmehr muss der Schuldner zum Termin erscheinen und dort seinen Widerspruch mündlich vortragen (§ 900 IV ZPO). Nach teilweise obergerichtlicher Rechtsprechung gilt das selbst dann, wenn das Gericht seine Amtspflichten verletzt hat und der Schuldner zu Recht rügt, dass die Vollstreckungsvoraussetzungen fehlen oder das Gericht die Verfahrensvoraussetzungen nicht geprüft hat. Das hat insofern auch Bedeutung, als sich der Schuldner vor dem Termin weder per Anwalt wirksam einlassen kann noch sich im Termin anwaltlich vertreten lassen darf. Der Gesetzgeber ist gefordert, diese unzeitgemäße und wenig sinnvolle Regelung abzuschaffen. Begründet der Schuldner seinen Widerspruch *überhaupt nicht*, ist dieser unbeachtlich und der GV legt seine Akte dem Vollstreckungsgericht zwecks Erlass eines Haftbefehls wegen Verweigerung der Abgabe vor. Das Gleiche gilt, wenn der Schuldner *unentschuldigt* nicht zum Termin erscheint oder Widerspruchsgründe bereits rechtskräftig verworfen sind. Ist dem GV ein Entschuldigungsgrund bekannt, erfolgt eine neue Terminsladung (§ 185 j GVGA).
Das Offenbarungsverfahren ist oft das einzige Mittel, den Schuldner zu bewegen, sein gesamtes Vermögen, auch das außerhalb seiner Räumlichkeiten, anzugeben und dem Zugriff des Gläubigers zu öffnen. Der Gerichtsvollzieher kann bei einer eiligen, oft oberflächlichen Durchsuchung den vollständigen Besitz und Wert der Schuldnersachen nicht immer zutreffend und vollständig erfassen. Das Vermögensverzeichnis kann somit nützliche Anhaltspunkte für Vollstreckungsmöglichkeiten liefern. Schulden sind grundsätzlich nicht anzugeben, wegen der Postenerfassung zu einem konkreten Zeitpunkt sind Darlehenskonten und überzogene Girokonten nach Auffassung des Verfassers ebenfalls nicht anzugeben. Was bei Privatpersonen sinnvoll sein kann, ist in Bezug auf *Selbständige* zu hinterfragen. Sie müssen zusätzlich ihre Auftraggeber und sämtliche Forderungen angeben. Hier wird verlangt, dass der Unternehmer oder Freiberufler in kürzester Frist alle *aktuellen* Ansprüche benennt und zugleich auch eine Bewertung vornimmt. Denn wertlose Forderungen darf er nicht angeben, da er den Gläubiger zu einem sinnlosen, aber aufwendigen Zugriff verleiten würde. Das gilt z. B. für Vertragsverhältnisse, die keine tatsächlichen Erlöse (Kostenüberdeckung) einbringen, etwa die Tätigkeit eines Künstlers gegen Ersatz der Reisekosten, beispielsweise um nach Krankheit wieder Auftrittschancen zu erlangen. Hier könnte die Aufnahme der Geschäftsverbindung und des Auftrages in das Vermögensverzeichnis zu einer Intervention des Gläubigers führen, um den Preis der Vernichtung angestrebter Chancen. Der Selbständige muss also die jeweilige Forderung im Augenblick der Offenbarungsversicherung korrekt bewerten, d. h. die wirt-

Einführung

schaftlichen Verhältnisse seiner Auftraggeber, Kunden oder Mandanten richtig einschätzen. Eine solche Aufgabe bereitet selbst Bankprüfern beim Jahresabschluss Kopfzerbrechen. Bei einer Vielzahl von Ansprüchen scheitert das an der Unmöglichkeit. Bloße *Verdienstmöglichkeiten* braucht der Schuldner nicht anzugeben. Sind die Angaben des Schuldners unrichtig, macht er sich gem. § 156 StGB strafbar.

2. Schuldnerverzeichnis

Mit Abgabe der eidesstattlichen Versicherung wird der Schuldner in das *Schuldnerverzeichnis* („Schwarze Liste") des Amtsgerichts (§§ 915 ff. ZPO, s. auch: SchuVVO) eingetragen, von dem u. a. die zuständige Industrie- und Handelskammer einen Abdruck erhält, die ihrerseits monatlich jedes Kammermitglied, also jeden Gewerbetreibenden, informiert. Die Eintragung hat für den Schuldner existentielle Konsequenzen, über deren Tragweite sich viele nicht im Klaren sind. So erfolgt i. d. R. weder bei Einzelhändlern und Handwerkern eine Leistung gegen Rechnung noch bestehen Bezugsmöglichkeiten bei Versandhäusern. Die Banken „ahnden" die Eintragung üblicherweise mit der Kündigung von Krediten und Konten. D. h. auch Zahlungsverkehr mittels Girokonto ist nicht mehr möglich. Auch bei Dienstverhältnissen mit einer Vertrauensstellung, etwa als Prokurist, Geschäftsführer oder Vorstand einer juristischen Person, z. B. GmbH oder eG, werden Probleme nicht ausbleiben. Die Eintragung in das Schuldnerverzeichnis erfolgt für die Dauer von drei Jahren. Danach wird sie von Amts wegen gelöscht, wenn nicht der – immer noch nicht befriedigte – Gläubiger erneut die Ladung zur Abgabe der Offenbarungsversicherung verlangt. Die Eintragung wird auf Antrag des Schuldners gelöscht, wenn er die Befriedigung des Gläubigers nachweist (§ 915 a ZPO).

Die Institution „Schuldnerregister" gehört nach Auffassung des Verfassers auf den Prüfstand. Die „Schwarze Liste", die von jeher durch die Industrie- und Handelskammern breit gestreut wird, bedeutet wegen der üblichen Verstöße gegen die „Vertraulichkeitsregeln" der §§ 13 II, 15 SchuVVO die unkontrollierte Preisgabe von Vermögensverhältnissen, z. B. eines Schuldners in der Nachbarschaft eines der Kammer angeschlossenen Einzelhändlers und Beziehers der Liste. Der Eintrag bedeutet für den Betroffenen den tatsächlichen wirtschaftlichen Tod, wenn ihm einem Gläubiger wenig genützt ist. Die erhebliche Gefahr, die dem Einzelnen durch Datensammlungen und unbefugte Zugriffe, auch mittels Internet durch unkontrollierte Verbreitung seiner existentiellen Daten entsteht, lässt den Eintrag in das Schuldnerregister und die Verbreitung seines Inhaltes fragwürdig werden, solange der Gesetzgeber nicht den Nachweis eines berechtigten Interesses im Einzelfall einführt, ohne den Auskunft nicht erteilt werden dürfte. Das weithin „blinde Verstreuen" von Schuldnerdaten in Sammellisten ist mit Anforderungen an modernen Datenschutz nicht in Einklang zu bringen.

Zu beachten ist, dass der Schuldner, der nach Abgabe der Offenbarungsversicherung noch Kredit- oder Ratenzahlungsverträge abschließt oder abzuschließen versucht, mit Strafanzeigen rechnen muss, wenn er Zahlungen schuldig bleibt. Die herrschende Meinung geht dann nämlich von Betrug aus. Begründet wird das damit, dass Zahlungsfähigkeit und Kreditwürdigkeit vorgespiegelt werden, obwohl die eidesstattliche Versicherung dokumentiert, dass der Schuldner „nichts" hat. Allerdings liegt hier ein Denkfehler vor: Das bei Gericht vorgelegte Vermögensverzeichnis bezieht sich ausschließlich auf den

Einführung

Stichtag der eidesstattlichen Versicherung. Bereits am nächsten Tag, in jedem Falle jedoch im Laufe der drei Folgejahre verändern sich die Vermögensverhältnisse des Schuldners mehr oder weniger gravierend in Zusammensetzung und Wert. Aus diesem Grunde ist es falsch, wenn lediglich auf die abgegebene Offenbarungsversicherung abgestellt wird, sofern der Schuldner nach dem Stichtag wieder Vermögen erworben hat. Die deutschen Amtsgerichte verzeichneten 2006 (aktuellere Zahlen liegen noch nicht vor) 3.281.343 Anträge auf Abgabe der eidesstattlichen Versicherung und 658. 873 Haftbefehlsanträge zur Erzwingung der Abgabe der EV (Quelle: DGVZ 02/09).

VII. Rechtsschutz in der Zwangsvollstreckung

1. Eilverfahren in der Zwangsvollstreckung

a) Arrest (§§ 916–934 ZPO). Muss der Gläubiger befürchten, dass eine Vollstreckungsmaßnahme zu spät käme, etwa weil der Schuldner die Durchsetzung der Ansprüche rechtswidrig vereiteln will oder das Urteil im Ausland vollstreckt werden müßte (§ 917 ZPO), gibt ihm der Gesetzgeber das Instrument des Arrestes in die Hand. Mit dem *dinglichen Arrest* kann das gesamte Vermögen des Schuldners zugunsten des Gläubigers beschlagnahmt werden (§§ 916, 928, 930, 932 ZPO). Mit dem *persönlichen Arrest* wird der Schuldner in seiner Bewegungsfreiheit eingeschränkt, wenn von ihm die Gefahr ausgeht, dass er die Vollstreckung durch persönliche Handlungen in unlauterer Weise vereiteln wird (§§ 918, 933 ZPO). Da bei dieser Rechtsschutzart normalerweise (noch) kein vollstreckbarer Titel vorliegt bzw. die Vollstreckung noch nicht begonnen hat, stellen Gesetzgeber und Gerichte strenge Anforderungen an die Voraussetzungen einer solchen Entscheidung. Deshalb hat der Antrag auf Arrest nur dann Aussicht auf Erfolg, wenn der Gläubiger Anspruch und Eilbedürftigkeit glaubhaft macht (§§ 916, 917, 920 ZPO). Das geschieht i. d. R. durch Vorlage von Belegen und eidesstattlicher Versicherungen des Antragstellers und/oder von Zeugen. Liegen die Voraussetzungen vor, kann das Gericht auf den einseitigen Antrag des Gläubigers und ohne vorherige Anhörung des Schuldners kurzfristig die begehrte Entscheidung (§ 921 ZPO) erlassen. Da es sich um einen einstweiligen Rechtsschutz im Eilverfahren handelt, der lediglich der *Sicherung* von Ansprüchen dient und bei dem das Gericht nur eine sehr eingeschränkte Prüfung vornehmen konnte, kommt einer Prüfung der Verhältnismäßigkeit durch das Gericht besondere Bedeutung zu. Gegen die Anordnung des Arrestes kann der Betroffene Widerspruch einlegen. Hierauf erfolgt mündliche Verhandlung. Die Vollziehung des Arrestes wird bis zu einer Entscheidung des Gerichts aufgrund der Verhandlung jedoch nicht gehemmt (§ 924 ZPO).

b) Einstweilige Verfügung (§§ 935–945 ZPO). Während der Arrest ausschließlich die Zwangsvollstreckung wegen Geldforderungen sichern soll, kann eine einstweilige Verfügung beantragt werden, wenn zu besorgen ist, dass durch eine Veränderung des bestehenden Zustandes die Verwirklichung des Rechts einer Partei vereitelt oder wesentlich erschwert werden könnte (§ 935 ZPO). Neben dieser *Sicherungsverfügung* kommt auch die einstweilige Verfügung zur *Sicherung des Rechtsfriedens* in Betracht (§ 940 ZPO). Das gilt insbesondere, wenn bei dauernden Rechtsverhältnissen einer Vertragspartei durch das Verhalten der anderen ein wesentlicher Nachteil droht. Das ist bei Mietstreitigkeiten beispielsweise der Fall, wenn der Vermieter dem Mieter eigenmächtig

Einführung

die Strom-, Gas- oder Wasserzufuhr sperrt (vgl. §§ 858, 1004 BGB). Im Wettbewerbsrecht sind einstweilige Verfügungen gang und gäbe, wenn sich ein Wettbewerber durch Bedienen unlauterer Maßnahmen einen Marktvorteil verschaffen will. Wegen der sehr rasch eintretenden wirtschaftlichen Vorteile des einen und Nachteile für den anderen, ist die einstweilige Verfügung oft das einzige Mittel, mit dem sich der „lautere" Wettbewerber schützen kann (§§ 13, 25 UWG).

Aufgrund der hohen Streitwerte im Wettbewerbsrecht wird das Instrument der einstweiligen Verfügung seit Jahrzehnten bedauerlicherweise von wirtschaftlich stärkeren Marktteilnehmern dazu missbraucht, schwächere in den Ruin zu treiben oder sie zur Übergabe ihres Betriebes zu bewegen. Der Gesetzgeber hat dem durch Einfügen des § 23 a in das UWG Rechnung getragen, wonach der Streitwert herabgesetzt werden kann, wenn der volle Streitwert für eine der Parteien „angesichts ihren Vermögens- und Einkommensverhältnissen nicht tragbar erscheint."

Wie beim Arrest ist das Gericht der Hauptsache zuständig, das ohne mündliche Verhandlung entscheiden kann (§ 937 ZPO). Soweit eine mündliche Verhandlung anberaumt wird, findet der Termin wegen der Eilbedürftigkeit i. d. R. binnen einer Woche statt. In der Praxis hat sich eingebürgert, dass der Antragsgegner, der einen Arrest- oder Verfügungsantrag erwartet, bei Gericht eine *Schutzschrift* hinterlegt. In dieser werden die vermuteten Argumente der Gegenseite vorweggenommen und widerlegt, was das Gericht von Amts wegen zu berücksichtigen hat. Eine mündliche Verhandlung lässt sich dann meistens nicht umgehen.

2. Rechtsbehelfe und Rechtsmittel

a) Vorbemerkung. Der Gesetzgeber sieht in der ZPO verschiedene Möglichkeiten vor, den Schuldner vor einem unverhältnismäßigen oder unberechtigten Vollstreckungszugriff zu schützen. Dabei ist stets das Interesse des Schuldners gegen das Interesse des Gläubigers abzuwägen. Denn die Vollstreckung soll ja gerade dazu dienen, den Anspruch des Gläubigers gegen den Schuldner durchzusetzen. Deshalb ist an das *Rechtsschutzinteresse* des Schuldners stets ein strenger Maßstab anzulegen.

Die ZPO kennt als wesentliche Rechtsbehelfe des Schuldners den Vollstreckungsschutzantrag (§ 765 a), die Erinnerung gegen die Art und Weise der Zwangsvollstreckung (§ 766) sowie die Vollstreckungsabwehrklage (§ 767). Über alle drei Rechtsbehelfe entscheidet das Vollstreckungsgericht, das für den Wohnsitz des Schuldners zuständig ist. Mit der Widerspruchsklage (§ 771) steht einem Dritten eine Rechtsschutzmöglichkeit zur Verfügung, wenn die Vollstreckung in sein Eigentum eingreift. Das ZVG sieht zugunsten des Schuldners, neben dem § 765 a ZPO, einen Aufschub der Zwangsversteigerung vor (§ 30 a ZVG). Außerhalb bzw. neben diesen Möglichkeiten stehen dem Betroffenen als letztes Mittel die *Verfassungsbeschwerde* und die *Petition* zur Verfügung.

b) Vollstreckungsschutzantrag gem. § 765 a ZPO. Der Vollstreckungsschutzantrag ist darauf gerichtet, die Zwangsvollstreckung ganz oder teilweise aufzuheben, wenn die Vollstreckungsmaßnahme bereits begonnen hat, sie zu untersagen, wenn die Vollstreckungsmaßnahme bevorsteht oder einstweilen, d. h. für einen begrenzten Zeitraum, einzustellen. Diese Entscheidungen darf das Gericht zugunsten des Schuldners nur treffen, wenn die Maßnahme

Einführung

„wegen ganz besonderer Umstände eine Härte bedeutet, die mit den guten Sitten nicht vereinbar ist." An dieser Formulierung kann man ablesen, dass ein solcher „Vollstreckungsschutzantrag" nur unter besonderen Umständen und in *Ausnahmefällen* zum Tragen kommt. Andere Maßstäbe sind beim Räumungsschutz anzulegen (s. o.). Der Antrag ist zulässig, bei allen Vollstreckungsmaßnahmen und allen Vollstreckungsarten. Er ist weder form- noch fristgebunden. Der Antrag kann schriftlich oder mündlich zu Protokoll der Geschäftsstelle erklärt werden. Voraussetzung ist, wie stets, das Rechtsschutzbedürfnis. Es beginnt, sobald die Zwangsvollstreckung droht, d. h. sobald ein vollstreckbarer Titel vorliegt. Das Rechtsschutzbedürfnis endet, wenn die Vollstreckungsmaßnahme beendet ist, denn gegen eine bereits durchgeführte Maßnahme kann es keinen wirksamen Rechtsschutz mehr geben. Zur Entscheidung über den Antrag ist der Rechtspfleger des Vollstreckungsgerichts berufen (§ 20 Nr. 17 RPflG). Wird der Antrag abgelehnt, ist hiergegen die *sofortige Beschwerde* (§ 793 ZPO) möglich. Aussichtsreicher als der Vollstreckungsschutzantrag ist die Kontaktaufnahme mit dem Gläubiger und die Bitte um Aufschub.

c) Erinnerung (§ 766 ZPO). Vollstreckungserinnerung nennt man die formlose Eingabe, bei der die Verletzung von Formvorschriften bei der Vollstreckung oder die Art und Weise der Zwangsvollstreckung gerügt wird. Gegenstand der Erinnerung ist also hauptsächlich das vom Gerichtsvollzieher bei der Vollstreckung „zu beobachtende Verfahren". So etwa, wenn der Gerichtsvollzieher ohne richterliche Anordnung in die Räume des Schuldners eindringt, vom Pfändungsschutz umfasste Gegenstände wegnimmt oder in Sachen vollstreckt, die ganz offensichtlich nicht dem Schuldner gehören. Mit der Erinnerung kann sich auch der Untermieter zur Wehr setzen, wenn wegen einer Schuld des (Ver-)Mieters gegen ihn vorgegangen wird, was nicht rechtmäßig ist. Die Erinnerung ist ein *gerichtliches Eilverfahren*. Deshalb ist das Gericht verpflichtet, nach Eingang des Antrages unverzüglich zu entscheiden. Es kann die Vollstreckungshandlung als unzulässig untersagen, die Zwangsvollstreckung vorläufig einstellen, die Zwangsvollstreckung beschränken, aber natürlich auch die Erinnerung, also den Antrag, abweisen.

Wird der Antrag abgewiesen, kann der „Erinnerungsführer", also der Betroffene, „sofortige Beschwerde" (§ 793 ZPO) beim Landgericht einlegen. Das Erinnerungsverfahren und das anschließende Beschwerdeverfahren unterliegen *nicht dem Anwaltszwang*. Der Antrag ist nicht fristgebunden. Er kann schriftlich oder mündlich zu Protokoll der Geschäftsstelle gestellt werden. Eine Erinnerung ist begründet, wenn die Zwangsvollstreckungsmaßnahme nicht so durchgeführt werden durfte wie geschehen. In der Praxis scheitert eine begründete Erinnerung oft bereits daran, dass die *Gerichtsvollziehergeschäftsanweisung (GVGA)*, die das „zu beobachtende Verfahren" des GV regelt, nur wenig bekannt ist (s. o.).

d) Vollstreckungsabwehrklage (§ 767 ZPO). Mit der Vollstreckungsabwehrklage (§ 767 ZPO) wendet sich der Schuldner gegen den Anspruch des Gläubigers selbst. Dieser Anspruch ist aber bereits tituliert und zur Zwangsvollstreckung freigegeben. Die Abwehrklage soll nun dazu dienen, die *Vollstreckbarkeit* des Anspruches zu beseitigen. Diese Schutzklage ist nur zulässig, wenn die möglichen Einwendungen des Schuldners erst *nach* der Titulierung entstanden sind. Das ist beispielsweise dann der Fall, wenn der Gläubiger die Schuld erlässt, stundet oder der Schuldner ein Zurückbehaltungsrecht ausüben kann. Außerdem ist die Vollstreckungsabwehrklage zulässig, wenn der Schuldner im

Einführung

Erkenntnisverfahren vor dem Prozessgericht *gehindert* war, seine Einwendungen rechtzeitig vorzubringen. Sobald der Schuldner wieder die Möglichkeit des Nachweises erlangt, gibt ihm das Gesetz das Recht, seine Einwendungen jetzt *nachzuholen*. Bis zu einer endgültigen Entscheidung des Gerichts kann es die Einstellung oder Beschränkung der Zwangsvollstreckung anordnen (§ 769 ZPO). Gegen das Urteil ist die *Berufung* nur noch unter bestimmten Voraussetzungen gegeben.

e) Widerspruchsklage gem. § 771 ZPO. Einen ganz anderen Charakter hat die Widerspruchsklage (§ 771 ZPO). Hier ist nicht der Schuldner, sondern ein Dritter von der Zwangsvollstreckung betroffen. Denn der Gerichtsvollzieher darf in alle pfändbaren Sachen vollstrecken, an denen der Schuldner Gewahrsam hat, d. h. die sich in seinen Räumen befinden, aber dritten Personen gehören. Deshalb muss der an sich *unbeteiligte Dritte* die Möglichkeit haben, die Verwertung seines gepfändeten Eigentums zu unterbinden. In der Praxis kommt das oftmals vor, wenn der Schuldner ein Fahrzeug oder Geräte geleast oder geliehen hat und der Gerichtsvollzieher dieses pfändet. Dann ist der Schuldner verpflichtet, den Leasinggeber, Vermieter oder Verleiher hiervon unverzüglich zu unterrichten, damit nicht dessen Eigentum in die Pfandkammer verbracht und womöglich versteigert wird. Der „Dritte" hat dann das Recht, bei dem zuständigen Gericht „Widerspruchsklage" zu erheben und nachzuweisen, dass *er*, und nicht der Schuldner, Eigentum an den gepfändeten Sachen hat. Gelingt der Nachweis, beispielsweise durch geeignete Belege oder Zeugen, sind dem Dritten die Sachen wieder herauszugeben. Kann der tatsächliche Eigentümer seine Eigentumsrechte nicht glaubhaft machen, sind seine Sachen „verloren". Dem bisherigen Eigentümer bleibt dann nur die Teilnahme an der Versteigerung, die in der Lokalzeitung öffentlich bekanntgemacht wird. Hier kann er mitbieten und sein „ehemaliges" Eigentum selbst wieder erwerben. Zu viel Verdruss führt in diesem Zusammenhang die Vollstreckung gegen Partner in einer *ehelichen oder nichtehelichen Lebensgemeinschaft*, die gemeinsame Räume bewohnen, bei Bürogemeinschaften oder gemeinsamen Lagerräumen von „shop-in-shop"-Systemen.

Das Rechtsschutzbedürfnis für die Widerspruchsklage besteht vom Beginn bis zur Beendigung der Vollstreckungsmaßnahme. Bis zu diesem Zeitpunkt, d. h. dem Abschluss der Verwertung, kann die Klage erhoben werden. Sie hat zunächst *keine hemmende Wirkung* bezüglich der laufenden Vollstreckung. Aus diesem Grunde kann der Kläger eine *einstweilige Anordnung* und damit die Einstellung der Zwangsvollstreckung beantragen (§ 771 III ZPO). Gegen das Urteil kann ggf. Berufung (§§ 511 ff. ZPO) eingelegt werden.

f) Versteigerungsaufschub (§ 30 a ZVG). Das Versteigerungsverfahren kann sowohl auf Antrag des Gläubigers (§ 30 ZVG) als auch auf Antrag des Schuldners für die Dauer von sechs Monaten *eingestellt* werden, wenn Aussicht besteht, dass dadurch die Versteigerung vermieden werden kann (§ 30 a I ZVG). Dabei sind die schutzwürdigen Belange des Schuldners zu berücksichtigen. Der Schuldnerschutz wird hier mit dem Erfordernis der Glaubhaftmachung einer Sanierungsmöglichkeit verknüpft. Er muss beispielsweise nachweisen, dass er sich selbst um einen Verkauf des Objektes, beispielsweise unter Einschaltung von Maklern, bemüht und wenigstens eine Erfolgschance besteht. Damit soll eine Verschleuderung der Immobilie weit unter dem Verkehrswert vermieden werden. Die Fristgewährung kommt also bei ernstlichem Bestreben sowohl dem Schuldner als auch dem Gläubiger zugute. Das Gericht kann die Einstellung mit Auflagen verbinden (§ 30 a III–V ZVG) und

Einführung

den Aufschub ein weiteres Mal einräumen (§ 30 c I ZVG), soweit dem Gläubiger dies in Anbetracht seiner gesamten wirtschaftlichen Verhältnisse zugemutet werden kann.

g) Verfassungsbeschwerde (Art. 93 GG). Die Unverletzlichkeit der Wohnung – und der Betriebs- und Geschäftsräume – ist durch die Verfassung (Art. 13 GG) garantiert. Bei der Zwangsvollstreckung wird dieser Grundsatz kraft ausdrücklicher gesetzlicher Regelung durchbrochen (Art. 19 GG), damit die erforderlichen Maßnahmen ggf. auch gegen den Willen des Schuldners durchgesetzt werden können. Soweit sich dennoch bei der Zwangsvollstreckung eine *Grundrechtsverletzung* ergeben sollte, kann die Verfassungsmäßigkeit der Maßnahme nachgeprüft werden (Art. 93 I Nr. 4 a, 94 GG, § 90 BVerfGG).

h) Petition (Art. 17 GG). Die Petition ist ein formloser Rechtsbehelf, der sich aus dem Grundgesetz (Art. 17), ergibt. Danach können sich Bürger jederzeit mit Fragen, Anregungen und Bitten an die zuständige Volksvertretung wenden. Dieser vielfach *unterschätzte Rechtsbehelf* kommt dann in Betracht, wenn andere Rechtsschutzmöglichkeiten versagt haben. Petitionsausschüsse sind bei Bund und Ländern eingerichtet. Sie arbeiten unabhängig von anderen parlamentarischen Gremien und Behörden. Sie können Akten anfordern und Zeugen oder Sachverständige laden. Die Petition führt regelmäßig zur *Überprüfung der Sache* und des Verwaltungs- bzw. Justizhandelns.

VIII. Strafbare Handlungen

1. Straftaten des Schuldners

Der von der Vollstreckung bedrohte Schuldner gerät oft in Versuchung, sich sein Eigentum zu erhalten und es dem Zugriff des Gerichtsvollziehers oder sonst Berechtigten zu entziehen.

a) Pfandkehr (§ 289 StGB). Hauptfall des Berechtigten ist der Vermieter als „Pfandgläubiger", wenn ausdrücklich ein *Vermieterpfandrecht* an den eingebrachten Sachen vereinbart ist. Für das Vermieterpfandrecht gelten die Vorschriften des § 811 ZPO entsprechend, mit der Konsequenz, dass alle diesem Paragraphen unterfallenden Sachen unpfändbar sind und vom Vermieter nicht an sich genommen werden dürfen. Ein Zugriff des Vermieters auf grundsätzlich der Pfändung unterworfene Sachen ist ausschließlich auf die im alleinigen Eigentum des Mieters stehenden Gegenstände beschränkt. Ein Pfandrecht des Vermieters an Sachen, die im Miteigentum des Mieters stehen, so etwa bei Büro- und Geschäftsstellengemeinschaften, ist ausgeschlossen. Theoretisch ist der Miteigentumsanteil des Mietschuldners pfändbar, in der Praxis haben jedoch in Einzelteile zersägte Gegenstände nur noch geringen Nutzen und Wert. Ist der Pfandfall eingetreten und schafft der Mieter seine Habe ganz oder teilweise aus den Mieträumen, macht er sich der Pfandkehr gem. § 289 StGB strafbar und riskiert eine Freiheitsstrafe bis zu drei Jahren oder Geldstrafe.

b) Vollstreckungsvereitelung (§ 288 StGB). Der in der Praxis häufiger vorkommende Fall ist das „Vereiteln der Zwangsvollstreckung" (§ 288 StGB). Danach kann bestraft werden, wer, bei drohender Zwangsvollstreckung, Bestandteile seines Vermögens veräußert oder *beiseite schafft,* um die Befriedigung des Gläubigers zu vereiteln. Dabei muss für den Schuldner erkennbar sein, dass der Gläubiger binnen kurzem seine Forderung zwangsweise durchsetzen will.

Einführung

Wann das der Fall ist, ist *umstritten*. Eindeutig ist, dass die Zwangsvollstreckung mit Fälligkeit der Forderung, Zahlungserinnerungen oder Mahnungen noch nicht droht. Mit Zustellung eines gerichtlichen Mahnbescheides ist allerdings davon auszugehen, dass der Gläubiger seine Ansprüche ggf. zwangsweise durchsetzen wird. Der Schuldner, der Vermögensteile dem Zugriff des Vollstreckungsorgans entzieht, muss mit einer Freiheitsstrafe bis zu zwei Jahren oder einer Geldstrafe rechnen.

c) Verstrickungsbruch (§ 136 StGB). Auch das Beiseiteschaffen, Beschädigen oder Zerstören einer bereits gepfändeten Sache sowie das Beschädigen oder Entfernen von dienstlichen Siegeln (z. B. Pfandsiegel) wird bestraft. Die Freiheitsstrafe kann bei diesem „Verstrickungsbruch; Siegelbruch" (§ 136 StGB) ein Jahr betragen, auch Geldstrafe ist möglich.

d) Falsche eidesstattliche Versicherung (§ 156 StGB). Strafbar mit Freiheitsstrafe bis zu drei Jahren oder Geldstrafe ist auch die falsche Abgabe einer eidesstattlichen Versicherung. Sie ist falsch, wenn das Vermögensverzeichnis falsche Angaben enthält oder unvollständig ist. Auch das Angeben von Vermögenswerten, die tatsächlich nicht oder so nicht vorhanden sind und den Gläubiger zu sinnlosen Vollstreckungszugriffen veranlassen, ist strafbar. Unterlassene Angaben, die objektiv für den Gläubiger wertlos sind, sind straffrei. Hier ist jedoch ein strenger Maßstab anzulegen. Ehrentätigkeiten, für die tatsächlich keine Vergütung gezahlt wird, brauchen im Vermögensverzeichnis nicht angegeben werden. Hier führte der Vollstreckungsversuch lediglich zu einer Diskriminierung des Schuldners und zum möglichen Verlust der Tätigkeit, ohne dem Gläubiger irgendeinen Nutzen zu bringen. In solchen Fällen besteht kein Rechtsschutzbedürfnis des Gläubigers an der Angabe der Tätigkeit.

2. Straftaten des Gläubigers

Sie kommen gar nicht so selten vor, wie allgemein angenommen wird. Insbesondere wenn Unternehmen in eine Liquiditätskrise geraten oder insolvent werden, spekulieren manche „ehrbaren Kaufleute" darauf, dass das Management in dieser Stresssituation den Überblick verliert und nicht mehr in der Lage ist, sich um Details zu kümmern. Dann kann es vorkommen, dass *Mahnbescheide* für Leistungen beantragt werden, die nie oder nicht in diesem Umfange erbracht wurden. Reagiert das Management nicht rechtzeitig mit Einlegen des Widerspruchs, ergeht ohne weiteres Vollstreckungsbescheid und der „Gläubiger" kann sich am noch vorhandenen Vermögen des Unternehmens oder dem Privatvermögen des Selbständigen bereichern. Je weiter die Notsituation gediehen ist und Auflösungserscheinungen, auch nach Entlassungen, vorliegen, umso aussichtsreicher ist der Erfolg dieses Vorgehens. Eine spätere Nachprüfung führt in den seltensten Fällen zu Konsequenzen. Zum einen, weil eine solche gar nicht stattfindet: Gerade mittelständische Unternehmer haben bei einem „Crash" nicht die notwendigen Geldmittel, einen Rechtsanwalt mit Abwicklung und Aufarbeitung zu beauftragen. Zum anderen, weil der ehemalige Selbständige ohne Personal wegen des Umfangs der Arbeiten kaum zur Aktensichtung und Aufgreifen verschiedener Vorgänge in der Lage ist. Einschlägig ist der *Straftatbestand des Betruges* (§ 263 StGB).

Einführung

3. Straftaten der Vollstreckungsorgane

Während der Schuldner straffällig wird, wenn er sein Vermögen rechtswidrig erhalten will, begehen das Gericht (Richter, Rechtspfleger) und Vollstreckungsbedienstete Straftaten zumeist aus Bequemlichkeit. Wichtigste in Betracht kommende Straftat ist die *Rechtsbeugung* (§ 339 StGB). Dabei wird eine „Rechtssache" zum Nachteil einer Partei, also Gläubiger oder Schuldner, „geleitet" oder entschieden. Hierher gehören aus Nachlässigkeit des Gerichts bewusst liegengelassene oder pauschal, ohne nähere Prüfung, abgewiesene Anträge des Gläubigers oder des Schuldners. Aber auch Entscheidungen bzgl. Durchsuchungsanordnungen und Haftbefehlen werden vollständig ohne oder nach bewusst oberflächlicher Prüfung getroffen. *Körperverletzung im Amt* (§ 340 StGB) kommt beispielsweise in Betracht, wenn ein erkrankter, haftunfähiger Schuldner in die Justizvollzugsanstalt eingewiesen wird und er am Wochenende keine ärztliche Hilfe erhält, oder der Gerichtsvollzieher bei der Wohnungsräumung eines Zuckerkranken, trotz Hinweises, das Insulin einpacken und fortschaffen lässt und hieraus gesundheitliche Nachteile entstehen. Hier sind nur wenige Fälle bekannt und noch weniger abgeurteilt worden. Das muss nicht bedeuten, dass diese Personengruppe weniger zu Straftaten neigt als andere.

IX. Fazit und Ausblick

Jede Zwangsvollstreckungsmaßnahme setzt einen Schlusspunkt: Für den Gläubiger mag sie die Vollendung eines prozessual errungenen Sieges sein. Für den Schuldner bedeutet es mindestens Unannehmlichkeiten, Vermögensverlust, oft den beruflichen und persönlichen Ruin. Der Gläubiger, den der Betrieb des Schuldners zerschlägt, kann damit normalerweise zugleich die Hoffnung begraben, jemals Befriedigung zu erlangen. Dem Schuldner bleibt wegen der sehr restriktiv angewandten Regelungen des Vollstreckungsrechts oft nur lebenslängliches „Täuschen und Tarnen", sofern er nicht der Sozialunterstützung anheimfällt. Soweit die Gräben zwischen Gläubiger und Schuldner nicht unüberbrückbar sind, ist es immer, auch im Interesse des Gemeinwesens, wünschenswert, den *Rechtsfrieden* wiederherzustellen. Das formalistische Vollstreckungsrecht gab der Justiz bislang wenig Möglichkeiten, auf einen Ausgleich im Vollstreckungsverfahren hinzuwirken. Dort, wo solche bestanden, sei es auch nur durch die Anregung des Vollstreckungsgerichts zu einer formlosen Erörterung mit den Parteien, wurden sie selten genutzt. Das mag auch am *Selbstverständnis der Richter und Rechtspfleger* liegen, die sich zu oft nur in der Rolle sehen, den erstrittenen Titel Paragraph für Paragraph und Buchstabe für Buchstabe für den Gläubiger durchzusetzen und die Prüfung schutzwürdiger Belange des Schuldners als lästiges Übel betrachten.

Der vor Ort agierende *Gerichtsvollzieher*, zur Einschätzung in der Lage und letztes Glied in der Kette, hatte als „Vollstrecker" kaum Einflussmöglichkeiten, einen menschlich ausgleichenden Zug in das rollende Verfahren zu bringen. Dennoch sind beispielsweise den Schuldnerberatungsstellen, quer durch unseren Staat, zahlreiche Fälle bekannt, in denen Gerichtsvollzieher im Graubereich agierten, um die Maschinerie der Vollstreckungsjustiz abzubremsen, zwischen der es Schuldner zerrieben zu werden drohte, ohne dass es dem Gläubiger genützt hätte. Legal hatte der GV in der Vergangenheit bei seiner Tätigkeit keinen bzw. nur wenig Ermessensspielraum. Die *Generalklausel* des

Einführung

§ 806 b ZPO i. V. m. § 114 a GVGA eröffnet die Möglichkeit eines, wenn auch bescheidenen, individuellen Vorgehens. Demnach ist der Gerichtsvollzieher zu allen Maßnahmen, die ihm zu einer gütlichen Erledigung des Verfahrens geeignet erscheinen, ausdrücklich „in jeder Lage des Verfahrens, auch bei der Verhaftung des Schuldners ... ermächtigt" (§ 114 a Nr. 1 GVGA). Damit geht die *Aufwertung eines Berufsstandes* einher, dem im Laufe der Zeit die Rolle des Wanderers zwischen den Welten „Justiz" und „Sozialarbeit" erwachsen ist. Die Reform des Vollstreckungsrechts[1] mit veränderten Aufgaben und erweiterten Befugnissen des Gerichtsvollziehers wird im Rahmen steigender Anforderungen und Qualifizierung künftig eine grundlegende Umstrukturierung des Berufsbildes mit sich bringen. Obwohl der Gesetzgeber sich immer noch nicht dazu durchringen konnte, das Vollstreckungsrecht komplett einer Neuerung zu unterziehen, bleibt zu wünschen, dass die Gerichtsvollzieher durch die unbürokratische und individuelle Erfüllung ihrer Aufgaben zugleich hier und da ein Umdenken in den Justizbüros bewirken. Das bedeutet die Chance auf mehr Einzelfallgerechtigkeit, wohl abgewägten Interessensausgleich und damit ein etwas menschlicheres Gesicht unserer monetär ausgerichteten Gesellschaft.

---

[1] Eine immerhin weitgehende Teilreform hat der Gesetzgeber in 2009 u. a. mit dem *Gesetz zur Reform der Sachaufklärung in der Zwangsvollstreckung* umgesetzt. Die Neuerungen werden jedoch nach einer langen Übergangszeit erst am 1. Januar 2013 wirksam und sind deshalb in dem vorliegenden Band noch nicht berücksichtigt. *Das Gesetz über die Internetversteigerung in der Zwangsvollstreckung*, das die Verwertung durch den Gerichtsvollzieher wesentlich erleichtern soll, greift erst nach Erlass und in Kraft treten von Rechtsverordnungen durch die einzelnen Bundesländer. Das *Gesetz zur Reform des Kontopfändungsschutzes* tritt am 1. Juli 2010 in Kraft. Danach kann der Schuldner ein sogenanntes P-Konto einrichten, auf das er den pfändungsfreien Betrag (Existenzminimum, derzeit 985,00 Euro) gutbuchen lassen kann. Dieses Konto ist dem Zugriff des Gläubigers entzogen.

I. Gesetzliche Hauptbestimmungen zur Zwangsvollstreckung

1. Zivilprozessordnung[1)2)]

In der Fassung der Bekanntmachung vom 5. Dezember 2005[3)]
(BGBl. I S. 3202, ber. 2006 S. 431 u. 2007 S. 1781)

FNA 310-4

zuletzt geänd. durch Art. 3 G zur Erleichterung elektronischer Anmeldungen zum Vereinsregister und and. vereinsrechtl. Änd. v. 24. 9. 2009 (BGBl. I S. 3145)

– Auszug –

Buch 1 bis 7

§§ 1–703 d *(vom Abdruck wurde abgesehen)*

Buch 8. Zwangsvollstreckung

Abschnitt 1. Allgemeine Vorschriften

§ 704 Vollstreckbare Endurteile. Die Zwangsvollstreckung findet statt aus Endurteilen, die rechtskräftig oder für vorläufig vollstreckbar erklärt sind.

§ 705 Formelle Rechtskraft. [1]Die Rechtskraft der Urteile tritt vor Ablauf der für die Einlegung des zulässigen Rechtsmittels oder des zulässigen Einspruchs bestimmten Frist nicht ein. [2]Der Eintritt der Rechtskraft wird durch rechtzeitige Einlegung des Rechtsmittels oder des Einspruchs gehemmt.

§ 706 Rechtskraft- und Notfristzeugnis. (1) Zeugnisse über die Rechtskraft der Urteile sind auf Grund der Prozessakten von der Geschäftsstelle des Gerichts des ersten Rechtszuges und, solange der Rechtsstreit in einem höheren Rechtszug anhängig ist, von der Geschäftsstelle des Gerichts dieses Rechtszuges zu erteilen.

(2) [1]Soweit die Erteilung des Zeugnisses davon abhängt, dass gegen das Urteil ein Rechtsmittel nicht eingelegt ist, holt die Geschäftsstelle des Gerichts des ersten Rechtszuges bei der Geschäftsstelle des für das Rechtsmittel zuständigen Gerichts eine Mitteilung in Textform ein, dass bis zum Ablauf der Notfrist eine Rechtsmittelschrift nicht eingereicht sei. [2]Einer Mitteilung durch die Geschäftsstelle des Revisionsgerichts, dass ein Antrag auf Zulassung der Revision nach § 566 nicht eingereicht sei, bedarf es nicht.

[1)] Die Änderungen durch G v. 7. 7. 2009 (BGBl. I S. 1707) treten teilweise erst **mWv 1. 1. 2012** in Kraft und sind insoweit im Text noch nicht berücksichtigt.
[2)] Die Änderungen durch G v. 29. 7. 2009 (BGBl. I S. 2258) treten teilweise erst **mWv 1. 1. 2013** in Kraft und sind insoweit im Text noch nicht berücksichtigt.
[3)] Neubekanntmachung der ZPO idF der Bek. v. 12. 9. 1950 (BGBl. I S. 533) in der ab 21. 10. 2005 geltenden Fassung.

§ 707 Einstweilige Einstellung der Zwangsvollstreckung. (1) ¹Wird die Wiedereinsetzung in den vorigen Stand oder eine Wiederaufnahme des Verfahrens beantragt oder die Rüge nach § 321a erhoben oder wird der Rechtsstreit nach der Verkündung eines Vorbehaltsurteils fortgesetzt, so kann das Gericht auf Antrag anordnen, dass die Zwangsvollstreckung gegen oder ohne Sicherheitsleistung einstweilen eingestellt werde oder nur gegen Sicherheitsleistung[1]) stattfinde und dass die Vollstreckungsmaßregeln gegen Sicherheitsleistung aufzuheben seien. ²Die Einstellung der Zwangsvollstreckung ohne Sicherheitsleistung ist nur zulässig, wenn glaubhaft gemacht wird, dass der Schuldner zur Sicherheitsleistung nicht in der Lage ist und die Vollstreckung einen nicht zu ersetzenden Nachteil bringen würde.

(2) ¹Die Entscheidung ergeht durch Beschluss. ²Eine Anfechtung des Beschlusses findet nicht statt.

§ 708 Vorläufige Vollstreckbarkeit ohne Sicherheitsleistung. Für vorläufig vollstreckbar ohne Sicherheitsleistung sind zu erklären:

1. Urteile, die auf Grund eines Anerkenntnisses oder eines Verzichts ergehen;
2. Versäumnisurteile und Urteile nach Lage der Akten gegen die säumige Partei gemäß § 331a;
3. Urteile, durch die gemäß § 341 der Einspruch als unzulässig verworfen wird;
4. Urteile, die im Urkunden-, Wechsel- oder Scheckprozess erlassen werden;
5. Urteile, die ein Vorbehaltsurteil, das im Urkunden-, Wechsel- oder Scheckprozess erlassen wurde, für vorbehaltlos erklären;
6. Urteile, durch die Arreste oder einstweilige Verfügungen abgelehnt oder aufgehoben werden;
7. Urteile in Streitigkeiten zwischen dem Vermieter und dem Mieter oder Untermieter von Wohnräumen oder anderen Räumen oder zwischen dem Mieter und dem Untermieter solcher Räume wegen Überlassung, Benutzung oder Räumung, wegen Fortsetzung des Mietverhältnisses über Wohnraum auf Grund der §§ 574 bis 574b des Bürgerlichen Gesetzbuchs sowie wegen Zurückhaltung der von dem Mieter oder dem Untermieter in die Mieträume eingebrachten Sachen;
8. Urteile, die die Verpflichtung aussprechen, Unterhalt, Renten wegen Entziehung einer Unterhaltsforderung oder Renten wegen einer Verletzung des Körpers oder der Gesundheit zu entrichten, soweit sich die Verpflichtung auf die Zeit nach der Klageerhebung und auf das ihr vorausgehende letzte Vierteljahr bezieht;
9. Urteile nach §§ 861, 862 des Bürgerlichen Gesetzbuchs auf Wiedereinräumung des Besitzes oder auf Beseitigung oder Unterlassung einer Besitzstörung;
10. Berufungsurteile in vermögensrechtlichen Streitigkeiten;
11. andere Urteile in vermögensrechtlichen Streitigkeiten, wenn der Gegenstand der Verurteilung in der Hauptsache 1 250 Euro nicht übersteigt oder

---

[1]) Sicherheitsleistung durch Hinterlegung: HinterlegungsO v. 10. 3. 1937 (RGBl. I S. 285), zuletzt geänd. durch G v. 23. 11. 2007 (BGBl. I S. 2614).

Abschnitt 1. Allgemeine Vorschriften §§ 709–713 ZPO 1

wenn nur die Entscheidung über die Kosten vollstreckbar ist und eine Vollstreckung im Wert von nicht mehr als 1 500 Euro ermöglicht.

§ 709 Vorläufige Vollstreckbarkeit gegen Sicherheitsleistung. ¹ Andere Urteile sind gegen eine der Höhe nach zu bestimmende Sicherheit für vorläufig vollstreckbar zu erklären. ² Soweit wegen einer Geldforderung zu vollstrecken ist, genügt es, wenn die Höhe der Sicherheitsleistung in einem bestimmten Verhältnis zur Höhe des jeweils zu vollstreckenden Betrages angegeben wird. ³ Handelt es sich um ein Urteil, das ein Versäumnisurteil aufrechterhält, so ist auszusprechen, dass die Vollstreckung aus dem Versäumnisurteil nur gegen Leistung der Sicherheit fortgesetzt werden darf.

§ 710 Ausnahmen von der Sicherheitsleistung des Gläubigers. Kann der Gläubiger die Sicherheit nach § 709 nicht oder nur unter erheblichen Schwierigkeiten leisten, so ist das Urteil auf Antrag auch ohne Sicherheitsleistung für vorläufig vollstreckbar zu erklären, wenn die Aussetzung der Vollstreckung dem Gläubiger einen schwer zu ersetzenden oder schwer abzuwendenden Nachteil bringen würde oder aus einem sonstigen Grund für den Gläubiger unbillig wäre, insbesondere weil er die Leistung für seine Lebenshaltung oder seine Erwerbstätigkeit dringend benötigt.

§ 711 Abwendungsbefugnis. ¹ In den Fällen des § 708 Nr. 4 bis 11 hat das Gericht auszusprechen, dass der Schuldner die Vollstreckung durch Sicherheitsleistung oder Hinterlegung abwenden darf, wenn nicht der Gläubiger vor der Vollstreckung Sicherheit leistet. ² § 709 Satz 2 gilt entsprechend, für den Schuldner jedoch mit der Maßgabe, dass Sicherheit in einem bestimmten Verhältnis zur Höhe des auf Grund des Urteils vollstreckbaren Betrages zu leisten ist. ³ Für den Gläubiger gilt § 710 entsprechend.

§ 712 Schutzantrag des Schuldners. (1) ¹ Würde die Vollstreckung dem Schuldner einen nicht zu ersetzenden Nachteil bringen, so hat ihm das Gericht auf Antrag zu gestatten, die Vollstreckung durch Sicherheitsleistung oder Hinterlegung[1)] ohne Rücksicht auf eine Sicherheitsleistung des Gläubigers abzuwenden; § 709 Satz 2 gilt in den Fällen des § 709 Satz 1 entsprechend. ² Ist der Schuldner dazu nicht in der Lage, so ist das Urteil nicht für vorläufig vollstreckbar zu erklären oder die Vollstreckung auf die in § 720 a Abs. 1, 2 bezeichneten Maßregeln zu beschränken.

(2) ¹ Dem Antrag des Schuldners ist nicht zu entsprechen, wenn ein überwiegendes Interesse des Gläubigers entgegensteht. ² In den Fällen des § 708 kann das Gericht anordnen, dass das Urteil nur gegen Sicherheitsleistung vorläufig vollstreckbar ist.

§ 713 Unterbleiben von Schuldnerschutzanordnungen. Die in den §§ 711, 712 zugunsten des Schuldners zugelassenen Anordnungen sollen nicht ergehen, wenn die Voraussetzungen, unter denen ein Rechtsmittel gegen das Urteil stattfindet, unzweifelhaft nicht vorliegen.

[1)] HinterlegungsO v. 10. 3. 1937 (RGBl. I S. 285), zuletzt geänd. durch G v. 23. 11. 2007 (BGBl. I S. 2614).

§ 714 Anträge zur vorläufigen Vollstreckbarkeit. (1) Anträge nach den §§ 710, 711 Satz 3, § 712 sind vor Schluss der mündlichen Verhandlung zu stellen, auf die das Urteil ergeht.

(2) Die tatsächlichen Voraussetzungen sind glaubhaft zu machen.

§ 715 Rückgabe der Sicherheit. (1) ¹Das Gericht, das eine Sicherheitsleistung des Gläubigers angeordnet oder zugelassen hat, ordnet auf Antrag die Rückgabe der Sicherheit an, wenn ein Zeugnis über die Rechtskraft des für vorläufig vollstreckbar erklärten Urteils vorgelegt wird. ²Ist die Sicherheit durch eine Bürgschaft bewirkt worden, so ordnet das Gericht das Erlöschen der Bürgschaft an.

(2) § 109 Abs. 3 gilt entsprechend.

§ 716 Ergänzung des Urteils. Ist über die vorläufige Vollstreckbarkeit nicht entschieden, so sind wegen Ergänzung des Urteils die Vorschriften des § 321 anzuwenden.

§ 717 Wirkungen eines aufhebenden oder abändernden Urteils.

(1) Die vorläufige Vollstreckbarkeit tritt mit der Verkündung eines Urteils, das die Entscheidung in der Hauptsache oder die Vollstreckbarkeitserklärung aufhebt oder abändert, insoweit außer Kraft, als die Aufhebung oder Abänderung ergeht.

(2) ¹Wird ein für vorläufig vollstreckbar erklärtes Urteil aufgehoben oder abgeändert, so ist der Kläger zum Ersatz des Schadens verpflichtet, der dem Beklagten durch die Vollstreckung des Urteils oder durch eine zur Abwendung der Vollstreckung gemachte Leistung entstanden ist. ²Der Beklagte kann den Anspruch auf Schadensersatz in dem anhängigen Rechtsstreit geltend machen; wird der Anspruch geltend gemacht, so ist er als zur Zeit der Zahlung oder Leistung rechtshängig geworden anzusehen.

(3) ¹Die Vorschriften des Absatzes 2 sind auf die im § 708 Nr. 10 bezeichneten Berufungsurteile, mit Ausnahme der Versäumnisurteile, nicht anzuwenden. ²Soweit ein solches Urteil aufgehoben oder abgeändert wird, ist der Kläger auf Antrag des Beklagten zur Erstattung des von diesem auf Grund des Urteils Gezahlten oder Geleisteten zu verurteilen. ³Die Erstattungspflicht des Klägers bestimmt sich nach den Vorschriften über die Herausgabe einer ungerechtfertigten Bereicherung. ⁴Wird der Antrag gestellt, so ist der Anspruch auf Erstattung als zur Zeit der Zahlung oder Leistung rechtshängig geworden anzusehen; die mit der Rechtshängigkeit nach den Vorschriften des bürgerlichen Rechts verbundenen Wirkungen treten mit der Zahlung oder Leistung auch dann ein, wenn der Antrag nicht gestellt wird.

§ 718 Vorabentscheidung über vorläufige Vollstreckbarkeit. (1) In der Berufungsinstanz ist über die vorläufige Vollstreckbarkeit auf Antrag vorab zu verhandeln und zu entscheiden.

(2) Eine Anfechtung der in der Berufungsinstanz über die vorläufige Vollstreckbarkeit erlassenen Entscheidung findet nicht statt.

Abschnitt 1. Allgemeine Vorschriften §§ 719–721 ZPO 1

§ 719 Einstweilige Einstellung bei Rechtsmittel und Einspruch.
(1) ¹ Wird gegen ein für vorläufig vollstreckbar erklärtes Urteil der Einspruch oder die Berufung eingelegt, so gelten die Vorschriften des § 707 entsprechend. ² Die Zwangsvollstreckung aus einem Versäumnisurteil darf nur gegen Sicherheitsleistung eingestellt werden, es sei denn, dass das Versäumnisurteil nicht in gesetzlicher Weise ergangen ist oder die säumige Partei glaubhaft macht, dass ihre Säumnis unverschuldet war.

(2) ¹ Wird Revision gegen ein für vorläufig vollstreckbar erklärtes Urteil eingelegt, so ordnet das Revisionsgericht auf Antrag an, dass die Zwangsvollstreckung einstweilen eingestellt wird, wenn die Vollstreckung dem Schuldner einen nicht zu ersetzenden Nachteil bringen würde und nicht ein überwiegendes Interesse des Gläubigers entgegensteht. ² Die Parteien haben die tatsächlichen Voraussetzungen glaubhaft zu machen.

(3) Die Entscheidung ergeht durch Beschluss.

§ 720 Hinterlegung bei Abwendung der Vollstreckung. Darf der Schuldner nach § 711 Satz 1, § 712 Abs. 1 Satz 1 die Vollstreckung durch Sicherheitsleistung oder Hinterlegung abwenden, so ist gepfändetes Geld oder der Erlös gepfändeter Gegenstände zu hinterlegen.

§ 720a Sicherungsvollstreckung. (1) ¹ Aus einem nur gegen Sicherheit vorläufig vollstreckbaren Urteil, durch das der Schuldner zur Leistung von Geld verurteilt worden ist, darf der Gläubiger ohne Sicherheitsleistung die Zwangsvollstreckung insoweit betreiben, als
a) bewegliches Vermögen gepfändet wird,
b) im Wege der Zwangsvollstreckung in das unbewegliche Vermögen eine Sicherungshypothek oder Schiffshypothek eingetragen wird.
² Der Gläubiger kann sich aus dem belasteten Gegenstand nur nach Leistung der Sicherheit befriedigen.

(2) Für die Zwangsvollstreckung in das bewegliche Vermögen gilt § 930 Abs. 2, 3 entsprechend.

(3) Der Schuldner ist befugt, die Zwangsvollstreckung nach Absatz 1 durch Leistung einer Sicherheit in Höhe des Hauptanspruchs abzuwenden, wegen dessen der Gläubiger vollstrecken kann, wenn nicht der Gläubiger vorher die ihm obliegende Sicherheit geleistet hat.

§ 721 Räumungsfrist. (1) ¹ Wird auf Räumung von Wohnraum erkannt, so kann das Gericht auf Antrag oder von Amts wegen dem Schuldner eine den Umständen nach angemessene Räumungsfrist gewähren. ² Der Antrag ist vor dem Schluss der mündlichen Verhandlung zu stellen, auf die das Urteil ergeht. ³ Ist der Antrag bei der Entscheidung übergangen, so gilt § 321; bis zur Entscheidung kann das Gericht auf Antrag die Zwangsvollstreckung wegen des Räumungsanspruchs einstweilen einstellen.

(2) ¹ Ist auf künftige Räumung erkannt und über eine Räumungsfrist noch nicht entschieden, so kann dem Schuldner unter den Umständen nach angemessene Räumungsfrist gewährt werden, wenn er spätestens zwei Wochen vor dem Tage, an dem nach dem Urteil zu räumen ist, einen Antrag stellt.
² §§ 233 bis 238 gelten sinngemäß.

(3) ¹Die Räumungsfrist kann auf Antrag verlängert oder verkürzt werden. ²Der Antrag auf Verlängerung ist spätestens zwei Wochen vor Ablauf der Räumungsfrist zu stellen. ³§§ 233 bis 238 gelten sinngemäß.

(4) ¹Über Anträge nach den Absätzen 2 oder 3 entscheidet das Gericht erster Instanz, solange die Sache in der Berufungsinstanz anhängig ist, das Berufungsgericht. ²Die Entscheidung ergeht durch Beschluss. ³Vor der Entscheidung ist der Gegner zu hören. ⁴Das Gericht ist befugt, die im § 732 Abs. 2 bezeichneten Anordnungen zu erlassen.

(5) ¹Die Räumungsfrist darf insgesamt nicht mehr als ein Jahr betragen. ²Die Jahresfrist rechnet vom Tage der Rechtskraft des Urteils oder, wenn nach einem Urteil auf künftige Räumung an einem späteren Tage zu räumen ist, von diesem Tage an.

(6) Die sofortige Beschwerde findet statt

1. gegen Urteile, durch die auf Räumung von Wohnraum erkannt ist, wenn sich das Rechtsmittel lediglich gegen die Versagung, Gewährung oder Bemessung einer Räumungsfrist richtet;
2. gegen Beschlüsse über Anträge nach den Absätzen 2 oder 3.

(7) ¹Die Absätze 1 bis 6 gelten nicht für Mietverhältnisse über Wohnraum im Sinne des § 549 Abs. 2 Nr. 3 sowie in den Fällen des § 575 des Bürgerlichen Gesetzbuchs. ²Endet ein Mietverhältnis im Sinne des § 575 des Bürgerlichen Gesetzbuchs durch außerordentliche Kündigung, kann eine Räumungsfrist höchstens bis zum vertraglich bestimmten Zeitpunkt der Beendigung gewährt werden.

§ 722 Vollstreckbarkeit ausländischer Urteile. (1) Aus dem Urteil eines ausländischen Gerichts findet die Zwangsvollstreckung nur statt, wenn ihre Zulässigkeit durch ein Vollstreckungsurteil ausgesprochen ist.

(2) Für die Klage auf Erlass des Urteils ist das Amtsgericht oder Landgericht, bei dem der Schuldner seinen allgemeinen Gerichtsstand hat, und sonst das Amtsgericht oder Landgericht zuständig, bei dem nach § 23 gegen den Schuldner Klage erhoben werden kann.

§ 723 Vollstreckungsurteil. (1) Das Vollstreckungsurteil ist ohne Prüfung der Gesetzmäßigkeit der Entscheidung zu erlassen.

(2) ¹Das Vollstreckungsurteil ist erst zu erlassen, wenn das Urteil des ausländischen Gerichts nach dem für dieses Gericht geltenden Recht die Rechtskraft erlangt hat. ²Es ist nicht zu erlassen, wenn die Anerkennung des Urteils nach § 328 ausgeschlossen ist.

§ 724[1] Vollstreckbare Ausfertigung. (1) Die Zwangsvollstreckung wird auf Grund einer mit der Vollstreckungsklausel versehenen Ausfertigung des Urteils (vollstreckbare Ausfertigung) durchgeführt.

(2) Die vollstreckbare Ausfertigung wird von dem Urkundsbeamten der Geschäftsstelle des Gerichts des ersten Rechtszuges und, wenn der Rechtsstreit

---

[1] Nach dem EVertr. v. 31. 8. 1990 (BGBl. II S. 885, 889), zuletzt geänd. durch G v. 30. 10. 2008 (BGBl. I S. 2130) können Entscheidungen der gesellschaftlichen Gerichte nicht für vollstreckbar erklärt werden.

Abschnitt 1. Allgemeine Vorschriften

bei einem höheren Gericht anhängig ist, von dem Urkundsbeamten der Geschäftsstelle dieses Gerichts erteilt.

§ 725[1] **Vollstreckungsklausel.** Die Vollstreckungsklausel: „Vorstehende Ausfertigung wird dem usw. (Bezeichnung der Partei) zum Zwecke der Zwangsvollstreckung erteilt" ist der Ausfertigung des Urteils am Schluss beizufügen, von dem Urkundsbeamten der Geschäftsstelle zu unterschreiben und mit dem Gerichtssiegel zu versehen.

§ 726 Vollstreckbare Ausfertigung bei bedingten Leistungen. (1) Von Urteilen, deren Vollstreckung nach ihrem Inhalt von dem durch den Gläubiger zu beweisenden Eintritt einer anderen Tatsache als einer dem Gläubiger obliegenden Sicherheitsleistung abhängt, darf eine vollstreckbare Ausfertigung nur erteilt werden, wenn der Beweis durch öffentliche oder öffentlich beglaubigte Urkunden geführt wird.

(2) Hängt die Vollstreckung von einer Zug um Zug zu bewirkenden Leistung des Gläubigers an den Schuldner ab, so ist der Beweis, dass der Schuldner befriedigt oder im Verzug der Annahme ist, nur dann erforderlich, wenn die dem Schuldner obliegende Leistung in der Abgabe einer Willenserklärung besteht.

§ 727[2] **Vollstreckbare Ausfertigung für und gegen Rechtsnachfolger.**

(1) Eine vollstreckbare Ausfertigung kann für den Rechtsnachfolger des in dem Urteil bezeichneten Gläubigers sowie gegen denjenigen Rechtsnachfolger des in dem Urteil bezeichneten Schuldners und denjenigen Besitzer der in Streit befangenen Sache, gegen die das Urteil nach § 325 wirksam ist, erteilt werden, sofern die Rechtsnachfolge oder das Besitzverhältnis bei dem Gericht offenkundig ist oder durch öffentliche oder öffentlich beglaubigte Urkunden nachgewiesen wird.

(2) Ist die Rechtsnachfolge oder das Besitzverhältnis bei dem Gericht offenkundig, so ist dies in der Vollstreckungsklausel zu erwähnen.

§ 728 Vollstreckbare Ausfertigung bei Nacherbe oder Testamentsvollstrecker. (1) Ist gegenüber dem Vorerben ein nach § 326 dem Nacherben gegenüber wirksames Urteil ergangen, so sind auf die Erteilung einer vollstreckbaren Ausfertigung für und gegen den Nacherben die Vorschriften des § 727 entsprechend anzuwenden.

(2) ¹Das Gleiche gilt, wenn gegenüber einem Testamentsvollstrecker ein nach § 327 dem Erben gegenüber wirksames Urteil ergangen ist, für die Erteilung einer vollstreckbaren Ausfertigung für und gegen den Erben. ²Eine vollstreckbare Ausfertigung kann gegen den Erben erteilt werden, auch wenn die Verwaltung des Testamentsvollstreckers noch besteht.

---

[1] Nach dem EVertr. v. 31. 8. 1990 (BGBl. II S. 885, 889), zuletzt geänd. durch G v. 30. 10. 2008 (BGBl. I S. 2130) können Entscheidungen der gesellschaftlichen Gerichte nicht für vollstreckbar erklärt werden.
[2] Beachte auch §§ 93 und 94 SGB XII – Sozialhilfe – v. 27. 12. 2003 (BGBl. I S. 3022), zuletzt geänd. durch G v. 30. 7. 2009 (BGBl. I S. 2495).

§ 729 Vollstreckbare Ausfertigung gegen Vermögens- und Firmenübernehmer.
(1) Hat jemand das Vermögen eines anderen durch Vertrag mit diesem nach der rechtskräftigen Feststellung einer Schuld des anderen übernommen, so sind auf die Erteilung einer vollstreckbaren Ausfertigung des Urteils gegen den Übernehmer die Vorschriften des § 727 entsprechend anzuwenden.

(2) Das Gleiche gilt für die Erteilung einer vollstreckbaren Ausfertigung gegen denjenigen, der ein unter Lebenden erworbenes Handelsgeschäft unter der bisherigen Firma fortführt, in Ansehung der Verbindlichkeiten, für die er nach § 25 Abs. 1 Satz 1, Abs. 2 des Handelsgesetzbuchs haftet, sofern sie vor dem Erwerb des Geschäfts gegen den früheren Inhaber rechtskräftig festgestellt worden sind.

§ 730 Anhörung des Schuldners.
In den Fällen des § 726 Abs. 1 und der §§ 727 bis 729 kann der Schuldner vor der Erteilung der vollstreckbaren Ausfertigung gehört werden.

§ 731 Klage auf Erteilung der Vollstreckungsklausel.
Kann der nach dem § 726 Abs. 1 und den §§ 727 bis 729 erforderliche Nachweis durch öffentliche oder öffentlich beglaubigte Urkunden nicht geführt werden, so hat der Gläubiger bei dem Prozessgericht des ersten Rechtszuges aus dem Urteil auf Erteilung der Vollstreckungsklausel Klage zu erheben.

§ 732 Erinnerung gegen Erteilung der Vollstreckungsklausel.
(1) [1] Über Einwendungen des Schuldners, welche die Zulässigkeit der Vollstreckungsklausel betreffen, entscheidet das Gericht, von dessen Geschäftsstelle die Vollstreckungsklausel erteilt ist. [2] Die Entscheidung ergeht durch Beschluss.

(2) Das Gericht kann vor der Entscheidung eine einstweilige Anordnung erlassen; es kann insbesondere anordnen, dass die Zwangsvollstreckung gegen oder ohne Sicherheitsleistung einstweilen einzustellen oder nur gegen Sicherheitsleistung fortzusetzen sei.

§ 733 Weitere vollstreckbare Ausfertigung.
(1) Vor der Erteilung einer weiteren vollstreckbaren Ausfertigung kann der Schuldner gehört werden, sofern nicht die zuerst erteilte Ausfertigung zurückgegeben wird.

(2) Die Geschäftsstelle hat von der Erteilung der weiteren Ausfertigung den Gegner in Kenntnis zu setzen.

(3) Die weitere Ausfertigung ist als solche ausdrücklich zu bezeichnen.

§ 734 Vermerk über Ausfertigungserteilung auf der Urteilsurschrift.
[1] Vor der Aushändigung einer vollstreckbaren Ausfertigung ist auf der Urschrift des Urteils zu vermerken, für welche Partei und zu welcher Zeit die Ausfertigung erteilt ist. [2] Werden die Prozessakten elektronisch geführt, so ist der Vermerk in einem gesonderten elektronischen Dokument festzuhalten. [3] Das Dokument ist mit dem Urteil untrennbar zu verbinden.

Abschnitt 1. Allgemeine Vorschriften §§ 735–740 ZPO 1

§ 735 Zwangsvollstreckung gegen nicht rechtsfähigen Verein. Zur Zwangsvollstreckung in das Vermögen eines nicht rechtsfähigen Vereins genügt ein gegen den Verein ergangenes Urteil.

§ 736 Zwangsvollstreckung gegen BGB-Gesellschaft. Zur Zwangsvollstreckung in das Gesellschaftsvermögen einer nach § 705 des Bürgerlichen Gesetzbuchs eingegangenen Gesellschaft ist ein gegen alle Gesellschafter ergangenes Urteil erforderlich.[1)]

§ 737 Zwangsvollstreckung bei Vermögens- oder Erbschaftsnießbrauch. (1) Bei dem Nießbrauch an einem Vermögen ist wegen der vor der Bestellung des Nießbrauchs entstandenen Verbindlichkeiten des Bestellers die Zwangsvollstreckung in die dem Nießbrauch unterliegenden Gegenstände ohne Rücksicht auf den Nießbrauch zulässig, wenn der Besteller zu der Leistung und der Nießbraucher zur Duldung der Zwangsvollstreckung verurteilt ist.

(2) Das Gleiche gilt bei dem Nießbrauch an einer Erbschaft für die Nachlassverbindlichkeiten.

§ 738 Vollstreckbare Ausfertigung gegen Nießbraucher. (1) Ist die Bestellung des Nießbrauchs an einem Vermögen nach der rechtskräftigen Feststellung einer Schuld des Bestellers erfolgt, so sind auf die Erteilung einer in Ansehung der dem Nießbrauch unterliegenden Gegenstände vollstreckbaren Ausfertigung des Urteils gegen den Nießbraucher die Vorschriften der §§ 727, 730 bis 732 entsprechend anzuwenden.

(2) Das Gleiche gilt bei dem Nießbrauch an einer Erbschaft für die Erteilung einer vollstreckbaren Ausfertigung des gegen den Erblasser ergangenen Urteils.

§ 739 Gewahrsamsvermutung bei Zwangsvollstreckung gegen Ehegatten und Lebenspartner. (1) Wird zugunsten der Gläubiger eines Ehemannes oder der Gläubiger einer Ehefrau gemäß § 1362 des Bürgerlichen Gesetzbuchs vermutet, dass der Schuldner Eigentümer beweglicher Sachen ist, so gilt, unbeschadet der Rechte Dritter, für die Durchführung der Zwangsvollstreckung nur der Schuldner als Gewahrsamsinhaber und Besitzer.

(2) Absatz 1 gilt entsprechend für die Vermutung des § 8 Abs. 1 des Lebenspartnerschaftsgesetzes zugunsten der Gläubiger eines der Lebenspartner.

§ 740 Zwangsvollstreckung in das Gesamtgut. (1) Leben die Ehegatten in Gütergemeinschaft und verwaltet einer von ihnen das Gesamtgut allein, so ist zur Zwangsvollstreckung in das Gesamtgut ein Urteil gegen diesen Ehegatten erforderlich und genügend.

(2) Verwalten die Ehegatten das Gesamtgut gemeinschaftlich, so ist die Zwangsvollstreckung in das Gesamtgut nur zulässig, wenn beide Ehegatten zur Leistung verurteilt sind.

[1)] Für die OHG vgl. § 124 Abs. 2 und § 129 Abs. 4 HGB v. 10. 5. 1897 (RGBl. S. 219, ber. 1999 S. 42), zuletzt geänd. durch G v. 31. 7. 2009 (BGBl. I S. 2512).

§ 741 Zwangsvollstreckung in das Gesamtgut bei Erwerbsgeschäft. Betreibt ein Ehegatte, der in Gütergemeinschaft lebt und das Gesamtgut nicht oder nicht allein verwaltet, selbständig ein Erwerbsgeschäft, so ist zur Zwangsvollstreckung in das Gesamtgut ein gegen ihn ergangenes Urteil genügend, es sei denn, dass zur Zeit des Eintritts der Rechtshängigkeit der Einspruch des anderen Ehegatten gegen den Betrieb des Erwerbsgeschäfts oder der Widerruf seiner Einwilligung zu dem Betrieb im Güterrechtsregister eingetragen war.

§ 742 Vollstreckbare Ausfertigung bei Gütergemeinschaft während des Rechtsstreits. Ist die Gütergemeinschaft erst eingetreten, nachdem ein von einem Ehegatten oder gegen einen Ehegatten geführter Rechtsstreit rechtshängig geworden ist, und verwaltet dieser Ehegatte das Gesamtgut nicht oder nicht allein, so sind auf die Erteilung einer in Ansehung des Gesamtgutes vollstreckbaren Ausfertigung des Urteils für oder gegen den anderen Ehegatten die Vorschriften der §§ 727, 730 bis 732 entsprechend anzuwenden.

§ 743 Beendete Gütergemeinschaft. Nach der Beendigung der Gütergemeinschaft ist vor der Auseinandersetzung die Zwangsvollstreckung in das Gesamtgut nur zulässig, wenn beide Ehegatten zu der Leistung oder der eine Ehegatte zu der Leistung und der andere zur Duldung der Zwangsvollstreckung verurteilt sind.

§ 744 Vollstreckbare Ausfertigung bei beendeter Gütergemeinschaft. Ist die Beendigung der Gütergemeinschaft nach der Beendigung eines Rechtsstreits des Ehegatten eingetreten, der das Gesamtgut allein verwaltet, so sind auf die Erteilung einer in Ansehung des Gesamtgutes vollstreckbaren Ausfertigung des Urteils gegen den anderen Ehegatten die Vorschriften der §§ 727, 730 bis 732 entsprechend anzuwenden.

§ 744 a Zwangsvollstreckung bei Eigentums- und Vermögensgemeinschaft. Leben die Ehegatten gemäß Artikel 234 § 4 Abs. 2 des Einführungsgesetzes zum Bürgerlichen Gesetzbuch im Güterstand der Eigentums- und Vermögensgemeinschaft, sind für die Zwangsvollstreckung in Gegenstände des gemeinschaftlichen Eigentums und Vermögens die §§ 740 bis 744, 774 und 860 entsprechend anzuwenden.

§ 745 Zwangsvollstreckung bei fortgesetzter Gütergemeinschaft.
(1) Im Falle der fortgesetzten Gütergemeinschaft ist zur Zwangsvollstreckung in das Gesamtgut ein gegen den überlebenden Ehegatten ergangenes Urteil erforderlich und genügend.

(2) Nach der Beendigung der fortgesetzten Gütergemeinschaft gelten die Vorschriften der §§ 743, 744 mit der Maßgabe, dass an die Stelle des Ehegatten, der das Gesamtgut allein verwaltet, der überlebende Ehegatte, an die Stelle des anderen Ehegatten die anteilsberechtigten Abkömmlinge treten.

§ 746 (weggefallen)

§ 747 Zwangsvollstreckung in ungeteilten Nachlass. Zur Zwangsvollstreckung in einen Nachlass ist, wenn mehrere Erben vorhanden sind, bis zur Teilung ein gegen alle Erben ergangenes Urteil erforderlich.

Abschnitt 1. Allgemeine Vorschriften §§ 748–751 ZPO 1

§ 748 Zwangsvollstreckung bei Testamentsvollstrecker. (1) Unterliegt ein Nachlass der Verwaltung eines Testamentsvollstreckers, so ist zur Zwangsvollstreckung in den Nachlass ein gegen den Testamentsvollstrecker ergangenes Urteil erforderlich und genügend.

(2) Steht dem Testamentsvollstrecker nur die Verwaltung einzelner Nachlassgegenstände zu, so ist die Zwangsvollstreckung in diese Gegenstände nur zulässig, wenn der Erbe zu der Leistung, der Testamentsvollstrecker zur Duldung der Zwangsvollstreckung verurteilt ist.

(3) Zur Zwangsvollstreckung wegen eines Pflichtteilanspruchs ist im Falle des Absatzes 1 wie im Falle des Absatzes 2 ein sowohl gegen den Erben als gegen den Testamentsvollstrecker ergangenes Urteil erforderlich.

§ 749 Vollstreckbare Ausfertigung für und gegen Testamentsvollstrecker. [1] Auf die Erteilung einer vollstreckbaren Ausfertigung eines für oder gegen den Erblasser ergangenen Urteils für oder gegen den Testamentsvollstrecker sind die Vorschriften der §§ 727, 730 bis 732 entsprechend anzuwenden. [2] Auf Grund einer solchen Ausfertigung ist die Zwangsvollstreckung nur in die der Verwaltung des Testamentsvollstreckers unterliegenden Nachlassgegenstände zulässig.

§ 750 Voraussetzungen der Zwangsvollstreckung. (1) [1] Die Zwangsvollstreckung darf nur beginnen, wenn die Personen, für und gegen die sie stattfinden soll, in dem Urteil oder in der ihm beigefügten Vollstreckungsklausel namentlich bezeichnet sind und das Urteil bereits zugestellt ist oder gleichzeitig zugestellt wird. [2] Eine Zustellung durch den Gläubiger genügt; in diesem Fall braucht die Ausfertigung des Urteils Tatbestand und Entscheidungsgründe nicht zu enthalten.

(2) Handelt es sich um die Vollstreckung eines Urteils, dessen vollstreckbare Ausfertigung nach § 726 Abs. 1 erteilt worden ist, oder soll ein Urteil, das nach den §§ 727 bis 729, 738, 742, 744, dem § 745 Abs. 2 und dem § 749 für oder gegen eine der dort bezeichneten Personen wirksam ist, für oder gegen eine dieser Personen vollstreckt werden, so muss außer dem zu vollstreckenden Urteil auch die ihm beigefügte Vollstreckungsklausel und, sofern die Vollstreckungsklausel auf Grund öffentlicher oder öffentlich beglaubigter Urkunden erteilt ist, auch eine Abschrift dieser Urkunden vor Beginn der Zwangsvollstreckung zugestellt sein oder gleichzeitig mit ihrem Beginn zugestellt werden.

(3) Eine Zwangsvollstreckung nach § 720a darf nur beginnen, wenn das Urteil und die Vollstreckungsklausel mindestens zwei Wochen vorher zugestellt sind.

§ 751 Bedingungen für Vollstreckungsbeginn. (1) Ist die Geltendmachung des Anspruchs von dem Eintritt eines Kalendertages abhängig, so darf die Zwangsvollstreckung nur beginnen, wenn der Kalendertag abgelaufen ist.

(2) Hängt die Vollstreckung von einer dem Gläubiger obliegenden Sicherheitsleistung ab, so darf mit der Zwangsvollstreckung nur begonnen oder sie nur fortgesetzt werden, wenn die Sicherheitsleistung durch eine öffentliche oder öffentlich beglaubigte Urkunde nachgewiesen und eine Abschrift dieser Urkunde bereits zugestellt ist oder gleichzeitig zugestellt wird.

1 ZPO §§ 752–757 Buch 8. Zwangsvollstreckung

§ 752 Sicherheitsleistung bei Teilvollstreckung. [1] Vollstreckt der Gläubiger im Fall des § 751 Abs. 2 nur wegen eines Teilbetrages, so bemisst sich die Höhe der Sicherheitsleistung nach dem Verhältnis des Teilbetrages zum Gesamtbetrag. [2] Darf der Schuldner in den Fällen des § 709 die Vollstreckung gemäß § 712 Abs. 1 Satz 1 abwenden, so gilt für ihn Satz 1 entsprechend.

§ 753 Vollstreckung durch Gerichtsvollzieher. (1) Die Zwangsvollstreckung wird, soweit sie nicht den Gerichten zugewiesen ist, durch Gerichtsvollzieher durchgeführt, die sie im Auftrag des Gläubigers zu bewirken haben.

(2) [1] Der Gläubiger kann wegen Erteilung des Auftrags zur Zwangsvollstreckung die Mitwirkung der Geschäftsstelle in Anspruch nehmen. [2] Der von der Geschäftsstelle beauftragte Gerichtsvollzieher gilt als von dem Gläubiger beauftragt.

(3) [1] Das Bundesministerium der Justiz wird ermächtigt, durch Rechtsverordnung mit Zustimmung des Bundesrates verbindliche Formulare für den Auftrag nach Absatz 2 einzuführen. [2] Für elektronisch eingereichte Aufträge können besondere Formulare vorgesehen werden.

§ 754 Vollstreckungsauftrag. In dem schriftlichen, elektronischen oder mündlichen Auftrag zur Zwangsvollstreckung in Verbindung mit der Übermittlung der vollstreckbaren Ausfertigung liegt die Beauftragung des Gerichtsvollziehers, die Zahlungen oder sonstigen Leistungen in Empfang zu nehmen, über das Empfangene wirksam zu quittieren und dem Schuldner, wenn dieser seiner Verbindlichkeit genügt hat, die vollstreckbare Ausfertigung auszuliefern.

§ 755 Ermächtigung des Gerichtsvollziehers. [1] Dem Schuldner und Dritten gegenüber wird der Gerichtsvollzieher zur Vornahme der Zwangsvollstreckung und der im § 754 bezeichneten Handlungen durch den Besitz der vollstreckbaren Ausfertigung ermächtigt. [2] Der Mangel oder die Beschränkung des Auftrags kann diesen Personen gegenüber von dem Gläubiger nicht geltend gemacht werden.

§ 756 Zwangsvollstreckung bei Leistung Zug um Zug. (1) Hängt die Vollstreckung von einer Zug um Zug zu bewirkenden Leistung des Gläubigers an den Schuldner ab, so darf der Gerichtsvollzieher die Zwangsvollstreckung nicht beginnen, bevor er dem Schuldner die diesem gebührende Leistung in einer den Verzug der Annahme begründenden Weise angeboten hat, sofern nicht der Beweis, dass der Schuldner befriedigt oder im Verzug der Annahme ist, durch öffentliche oder öffentlich beglaubigte Urkunden geführt wird und eine Abschrift dieser Urkunden bereits zugestellt ist oder gleichzeitig zugestellt wird.

(2) Der Gerichtsvollzieher darf mit der Zwangsvollstreckung beginnen, wenn der Schuldner auf das wörtliche Angebot des Gerichtsvollziehers erklärt, dass er die Leistung nicht annehmen werde.

§ 757 Übergabe des Titels und Quittung. (1) Der Gerichtsvollzieher hat nach Empfang der Leistungen dem Schuldner die vollstreckbare Ausfertigung nebst einer Quittung auszuliefern, bei teilweiser Leistung diese auf der voll-

Abschnitt 1. Allgemeine Vorschriften §§ 758–759 ZPO 1

streckbaren Ausfertigung zu vermerken und dem Schuldner Quittung zu erteilen.

(2) Das Recht des Schuldners, nachträglich eine Quittung des Gläubigers selbst zu fordern, wird durch diese Vorschriften nicht berührt.

§ 758 Durchsuchung; Gewaltanwendung. (1) Der Gerichtsvollzieher ist befugt, die Wohnung und die Behältnisse des Schuldners zu durchsuchen, soweit der Zweck der Vollstreckung dies erfordert.

(2) Er ist befugt, die verschlossenen Haustüren, Zimmertüren und Behältnisse öffnen zu lassen.

(3) Er ist, wenn er Widerstand findet, zur Anwendung von Gewalt befugt und kann zu diesem Zweck die Unterstützung der polizeilichen Vollzugsorgane nachsuchen.

§ 758 a Richterliche Durchsuchungsanordnung; Vollstreckung zur Unzeit. (1) [1] Die Wohnung des Schuldners darf ohne dessen Einwilligung nur auf Grund einer Anordnung des Richters bei dem Amtsgericht durchsucht werden, in dessen Bezirk die Durchsuchung erfolgen soll. [2] Dies gilt nicht, wenn die Einholung der Anordnung den Erfolg der Durchsuchung gefährden würde.

(2) Auf die Vollstreckung eines Titels auf Räumung oder Herausgabe von Räumen und auf die Vollstreckung eines Haftbefehls nach § 901 ist Absatz 1 nicht anzuwenden.

(3) [1] Willigt der Schuldner in die Durchsuchung ein oder ist eine Anordnung gegen ihn nach Absatz 1 Satz 1 ergangen oder nach Absatz 1 Satz 2 entbehrlich, so haben Personen, die Mitgewahrsam an der Wohnung des Schuldners haben, die Durchsuchung zu dulden. [2] Unbillige Härten gegenüber Mitgewahrsamsinhabern sind zu vermeiden.

(4) [1] Der Gerichtsvollzieher nimmt eine Vollstreckungshandlung zur Nachtzeit und an Sonn- und Feiertagen nicht vor, wenn dies für den Schuldner und die Mitgewahrsamsinhaber eine unbillige Härte darstellt oder der zu erwartende Erfolg in einem Missverhältnis zu dem Eingriff steht, in Wohnungen nur auf Grund einer besonderen Anordnung des Richters bei dem Amtsgericht. [2] Die Nachtzeit umfasst die Stunden von 21 bis 6 Uhr.

(5) Die Anordnung nach Absatz 1 ist bei der Zwangsvollstreckung vorzuzeigen.

(6) [1] Das Bundesministerium der Justiz wird ermächtigt, durch Rechtsverordnung mit Zustimmung des Bundesrates Formulare für den Antrag auf Erlass einer richterlichen Durchsuchungsanordnung nach Absatz 1 einzuführen. [2] Soweit nach Satz 1 Formulare eingeführt sind, muss sich der Antragsteller ihrer bedienen. [3] Für Verfahren bei Gerichten, die die Verfahren elektronisch bearbeiten, und für Verfahren bei Gerichten, die die Verfahren nicht elektronisch bearbeiten, können unterschiedliche Formulare eingeführt werden.

§ 759 Zuziehung von Zeugen. Wird bei einer Vollstreckungshandlung Widerstand geleistet oder ist bei einer in der Wohnung des Schuldners vorzunehmenden Vollstreckungshandlung weder der Schuldner noch eine zu seiner Familie gehörige oder in dieser Familie dienende erwachsene Person

1 ZPO §§ 760–765   Buch 8. Zwangsvollstreckung

anwesend, so hat der Gerichtsvollzieher zwei erwachsene Personen oder einen Gemeinde- oder Polizeibeamten als Zeugen zuzuziehen.

§ 760 Akteneinsicht; Aktenabschrift. ¹ Jeder Person, die bei dem Vollstreckungsverfahren beteiligt ist, muss auf Begehren Einsicht der Akten des Gerichtsvollziehers gestattet und Abschrift einzelner Aktenstücke erteilt werden. ² Werden die Akten des Gerichtsvollziehers elektronisch geführt, erfolgt die Gewährung von Akteneinsicht durch Erteilung von Ausdrucken, durch Übermittlung von elektronischen Dokumenten oder durch Wiedergabe auf einem Bildschirm.

§ 761 (weggefallen)

§ 762 Protokoll über Vollstreckungshandlungen. (1) Der Gerichtsvollzieher hat über jede Vollstreckungshandlung ein Protokoll aufzunehmen.

(2) Das Protokoll muss enthalten:
1. Ort und Zeit der Aufnahme;
2. den Gegenstand der Vollstreckungshandlung unter kurzer Erwähnung der wesentlichen Vorgänge;
3. die Namen der Personen, mit denen verhandelt ist;
4. die Unterschrift dieser Personen und den Vermerk, dass die Unterzeichnung nach Vorlesung oder Vorlegung zur Durchsicht und nach Genehmigung erfolgt sei;
5. die Unterschrift des Gerichtsvollziehers.

(3) Hat einem der unter Nummer 4 bezeichneten Erfordernisse nicht genügt werden können, so ist der Grund anzugeben.

§ 763 Aufforderungen und Mitteilungen. (1) ¹ Die Aufforderungen und sonstigen Mitteilungen, die zu den Vollstreckungshandlungen gehören, sind von dem Gerichtsvollzieher mündlich zu erlassen und vollständig in das Protokoll aufzunehmen.

(2) ¹ Kann dies mündlich nicht ausgeführt werden, so hat der Gerichtsvollzieher eine Abschrift des Protokolls zuzustellen oder durch die Post zu übersenden. ² Es muss im Protokoll vermerkt werden, dass diese Vorschrift befolgt ist. ³ Eine öffentliche Zustellung findet nicht statt.

§ 764 Vollstreckungsgericht. (1) Die den Gerichten zugewiesene Anordnung von Vollstreckungshandlungen und Mitwirkung bei solchen gehört zur Zuständigkeit der Amtsgerichte als Vollstreckungsgerichte.

(2) Als Vollstreckungsgericht ist, sofern nicht das Gesetz ein anderes Amtsgericht bezeichnet, das Amtsgericht anzusehen, in dessen Bezirk das Vollstreckungsverfahren stattfinden soll oder stattgefunden hat.

(3) Die Entscheidungen des Vollstreckungsgerichts ergehen durch Beschluss.

§ 765 Vollstreckungsgerichtliche Anordnungen bei Leistung Zug um Zug. ¹ Hängt die Vollstreckung von einer Zug um Zug zu bewirkenden

Abschnitt 1. Allgemeine Vorschriften §§ 765 a, 766 ZPO 1

Leistung des Gläubigers an den Schuldner ab, so darf das Vollstreckungsgericht eine Vollstreckungsmaßregel nur anordnen, wenn

1. der Beweis, dass der Schuldner befriedigt oder im Verzug der Annahme ist, durch öffentliche oder öffentlich beglaubigte Urkunden geführt wird und eine Abschrift dieser Urkunden bereits zugestellt ist; der Zustellung bedarf es nicht, wenn bereits der Gerichtsvollzieher die Zwangsvollstreckung nach § 756 Abs. 1 begonnen hatte und der Beweis durch das Protokoll des Gerichtsvollziehers geführt wird; oder

2. der Gerichtsvollzieher eine Vollstreckungsmaßnahme nach § 756 Abs. 2 durchgeführt hat und diese durch das Protokoll des Gerichtsvollziehers nachgewiesen ist.

§ 765 a Vollstreckungsschutz. (1) [1] Auf Antrag des Schuldners kann das Vollstreckungsgericht eine Maßnahme der Zwangsvollstreckung ganz oder teilweise aufheben, untersagen oder einstweilen einstellen, wenn die Maßnahme unter voller Würdigung des Schutzbedürfnisses des Gläubigers wegen ganz besonderer Umstände eine Härte bedeutet, die mit den guten Sitten nicht vereinbar ist. [2] Es ist befugt, die in § 732 Abs. 2 bezeichneten Anordnungen zu erlassen. [3] Betrifft die Maßnahme ein Tier, so hat das Vollstreckungsgericht bei der von ihm vorzunehmenden Abwägung die Verantwortung des Menschen für das Tier zu berücksichtigen.

(2) Eine Maßnahme zur Erwirkung der Herausgabe von Sachen kann der Gerichtsvollzieher bis zur Entscheidung des Vollstreckungsgerichts, jedoch nicht länger als eine Woche, aufschieben, wenn ihm die Voraussetzungen des Absatzes 1 Satz 1 glaubhaft gemacht werden und dem Schuldner die rechtzeitige Anrufung des Vollstreckungsgerichts nicht möglich war.

(3) In Räumungssachen ist der Antrag nach Absatz 1 spätestens zwei Wochen vor dem festgesetzten Räumungstermin zu stellen, es sei denn, dass die Gründe, auf denen der Antrag beruht, erst nach diesem Zeitpunkt entstanden sind oder der Schuldner ohne sein Verschulden an einer rechtzeitigen Antragstellung gehindert war.

(4) Das Vollstreckungsgericht hebt seinen Beschluss auf Antrag auf oder ändert ihn, wenn dies mit Rücksicht auf eine Änderung der Sachlage geboten ist.

(5) Die Aufhebung von Vollstreckungsmaßregeln erfolgt in den Fällen des Absatzes 1 Satz 1 und des Absatzes 4 erst nach Rechtskraft des Beschlusses.

§ 766 Erinnerung gegen Art und Weise der Zwangsvollstreckung.

(1) [1] Über Anträge, Einwendungen und Erinnerungen, welche die Art und Weise der Zwangsvollstreckung oder das vom Gerichtsvollzieher bei ihr zu beobachtende Verfahren betreffen, entscheidet das Vollstreckungsgericht. [2] Es ist befugt, die im § 732 Abs. 2 bezeichneten Anordnungen zu erlassen.

(2) Dem Vollstreckungsgericht steht auch die Entscheidung zu, wenn ein Gerichtsvollzieher sich weigert, einen Vollstreckungsauftrag zu übernehmen oder eine Vollstreckungshandlung dem Auftrag gemäß auszuführen, oder wenn wegen der von dem Gerichtsvollzieher in Ansatz gebrachten Kosten Erinnerungen erhoben werden.

§ 767 Vollstreckungsabwehrklage. (1) Einwendungen, die den durch das Urteil festgestellten Anspruch selbst betreffen, sind von dem Schuldner im Wege der Klage bei dem Prozessgericht des ersten Rechtszuges geltend zu machen.

(2) Sie sind nur insoweit zulässig, als die Gründe, auf denen sie beruhen, erst nach dem Schluss der mündlichen Verhandlung, in der Einwendungen nach den Vorschriften dieses Gesetzes spätestens hätten geltend gemacht werden müssen, entstanden sind und durch Einspruch nicht mehr geltend gemacht werden können.

(3) Der Schuldner muss in der von ihm zu erhebenden Klage alle Einwendungen geltend machen, die er zur Zeit der Erhebung der Klage geltend zu machen imstande war.

§ 768 Klage gegen Vollstreckungsklausel. Die Vorschriften des § 767 Abs. 1, 3 gelten entsprechend, wenn in den Fällen des § 726 Abs. 1, der §§ 727 bis 729, 738, 742, 744, des § 745 Abs. 2 und des § 749 der Schuldner den bei der Erteilung der Vollstreckungsklausel als bewiesen angenommenen Eintritt der Voraussetzung für die Erteilung der Vollstreckungsklausel bestreitet, unbeschadet der Befugnis des Schuldners, in diesen Fällen Einwendungen gegen die Zulässigkeit der Vollstreckungsklausel nach § 732 zu erheben.

§ 769 Einstweilige Anordnungen. (1) [1] Das Prozessgericht kann auf Antrag anordnen, dass bis zum Erlass des Urteils über die in den §§ 767, 768 bezeichneten Einwendungen die Zwangsvollstreckung gegen oder ohne Sicherheitsleistung eingestellt oder nur gegen Sicherheitsleistung fortgesetzt werde und dass Vollstreckungsmaßregeln gegen Sicherheitsleistung aufzuheben seien. [2] Es setzt eine Sicherheitsleistung für die Einstellung der Zwangsvollstreckung nicht fest, wenn der Schuldner zur Sicherheitsleistung nicht in der Lage ist und die Rechtsverfolgung durch ihn hinreichende Aussicht auf Erfolg bietet. [3] Die tatsächlichen Behauptungen, die den Antrag begründen, sind glaubhaft zu machen.

(2) [1] In dringenden Fällen kann das Vollstreckungsgericht eine solche Anordnung erlassen, unter Bestimmung einer Frist, innerhalb der die Entscheidung des Prozessgerichts beizubringen sei. [2] Nach fruchtlosem Ablauf der Frist wird die Zwangsvollstreckung fortgesetzt.

(3) Die Entscheidung über diese Anträge ergeht durch Beschluss.

(4) Im Fall der Anhängigkeit einer auf Herabsetzung gerichteten Abänderungsklage gelten die Absätze 1 bis 3 entsprechend.

§ 770 Einstweilige Anordnungen im Urteil. [1] Das Prozessgericht kann in dem Urteil, durch das über die Einwendungen entschieden wird, die in dem vorstehenden Paragraphen bezeichneten Anordnungen erlassen oder die bereits erlassenen Anordnungen aufheben, abändern oder bestätigen. [2] Für die Anfechtung einer solchen Entscheidung gelten die Vorschriften des § 718 entsprechend.

§ 771 Drittwiderspruchsklage. (1) Behauptet ein Dritter, dass ihm an dem Gegenstand der Zwangsvollstreckung ein die Veräußerung hinderndes Recht zustehe, so ist der Widerspruch gegen die Zwangsvollstreckung im

Abschnitt 1. Allgemeine Vorschriften §§ 772–775 ZPO 1

Wege der Klage bei dem Gericht geltend zu machen, in dessen Bezirk die Zwangsvollstreckung erfolgt.

(2) Wird die Klage gegen den Gläubiger und den Schuldner gerichtet, so sind diese als Streitgenossen anzusehen.

(3) ¹ Auf die Einstellung der Zwangsvollstreckung und die Aufhebung der bereits getroffenen Vollstreckungsmaßregeln sind die Vorschriften der §§ 769, 770 entsprechend anzuwenden. ² Die Aufhebung einer Vollstreckungsmaßregel ist auch ohne Sicherheitsleistung zulässig.

§ 772 Drittwiderspruchsklage bei Veräußerungsverbot. ¹ Solange ein Veräußerungsverbot der in den §§ 135, 136 des Bürgerlichen Gesetzbuchs bezeichneten Art besteht, soll der Gegenstand, auf den es sich bezieht, wegen eines persönlichen Anspruchs oder auf Grund eines infolge des Verbots unwirksamen Rechts nicht im Wege der Zwangsvollstreckung veräußert oder überwiesen werden. ² Auf Grund des Veräußerungsverbots kann nach Maßgabe des § 771 Widerspruch erhoben werden.

§ 773 Drittwiderspruchsklage des Nacherben. ¹ Ein Gegenstand, der zu einer Vorerbschaft gehört, soll nicht im Wege der Zwangsvollstreckung veräußert oder überwiesen werden, wenn die Veräußerung oder die Überweisung im Falle des Eintritts der Nacherbfolge nach § 2115 des Bürgerlichen Gesetzbuchs dem Nacherben gegenüber unwirksam ist. ² Der Nacherbe kann nach Maßgabe des § 771 Widerspruch erheben.

§ 774 Drittwiderspruchsklage des Ehegatten. Findet nach § 741 die Zwangsvollstreckung in das Gesamtgut statt, so kann ein Ehegatte nach Maßgabe des § 771 Widerspruch erheben, wenn das gegen den anderen Ehegatten ergangene Urteil in Ansehung des Gesamtgutes ihm gegenüber unwirksam ist.

§ 775 Einstellung oder Beschränkung der Zwangsvollstreckung. Die Zwangsvollstreckung ist einzustellen oder zu beschränken:
1. wenn die Ausfertigung einer vollstreckbaren Entscheidung vorgelegt wird, aus der sich ergibt, dass das zu vollstreckende Urteil oder seine vorläufige Vollstreckbarkeit aufgehoben oder dass die Zwangsvollstreckung für unzulässig erklärt oder ihre Einstellung angeordnet ist;
2. wenn die Ausfertigung einer gerichtlichen Entscheidung vorgelegt wird, aus der sich ergibt, dass die einstweilige Einstellung der Vollstreckung oder einer Vollstreckungsmaßregel angeordnet ist oder dass die Vollstreckung nur gegen Sicherheitsleistung fortgesetzt werden darf;
3. wenn eine öffentliche Urkunde vorgelegt wird, aus der sich ergibt, dass die zur Abwendung der Vollstreckung erforderliche Sicherheitsleistung oder Hinterlegung erfolgt ist;
4. wenn eine öffentliche Urkunde oder eine von dem Gläubiger ausgestellte Privaturkunde vorgelegt wird, aus der sich ergibt, dass der Gläubiger nach Erlass des zu vollstreckenden Urteils befriedigt ist oder Stundung bewilligt hat;
5. wenn der Einzahlungs- oder Überweisungsnachweis einer Bank oder Sparkasse vorgelegt wird, aus dem sich ergibt, dass der zur Befriedigung des

Gläubigers erforderliche Betrag zur Auszahlung an den Gläubiger oder auf dessen Konto eingezahlt oder überwiesen worden ist.

§ 776 Aufhebung von Vollstreckungsmaßregeln. ¹ In den Fällen des § 775 Nr. 1, 3 sind zugleich die bereits getroffenen Vollstreckungsmaßregeln aufzuheben. ² In den Fällen der Nummern 4, 5 bleiben diese Maßregeln einstweilen bestehen; dasselbe gilt in den Fällen der Nummer 2, sofern nicht durch die Entscheidung auch die Aufhebung der bisherigen Vollstreckungshandlungen angeordnet ist.

§ 777 Erinnerung bei genügender Sicherung des Gläubigers. ¹ Hat der Gläubiger eine bewegliche Sache des Schuldners im Besitz, in Ansehung deren ihm ein Pfandrecht oder ein Zurückbehaltungsrecht für seine Forderung zusteht, so kann der Schuldner der Zwangsvollstreckung in sein übriges Vermögen nach § 766 widersprechen, soweit die Forderung durch den Wert der Sache gedeckt ist. ² Steht dem Gläubiger ein solches Recht in Ansehung der Sache auch für eine andere Forderung zu, so ist der Widerspruch nur zulässig, wenn auch diese Forderung durch den Wert der Sache gedeckt ist.

§ 778 Zwangsvollstreckung vor Erbschaftsannahme. (1) Solange der Erbe die Erbschaft nicht angenommen hat, ist eine Zwangsvollstreckung wegen eines Anspruchs, der sich gegen den Nachlass richtet, nur in den Nachlass zulässig.

(2) Wegen eigener Verbindlichkeiten des Erben ist eine Zwangsvollstreckung in den Nachlass vor der Annahme der Erbschaft nicht zulässig.

§ 779 Fortsetzung der Zwangsvollstreckung nach dem Tod des Schuldners. (1) Eine Zwangsvollstreckung, die zur Zeit des Todes des Schuldners gegen ihn bereits begonnen hatte, wird in seinen Nachlass fortgesetzt.

(2) ¹ Ist bei einer Vollstreckungshandlung die Zuziehung des Schuldners nötig, so hat, wenn die Erbschaft noch nicht angenommen oder wenn der Erbe unbekannt oder es ungewiss ist, ob er die Erbschaft angenommen hat, das Vollstreckungsgericht auf Antrag des Gläubigers dem Erben einen einstweiligen besonderen Vertreter zu bestellen. ² Die Bestellung hat zu unterbleiben, wenn ein Nachlasspfleger bestellt ist oder wenn die Verwaltung des Nachlasses einem Testamentsvollstrecker zusteht.

§ 780 Vorbehalt der beschränkten Erbenhaftung. (1) Der als Erbe des Schuldners verurteilte Beklagte kann die Beschränkung seiner Haftung nur geltend machen, wenn sie ihm im Urteil vorbehalten ist.

(2) Der Vorbehalt ist nicht erforderlich, wenn der Fiskus als gesetzlicher Erbe verurteilt wird oder wenn das Urteil über eine Nachlassverbindlichkeit gegen einen Nachlassverwalter oder einen anderen Nachlasspfleger oder gegen einen Testamentsvollstrecker, dem die Verwaltung des Nachlasses zusteht, erlassen wird.

§ 781 Beschränkte Erbenhaftung in der Zwangsvollstreckung. Bei der Zwangsvollstreckung gegen den Erben des Schuldners bleibt die Be-

Abschnitt 1. Allgemeine Vorschriften §§ 782–786 a ZPO 1

schränkung der Haftung unberücksichtigt, bis auf Grund derselben gegen die Zwangsvollstreckung von dem Erben Einwendungen erhoben werden.

§ 782 Einreden des Erben gegen Nachlassgläubiger. ¹Der Erbe kann auf Grund der ihm nach den §§ 2014, 2015 des Bürgerlichen Gesetzbuchs zustehenden Einreden nur verlangen, dass die Zwangsvollstreckung für die Dauer der dort bestimmten Fristen auf solche Maßregeln beschränkt wird, die zur Vollziehung eines Arrestes zulässig sind. ²Wird vor dem Ablauf der Frist die Eröffnung des Nachlassinsolvenzverfahrens beantragt, so ist auf Antrag die Beschränkung der Zwangsvollstreckung auch nach dem Ablauf der Frist aufrechtzuerhalten, bis über die Eröffnung des Insolvenzverfahrens rechtskräftig entschieden ist.

§ 783 Einreden des Erben gegen persönliche Gläubiger. In Ansehung der Nachlassgegenstände kann der Erbe die Beschränkung der Zwangsvollstreckung nach § 782 auch gegenüber den Gläubigern verlangen, die nicht Nachlassgläubiger sind, es sei denn, dass er für die Nachlassverbindlichkeiten unbeschränkt haftet.

§ 784 Zwangsvollstreckung bei Nachlassverwaltung und -insolvenzverfahren. (1) Ist eine Nachlassverwaltung angeordnet oder das Nachlassinsolvenzverfahren eröffnet, so kann der Erbe verlangen, dass Maßregeln der Zwangsvollstreckung, die zugunsten eines Nachlassgläubigers in sein nicht zum Nachlass gehörendes Vermögen erfolgt sind, aufgehoben werden, es sei denn, dass er für die Nachlassverbindlichkeiten unbeschränkt haftet.

(2) Im Falle der Nachlassverwaltung steht dem Nachlassverwalter das gleiche Recht gegenüber Maßregeln der Zwangsvollstreckung zu, die zugunsten eines anderen Gläubigers als eines Nachlassgläubigers in den Nachlass erfolgt sind.

§ 785 Vollstreckungsabwehrklage des Erben. Die auf Grund der §§ 781 bis 784 erhobenen Einwendungen werden nach den Vorschriften der §§ 767, 769, 770 erledigt.

§ 786 Vollstreckungsabwehrklage bei beschränkter Haftung. (1) Die Vorschriften des § 780 Abs. 1 und der §§ 781 bis 785 sind auf die nach § 1489 des Bürgerlichen Gesetzbuchs eintretende beschränkte Haftung, die Vorschriften des § 780 Abs. 1 und der §§ 781, 785 sind auf die nach den §§ 1480, 1504, 1629a, 2187 des Bürgerlichen Gesetzbuchs eintretende beschränkte Haftung entsprechend anzuwenden.

(2) Bei der Zwangsvollstreckung aus Urteilen, die bis zum Inkrafttreten des Minderjährigenhaftungsbeschränkungsgesetzes vom 25. August 1998 (BGBl. I S. 2487) am 1. Juli 1999 ergangen sind, kann die Haftungsbeschränkung nach § 1629a des Bürgerlichen Gesetzbuchs auch dann geltend gemacht werden, wenn sie nicht gemäß § 780 Abs. 1 dieses Gesetzes im Urteil vorbehalten ist.

§ 786 a See- und binnenschifffahrtsrechtliche Haftungsbeschränkung. (1) Die Vorschriften des § 780 Abs. 1 und des § 781 sind auf die nach § 486 Abs. 1, 3, §§ 487 bis 487 d des Handelsgesetzbuchs oder nach den §§ 4

1 ZPO § 786 a   Buch 8. Zwangsvollstreckung

bis 5 m des Binnenschifffahrtsgesetzes eintretende beschränkte Haftung entsprechend anzuwenden.

(2) Ist das Urteil nach § 305 a unter Vorbehalt ergangen, so gelten für die Zwangsvollstreckung die folgenden Vorschriften:

1. Wird die Eröffnung eines Seerechtlichen oder eines Binnenschifffahrtsrechtlichen Verteilungsverfahrens nach der Schifffahrtsrechtlichen Verteilungsordnung beantragt, an dem der Gläubiger mit dem Anspruch teilnimmt, so entscheidet das Gericht nach § 5 Abs. 3 der Schifffahrtsrechtlichen Verteilungsordnung über die Einstellung der Zwangsvollstreckung; nach Eröffnung des Seerechtlichen Verteilungsverfahrens sind die Vorschriften des § 8 Abs. 4 und 5 der Schifffahrtsrechtlichen Verteilungsordnung, nach Eröffnung des Binnenschifffahrtsrechtlichen Verteilungsverfahrens die Vorschriften des § 8 Abs. 4 und 5 in Verbindung mit § 41 der Schifffahrtsrechtlichen Verteilungsordnung anzuwenden.

2. [1] Ist nach Artikel 11 des Haftungsbeschränkungsübereinkommens (§ 486 Abs. 1 des Handelsgesetzbuchs) von dem Schuldner oder für ihn ein Fonds in einem anderen Vertragsstaat des Übereinkommens errichtet worden, so sind, sofern der Gläubiger den Anspruch gegen den Fonds geltend gemacht hat, die Vorschriften des § 50 der Schifffahrtsrechtlichen Verteilungsordnung anzuwenden. [2] Hat der Gläubiger den Anspruch nicht gegen den Fonds geltend gemacht oder sind die Voraussetzungen des § 50 Abs. 2 der Schifffahrtsrechtlichen Verteilungsordnung nicht gegeben, so werden Einwendungen, die auf Grund des Rechts auf Beschränkung der Haftung erhoben werden, nach den Vorschriften der §§ 767, 769, 770 erledigt; das Gleiche gilt, wenn der Fonds in dem anderen Vertragsstaat erst bei Geltendmachung des Rechts auf Beschränkung der Haftung errichtet wird.

3. [1] Ist von dem Schuldner oder für diesen ein Fonds in einem anderen Vertragsstaat des Straßburger Übereinkommens über die Beschränkung der Haftung in der Binnenschifffahrt – CLNI (BGBl. 1988 II S. 1643) errichtet worden, so ist, sofern der Gläubiger den Anspruch gegen den Fonds geltend gemacht hat, § 52 der Schifffahrtsrechtlichen Verteilungsordnung anzuwenden. [2] Hat der Gläubiger den Anspruch nicht gegen den Fonds geltend gemacht oder sind die Voraussetzungen des § 52 Abs. 3 der Schifffahrtsrechtlichen Verteilungsordnung nicht gegeben, so werden Einwendungen, die auf Grund des Rechts auf Beschränkung der Haftung nach den §§ 4 bis 5 m des Binnenschifffahrtsgesetzes erhoben werden, nach den Vorschriften der §§ 767, 769, 770 erledigt; das Gleiche gilt, wenn der Fonds in dem anderen Vertragsstaat erst bei Geltendmachung des Rechts auf Beschränkung der Haftung errichtet wird.

(3) Ist das Urteil eines ausländischen Gerichts unter dem Vorbehalt ergangen, dass der Beklagte das Recht auf Beschränkung der Haftung geltend machen kann, wenn ein Fonds nach Artikel 11 des Haftungsbeschränkungsübereinkommens oder nach Artikel 11 des Straßburger Übereinkommens über die Beschränkung der Haftung in der Binnenschifffahrt errichtet worden ist oder bei Geltendmachung des Rechts auf Beschränkung der Haftung errichtet wird, so gelten für die Zwangsvollstreckung wegen des durch das Urteil festgestellten Anspruchs die Vorschriften des Absatzes 2 entsprechend.

Abschnitt 1. Allgemeine Vorschriften §§ 787–792 ZPO 1

§ 787 Zwangsvollstreckung bei herrenlosem Grundstück oder Schiff.

(1) Soll durch die Zwangsvollstreckung ein Recht an einem Grundstück, das von dem bisherigen Eigentümer nach § 928 des Bürgerlichen Gesetzbuchs aufgegeben und von dem Aneignungsberechtigten noch nicht erworben worden ist, geltend gemacht werden, so hat das Vollstreckungsgericht auf Antrag einen Vertreter zu bestellen, dem bis zur Eintragung eines neuen Eigentümers die Wahrnehmung der sich aus dem Eigentum ergebenden Rechte und Verpflichtungen im Zwangsvollstreckungsverfahren obliegt.

(2) Absatz 1 gilt entsprechend, wenn durch die Zwangsvollstreckung ein Recht an einem eingetragenen Schiff oder Schiffsbauwerk geltend gemacht werden soll, das von dem bisherigen Eigentümer nach § 7 des Gesetzes über Rechte an eingetragenen Schiffen und Schiffsbauwerken vom 15. November 1940 (RGBl. I S. 1499) aufgegeben und von dem Aneignungsberechtigten noch nicht erworben worden ist.

§ 788 Kosten der Zwangsvollstreckung. (1) [1] Die Kosten der Zwangsvollstreckung fallen, soweit sie notwendig waren (§ 91), dem Schuldner zur Last; sie sind zugleich mit dem zur Zwangsvollstreckung stehenden Anspruch beizutreiben. [2] Als Kosten der Zwangsvollstreckung gelten auch die Kosten der Ausfertigung und der Zustellung des Urteils. [3] Soweit mehrere Schuldner als Gesamtschuldner verurteilt worden sind, haften sie auch für die Kosten der Zwangsvollstreckung als Gesamtschuldner; § 100 Abs. 3 und 4 gilt entsprechend.

(2) [1] Auf Antrag setzt das Vollstreckungsgericht, bei dem zum Zeitpunkt der Antragstellung eine Vollstreckungshandlung anhängig ist, und nach Beendigung der Zwangsvollstreckung das Gericht, in dessen Bezirk die letzte Vollstreckungshandlung erfolgt ist, die Kosten gemäß § 103 Abs. 2, den §§ 104, 107 fest. [2] Im Falle einer Vollstreckung nach den Vorschriften der §§ 887, 888 und 890 entscheidet das Prozessgericht des ersten Rechtszuges.

(3) Die Kosten der Zwangsvollstreckung sind dem Schuldner zu erstatten, wenn das Urteil, aus dem die Zwangsvollstreckung erfolgt ist, aufgehoben wird.

(4) Die Kosten eines Verfahrens nach den §§ 765 a, 811 a, 811 b, 813 b, 829, 833 a Abs. 2, §§ 850 k, 850 l, 851 a und 851 b kann das Gericht ganz oder teilweise dem Gläubiger auferlegen, wenn dies aus besonderen, in dem Verhalten des Gläubigers liegenden Gründen der Billigkeit entspricht.

§ 789 Einschreiten von Behörden. Wird zum Zwecke der Vollstreckung das Einschreiten einer Behörde erforderlich, so hat das Gericht die Behörde um ihr Einschreiten zu ersuchen.

§ 790 *(aufgehoben)*

§ 791 (weggefallen)

§ 792 Erteilung von Urkunden an Gläubiger. Bedarf der Gläubiger zum Zwecke der Zwangsvollstreckung eines Erbscheins oder einer anderen Urkunde, die dem Schuldner auf Antrag von einer Behörde, einem Beamten oder einem Notar zu erteilen ist, so kann er die Erteilung an Stelle des Schuldners verlangen.

§ 793 Sofortige Beschwerde. Gegen Entscheidungen, die im Zwangsvollstreckungsverfahren ohne mündliche Verhandlung ergehen können, findet sofortige Beschwerde statt.

§ 794[1] Weitere Vollstreckungstitel. (1) Die Zwangsvollstreckung findet ferner statt:
1. aus Vergleichen, die zwischen den Parteien oder zwischen einer Partei und einem Dritten zur Beilegung des Rechtsstreits seinem ganzen Umfang nach oder in Betreff eines Teiles des Streitgegenstandes vor einem deutschen Gericht oder vor einer durch die Landesjustizverwaltung eingerichteten oder anerkannten Gütestelle abgeschlossen sind, sowie aus Vergleichen, die gemäß § 118 Abs. 1 Satz 3 oder § 492 Abs. 3 zu richterlichem Protokoll genommen sind;
2. aus Kostenfestsetzungsbeschlüssen;

2 a. *(aufgehoben)*

2 b. (weggefallen)

3. aus Entscheidungen, gegen die das Rechtsmittel der Beschwerde stattfindet;
4. aus Vollstreckungsbescheiden;

4 a. aus Entscheidungen, die Schiedssprüche für vollstreckbar erklären, sofern die Entscheidungen rechtskräftig oder für vorläufig vollstreckbar erklärt sind;

4 b. aus Beschlüssen nach § 796 b oder § 796 c;

5. aus Urkunden, die von einem deutschen Gericht oder von einem deutschen Notar innerhalb der Grenzen seiner Amtsbefugnisse in der vorgeschriebenen Form aufgenommen sind, sofern die Urkunde über einen Anspruch errichtet ist, der einer vergleichsweisen Regelung zugänglich, nicht auf Abgabe einer Willenserklärung gerichtet ist und nicht den Bestand eines Mietverhältnisses über Wohnraum betrifft, und der Schuldner sich in der Urkunde wegen des zu bezeichnenden Anspruchs der sofortigen Zwangsvollstreckung unterworfen hat;
6. aus für vollstreckbar erklärten Europäischen Zahlungsbefehlen.

(2) Soweit nach den Vorschriften der §§ 737, 743, des § 745 Abs. 2 und des § 748 Abs. 2 die Verurteilung eines Beteiligten zur Duldung der Zwangsvollstreckung erforderlich ist, wird sie dadurch ersetzt, dass der Beteiligte in einer nach Absatz 1 Nr. 5 aufgenommenen Urkunde die sofortige Zwangsvollstreckung in die seinem Recht unterworfenen Gegenstände bewilligt.

§ 794 a Zwangsvollstreckung aus Räumungsvergleich. (1) ¹Hat sich der Schuldner in einem Vergleich, aus dem die Zwangsvollstreckung stattfindet, zur Räumung von Wohnraum verpflichtet, so kann ihm das Amtsgericht, in dessen Bezirk der Wohnraum belegen ist, auf Antrag eine den

---
[1] Beachte hierzu § 66 Abs. 4 SGB X idF der Bek. v. 18. 1. 2001 (BGBl. I S. 130), zuletzt geänd. durch G v. 29. 7. 2009 (BGBl. I S. 2258).

Abschnitt 1. Allgemeine Vorschriften **§§ 795–796 ZPO 1**

Umständen nach angemessene Räumungsfrist bewilligen. ²Der Antrag ist spätestens zwei Wochen vor dem Tag, an dem nach dem Vergleich zu räumen ist, zu stellen; §§ 233 bis 238 gelten sinngemäß. ³Die Entscheidung ergeht durch Beschluss. ⁴Vor der Entscheidung ist der Gläubiger zu hören. ⁵Das Gericht ist befugt, die im § 732 Abs. 2 bezeichneten Anordnungen zu erlassen.

(2) ¹Die Räumungsfrist kann auf Antrag verlängert oder verkürzt werden. ²Absatz 1 Satz 2 bis 5 gilt entsprechend.

(3) ¹Die Räumungsfrist darf insgesamt nicht mehr als ein Jahr, gerechnet vom Tag des Abschlusses des Vergleichs, betragen. ²Ist nach dem Vergleich an einem späteren Tag zu räumen, so rechnet die Frist von diesem Tag an.

(4) Gegen die Entscheidung des Amtsgerichts findet die sofortige Beschwerde statt.

(5) ¹Die Absätze 1 bis 4 gelten nicht für Mietverhältnisse über Wohnraum im Sinne des § 549 Abs. 2 Nr. 3 sowie in den Fällen des § 575 des Bürgerlichen Gesetzbuchs. ²Endet ein Mietverhältnis im Sinne des § 575 des Bürgerlichen Gesetzbuchs durch außerordentliche Kündigung, kann eine Räumungsfrist höchstens bis zum vertraglich bestimmten Zeitpunkt der Beendigung gewährt werden.

§ 795 Anwendung der allgemeinen Vorschriften auf die weiteren Vollstreckungstitel. ¹Auf die Zwangsvollstreckung aus den in § 794 erwähnten Schuldtiteln sind die Vorschriften der §§ 724 bis 793 entsprechend anzuwenden, soweit nicht in den §§ 795a bis 800 abweichende Vorschriften enthalten sind. ²Auf die Zwangsvollstreckung aus den in § 794 Abs. 1 Nr. 2 erwähnten Schuldtiteln ist § 720a entsprechend anzuwenden, wenn die Schuldtitel auf Urteilen beruhen, die nur gegen Sicherheitsleistung vorläufig vollstreckbar sind. ³Für die Zwangsvollstreckung aus für vollstreckbar erklärten Europäischen Zahlungsbefehlen gelten ergänzend die §§ 1093 bis 1096.

§ 795a Zwangsvollstreckung aus Kostenfestsetzungsbeschluss. Die Zwangsvollstreckung aus einem Kostenfestsetzungsbeschluss, der nach § 105 auf das Urteil gesetzt ist, erfolgt auf Grund einer vollstreckbaren Ausfertigung des Urteils; einer besonderen Vollstreckungsklausel für den Festsetzungsbeschluss bedarf es nicht.

§ 795b Vollstreckbarerklärung des gerichtlichen Vergleichs. Bei Vergleichen, die vor einem deutschen Gericht geschlossen sind (§ 794 Abs. 1 Nr. 1) und deren Wirksamkeit ausschließlich vom Eintritt einer sich aus der Verfahrensakte ergebenden Tatsache abhängig ist, wird die Vollstreckungsklausel von dem Urkundsbeamten der Geschäftsstelle des Gerichts des ersten Rechtszugs und, wenn der Rechtsstreit bei einem höheren Gericht anhängig ist, von dem Urkundsbeamten der Geschäftsstelle dieses Gerichts erteilt.

§ 796 Zwangsvollstreckung aus Vollstreckungsbescheiden. (1) Vollstreckungsbescheide bedürfen der Vollstreckungsklausel nur, wenn die Zwangsvollstreckung für einen anderen als den in dem Bescheid bezeichneten

Gläubiger oder gegen einen anderen als den in dem Bescheid bezeichneten Schuldner erfolgen soll.

(2) Einwendungen, die den Anspruch selbst betreffen, sind nur insoweit zulässig, als die Gründe, auf denen sie beruhen, nach Zustellung des Vollstreckungsbescheids entstanden sind und durch Einspruch nicht mehr geltend gemacht werden können.

(3) Für Klagen auf Erteilung der Vollstreckungsklausel sowie für Klagen, durch welche die den Anspruch selbst betreffenden Einwendungen geltend gemacht werden oder der bei der Erteilung der Vollsteckungsklausel als bewiesen angenommene Eintritt der Voraussetzung für die Erteilung der Vollstreckungsklausel bestritten wird, ist das Gericht zuständig, das für eine Entscheidung im Streitverfahren zuständig gewesen wäre.

§ 796 a Voraussetzungen für die Vollstreckbarerklärung des Anwaltsvergleichs. (1) Ein von Rechtsanwälten im Namen und mit Vollmacht der von ihnen vertretenen Parteien abgeschlossener Vergleich wird auf Antrag einer Partei für vollstreckbar erklärt, wenn sich der Schuldner darin der sofortigen Zwangsvollstreckung unterworfen hat und der Vergleich unter Angabe des Tages seines Zustandekommens bei einem Amtsgericht niedergelegt ist, bei dem eine der Parteien zur Zeit des Vergleichsabschlusses ihren allgemeinen Gerichtsstand hat.

(2) Absatz 1 gilt nicht, wenn der Vergleich auf die Abgabe einer Willenserklärung gerichtet ist oder den Bestand eines Mietverhältnisses über Wohnraum betrifft.

(3) Die Vollstreckbarerklärung ist abzulehnen, wenn der Vergleich unwirksam ist oder seine Anerkennung gegen die öffentliche Ordnung verstoßen würde.

§ 796 b Vollstreckbarerklärung durch das Prozessgericht. (1) Für die Vollstreckbarerklärung nach § 796 a Abs. 1 ist das Gericht als Prozessgericht zuständig, das für die gerichtliche Geltendmachung des zu vollstreckenden Anspruchs zuständig wäre.

(2) ¹ Vor der Entscheidung über den Antrag auf Vollstreckbarerklärung ist der Gegner zu hören. ² Die Entscheidung ergeht durch Beschluss. ³ Eine Anfechtung findet nicht statt.

§ 796 c Vollstreckbarerklärung durch einen Notar. (1) ¹ Mit Zustimmung der Parteien kann ein Vergleich ferner von einem Notar, der seinen Amtssitz im Bezirk eines nach § 796 a Abs. 1 zuständigen Gerichts hat, in Verwahrung genommen und für vollstreckbar erklärt werden. ² Die §§ 796 a und 796 b gelten entsprechend.

(2) ¹ Lehnt der Notar die Vollstreckbarerklärung ab, ist dies zu begründen. ² Die Ablehnung durch den Notar kann mit dem Antrag auf gerichtliche Entscheidung bei dem nach § 796 b Abs. 1 zuständigen Gericht angefochten werden.

Abschnitt 1. Allgemeine Vorschriften §§ 797–798 ZPO 1

§ 797[1]) **Verfahren bei vollstreckbaren Urkunden.** (1) Die vollstreckbare Ausfertigung gerichtlicher Urkunden wird von dem Urkundsbeamten der Geschäftsstelle des Gerichts erteilt, das die Urkunde verwahrt.

(2) ¹Die vollstreckbare Ausfertigung notarieller Urkunden wird von dem Notar erteilt, der die Urkunde verwahrt. ²Befindet sich die Urkunde in der Verwahrung einer Behörde, so hat diese die vollstreckbare Ausfertigung zu erteilen.

(3) Die Entscheidung über Einwendungen, welche die Zulässigkeit der Vollstreckungsklausel betreffen, sowie die Entscheidung über Erteilung einer weiteren vollstreckbaren Ausfertigung wird bei gerichtlichen Urkunden von dem im ersten Absatz bezeichneten Gericht, bei notariellen Urkunden von dem Amtsgericht getroffen, in dessen Bezirk der im zweiten Absatz bezeichnete Notar oder die daselbst bezeichnete Behörde den Amtssitz hat.

(4) Auf die Geltendmachung von Einwendungen, die den Anspruch selbst betreffen, ist die beschränkende Vorschrift des § 767 Abs. 2 nicht anzuwenden.

(5) Für Klagen auf Erteilung der Vollstreckungsklausel sowie für Klagen, durch welche die den Anspruch selbst betreffenden Einwendungen geltend gemacht werden oder der bei der Erteilung der Vollstreckungsklausel als bewiesen angenommene Eintritt der Voraussetzung für die Erteilung der Vollstreckungsklausel bestritten wird, ist das Gericht, bei dem der Schuldner im Inland seinen allgemeinen Gerichtsstand hat, und sonst das Gericht zuständig, bei dem nach § 23 gegen den Schuldner Klage erhoben werden kann.

(6) Auf Beschlüsse nach § 796 c sind die Absätze 2 bis 5 entsprechend anzuwenden.

§ 797 a Verfahren bei Gütestellenvergleichen. (1) Bei Vergleichen, die vor Gütestellen der im § 794 Abs. 1 Nr. 1 bezeichneten Art geschlossen sind, wird die Vollstreckungsklausel von dem Urkundsbeamten der Geschäftsstelle desjenigen Amtsgerichts erteilt, in dessen Bezirk die Gütestelle ihren Sitz hat.

(2) Über Einwendungen, welche die Zulässigkeit der Vollstreckungsklausel betreffen, entscheidet das im Absatz 1 bezeichnete Gericht.

(3) § 797 Abs. 5 gilt entsprechend.

(4) ¹Die Landesjustizverwaltung kann Vorsteher von Gütestellen ermächtigen, die Vollstreckungsklausel für Vergleiche zu erteilen, die vor der Gütestelle geschlossen sind. ²Die Ermächtigung erstreckt sich nicht auf die Fälle des § 726 Abs. 1, der §§ 727 bis 729 und des § 733. ³Über Einwendungen, welche die Zulässigkeit der Vollstreckungsklausel betreffen, entscheidet das im Absatz 1 bezeichnete Gericht.

§ 798 Wartefrist. Aus einem Kostenfestsetzungsbeschluss, der nicht auf das Urteil gesetzt ist, aus Beschlüssen nach § 794 Abs. 1 Nr. 4 b sowie aus den nach § 794 Abs. 1 Nr. 5 aufgenommenen Urkunden darf die Zwangsvollstreckung nur beginnen, wenn der Schuldtitel mindestens zwei Wochen vorher zugestellt ist.

---

[1]) Vgl. hierzu § 60 SGB VIII idF der Bek. v. 14. 12. 2006 (BGBl. I S. 3134), zuletzt geänd. durch G v. 6. 7. 2009 (BGBl. I S. 1696) und §§ 52 und 54 BeurkundungsG v. 28. 8. 1969 (BGBl. I S. 1513), zuletzt geänd. durch G v. 15. 7. 2009 (BGBl. I S. 1798).

§ 798 a *(aufgehoben)*

§ 799 Vollstreckbare Urkunde bei Rechtsnachfolge. Hat sich der Eigentümer eines mit einer Hypothek, einer Grundschuld oder einer Rentenschuld belasteten Grundstücks in einer nach § 794 Abs. 1 Nr. 5 aufgenommenen Urkunde der sofortigen Zwangsvollstreckung unterworfen und ist dem Rechtsnachfolger des Gläubigers eine vollstreckbare Ausfertigung erteilt, so ist die Zustellung der die Rechtsnachfolge nachweisenden öffentlichen oder öffentlich beglaubigten Urkunde nicht erforderlich, wenn der Rechtsnachfolger als Gläubiger im Grundbuch eingetragen ist.

§ 799 a Schadensersatzpflicht bei der Vollstreckung aus Urkunden durch andere Gläubiger. [1] Hat sich der Eigentümer eines Grundstücks in Ansehung einer Hypothek oder Grundschuld in einer Urkunde nach § 794 Abs. 1 Nr. 5 der sofortigen Zwangsvollstreckung in das Grundstück unterworfen und betreibt ein anderer als der in der Urkunde bezeichnete Gläubiger die Vollstreckung, so ist dieser, soweit die Vollstreckung aus der Urkunde für unzulässig erklärt wird, dem Schuldner zum Ersatz des Schadens verpflichtet, der diesem durch die Vollstreckung aus der Urkunde oder durch eine zur Abwendung der Vollstreckung erbrachte Leistung entsteht. [2] Satz 1 gilt entsprechend, wenn sich der Schuldner wegen der Forderungen, zu deren Sicherung das Grundpfandrecht bestellt worden ist, oder wegen der Forderung aus einem demselben Zweck dienenden Schuldanerkenntnis der sofortigen Vollstreckung in sein Vermögen unterworfen hat.

§ 800 Vollstreckbare Urkunde gegen den jeweiligen Grundstückseigentümer. (1) [1] Der Eigentümer kann sich in einer nach § 794 Abs. 1 Nr. 5 aufgenommenen Urkunde in Ansehung einer Hypothek, einer Grundschuld oder einer Rentenschuld der sofortigen Zwangsvollstreckung in der Weise unterwerfen, dass die Zwangsvollstreckung aus der Urkunde gegen den jeweiligen Eigentümer des Grundstücks zulässig sein soll. [2] Die Unterwerfung bedarf in diesem Fall der Eintragung in das Grundbuch.

(2) Bei der Zwangsvollstreckung gegen einen späteren Eigentümer, der im Grundbuch eingetragen ist, bedarf es nicht der Zustellung der den Erwerb des Eigentums nachweisenden öffentlichen oder öffentlich beglaubigten Urkunde.

(3) Ist die sofortige Zwangsvollstreckung gegen den jeweiligen Eigentümer zulässig, so ist für die im § 797 Abs. 5 bezeichneten Klagen das Gericht zuständig, in dessen Bezirk das Grundstück belegen ist.

§ 800 a Vollstreckbare Urkunde bei Schiffshypothek. (1) Die Vorschriften der §§ 799, 800 gelten für eingetragene Schiffe und Schiffsbauwerke, die mit einer Schiffshypothek belastet sind, entsprechend.

(2) Ist die sofortige Zwangsvollstreckung gegen den jeweiligen Eigentümer zulässig, so ist für die im § 797 Abs. 5 bezeichneten Klagen das Gericht zuständig, in dessen Bezirk das Register für das Schiff oder das Schiffsbauwerk geführt wird.

§ 801 Landesrechtliche Vollstreckungstitel. (1) Die Landesgesetzgebung ist nicht gehindert, auf Grund anderer als der in den §§ 704, 794 bezeichneten

Abschnitt 2. Zwangsvollstr. w. Geldforderungen §§ 802–802 k ZPO 1

Schuldtitel die gerichtliche Zwangsvollstreckung zuzulassen und insoweit von diesem Gesetz abweichende Vorschriften über die Zwangsvollstreckung zu treffen.[1]

(2) Aus landesrechtlichen Schuldtiteln im Sinne des Absatzes 1 kann im gesamten Bundesgebiet vollstreckt werden.

§ 802 Ausschließlichkeit der Gerichtsstände. Die in diesem Buche angeordneten Gerichtsstände sind ausschließliche.

Abschnitt 2. Zwangsvollstreckung wegen Geldforderungen

Titel 1. Allgemeine Vorschriften *(zum größten Teil noch nicht in Kraft)*

§ 802 a Grundsätze der Vollstreckung; Regelbefugnisse des Gerichtsvollziehers. *(noch nicht in Kraft)*

§ 802 b Gütliche Erledigung; Vollstreckungsaufschub bei Zahlungsvereinbarung. *(noch nicht in Kraft)*

§ 802 c Vermögensauskunft des Schuldners. *(noch nicht in Kraft)*

§ 802 d Erneute Vermögensauskunft. *(noch nicht in Kraft)*

§ 802 e Zuständigkeit. *(noch nicht in Kraft)*

§ 802 f Verfahren zur Abnahme der Vermögensauskunft. *(noch nicht in Kraft)*

§ 802 g Erzwingungshaft. *(noch nicht in Kraft)*

§ 802 h Unzulässigkeit der Haftvollstreckung. *(noch nicht in Kraft)*

§ 802 i Vermögensauskunft des verhafteten Schuldners. *(noch nicht in Kraft)*

§ 802 j Dauer der Haft; erneute Haft. *(noch nicht in Kraft)*

§ 802 k *Zentrale Verwaltung der Vermögensverzeichnisse (1)* [1] *Nach § 802f Abs. 6 dieses Gesetzes oder nach § 284 Abs. 7 Satz 4 der Abgabenordnung zu hinterlegende Vermögensverzeichnisse werden landesweit von einem zentralen Vollstreckungsgericht in elektronischer Form verwaltet.* [2] *Gleiches gilt für Vermögensverzeichnisse, die auf Grund einer § 284 Abs. 1 bis 7 der Abgabenordnung gleichwertigen bundesgesetzlichen oder landesgesetzlichen Regelung errichtet wurden, soweit diese Regelung die Hinterlegung anordnet.* [3] *Ein Vermögensverzeichnis nach Satz 1 oder Satz 2 ist nach Ablauf von zwei Jahren seit Abgabe der Auskunft oder bei Eingang eines neuen Vermögensverzeichnisses zu löschen.*

---

[1] VO über die Vollstreckung landesrechtlicher Schuldtitel vom 15. 4. 1937 (RGBl. I S. 466): „Aus Schuldtiteln, die nach Landesrecht im Gebiet eines deutschen Landes nach den Vorschriften der Zivilprozeßordnung vollstreckbar sind, kann auch im übrigen *Reichs*gebiet vollstreckt werden."

1 ZPO §§ 802 l, 803 Buch 8. Zwangsvollstreckung

(2) ¹ Die Gerichtsvollzieher können die von den zentralen Vollstreckungsgerichten nach Absatz 1 verwalteten Vermögensverzeichnisse zu Vollstreckungszwecken abrufen. ² Den Gerichtsvollziehern stehen Vollstreckungsbehörden gleich, die

1. Vermögensauskünfte nach § 284 der Abgabenordnung verlangen können,
2. durch Bundesgesetz oder durch Landesgesetz dazu befugt sind, vom Schuldner Auskunft über sein Vermögen zu verlangen, wenn diese Auskunftsbefugnis durch die Errichtung eines nach Absatz 1 zu hinterlegenden Vermögensverzeichnisses ausgeschlossen wird, oder
3. durch Bundesgesetz oder durch Landesgesetz dazu befugt sind, vom Schuldner die Abgabe einer Vermögensauskunft nach § 802 c gegenüber dem Gerichtsvollzieher zu verlangen.

³ Zur Einsicht befugt sind ferner Vollstreckungsgerichte, Insolvenzgerichte und Registergerichte sowie Strafverfolgungsbehörden, soweit dies zur Erfüllung der ihnen obliegenden Aufgaben erforderlich ist.

(3) ¹ Die Landesregierungen bestimmen durch Rechtsverordnung, welches Gericht die Aufgaben des zentralen Vollstreckungsgerichts nach Absatz 1 wahrzunehmen hat. ² Sie können diese Befugnis auf die Landesjustizverwaltungen übertragen. ³ Das zentrale Vollstreckungsgericht nach Absatz 1 kann andere Stellen mit der Datenverarbeitung beauftragen; die jeweiligen datenschutzrechtlichen Bestimmungen über die Verarbeitung personenbezogener Daten im Auftrag sind anzuwenden.

(4) ¹ Das Bundesministerium der Justiz wird ermächtigt, durch Rechtsverordnung mit Zustimmung des Bundesrates die Einzelheiten der Form, Aufnahme, Übermittlung, Verwaltung und Löschung der Vermögensverzeichnisse nach § 802 f Abs. 5 dieses Gesetzes und nach § 284 Abs. 7 der Abgabenordnung oder gleichwertiger Regelungen im Sinne von Absatz 1 Satz 2 sowie der Einsichtnahme, insbesondere durch ein automatisiertes Abrufverfahren, zu regeln. ² Die Rechtsverordnung hat geeignete Regelungen zur Sicherung des Datenschutzes und der Datensicherheit vorzusehen. ³ Insbesondere ist sicherzustellen, dass die Vermögensverzeichnisse

1. bei der Übermittlung an das zentrale Vollstreckungsgericht nach Absatz 1 sowie bei der Weitergabe an die anderen Stellen nach Absatz 3 Satz 3 gegen unbefugte Kenntnisnahme geschützt sind,
2. unversehrt und vollständig wiedergegeben werden,
3. jederzeit ihrem Ursprung nach zugeordnet werden können und
4. nur von registrierten Nutzern abgerufen werden können und jeder Abrufvorgang protokolliert wird.

§ 802 l Auskunftsrechte des Gerichtsvollziehers. *(noch nicht in Kraft)*

Titel 1. Zwangsvollstreckung in das bewegliche Vermögen

Untertitel 1. Allgemeine Vorschriften

§ 803 Pfändung. (1) ¹ Die Zwangsvollstreckung in das bewegliche Vermögen erfolgt durch Pfändung. ² Sie darf nicht weiter ausgedehnt werden, als es zur Befriedigung des Gläubigers und zur Deckung der Kosten der Zwangsvollstreckung erforderlich ist.

Abschnitt 2. Zwangsvollstr. w. Geldforderungen **§§ 804–806 a ZPO 1**

(2) Die Pfändung hat zu unterbleiben, wenn sich von der Verwertung der zu pfändenden Gegenstände ein Überschuss über die Kosten der Zwangsvollstreckung nicht erwarten lässt.

§ 804 Pfändungspfandrecht. (1) Durch die Pfändung erwirbt der Gläubiger ein Pfandrecht an dem gepfändeten Gegenstande.

(2) Das Pfandrecht gewährt dem Gläubiger im Verhältnis zu anderen Gläubigern dieselben Rechte wie ein durch Vertrag erworbenes Faustpfandrecht; es geht Pfand- und Vorzugsrechten vor, die für den Fall eines Insolvenzverfahrens den Faustpfandrechten nicht gleichgestellt sind.[1]

(3) Das durch eine frühere Pfändung begründete Pfandrecht geht demjenigen vor, das durch eine spätere Pfändung begründet wird.

§ 805 Klage auf vorzugsweise Befriedigung. (1) Der Pfändung einer Sache kann ein Dritter, der sich nicht im Besitz der Sache befindet, auf Grund eines Pfand- oder Vorzugsrechts nicht widersprechen; er kann jedoch seinen Anspruch auf vorzugsweise Befriedigung aus dem Erlös im Wege der Klage geltend machen, ohne Rücksicht darauf, ob seine Forderung fällig ist oder nicht.

(2) Die Klage ist bei dem Vollstreckungsgericht und, wenn der Streitgegenstand zur Zuständigkeit der Amtsgerichte nicht gehört, bei dem Landgericht zu erheben, in dessen Bezirk das Vollstreckungsgericht seinen Sitz hat.

(3) Wird die Klage gegen den Gläubiger und den Schuldner gerichtet, so sind diese als Streitgenossen anzusehen.

(4) [1] Wird der Anspruch glaubhaft gemacht, so hat das Gericht die Hinterlegung des Erlöses anzuordnen. [2] Die Vorschriften der §§ 769, 770 sind hierbei entsprechend anzuwenden.

§ 806 Keine Gewährleistung bei Pfandveräußerung. Wird ein Gegenstand auf Grund der Pfändung veräußert, so steht dem Erwerber wegen eines Mangels im Recht oder wegen eines Mangels der veräußerten Sache ein Anspruch auf Gewährleistung nicht zu.

§ 806 a Mitteilungen und Befragung durch den Gerichtsvollzieher.

(1) Erhält der Gerichtsvollzieher anlässlich der Zwangsvollstreckung durch Befragung des Schuldners oder durch Einsicht in Dokumente Kenntnis von Geldforderungen des Schuldners gegen Dritte und konnte eine Pfändung nicht bewirkt werden oder wird eine bewirkte Pfändung voraussichtlich nicht zur vollständigen Befriedigung des Gläubigers führen, so teilt er Namen und Anschriften der Drittschuldner sowie den Grund der Forderungen und für diese bestehende Sicherheiten dem Gläubiger mit.

(2) [1] Trifft der Gerichtsvollzieher den Schuldner in der Wohnung nicht an und konnte eine Pfändung nicht bewirkt werden oder wird eine bewirkte Pfändung voraussichtlich nicht zur vollständigen Befriedigung des Gläubigers führen, so kann der Gerichtsvollzieher die zum Hausstand des Schuldners gehörenden erwachsenen Personen nach dem Arbeitgeber des Schuldners

---

[1] Vgl. §§ 49 ff. InsO v. 5. 10. 1994 (BGBl. I S. 2866), zuletzt geänd. durch G v. 29. 7. 2009 (BGBl. I S. 2355).

befragen. ²Diese sind zu einer Auskunft nicht verpflichtet und vom Gerichtsvollzieher auf die Freiwilligkeit ihrer Angaben hinzuweisen. ³Seine Erkenntnisse teilt der Gerichtsvollzieher dem Gläubiger mit.

§ 806 b Gütliche und zügige Erledigung. ¹Der Gerichtsvollzieher soll in jeder Lage des Zwangsvollstreckungsverfahrens auf eine gütliche und zügige Erledigung hinwirken. ²Findet er pfändbare Gegenstände nicht vor, versichert der Schuldner aber glaubhaft, die Schuld kurzfristig in Teilbeträgen zu tilgen, so zieht der Gerichtsvollzieher die Teilbeträge ein, wenn der Gläubiger hiermit einverstanden ist. ³Die Tilgung soll in der Regel innerhalb von sechs Monaten erfolgt sein.

§ 807[1] **Eidesstattliche Versicherung.** (1) Der Schuldner ist nach Erteilung des Auftrags nach § 900 Abs. 1 verpflichtet, ein Verzeichnis seines Vermögens vorzulegen und für seine Forderungen den Grund und die Beweismittel zu bezeichnen, wenn

1. die Pfändung zu einer vollständigen Befriedigung des Gläubigers nicht geführt hat,
2. der Gläubiger glaubhaft macht, dass er durch die Pfändung seine Befriedigung nicht vollständig erlangen könne,
3. der Schuldner die Durchsuchung (§ 758) verweigert hat oder
4. der Gerichtsvollzieher den Schuldner wiederholt in seiner Wohnung nicht angetroffen hat, nachdem er einmal die Vollstreckung mindestens zwei Wochen vorher angekündigt hatte; dies gilt nicht, wenn der Schuldner seine Abwesenheit genügend entschuldigt und den Grund glaubhaft macht.

(2) ¹Aus dem Vermögensverzeichnis müssen auch ersichtlich sein

1. die in den letzten zwei Jahren vor dem ersten zur Abgabe der eidesstattlichen Versicherung anberaumten Termin vorgenommenen entgeltlichen Veräußerungen des Schuldners an eine nahestehende Person (§ 138 der Insolvenzordnung);
2. die in den letzten vier Jahren vor dem ersten zur Abgabe der eidesstattlichen Versicherung anberaumten Termin von dem Schuldner vorgenommenen unentgeltlichen Leistungen, sofern sie sich nicht auf gebräuchliche Gelegenheitsgeschenke geringen Werts richteten.

²Sachen, die nach § 811 Abs. 1 Nr. 1, 2 der Pfändung offensichtlich nicht unterworfen sind, brauchen in dem Vermögensverzeichnis nicht angegeben zu werden, es sei denn, dass eine Austauschpfändung in Betracht kommt.

(3) ¹Der Schuldner hat zu Protokoll an Eides statt zu versichern, dass er die von ihm verlangten Angaben nach bestem Wissen und Gewissen richtig und vollständig gemacht habe. ²Die Vorschriften der §§ 478 bis 480, 483 gelten entsprechend.

Untertitel 2. Zwangsvollstreckung in körperliche Sachen

§ 808 Pfändung beim Schuldner. (1) Die Pfändung der im Gewahrsam des Schuldners befindlichen körperlichen Sachen wird dadurch bewirkt, dass der Gerichtsvollzieher sie in Besitz nimmt.

---

[1] Beachte auch § 284 AbgabenO.

Abschnitt 2. Zwangsvollstr. w. Geldforderungen **§§ 809–811 ZPO 1**

(2) ¹ Andere Sachen als Geld, Kostbarkeiten und Wertpapiere sind im Gewahrsam des Schuldners zu belassen, sofern nicht hierdurch die Befriedigung des Gläubigers gefährdet wird. ² Werden die Sachen im Gewahrsam des Schuldners belassen, so ist die Wirksamkeit der Pfändung dadurch bedingt, dass durch Anlegung von Siegeln oder auf sonstige Weise die Pfändung ersichtlich gemacht ist.

(3) Der Gerichtsvollzieher hat den Schuldner von der erfolgten Pfändung in Kenntnis zu setzen.

§ 809 Pfändung beim Gläubiger oder bei Dritten. Die vorstehenden Vorschriften sind auf die Pfändung von Sachen, die sich im Gewahrsam des Gläubigers oder eines zur Herausgabe bereiten Dritten befinden, entsprechend anzuwenden.

§ 810 Pfändung ungetrennter Früchte. (1) ¹ Früchte, die von dem Boden noch nicht getrennt sind, können gepfändet werden, solange nicht ihre Beschlagnahme im Wege der Zwangsvollstreckung in das unbewegliche Vermögen erfolgt ist. ² Die Pfändung darf nicht früher als einen Monat vor der gewöhnlichen Zeit der Reife erfolgen.

(2) Ein Gläubiger, der ein Recht auf Befriedigung aus dem Grundstück hat, kann der Pfändung nach Maßgabe des § 771 widersprechen, sofern nicht die Pfändung für einen im Falle der Zwangsvollstreckung in das Grundstück vorgehenden Anspruch erfolgt ist.

§ 811[1]) **Unpfändbare Sachen.** (1) Folgende Sachen sind der Pfändung nicht unterworfen:
1. die dem persönlichen Gebrauch oder dem Haushalt dienenden Sachen, insbesondere Kleidungsstücke, Wäsche, Betten, Haus- und Küchengerät, soweit der Schuldner ihrer zu einer seiner Berufstätigkeit und seiner Verschuldung angemessenen, bescheidenen Lebens- und Haushaltsführung bedarf; ferner Gartenhäuser, Wohnlauben und ähnliche Wohnzwecken dienende Einrichtungen, die der Zwangsvollstreckung in das bewegliche Vermögen unterliegen und deren der Schuldner oder seine Familie zur ständigen Unterkunft bedarf;
2. die für den Schuldner, seine Familie und seine Hausangehörigen, die ihm im Haushalt helfen, auf vier Wochen erforderlichen Nahrungs-, Feuerungs- und Beleuchtungsmittel oder, soweit für diesen Zeitraum solche Vorräte nicht vorhanden und ihre Beschaffung auf anderem Wege nicht gesichert ist, der zur Beschaffung erforderliche Geldbetrag;
3. Kleintiere in beschränkter Zahl sowie eine Milchkuh oder nach Wahl des Schuldners statt einer solchen insgesamt zwei Schweine, Ziegen oder Schafe, wenn diese Tiere für die Ernährung des Schuldners, seiner Familie oder Hausangehörigen, die ihm im Haushalt, in der Landwirtschaft oder

---

[1]) **Weitere Fälle der Unpfändbarkeit** (außer den in § 811 aufgeführten Fällen):
1. die Fahrbetriebsmittel der Eisenbahn: G betreffend die Unzulässigkeit der Pfändung von Eisenbahnfahrbetriebsmitteln v. 3. 5. 1886 (RGBl. S. 131), geänd. durch G v. 5. 10. 1994 (BGBl. I S. 2911);
2. in das Deckungsregister nach § 5 PfandbriefG eingetragene Werte: § 29 PfandbriefG v. 22. 5. 2005 (BGBl. I S. 1373), zuletzt geänd. durch G v. 31. 7. 2009 (BGBl. I S. 2512).

im Gewerbe helfen, erforderlich sind; ferner die zur Fütterung und zur Streu auf vier Wochen erforderlichen Vorräte oder, soweit solche Vorräte nicht vorhanden sind und ihre Beschaffung für diesen Zeitraum auf anderem Wege nicht gesichert ist, der zu ihrer Beschaffung erforderliche Geldbetrag;

4. bei Personen, die Landwirtschaft betreiben, das zum Wirtschaftsbetrieb erforderliche Gerät und Vieh nebst dem nötigen Dünger sowie die landwirtschaftlichen Erzeugnisse, soweit sie zur Sicherung des Unterhalts des Schuldners, seiner Familie und seiner Arbeitnehmer oder zur Fortführung der Wirtschaft bis zur nächsten Ernte gleicher oder ähnlicher Erzeugnisse erforderlich sind;

4 a. bei Arbeitnehmern in landwirtschaftlichen Betrieben die ihnen als Vergütung gelieferten Naturalien, soweit der Schuldner ihrer zu seinem und seiner Familie Unterhalt bedarf;

5. bei Personen, die aus ihrer körperlichen oder geistigen Arbeit oder sonstigen persönlichen Leistungen ihren Erwerb ziehen, die zur Fortsetzung dieser Erwerbstätigkeit erforderlichen Gegenstände;[1)]

6. bei den Witwen und minderjährigen Erben der unter Nummer 5 bezeichneten Personen, wenn sie die Erwerbstätigkeit für ihre Rechnung durch einen Stellvertreter fortführen, die zur Fortführung dieser Erwerbstätigkeit erforderlichen Gegenstände;

7. Dienstkleidungsstücke sowie Dienstausrüstungsgegenstände, soweit sie zum Gebrauch des Schuldners bestimmt sind, sowie bei Beamten, Geistlichen, Rechtsanwälten, Notaren, Ärzten und Hebammen die zur Ausübung des Berufes erforderlichen Gegenstände einschließlich angemessener Kleidung;

8. bei Personen, die wiederkehrende Einkünfte der in den §§ 850 bis 850 b bezeichneten Art beziehen, ein Geldbetrag, der dem der Pfändung nicht unterworfenen Teil der Einkünfte für die Zeit von der Pfändung bis zu dem nächsten Zahlungstermin entspricht;

9. die zum Betrieb einer Apotheke unentbehrlichen Geräte, Gefäße und Waren;

10. die Bücher, die zum Gebrauch des Schuldners und seiner Familie in der Kirche oder Schule oder einer sonstigen Unterrichtsanstalt oder bei der häuslichen Andacht bestimmt sind;

11. die in Gebrauch genommenen Haushaltungs- und Geschäftsbücher, die Familienpapiere sowie die Trauringe, Orden und Ehrenzeichen;

12. künstliche Gliedmaßen, Brillen und andere wegen körperlicher Gebrechen notwendige Hilfsmittel, soweit diese Gegenstände zum Gebrauch des Schuldners und seiner Familie bestimmt sind;

13. die zur unmittelbaren Verwendung für die Bestattung bestimmten Gegenstände.

[1)] Ferner Originale eines urheberschutzfähigen Werkes sowie Vorrichtungen, die ausschließlich zur Vervielfältigung oder Funksendung eines Werkes bestimmt sind, nach Maßgabe der §§ 112–119 UrheberrechtsG v. 9. 9. 1965 (BGBl. I S. 1273), zuletzt geänd. durch G v. 17. 12. 2008 (BGBl. I S. 2586).

(2) ¹Eine in Absatz 1 Nr. 1, 4, 5 bis 7 bezeichnete Sache kann gepfändet werden, wenn der Verkäufer wegen einer durch Eigentumsvorbehalt gesicherten Geldforderung aus ihrem Verkauf vollstreckt. ²Die Vereinbarung des Eigentumsvorbehaltes ist durch Urkunden nachzuweisen.

§ 811 a Austauschpfändung. (1) Die Pfändung einer nach § 811 Abs. 1 Nr. 1, 5 und 6 unpfändbaren Sache kann zugelassen werden, wenn der Gläubiger dem Schuldner vor der Wegnahme der Sache ein Ersatzstück, das dem geschützten Verwendungszweck genügt, oder den zur Beschaffung eines solchen Ersatzstückes erforderlichen Geldbetrag überlässt; ist dem Gläubiger die rechtzeitige Ersatzbeschaffung nicht möglich oder nicht zuzumuten, so kann die Pfändung mit der Maßgabe zugelassen werden, dass dem Schuldner der zur Ersatzbeschaffung erforderliche Geldbetrag aus dem Vollstreckungserlös überlassen wird (Austauschpfändung).

(2) ¹Über die Zulässigkeit der Austauschpfändung entscheidet das Vollstreckungsgericht auf Antrag des Gläubigers durch Beschluss. ²Das Gericht soll die Austauschpfändung nur zulassen, wenn sie nach Lage der Verhältnisse angemessen ist, insbesondere wenn zu erwarten ist, dass der Vollstreckungserlös den Wert des Ersatzstückes erheblich übersteigen werde. ³Das Gericht setzt den Wert eines vom Gläubiger angebotenen Ersatzstückes oder den zur Ersatzbeschaffung erforderlichen Betrag fest. ⁴Bei der Austauschpfändung nach Absatz 1 Halbsatz 1 ist der festgesetzte Betrag dem Gläubiger aus dem Vollstreckungserlös zu erstatten; er gehört zu den Kosten der Zwangsvollstreckung.

(3) Der dem Schuldner überlassene Geldbetrag ist unpfändbar.

(4) Bei der Austauschpfändung nach Absatz 1 Halbsatz 2 ist die Wegnahme der gepfändeten Sache erst nach Rechtskraft des Zulassungsbeschlusses zulässig.

§ 811 b Vorläufige Austauschpfändung. (1) ¹Ohne vorgängige Entscheidung des Gerichts ist eine vorläufige Austauschpfändung zulässig, wenn eine Zulassung durch das Gericht zu erwarten ist. ²Der Gerichtsvollzieher soll die Austauschpfändung nur vornehmen, wenn zu erwarten ist, dass der Vollstreckungserlös den Wert des Ersatzstückes erheblich übersteigen wird.

(2) Die Pfändung ist aufzuheben, wenn der Gläubiger nicht binnen einer Frist von zwei Wochen nach Benachrichtigung von der Pfändung einen Antrag nach § 811 a Abs. 2 bei dem Vollstreckungsgericht gestellt hat oder wenn ein solcher Antrag rechtskräftig zurückgewiesen ist.

(3) Bei der Benachrichtigung ist dem Gläubiger unter Hinweis auf die Antragsfrist und die Folgen ihrer Versäumung mitzuteilen, dass die Pfändung als Austauschpfändung erfolgt ist.

(4) ¹Die Übergabe des Ersatzstückes oder des zu seiner Beschaffung erforderlichen Geldbetrages an den Schuldner und die Fortsetzung der Zwangsvollstreckung erfolgen erst nach Erlass des Beschlusses gemäß § 811 a Abs. 2 auf Anweisung des Gläubigers. ²§ 811 a Abs. 4 gilt entsprechend.

§ 811 c Unpfändbarkeit von Haustieren. (1) Tiere, die im häuslichen Bereich und nicht zu Erwerbszwecken gehalten werden, sind der Pfändung nicht unterworfen.

(2) Auf Antrag des Gläubigers lässt das Vollstreckungsgericht eine Pfändung wegen des hohen Wertes des Tieres zu, wenn die Unpfändbarkeit für den Gläubiger eine Härte bedeuten würde, die auch unter Würdigung der Belange des Tierschutzes und der berechtigten Interessen des Schuldners nicht zu rechtfertigen ist.

§ 811 d Vorwegpfändung. (1) ¹ Ist zu erwarten, dass eine Sache demnächst pfändbar wird, so kann sie gepfändet werden, ist aber im Gewahrsam des Schuldners zu belassen. ² Die Vollstreckung darf erst fortgesetzt werden, wenn die Sache pfändbar geworden ist.

(2) Die Pfändung ist aufzuheben, wenn die Sache nicht binnen eines Jahres pfändbar geworden ist.

§ 812 Pfändung von Hausrat. Gegenstände, die zum gewöhnlichen Hausrat gehören und im Haushalt des Schuldners gebraucht werden, sollen nicht gepfändet werden, wenn ohne weiteres ersichtlich ist, dass durch ihre Verwertung nur ein Erlös erzielt werden würde, der zu dem Wert außer allem Verhältnis steht.

§ 813 Schätzung. (1) ¹ Die gepfändeten Sachen sollen bei der Pfändung auf ihren gewöhnlichen Verkaufswert geschätzt werden. ² Die Schätzung des Wertes von Kostbarkeiten soll einem Sachverständigen übertragen werden. ³ In anderen Fällen kann das Vollstreckungsgericht auf Antrag des Gläubigers oder des Schuldners die Schätzung durch einen Sachverständigen anordnen.

(2) ¹ Ist die Schätzung des Wertes bei der Pfändung nicht möglich, so soll sie unverzüglich nachgeholt und ihr Ergebnis nachträglich in dem Pfändungsprotokoll vermerkt werden. ² Werden die Akten des Gerichtsvollziehers elektronisch geführt, so ist das Ergebnis der Schätzung in einem gesonderten elektronischen Dokument zu vermerken. ³ Das Dokument ist mit dem Pfändungsprotokoll untrennbar zu verbinden.

(3) Zur Pfändung von Früchten, die von dem Boden noch nicht getrennt sind, und zur Pfändung von Gegenständen der in § 811 Abs. 1 Nr. 4 bezeichneten Art bei Personen, die Landwirtschaft betreiben, soll ein landwirtschaftlicher Sachverständiger zugezogen werden, sofern anzunehmen ist, dass der Wert der zu pfändenden Gegenstände den Betrag von 500 Euro übersteigt.

(4) Die Landesjustizverwaltung kann bestimmen, dass auch in anderen Fällen ein Sachverständiger zugezogen werden soll.

§ 813 a Aufschub der Verwertung. (1) ¹ Hat der Gläubiger eine Zahlung in Teilbeträgen nicht ausgeschlossen, kann der Gerichtsvollzieher die Verwertung gepfändeter Sachen aufschieben, wenn sich der Schuldner verpflichtet, den Betrag, der zur Befriedigung des Gläubigers und zur Deckung der Kosten der Zwangsvollstreckung erforderlich ist, innerhalb eines Jahres zu zahlen; hierfür kann der Gerichtsvollzieher Raten nach Höhe und Zeitpunkt festsetzen. ² Einen Termin zur Verwertung kann der Gerichtsvollzieher auf einen Zeitpunkt bestimmen, der nach dem nächsten Zahlungstermin liegt; einen bereits bestimmten Termin kann er auf diesen Zeitpunkt verlegen.

(2) ¹ Hat der Gläubiger einer Zahlung in Teilbeträgen nicht bereits bei Erteilung des Vollstreckungsauftrags zugestimmt, hat ihn der Gerichtsvollzie-

Abschnitt 2. Zwangsvollstr. w. Geldforderungen §§ 813 b, 814 ZPO 1

her unverzüglich über den Aufschub der Verwertung und über die festgesetzten Raten zu unterrichten. ² In diesem Fall kann der Gläubiger dem Verwertungsaufschub widersprechen. ³ Der Gerichtsvollzieher unterrichtet den Schuldner über den Widerspruch; mit der Unterrichtung endet der Aufschub. ⁴ Dieselbe Wirkung tritt ein, wenn der Schuldner mit einer Zahlung ganz oder teilweise in Verzug kommt.

§ 813 b Aussetzung der Verwertung. (1) ¹ Das Vollstreckungsgericht kann auf Antrag des Schuldners die Verwertung gepfändeter Sachen unter Anordnung von Zahlungsfristen zeitweilig aussetzen, wenn dies nach der Persönlichkeit und den wirtschaftlichen Verhältnissen des Schuldners sowie nach der Art der Schuld angemessen erscheint und nicht überwiegende Belange des Gläubigers entgegenstehen. ² Es ist befugt, die in § 732 Abs. 2 bezeichneten Anordnungen zu erlassen.

(2) ¹ Wird der Antrag nicht binnen einer Frist von zwei Wochen gestellt, so ist er ohne sachliche Prüfung zurückzuweisen, wenn das Vollstreckungsgericht der Überzeugung ist, dass der Schuldner den Antrag in der Absicht der Verschleppung oder aus grober Nachlässigkeit nicht früher gestellt hat. ² Die Frist beginnt im Falle eines Verwertungsaufschubs nach § 813 a mit dessen Ende, im Übrigen mit der Pfändung.

(3) Anordnungen nach Absatz 1 können mehrmals ergehen und, soweit es nach Lage der Verhältnisse, insbesondere wegen nicht ordnungsmäßiger Erfüllung der Zahlungsauflagen, geboten ist, auf Antrag aufgehoben oder abgeändert werden.

(4) Die Verwertung darf durch Anordnungen nach Absatz 1 und Absatz 3 nicht länger als insgesamt ein Jahr nach der Pfändung hinausgeschoben werden.

(5) ¹ Vor den in Absatz 1 und in Absatz 3 bezeichneten Entscheidungen ist, soweit dies ohne erhebliche Verzögerung möglich ist, der Gegner zu hören. ² Die für die Entscheidung wesentlichen tatsächlichen Verhältnisse sind glaubhaft zu machen. ³ Das Gericht soll in geeigneten Fällen auf eine gütliche Abwicklung der Verbindlichkeiten hinwirken und kann hierzu eine mündliche Verhandlung anordnen. ⁴ Die Entscheidungen nach den Absätzen 1, 2 und 3 sind unanfechtbar.

(6) In Wechselsachen findet eine Aussetzung der Verwertung gepfändeter Sachen nicht statt.

§ 814 Öffentliche Versteigerung. (1) Die gepfändeten Sachen sind von dem Gerichtsvollzieher öffentlich zu versteigern; Kostbarkeiten sind vor der Versteigerung durch einen Sachverständigen abzuschätzen.[1)]

(2) Eine öffentliche Versteigerung kann nach Wahl des Gerichtsvollziehers

1. als Versteigerung vor Ort oder
2. als allgemein zugängliche Versteigerung im Internet über eine Versteigerungsplattform

erfolgen.

[1)] **Amtl. Anm.:** § 814 Halbsatz 2 gemäß Artikel 5 Nr. 1 des Gesetzes vom 20. August 1953 (BGBl. I S. 952) außer Kraft, soweit er sich nicht auf das Verwaltungszwangsverfahren bezieht.

(3) ¹ Die Landesregierungen bestimmen für die Versteigerung im Internet nach Absatz 2 Nummer 2 durch Rechtsverordnung

1. den Zeitpunkt, von dem an die Versteigerung zugelassen ist,
2. die Versteigerungsplattform,
3. die Zulassung zur und den Ausschluss von der Teilnahme an der Versteigerung; soweit die Zulassung zur Teilnahme oder der Ausschluss von einer Versteigerung einen Identitätsnachweis natürlicher Personen vorsieht, ist spätestens ab dem 1. Januar 2013 auch die Nutzung des elektronischen Identitätsnachweises (§ 18 des Personalausweisgesetzes) zu diesem Zweck zu ermöglichen,
4. Beginn, Ende und Abbruch der Versteigerung,
5. die Versteigerungsbedingungen und die sonstigen rechtlichen Folgen der Versteigerung einschließlich der Belehrung der Teilnehmer über den Gewährleistungsausschluss nach § 806,
6. die Anonymisierung der Angaben zur Person des Schuldners vor ihrer Veröffentlichung und die Möglichkeit der Anonymisierung der Daten der Bieter,
7. das sonstige zu beachtende besondere Verfahren.

² Sie können die Ermächtigung durch Rechtsverordnung auf die Landesjustizverwaltungen übertragen.

§ 815 Gepfändetes Geld. (1) Gepfändetes Geld ist dem Gläubiger abzuliefern.

(2) ¹ Wird dem Gerichtsvollzieher glaubhaft gemacht, dass an gepfändetem Geld ein die Veräußerung hinderndes Recht eines Dritten bestehe, so ist das Geld zu hinterlegen. ² Die Zwangsvollstreckung ist fortzusetzen, wenn nicht binnen einer Frist von zwei Wochen seit dem Tag der Pfändung eine Entscheidung des nach § 771 Abs. 1 zuständigen Gerichts über die Einstellung der Zwangsvollstreckung beigebracht wird.

(3) Die Wegnahme des Geldes durch den Gerichtsvollzieher gilt als Zahlung von Seiten des Schuldners, sofern nicht nach Absatz 2 oder nach § 720 die Hinterlegung zu erfolgen hat.

§ 816 Zeit und Ort der Versteigerung. (1) Die Versteigerung der gepfändeten Sachen darf nicht vor Ablauf einer Woche seit dem Tag der Pfändung geschehen, sofern nicht der Gläubiger und der Schuldner über eine frühere Versteigerung sich einigen oder diese erforderlich ist, um die Gefahr einer beträchtlichen Wertverringerung der zu versteigernden Sache abzuwenden oder um unverhältnismäßige Kosten einer längeren Aufbewahrung zu vermeiden.

(2) Die Versteigerung erfolgt in der Gemeinde, in der die Pfändung geschehen ist, oder an einem anderen Ort im Bezirk des Vollstreckungsgerichts, sofern nicht der Gläubiger und der Schuldner über einen dritten Ort sich einigen.

(3) Zeit und Ort der Versteigerung sind unter allgemeiner Bezeichnung der zu versteigernden Sachen öffentlich bekannt zu machen.

(4) Bei der Versteigerung gilt die Vorschrift des § 1239 Absatz 1 Satz 1 des Bürgerlichen Gesetzbuchs entsprechend; bei der Versteigerung vor Ort ist auch § 1239 Absatz 2 des Bürgerlichen Gesetzbuchs entsprechend anzuwenden.

(5) Die Absätze 2 und 3 gelten nicht bei einer Versteigerung im Internet.

§ 817 Zuschlag und Ablieferung. (1) ¹Bei der Versteigerung vor Ort soll dem Zuschlag an den Meistbietenden ein dreimaliger Aufruf vorausgehen. ²Bei einer Versteigerung im Internet ist der Zuschlag der Person erteilt, die am Ende der Versteigerung das höchste, wenigstens das nach § 817a Absatz 1 Satz 1 zu erreichende Mindestgebot abgegeben hat; sie ist von dem Zuschlag zu benachrichtigen. ³§ 156 des Bürgerlichen Gesetzbuchs gilt entsprechend.

(2) Die zugeschlagene Sache darf nur abgeliefert werden, wenn das Kaufgeld gezahlt worden ist oder bei Ablieferung gezahlt wird.

(3) ¹Hat der Meistbietende nicht zu der in den Versteigerungsbedingungen bestimmten Zeit oder in Ermangelung einer solchen Bestimmung nicht vor dem Schluss des Versteigerungstermins die Ablieferung gegen Zahlung des Kaufgeldes verlangt, so wird die Sache *anderweit*[1]) versteigert. ²Der Meistbietende wird zu einem weiteren Gebot nicht zugelassen; er haftet für den Ausfall, auf den Mehrerlös hat er keinen Anspruch.

(4) ¹Wird der Zuschlag dem Gläubiger erteilt, so ist dieser von der Verpflichtung zur baren Zahlung so weit befreit, als der Erlös nach Abzug der Kosten der Zwangsvollstreckung zu seiner Befriedigung zu verwenden ist, sofern nicht dem Schuldner nachgelassen ist, durch Sicherheitsleistung oder durch Hinterlegung die Vollstreckung abzuwenden. ²Soweit der Gläubiger von der Verpflichtung zur baren Zahlung befreit ist, gilt der Betrag als von dem Schuldner an den Gläubiger gezahlt.

§ 817a Mindestgebot. (1) ¹Der Zuschlag darf nur auf ein Gebot erteilt werden, das mindestens die Hälfte des gewöhnlichen Verkaufswertes der Sache erreicht (Mindestgebot). ²Der gewöhnliche Verkaufswert und das Mindestgebot sollen bei dem Ausbieten bekannt gegeben werden.

(2) ¹Wird der Zuschlag nicht erteilt, weil ein das Mindestgebot erreichendes Gebot nicht abgegeben ist, so bleibt das Pfandrecht des Gläubigers bestehen. ²Er kann jederzeit die Anberaumung eines neuen Versteigerungstermins oder die Anordnung anderweitiger Verwertung der gepfändeten Sache nach § 825 beantragen. ³Wird die anderweitige Verwertung angeordnet, so gilt Absatz 1 entsprechend.

(3) ¹Gold- und Silbersachen dürfen auch nicht unter ihrem Gold- oder Silberwert zugeschlagen werden. ²Wird ein den Zuschlag gestattendes Gebot nicht abgegeben, so kann der Gerichtsvollzieher den Verkauf aus freier Hand zu dem Preise bewirken, der den Gold- oder Silberwert erreicht, jedoch nicht unter der Hälfte des gewöhnlichen Verkaufswertes.

§ 818 Einstellung der Versteigerung. Die Versteigerung wird eingestellt, sobald der Erlös zur Befriedigung des Gläubigers und zur Deckung der Kosten der Zwangsvollstreckung hinreicht.

---

¹) Richtig wohl: „anderweitig".

§ 819 Wirkung des Erlösempfanges. Die Empfangnahme des Erlöses durch den Gerichtsvollzieher gilt als Zahlung von Seiten des Schuldners, sofern nicht dem Schuldner nachgelassen ist, durch Sicherheitsleistung oder durch Hinterlegung die Vollstreckung abzuwenden.

§ 820 (weggefallen)

§ 821 Verwertung von Wertpapieren. Gepfändete Wertpapiere sind, wenn sie einen Börsen- oder Marktpreis haben, von dem Gerichtsvollzieher aus freier Hand zum Tageskurs zu verkaufen und, wenn sie einen solchen Preis nicht haben, nach den allgemeinen Bestimmungen zu versteigern.

§ 822 Umschreibung von Namenspapieren. Lautet ein Wertpapier auf Namen, so kann der Gerichtsvollzieher durch das Vollstreckungsgericht ermächtigt werden, die Umschreibung auf den Namen des Käufers zu erwirken und die hierzu erforderlichen Erklärungen an Stelle des Schuldners abzugeben.

§ 823 Außer Kurs gesetzte Inhaberpapiere. Ist ein Inhaberpapier durch Einschreibung auf den Namen oder in anderer Weise außer Kurs gesetzt, so kann der Gerichtsvollzieher durch das Vollstreckungsgericht ermächtigt werden, die Wiederinkurssetzung zu erwirken und die hierzu erforderlichen Erklärungen an Stelle des Schuldners abzugeben.

§ 824 Verwertung ungetrennter Früchte. [1] Die Versteigerung gepfändeter, von dem Boden noch nicht getrennter Früchte ist erst nach der Reife zulässig. [2] Sie kann vor oder nach der Trennung der Früchte erfolgen; im letzteren Fall hat der Gerichtsvollzieher die Aberntung bewirken zu lassen.

§ 825 Andere Verwertungsart. (1) [1] Auf Antrag des Gläubigers oder des Schuldners kann der Gerichtsvollzieher eine gepfändete Sache in anderer Weise oder an einem anderen Ort verwerten, als in den vorstehenden Paragraphen bestimmt ist. [2] Über die beabsichtigte Verwertung hat der Gerichtsvollzieher den Antragsgegner zu unterrichten. [3] Ohne Zustimmung des Antragsgegners darf er die Sache nicht vor Ablauf von zwei Wochen nach Zustellung der Unterrichtung verwerten.

(2) Die Versteigerung einer gepfändeten Sache durch eine andere Person als den Gerichtsvollzieher kann das Vollstreckungsgericht auf Antrag des Gläubigers oder des Schuldners anordnen.

§ 826 Anschlusspfändung. (1) Zur Pfändung bereits gepfändeter Sachen genügt die in das Protokoll aufzunehmende Erklärung des Gerichtsvollziehers, dass er die Sachen für seinen Auftraggeber pfände.

(2) Ist die erste Pfändung durch einen anderen Gerichtsvollzieher bewirkt, so ist diesem eine Abschrift des Protokolls zuzustellen.

(3) Der Schuldner ist von den weiteren Pfändungen in Kenntnis zu setzen.

§ 827 Verfahren bei mehrfacher Pfändung. (1) [1] Auf den Gerichtsvollzieher, von dem die erste Pfändung bewirkt ist, geht der Auftrag des zweiten Gläubigers kraft Gesetzes über, sofern nicht das Vollstreckungsgericht auf

Abschnitt 2. Zwangsvollstr. w. Geldforderungen **§§ 828, 829 ZPO 1**

Antrag eines beteiligten Gläubigers oder des Schuldners anordnet, dass die Verrichtungen jenes Gerichtsvollziehers von einem anderen zu übernehmen seien. ²Die Versteigerung erfolgt für alle beteiligten Gläubiger.

(2) ¹Ist der Erlös zur Deckung der Forderungen nicht ausreichend und verlangt der Gläubiger, für den die zweite oder eine spätere Pfändung erfolgt ist, ohne Zustimmung der übrigen beteiligten Gläubiger eine andere Verteilung als nach der Reihenfolge der Pfändungen, so hat der Gerichtsvollzieher die Sachlage unter Hinterlegung des Erlöses dem Vollstreckungsgericht anzuzeigen. ²Dieser Anzeige sind die auf das Verfahren sich beziehenden Dokumente beizufügen.

(3) In gleicher Weise ist zu verfahren, wenn die Pfändung für mehrere Gläubiger gleichzeitig bewirkt ist.

Untertitel 3. Zwangsvollstreckung in Forderungen und andere Vermögensrechte

§ 828 Zuständigkeit des Vollstreckungsgerichts. (1) Die gerichtlichen Handlungen, welche die Zwangsvollstreckung in Forderungen und andere Vermögensrechte zum Gegenstand haben, erfolgen durch das Vollstreckungsgericht.

(2) Als Vollstreckungsgericht ist das Amtsgericht, bei dem der Schuldner im Inland seinen allgemeinen Gerichtsstand hat, und sonst das Amtsgericht zuständig, bei dem nach § 23 gegen den Schuldner Klage erhoben werden kann.

(3) ¹Ist das angegangene Gericht nicht zuständig, gibt es die Sache auf Antrag des Gläubigers an das zuständige Gericht ab. ²Die Abgabe ist nicht bindend.

§ 829 Pfändung einer Geldforderung. (1) ¹Soll eine Geldforderung gepfändet werden, so hat das Gericht dem Drittschuldner zu verbieten, an den Schuldner zu zahlen. ²Zugleich hat das Gericht an den Schuldner das Gebot zu erlassen, sich jeder Verfügung über die Forderung, insbesondere ihrer Einziehung, zu enthalten. ³Die Pfändung mehrerer Geldforderungen gegen verschiedene Drittschuldner soll auf Antrag des Gläubigers durch einheitlichen Beschluss ausgesprochen werden, soweit dies für Zwecke der Vollstreckung geboten erscheint und kein Grund zu der Annahme besteht, dass schutzwürdige Interessen der Drittschuldner entgegenstehen.

(2) ¹Der Gläubiger hat den Beschluss dem Drittschuldner zustellen zu lassen. ²Der Gerichtsvollzieher hat den Beschluss mit einer Abschrift der Zustellungsurkunde dem Schuldner sofort zuzustellen, sofern nicht eine öffentliche Zustellung erforderlich wird. ³An Stelle einer an den Schuldner im Ausland zu bewirkenden Zustellung erfolgt die Zustellung durch Aufgabe zur Post.

(3) Mit der Zustellung des Beschlusses an den Drittschuldner ist die Pfändung als bewirkt anzusehen.

(4) ¹Das Bundesministerium der Justiz wird ermächtigt, durch Rechtsverordnung mit Zustimmung des Bundesrates Formulare für den Antrag auf Erlass eines Pfändungs- und Überweisungsbeschlusses einzuführen. ²Soweit nach Satz 1 Formulare eingeführt sind, muss sich der Antragsteller ihrer bedienen. ³Für Verfahren bei Gerichten, die die Verfahren elektronisch be-

arbeiten, und für Verfahren bei Gerichten, die die Verfahren nicht elektronisch bearbeiten, können unterschiedliche Formulare eingeführt werden.

§ 830 Pfändung einer Hypothekenforderung. (1) ¹ Zur Pfändung einer Forderung, für die eine Hypothek besteht, ist außer dem Pfändungsbeschluss die Übergabe des Hypothekenbriefes an den Gläubiger erforderlich. ² Wird die Übergabe im Wege der Zwangsvollstreckung erwirkt, so gilt sie als erfolgt, wenn der Gerichtsvollzieher den Brief zum Zwecke der Ablieferung an den Gläubiger wegnimmt. ³ Ist die Erteilung des Hypothekenbriefes ausgeschlossen, so ist die Eintragung der Pfändung in das Grundbuch erforderlich; die Eintragung erfolgt auf Grund des Pfändungsbeschlusses.

(2) Wird der Pfändungsbeschluss vor der Übergabe des Hypothekenbriefes oder der Eintragung der Pfändung dem Drittschuldner zugestellt, so gilt die Pfändung diesem gegenüber mit der Zustellung als bewirkt.

(3) ¹ Diese Vorschriften sind nicht anzuwenden, soweit es sich um die Pfändung der Ansprüche auf die im § 1159 des Bürgerlichen Gesetzbuchs bezeichneten Leistungen handelt. ² Das Gleiche gilt bei einer Sicherungshypothek im Falle des § 1187 des Bürgerlichen Gesetzbuchs von der Pfändung der Hauptforderung.

§ 830 a Pfändung einer Schiffshypothekenforderung. (1) Zur Pfändung einer Forderung, für die eine Schiffshypothek besteht, ist die Eintragung der Pfändung in das Schiffsregister oder in das Schiffsbauregister erforderlich; die Eintragung erfolgt auf Grund des Pfändungsbeschlusses.

(2) Wird der Pfändungsbeschluss vor der Eintragung der Pfändung dem Drittschuldner zugestellt, so gilt die Pfändung diesem gegenüber mit der Zustellung als bewirkt.

(3) ¹ Diese Vorschriften sind nicht anzuwenden, soweit es sich um die Pfändung der Ansprüche auf die im § 53 des Gesetzes über Rechte an eingetragenen Schiffen und Schiffsbauwerken vom 15. November 1940 (RGBl. I S. 1499) bezeichneten Leistungen handelt. ² Das Gleiche gilt, wenn bei einer Schiffshypothek für eine Forderung aus einer Schuldverschreibung auf den Inhaber, aus einem Wechsel oder aus einem anderen durch Indossament übertragbaren Papier die Hauptforderung gepfändet wird.

§ 831 Pfändung indossabler Papiere. Die Pfändung von Forderungen aus Wechseln und anderen Papieren, die durch Indossament übertragen werden können, wird dadurch bewirkt, dass der Gerichtsvollzieher diese Papiere in Besitz nimmt.

§ 832 Pfändungsumfang bei fortlaufenden Bezügen. Das Pfandrecht, das durch die Pfändung einer Gehaltsforderung oder einer ähnlichen in fortlaufenden Bezügen bestehenden Forderung erworben wird, erstreckt sich auch auf die nach der Pfändung fällig werdenden Beträge.

§ 833 Pfändungsumfang bei Arbeits- und Diensteinkommen.

(1) ¹ Durch die Pfändung eines Diensteinkommens wird auch das Einkommen betroffen, das der Schuldner infolge der Versetzung in ein anderes Amt, der Übertragung eines neuen Amtes oder einer Gehaltserhöhung zu beziehen

Abschnitt 2. Zwangsvollstr. w. Geldforderungen §§ 833 a–835 ZPO 1

hat. ²Diese Vorschrift ist auf den Fall der Änderung des Dienstherrn nicht anzuwenden.

(2) Endet das Arbeits- oder Dienstverhältnis und begründen Schuldner und Drittschuldner innerhalb von neun Monaten ein solches neu, so erstreckt sich die Pfändung auf die Forderung aus dem neuen Arbeits- oder Dienstverhältnis.

§ 833 a Pfändungsumfang bei Kontoguthaben; Aufhebung der Pfändung; Anordnung der Unpfändbarkeit. (1) Die Pfändung des Guthabens eines Kontos bei einem Kreditinstitut umfasst das am Tag der Zustellung des Pfändungsbeschlusses bei dem Kreditinstitut bestehende Guthaben sowie die Tagesguthaben der auf die Pfändung folgenden Tage.

(2) ¹Auf Antrag des Schuldners kann das Vollstreckungsgericht anordnen, dass

1. die Pfändung des Guthabens eines Kontos aufgehoben wird oder
2. das Guthaben des Kontos für die Dauer von bis zu zwölf Monaten der Pfändung nicht unterworfen ist,

wenn der Schuldner nachweist, dass dem Konto in den letzten sechs Monaten vor Antragstellung ganz überwiegend nur unpfändbare Beträge gutgeschrieben worden sind, und er glaubhaft macht, dass auch innerhalb der nächsten zwölf Monate nur ganz überwiegend nicht pfändbare Beträge zu erwarten sind. ²Die Anordnung kann versagt werden, wenn überwiegende Belange des Gläubigers entgegenstehen. ³Die Anordnung nach Satz 1 Nr. 2 ist auf Antrag eines Gläubigers aufzuheben, wenn ihre Voraussetzungen nicht mehr vorliegen oder die Anordnung den überwiegenden Belangen dieses Gläubigers entgegensteht.

§ 834 Keine Anhörung des Schuldners. Vor der Pfändung ist der Schuldner über das Pfändungsgesuch nicht zu hören.

§ 835 Überweisung einer Geldforderung. (1) Die gepfändete Geldforderung ist dem Gläubiger nach seiner Wahl zur Einziehung oder an Zahlungs statt zum Nennwert zu überweisen.

(2) Im letzteren Fall geht die Forderung auf den Gläubiger mit der Wirkung über, dass er, soweit die Forderung besteht, wegen seiner Forderung an den Schuldner als befriedigt anzusehen ist.

(3) ¹Die Vorschriften des § 829 Abs. 2, 3 sind auf die Überweisung entsprechend anzuwenden. ²Wird ein bei einem Kreditinstitut gepfändetes Guthaben eines Schuldners, der eine natürliche Person ist, dem Gläubiger überwiesen, so darf erst vier Wochen nach der Zustellung des Überweisungsbeschlusses an den Drittschuldner aus dem Guthaben an den Gläubiger geleistet oder der Betrag hinterlegt werden; ist künftiges Guthaben gepfändet worden, ordnet das Vollstreckungsgericht auf Antrag zusätzlich an, dass erst vier Wochen nach der Gutschrift von eingehenden Zahlungen an den Gläubiger geleistet oder der Betrag hinterlegt werden darf.

(4) Wenn nicht wiederkehrend zahlbare Vergütungen eines Schuldners, der eine natürliche Person ist, für persönlich geleistete Arbeiten oder Dienste oder sonstige Einkünfte, die kein Arbeitseinkommen sind, dem Gläubiger überwiesen werden, so darf der Drittschuldner erst vier Wochen nach der Zustel-

lung des Überweisungsbeschlusses an den Gläubiger leisten oder den Betrag hinterlegen.

§ 836 Wirkung der Überweisung. (1) Die Überweisung ersetzt die förmlichen Erklärungen des Schuldners, von denen nach den Vorschriften des bürgerlichen Rechts die Berechtigung zur Einziehung der Forderung abhängig ist.

(2) Der Überweisungsbeschluss gilt, auch wenn er mit Unrecht erlassen ist, zugunsten des Drittschuldners dem Schuldner gegenüber so lange als rechtsbeständig, bis er aufgehoben wird und die Aufhebung zur Kenntnis des Drittschuldners gelangt.

(3) [1] Der Schuldner ist verpflichtet, dem Gläubiger die zur Geltendmachung der Forderung nötige Auskunft zu erteilen und ihm die über die Forderung vorhandenen Urkunden herauszugeben. [2] Erteilt der Schuldner die Auskunft nicht, so ist er auf Antrag des Gläubigers verpflichtet, sie zu Protokoll zu geben und seine Angaben an Eides statt zu versichern. [3] Die Herausgabe der Urkunden kann von dem Gläubiger im Wege der Zwangsvollstreckung erwirkt werden.

§ 837 Überweisung einer Hypothekenforderung. (1) [1] Zur Überweisung einer gepfändeten Forderung, für die eine Hypothek besteht, genügt die Aushändigung des Überweisungsbeschlusses an den Gläubiger. [2] Ist die Erteilung des Hypothekenbriefes ausgeschlossen, so ist zur Überweisung an Zahlungs statt die Eintragung der Überweisung in das Grundbuch erforderlich; die Eintragung erfolgt auf Grund des Überweisungsbeschlusses.

(2) [1] Diese Vorschriften sind nicht anzuwenden, soweit es sich um die Überweisung der Ansprüche auf die im § 1159 des Bürgerlichen Gesetzbuchs bezeichneten Leistungen handelt. [2] Das Gleiche gilt bei einer Sicherungshypothek im Falle des § 1187 des Bürgerlichen Gesetzbuchs von der Überweisung der Hauptforderung.

(3) Bei einer Sicherungshypothek der im § 1190 des Bürgerlichen Gesetzbuchs bezeichneten Art kann die Hauptforderung nach den allgemeinen Vorschriften gepfändet und überwiesen werden, wenn der Gläubiger die Überweisung der Forderung ohne die Hypothek an Zahlungs statt beantragt.

§ 837 a Überweisung einer Schiffshypothekenforderung. (1) [1] Zur Überweisung einer gepfändeten Forderung, für die eine Schiffshypothek besteht, genügt, wenn die Forderung zur Einziehung überwiesen wird, die Aushändigung des Überweisungsbeschlusses an den Gläubiger. [2] Zur Überweisung an Zahlungs statt ist die Eintragung der Überweisung in das Schiffsregister oder in das Schiffsbauregister erforderlich; die Eintragung erfolgt auf Grund des Überweisungsbeschlusses.

(2) [1] Diese Vorschriften sind nicht anzuwenden, soweit es sich um die Überweisung der Ansprüche auf die im § 53 des Gesetzes über Rechte an eingetragenen Schiffen und Schiffsbauwerken vom 15. November 1940 (RGBl. I S. 1499) bezeichneten Leistungen handelt. [2] Das Gleiche gilt, wenn bei einer Schiffshypothek für eine Forderung aus einer Schuldverschreibung auf den Inhaber, aus einem Wechsel oder aus einem anderen durch Indossament übertragbaren Papier die Hauptforderung überwiesen wird.

Abschnitt 2. Zwangsvollstr. w. Geldforderungen   §§ 838–842   ZPO 1

(3) Bei einer Schiffshypothek für einen Höchstbetrag (§ 75 des im Absatz 2 genannten Gesetzes) gilt § 837 Abs. 3 entsprechend.

§ 838 Einrede des Schuldners bei Faustpfand. Wird eine durch ein Pfandrecht an einer beweglichen Sache gesicherte Forderung überwiesen, so kann der Schuldner die Herausgabe des Pfandes an den Gläubiger verweigern, bis ihm Sicherheit für die Haftung geleistet wird, die für ihn aus einer Verletzung der dem Gläubiger dem Verpfänder gegenüber obliegenden Verpflichtungen entstehen kann.

§ 839 Überweisung bei Abwendungsbefugnis. Darf der Schuldner nach § 711 Satz 1, § 712 Abs. 1 Satz 1 die Vollstreckung durch Sicherheitsleistung oder Hinterlegung abwenden, so findet die Überweisung gepfändeter Geldforderungen nur zur Einziehung und nur mit der Wirkung statt, dass der Drittschuldner den Schuldbetrag zu hinterlegen hat.

§ 840 Erklärungspflicht des Drittschuldners. (1) Auf Verlangen des Gläubigers hat der Drittschuldner binnen zwei Wochen, von der Zustellung des Pfändungsbeschlusses an gerechnet, dem Gläubiger zu erklären:

1. ob und inwieweit er die Forderung als begründet anerkenne und Zahlung zu leisten bereit sei;
2. ob und welche Ansprüche andere Personen an die Forderung machen;
3. ob und wegen welcher Ansprüche die Forderung bereits für andere Gläubiger gepfändet sei;
4. ob innerhalb der letzten zwölf Monate im Hinblick auf das Konto, dessen Guthaben gepfändet worden ist, eine Pfändung nach § 833a Abs. 2 aufgehoben oder die Unpfändbarkeit des Guthabens angeordnet worden ist, und
5. ob es sich bei dem Konto, dessen Guthaben gepfändet worden ist, um ein Pfändungsschutzkonto im Sinne von § 850k Abs. 7 handelt.

(2) [1] Die Aufforderung zur Abgabe dieser Erklärungen muss in die Zustellungsurkunde aufgenommen werden. [2] Der Drittschuldner haftet dem Gläubiger für den aus der Nichterfüllung seiner Verpflichtung entstehenden Schaden.

(3) [1] Die Erklärungen des Drittschuldners können bei Zustellung des Pfändungsbeschlusses oder innerhalb der im ersten Absatz bestimmten Frist an den Gerichtsvollzieher erfolgen. [2] Im ersteren Fall sind sie in die Zustellungsurkunde aufzunehmen und von dem Drittschuldner zu unterschreiben.

§ 841 Pflicht zur Streitverkündung. Der Gläubiger, der die Forderung einklagt, ist verpflichtet, dem Schuldner gerichtlich den Streit zu verkünden, sofern nicht eine Zustellung im Ausland oder eine öffentliche Zustellung erforderlich wird.

§ 842 Schadenersatz bei verzögerter Beitreibung. Der Gläubiger, der die Beitreibung einer ihm zur Einziehung überwiesenen Forderung verzögert, haftet dem Schuldner für den daraus entstehenden Schaden.

§ 843 Verzicht des Pfandgläubigers. ¹ Der Gläubiger kann auf die durch Pfändung und Überweisung zur Einziehung erworbenen Rechte unbeschadet seines Anspruchs verzichten. ² Die Verzichtleistung erfolgt durch eine dem Schuldner zuzustellende Erklärung. ³ Die Erklärung ist auch dem Drittschuldner zuzustellen.

§ 844 Andere Verwertungsart. (1) Ist die gepfändete Forderung bedingt oder betagt oder ist ihre Einziehung wegen der Abhängigkeit von einer Gegenleistung oder aus anderen Gründen mit Schwierigkeiten verbunden, so kann das Gericht auf Antrag an Stelle der Überweisung eine andere Art der Verwertung anordnen.

(2) Vor dem Beschluss, durch welchen dem Antrag stattgegeben wird, ist der Gegner zu hören, sofern nicht eine Zustellung im Ausland oder eine öffentliche Zustellung erforderlich wird.

§ 845 Vorpfändung. (1) ¹ Schon vor der Pfändung kann der Gläubiger auf Grund eines vollstreckbaren Schuldtitels durch den Gerichtsvollzieher dem Drittschuldner und dem Schuldner die Benachrichtigung, dass die Pfändung bevorstehe, zustellen lassen mit der Aufforderung an den Drittschuldner, nicht an den Schuldner zu zahlen, und mit der Aufforderung an den Schuldner, sich jeder Verfügung über die Forderung, insbesondere ihrer Einziehung, zu enthalten. ² Der Gerichtsvollzieher hat die Benachrichtigung mit den Aufforderungen selbst anzufertigen, wenn er von dem Gläubiger hierzu ausdrücklich beauftragt worden ist. ³ Der vorherigen Erteilung einer vollstreckbaren Ausfertigung und der Zustellung des Schuldtitels bedarf es nicht. ⁴ An Stelle einer an den Schuldner im Ausland zu bewirkenden Zustellung erfolgt die Zustellung durch Aufgabe zur Post.

(2) ¹ Die Benachrichtigung an den Drittschuldner hat die Wirkung eines Arrestes (§ 930), sofern die Pfändung der Forderung innerhalb eines Monats bewirkt wird. ² Die Frist beginnt mit dem Tag, an dem die Benachrichtigung zugestellt ist.

§ 846 Zwangsvollstreckung in Herausgabeansprüche. Die Zwangsvollstreckung in Ansprüche, welche die Herausgabe oder Leistung körperlicher Sachen zum Gegenstand haben, erfolgt nach den §§ 829 bis 845 unter Berücksichtigung der nachstehenden Vorschriften.

§ 847 Herausgabeanspruch auf eine bewegliche Sache. (1) Bei der Pfändung eines Anspruchs, der eine bewegliche körperliche Sache betrifft, ist anzuordnen, dass die Sache an einen vom Gläubiger zu beauftragenden Gerichtsvollzieher herauszugeben sei.

(2) Auf die Verwertung der Sache sind die Vorschriften über die Verwertung gepfändeter Sachen anzuwenden.

§ 847 a Herausgabeanspruch auf ein Schiff. (1) Bei der Pfändung eines Anspruchs, der ein eingetragenes Schiff betrifft, ist anzuordnen, dass das Schiff an einen vom Vollstreckungsgericht zu bestellenden Treuhänder herauszugeben ist.

(2) ¹Ist der Anspruch auf Übertragung des Eigentums gerichtet, so vertritt der Treuhänder den Schuldner bei der Übertragung des Eigentums. ²Mit dem Übergang des Eigentums auf den Schuldner erlangt der Gläubiger eine Schiffshypothek für seine Forderung. ³Der Treuhänder hat die Eintragung der Schiffshypothek in das Schiffsregister zu bewilligen.

(3) Die Zwangsvollstreckung in das Schiff wird nach den für die Zwangsvollstreckung in unbewegliche Sachen geltenden Vorschriften bewirkt.

(4) Die vorstehenden Vorschriften gelten entsprechend, wenn der Anspruch ein Schiffsbauwerk betrifft, das im Schiffsbauregister eingetragen ist oder in dieses Register eingetragen werden kann.

§ 848 Herausgabeanspruch auf eine unbewegliche Sache. (1) Bei Pfändung eines Anspruchs, der eine unbewegliche Sache betrifft, ist anzuordnen, dass die Sache an einen auf Antrag des Gläubigers vom Amtsgericht der belegenen Sache zu bestellenden Sequester herauszugeben sei.

(2) ¹Ist der Anspruch auf Übertragung des Eigentums gerichtet, so hat die Auflassung an den Sequester als Vertreter des Schuldners zu erfolgen. ²Mit dem Übergang des Eigentums auf den Schuldner erlangt der Gläubiger eine Sicherungshypothek für seine Forderung. ³Der Sequester hat die Eintragung der Sicherungshypothek zu bewilligen.

(3) Die Zwangsvollstreckung in die herausgegebene Sache wird nach den für die Zwangsvollstreckung in unbewegliche Sachen geltenden Vorschriften bewirkt.

§ 849 Keine Überweisung an Zahlungs statt. Eine Überweisung der im § 846 bezeichneten Ansprüche an Zahlungs statt ist unzulässig.

§ 850 Pfändungsschutz für Arbeitseinkommen. (1) Arbeitseinkommen, das in Geld zahlbar ist, kann nur nach Maßgabe der §§ 850a bis 850i gepfändet werden.

(2) Arbeitseinkommen im Sinne dieser Vorschrift sind die Dienst- und Versorgungsbezüge der Beamten, Arbeits- und Dienstlöhne, Ruhegelder und ähnliche nach dem einstweiligen oder dauernden Ausscheiden aus dem Dienst- oder Arbeitsverhältnis gewährte fortlaufende Einkünfte, ferner Hinterbliebenenbezüge sowie sonstige Vergütungen für Dienstleistungen aller Art, die die Erwerbstätigkeit des Schuldners vollständig oder zu einem wesentlichen Teil in Anspruch nehmen.

(3) Arbeitseinkommen sind auch die folgenden Bezüge, soweit sie in Geld zahlbar sind:

a) Bezüge, die ein Arbeitnehmer zum Ausgleich für Wettbewerbsbeschränkungen für die Zeit nach Beendigung seines Dienstverhältnisses beanspruchen kann;

b) Renten, die auf Grund von Versicherungsverträgen gewährt werden, wenn diese Verträge zur Versorgung des Versicherungsnehmers oder seiner unterhaltsberechtigten Angehörigen eingegangen sind.

(4) Die Pfändung des in Geld zahlbaren Arbeitseinkommens erfasst alle Vergütungen, die dem Schuldner aus der Arbeits- oder Dienstleistung zustehen, ohne Rücksicht auf ihre Benennung oder Berechnungsart.

§ 850 a Unpfändbare Bezüge. Unpfändbar sind

1. zur Hälfte die für die Leistung von Mehrarbeitsstunden gezahlten Teile des Arbeitseinkommens;
2. die für die Dauer eines Urlaubs über das Arbeitseinkommen hinaus gewährten Bezüge, Zuwendungen aus Anlass eines besonderen Betriebsereignisses und Treugelder, soweit sie den Rahmen des Üblichen nicht übersteigen;
3. Aufwandsentschädigungen, Auslösungsgelder und sonstige soziale Zulagen für auswärtige Beschäftigungen, das Entgelt für selbstgestelltes Arbeitsmaterial, Gefahrenzulagen sowie Schmutz- und Erschwerniszulagen, soweit diese Bezüge den Rahmen des Üblichen nicht übersteigen;
4. Weihnachtsvergütungen bis zum Betrage der Hälfte des monatlichen Arbeitseinkommens, höchstens aber bis zum Betrag von 500 Euro;
5. Heirats- und Geburtsbeihilfen, sofern die Vollstreckung wegen anderer als der aus Anlass der Heirat oder der Geburt entstandenen Ansprüche betrieben wird;
6. Erziehungsgelder, Studienbeihilfen und ähnliche Bezüge;
7. Sterbe- und Gnadenbezüge aus Arbeits- oder Dienstverhältnissen;
8. Blindenzulagen.

§ 850 b Bedingt pfändbare Bezüge. (1) Unpfändbar sind ferner

1. Renten, die wegen einer Verletzung des Körpers oder der Gesundheit zu entrichten sind;
2. Unterhaltsrenten, die auf gesetzlicher Vorschrift beruhen, sowie die wegen Entziehung einer solchen Forderung zu entrichtenden Renten;
3. fortlaufende Einkünfte, die ein Schuldner aus Stiftungen oder sonst auf Grund der Fürsorge und Freigebigkeit eines Dritten oder auf Grund eines Altenteils oder Auszugsvertrags bezieht;
4. Bezüge aus Witwen-, Waisen-, Hilfs- und Krankenkassen, die ausschließlich oder zu einem wesentlichen Teil zu Unterstützungszwecken gewährt werden, ferner Ansprüche aus Lebensversicherungen, die nur auf den Todesfall des Versicherungsnehmers abgeschlossen sind, wenn die Versicherungssumme 3 579 Euro nicht übersteigt.

(2) Diese Bezüge können nach den für Arbeitseinkommen geltenden Vorschriften gepfändet werden, wenn die Vollstreckung in das sonstige bewegliche Vermögen des Schuldners zu einer vollständigen Befriedigung des Gläubigers nicht geführt hat oder voraussichtlich nicht führen wird und wenn nach den Umständen des Falles, insbesondere nach der Art des beizutreibenden Anspruchs und der Höhe der Bezüge, die Pfändung der Billigkeit entspricht.

(3) Das Vollstreckungsgericht soll vor seiner Entscheidung die Beteiligten hören.

Abschnitt 2. Zwangsvollstr. w. Geldforderungen **§ 850 c ZPO 1**

§ 850 c Pfändungsgrenzen für Arbeitseinkommen. (1) ¹ Arbeitseinkommen ist unpfändbar, wenn es, je nach dem Zeitraum, für den es gezahlt wird, nicht mehr als

930 Euro**[1] monatlich,
217,50 Euro**[2] wöchentlich oder
43,50 Euro**[3] täglich,

beträgt.
² Gewährt der Schuldner auf Grund einer gesetzlichen Verpflichtung seinem Ehegatten, einem früheren Ehegatten, seinem Lebenspartner, einem früheren Lebenspartner oder einem Verwandten oder nach §§ 1615 l, 1615 n des Bürgerlichen Gesetzbuchs einem Elternteil Unterhalt, so erhöht sich der Betrag, bis zu dessen Höhe Arbeitseinkommen unpfändbar ist, auf bis zu

2 060 Euro**[4] monatlich,
478,50 Euro**[5] wöchentlich oder
96,50 Euro**[6] täglich,

und zwar um

350 Euro**[7] monatlich,
81 Euro**[8] wöchentlich oder
17 Euro**[9] täglich,

für die erste Person, der Unterhalt gewährt wird, und um je

195 Euro**[10] monatlich,
45 Euro**[11] wöchentlich oder
9 Euro**[12] täglich

für die zweite bis fünfte Person.

(2) ¹ Übersteigt das Arbeitseinkommen den Betrag, bis zu dessen Höhe es je nach der Zahl der Personen, denen der Schuldner Unterhalt gewährt, nach Absatz 1 unpfändbar ist, so ist es hinsichtlich des überschießenden Betrages zu einem Teil unpfändbar, und zwar in Höhe von drei Zehnteln, wenn der Schuldner keiner der in Absatz 1 genannten Personen Unterhalt gewährt, zwei weiteren Zehnteln für die erste Person, der Unterhalt gewährt wird, und je einem weiteren Zehntel für die zweite bis fünfte Person. ² Der Teil des Arbeitseinkommens, der 2 851 Euro**[13] monatlich (658 Euro**[14] wöchentlich, 131,58 Euro**[15] täglich) übersteigt, bleibt bei der Berechnung des unpfändbaren Betrages unberücksichtigt.

(2 a) ¹ Die unpfändbaren Beträge nach Absatz 1 und Absatz 2 Satz 2 ändern sich jeweils zum 1. Juli eines jeden zweiten Jahres, erstmalig zum 1. Juli 2003, entsprechend der im Vergleich zum jeweiligen Vorjahreszeitraum sich ergebenden prozentualen Entwicklung des Grundfreibetrages nach § 32 a Abs. 1 Nr. 1 des Einkommensteuergesetzes; der Berechnung ist die am 1. Januar des jeweiligen Jahres geltende Fassung des § 32 a Abs. 1 Nr. 1 des Einkommen-

---

** **Amtl. Anm.**: Die unpfändbaren Beträge nach Absatz 1 und Absatz 2 Satz 2 sind durch Bekanntmachung zu § 850 c der Zivilprozessordnung (Pfändungsfreigrenzenbekanntmachung 2005) vom 25. Februar 2005 (BGBl. I S. 493) geändert worden:
[1] 985,15 Euro; [2] 226,72 Euro; [3] 45,34 Euro; [4] 2 182,15 Euro; [5] 502,20 Euro; [6] 100,44 Euro; [7] 370,76 Euro; [8] 85,32 Euro; [9] 17,06 Euro; [10] 206,56 Euro; [11] 47,54 Euro; [12] 9,51 Euro; [13] 3 020,06 Euro; [14] 695,03 Euro; [15] 139,01 Euro.

steuergesetzes zugrunde zu legen. ²Das Bundesministerium der Justiz gibt die maßgebenden Beträge rechtzeitig im Bundesgesetzblatt bekannt.[1]

(3) ¹Bei der Berechnung des nach Absatz 2 pfändbaren Teils des Arbeitseinkommens ist das Arbeitseinkommen, gegebenenfalls nach Abzug des nach Absatz 2 Satz 2 pfändbaren Betrages, wie aus der Tabelle ersichtlich, die diesem Gesetz als Anlage beigefügt ist, nach unten abzurunden, und zwar bei Auszahlung für Monate auf einen durch 10 Euro, bei Auszahlung für Wochen auf einen durch 2,50 Euro oder bei Auszahlung für Tage auf einen durch 50 Cent teilbaren Betrag. ²Im Pfändungsbeschluss genügt die Bezugnahme auf die Tabelle.

(4) Hat eine Person, welcher der Schuldner auf Grund gesetzlicher Verpflichtung Unterhalt gewährt, eigene Einkünfte, so kann das Vollstreckungsgericht auf Antrag des Gläubigers nach billigem Ermessen bestimmen, dass diese Person bei der Berechnung des unpfändbaren Teils des Arbeitseinkommens ganz oder teilweise unberücksichtigt bleibt; soll die Person nur teilweise berücksichtigt werden, so ist Absatz 3 Satz 2 nicht anzuwenden.

§ 850 d Pfändbarkeit bei Unterhaltsansprüchen. (1) ¹Wegen der Unterhaltsansprüche, die kraft Gesetzes einem Verwandten, dem Ehegatten, einem früheren Ehegatten, dem Lebenspartner, einem früheren Lebenspartner oder nach §§ 1615 l, 1615 n des Bürgerlichen Gesetzbuchs einem Elternteil zustehen, sind das Arbeitseinkommen und die in § 850 a Nr. 1, 2 und 4 genannten Bezüge ohne die in § 850 c bezeichneten Beschränkungen pfändbar. ²Dem Schuldner ist jedoch so viel zu belassen, als er für seinen notwendigen Unterhalt und zur Erfüllung seiner laufenden gesetzlichen Unterhaltspflichten gegenüber den dem Gläubiger vorgehenden Berechtigten oder zur gleichmäßigen Befriedigung der dem Gläubiger gleichstehenden Berechtigten bedarf; von den in § 850 a Nr. 1, 2 und 4 genannten Bezügen hat ihm mindestens die Hälfte des nach § 850 a unpfändbaren Betrages zu verbleiben. ³Der dem Schuldner hiernach verbleibende Teil seines Arbeitseinkommens darf den Betrag nicht übersteigen, der ihm nach den Vorschriften des § 850 c gegenüber nicht bevorrechtigten Gläubigern zu verbleiben hätte. ⁴Für die Pfändung wegen der Rückstände, die länger als ein Jahr vor dem Antrag auf Erlass des Pfändungsbeschlusses fällig geworden sind, gelten die Vorschriften dieses Absatzes insoweit nicht, als nach Lage der Verhältnisse nicht anzunehmen ist, dass der Schuldner sich seiner Zahlungspflicht absichtlich entzogen hat.

(2) Mehrere nach Absatz 1 Berechtigte sind mit ihren Ansprüchen in der Reihenfolge nach § 1609 des Bürgerlichen Gesetzbuchs und § 16 des Lebenspartnerschaftsgesetzes zu berücksichtigen, wobei mehrere gleich nahe Berechtigte untereinander den gleichen Rang haben.

(3) Bei der Vollstreckung wegen der in Absatz 1 bezeichneten Ansprüche sowie wegen der aus Anlass einer Verletzung des Körpers oder der Gesundheit zu zahlenden Renten kann zugleich mit der Pfändung wegen fälliger Ansprüche auch künftig fällig werdendes Arbeitseinkommen wegen der dann jeweils fällig werdenden Ansprüche gepfändet und überwiesen werden.

---

[1] Gem. Bek. v. 15. 5. 2009 (BGBl. I S. 1141) bleiben die unpfändbaren Beträge nach § 850 c Abs. 1 und 2 Satz 2 für den Zeitraum vom 1. 7. 2009 bis zum 30. 6. 2011 unverändert.

Abschnitt 2. Zwangsvollstr. w. Geldforderungen §§ 850 e, 850 f ZPO 1

§ 850 e Berechnung des pfändbaren Arbeitseinkommens. Für die Berechnung des pfändbaren Arbeitseinkommens gilt Folgendes:

1. [1] Nicht mitzurechnen sind die nach § 850a der Pfändung entzogenen Bezüge, ferner Beträge, die unmittelbar auf Grund steuerrechtlicher oder sozialrechtlicher Vorschriften zur Erfüllung gesetzlicher Verpflichtungen des Schuldners abzuführen sind. [2] Diesen Beträgen stehen gleich die auf den Auszahlungszeitraum entfallenden Beträge, die der Schuldner

   a) nach den Vorschriften der Sozialversicherungsgesetze zur Weiterversicherung entrichtet oder

   b) an eine Ersatzkasse oder an ein Unternehmen der privaten Krankenversicherung leistet, soweit sie den Rahmen des Üblichen nicht übersteigen.

2. [1] Mehrere Arbeitseinkommen sind auf Antrag vom Vollstreckungsgericht bei der Pfändung zusammenzurechnen. [2] Der unpfändbare Grundbetrag ist in erster Linie dem Arbeitseinkommen zu entnehmen, das die wesentliche Grundlage der Lebenshaltung des Schuldners bildet.

2 a. [1] Mit Arbeitseinkommen sind auf Antrag auch Ansprüche auf laufende Geldleistungen nach dem Sozialgesetzbuch zusammenzurechnen, soweit diese der Pfändung unterworfen sind. [2] Der unpfändbare Grundbetrag ist, soweit die Pfändung nicht wegen gesetzlicher Unterhaltsansprüche erfolgt, in erster Linie dem laufenden Geldleistungen nach dem Sozialgesetzbuch zu entnehmen. [3] Ansprüche auf Geldleistungen für Kinder dürfen mit Arbeitseinkommen nur zusammengerechnet werden, soweit sie nach § 76 des Einkommensteuergesetzes oder nach § 54 Abs. 5 des Ersten Buches Sozialgesetzbuch gepfändet werden können.

3. [1] Erhält der Schuldner neben seinem in Geld zahlbaren Einkommen auch Naturalleistungen, so sind Geld- und Naturalleistungen zusammenzurechnen. [2] In diesem Fall ist der in Geld zahlbare Betrag insoweit pfändbar, als der nach § 850c unpfändbare Teil des Gesamteinkommens durch den Wert der dem Schuldner verbleibenden Naturalleistungen gedeckt ist.

4. [1] Trifft eine Pfändung, eine Abtretung oder eine sonstige Verfügung wegen eines der in § 850d bezeichneten Ansprüche mit einer Pfändung wegen eines sonstigen Anspruchs zusammen, so sind auf die Unterhaltsansprüche zunächst die gemäß § 850d der Pfändung in erweitertem Umfang unterliegenden Teile des Arbeitseinkommens zu verrechnen. [2] Die Verrechnung nimmt auf Antrag eines Beteiligten das Vollstreckungsgericht vor. [3] Der Drittschuldner kann, solange ihm eine Entscheidung des Vollstreckungsgerichts nicht zugestellt ist, nach dem Inhalt der ihm bekannten Pfändungsbeschlüsse, Abtretungen und sonstigen Verfügungen mit befreiender Wirkung leisten.

§ 850 f Änderung des unpfändbaren Betrages. (1) Das Vollstreckungsgericht kann dem Schuldner auf Antrag von dem nach den Bestimmungen der §§ 850c, 850d und 850i pfändbaren Teil seines Arbeitseinkommens einen Teil belassen, wenn

a) der Schuldner nachweist, dass bei Anwendung der Pfändungsfreigrenzen entsprechend der Anlage zu diesem Gesetz (zu § 850c) der notwendige Lebensunterhalt im Sinne des Dritten und Elften Kapitels des Zwölften Buches Sozialgesetzbuch oder nach Kapitel 3 Abschnitt 2 des Zweiten

Buches Sozialgesetzbuch für sich und für die Personen, denen er Unterhalt zu gewähren hat, nicht gedeckt ist,

b) besondere Bedürfnisse des Schuldners aus persönlichen oder beruflichen Gründen oder

c) der besondere Umfang der gesetzlichen Unterhaltspflichten des Schuldners, insbesondere die Zahl der Unterhaltsberechtigten, dies erfordern

und überwiegende Belange des Gläubigers nicht entgegenstehen.

(2) Wird die Zwangsvollstreckung wegen einer Forderung aus einer vorsätzlich begangenen unerlaubten Handlung betrieben, so kann das Vollstreckungsgericht auf Antrag des Gläubigers den pfändbaren Teil des Arbeitseinkommens ohne Rücksicht auf die in § 850 c vorgesehenen Beschränkungen bestimmen; dem Schuldner ist jedoch so viel zu belassen, wie er für seinen notwendigen Unterhalt und zur Erfüllung seiner laufenden gesetzlichen Unterhaltspflichten bedarf.

(3) [1] Wird die Zwangsvollstreckung wegen anderer als der in Absatz 2 und in § 850 d bezeichneten Forderungen betrieben, so kann das Vollstreckungsgericht in den Fällen, in denen sich das Arbeitseinkommen des Schuldners auf mehr als monatlich 2 815 Euro**[1]) (wöchentlich 641 Euro**[2]), täglich 123,50 Euro**[3])) beläuft, über die Beträge hinaus, die nach § 850 c pfändbar wären, auf Antrag des Gläubigers die Pfändbarkeit unter Berücksichtigung der Belange des Gläubigers und des Schuldners nach freiem Ermessen festsetzen. [2] Dem Schuldner ist jedoch mindestens so viel zu belassen, wie sich bei einem Arbeitseinkommen von monatlich 2 815 Euro**[1]) (wöchentlich 641 Euro**[2]), täglich 123,50 Euro**[3])) aus § 850 c ergeben würde. [3] Die Beträge nach den Sätzen 1 und 2 werden entsprechend der in § 850 c Abs. 2a getroffenen Regelung jeweils zum 1. Juli eines jeden zweiten Jahres, erstmalig zum 1. Juli 2003, geändert. [4] Das Bundesministerium der Justiz gibt die maßgebenden Beträge rechtzeitig im Bundesgesetzblatt bekannt.

§ 850 g Änderung der Unpfändbarkeitsvoraussetzungen. [1] Ändern sich die Voraussetzungen für die Bemessung des unpfändbaren Teils des Arbeitseinkommens, so hat das Vollstreckungsgericht auf Antrag des Schuldners oder des Gläubigers den Pfändungsbeschluss entsprechend zu ändern. [2] Antragsberechtigt ist auch ein Dritter, dem der Schuldner kraft Gesetzes Unterhalt zu gewähren hat. [3] Der Drittschuldner kann nach dem Inhalt des früheren Pfändungsbeschlusses mit befreiender Wirkung leisten, bis ihm der Änderungsbeschluss zugestellt wird.

§ 850 h Verschleiertes Arbeitseinkommen. (1) [1] Hat sich der Empfänger der vom Schuldner geleisteten Arbeiten oder Dienste verpflichtet, Leistungen an einen Dritten zu bewirken, die nach Lage der Verhältnisse ganz oder teilweise eine Vergütung für die Leistung des Schuldners darstellen, so kann der Anspruch des Drittberechtigten insoweit auf Grund des Schuldtitels gegen den Schuldner gepfändet werden, wie wenn der Anspruch dem Schuldner zustände. [2] Die Pfändung des Vergütungsanspruchs des Schuldners umfasst

---

** **Amtl. Anm.:** Die Beträge haben sich infolge der Bekanntmachung zu § 850 c der Zivilprozessordnung (Pfändungsfreigrenzenbekanntmachung 2005) vom 25. Februar 2005 (BGBl. I S. 493) geändert:
[1]) 2 985 Euro; [2]) 678,70 Euro; [3]) 131,25 Euro.

Abschnitt 2. Zwangsvollstr. w. Geldforderungen §§ 850 i, 850 k ZPO 1

ohne weiteres den Anspruch des Drittberechtigten. ³ Der Pfändungsbeschluss ist dem Drittberechtigten ebenso wie dem Schuldner zuzustellen.

(2) ¹ Leistet der Schuldner einem Dritten in einem ständigen Verhältnis Arbeiten oder Dienste, die nach Art und Umfang üblicherweise vergütet werden, unentgeltlich oder gegen eine unverhältnismäßig geringe Vergütung, so gilt im Verhältnis des Gläubigers zu dem Empfänger der Arbeits- und Dienstleistungen eine angemessene Vergütung als geschuldet. ² Bei der Prüfung, ob diese Voraussetzungen vorliegen, sowie bei der Bemessung der Vergütung ist auf alle Umstände des Einzelfalles, insbesondere die Art der Arbeits- und Dienstleistung, die verwandtschaftlichen oder sonstigen Beziehungen zwischen dem Dienstberechtigten und dem Dienstverpflichteten und die wirtschaftliche Leistungsfähigkeit des Dienstberechtigten Rücksicht zu nehmen.

§ 850 i Pfändungsschutz für sonstige Einkünfte. (1) ¹ Werden nicht wiederkehrend zahlbare Vergütungen für persönlich geleistete Arbeiten oder Dienste oder sonstige Einkünfte, die kein Arbeitseinkommen sind, gepfändet, so hat das Gericht dem Schuldner auf Antrag während eines angemessenen Zeitraums so viel zu belassen, als ihm nach freier Schätzung des Gerichts verbleiben würde, wenn sein Einkommen aus laufendem Arbeits- oder Dienstlohn bestünde. ² Bei der Entscheidung sind die wirtschaftlichen Verhältnisse des Schuldners, insbesondere seine sonstigen Verdienstmöglichkeiten, frei zu würdigen. ³ Der Antrag des Schuldners ist insoweit abzulehnen, als überwiegende Belange des Gläubigers entgegenstehen.

(2) Die Vorschriften des § 27 des Heimarbeitsgesetzes vom 14. März 1951 (BGBl. I S. 191) bleiben unberührt.

(3) Die Bestimmungen der Versicherungs-, Versorgungs- und sonstigen gesetzlichen Vorschriften über die Pfändung von Ansprüchen bestimmter Art bleiben unberührt.¹⁾

§ 850 k Pfändungsschutzkonto. (1) ¹ Wird das Guthaben auf dem Pfändungsschutzkonto des Schuldners bei einem Kreditinstitut gepfändet, kann der Schuldner jeweils bis zum Ende des Kalendermonats über Guthaben in Höhe des monatlichen Freibetrages nach § 850 c Abs. 1 Satz 1 in Verbindung mit § 850 c Abs. 2 a verfügen; insoweit wird es nicht von der Pfändung erfasst. ² Soweit der Schuldner in dem jeweiligen Kalendermonat nicht über Guthaben in Höhe des nach Satz 1 pfändungsfreien Betrages verfügt, wird dieses Guthaben in dem folgenden Kalendermonat zusätzlich zu dem nach Satz 1 geschützten Guthaben nicht von der Pfändung erfasst. ³ Die Sätze 1 und 2 gelten entsprechend, wenn das Guthaben auf einem Girokonto des Schuldners gepfändet ist, das vor Ablauf von vier Wochen seit der Zustellung des Überweisungsbeschlusses an den Drittschuldner in ein Pfändungsschutzkonto umgewandelt wird.

(2) ¹ Die Pfändung des Guthabens gilt im Übrigen als mit der Maßgabe ausgesprochen, dass in Erhöhung des Freibetrages nach Absatz 1 folgende Beträge nicht von der Pfändung erfasst sind:

---

¹⁾ Beachte hierzu insbesondere §§ 54 und 55 SGB I – Allgemeiner Teil – v. 11. 12. 1975 (BGBl. I S. 3015), zuletzt geänd. durch G v. 7. 7. 2009 (BGBl. I S. 1707).

1 ZPO § 850 k Buch 8. Zwangsvollstreckung

1. die pfändungsfreien Beträge nach § 850 c Abs. 1 Satz 2 in Verbindung mit § 850 c Abs. 2 a Satz 1, wenn

   a) der Schuldner einer oder mehreren Personen aufgrund gesetzlicher Verpflichtung Unterhalt gewährt oder

   b) der Schuldner Geldleistungen nach dem Zweiten oder Zwölften Buch Sozialgesetzbuch für mit ihm in einer Gemeinschaft im Sinne des § 7 Abs. 3 des Zweiten Buches Sozialgesetzbuch oder der §§ 19, 20, 36 Satz 1 oder 43 des Zwölften Buches Sozialgesetzbuch lebende Personen, denen er nicht aufgrund gesetzlicher Vorschriften zum Unterhalt verpflichtet ist, entgegennimmt;

2. einmalige Geldleistungen im Sinne des § 54 Abs. 2 des Ersten Buches Sozialgesetzbuch und Geldleistungen zum Ausgleich des durch einen Körper- oder Gesundheitsschaden bedingten Mehraufwandes im Sinne des § 54 Abs. 3 Nr. 3 des Ersten Buches Sozialgesetzbuch;

3. das Kindergeld oder andere Geldleistungen für Kinder, es sei denn, dass wegen einer Unterhaltsforderung eines Kindes, für das die Leistungen gewährt oder bei dem es berücksichtigt wird, gepfändet wird.

² Für die Beträge nach Satz 1 gilt Absatz 1 Satz 2 entsprechend.

(3) An die Stelle der nach Absatz 1 und Absatz 2 Satz 1 Nr. 1 pfändungsfreien Beträge tritt der vom Vollstreckungsgericht im Pfändungsbeschluss belassene Betrag, wenn das Guthaben wegen der in § 850 d bezeichneten Forderungen gepfändet wird.

(4) ¹ Das Vollstreckungsgericht kann auf Antrag einen von den Absätzen 1, 2 Satz 1 Nr. 1 und Absatz 3 abweichenden pfändungsfreien Betrag festsetzen. ² Die §§ 850 a, 850 b, 850 c, 850 d Abs. 1 und 2, die §§ 850 e, 850 f, 850 g und 850 i sowie die §§ 851 c und 851 d dieses Gesetzes sowie § 54 Abs. 2, Abs. 3 Nr. 1, 2 und 3, Abs. 4 und 5 des Ersten Buches Sozialgesetzbuch, § 17 Abs. 1 Satz 2 des Zwölften Buches Sozialgesetzbuch und § 76 des Einkommensteuergesetzes sind entsprechend anzuwenden. ³ Im Übrigen ist das Vollstreckungsgericht befugt, die in § 732 Abs. 2 bezeichneten Anordnungen zu erlassen.

(5) ¹ Das Kreditinstitut ist dem Schuldner zur Leistung aus dem nach Absatz 1 und 3 nicht von der Pfändung erfassten Guthaben im Rahmen des vertraglich Vereinbarten verpflichtet. ² Dies gilt für die nach Absatz 2 nicht von der Pfändung erfassten Beträge nur insoweit, als der Schuldner durch eine Bescheinigung des Arbeitgebers, der Familienkasse, des Sozialleistungsträgers oder einer geeigneten Person oder Stelle im Sinne von § 305 Abs. 1 Nr. 1 der Insolvenzordnung nachweist, dass das Guthaben nicht von der Pfändung erfasst ist. ³ Die Leistung des Kreditinstituts an den Schuldner hat befreiende Wirkung, wenn ihm die Unrichtigkeit einer Bescheinigung nach Satz 2 weder bekannt noch infolge grober Fahrlässigkeit unbekannt ist. ⁴ Kann der Schuldner den Nachweis nach Satz 2 nicht führen, so hat das Vollstreckungsgericht auf Antrag die Beträge nach Absatz 2 zu bestimmen. ⁵ Die Sätze 1 bis 4 gelten auch für eine Hinterlegung.

(6) ¹ Wird einem Pfändungsschutzkonto eine Geldleistung nach dem Sozialgesetzbuch oder Kindergeld gutgeschrieben, darf das Kreditinstitut die Forderung, die durch die Gutschrift entsteht, für die Dauer von 14 Tagen seit der Gutschrift nur mit solchen Forderungen verrechnen und hiergegen nur mit

Abschnitt 2. Zwangsvollstr. w. Geldforderungen **§ 850 l ZPO 1**

solchen Forderungen aufrechnen, die ihm als Entgelt für die Kontoführung oder aufgrund von Kontoverfügungen des Berechtigten innerhalb dieses Zeitraums zustehen. ² Bis zur Höhe des danach verbleibenden Betrages der Gutschrift ist das Kreditinstitut innerhalb von 14 Tagen seit der Gutschrift nicht berechtigt, die Ausführung von Zahlungsvorgängen wegen fehlender Deckung abzulehnen, wenn der Berechtigte nachweist oder dem Kreditinstitut sonst bekannt ist, dass es sich um die Gutschrift einer Geldleistung nach dem Sozialgesetzbuch oder von Kindergeld handelt. ³ Das Entgelt des Kreditinstituts für die Kontoführung kann auch mit Beträgen nach den Absätzen 1 bis 4 verrechnet werden.

(7) ¹ In einem der Führung eines Girokontos zugrunde liegenden Vertrag können der Kunde, der eine natürliche Person ist, oder dessen gesetzlicher Vertreter und das Kreditinstitut vereinbaren, dass das Girokonto als Pfändungsschutzkonto geführt wird. ² Der Kunde kann jederzeit verlangen, dass das Kreditinstitut sein Girokonto als Pfändungsschutzkonto führt. ³ Ist das Guthaben des Girokontos bereits gepfändet worden, so kann der Schuldner die Führung als Pfändungsschutzkonto zum Beginn des vierten auf seine Erklärung folgenden Geschäftstages verlangen.

(8) ¹ Jede Person darf nur ein Pfändungsschutzkonto führen. ² Bei der Abrede hat der Kunde gegenüber dem Kreditinstitut zu versichern, dass er ein weiteres Pfändungsschutzkonto nicht führt. ³ Die SCHUFA Holding AG darf zum Zweck der Überprüfung der Versicherung nach Satz 2 Kreditinstituten auf Anfrage Auskunft über ein bestehendes Pfändungsschutzkonto des Kunden erteilen. ⁴ Die Kreditinstitute sind zur Erreichung dieses Zwecks berechtigt, der SCHUFA Holding AG die Führung eines Pfändungsschutzkontos mitzuteilen.

(9) ¹ Führt ein Schuldner entgegen Absatz 8 Satz 1 mehrere Girokonten als Pfändungsschutzkonten, ordnet das Vollstreckungsgericht auf Antrag eines Gläubigers an, dass nur das von dem Gläubiger in dem Antrag bezeichnete Girokonto dem Schuldner als Pfändungsschutzkonto verbleibt. ² Der Gläubiger hat die Voraussetzungen nach Satz 1 durch Vorlage entsprechender Erklärungen der Drittschuldner glaubhaft zu machen. ³ Eine Anhörung des Schuldners unterbleibt. ⁴ Die Entscheidung ist allen Drittschuldnern zuzustellen. ⁵ Mit der Zustellung der Entscheidung an diejenigen Kreditinstitute, deren Girokonten nicht zum Pfändungsschutzkonto bestimmt sind, entfallen die Wirkungen nach den Absätzen 1 bis 6.

§ 850 l Pfändungsschutz für Kontoguthaben aus wiederkehrenden Einkünften. (1) Werden die in den §§ 850 bis 850 b sowie die in den §§ 851 c und 851 d bezeichneten wiederkehrenden Einkünfte auf ein Konto des Schuldners, das vom Kreditinstitut nicht als Pfändungsschutzkonto im Sinne von § 850 k Abs. 7 geführt wird, überwiesen, so ist eine Pfändung des Guthabens auf Antrag des Schuldners vom Vollstreckungsgericht insoweit aufzuheben, als das Guthaben dem der Pfändung nicht unterworfenen Teil der Einkünfte für die Zeit von der Pfändung bis zum nächsten Zahlungstermin entspricht.

(2) ¹ Das Vollstreckungsgericht hebt die Pfändung des Guthabens für den Teil vorab auf, dessen der Schuldner bis zum nächsten Zahlungstermin dringend bedarf, um seinen notwendigen Unterhalt zu bestreiten und seine laufenden gesetzlichen Unterhaltspflichten gegenüber den dem Gläubiger

vorgehenden Berechtigten zu erfüllen oder die dem Gläubiger gleichstehenden Unterhaltsberechtigten gleichmäßig zu befriedigen. ²Der vorab freigegebene Teil des Guthabens darf den Betrag nicht übersteigen, der dem Schuldner voraussichtlich nach Absatz 1 zu belassen ist. ³Der Schuldner hat glaubhaft zu machen, dass wiederkehrende Einkünfte der in den §§ 850 bis 850b, § 851c oder § 851d bezeichneten Art auf das Konto überwiesen worden sind und dass die Voraussetzungen des Satzes 1 vorliegen. ⁴Die Anhörung des Gläubigers unterbleibt, wenn der damit verbundene Aufschub dem Schuldner nicht zuzumuten ist.

(3) Im Übrigen ist das Vollstreckungsgericht befugt, die in § 732 Abs. 2 bezeichneten Anordnungen zu erlassen.

(4) ¹Der Antrag des Schuldners ist nur zulässig, wenn er kein Pfändungsschutzkonto im Sinne von § 850k Abs. 7 bei einem Kreditinstitut führt. ²Dies hat er bei seinem Antrag glaubhaft zu machen.

§ 851 Nicht übertragbare Forderungen.
(1) Eine Forderung ist in Ermangelung besonderer Vorschriften der Pfändung nur insoweit unterworfen, als sie übertragbar ist.

(2) Eine nach § 399 des Bürgerlichen Gesetzbuchs nicht übertragbare Forderung kann insoweit gepfändet und zur Einziehung überwiesen werden, als der geschuldete Gegenstand der Pfändung unterworfen ist.

§ 851a Pfändungsschutz für Landwirte.
(1) Die Pfändung von Forderungen, die einem die Landwirtschaft betreibenden Schuldner aus dem Verkauf von landwirtschaftlichen Erzeugnissen zustehen, ist auf seinen Antrag vom Vollstreckungsgericht insoweit aufzuheben, als die Einkünfte zum Unterhalt des Schuldners, seiner Familie und seiner Arbeitnehmer oder zur Aufrechterhaltung einer geordneten Wirtschaftsführung unentbehrlich sind.

(2) Die Pfändung soll unterbleiben, wenn offenkundig ist, dass die Voraussetzungen für die Aufhebung der Zwangsvollstreckung nach Absatz 1 vorliegen.

§ 851b Pfändungsschutz bei Miet- und Pachtzinsen.
(1) ¹Die Pfändung von Miete und Pacht ist auf Antrag des Schuldners vom Vollstreckungsgericht insoweit aufzuheben, als diese Einkünfte für den Schuldner zur laufenden Unterhaltung des Grundstücks, zur Vornahme notwendiger Instandsetzungsarbeiten und zur Befriedigung von Ansprüchen unentbehrlich sind, die bei einer Zwangsvollstreckung in das Grundstück dem Anspruch des Gläubigers nach § 10 des Gesetzes über die Zwangsversteigerung und die Zwangsverwaltung¹⁾ vorgehen würden. ²Das Gleiche gilt von der Pfändung von Barmitteln und Guthaben, die aus Miet- oder Pachtzahlungen herrühren und zu den in Satz 1 bezeichneten Zwecken unentbehrlich sind.

(2) ¹Die Vorschriften des § 813b Abs. 2, 3 und Abs. 5 Satz 1 und 2 gelten entsprechend. ²Die Pfändung soll unterbleiben, wenn offenkundig ist, dass die Voraussetzungen für die Aufhebung der Zwangsvollstreckung nach Absatz 1 vorliegen.

---

¹⁾ Nr. 2.

Abschnitt 2. Zwangsvollstr. w. Geldforderungen **§§ 851 c–853 ZPO 1**

§ 851 c Pfändungsschutz bei Altersrenten. (1) Ansprüche auf Leistungen, die auf Grund von Verträgen gewährt werden, dürfen nur wie Arbeitseinkommen gepfändet werden, wenn

1. die Leistung in regelmäßigen Zeitabständen lebenslang und nicht vor Vollendung des 60. Lebensjahres oder nur bei Eintritt der Berufsunfähigkeit gewährt wird,
2. über die Ansprüche aus dem Vertrag nicht verfügt werden darf,
3. die Bestimmung von Dritten mit Ausnahme von Hinterbliebenen als Berechtigte ausgeschlossen ist und
4. die Zahlung einer Kapitalleistung, ausgenommen eine Zahlung für den Todesfall, nicht vereinbart wurde.

(2) ¹Um dem Schuldner den Aufbau einer angemessenen Alterssicherung zu ermöglichen, kann er unter Berücksichtigung der Entwicklung auf dem Kapitalmarkt, des Sterblichkeitsrisikos und der Höhe der Pfändungsfreigrenze, nach seinem Lebensalter gestaffelt, jährlich einen bestimmten Betrag unpfändbar auf der Grundlage eines in Absatz 1 bezeichneten Vertrags bis zu einer Gesamtsumme von 238 000 Euro ansammeln. ²Der Schuldner darf vom 18. bis zum vollendeten 29. Lebensjahr 2 000 Euro, vom 30. bis zum vollendeten 39. Lebensjahr 4 000 Euro, vom 40. bis zum vollendeten 47. Lebensjahr 4 500 Euro, vom 48. bis zum vollendeten 53. Lebensjahr 6 000 Euro, vom 54. bis zum vollendeten 59. Lebensjahr 8 000 Euro und vom 60. bis zum vollendeten 65. Lebensjahr 9 000 Euro jährlich ansammeln. ³Übersteigt der Rückkaufwert der Alterssicherung den unpfändbaren Betrag, sind drei Zehntel des überschießenden Betrags unpfändbar. ⁴Satz 3 gilt nicht für den Teil des Rückkaufwerts, der den dreifachen Wert des in Satz 1 genannten Betrags übersteigt.

(3) § 850 e Nr. 2 und 2 a gilt entsprechend.

§ 851 d Pfändungsschutz bei steuerlich gefördertem Altersvorsorgevermögen. Monatliche Leistungen in Form einer lebenslangen Rente oder monatlicher Ratenzahlungen im Rahmen eines Auszahlungsplans nach § 1 Abs. 1 Satz 1 Nr. 4 des Altersvorsorgeverträge-Zertifizierungsgesetzes aus steuerlich gefördertem Altersvorsorgevermögen sind wie Arbeitseinkommen pfändbar.

§ 852 Beschränkt pfändbare Forderungen. (1) Der Pflichtteilsanspruch ist der Pfändung nur unterworfen, wenn er durch Vertrag anerkannt oder rechtshängig geworden ist.

(2) Das Gleiche gilt für den nach § 528 des Bürgerlichen Gesetzbuchs dem Schenker zustehenden Anspruch auf Herausgabe des Geschenkes sowie für den Anspruch eines Ehegatten auf den Ausgleich des Zugewinns.

§ 853 Mehrfache Pfändung einer Geldforderung. Ist eine Geldforderung für mehrere Gläubiger gepfändet, so ist der Drittschuldner berechtigt und auf Verlangen eines Gläubigers, dem die Forderung überwiesen wurde, verpflichtet, unter Anzeige der Sachlage und unter Aushändigung der ihm zugestellten Beschlüsse an das Amtsgericht, dessen Beschluss ihm zuerst zugestellt ist, den Schuldbetrag zu hinterlegen.

§ 854 Mehrfache Pfändung eines Anspruchs auf bewegliche Sachen.

(1) [1] Ist ein Anspruch, der eine bewegliche körperliche Sache betrifft, für mehrere Gläubiger gepfändet, so ist der Drittschuldner berechtigt und auf Verlangen eines Gläubigers, dem der Anspruch überwiesen wurde, verpflichtet, die Sache unter Anzeige der Sachlage und unter Aushändigung der ihm zugestellten Beschlüsse dem Gerichtsvollzieher herauszugeben, der nach dem ihm zuerst zugestellten Beschluss zur Empfangnahme der Sache ermächtigt ist. [2] Hat der Gläubiger einen solchen Gerichtsvollzieher nicht bezeichnet, so wird dieser auf Antrag des Drittschuldners von dem Amtsgericht des Ortes ernannt, wo die Sache herauszugeben ist.

(2) [1] Ist der Erlös zur Deckung der Forderungen nicht ausreichend und verlangt der Gläubiger, für den die zweite oder eine spätere Pfändung erfolgt ist, ohne Zustimmung der übrigen beteiligten Gläubiger eine andere Verteilung als nach der Reihenfolge der Pfändungen, so hat der Gerichtsvollzieher die Sachlage unter Hinterlegung des Erlöses dem Amtsgericht anzuzeigen, dessen Beschluss dem Drittschuldner zuerst zugestellt ist. [2] Dieser Anzeige sind die Dokumente beizufügen, die sich auf das Verfahren beziehen.

(3) In gleicher Weise ist zu verfahren, wenn die Pfändung für mehrere Gläubiger gleichzeitig bewirkt ist.

§ 855 Mehrfache Pfändung eines Anspruchs auf eine unbewegliche Sache.
Betrifft der Anspruch eine unbewegliche Sache, so ist der Drittschuldner berechtigt und auf Verlangen eines Gläubigers, dem der Anspruch überwiesen wurde, verpflichtet, die Sache unter Anzeige der Sachlage und unter Aushändigung der ihm zugestellten Beschlüsse an den von dem Amtsgericht der belegenen Sache ernannten oder auf seinen Antrag zu ernennenden Sequester herauszugeben.

§ 855 a Mehrfache Pfändung eines Anspruchs auf ein Schiff.
(1) Betrifft der Anspruch ein eingetragenes Schiff, so ist der Drittschuldner berechtigt und auf Verlangen eines Gläubigers, dem der Anspruch überwiesen wurde, verpflichtet, das Schiff unter Anzeige der Sachlage und unter Aushändigung der Beschlüsse dem Treuhänder herauszugeben, der in dem ihm zuerst zugestellten Beschluss bestellt ist.

(2) Absatz 1 gilt sinngemäß, wenn der Anspruch ein Schiffsbauwerk betrifft, das im Schiffsbauregister eingetragen ist oder in dieses Register eingetragen werden kann.

§ 856 Klage bei mehrfacher Pfändung.
(1) Jeder Gläubiger, dem der Anspruch überwiesen wurde, ist berechtigt, gegen den Drittschuldner Klage auf Erfüllung der nach den Vorschriften der §§ 853 bis 855 diesem obliegenden Verpflichtungen zu erheben.

(2) Jeder Gläubiger, für den der Anspruch gepfändet ist, kann sich dem Kläger in jeder Lage des Rechtsstreits als Streitgenosse anschließen.

(3) Der Drittschuldner hat bei dem Prozessgericht zu beantragen, dass die Gläubiger, welche die Klage nicht erhoben und dem Kläger sich nicht angeschlossen haben, zum Termin zur mündlichen Verhandlung geladen werden.

Abschnitt 2. Zwangsvollstr. w. Geldforderungen **§§ 857, 858 ZPO 1**

(4) Die Entscheidung, die in dem Rechtsstreit über den in der Klage erhobenen Anspruch erlassen wird, ist für und gegen sämtliche Gläubiger wirksam.

(5) Der Drittschuldner kann sich gegenüber einem Gläubiger auf die ihm günstige Entscheidung nicht berufen, wenn der Gläubiger zum Termin zur mündlichen Verhandlung nicht geladen worden ist.

§ 857 Zwangsvollstreckung in andere Vermögensrechte. (1) Für die Zwangsvollstreckung in andere Vermögensrechte, die nicht Gegenstand der Zwangsvollstreckung in das unbewegliche Vermögen sind, gelten die vorstehenden Vorschriften entsprechend.

(2) Ist ein Drittschuldner nicht vorhanden, so ist die Pfändung mit dem Zeitpunkt als bewirkt anzusehen, in welchem dem Schuldner das Gebot, sich jeder Verfügung über das Recht zu enthalten, zugestellt ist.

(3) Ein unveräußerliches Recht ist in Ermangelung besonderer Vorschriften der Pfändung insoweit unterworfen, als die Ausübung einem anderen überlassen werden kann.

(4) [1] Das Gericht kann bei der Zwangsvollstreckung in unveräußerliche Rechte, deren Ausübung einem anderen überlassen werden kann, besondere Anordnungen erlassen. [2] Es kann insbesondere bei der Zwangsvollstreckung in Nutzungsrechte eine Verwaltung anordnen; in diesem Fall wird die Pfändung durch Übergabe der zu benutzenden Sache an den Verwalter bewirkt, sofern sie nicht durch Zustellung des Beschlusses bereits vorher bewirkt ist.

(5) Ist die Veräußerung des Rechts selbst zulässig, so kann auch diese Veräußerung von dem Gericht angeordnet werden.

(6) Auf die Zwangsvollstreckung in eine Reallast, eine Grundschuld oder eine Rentenschuld sind die Vorschriften über die Zwangsvollstreckung in eine Forderung, für die eine Hypothek besteht, entsprechend anzuwenden.

(7) Die Vorschrift des § 845 Abs. 1 Satz 2 ist nicht anzuwenden.

§ 858 Zwangsvollstreckung in Schiffspart. (1) Für die Zwangsvollstreckung in die Schiffspart (§§ 489 ff. des Handelsgesetzbuchs) gilt § 857 mit folgenden Abweichungen.

(2) Als Vollstreckungsgericht ist das Amtsgericht zuständig, bei dem das Register für das Schiff geführt wird.

(3) [1] Die Pfändung bedarf der Eintragung in das Schiffsregister; die Eintragung erfolgt auf Grund des Pfändungsbeschlusses. [2] Der Pfändungsbeschluss soll dem Korrespondentreeder zugestellt werden; wird der Beschluss diesem vor der Eintragung zugestellt, so gilt die Pfändung ihm gegenüber mit der Zustellung als bewirkt.

(4) [1] Verwertet wird die gepfändete Schiffspart im Wege der Veräußerung. [2] Dem Antrag auf Anordnung der Veräußerung ist ein Auszug aus dem Schiffsregister beizufügen, der alle das Schiff und die Schiffspart betreffenden Eintragungen enthält; der Auszug darf nicht älter als eine Woche sein.

(5) [1] Ergibt der Auszug aus dem Schiffsregister, dass die Schiffspart mit einem Pfandrecht belastet ist, das einem andern als dem betreibenden Gläubiger zusteht, so ist die Hinterlegung des Erlöses anzuordnen. [2] Der Erlös wird in diesem Fall nach den Vorschriften der §§ 873 bis 882 verteilt; Forderungen,

für die ein Pfandrecht an der Schiffspart eingetragen ist, sind nach dem Inhalt des Schiffsregisters in den Teilungsplan aufzunehmen.

§ 859 Pfändung von Gesamthandanteilen. (1) [1] Der Anteil eines Gesellschafters an dem Gesellschaftsvermögen einer nach § 705 des Bürgerlichen Gesetzbuchs eingegangenen Gesellschaft ist der Pfändung unterworfen. [2] Der Anteil eines Gesellschafters an den einzelnen zu dem Gesellschaftsvermögen gehörenden Gegenständen ist der Pfändung nicht unterworfen.

(2) Die gleichen Vorschriften gelten für den Anteil eines Miterben an dem Nachlass und an den einzelnen Nachlassgegenständen.

§ 860 Pfändung von Gesamtgutanteilen. (1) [1] Bei dem Güterstand der Gütergemeinschaft ist der Anteil eines Ehegatten an dem Gesamtgut und an den einzelnen dazu gehörenden Gegenständen der Pfändung nicht unterworfen. [2] Das Gleiche gilt bei der fortgesetzten Gütergemeinschaft von den Anteilen des überlebenden Ehegatten und der Abkömmlinge.

(2) Nach der Beendigung der Gemeinschaft ist der Anteil an dem Gesamtgut zugunsten der Gläubiger des Anteilsberechtigten der Pfändung unterworfen.

§§ 861 und 862 (weggefallen)

§ 863 Pfändungsbeschränkungen bei Erbschaftsnutzungen. (1) [1] Ist der Schuldner als Erbe nach § 2338 des Bürgerlichen Gesetzbuchs durch die Einsetzung eines Nacherben beschränkt, so sind die Nutzungen der Erbschaft der Pfändung nicht unterworfen, soweit sie zur Erfüllung der dem Schuldner seinem Ehegatten, seinem früheren Ehegatten, seinem Lebenspartner, einem früheren Lebenspartner oder seinen Verwandten gegenüber gesetzlich obliegenden Unterhaltspflicht und zur Bestreitung seines standesmäßigen Unterhalts erforderlich sind. [2] Das Gleiche gilt, wenn der Schuldner nach § 2338 des Bürgerlichen Gesetzbuchs durch die Ernennung eines Testamentsvollstreckers beschränkt ist, für seinen Anspruch auf den jährlichen Reinertrag.

(2) Die Pfändung ist unbeschränkt zulässig, wenn der Anspruch eines Nachlassgläubigers oder ein auch dem Nacherben oder dem Testamentsvollstrecker gegenüber wirksames Recht geltend gemacht wird.

(3) Diese Vorschriften gelten entsprechend, wenn der Anteil eines Abkömmlings an dem Gesamtgut der fortgesetzten Gütergemeinschaft nach § 1513 Abs. 2 des Bürgerlichen Gesetzbuchs einer Beschränkung der im Absatz 1 bezeichneten Art unterliegt.

Titel 2. Zwangsvollstreckung in das unbewegliche Vermögen

§ 864 Gegenstand der Immobiliarvollstreckung. (1) Der Zwangsvollstreckung in das unbewegliche Vermögen unterliegen außer den Grundstücken die Berechtigungen, für welche die sich auf Grundstücke beziehenden Vorschriften gelten, die im Schiffsregister eingetragenen Schiffe und die Schiffsbauwerke, die im Schiffsbauregister eingetragen sind oder in dieses Register eingetragen werden können.

(2) Die Zwangsvollstreckung in den Bruchteil eines Grundstücks, einer Berechtigung der im Absatz 1 bezeichneten Art oder eines Schiffes oder

Schiffsbauwerks ist nur zulässig, wenn der Bruchteil in dem Anteil eines Miteigentümers besteht oder wenn sich der Anspruch des Gläubigers auf ein Recht gründet, mit dem der Bruchteil als solcher belastet ist.

§ 865 Verhältnis zur Mobiliarvollstreckung. (1) Die Zwangsvollstreckung in das unbewegliche Vermögen umfasst auch die Gegenstände, auf die sich bei Grundstücken und Berechtigungen die Hypothek, bei Schiffen oder Schiffsbauwerken die Schiffshypothek erstreckt.

(2) ¹ Diese Gegenstände können, soweit sie Zubehör sind, nicht gepfändet werden. ² Im Übrigen unterliegen sie der Zwangsvollstreckung in das bewegliche Vermögen, solange nicht ihre Beschlagnahme im Wege der Zwangsvollstreckung in das unbewegliche Vermögen erfolgt ist.

§ 866[1]) **Arten der Vollstreckung.** (1) Die Zwangsvollstreckung in ein Grundstück erfolgt durch Eintragung einer Sicherungshypothek für die Forderung, durch Zwangsversteigerung und durch Zwangsverwaltung.

(2) Der Gläubiger kann verlangen, dass eine dieser Maßregeln allein oder neben den übrigen ausgeführt werde.

(3) ¹ Eine Sicherungshypothek (Absatz 1) darf nur für einen Betrag von mehr als 750 Euro eingetragen werden; Zinsen bleiben dabei unberücksichtigt, soweit sie als Nebenforderung geltend gemacht sind. ² Auf Grund mehrerer demselben Gläubiger zustehender Schuldtitel kann eine einheitliche Sicherungshypothek eingetragen werden.

§ 867 Zwangshypothek. (1) ¹ Die Sicherungshypothek wird auf Antrag des Gläubigers in das Grundbuch eingetragen; die Eintragung ist auf dem vollstreckbaren Titel zu vermerken. ² Mit der Eintragung entsteht die Hypothek. ³ Das Grundstück haftet auch für die dem Schuldner zur Last fallenden Kosten der Eintragung.

(2) ¹ Sollen mehrere Grundstücke des Schuldners mit der Hypothek belastet werden, so ist der Betrag der Forderung auf die einzelnen Grundstücke zu verteilen. ² Die Größe der Teile bestimmt der Gläubiger; für die Teile gilt § 866 Abs. 3 Satz 1 entsprechend.

(3) Zur Befriedigung aus dem Grundstück durch Zwangsversteigerung genügt der vollstreckbare Titel, auf dem die Eintragung vermerkt ist.

§ 868 Erwerb der Zwangshypothek durch den Eigentümer. (1) Wird durch eine vollstreckbare Entscheidung die zu vollstreckende Entscheidung oder ihre vorläufige Vollstreckbarkeit aufgehoben oder die Zwangsvollstreckung für unzulässig erklärt oder deren Einstellung angeordnet, so erwirbt der Eigentümer des Grundstücks die Hypothek.

(2) Das Gleiche gilt, wenn durch eine gerichtliche Entscheidung die einstweilige Einstellung der Vollstreckung und zugleich die Aufhebung der erfolgten Vollstreckungsmaßregeln angeordnet wird oder wenn die zur Abwendung der Vollstreckung nachgelassene Sicherheitsleistung oder Hinterlegung erfolgt.

---

[1]) Vgl. hierzu § 8 ErbbaurechtsG v. 15. 1. 1919 (RGBl. S. 72), zuletzt geänd. durch G v. 17. 12. 2008 (BGBl. I S. 2586).

§ 869 Zwangsversteigerung und Zwangsverwaltung. Die Zwangsversteigerung und die Zwangsverwaltung werden durch ein besonderes Gesetz geregelt.

§ 870 Grundstücksgleiche Rechte. Auf die Zwangsvollstreckung in eine Berechtigung, für welche die sich auf Grundstücke beziehenden Vorschriften gelten, sind die Vorschriften über die Zwangsvollstreckung in Grundstücke entsprechend anzuwenden.

§ 870 a Zwangsvollstreckung in ein Schiff oder Schiffsbauwerk.
(1) Die Zwangsvollstreckung in ein eingetragenes Schiff oder in ein Schiffsbauwerk, das im Schiffsbauregister eingetragen ist oder in dieses Register eingetragen werden kann, erfolgt durch Eintragung einer Schiffshypothek für die Forderung oder durch Zwangsversteigerung.

(2) § 866 Abs. 2, 3, § 867 gelten entsprechend.

(3) [1] Wird durch eine vollstreckbare Entscheidung die zu vollstreckende Entscheidung oder ihre vorläufige Vollstreckbarkeit aufgehoben oder die Zwangsvollstreckung für unzulässig erklärt oder deren Einstellung angeordnet, so erlischt die Schiffshypothek; § 57 Abs. 3 des Gesetzes über Rechte an eingetragenen Schiffen und Schiffsbauwerken vom 15. November 1940 (RGBl. I S. 1499) ist anzuwenden. [2] Das Gleiche gilt, wenn durch eine gerichtliche Entscheidung die einstweilige Einstellung der Zwangsvollstreckung und zugleich die Aufhebung der erfolgten Vollstreckungsmaßregeln angeordnet wird oder wenn die zur Abwendung der Vollstreckung nachgelassene Sicherheitsleistung oder Hinterlegung erfolgt.

§ 871 Landesrechtlicher Vorbehalt bei Eisenbahnen. Unberührt bleiben die landesgesetzlichen Vorschriften, nach denen, wenn ein anderer als der Eigentümer einer Eisenbahn oder Kleinbahn den Betrieb der Bahn kraft eigenen Nutzungsrechts ausübt, das Nutzungsrecht und gewisse dem Betriebe gewidmete Gegenstände in Ansehung der Zwangsvollstreckung zum unbeweglichen Vermögen gehören und die Zwangsvollstreckung abweichend von den Vorschriften des Bundesrechts geregelt ist.

Titel 3. Verteilungsverfahren

§ 872 Voraussetzungen. Das Verteilungsverfahren tritt ein, wenn bei der Zwangsvollstreckung in das bewegliche Vermögen ein Geldbetrag hinterlegt ist, der zur Befriedigung der beteiligten Gläubiger nicht hinreicht.

§ 873 Aufforderung des Verteilungsgerichts. Das zuständige Amtsgericht (§§ 827, 853, 854) hat nach Eingang der Anzeige über die Sachlage an jeden der beteiligten Gläubiger die Aufforderung zu erlassen, binnen zwei Wochen eine Berechnung der Forderung an Kapital, Zinsen, Kosten und sonstigen Nebenforderungen einzureichen.

§ 874 Teilungsplan. (1) Nach Ablauf der zweiwöchigen Fristen wird von dem Gericht ein Teilungsplan angefertigt.

(2) Der Betrag der Kosten des Verfahrens ist von dem Bestand der Masse vorweg in Abzug zu bringen.

Abschnitt 2. Zwangsvollstr. w. Geldforderungen §§ 875–879 ZPO 1

(3) ¹Die Forderung eines Gläubigers, der bis zur Anfertigung des Teilungsplanes der an ihn gerichteten Aufforderung nicht nachgekommen ist, wird nach der Anzeige und deren Unterlagen berechnet. ²Eine nachträgliche Ergänzung der Forderung findet nicht statt.

§ 875 Terminsbestimmung. (1) ¹Das Gericht hat zur Erklärung über den Teilungsplan sowie zur Ausführung der Verteilung einen Termin zu bestimmen. ²Der Teilungsplan muss spätestens drei Tage vor dem Termin auf der Geschäftsstelle zur Einsicht der Beteiligten niedergelegt werden.

(2) Die Ladung des Schuldners zu dem Termin ist nicht erforderlich, wenn sie durch Zustellung im Ausland oder durch öffentliche Zustellung erfolgen müsste.

§ 876 Termin zur Erklärung und Ausführung. ¹Wird in dem Termin ein Widerspruch gegen den Plan nicht erhoben, so ist dieser zur Ausführung zu bringen. ²Erfolgt ein Widerspruch, so hat sich jeder dabei beteiligte Gläubiger sofort zu erklären. ³Wird der Widerspruch von den Beteiligten als begründet anerkannt oder kommt *anderweit*[1]) eine Einigung zustande, so ist der Plan demgemäß zu berichtigen. ⁴Wenn ein Widerspruch sich nicht erledigt, so wird der Plan insoweit ausgeführt, als er durch den Widerspruch nicht betroffen wird.

§ 877 Säumnisfolgen. (1) Gegen einen Gläubiger, der in dem Termin weder erschienen ist noch vor dem Termin bei dem Gericht Widerspruch erhoben hat, wird angenommen, dass er mit der Ausführung des Planes einverstanden sei.

(2) Ist ein in dem Termin nicht erschienener Gläubiger bei dem Widerspruch beteiligt, den ein anderer Gläubiger erhoben hat, so wird angenommen, dass er diesen Widerspruch nicht als begründet anerkenne.

§ 878 Widerspruchsklage. (1) ¹Der widersprechende Gläubiger muss ohne vorherige Aufforderung binnen einer Frist von einem Monat, die mit dem Terminstag beginnt, dem Gericht nachweisen, dass er gegen die beteiligten Gläubiger Klage erhoben habe. ²Nach fruchtlosem Ablauf dieser Frist wird die Ausführung des Planes ohne Rücksicht auf den Widerspruch angeordnet.

(2) Die Befugnis des Gläubigers, der dem Plan widersprochen hat, ein besseres Recht gegen den Gläubiger, der einen Geldbetrag nach dem Plan erhalten hat, im Wege der Klage geltend zu machen, wird durch die Versäumung der Frist und durch die Ausführung des Planes nicht ausgeschlossen.

§ 879 Zuständigkeit für die Widerspruchsklage. (1) Die Klage ist bei dem Verteilungsgericht und, wenn der Streitgegenstand zur Zuständigkeit der Amtsgerichte nicht gehört, bei dem Landgericht zu erheben, in dessen Bezirk das Verteilungsgericht seinen Sitz hat.

(2) Das Landgericht ist für sämtliche Klagen zuständig, wenn seine Zuständigkeit nach dem Inhalt der erhobenen und in dem Termin nicht zur Erledigung gelangten Widersprüche auch nur bei einer Klage begründet ist, sofern

---

[1]) Richtig wohl: „anderweitig".

nicht die sämtlichen beteiligten Gläubiger vereinbaren, dass das Verteilungsgericht über alle Widersprüche entscheiden solle.

§ 880 Inhalt des Urteils. [1] In dem Urteil, durch das über einen erhobenen Widerspruch entschieden wird, ist zugleich zu bestimmen, an welche Gläubiger und in welchen Beträgen der streitige Teil der Masse auszuzahlen sei. [2] Wird dies nicht für angemessen erachtet, so ist die Anfertigung eines neuen Planes und ein *anderweites*[1)] Verteilungsverfahren in dem Urteil anzuordnen.

§ 881 Versäumnisurteil. Das Versäumnisurteil gegen einen widersprechenden Gläubiger ist dahin zu erlassen, dass der Widerspruch als zurückgenommen anzusehen sei.

§ 882 Verfahren nach dem Urteil. Auf Grund des erlassenen Urteils wird die Auszahlung oder das *anderweite*[2)] Verteilungsverfahren von dem Verteilungsgericht angeordnet.

Titel 4. Zwangsvollstreckung gegen juristische Personen des öffentlichen Rechts

§ 882 a Zwangsvollstreckung wegen einer Geldforderung. (1) [1] Die Zwangsvollstreckung gegen den Bund oder ein Land wegen einer Geldforderung darf, soweit nicht dingliche Rechte verfolgt werden, erst vier Wochen nach dem Zeitpunkt beginnen, in dem der Gläubiger seine Absicht, die Zwangsvollstreckung zu betreiben, der zur Vertretung des Schuldners berufenen Behörde und, sofern die Zwangsvollstreckung in ein von einer anderen Behörde verwaltetes Vermögen erfolgen soll, auch dem zuständigen Minister der Finanzen angezeigt hat. [2] Dem Gläubiger ist auf Verlangen der Empfang der Anzeige zu bescheinigen. [3] Soweit in solchen Fällen die Zwangsvollstreckung durch den Gerichtsvollzieher zu erfolgen hat, ist der Gerichtsvollzieher auf Antrag des Gläubigers vom Vollstreckungsgericht zu bestimmen.

(2) [1] Die Zwangsvollstreckung ist unzulässig in Sachen, die für die Erfüllung öffentlicher Aufgaben des Schuldners unentbehrlich sind oder deren Veräußerung ein öffentliches Interesse entgegensteht. [2] Darüber, ob die Voraussetzungen des Satzes 1 vorliegen, ist im Streitfall nach § 766 zu entscheiden. [3] Vor der Entscheidung ist der zuständige Minister zu hören.

(3) [1] Die Vorschriften der Absätze 1 und 2 sind auf die Zwangsvollstreckung gegen Körperschaften, Anstalten und Stiftungen des öffentlichen Rechtes mit der Maßgabe anzuwenden, dass an die Stelle der Behörde im Sinne des Absatzes 1 die gesetzlichen Vertreter treten. [2] Für öffentlich-rechtliche Bank- und Kreditanstalten gelten die Beschränkungen der Absätze 1 und 2 nicht.

(4) (weggefallen)

(5) Der Ankündigung der Zwangsvollstreckung und der Einhaltung einer Wartefrist nach Maßgabe der Absätze 1 und 3 bedarf es nicht, wenn es sich um den Vollzug einer einstweiligen Verfügung handelt.

[1)] Richtig wohl: „anderweitiges".
[2)] Richtig wohl: „anderweitige".

Abschnitt 2. Zwangsvollstr. w. Geldforderungen §§ 882 b–882 g ZPO 1

Titel 6. Schuldnerverzeichnis *(zum größten Teil noch nicht in Kraft)*

§ 882 b Inhalt des Schuldnerverzeichnisses. *(noch nicht in Kraft)*

§ 882 c Eintragungsanordnung. *(noch nicht in Kraft)*

§ 882 d Vollziehung der Eintragungsanordnung. *(noch nicht in Kraft)*

§ 882 e Löschung. *(noch nicht in Kraft)*

§ 882 f Einsicht in das Schuldnerverzeichnis. *(noch nicht in Kraft)*

§ 882 g *Erteilung von Abdrucken* (1) [1] *Aus dem Schuldnerverzeichnis können auf Antrag Abdrucke zum laufenden Bezug erteilt werden, auch durch Übermittlung in einer nur maschinell lesbaren Form.* [2] *Bei der Übermittlung in einer nur maschinell lesbaren Form gelten die von der Landesjustizverwaltung festgelegten Datenübertragungsregeln.*

(2) Abdrucke erhalten:

1. *Industrie- und Handelskammern sowie Körperschaften des öffentlichen Rechts, in denen Angehörige eines Berufes kraft Gesetzes zusammengeschlossen sind (Kammern),*
2. *Antragsteller, die Abdrucke zur Errichtung und Führung nichtöffentlicher zentraler Schuldnerverzeichnisse verwenden, oder*
3. *Antragsteller, deren berechtigtem Interesse durch Einzeleinsicht in die Länderschuldnerverzeichnisse oder durch den Bezug von Listen nach Absatz 5 nicht hinreichend Rechnung getragen werden kann.*

(3) [1] *Die Abdrucke sind vertraulich zu behandeln und dürfen Dritten nicht zugänglich gemacht werden.* [2] *Nach der Beendigung des laufenden Bezugs sind die Abdrucke unverzüglich zu vernichten; Auskünfte dürfen nicht mehr erteilt werden.*

(4) [1] *Die Kammern dürfen ihren Mitgliedern oder den Mitgliedern einer anderen Kammer Auskünfte erteilen.* [2] *Andere Bezieher von Abdrucken dürfen Auskünfte erteilen, soweit dies zu ihrer ordnungsgemäßen Tätigkeit gehört.* [3] *Absatz 3 gilt entsprechend.* [4] *Die Auskünfte dürfen auch im automatisierten Abrufverfahren erteilt werden, soweit dieses Verfahren unter Berücksichtigung der schutzwürdigen Interessen der Betroffenen und der Geschäftszwecke der zum Abruf berechtigten Stellen angemessen ist.*

(5) [1] *Die Kammern dürfen die Abdrucke in Listen zusammenfassen oder hiermit Dritte beauftragen; sie haben diese bei der Durchführung des Auftrags zu beaufsichtigen.* [2] *Die Listen dürfen den Mitgliedern von Kammern auf Antrag zum laufenden Bezug überlassen werden.* [3] *Für den Bezug der Listen gelten Absatz 2 Nr. 3 und Absatz 3 entsprechend.* [4] *Die Bezieher der Listen dürfen Auskünfte nur jemandem erteilen, dessen Belange sie kraft Gesetzes oder Vertrages wahrzunehmen haben.*

(6) [1] *Für Abdrucke, Listen und Aufzeichnungen über eine Eintragung im Schuldnerverzeichnis, die auf der Verarbeitung von Abdrucken oder Listen oder auf Auskünften über Eintragungen im Schuldnerverzeichnis beruhen, gilt § 882 e Abs. 1 entsprechend.* [2] *Über vorzeitige Löschungen (§ 882 e Abs. 3) sind die Bezieher von Abdrucken innerhalb eines Monats zu unterrichten.* [3] *Sie unterrichten unverzüglich die Bezieher von Listen (Absatz 5 Satz 2).* [4] *In den auf Grund der Abdrucke und Listen*

erstellten Aufzeichnungen sind die Eintragungen unverzüglich zu löschen. ⁵ Listen sind auch unverzüglich zu vernichten, soweit sie durch neue ersetzt werden.

(7) ¹ In den Fällen des Absatzes 2 Nr. 2 und 3 sowie des Absatzes 5 gilt für nichtöffentliche Stellen § 38 des Bundesdatenschutzgesetzes mit der Maßgabe, dass die Aufsichtsbehörde auch die Verarbeitung und Nutzung dieser personenbezogenen Daten in oder aus Akten überwacht. ² Entsprechendes gilt für nichtöffentliche Stellen, die von den in Absatz 2 genannten Stellen Auskünfte erhalten haben.

(8) Das Bundesministerium der Justiz wird ermächtigt, durch Rechtsverordnung mit Zustimmung des Bundesrates

1. Vorschriften über den Bezug von Abdrucken nach den Absätzen 1 und 2 und das Bewilligungsverfahren sowie den Bezug von Listen nach Absatz 5 zu erlassen;
2. Einzelheiten der Einrichtung und Ausgestaltung automatisierter Abrufverfahren nach Absatz 4 Satz 4, insbesondere der Protokollierung der Abrufe für Zwecke der Datenschutzkontrolle, zu regeln;
3. die Erteilung und Aufbewahrung von Abdrucken aus dem Schuldnerverzeichnis, die Anfertigung, Verwendung und Weitergabe von Listen, die Mitteilung und den Vollzug von Löschungen und den Ausschluss vom Bezug von Abdrucken und Listen näher zu regeln, um die ordnungsgemäße Behandlung der Mitteilungen, den Schutz vor unbefugter Verwendung und die rechtzeitige Löschung von Eintragungen sicherzustellen;
4. zur Durchsetzung der Vernichtungs- und Löschungspflichten im Fall des Widerrufs der Bewilligung die Verhängung von Zwangsgeldern vorzusehen; das einzelne Zwangsgeld darf den Betrag von 25 000 Euro nicht übersteigen.

§ 882 h *Zuständigkeit; Ausgestaltung des Schuldnerverzeichnisses (1) ¹ Das Schuldnerverzeichnis wird für jedes Land von einem zentralen Vollstreckungsgericht geführt. ² Der Inhalt des Schuldnerverzeichnisses kann über eine zentrale und länderübergreifende Abfrage im Internet eingesehen werden. ³ Die Länder können Einzug und Verteilung der Gebühren sowie weitere Abwicklungsaufgaben im Zusammenhang mit der Abfrage nach Satz 2 auf die zuständige Stelle eines Landes übertragen.*

(2) ¹ Die Landesregierungen bestimmen durch Rechtsverordnung, welches Gericht die Aufgaben des zentralen Vollstreckungsgerichts nach Absatz 1 wahrzunehmen hat. ² § 802 k Abs. 3 Satz 2 und 3 gilt entsprechend. ³ Die Führung des Schuldnerverzeichnisses stellt eine Angelegenheit der Justizverwaltung dar.

(3) ¹ Das Bundesministerium der Justiz wird ermächtigt, durch Rechtsverordnung mit Zustimmung des Bundesrates die Einzelheiten zu Form und Übermittlung der Eintragungsanordnungen nach § 882 b Abs. 1 und der Entscheidungen nach § 882 d Abs. 3 Satz 2 dieses Gesetzes und § 284 Abs. 10 Satz 2 der Abgabenordnung oder gleichwertigen Regelungen im Sinne von § 882 b Abs. 1 Nr. 2 Halbsatz 2 dieses Gesetzes sowie zum Inhalt des Schuldnerverzeichnisses und zur Ausgestaltung der Einsicht insbesondere durch ein automatisiertes Abrufverfahren zu regeln. ² Die Rechtsverordnung hat geeignete Regelungen zur Sicherung des Datenschutzes und der Datensicherheit vorzusehen. ³ Insbesondere ist sicherzustellen, dass die Daten

Abschnitt 3. Erwirkung von Handlungen §§ 883–885 ZPO 1

1. bei der elektronischen Übermittlung an das zentrale Vollstreckungsgericht nach Absatz 1 sowie bei der Weitergabe an eine andere Stelle nach Absatz 2 Satz 2 gegen unbefugte Kenntnisnahme geschützt sind,
2. unversehrt und vollständig wiedergegeben werden,
3. jederzeit ihrem Ursprung nach zugeordnet werden können und
4. nur von registrierten Nutzern nach Angabe des Verwendungszwecks abgerufen werden können, jeder Abrufvorgang protokolliert wird und Nutzer im Fall des missbräuchlichen Datenabrufs oder einer missbräuchlichen Datenverwendung von der Einsichtnahme ausgeschlossen werden können.

⁴ Die Daten der Nutzer dürfen nur für die in Satz 3 Nr. 4 genannten Zwecke verwendet werden.

Abschnitt 3. Zwangsvollstreckung zur Erwirkung der Herausgabe von Sachen und zur Erwirkung von Handlungen oder Unterlassungen

§ 883 Herausgabe bestimmter beweglicher Sachen. (1) Hat der Schuldner eine bewegliche Sache oder eine Menge bestimmter beweglicher Sachen herauszugeben, so sind sie von dem Gerichtsvollzieher ihm wegzunehmen und dem Gläubiger zu übergeben.

(2) Wird die herauszugebende Sache nicht vorgefunden, so ist der Schuldner verpflichtet, auf Antrag des Gläubigers zu Protokoll an Eides statt zu versichern, dass er die Sache nicht besitze, auch nicht wisse, wo die Sache sich befinde.

(3) Das Gericht kann eine der Sachlage entsprechende Änderung der eidesstattlichen Versicherung beschließen.

(4) Die Vorschriften der §§ 478 bis 480, 483 gelten entsprechend.

§ 884 Leistung einer bestimmten Menge vertretbarer Sachen. Hat der Schuldner eine bestimmte Menge vertretbarer Sachen oder Wertpapiere zu leisten, so gilt die Vorschrift des § 883 Abs. 1 entsprechend.

§ 885 Herausgabe von Grundstücken oder Schiffen. (1) ¹ Hat der Schuldner eine unbewegliche Sache oder ein eingetragenes Schiff oder Schiffsbauwerk herauszugeben, zu überlassen oder zu räumen, so hat der Gerichtsvollzieher den Schuldner aus dem Besitz zu setzen und den Gläubiger in den Besitz einzuweisen. ² Der Gerichtsvollzieher hat den Schuldner aufzufordern, eine Anschrift zum Zweck von Zustellungen oder einen Zustellungsbevollmächtigten zu benennen.

(2) Bewegliche Sachen, die nicht Gegenstand der Zwangsvollstreckung sind, werden von dem Gerichtsvollzieher weggeschafft und dem Schuldner oder, wenn dieser abwesend ist, einem Bevollmächtigten des Schuldners oder einer zu seiner Familie gehörigen oder in dieser Familie dienenden erwachsenen Person übergeben oder zur Verfügung gestellt.

(3) ¹ Ist weder der Schuldner noch eine der bezeichneten Personen anwesend, so hat der Gerichtsvollzieher die Sachen auf Kosten des Schuldners in das Pfandlokal zu schaffen oder *anderweit*[1] in Verwahrung zu bringen. ² Un-

---

[1] Richtig wohl: „anderweitig".

pfändbare Sachen und solche Sachen, bei denen ein Verwertungserlös nicht zu erwarten ist, sind auf Verlangen des Schuldners ohne weiteres herauszugeben.

(4) [1] Fordert der Schuldner nicht binnen einer Frist von zwei Monaten nach der Räumung ab oder fordert er ab, ohne die Kosten zu zahlen, verkauft der Gerichtsvollzieher die Sachen und hinterlegt den Erlös; Absatz 3 Satz 2 bleibt unberührt. [2] Sachen, die nicht verwertet werden können, sollen vernichtet werden.

§ 886 Herausgabe bei Gewahrsam eines Dritten. Befindet sich eine herauszugebende Sache im Gewahrsam eines Dritten, so ist dem Gläubiger auf dessen Antrag der Anspruch des Schuldners auf Herausgabe der Sache nach den Vorschriften zu überweisen, welche die Pfändung und Überweisung einer Geldforderung betreffen.

§ 887 Vertretbare Handlungen. (1) Erfüllt der Schuldner die Verpflichtung nicht, eine Handlung vorzunehmen, deren Vornahme durch einen Dritten erfolgen kann, so ist der Gläubiger von dem Prozessgericht des ersten Rechtszuges auf Antrag zu ermächtigen, auf Kosten des Schuldners die Handlung vornehmen zu lassen.

(2) Der Gläubiger kann zugleich beantragen, den Schuldner zur Vorauszahlung der Kosten zu verurteilen, die durch die Vornahme der Handlung entstehen werden, unbeschadet des Rechts auf eine Nachforderung, wenn die Vornahme der Handlung einen größeren Kostenaufwand verursacht.

(3) Auf die Zwangsvollstreckung zur Erwirkung der Herausgabe oder Leistung von Sachen sind die vorstehenden Vorschriften nicht anzuwenden.

§ 888 Nicht vertretbare Handlungen. (1) [1] Kann eine Handlung durch einen Dritten nicht vorgenommen werden, so ist, wenn sie ausschließlich von dem Willen des Schuldners abhängt, auf Antrag von dem Prozessgericht des ersten Rechtszuges zu erkennen, dass der Schuldner zur Vornahme der Handlung durch Zwangsgeld und für den Fall, dass dieses nicht beigetrieben werden kann, durch Zwangshaft oder durch Zwangshaft anzuhalten sei. [2] Das einzelne Zwangsgeld darf den Betrag von 25 000 Euro nicht übersteigen. [3] Für die Zwangshaft gelten die Vorschriften des Vierten Abschnitts über die Haft entsprechend.

(2) Eine Androhung der Zwangsmittel findet nicht statt.

(3) Diese Vorschriften kommen im Falle der Verurteilung zur Leistung von Diensten aus einem Dienstvertrag nicht zur Anwendung.

§ 888 a Keine Handlungsvollstreckung bei Entschädigungspflicht. Ist im Falle des § 510 b der Beklagte zur Zahlung einer Entschädigung verurteilt, so ist die Zwangsvollstreckung auf Grund der Vorschriften der §§ 887, 888 ausgeschlossen.

§ 889 Eidesstattliche Versicherung nach bürgerlichem Recht. (1) [1] Ist der Schuldner auf Grund der Vorschriften des bürgerlichen Rechts zur Abgabe einer eidesstattlichen Versicherung verurteilt, so wird die Versicherung vor dem Amtsgericht als Vollstreckungsgericht abgegeben, in dessen Bezirk der Schuldner im Inland seinen Wohnsitz oder in Ermangelung eines solchen

Abschnitt 3. Erwirkung von Handlungen §§ 890–895 ZPO 1

seinen Aufenthaltsort hat, sonst vor dem Amtsgericht als Vollstreckungsgericht, in dessen Bezirk das Prozessgericht des ersten Rechtszuges seinen Sitz hat. [2] Die Vorschriften der §§ 478 bis 480, 483 gelten entsprechend.

(2) Erscheint der Schuldner in dem zur Abgabe der eidesstattlichen Versicherung bestimmten Termin nicht oder verweigert er die Abgabe der eidesstattlichen Versicherung, so verfährt das Vollstreckungsgericht nach § 888.

§ 890 Erzwingung von Unterlassungen und Duldungen. (1) [1] Handelt der Schuldner der Verpflichtung zuwider, eine Handlung zu unterlassen oder die Vornahme einer Handlung zu dulden, so ist er wegen einer jeden Zuwiderhandlung auf Antrag des Gläubigers von dem Prozessgericht des ersten Rechtszuges zu einem Ordnungsgeld und für den Fall, dass dieses nicht beigetrieben werden kann, zur Ordnungshaft oder zur Ordnungshaft bis zu sechs Monaten zu verurteilen. [2] Das einzelne Ordnungsgeld darf den Betrag von 250 000 Euro, die Ordnungshaft insgesamt zwei Jahre nicht übersteigen.

(2) Der Verurteilung muss eine entsprechende Androhung vorausgehen, die, wenn sie in dem die Verpflichtung aussprechenden Urteil nicht enthalten ist, auf Antrag von dem Prozessgericht des ersten Rechtszuges erlassen wird.

(3) Auch kann der Schuldner auf Antrag des Gläubigers zur Bestellung einer Sicherheit für den durch fernere Zuwiderhandlungen entstehenden Schaden auf bestimmte Zeit verurteilt werden.

§ 891 Verfahren; Anhörung des Schuldners; Kostenentscheidung.
[1] Die nach den §§ 887 bis 890 zu erlassenden Entscheidungen ergehen durch Beschluss. [2] Vor der Entscheidung ist der Schuldner zu hören. [3] Für die Kostenentscheidung gelten die §§ 91 bis 93, 95 bis 100, 106, 107 entsprechend.

§ 892 Widerstand des Schuldners. Leistet der Schuldner Widerstand gegen die Vornahme einer Handlung, die er nach den Vorschriften der §§ 887, 890 zu dulden hat, so kann der Gläubiger zur Beseitigung des Widerstandes einen Gerichtsvollzieher zuziehen, der nach den Vorschriften des § 758 Abs. 3 und des § 759 zu verfahren hat.

§ 892 a *(aufgehoben)*

§ 893 Klage auf Leistung des Interesses. (1) Durch die Vorschriften dieses Abschnitts wird das Recht des Gläubigers nicht berührt, die Leistung des Interesses zu verlangen.

(2) Den Anspruch auf Leistung des Interesses hat der Gläubiger im Wege der Klage bei dem Prozessgericht des ersten Rechtszuges geltend zu machen.

§ 894 Fiktion der Abgabe einer Willenserklärung. [1] Ist der Schuldner zur Abgabe einer Willenserklärung verurteilt, so gilt die Erklärung als abgegeben, sobald das Urteil die Rechtskraft erlangt hat. [2] Ist die Willenserklärung von einer Gegenleistung abhängig gemacht, so tritt diese Wirkung ein, sobald nach den Vorschriften der §§ 726, 730 eine vollstreckbare Ausfertigung des rechtskräftigen Urteils erteilt ist.

§ 895 Willenserklärung zwecks Eintragung bei vorläufig vollstreckbarem Urteil. [1] Ist durch ein vorläufig vollstreckbares Urteil der Schuldner

67

zur Abgabe einer Willenserklärung verurteilt, auf Grund deren eine Eintragung in das Grundbuch, das Schiffsregister oder das Schiffsbauregister erfolgen soll, so gilt die Eintragung einer Vormerkung oder eines Widerspruchs als bewilligt. ²Die Vormerkung oder der Widerspruch erlischt, wenn das Urteil durch eine vollstreckbare Entscheidung aufgehoben wird.

§ 896 Erteilung von Urkunden an Gläubiger. Soll auf Grund eines Urteils, das eine Willenserklärung des Schuldners ersetzt, eine Eintragung in ein öffentliches Buch oder Register vorgenommen werden, so kann der Gläubiger an Stelle des Schuldners die Erteilung der im § 792 bezeichneten Urkunden verlangen, soweit er dieser Urkunden zur Herbeiführung der Eintragung bedarf.

§ 897 Übereignung; Verschaffung von Grundpfandrechten. (1) Ist der Schuldner zur Übertragung des Eigentums oder zur Bestellung eines Rechts an einer beweglichen Sache verurteilt, so gilt die Übergabe der Sache als erfolgt, wenn der Gerichtsvollzieher die Sache zum Zwecke der Ablieferung an den Gläubiger wegnimmt.

(2) Das Gleiche gilt, wenn der Schuldner zur Bestellung einer Hypothek, Grundschuld oder Rentenschuld oder zur Abtretung oder Belastung einer Hypothekenforderung, Grundschuld oder Rentenschuld verurteilt ist, für die Übergabe des Hypotheken-, Grundschuld- oder Rentenschuldbriefs.

§ 898 Gutgläubiger Erwerb. Auf einen Erwerb, der sich nach den §§ 894, 897 vollzieht, sind die Vorschriften des bürgerlichen Rechts zugunsten derjenigen, die Rechte von einem Nichtberechtigten herleiten, anzuwenden.

Abschnitt 4. Eidesstattliche Versicherung und Haft

§ 899 Zuständigkeit. (1) Für die Abnahme der eidesstattlichen Versicherung in den Fällen der §§ 807, 836 und 883 ist der Gerichtsvollzieher bei dem Amtsgericht zuständig, in dessen Bezirk der Schuldner im Zeitpunkt der Auftragserteilung seinen Wohnsitz oder in Ermangelung eines solchen seinen Aufenthaltsort hat.

(2) ¹Ist das angegangene Gericht nicht zuständig, gibt es die Sache auf Antrag des Gläubigers an das zuständige Gericht ab. ²Die Abgabe ist nicht bindend.

§ 900 Verfahren zur Abnahme der eidesstattlichen Versicherung.

(1) ¹Das Verfahren beginnt mit dem Auftrag des Gläubigers zur Bestimmung eines Termins zur Abgabe der eidesstattlichen Versicherung. ²Der Gerichtsvollzieher hat für die Ladung des Schuldners zu dem Termin Sorge zu tragen. ³Er hat ihm die Ladung zuzustellen, auch wenn dieser einen Prozessbevollmächtigten bestellt hat; einer Mitteilung an den Prozessbevollmächtigten bedarf es nicht. ⁴Dem Gläubiger ist die Terminsbestimmung nach Maßgabe des § 357 Abs. 2 mitzuteilen.

(2) ¹Der Gerichtsvollzieher kann die eidesstattliche Versicherung abweichend von Absatz 1 sofort abnehmen, wenn die Voraussetzungen des § 807 Abs. 1 vorliegen. ²Der Schuldner und der Gläubiger können der sofortigen Abnahme widersprechen. ³In diesem Fall setzt der Gerichtsvollzieher einen

Abschnitt 4. Eidesstattliche Versicherung u. Haft §§ 901, 902 ZPO 1

Termin und den Ort zur Abnahme der eidesstattlichen Versicherung fest. ⁴ Der Termin soll nicht vor Ablauf von zwei Wochen und nicht über vier Wochen hinaus angesetzt werden. ⁵ Für die Ladung des Schuldners und die Benachrichtigung des Gläubigers gilt Absatz 1 entsprechend.

(3) ¹ Macht der Schuldner glaubhaft, dass er die Forderung des Gläubigers binnen einer Frist von sechs Monaten tilgen werde, so setzt der Gerichtsvollzieher den Termin zur Abgabe der eidesstattlichen Versicherung abweichend von Absatz 2 unverzüglich nach Ablauf dieser Frist an oder vertagt bis zu sechs Monaten und zieht Teilbeträge ein, wenn der Gläubiger hiermit einverstanden ist. ² Weist der Schuldner in dem neuen Termin nach, dass er die Forderung mindestens zu drei Vierteln getilgt hat, so kann der Gerichtsvollzieher den Termin nochmals bis zu zwei Monaten vertagen.

(4) ¹ Bestreitet der Schuldner im Termin die Verpflichtung zur Abgabe der eidesstattlichen Versicherung, so hat das Gericht durch Beschluss zu entscheiden. ² Die Abgabe der eidesstattlichen Versicherung erfolgt nach dem Eintritt der Rechtskraft der Entscheidung; das Vollstreckungsgericht kann jedoch die Abgabe der eidesstattlichen Versicherung vor Eintritt der Rechtskraft anordnen, wenn bereits ein früherer Widerspruch rechtskräftig verworfen ist, wenn nach Vertagung nach Absatz 3 der Widerspruch auf Tatsachen gestützt wird, die zur Zeit des ersten Antrags auf Vertagung bereits eingetreten waren, oder wenn der Schuldner den Widerspruch auf Einwendungen stützt, die den Anspruch selbst betreffen.

(5) Der Gerichtsvollzieher hat die von ihm abgenommene eidesstattliche Versicherung unverzüglich bei dem Vollstreckungsgericht zu hinterlegen und dem Gläubiger eine Abschrift zuzuleiten.

§ 901[1]) **Erlass eines Haftbefehls.** ¹ Gegen den Schuldner, der in dem zur Abgabe der eidesstattlichen Versicherung bestimmten Termin nicht erscheint oder die Abgabe der eidesstattlichen Versicherung ohne Grund verweigert, hat das Gericht zur Erzwingung der Abgabe auf Antrag einen Haftbefehl zu erlassen. ² In dem Haftbefehl sind der Gläubiger, der Schuldner und der Grund der Verhaftung zu bezeichnen. ³ Einer Zustellung des Haftbefehls vor seiner Vollziehung bedarf es nicht.

§ 902 Eidesstattliche Versicherung des Verhafteten. (1) ¹ Der verhaftete Schuldner kann zu jeder Zeit bei dem zuständigen Gerichtsvollzieher des Amtsgerichts des Haftortes verlangen, ihm die eidesstattliche Versicherung abzunehmen. ² Dem Verlangen ist ohne Verzug stattzugeben. ³ Dem Gläubiger ist die Teilnahme zu ermöglichen, wenn er dies beantragt hat und die Versicherung gleichwohl ohne Verzug abgenommen werden kann.

(2) Nach Abgabe der eidesstattlichen Versicherung wird der Schuldner aus der Haft entlassen und der Gläubiger hiervon in Kenntnis gesetzt.

(3) ¹ Kann der Schuldner vollständige Angaben nicht machen, weil er die dazu notwendigen Unterlagen nicht bei sich hat, so kann der Gerichtsvollzieher einen neuen Termin bestimmen und die Vollziehung des Haftbefehls bis zu diesem Termin aussetzen. ² § 900 Abs. 1 Satz 2 bis 4 gilt entsprechend.

---

[1]) Beachte hierzu auch § 334 AbgabenO.

§ 903 Wiederholte eidesstattliche Versicherung. ¹Ein Schuldner, der die in § 807 dieses Gesetzes oder in § 284 der Abgabenordnung bezeichnete eidesstattliche Versicherung abgegeben hat, ist, wenn die Abgabe der eidesstattlichen Versicherung in dem Schuldnerverzeichnis noch nicht gelöscht ist, in den ersten drei Jahren nach ihrer Abgabe zur nochmaligen eidesstattlichen Versicherung einem Gläubiger gegenüber nur verpflichtet, wenn glaubhaft gemacht wird, dass der Schuldner später Vermögen erworben hat oder dass ein bisher bestehendes Arbeitsverhältnis mit dem Schuldner aufgelöst ist. ²Der in § 807 Abs. 1 genannten Voraussetzungen bedarf es nicht.

§ 904 Unzulässigkeit der Haft. Die Haft ist unstatthaft:
1. gegen Mitglieder des Bundestages, eines Landtages oder einer zweiten Kammer während der Tagung, sofern nicht die Versammlung die Vollstreckung genehmigt;
2. (weggefallen)
3. gegen den Kapitän, die Schiffsmannschaft und alle übrigen auf einem Seeschiff angestellten Personen, wenn sich das Schiff auf der Reise befindet und nicht in einem Hafen liegt.

§ 905 Haftunterbrechung. Die Haft wird unterbrochen:
1. gegen Mitglieder des Bundestages, eines Landtages oder einer zweiten Kammer für die Dauer der Tagung, wenn die Versammlung die Freilassung verlangt;
2. (weggefallen).

§ 906 Haftaufschub. Gegen einen Schuldner, dessen Gesundheit durch die Vollstreckung der Haft einer nahen und erheblichen Gefahr ausgesetzt wird, darf, solange dieser Zustand dauert, die Haft nicht vollstreckt werden.

§§ 907 und 908 (weggefallen)

§ 909 Verhaftung. (1) ¹Die Verhaftung des Schuldners erfolgt durch einen Gerichtsvollzieher. ²Dem Schuldner ist der Haftbefehl bei der Verhaftung in beglaubigter Abschrift zu übergeben.

(2) Die Vollziehung des Haftbefehls ist unstatthaft, wenn seit dem Tage, an dem der Haftbefehl erlassen wurde, drei Jahre vergangen sind.

§ 910 Anzeige vor der Verhaftung. ¹Vor der Verhaftung eines Beamten, eines Geistlichen oder eines Lehrers an öffentlichen Unterrichtsanstalten ist der vorgesetzten Dienstbehörde von dem Gerichtsvollzieher Anzeige zu machen. ²Die Verhaftung darf erst erfolgen, nachdem die vorgesetzte Behörde für die dienstliche Vertretung des Schuldners gesorgt hat. ³Die Behörde ist verpflichtet, ohne Verzug die erforderlichen Anordnungen zu treffen und den Gerichtsvollzieher hiervon in Kenntnis zu setzen.

§ 911 Erneuerung der Haft nach Entlassung. Gegen den Schuldner, der ohne sein Zutun auf Antrag des Gläubigers aus der Haft entlassen ist, findet auf Antrag desselben Gläubigers eine Erneuerung der Haft nicht statt.

Abschnitt 4. Eidesstattliche Versicherung u. Haft   §§ 912–915a   ZPO 1

§ 912 (weggefallen)

§ 913 Haftdauer. ¹ Die Haft darf die Dauer von sechs Monaten nicht übersteigen. ² Nach Ablauf der sechs Monate wird der Schuldner von Amts wegen aus der Haft entlassen.

§ 914 Wiederholte Verhaftung. (1) Ein Schuldner, gegen den wegen Verweigerung der Abgabe der eidesstattlichen Versicherung nach § 807 dieses Gesetzes oder nach § 284 der Abgabenordnung eine Haft von sechs Monaten vollstreckt ist, kann auch auf Antrag eines anderen Gläubigers von neuem zur Abgabe einer solchen eidesstattlichen Versicherung durch Haft nur angehalten werden, wenn glaubhaft gemacht wird, dass der Schuldner später Vermögen erworben hat oder dass ein bisher bestehendes Arbeitsverhältnis mit dem Schuldner aufgelöst ist.

(2) Diese Vorschrift ist nicht anzuwenden, wenn seit der Beendigung der Haft drei Jahre verstrichen sind.

§ 915 Schuldnerverzeichnis. (1) ¹ Das Vollstreckungsgericht führt ein Verzeichnis der Personen, die in einem bei ihm anhängigen Verfahren die eidesstattliche Versicherung nach § 807 abgegeben haben oder gegen die nach § 901 die Haft angeordnet ist. ² In dieses Schuldnerverzeichnis[1]) sind auch die Personen aufzunehmen, die eine eidesstattliche Versicherung nach § 284 der Abgabenordnung, oder vor einer Verwaltungsvollstreckungsbehörde abgegeben haben. ³ Die Vollstreckung einer Haft ist in dem Verzeichnis zu vermerken, wenn sie sechs Monate gedauert hat. ⁴ Geburtsdaten der Personen sind, soweit bekannt, einzutragen.

(2) Wer die eidesstattliche Versicherung vor dem Gerichtsvollzieher eines anderen Amtsgerichts abgegeben hat, wird auch in das Verzeichnis dieses Gerichts eingetragen, wenn er im Zeitpunkt der Versicherung in dessen Bezirk seinen Wohnsitz hatte.

(3) ¹ Personenbezogene Informationen aus dem Schuldnerverzeichnis dürfen nur für Zwecke der Zwangsvollstreckung verwendet werden, sowie um gesetzliche Pflichten zur Prüfung der wirtschaftlichen Zuverlässigkeit zu erfüllen, um Voraussetzungen für die Gewährung von öffentlichen Leistungen zu prüfen oder um wirtschaftliche Nachteile abzuwenden, die daraus entstehen können, dass Schuldner ihren Zahlungsverpflichtungen nicht nachkommen, oder soweit dies zur Verfolgung von Straftaten erforderlich ist. ² Die Informationen dürfen nur für den Zweck verwendet werden, für den sie übermittelt worden sind. ³ Nichtöffentliche Stellen sind darauf bei der Übermittlung hinzuweisen.

§ 915a Löschung. (1) ¹ Eine Eintragung im Schuldnerverzeichnis wird nach Ablauf von drei Jahren seit dem Ende des Jahres gelöscht, in dem die eidesstattliche Versicherung abgegeben, die Haft angeordnet oder die sechsmonatige Haftvollstreckung beendet worden ist. ² Im Falle des § 915 Abs. 2 ist die Eintragung auch im Verzeichnis des anderen Gerichtes zu löschen.

---

[1]) Vgl. die SchuldnerverzeichnisVO (Nr. **16**).

(2) Eine Eintragung im Schuldnerverzeichnis wird vorzeitig gelöscht, wenn
1. die Befriedigung des Gläubigers, der gegen den Schuldner das Verfahren zur Abnahme der eidesstattlichen Versicherung betrieben hat, nachgewiesen worden ist oder
2. der Wegfall des Eintragungsgrundes dem Vollstreckungsgericht bekannt geworden ist.

§ 915 b Auskunft; Löschungsfiktion. (1) ¹ Der Urkundsbeamte der Geschäftsstelle erteilt auf Antrag Auskunft, welche Angaben über eine bestimmte Person in dem Schuldnerverzeichnis eingetragen sind, wenn dargelegt wird, dass die Auskunft für einen der in § 915 Abs. 3 bezeichneten Zwecke erforderlich ist. ² Ist eine Eintragung vorhanden, so ist auch das Datum des in Absatz 2 genannten Ereignisses mitzuteilen.

(2) Sind seit dem Tage der Abgabe der eidesstattlichen Versicherung, der Anordnung der Haft oder der Beendigung der sechsmonatigen Haftvollstreckung drei Jahre verstrichen, so gilt die entsprechende Eintragung als gelöscht.

§ 915 c Ausschluss der Beschwerde. Gegen Entscheidungen über Eintragungen, Löschungen und Auskunftsersuchen findet die Beschwerde nicht statt.

§ 915 d Erteilung von Abdrucken. (1) ¹ Aus dem Schuldnerverzeichnis können nach Maßgabe des § 915 e auf Antrag Abdrucke zum laufenden Bezug erteilt werden, auch durch Übermittlung in einer nur maschinell lesbaren Form. ² Bei der Übermittlung in einer nur maschinell lesbaren Form gelten die von der Landesjustizverwaltung festgelegten Datenübertragungsregeln.

(2) Die Abdrucke sind vertraulich zu behandeln und dürfen Dritten nicht zugänglich gemacht werden.

(3) Nach der Beendigung des laufenden Bezugs sind die Abdrucke unverzüglich zu vernichten; Auskünfte dürfen nicht mehr erteilt werden.

§ 915 e Empfänger von Abdrucken; Auskünfte aus Abdrucken; Listen; Datenschutz. (1) Abdrucke erhalten

a) Industrie- und Handelskammern sowie Körperschaften des öffentlichen Rechts, in denen Angehörige eines Berufes kraft Gesetzes zusammengeschlossen sind (Kammern),
b) Antragsteller, die Abdrucke zur Errichtung und Führung zentraler bundesweiter oder regionaler Schuldnerverzeichnisse verwenden, oder
c) Antragsteller, deren berechtigtem Interesse durch Einzelauskünfte, insbesondere aus einem Verzeichnis nach Buchstabe b, oder durch den Bezug von Listen (§ 915 f) nicht hinreichend Rechnung getragen werden kann.

(2) ¹ Die Kammern dürfen ihren Mitgliedern oder den Mitgliedern einer anderen Kammer Auskünfte erteilen. ² Andere Bezieher von Abdrucken dürfen Auskünfte erteilen, soweit dies zu ihrer ordnungsgemäßen Tätigkeit gehört. ³ § 915 d gilt entsprechend. ⁴ Die Auskünfte dürfen auch im automatisierten Abrufverfahren erteilt werden, soweit diese Form der Datenübermittlung unter Berücksichtigung der schutzwürdigen Interessen der Betroffenen

Abschnitt 4. Eidesstattliche Versicherung u. Haft **§§ 915 f–915 h ZPO 1**

wegen der Vielzahl der Übermittlungen oder wegen ihrer besonderen Eilbedürftigkeit angemessen ist.

(3) ¹Die Kammern dürfen die Abdrucke in Listen zusammenfassen oder hiermit Dritte beauftragen. ²Sie haben diese bei der Durchführung des Auftrages zu beaufsichtigen.

(4) ¹In den Fällen des Absatzes 1 Satz 1 Buchstabe b und c gilt für nichtöffentliche Stellen § 38 des Bundesdatenschutzgesetzes mit der Maßgabe, dass die Aufsichtsbehörde auch die Verarbeitung und Nutzung dieser personenbezogenen Daten in oder aus Akten überwacht und auch überprüfen kann, wenn ihr keine hinreichenden Anhaltspunkte dafür vorliegen, dass eine Vorschrift über den Datenschutz verletzt ist. ²Entsprechendes gilt für nichtöffentliche Stellen, die von den in Absatz 1 genannten Stellen Auskünfte erhalten haben.

§ 915 f Überlassung von Listen; Datenschutz. (1) ¹Die nach § 915 e Abs. 3 erstellten Listen dürfen den Mitgliedern von Kammern auf Antrag zum laufenden Bezug überlassen werden. ²Für den Bezug der Listen gelten die §§ 915 d und 915 e Abs. 1 Buchstabe c entsprechend.

(2) Die Bezieher der Listen dürfen Auskünfte nur jemandem erteilen, dessen Belange sie kraft Gesetzes oder Vertrags wahrzunehmen haben.

(3) Listen sind unverzüglich zu vernichten, soweit sie durch neue ersetzt werden.

(4) § 915 e Abs. 4 gilt entsprechend.

§ 915 g Löschung in Abdrucken, Listen und Aufzeichnungen.

(1) Für Abdrucke, Listen und Aufzeichnungen über eine Eintragung im Schuldnerverzeichnis, die auf der Verarbeitung von Abdrucken oder Listen oder auf Auskünften über Eintragungen im Schuldnerverzeichnis[1]) beruhen, gilt § 915 a Abs. 1 entsprechend.

(2) ¹Über vorzeitige Löschungen (§ 915 a Abs. 2) sind die Bezieher von Abdrucken innerhalb eines Monats zu unterrichten. ²Sie unterrichten unverzüglich die Bezieher von Listen (§ 915 f Abs. 1 Satz 1). ³In den auf Grund der Abdrucke und Listen erstellten Aufzeichnungen sind die Eintragungen unverzüglich zu löschen.

§ 915 h Verordnungsermächtigungen. (1) Das Bundesministerium der Justiz wird ermächtigt, durch Rechtsverordnung mit Zustimmung des Bundesrates

1. Vorschriften über den Inhalt des Schuldnerverzeichnisses[1]), über den Bezug von Abdrucken nach den §§ 915 d, 915 e und das Bewilligungsverfahren sowie den Bezug von Listen nach § 915 f Abs. 1 zu erlassen,
2. Einzelheiten der Einrichtung und Ausgestaltung automatisierter Abrufverfahren nach § 915 e Abs. 2 Satz 4, insbesondere der Protokollierung der Abrufe für Zwecke der Datenschutzkontrolle, zu regeln,
3. die Erteilung und Aufbewahrung von Abdrucken aus dem Schuldnerverzeichnis, die Anfertigung, Verwendung und Weitergabe von Listen, die

---

[1]) Vgl. die SchuldnerverzeichnisVO (Nr. **16**).

Mitteilung und den Vollzug von Löschungen und den Ausschluss vom Bezug von Abdrucken und Listen näher zu regeln, um die ordnungsgemäße Behandlung der Mitteilungen, den Schutz vor unbefugter Verwendung und die rechtzeitige Löschung von Eintragungen sicherzustellen,
4. zur Durchsetzung der Vernichtungs- und Löschungspflichten im Falle des Widerrufs der Bewilligung die Verhängung von Zwangsgeldern vorzusehen; das einzelne Zwangsgeld darf den Betrag von 25 000 Euro nicht übersteigen.

(2) [1] Die Landesregierungen werden ermächtigt, durch Rechtsverordnung zu bestimmen, dass
1. anstelle des Schuldnerverzeichnisses bei den einzelnen Vollstreckungsgerichten oder neben diesen ein zentrales Schuldnerverzeichnis für die Bezirke mehrerer Amtsgerichte bei einem Amtsgericht geführt wird und die betroffenen Vollstreckungsgerichte diesem Amtsgericht die erforderlichen Daten mitzuteilen haben;
2. bei solchen Verzeichnissen automatisierte Abrufverfahren eingeführt werden, soweit dies unter Berücksichtigung der schutzwürdigen Belange des betroffenen Schuldners und der beteiligten Stellen angemessen ist; die Rechtsverordnung hat Maßnahmen zur Datenschutzkontrolle und Datensicherung vorzusehen.

[2] Sie werden ermächtigt, diese Befugnisse auf die Landesjustizverwaltungen zu übertragen.

Abschnitt 5. Arrest und einstweilige Verfügung

§ 916 Arrestanspruch. (1) Der Arrest findet zur Sicherung der Zwangsvollstreckung in das bewegliche oder unbewegliche Vermögen wegen einer Geldforderung oder wegen eines Anspruchs statt, der in eine Geldforderung übergehen kann.

(2) Die Zulässigkeit des Arrestes wird nicht dadurch ausgeschlossen, dass der Anspruch betagt oder bedingt ist, es sei denn, dass der bedingte Anspruch wegen der entfernten Möglichkeit des Eintritts der Bedingung einen gegenwärtigen Vermögenswert nicht hat.

§ 917 Arrestgrund bei dinglichem Arrest. (1) Der dingliche Arrest findet statt, wenn zu besorgen ist, dass ohne dessen Verhängung die Vollstreckung des Urteils vereitelt oder wesentlich erschwert werden würde.

(2) Als ein zureichender Arrestgrund ist es anzusehen, wenn das Urteil im Ausland vollstreckt werden müsste und die Gegenseitigkeit nicht verbürgt ist.

§ 918 Arrestgrund bei persönlichem Arrest. Der persönliche Sicherheitsarrest findet nur statt, wenn er erforderlich ist, um die gefährdete Zwangsvollstreckung in das Vermögen des Schuldners zu sichern.[1]

§ 919 Arrestgericht. Für die Anordnung des Arrestes ist sowohl das Gericht der Hauptsache als das Amtsgericht zuständig, in dessen Bezirk der mit

---

[1]) Vgl. dazu Art. 26 Haager Übereinkommen über den Zivilprozeß v. 1. 3. 1954 (BGBl. 1958 II S. 577): Gleichstellung der Angehörigen eines Vertragsstaates mit den eigenen Staatsangehörigen.

Abschnitt 5. Arrest und einstweilige Verfügung §§ 920–925 ZPO 1

Arrest zu belegende Gegenstand oder die in ihrer persönlichen Freiheit zu beschränkende Person sich befindet.

§ 920 Arrestgesuch. (1) Das Gesuch soll die Bezeichnung des Anspruchs unter Angabe des Geldbetrages oder des Geldwertes sowie die Bezeichnung des Arrestgrundes enthalten.

(2) Der Anspruch und der Arrestgrund sind glaubhaft zu machen.

(3) Das Gesuch kann vor der Geschäftsstelle zu Protokoll erklärt werden.

§ 921 Entscheidung über das Arrestgesuch. [1] Das Gericht kann, auch wenn der Anspruch oder der Arrestgrund nicht glaubhaft gemacht ist, den Arrest anordnen, sofern wegen der dem Gegner drohenden Nachteile Sicherheit geleistet wird. [2] Es kann die Anordnung des Arrestes von einer Sicherheitsleistung abhängig machen, selbst wenn der Anspruch und der Arrestgrund glaubhaft gemacht sind.

§ 922 Arresturteil und Arrestbeschluss. (1) [1] Die Entscheidung über das Gesuch ergeht im Falle einer mündlichen Verhandlung durch Endurteil, andernfalls durch Beschluss. [2] Die Entscheidung, durch die der Arrest angeordnet wird, ist zu begründen, wenn sie im Ausland geltend gemacht werden soll.

(2) Den Beschluss, durch den ein Arrest angeordnet wird, hat die Partei, die den Arrest erwirkt hat, zustellen zu lassen.

(3) Der Beschluss, durch den das Arrestgesuch zurückgewiesen oder vorherige Sicherheitsleistung für erforderlich erklärt wird, ist dem Gegner nicht mitzuteilen.

§ 923 Abwendungsbefugnis. In dem Arrestbefehl ist ein Geldbetrag festzustellen, durch dessen Hinterlegung die Vollziehung des Arrestes gehemmt und der Schuldner zu dem Antrag auf Aufhebung des vollzogenen Arrestes berechtigt wird.

§ 924 Widerspruch. (1) Gegen den Beschluss, durch den ein Arrest angeordnet wird, findet Widerspruch statt.

(2) [1] Die widersprechende Partei hat in dem Widerspruch die Gründe darzulegen, die sie für die Aufhebung des Arrestes geltend machen will. [2] Das Gericht hat Termin zur mündlichen Verhandlung von Amts wegen zu bestimmen. [3] Ist das Arrestgericht ein Amtsgericht, so ist der Widerspruch unter Angabe der Gründe, die für die Aufhebung des Arrestes geltend gemacht werden sollen, schriftlich oder zum Protokoll der Geschäftsstelle zu erheben.

(3) [1] Durch Erhebung des Widerspruchs wird die Vollziehung des Arrestes nicht gehemmt. [2] Das Gericht kann aber eine einstweilige Anordnung nach § 707 treffen; § 707 Abs. 1 Satz 2 ist nicht anzuwenden.

§ 925 Entscheidung nach Widerspruch. (1) Wird Widerspruch erhoben, so ist über die Rechtmäßigkeit des Arrestes durch Endurteil zu entscheiden.

(2) Das Gericht kann den Arrest ganz oder teilweise bestätigen, abändern oder aufheben, auch die Bestätigung, Abänderung oder Aufhebung von einer Sicherheitsleistung abhängig machen.

§ 926 Anordnung der Klageerhebung. (1) Ist die Hauptsache nicht anhängig, so hat das Arrestgericht[1]) auf Antrag ohne mündliche Verhandlung anzuordnen, dass die Partei, die den Arrestbefehl erwirkt hat, binnen einer zu bestimmenden Frist Klage zu erheben habe.

(2) Wird dieser Anordnung nicht Folge geleistet, so ist auf Antrag die Aufhebung des Arrestes durch Endurteil auszusprechen.

§ 927 Aufhebung wegen veränderter Umstände. (1) Auch nach der Bestätigung des Arrestes kann wegen veränderter Umstände, insbesondere wegen Erledigung des Arrestgrundes oder auf Grund des Erbietens zur Sicherheitsleistung die Aufhebung des Arrestes beantragt werden.

(2) Die Entscheidung ist durch Endurteil zu erlassen; sie ergeht durch das Gericht, das den Arrest angeordnet hat, und wenn die Hauptsache anhängig ist, durch das Gericht der Hauptsache.

§ 928 Vollziehung des Arrestes. Auf die Vollziehung des Arrestes sind die Vorschriften über die Zwangsvollstreckung entsprechend anzuwenden, soweit nicht die nachfolgenden Paragraphen abweichende Vorschriften enthalten.

§ 929 Vollstreckungsklausel; Vollziehungsfrist. (1) Arrestbefehle bedürfen der Vollstreckungsklausel nur, wenn die Vollziehung für einen anderen als den in dem Befehl bezeichneten Gläubiger oder gegen einen anderen als den in dem Befehl bezeichneten Schuldner erfolgen soll.

(2) Die Vollziehung des Arrestbefehls ist unstatthaft, wenn seit dem Tag, an dem der Befehl verkündet oder der Partei, auf deren Gesuch er erging, zugestellt ist, ein Monat verstrichen ist.

(3) [1] Die Vollziehung ist vor der Zustellung des Arrestbefehls an den Schuldner zulässig. [2] Sie ist jedoch ohne Wirkung, wenn die Zustellung nicht innerhalb einer Woche nach der Vollziehung und vor Ablauf der für diese im vorhergehenden Absatz bestimmten Frist erfolgt.

§ 930 Vollziehung in bewegliches Vermögen und Forderungen.

(1) [1] Die Vollziehung des Arrestes in bewegliches Vermögen wird durch Pfändung bewirkt. [2] Die Pfändung erfolgt nach denselben Grundsätzen wie jede andere Pfändung und begründet ein Pfandrecht mit den im § 804 bestimmten Wirkungen. [3] Für die Pfändung einer Forderung ist das Arrestgericht als Vollstreckungsgericht zuständig.

(2) Gepfändetes Geld und ein im Verteilungsverfahren auf den Gläubiger fallender Betrag des Erlöses werden hinterlegt.

(3) Das Vollstreckungsgericht kann auf Antrag anordnen, dass eine bewegliche körperliche Sache, wenn sie der Gefahr einer beträchtlichen Wertverringerung ausgesetzt ist oder wenn ihre Aufbewahrung unverhältnismäßige Kosten verursachen würde, versteigert und der Erlös hinterlegt werde.

---

[1]) Vgl. hierzu § 20 Nr. 11 RechtspflegerG.

Abschnitt 5. Arrest und einstweilige Verfügung §§ 931–933 ZPO 1

§ 931[1]) **Vollziehung in eingetragenes Schiff oder Schiffsbauwerk.**

(1) Die Vollziehung des Arrestes in ein eingetragenes Schiff oder Schiffsbauwerk wird durch Pfändung nach den Vorschriften über die Pfändung beweglicher Sachen mit folgenden Abweichungen bewirkt.

(2) Die Pfändung begründet ein Pfandrecht an dem gepfändeten Schiff oder Schiffsbauwerk; das Pfandrecht gewährt dem Gläubiger im Verhältnis zu anderen Rechten dieselbe Rechte wie eine Schiffshypothek.

(3) Die Pfändung wird auf Antrag des Gläubigers vom Arrestgericht als Vollstreckungsgericht angeordnet; das Gericht hat zugleich das Registergericht um die Eintragung einer Vormerkung zur Sicherung des Arrestpfandrechts in das Schiffsregister oder Schiffsbauregister zu ersuchen; die Vormerkung erlischt, wenn die Vollziehung des Arrestes unstatthaft wird.

(4) Der Gerichtsvollzieher hat bei der Vornahme der Pfändung das Schiff oder Schiffsbauwerk in Bewachung und Verwahrung zu nehmen.

(5) Ist zur Zeit der Arrestvollziehung die Zwangsversteigerung des Schiffes oder Schiffsbauwerks eingeleitet, so gilt die in diesem Verfahren erfolgte Beschlagnahme des Schiffes oder Schiffsbauwerks als erste Pfändung im Sinne des § 826; die Abschrift des Pfändungsprotokolls ist dem Vollstreckungsgericht einzureichen.

(6) [1] Das Arrestpfandrecht wird auf Antrag des Gläubigers in das Schiffsregister oder Schiffsbauregister eingetragen; der nach § 923 festgestellte Geldbetrag ist als der Höchstbetrag zu bezeichnen, für den das Schiff oder Schiffsbauwerk haftet. [2] Im Übrigen gelten der § 867 Abs. 1 und 2 und der § 870 a Abs. 3 entsprechend, soweit nicht vorstehend etwas anderes bestimmt ist.

§ 932 Arresthypothek. (1) [1] Die Vollziehung des Arrestes in ein Grundstück oder in eine Berechtigung, für welche die sich auf Grundstücke beziehenden Vorschriften gelten, erfolgt durch Eintragung einer Sicherungshypothek für die Forderung; der nach § 923 festgestellte Geldbetrag ist als der Höchstbetrag zu bezeichnen, für den das Grundstück oder die Berechtigung haftet. [2] Ein Anspruch nach § 1179 a oder § 1179 b des Bürgerlichen Gesetzbuchs steht dem Gläubiger oder im Grundbuch eingetragenen Gläubiger der Sicherungshypothek nicht zu.

(2) Im Übrigen gelten die Vorschriften des § 866 Abs. 3 Satz 1, des § 867 Abs. 1 und 2 und des § 868.

(3) Der Antrag auf Eintragung der Hypothek gilt im Sinne des § 929 Abs. 2, 3 als Vollziehung des Arrestbefehls.

§ 933 Vollziehung des persönlichen Arrestes. [1] Die Vollziehung des persönlichen Sicherheitsarrestes richtet sich, wenn sie durch Haft erfolgt, nach den Vorschriften der §§ 901,904 bis 913 und, wenn sie durch sonstige Beschränkung der persönlichen Freiheit erfolgt, nach den vom Arrestgericht zu treffenden besonderen Anordnungen, für welche die Beschränkungen der Haft maßgebend sind. [2] In den Haftbefehl ist der nach § 923 festgestellte Geldbetrag aufzunehmen.

---

[1]) Vgl. hierzu auch § 482 HGB v. 10. 5. 1897 (RGBl. S. 219, ber. 1999 S. 42), zuletzt geänd. durch G v. 31. 7. 2009 (BGBl. I S. 2512).

§ 934 Aufhebung der Arrestvollziehung. (1) Wird der in dem Arrestbefehl festgestellte Geldbetrag hinterlegt, so wird der vollzogene Arrest von dem Vollstreckungsgericht[1]) aufgehoben.

(2) Das Vollstreckungsgericht kann die Aufhebung des Arrestes auch anordnen, wenn die Fortdauer besondere Aufwendungen erfordert und die Partei, auf deren Gesuch der Arrest verhängt wurde, den nötigen Geldbetrag nicht vorschießt.

(3) Die in diesem Paragraphen erwähnten Entscheidungen ergehen durch Beschluss.

(4) Gegen den Beschluss, durch den der Arrest aufgehoben wird, findet sofortige Beschwerde statt.

§ 935 Einstweilige Verfügung bezüglich Streitgegenstand. Einstweilige Verfügungen in Bezug auf den Streitgegenstand sind zulässig, wenn zu besorgen ist, dass durch eine Veränderung des bestehenden Zustandes die Verwirklichung des Rechts einer Partei vereitelt oder wesentlich erschwert werden könnte.

§ 936 Anwendung der Arrestvorschriften. Auf die Anordnung einstweiliger Verfügungen und das weitere Verfahren sind die Vorschriften über die Anordnung von Arresten und über das Arrestverfahren entsprechend anzuwenden, soweit nicht die nachfolgenden Paragraphen abweichende Vorschriften enthalten.

§ 937 Zuständiges Gericht. (1) Für den Erlass einstweiliger Verfügungen ist das Gericht der Hauptsache zuständig.

(2) Die Entscheidung kann in dringenden Fällen sowie dann, wenn der Antrag auf Erlass einer einstweiligen Verfügung zurückzuweisen ist, ohne mündliche Verhandlung ergehen.

§ 938 Inhalt der einstweiligen Verfügung. (1) Das Gericht bestimmt nach freiem Ermessen, welche Anordnungen zur Erreichung des Zweckes erforderlich sind.

(2) Die einstweilige Verfügung kann auch in einer Sequestration sowie darin bestehen, dass dem Gegner eine Handlung geboten oder verboten, insbesondere die Veräußerung, Belastung oder Verpfändung eines Grundstücks oder eines eingetragenen Schiffes oder Schiffsbauwerks untersagt wird.

§ 939 Aufhebung gegen Sicherheitsleistung. Nur unter besonderen Umständen kann die Aufhebung einer einstweiligen Verfügung gegen Sicherheitsleistung gestattet werden.

§ 940 Einstweilige Verfügung zur Regelung eines einstweiligen Zustandes. Einstweilige Verfügungen sind auch zum Zwecke der Regelung eines einstweiligen Zustandes in Bezug auf ein streitiges Rechtsverhältnis zulässig, sofern diese Regelung, insbesondere bei dauernden Rechtsverhält-

---

[1]) Vgl. hierzu § 20 Nr. 11 RechtspflegerG.

Abschnitt 5. Arrest und einstweilige Verfügung §§ 940a–945 ZPO 1

nissen zur Abwendung wesentlicher Nachteile oder zur Verhinderung drohender Gewalt oder aus anderen Gründen nötig erscheint.

§ 940a Räumung von Wohnraum. Die Räumung von Wohnraum darf durch einstweilige Verfügung nur wegen verbotener Eigenmacht oder bei einer konkreten Gefahr für Leib oder Leben angeordnet werden.

§ 941 Ersuchen um Eintragungen im Grundbuch usw. Hat auf Grund der einstweiligen Verfügung eine Eintragung in das Grundbuch, das Schiffsregister oder das Schiffsbauregister zu erfolgen, so ist das Gericht befugt, das Grundbuchamt oder die Registerbehörde um die Eintragung zu ersuchen.

§ 942 Zuständigkeit des Amtsgerichts der belegenen Sache. (1) In dringenden Fällen kann das Amtsgericht, in dessen Bezirk sich der Streitgegenstand befindet, eine einstweilige Verfügung erlassen unter Bestimmung einer Frist, innerhalb der die Ladung des Gegners zur mündlichen Verhandlung über die Rechtmäßigkeit der einstweiligen Verfügung bei dem Gericht der Hauptsache zu beantragen ist.

(2) ¹Die einstweilige Verfügung, auf Grund deren eine Vormerkung oder ein Widerspruch gegen die Richtigkeit des Grundbuchs, des Schiffsregisters oder des Schiffsbauregisters eingetragen werden soll, kann von dem Amtsgericht erlassen werden, in dessen Bezirk das Grundstück belegen ist oder der Heimathafen oder der Heimatort des Schiffes oder der Bauort des Schiffsbauwerks sich befindet, auch wenn der Fall nicht für dringlich erachtet wird; liegt der Heimathafen des Schiffes nicht im Inland, so kann die einstweilige Verfügung vom Amtsgericht in Hamburg erlassen werden. ²Die Bestimmung der im Absatz 1 bezeichneten Frist hat nur auf Antrag des Gegners zu erfolgen.

(3) Nach fruchtlosem Ablauf der Frist hat das Amtsgericht auf Antrag die erlassene Verfügung aufzuheben.

(4) Die in diesem Paragraphen erwähnten Entscheidungen des Amtsgerichts ergehen durch Beschluss.

§ 943 Gericht der Hauptsache. (1) Als Gericht der Hauptsache im Sinne der Vorschriften dieses Abschnitts ist das Gericht des ersten Rechtszuges und, wenn die Hauptsache in der Berufungsinstanz anhängig ist, das Berufungsgericht anzusehen.

(2) Das Gericht der Hauptsache ist für die nach § 109 zu treffenden Anordnungen ausschließlich zuständig, wenn die Hauptsache anhängig ist oder anhängig gewesen ist.

§ 944 Entscheidung des Vorsitzenden bei Dringlichkeit. In dringenden Fällen kann der Vorsitzende über die in diesem Abschnitt erwähnten Gesuche, sofern deren Erledigung eine mündliche Verhandlung nicht erfordert, anstatt des Gerichts entscheiden.

§ 945 Schadensersatzpflicht. Erweist sich die Anordnung eines Arrestes oder einer einstweiligen Verfügung als von Anfang an ungerechtfertigt oder wird die angeordnete Maßregel auf Grund des § 926 Abs. 2 oder des § 942 Abs. 3 aufgehoben, so ist die Partei, welche die Anordnung erwirkt hat, verpflichtet, dem Gegner den Schaden zu ersetzen, der ihm aus der Vollziehung der angeordneten Maßregel oder dadurch entsteht, dass er Sicherheit leistet, um die Vollziehung abzuwenden oder die Aufhebung der Maßregel zu erwirken.

Buch 9 bis 11

§§ 946–1086 *(vom Abdruck wurde abgesehen)*

Anlage zu § 850 c

Anlage ZPO 1

Anlage[1]
(zu § 850 c)

Monatssätze

Nettolohn monatlich			Pfändbarer Betrag bei Unterhaltspflicht für...Personen					
			0	1	2	3	4	5 und mehr
			in Euro					
	bis	989,99	–	–	–	–	–	–
990,00	bis	999,99	3,40	–	–	–	–	–
1 000,00	bis	1 009,99	10,40	–	–	–	–	–
1 010,00	bis	1 019,99	17,40	–	–	–	–	–
1 020,00	bis	1 029,99	24,40	–	–	–	–	–
1 030,00	bis	1 039,99	31,40	–	–	–	–	–
1 040,00	bis	1 049,99	38,40	–	–	–	–	–
1 050,00	bis	1 059,99	45,40	–	–	–	–	–
1 060,00	bis	1 069,99	52,40	–	–	–	–	–
1 070,00	bis	1 079,99	59,40	–	–	–	–	–
1 080,00	bis	1 089,99	66,40	–	–	–	–	–
1 090,00	bis	1 099,99	73,40	–	–	–	–	–
1 100,00	bis	1 109,99	80,40	–	–	–	–	–
1 110,00	bis	1 119,99	87,40	–	–	–	–	–
1 120,00	bis	1 129,99	94,40	–	–	–	–	–
1 130,00	bis	1 139,99	101,40	–	–	–	–	–
1 140,00	bis	1 149,99	108,40	–	–	–	–	–
1 150,00	bis	1 159,99	115,40	–	–	–	–	–
1 160,00	bis	1 169,99	122,40	–	–	–	–	–
1 170,00	bis	1 179,99	129,40	–	–	–	–	–
1 180,00	bis	1 189,99	136,40	–	–	–	–	–
1 190,00	bis	1 199,99	143,40	–	–	–	–	–
1 200,00	bis	1 209,99	150,40	–	–	–	–	–
1 210,00	bis	1 219,99	157,40	–	–	–	–	–
1 220,00	bis	1 229,99	164,40	–	–	–	–	–
1 230,00	bis	1 239,99	171,40	–	–	–	–	–
1 240,00	bis	1 249,99	178,40	–	–	–	–	–
1 250,00	bis	1 259,99	185,40	–	–	–	–	–
1 260,00	bis	1 269,99	192,40	–	–	–	–	–
1 270,00	bis	1 279,99	199,40	–	–	–	–	–
1 280,00	bis	1 289,99	206,40	–	–	–	–	–
1 290,00	bis	1 299,99	213,40	–	–	–	–	–
1 300,00	bis	1 309,99	220,40	–	–	–	–	–
1 310,00	bis	1 319,99	227,40	–	–	–	–	–
1 320,00	bis	1 329,99	234,40	–	–	–	–	–

[1] Pfändungsfreibeträge in der ab 1. 7. 2005 geltenden Fassung durch den Anhang der Pfändungsfreigrenzenbekanntmachung 2005 v. 25. 2. 2005 (BGBl. I S. 493), verlängert durch die Pfändungsfreigrenzenbekanntmachung 2009 v. 15. 5. 2009 (BGBl. I S. 1141), siehe hierzu auch Anm. zu § 850 c Abs. 2 a Satz 2. Vom Abdruck der bis 30. 6. 2005 geltenden Pfändungsfreibeträge wurde abgesehen.

1 ZPO Anlage

Zivilprozessordnung

Nettolohn monatlich			Pfändbarer Betrag bei Unterhaltspflicht für...Personen					
			0	1	2	3	4	5 und mehr
in Euro								
1 330,00	bis	1 339,99	241,40	–	–	–	–	–
1 340,00	bis	1 349,99	248,40	–	–	–	–	–
1 350,00	bis	1 359,99	255,40	–	–	–	–	–
1 360,00	bis	1 369,99	262,40	2,05	–	–	–	–
1 370,00	bis	1 379,99	269,40	7,05	–	–	–	–
1 380,00	bis	1 389,00	276,40	12,05	–	–	–	–
1 390,00	bis	1 399,99	283,40	17,05	–	–	–	–
1 400,00	bis	1 409,99	290,40	22,05	–	–	–	–
1 410,00	bis	1 419,99	297,40	27,05	–	–	–	–
1 420,00	bis	1 429,99	304,40	32,05	–	–	–	–
1 430,00	bis	1 439,99	311,40	37,05	–	–	–	–
1 440,00	bis	1 449,99	318,40	42,05	–	–	–	–
1 450,00	bis	1 459,99	325,40	47,05	–	–	–	–
1 460,00	bis	1 469,99	332,40	52,05	–	–	–	–
1 470,00	bis	1 479,99	339,40	57,05	–	–	–	–
1 480,00	bis	1 489,99	346,40	62,05	–	–	–	–
1 490,00	bis	1 499,99	353,40	67,05	–	–	–	–
1 500,00	bis	1 509,99	360,40	72,05	–	–	–	–
1 510,00	bis	1 519,99	367,40	77,05	–	–	–	–
1 520,00	bis	1 529,99	374,40	82,05	–	–	–	–
1 530,00	bis	1 539,99	381,40	87,05	–	–	–	–
1 540,00	bis	1 549,99	388,40	92,05	–	–	–	–
1 550,00	bis	1 559,99	395,40	97,05	–	–	–	–
1 560,00	bis	1 569,99	402,40	102,05	–	–	–	–
1 570,00	bis	1 579,99	409,40	107,05	3,01	–	–	–
1 580,00	bis	1 589,99	416,40	112,05	7,01	–	–	–
1 590,00	bis	1 599,99	423,40	117,05	11,01	–	–	–
1 600,00	bis	1 609,99	430,40	122,05	15,01	–	–	–
1 610,00	bis	1 619,99	437,40	127,05	19,01	–	–	–
1 620,00	bis	1 629,99	444,40	132,05	23,01	–	–	–
1 630,00	bis	1 639,99	451,40	137,05	27,01	–	–	–
1 640,00	bis	1 649,99	458,40	142,05	31,01	–	–	–
1 650,00	bis	1 659,99	465,40	147,05	35,01	–	–	–
1 660,00	bis	1 669,99	472,40	152,05	39,01	–	–	–
1 670,00	bis	1 679,99	479,40	157,05	43,01	–	–	–
1 680,00	bis	1 689,99	486,40	162,05	47,01	–	–	–
1 690,00	bis	1 699,99	493,40	167,05	51,01	–	–	–
1 700,00	bis	1 709,99	500,40	172,05	55,01	–	–	–
1 710,00	bis	1 719,99	507,40	177,05	59,01	–	–	–
1 720,00	bis	1 729,99	514,40	182,05	63,01	–	–	–
1 730,00	bis	1 739,99	521,40	187,05	67,01	–	–	–
1 740,00	bis	1 749,99	528,40	192,05	71,01	–	–	–
1 750,00	bis	1 759,99	535,40	197,05	75,01	–	–	–

Anlage zu § 850 c   **Anlage   ZPO 1**

Nettolohn monatlich			Pfändbarer Betrag bei Unterhaltspflicht für...Personen					
			0	1	2	3	4	5 und mehr
in Euro								
1 760,00	bis	1 769,99	542,40	202,05	79,01	–	–	–
1 770,00	bis	1 779,99	549,40	207,05	83,01	0,29	–	–
1 780,00	bis	1 789,99	556,40	212,05	87,01	3,29	–	–
1 790,00	bis	1 799,99	563,40	217,05	91,01	6,29	–	–
1 800,00	bis	1 809,99	570,40	222,05	95,01	9,29	–	–
1 810,00	bis	1 819,99	577,40	227,05	99,01	12,29	–	–
1 820,00	bis	1 829,99	584,40	232,05	103,01	15,29	–	–
1 830,00	bis	1 839,99	591,40	237,05	107,01	18,29	–	–
1 840,00	bis	1 849,99	598,40	242,05	111,01	21,29	–	–
1 850,00	bis	1 859,99	605,40	247,05	115,01	24,29	–	–
1 860,00	bis	1 869,99	612,40	252,05	119,01	27,29	–	–
1 870,00	bis	1 879,99	619,40	257,05	123,01	30,29	–	–
1 880,00	bis	1 889,99	626,40	262,05	127,01	33,29	–	–
1 890,00	bis	1 899,99	633,40	267,05	131,01	36,29	–	–
1 900,00	bis	1 909,99	640,40	272,05	135,01	39,29	–	–
1 910,00	bis	1 919,99	647,40	277,05	139,01	42,29	–	–
1 920,00	bis	1 929,99	654,40	282,05	143,01	45,29	–	–
1 930,00	bis	1 939,99	661,40	287,05	147,01	48,29	–	–
1 940,00	bis	1 949,99	668,40	292,05	151,01	51,29	–	–
1 950,00	bis	1 959,99	675,40	297,05	155,01	54,29	–	–
1 960,00	bis	1 969,99	682,40	302,05	159,01	57,29	–	–
1 970,00	bis	1 979,99	689,40	307,05	163,01	60,29	–	–
1 980,00	bis	1 989,99	696,40	312,05	167,01	63,29	0,88	–
1 990,00	bis	1 999,99	703,40	317,05	171,01	66,29	2,88	–
2 000,00	bis	2 009,99	710,40	322,05	175,01	69,29	4,88	–
2 010,00	bis	2 019,99	717,40	327,05	179,01	72,29	6,88	–
2 020,00	bis	2 029,99	724,40	332,05	183,01	75,29	8,88	–
2 030,00	bis	2 039,99	731,40	337,05	187,01	78,29	10,88	–
2 040,00	bis	2 049,99	738,40	342,05	191,01	81,29	12,88	–
2 050,00	bis	2 059,99	745,40	347,05	195,01	84,29	14,88	–
2 060,00	bis	2 069,99	752,40	352,05	199,01	87,29	16,88	–
2 070,00	bis	2 079,99	759,40	357,05	203,01	90,29	18,88	–
2 080,00	bis	2 089,99	766,40	362,05	207,01	93,29	20,88	–
2 090,00	bis	2 099,99	773,40	367,05	211,01	96,29	22,88	–
2 100,00	bis	2 109,99	780,40	372,05	215,01	99,29	24,88	–
2 110,00	bis	2 119,99	787,40	377,05	219,01	102,29	26,88	–
2 120,00	bis	2 129,99	794,40	382,05	223,01	105,29	28,88	–
2 130,00	bis	2 139,99	801,40	387,05	227,01	108,29	30,88	–
2 140,00	bis	2 149,99	808,40	392,05	231,01	111,29	32,88	–
2 150,00	bis	2 159,99	815,40	397,05	235,01	114,29	34,88	–
2 160,00	bis	2 169,99	822,40	402,05	239,01	117,29	36,88	–
2 170,00	bis	2 179,99	829,40	407,05	243,01	120,29	38,88	–
2 180,00	bis	2 189,99	836,40	412,05	247,01	123,29	40,88	–

1 ZPO Anlage

Zivilprozessordnung

Nettolohn monatlich			Pfändbarer Betrag bei Unterhaltspflicht für...Personen					
			0	1	2	3	4	5 und mehr
in Euro								
2 190,00	bis	2 199,99	843,40	417,05	251,01	126,29	42,88	0,79
2 200,00	bis	2 209,99	850,40	422,05	255,01	129,29	44,88	1,79
2 210,00	bis	2 219,99	857,40	427,05	259,01	132,29	46,88	2,79
2 220,00	bis	2 229,99	864,40	432,05	263,01	135,29	48,88	3,79
2 230,00	bis	2 239,99	871,40	437,05	267,01	138,29	50,88	4,79
2 240,00	bis	2 249,99	878,40	442,05	271,01	141,29	52,88	5,79
2 250,00	bis	2 259,99	885,40	447,05	275,01	144,29	54,88	6,79
2 260,00	bis	2 269,99	892,40	452,05	279,01	147,29	56,88	7,79
2 270,00	bis	2 279,99	899,40	457,05	283,01	150,29	58,88	8,79
2 280,00	bis	2 289,99	906,40	462,05	287,01	153,29	60,88	9,79
2 290,00	bis	2 299,99	913,40	467,05	291,01	156,29	62,88	10,79
2 300,00	bis	2 309,99	920,40	472,05	295,01	159,29	64,88	11,79
2 310,00	bis	2 319,99	927,40	477,05	299,01	162,29	66,88	12,79
2 320,00	bis	2 329,99	934,40	482,05	303,01	165,29	68,88	13,79
2 330,00	bis	2 339,99	941,40	487,05	307,01	168,29	70,88	14,79
2 340,00	bis	2 349,99	948,40	492,05	311,01	171,29	72,88	15,79
2 350,00	bis	2 359,99	955,40	497,05	315,01	174,29	74,88	16,79
2 360,00	bis	2 369,99	962,40	502,05	319,01	177,29	76,88	17,79
2 370,00	bis	2 379,99	969,40	507,05	323,01	180,29	78,88	18,79
2 380,00	bis	2 389,99	976,40	512,05	327,01	183,29	80,88	19,79
2 390,00	bis	2 399,99	983,40	517,05	331,01	186,29	82,88	20,79
2 400,00	bis	2 409,99	990,40	522,05	335,01	189,29	84,88	21,79
2 410,00	bis	2 419,99	997,40	527,05	339,01	192,29	86,88	22,79
2 420,00	bis	2 429,99	1 004,40	532,05	343,01	195,29	88,88	23,79
2 430,00	bis	2 439,99	1 011,40	537,05	347,01	198,29	90,88	24,79
2 440,00	bis	2 449,99	1 018,40	542,05	351,01	201,29	92,88	25,79
2 450,00	bis	2 459,99	1 025,40	547,05	355,01	204,29	94,88	26,79
2 460,00	bis	2 469,99	1 032,40	552,05	359,01	207,29	96,88	27,79
2 470,00	bis	2 479,99	1 039,40	557,05	363,01	210,29	98,88	28,79
2 480,00	bis	2 489,99	1 046,40	562,05	367,01	213,29	100,88	29,79
2 490,00	bis	2 499,99	1 053,40	567,05	371,01	216,29	102,88	30,79
2 500,00	bis	2 509,99	1 060,40	572,05	375,01	219,29	104,88	31,79
2 510,00	bis	2 519,99	1 067,40	577,05	379,01	222,29	106,88	32,79
2 520,00	bis	2 529,99	1 074,40	582,05	383,01	225,29	108,88	33,79
2 530,00	bis	2 539,99	1 081,40	587,05	387,01	228,29	110,88	34,79
2 540,00	bis	2 549,99	1 088,40	592,05	391,01	231,29	112,88	35,79
2 550,00	bis	2 559,99	1 095,40	597,05	395,01	234,29	114,88	36,79
2 560,00	bis	2 569,99	1 102,40	602,05	399,01	237,29	116,88	37,79
2 570,00	bis	2 579,99	1 109,40	607,05	403,01	240,29	118,88	38,79
2 580,00	bis	2 589,99	1 116,40	612,05	407,01	243,29	120,88	39,79
2 590,00	bis	2 599,99	1 123,40	617,05	411,01	246,29	122,88	40,79
2 600,00	bis	2 609,99	1 130,40	622,05	415,01	249,29	124,88	41,79
2 610,00	bis	2 619,99	1 137,40	627,05	419,01	252,29	126,88	42,79

Anlage zu § 850 c **Anlage ZPO 1**

Nettolohn monatlich		Pfändbarer Betrag bei Unterhaltspflicht für...Personen					
		0	1	2	3	4	5 und mehr
in Euro							
2 620,00	bis	2 629,99	1 144,40	632,05	423,01	255,29	128,88	43,79
2 630,00	bis	2 639,99	1 151,40	637,05	427,01	258,29	130,88	44,79
2 640,00	bis	2 649,99	1 158,40	642,05	431,01	261,29	132,88	45,79
2 650,00	bis	2 659,99	1 165,40	647,05	435,01	264,29	134,88	46,79
2 660,00	bis	2 669,99	1 172,40	652,05	439,01	267,29	136,88	47,79
2 670,00	bis	2 679,99	1 179,40	657,05	443,01	270,29	138,88	48,79
2 680,00	bis	2 689,99	1 186,40	662,05	447,01	273,29	140,88	49,79
2 690,00	bis	2 699,99	1 193,40	667,05	451,01	276,29	142,88	50,79
2 700,00	bis	2 709,99	1 200,40	672,05	455,01	279,29	144,88	51,79
2 710,00	bis	2 719,99	1 207,40	677,05	459,01	282,29	146,88	52,79
2 720,00	bis	2 729,99	1 214,40	682,05	463,01	285,29	148,88	53,79
2 730,00	bis	2 739,99	1 221,40	687,05	467,01	288,29	150,88	54,79
2 740,00	bis	2 749,99	1 228,40	692,05	471,01	291,29	152,88	55,79
2 750,00	bis	2 759,99	1 235,40	697,05	475,01	294,29	154,88	56,79
2 760,00	bis	2 769,99	1 242,40	702,05	479,01	297,29	156,88	57,79
2 770,00	bis	2 779,99	1 249,40	707,05	483,01	300,29	158,88	58,79
2 780,00	bis	2 789,99	1 256,40	712,05	487,01	303,29	160,88	59,79
2 790,00	bis	2 799,99	1 263,40	717,05	491,01	306,29	162,88	60,79
2 800,00	bis	2 809,99	1 270,40	722,05	495,01	309,29	164,88	61,79
2 810,00	bis	2 819,99	1 277,40	727,05	499,01	312,29	166,88	62,79
2 820,00	bis	2 829,99	1 284,40	732,05	503,01	315,29	168,88	63,79
2 830,00	bis	2 839,99	1 291,40	737,05	507,01	318,29	170,88	64,79
2 840,00	bis	2 849,99	1 298,40	742,05	511,01	321,29	172,88	65,79
2 850,00	bis	2 859,99	1 305,40	747,05	515,01	324,29	174,88	66,79
2 860,00	bis	2 869,99	1 312,40	752,05	519,01	327,29	176,88	67,79
2 870,00	bis	2 879,99	1 319,40	757,05	523,01	330,29	178,88	68,79
2 880,00	bis	2 889,99	1 326,40	762,05	527,01	333,29	180,88	69,79
2 890,00	bis	2 899,99	1 333,40	767,05	531,01	336,29	182,88	70,79
2 900,00	bis	2 909,99	1 340,40	772,05	535,01	339,29	184,88	71,79
2 910,00	bis	2 919,99	1 347,40	777,05	539,01	342,29	186,88	72,79
2 920,00	bis	2 929,99	1 354,40	782,05	543,01	345,29	188,88	73,79
2 930,00	bis	2 939,99	1 361,40	787,05	547,01	348,29	190,88	74,79
2 940,00	bis	2 949,99	1 368,40	792,05	551,01	351,29	192,88	75,79
2 950,00	bis	2 959,99	1 375,40	797,05	555,01	354,29	194,88	76,79
2 960,00	bis	2 969,99	1 382,40	802,05	559,01	357,29	196,88	77,79
2 970,00	bis	2 979,99	1 389,40	807,05	563,01	360,29	198,88	78,79
2 980,00	bis	2 989,99	1 396,40	812,05	567,01	363,29	200,88	79,79
2 990,00	bis	2 999,99	1 403,40	817,05	571,01	366,29	202,88	80,79
3 000,00	bis	3 009,99	1 410,40	822,05	575,01	369,29	204,88	81,79
3 010,00	bis	3 019,99	1 417,40	827,05	579,01	372,29	206,88	82,79
3 020,00	bis	3 020,06	1 424,40	832,05	583,01	375,29	208,88	83,79
Der Mehrbetrag über 3 020,06 Euro ist voll pfändbar.								

1 ZPO Anlage

Zivilprozessordnung

Wochensätze

Nettolohn wöchentlich			Pfändbarer Betrag bei Unterhaltspflicht für...Personen					
			0	1	2	3	4	5 und mehr
			in Euro					
	bis	227,49	–	–	–	–	–	–
227,50	bis	229,99	0,55	–	–	–	–	–
230,00	bis	232,49	2,30	–	–	–	–	–
232,50	bis	234,99	4,05	–	–	–	–	–
235,00	bis	237,49	5,80	–	–	–	–	–
237,50	bis	239,99	7,55	–	–	–	–	–
240,00	bis	242,49	9,30	–	–	–	–	–
242,50	bis	244,99	11,05	–	–	–	–	–
245,00	bis	247,49	12,80	–	–	–	–	–
247,50	bis	249,99	14,55	–	–	–	–	–
250,00	bis	252,49	16,30	–	–	–	–	–
252,50	bis	254,99	18,05	–	–	–	–	–
255,00	bis	257,49	19,80	–	–	–	–	–
257,50	bis	259,99	21,55	–	–	–	–	–
260,00	bis	262,49	23,30	–	–	–	–	–
262,50	bis	264,99	25,05	–	–	–	–	–
265,00	bis	267,49	26,80	–	–	–	–	–
267,50	bis	269,99	28,55	–	–	–	–	–
270,00	bis	272,49	30,30	–	–	–	–	–
272,50	bis	274,99	32,05	–	–	–	–	–
275,00	bis	277,49	33,80	–	–	–	–	–
277,50	bis	279,99	35,55	–	–	–	–	–
280,00	bis	282,49	37,30	–	–	–	–	–
282,50	bis	284,99	39,05	–	–	–	–	–
285,00	bis	287,49	40,80	–	–	–	–	–
287,50	bis	289,99	42,55	–	–	–	–	–
290,00	bis	292,49	44,30	–	–	–	–	–
292,50	bis	294,99	46,05	–	–	–	–	–
295,00	bis	297,49	47,80	–	–	–	–	–
297,50	bis	299,99	49,55	–	–	–	–	–
300,00	bis	302,49	51,30	–	–	–	–	–
302,50	bis	304,99	53,05	–	–	–	–	–
305,00	bis	307,49	54,80	–	–	–	–	–
307,50	bis	309,99	56,55	–	–	–	–	–
310,00	bis	312,49	58,30	–	–	–	–	–
312,50	bis	314,99	60,05	0,23	–	–	–	–
315,00	bis	317,49	61,80	1,48	–	–	–	–
317,50	bis	319,99	63,55	2,73	–	–	–	–
320,00	bis	322,49	65,30	3,98	–	–	–	–
322,50	bis	324,99	67,05	5,23	–	–	–	–
325,00	bis	327,49	68,80	6,48	–	–	–	–
327,50	bis	329,99	70,55	7,73	–	–	–	–

Anlage zu § 850 c **Anlage ZPO 1**

Nettolohn wöchentlich			Pfändbarer Betrag bei Unterhaltspflicht für...Personen				
			0	1	2	3	4	5 und mehr
			in Euro					
330,00	bis	332,49	72,30	8,98	–	–	–	–
332,50	bis	334,99	74,05	10,23	–	–	–	–
335,00	bis	337,49	75,80	11,48	–	–	–	–
337,50	bis	339,99	77,55	12,73	–	–	–	–
340,00	bis	342,49	79,30	13,98	–	–	–	–
342,50	bis	344,99	81,05	15,23	–	–	–	–
345,00	bis	347,49	82,80	16,48	–	–	–	–
347,50	bis	349,99	84,55	17,73	–	–	–	–
350,00	bis	352,49	86,30	18,98	–	–	–	–
352,50	bis	354,99	88,05	20,23	–	–	–	–
355,00	bis	357,49	89,80	21,48	–	–	–	–
357,50	bis	359,99	91,55	22,73	–	–	–	–
360,00	bis	362,49	93,30	23,98	0,17	–	–	–
362,50	bis	364,99	95,05	25,23	1,17	–	–	–
365,00	bis	367,49	96,80	26,48	2,17	–	–	–
367,50	bis	369,99	98,55	27,73	3,17	–	–	–
370,00	bis	372,49	100,30	28,98	4,17	–	–	–
372,50	bis	374,99	102,05	30,23	5,17	–	–	–
375,00	bis	377,49	103,80	31,48	6,17	–	–	–
377,50	bis	379,99	105,55	32,73	7,17	–	–	–
380,00	bis	382,49	107,30	33,98	8,17	–	–	–
382,50	bis	384,99	109,05	35,23	9,17	–	–	–
385,00	bis	387,49	110,80	36,48	10,17	–	–	–
387,50	bis	389,99	112,55	37,73	11,17	–	–	–
390,00	bis	392,49	114,30	38,98	12,17	–	–	–
392,50	bis	394,99	116,05	40,23	13,17	–	–	–
395,00	bis	397,49	117,80	41,48	14,17	–	–	–
397,50	bis	399,99	119,55	42,73	15,17	–	–	–
400,00	bis	402,49	121,30	43,98	16,17	–	–	–
402,50	bis	404,99	123,05	45,23	17,17	–	–	–
405,00	bis	407,49	124,80	46,48	18,17	–	–	–
407,50	bis	409,99	126,55	47,73	19,17	0,11	–	–
410,00	bis	412,49	128,30	48,98	20,17	0,86	–	–
412,50	bis	414,99	130,05	50,23	21,17	1,61	–	–
415,00	bis	417,49	131,80	51,48	22,17	2,36	–	–
417,50	bis	419,99	133,55	52,73	23,17	3,11	–	–
420,00	bis	422,49	135,30	53,98	24,17	3,86	–	–
422,50	bis	424,99	137,05	55,23	25,17	4,61	–	–
425,00	bis	427,49	138,80	56,48	26,17	5,36	–	–
427,50	bis	429,99	140,55	57,73	27,17	6,11	–	–
430,00	bis	432,49	142,30	58,98	28,17	6,86	–	–
432,50	bis	434,99	144,05	60,23	29,17	7,61	–	–
435,00	bis	437,49	145,80	61,48	30,17	8,36	–	–
437,50	bis	439,99	147,55	62,73	31,17	9,11	–	–

1 ZPO Anlage

Zivilprozessordnung

Nettolohn wöchentlich			Pfändbarer Betrag bei Unterhaltspflicht für...Personen					
			0	1	2	3	4	5 und mehr
in Euro								
440,00	bis	442,49	149,30	63,98	32,17	9,86	–	–
442,50	bis	444,99	151,05	65,23	33,17	10,61	–	–
445,00	bis	447,49	152,80	66,48	34,17	11,36	–	–
447,50	bis	449,99	154,55	67,73	35,17	12,11	–	–
450,00	bis	452,49	156,30	68,98	36,17	12,86	–	–
452,50	bis	454,99	158,05	70,23	37,17	13,61	–	–
455,00	bis	457,49	159,80	71,48	38,17	14,36	0,07	–
457,50	bis	459,99	161,55	72,73	39,17	15,11	0,57	–
460,00	bis	462,49	163,30	73,98	40,17	15,86	1,07	–
462,50	bis	464,99	165,05	75,23	41,17	16,61	1,57	–
465,00	bis	467,49	166,80	76,48	42,17	17,36	2,07	–
467,50	bis	469,99	168,55	77,73	43,17	18,11	2,57	–
470,00	bis	472,49	170,30	78,98	44,17	18,86	3,07	–
472,50	bis	474,99	172,05	80,23	45,17	19,61	3,57	–
475,00	bis	477,49	173,80	81,48	46,17	20,36	4,07	–
477,50	bis	479,99	175,55	82,73	47,17	21,11	4,57	–
480,00	bis	482,49	177,30	83,98	48,17	21,86	5,07	–
482,50	bis	484,99	179,05	85,23	49,17	22,61	5,57	–
485,00	bis	487,49	180,80	86,48	50,17	23,36	6,07	–
487,50	bis	489,99	182,55	87,73	51,17	24,11	6,57	–
490,00	bis	492,49	184,30	88,98	52,17	24,86	7,07	–
492,50	bis	494,99	186,05	90,23	53,17	25,61	7,57	–
495,00	bis	497,49	187,80	91,48	54,17	26,36	8,07	–
497,50	bis	499,99	189,55	92,73	55,17	27,11	8,57	–
500,00	bis	502,49	191,30	93,98	56,17	27,86	9,07	–
502,50	bis	504,99	193,05	95,23	57,17	28,61	9,57	0,03
505,00	bis	507,49	194,80	96,48	58,17	29,36	10,07	0,28
507,50	bis	509,99	196,55	97,73	59,17	30,11	10,57	0,53
510,00	bis	512,49	198,30	98,98	60,17	30,86	11,07	0,78
512,50	bis	514,99	200,05	100,23	61,17	31,61	11,57	1,03
515,00	bis	517,49	201,80	101,48	62,17	32,36	12,07	1,28
517,50	bis	519,99	203,55	102,73	63,17	33,11	12,57	1,53
520,00	bis	522,49	205,30	103,98	64,17	33,86	13,07	1,78
522,50	bis	524,99	207,05	105,23	65,17	34,61	13,57	2,03
525,00	bis	527,49	208,80	106,48	66,17	35,36	14,07	2,28
527,50	bis	529,99	210,55	107,73	67,17	36,11	14,57	2,53
530,00	bis	532,49	212,30	108,98	68,17	36,86	15,07	2,78
532,50	bis	534,99	214,05	110,23	69,17	37,61	15,57	3,03
535,00	bis	537,49	215,80	111,48	70,17	38,36	16,07	3,28
537,50	bis	539,99	217,55	112,73	71,17	39,11	16,57	3,53
540,00	bis	542,49	219,30	113,98	72,17	39,86	17,07	3,78
542,50	bis	544,99	221,05	115,23	73,17	40,61	17,57	4,03
545,00	bis	547,49	222,80	116,48	74,17	41,36	18,07	4,28
547,50	bis	549,99	224,55	117,73	75,17	42,11	18,57	4,53

Anlage zu § 850 c **Anlage ZPO 1**

Nettolohn wöchentlich			Pfändbarer Betrag bei Unterhaltspflicht für...Personen					
			0	1	2	3	4	5 und mehr
			in Euro					
550,00	bis	552,49	226,30	118,98	76,17	42,86	19,07	4,78
552,50	bis	554,99	228,05	120,23	77,17	43,61	19,57	5,03
555,00	bis	557,49	229,80	121,48	78,17	44,36	20,07	5,28
557,50	bis	559,99	231,55	122,73	79,17	45,11	20,57	5,53
560,00	bis	562,49	233,30	123,98	80,17	45,86	21,07	5,78
562,50	bis	564,99	235,05	125,23	81,17	46,61	21,57	6,03
565,00	bis	567,49	236,80	126,48	82,17	47,36	22,07	6,28
567,50	bis	569,99	238,55	127,73	83,17	48,11	22,57	6,53
570,00	bis	572,49	240,30	128,98	84,17	48,86	23,07	6,78
572,50	bis	574,99	242,05	130,23	85,17	49,61	23,57	7,03
575,00	bis	577,49	243,80	131,48	86,17	50,36	24,07	7,28
577,50	bis	579,99	245,55	132,73	87,17	51,11	24,57	7,53
580,00	bis	582,49	247,30	133,98	88,17	51,86	25,07	7,78
582,50	bis	584,99	249,05	135,23	89,17	52,61	25,57	8,03
585,00	bis	587,49	250,80	136,48	90,17	53,36	26,07	8,28
587,50	bis	589,99	252,55	137,73	91,17	54,11	26,57	8,53
590,00	bis	592,49	254,30	138,98	92,17	54,86	27,07	8,78
592,50	bis	594,99	256,05	140,23	93,17	55,61	27,57	9,03
595,00	bis	597,49	257,80	141,48	94,17	56,36	28,07	9,28
597,50	bis	599,99	259,55	142,73	95,17	57,11	28,57	9,53
600,00	bis	602,49	261,30	143,98	96,17	57,86	29,07	9,78
602,50	bis	604,99	263,05	145,23	97,17	58,61	29,57	10,03
605,00	bis	607,49	264,80	146,48	98,17	59,36	30,07	10,28
607,50	bis	609,99	266,55	147,73	99,17	60,11	30,57	10,53
610,00	bis	612,49	268,30	148,98	100,17	60,86	31,07	10,78
612,50	bis	614,99	270,05	150,23	101,17	61,61	31,57	11,03
615,00	bis	617,49	271,80	151,48	102,17	62,36	32,07	11,28
617,50	bis	619,99	273,55	152,73	103,17	63,11	32,57	11,53
620,00	bis	622,49	275,30	153,98	104,17	63,86	33,07	11,78
622,50	bis	624,99	277,05	155,23	105,17	64,61	33,57	12,03
625,00	bis	627,49	278,80	156,48	106,17	65,36	34,07	12,28
627,50	bis	629,99	280,55	157,73	107,17	66,11	34,57	12,53
630,00	bis	632,49	282,30	158,98	108,17	66,86	35,07	12,78
632,50	bis	634,99	284,05	160,23	109,17	67,61	35,57	13,03
635,00	bis	637,49	285,80	161,48	110,17	68,36	36,07	13,28
637,50	bis	639,99	287,55	162,73	111,17	69,11	36,57	13,53
640,00	bis	642,49	289,30	163,98	112,17	69,86	37,07	13,78
642,50	bis	644,99	291,05	165,23	113,17	70,61	37,57	14,03
645,00	bis	647,49	292,80	166,48	114,17	71,36	38,07	14,28
647,50	bis	649,99	294,55	167,73	115,17	72,11	38,57	14,53
650,00	bis	652,49	296,30	168,98	116,17	72,86	39,07	14,78
652,50	bis	654,99	298,05	170,23	117,17	73,61	39,57	15,03
655,00	bis	657,49	299,80	171,48	118,17	74,36	40,07	15,28
657,50	bis	659,99	301,55	172,73	119,17	75,11	40,57	15,53

1 ZPO Anlage

Zivilprozessordnung

Nettolohn wöchentlich			Pfändbarer Betrag bei Unterhaltspflicht für...Personen					
			0	1	2	3	4	5 und mehr
			in Euro					
660,00	bis	662,49	303,30	173,98	120,17	75,86	41,07	15,78
662,50	bis	664,99	305,05	175,23	121,17	76,61	41,57	16,03
665,00	bis	667,49	306,80	176,48	122,17	77,36	42,07	16,28
667,50	bis	669,99	308,55	177,73	123,17	78,11	42,57	16,53
670,00	bis	672,49	310,30	178,98	124,17	78,86	43,07	16,78
672,50	bis	674,99	312,05	180,23	125,17	79,61	43,57	17,03
675,00	bis	677,49	313,80	181,48	126,17	80,36	44,07	17,28
677,50	bis	679,99	315,55	182,73	127,17	81,11	44,57	17,53
680,00	bis	682,49	317,30	183,98	128,17	81,86	45,07	17,78
682,50	bis	684,99	319,05	185,23	129,17	82,61	45,57	18,03
685,00	bis	687,49	320,80	186,48	130,17	83,36	46,07	18,28
687,50	bis	689,99	322,55	187,73	131,17	84,11	46,57	18,53
690,00	bis	692,49	324,30	188,98	132,17	84,86	47,07	18,78
692,50	bis	694,99	326,05	190,23	133,17	85,61	47,57	19,03
695,00	bis	695,03	327,80	191,48	134,17	86,36	48,07	19,28
Der Mehrbetrag über 695,03 Euro ist voll pfändbar.								

Tagessätze

Nettolohn täglich			Pfändbarer Betrag bei Unterhaltspflicht für...Personen					
			0	1	2	3	4	5 und mehr
			in Euro					
	bis	45,49	–	–	–	–	–	–
45,50	bis	45,99	0,11	–	–	–	–	–
46,00	bis	46,49	0,46	–	–	–	–	–
46,50	bis	46,99	0,81	–	–	–	–	–
47,00	bis	47,49	1,16	–	–	–	–	–
47,50	bis	47,99	1,51	–	–	–	–	–
48,00	bis	48,49	1,86	–	–	–	–	–
48,50	bis	48,99	2,21	–	–	–	–	–
49,00	bis	49,49	2,56	–	–	–	–	–
49,50	bis	49,99	2,91	–	–	–	–	–
50,00	bis	50,49	3,26	–	–	–	–	–
50,50	bis	50,99	3,61	–	–	–	–	–
51,00	bis	51,49	3,96	–	–	–	–	–
51,50	bis	51,99	4,31	–	–	–	–	–
52,00	bis	52,49	4,66	–	–	–	–	–
52,50	bis	52,99	5,01	–	–	–	–	–
53,00	bis	53,49	5,36	–	–	–	–	–
53,50	bis	53,99	5,71	–	–	–	–	–
54,00	bis	54,49	6,06	–	–	–	–	–
54,50	bis	54,99	6,41	–	–	–	–	–
55,00	bis	55,49	6,76	–	–	–	–	–

Anlage zu § 850 c   **Anlage   ZPO 1**

| | | Pfändbarer Betrag bei Unterhaltspflicht für...Personen |||||||
Nettolohn täglich			0	1	2	3	4	5 und mehr
\multicolumn{9}{c}{in Euro}								
55,50	bis	55,99	7,11	–	–	–	–	–
56,00	bis	56,49	7,46	–	–	–	–	–
56,50	bis	56,99	7,81	–	–	–	–	–
57,00	bis	57,49	8,16	–	–	–	–	–
57,50	bis	57,99	8,51	–	–	–	–	–
58,00	bis	58,49	8,86	–	–	–	–	–
58,50	bis	58,99	9,21	–	–	–	–	–
59,00	bis	59,49	9,56	–	–	–	–	–
59,50	bis	59,99	9,91	–	–	–	–	–
60,00	bis	60,49	10,26	–	–	–	–	–
60,50	bis	60,99	10,61	–	–	–	–	–
61,00	bis	61,49	10,96	–	–	–	–	–
61,50	bis	61,99	11,31	–	–	–	–	–
62,00	bis	62,49	11,66	–	–	–	–	–
62,50	bis	62,99	12,01	0,05	–	–	–	–
63,00	bis	63,49	12,36	0,30	–	–	–	–
63,50	bis	63,99	12,71	0,55	–	–	–	–
64,00	bis	64,49	13,06	0,80	–	–	–	–
64,50	bis	64,99	13,41	1,05	–	–	–	–
65,00	bis	65,49	13,76	1,30	–	–	–	–
65,50	bis	65,99	14,11	1,55	–	–	–	–
66,00	bis	66,49	14,46	1,80	–	–	–	–
66,50	bis	66,99	14,81	2,05	–	–	–	–
67,00	bis	67,49	15,16	2,30	–	–	–	–
67,50	bis	67,99	15,51	2,55	–	–	–	–
68,00	bis	68,49	15,86	2,80	–	–	–	–
68,50	bis	68,99	16,21	3,05	–	–	–	–
69,00	bis	69,49	16,56	3,30	–	–	–	–
69,50	bis	69,99	16,91	3,55	–	–	–	–
70,00	bis	70,49	17,26	3,80	–	–	–	–
70,50	bis	70,99	17,61	4,05	–	–	–	–
71,00	bis	71,49	17,96	4,30	–	–	–	–
71,50	bis	71,99	18,31	4,55	–	–	–	–
72,00	bis	72,49	18,66	4,80	0,04	–	–	–
72,50	bis	72,99	19,01	5,05	0,24	–	–	–
73,00	bis	73,49	19,36	5,30	0,44	–	–	–
73,50	bis	73,99	19,71	5,55	0,64	–	–	–
74,00	bis	74,49	20,06	5,80	0,84	–	–	–
74,50	bis	74,99	20,41	6,05	1,04	–	–	–
75,00	bis	75,49	20,76	6,30	1,24	–	–	–
75,50	bis	75,99	21,11	6,55	1,44	–	–	–
76,00	bis	76,49	21,46	6,80	1,64	–	–	–
76,50	bis	76,99	21,81	7,05	1,84	–	–	–

1 ZPO Anlage

Zivilprozessordnung

Nettolohn täglich			Pfändbarer Betrag bei Unterhaltspflicht für...Personen					
			0	1	2	3	4	5 und mehr
in Euro								
77,00	bis	77,49	22,16	7,30	2,04	–	–	–
77,50	bis	77,99	22,51	7,55	2,24	–	–	–
78,00	bis	78,49	22,86	7,80	2,44	–	–	–
78,50	bis	78,99	23,21	8,05	2,64	–	–	–
79,00	bis	79,49	23,56	8,30	2,84	–	–	–
79,50	bis	79,99	23,91	8,55	3,04	–	–	–
80,00	bis	80,49	24,26	8,80	3,24	–	–	–
80,50	bis	80,99	24,61	9,05	3,44	–	–	–
81,00	bis	81,49	24,96	9,30	3,64	–	–	–
81,50	bis	81,99	25,31	9,55	3,84	0,02	–	–
82,00	bis	82,49	25,66	9,80	4,04	0,17	–	–
82,50	bis	82,99	26,01	10,05	4,24	0,32	–	–
83,00	bis	83,49	26,36	10,30	4,44	0,47	–	–
83,50	bis	83,99	26,71	10,55	4,64	0,62	–	–
84,00	bis	84,49	27,06	10,80	4,84	0,77	–	–
84,50	bis	84,99	27,41	11,05	5,04	0,92	–	–
85,00	bis	85,49	27,76	11,30	5,24	1,07	–	–
85,50	bis	85,99	28,11	11,55	5,44	1,22	–	–
86,00	bis	86,49	28,46	11,80	5,64	1,37	–	–
86,50	bis	86,99	28,81	12,05	5,84	1,52	–	–
87,00	bis	87,49	29,16	12,30	6,04	1,67	–	–
87,50	bis	87,99	29,51	12,55	6,24	1,82	–	–
88,00	bis	88,49	29,86	12,80	6,44	1,97	–	–
88,50	bis	88,99	30,21	13,05	6,64	2,12	–	–
89,00	bis	89,49	30,56	13,30	6,84	2,27	–	–
89,50	bis	89,99	30,91	13,55	7,04	2,42	–	–
90,00	bis	90,49	31,26	13,80	7,24	2,57	–	–
90,50	bis	90,99	31,61	14,05	7,44	2,72	–	–
91,00	bis	91,49	31,96	14,30	7,64	2,87	0,01	–
91,50	bis	91,99	32,31	14,55	7,84	3,02	0,11	–
92,00	bis	92,49	32,66	14,80	8,04	3,17	0,21	–
92,50	bis	92,99	33,01	15,05	8,24	3,32	0,31	–
93,00	bis	93,49	33,36	15,30	8,44	3,47	0,41	–
93,50	bis	93,99	33,71	15,55	8,64	3,62	0,51	–
94,00	bis	94,49	34,06	15,80	8,84	3,77	0,61	–
94,50	bis	94,99	34,41	16,05	9,04	3,92	0,71	–
95,00	bis	95,49	34,76	16,30	9,24	4,07	0,81	–
95,50	bis	95,99	35,11	16,55	9,44	4,22	0,91	–
96,00	bis	96,49	35,46	16,80	9,64	4,37	1,01	–
96,50	bis	96,99	35,81	17,05	9,84	4,52	1,11	–
97,00	bis	97,49	36,16	17,30	10,04	4,67	1,21	–
97,50	bis	97,99	36,51	17,55	10,24	4,82	1,31	–
98,00	bis	98,49	36,86	17,80	10,44	4,97	1,41	–

Anlage zu § 850 c

Anlage ZPO 1

Nettolohn täglich			Pfändbarer Betrag bei Unterhaltspflicht für...Personen					
			0	1	2	3	4	5 und mehr
in Euro								
98,50	bis	98,99	37,21	18,05	10,64	5,12	1,51	–
99,00	bis	99,49	37,56	18,30	10,84	5,27	1,61	–
99,50	bis	99,99	37,91	18,55	11,04	5,42	1,71	–
100,00	bis	100,49	38,26	18,80	11,24	5,57	1,81	–
100,50	bis	100,99	38,61	19,05	11,44	5,72	1,91	0,01
101,00	bis	101,49	38,96	19,30	11,64	5,87	2,01	0,06
101,50	bis	101,99	39,31	19,55	11,84	6,02	2,11	0,11
102,00	bis	102,49	39,66	19,80	12,04	6,17	2,21	0,16
102,50	bis	102,99	40,01	20,05	12,24	6,32	2,31	0,21
103,00	bis	103,49	40,36	20,30	12,44	6,47	2,41	0,26
103,50	bis	103,99	40,71	20,55	12,64	6,62	2,51	0,31
104,00	bis	104,49	41,06	20,80	12,84	6,77	2,61	0,36
104,50	bis	104,99	41,41	21,05	13,04	6,92	2,71	0,41
105,00	bis	105,49	41,76	21,30	13,24	7,07	2,81	0,46
105,50	bis	105,99	42,11	21,55	13,44	7,22	2,91	0,51
106,00	bis	106,49	42,46	21,80	13,64	7,37	3,01	0,56
106,50	bis	106,99	42,81	22,05	13,84	7,52	3,11	0,61
107,00	bis	107,49	43,16	22,30	14,04	7,67	3,21	0,66
107,50	bis	107,99	43,51	22,55	14,24	7,82	3,31	0,71
108,00	bis	108,49	43,86	22,80	14,44	7,97	3,41	0,76
108,50	bis	108,99	44,21	23,05	14,64	8,12	3,51	0,81
109,00	bis	109,49	44,56	23,30	14,84	8,27	3,61	0,86
109,50	bis	109,99	44,91	23,55	15,04	8,42	3,71	0,91
110,00	bis	110,49	45,26	23,80	15,24	8,57	3,81	0,96
110,50	bis	110,99	45,61	24,05	15,44	8,72	3,91	1,01
111,00	bis	111,49	45,96	24,30	15,64	8,87	4,01	1,06
111,50	bis	111,99	46,31	24,55	15,84	9,02	4,11	1,11
112,00	bis	112,49	46,66	24,80	16,04	9,17	4,21	1,16
112,50	bis	112,99	47,01	25,05	16,24	9,32	4,31	1,21
113,00	bis	113,49	47,36	25,30	16,44	9,47	4,41	1,26
113,50	bis	113,99	47,71	25,55	16,64	9,62	4,51	1,31
114,00	bis	114,49	48,06	25,80	16,84	9,77	4,61	1,36
114,50	bis	114,99	48,41	26,05	17,04	9,92	4,71	1,41
115,00	bis	115,49	48,76	26,30	17,24	10,07	4,81	1,46
115,50	bis	115,99	49,11	26,55	17,44	10,22	4,91	1,51
116,00	bis	116,49	49,46	26,80	17,64	10,37	5,01	1,56
116,50	bis	116,99	49,81	27,05	17,84	10,52	5,11	1,61
117,00	bis	117,49	50,16	27,30	18,04	10,67	5,21	1,66
117,50	bis	117,99	50,51	27,55	18,24	10,82	5,31	1,71
118,00	bis	118,49	50,86	27,80	18,44	10,97	5,41	1,76
118,50	bis	118,99	51,21	28,05	18,64	11,12	5,51	1,81
119,00	bis	119,49	51,56	28,30	18,84	11,27	5,61	1,86
119,50	bis	119,99	51,91	28,55	19,04	11,42	5,71	1,91

1 ZPO Anlage

Zivilprozessordnung

Nettolohn täglich			Pfändbarer Betrag bei Unterhaltspflicht für...Personen					
			0	1	2	3	4	5 und mehr
in Euro								
120,00	bis	120,49	52,26	28,80	19,24	11,57	5,81	1,96
120,50	bis	120,99	52,61	29,05	19,44	11,72	5,91	2,01
121,00	bis	121,49	52,96	29,30	19,64	11,87	6,01	2,06
121,50	bis	121,99	53,31	29,55	19,84	12,02	6,11	2,11
122,00	bis	122,49	53,66	29,80	20,04	12,17	6,21	2,16
122,50	bis	122,99	54,01	30,05	20,24	12,32	6,31	2,21
123,00	bis	123,49	54,36	30,30	20,44	12,47	6,41	2,26
123,50	bis	123,99	54,71	30,55	20,64	12,62	6,51	2,31
124,00	bis	124,49	55,06	30,80	20,84	12,77	6,61	2,36
124,50	bis	124,99	55,41	31,05	21,04	12,92	6,71	2,41
125,00	bis	125,49	55,76	31,30	21,24	13,07	6,81	2,46
125,50	bis	125,99	56,11	31,55	21,44	13,22	6,91	2,51
126,00	bis	126,49	56,46	31,80	21,64	13,37	7,01	2,56
126,50	bis	126,99	56,81	32,05	21,84	13,52	7,11	2,61
127,00	bis	127,49	57,16	32,30	22,04	13,67	7,21	2,66
127,50	bis	127,99	57,51	32,55	22,24	13,82	7,31	2,71
128,00	bis	128,49	57,86	32,80	22,44	13,97	7,41	2,76
128,50	bis	128,99	58,21	33,05	22,64	14,12	7,51	2,81
129,00	bis	129,49	58,56	33,30	22,84	14,27	7,61	2,86
129,50	bis	129,99	58,91	33,55	23,04	14,42	7,71	2,91
130,00	bis	130,49	59,26	33,80	23,24	14,57	7,81	2,96
130,50	bis	130,99	59,61	34,05	23,44	14,72	7,91	3,01
131,00	bis	131,49	59,96	34,30	23,64	14,87	8,01	3,06
131,50	bis	131,99	60,31	34,55	23,84	15,02	8,11	3,11
132,00	bis	132,49	60,66	34,80	24,04	15,17	8,21	3,16
132,50	bis	132,99	61,01	35,05	24,24	15,32	8,31	3,21
133,00	bis	133,49	61,36	35,30	24,44	15,47	8,41	3,26
133,50	bis	133,99	61,71	35,55	24,64	15,62	8,51	3,31
134,00	bis	134,49	62,06	35,80	24,84	15,77	8,61	3,36
134,50	bis	134,99	62,41	36,05	25,04	15,92	8,71	3,41
135,00	bis	135,49	62,76	36,30	25,24	16,07	8,81	3,46
135,50	bis	135,99	63,11	36,55	25,44	16,22	8,91	3,51
136,00	bis	136,49	63,46	36,80	25,64	16,37	9,01	3,56
136,50	bis	136,99	63,81	37,05	25,84	16,52	9,11	3,61
137,00	bis	137,49	64,16	37,30	26,04	16,67	9,21	3,66
137,50	bis	137,99	64,51	37,55	26,24	16,82	9,31	3,71
138,00	bis	138,49	64,86	37,80	26,44	16,97	9,41	3,76
138,50	bis	138,99	65,21	38,05	26,64	17,12	9,51	3,81
139,00	bis	139,01	65,56	38,30	26,84	17,27	9,61	3,86
Der Mehrbetrag über 139,01 Euro ist voll pfändbar.								

2. Gesetz über die Zwangsversteigerung und die Zwangsverwaltung

in der Fassung der Bekanntmachung vom 20. Mai 1898[1]

(RGBl. S. 713)

FNA 310-14

zuletzt geänd. durch Art. 4 Abs. 4a G zur Reform der Sachaufklärung in der Zwangsvollstreckung v. 29. 7. 2009 (BGBl. I S. 2258)

Nichtamtliche Inhaltsübersicht

§§

Erster Abschnitt. Zwangsversteigerung und Zwangsverwaltung von Grundstücken im Wege der Zwangsvollstreckung (§§ 1–161)

Erster Titel. Allgemeine Vorschriften	1–14
Zweiter Titel. Zwangsversteigerung	15–145a
I. Anordnung der Versteigerung	15–27
II. Aufhebung und einstweilige Einstellung des Verfahrens	28–34
III. Bestimmung des Versteigerungstermins	35–43
IV. Geringstes Gebot. Versteigerungsbedingungen	44–65
V. Versteigerung	66–78
VI. Entscheidung über den Zuschlag	79–94
VII. Beschwerde	95–104
VIII. Verteilung des Erlöses	105–145
IX. Grundpfandrechte in ausländischer Währung	145a
Dritter Titel. Zwangsverwaltung	146–161

Zweiter Abschnitt. Zwangsversteigerung von Schiffen, Schiffsbauwerken und Luftfahrzeugen im Wege der Zwangsvollstreckung (§§ 162–171n)

Dritter Abschnitt. Zwangsversteigerung und Zwangsverwaltung in besonderen Fällen (§§ 172–185)

Erster Abschnitt. Zwangsversteigerung und Zwangsverwaltung von Grundstücken im Wege der Zwangsvollstreckung

Erster Titel. Allgemeine Vorschriften

§ 1 [Zuständiges Amtsgericht] (1) Für die Zwangsversteigerung und die Zwangsverwaltung eines Grundstücks ist als Vollstreckungsgericht das Amtsgericht zuständig, in dessen Bezirke das Grundstück belegen ist.

(2) ¹Die Landesregierungen werden ermächtigt, durch Rechtsverordnung die Zwangsversteigerungs- und Zwangsverwaltungssachen einem Amtsgericht für die Bezirke mehrerer Amtsgerichte zuzuweisen, sofern die Zusammenfas-

---

[1] Neubekanntmachung des ZVG v. 24. 3. 1897 (RGBl. S. 97) in der vom 1. 1. 1900 an geltenden Fassung.

sung für eine sachdienliche Förderung und schnellere Erledigung der Verfahren erforderlich ist. [2] Die Landesregierungen können die Ermächtigung auf die Landesjustizverwaltungen übertragen.

§ 2 [Bestellung durch das höhere Gericht] (1) Ist das Grundstück in den Bezirken verschiedener Amtsgerichte belegen oder ist es mit Rücksicht auf die Grenzen der Bezirke ungewiß, welches Gericht zuständig ist, so hat das zunächst höhere Gericht eines der Amtsgerichte zum Vollstreckungsgerichte zu bestellen; § 36 Abs. 2 und 3 und § 37 der Zivilprozeßordnung finden entsprechende Anwendung.

(2) [1] Die gleiche Anordnung kann getroffen werden, wenn die Zwangsversteigerung oder die Zwangsverwaltung mehrerer Grundstücke in demselben Verfahren zulässig ist und die Grundstücke in den Bezirken verschiedener Amtsgerichte belegen sind. [2] Von der Anordnung soll das zum Vollstreckungsgerichte bestellte Gericht die übrigen Gerichte in Kenntnis setzen.

§ 3 [Zustellungen] [1] Die Zustellungen erfolgen von Amts wegen. [2] Sie können durch Einschreiben mit Rückschein erfolgen. [3] Zum Nachweis der Zustellung genügt der Rückschein.

§ 4 [Zustellung durch Aufgabe zur Post] [1] Wohnt derjenige, welchem zugestellt werden soll, weder am Orte noch im Bezirke des Vollstreckungsgerichts, so kann die Zustellung durch Aufgabe zur Post erfolgen, solange nicht die Bestellung eines daselbst wohnhaften Prozeßbevollmächtigten oder Zustellungsbevollmächtigten dem Gericht angezeigt ist. [2] Die Postsendung muß mit der Bezeichnung „Einschreiben" versehen werden.

§ 5 [Zustellungsbevollmächtigter] Die Bestellung eines Zustellungsbevollmächtigten bei dem Grundbuchamte gilt auch für das Verfahren des Vollstreckungsgerichts, sofern sie diesem bekannt geworden ist.

§ 6 [Bestellung eines Zustellungsvertreters] (1) Ist der Aufenthalt desjenigen, welchem zugestellt werden soll, und der Aufenthalt seines Zustellungsbevollmächtigten dem Vollstreckungsgericht nicht bekannt oder sind die Voraussetzungen für eine öffentliche Zustellung aus sonstigen Gründen (§ 185 der Zivilprozeßordnung) gegeben, so hat das Gericht für denjenigen, welchem zugestellt werden soll, einen Zustellungsvertreter zu bestellen.

(2) [1] Das gleiche gilt, wenn im Falle der Zustellung durch Aufgabe zur Post die Postsendung als unbestellbar zurückkommt. [2] Die zurückgekommene Sendung soll dem Zustellungsvertreter ausgehändigt werden.

(3) Statt der Bestellung eines Vertreters genügt es, wenn die Zustellung für nicht prozeßfähige Personen an die Vormundschaftsbehörde, für juristische Personen oder für Vereine, die als solche klagen und verklagt werden können, an die Aufsichtsbehörde angeordnet wird.

§ 7 [Zustellung an Zustellungsvertreter] (1) An den Zustellungsvertreter erfolgen die Zustellungen, solange derjenige, welchem zugestellt werden soll, nicht ermittelt ist.

(2) [1] Der Zustellungsvertreter ist zur Ermittlung und Benachrichtigung des Vertretenen verpflichtet. [2] Er kann von diesem eine Vergütung für seine Tätig-

keit und Ersatz seiner Auslagen fordern. ³ Über die Vergütung und die Erstattung der Auslagen entscheidet das Vollstreckungsgericht.

(3) Für die Erstattung der Auslagen haftet der Gläubiger, soweit der Zustellungsvertreter von dem Vertretenen Ersatz nicht zu erlangen vermag; die dem Gläubiger zur Last fallenden Auslagen gehören zu den Kosten der die Befriedigung aus dem Grundstücke bezweckenden Rechtsverfolgung.

§ 8 [Zustellung des Anordnungs- und Beitrittsbeschlusses] Die Vorschriften der §§ 4 bis 7 finden auf die an den Schuldner zu bewirkende Zustellung des Beschlusses, durch welchen die Zwangsvollstreckung angeordnet oder der Beitritt eines Gläubigers zugelassen wird, keine Anwendung.

§ 9 [Beteiligte] In dem Verfahren gelten als Beteiligte, außer dem Gläubiger und dem Schuldner:
1. diejenigen, für welche zur Zeit der Eintragung des Vollstreckungsvermerkes ein Recht im Grundbuch eingetragen oder durch Eintragung gesichert ist;
2. diejenigen, welche ein der Zwangsvollstreckung entgegenstehendes Recht, ein Recht an dem Grundstück oder an einem das Grundstück belastenden Rechte, einen Anspruch mit dem Rechte auf Befriedigung aus dem Grundstück oder ein Miet- oder Pachtrecht, auf Grund dessen ihnen das Grundstück überlassen ist, bei dem Vollstreckungsgericht anmelden und auf Verlangen des Gerichts oder eines Beteiligten glaubhaft machen.

§ 10 [Rangordnung der Rechte] (1) Ein Recht auf Befriedigung aus dem Grundstücke gewähren nach folgender Rangordnung, bei gleichem Range nach dem Verhältnis ihrer Beträge:
1. der Anspruch eines die Zwangsverwaltung betreibenden Gläubigers auf Ersatz seiner Ausgaben zur Erhaltung oder nötigen Verbesserung des Grundstücks, im Falle der Zwangsversteigerung jedoch nur, wenn die Verwaltung bis zum Zuschlage fortdauert und die Ausgaben nicht aus den Nutzungen des Grundstücks erstattet werden können;
1 a. im Falle einer Zwangsversteigerung, bei der das Insolvenzverfahren über das Vermögen des Schuldners eröffnet ist, die zur Insolvenzmasse gehörenden Ansprüche auf Ersatz der Kosten der Feststellung der beweglichen Gegenstände, auf die sich die Versteigerung erstreckt; diese Kosten sind nur zu erheben, wenn ein Insolvenzverwalter bestellt ist, und pauschal mit vier vom Hundert des Wertes anzusetzen, der nach § 74 a Abs. 5 Satz 2 festgesetzt worden ist;
2. bei Vollstreckung in ein Wohnungseigentum die daraus fälligen Ansprüche auf Zahlung der Beiträge zu den Lasten und Kosten des gemeinschaftlichen Eigentums oder des Sondereigentums, die nach § 16 Abs. 2, § 28 Abs. 2 und 5 des Wohnungseigentumsgesetzes geschuldet werden, einschließlich der Vorschüsse und Rückstellungen sowie der Rückgriffsansprüche einzelner Wohnungseigentümer. Das Vorrecht erfasst die laufenden und die rückständigen Beträge aus dem Jahr der Beschlagnahme und den letzten zwei Jahren. Das Vorrecht einschließlich aller Nebenleistungen ist begrenzt auf Beträge in Höhe von nicht mehr als 5 vom Hundert des nach § 74 a Abs. 5 festgesetzten Wertes. Die Anmeldung erfolgt durch die Gemeinschaft der Wohnungseigentümer. Rückgriffs-

ansprüche einzelner Wohnungseigentümer werden von diesen angemeldet;
3. die Ansprüche auf Entrichtung der öffentlichen Lasten des Grundstücks wegen der aus den letzten vier Jahren rückständigen Beträge; wiederkehrende Leistungen, insbesondere Grundsteuern, Zinsen, Zuschläge oder Rentenleistungen, sowie Beträge, die zur allmählichen Tilgung einer Schuld als Zuschlag zu den Zinsen zu entrichten sind, genießen dieses Vorrecht nur für die laufenden Beträge und für die Rückstände aus den letzten zwei Jahren. Untereinander stehen öffentliche Grundstückslasten, gleichviel ob sie auf Bundes- oder Landesrecht beruhen, im Range gleich. Die Vorschriften des § 112 Abs. 1 und der §§ 113 und 116 des Gesetzes über den Lastenausgleich *vom 14. August 1952 (Bundesgesetzbl. I S. 446)*[1] bleiben unberührt;
4. die Ansprüche aus Rechten an dem Grundstück, soweit sie nicht infolge der Beschlagnahme dem Gläubiger gegenüber unwirksam sind, einschließlich der Ansprüche auf Beträge, die zur allmählichen Tilgung einer Schuld als Zuschlag zu den Zinsen zu entrichten sind; Ansprüche auf wiederkehrende Leistungen, insbesondere Zinsen, Zuschläge, Verwaltungskosten oder Rentenleistungen, genießen das Vorrecht dieser Klasse nur wegen der laufenden und der aus den letzten zwei Jahren rückständigen Beträge;
5. der Anspruch des Gläubigers, soweit er nicht in einer der vorhergehenden Klassen zu befriedigen ist;
6. die Ansprüche der vierten Klasse, soweit sie infolge der Beschlagnahme dem Gläubiger gegenüber unwirksam sind;
7. die Ansprüche der dritten Klasse wegen der älteren Rückstände;
8. die Ansprüche der vierten Klasse wegen der älteren Rückstände.

(2) Das Recht auf Befriedigung aus dem Grundstücke besteht auch für die Kosten der Kündigung und der die Befriedigung aus dem Grundstücke bezweckenden Rechtsverfolgung.

(3) ¹Zur Vollstreckung mit dem Range nach Absatz 1 Nr. 2 müssen die dort genannten Beträge die Höhe des Verzugsbetrages nach § 18 Abs. 2 Nr. 2 des Wohnungseigentumsgesetzes übersteigen; liegt ein vollstreckbarer Titel vor, so steht § 30 der Abgabenordnung einer Mitteilung des Einheitswerts an die in Absatz 1 Nr. 2 genannten Gläubiger nicht entgegen. ²Für die Vollstreckung genügt ein Titel, aus dem die Verpflichtung des Schuldners zur Zahlung, die Art und der Bezugszeitraum des Anspruchs sowie seine Fälligkeit zu erkennen sind. ³Soweit die Art und der Bezugszeitraum des Anspruchs sowie seine Fälligkeit nicht aus dem Titel zu erkennen sind, sind sie in sonst geeigneter Weise glaubhaft zu machen.

§ 11 [Rangordnung verschiedener Rechte in derselben Klasse]

(1) Sind Ansprüche aus verschiedenen Rechten nach § 10 Nr. 4, 6 oder 8 in derselben Klasse zu befriedigen, so ist für sie das Rangverhältnis maßgebend, welches unter den Rechten besteht.

---

[1] Jetzt idF der Bek. v. 2. 6. 1993 (BGBl. I S. 845) mit späteren Änderungen.

(2) In der fünften Klasse geht unter mehreren Ansprüchen derjenige vor, für welchen die Beschlagnahme früher erfolgt ist.

§ 12 [Rangordnung gleicher Rechte untereinander] Die Ansprüche aus einem und demselben Rechte haben untereinander folgende Rangordnung:
1. die Ansprüche auf Ersatz der im § 10 Abs. 2 bezeichneten Kosten;
2. die Ansprüche auf wiederkehrende Leistungen und andere Nebenleistungen;
3. der Hauptanspruch.

§ 13 [Wiederkehrende Leistungen] (1) [1] Laufende Beträge wiederkehrender Leistungen sind der letzte vor der Beschlagnahme fällig gewordene Betrag sowie die später fällig werdenden Beträge. [2] Die älteren Beträge sind Rückstände.

(2) Absatz 1 ist anzuwenden, gleichviel ob die Ansprüche auf wiederkehrende Leistungen auf öffentlichem oder privatem Recht oder ob sie auf Bundes- oder Landesrecht beruhen oder ob die gesetzlichen Vorschriften andere als die in § 10 Abs. 1 Nr. 3 und 4 bestimmten Fristen festsetzen; kürzere Fristen als die in § 10 Abs. 1 Nr. 3 und 4 bestimmten werden stets vom letzten Fälligkeitstag vor der Beschlagnahme zurückgerechnet.

(3) Fehlt es innerhalb der letzten zwei Jahre an einem Fälligkeitstermin, so entscheidet der Zeitpunkt der Beschlagnahme.

(4) [1] Liegen mehrere Beschlagnahmen vor, so ist die erste maßgebend. [2] Bei der Zwangsversteigerung gilt, wenn bis zur Beschlagnahme eine Zwangsverwaltung fortgedauert hat, die für diese bewirkte Beschlagnahme als die erste.

§ 14 [Ansprüche unbestimmten Betrages] Ansprüche von unbestimmtem Betrage gelten als aufschiebend bedingt durch die Feststellung des Betrags.

Zweiter Titel. Zwangsversteigerung

I. Anordnung der Versteigerung

§ 15 [Antrag] Die Zwangsversteigerung eines Grundstücks wird von dem Vollstreckungsgericht auf Antrag angeordnet.

§ 16 [Inhalt des Antrages] (1) Der Antrag soll das Grundstück, den Eigentümer, den Anspruch und den vollstreckbaren Titel bezeichnen.

(2) Die für den Beginn der Zwangsvollstreckung erforderlichen Urkunden sind dem Antrage beizufügen.

§ 17 [Eintragung des Schuldners; Glaubhaftmachung der Erbfolge]
(1) Die Zwangsversteigerung darf nur angeordnet werden, wenn der Schuldner als Eigentümer des Grundstücks eingetragen oder wenn er Erbe des eingetragenen Eigentümers ist.

(2) [1] Die Eintragung ist durch ein Zeugnis des Grundbuchamts nachzuweisen. [2] Gehören Vollstreckungsgericht und Grundbuchamt demselben Amtsgericht an, so genügt statt des Zeugnisses die Bezugnahme auf das Grundbuch.

(3) Die Erbfolge ist durch Urkunden glaubhaft zu machen, sofern sie nicht bei dem Gericht offenkundig ist.

§ 18 [Versteigerung mehrerer Grundstücke] Die Zwangsversteigerung mehrerer Grundstücke kann in demselben Verfahren erfolgen, wenn sie entweder wegen einer Forderung gegen denselben Schuldner oder wegen eines an jedem der Grundstücke bestehenden Rechtes oder wegen einer Forderung, für welche die Eigentümer gesamtschuldnerisch haften, betrieben wird.

§ 19 [Eintragung der Anordnung in das Grundbuch] (1) Ordnet das Gericht die Zwangsversteigerung an, so hat es zugleich das Grundbuchamt um Eintragung dieser Anordnung in das Grundbuch zu ersuchen.

(2) ¹ Das Grundbuchamt hat nach der Eintragung des Versteigerungsvermerkes dem Gericht eine beglaubigte Abschrift des Grundbuchblatts und der Urkunden, auf welche im Grundbuche Bezug genommen wird, zu erteilen, die bei ihm bestellten Zustellungsbevollmächtigten zu bezeichnen und Nachricht zu geben, was ihm über Wohnort und Wohnung der eingetragenen Beteiligten und deren Vertreter bekannt ist. ² Statt der Erteilung einer beglaubigten Abschrift der Urkunden genügt die Beifügung der Grundakten oder der Urkunden.

(3) Eintragungen im Grundbuch, die nach der Eintragung des Vermerks über die Anordnung der Zwangsversteigerung erfolgen, soll das Grundbuchamt dem Gericht mitteilen.

§ 20 [Beschlagnahme des Grundstücks; Umfang] (1) Der Beschluß, durch welchen die Zwangsversteigerung angeordnet wird, gilt zugunsten des Gläubigers als Beschlagnahme des Grundstücks.

(2) Die Beschlagnahme umfaßt auch diejenigen Gegenstände, auf welche sich bei einem Grundstücke die Hypothek erstreckt.

§ 21 [Umfang der Beschlagnahme] (1) Die Beschlagnahme umfaßt land- und forstwirtschaftliche Erzeugnisse des Grundstücks sowie die Forderung aus einer Versicherung solcher Erzeugnisse nur, soweit die Erzeugnisse noch mit dem Boden verbunden oder soweit sie Zubehör des Grundstücks sind.

(2) Die Beschlagnahme umfaßt nicht die Miet- und Pachtforderungen sowie die Ansprüche aus einem mit dem Eigentum an dem Grundstücke verbundenen Rechte auf wiederkehrende Leistungen.

(3) Das Recht eines Pächters auf den Fruchtgenuß wird von der Beschlagnahme nicht berührt.

§ 22 [Wirksamwerden der Beschlagnahme] (1) ¹ Die Beschlagnahme des Grundstücks wird mit dem Zeitpunkte wirksam, in welchem der Beschluß, durch den die Zwangsversteigerung angeordnet ist, dem Schuldner zugestellt wird. ² Sie wird auch wirksam mit dem Zeitpunkt, in welchem das Ersuchen um Eintragung des Versteigerungsvermerkes dem Grundbuchamte zugeht, sofern auf das Ersuchen die Eintragung demnächst erfolgt.

(2) ¹ Erstreckt sich die Beschlagnahme auf eine Forderung, so hat das Gericht auf Antrag des Gläubigers dem Drittschuldner zu verbieten, an den Schuldner zu zahlen. ² Die Beschlagnahme wird dem Drittschuldner gegen-

Zwangsversteigerungsgesetz §§ 23–28 ZVG 2

über erst mit dem Zeitpunkte wirksam, in welchem sie ihm bekannt oder das Zahlungsverbot ihm zugestellt wird. ³Die Vorschriften des § 845 der Zivilprozeßordnung finden entsprechende Anwendung.

§ 23 [Wirkung der Beschlagnahme] (1) ¹Die Beschlagnahme hat die Wirkung eines Veräußerungsverbots. ²Der Schuldner kann jedoch, wenn sich die Beschlagnahme auf bewegliche Sachen erstreckt, über einzelne Stücke innerhalb der Grenzen einer ordnungsmäßigen Wirtschaft auch dem Gläubiger gegenüber wirksam verfügen.

(2) ¹Kommt es bei einer gegen die Beschlagnahme verstoßenden Verfügung nach § 135 Abs. 2 des Bürgerlichen Gesetzbuchs darauf an, ob derjenige, zu dessen Gunsten verfügt wurde, die Beschlagnahme kannte, so steht die Kenntnis des Versteigerungsantrags einer Kenntnis der Beschlagnahme gleich. ²Die Beschlagnahme gilt auch in Ansehung der mithaftenden beweglichen Sachen als bekannt, sobald der Versteigerungsvermerk eingetragen ist.

§ 24 [Verwaltung und Benutzung durch den Schuldner] Die Verwaltung und Benutzung des Grundstücks verbleibt dem Schuldner nur innerhalb der Grenzen einer ordnungsmäßigen Wirtschaft.

§ 25 [Sicherung der ordnungsmäßigen Bewirtschaftung] ¹Ist zu besorgen, daß durch das Verhalten des Schuldners die ordnungsmäßige Wirtschaft gefährdet wird, so hat das Vollstreckungsgericht auf Antrag des Gläubigers die zur Abwendung der Gefährdung erforderlichen Maßregeln anzuordnen. ²Das Gericht kann die Maßregeln aufheben, wenn der zu deren Fortsetzung erforderliche Geldbetrag nicht vorgeschossen wird.

§ 26 [Veräußerung nach Beschlagnahme] Ist die Zwangsversteigerung wegen des Anspruchs aus einem eingetragenen Rechte angeordnet, so hat eine nach der Beschlagnahme bewirkte Veräußerung des Grundstücks auf den Fortgang des Verfahrens gegen den Schuldner keinen Einfluß.

§ 27 [Beitritt zum Versteigerungsverfahren] (1) ¹Wird nach der Anordnung der Zwangsversteigerung ein weiterer Antrag auf Zwangsversteigerung des Grundstücks gestellt, so erfolgt statt des Versteigerungsbeschlusses die Anordnung, daß der Beitritt des Antragstellers zu dem Verfahren zugelassen wird. ²Eine Eintragung dieser Anordnung in das Grundbuch findet nicht statt.

(2) Der Gläubiger, dessen Beitritt zugelassen ist, hat dieselben Rechte, wie wenn auf seinen Antrag die Versteigerung angeordnet wäre.

II. Aufhebung und einstweilige Einstellung des Verfahrens

§ 28 [Entgegenstehende grundbuchmäßige Rechte; Verfügungsbeschränkung; Vollstreckungsmangel] (1) ¹Wird dem Vollstreckungsgericht ein aus dem Grundbuch ersichtliches Recht bekannt, welches der Zwangsversteigerung oder der Fortsetzung des Verfahrens entgegensteht, so hat das Gericht das Verfahren entweder sofort aufzuheben oder unter Bestimmung einer Frist, binnen welcher der Gläubiger die Hebung des Hindernisses nachzuweisen hat, einstweilen einzustellen. ²Im letzteren Falle ist das Verfahren nach dem Ablaufe der Frist aufzuheben, wenn nicht inzwischen der Nachweis erbracht ist.

(2) Wird dem Vollstreckungsgericht eine Verfügungsbeschränkung oder ein Vollstreckungsmangel bekannt, ist Absatz 1 entsprechend anzuwenden.

§ 29 [Zurücknahme des Antrages] Das Verfahren ist aufzuheben, wenn der Versteigerungsantrag von dem Gläubiger zurückgenommen wird.

§ 30 [Einstweilige Einstellung auf Bewilligung des Gläubigers]

(1) ¹Das Verfahren ist einstweilen einzustellen, wenn der Gläubiger die Einstellung bewilligt. ²Die Einstellung kann wiederholt bewilligt werden. ³Ist das Verfahren auf Grund einer Bewilligung des Gläubigers bereits zweimal eingestellt, so gilt die erneute Einstellungsbewilligung als Rücknahme des Versteigerungsantrags.

(2) Der Bewilligung der Einstellung steht es gleich, wenn der Gläubiger die Aufhebung des Versteigerungstermins bewilligt.

§ 30a [Einstweilige Einstellung auf Antrag des Schuldners] (1) Das Verfahren ist auf Antrag des Schuldners einstweilen auf die Dauer von höchstens sechs Monaten einzustellen, wenn Aussicht besteht, daß durch die Einstellung die Versteigerung vermieden wird, und wenn die Einstellung nach den persönlichen und wirtschaftlichen Verhältnissen des Schuldners sowie nach der Art der Schuld der Billigkeit entspricht.

(2) Der Antrag ist abzulehnen, wenn die einstweilige Einstellung dem betreibenden Gläubiger unter Berücksichtigung seiner wirtschaftlichen Verhältnisse nicht zuzumuten ist, insbesondere ihm einen unverhältnismäßigen Nachteil bringen würde, oder wenn mit Rücksicht auf die Beschaffenheit oder die sonstigen Verhältnisse des Grundstücks anzunehmen ist, daß die Versteigerung zu einem späteren Zeitpunkt einen wesentlich geringeren Erlös bringen würde.

(3) ¹Die einstweilige Einstellung kann auch mit der Maßgabe angeordnet werden, daß sie außer Kraft tritt, wenn der Schuldner die während der Einstellung fällig werdenden wiederkehrenden Leistungen nicht binnen zwei Wochen nach Eintritt der Fälligkeit bewirkt. ²Wird die Zwangsversteigerung von einem Gläubiger betrieben, dessen Hypothek oder Grundschuld innerhalb der ersten sieben Zehnteile des Grundstückswertes steht, so darf das Gericht von einer solchen Anordnung nur insoweit absehen, als dies nach den besonderen Umständen des Falles zur Wiederherstellung einer geordneten wirtschaftlichen Lage des Schuldners geboten und dem Gläubiger unter Berücksichtigung seiner gesamten wirtschaftlichen Verhältnisse, insbesondere seiner eigenen Zinsverpflichtungen, zuzumuten ist.

(4) Das Gericht kann ferner anordnen, daß der Schuldner Zahlungen auf Rückstände wiederkehrender Leistungen zu bestimmten Terminen zu bewirken hat.

(5) Das Gericht kann schließlich die einstweilige Einstellung von sonstigen Auflagen mit der Maßgabe abhängig machen, daß die einstweilige Einstellung des Verfahrens bei Nichterfüllung dieser Auflagen außer Kraft tritt.

§ 30b [Antrag auf einstweilige Einstellung; Entscheidung] (1) ¹Die einstweilige Einstellung ist binnen einer Notfrist von zwei Wochen zu beantragen. ²Die Frist beginnt mit der Zustellung der Verfügung, in welcher der

Schuldner auf das Recht zur Stellung des Einstellungsantrages, den Fristbeginn und die Rechtsfolgen eines fruchtlosen Fristablaufs hingewiesen wird. [3] Der Hinweis ist möglichst zugleich mit dem Beschluß, durch den die Zwangsversteigerung angeordnet wird, zuzustellen.

(2) [1] Die Entscheidung über den Antrag auf einstweilige Einstellung des Verfahrens ergeht durch Beschluß. [2] Vor der Entscheidung sind der Schuldner und der betreibende Gläubiger zu hören; in geeigneten Fällen kann das Gericht mündliche Verhandlung anberaumen. [3] Der Schuldner und der betreibende Gläubiger haben ihre Angaben auf Verlangen des Gerichts glaubhaft zu machen.

(3) Gegen die Entscheidung ist die sofortige Beschwerde zulässig; vor der Entscheidung ist der Gegner zu hören.

(4) Der Versteigerungstermin soll erst nach Rechtskraft des die einstweilige Einstellung ablehnenden Beschlusses bekanntgegeben werden.

§ 30 c [Erneute Einstellung] [1] War das Verfahren gemäß § 30 a einstweilen eingestellt, so kann es auf Grund des § 30 a einmal erneut eingestellt werden, es sei denn, daß die Einstellung dem Gläubiger unter Berücksichtigung seiner gesamten wirtschaftlichen Verhältnisse nicht zuzumuten ist. [2] § 30 b gilt entsprechend.

§ 30 d [Einstweilige Einstellung auf Antrag des Insolvenzverwalters]

(1) [1] Ist über das Vermögen des Schuldners ein Insolvenzverfahren eröffnet, so ist auf Antrag des Insolvenzverwalters die Zwangsversteigerung einstweilen einzustellen, wenn

1. im Insolvenzverfahren der Berichtstermin nach § 29 Abs. 1 Nr. 1 der Insolvenzordnung noch bevorsteht,
2. das Grundstück nach dem Ergebnis des Berichtstermins nach § 29 Abs. 1 Nr. 1 der Insolvenzordnung im Insolvenzverfahren für eine Fortführung des Unternehmens oder für die Vorbereitung der Veräußerung eines Betriebs oder einer anderen Gesamtheit von Gegenständen benötigt wird,
3. durch die Versteigerung die Durchführung eines vorgelegten Insolvenzplans gefährdet würde oder
4. in sonstiger Weise durch die Versteigerung die angemessene Verwertung der Insolvenzmasse wesentlich erschwert würde.

[2] Der Antrag ist abzulehnen, wenn die einstweilige Einstellung dem Gläubiger unter Berücksichtigung seiner wirtschaftlichen Verhältnisse nicht zuzumuten ist.

(2) Hat der Schuldner einen Insolvenzplan vorgelegt und ist dieser nicht nach § 231 der Insolvenzordnung zurückgewiesen worden, so ist die Zwangsversteigerung auf Antrag des Schuldners unter den Voraussetzungen des Absatzes 1 Satz 1 Nr. 3, Satz 2 einstweilen einzustellen.

(3) § 30 b Abs. 2 bis 4 gilt entsprechend mit der Maßgabe, daß an die Stelle des Schuldners der Insolvenzverwalter tritt, wenn dieser den Antrag gestellt hat, und daß die Zwangsversteigerung eingestellt wird, wenn die Voraussetzungen für die Einstellung glaubhaft gemacht sind.

(4) Ist vor der Eröffnung des Insolvenzverfahrens ein vorläufiger Verwalter bestellt, so ist auf dessen Antrag die Zwangsversteigerung einstweilen ein-

zustellen, wenn glaubhaft gemacht wird, daß die einstweilige Einstellung zur Verhütung nachteiliger Veränderungen in der Vermögenslage des Schuldners erforderlich ist.

§ 30 e [Auflage zur einstweiligen Einstellung] (1) ¹ Die einstweilige Einstellung ist mit der Auflage anzuordnen, daß dem betreibenden Gläubiger für die Zeit nach dem Berichtstermin nach § 29 Abs. 1 Nr. 1 der Insolvenzordnung laufend die geschuldeten Zinsen binnen zwei Wochen nach Eintritt der Fälligkeit aus der Insolvenzmasse gezahlt werden. ² Ist das Versteigerungsverfahren schon vor der Eröffnung des Insolvenzverfahrens nach § 30 d Abs. 4 einstweilen eingestellt worden, so ist die Zahlung von Zinsen spätestens von dem Zeitpunkt an anzuordnen, der drei Monate nach der ersten einstweiligen Einstellung liegt.

(2) Wird das Grundstück für die Insolvenzmasse genutzt, so ordnet das Gericht auf Antrag des betreibenden Gläubigers weiter die Auflage an, daß der entstehende Wertverlust von der Einstellung des Versteigerungsverfahrens an durch laufende Zahlungen aus der Insolvenzmasse an den Gläubiger auszugleichen ist.

(3) Die Absätze 1 und 2 gelten nicht, soweit nach der Höhe der Forderung sowie dem Wert und der sonstigen Belastung des Grundstücks nicht mit einer Befriedigung des Gläubigers aus dem Versteigerungserlös zu rechnen ist.

§ 30 f [Aufhebung der einstweiligen Einstellung] (1) ¹ Im Falle des § 30 d Abs. 1 bis 3 ist die einstweilige Einstellung auf Antrag des Gläubigers aufzuheben, wenn die Voraussetzungen für die Einstellung fortgefallen sind, wenn die Auflagen nach § 30 e nicht beachtet werden oder wenn der Insolvenzverwalter, im Falle des § 30 d Abs. 2 der Schuldner, der Aufhebung zustimmt. ² Auf Antrag des Gläubigers ist weiter die einstweilige Einstellung aufzuheben, wenn das Insolvenzverfahren beendet ist.

(2) ¹ Die einstweilige Einstellung nach § 30 d Abs. 4 ist auf Antrag des Gläubigers aufzuheben, wenn der Antrag auf Eröffnung des Insolvenzverfahrens zurückgenommen oder abgewiesen wird. ² Im übrigen gilt Absatz 1 Satz 1 entsprechend.

(3) ¹ Vor der Entscheidung des Gerichts ist der Insolvenzverwalter, im Falle des § 30 d Abs. 2 der Schuldner, zu hören. ² § 30 b Abs. 3 gilt entsprechend.

§ 31 [Fortsetzung auf Antrag des Gläubigers] (1) ¹ Im Falle einer einstweiligen Einstellung darf das Verfahren, soweit sich nicht aus dem Gesetz etwas anderes ergibt, nur auf Antrag des Gläubigers fortgesetzt werden. ² Wird der Antrag nicht binnen sechs Monaten gestellt, so ist das Verfahren aufzuheben.

(2) Die Frist nach Absatz 1 Satz 2 beginnt

a) im Falle des § 30 mit der Einstellung des Verfahrens,

b) im Falle des § 30 a mit dem Zeitpunkt, bis zu dem die Einstellung angeordnet war,

c) im Falle des § 30 f Abs. 1 mit dem Ende des Insolvenzverfahrens, im Falle des § 30 f Abs. 2 mit der Rücknahme oder der Abweisung des Antrags auf Eröffnung des Insolvenzverfahrens,

d) wenn die Einstellung vom Prozeßgericht angeordnet war, mit der Wiederaufhebung der Anordnung oder mit einer sonstigen Erledigung der Einstellung.

(3) Das Vollstreckungsgericht soll den Gläubiger auf den Fristbeginn unter Bekanntgabe der Rechtsfolgen eines fruchtlosen Fristablaufs hinweisen; die Frist beginnt erst zu laufen, nachdem der Hinweis auf die Rechtsfolgen eines fruchtlosen Fristablaufs dem Gläubiger zugestellt worden ist.

§ 32 [Zustellung des Aufhebungs- oder Einstellungsbeschlusses] Der Beschluß, durch welchen das Verfahren aufgehoben oder einstweilen eingestellt wird, ist dem Schuldner, dem Gläubiger und, wenn die Anordnung von einem Dritten beantragt war, auch diesem zuzustellen.

§ 33 [Entscheidung durch Versagung des Zuschlags] Nach dem Schlusse der Versteigerung darf, wenn ein Grund zur Aufhebung oder zur einstweiligen Einstellung des Verfahrens oder zur Aufhebung des Termins vorliegt, die Entscheidung nur durch Versagung des Zuschlags gegeben werden.

§ 34 [Löschung des Versteigerungsvermerkes] Im Falle der Aufhebung des Verfahrens ist das Grundbuchamt um Löschung des Versteigerungsvermerkes zu ersuchen.

III. Bestimmung des Versteigerungstermins

§ 35 [Ausführung durch Vollstreckungsgericht] Die Versteigerung wird durch das Vollstreckungsgericht ausgeführt.

§ 36 [Terminsbestimmung] (1) Der Versteigerungstermin soll erst nach der Beschlagnahme des Grundstücks und nach dem Eingange der Mitteilungen des Grundbuchamts bestimmt werden.

(2) ¹Der Zeitraum zwischen der Anberaumung des Termins und dem Termin soll, wenn nicht besondere Gründe vorliegen, nicht mehr als sechs Monate betragen. ²War das Verfahren einstweilen eingestellt, so soll diese Frist nicht mehr als zwei Monate, muß aber mindestens einen Monat betragen.

(3) Der Termin kann nach dem Ermessen des Gerichts an der Gerichtsstelle oder an einem anderen Orte im Gerichtsbezirk abgehalten werden.

§ 37 [Wesentlicher Inhalt der Terminsbestimmung] Die Terminsbestimmung muß enthalten:
1. die Bezeichnung des Grundstücks;
2. Zeit und Ort des Versteigerungstermins;
3. die Angabe, daß die Versteigerung im Wege der Zwangsvollstreckung erfolgt;
4. die Aufforderung, Rechte, soweit sie zur Zeit der Eintragung des Versteigerungsvermerkes aus dem Grundbuche nicht ersichtlich waren, spätestens im Versteigerungstermine vor der Aufforderung zur Abgabe von Geboten anzumelden und, wenn der Gläubiger widerspricht, glaubhaft zu machen, widrigenfalls die Rechte bei der Feststellung des geringsten Gebots nicht berücksichtigt und bei der Verteilung des Versteigerungserlöses dem An-

spruche des Gläubigers und den übrigen Rechten nachgesetzt werden würden;

5. die Aufforderung an diejenigen, welche ein der Versteigerung entgegenstehendes Recht haben, vor der Erteilung des Zuschlags die Aufhebung oder einstweilige Einstellung des Verfahrens herbeizuführen, widrigenfalls für das Recht der Versteigerungserlös an die Stelle des versteigerten Gegenstandes treten würde.

§ 38 [Weitere Angaben in der Terminsbestimmung] (1) ¹Die Terminsbestimmung soll die Angabe des Grundbuchblatts, der Größe und des Verkehrswerts des Grundstücks enthalten. ²Ist in einem früheren Versteigerungstermin der Zuschlag aus den Gründen des § 74a Abs. 1 oder des § 85a Abs. 1 versagt worden, so soll auch diese Tatsache in der Terminsbestimmung angegeben werden.

(2) Das Gericht kann Wertgutachten und Abschätzungen in einem für das Gericht bestimmten elektronischen Informations- und Kommunikationssystem öffentlich bekannt machen.

§ 39 [Bekanntmachung der Terminsbestimmung] (1) Die Terminsbestimmung muß durch einmalige Einrückung in das für Bekanntmachungen des Gerichts bestimmte Blatt oder in einem für das Gericht bestimmten elektronischen Informations- und Kommunikationssystem öffentlich bekanntgemacht werden.

(2) Hat das Grundstück nur einen geringen Wert, so kann das Gericht anordnen, daß die Einrückung oder Veröffentlichung nach Absatz 1 unterbleibt; in diesem Falle muß die Bekanntmachung dadurch erfolgen, daß die Terminsbestimmung in der Gemeinde, in deren Bezirke das Grundstück belegen ist, an die für amtliche Bekanntmachungen bestimmte Stelle angeheftet wird.

§ 40 [Anheftung an die Gerichtstafel] (1) ¹Die Terminsbestimmung soll an die Gerichtstafel angeheftet werden. ²Ist das Gericht nach § 2 Abs. 2 zum Vollstreckungsgerichte bestellt, so muß die Anheftung auch bei den übrigen Gerichten bewirkt werden. ³Wird der Termin nach § 39 Abs. 1 durch Veröffentlichung in einem für das Gericht bestimmten elektronischen Informations- und Kommunikationssystem öffentlich bekannt gemacht, so kann die Anheftung an die Gerichtstafel unterbleiben.

(2) Das Gericht ist befugt, noch andere und wiederholte Veröffentlichungen zu veranlassen; bei der Ausübung dieser Befugnis ist insbesondere auf den Ortsgebrauch Rücksicht zu nehmen.

§ 41 [Zustellung an die Beteiligten] (1) Die Terminsbestimmung ist den Beteiligten zuzustellen.

(2) Im Laufe der vierten Woche vor dem Termin soll den Beteiligten mitgeteilt werden, auf wessen Antrag und wegen welcher Ansprüche die Versteigerung erfolgt.

(3) Als Beteiligte gelten auch diejenigen, welche das angemeldete Recht noch glaubhaft zu machen haben.

§ 42 [Akteneinsicht] (1) Die Einsicht der Mitteilungen des Grundbuchamts sowie der erfolgten Anmeldungen ist jedem gestattet.

(2) Das gleiche gilt von anderen das Grundstück betreffenden Nachweisungen, welche ein Beteiligter einreicht, insbesondere von Abschätzungen.

§ 43 [Terminsaufhebung] (1) ¹Der Versteigerungstermin ist aufzuheben und von neuem zu bestimmen, wenn die Terminsbestimmung nicht sechs Wochen vor dem Termin bekanntgemacht ist. ²War das Verfahren einstweilen eingestellt, so reicht es aus, daß die Bekanntmachung der Terminsbestimmung zwei Wochen vor dem Termin bewirkt ist.

(2) Das gleiche gilt, wenn nicht vier Wochen vor dem Termin dem Schuldner ein Beschluß, auf Grund dessen die Versteigerung erfolgen kann, und allen Beteiligten, die schon zur Zeit der Anberaumung des Termins dem Gericht bekannt waren, die Terminsbestimmung zugestellt ist, es sei denn, daß derjenige, in Ansehung dessen die Frist nicht eingehalten ist, das Verfahren genehmigt.

IV. Geringstes Gebot. Versteigerungsbedingungen

§ 44 [Begriff des geringsten Gebots] (1) Bei der Versteigerung wird nur ein solches Gebot zugelassen, durch welches die dem Ansprucha des Gläubigers vorgehenden Rechte sowie die aus dem Versteigerungserlöse zu entnehmenden Kosten des Verfahrens gedeckt werden (geringstes Gebot).

(2) Wird das Verfahren wegen mehrerer Ansprüche von verschiedenem Range betrieben, so darf der vorgehende Anspruch der Feststellung des geringsten Gebotes nur dann zugrunde gelegt werden, wenn der wegen dieses Anspruchs ergangene Beschluß dem Schuldner vier Wochen vor dem Versteigerungstermin zugestellt ist.

§ 45 [Feststellung des geringsten Gebots] (1) Ein Recht ist bei der Feststellung des geringsten Gebots insoweit, als es zur Zeit der Eintragung des Versteigerungsvermerkes aus dem Grundbuch ersichtlich war, nach dem Inhalte des Grundbuchs, im übrigen nur dann zu berücksichtigen, wenn es rechtzeitig angemeldet und, falls der Gläubiger widerspricht, glaubhaft gemacht wird.

(2) Von wiederkehrenden Leistungen, die nach dem Inhalte des Grundbuchs zu entrichten sind, brauchen die laufenden Beträge nicht angemeldet, die rückständigen nicht glaubhaft gemacht zu werden.

(3) ¹Ansprüche der Wohnungseigentümer nach § 10 Abs. 1 Nr. 2 sind bei der Anmeldung durch einen entsprechenden Titel oder durch die Niederschrift der Beschlüsse der Wohnungseigentümer einschließlich ihrer Anlagen oder in sonst geeigneter Weise glaubhaft zu machen. ²Aus dem Vorbringen müssen sich die Zahlungspflicht, die Art und der Bezugszeitraum des Anspruchs sowie seine Fälligkeit ergeben.

§ 46 [Wiederkehrende Naturalleistungen] Für wiederkehrende Leistungen, die nicht in Geld bestehen, hat das Gericht einen Geldbetrag festzusetzen, auch wenn ein solcher nicht angemeldet ist.

§ 47 [Wiederkehrende Geldleistungen] ¹Laufende Beträge regelmäßig wiederkehrender Leistungen sind für die Zeit bis zum Ablaufe von zwei Wochen nach dem Versteigerungstermine zu decken. ²Nicht regelmäßig wiederkehrende Leistungen werden mit den Beträgen berücksichtigt, welche vor dem Ablaufe dieser Frist zu entrichten sind.

§ 48 [Bedingte Rechte; Vormerkung und Widerspruch] Bedingte Rechte sind wie unbedingte, Rechte, die durch Eintragung eines Widerspruchs oder einer Vormerkung gesichert sind, wie eingetragene Rechte zu berücksichtigen.

§ 49 [Bargebot] (1) Der Teil des geringsten Gebots, welcher zur Deckung der Kosten sowie der im § 10 Nr. 1 bis 3 und im § 12 Nr. 1, 2 bezeichneten Ansprüche bestimmt ist, desgleichen der das geringste Gebot übersteigende Betrag des Meistgebots, ist von dem Ersteher vor dem Verteilungstermin zu berichtigen (Bargebot).

(2) Das Bargebot ist von dem Zuschlag an zu verzinsen.

(3) Das Bargebot ist so rechtzeitig durch Überweisung oder Einzahlung auf ein Konto der Gerichtskasse zu entrichten, dass der Betrag der Gerichtskasse vor dem Verteilungstermin gutgeschrieben ist und ein Nachweis hierüber im Termin vorliegt.

(4) Der Ersteher wird durch Hinterlegung von seiner Verbindlichkeit befreit, wenn die Hinterlegung und die Ausschließung der Rücknahme im Verteilungstermine nachgewiesen werden.

§ 50 [Erhöhung des zu zahlenden Betrages] (1) ¹Soweit eine bei der Feststellung des geringsten Gebots berücksichtigte Hypothek, Grundschuld oder Rentenschuld nicht besteht, hat der Ersteher außer dem Bargebot auch den Betrag des berücksichtigten Kapitals zu zahlen. ²In Ansehung der Verzinslichkeit, des Zinssatzes, der Zahlungszeit, der Kündigung und des Zahlungsorts bleiben die für das berücksichtigte Recht getroffenen Bestimmungen maßgebend.

(2) Das gleiche gilt:
1. wenn das Recht bedingt ist und die aufschiebende Bedingung ausfällt oder die auflösende Bedingung eintritt;
2. wenn das Recht noch an einem anderen Grundstücke besteht und an dem versteigerten Grundstücke nach den besonderen Vorschriften über die Gesamthypothek erlischt.

(3) Haftet der Ersteher im Falle des Absatzes 2 Nr. 2 zugleich persönlich, so ist die Erhöhung des zu zahlenden Betrags ausgeschlossen, soweit der Ersteher nicht bereichert ist.

§ 51 [Erhöhung bei Nichthypothekenrechten] (1) ¹Ist das berücksichtigte Recht nicht eine Hypothek, Grundschuld oder Rentenschuld, so finden die Vorschriften des § 50 entsprechende Anwendung. ²Der Ersteher hat statt des Kapitals den Betrag, um welchen sich der Wert des Grundstücks erhöht, drei Monate nach erfolgter Kündigung zu zahlen und von dem Zuschlag an zu verzinsen.

(2) Der Betrag soll von dem Gerichte bei der Feststellung des geringsten Gebots bestimmt werden.

§ 52 [Bestehenbleibende Rechte] (1) ¹ Ein Recht bleibt insoweit bestehen, als es bei der Feststellung des geringsten Gebots berücksichtigt und nicht durch Zahlung zu decken ist. ² Im übrigen erlöschen die Rechte.

(2) ¹ Das Recht auf eine der in den §§ 912 bis 917 des Bürgerlichen Gesetzbuchs bezeichneten Renten bleibt auch dann bestehen, wenn es bei der Feststellung des geringsten Gebots nicht berücksichtigt ist. ² Satz 1 ist entsprechend anzuwenden auf

a) den Erbbauzins nach § 9 Abs. 3 des Erbbaurechtsgesetzes das Bestehenbleiben des Erbbauzinses als Inhalt der Reallast vereinbart worden ist;

b) Grunddienstbarkeiten und beschränkte persönliche Dienstbarkeiten, die auf dem Grundstück als Ganzem lasten, wenn in ein Wohnungseigentum mit dem Rang nach § 10 Abs. 1 Nr. 2 vollstreckt wird und diesen kein anderes Recht der Rangklasse 4 vorgeht, aus dem die Versteigerung betrieben werden kann.

§ 53 [Schuldübernahme] (1) Haftet bei einer Hypothek, die bestehenbleibt, der Schuldner zugleich persönlich, so übernimmt der Ersteher die Schuld in Höhe der Hypothek; die Vorschriften des § 416 des Bürgerlichen Gesetzbuchs finden mit der Maßgabe entsprechende Anwendung, daß als Veräußerer im Sinne dieser Vorschriften der Schuldner anzusehen ist.

(2) Das gleiche gilt, wenn bei einer Grundschuld oder Rentenschuld, die bestehenbleibt, der Schuldner zugleich persönlich haftet, sofern er spätestens im Versteigerungstermine vor der Aufforderung zur Abgabe von Geboten die gegen ihn bestehende Forderung unter Angabe ihres Betrags und Grundes angemeldet und auf Verlangen des Gerichts oder eines Beteiligten glaubhaft gemacht hat.

§ 54 [Kündigung von Grundpfandrechten] (1) Die von dem Gläubiger dem Eigentümer oder von diesem dem Gläubiger erklärte Kündigung einer Hypothek, einer Grundschuld oder einer Rentenschuld ist dem Ersteher gegenüber nur wirksam, wenn sie spätestens in dem Versteigerungstermine vor der Aufforderung zur Abgabe von Geboten erfolgt und bei dem Gericht angemeldet worden ist.

(2) Das gleiche gilt von einer aus dem Grundbuche nicht ersichtlichen Tatsache, infolge deren der Anspruch vor der Zeit geltend gemacht werden kann.

§ 55 [Gegenstand der Versteigerung] (1) Die Versteigerung des Grundstücks erstreckt sich auf alle Gegenstände, deren Beschlagnahme noch wirksam ist.

(2) Auf Zubehörstücke, die sich im Besitze des Schuldners oder eines neu eingetretenen Eigentümers befinden, erstreckt sich die Versteigerung auch dann, wenn sie einem Dritten gehören, es sei denn, daß dieser sein Recht nach Maßgabe des § 37 Nr. 5 geltend gemacht hat.

§ 56 [Gefahrübergang] ¹ Die Gefahr des zufälligen Unterganges geht in Ansehung des Grundstücks mit dem Zuschlag, in Ansehung der übrigen Gegenstände mit dem Schlusse der Versteigerung auf den Ersteher über. ² Von dem Zuschlag an gebühren dem Ersteher die Nutzungen und trägt er die Lasten. ³ Ein Anspruch auf Gewährleistung findet nicht statt.

§ 57 [Mieter, Pächter] Ist das Grundstück einem Mieter oder Pächter überlassen, so finden die Vorschriften der §§ 566, 566a, 566b Abs. 1, §§ 566c und 566d des Bürgerlichen Gesetzbuchs nach Maßgabe der §§ 57a und 57b entsprechende Anwendung.

§ 57a [Kündigungsrecht des Erstehers] ¹ Der Ersteher ist berechtigt, das Miet- oder Pachtverhältnis unter Einhaltung der gesetzlichen Frist zu kündigen. ² Die Kündigung ist ausgeschlossen, wenn sie nicht für den ersten Termin erfolgt, für den sie zulässig ist.

§ 57b [Vorausverfügungen über Miet- oder Pachtzins] (1) ¹ Soweit nach den Vorschriften des § 566b Abs. 1 und der §§ 566c, 566d des Bürgerlichen Gesetzbuchs für die Wirkung von Verfügungen und Rechtsgeschäften über die Miete oder Pacht der Übergang des Eigentums in Betracht kommt, ist an dessen Stelle die Beschlagnahme des Grundstücks maßgebend. ² Ist dem Mieter oder Pächter der Beschluß, durch den die Zwangsversteigerung angeordnet ist, zugestellt, so gilt mit der Zustellung die Beschlagnahme als dem Mieter oder Pächter bekannt; die Zustellung erfolgt auf Antrag des Gläubigers an die von ihm bezeichneten Personen. ³ Dem Beschlusse soll eine Belehrung über die Bedeutung der Beschlagnahme für den Mieter oder Pächter beigefügt werden. ⁴ Das Gericht hat auf Antrag des Gläubigers zur Feststellung der Mieter und Pächter eines Grundstücks Ermittlungen zu veranlassen; es kann damit einen Gerichtsvollzieher oder einen sonstigen Beamten beauftragen, auch die zuständige örtliche Behörde um Mitteilung der ihr bekannten Mieter und Pächter ersuchen.

(2) ¹ Der Beschlagnahme zum Zwecke der Zwangsversteigerung steht die Beschlagnahme zum Zwecke der Zwangsverwaltung gleich, wenn sie bis zum Zuschlag fortgedauert hat. ² Ist dem Mieter oder Pächter der Beschluß, durch den ihm verboten wird, an den Schuldner zu zahlen, zugestellt, so gilt mit der Zustellung die Beschlagnahme als dem Mieter oder Pächter bekannt.

(3) Auf Verfügungen und Rechtsgeschäfte des Zwangsverwalters finden diese Vorschriften keine Anwendung.

§§ 57c, 57d *(aufgehoben)*

§ 58 [Kosten des Zuschlagsbeschlusses] Die Kosten des Beschlusses, durch welchen der Zuschlag erteilt wird, fallen dem Ersteher zur Last.

§ 59 [Abweichende Feststellung des geringsten Gebots] (1) ¹ Jeder Beteiligte kann spätestens im Versteigerungstermin vor der Aufforderung zur Abgabe von Geboten eine von den gesetzlichen Vorschriften abweichende Feststellung des geringsten Gebots und der Versteigerungsbedingungen verlangen. ² Der Antrag kann spätestens zu dem in Satz 1 genannten Zeitpunkt zurückgenommen werden. ³ Wird durch die Abweichung das Recht eines anderen Beteiligten beeinträchtigt, so ist dessen Zustimmung erforderlich.

(2) Sofern nicht feststeht, ob das Recht durch die Abweichung beeinträchtigt wird, ist das Grundstück mit der verlangten Abweichung und ohne sie auszubieten.

(3) Soll das Fortbestehen eines Rechtes bestimmt werden, das nach § 52 erlöschen würde, so bedarf es nicht der Zustimmung eines nachstehenden Beteiligten.

§§ 60, 61 *(aufgehoben)*

§ 62 [Erörterungen über das geringste Gebot] Das Gericht kann schon vor dem Versteigerungstermin Erörterungen der Beteiligten über das geringste Gebot und die Versteigerungsbedingungen veranlassen, zu diesem Zwecke auch einen besonderen Termin bestimmen.

§ 63 [Einzel-, Gesamt- und Gruppenausgebot mehrerer Grundstücke] (1) ¹ Mehrere in demselben Verfahren zu versteigernde Grundstücke sind einzeln auszubieten. ² Grundstücke, die mit einem einheitlichen Bauwerk überbaut sind, können auch gemeinsam ausgeboten werden.

(2) ¹ Jeder Beteiligte kann spätestens im Versteigerungstermin vor der Aufforderung zur Abgabe von Geboten verlangen, daß neben dem Einzelausgebot alle Grundstücke zusammen ausgeboten werden (Gesamtausgebot). ² Sofern einige Grundstücke mit einem und demselben Recht belastet sind, kann jeder Beteiligte auch verlangen, daß diese Grundstücke gemeinsam ausgeboten werden (Gruppenausgebot). ³ Auf Antrag kann das Gericht auch in anderen Fällen das Gesamtausgebot einiger der Grundstücke anordnen (Gruppenausgebot).

(3) ¹ Wird bei dem Einzelausgebot auf eines der Grundstücke ein Meistgebot abgegeben, das mehr beträgt als das geringste Gebot für dieses Grundstück, so erhöht sich bei dem Gesamtausgebote das geringste Gebot um den Mehrbetrag. ² Der Zuschlag wird auf Grund des Gesamtausgebots nur erteilt, wenn das Meistgebot höher ist als das Gesamtergebnis der Einzelausgebote.

(4) ¹ Das Einzelausgebot unterbleibt, wenn die anwesenden Beteiligten, deren Rechte bei der Feststellung des geringsten Gebots nicht zu berücksichtigen sind, hierauf verzichtet haben. ² Dieser Verzicht ist bis spätestens vor der Aufforderung zur Abgabe von Geboten zu erklären.

§ 64 [Gesamthypothek] (1) ¹ Werden mehrere Grundstücke, die mit einer dem Anspruche des Gläubigers vorgehenden Gesamthypothek belastet sind, in demselben Verfahren versteigert, so ist auf Antrag die Gesamthypothek bei der Feststellung des geringsten Gebots für das einzelne Grundstück nur zu dem Teilbetrage zu berücksichtigen, der dem Verhältnisse des Wertes des Grundstücks zu dem Werte der sämtlichen Grundstücke entspricht; der Wert wird unter Abzug der Belastungen berechnet, die der Gesamthypothek im Range vorgehen und bestehen bleiben. ² Antragsberechtigt sind der Gläubiger, der Eigentümer und jeder dem Hypothekengläubiger gleich- oder nachstehende Beteiligte.

(2) ¹ Wird der im Absatz 1 bezeichnete Antrag gestellt, so kann der Hypothekengläubiger bis zum Schlusse der Verhandlung im Versteigerungstermine verlangen, daß bei der Feststellung des geringsten Gebots für die Grundstücke nur die seinem Ansprüche vorgehenden Rechte berücksichtigt werden; in diesem Falle sind die Grundstücke auch mit der verlangten Abweichung auszubieten. ² Erklärt sich nach erfolgtem Ausgebote der Hypothekengläubiger der Aufforderung des Gerichts ungeachtet nicht darüber, welches Ausgebot für die Erteilung des Zuschlags maßgebend sein soll, so verbleibt es bei der auf Grund des Absatzes 1 erfolgten Feststellung des geringsten Gebots.

(3) Diese Vorschriften finden entsprechende Anwendung, wenn die Grundstücke mit einer und derselben Grundschuld oder Rentenschuld belastet sind.

§ 65 [Besondere Versteigerung; anderweitige Verwertung] (1) ¹ Das Gericht kann auf Antrag anordnen, daß eine Forderung oder eine bewegliche Sache von der Versteigerung des Grundstücks ausgeschlossen und besonders versteigert werden soll. ² Auf Antrag kann auch eine andere Art der Verwertung angeordnet, insbesondere zur Einziehung einer Forderung ein Vertreter bestellt oder die Forderung einem Beteiligten mit dessen Zustimmung an Zahlungs Statt überwiesen werden. ³ Die Vorschriften der §§ 817, 820,¹⁾ 835 der Zivilprozeßordnung finden entsprechende Anwendung. ⁴ Der Erlös ist zu hinterlegen.

(2) Die besondere Versteigerung oder die anderweitige Verwertung ist nur zulässig, wenn das geringste Gebot erreicht ist.

V. Versteigerung

§ 66 [Verfahren im Termin] (1) In dem Versteigerungstermine werden nach dem Aufrufe der Sache die das Grundstück betreffenden Nachweisungen, die das Verfahren betreibenden Gläubiger, deren Ansprüche, die Zeit der Beschlagnahme, der vom Gericht festgesetzte Wert des Grundstücks und die erfolgten Anmeldungen bekanntgemacht, hierauf das geringste Gebot und die Versteigerungsbedingungen nach Anhörung der anwesenden Beteiligten, nötigenfalls mit Hilfe eines Rechnungsverständigen, unter Bezeichnung der einzelnen Rechte festgestellt und die erfolgten Feststellungen verlesen.

(2) Nachdem dies geschehen, hat das Gericht auf die bevorstehende Ausschließung weiterer Anmeldungen hinzuweisen und sodann zur Abgabe von Geboten aufzufordern.²⁾

§ 67 [Verlangen einer Sicherheitsleistung] (1) ¹ Ein Beteiligter, dessen Recht durch Nichterfüllung des Gebots beeinträchtigt werden würde, kann Sicherheitsleistung verlangen, jedoch nur sofort nach Abgabe des Gebots. ² Das Verlangen gilt auch für weitere Gebote desselben Bieters.

(2) ¹ Steht dem Bieter eine durch das Gebot ganz oder teilweise gedeckte Hypothek, Grundschuld oder Rentenschuld zu, so braucht er Sicherheit nur auf Verlangen des Gläubigers zu leisten. ² Auf Gebote des Schuldners oder

---

¹⁾ § 820 ZPO aufgeh. durch G v. 20. 8. 1953 (BGBl. I S. 952); siehe nunmehr § 817a Abs. 3 ZPO.
²⁾ Vgl. für land- und forstwirtschaftliche Grundstücke §§ 1 ff. und 37 GrundstückverkehrsG idF der Bek. v. 28. 7. 1961 (BGBl. I S. 1091), zuletzt geänd. durch G v. 17. 12. 2008 (BGBl. I S. 2586).

Zwangsversteigerungsgesetz **§§ 68–70 ZVG 2**

eines neu eingetretenen Eigentümers findet diese Vorschrift keine Anwendung.

(3) Für ein Gebot des Bundes, der Deutschen Bundesbank, der Deutschen Genossenschaftsbank, der Deutschen Girozentrale (Deutsche Kommunalbank) oder eines Landes kann Sicherheitsleistung nicht verlangt werden.

§ 68 [Höhe der Sicherheit] (1) [1] Die Sicherheit ist für ein Zehntel des in der Terminsbestimmung genannten, anderenfalls des festgesetzten Verkehrswerts zu leisten. [2] Übersteigt die Sicherheit nach Satz 1 das Bargebot, ist der überschießende Betrag freizugeben. [3] Ist die Sicherheitsleistung durch Überweisung auf das Konto der Gerichtskasse bewirkt, ordnet das Gericht die Auszahlung des überschießenden Betrags an.

(2) Ein Beteiligter, dessen Recht nach § 52 bestehenbleibt, kann darüber hinausgehende Sicherheitsleistung bis zur Höhe des Betrags verlangen, welcher zur Deckung der seinem Rechte vorgehenden Ansprüche durch Zahlung zu berichtigen ist.

(3) Bietet der Schuldner oder ein neu eingetretener Eigentümer des Grundstücks, so kann der Gläubiger darüber hinausgehende Sicherheitsleistung bis zur Höhe des Betrags verlangen, welcher zur Deckung seines Anspruchs durch Zahlung zu berichtigen ist.

(4) Die erhöhte Sicherheitsleistung nach den Absätzen 2 und 3 ist spätestens bis zur Entscheidung über den Zuschlag zu erbringen.

§ 69 [Art der Sicherheitsleistung] (1) Eine Sicherheitsleistung durch Barzahlung ist ausgeschlossen.

(2) [1] Zur Sicherheitsleistung sind Bundesbankschecks und Verrechnungsschecks geeignet, die frühestens am dritten Werktag vor dem Versteigerungstermin ausgestellt worden sind. [2] Dies gilt nur, wenn sie von einem im Geltungsbereich dieses Gesetzes zum Betreiben von Bankgeschäften berechtigten Kreditinstitut oder der Bundesbank ausgestellt und im Inland zahlbar sind. [3] Als berechtigt im Sinne dieser Vorschrift gelten Kreditinstitute, die in der Liste der zugelassenen Kreditinstitute gemäß Artikel 3 Abs. 7 und Artikel 10 Abs. 2 der Richtlinie 77/780/EWG des Rates vom 12. Dezember 1977 zur Koordinierung der Rechts- und Verwaltungsvorschriften über die Aufnahme und Ausübung der Tätigkeit der Kreditinstitute (ABl. EG Nr. L 322 S. 30) aufgeführt sind.

(3) [1] Als Sicherheitsleistung ist eine unbefristete, unbedingte und selbstschuldnerische Bürgschaft eines Kreditinstituts im Sinne des Absatzes 2 zuzulassen, wenn die Verpflichtung aus der Bürgschaft im Inland zu erfüllen ist. [2] Dies gilt nicht für Gebote des Schuldners oder eines neu eingetretenen Eigentümers.

(4) Die Sicherheitsleistung kann durch Überweisung auf ein Konto der Gerichtskasse bewirkt werden, wenn der Betrag der Gerichtskasse vor dem Versteigerungstermin gutgeschrieben ist und ein Nachweis hierüber im Termin vorliegt.

§ 70 [Sofortige Entscheidung; sofortige Leistung] (1) Das Gericht hat über die Sicherheitsleistung sofort zu entscheiden.

(2) ¹ Erklärt das Gericht die Sicherheit für erforderlich, so ist sie sofort zu leisten. ² Die Sicherheitsleistung durch Überweisung auf ein Konto der Gerichtskasse muss bereits vor dem Versteigerungstermin erfolgen. ³ Unterbleibt die Leistung, so ist das Gebot zurückzuweisen.

(3) Wird das Gebot ohne Sicherheitsleistung zugelassen und von dem Beteiligten, welcher die Sicherheit verlangt hat, nicht sofort Widerspruch erhoben, so gilt das Verlangen als zurückgenommen.

§ 71 [Zurückweisung eines unwirksamen Gebots] (1) Ein unwirksames Gebot ist zurückzuweisen.

(2) Ist die Wirksamkeit eines Gebots von der Vertretungsmacht desjenigen, welcher das Gebot für den Bieter abgegeben hat, oder von der Zustimmung eines anderen oder einer Behörde abhängig, so erfolgt die Zurückweisung, sofern nicht die Vertretungsmacht oder die Zustimmung bei dem Gericht offenkundig ist oder durch eine öffentlich beglaubigte Urkunde sofort nachgewiesen wird.

§ 72 [Erlöschen eines Gebots; Übergebot] (1) ¹ Ein Gebot erlischt, wenn ein Übergebot zugelassen wird und ein Beteiligter der Zulassung nicht sofort widerspricht. ² Das Übergebot gilt als zugelassen, wenn es nicht sofort zurückgewiesen wird.

(2) Ein Gebot erlischt auch dann, wenn es zurückgewiesen wird und der Bieter oder ein Beteiligter der Zurückweisung nicht sofort widerspricht.

(3) Das gleiche gilt, wenn das Verfahren einstweilen eingestellt oder der Termin aufgehoben wird.

(4) Ein Gebot erlischt nicht, wenn für ein zugelassenes Übergebot die nach § 68 Abs. 2 und 3 zu erbringende Sicherheitsleistung nicht bis zur Entscheidung über den Zuschlag geleistet worden ist.

§ 73 [Frist; Verkündung des letzten Gebots] (1) ¹ Zwischen der Aufforderung zur Abgabe von Geboten und dem Zeitpunkt, in welchem bezüglich sämtlicher zu versteigernder Grundstücke die Versteigerung geschlossen wird, müssen 30 Minuten liegen. ² Die Versteigerung muß so lange fortgesetzt werden, bis der Aufforderung des Gerichts ungeachtet ein Gebot nicht mehr abgegeben wird.

(2) ¹ Das Gericht hat das letzte Gebot und den Schluß der Versteigerung zu verkünden. ² Die Verkündung des letzten Gebots soll mittels dreimaligen Aufrufs erfolgen.

§ 74 [Anhörung über den Zuschlag] Nach dem Schlusse der Versteigerung sind die anwesenden Beteiligten über den Zuschlag zu hören.

§ 74 a [Antrag auf Versagung des Zuschlags] (1) ¹ Bleibt das abgegebene Meistgebot einschließlich des Kapitalwertes der nach den Versteigerungsbedingungen bestehenbleibenden Rechte unter sieben Zehnteilen des Grundstückswertes, so kann ein Berechtigter, dessen Anspruch ganz oder teilweise durch das Meistgebot nicht gedeckt ist, aber bei einem Gebot in der genannten Höhe voraussichtlich gedeckt sein würde, die Versagung des Zuschlags beantragen. ² Der Antrag ist abzulehnen, wenn der betreibende Gläubiger widerspricht und glaubhaft macht, daß ihm durch die Versagung des Zuschlags ein unverhältnismäßiger Nachteil erwachsen würde.

(2) Der Antrag auf Versagung des Zuschlags kann nur bis zum Schluß der Verhandlung über den Zuschlag gestellt werden; das gleiche gilt von der Erklärung des Widerspruchs.

(3) [1] Wird der Zuschlag gemäß Absatz 1 versagt, so ist von Amts wegen ein neuer Versteigerungstermin zu bestimmen. [2] Der Zeitraum zwischen den beiden Terminen soll, sofern nicht nach den besonderen Verhältnissen des Einzelfalles etwas anderes geboten ist, mindestens drei Monate betragen, darf aber sechs Monate nicht übersteigen.

(4) In dem neuen Versteigerungstermin darf der Zuschlag weder aus den Gründen des Absatzes 1 noch aus denen des § 85 a Abs. 1 versagt werden.

(5) [1] Der Grundstückswert (Verkehrswert) wird vom Vollstreckungsgericht, nötigenfalls nach Anhörung von Sachverständigen, festgesetzt. [2] Der Wert der beweglichen Gegenstände, auf die sich die Versteigerung erstreckt, ist unter Würdigung aller Verhältnisse frei zu schätzen. [3] Der Beschluß über die Festsetzung des Grundstückswertes ist mit der sofortigen Beschwerde anfechtbar. [4] Der Zuschlag oder die Versagung des Zuschlags können mit der Begründung, daß der Grundstückswert unrichtig festgesetzt sei, nicht angefochten werden.

§ 74 b [Ausnahme von § 74 a] Ist das Meistgebot von einem zur Befriedigung aus dem Grundstück Berechtigten abgegeben worden, so findet § 74 a keine Anwendung, wenn das Gebot einschließlich des Kapitalwertes der nach den Versteigerungsbedingungen bestehenbleibenden Rechte zusammen mit dem Betrage, mit dem der Meistbietende bei der Verteilung des Erlöses ausfallen würde, sieben Zehnteile des Grundstückswertes erreicht und dieser Betrag im Range unmittelbar hinter dem letzten Betrage steht, der durch das Gebot noch gedeckt ist.

§ 75 [Einstellung wegen Vorlegung eines Einzahlungs- oder Überweisungsnachweises im Termin] Das Verfahren wird eingestellt, wenn der Schuldner im Versteigerungstermin einen Einzahlungs- oder Überweisungsnachweis einer Bank oder Sparkasse oder eine öffentliche Urkunde vorlegt, aus der sich ergibt, dass der Schuldner einem Dritten, der berechtigt ist, den Gläubiger zu befriedigen, den zur Befriedigung und zur Deckung der Kosten erforderlichen Betrag an die Gerichtskasse gezahlt hat.

§ 76 [Einstellung wegen Deckung des Gläubigers aus einem Einzelausgebot] (1) Wird bei der Versteigerung mehrerer Grundstücke auf eines oder einige so viel geboten, daß der Anspruch des Gläubigers gedeckt ist, so wird das Verfahren in Ansehung der übrigen Grundstücke einstweilen eingestellt; die Einstellung unterbleibt, wenn sie dem berechtigten Interesse des Gläubigers widerspricht.

(2) [1] Ist die einstweilige Einstellung erfolgt, so kann der Gläubiger die Fortsetzung des Verfahrens verlangen, wenn er ein berechtigtes Interesse daran hat, insbesondere wenn er im Verteilungstermine nicht befriedigt worden ist. [2] Beantragt der Gläubiger die Fortsetzung nicht vor dem Ablaufe von drei

Monaten nach dem Verteilungstermine, so gilt der Versteigerungsantrag als zurückgenommen.

§ 77 [Einstellung wegen Mangels an Geboten] (1) Ist ein Gebot nicht abgegeben oder sind sämtliche Gebote erloschen, so wird das Verfahren einstweilen eingestellt.

(2) ¹ Bleibt die Versteigerung in einem zweiten Termine gleichfalls ergebnislos, so wird das Verfahren aufgehoben. ² Liegen die Voraussetzungen für die Anordnung der Zwangsverwaltung vor, so kann auf Antrag des Gläubigers das Gericht anordnen, daß das Verfahren als Zwangsverwaltung fortgesetzt wird. ³ In einem solchen Falle bleiben die Wirkungen der für die Zwangsversteigerung erfolgten Beschlagnahme bestehen; die Vorschrift des § 155 Abs. 1 findet jedoch auf die Kosten der Zwangsversteigerung keine Anwendung.

§ 78 [Protokoll] Vorgänge in dem Termine, die für die Entscheidung über den Zuschlag oder für das Recht eines Beteiligten in Betracht kommen, sind durch das Protokoll festzustellen; bleibt streitig, ob oder für welches Gebot der Zuschlag zu erteilen ist, so ist das Sachverhältnis mit den gestellten Anträgen in das Protokoll aufzunehmen.

VI. Entscheidung über den Zuschlag

§ 79 [Keine Bindung an Vorentscheidungen] Bei der Beschlußfassung über den Zuschlag ist das Gericht an eine Entscheidung, die es vorher getroffen hat, nicht gebunden.

§ 80 [Nicht protokollierte Vorgänge] Vorgänge in dem Versteigerungstermine, die nicht aus dem Protokoll ersichtlich sind, werden bei der Entscheidung über den Zuschlag nicht berücksichtigt.

§ 81 [Zuschlagsberechtigte] (1) Der Zuschlag ist dem Meistbietenden zu erteilen.[1)]

(2) Hat der Meistbietende das Recht aus dem Meistgebot an einen anderen abgetreten und dieser die Verpflichtung aus dem Meistgebot übernommen, so ist, wenn die Erklärungen im Versteigerungstermin abgegeben oder nachträglich durch öffentlich beglaubigte Urkunden nachgewiesen werden, der Zuschlag nicht dem Meistbietenden, sondern dem anderen zu erteilen.

(3) Erklärt der Meistbietende im Termin oder nachträglich in einer öffentlich beglaubigten Urkunde, daß er für einen anderen geboten habe, so ist diesem der Zuschlag zu erteilen, wenn die Vertretungsmacht des Meistbietenden oder die Zustimmung des anderen entweder bei dem Gericht offenkundig ist oder durch eine öffentlich beglaubigte Urkunde nachgewiesen wird.

(4) Wird der Zuschlag erteilt, so haften der Meistbietende und der Ersteher als Gesamtschuldner.

§ 82 [Inhalt des Zuschlagsbeschlusses] In dem Beschlusse, durch welchen der Zuschlag erteilt wird, sind das Grundstück, der Ersteher, das Gebot

---

[1)] Vgl. für land- und forstwirtschaftliche Grundstücke §§ 1 ff. und 37 GrundstückverkehrsG idF der Bek. v. 28. 7. 1961 (BGBl. I S. 1091), zuletzt geänd. durch G v. 17. 12. 2008 (BGBl. I S. 2586).

und die Versteigerungsbedingungen zu bezeichnen; auch sind im Falle des § 69 Abs. 3 der Bürge unter Angabe der Höhe seiner Schuld und im Falle des § 81 Abs. 4 der Meistbietende für mithaftend zu erklären.

§ 83 [Versagung des Zuschlags] Der Zuschlag ist zu versagen:
1. wenn die Vorschrift des § 43 Abs. 2 oder eine der Vorschriften über die Feststellung des geringsten Gebots oder der Versteigerungsbedingungen verletzt ist;
2. wenn bei der Versteigerung mehrerer Grundstücke das Einzelausgebot oder das Gesamtausgebot den Vorschriften des § 63 Abs. 1, Abs. 2 Satz 1, Abs. 4 zuwider unterblieben ist;
3. wenn in den Fällen des § 64 Abs. 2 Satz 1, Abs. 3 die Hypothek, Grundschuld oder Rentenschuld oder das Recht eines gleich- oder nachstehenden Beteiligten, der dem Gläubiger vorgeht, durch das Gesamtergebnis der Einzelausgebote nicht gedeckt werden;
4. wenn die nach der Aufforderung zur Abgabe von Geboten erfolgte Anmeldung oder Glaubhaftmachung eines Rechtes ohne Beachtung der Vorschrift des § 66 Abs. 2 zurückgewiesen ist;
5. wenn der Zwangsversteigerung oder der Fortsetzung des Verfahrens das Recht eines Beteiligten entgegensteht;
6. wenn die Zwangsversteigerung oder die Fortsetzung des Verfahrens aus einem sonstigen Grunde unzulässig ist;
7. wenn eine der Vorschriften des § 43 Abs. 1 oder des § 73 Abs. 1 verletzt ist,
8. wenn die nach § 68 Abs. 2 und 3 verlangte Sicherheitsleistung nicht bis zur Entscheidung über den Zuschlag geleistet worden ist.

§ 84 [Keine Versagung des Zuschlags] (1) Die im § 83 Nr. 1 bis 5 bezeichneten Versagungsgründe stehen der Erteilung des Zuschlags nicht entgegen, wenn das Recht des Beteiligten durch den Zuschlag nicht beeinträchtigt wird oder wenn der Beteiligte das Verfahren genehmigt.

(2) Die Genehmigung ist durch eine öffentlich beglaubigte Urkunde nachzuweisen.

§ 85 [Versagung bei Antrag auf neuen Versteigerungstermin] (1) [1] Der Zuschlag ist zu versagen, wenn vor dem Schlusse der Verhandlung ein Beteiligter, dessen Recht durch den Zuschlag beeinträchtigt werden würde und der nicht zu den Berechtigten des § 74 a Abs. 1 gehört, die Bestimmung eines neuen Versteigerungstermins beantragt und sich zugleich zum Ersatze des durch die Versagung des Zuschlages entstehenden Schadens verpflichtet, auch auf Verlangen eines anderen Beteiligten Sicherheit leistet. [2] Die Vorschriften des § 67 Abs. 3 und des § 69 sind entsprechend anzuwenden. [3] Die Sicherheit ist in Höhe des bis zum Verteilungstermin zu berichtigenden Teils des bisherigen Meistgebots zu leisten.

(2) Die neue Terminsbestimmung ist auch dem Meistbietenden zuzustellen.

(3) Für die weitere Versteigerung gilt das bisherige Meistgebot mit Zinsen von dem durch Zahlung zu berichtigenden Teile des Meistgebots unter Hinzurechnung derjenigen Mehrkosten, welche aus dem Versteigerungserlöse zu entnehmen sind, als ein von dem Beteiligten abgegebenes Gebot.

(4) In dem fortgesetzten Verfahren findet die Vorschrift des Absatzes 1 keine Anwendung.

§ 85 a [Versagung bei zu geringem Meistgebot] (1) Der Zuschlag ist ferner zu versagen, wenn das abgegebene Meistgebot einschließlich des Kapitalwertes der nach den Versteigerungsbedingungen bestehenbleibenden Rechte die Hälfte des Grundstückswertes nicht erreicht.

(2) ¹ § 74 a Abs. 3, 5 ist entsprechend anzuwenden. ² In dem neuen Versteigerungstermin darf der Zuschlag weder aus den Gründen des Absatzes 1 noch aus denen des § 74 a Abs. 1 versagt werden.

(3) Ist das Meistgebot von einem zur Befriedigung aus dem Grundstück Berechtigten abgegeben worden, so ist Absatz 1 nicht anzuwenden, wenn das Gebot einschließlich des Kapitalwertes der nach den Versteigerungsbedingungen bestehenbleibenden Rechte zusammen mit dem Betrage, mit dem der Meistbietende bei der Verteilung des Erlöses ausfallen würde, die Hälfte des Grundstückswertes erreicht.

§ 86 [Wirkung der Versagung] Die rechtskräftige Versagung des Zuschlags wirkt, wenn die Fortsetzung des Verfahrens zulässig ist, wie eine einstweilige Einstellung, anderenfalls wie die Aufhebung des Verfahrens.

§ 87 [Verkündungstermin] (1) Der Beschluß, durch welchen der Zuschlag erteilt oder versagt wird, ist in dem Versteigerungstermin oder in einem sofort zu bestimmenden Termine zu verkünden.

(2) ¹ Der Verkündungstermin soll nicht über eine Woche hinaus bestimmt werden. ² Die Bestimmung des Termins ist zu verkünden und durch Anheftung an die Gerichtstafel bekanntzumachen.

(3) Sind nachträglich Tatsachen oder Beweismittel vorgebracht, so sollen in dem Verkündungstermine die anwesenden Beteiligten hierüber gehört werden.

§ 88 [Zustellung des Beschlusses] ¹ Der Beschluß, durch welchen der Zuschlag erteilt wird, ist den Beteiligten, soweit sie weder im Versteigerungstermine noch im Verkündungstermin erschienen sind, und dem Ersteher sowie im Falle des § 69 Abs. 3 dem für mithaftend erklärten Bürgen und im Falle des § 81 Abs. 4 dem Meistbietenden zuzustellen. ² Als Beteiligte gelten auch diejenigen, welche das angemeldete Recht noch glaubhaft zu machen haben.

§ 89 [Wirksamwerden des Zuschlags] Der Zuschlag wird mit der Verkündung wirksam.

§ 90[1] **[Eigentumserwerb durch Zuschlag]** (1) Durch den Zuschlag wird der Ersteher Eigentümer des Grundstücks, sofern nicht im Beschwerdewege der Beschluß rechtskräftig aufgehoben wird.

---

[1] Beachte hierzu auch § 9 EinführungsG zu dem G über die Zwangsversteigerung und die Zwangsverwaltung v. 20. 5. 1898 (RGBl. S. 750), zuletzt geänd. durch G v. 17. 12. 2008 (BGBl. I S. 2586).

Zwangsversteigerungsgesetz §§ 91–94 ZVG 2

(2) Mit dem Grundstück erwirbt er zugleich die Gegenstände, auf welche sich die Versteigerung erstreckt hat.

§ 91 [Erlöschen von Rechten] (1) Durch den Zuschlag erlöschen unter der im § 90 Abs. 1 bestimmten Voraussetzung die Rechte, welche nicht nach den Versteigerungsbedingungen bestehen bleiben sollen.

(2) Ein Recht an dem Grundstücke bleibt jedoch bestehen, wenn dies zwischen dem Berechtigten und dem Ersteher vereinbart ist und die Erklärungen entweder im Verteilungstermin abgegeben oder, bevor das Grundbuchamt um Berichtigung des Grundbuchs ersucht ist, durch eine öffentlich beglaubigte Urkunde nachgewiesen werden.

(3) [1] Im Falle des Absatzes 2 vermindert sich der durch Zahlung zu berichtigende Teil des Meistgebots um den Betrag, welcher sonst dem Berechtigten gebühren würde. [2] Im übrigen wirkt die Vereinbarung wie die Befriedigung des Berechtigten aus dem Grundstücke.

(4) [1] Das Erlöschen eines Rechts, dessen Inhaber zur Zeit des Erlöschens nach § 1179 a des Bürgerlichen Gesetzbuchs die Löschung einer bestehenbleibenden Hypothek, Grundschuld oder Rentenschuld verlangen kann, hat nicht das Erlöschen dieses Anspruchs zur Folge. [2] Der Anspruch erlischt, wenn der Berechtigte aus dem Grundstück befriedigt wird.

§ 92 [Anspruch auf Ersatz des Wertes] (1) Erlischt durch den Zuschlag ein Recht, das nicht auf Zahlung eines Kapitals gerichtet ist, so tritt an die Stelle des Rechtes der Anspruch auf Ersatz des Wertes aus dem Versteigerungserlöse.

(2) [1] Der Ersatz für einen Nießbrauch, für eine beschränkte persönliche Dienstbarkeit sowie für eine Reallast von unbestimmter Dauer ist durch Zahlung einer Geldrente zu leisten, die dem Jahreswerte des Rechtes gleichkommt. [2] Der Betrag ist für drei Monate vorauszuzahlen. [3] Der Anspruch auf eine fällig gewordene Zahlung verbleibt dem Berechtigten auch dann, wenn das Recht auf die Rente vor dem Ablaufe der drei Monate erlischt.

(3) Bei ablösbaren Rechten bestimmt sich der Betrag der Ersatzleistung durch die Ablösungssumme.

§ 93 [Zuschlagsbeschluss als Vollstreckungstitel] (1) [1] Aus dem Beschlusse, durch welchen der Zuschlag erteilt wird, findet gegen den Besitzer des Grundstücks oder einer mitversteigerten Sache die Zwangsvollstreckung auf Räumung und Herausgabe statt. [2] Die Zwangsvollstreckung soll nicht erfolgen, wenn der Besitzer auf Grund eines Rechtes besitzt, das durch den Zuschlag nicht erloschen ist. [3] Erfolgt gleichwohl die Zwangsvollstreckung, so kann der Besitzer nach Maßgabe des § 771 der Zivilprozeßordnung Widerspruch erheben.

(2) Zum Ersatze von Verwendungen, die vor dem Zuschlage gemacht sind, ist der Ersteher nicht verpflichtet.

§ 94 [Gerichtliche Verwaltung] (1) [1] Auf Antrag eines Beteiligten, der Befriedigung aus dem Bargebote zu erwarten hat, ist das Grundstück für Rechnung des Erstehers in gerichtliche Verwaltung zu nehmen, solange nicht die Zahlung oder Hinterlegung erfolgt ist. ²Der Antrag kann schon im Versteigerungstermine gestellt werden.

(2) Auf die Bestellung des Verwalters sowie auf dessen Rechte und Pflichten finden die Vorschriften über die Zwangsverwaltung entsprechende Anwendung.

VII. Beschwerde

§ 95 [Zulässigkeit] Gegen eine Entscheidung, die vor der Beschlußfassung über den Zuschlag erfolgt, kann die sofortige Beschwerde nur eingelegt werden, soweit die Entscheidung die Anordnung, Aufhebung, einstweilige Einstellung oder Fortsetzung des Verfahrens betrifft.

§ 96 [Anzuwendende Vorschriften] Auf die Beschwerde gegen die Entscheidung über den Zuschlag finden die Vorschriften der Zivilprozeßordnung über die Beschwerde nur insoweit Anwendung, als nicht in den §§ 97 bis 104 ein anderes vorgeschrieben ist.

§ 97 [Beschwerdeberechtigte] (1) Die Beschwerde steht im Falle der Erteilung des Zuschlags jedem Beteiligten sowie dem Ersteher und dem für zahlungspflichtig erklärten Dritten, im Falle der Versagung dem Gläubiger zu, in beiden Fällen auch dem Bieter, dessen Gebot nicht erloschen ist, sowie demjenigen, welcher nach § 81 an die Stelle des Bieters treten soll.

(2) Im Falle des § 9 Nr. 2 genügt es, wenn die Anmeldung und Glaubhaftmachung des Rechtes bei dem Beschwerdegericht erfolgt.

§ 98 [Beginn der Beschwerdefrist] ¹Die Frist für die Beschwerde gegen einen Beschluß des Vollstreckungsgerichts, durch welchen der Zuschlag versagt wird, beginnt mit der Verkündung des Beschlusses. ²Das gleiche gilt im Falle der Erteilung des Zuschlags für die Beteiligten, welche im Versteigerungstermin oder im Verkündungstermin erschienen waren.

§ 99 [Gegner des Beschwerdeführers] (1) Erachtet das Beschwerdegericht eine Gegenerklärung für erforderlich, so hat es zu bestimmen, wer als Gegner des Beschwerdeführers zuzuziehen ist.

(2) Mehrere Beschwerden sind miteinander zu verbinden.

§ 100 [Beschwerdegründe] (1) Die Beschwerde kann nur darauf gestützt werden, daß eine der Vorschriften der §§ 81, 83 bis 85 a verletzt oder daß der Zuschlag unter anderen als den der Versteigerung zugrunde gelegten Bedingungen erteilt ist.

(2) Auf einen Grund, der nur das Recht eines anderen betrifft, kann weder die Beschwerde noch ein Antrag auf deren Zurückweisung gestützt werden.

(3) Die im § 83 Nr. 6, 7 bezeichneten Versagungsgründe hat das Beschwerdegericht von Amts wegen zu berücksichtigen.

§ 101 [Begründete Beschwerde; weitere Beschwerde] (1) Wird die Beschwerde für begründet erachtet, so hat das Beschwerdegericht unter Aufhebung des angefochtenen Beschlusses in der Sache selbst zu entscheiden.

Zwangsversteigerungsgesetz **§§ 102–107 ZVG 2**

(2) Wird ein Beschluß, durch welchen der Zuschlag erteilt ist, aufgehoben, auf Rechtsbeschwerde aber für begründet erachtet, so ist unter Aufhebung des Beschlusses des Beschwerdegerichts die gegen die Erteilung des Zuschlags erhobene Beschwerde zurückzuweisen.

§ 102 [Berechtigte für weitere Beschwerde] Hat das Beschwerdegericht den Beschluß, durch welchen der Zuschlag erteilt war, nach der Verteilung des Versteigerungserlöses aufgehoben, so steht die Rechtsbeschwerde, wenn das Beschwerdegericht sie zugelassen hat, auch denjenigen zu, welchen der Erlös zugeteilt ist.

§ 103 [Zustellung der Beschwerdeentscheidung] [1] Der Beschluß des Beschwerdegerichts ist, wenn der angefochtene Beschluß aufgehoben oder abgeändert wird, allen Beteiligten und demjenigen Bieter, welchem der Zuschlag verweigert oder erteilt wird, sowie im Falle des § 69 Abs. 3 dem für mithaftend erklärten Bürgen und in den Fällen des § 81 Abs. 2, 3 dem Meistbietenden zuzustellen. [2] Wird die Beschwerde zurückgewiesen, so erfolgt die Zustellung des Beschlusses nur an den Beschwerdeführer und den zugezogenen Gegner.

§ 104 [Wirksamwerden der Zuschlagserteilung in der Beschwerde] Der Beschluß, durch welchen das Beschwerdegericht den Zuschlag erteilt, wird erst mit der Zustellung an den Ersteher wirksam.

VIII. Verteilung des Erlöses

§ 105 [Bestimmung des Verteilungstermins] (1) Nach der Erteilung des Zuschlags hat das Gericht einen Termin zur Verteilung des Versteigerungserlöses zu bestimmen.

(2) [1] Die Terminsbestimmung ist den Beteiligten und dem Ersteher sowie im Falle des § 69 Abs. 3 dem für mithaftend erklärten Bürgen und in den Fällen des § 81 Abs. 2, 3 dem Meistbietenden zuzustellen. [2] Als Beteiligte gelten auch diejenigen, welche das angemeldete Recht noch glaubhaft zu machen haben.

(3) Die Terminsbestimmung soll an die Gerichtstafel angeheftet werden.

(4) Ist die Terminsbestimmung dem Ersteher und im Falle des § 69 Abs. 3 auch dem für mithaftend erklärten Bürgen sowie in den Fällen des § 81 Abs. 2, 3 auch dem Meistbietenden nicht zwei Wochen vor dem Termin zugestellt, so ist der Termin aufzuheben und von neuem zu bestimmen, sofern nicht das Verfahren genehmigt wird.

§ 106 [Vorläufiger Teilungsplan] [1] Zur Vorbereitung des Verteilungsverfahrens kann das Gericht in der Terminsbestimmung die Beteiligten auffordern, binnen zwei Wochen eine Berechnung ihrer Ansprüche einzureichen. [2] In diesem Falle hat das Gericht nach dem Ablaufe der Frist den Teilungsplan anzufertigen und ihn spätestens drei Tage vor dem Termin auf der Geschäftsstelle zur Einsicht der Beteiligten niederzulegen.

§ 107 [Teilungsmasse] (1) [1] In dem Verteilungstermin ist festzustellen, wieviel die zu verteilende Masse beträgt. [2] Zu der Masse gehört auch der Erlös aus denjenigen Gegenständen, welche im Falle des § 65 besonders versteigert oder anderweit verwertet sind.

(2) ¹ Die von dem Ersteher im Termine zu leistende Zahlung erfolgt an das Gericht. ² § 49 Abs. 3 gilt entsprechend

(3) Ein Geldbetrag, der zur Sicherheit für das Gebot des Erstehers bei der Gerichtskasse einbezahlt ist, wird auf die Zahlung nach Absatz 2 Satz 1 angerechnet.

§ 108 *(aufgehoben)*

§ 109 [Kosten des Verfahrens; Überschuss] (1) Aus dem Versteigerungserlöse sind die Kosten des Verfahrens vorweg zu entnehmen, mit Ausnahme der durch die Anordnung des Verfahrens oder den Beitritt eines Gläubigers, durch den Zuschlag oder durch nachträgliche Verteilungsverhandlungen entstehenden Kosten.

(2) Der Überschuß wird auf die Rechte, welche durch Zahlung zu decken sind, verteilt.

§ 110 [Nachstehende Rechte] Rechte, die ungeachtet der im § 37 Nr. 4 bestimmten Aufforderung nicht rechtzeitig angemeldet oder glaubhaft gemacht worden sind, stehen bei der Verteilung den übrigen Rechten nach.

§ 111 [Betagter Anspruch] ¹ Ein betagter Anspruch gilt als fällig. ² Ist der Anspruch unverzinslich, so gebührt den Berechtigten nur die Summe, welche mit Hinzurechnung der gesetzlichen Zinsen für die Zeit von der Zahlung bis zur Fälligkeit dem Betrage des Anspruchs gleichkommt; solange die Zeit der Fälligkeit ungewiß ist, gilt der Anspruch als aufschiebend bedingt.

§ 112 [Gesamtausgebot] (1) Ist bei der Versteigerung mehrerer Grundstücke der Zuschlag auf Grund eines Gesamtausgebots erteilt und wird eine Verteilung des Erlöses auf die einzelnen Grundstücke notwendig, so wird aus dem Erlöse zunächst der Betrag entnommen, welcher zur Deckung der Kosten sowie zur Befriedigung derjenigen bei der Feststellung des geringsten Gebots berücksichtigten und durch Zahlung zu deckenden Rechte erforderlich ist, für welche die Grundstücke ungeteilt haften.

(2) ¹ Der Überschuß wird auf die einzelnen Grundstücke nach dem Verhältnisse des Wertes der Grundstücke verteilt. ² Dem Überschusse wird der Betrag der Rechte, welche nach §"91 nicht erlöschen, hinzugerechnet. ³ Auf den einem Grundstücke zufallenden Anteil am Erlöse wird der Betrag der Rechte, welche an diesem Grundstücke bestehen bleiben, angerechnet. ⁴ Besteht ein solches Recht an mehreren der versteigerten Grundstücke, so ist bei jedem von ihnen nur ein dem Verhältnisse des Wertes der Grundstücke entsprechender Teilbetrag in Anrechnung zu bringen.

(3) Reicht der nach Absatz 2 auf das einzelne Grundstück entfallende Anteil am Erlöse nicht zur Befriedigung derjenigen Ansprüche aus, welche nach Maßgabe des geringsten Gebots durch Zahlung zu berichtigen sind oder welche durch das bei dem Einzelausgebote für das Grundstück erzielte Meistgebot gedeckt werden, so erhöht sich der Anteil um den Fehlbetrag.

Zwangsversteigerungsgesetz §§ 113–117 ZVG 2

§ 113 [Aufstellung des Teilungsplans] (1) In dem Verteilungstermine wird nach Anhörung der anwesenden Beteiligten von dem Gerichte, nötigenfalls mit Hilfe eines Rechnungsverständigen, der Teilungsplan aufgestellt.

(2) In dem Plane sind auch die nach § 91 nicht erlöschenden Rechte anzugeben.

§ 114 [Aufzunehmende Ansprüche] (1) [1] In den Teilungsplan sind Ansprüche, soweit ihr Betrag oder ihr Höchstbetrag zur Zeit der Eintragung des Versteigerungsvermerkes aus dem Grundbuch ersichtlich war, nach dem Inhalte des Buches, im übrigen nur dann aufzunehmen, wenn sie spätestens in dem Termin angemeldet sind. [2] Die Ansprüche des Gläubigers gelten als angemeldet, soweit sie sich aus dem Versteigerungsantrag ergeben.

(2) Laufende Beträge wiederkehrender Leistungen, die nach dem Inhalte des Grundbuchs zu entrichten sind, brauchen nicht angemeldet zu werden.

§ 114a [Kein Anspruch des Erstehers unter 7/10-Grenze] [1] Ist der Zuschlag einem zur Befriedigung aus dem Grundstück Berechtigten zu einem Gebot erteilt, das einschließlich des Kapitalwertes der nach den Versteigerungsbedingungen bestehenbleibenden Rechte hinter sieben Zehnteln des Grundstückswertes zurückbleibt, so gilt der Ersteher auch insoweit als aus dem Grundstück befriedigt, als sein Anspruch durch das abgegebene Meistgebot nicht gedeckt ist, aber bei einem Gebot zum Betrage der Sieben-Zehnteile-Grenze gedeckt sein würde. [2] Hierbei sind dem Anspruch des Erstehers vorgehende oder gleichstehende Rechte, die erlöschen, nicht zu berücksichtigen.

§ 115 [Widerspruch gegen den Teilungsplan] (1) [1] Über den Teilungsplan wird sofort verhandelt. [2] Auf die Verhandlung sowie auf die Erledigung erhobener Widersprüche und die Ausführung des Planes finden die §§ 876 bis 882 der Zivilprozeßordnung entsprechende Anwendung.

(2) Ist ein vor dem Termin angemeldeter Anspruch nicht nach dem Antrag in den Plan aufgenommen, so gilt die Anmeldung als Widerspruch gegen den Plan.

(3) Der Widerspruch des Schuldners gegen einen vollstreckbaren Anspruch wird nach den §§ 767, 769, 770 der Zivilprozeßordnung erledigt.

(4) Soweit der Schuldner durch Sicherheitsleistung oder Hinterlegung die Befriedigung eines solchen Anspruchs abwenden darf, unterbleibt die Ausführung des Planes, wenn die Sicherheit geleistet oder die Hinterlegung erfolgt ist.

§ 116 [Aussetzung der Ausführung] Die Ausführung des Teilungsplans soll bis zur Rechtskraft des Zuschlags ausgesetzt werden, wenn der Ersteher oder im Falle des § 69 Abs. 3 der für mithaftend erklärte Bürge sowie in den Fällen des § 81 Abs. 2, 3 der Meistbietende die Aussetzung beantragt.

§ 117 [Ausführung bei Zahlung des Bargebots] (1) [1] Soweit der Versteigerungserlös in Geld vorhanden ist, wird der Teilungsplan durch Zahlung an die Berechtigten ausgeführt. [2] Die Zahlung ist unbar zu leisten.

(2) [1] Die Auszahlung an einen im Termine nicht erschienenen Berechtigten ist von Amts wegen anzuordnen. [2] Die Art der Auszahlung bestimmt sich nach

den Landesgesetzen. ³ Kann die Auszahlung nicht erfolgen, so ist der Betrag für den Berechtigten zu hinterlegen.

(3) Im Falle der Hinterlegung des Erlöses kann statt der Zahlung eine Anweisung auf den hinterlegten Betrag erteilt werden.

§ 118 [Ausführung bei Nichtzahlung des Versteigerungserlöses]

(1) Soweit das Bargebot nicht berichtigt wird, ist der Teilungsplan dadurch auszuführen, daß die Forderung gegen den Ersteher auf die Berechtigten übertragen und im Falle des § 69 Abs. 3 gegen den für mithaftend erklärten Bürgen auf die Berechtigten mitübertragen wird; Übertragung und Mitübertragung erfolgen durch Anordnung des Gerichts.

(2) ¹ Die Übertragung wirkt wie die Befriedigung aus dem Grundstücke. ² Diese Wirkung tritt jedoch im Falle des Absatzes 1 nicht ein, wenn vor dem Ablaufe von drei Monaten der Berechtigte dem Gerichte gegenüber den Verzicht auf die Rechte aus der Übertragung erklärt oder die Zwangsversteigerung beantragt. ³ Wird der Antrag auf Zwangsversteigerung zurückgenommen oder das Verfahren nach § 31 Abs. 2 aufgehoben, so gilt er als nicht gestellt. ⁴ Im Falle des Verzichts soll das Gericht die Erklärung dem Ersteher sowie demjenigen mitteilen, auf welchen die Forderung infolge des Verzichts übergeht.

§ 119 [Aufstellung des Teilungsplans bei bedingtem Anspruch]

Wird auf einen bedingten Anspruch ein Betrag zugeteilt, so ist durch den Teilungsplan festzustellen, wie der Betrag anderweit verteilt werden soll, wenn der Anspruch wegfällt.

§ 120 [Ausführung des Teilungsplans bei aufschiebender Bedingung]

(1) ¹ Ist der Anspruch aufschiebend bedingt, so ist der Betrag für die Berechtigten zu hinterlegen. ² Soweit der Betrag nicht gezahlt ist, wird die Forderung gegen den Ersteher auf die Berechtigten übertragen. ³ Die Hinterlegung sowie die Übertragung erfolgt für jeden unter der entsprechenden Bedingung.

(2) Während der Schwebezeit gelten für die Anlegung des hinterlegten Geldes, für die Kündigung und Einziehung der übertragenen Forderung sowie für die Anlegung des eingezogenen Geldes die Vorschriften der §§ 1077 bis 1079 des Bürgerlichen Gesetzbuchs; die Art der Anlegung bestimmt derjenige, welchem der Betrag gebührt, wenn die Bedingung ausfällt.

§ 121 [Zuteilung auf Ersatzansprüche]

(1) In den Fällen des § 92 Abs. 2 ist für den Ersatzanspruch in den Teilungsplan ein Betrag aufzunehmen, welcher der Summe aller künftigen Leistungen gleichkommt, den fünfundzwanzigfachen Betrag einer Jahresleistung jedoch nicht übersteigt; zugleich ist zu bestimmen, daß aus den Zinsen und dem Betrage selbst die einzelnen Leistungen zur Zeit der Fälligkeit zu entnehmen sind.

(2) Die Vorschriften der §§ 119, 120 finden entsprechende Anwendung; die Art der Anlegung des Geldes bestimmt der zunächst Berechtigte.

§ 122 [Verteilung bei Gesamthypothek]

(1) ¹ Sind mehrere für den Anspruch eines Beteiligten haftende Grundstücke in demselben Verfahren versteigert worden, so ist, unbeschadet der Vorschrift des § 1132 Abs. 1 Satz 2 des Bürgerlichen Gesetzbuchs, bei jedem einzelnen Grundstücke nur ein nach

dem Verhältnisse der Erlöse zu bestimmender Betrag in den Teilungsplan aufzunehmen. ²Der Erlös wird unter Abzug des Betrags der Ansprüche berechnet, welche dem Anspruche des Beteiligten vorgehen.

(2) Unterbleibt die Zahlung eines auf den Anspruch des Beteiligten zugeteilten Betrags, so ist der Anspruch bei jedem Grundstück in Höhe dieses Betrags in den Plan aufzunehmen.

§ 123 [Hilfsübertragung bei Gesamthypothek] (1) Soweit auf einen Anspruch, für den auch ein anderes Grundstück haftet, der zugeteilte Betrag nicht gezahlt wird, ist durch den Teilungsplan festzustellen, wie der Betrag anderweit verteilt werden soll, wenn das Recht auf Befriedigung aus dem zugeteilten Betrage nach Maßgabe der besonderen Vorschriften über die Gesamthypothek erlischt.

(2) Die Zuteilung ist dadurch auszuführen, daß die Forderung gegen den Ersteher unter der entsprechenden Bedingung übertragen wird.

§ 124 [Verteilung bei Widerspruch gegen den Teilungsplan] (1) Im Falle eines Widerspruchs gegen den Teilungsplan ist durch den Plan festzustellen, wie der streitige Betrag verteilt werden soll, wenn der Widerspruch für begründet erklärt wird.

(2) Die Vorschriften des § 120 finden entsprechende Anwendung; die Art der Anlegung bestimmt derjenige, welcher den Anspruch geltend macht.

(3) Das gleiche gilt, soweit nach § 115 Abs. 4 die Ausführung des Planes unterbleibt.

§ 125 [Zuteilung des erhöhten Betrages] (1) ¹Hat der Ersteher außer dem durch Zahlung zu berichtigenden Teile des Meistgebots einen weiteren Betrag nach den §§ 50, 51 zu zahlen, so ist durch den Teilungsplan festzustellen, wem dieser Betrag zugeteilt werden soll. ²Die Zuteilung ist dadurch auszuführen, daß die Forderung gegen den Ersteher übertragen wird.

(2) ¹Ist ungewiß oder streitig, ob der weitere Betrag zu zahlen ist, so erfolgt die Zuteilung und Übertragung unter der entsprechenden Bedingung. ²Die §§ 878 bis 882 der Zivilprozeßordnung finden keine Anwendung.

(3) Die Übertragung hat nicht die Wirkung der Befriedigung aus dem Grundstücke.

§ 126 [Hilfszuteilung bei unbekannten Berechtigten] (1) Ist für einen zugeteilten Betrag die Person des Berechtigten unbekannt, insbesondere bei einer Hypothek, Grundschuld oder Rentenschuld der Brief nicht vorgelegt, so ist durch den Teilungsplan festzustellen, wie der Betrag verteilt werden soll, wenn der Berechtigte nicht ermittelt wird.

(2) ¹Der Betrag ist für den unbekannten Berechtigten zu hinterlegen. ²Soweit der Betrag nicht gezahlt wird, ist die Forderung gegen den Ersteher auf den Berechtigten zu übertragen.

§ 127 [Vermerke auf Hypothekenbriefen und vollstreckbaren Titeln]
(1) ¹Wird der Brief über eine infolge der Versteigerung erloschene Hypothek, Grundschuld oder Rentenschuld vorgelegt, so hat das Gericht ihn unbrauchbar zu machen. ²Ist das Recht nur zum Teil erloschen, so ist dies auf

dem Briefe zu vermerken. ³ Wird der Brief nicht vorgelegt, so kann das Gericht ihn von dem Berechtigten einfordern.

(2) Im Falle der Vorlegung eines vollstreckbaren Titels über einen Anspruch, auf welchen ein Betrag zugeteilt wird, hat das Gericht auf dem Titel zu vermerken, in welchem Umfange der Betrag durch Zahlung, Hinterlegung oder Übertragung gedeckt worden ist.

(3) Der Wortlaut der Vermerke ist durch das Protokoll festzustellen.

§ 128 [Eintragung einer Sicherungshypothek] (1) ¹ Soweit für einen Anspruch die Forderung gegen den Ersteher übertragen wird, ist für die Forderung eine Sicherungshypothek an dem Grundstücke mit dem Range des Anspruchs einzutragen. ² War das Recht, aus welchem der Anspruch herrührt, nach dem Inhalte des Grundbuchs mit dem Rechte eines Dritten belastet, so wird dieses Recht als Recht an der Forderung miteingetragen.

(2) Soweit die Forderung gegen den Ersteher unverteilt bleibt, wird eine Sicherungshypothek für denjenigen eingetragen, welcher zur Zeit des Zuschlags Eigentümer des Grundstücks war.

(3) ¹ Mit der Eintragung entsteht die Hypothek. ² Vereinigt sich die Hypothek mit dem Eigentum in einer Person, so kann sie nicht zum Nachteil eines Rechtes, das bestehen geblieben ist, oder einer nach Absätzen 1, 2 eingetragenen Sicherungshypothek geltend gemacht werden.

(4) Wird das Grundstück von neuem versteigert, ist der zur Deckung der Hypothek erforderliche Betrag als Teil des Bargebots zu berücksichtigen.

§ 129 [Spätere Rangverschiebung der Sicherungshypotheken] ¹ Die Sicherungshypothek für die im § 10 Nr. 1 bis 3 bezeichneten Ansprüche, für die im § 10 Nr. 4 bezeichneten Ansprüche auf wiederkehrende Leistungen und für die im § 10 Abs. 2 bezeichneten Kosten kann nicht zum Nachteile der Rechte, welche bestehen geblieben sind, und der übrigen nach § 128 Abs. 1, 2 eingetragenen Sicherungshypotheken geltend gemacht werden, es sei denn, daß vor dem Ablaufe von sechs Monaten nach der Eintragung derjenige, welchem die Hypothek zusteht, die Zwangsversteigerung des Grundstücks beantragt. ² Wird der Antrag auf Zwangsversteigerung zurückgenommen oder das Verfahren nach § 31 Abs. 2 aufgehoben, so gilt er als nicht gestellt.

§ 130 [Eintragungen in das Grundbuch] (1) ¹ Ist der Teilungsplan ausgeführt und der Zuschlag rechtskräftig, so ist das Grundbuchamt zu ersuchen, den Ersteher als Eigentümer einzutragen, den Versteigerungsvermerk sowie die durch den Zuschlag erloschenen Rechte zu löschen und die Eintragung der Sicherungshypotheken für die Forderung gegen den Ersteher zu bewirken. ² Bei der Eintragung der Hypotheken soll im Grundbuch ersichtlich gemacht werden, daß sie auf Grund eines Zwangsversteigerungsverfahrens erfolgt ist.

(2) Ergibt sich, daß ein bei der Feststellung des geringsten Gebots berücksichtigtes Recht nicht zur Entstehung gelangt oder daß es erloschen ist, so ist das Ersuchen auch auf die Löschung dieses Rechtes zu richten.

(3) Hat der Ersteher, bevor er als Eigentümer eingetragen worden ist, die Eintragung eines Rechtes an dem versteigerten Grundstück bewilligt, so darf

die Eintragung nicht vor der Erledigung des im Absatz 1 bezeichneten Ersuchens erfolgen.

§ 130a [Vormerkung] (1) Soweit für den Gläubiger eines erloschenen Rechts gegenüber einer bestehenbleibenden Hypothek, Grundschuld oder Rentenschuld nach § 1179a des Bürgerlichen Gesetzbuchs die Wirkungen einer Vormerkung bestanden, fallen diese Wirkungen mit der Ausführung des Ersuchens nach § 130 weg.

(2) ¹Ist bei einem solchen Recht der Löschungsanspruch nach § 1179a des Bürgerlichen Gesetzbuchs gegenüber einem bestehenbleibenden Recht nicht nach § 91 Abs. 4 Satz 2 erloschen, so ist das Ersuchen nach § 130 auf einen spätestens im Verteilungstermin zu stellenden Antrag des Anspruchsberechtigten jedoch auch darauf zu richten, daß für ihn bei dem bestehenbleibenden Recht eine Vormerkung zur Sicherung des sich aus der erloschenen Hypothek, Grundschuld oder Rentenschuld ergebenden Anspruchs auf Löschung einzutragen ist. ²Die Vormerkung sichert den Löschungsanspruch vom gleichen Zeitpunkt an, von dem ab die Wirkungen des § 1179a Abs. 1 Satz 3 des Bürgerlichen Gesetzbuchs bestanden. ³Wer durch die Eintragung der Vormerkung beeinträchtigt wird, kann von dem Berechtigten die Zustimmung zu deren Löschung verlangen, wenn diesem zur Zeit des Erlöschens seines Rechts ein Anspruch auf Löschung des bestehenbleibenden Rechts nicht zustand oder er auch bei Verwirklichung dieses Anspruchs eine weitere Befriedigung nicht erlangen würde; die Kosten der Löschung der Vormerkung und der dazu erforderlichen Erklärungen hat derjenige zu tragen, für den die Vormerkung eingetragen war.

§ 131 [Löschung einer Hypothek, Grundschuld oder Rentenschuld]
¹In den Fällen des § 130 Abs. 1 ist zur Löschung einer Hypothek, einer Grundschuld oder einer Rentenschuld, im Falle des § 128 zur Eintragung des Vorranges einer Sicherungshypothek die Vorlegung des über das Recht erteilten Briefes nicht erforderlich. ²Das gleiche gilt für die Eintragung der Vormerkung nach § 130a Abs. 2 Satz 1.

§ 132 [Vollstreckbarkeit; Vollstreckungsklausel] (1) ¹Nach der Ausführung des Teilungsplans ist die Forderung gegen den Ersteher, im Falle des § 69 Abs. 3 auch gegen den für mithaftend erklärten Bürgen und im Falle des § 81 Abs. 4 auch gegen den für mithaftend erklärten Meistbietenden, der Anspruch aus der Sicherungshypothek gegen den Ersteher und jeden späteren Eigentümer vollstreckbar. ²Diese Vorschrift findet keine Anwendung, soweit der Ersteher einen weiteren Betrag nach den §§ 50, 51 zu zahlen hat.

(2) ¹Die Zwangsvollstreckung erfolgt auf Grund einer vollstreckbaren Ausfertigung des Beschlusses, durch welchen der Zuschlag erteilt ist. ²In der Vollstreckungsklausel ist der Berechtigte sowie der Betrag der Forderung anzugeben; der Zustellung einer Urkunde über die Übertragung der Forderung bedarf es nicht.

§ 133 [Vollstreckung ohne Zustellung des Vollstreckungstitels] ¹Die Zwangsvollstreckung in das Grundstück ist gegen den Ersteher ohne Zustellung des vollstreckbaren Titels oder der nach § 132 erteilten Vollstreckungsklausel zulässig; sie kann erfolgen, auch wenn der Ersteher noch nicht als

Eigentümer eingetragen ist. ²Der Vorlegung des im § 17 Abs. 2 bezeichneten Zeugnisses bedarf es nicht, solange das Grundbuchamt noch nicht um die Eintragung ersucht ist.

§ 134 *(aufgehoben)*

§ 135 [Vertreter für unbekannten Berechtigten] ¹Ist für einen zugeteilten Betrag die Person des Berechtigten unbekannt, so hat das Vollstreckungsgericht zur Ermittlung des Berechtigten einen Vertreter zu bestellen. ²Die Vorschriften des § 7 Abs. 2 finden entsprechende Anwendung. ³Die Auslagen und Gebühren des Vertreters sind aus dem zugeteilten Betrage vorweg zu entnehmen.

§ 136 [Kraftloserklärung von Grundpfandbriefen] Ist der Nachweis des Berechtigten von der Beibringung des Briefes über eine Hypothek, Grundschuld oder Rentenschuld abhängig, so kann der Brief im Wege des Aufgebotsverfahrens auch dann für kraftlos erklärt werden, wenn das Recht bereits gelöscht ist.

§ 137 [Nachträgliche Ermittlung des Berechtigten] (1) Wird der Berechtigte nachträglich ermittelt, so ist der Teilungsplan weiter auszuführen.

(2) ¹Liegt ein Widerspruch gegen den Anspruch vor, so ist derjenige, welcher den Widerspruch erhoben hat, von der Ermittlung des Berechtigten zu benachrichtigen. ²Die im § 878 der Zivilprozeßordnung bestimmte Frist zur Erhebung der Klage beginnt mit der Zustellung der Benachrichtigung.

§ 138 [Ermächtigung zum Aufgebot] (1) Wird der Berechtigte nicht vor dem Ablaufe von drei Monaten seit dem Verteilungstermin ermittelt, so hat auf Antrag das Gericht den Beteiligten, welchem der Betrag anderweit zugeteilt ist, zu ermächtigen, das Aufgebotsverfahren zum Zwecke der Ausschließung des unbekannten Berechtigten von der Befriedigung aus dem zugeteilten Betrage zu beantragen.

(2) ¹Wird nach der Erteilung der Ermächtigung der Berechtigte ermittelt, so hat das Gericht den Ermächtigten hiervon zu benachrichtigen. ²Mit der Benachrichtigung erlischt die Ermächtigung.

§ 139 [Terminsbestimmung bei nachträglicher Ermittlung] (1) ¹Das Gericht kann im Falle der nachträglichen Ermittlung des Berechtigten zur weiteren Ausführung des Teilungsplans einen Termin bestimmen. ²Die Terminsbestimmung ist dem Berechtigten und dessen Vertreter, dem Beteiligten, welchem der Betrag anderweit zugeteilt ist, und demjenigen zuzustellen, welcher zur Zeit des Zuschlags Eigentümer des Grundstücks war.

(2) ¹Liegt ein Widerspruch gegen den Anspruch vor, so erfolgt die Zustellung der Terminsbestimmung auch an denjenigen, welcher den Widerspruch erhoben hat. ²Die im § 878 der Zivilprozeßordnung bestimmte Frist zur Erhebung der Klage beginnt mit dem Termine.

§ 140 [Aufgebotsverfahren] (1) Für das Aufgebotsverfahren ist das Vollstreckungsgericht zuständig.

(2) Der Antragsteller hat zur Begründung des Antrags die ihm bekannten Rechtsnachfolger desjenigen anzugeben, welcher als letzter Berechtigter ermittelt ist.

(3) In dem Aufgebot ist der unbekannte Berechtigte aufzufordern, sein Recht innerhalb der Aufgebotsfrist anzumelden, widrigenfalls seine Ausschließung von der Befriedigung aus dem zugeteilten Betrag erfolgen werde.

(4) Das Aufgebot ist demjenigen, welcher als letzter Berechtigter ermittelt ist, den angezeigten Rechtsnachfolgern sowie dem Vertreter des unbekannten Berechtigten zuzustellen.

(5) Eine im Vollstreckungsverfahren erfolgte Anmeldung gilt auch für das Aufgebotsverfahren.

(6) Der Antragsteller kann die Erstattung der Kosten des Verfahrens aus dem zugeteilten Betrage verlangen.

§ 141 [Ausführung des Teilungsplans nach Ausschließungsbeschluss]
¹Nach der Erlassung des Ausschließungsbeschlusses hat das Gericht einen Termin zur weiteren Ausführung des Teilungsplans zu bestimmen. ²Die Terminsbestimmung ist dem Antragsteller und den Personen, welchen Rechte in dem Urteile vorbehalten sind, dem Vertreter des unbekannten Berechtigten sowie demjenigen zuzustellen, welcher zur Zeit des Zuschlags Eigentümer des Grundstücks war.

§ 142 [Dreißigjährige Frist für hinterlegten Betrag]
¹In den Fällen des § 117 Abs. 2 und der §§ 120, 121, 124, 126 erlöschen die Rechte auf den hinterlegten Betrag mit dem Ablaufe von dreißig Jahren, wenn nicht der Empfangsberechtigte sich vorher bei der Hinterlegungsstelle meldet; derjenige, welcher zur Zeit des Zuschlags Eigentümer des Grundstücks war, ist zur Erhebung berechtigt. ²Die dreißigjährige Frist beginnt mit der Hinterlegung, in den Fällen der §§ 120, 121 mit dem Eintritt der Bedingung, unter welcher die Hinterlegung erfolgt ist.

§ 143 [Außergerichtliche Einigung über Erlösverteilung]
Die Verteilung des Versteigerungserlöses durch das Gericht findet nicht statt, wenn dem Gerichte durch öffentliche oder öffentlich beglaubigte Urkunden nachgewiesen wird, daß sich die Beteiligten über die Verteilung des Erlöses geeinigt haben.

§ 144 [Außergerichtliche Befriedigung der Berechtigten]
(1) ¹Weist der Ersteher oder im Falle des § 69 Abs. 3 der für mithaftend erklärte Bürge dem Gerichte durch öffentliche oder öffentlich beglaubigte Urkunden nach, daß er diejenigen Berechtigten, deren Ansprüche durch das Gebot gedeckt sind, befriedigt hat oder daß er von ihnen als alleiniger Schuldner angenommen ist, so sind auf Anordnung des Gerichts die Urkunden nebst der Erklärung des Erstehers oder des Bürgen zur Einsicht der Beteiligten auf der Geschäftsstelle niederzulegen. ²Die Beteiligten sind von der Niederlegung zu benachrichtigen und aufzufordern, Erinnerungen binnen zwei Wochen geltend zu machen.

(2) Werden Erinnerungen nicht innerhalb der zweiwöchigen Frist erhoben, so beschränkt sich das Verteilungsverfahren auf die Verteilung des Erlöses aus

denjenigen Gegenständen, welche im Falle des § 65 besonders versteigert oder anderweit verwertet worden sind.

§ 145 [Anzuwendende Vorschriften] Die Vorschriften des § 105 Abs. 2 Satz 2 und der §§ 127, 130 bis 133 finden in den Fällen der §§ 143, 144 entsprechende Anwendung.

IX. Grundpfandrechte in ausländischer Währung

§ 145 a [Sonderbestimmungen] Für die Zwangsversteigerung eines Grundstücks, das mit einer Hypothek, Grundschuld oder Rentenschuld in einer nach § 28 Satz 2 der Grundbuchordnung zugelassenen Währung belastet ist, gelten folgende Sonderbestimmungen:
1. Die Terminbestimmung muß die Angabe, daß das Grundstück mit einer Hypothek, Grundschuld oder Rentenschuld in einer nach § 28 Satz 2 der Grundbuchordnung zugelassenen Währung belastet ist, und die Bezeichnung dieser Währung enthalten.
2. [1] In dem Zwangsversteigerungstermin wird vor der Aufforderung zur Abgabe von Geboten festgestellt und bekannt gemacht, welchen Wert die in der nach § 28 Satz 2 der Grundbuchordnung zugelassenen Fremdwährung eingetragene Hypothek, Grundschuld oder Rentenschuld nach dem amtlich ermittelten letzten Kurs in Euro hat. [2] Dieser Kurswert bleibt für das weitere Verfahren maßgebend.
3. [1] Die Höhe des Bargebots wird in Euro festgestellt. [2] Die Gebote sind in Euro abzugeben.
4. Der Teilungsplan wird in Euro aufgestellt.
5. [1] Wird ein Gläubiger einer in nach § 28 Satz 2 der Grundbuchordnung zulässigen Fremdwährung eingetragenen Hypothek, Grundschuld oder Rentenschuld nicht vollständig befriedigt, so ist der verbleibende Teil seiner Forderung in der Fremdwährung festzustellen. [2] Die Feststellung ist für die Haftung mitbelasteter Gegenstände, für die Verbindlichkeit des persönlichen Schuldners und für die Geltendmachung des Ausfalls im Insolvenzverfahren maßgebend.

Dritter Titel. Zwangsverwaltung

§ 146 [Anordnung] (1) Auf die Anordnung der Zwangsverwaltung finden die Vorschriften über die Anordnung der Zwangsversteigerung entsprechende Anwendung, soweit sich nicht aus den §§ 147 bis 151 ein anderes ergibt.

(2) Von der Anordnung sind nach dem Eingange der im § 19 Abs. 2 bezeichneten Mitteilungen des Grundbuchamts die Beteiligten zu benachrichtigen.

§ 147 [Eigenbesitz des Schuldners] (1) Wegen des Anspruchs aus einem eingetragenen Rechte findet die Zwangsverwaltung auch dann statt, wenn die Voraussetzungen des § 17 Abs. 1 nicht vorliegen, der Schuldner aber das Grundstück im Eigenbesitze hat.

(2) Der Besitz ist durch Urkunden glaubhaft zu machen, sofern er nicht bei dem Gericht offenkundig ist.

§ 148 [Beschlagnahme des Grundstücks; Umfang] (1) ¹Die Beschlagnahme des Grundstücks umfaßt auch die im § 21 Abs. 1, 2 bezeichneten Gegenstände. ²Die Vorschrift des § 23 Abs. 1 Satz 2 findet keine Anwendung.

(2) Durch die Beschlagnahme wird dem Schuldner die Verwaltung und Benutzung des Grundstücks entzogen.

§ 149 [Wohnräume und Unterhalt des Schuldners] (1) Wohnt der Schuldner zur Zeit der Beschlagnahme auf dem Grundstücke, so sind ihm die für seinen Hausstand unentbehrlichen Räume zu belassen.

(2) Gefährdet der Schuldner oder ein Mitglied seines Hausstandes das Grundstück oder die Verwaltung, so hat auf Antrag das Gericht dem Schuldner die Räumung des Grundstücks aufzugeben.

(3) ¹Bei der Zwangsverwaltung eines landwirtschaftlichen, forstwirtschaftlichen oder gärtnerischen Grundstücks hat der Zwangsverwalter aus den Erträgnissen des Grundstücks oder aus deren Erlös dem Schuldner die Mittel zur Verfügung zu stellen, die zur Befriedigung seiner und seiner Familie notwendigen Bedürfnisse erforderlich sind. ²Im Streitfall entscheidet das Vollstreckungsgericht nach Anhörung des Gläubigers, des Schuldners und des Zwangsverwalters. ³Der Beschluß unterliegt der sofortigen Beschwerde.

§ 150 [Bestellung des Verwalters; Übergabe des Grundstücks] (1) Der Verwalter wird von dem Gerichte bestellt.

(2) Das Gericht hat dem Verwalter durch einen Gerichtsvollzieher oder durch einen sonstigen Beamten das Grundstück zu übergeben oder ihm die Ermächtigung zu erteilen, sich selbst den Besitz zu verschaffen.

§ 150 a [Vorgeschlagener Verwalter] (1) Gehört bei der Zwangsverwaltung eines Grundstücks zu den Beteiligten eine öffentliche Körperschaft, ein unter staatlicher Aufsicht stehendes Institut, eine Hypothekenbank oder ein Siedlungsunternehmen im Sinne des Reichssiedlungsgesetzes, so kann dieser Beteiligte innerhalb einer ihm vom Vollstreckungsgericht zu bestimmenden Frist eine in seinen Diensten stehende Person als Verwalter vorschlagen.

(2) ¹Das Gericht hat den Vorgeschlagenen zum Verwalter zu bestellen, wenn der Beteiligte die dem Verwalter nach § 154 Satz 1 obliegende Haftung übernimmt und gegen den Vorgeschlagenen mit Rücksicht auf seine Person oder die Art der Verwaltung Bedenken nicht bestehen. ²Der vorgeschlagene Verwalter erhält für seine Tätigkeit keine Vergütung.

§ 150 b [Schuldner als Verwalter] (1) ¹Bei der Zwangsverwaltung eines landwirtschaftlichen, forstwirtschaftlichen oder gärtnerischen Grundstücks ist der Schuldner zum Verwalter zu bestellen. ²Von seiner Bestellung ist nur abzusehen, wenn er nicht dazu bereit ist oder wenn nach Lage der Verhältnisse eine ordnungsmäßige Führung der Verwaltung durch ihn nicht zu erwarten ist.

(2) Vor der Bestellung sollen der betreibende Gläubiger und etwaige Beteiligte der in § 150 a bezeichneten Art sowie die untere Verwaltungsbehörde gehört werden.

(3) Ein gemäß § 150 a gemachter Vorschlag ist nur für den Fall zu berücksichtigen, daß der Schuldner nicht zum Verwalter bestellt wird.

§ 150 c [Aufsichtsperson für Schuldner als Verwalter] (1) [1] Wird der Schuldner zum Zwangsverwalter bestellt, so hat das Gericht eine Aufsichtsperson zu bestellen. [2] Aufsichtsperson kann auch eine Behörde oder juristische Person sein.

(2) [1] Für die Aufsichtsperson gelten die Vorschriften des § 153 Abs. 2 und des § 154 Satz 1 entsprechend. [2] Gerichtliche Anordnungen, die dem Verwalter zugestellt werden, sind auch der Aufsichtsperson zuzustellen. [3] Vor der Erteilung von Anweisungen im Sinne des § 153 ist auch die Aufsichtsperson zu hören.

(3) Die Aufsichtsperson hat dem Gericht unverzüglich Anzeige zu erstatten, wenn der Schuldner gegen seine Pflichten als Verwalter verstößt.

(4) [1] Der Schuldner führt die Verwaltung unter Aufsicht der Aufsichtsperson. [2] Er ist verpflichtet, der Aufsichtsperson jederzeit Auskunft über das Grundstück, den Betrieb und die mit der Bewirtschaftung zusammenhängenden Rechtsverhältnisse zu geben und Einsicht in vorhandene Aufzeichnungen zu gewähren. [3] Er hat, soweit es sich um Geschäfte handelt, die über den Rahmen der laufenden Wirtschaftsführung hinausgehen, rechtzeitig die Entschließung der Aufsichtsperson einzuholen.

§ 150 d [Befugnisse des Schuldners als Verwalter] [1] Der Schuldner darf als Verwalter über die Nutzungen des Grundstücks und deren Erlös, unbeschadet der Vorschriften der §§ 155 bis 158, nur mit Zustimmung der Aufsichtsperson verfügen. [2] Zur Einziehung von Ansprüchen, auf die sich die Beschlagnahme erstreckt, ist er ohne diese Zustimmung befugt; er ist jedoch verpflichtet, die Beträge, die zu notwendigen Zahlungen zur Zeit nicht erforderlich sind, nach näherer Anordnung des Gerichts unverzüglich anzulegen.

§ 150 e [Keine Vergütung für Schuldner als Verwalter] [1] Der Schuldner erhält als Verwalter keine Vergütung. [2] Erforderlichenfalls bestimmt das Gericht nach Anhörung der Aufsichtsperson, in welchem Umfange der Schuldner Erträgnisse des Grundstücks oder deren Erlös zur Befriedigung seiner und seiner Familie notwendigen Bedürfnisse verwenden darf.

§ 151 [Wirksamwerden der Beschlagnahme] (1) Die Beschlagnahme wird auch dadurch wirksam, daß der Verwalter nach § 150 den Besitz des Grundstücks erlangt.

(2) Der Beschluß, durch welchen der Beitritt eines Gläubigers zugelassen wird, soll dem Verwalter zugestellt werden; die Beschlagnahme wird zugunsten des Gläubigers auch mit dieser Zustellung wirksam, wenn der Verwalter sich bereits im Besitze des Grundstücks befindet.

(3) Das Zahlungsverbot an den Drittschuldner ist auch auf Antrag des Verwalters zu erlassen.

§ 152[1)] **[Aufgaben des Verwalters]** (1) Der Verwalter hat das Recht und die Pflicht, alle Handlungen vorzunehmen, die erforderlich sind, um das Grundstück in seinem wirtschaftlichen Bestande zu erhalten und ordnungsmäßig zu benutzen; er hat die Ansprüche, auf welche sich die Beschlagnahme erstreckt, geltend zu machen und die für die Verwaltung entbehrlichen Nutzungen in Geld umzusetzen.

(2) Ist das Grundstück vor der Beschlagnahme einem Mieter oder Pächter überlassen, so ist der Miet- oder Pachtvertrag auch dem Verwalter gegenüber wirksam.

§ 152 a [Ermächtigung] [1] Der Bundesminister der Justiz wird ermächtigt, Stellung, Aufgaben und Geschäftsführung des Zwangsverwalters sowie seine Vergütung (Gebühren und Auslagen) durch Rechtsverordnung mit Zustimmung des Bundesrates näher zu regeln. [2] Die Höhe der Vergütung ist an der Art und dem Umfang der Aufgabe sowie an der Leistung des Zwangsverwalters auszurichten. [3] Es sind Mindest- und Höchstsätze vorzusehen.

§ 153 [Anordnungen und Aufsicht des Gerichts] (1) Das Gericht hat den Verwalter nach Anhörung des Gläubigers und des Schuldners mit der erforderlichen Anweisung für die Verwaltung zu versehen, die dem Verwalter zu gewährende Vergütung festzusetzen und die Geschäftsführung zu beaufsichtigen; in geeigneten Fällen ist ein Sachverständiger zuzuziehen.

(2) [1] Das Gericht kann dem Verwalter die Leistung einer Sicherheit auferlegen, gegen ihn Zwangsgeld festsetzen und ihn entlassen. [2] Das Zwangsgeld ist vorher anzudrohen.

§ 153 a [Anordnungen über Entgelt für Viehfutter] Ist in einem Gebiet das zu dem landwirtschaftlichen Betriebe gehörende Vieh nach der Verkehrssitte nicht Zubehör des Grundstücks, so hat, wenn der Schuldner zum Zwangsverwalter bestellt wird, das Vollstreckungsgericht gemäß § 153 Anordnungen darüber zu erlassen, welche Beträge der Schuldner als Entgelt dafür, daß das Vieh aus den Erträgnissen des Grundstücks ernährt wird, der Teilungsmasse zuzuführen hat und wie die Erfüllung dieser Verpflichtung sicherzustellen ist.

§ 153 b [Einstweilige Einstellung auf Antrag des Insolvenzverwalters] (1) Ist über das Vermögen des Schuldners das Insolvenzverfahren eröffnet, so ist auf Antrag des Insolvenzverwalters die vollständige oder teilweise Einstellung der Zwangsverwaltung anzuordnen, wenn der Insolvenzverwalter glaubhaft macht, daß durch die Fortsetzung der Zwangsverwaltung eine wirtschaftlich sinnvolle Nutzung der Insolvenzmasse wesentlich erschwert wird.

(2) Die Einstellung ist mit der Auflage anzuordnen, daß die Nachteile, die dem betreibenden Gläubiger aus der Einstellung erwachsen, durch laufende Zahlungen aus der Insolvenzmasse ausgeglichen werden.

(3) Vor der Entscheidung des Gerichts sind der Zwangsverwalter und der betreibende Gläubiger zu hören.

[1)] Siehe auch die ZwangsverwalterVO (Nr. 15).

§ 153 c [Aufhebung der einstweiligen Einstellung] (1) Auf Antrag des betreibenden Gläubigers hebt das Gericht die Anordnung der einstweiligen Einstellung auf, wenn die Voraussetzungen für die Einstellung fortgefallen sind, wenn die Auflagen nach § 153b Abs. 2 nicht beachtet werden oder wenn der Insolvenzverwalter der Aufhebung zustimmt.

(2) ¹ Vor der Entscheidung des Gerichts ist der Insolvenzverwalter zu hören. ² Wenn keine Aufhebung erfolgt, enden die Wirkungen der Anordnung mit der Beendigung des Insolvenzverfahrens.

§ 154 [Haftung; Rechnungslegung] ¹ Der Verwalter ist für die Erfüllung der ihm obliegenden Verpflichtungen allen Beteiligten gegenüber verantwortlich. ² Er hat dem Gläubiger und dem Schuldner jährlich und nach der Beendigung der Verwaltung Rechnung zu legen. ³ Die Rechnung ist dem Gericht einzureichen und von diesem dem Gläubiger und dem Schuldner vorzulegen.

§ 155 [Verteilung der Nutzungen] (1) Aus den Nutzungen des Grundstücks sind die Ausgaben der Verwaltung sowie die Kosten des Verfahrens mit Ausnahme derjenigen, welche durch die Anordnung des Verfahrens oder den Beitritt eines Gläubigers entstehen, vorweg zu bestreiten.

(2) ¹ Die Überschüsse werden auf die in § 10 Abs. 1 Nr. 1 bis 5 bezeichneten Ansprüche verteilt. ² Hierbei werden in der zweiten, dritten und vierten Rangklasse jedoch nur Ansprüche auf laufende wiederkehrende Leistungen, einschließlich der Rentenleistungen, sowie auf diejenigen Beträge berücksichtigt, die zur allmählichen Tilgung einer Schuld als Zuschlag zu den Zinsen zu entrichten sind. ³ Abzahlungsbeträge für eine unverzinsliche Schuld sind wie laufende wiederkehrende Leistungen zu berücksichtigen, soweit sie fünf vom Hundert des ursprünglichen Schuldbetrages nicht übersteigen.

(3) ¹ Hat der eine Zwangsverwaltung betreibende Gläubiger für Instandsetzungs-, Ergänzungs- oder Umbauarbeiten an Gebäuden Vorschüsse gewährt, so sind diese zum Satze von einhalb vom Hundert über dem Zinssatz der Spitzenrefinanzierungsfazilität der Europäischen Zentralbank (SFR-Zinssatz) zu verzinsen. ² Die Zinsen genießen bei der Zwangsverwaltung und der Zwangsversteigerung dasselbe Vorrecht wie die Vorschüsse selbst.

(4) ¹ Hat der Zwangsverwalter oder, wenn der Schuldner zum Verwalter bestellt ist, der Schuldner mit Zustimmung der Aufsichtsperson Düngemittel, Saatgut oder Futtermittel angeschafft, die im Rahmen der bisherigen Wirtschaftsweise zur ordnungsmäßigen Aufrechterhaltung des Betriebs benötigt werden, so haben Ansprüche aus diesen Lieferungen den in § 10 Abs. 1 Nr. 1 bezeichneten Rang. ² Das gleiche gilt von Krediten, die zur Bezahlung dieser Lieferungen in der für derartige Geschäfte üblichen Weise aufgenommen sind.

§ 156 [Öffentliche Lasten; Verteilungstermin] (1) ¹ Die laufenden Beträge der öffentlichen Lasten sind von dem Verwalter ohne weiteres Verfahren zu berichtigen. ² Dies gilt auch bei der Vollstreckung in ein Wohnungseigentum für die laufenden Beträge der daraus fälligen Ansprüche auf Zahlung der Beiträge zu den Lasten und Kosten des gemeinschaftlichen Eigentums oder des Sondereigentums, die nach § 16 Abs. 2, § 28 Abs. 2 und 5 des Wohnungseigentumsgesetzes geschuldet werden, einschließlich der Vorschüsse und

Rückstellungen sowie der Rückgriffsansprüche einzelner Wohnungseigentümer. ³ Die Vorschrift des § 10 Abs. 1 Nr. 2 Satz 3 findet keine Anwendung.

(2) ¹ Ist zu erwarten, daß auch auf andere Ansprüche Zahlungen geleistet werden können, so wird nach dem Eingange der im § 19 Abs. 2 bezeichneten Mitteilungen des Grundbuchamts der Verteilungstermin bestimmt. ² In dem Termine wird der Teilungsplan für die ganze Dauer des Verfahrens aufgestellt. ³ Die Terminsbestimmung ist den Beteiligten sowie dem Verwalter zuzustellen. ⁴ Die Vorschriften des § 105 Abs. 2 Satz 2, des § 113 Abs. 1 und der §§ 114, 115, 124, 126 finden entsprechende Anwendung.

§ 157 [Ausführung des Teilungsplans] (1) ¹ Nach der Feststellung des Teilungsplans hat das Gericht die planmäßige Zahlung der Beträge an die Berechtigten anzuordnen; die Anordnung ist zu ergänzen, wenn nachträglich der Beitritt eines Gläubigers zugelassen wird. ² Die Auszahlungen erfolgen zur Zeit ihrer Fälligkeit durch den Verwalter, soweit die Bestände hinreichen.

(2) ¹ Im Falle der Hinterlegung eines zugeteilten Betrags für den unbekannten Berechtigten ist nach den Vorschriften der §§ 135 bis 141 zu verfahren. ² Die Vorschriften des § 142 finden Anwendung.

§ 158 [Kapital von Grundpfandrechten] (1) ¹ Zur Leistung von Zahlungen auf das Kapital einer Hypothek oder Grundschuld oder auf die Ablösungssumme einer Rentenschuld hat das Gericht einen Termin zu bestimmen. ² Die Terminsbestimmung ist von dem Verwalter zu beantragen.

(2) ¹ Soweit der Berechtigte Befriedigung erlangt hat, ist das Grundbuchamt von dem Gericht um die Löschung des Rechtes zu ersuchen. ² Eine Ausfertigung des Protokolls ist beizufügen; die Vorlegung des über das Recht erteilten Briefes ist zur Löschung nicht erforderlich.

(3) Im übrigen finden die Vorschriften der §§ 117, 127 entsprechende Anwendung.

§ 158 a [Belastung in einheitlicher Europäischer Währung] Für die Zwangsverwaltung eines Grundstücks, das mit einer Hypothek, Grundschuld oder Rentenschuld in einer nach § 28 Satz 2 der Grundbuchordnung zugelassenen Währung belastet ist, gelten folgende Sonderbestimmungen:
1. Die Beträge, die auf ein in der Fremdwährung eingetragenes Recht entfallen, sind im Teilungsplan in der eingetragenen Währung festzustellen.
2. Die Auszahlung erfolgt in Euro.
3. ¹ Der Verwalter zahlt wiederkehrende Leistungen nach dem Kurswert des Fälligkeitstages aus. ² Zahlungen auf das Kapital setzt das Gericht in dem zur Leistung bestimmten Termin nach dem amtlich ermittelten letzten Kurswert fest.

§ 159 [Klage auf Änderung des Teilungsplans] (1) Jeder Beteiligte kann eine Änderung des Teilungsplans im Wege der Klage erwirken, auch wenn er Widerspruch gegen den Plan nicht erhoben hat.

(2) Eine planmäßig geleistete Zahlung kann auf Grund einer späteren Änderung des Planes nicht zurückgefordert werden.

§ 160 [Außergerichtliche Verteilung] Die Vorschriften der §§ 143 bis 145 über die außergerichtliche Verteilung finden entsprechende Anwendung.

§ 161 [Aufhebung des Verfahrens] (1) Die Aufhebung des Verfahrens erfolgt durch Beschluß des Gerichts.

(2) Das Verfahren ist aufzuheben, wenn der Gläubiger befriedigt ist.

(3) Das Gericht kann die Aufhebung anordnen, wenn die Fortsetzung des Verfahrens besondere Aufwendungen erfordert und der Gläubiger den nötigen Geldbetrag nicht vorschießt.

(4) Im übrigen finden auf die Aufhebung des Verfahrens die Vorschriften der §§ 28, 29, 32, 34 entsprechende Anwendung.

Zweiter Abschnitt. Zwangsversteigerung von Schiffen, Schiffsbauwerken und Luftfahrzeugen im Wege der Zwangsvollstreckung

Erster Titel. Zwangsversteigerung von Schiffen und Schiffsbauwerken[1]

§ 162 [Anzuwendende Vorschriften] Auf die Zwangsversteigerung eines im Schiffsregister eingetragenen Schiffs oder eines Schiffsbauwerks, das im Schiffsbauregister eingetragen ist oder in dieses Register eingetragen werden kann, sind die Vorschriften des Ersten Abschnitts entsprechend anzuwenden, soweit sich nicht aus den §§ 163 bis 170a etwas anderes ergibt.

§ 163 [Zuständiges Amtsgericht; Beteiligte] (1) Für die Zwangsversteigerung eines eingetragenen Schiffs ist als Vollstreckungsgericht das Amtsgericht zuständig, in dessen Bezirk sich das Schiff befindet; § 1 Abs. 2 gilt entsprechend.

(2) Für das Verfahren tritt an die Stelle des Grundbuchs das Schiffsregister.

(3) [1] Die Träger der Sozialversicherung einschließlich der Arbeitslosenversicherung gelten als Beteiligte, auch wenn sie eine Forderung nicht angemeldet haben. [2] Bei der Zwangsversteigerung eines Seeschiffes vertritt die Deutsche Rentenversicherung Knappschaft-Bahn-See, bei der Zwangsversteigerung eines Binnenschiffes die Binnenschiffahrts-Berufsgenossenschaft die übrigen Versicherungsträger gegenüber dem Vollstreckungsgericht.

§ 164 [Voraussetzungen des Antrags] Die Beschränkung des § 17 gilt für die Zwangsversteigerung eines eingetragenen Schiffs nicht, soweit sich aus den Vorschriften des Handelsgesetzbuchs oder des Gesetzes, betreffend die privatrechtlichen Verhältnisse der Binnenschiffahrt, etwas anderes ergibt; die hiernach zur Begründung des Antrags auf Zwangsversteigerung erforderlichen Tatsachen sind durch Urkunden glaubhaft zu machen, soweit sie nicht dem Gericht offenkundig sind; dem Antrag auf Zwangsversteigerung ist ein Zeug-

---

[1] Beachte hierzu auch § 482 Handelsgesetzbuch v. 10. 5. 1897 (RGBl. S. 219, ber. 1999 S. 42), zuletzt geänd. durch G v. 31. 7. 2009 (BGBl. I S. 2512) sowie das G über Vollstreckungsschutz für die Binnenschiffahrt v. 24. 5. 1933 (RGBl. I S. 289), zuletzt geänd. durch G v. 19. 4. 2006 (BGBl. I S. 866).

nis der Registerbehörde über die Eintragung des Schiffs im Schiffsregister beizufügen.

§ 165 [Bewachung und Verwahrung des Schiffes] (1) ¹Bei der Anordnung der Zwangsversteigerung hat das Gericht zugleich die Bewachung und Verwahrung des Schiffes anzuordnen. ²Die Beschlagnahme wird auch mit der Vollziehung dieser Anordnung wirksam.

(2) ¹Das Gericht kann zugleich mit der einstweiligen Einstellung des Verfahrens im Einverständnis mit dem betreibenden Gläubiger anordnen, daß die Bewachung und Verwahrung einem Treuhänder übertragen wird, den das Gericht auswählt. ²Der Treuhänder untersteht der Aufsicht des Gerichts und ist an die ihm erteilten Weisungen des Gerichts gebunden. ³Das Gericht kann ihn im Einverständnis des Gläubigers auch ermächtigen, das Schiff für Rechnung und im Namen des Schuldners zu nutzen. ⁴Über die Verwendung des Reinertrages entscheidet das Gericht. ⁵In der Regel soll er nach den Grundsätzen des § 155 verteilt werden.

§ 166 [Wirkung gegen den Schiffseigner] (1) Ist gegen den Schiffer auf Grund eines vollstreckbaren Titels, der auch gegenüber dem Eigentümer wirksam ist, das Verfahren angeordnet, so wirkt die Beschlagnahme zugleich gegen den Eigentümer.

(2) Der Schiffer gilt in diesem Falle als Beteiligter nur so lange, als er das Schiff führt; ein neuer Schiffer gilt als Beteiligter, wenn er sich bei dem Gerichte meldet und seine Angabe auf Verlangen des Gerichts oder eines Beteiligten glaubhaft macht.

§ 167 [Bezeichnung bei Terminsbestimmung] (1) Die Bezeichnung des Schiffes in der Bestimmung des Versteigerungstermins soll nach dem Schiffsregister erfolgen.

(2) Die im § 37 Nr. 4 bestimmte Aufforderung muß ausdrücklich auch auf die Rechte der Schiffsgläubiger hinweisen.

§ 168 [Bekanntmachung] (1) ¹Die Terminbestimmung soll auch durch ein geeignetes Schifffahrtsfachblatt bekannt gemacht werden. ²Die Landesregierungen werden ermächtigt, durch Rechtsverordnung nähere Bestimmungen hierüber zu erlassen. ³Die Landesregierungen können die Ermächtigung auf die Landesjustizverwaltungen übertragen.

(2) Befindet sich der Heimatshafen oder Heimatsort des Schiffes in dem Bezirk eines anderen Gerichts, so soll die Terminsbestimmung auch durch das für Bekanntmachungen dieses Gerichts bestimmte Blatt oder elektronische Informations- und Kommunikationssystem bekanntgemacht werden.

(3) Die im § 39 Abs. 2 vorgesehene Anordnung ist unzulässig.

§ 168a *(aufgehoben)*

§ 168b [Anmeldung beim Registergericht vor Terminsbestimmung]
¹Hat ein Schiffsgläubiger sein Recht innerhalb der letzten sechs Monate vor der Bekanntmachung der Terminsbestimmung bei dem Registergericht angemeldet, so gilt die Anmeldung als bei dem Versteigerungsgericht bewirkt.

[2] Das Registergericht hat bei der Übersendung der im § 19 Abs. 2 bezeichneten Urkunden und Mitteilungen die innerhalb der letzten sechs Monate bei ihm eingegangenen Anmeldungen an das Versteigerungsgericht weiterzugeben.

§ 168 c [Schiffshypothek in ausländischer Währung]
Für die Zwangsversteigerung eines Schiffes, das mit einer Schiffshypothek in ausländischer Währung belastet ist, gelten folgende Sonderbestimmungen:
1. Die Terminbestimmung muß die Angabe, daß das Schiff mit einer Schiffshypothek in ausländischer Währung belastet ist, und die Bezeichnung dieser Währung enthalten.
2. [1] In dem Zwangsversteigerungstermin wird vor der Aufforderung zur Abgabe von Geboten festgestellt und bekanntgemacht, welchen Wert die in ausländischer Währung eingetragene Schiffshypothek nach dem amtlich ermittelten letzten Kurs in Euro hat. [2] Dieser Kurswert bleibt für das weitere Verfahren maßgebend.
3. [1] Die Höhe des Bargebots wird in Euro festgestellt. [2] Die Gebote sind in Euro abzugeben.
4. Der Teilungsplan wird in Euro aufgestellt.
5. [1] Wird ein Gläubiger einer in ausländischer Währung eingetragenen Schiffshypothek nicht vollständig befriedigt, so ist der verbleibende Teil seiner Forderung in der ausländischen Währung festzustellen. [2] Die Feststellung ist für die Haftung mitbelasteter Gegenstände, für die Verbindlichkeit des persönlichen Schuldners und für die Geltendmachung des Ausfalls im Insolvenzverfahren maßgebend.

§ 169 [Vorausverfügungen über Miet- oder Pachtzins; Schiffshypothek gegen Ersteher]
(1) [1] Ist das Schiff einem Mieter oder Pächter überlassen, so gelten die Vorschriften des § 578 a des Bürgerlichen Gesetzbuchs entsprechend. [2] Soweit nach § 578 a Abs. 2 für die Wirkung von Verfügungen und Rechtsgeschäften über die Miete oder Pacht der Übergang des Eigentums in Betracht kommt, ist an dessen Stelle die Beschlagnahme des Schiffs maßgebend; ist der Beschluß, durch den die Zwangsversteigerung angeordnet wird, auf Antrag des Gläubigers dem Mieter oder Pächter zugestellt, so gilt mit der Zustellung der Beschlagnahme als dem Mieter oder Pächter bekannt.

(2) [1] Soweit das Bargebot bis zum Verteilungstermin nicht berichtigt wird, ist für die Forderung gegen den Ersteher eine Schiffshypothek an dem Schiff in das Schiffsregister einzutragen. [2] Die Schiffshypothek entsteht mit der Eintragung, auch wenn der Ersteher das Schiff inzwischen veräußert hat. [3] Im übrigen gelten die Vorschriften des Gesetzes über Rechte an eingetragenen Schiffen und Schiffsbauwerken vom 15. November 1940 (Reichsgesetzbl. I S. 1499) über die durch Rechtsgeschäft bestellte Schiffshypothek.

§ 169 a [Kein Antrag auf Versagung des Zuschlags bei Seeschiffen]
(1) Auf die Zwangsversteigerung eines Seeschiffes sind die Vorschriften der §§ 74 a, 74 b und 85 a nicht anzuwenden; § 38 Satz 1 findet hinsichtlich der Angabe des Verkehrswerts keine Anwendung.

(2) § 68 findet mit der Maßgabe Anwendung, daß Sicherheit für ein Zehntel des Bargebots zu leisten ist.

§ 170 [Bewachung und Verwahrung des versteigerten Schiffes] (1) An die Stelle der nach § 94 Abs. 1 zulässigen Verwaltung tritt die gerichtliche Bewachung und Verwahrung des versteigerten Schiffes.

(2) Das Gericht hat die getroffenen Maßregeln aufzuheben, wenn der zu ihrer Fortsetzung erforderliche Geldbetrag nicht vorgeschossen wird.

§ 170 a [Zwangsversteigerung eines Schiffsbauwerks] (1) [1] Die Zwangsversteigerung eines Schiffsbauwerks darf erst angeordnet werden, nachdem es in das Schiffsbauregister eingetragen ist. [2] Der Antrag auf Anordnung der Zwangsversteigerung kann jedoch schon vor der Eintragung gestellt werden.

(2) [1] § 163 Abs. 1, §§ 165, 167 Abs. 1, §§ 168c, 169 Abs. 2, § 170 gelten sinngemäß. [2] An die Stelle des Grundbuchs tritt das Schiffsbauregister. [3] Wird das Schiffsbauregister von einem anderen Gericht als dem Vollstreckungsgericht geführt, so soll die Terminsbestimmung auch durch das für Bekanntmachungen dieses Gerichts bestimmte Blatt bekanntgemacht werden. [4] An Stelle der im § 43 Abs. 1 bestimmten Frist tritt eine Frist von zwei Wochen, an Stelle der im § 43 Abs. 2 bestimmten Frist eine solche von einer Woche.

§ 171 [Ausländische Schiffe] (1) Auf die Zwangsversteigerung eines ausländischen Schiffs, das, wenn es ein deutsches Schiff wäre, in das Schiffsregister eingetragen werden müßte, sind die Vorschriften des Ersten Abschnitts entsprechend anzuwenden, soweit sie nicht die Eintragung im Schiffsregister voraussetzen und sich nicht aus den folgenden Vorschriften etwas anderes ergibt.

(2) [1] Als Vollstreckungsgericht ist das Amtsgericht zuständig, in dessen Bezirk sich das Schiff befindet; § 1 Abs. 2 gilt entsprechend. [2] Die Zwangsversteigerung darf, soweit sich nicht aus den Vorschriften des Handelsgesetzbuchs oder des Gesetzes, betreffend die privatrechtlichen Verhältnisse der Binnenschiffahrt, etwas anderes ergibt, nur angeordnet werden, wenn der Schuldner das Schiff im Eigenbesitz hat; die hiernach zur Begründung des Antrags auf Zwangsversteigerung erforderlichen Tatsachen sind durch Urkunden glaubhaft zu machen, soweit sie nicht beim Gericht offenkundig sind.

(3) [1] Die Terminsbestimmung muß die Aufforderung an alle Berechtigten, insbesondere an die Schiffsgläubiger, enthalten, ihre Rechte spätestens im Versteigerungstermin vor der Aufforderung zur Abgabe von Geboten anzumelden und, wenn der Gläubiger widerspricht, glaubhaft zu machen, widrigenfalls die Rechte bei der Verteilung des Versteigerungserlöses dem Anspruch des Gläubigers und den übrigen Rechten nachgesetzt werden würden. [2] Die Terminsbestimmung soll, soweit es ohne erhebliche Verzögerung des Verfahrens tunlich ist, auch den aus den Schiffspapieren ersichtlichen Schiffsgläubigern und sonstigen Beteiligten zugestellt und, wenn das Schiff im Schiffsregister eines fremden Staates eingetragen ist, der Registerbehörde mitgeteilt werden.

(4) [1] Die Vorschriften über das geringste Gebot sind nicht anzuwenden. [2] Das Meistgebot ist in seinem ganzen Betrag durch Zahlung zu berichtigen.

(5) [1] Die Vorschriften der §§ 165, 166, 168 Abs. 1 und 3, §§ 169 a, 170 Abs. 1 sind anzuwenden. [2] Die vom Gericht angeordnete Überwachung und Verwahrung des Schiffs darf erst aufgehoben und das Schiff dem Ersteher erst

übergeben werden, wenn die Berichtigung des Meistgebots oder die Einwilligung der Beteiligten nachgewiesen wird.

Zweiter Titel. Zwangsversteigerung von Luftfahrzeugen

§ 171 a [Anzuwendende Vorschriften] [1] Auf die Zwangsversteigerung eines in der Luftfahrzeugrolle eingetragenen Luftfahrzeugs sind die Vorschriften des Ersten Abschnitts entsprechend anzuwenden, soweit sich nicht aus den §§ 171 b bis 171 g etwas anderes ergibt. [2] Das gleiche gilt für die Zwangsversteigerung eines in dem Register für Pfandrechte an Luftfahrzeugen eingetragenen Luftfahrzeugs, dessen Eintragung in der Luftfahrzeugrolle gelöscht ist.

§ 171 b [Zuständiges Amtsgericht] (1) Für die Zwangsversteigerung des Luftfahrzeugs ist als Vollstreckungsgericht das Amtsgericht zuständig, in dessen Bezirk das Luftfahrt-Bundesamt seinen Sitz hat.

(2) Für das Verfahren tritt an die Stelle des Grundbuchs das Register für Pfandrechte an Luftfahrzeugen.

§ 171 c [Voraussetzungen des Antrags; Bewachung und Verwahrung des Luftfahrzeugs] (1) [1] Die Zwangsversteigerung darf erst angeordnet werden, nachdem das Luftfahrzeug in das Register für Pfandrechte an Luftfahrzeugen eingetragen ist. [2] Der Antrag auf Anordnung der Zwangsversteigerung kann jedoch schon vor der Eintragung gestellt werden.

(2) [1] Bei der Anordnung der Zwangsversteigerung hat das Gericht zugleich die Bewachung und Verwahrung des Luftfahrzeugs anzuordnen. [2] Die Beschlagnahme wird auch mit der Vollziehung dieser Anordnung wirksam.

(3) [1] Das Gericht kann zugleich mit der einstweiligen Einstellung des Verfahrens im Einverständnis mit dem betreibenden Gläubiger anordnen, daß die Bewachung und Verwahrung einem Treuhänder übertragen wird, den das Gericht auswählt. [2] Der Treuhänder untersteht der Aufsicht des Gerichts und ist an die ihm erteilten Weisungen des Gerichts gebunden. [3] Das Gericht kann ihn im Einverständnis mit dem Gläubiger auch ermächtigen, das Luftfahrzeug für Rechnung und im Namen des Schuldners zu nutzen. [4] Über die Verwendung des Reinertrages entscheidet das Gericht. [5] In der Regel soll er nach den Grundsätzen des § 155 verteilt werden.

§ 171 d [Bezeichnung bei Terminsbestimmung] (1) In der Bestimmung des Versteigerungstermins soll das Luftfahrzeug nach dem Register für Pfandrechte an Luftfahrzeugen bezeichnet werden.

(2) Die in § 39 Abs. 2 vorgesehene Anordnung ist unzulässig.

§ 171 e [Registerpfandrechte in ausländischer Währung] Für die Zwangsversteigerung eines Luftfahrzeugs, das mit einem Registerpfandrecht in ausländischer Währung belastet ist, gelten folgende Sonderbestimmungen:
1. Die Terminbestimmung muß die Angabe, daß das Luftfahrzeug mit einem Registerpfandrecht in ausländischer Währung belastet ist und die Bezeichnung dieser Währung enthalten.

2. ¹In dem Zwangsversteigerungstermin wird vor der Aufforderung zur Abgabe von Geboten festgestellt und bekanntgemacht, welchen Wert das in ausländischer Währung eingetragene Registerpfandrecht nach dem amtlich ermittelten letzten Kurs in Euro hat. ²Dieser Kurswert bleibt für das weitere Verfahren maßgebend.

3. ¹Die Höhe des Bargebots wird in Euro festgestellt. ²Die Gebote sind in Euro abzugeben.

4. Der Verteilungsplan wird in Euro aufgestellt.

5. ¹Wird ein Gläubiger eines in ausländischer Währung eingetragenen Registerpfandrechts nicht vollständig befriedigt, so ist der verbleibende Teil seiner Forderung in der ausländischen Währung festzustellen. ²Die Feststellung ist für die Haftung mitbelasteter Gegenstände, für die Verbindlichkeit des persönlichen Schuldners und für die Geltendmachung des Ausfalls im Insolvenzverfahren maßgebend.

§ 171 f [Miet- oder Pachtzins; Hypothek] § 169 gilt für das Luftfahrzeug entsprechend.

§ 171 g [Bewachung und Verwahrung des versteigerten Luftfahrzeugs] (1) An die Stelle der nach § 94 Abs. 1 zulässigen Verwaltung tritt die gerichtliche Bewachung und Verwahrung des versteigerten Luftfahrzeugs.

(2) Das Gericht hat die getroffenen Maßregeln aufzuheben, wenn der zu ihrer Fortsetzung erforderliche Geldbetrag nicht vorgeschossen wird.

§ 171 h [Sondervorschriften für ausländische Luftfahrzeuge] Auf die Zwangsversteigerung eines ausländischen Luftfahrzeugs sind die Vorschriften in §§ 171 a bis 171 g entsprechend anzuwenden, soweit sich nicht aus den §§ 171 i bis 171 n anderes ergibt.

§ 171 i [Rangordnung der Rechte] (1) In der dritten Klasse (§ 10 Abs. 1 Nr. 3) werden nur befriedigt Gebühren, Zölle, Bußen und Geldstrafen auf Grund von Vorschriften über Luftfahrt, Zölle und Einwanderung.

(2) In der vierten Klasse (§ 10 Abs. 1 Nr. 4) genießen Ansprüche auf Zinsen aus Rechten nach § 103 des Gesetzes über Rechte an Luftfahrzeugen vom 26. Februar 1959 (Bundesgesetzbl. I S. 57) das Vorrecht dieser Klasse wegen der laufenden und der aus den letzten drei Geschäftsjahren rückständigen Beträge.

§ 171 k [Verfügungen nach Beschlagnahme] Wird das Luftfahrzeug nach der Beschlagnahme veräußert oder mit einem Recht nach § 103 des Gesetzes über Rechte an Luftfahrzeugen belastet und ist die Veräußerung oder Belastung nach Artikel VI des Genfer Abkommens vom 19. Juni 1948 (Bundesgesetzbl. 1959 II S. 129) anzuerkennen, so ist die Verfügung dem Gläubiger gegenüber wirksam, es sei denn, daß der Schuldner im Zeitpunkt der Verfügung Kenntnis von der Beschlagnahme hatte.

§ 171 l [Benachrichtigungspflichten] (1) Das Vollstreckungsgericht teilt die Anordnung der Zwangsversteigerung tunlichst durch Luftpost der Behörde mit, die das Register führt, in dem die Rechte an dem Luftfahrzeug eingetragen sind.

(2) ¹Der Zeitraum zwischen der Anberaumung des Termins und dem Termin muß mindestens sechs Wochen betragen. ²Die Zustellung der Terminsbestimmung an Beteiligte, die im Ausland wohnen, wird durch Aufgabe zur Post bewirkt. ³Die Postsendung muß mit der Bezeichnung „Einschreiben" versehen werden. ⁴Sie soll tunlichst durch Luftpost befördert werden. ⁵Der betreffende Gläubiger hat die bevorstehende Versteigerung mindestens einen Monat vor dem Termin an dem Ort, an dem das Luftfahrzeug eingetragen ist, nach den dort geltenden Bestimmungen öffentlich bekanntzumachen.

§ 171 m [Beschwerde] ¹Die Beschwerde gegen die Erteilung des Zuschlags ist binnen sechs Monaten einzulegen. ²Sie kann auf die Gründe des § 100 nur binnen einer Notfrist von zwei Wochen, danach nur noch darauf gestützt werden, daß die Vorschriften des § 171 l Abs. 2 verletzt sind.

§ 171 n [Bewertung ausländischer Mietrechte] Erlischt durch den Zuschlag das Recht zum Besitz eines Luftfahrzeugs auf Grund eines für einen Zeitraum von sechs oder mehr Monaten abgeschlossenen Mietvertrages, so gelten die Vorschriften über den Ersatz für einen Nießbrauch entsprechend.

Dritter Abschnitt. Zwangsversteigerung und Zwangsverwaltung in besonderen Fällen

§ 172 [Zwangsversteigerung in Insolvenzverfahren] Wird die Zwangsversteigerung oder die Zwangsverwaltung von dem Insolvenzverwalter beantragt, so finden die Vorschriften des ersten und zweiten Abschnitts entsprechende Anwendung, soweit sich nicht aus den §§ 173, 174 ein anderes ergibt.

§ 173 [Beschluss ist keine Beschlagnahme] ¹Der Beschluß, durch welchen das Verfahren angeordnet wird, gilt nicht als Beschlagnahme. ²Im Sinne der §§ 13, 55 ist jedoch die Zustellung des Beschlusses an den Insolvenzverwalter als Beschlagnahme anzusehen.

§ 174 [Berücksichtigung der Insolvenzgläubiger] Hat ein Gläubiger für seine Forderung gegen den Schuldner des Insolvenzverfahrens ein von dem Insolvenzverwalter anerkanntes Recht auf Befriedigung aus dem Grundstücke, so kann er bis zum Schlusse der Verhandlung im Versteigerungstermine verlangen, daß bei der Feststellung des geringsten Gebots nur die seinem Anspruche vorgehenden Rechte berücksichtigt werden; in diesem Falle ist das Grundstück auch mit der verlangten Abweichung auszubieten.

§ 174 a [Antragsrecht des Insolvenzverwalters] Der Insolvenzverwalter kann bis zum Schluß der Verhandlung im Versteigerungstermin verlangen, daß bei der Feststellung des geringsten Gebots nur die den Ansprüchen aus § 10 Abs. 1 Nr. 1a vorgehenden Rechte berücksichtigt werden; in diesem Fall ist das Grundstück auch mit der verlangten Abweichung auszubieten.

§ 175 [Antragsrecht des Erben] (1) ¹ Hat ein Nachlaßgläubiger für seine Forderung ein Recht auf Befriedigung aus einem zum Nachlasse gehörenden Grundstücke, so kann der Erbe nach der Annahme der Erbschaft die Zwangsversteigerung des Grundstücks beantragen. ² Zu dem Antrag ist auch jeder andere berechtigt, welcher das Aufgebot der Nachlaßgläubiger beantragen kann.

(2) Diese Vorschriften finden keine Anwendung, wenn der Erbe für die Nachlaßverbindlichkeiten unbeschränkt haftet oder wenn der Nachlaßgläubiger im Aufgebotsverfahren ausgeschlossen ist oder nach den §§ 1974, 1989 des Bürgerlichen Gesetzbuchs einem ausgeschlossenen Gläubiger gleichsteht.

§ 176 [Anzuwendende Vorschriften] Wird die Zwangsversteigerung nach § 175 beantragt, so finden die Vorschriften des ersten und zweiten Abschnitts sowie der §§ 173, 174 entsprechende Anwendung, soweit sich nicht aus den §§ 177, 178 ein anderes ergibt.

§ 177 [Glaubhaftmachung durch Urkunden] Der Antragsteller hat die Tatsachen, welche sein Recht zur Stellung des Antrags begründen, durch Urkunden glaubhaft zu machen, soweit sie nicht bei dem Gericht offenkundig sind.

§ 178 [Nachlassinsolvenz] (1) Die Zwangsversteigerung soll nicht angeordnet werden, wenn die Eröffnung des Nachlaßinsolvenzverfahrens beantragt ist.

(2) Durch die Eröffnung des Nachlaßinsolvenzverfahrens wird die Zwangsversteigerung nicht beendigt; für das weitere Verfahren gilt der Insolvenzverwalter als Antragsteller.

§ 179 [Berücksichtigter Nachlassgläubiger] Ist ein Nachlaßgläubiger, der verlangen konnte, daß das geringste Gebot nach Maßgabe des § 174 ohne Berücksichtigung seines Anspruchs festgestellt werde, bei der Feststellung des geringsten Gebots berücksichtigt, so kann ihm die Befriedigung aus dem übrigen Nachlasse verweigert werden.

§ 180 [Aufhebung einer Gemeinschaft] (1) Soll die Zwangsversteigerung zum Zwecke der Aufhebung einer Gemeinschaft erfolgen, so finden die Vorschriften des Ersten und Zweiten Abschnitts entsprechende Anwendung, soweit sich nicht aus den §§ 181 bis 185 ein anderes ergibt.

(2) ¹ Die einstweilige Einstellung des Verfahrens ist auf Antrag eines Miteigentümers auf die Dauer von längstens sechs Monaten anzuordnen, wenn dies bei Abwägung der widerstreitenden Interessen der mehreren Miteigentümer angemessen erscheint. ² Die einmalige Wiederholung der Einstellung ist zulässig. ³ § 30 b gilt entsprechend.

(3) ¹ Betreibt ein Miteigentümer die Zwangsversteigerung zur Aufhebung einer Gemeinschaft, der außer ihm nur sein Ehegatte oder sein früherer Ehegatte angehört, so ist auf Antrag dieses Ehegatten oder früheren Ehegatten die einstweilige Einstellung des Verfahrens anzuordnen, wenn dies zur Abwendung einer ernsthaften Gefährdung des Wohls eines gemeinschaftlichen Kindes erforderlich ist. ² Die mehrfache Wiederholung der Einstellung ist zulässig. ³ § 30 b gilt entsprechend. ⁴ Das Gericht hebt seinen Beschluß auf

Antrag auf oder ändert ihn, wenn dies mit Rücksicht auf eine Änderung der Sachlage geboten ist.

(4) Durch Anordnungen nach Absatz 2, 3 darf das Verfahren nicht auf mehr als fünf Jahre insgesamt einstweilen eingestellt werden.

§ 181 [Voraussetzungen der Anordnung] (1) Ein vollstreckbarer Titel ist nicht erforderlich.

(2) ¹ Die Zwangsversteigerung eines Grundstücks, Schiffes, Schiffsbauwerks oder Luftfahrzeugs darf nur angeordnet werden, wenn der Antragsteller als Eigentümer im Grundbuch, im Schiffsregister, im Schiffsbauregister oder im Register für Pfandrechte an Luftfahrzeugen eingetragen oder Erbe eines eingetragenen Eigentümers ist oder wenn er das Recht des Eigentümers oder des Erben auf Aufhebung der Gemeinschaft ausübt. ² Von dem Vormund eines Miteigentümers kann der Antrag nur mit Genehmigung des Familiengerichts, von dem Betreuer eines Miteigentümers nur mit Genehmigung des Betreuungsgerichts gestellt werden.

(3) Die Vorschrift des § 17 Abs. 3 findet auch auf die Erbfolge des Antragstellers Anwendung.

§ 182 [Feststellung des geringsten Gebots] (1) Bei der Feststellung des geringsten Gebots sind die den Anteil des Antragstellers belastenden oder mitbelastenden Rechte an dem Grundstücke sowie alle Rechte zu berücksichtigen, die einem dieser Rechte vorgehen oder gleichstehen.

(2) Ist hiernach bei einem Anteil ein größerer Betrag zu berücksichtigen als bei einem anderen Anteile, so erhöht sich das geringste Gebot um den zur Ausgleichung unter den Miteigentümern erforderlichen Betrag.

§ 183 [Vermietung oder Verpachtung] Im Falle der Vermietung oder Verpachtung des Grundstücks finden die in den §§ 57a und 57b vorgesehenen Maßgaben keine Anwendung.

§ 184 [Keine Sicherheitsleistung] Ein Miteigentümer braucht für sein Gebot keine Sicherheit zu leisten, wenn ihm eine durch das Gebot ganz oder teilweise gedeckte Hypothek, Grundschuld oder Rentenschuld zusteht.

§ 185 [Anhängiges Verfahren über Zuweisung eines landwirtschaftlichen Betriebes] (1) Ist ein Verfahren über einen Antrag auf Zuweisung eines landwirtschaftlichen Betriebes nach § 13 Abs. 1 des Grundstückverkehrsgesetzes vom 28. Juli 1961 (Bundesgesetzbl. S. 1091) anhängig und erstreckt sich der Antrag auf ein Grundstück, dessen Zwangsversteigerung nach § 180 angeordnet ist, so ist das Zwangsversteigerungsverfahren wegen dieses Grundstücks auf Antrag so lange einzustellen, bis über den Antrag auf Zuweisung rechtskräftig entschieden ist.

(2) Ist die Zwangsversteigerung mehrerer Grundstücke angeordnet und bezieht sich der Zuweisungsantrag nur auf eines oder einzelne dieser Grundstücke, so kann das Vollstreckungsgericht anordnen, daß das Zwangsversteigerungsverfahren auch wegen der nicht vom Zuweisungsverfahren erfaßten Grundstücke eingestellt wird.

(3) Wird dem Zuweisungsantrag stattgegeben, so ist das Zwangsversteigerungsverfahren, soweit es die zugewiesenen Grundstücke betrifft, aufzuheben und im übrigen fortzusetzen.

(4) Die Voraussetzungen für die Einstellung und die Aufhebung des Zwangsversteigerungsverfahrens sind vom Antragsteller nachzuweisen.

§ 186 [Übergangsvorschrift zum 2. Justizmodernisierungsgesetz]
Die §§ 3, 30 c, 38, 49, 68, 69, 70, 72, 75, 82, 83, 85, 88, 103, 105, 107, 116, 117, 118, 128, 132, 144 und 169 sind in der Fassung des Artikels 11 des Gesetzes vom 22. Dezember 2006 (BGBl. I S. 3416) auf die am 1. Februar 2007 anhängigen Verfahren nur anzuwenden, soweit Zahlungen später als zwei Wochen nach diesem Tag zu bewirken sind.

3. Justizbeitreibungsordnung[1)][2)]

Vom 11. März 1937

(RGBl. I S. 298)

FNA 365-1

zuletzt geänd. durch Art. 4 Abs. 9 G zur Reform der Sachaufklärung in der Zwangsvollstreckung v. 29. 7. 2009 (BGBl. I S. 2258)

Nichtamtliche Inhaltsübersicht

	§§
Nach dieser Verordnung beizutreibende Ansprüche	1
Gerichtskassen als Vollstreckungsbehörden	2
Zustellungen	3
Vollstreckungsschuldner	4
Beginn der Vollstreckung	5
Anzuwendende Vorschriften	6
Eidesstattliche Versicherung, Zwangsvollstreckung in unbewegliches Vermögen	7
Einwendungen	8
Einstweilige Einstellung; Zahlungsnachweis; Stundung	9
(aufgehoben)	10
Anwendung des GKG und des GvKostG	11
(aufgehoben)	12–18
Inkrafttreten	19

§ 1 [Nach dieser Verordnung beizutreibende Ansprüche] (1) Nach dieser Justizbeitreibungsordnung werden folgende Ansprüche beigetrieben, soweit sie von Justizbehörden des Bundes[3)] einzuziehen sind:

1. Geldstrafen und andere Ansprüche, deren Beitreibung sich nach den Vorschriften über die Vollstreckung von Geldstrafen richtet;

2. gerichtlich erkannte Geldbußen und Nebenfolgen einer Ordnungswidrigkeit, die zu einer Geldzahlung verpflichten;

2 a. Ansprüche aus gerichtlichen Anordnungen über den Verfall, die Einziehung oder die Unbrauchbarmachung einer Sache;

2 b. Ansprüche aus gerichtlichen Anordnungen über die Herausgabe von Akten und sonstigen Unterlagen nach § 407 a Abs. 4 Satz 2 der Zivilprozeßordnung;

3. Ordnungs- und Zwangsgelder;

4. Gerichtskosten;

4 a. Ansprüche auf Zahlung der vom Gericht im Verfahren der Prozeßkostenhilfe oder nach § 4 b der Insolvenzordnung bestimmten Beträge;

[1)] Diese VO gilt auch für die Einziehung nicht auf bundesrechtlicher Regelung beruhender Ansprüche in allen Ländern auf Grund der Gesetze, die in der Anm. zum Titel der JVKostO v. 14. 2. 1940 (RGBl. I S. 357), zuletzt geänd. durch G v. 2. 10. 2009 (BGBl. I S. 3214) erwähnt sind.
[2)] Die Änderungen durch G v. 29. 7. 2009 (BGBl. I S. 2258) treten erst **mWv 1. 1. 2013** in Kraft und sind im Text noch nicht berücksichtigt.
[3)] Vgl. Anm. zum Titel dieser VO.

4 b. nach den §§ 168 und 292 Abs. 1 des Gesetzes über das Verfahren in Familiensachen und in den Angelegenheiten der freiwilligen Gerichtsbarkeit festgesetzte Ansprüche;

5. Zulassungs- und Prüfungsgebühren;
6. alle sonstigen Jutizverwaltungsabgaben;
7. Kosten der Gerichtsvollzieher und Vollziehungsbeamten, soweit sie selbständig oder gleichzeitig mit einem Anspruch, der nach den Vorschriften dieser Justizbeitreibungsordnung vollstreckt wird, bei dem Auftraggeber oder Ersatzpflichtigen beigetrieben werden;
8. Ansprüche gegen Beamte, nichtbeamtete Beisitzer und Vertrauenspersonen, gegen Rechtsanwälte, Vormünder, Betreuer, Pfleger und Verfahrenspfleger, gegen Zeugen und Sachverständige sowie gegen mittellose Personen auf Erstattung von Beträgen, die ihnen in einem gerichtlichen Verfahren zuviel gezahlt sind;
9. Ansprüche gegen Beschuldigte und Nebenbeteiligte auf Erstattung von Beträgen, die ihnen in den Fällen der §§ 465, 467, 467 a, 470, 472 b, 473 der Strafprozeßordnung zuviel gezahlt sind;
10. alle sonstigen Ansprüche, die nach Bundes- oder Landesrecht im Verwaltungszwangsverfahren beigetrieben werden können, soweit nicht ein Bundesgesetz vorschreibt, daß sich die Vollstreckung nach dem Verwaltungsvollstreckungsgesetz oder der Abgabenordnung richtet.

(2) Die Justizbeitreibungsordnung findet auch auf die Einziehung von Ansprüchen im Sinne des Absatzes 1 durch Justizbehörden der Länder Anwendung, soweit die Ansprüche auf bundesrechtlicher Regelung beruhen.

(3) Die Vorschriften der Justizbeitreibungsordnung über das gerichtliche Verfahren finden auch dann Anwendung, wenn sonstige Ansprüche durch die Justizbehörden der Länder im Verwaltungszwangsverfahren eingezogen werden.

(4) Werden zusammen mit einem Anspruch nach Absatz 1 Nr. 1 bis 3 die Kosten des Verfahrens beigetrieben, so gelten auch für die Kosten die Vorschriften über die Vollstreckung dieses Anspruchs.[1)]

(5) [1] Nach dieser Justizbeitreibungsordnung werden auch die Gebühren und Auslagen des Deutschen Patentamts und die sonstigen dem Absatz 1 entsprechenden Ansprüche, die beim Deutschen Patentamt entstehen, beigetrieben. [2] Dies gilt auch für Ansprüche gegen Patentanwälte und Erlaubnisscheininhaber.

(6) [1] Die Landesregierungen werden ermächtigt, durch Rechtsverordnung abweichend von der Justizbeitreibungsordnung zu bestimmen, daß Gerichtskosten in den Fällen des § 109 Abs. 2 des Gesetzes über Ordnungswidrigkeiten und des § 27 des Gerichtskostengesetzes nach Vorschriften des Landesrechts beigetrieben werden. [2] Die Landesregierungen können die Ermächtigung durch Rechtsverordnung auf die Landesjustizverwaltung übertragen.

[1)] Siehe die Einforderungs- und BeitreibungsAO (EBAO) idF der Bek. v. 23. 3. 2001 (BAnz. Nr. 87 S. 9157), die in Bund und Ländern einheitlich aufgrund einer Sonderveröffentlichung gilt. In **Hessen**: EBAO v. 2. 8. 2006 (JMBl. S. 430).

§ 2 [Gerichtskassen als Vollstreckungsbehörden]

(1) ¹ Die Beitreibung obliegt in den Fällen des § 1 Abs. 1 Nr. 1 bis 3 den nach den Verfahrensgesetzen für die Vollstreckung dieser Ansprüche zuständigen Stellen, soweit nicht die in Abs. 2 bezeichnete Vollstreckungsbehörde zuständig ist, im übrigen den Gerichtskassen als Vollstreckungsbehörden. ² Die Landesregierungen werden ermächtigt, an Stelle der Gerichtskassen andere Behörden als Vollstreckungsbehörden zu bestimmen.¹⁾ ³ Die Landesregierungen können die Ermächtigung auf die Landesjustizverwaltung übertragen.

(2) Vollstreckungsbehörde für Ansprüche, die beim Bundesverfassungsgericht, Bundesministerium der Justiz, Bundesgerichtshof, Bundesverwaltungsgericht, Bundesfinanzhof, Generalbundesanwalt beim Bundesgerichtshof, Bundespatentgericht, Deutschen Patent- und Markenamt, Bundesamt für Justiz oder dem mit der Führung des Unternehmensregisters im Sinn des § 8 b des Handelsgesetzbuchs Beliehenen entstehen, ist das Bundesamt für Justiz.

(3) ¹ Von den in Absatz 1 bezeichneten Vollstreckungsbehörden ist diejenige zuständig, die den beizutreibenden Anspruch einzuziehen hat. ² Dem Vollziehungsbeamten obliegende Vollstreckungshandlungen kann die Vollstreckungsbehörde außerhalb ihres Amtsbezirks durch einen Vollziehungsbeamten vornehmen lassen, der für den Ort der Vollstreckung zuständig ist. ³ Die Unzuständigkeit einer Vollstreckungsbehörde berührt die Wirksamkeit ihrer Vollstreckungsmaßnahmen nicht.

(4) Die Vollstreckungsbehörden haben einander Amtshilfe zu leisten.

§ 3 [Zustellungen]

¹ Zustellungen sind nur erforderlich, soweit dies besonders bestimmt ist. ² Sie werden sinngemäß nach den Vorschriften der Zivilprozeßordnung über Zustellungen von Amts wegen bewirkt. ³ Die dem Gericht vorbehaltenen Anordnungen trifft die Vollstreckungsbehörde.

§ 4 [Vollstreckungsschuldner]

¹ Die Vollstreckung kann gegen jeden durchgeführt werden, der nach den für den beizutreibenden Anspruch geltenden besonderen Vorschriften oder kraft Gesetzes nach den Vorschriften des bürgerlichen Rechts zur Leistung oder zur Duldung der Vollstreckung ver-

---

¹⁾ Andere Behörden (auch Staatsanwaltschaften) wurden bestimmt:
- **Baden-Württemberg:** VO des JuM über die Bestimmung von Vollstreckungsbehörden nach der Justizbeitreibungsordnung v. 7. 10. 1995 (GBl. S. 766), geänd. durch G v. 14. 10. 2008 (GBl. S. 333)
- **Bayern:** VO über die Bestimmung von Vollstreckungsbehörden nach der Justizbeitreibungsordnung (JBeitrOVBV) v. 17. 12. 2004 (GVBl S. 585)
- **Brandenburg:** VO über die Bestimmung der Landeshauptkasse als Vollstreckungsbehörde nach der Justizbeitreibungsordnung v. 18. 10. 2006 (GVBl. II S. 447)
- **Bremen:** VO über die Bestimmung von Vollstreckungsbehörden nach der Justizbeitreibungsordnung v. 31. 10. 1972 (Brem.GBl. S. 237), zuletzt geänd. durch G v. 18. 12. 1974 (Brem.GBl. S. 351)
- **Mecklenburg-Vorpommern:** LandesVO über die Bestimmung der Landeszentralkassen als Vollstreckungsbehörde nach der Justizbeitreibungsordnung v. 1. 11. 1991 (GVOBl. M-V S. 442), geänd. durch VO v. 6. 8. 2001 (GVOBl. M-V S. 312)
- **Nordrhein-Westfalen:** VO über die Bestimmung der Oberjustizkassen zu Vollstreckungsbehörden v. 30. 4. 1961 (GV. NRW. S. 207)
- **Rheinland-Pfalz:** LandesVO über die Bestimmung von Vollstreckungsbehörden nach der Justizbeitreibungsordnung v. 15. 1. 1975 (GVBl. S. 64)
- **Sachsen:** VO der Sächsischen Staatsregierung über die Bestimmung von Vollstreckungsbehörden nach der Justizbeitreibungsordnung v. 27. 4. 1993 (SächsGVBl. S. 370)

pflichtet ist. ² Aus einer Zwangshypothek, die für einen der im § 1 bezeichneten Ansprüche eingetragen ist, kann auch gegen den Rechtsnachfolger des Schuldners in das belastete Grundstück vollstreckt werden.

§ 5 [Beginn der Vollstreckung] (1) ¹ Die Vollstreckung darf erst beginnen, wenn der beizutreibende Anspruch fällig ist. ² In den Fällen des § 1 Abs. 1 Nr. 8 und 9 darf die Vollstreckung erst beginnen, wenn der Zahlungspflichtige von den ihm zustehenden Rechtsbehelfen binnen zwei Wochen nach der Zahlungsaufforderung oder nach der Mitteilung einer Entscheidung über seine Einwendungen gegen die Zahlungsaufforderung keinen Gebrauch gemacht hat. ³ Vorschriften, wonach aus vollstreckbaren Entscheidungen oder Verpflichtungserklärungen erst nach deren Zustellung vollstreckt werden darf, bleiben unberührt.

(2) In der Regel soll der Vollstreckungsschuldner (§ 4) vor Beginn der Vollstreckung zur Leistung innerhalb von zwei Wochen schriftlich aufgefordert und nach vergeblichem Ablauf der Frist besonders gemahnt werden.

§ 6 [Anzuwendende Vorschriften] (1) Für die Vollstreckung gelten nach Maßgabe der Absätze 2 bis 4 folgende Vorschriften sinngemäß:
1. §§ 735 bis 737, 739 bis 741, 743, 745 bis 748, 758, 758a, 759, 761, 762, 764, 765a, 766, 771 bis 776, 778, 779, 781 bis 784, 786, 788, 789, 792, 793, 803 bis 827, 828 Abs. 2 und 3, §§ 829 bis 837a, 840 Abs. 1, Abs. 2 Satz 2, §§ 841 bis 886, 899 bis 910, 913 bis 915 h der Zivilprozeßordnung,
2. sonstige Vorschriften des Bundesrechts, die die Zwangsvollstreckung aus Urteilen in bürgerlichen Rechtsstreitigkeiten beschränken, sowie
3. die landesrechtlichen Vorschriften über die Zwangsvollstreckung gegen Gemeindeverbände oder Gemeinden.

(2) ¹ An die Stelle des Gläubigers tritt die Vollstreckungsbehörde. ² Bei der Zwangsvollstreckung in Forderungen und andere Vermögensrechte wird der Pfändungs- und Überweisungsbeschluß von der Vollstreckungsbehörde erlassen. ³ Die Aufforderung zur Abgabe der in § 840 Abs. 1 der Zivilprozeßordnung genannten Erklärungen ist in den Pfändungsbeschluß aufzunehmen.

(3) ¹ An die Stelle des Gerichtsvollziehers tritt der Vollziehungsbeamte. ² Der Vollziehungsbeamte wird zur Annahme der Leistung, zur Ausstellung von Empfangsbekenntnissen und zu Vollstreckungshandlungen durch einen schriftlichen Auftrag der Vollstreckungsbehörde ermächtigt. ³ Aufträge, die mit Hilfe automatischer Einrichtungen erstellt werden, werden mit dem Dienstsiegel versehen; einer Unterschrift bedarf es nicht. ⁴ Der Vollziehungsbeamte hat im Auftrag der Vollstreckungsbehörde auch die in § 840 Abs. 1 der Zivilprozessordnung bezeichneten Erklärungen entgegenzunehmen. ⁵ Die in § 845 der Zivilprozessordnung bezeichnete Benachrichtigung hat der Vollziehungsbeamte nach den Vorschriften der Zivilprozessordnung über die Zustellung auf Betreiben der Parteien zuzustellen.

(4) Gepfändete Forderungen sind nicht an Zahlungs Statt zu überweisen.

§ 7 [Eidesstattliche Versicherung, Zwangsvollstreckung in unbewegliches Vermögen] ¹ Die Abnahme der eidesstattlichen Versicherung beantragt die Vollstreckungsbehörde bei dem zuständigen Gerichtsvollzieher; die Vollstreckung in unbewegliches Vermögen beantragt sie bei dem zuständigen

Amtsgericht. ²Der Antrag ersetzt den vollstreckbaren Schuldtitel. ³Eine Zustellung des Antrags an den Schuldner ist nicht erforderlich.

§ 8 [Einwendungen] (1) ¹Einwendungen, die den beizutreibenden Anspruch selbst, die Haftung für den Anspruch oder die Verpflichtung zur Duldung der Vollstreckung betreffen, sind vom Schuldner gerichtlich geltend zu machen bei Ansprüchen nach § 1 Abs. 1 Nr. 4, 6, 7 nach den Vorschriften über Erinnerungen gegen den Kostenansatz, bei Ansprüchen gegen nichtbeamtete Beisitzer, Vertrauenspersonen, Rechtsanwälte, Zeugen, Sachverständige und mittellose Personen (§ 1 Abs. 1 Nr. 8) nach den Vorschriften über die Feststellung eines Anspruchs dieser Personen, bei Ansprüchen nach § 1 Abs. 1 Nr. 9 nach den Vorschriften über Erinnerungen gegen den Festsetzungsbeschluß. ²Die Einwendung, daß mit einer Gegenforderung aufgerechnet worden sei, ist in diesen Verfahren nur zulässig, wenn die Gegenforderung anerkannt oder gerichtlich festgestellt ist. ³Das Gericht kann anordnen, daß die Beitreibung bis zum Erlaß der Entscheidung gegen oder ohne Sicherheitsleistung eingestellt werde und daß die Vollstreckungsmaßregeln gegen Sicherheitsleistung aufzuheben seien.

(2) ¹Für Einwendungen, die auf Grund der §§ 781 bis 784, 786 der Zivilprozeßordnung erhoben werden, gelten die Vorschriften der §§ 767, 769, 770 der Zivilprozeßordnung sinngemäß. ²Für die Klage ist das Gericht zuständig, in dessen Bezirk die Vollstreckung stattgefunden hat.

§ 9 [Einstweilige Einstellung; Zahlungsnachweis; Stundung] (1) Werden Einwendungen gegen die Vollstreckung erhoben, so kann die Vollstreckungsbehörde die Vollstreckungsmaßnahmen einstweilen einstellen, aufheben oder von weiteren Vollstreckungsmaßnahmen Abstand nehmen, bis über die Einwendung endgültig entschieden ist.

(2) Der Vollziehungsbeamte hat von der Pfändung abzusehen, wenn ihm die Zahlung oder Stundung der Schuld nachgewiesen wird.

§ 10 *(aufgehoben)*

§ 11 [Anwendung des GKG und des GvKostG] (1) Bei der Pfändung von Forderungen oder anderen Vermögensrechten gelten die Vorschriften des Gerichtskostengesetzes sinngemäß.

(2) Für die Tätigkeit des Vollziehungsbeamten gelten die Vorschriften des Gerichtsvollzieherkostengesetzes[1] sinngemäß.

§§ 12–18 *(aufgehoben)*

§ 19 [Inkrafttreten] (1) ¹Diese Verordnung tritt am 1. April 1937 in Kraft. ²*(zeitlich überholte Übergangsvorschrift)*

(2) *(nicht wiedergegebene Änderungsvorschrift)*

---

[1] Nr. 17.

4. Arbeitsgerichtsgesetz

In der Fassung der Bekanntmachung vom 2. Juli 1979[1)]
(BGBl. I S. 853, ber. S. 1036)

FNA 320-1

zuletzt geänd. durch Art. 9 Abs. 5 G zur Modernisierung von Verfahren im anwaltl. und notariellen Berufsrecht, zur Errichtung einer Schlichtungsstelle der Rechtsanwaltschaft sowie zur Änd. sonstiger Vorschriften v. 30. 7. 2009 (BGBl. I S. 2449)

– Auszug –

Erster Teil. Allgemeine Vorschriften

§§ 1–13 a *(vom Abdruck wurde abgesehen)*

Zweiter Teil. Aufbau der Gerichte für Arbeitssachen

§§ 14–45 *(vom Abdruck wurde abgesehen)*

Dritter Teil. Verfahren vor den Gerichten für Arbeitssachen

Erster Abschnitt. Urteilsverfahren

Erster Unterabschnitt. Erster Rechtszug

§ 46 Grundsatz. (1) Das Urteilsverfahren findet in den in § 2 Abs. 1 bis 4 bezeichneten bürgerlichen Rechtsstreitigkeiten Anwendung.

(2) [1] Für das Urteilsverfahren des ersten Rechtszugs gelten die Vorschriften der Zivilprozeßordnung über das Verfahren vor den Amtsgerichten entsprechend, soweit dieses Gesetz nichts anderes bestimmt. [2] Die Vorschriften über den frühen ersten Termin zur mündlichen Verhandlung und das schriftliche Vorverfahren (§§ 275 bis 277 der Zivilprozeßordnung), über das vereinfachte Verfahren (§ 495 a der Zivilprozeßordnung), über den Urkunden- und Wechselprozeß (§§ 592 bis 605 a der Zivilprozeßordnung), über die Entscheidung ohne mündliche Verhandlung (§ 128 Abs. 2 der Zivilprozeßordnung) und über die Verlegung von Terminen in der Zeit vom 1. Juli bis 31. August (§ 227 Abs. 3 Satz 1 der Zivilprozeßordnung) finden keine Anwendung. [3] § 127 Abs. 2 der Zivilprozessordnung findet mit der Maßgabe Anwendung, dass die sofortige Beschwerde bei Bestandsschutzstreitigkeiten unabhängig von dem Streitwert zulässig ist.

[1)] Neubekanntmachung des ArbGG v. 3. 9. 1953 (BGBl. I S. 1267) in der ab 1. 7. 1979 geltenden Fassung.

§ 46 a Mahnverfahren. (1) ¹ Für das Mahnverfahren vor den Gerichten für Arbeitssachen gelten die Vorschriften der Zivilprozeßordnung über das Mahnverfahren einschließlich der maschinellen Bearbeitung entsprechend, soweit dieses Gesetz nichts anderes bestimmt. ² § 690 Abs. 3 Satz 2 der Zivilprozessordnung ist nicht anzuwenden.

(2) Zuständig für die Durchführung des Mahnverfahrens ist das Arbeitsgericht, das für die im Urteilsverfahren erhobene Klage zuständig sein würde.

(3) Die in den Mahnbescheid nach § 692 Abs. 1 Nr. 3 der Zivilprozeßordnung aufzunehmende Frist beträgt eine Woche.

(4) ¹ Wird rechtzeitig Widerspruch erhoben und beantragt eine Partei die Durchführung der mündlichen Verhandlung, so hat die Geschäftsstelle dem Antragsteller unverzüglich aufzugeben, seinen Anspruch binnen zwei Wochen schriftlich zu begründen. ² Bei Eingang der Anspruchsbegründung bestimmt der Vorsitzende den Termin zur mündlichen Verhandlung. ³ Geht die Anspruchsbegründung nicht rechtzeitig ein, so wird bis zu ihrem Eingang der Termin nur auf Antrag des Antragsgegners bestimmt.

(5) Die Streitsache gilt als mit Zustellung des Mahnbescheids rechtshängig geworden, wenn alsbald nach Erhebung des Widerspruchs Termin zur mündlichen Verhandlung bestimmt wird.

(6) ¹ Im Fall des Einspruchs hat das Gericht von Amts wegen zu prüfen, ob der Einspruch an sich statthaft und ob er in der gesetzlichen Form und Frist eingelegt ist. ² Fehlt es an einem dieser Erfordernisse, so ist der Einspruch als unzulässig zu verwerfen. ³ Ist der Einspruch zulässig, hat die Geschäftsstelle dem Antragsteller unverzüglich aufzugeben, seinen Anspruch binnen zwei Wochen schriftlich zu begründen. ⁴ Nach Ablauf der Begründungsfrist bestimmt der Vorsitzende unverzüglich Termin zur mündlichen Verhandlung.

(7) Das Bundesministerium für Arbeit und Soziales wird ermächtigt, durch Rechtsverordnung mit Zustimmung des Bundesrates den Verfahrensablauf zu regeln, soweit dies für eine einheitliche maschinelle Bearbeitung der Mahnverfahren erforderlich ist (Verfahrensablaufplan).

(8) ¹ Das Bundesministerium für Arbeit und Soziales wird ermächtigt, durch Rechtsverordnung mit Zustimmung des Bundesrates zur Vereinfachung des Mahnverfahrens und zum Schutze der in Anspruch genommenen Partei Formulare einzuführen[1]. ² Dabei können für Mahnverfahren bei Gerichten, die die Verfahren maschinell bearbeiten, und für Mahnverfahren bei Gerichten, die die Verfahren nicht maschinell bearbeiten, unterschiedliche Formulare eingeführt werden.

§§ 46 b–49 *(vom Abdruck wurde abgesehen)*

§ 50 Zustellung. (1) ¹ Die Urteile werden von Amts wegen binnen drei Wochen seit Übermittlung an die Geschäftsstelle zugestellt. ² § 317 Abs. 1 Satz 3 der Zivilprozeßordnung ist nicht anzuwenden.

(2) Die §§ 174, 178 Abs. 1 Nr. 2 der Zivilprozeßordnung sind auf die nach § 11 zur Prozessvertretung zugelassenen Personen entsprechend anzuwenden.

---

[1] VO zur Einführung von Vordrucken für das arbeitsgerichtliche Mahnverfahren v. 15. 12. 1977 (BGBl. I S. 2625), zuletzt geänd. durch G v. 29. 7. 2009 (BGBl. I S. 2355) v. 15. 12. 1977 (BGBl. I S. 2625).

Arbeitsgerichtsgesetz §§ 51–83a ArbGG 4

§§ 51–60 *(vom Abdruck wurde abgesehen)*

§ 61 Inhalt des Urteils. (1) Den Wert des Streitgegenstandes setzt das Arbeitsgericht im Urteil fest.

(2) [1] Spricht das Urteil die Verpflichtung zur Vornahme einer Handlung aus, so ist der Beklagte auf Antrag des Klägers zugleich für den Fall, daß die Handlung nicht binnen einer bestimmten Frist vorgenommen ist, zur Zahlung einer vom Arbeitsgericht nach freiem Ermessen festzusetzenden Entschädigung zu verurteilen. [2] Die Zwangsvollstreckung nach §§ 887 und 888 der Zivilprozeßordnung ist in diesem Falle ausgeschlossen.

(3) Ein über den Grund des Anspruchs vorab entscheidendes Zwischenurteil ist wegen der Rechtsmittel nicht als Endurteil anzusehen.

§§ 61 a, 61 b *(vom Abdruck wurde abgesehen)*

§ 62 Zwangsvollstreckung. (1) [1] Urteile der Arbeitsgerichte, gegen die Einspruch oder Berufung zulässig ist, sind vorläufig vollstreckbar. [2] Macht der Beklagte glaubhaft, daß die Vollstreckung ihm einen nicht zu ersetzenden Nachteil bringen würde, so hat das Arbeitsgericht auf seinen Antrag die vorläufige Vollstreckbarkeit im Urteil auszuschließen. [3] In den Fällen des § 707 Abs. 1 und des § 719 Abs. 1 der Zivilprozeßordnung kann die Zwangsvollstreckung nur unter derselben Voraussetzung eingestellt werden. [4] Die Einstellung der Zwangsvollstreckung nach Satz 3 erfolgt ohne Sicherheitsleistung. [5] Die Entscheidung ergeht durch unanfechtbaren Beschluss.

(2) [1] Im übrigen finden auf die Zwangsvollstreckung einschließlich des Arrestes und der einstweiligen Verfügung die Vorschriften des Achten Buchs der Zivilprozeßordnung Anwendung. [2] Die Entscheidung über den Antrag auf Erlaß einer einstweiligen Verfügung kann in dringenden Fällen, auch dann, wenn der Antrag zurückzuweisen ist, ohne mündliche Verhandlung ergehen.

§ 63 *(vom Abdruck wurde abgesehen)*

Zweiter bis Fünfter Unterabschnitt

§§ 64–79 *(vom Abdruck wurde abgesehen)*

Zweiter Abschnitt. Beschlußverfahren

Erster Unterabschnitt. Erster Rechtszug

§§ 80–83 *(vom Abdruck wurde abgesehen)*

§ 83 a Vergleich, Erledigung des Verfahrens. (1) Die Beteiligten können, um das Verfahren ganz oder zum Teil zu erledigen, zur Niederschrift des Gerichts oder des Vorsitzenden einen Vergleich schließen, soweit sie über den Gegenstand des Vergleichs verfügen können, oder das Verfahren für erledigt erklären.

(2) [1] Haben die Beteiligten das Verfahren für erledigt erklärt, so ist es vom Vorsitzenden des Arbeitsgerichts einzustellen. [2] § 81 Abs. 2 Satz 3 ist entsprechend anzuwenden.

(3) ¹Hat der Antragsteller das Verfahren für erledigt erklärt, so sind die übrigen Beteiligten binnen einer von dem Vorsitzenden zu bestimmenden Frist von mindestens zwei Wochen aufzufordern, mitzuteilen, ob sie der Erledigung zustimmen. ²Die Zustimmung gilt als erteilt, wenn sich der Beteiligte innerhalb der vom Vorsitzenden bestimmten Frist nicht äußert.

§ 84 Beschluß. ¹Das Gericht entscheidet nach seiner freien, aus dem Gesamtergebnis des Verfahrens gewonnenen Überzeugung. ²Der Beschluß ist schriftlich abzufassen. ³ § 60 ist entsprechend anzuwenden.

§ 85 Zwangsvollstreckung. (1) ¹Soweit sich aus Absatz 2 nichts anderes ergibt, findet aus rechtskräftigen Beschlüssen der Arbeitsgerichte oder gerichtlichen Vergleichen, durch die einem Beteiligten eine Verpflichtung auferlegt wird, die Zwangsvollstreckung statt. ²Beschlüsse der Arbeitsgerichte in vermögensrechtlichen Streitigkeiten sind vorläufig vollstreckbar; § 62 Abs. 1 Satz 2 bis 5 ist entsprechend anzuwenden. ³Für die Zwangsvollstreckung gelten die Vorschriften des Achten Buches der Zivilprozeßordnung entsprechend mit der Maßgabe, daß der nach dem Beschluß Verpflichtete als Schuldner, derjenige, der die Erfüllung der Verpflichtung auf Grund des Beschlusses verlangen kann, als Gläubiger gilt und in den Fällen des § 23 Abs. 3, des § 98 Abs. 5 sowie der §§ 101 und 104 des Betriebsverfassungsgesetzes eine Festsetzung von Ordnungs- oder Zwangshaft nicht erfolgt.

(2) ¹Der Erlaß einer einstweiligen Verfügung ist zulässig. ²Für das Verfahren gelten die Vorschriften des Achten Buches der Zivilprozeßordnung über die einstweilige Verfügung entsprechend mit der Maßgabe, daß die Entscheidungen durch Beschluß der Kammer ergehen, erforderliche Zustellungen von Amts wegen erfolgen und ein Anspruch auf Schadensersatz nach § 945 der Zivilprozeßordnung in Angelegenheiten des Betriebsverfassungsgesetzes nicht besteht.

§ 86 (weggefallen)

Zweiter bis Vierter Unterabschnitt

§§ 87–100 *(vom Abdruck wurde abgesehen)*

Vierter Teil. Schiedsvertrag in Arbeitsstreitigkeiten

§§ 101–106 *(vom Abdruck wurde abgesehen)*

§ 107 Vergleich. Ein vor dem Schiedsgericht geschlossener Vergleich ist unter Angabe des Tages seines Zustandekommens von den Streitparteien und den Mitgliedern des Schiedsgerichts zu unterschreiben.

§ 108 Schiedsspruch. (1) Der Schiedsspruch ergeht mit einfacher Mehrheit der Stimmen der Mitglieder des Schiedsgerichts, falls der Schiedsvertrag nichts anderes bestimmt.

(2) ¹Der Schiedsspruch ist unter Angabe des Tages seiner Fällung von den Mitgliedern des Schiedsgerichts zu unterschreiben und muß schriftlich begründet werden, soweit die Parteien nicht auf schriftliche Begründung aus-

drücklich verzichten. ²Eine vom Verhandlungsleiter unterschriebene Ausfertigung des Schiedsspruchs ist jeder Streitpartei zuzustellen. ³Die Zustellung kann durch eingeschriebenen Brief gegen Rückschein erfolgen.

(3) ¹ Eine vom Verhandlungsleiter unterschriebene Ausfertigung des Schiedsspruchs soll bei dem Arbeitsgericht, das für die Geltendmachung des Anspruchs zuständig wäre, niedergelegt werden. ² Die Akten des Schiedsgerichts oder Teile der Akten können ebenfalls dort niedergelegt werden.

(4) Der Schiedsspruch hat unter den Parteien dieselben Wirkungen wie ein rechtskräftiges Urteil des Arbeitsgerichts.

§ 109 Zwangsvollstreckung. (1) ¹ Die Zwangsvollstreckung findet aus dem Schiedsspruch oder aus einem vor dem Schiedsgericht geschlossenen Vergleich nur statt, wenn der Schiedsspruch oder der Vergleich von dem Vorsitzenden des Arbeitsgerichts, das für die Geltendmachung des Anspruchs zuständig wäre, für vollstreckbar erklärt worden ist. ²Der Vorsitzende hat vor der Erklärung den Gegner zu hören. ³ Wird nachgewiesen, daß auf Aufhebung des Schiedsspruchs geklagt ist, so ist die Entscheidung bis zur Erledigung dieses Rechtsstreits auszusetzen.

(2) ¹ Die Entscheidung des Vorsitzenden ist endgültig. ² Sie ist den Parteien zuzustellen.

§ 110 Aufhebungsklage. (1) Auf Aufhebung des Schiedsspruchs kann geklagt werden,
1. wenn das schiedsgerichtliche Verfahren unzulässig war;
2. wenn der Schiedsspruch auf der Verletzung einer Rechtsnorm beruht;
3. wenn die Voraussetzungen vorliegen, unter denen gegen ein gerichtliches Urteil nach § 580 Nr. 1 bis 6 der Zivilprozeßordnung die Restitutionsklage zulässig wäre.

(2) Für die Klage ist das Arbeitsgericht zuständig, das für die Geltendmachung des Anspruchs zuständig wäre.

(3) ¹ Die Klage ist binnen einer Notfrist von zwei Wochen zu erheben. ² Die Frist beginnt in den Fällen des Absatzes 1 Nr. 1 und 2 mit der Zustellung des Schiedsspruchs. ³ Im Falle des Absatzes 1 Nr. 3 beginnt sie mit der Rechtskraft des Urteils, das die Verurteilung wegen der Straftat ausspricht, oder mit dem Tage, an dem der Partei bekannt geworden ist, daß die Einleitung oder die Durchführung des Verfahrens nicht erfolgen kann; nach Ablauf von zehn Jahren, von der Zustellung des Schiedsspruchs an gerechnet, ist die Klage unstatthaft.

(4) Ist der Schiedsspruch für vollstreckbar erklärt, so ist in dem der Klage stattgebenden Urteil auch die Aufhebung der Vollstreckbarkeitserklärung auszusprechen.

Fünfter Teil. Übergangs- und Schlußvorschriften

§§ 111–122 *(vom Abdruck wurde abgesehen)*

5. Abgabenordnung (AO)[1)2)3)]

1. Oktober 2002
(BGBl. I S. 3866, ber. 2003 S. 61)

FNA 610-1-3

zuletzt geänd. durch Art. 2 G über die Internetversteigerung in der Zwangsvollstreckung und zur Änd. anderer G v. 30. 7. 2009 (BGBl. I S. 2474)

– Auszug –

Erster Teil. Einleitende Vorschriften

§§ 1–32 *(vom Abdruck wurde abgesehen)*

Zweiter Teil. Steuerschuldrecht

Erster bis Dritter Abschnitt

§§ 33–68 *(vom Abdruck wurde abgesehen)*

Vierter Abschnitt. Haftung[4)]

§§ 69–74 *(vom Abdruck wurde abgesehen)*

§ 75 Haftung des Betriebsübernehmers. (1) [1] Wird ein Unternehmen oder ein in der Gliederung eines Unternehmens gesondert geführter Betrieb im Ganzen übereignet, so haftet der Erwerber für Steuern, bei denen sich die Steuerpflicht auf den Betrieb des Unternehmens gründet, und für Steuerabzugsbeträge, vorausgesetzt, dass die Steuern seit dem Beginn des letzten, vor der Übereignung liegenden Kalenderjahrs entstanden sind und bis zum Ablauf von einem Jahr nach Anmeldung des Betriebs durch den Erwerber festgesetzt oder angemeldet werden. [2] Die Haftung beschränkt sich auf den Bestand des übernommenen Vermögens. [3] Den Steuern stehen die Ansprüche auf Erstattung von Steuervergütungen gleich.

[1)] Die Änderungen durch Art. 7 Abs. 3 des G v. 7. 7. 2009 (BGBl. I S. 1707) treten erst am **1. 1. 2012** in Kraft und sind insoweit im Text noch nicht berücksichtigt.
[2)] Die Änderungen durch Art. 2 des G v. 29. 7. 2009 (BGBl. I S. 2258) treten erst am **1. 1. 2013** in Kraft und sind insoweit im Text noch nicht berücksichtigt.
[3)] Neubekanntmachung der AO 1977 v. 16. 3. 1976 (BGBl. I S. 613, ber. 1977 S. 269) in der seit 1. 9. 2002 geltenden Fassung.
[4)] Zur Anwendung in den neuen Bundesländern siehe Art. 97 a § 2 Nr. 6 EGAO v. 14. 12. 1976 (BGBl. I S. 3341, 1977 S. 667), zuletzt geänd. durch G v. 29. 7. 2009 (BGBl. I S. 2302).

(2)¹⁾ Absatz 1 gilt nicht für Erwerbe aus einer Insolvenzmasse und für Erwerbe im Vollstreckungsverfahren.

§ 76 *(vom Abdruck wurde abgesehen)*

§ 77 Duldungspflicht. (1) Wer kraft Gesetzes verpflichtet ist, eine Steuer aus Mitteln, die seiner Verwaltung unterliegen, zu entrichten, ist insoweit verpflichtet, die Vollstreckung in dieses Vermögen zu dulden.

(2) ¹ Wegen einer Steuer, die als öffentliche Last auf Grundbesitz ruht, hat der Eigentümer die Zwangsvollstreckung in den Grundbesitz zu dulden. ² Zugunsten der Finanzbehörde gilt als Eigentümer, wer als solcher im Grundbuch eingetragen ist. ³ Das Recht des nicht eingetragenen Eigentümers, die ihm gegen die öffentliche Last zustehenden Einwendungen geltend zu machen, bleibt unberührt.

Dritter Teil. Allgemeine Verfahrensvorschriften

§§ 78–133 *(vom Abdruck wurde abgesehen)*

Vierter Teil. Durchführung der Besteuerung

Erster und Zweiter Abschnitt

§§ 134–154 *(vom Abdruck wurde abgesehen)*

Dritter Abschnitt. Festsetzungs- und Feststellungsverfahren

1. bis 3. Unterabschnitt

§§ 155–190 *(vom Abdruck wurde abgesehen)*

4. Unterabschnitt. Haftung

§ 191 Haftungsbescheide, Duldungsbescheide. (1)²⁾ ¹ Wer kraft Gesetzes für eine Steuer haftet (Haftungsschuldner), kann durch Haftungsbescheid, wer kraft Gesetzes verpflichtet ist, die Vollstreckung zu dulden, kann durch Duldungsbescheid in Anspruch genommen werden. ² Die Anfechtung wegen Ansprüchen aus dem Steuerschuldverhältnis außerhalb des Insolvenzverfahrens erfolgt durch Duldungsbescheid, soweit sie nicht im Wege der Einrede nach § 9 des Anfechtungsgesetzes³⁾ geltend zu machen ist; bei der Berechnung von Fristen nach den §§ 3 und 4 des Anfechtungsgesetzes steht der Erlass eines Duldungsbescheids der gerichtlichen Geltendmachung der Anfechtung nach

---

¹⁾ Zur Anwendung für nach dem 31. 12. 1998 beantragte Insolvenzverfahren siehe Art. 97 § 11a EGAO v. 14. 12. 1976 (BGBl. I S. 3341, 1977 S. 667), zuletzt geänd. durch G v. 29. 7. 2009 (BGBl. I S. 2302).
²⁾ Zur erstmaligen Anwendung von § 191 Abs. 1 Satz 2 siehe Art. 97 § 11b EGAO v. 14. 12. 1976 (BGBl. I S. 3341, 1977 S. 667), zuletzt geänd. durch G v. 29. 7. 2009 (BGBl. I S. 2302); Abs. 1 Satz 2 geänd. mWv 1. 11. 2008 durch G v. 23. 10. 2008 (BGBl. I S. 2026).
³⁾ Nr. **8**.

§ 7 Abs. 1 des Anfechtungsgesetzes gleich. ³Die Bescheide sind schriftlich zu erteilen.

(2) Bevor gegen einen Rechtsanwalt, Patentanwalt, Notar, Steuerberater, Steuerbevollmächtigten, Wirtschaftsprüfer oder vereidigten Buchprüfer wegen einer Handlung im Sinne des § 69, die er in Ausübung seines Berufs vorgenommen hat, ein Haftungsbescheid erlassen wird, gibt die Finanzbehörde der zuständigen Berufskammer Gelegenheit, die Gesichtspunkte vorzubringen, die von ihrem Standpunkt für die Entscheidung von Bedeutung sind.

(3)[1] ¹Die Vorschriften über die Festsetzungsfrist sind auf den Erlass von Haftungsbescheiden entsprechend anzuwenden. ²Die Festsetzungsfrist beträgt vier Jahre, in den Fällen des § 70 bei Steuerhinterziehung zehn Jahre, bei leichtfertiger Steuerverkürzung fünf Jahre, in den Fällen des § 71 zehn Jahre. ³Die Festsetzungsfrist beginnt mit Ablauf des Kalenderjahrs, in dem der Tatbestand verwirklicht worden ist, an den das Gesetz die Haftungsfolge knüpft. ⁴Ist die Steuer, für die gehaftet wird, noch nicht festgesetzt worden, so endet die Festsetzungsfrist für den Haftungsbescheid nicht vor Ablauf der für die Steuerfestsetzung geltenden Festsetzungsfrist; andernfalls gilt § 171 Abs. 10 sinngemäß. ⁵In den Fällen der §§ 73 und 74 endet die Festsetzungsfrist nicht, bevor die gegen den Steuerschuldner festgesetzte Steuer verjährt (§ 228) ist.

(4)[2] Ergibt sich die Haftung nicht aus den Steuergesetzen, so kann ein Haftungsbescheid ergehen, solange die Haftungsansprüche nach dem für sie maßgebenden Recht noch nicht verjährt sind.

(5)[2] ¹Ein Haftungsbescheid kann nicht mehr ergehen,

1. soweit die Steuer gegen den Steuerschuldner nicht festgesetzt worden ist und wegen Ablaufs der Festsetzungsfrist auch nicht mehr festgesetzt werden kann,
2. soweit die gegen den Steuerschuldner festgesetzte Steuer verjährt ist oder die Steuer erlassen worden ist.

²Dies gilt nicht, wenn die Haftung darauf beruht, dass der Haftungsschuldner Steuerhinterziehung oder Steuerhehlerei begangen hat.

§ 192 *(vom Abdruck wurde abgesehen)*

Vierter bis Sechster Abschnitt

§§ 193–217 *(vom Abdruck wurde abgesehen)*

Fünfter Teil. Erhebungsverfahren

§§ 218–248 *(vom Abdruck wurde abgesehen)*

---

[1]) Zur Anwendung in den neuen Bundesländern siehe Art. 97a § 2 Nr. 6, § 3 Abs. 3 EGAO v. 14. 12. 1976 (BGBl. I S. 3341, 1977 S. 667), zuletzt geänd. durch G v. 29. 7. 2009 (BGBl. I S. 2302).

[2]) Zur Anwendung in den neuen Bundesländern siehe Art. 97a § 2 Nr. 6 EGAO v. 14. 12. 1976 (BGBl. I S. 3341, 1977 S. 667), zuletzt geänd. durch G v. 29. 7. 2009 (BGBl. I S. 2302).

Sechster Teil. Vollstreckung

Erster Abschnitt. Allgemeine Vorschriften

§ 249 Vollstreckungsbehörden. (1) ¹Die Finanzbehörden können Verwaltungsakte, mit denen eine Geldleistung, eine sonstige Handlung, eine Duldung oder Unterlassung gefordert wird, im Verwaltungsweg vollstrecken. ²Dies gilt auch für Steueranmeldungen (§ 168). ³Vollstreckungsbehörden sind die Finanzämter und die Hauptzollämter; § 328 Abs. 1 Satz 3 bleibt unberührt.

(2) ¹Zur Vorbereitung der Vollstreckung können die Finanzbehörden die Vermögens- und Einkommensverhältnisse des Vollstreckungsschuldners ermitteln. ²Die Finanzbehörde darf ihr bekannte, nach § 30 geschützte Daten, die sie bei der Vollstreckung wegen Steuern und steuerlicher Nebenleistungen verwenden darf, auch bei der Vollstreckung wegen anderer Geldleistungen als Steuern und steuerlicher Nebenleistungen verwenden.

§ 250 Vollstreckungsersuchen. (1) ¹Soweit eine Vollstreckungsbehörde auf Ersuchen einer anderen Vollstreckungsbehörde Vollstreckungsmaßnahmen ausführt, tritt sie an die Stelle der anderen Vollstreckungsbehörde. ²Für die Vollstreckbarkeit des Anspruchs bleibt die ersuchende Vollstreckungsbehörde verantwortlich.

(2) ¹Hält sich die ersuchte Vollstreckungsbehörde für unzuständig oder hält sie die Handlung, um die sie ersucht worden ist, für unzulässig, so teilt sie ihre Bedenken der ersuchenden Vollstreckungsbehörde mit. ²Besteht diese auf der Ausführung des Ersuchens und lehnt die ersuchte Vollstreckungsbehörde die Ausführung ab, so entscheidet die Aufsichtsbehörde der ersuchten Vollstreckungsbehörde.

§ 251 Vollstreckbare Verwaltungsakte. (1) ¹Verwaltungsakte können vollstreckt werden, soweit nicht ihre Vollziehung ausgesetzt oder die Vollziehung durch Einlegung eines Rechtsbehelfs gehemmt ist (§ 361; § 69 der Finanzgerichtsordnung). ²Einfuhr- und Ausfuhrabgabenbescheide können außerdem nur vollstreckt werden, soweit die Verpflichtung des Zollschuldners zur Abgabenentrichtung nicht ausgesetzt ist (Artikel 222 Abs. 2 des Zollkodexes).

(2) ¹Unberührt bleiben die Vorschriften der Insolvenzordnung sowie § 79 Abs. 2 des Bundesverfassungsgerichtsgesetzes. ²Die Finanzbehörde ist berechtigt, in den Fällen des § 201 Abs. 2, §§ 257 und 308 Abs. 1 der Insolvenzordnung gegen den Schuldner im Verwaltungsweg zu vollstrecken.

(3) Macht die Finanzbehörde im Insolvenzverfahren einen Anspruch aus dem Steuerschuldverhältnis als Insolvenzforderung geltend, so stellt sie erforderlichenfalls die Insolvenzforderung durch schriftlichen Verwaltungsakt fest.

§ 252 Vollstreckungsgläubiger. Im Vollstreckungsverfahren gilt die Körperschaft als Gläubigerin der zu vollstreckenden Ansprüche, der die Vollstreckungsbehörde angehört.

§ 253 Vollstreckungsschuldner.
Vollstreckungsschuldner ist derjenige, gegen den sich ein Vollstreckungsverfahren nach § 249 richtet.

§ 254 Voraussetzungen für den Beginn der Vollstreckung.
(1) [1] Soweit nichts anderes bestimmt ist, darf die Vollstreckung erst beginnen, wenn die Leistung fällig ist und der Vollstreckungsschuldner zur Leistung oder Duldung oder Unterlassung aufgefordert worden ist (Leistungsgebot) und seit der Aufforderung mindestens eine Woche verstrichen ist. [2] Das Leistungsgebot kann mit dem zu vollstreckenden Verwaltungsakt verbunden werden. [3] Ein Leistungsgebot ist auch dann erforderlich, wenn der Verwaltungsakt gegen den Vollstreckungsschuldner wirkt, ohne ihm bekannt gegeben zu sein. [4] Soweit der Vollstreckungsschuldner eine von ihm auf Grund einer Steueranmeldung geschuldete Leistung nicht erbracht hat, bedarf es eines Leistungsgebots nicht.

(2) [1] Eines Leistungsgebots wegen der Säumniszuschläge und Zinsen bedarf es nicht, wenn sie zusammen mit der Steuer beigetrieben werden. [2] Dies gilt sinngemäß für die Vollstreckungskosten, wenn sie zusammen mit dem Hauptanspruch beigetrieben werden.

§ 255 Vollstreckung gegen juristische Personen des öffentlichen Rechts.
(1) [1] Gegen den Bund oder ein Land ist die Vollstreckung nicht zulässig. [2] Im Übrigen ist die Vollstreckung gegen juristische Personen des öffentlichen Rechts, die der Staatsaufsicht unterliegen, nur mit Zustimmung der betreffenden Aufsichtsbehörde zulässig. [3] Die Aufsichtsbehörde bestimmt den Zeitpunkt der Vollstreckung und die Vermögensgegenstände, in die vollstreckt werden kann.

(2) Gegenüber öffentlich-rechtlichen Kreditinstituten gelten die Beschränkungen des Absatzes 1 nicht.

§ 256 Einwendungen gegen die Vollstreckung.
Einwendungen gegen den zu vollstreckenden Verwaltungsakt sind außerhalb des Vollstreckungsverfahrens mit den hierfür zugelassenen Rechtsbehelfen zu verfolgen.

§ 257 Einstellung und Beschränkung der Vollstreckung.
(1) Die Vollstreckung ist einzustellen oder zu beschränken, sobald

1. die Vollstreckbarkeitsvoraussetzungen des § 251 Abs. 1 weggefallen sind,
2. der Verwaltungsakt, aus dem vollstreckt wird, aufgehoben wird,
3. der Anspruch auf die Leistung erloschen ist,
4. die Leistung gestundet worden ist.

(2) [1] In den Fällen des Absatzes 1 Nr. 2 und 3 sind bereits getroffene Vollstreckungsmaßnahmen aufzuheben. [2] Ist der Verwaltungsakt durch eine gerichtliche Entscheidung aufgehoben worden, so gilt dies nur, soweit die Entscheidung unanfechtbar geworden ist und nicht auf Grund der Entscheidung ein neuer Verwaltungsakt zu erlassen ist. [3] Im Übrigen bleiben die Vollstreckungsmaßnahmen bestehen, soweit nicht ihre Aufhebung ausdrücklich angeordnet worden ist.

§ 258 Einstweilige Einstellung oder Beschränkung der Vollstreckung.
Soweit im Einzelfall die Vollstreckung unbillig ist, kann die Vollstre-

ckungsbehörde sie einstweilen einstellen oder beschränken oder eine Vollstreckungsmaßnahme aufheben.

Zweiter Abschnitt. Vollstreckung wegen Geldforderungen

1. Unterabschnitt. Allgemeine Vorschriften

§ 259 Mahnung. [1] Der Vollstreckungsschuldner soll in der Regel vor Beginn der Vollstreckung mit einer Zahlungsfrist von einer Woche gemahnt werden. [2] Als Mahnung gilt auch ein Postnachnahmeauftrag. [3] Einer Mahnung bedarf es nicht, wenn der Vollstreckungsschuldner vor Eintritt der Fälligkeit an die Zahlung erinnert wird. [4] An die Zahlung kann auch durch öffentliche Bekanntmachung allgemein erinnert werden.

§ 260[1]) **Angabe des Schuldgrundes.** Im Vollstreckungsauftrag oder in der Pfändungsverfügung ist für die beizutreibenden Geldbeträge der Schuldgrund anzugeben.

§ 261 Niederschlagung. Ansprüche aus dem Steuerschuldverhältnis dürfen niedergeschlagen werden, wenn feststeht, dass die Einziehung keinen Erfolg haben wird, oder wenn die Kosten der Einziehung außer Verhältnis zu dem Betrag stehen.

§ 262 Rechte Dritter. (1) [1] Behauptet ein Dritter, dass ihm am Gegenstand der Vollstreckung ein die Veräußerung hinderndes Recht zustehe, oder werden Einwendungen nach den §§ 772 bis 774 der Zivilprozessordnung erhoben, so ist der Widerspruch gegen die Vollstreckung erforderlichenfalls durch Klage vor den ordentlichen Gerichten geltend zu machen. [2] Als Dritter gilt auch, wer zur Duldung der Vollstreckung in ein Vermögen, das von ihm verwaltet wird, verpflichtet ist, wenn er geltend macht, dass ihm gehörende Gegenstände von der Vollstreckung betroffen seien. [3] Welche Rechte die Veräußerung hindern, bestimmt sich nach bürgerlichem Recht.

(2) Für die Einstellung der Vollstreckung und die Aufhebung von Vollstreckungsmaßnahmen gelten die §§ 769 und 770 der Zivilprozessordnung.

(3) [1] Die Klage ist ausschließlich bei dem Gericht zu erheben, in dessen Bezirk die Vollstreckung erfolgt. [2] Wird die Klage gegen die Körperschaft, der die Vollstreckungsbehörde angehört, und gegen den Vollstreckungsschuldner gerichtet, so sind sie Streitgenossen.

§ 263 Vollstreckung gegen Ehegatten. Für die Vollstreckung gegen Ehegatten sind die Vorschriften der §§ 739, 740, 741, 743, 744a und 745 der Zivilprozessordnung entsprechend anzuwenden.

§ 264 Vollstreckung gegen Nießbraucher. Für die Vollstreckung in Gegenstände, die dem Nießbrauch an einem Vermögen unterliegen, ist die Vorschrift des § 737 der Zivilprozessordnung entsprechend anzuwenden.

---

[1]) Vgl. Art. 97 § 17 EGAO v. 14. 12. 1976 (BGBl. I S. 3341, 1977 S. 667), zuletzt geänd. durch G v. 29. 7. 2009 (BGBl. I S. 2302).

§ 265 Vollstreckung gegen Erben. Für die Vollstreckung gegen Erben sind die Vorschriften der §§ 1958, 1960 Abs. 3, § 1961 des Bürgerlichen Gesetzbuchs sowie der §§ 747, 748, 778, 779, 781 bis 784 der Zivilprozessordnung entsprechend anzuwenden.

§ 266[1]) Sonstige Fälle beschränkter Haftung. Die Vorschriften der §§ 781 bis 784 der Zivilprozessordnung sind auf die nach § 1489 des Bürgerlichen Gesetzbuchs eintretende beschränkte Haftung, die Vorschrift des § 781 der Zivilprozessordnung ist auf die nach den §§ 1480, 1504 und 2187 des Bürgerlichen Gesetzbuchs eintretende beschränkte Haftung entsprechend anzuwenden.

§ 267 Vollstreckungsverfahren gegen nicht rechtsfähige Personenvereinigungen. ¹Bei nicht rechtsfähigen Personenvereinigungen, die als solche steuerpflichtig sind, genügt für die Vollstreckung in deren Vermögen ein vollstreckbarer Verwaltungsakt gegen die Personenvereinigung. ²Dies gilt entsprechend für Zweckvermögen und sonstige einer juristischen Person ähnliche steuerpflichtige Gebilde.

2. Unterabschnitt. Aufteilung einer Gesamtschuld

§ 268 Grundsatz. Sind Personen Gesamtschuldner, weil sie zusammen zu einer Steuer vom Einkommen oder zur Vermögensteuer veranlagt worden sind, so kann jeder von ihnen beantragen, dass die Vollstreckung wegen dieser Steuern jeweils auf den Betrag beschränkt wird, der sich nach Maßgabe der §§ 269 bis 278 bei einer Aufteilung der Steuern ergibt.

§ 269 Antrag. (1) Der Antrag ist bei dem im Zeitpunkt der Antragstellung für die Besteuerung nach dem Einkommen oder dem Vermögen zuständigen Finanzamt schriftlich zu stellen oder zur Niederschrift zu erklären.

(2) ¹Der Antrag kann frühestens nach Bekanntgabe des Leistungsgebots gestellt werden. ²Nach vollständiger Tilgung der rückständigen Steuer ist der Antrag nicht mehr zulässig. ³Der Antrag muss alle Angaben enthalten, die zur Aufteilung der Steuer erforderlich sind, soweit sich diese Angaben nicht aus der Steuererklärung ergeben.

§ 270 Allgemeiner Aufteilungsmaßstab. ¹Die rückständige Steuer ist nach dem Verhältnis der Beträge aufzuteilen, die sich bei getrennter Veranlagung nach Maßgabe des § 26 a des Einkommensteuergesetzes und der §§ 271 bis 276 ergeben würden. ²Dabei sind die tatsächlichen und rechtlichen Feststellungen maßgebend, die der Steuerfestsetzung bei der Zusammenveranlagung zugrunde gelegt worden sind, soweit nicht die Anwendung der Vorschriften über die getrennte Veranlagung zu Abweichungen führt.

§ 271 Aufteilungsmaßstab für die Vermögensteuer. Die Vermögensteuer ist wie folgt aufzuteilen:

---

[1]) Zur Anwendung für nach dem 31. 12. 1998 beantragte Insolvenzverfahren siehe Art. 97 § 11 a EGAO v. 14. 12. 1976 (BGBl. I S. 3341, 1977 S. 667), zuletzt geänd. durch G v. 29. 7. 2009 (BGBl. I S. 2302).

1. Für die Berechnung des Vermögens und der Vermögensteuer der einzelnen Gesamtschuldner ist vorbehaltlich der Abweichungen in den Nummern 2 und 3 von den Vorschriften des Bewertungsgesetzes und des Vermögensteuergesetzes in der Fassung auszugehen, die der Zusammenveranlagung zugrunde gelegen hat.
2. Wirtschaftsgüter eines Ehegatten, die bei der Zusammenveranlagung als land- und forstwirtschaftliches Vermögen oder als Betriebsvermögen dem anderen Ehegatten zugerechnet worden sind, werden als eigenes land- und forstwirtschaftliches Vermögen oder als eigenes Betriebsvermögen behandelt.
3. Schulden, die nicht mit bestimmten, einem Gesamtschuldner zugerechneten Wirtschaftsgütern in wirtschaftlichem Zusammenhang stehen, werden bei den einzelnen Gesamtschuldnern nach gleichen Teilen abgesetzt, soweit sich ein bestimmter Schuldner nicht feststellen lässt.

§ 272 Aufteilungsmaßstab für Vorauszahlungen. (1) [1] Die rückständigen Vorauszahlungen sind im Verhältnis der Beträge aufzuteilen, die sich bei einer getrennten Festsetzung der Vorauszahlungen ergeben würden. [2] Ein Antrag auf Aufteilung von Vorauszahlungen gilt zugleich als Antrag auf Aufteilung der weiteren im gleichen Veranlagungszeitraum fällig werdenden Vorauszahlungen und einer etwaigen Abschlusszahlung. [3] Nach Durchführung der Veranlagung ist eine abschließende Aufteilung vorzunehmen. [4] Aufzuteilen ist die gesamte Steuer abzüglich der Beträge, die nicht in die Aufteilung der Vorauszahlungen einbezogen worden sind. [5] Dabei sind jedem Gesamtschuldner die von ihm auf die aufgeteilten Vorauszahlungen entrichteten Beträge anzurechnen. [6] Ergibt sich eine Überzahlung gegenüber dem Aufteilungsbetrag, so ist der überzahlte Betrag zu erstatten.

(2) Werden die Vorauszahlungen erst nach der Veranlagung aufgeteilt, so wird der für die veranlagte Steuer geltende Aufteilungsmaßstab angewendet.

§ 273 Aufteilungsmaßstab für Steuernachforderungen. (1) Führt die Änderung einer Steuerfestsetzung oder ihre Berichtigung nach § 129 zu einer Steuernachforderung, so ist die aus der Nachforderung herrührende rückständige Steuer im Verhältnis der Mehrbeträge aufzuteilen, die sich bei einem Vergleich der berichtigten getrennten Veranlagungen mit den früheren getrennten Veranlagungen ergeben.

(2) Der in Absatz 1 genannte Aufteilungsmaßstab ist nicht anzuwenden, wenn die bisher festgesetzte Steuer noch nicht getilgt ist.

§ 274 Besonderer Aufteilungsmaßstab. [1] Abweichend von den §§ 270 bis 273 kann die rückständige Steuer nach einem von den Gesamtschuldnern gemeinschaftlich vorgeschlagenen Maßstab aufgeteilt werden, wenn die Tilgung sichergestellt ist. [2] Der gemeinschaftliche Vorschlag ist schriftlich einzureichen oder zur Niederschrift zu erklären; er ist von allen Gesamtschuldnern zu unterschreiben.

§ 275 Abrundung. [1] Der aufzuteilende Betrag ist auf volle Euro abzurunden. [2] Die errechneten aufgeteilten Beträge sind so auf den nächsten durch 10 Cent teilbaren Betrag auf- oder abzurunden, dass ihre Summe mit dem der Aufteilung zugrunde liegenden Betrag übereinstimmt.

§ 276 Rückständige Steuer, Einleitung der Vollstreckung. (1) Wird der Antrag vor Einleitung der Vollstreckung bei der Finanzbehörde gestellt, so ist die im Zeitpunkt des Eingangs des Aufteilungsantrags geschuldete Steuer aufzuteilen.

(2) Wird der Antrag nach Einleitung der Vollstreckung gestellt, so ist die im Zeitpunkt der Einleitung der Vollstreckung geschuldete Steuer, derentwegen vollstreckt wird, aufzuteilen.

(3) Steuerabzugsbeträge und getrennt festgesetzte Vorauszahlungen sind in die Aufteilung auch dann einzubeziehen, wenn sie vor der Stellung des Antrags entrichtet worden sind.

(4) Zur rückständigen Steuer gehören auch Säumniszuschläge, Zinsen und Verspätungszuschläge.

(5) Die Vollstreckung gilt mit der Ausfertigung der Rückstandsanzeige als eingeleitet.

(6) [1] Zahlungen, die in den Fällen des Absatzes 1 nach Antragstellung, in den Fällen des Absatzes 2 nach Einleitung der Vollstreckung von einem Gesamtschuldner geleistet worden sind oder die nach Absatz 3 in die Aufteilung einzubeziehen sind, werden dem Schuldner angerechnet, der sie geleistet hat oder für den sie geleistet worden sind. [2] Ergibt sich dabei eine Überzahlung gegenüber dem Aufteilungsbetrag, so ist der überzahlte Betrag zu erstatten.

§ 277 Vollstreckung. Solange nicht über den Antrag auf Beschränkung der Vollstreckung unanfechtbar entschieden ist, dürfen Vollstreckungsmaßnahmen nur soweit durchgeführt werden, als dies zur Sicherung des Anspruchs erforderlich ist.

§ 278 Beschränkung der Vollstreckung. (1) Nach der Aufteilung darf die Vollstreckung nur nach Maßgabe der auf die einzelnen Schuldner entfallenden Beträge durchgeführt werden.

(2) [1] Werden einem Steuerschuldner von einer mit ihm zusammen veranlagten Person in oder nach dem Veranlagungszeitraum, für den noch Steuerrückstände bestehen, unentgeltlich Vermögensgegenstände zugewendet, so kann der Empfänger bis zum Ablauf des zehnten Kalenderjahres nach dem Zeitpunkt des Ergehens des Aufteilungsbescheids über den sich nach Absatz 1 ergebenden Betrag hinaus bis zur Höhe des gemeinen Werts dieser Zuwendung für die Steuer in Anspruch genommen werden. [2] Dies gilt nicht für gebräuchliche Gelegenheitsgeschenke.

§ 279 Form und Inhalt des Aufteilungsbescheids. (1) [1] Über den Antrag auf Beschränkung der Vollstreckung ist nach Einleitung der Vollstreckung durch schriftlichen Bescheid (Aufteilungsbescheid) gegenüber den Beteiligten einheitlich zu entscheiden. [2] Eine Entscheidung ist jedoch nicht erforderlich, wenn keine Vollstreckungsmaßnahmen ergriffen oder bereits ergriffene Vollstreckungsmaßnahmen wieder aufgehoben werden.

(2) [1] Der Aufteilungsbescheid hat die Höhe der auf jeden Gesamtschuldner entfallenden anteiligen Steuer zu enthalten; ihm ist eine Belehrung beizufügen, welcher Rechtsbehelf zulässig ist und binnen welcher Frist und bei welcher Behörde er einzulegen ist. [2] Er soll ferner enthalten:

Abgabenordnung §§ 280–283 AO 1977

1. die Höhe der aufzuteilenden Steuer,
2. den für die Berechnung der rückständigen Steuer maßgebenden Zeitpunkt,
3. die Höhe der Besteuerungsgrundlagen, die den einzelnen Gesamtschuldnern zugerechnet worden sind, wenn von den Angaben der Gesamtschuldner abgewichen ist,
4. die Höhe der bei getrennter Veranlagung (§ 270) auf den einzelnen Gesamtschuldner entfallenden Steuer,
5. die Beträge, die auf die aufgeteilte Steuer des Gesamtschuldners anzurechnen sind.

§ 280 Änderung des Aufteilungsbescheids. (1) Der Aufteilungsbescheid kann außer in den Fällen des § 129 nur geändert werden, wenn

1. nachträglich bekannt wird, dass die Aufteilung auf unrichtigen Angaben beruht und die rückständige Steuer infolge falscher Aufteilung ganz oder teilweise nicht beigetrieben werden konnte,
2. sich die rückständige Steuer durch Aufhebung oder Änderung der Steuerfestsetzung oder ihre Berichtigung nach § 129 erhöht oder vermindert.

(2) Nach Beendigung der Vollstreckung ist eine Änderung des Aufteilungsbescheids oder seine Berichtigung nach § 129 nicht mehr zulässig.

3. Unterabschnitt. Vollstreckung in das bewegliche Vermögen

I. Allgemeines

§ 281 Pfändung. (1) Die Vollstreckung in das bewegliche Vermögen erfolgt durch Pfändung.

(2) Die Pfändung darf nicht weiter ausgedehnt werden, als es zur Deckung der beizutreibenden Geldbeträge und der Kosten der Vollstreckung erforderlich ist.

(3) Die Pfändung unterbleibt, wenn die Verwertung der pfändbaren Gegenstände einen Überschuss über die Kosten der Vollstreckung nicht erwarten lässt.

§ 282[1]) Wirkung der Pfändung. (1) Durch die Pfändung erwirbt die Körperschaft, der die Vollstreckungsbehörde angehört, ein Pfandrecht an dem gepfändeten Gegenstand.

(2) Das Pfandrecht gewährt ihr im Verhältnis zu anderen Gläubigern dieselben Rechte wie ein Pfandrecht im Sinne des Bürgerlichen Gesetzbuchs; es geht Pfand- und Vorzugsrechten vor, die im Insolvenzverfahren diesem Pfandrecht nicht gleichgestellt sind.

(3) Das durch eine frühere Pfändung begründete Pfandrecht geht demjenigen vor, das durch eine spätere Pfändung begründet wird.

§ 283 Ausschluss von Gewährleistungsansprüchen. Wird ein Gegenstand auf Grund der Pfändung veräußert, so steht dem Erwerber wegen eines

---
[1]) Zur Anwendung für nach dem 31. 12. 1998 beantragte Insolvenzverfahren siehe Art. 97 § 11a EGAO v. 14. 12. 1976 (BGBl. I S. 3341, 1977 S. 667), zuletzt geänd. durch G v. 29. 7. 2009 (BGBl. I S. 2302).

Mangels im Recht oder wegen eines Mangels der veräußerten Sache ein Anspruch auf Gewährleistung nicht zu.

§ 284 Eidesstattliche Versicherung. (1) Der Vollstreckungsschuldner hat der Vollstreckungsbehörde auf Verlangen ein Verzeichnis seines Vermögens vorzulegen und für seine Forderungen den Grund und die Beweismittel zu bezeichnen, wenn

1. die Vollstreckung in das bewegliche Vermögen nicht zu einer vollständigen Befriedigung geführt hat,
2. anzunehmen ist, das durch die Vollstreckung in das bewegliche Vermögen eine vollständige Befriedigung nicht zu erlangen sein wird,
3. der Vollstreckungsschuldner die Durchsuchung (§ 287) verweigert hat oder
4. der Vollziehungsbeamte den Vollstreckungsschuldner wiederholt in seinen Wohn- und Geschäftsräumen nicht angetroffen hat, nachdem er einmal die Vollstreckung mindestens zwei Wochen vorher angekündigt hatte; dies gilt nicht, wenn der Vollstreckungsschuldner seine Abwesenheit genügend entschuldigt und den Grund glaubhaft macht.

(2) ¹ Aus dem Vermögensverzeichnis müssen auch ersichtlich sein

1. die in den letzten zwei Jahren vor dem ersten zur Abgabe der eidesstattlichen Versicherung anberaumten Termin vorgenommenen entgeltlichen Veräußerungen des Schuldners an eine nahe stehende Person (§ 138 der Insolvenzordnung);
2. die in den letzten vier Jahren vor dem ersten zur Abgabe der eidesstattlichen Versicherung anberaumten Termin von dem Schuldner vorgenommenen unentgeltlichen Leistungen, sofern sie sich nicht auf gebräuchliche Gelegenheitsgeschenke geringen Werts richteten.

² Sachen, die nach § 811 Abs. 1 Nr. 1, 2 der Zivilprozessordnung der Pfändung offensichtlich nicht unterworfen sind, brauchen in dem Vermögensverzeichnis nicht angegeben zu werden, es sei denn, dass eine Austauschpfändung in Betracht kommt.

(3) ¹ Der Vollstreckungsschuldner hat zu Protokoll an Eides statt zu versichern, dass er die von ihm verlangten Angaben nach bestem Wissen und Gewissen richtig und vollständig gemacht habe. ² Die Vollstreckungsbehörde kann von der Abnahme der eidesstattlichen Versicherung absehen.

(4) ¹ Ein Vollstreckungsschuldner, der die in dieser Vorschrift oder die in § 807 der Zivilprozessordnung bezeichnete eidesstattliche Versicherung abgegeben hat, ist, wenn die Abgabe der eidesstattlichen Versicherung in dem Schuldnerverzeichnis (§ 915 der Zivilprozessordnung) noch nicht gelöscht ist, in den ersten drei Jahren nach ihrer Abgabe zur nochmaligen eidesstattlichen Versicherung nur verpflichtet, wenn anzunehmen ist, dass er später Vermögen erworben hat oder dass ein bisher bestehendes Arbeitsverhältnis mit ihm aufgelöst worden ist. ² Der in Absatz 1 genannten Voraussetzungen bedarf es nicht. ³ Die Vollstreckungsbehörde hat von Amts wegen festzustellen, ob im Schuldnerverzeichnis eine Eintragung darüber besteht, dass der Vollstreckungsschuldner innerhalb der letzten drei Jahre eine eidesstattliche Versicherung abgegeben hat.

(5) ¹ Für die Abnahme der eidesstattlichen Versicherung ist die Vollstreckungsbehörde zuständig, in deren Bezirk sich der Wohnsitz oder Aufenthalts-

Abgabenordnung   **§ 285   AO 1977 5**

ort des Vollstreckungsschuldners befindet. ²Liegen diese Voraussetzungen bei der Vollstreckungsbehörde, die die Vollstreckung betreibt, nicht vor, so kann sie die eidesstattliche Versicherung abnehmen, wenn der Vollstreckungsschuldner zu ihrer Abgabe bereit ist.

(6) ¹Die Ladung zu dem Termin zur Abgabe der eidesstattlichen Versicherung ist dem Vollstreckungsschuldner selbst zuzustellen. ²Wird gegen die Anordnung der Abgabe der eidesstattlichen Versicherung ein Rechtsbehelf eingelegt und begründet, ist der Vollstreckungsschuldner erst nach Unanfechtbarkeit der Entscheidung über den Rechtsbehelf zur Abgabe der eidesstattlichen Versicherung verpflichtet. ³Dies gilt nicht, wenn und soweit die Einwendungen bereits in einem früheren Verfahren unanfechtbar zurückgewiesen worden sind.

(7) ¹Nach der Abgabe der eidesstattlichen Versicherung hat die Vollstreckungsbehörde dem nach § 899 Abs. 1 der Zivilprozessordnung zuständigen Amtsgericht Namen, Vornamen, Geburtstag und Anschrift des Vollstreckungsschuldners sowie den Tag der Abgabe der eidesstattlichen Versicherung zur Aufnahme in das Schuldnerverzeichnis mitzuteilen und eine beglaubigte Abschrift des Vermögensverzeichnisses zu übersenden. ²Die §§ 915 a bis 915 h der Zivilprozessordnung sind anzuwenden.

(8) ¹Ist der Vollstreckungsschuldner ohne ausreichende Entschuldigung in dem zur Abgabe der eidesstattlichen Versicherung anberaumten Termin vor der in Absatz 5 Satz 1 bezeichneten Vollstreckungsbehörde nicht erschienen oder verweigert er ohne Grund die Vorlage des Vermögensverzeichnisses oder die Abgabe der eidesstattlichen Versicherung, so kann die Vollstreckungsbehörde, die die Vollstreckung betreibt, das nach § 899 Abs. 1 der Zivilprozessordnung zuständige Amtsgericht um Anordnung der Haft zur Erzwingung der eidesstattlichen Versicherung ersuchen. ²Die §§ 901, 902, 904 bis 906, 909 Abs. 1 Satz 2, Abs. 2, §§ 910 und 913 bis 915 h der Zivilprozessordnung sind sinngemäß anzuwenden. ³Die Verhaftung des Vollstreckungsschuldners erfolgt durch einen Gerichtsvollzieher. ⁴§ 292 gilt sinngemäß. ⁵Nach der Verhaftung des Vollstreckungsschuldners kann die eidesstattliche Versicherung von dem nach § 902 der Zivilprozessordnung zuständigen Gerichtsvollzieher abgenommen werden, wenn sich der Sitz der in Absatz 5 bezeichneten Vollstreckungsbehörde nicht im Bezirk des für den Gerichtsvollzieher zuständigen Amtsgerichts befindet oder wenn die Abnahme der eidesstattlichen Versicherung durch die Vollstreckungsbehörde nicht möglich ist. ⁶Absatz 3 Satz 2 gilt entsprechend.

(9) Der Beschluss des Amtsgerichts, der das Ersuchen der Vollstreckungsbehörde um Anordnung der Haft ablehnt, unterliegt der Beschwerde nach den §§ 567 bis 577 der Zivilprozessordnung.

II. Vollstreckung in Sachen

§ 285 Vollziehungsbeamte. (1) Die Vollstreckungsbehörde führt die Vollstreckung in bewegliche Sachen durch Vollziehungsbeamte aus.

(2) Dem Vollstreckungsschuldner und Dritten gegenüber wird der Vollziehungsbeamte zur Vollstreckung durch schriftlichen oder elektronischen Auftrag der Vollstreckungsbehörde ermächtigt; der Auftrag ist auf Verlangen vorzuzeigen.

§ 286 Vollstreckung in Sachen. (1) Sachen, die im Gewahrsam des Vollstreckungsschuldners sind, pfändet der Vollziehungsbeamte dadurch, dass er sie in Besitz nimmt.

(2) ¹ Andere Sachen als Geld, Kostbarkeiten und Wertpapiere sind im Gewahrsam des Vollstreckungsschuldners zu lassen, wenn die Befriedigung hierdurch nicht gefährdet wird. ² Bleiben die Sachen im Gewahrsam des Vollstreckungsschuldners, so ist die Pfändung nur wirksam, wenn sie durch Anlegung von Siegeln oder in sonstiger Weise ersichtlich gemacht ist.

(3) Der Vollziehungsbeamte hat dem Vollstreckungsschuldner die Pfändung mitzuteilen.

(4) Diese Vorschriften gelten auch für die Pfändung von Sachen im Gewahrsam eines Dritten, der zu ihrer Herausgabe bereit ist.

§ 287 Befugnisse des Vollziehungsbeamten. (1) Der Vollziehungsbeamte ist befugt, die Wohn- und Geschäftsräume sowie die Behältnisse des Vollstreckungsschuldners zu durchsuchen, soweit dies der Zweck der Vollstreckung erfordert.

(2) Er ist befugt, verschlossene Türen und Behältnisse öffnen zu lassen.

(3) Wenn er Widerstand findet, kann er Gewalt anwenden und hierzu um Unterstützung durch Polizeibeamte nachsuchen.

(4) ¹ Die Wohn- und Geschäftsräume des Vollstreckungsschuldners dürfen ohne dessen Einwilligung nur auf Grund einer richterlichen Anordnung durchsucht werden. ² Dies gilt nicht, wenn die Einholung der Anordnung den Erfolg der Durchsuchung gefährden würde. ³ Für die richterliche Anordnung einer Durchsuchung ist das Amtsgericht zuständig, in dessen Bezirk die Durchsuchung vorgenommen werden soll.

(5) ¹ Willigt der Vollstreckungsschuldner in die Durchsuchung ein oder ist eine Anordnung gegen ihn nach Absatz 4 Satz 1 ergangen oder nach Absatz 4 Satz 2 entbehrlich, so haben Personen, die Mitgewahrsam an den Wohn- oder Geschäftsräumen des Vollstreckungsschuldners haben, die Durchsuchung zu dulden. ² Unbillige Härten gegenüber Mitgewahrsaminhabern sind zu vermeiden.

(6) Die Anordnung nach Absatz 4 ist bei der Vollstreckung vorzuzeigen.

§ 288 Zuziehung von Zeugen. Wird bei einer Vollstreckungshandlung Widerstand geleistet oder ist bei einer Vollstreckungshandlung in den Wohn- oder Geschäftsräumen des Vollstreckungsschuldners weder der Vollstreckungsschuldner noch eine Person, die zu seiner Familie gehört oder bei ihm beschäftigt ist, gegenwärtig, so hat der Vollziehungsbeamte zwei Erwachsene oder einen Gemeinde- oder Polizeibeamten als Zeugen zuzuziehen.

§ 289 Zeit der Vollstreckung. (1) Zur Nachtzeit (§ 758a Abs. 2 der Zivilprozessordnung) sowie an Sonntagen und staatlich anerkannten allgemeinen Feiertagen darf eine Vollstreckungshandlung nur mit schriftlicher oder elektronischer Erlaubnis der Vollstreckungsbehörde vorgenommen werden.

(2) Die Erlaubnis ist auf Verlangen bei der Vollstreckungshandlung vorzuzeigen.

§ 290 Aufforderungen und Mitteilungen des Vollziehungsbeamten.
Die Aufforderungen und die sonstigen Mitteilungen, die zu den Vollstreckungshandlungen gehören, sind vom Vollziehungsbeamten mündlich zu erlassen und vollständig in die Niederschrift aufzunehmen; können sie mündlich nicht erlassen werden, so hat die Vollstreckungsbehörde demjenigen, an den die Aufforderung oder Mitteilung zu richten ist, eine Abschrift der Niederschrift zu senden.

§ 291 Niederschrift. (1) Der Vollziehungsbeamte hat über jede Vollstreckungshandlung eine Niederschrift aufzunehmen.

(2) Die Niederschrift muss enthalten:
1. Ort und Zeit der Aufnahme,
2. den Gegenstand der Vollstreckungshandlung unter kurzer Erwähnung der Vorgänge,
3. die Namen der Personen, mit denen verhandelt worden ist,
4. die Unterschriften der Personen und die Bemerkung, dass nach Vorlesung oder Vorlegung zur Durchsicht und nach Genehmigung unterzeichnet sei,
5. die Unterschrift des Vollziehungsbeamten.

(3) Hat einem der Erfordernisse unter Absatz 2 Nr. 4 nicht genügt werden können, so ist der Grund anzugeben.

(4) [1] Die Niederschrift kann auch elektronisch erstellt werden. [2] Absatz 2 Nr. 4 und 5 sowie § 87a Abs. 4 Satz 2 gelten nicht.

§ 292 Abwendung der Pfändung. (1) Der Vollstreckungsschuldner kann die Pfändung nur abwenden, wenn er den geschuldeten Betrag an den Vollziehungsbeamten zahlt oder nachweist, dass ihm eine Zahlungsfrist bewilligt worden ist oder dass die Schuld erloschen ist.

(2) Absatz 1 gilt entsprechend, wenn der Vollstreckungsschuldner eine Entscheidung vorlegt, aus der sich die Unzulässigkeit der vorzunehmenden Pfändung ergibt oder wenn er eine Post- oder Bankquittung vorlegt, aus der sich ergibt, dass er den geschuldeten Betrag eingezahlt hat.

§ 293 Pfand- und Vorzugsrechte Dritter. (1) [1] Der Pfändung einer Sache kann ein Dritter, der sich nicht im Besitz der Sache befindet, auf Grund eines Pfand- oder Vorzugsrechts nicht widersprechen. [2] Er kann jedoch vorzugsweise Befriedigung aus dem Erlös verlangen ohne Rücksicht darauf, ob seine Forderung fällig ist oder nicht.

(2) [1] Für eine Klage auf vorzugsweise Befriedigung ist ausschließlich zuständig das ordentliche Gericht, in dessen Bezirk gepfändet worden ist. [2] Wird die Klage gegen die Körperschaft, der die Vollstreckungsbehörde angehört, und gegen den Vollstreckungsschuldner gerichtet, so sind sie Streitgenossen.

§ 294 Ungetrennte Früchte. (1) [1] Früchte, die vom Boden noch nicht getrennt sind, können gepfändet werden, solange sie nicht durch Vollstreckung in das unbewegliche Vermögen in Beschlag genommen worden sind. [2] Sie dürfen nicht früher als einen Monat vor der gewöhnlichen Zeit der Reife gepfändet werden.

(2) Ein Gläubiger, der ein Recht auf Befriedigung aus dem Grundstück hat, kann der Pfändung nach § 262 widersprechen, wenn nicht für einen Anspruch gepfändet ist, der bei der Vollstreckung in das Grundstück vorgeht.

§ 295 Unpfändbarkeit von Sachen. [1] Die §§ 811 bis 812 und 813 Abs. 1 bis 3 der Zivilprozessordnung sowie die Beschränkungen und Verbote, die nach anderen gesetzlichen Vorschriften für die Pfändung von Sachen bestehen, gelten entsprechend. [2] An die Stelle des Vollstreckungsgerichts tritt die Vollstreckungsbehörde.

§ 296 Verwertung. (1) [1] Die gepfändeten Sachen sind auf schriftliche Anordnung der Vollstreckungsbehörde öffentlich zu versteigern. [2] Eine öffentliche Versteigerung ist

1. die Versteigerung vor Ort oder
2. die allgemein zugängliche Versteigerung im Internet über die Plattform www.zoll-auktion.de.

[3] Die Versteigerung erfolgt in der Regel durch den Vollziehungsbeamten. [4] § 292 gilt entsprechend.

(2) Bei Pfändung von Geld gilt die Wegnahme als Zahlung des Vollstreckungsschuldners.

§ 297 Aussetzung der Verwertung. Die Vollstreckungsbehörde kann die Verwertung gepfändeter Sachen unter Anordnung von Zahlungsfristen zeitweilig aussetzen, wenn die alsbaldige Verwertung unbillig wäre.

§ 298 Versteigerung. (1) Die gepfändeten Sachen dürfen nicht vor Ablauf einer Woche seit dem Tag der Pfändung versteigert werden, sofern sich nicht der Vollstreckungsschuldner mit einer früheren Versteigerung einverstanden erklärt oder diese erforderlich ist, um die Gefahr einer beträchtlichen Wertverringerung abzuwenden oder unverhältnismäßige Kosten längerer Aufbewahrung zu vermeiden.

(2) [1] Zeit und Ort der Versteigerung sind öffentlich bekannt zu machen; dabei sind die Sachen, die versteigert werden sollen, im Allgemeinen zu bezeichnen. [2] Auf Ersuchen der Vollstreckungsbehörde hat ein Gemeindebediensteter oder ein Polizeibeamter der Versteigerung beizuwohnen. [3] Die Sätze 1 und 2 gelten nicht für eine Versteigerung nach § 296 Absatz 1 Satz 2 Nummer 2.

(3) § 1239 Absatz 1 Satz 1 des Bürgerlichen Gesetzbuchs gilt entsprechend; bei der Versteigerung vor Ort (§ 296 Absatz 1 Satz 2 Nummer 1) ist auch § 1239 Absatz 2 des Bürgerlichen Gesetzbuchs entsprechend anzuwenden.

§ 299 Zuschlag. (1) [1] Bei der Versteigerung vor Ort (§ 296 Absatz 1 Satz 2 Nummer 1) soll dem Zuschlag an den Meistbietenden ein dreimaliger Aufruf vorausgehen. [2] Bei einer Versteigerung im Internet (§ 296 Absatz 1 Satz 2 Nummer 2) ist der Zuschlag der Person erteilt, die am Ende der Versteigerung das höchste Gebot abgegeben hat, es sei denn, die Versteigerung wird vorzeitig abgebrochen; sie ist von dem Zuschlag zu benachrichtigen. [3] § 156 des Bürgerlichen Gesetzbuchs gilt entsprechend.

(2) ¹Die Aushändigung einer zugeschlagenen Sache darf nur gegen bare Zahlung geschehen. ²Die Aushändigung einer zugeschlagenen Sache darf nur gegen bare Zahlung geschehen. ³Bei einer Versteigerung im Internet darf die zugeschlagene Sache auch ausgehändigt werden, wenn die Zahlung auf dem Konto der Finanzbehörde gutgeschrieben ist. ⁴Wird die zugeschlagene Sache übersandt, so gilt die Aushändigung mit der Übergabe an die zur Ausführung der Versendung bestimmte Person als bewirkt.

(3) ¹Hat der Meistbietende nicht zu der in den Versteigerungsbedingungen bestimmten Zeit oder in Ermangelung einer solchen Bestimmung nicht vor dem Schluss des Versteigerungstermins die Aushändigung gegen Zahlung des Kaufgeldes verlangt, so wird die Sache anderweitig versteigert. ²Der Meistbietende wird zu einem weiteren Gebot nicht zugelassen; er haftet für den Ausfall, auf den Mehrerlös hat er keinen Anspruch.

(4) ¹Wird der Zuschlag dem Gläubiger erteilt, so ist dieser von der Verpflichtung zur baren Zahlung so weit befreit, als der Erlös nach Abzug der Kosten der Vollstreckung zu seiner Befriedigung zu verwenden ist. ²Soweit der Gläubiger von der Verpflichtung zur baren Zahlung befreit ist, gilt der Betrag als von dem Schuldner an den Gläubiger gezahlt.

§ 300 Mindestgebot. (1) ¹Der Zuschlag darf nur auf ein Gebot erteilt werden, das mindestens die Hälfte des gewöhnlichen Verkaufswerts der Sache erreicht (Mindestgebot). ²Der gewöhnliche Verkaufswert und das Mindestgebot sollen bei dem Ausbieten bekannt gegeben werden.

(2) ¹Wird der Zuschlag nicht erteilt, weil ein das Mindestgebot erreichendes Gebot nicht abgegeben worden ist, so bleibt das Pfandrecht bestehen. ²Die Vollstreckungsbehörde kann jederzeit einen neuen Versteigerungstermin bestimmen oder eine anderweitige Verwertung der gepfändeten Sachen nach § 305 anordnen. ³Wird die anderweitige Verwertung angeordnet, so gilt Absatz 1 entsprechend.

(3) ¹Gold- und Silbersachen dürfen auch nicht unter ihrem Gold- oder Silberwert zugeschlagen werden. ²Wird ein den Zuschlag gestattendes Gebot nicht abgegeben, so können die Sachen auf Anordnung der Vollstreckungsbehörde aus freier Hand verkauft werden. ³Der Verkaufspreis darf den Gold- oder Silberwert und die Hälfte des gewöhnlichen Verkaufswerts nicht unterschreiten.

§ 301 Einstellung der Versteigerung. (1) Die Versteigerung wird eingestellt, sobald der Erlös zur Deckung der beizutreibenden Beträge einschließlich der Kosten der Vollstreckung ausreicht.

(2) ¹Die Empfangnahme des Erlöses durch den versteigernden Beamten gilt als Zahlung des Vollstreckungsschuldners, es sei denn, dass der Erlös hinterlegt wird (§ 308 Abs. 4). ²Als Zahlung im Sinne von Satz 1 gilt bei einer Versteigerung im Internet auch der Eingang des Erlöses auf dem Konto der Finanzbehörde.

§ 302 Wertpapiere. Gepfändete Wertpapiere, die einen Börsen- oder Marktpreis haben, sind aus freier Hand zum Tageskurs zu verkaufen; andere Wertpapiere sind nach den allgemeinen Vorschriften zu versteigern.

§ 303 Namenspapiere. Lautet ein gepfändetes Wertpapier auf einen Namen, so ist die Vollstreckungsbehörde berechtigt, die Umschreibung auf den Namen des Käufers oder, wenn es sich um ein auf einen Namen umgeschriebenes Inhaberpapier handelt, die Rückverwandlung in ein Inhaberpapier zu erwirken und die hierzu erforderlichen Erklärungen an Stelle des Vollstreckungsschuldners abzugeben.

§ 304 Versteigerung ungetrennter Früchte. [1] Gepfändete Früchte, die vom Boden noch nicht getrennt sind, dürfen erst nach der Reife versteigert werden. [2] Der Vollziehungsbeamte hat sie abernten zu lassen, wenn er sie nicht vor der Trennung versteigert.

§ 305 Besondere Verwertung. Auf Antrag des Vollstreckungsschuldners oder aus besonderen Zweckmäßigkeitsgründen kann die Vollstreckungsbehörde anordnen, dass eine gepfändete Sache in anderer Weise oder an einem anderen Ort, als in den vorstehenden Paragraphen bestimmt ist, zu verwerten oder durch eine andere Person als den Vollziehungsbeamten zu versteigern sei.

§ 306 Vollstreckung in Ersatzteile von Luftfahrzeugen. (1) Für die Vollstreckung in Ersatzteile, auf die sich ein Registerpfandrecht an einem Luftfahrzeug nach § 71 des Gesetzes über Rechte an Luftfahrzeugen erstreckt, gilt § 100 des Gesetzes über Rechte an Luftfahrzeugen; an die Stelle des Gerichtsvollziehers tritt der Vollziehungsbeamte.

(2) Absatz 1 gilt für die Vollstreckung in Ersatzteile, auf die sich das Recht an einem ausländischen Luftfahrzeug erstreckt, mit der Maßgabe, dass die Vorschriften des § 106 Abs. 1 Nr. 2 und Abs. 4 des Gesetzes über Rechte an Luftfahrzeugen zu berücksichtigen sind.

§ 307 Anschlusspfändung. (1) [1] Zur Pfändung bereits gepfändeter Sachen genügt die in die Niederschrift aufzunehmende Erklärung des Vollziehungsbeamten, dass er die Sache für die zu bezeichnende Forderung pfändet. [2] Dem Vollstreckungsschuldner ist die weitere Pfändung mitzuteilen.

(2) [1] Ist die erste Pfändung für eine andere Vollstreckungsbehörde oder durch einen Gerichtsvollzieher erfolgt, so ist dieser Vollstreckungsbehörde oder dem Gerichtsvollzieher eine Abschrift der Niederschrift zu übersenden. [2] Die gleiche Pflicht hat ein Gerichtsvollzieher, der eine Sache pfändet, die bereits im Auftrag einer Vollstreckungsbehörde gepfändet ist.

§ 308 Verwertung bei mehrfacher Pfändung. (1) Wird dieselbe Sache mehrfach durch Vollziehungsbeamte oder durch Vollziehungsbeamte und Gerichtsvollzieher gepfändet, so begründet ausschließlich die erste Pfändung die Zuständigkeit zur Versteigerung.

(2) Betreibt ein Gläubiger die Versteigerung, so wird für alle beteiligten Gläubiger versteigert.

(3) Der Erlös wird nach der Reihenfolge der Pfändungen oder nach abweichender Vereinbarung der beteiligten Gläubiger verteilt.

(4) [1] Reicht der Erlös zur Deckung der Forderungen nicht aus und verlangt ein Gläubiger, für den die zweite oder eine spätere Pfändung erfolgt ist, ohne Zustimmung der übrigen beteiligten Gläubiger eine andere Verteilung als

Abgabenordnung §§ 309–311 AO 1977 5

nach der Reihenfolge der Pfändungen, so ist die Sachlage unter Hinterlegung des Erlöses dem Amtsgericht, in dessen Bezirk gepfändet ist, anzuzeigen. ²Der Anzeige sind die Schriftstücke, die sich auf das Verfahren beziehen, beizufügen. ³Für das Verteilungsverfahren gelten die §§ 873 bis 882 der Zivilprozessordnung.

(5) Wird für verschiedene Gläubiger gleichzeitig gepfändet, so finden die Vorschriften der Absätze 2 bis 4 mit der Maßgabe Anwendung, dass der Erlös nach dem Verhältnis der Forderungen verteilt wird.

III. Vollstreckung in Forderungen und andere Vermögensrechte

§ 309 Pfändung einer Geldforderung. (1) ¹Soll eine Geldforderung gepfändet werden, so hat die Vollstreckungsbehörde dem Drittschuldner schriftlich zu verbieten, an den Vollstreckungsschuldner zu zahlen, und dem Vollstreckungsschuldner schriftlich zu gebieten, sich jeder Verfügung über die Forderung, insbesondere ihrer Einziehung, zu enthalten (Pfändungsverfügung). ²Die elektronische Form ist ausgeschlossen.

(2) ¹Die Pfändung ist bewirkt, wenn die Pfändungsverfügung dem Drittschuldner zugestellt ist. ²Die an den Drittschuldner zuzustellende Pfändungsverfügung soll den beizutreibenden Geldbetrag nur in einer Summe, ohne Angabe der Steuerarten und der Zeiträume, für die er geschuldet wird, bezeichnen. ³Die Zustellung ist dem Vollstreckungsschuldner mitzuteilen.

(3) ¹Bei Pfändung des Guthabens eines Kontos des Vollstreckungsschuldners bei einem Kreditinstitut gilt § 833a der Zivilprozessordnung entsprechend. ²§ 833a Abs. 2 Satz 1 Nr. 2 und Satz 3 der Zivilprozessordnung gilt mit der Maßgabe, dass Anträge bei dem nach § 828 Abs. 2 der Zivilprozessordnung zuständigen Vollstreckungsgericht zu stellen sind.

§ 310 Pfändung einer durch Hypothek gesicherten Forderung.

(1) ¹Zur Pfändung einer Forderung, für die eine Hypothek besteht, ist außer der Pfändungsverfügung die Aushändigung des Hypothekenbriefs an die Vollstreckungsbehörde erforderlich. ²Die Übergabe gilt als erfolgt, wenn der Vollziehungsbeamte den Brief wegnimmt. ³Ist die Erteilung des Hypothekenbriefs ausgeschlossen, so muss die Pfändung in das Grundbuch eingetragen werden; die Eintragung erfolgt auf Grund der Pfändungsverfügung auf Ersuchen der Vollstreckungsbehörde.

(2) Wird die Pfändungsverfügung vor der Übergabe des Hypothekenbriefs oder der Eintragung der Pfändung dem Drittschuldner zugestellt, so gilt die Pfändung diesem gegenüber mit der Zustellung als bewirkt.

(3) ¹Diese Vorschriften gelten nicht, soweit Ansprüche auf die in § 1159 des Bürgerlichen Gesetzbuchs bezeichneten Leistungen gepfändet werden. ²Das Gleiche gilt bei einer Sicherungshypothek im Fall des § 1187 des Bürgerlichen Gesetzbuchs von der Pfändung der Hauptforderung.

§ 311 Pfändung einer durch Schiffshypothek oder Registerpfandrecht an einem Luftfahrzeug gesicherten Forderung. (1) Die Pfändung einer Forderung, für die eine Schiffshypothek besteht, bedarf der Eintragung in das Schiffsregister oder das Schiffsbauregister.

(2) Die Pfändung einer Forderung, für die ein Registerpfandrecht an einem Luftfahrzeug besteht, bedarf der Eintragung in das Register für Pfandrechte an Luftfahrzeugen.

(3) ¹ Die Pfändung nach den Absätzen 1 und 2 wird auf Grund der Pfändungsverfügung auf Ersuchen der Vollstreckungsbehörde eingetragen. ² § 310 Abs. 2 gilt entsprechend.

(4) ¹ Die Absätze 1 bis 3 sind nicht anzuwenden, soweit es sich um die Pfändung der Ansprüche auf die in § 53 des Gesetzes über Rechte an eingetragenen Schiffen und Schiffsbauwerken und auf die in § 53 des Gesetzes über Rechte an Luftfahrzeugen bezeichneten Leistungen handelt. ² Das Gleiche gilt, wenn bei einer Schiffshypothek für eine Forderung aus einer Schuldverschreibung auf den Inhaber, aus einem Wechsel oder aus einem anderen durch Indossament übertragbaren Papier die Hauptforderung gepfändet ist.

(5) Für die Pfändung von Forderungen, für die ein Recht an einem ausländischen Luftfahrzeug besteht, gilt § 106 Abs. 1 Nr. 3 und Abs. 5 des Gesetzes über Rechte an Luftfahrzeugen.

§ 312 Pfändung einer Forderung aus indossablen Papieren. Forderungen aus Wechseln und anderen Papieren, die durch Indossament übertragen werden können, werden dadurch gepfändet, dass der Vollziehungsbeamte die Papiere in Besitz nimmt.

§ 313 Pfändung fortlaufender Bezüge. (1) Das Pfandrecht, das durch die Pfändung einer Gehaltsforderung oder einer ähnlichen in fortlaufenden Bezügen bestehenden Forderung erworben wird, erstreckt sich auch auf die Beträge, die später fällig werden.

(2) ¹ Die Pfändung eines Diensteinkommens trifft auch das Einkommen, das der Vollstreckungsschuldner bei Versetzung in ein anderes Amt, Übertragung eines neuen Amts oder einer Gehaltserhöhung zu beziehen hat. ² Dies gilt nicht bei Wechsel des Dienstherrn.

(3) Endet das Arbeits- oder Dienstverhältnis und begründen Vollstreckungsschuldner und Drittschuldner innerhalb von neun Monaten ein solches neu, so erstreckt sich die Pfändung auf die Forderung aus dem neuen Arbeits- oder Dienstverhältnis.

§ 314 Einziehungsverfügung. (1) ¹ Die Vollstreckungsbehörde ordnet die Einziehung der gepfändeten Forderung an. ² § 309 Abs. 2 gilt entsprechend.

(2) Die Einziehungsverfügung kann mit der Pfändungsverfügung verbunden werden.

(3) Wird die Einziehung eines bei einem Geldinstitut gepfändeten Guthabens eines Vollstreckungsschuldners, der eine natürliche Person ist, angeordnet, so gilt § 835 Abs. 3 Satz 2 der Zivilprozessordnung entsprechend.

(4) Wird die Einziehung einer gepfändeten nicht wiederkehrend zahlbaren Vergütung eines Vollstreckungsschuldners, der eine natürliche Person ist, für persönlich geleistete Arbeiten oder Dienste oder sonstige Einkünfte, die kein Arbeitslohn sind, angeordnet, so gilt § 835 Abs. 4 der Zivilprozessordnung entsprechend.

§ **315 Wirkung der Einziehungsverfügung.** (1) [1] Die Einziehungsverfügung ersetzt die förmlichen Erklärungen des Vollstreckungsschuldners, von denen nach bürgerlichem Recht die Berechtigung zur Einziehung abhängt. [2] Sie genügt auch bei einer Forderung, für die eine Hypothek, Schiffshypothek oder ein Registerpfandrecht an einem Luftfahrzeug besteht. [3] Zugunsten des Drittschuldners gilt eine zu Unrecht ergangene Einziehungsverfügung dem Vollstreckungsschuldner gegenüber solange als rechtmäßig, bis sie aufgehoben ist und der Drittschuldner hiervon erfährt.

(2) [1] Der Vollstreckungsschuldner ist verpflichtet, die zur Geltendmachung der Forderung nötige Auskunft zu erteilen und die über die Forderung vorhandenen Urkunden herauszugeben. [2] Erteilt der Vollstreckungsschuldner die Auskunft nicht, ist er auf Verlangen der Vollstreckungsbehörde verpflichtet, sie zu Protokoll zu geben und seine Angaben an Eides statt zu versichern. [3] Die Vollstreckungsbehörde kann die eidesstattliche Versicherung der Lage der Sache entsprechend ändern. [4] § 284 Abs. 5, 6, 8 und 9 gilt sinngemäß. [5] Die Vollstreckungsbehörde kann die Urkunden durch den Vollziehungsbeamten wegnehmen lassen oder ihre Herausgabe nach den §§ 328 bis 335 erzwingen.

(3) [1] Werden die Urkunden nicht vorgefunden, so hat der Vollstreckungsschuldner auf Verlangen der Vollstreckungsbehörde zu Protokoll an Eides statt zu versichern, dass er die Urkunden nicht besitze, auch nicht wisse, wo sie sich befinden. [2] Absatz 2 Satz 3 und 4 gilt entsprechend.

(4) Hat ein Dritter die Urkunde, so kann die Vollstreckungsbehörde auch den Anspruch des Vollstreckungsschuldners auf Herausgabe geltend machen.

§ **316 Erklärungspflicht des Drittschuldners.** (1) [1] Auf Verlangen der Vollstreckungsbehörde hat ihr der Drittschuldner binnen zwei Wochen, von der Zustellung der Pfändungsverfügung an gerechnet, zu erklären:
1. ob und inwieweit er die Forderung als begründet anerkenne und bereit sei zu zahlen,
2. ob und welche Ansprüche andere Personen an die Forderung erheben,
3. ob und wegen welcher Ansprüche die Forderung bereits für andere Gläubiger gepfändet sei;
4. ob innerhalb der letzten zwölf Monate im Hinblick auf das Konto, dessen Guthaben gepfändet worden ist, eine Pfändung nach §§ 833a Abs. 2 der Zivilprozessordnung aufgehoben oder die Unpfändbarkeit des Guthabens angeordnet worden ist, und
5. ob es sich bei dem Konto, dessen Guthaben gepfändet worden ist, um ein Pfändungsschutzkonto im Sinne von §§ 850k Abs. 7 der Zivilprozessordnung handelt.

[2] Die Erklärung des Drittschuldners zu Nummer 1 gilt nicht als Schuldanerkenntnis.

(2) [1] Die Aufforderung zur Abgabe dieser Erklärung kann in die Pfändungsverfügung aufgenommen werden. [2] Der Drittschuldner haftet der Vollstreckungsbehörde für den Schaden, der aus der Nichterfüllung seiner Verpflichtung entsteht. [3] Er kann zur Abgabe der Erklärung durch ein Zwangsgeld angehalten werden; § 334 ist nicht anzuwenden.

(3) Die §§ 841 bis 843 der Zivilprozessordnung sind anzuwenden.

§ 317 Andere Art der Verwertung. ¹ Ist die gepfändete Forderung bedingt oder betagt oder ihre Einziehung schwierig, so kann die Vollstreckungsbehörde anordnen, dass sie in anderer Weise zu verwerten ist; § 315 Abs. 1 gilt entsprechend. ² Der Vollstreckungsschuldner ist vorher zu hören, sofern nicht eine Bekanntgabe außerhalb des Geltungsbereiches des Gesetzes oder eine öffentliche Bekanntmachung erforderlich ist.

§ 318 Ansprüche auf Herausgabe oder Leistung von Sachen. (1) Für die Vollstreckung in Ansprüche auf Herausgabe oder Leistung von Sachen gelten außer den §§ 309 bis 317 die nachstehenden Vorschriften.

(2) ¹ Bei der Pfändung eines Anspruchs, der eine bewegliche Sache betrifft, ordnet die Vollstreckungsbehörde an, dass die Sache an den Vollziehungsbeamten herauszugeben sei. ² Die Sache wird wie eine gepfändete Sache verwertet.

(3) ¹ Bei Pfändung eines Anspruchs, der eine unbewegliche Sache betrifft, ordnet die Vollstreckungsbehörde an, dass die Sache an einen Treuhänder herauszugeben sei, den das Amtsgericht der belegenen Sache auf Antrag der Vollstreckungsbehörde bestellt. ² Ist der Anspruch auf Übertragung des Eigentums gerichtet, so ist dem Treuhänder als Vertreter des Vollstreckungsschuldners aufzulassen. ³ Mit dem Übergang des Eigentums auf den Vollstreckungsschuldner erlangt die Körperschaft, der die Vollstreckungsbehörde angehört, eine Sicherungshypothek für die Forderung. ⁴ Der Treuhänder hat die Eintragung der Sicherungshypothek zu bewilligen. ⁵ Die Vollstreckung in die herausgegebene Sache wird nach den Vorschriften über die Vollstreckung in unbewegliche Sachen bewirkt.

(4) Absatz 3 gilt entsprechend, wenn der Anspruch ein im Schiffsregister eingetragenes Schiff, ein Schiffsbauwerk oder Schwimmdock, das im Schiffsbauregister eingetragen ist oder in dieses Register eingetragen werden kann oder ein Luftfahrzeug betrifft, das in der Luftfahrzeugrolle eingetragen ist oder nach Löschung in der Luftfahrzeugrolle noch in dem Register für Pfandrechte an Luftfahrzeugen eingetragen ist.

(5) ¹ Dem Treuhänder ist auf Antrag eine Entschädigung zu gewähren. ² Die Entschädigung darf die nach der Zwangsverwalterordnung festzusetzende Vergütung nicht übersteigen.

§ 319 Unpfändbarkeit von Forderungen. Beschränkungen und Verbote, die nach §§ 850 bis 852 der Zivilprozessordnung und anderen gesetzlichen Bestimmungen für die Pfändung von Forderungen und Ansprüchen bestehen, gelten sinngemäß.

§ 320 Mehrfache Pfändung einer Forderung. (1) Ist eine Forderung durch mehrere Vollstreckungsbehörden oder durch eine Vollstreckungsbehörde und ein Gericht gepfändet, so sind die §§ 853 bis 856 der Zivilprozessordnung und § 99 Abs. 1 Satz 1 des Gesetzes über Rechte an Luftfahrzeugen entsprechend anzuwenden.

(2) Fehlt es an einem Amtsgericht, das nach den §§ 853 und 854 der Zivilprozessordnung zuständig wäre, so ist bei dem Amtsgericht zu hinterlegen, in dessen Bezirk die Vollstreckungsbehörde ihren Sitz hat, deren Pfändungsverfügung dem Drittschuldner zuerst zugestellt worden ist.

§ 321 Vollstreckung in andere Vermögensrechte. (1) Für die Vollstreckung in andere Vermögensrechte, die nicht Gegenstand der Vollstreckung in das unbewegliche Vermögen sind, gelten die vorstehenden Vorschriften entsprechend.

(2) Ist kein Drittschuldner vorhanden, so ist die Pfändung bewirkt, wenn dem Vollstreckungsschuldner das Gebot, sich jeder Verfügung über das Recht zu enthalten, zugestellt ist.

(3) Ein unveräußerliches Recht ist, wenn nichts anderes bestimmt ist, insoweit pfändbar, als die Ausübung einem anderen überlassen werden kann.

(4) Die Vollstreckungsbehörde kann bei der Vollstreckung in unveräußerliche Rechte, deren Ausübung einem anderen überlassen werden kann, besondere Anordnung erlassen, insbesondere bei der Vollstreckung in Nutzungsrechte eine Verwaltung anordnen; in diesem Fall wird die Pfändung durch Übergabe der zu benutzenden Sache an den Verwalter bewirkt, sofern sie nicht durch Zustellung der Pfändungsverfügung schon vorher bewirkt ist.

(5) Ist die Veräußerung des Rechts zulässig, so kann die Vollstreckungsbehörde die Veräußerung anordnen.

(6) Für die Vollstreckung in eine Reallast, eine Grundschuld oder eine Rentenschuld gelten die Vorschriften über die Vollstreckung in eine Forderung, für die eine Hypothek besteht.

(7) Die §§ 858 bis 863 der Zivilprozessordnung gelten sinngemäß.

4. Unterabschnitt. Vollstreckung in das unbewegliche Vermögen

§ 322 Verfahren. (1) [1] Der Vollstreckung in das unbewegliche Vermögen unterliegen außer den Grundstücken die Berechtigungen, für welche die sich auf Grundstücke beziehenden Vorschriften gelten, die im Schiffsregister eingetragenen Schiffe, die Schiffsbauwerke und Schwimmdocks, die im Schiffsbauregister eingetragen sind oder in dieses Register eingetragen werden können, sowie die Luftfahrzeuge, die in der Luftfahrzeugrolle eingetragen sind oder nach Löschung in der Luftfahrzeugrolle noch in dem Register für Pfandrechte an Luftfahrzeugen eingetragen sind. [2] Auf die Vollstreckung sind die für die gerichtliche Zwangsvollstreckung geltenden Vorschriften, namentlich die §§ 864 bis 871 der Zivilprozessordnung und das Gesetz über die Zwangsversteigerung und die Zwangsverwaltung[1]) anzuwenden. [3] Bei Stundung und Aussetzung der Vollziehung geht eine im Wege der Vollstreckung eingetragene Sicherungshypothek jedoch nur dann nach § 868 der Zivilprozessordnung auf den Eigentümer über und erlischt eine Schiffshypothek oder ein Registerpfandrecht an einem Luftfahrzeug jedoch nur dann nach § 870a Abs. 3 der Zivilprozessordnung sowie § 99 Abs. 1 des Gesetzes über Rechte an Luftfahrzeugen[2]), wenn zugleich die Aufhebung der Vollstreckungsmaßnahme angeordnet wird.

---

[1]) Gesetz über Rechte an Luftfahrzeugen v. 26. 2. 1959 (BGBl. I S. 57, ber. S. 223), zuletzt geänd. durch G v. 11. 8. 2009 (BGBl. I S. 2713) v. 26. 2. 1959 (BGBl. I S. 57, 223), zuletzt geänd. durch G v. 26. 3. 2007 (BGBl. I S. 370).
[2]) Nr. 2.

(2) Für die Vollstreckung in ausländische Schiffe gilt § 171 des Gesetzes über die Zwangsversteigerung und die Zwangsverwaltung, für die Vollstreckung in ausländische Luftfahrzeuge § 106 Abs. 1, 2 des Gesetzes über Rechte an Luftfahrzeugen sowie die §§ 171 h bis 171 n des Gesetzes über die Zwangsversteigerung und die Zwangsverwaltung.

(3) [1] Die für die Vollstreckung in das unbewegliche Vermögen erforderlichen Anträge des Gläubigers stellt die Vollstreckungsbehörde. [2] Sie hat hierbei zu bestätigen, dass die gesetzlichen Voraussetzungen für die Vollstreckung vorliegen. [3] Diese Fragen unterliegen nicht der Beurteilung des Vollstreckungsgerichts oder des Grundbuchamts. [4] Anträge auf Eintragung einer Sicherungshypothek, einer Schiffshypothek oder eines Registerpfandrechts an einem Luftfahrzeug sind Ersuchen im Sinne des § 38 der Grundbuchordnung und des § 45 der Schiffsregisterordnung.

(4) Zwangsversteigerung und Zwangsverwaltung soll die Vollstreckungsbehörde nur beantragen, wenn festgestellt ist, dass der Geldbetrag durch Vollstreckung in das bewegliche Vermögen nicht beigetrieben werden kann.

(5) Soweit der zu vollstreckende Anspruch gemäß § 10 Abs. 1 Nr. 3 des Gesetzes über die Zwangsversteigerung und Zwangsverwaltung den Rechten am Grundstück im Rang vorgeht, kann eine Sicherungshypothek unter der aufschiebenden Bedingung in das Grundbuch eingetragen werden, dass das Vorrecht wegfällt.

§ 323 Vollstreckung gegen den Rechtsnachfolger. [1] Ist nach § 322 eine Sicherungshypothek, eine Schiffshypothek oder ein Registerpfandrecht an einem Luftfahrzeug eingetragen worden, so bedarf es zur Zwangsversteigerung aus diesem Recht nur dann eines Duldungsbescheids, wenn nach der Eintragung dieses Rechts ein Eigentumswechsel eingetreten ist. [2] Satz 1 gilt sinngemäß für die Zwangsverwaltung aus einer nach § 322 eingetragenen Sicherungshypothek.

5. Unterabschnitt. Arrest

§ 324 Dinglicher Arrest. (1) [1] Zur Sicherung der Vollstreckung von Geldforderungen nach den §§ 249 bis 323 kann die für die Steuerfestsetzung zuständige Finanzbehörde den Arrest in das bewegliche oder unbewegliche Vermögen anordnen, wenn zu befürchten ist, dass sonst die Beitreibung vereitelt oder wesentlich erschwert wird. [2] Sie kann den Arrest auch dann anordnen, wenn die Forderung noch nicht zahlenmäßig feststeht oder wenn sie bedingt oder betagt ist. [3] In der Arrestanordnung ist ein Geldbetrag zu bestimmen, bei dessen Hinterlegung die Vollziehung des Arrestes gehemmt und der vollzogene Arrest aufzuheben ist.

(2) [1] Die Arrestanordnung ist zuzustellen. [2] Sie muss begründet und von dem anordnenden Bediensteten unterschrieben sein. [3] Die elektronische Form ist ausgeschlossen.

(3) [1] Die Vollziehung der Arrestanordnung ist unzulässig, wenn seit dem Tag, an dem die Anordnung unterzeichnet worden ist, ein Monat verstrichen ist. [2] Die Vollziehung ist auch schon vor der Zustellung an den Arrestschuldner zulässig, sie ist jedoch ohne Wirkung, wenn die Zustellung nicht innerhalb einer Woche nach der Vollziehung und innerhalb eines Monats seit der Unterzeichnung erfolgt. [3] Bei Zustellung im Ausland und öffentlicher Zustellung gilt § 169

Abs. 1 Satz 3 entsprechend. [4] Auf die Vollziehung des Arrestes finden die §§ 930 bis 932 der Zivilprozessordnung sowie § 99 Abs. 2 und § 106 Abs. 1, 3 und 5 des Gesetzes über Rechte an Luftfahrzeugen entsprechende Anwendung; an die Stelle des Arrestgerichts und des Vollstreckungsgerichts tritt die Vollstreckungsbehörde, an die Stelle des Gerichtsvollziehers der Vollziehungsbeamte. [5] Soweit auf die Vorschriften über die Pfändung verwiesen wird, sind die entsprechenden Vorschriften dieses Gesetzes anzuwenden.

§ 325 Aufhebung des dinglichen Arrestes. Die Arrestanordnung ist aufzuheben, wenn nach ihrem Erlass Umstände bekannt werden, die die Arrestanordnung nicht mehr gerechtfertigt erscheinen lassen.

§ 326 Persönlicher Sicherheitsarrest. (1) [1] Auf Antrag der für die Steuerfestsetzung zuständigen Finanzbehörde kann das Amtsgericht einen persönlichen Sicherheitsarrest anordnen, wenn er erforderlich ist, um die gefährdete Vollstreckung in das Vermögen des Pflichtigen zu sichern. [2] Zuständig ist das Amtsgericht, in dessen Bezirk die Finanzbehörde ihren Sitz hat oder sich der Pflichtige befindet.

(2) In dem Antrag hat die für die Steuerfestsetzung zuständige Finanzbehörde den Anspruch nach Art und Höhe sowie die Tatsachen anzugeben, die den Arrestgrund ergeben.

(3) [1] Für die Anordnung, Vollziehung und Aufhebung des persönlichen Sicherheitsarrestes gelten § 128 Abs. 4 und die §§ 922 bis 925, 927, 929, 933, 934 Abs. 1, 3 und 4 der Zivilprozessordnung sinngemäß. [2] § 911 der Zivilprozessordnung ist nicht anzuwenden.

(4) Für Zustellungen gelten die Vorschriften der Zivilprozessordnung.

6. Unterabschnitt. Verwertung von Sicherheiten

§ 327 Verwertung von Sicherheiten. [1] Werden Geldforderungen, die im Verwaltungsverfahren vollstreckbar sind (§ 251), bei Fälligkeit nicht erfüllt, kann sich die Vollstreckungsbehörde aus den Sicherheiten befriedigen, die sie zur Sicherung dieser Ansprüche erlangt hat. [2] Die Sicherheiten werden nach den Vorschriften dieses Abschnitts verwertet. [3] Die Verwertung darf erst erfolgen, wenn dem Vollstreckungsschuldner die Verwertungsabsicht bekannt gegeben und seit der Bekanntgabe mindestens eine Woche verstrichen ist.

Dritter Abschnitt. Vollstreckung wegen anderer Leistungen als Geldforderungen

1. Unterabschnitt. Vollstreckung wegen Handlungen, Duldungen oder Unterlassungen

§ 328 Zwangsmittel. (1) [1] Ein Verwaltungsakt, der auf Vornahme einer Handlung oder auf Duldung oder Unterlassung gerichtet ist, kann mit Zwangsmitteln (Zwangsgeld, Ersatzvornahme, unmittelbarer Zwang) durchgesetzt werden. [2] Für die Erzwingung von Sicherheiten gilt § 336. [3] Vollstreckungsbehörde ist die Behörde, die den Verwaltungsakt erlassen hat.

(2) [1] Es ist dasjenige Zwangsmittel zu bestimmen, durch das der Pflichtige und die Allgemeinheit am wenigsten beeinträchtigt werden. [2] Das Zwangsmittel muss in einem angemessenen Verhältnis zu seinem Zweck stehen.

§ 329 Zwangsgeld. Das einzelne Zwangsgeld darf 25 000 Euro nicht übersteigen.

§ 330 Ersatzvornahme. Wird die Verpflichtung, eine Handlung vorzunehmen, deren Vornahme durch einen anderen möglich ist (vertretbare Handlung), nicht erfüllt, so kann die Vollstreckungsbehörde einen anderen mit der Vornahme der Handlung auf Kosten des Pflichtigen beauftragen.

§ 331 Unmittelbarer Zwang. Führen das Zwangsgeld oder die Ersatzvornahme nicht zum Ziel oder sind sie untunlich, so kann die Finanzbehörde den Pflichtigen zur Handlung, Duldung oder Unterlassung zwingen oder die Handlung selbst vornehmen.

§ 332 Androhung der Zwangsmittel. (1) [1] Die Zwangsmittel müssen schriftlich angedroht werden. [2] Wenn zu besorgen ist, dass dadurch der Vollzug des durchzusetzenden Verwaltungsakts vereitelt wird, genügt es, die Zwangsmittel mündlich oder auf andere nach der Lage gebotene Weise anzudrohen. [3] Zur Erfüllung der Verpflichtung ist eine angemessene Frist zu bestimmen.

(2) [1] Die Androhung kann mit dem Verwaltungsakt verbunden werden, durch den die Handlung, Duldung oder Unterlassung aufgegeben wird. [2] Sie muss sich auf ein bestimmtes Zwangsmittel beziehen und für jede einzelne Verpflichtung getrennt ergehen. [3] Zwangsgeld ist in bestimmter Höhe anzudrohen.

(3) [1] Eine neue Androhung wegen derselben Verpflichtung ist erst dann zulässig, wenn das zunächst angedrohte Zwangsmittel erfolglos ist. [2] Wird vom Pflichtigen ein Dulden oder Unterlassen gefordert, so kann das Zwangsmittel für jeden Fall der Zuwiderhandlung angedroht werden.

(4) Soll die Handlung durch Ersatzvornahme ausgeführt werden, so ist in der Androhung der Kostenbetrag vorläufig zu veranschlagen.

§ 333 Festsetzung der Zwangsmittel. Wird die Verpflichtung innerhalb der Frist, die in der Androhung bestimmt ist, nicht erfüllt oder handelt der Pflichtige der Verpflichtung zuwider, so setzt die Finanzbehörde das Zwangsmittel fest.

§ 334 Ersatzzwangshaft. (1) [1] Ist ein gegen eine natürliche Person festgesetztes Zwangsgeld uneinbringlich, so kann das Amtsgericht auf Antrag der Finanzbehörde nach Anhörung des Pflichtigen Ersatzzwangshaft anordnen, wenn bei Androhung des Zwangsgeldes hierauf hingewiesen worden ist. [2] Ordnet das Amtsgericht Ersatzzwangshaft an, so hat es einen Haftbefehl auszufertigen, in dem die antragstellende Behörde, der Pflichtige und der Grund der Verhaftung zu bezeichnen sind.

(2) [1] Das Amtsgericht entscheidet nach pflichtgemäßem Ermessen durch Beschluss. [2] Örtlich zuständig ist das Amtsgericht, in dessen Bezirk der Pflichtige seinen Wohnsitz oder in Ermangelung eines Wohnsitzes seinen gewöhnlichen Aufenthalt hat. [3] Der Beschluss des Amtsgerichts unterliegt der Beschwerde nach den §§ 567 bis 577 der Zivilprozessordnung.

(3) [1] Die Ersatzzwangshaft beträgt mindestens einen Tag, höchstens zwei Wochen. [2] Die Vollziehung der Ersatzzwangshaft richtet sich nach den §§ 904

bis 906, 909 und 910 der Zivilprozessordnung und den §§ 171 bis 175 des Strafvollzugsgesetzes.

(4) Ist der Anspruch auf das Zwangsgeld verjährt, so darf die Haft nicht mehr vollstreckt werden.

§ 335 Beendigung des Zwangsverfahrens. Wird die Verpflichtung nach Festsetzung des Zwangsmittels erfüllt, so ist der Vollzug einzustellen.

2. Unterabschnitt. Erzwingung von Sicherheiten

§ 336 Erzwingung von Sicherheiten. (1) Wird die Verpflichtung zur Leistung von Sicherheiten nicht erfüllt, so kann die Finanzbehörde geeignete Sicherheiten pfänden.

(2) [1] Der Erzwingung der Sicherheit muss eine schriftliche Androhung vorausgehen. [2] Die §§ 262 bis 323 sind entsprechend anzuwenden.

Vierter Abschnitt. Kosten

§ 337 Kosten der Vollstreckung. (1) [1] Im Vollstreckungsverfahren werden Kosten (Gebühren und Auslagen) erhoben. [2] Schuldner dieser Kosten ist der Vollstreckungsschuldner.

(2) [1] Für das Mahnverfahren werden keine Kosten erhoben. [2] Jedoch hat der Vollstreckungsschuldner die Kosten zu tragen, die durch einen Postnachnahmeauftrag (§ 259 Satz 2) entstehen.

§ 338 Gebührenarten. Im Vollstreckungsverfahren werden Pfändungsgebühren (§ 339), Wegnahmegebühren (§ 340) und Verwertungsgebühren (§ 341) erhoben.

§ 339[1) Pfändungsgebühr. (1) Die Pfändungsgebühr wird erhoben für die Pfändung von beweglichen Sachen, von Tieren, von Früchten, die vom Boden noch nicht getrennt sind, von Forderungen und von anderen Vermögensrechten.

(2) Die Gebühr entsteht:
1. sobald der Vollziehungsbeamte Schritte zur Ausführung des Vollstreckungsauftrags unternommen hat,
2. mit der Zustellung der Verfügung, durch die eine Forderung oder ein anderes Vermögensrecht gepfändet werden soll.

(3) Die Gebühr beträgt 20 Euro.

(4) [1] Die Gebühr wird auch erhoben, wenn
1. die Pfändung durch Zahlung an den Vollziehungsbeamten abgewendet wird,
2. auf andere Weise Zahlung geleistet wird, nachdem sich der Vollziehungsbeamte an Ort und Stelle begeben hat,
3. ein Pfändungsversuch erfolglos geblieben ist, weil pfändbare Gegenstände nicht vorgefunden wurden, oder

---

[1)] § 339 neu gef. mWv 1. 1. 2005 durch G v. 9. 12. 2004 (BGBl. I S. 3310); zur Anwendung siehe auch Art. 97 § 17a EGAO v. 14. 12. 1976 (BGBl. I S. 3341, 1977 S. 667), zuletzt geänd. durch G v. 29. 7. 2009 (BGBl. I S. 2302).

4. die Pfändung in den Fällen des § 281 Abs. 3 dieses Gesetzes sowie der §§ 812 und 851 b Abs. 1 der Zivilprozessordnung unterbleibt.
[2] Wird die Pfändung auf andere Weise abgewendet, wird keine Gebühr erhoben.

§ 340 Wegnahmegebühr. (1) [1] Die Wegnahmegebühr wird für die Wegnahme beweglicher Sachen einschließlich Urkunden in den Fällen der §§ 310, 315 Abs. 2 Satz 5, §§ 318, 321, 331 und 336 erhoben. [2] Dies gilt auch dann, wenn der Vollstreckungsschuldner an den zur Vollstreckung erschienenen Vollziehungsbeamten freiwillig leistet.

(2) § 339 Abs. 2 Nr. 1 ist entsprechend anzuwenden.

(3) [1] Die Höhe der Wegnahmegebühr beträgt 20 Euro. [2] Die Gebühr wird auch erhoben, wenn die in Absatz 1 bezeichneten Sachen nicht aufzufinden sind.

§ 341 Verwertungsgebühr. (1) Die Verwertungsgebühr wird für die Versteigerung und andere Verwertung von Gegenständen erhoben.

(2) Die Gebühr entsteht, sobald der Vollziehungsbeamte oder ein anderer Beauftragter Schritte zur Ausführung des Verwertungsauftrages unternommen hat.

(3) Die Gebühr beträgt 40 Euro.

(4) Wird die Verwertung abgewendet (§ 296 Abs. 1 Satz 4), ist eine Gebühr von 20 Euro zu erheben.

§ 342 Mehrheit von Schuldnern. (1) Wird gegen mehrere Schuldner vollstreckt, so sind die Gebühren, auch wenn der Vollziehungsbeamte bei derselben Gelegenheit mehrere Vollstreckungshandlungen vornimmt, von jedem Vollstreckungsschuldner zu erheben.

(2) [1] Wird gegen Gesamtschuldner wegen der Gesamtschuld bei derselben Gelegenheit vollstreckt, so werden Pfändungs-, Wegnahme- und Verwertungsgebühren nur einmal erhoben. [2] Die in Satz 1 bezeichneten Personen schulden die Gebühren als Gesamtschuldner.

§ 343 (weggefallen)

§ 344 Auslagen. (1) Als Auslagen werden erhoben:
1. Schreibauslagen für nicht von Amts wegen zu erteilende oder per Telefax übermittelte Abschriften; die Schreibauslagen betragen für jede Seite unabhängig von der Art der Herstellung 0,50 Euro. [2] Werden anstelle von Abschriften elektronisch gespeicherte Dateien überlassen, betragen die Auslagen 2,50 Euro je Datei,
2. Entgelte für Post- und Telekommunikationsdienstleistungen, ausgenommen die Entgelte für Telefondienstleistungen im Orts- und Nahbereich,
3. Entgelte für Zustellungen durch die Post mit Zustellungsurkunde; wird durch die Behörde zugestellt (§ 5 des Verwaltungszustellungsgesetzes), so werden 7,50 Euro erhoben,
4. Kosten, die durch öffentliche Bekanntmachung entstehen,

Abgabenordnung §§ 345–415 AO 1977 5

5. an die zum Öffnen von Türen und Behältnissen sowie an die zur Durchsuchung von Vollstreckungsschuldnernzugezogenen Personen zu zahlende Beträge,
6. Kosten für die Beförderung, Verwahrung und Beaufsichtigung gepfändeter Sachen, Kosten für die Aberntung gepfändeter Früchte und Kosten für die Verwahrung, Fütterung, Pflege und Beförderung gepfändeter Tiere,
7. Beträge, die in entsprechender Anwendung des Justizvergütungs- und -entschädigungsgesetzes an Auskunftspersonen und Sachverständige (§ 107) sowie Beträge, die an Treuhänder (§ 318 Abs. 5) zu zahlen sind,
7 a. Kosten, die von einem Kreditinstitut erhoben werden, weil ein Scheck des Vollstreckungsschuldners nicht eingelöst wurde,
7 b. Kosten für die Umschreibung eines auf einen Namen lautenden Wertpapiers oder für die Wiederinkurssetzung eines Inhaberpapiers,
8. andere Beträge, die auf Grund von Vollstreckungsmaßnahmen an Dritte zu zahlen sind, insbesondere Beträge, die bei der Ersatzvornahme oder beim unmittelbaren Zwang an Beauftragte und an Hilfspersonen gezahlt werden, und sonstige durch Ausführung des unmittelbaren Zwanges oder Anwendung der Ersatzzwangshaft entstandene Kosten.

(2) Steuern, die die Finanzbehörde auf Grund von Vollstreckungsmaßnahmen schuldet, sind als Auslagen zu erheben.

(3) ^{1} Werden Sachen oder Tiere, die bei mehreren Vollstreckungsschuldnern gepfändet worden sind, in einem einheitlichen Verfahren abgeholt und verwertet, so werden die Auslagen, die in diesem Verfahren entstehen, auf die beteiligten Vollstreckungsschuldner verteilt. ^{2} Dabei sind die besonderen Umstände des einzelnen Falls, vor allem Wert, Umfang und Gewicht der Gegenstände, zu berücksichtigen.

§ 345 Reisekosten und Aufwandsentschädigungen. Im Vollstreckungsverfahren sind die Reisekosten des Vollziehungsbeamten und Auslagen, die durch Aufwandsentschädigungen abgegolten werden, von dem Vollstreckungsschuldner nicht zu erstatten.

§ 346 Unrichtige Sachbehandlung, Festsetzungsfrist. (1) Kosten, die bei richtiger Behandlung der Sache nicht entstanden wären, sind nicht zu erheben.

(2) ^{1} Die Frist für den Ansatz der Kosten und für die Aufhebung und Änderung des Kostenansatzes beträgt ein Jahr. ^{2} Sie beginnt mit Ablauf des Kalenderjahrs, in dem die Kosten entstanden sind. ^{3} Einem vor Ablauf der Frist gestellten Antrag auf Aufhebung oder Änderung kann auch nach Ablauf der Frist entsprochen werden.

Siebenter bis Neunter Teil

§§ 347–415 *(vom Abdruck wurde abgesehen)*

6. Gesetz über das Verfahren in Familiensachen und in den Angelegenheiten der freiwilligen Gerichtsbarkeit (FamFG)[1)][2)]

Vom 17. Dezember 2008

(BGBl. I S. 2586)

FNA 315-24

zuletzt geänd. durch Art. 2 G zur Neuregelung der Rechtsverhältnisse bei Schuldverschreibungen aus Gesamtemissionen und zur verbesserten Durchsetzbarkeit von Ansprüchen von Anlegern aus Falschberatung v. 31. 7. 2009 (BGBl. I S. 2512)

– Auszug –

Buch 1. Allgemeiner Teil

Abschnitt 1. Allgemeine Vorschriften

§ 1 Anwendungsbereich. Dieses Gesetz gilt für das Verfahren in Familiensachen sowie in den Angelegenheiten der freiwilligen Gerichtsbarkeit, soweit sie durch Bundesgesetz den Gerichten zugewiesen sind.

§§ 2–22 a *(vom Abdruck wurde abgesehen)*

Abschnitt 2. Verfahren im ersten Rechtszug

§§ 23–34 *(vom Abdruck wurde abgesehen)*

§ 35 Zwangsmittel. (1) [1]Ist auf Grund einer gerichtlichen Anordnung die Verpflichtung zur Vornahme oder Unterlassung einer Handlung durchzusetzen, kann das Gericht, sofern ein Gesetz nicht etwas anderes bestimmt, gegen den Verpflichteten durch Beschluss Zwangsgeld festsetzen. [2]Das Gericht kann für den Fall, dass dieses nicht beigetrieben werden kann, Zwangshaft anordnen. [3]Verspricht die Anordnung eines Zwangsgeldes keinen Erfolg, soll das Gericht Zwangshaft anordnen.

(2) Die gerichtliche Entscheidung, die die Verpflichtung zur Vornahme oder Unterlassung einer Handlung anordnet, hat auf die Folgen einer Zuwiderhandlung gegen die Entscheidung hinzuweisen.

(3) [1]Das einzelne Zwangsgeld darf den Betrag von 25 000 Euro nicht übersteigen. [2]Mit der Festsetzung des Zwangsmittels sind dem Verpflichteten

---

[1)] Verkündet als Art. 1 G zur Reform des Verfahrens in Familiensachen und in den Angelegenheiten der freiwilligen Gerichtsbarkeit (FGG-Reformgesetz – FGG-RG) v. 17. 12. 2008 (BGBl. I S. 2586, geänd. durch G v. 30. 7. 2009, BGBl. I S. 2449); Inkrafttreten gem. Art. 112 Abs. 1 dieses G am 1. 9. 2009 mit Ausnahme des § 376 Abs. 2 FamFG, der gem. Art. 14 Abs. 1 G v. 25. 5. 2009 (BGBl. I S. 1102) bereits am 29. 5. 2009 in Kraft getreten ist.

[2)] Die Änderungen durch G v. 29. 7. 2009 (BGBl. I S. 2258) treten erst **mWv 1. 1. 2013** in Kraft und sind im Text noch nicht berücksichtigt.

zugleich die Kosten dieses Verfahrens aufzuerlegen. ³ Für den Vollzug der Haft gelten § 901 Satz 2, die §§ 904 bis 906, 909, 910 und 913 der Zivilprozessordnung entsprechend.

(4) ¹ Ist die Verpflichtung zur Herausgabe oder Vorlage einer Sache oder zur Vornahme einer vertretbaren Handlung zu vollstrecken, so kann das Gericht, soweit ein Gesetz nicht etwas Anderes bestimmt, durch Beschluss neben oder anstelle einer Maßnahme nach den Absätzen 1, 2 die in §§ 883, 886, 887 der Zivilprozessordnung vorgesehenen Maßnahmen anordnen. ² Die §§ 891 und 892 gelten entsprechend.

(5) Der Beschluss, durch den Zwangsmaßnahmen angeordnet werden, ist mit der sofortigen Beschwerde in entsprechender Anwendung der §§ 567 bis 572 der Zivilprozessordnung anfechtbar.

§ 36 Vergleich. (1) ¹ Die Beteiligten können einen Vergleich schließen, soweit sie über den Gegenstand des Verfahrens verfügen können. ² Das Gericht soll außer in Gewaltschutzsachen auf eine gütliche Einigung der Beteiligten hinwirken.

(2) ¹ Kommt eine Einigung im Termin zustande, ist hierüber eine Niederschrift anzufertigen. ² Die Vorschriften der Zivilprozessordnung über die Niederschrift des Vergleichs sind entsprechend anzuwenden.

(3) Ein nach Absatz 1 Satz 1 zulässiger Vergleich kann auch schriftlich entsprechend § 278 Abs. 6 der Zivilprozessordnung geschlossen werden.

(4) Unrichtigkeiten in der Niederschrift oder in dem Beschluss über den Vergleich können entsprechend § 164 der Zivilprozessordnung berichtigt werden.

§ 37 Grundlage der Entscheidung. (1) Das Gericht entscheidet nach seiner freien, aus dem gesamten Inhalt des Verfahrens gewonnenen Überzeugung.

(2) Das Gericht darf eine Entscheidung, die die Rechte eines Beteiligten beeinträchtigt, nur auf Tatsachen und Beweisergebnisse stützen, zu denen dieser Beteiligte sich äußern konnte.

Abschnitt 3. Beschluss

§ 38 Entscheidung durch Beschluss. (1) ¹ Das Gericht entscheidet durch Beschluss, soweit durch die Entscheidung der Verfahrensgegenstand ganz oder teilweise erledigt wird (Endentscheidung). ² Für Registersachen kann durch Gesetz Abweichendes bestimmt werden.

(2) Der Beschluss enthält
1. die Bezeichnung der Beteiligten, ihrer gesetzlichen Vertreter und der Bevollmächtigten;
2. die Bezeichnung des Gerichts und die Namen der Gerichtspersonen, die bei der Entscheidung mitgewirkt haben;
3. die Beschlussformel.

(3) ¹ Der Beschluss ist zu begründen. ² Er ist zu unterschreiben. ³ Das Datum der Übergabe des Beschlusses an die Geschäftsstelle oder der Bekanntgabe

durch Verlesen der Beschlussformel (Erlass) ist auf dem Beschluss zu vermerken.

(4) Einer Begründung bedarf es nicht, soweit

1. die Entscheidung auf Grund eines Anerkenntnisses oder Verzichts oder als Versäumnisentscheidung ergeht und entsprechend bezeichnet ist,
2. gleichgerichteten Anträgen der Beteiligten stattgegeben wird oder der Beschluss nicht dem erklärten Willen eines Beteiligten widerspricht oder
3. der Beschluss in Gegenwart aller Beteiligten mündlich bekannt gegeben wurde und alle Beteiligten auf Rechtsmittel verzichtet haben.

(5) Absatz 4 ist nicht anzuwenden:

1. in Ehesachen, mit Ausnahme der eine Scheidung aussprechenden Entscheidung;
2. in Abstammungssachen;
3. in Betreuungssachen;
4. wenn zu erwarten ist, dass der Beschluss im Ausland geltend gemacht werden wird.

(6) Soll ein ohne Begründung hergestellter Beschluss im Ausland geltend gemacht werden, gelten die Vorschriften über die Vervollständigung von Versäumnis- und Anerkenntnisentscheidungen entsprechend.

§ 39 Rechtsbehelfsbelehrung. Jeder Beschluss hat eine Belehrung über das statthafte Rechtsmittel, den Einspruch, den Widerspruch oder die Erinnerung sowie das Gericht, bei dem diese Rechtsbehelfe einzulegen sind, dessen Sitz und die einzuhaltende Form und Frist zu enthalten.

§ 40 Wirksamwerden. (1) Der Beschluss wird wirksam mit Bekanntgabe an den Beteiligten, für den er seinem wesentlichen Inhalt nach bestimmt ist.

(2) [1] Ein Beschluss, der die Genehmigung eines Rechtsgeschäfts zum Gegenstand hat, wird erst mit Rechtskraft wirksam. [2] Dies ist mit der Entscheidung auszusprechen.

(3) [1] Ein Beschluss, durch den auf Antrag die Ermächtigung oder die Zustimmung eines anderen zu einem Rechtsgeschäft ersetzt oder die Beschränkung oder Ausschließung der Berechtigung des Ehegatten oder Lebenspartners, Geschäfte mit Wirkung für den anderen Ehegatten oder Lebenspartner zu besorgen (§ 1357 Abs. 2 Satz 1 des Bürgerlichen Gesetzbuchs, auch in Verbindung mit § 8 Abs. 2 des Lebenspartnerschaftsgesetzes), aufgehoben wird, wird erst mit Rechtskraft wirksam. [2] Bei Gefahr im Verzug kann das Gericht die sofortige Wirksamkeit des Beschlusses anordnen. [3] Der Beschluss wird mit Bekanntgabe an den Antragsteller wirksam.

§ 41 Bekanntgabe des Beschlusses. (1) [1] Der Beschluss ist den Beteiligten bekannt zu geben. [2] Ein anfechtbarer Beschluss ist demjenigen zuzustellen, dessen erklärtem Willen er nicht entspricht.

(2) [1] Anwesenden kann der Beschluss auch durch Verlesen der Beschlussformel bekannt gegeben werden. [2] Dies ist in den Akten zu vermerken. [3] In diesem Fall ist die Begründung des Beschlusses unverzüglich nachzuholen. [4] Der Beschluss ist im Fall des Satzes 1 auch schriftlich bekannt zu geben.

(3) Ein Beschluss, der die Genehmigung eines Rechtsgeschäfts zum Gegenstand hat, ist auch demjenigen, für den das Rechtsgeschäft genehmigt wird, bekannt zu geben.

§ 42 Berichtigung des Beschlusses. (1) Schreibfehler, Rechenfehler und ähnliche offenbare Unrichtigkeiten im Beschluss sind jederzeit vom Gericht auch von Amts wegen zu berichtigen.

(2) [1] Der Beschluss, der die Berichtigung ausspricht, wird auf dem berichtigten Beschluss und auf den Ausfertigungen vermerkt. [2] Erfolgt der Berichtigungsbeschluss in der Form des § 14 Abs. 3, ist er in einem gesonderten elektronischen Dokument festzuhalten. [3] Das Dokument ist mit dem Beschluss untrennbar zu verbinden.

(3) [1] Der Beschluss, durch den der Antrag auf Berichtigung zurückgewiesen wird, ist nicht anfechtbar. [2] Der Beschluss, der eine Berichtigung ausspricht, ist mit der sofortigen Beschwerde in entsprechender Anwendung der §§ 567 bis 572 der Zivilprozessordnung anfechtbar.

§ 43 Ergänzung des Beschlusses. (1) Wenn ein Antrag, der nach den Verfahrensakten von einem Beteiligten gestellt wurde, ganz oder teilweise übergangen oder die Kostenentscheidung unterblieben ist, ist auf Antrag der Beschluss nachträglich zu ergänzen.

(2) Die nachträgliche Entscheidung muss binnen einer zweiwöchigen Frist, die mit der schriftlichen Bekanntgabe des Beschlusses beginnt, beantragt werden.

§ 44 Abhilfe bei Verletzung des Anspruchs auf rechtliches Gehör.
(1) [1] Auf die Rüge eines durch eine Entscheidung beschwerten Beteiligten ist das Verfahren fortzuführen, wenn

1. ein Rechtsmittel oder ein Rechtsbehelf gegen die Entscheidung oder eine andere Abänderungsmöglichkeit nicht gegeben ist und
2. das Gericht den Anspruch dieses Beteiligten auf rechtliches Gehör in entscheidungserheblicher Weise verletzt hat.

[2] Gegen eine der Endentscheidung vorausgehende Entscheidung findet die Rüge nicht statt.

(2) [1] Die Rüge ist innerhalb von zwei Wochen nach Kenntnis von der Verletzung des rechtlichen Gehörs zu erheben; der Zeitpunkt der Kenntniserlangung ist glaubhaft zu machen. [2] Nach Ablauf eines Jahres seit der Bekanntgabe der angegriffenen Entscheidung an diesen Beteiligten kann die Rüge nicht mehr erhoben werden. [3] Die Rüge ist schriftlich oder zur Niederschrift bei dem Gericht zu erheben, dessen Entscheidung angegriffen wird. [4] Die Rüge muss die angegriffene Entscheidung bezeichnen und das Vorliegen der in Absatz 1 Satz 1 Nr. 2 genannten Voraussetzungen darlegen.

(3) Den übrigen Beteiligten ist, soweit erforderlich, Gelegenheit zur Stellungnahme zu geben.

(4) [1] Ist die Rüge nicht in der gesetzlichen Form oder Frist erhoben, ist sie als unzulässig zu verwerfen. [2] Ist die Rüge unbegründet, weist das Gericht sie zurück. [3] Die Entscheidung ergeht durch nicht anfechtbaren Beschluss. [4] Der Beschluss soll kurz begründet werden.

(5) Ist die Rüge begründet, hilft ihr das Gericht ab, indem es das Verfahren fortführt, soweit dies auf Grund der Rüge geboten ist.

§ 45 Formelle Rechtskraft. [1] Die Rechtskraft eines Beschlusses tritt nicht ein, bevor die Frist für die Einlegung des zulässigen Rechtsmittels oder des zulässigen Einspruchs, des Widerspruchs oder der Erinnerung abgelaufen ist. [2] Der Eintritt der Rechtskraft wird dadurch gehemmt, dass das Rechtsmittel, der Einspruch, der Widerspruch oder die Erinnerung rechtzeitig eingelegt wird.

§ 46 Rechtskraftzeugnis. [1] Das Zeugnis über die Rechtskraft eines Beschlusses ist auf Grund der Verfahrensakten von der Geschäftsstelle des Gerichts des ersten Rechtszugs zu erteilen. [2] Solange das Verfahren in einem höheren Rechtszug anhängig ist, erteilt die Geschäftsstelle des Gerichts dieses Rechtszugs das Zeugnis. [3] In Ehe- und Abstammungssachen wird den Beteiligten von Amts wegen ein Rechtskraftzeugnis auf einer Ausfertigung ohne Begründung erteilt. [4] Die Entscheidung der Geschäftsstelle ist mit der Erinnerung in entsprechender Anwendung des § 573 der Zivilprozessordnung anfechtbar.

§ 47 Wirksam bleibende Rechtsgeschäfte. Ist ein Beschluss ungerechtfertigt, durch den jemand die Fähigkeit oder die Befugnis erlangt, ein Rechtsgeschäft vorzunehmen oder eine Willenserklärung entgegenzunehmen, hat die Aufhebung des Beschlusses auf die Wirksamkeit der inzwischen von ihm oder ihm gegenüber vorgenommenen Rechtsgeschäfte keinen Einfluss, soweit der Beschluss nicht von Anfang an unwirksam ist.

§ 48 Abänderung und Wiederaufnahme. (1) [1] Das Gericht des ersten Rechtszugs kann eine rechtskräftige Endentscheidung mit Dauerwirkung aufheben oder ändern, wenn sich die zugrunde liegende Sach- und Rechtslage nachträglich wesentlich geändert hat. [2] In Verfahren, die nur auf Antrag eingeleitet werden, erfolgt die Aufhebung oder Abänderung nur auf Antrag.

(2) Ein rechtskräftig beendetes Verfahren kann in entsprechender Anwendung der Vorschriften des Buches 4 der Zivilprozessordnung wiederaufgenommen werden.

(3) Gegen einen Beschluss, durch den die Genehmigung für ein Rechtsgeschäft erteilt oder verweigert wird, findet eine Wiedereinsetzung in den vorigen Stand, eine Rüge nach § 44, eine Abänderung oder eine Wiederaufnahme nicht statt, wenn die Genehmigung oder deren Verweigerung einem Dritten gegenüber wirksam geworden ist.

Abschnitt 4. Einstweilige Anordnung

§ 49 Einstweilige Anordnung. (1) Das Gericht kann durch einstweilige Anordnung eine vorläufige Maßnahme treffen, soweit dies nach den für das Rechtsverhältnis maßgebenden Vorschriften gerechtfertigt ist und ein dringendes Bedürfnis für ein sofortiges Tätigwerden besteht.

(2) [1] Die Maßnahme kann einen bestehenden Zustand sichern oder vorläufig regeln. [2] Einem Beteiligten kann eine Handlung geboten oder verboten, insbesondere die Verfügung über einen Gegenstand untersagt werden. [3] Das

4. Einstweilige Anordnung §§ 50–53 FamFG 6

Gericht kann mit der einstweiligen Anordnung auch die zu ihrer Durchführung erforderlichen Anordnungen treffen.

§ 50 Zuständigkeit. (1) [1] Zuständig ist das Gericht, das für die Hauptsache im ersten Rechtszug zuständig wäre. [2] Ist eine Hauptsache anhängig, ist das Gericht des ersten Rechtszugs, während der Anhängigkeit beim Beschwerdegericht das Beschwerdegericht zuständig.

(2) [1] In besonders dringenden Fällen kann auch das Amtsgericht entscheiden, in dessen Bezirk das Bedürfnis für ein gerichtliches Tätigwerden bekannt wird oder sich die Person oder die Sache befindet, auf die sich die einstweilige Anordnung bezieht. [2] Es hat das Verfahren unverzüglich von Amts wegen an das nach Absatz 1 zuständige Gericht abzugeben.

§ 51 Verfahren. (1) [1] Die einstweilige Anordnung wird nur auf Antrag erlassen, wenn ein entsprechendes Hauptsacheverfahren nur auf Antrag eingeleitet werden kann. [2] Der Antragsteller hat den Antrag zu begründen und die Voraussetzungen für die Anordnung glaubhaft zu machen.

(2) [1] Das Verfahren richtet sich nach den Vorschriften, die für eine entsprechende Hauptsache gelten, soweit sich nicht aus den Besonderheiten des einstweiligen Rechtsschutzes etwas anderes ergibt. [2] Das Gericht kann ohne mündliche Verhandlung entscheiden. [3] Eine Versäumnisentscheidung ist ausgeschlossen.

(3) [1] Das Verfahren der einstweiligen Anordnung ist ein selbständiges Verfahren, auch wenn eine Hauptsache anhängig ist. [2] Das Gericht kann von einzelnen Verfahrenshandlungen im Hauptsacheverfahren absehen, wenn diese bereits im Verfahren der einstweiligen Anordnung vorgenommen wurden und von einer erneuten Vornahme keine zusätzlichen Erkenntnisse zu erwarten sind.

(4) Für die Kosten des Verfahrens der einstweiligen Anordnung gelten die allgemeinen Vorschriften.

§ 52 Einleitung des Hauptsacheverfahrens. (1) [1] Ist eine einstweilige Anordnung erlassen, hat das Gericht auf Antrag eines Beteiligten das Hauptsacheverfahren einzuleiten. [2] Das Gericht kann mit Erlass der einstweiligen Anordnung eine Frist bestimmen, vor deren Ablauf der Antrag unzulässig ist. [3] Die Frist darf drei Monate nicht überschreiten.

(2) [1] In Verfahren, die nur auf Antrag eingeleitet werden, hat das Gericht auf Antrag anzuordnen, dass der Beteiligte, der die einstweilige Anordnung erwirkt hat, binnen einer zu bestimmenden Frist Antrag auf Einleitung des Hauptsacheverfahrens oder Antrag auf Bewilligung von Verfahrenskostenhilfe für das Hauptsacheverfahren stellt. [2] Die Frist darf drei Monate nicht überschreiten. [3] Wird dieser Anordnung nicht Folge geleistet, ist die einstweilige Anordnung aufzuheben.

§ 53 Vollstreckung. (1) Eine einstweilige Anordnung bedarf der Vollstreckungsklausel nur, wenn die Vollstreckung für oder gegen einen anderen als den im Beschluss bezeichneten Beteiligten erfolgen soll.

(2) [1] Das Gericht kann in Gewaltschutzsachen sowie in sonstigen Fällen, in denen hierfür ein besonderes Bedürfnis besteht, anordnen, dass die Vollstre-

ckung der einstweiligen Anordnung vor Zustellung an den Verpflichteten zulässig ist. ²In diesem Fall wird die einstweilige Anordnung mit Erlass wirksam.

§ 54 Aufhebung oder Änderung der Entscheidung. (1) ¹Das Gericht kann die Entscheidung in der einstweiligen Anordnungssache aufheben oder ändern. ²Die Aufhebung oder Änderung erfolgt nur auf Antrag, wenn ein entsprechendes Hauptsacheverfahren nur auf Antrag eingeleitet werden kann. ³Dies gilt nicht, wenn die Entscheidung ohne vorherige Durchführung einer nach dem Gesetz notwendigen Anhörung erlassen wurde.

(2) Ist die Entscheidung in einer Familiensache ohne mündliche Verhandlung ergangen, ist auf Antrag auf Grund mündlicher Verhandlung erneut zu entscheiden.

(3) ¹Zuständig ist das Gericht, das die einstweilige Anordnung erlassen hat. ²Hat es die Sache an ein anderes Gericht abgegeben oder verwiesen, ist dieses zuständig.

(4) Während eine einstweilige Anordnungssache beim Beschwerdegericht anhängig ist, ist die Aufhebung oder Änderung der angefochtenen Entscheidung durch das erstinstanzliche Gericht unzulässig.

§ 55 Aussetzung der Vollstreckung. (1) ¹In den Fällen des § 54 kann das Gericht, im Fall des § 57 das Rechtsmittelgericht, die Vollstreckung einer einstweiligen Anordnung aussetzen oder beschränken. ²Der Beschluss ist nicht anfechtbar.

(2) Wenn ein hierauf gerichteter Antrag gestellt wird, ist über diesen vorab zu entscheiden.

§ 56 Außerkrafttreten. (1) ¹Die einstweilige Anordnung tritt, sofern nicht das Gericht einen früheren Zeitpunkt bestimmt hat, bei Wirksamwerden einer anderweitigen Regelung außer Kraft. ²Ist dies eine Endentscheidung in einer Familienstreitsache, ist deren Rechtskraft maßgebend, soweit nicht die Wirksamkeit zu einem späteren Zeitpunkt eintritt.

(2) Die einstweilige Anordnung tritt in Verfahren, die nur auf Antrag eingeleitet werden, auch dann außer Kraft, wenn

1. der Antrag in der Hauptsache zurückgenommen wird,
2. der Antrag in der Hauptsache rechtskräftig abgewiesen ist,
3. die Hauptsache übereinstimmend für erledigt erklärt wird oder
4. die Erledigung der Hauptsache anderweitig eingetreten ist.

(3) ¹Auf Antrag hat das Gericht, das in der einstweiligen Anordnungssache im ersten Rechtszug zuletzt entschieden hat, die in den Absätzen 1 und 2 genannte Wirkung durch Beschluss auszusprechen. ²Gegen den Beschluss findet die Beschwerde statt.

§ 57 Rechtsmittel. ¹Entscheidungen in Verfahren der einstweiligen Anordnung in Familiensachen sind nicht anfechtbar. ²Dies gilt nicht, wenn das Gericht des ersten Rechtszugs auf Grund mündlicher Erörterung

1. über die elterliche Sorge für ein Kind,
2. über die Herausgabe des Kindes an den anderen Elternteil,

3. über einen Antrag auf Verbleiben eines Kindes bei einer Pflege oder Bezugsperson,
4. über einen Antrag nach den §§ 1 und 2 des Gewaltschutzgesetzes oder
5. in einer Ehewohnungssache über einen Antrag auf Zuweisung der Wohnung

entschieden hat.

Abschnitt 5–6

§§ 58–79 *(vom Abdruck wurde abgesehen)*

Abschnitt 7. Kosten

§ 80 Umfang der Kostenpflicht. [1] Kosten sind die Gerichtskosten (Gebühren und Auslagen) und die zur Durchführung des Verfahrens notwendigen Aufwendungen der Beteiligten. [2] § 91 Abs. 1 Satz 2 der Zivilprozessordnung gilt entsprechend.

§ 81 Grundsatz der Kostenpflicht. (1) [1] Das Gericht kann die Kosten des Verfahrens nach billigem Ermessen den Beteiligten ganz oder zum Teil auferlegen. [2] Es kann auch anordnen, dass von der Erhebung der Kosten abzusehen ist. [3] In Familiensachen ist stets über die Kosten zu entscheiden.

(2) Das Gericht soll die Kosten des Verfahrens ganz oder teilweise einem Beteiligten auferlegen, wenn
1. der Beteiligte durch grobes Verschulden Anlass für das Verfahren gegeben hat;
2. der Antrag des Beteiligten von vornherein keine Aussicht auf Erfolg hatte und der Beteiligte dies erkennen musste;
3. der Beteiligte zu einer wesentlichen Tatsache schuldhaft unwahre Angaben gemacht hat;
4. der Beteiligte durch schuldhaftes Verletzen seiner Mitwirkungspflichten das Verfahren erheblich verzögert hat;
5. der Beteiligte einer richterlichen Anordnung zur Teilnahme an einer Beratung nach § 156 Abs. 1 Satz 4 nicht nachgekommen ist, sofern der Beteiligte dies nicht genügend entschuldigt hat.

(3) Einem minderjährigen Beteiligten können Kosten in Verfahren, die seine Person betreffen, nicht auferlegt werden.

(4) Einem Dritten können Kosten des Verfahrens nur auferlegt werden, soweit die Tätigkeit des Gerichts durch ihn veranlasst wurde und ihn ein grobes Verschulden trifft.

(5) Bundesrechtliche Vorschriften, die die Kostenpflicht abweichend regeln, bleiben unberührt.

§ 82 Zeitpunkt der Kostenentscheidung. Ergeht eine Entscheidung über die Kosten, hat das Gericht hierüber in der Endentscheidung zu entscheiden.

§ 83 Kostenpflicht bei Vergleich, Erledigung und Rücknahme.

(1) [1] Wird das Verfahren durch Vergleich erledigt und haben die Beteiligten keine Bestimmung über die Kosten getroffen, fallen die Gerichtskosten jedem

Teil zu gleichen Teilen zur Last. ²Die außergerichtlichen Kosten trägt jeder Beteiligte selbst.

(2) Ist das Verfahren auf sonstige Weise erledigt oder wird der Antrag zurückgenommen, gilt § 81 entsprechend.

§ 84 Rechtsmittelkosten. Das Gericht soll die Kosten eines ohne Erfolg eingelegten Rechtsmittels dem Beteiligten auferlegen, der es eingelegt hat.

§ 85 Kostenfestsetzung. Die §§ 103 bis 107 der Zivilprozessordnung über die Festsetzung des zu erstattenden Betrags sind entsprechend anzuwenden.

Abschnitt 8. Vollstreckung

Unterabschnitt 1. Allgemeine Vorschriften

§ 86 Vollstreckungstitel. (1) Die Vollstreckung findet statt aus

1. gerichtlichen Beschlüssen;
2. gerichtlich gebilligten Vergleichen (§ 156 Abs. 2);
3. weiteren Vollstreckungstiteln im Sinne des § 794 der Zivilprozessordnung, soweit die Beteiligten über den Gegenstand des Verfahrens verfügen können.

(2) Beschlüsse sind mit Wirksamwerden vollstreckbar.

(3) Vollstreckungstitel bedürfen der Vollstreckungsklausel nur, wenn die Vollstreckung nicht durch das Gericht erfolgt, das den Titel erlassen hat.

§ 87 Verfahren; Beschwerde. (1) ¹Das Gericht wird in Verfahren, die von Amts wegen eingeleitet werden können, von Amts wegen tätig und bestimmt die im Fall der Zuwiderhandlung vorzunehmenden Vollstreckungsmaßnahmen. ²Der Berechtigte kann die Vornahme von Vollstreckungshandlungen beantragen; entspricht das Gericht dem Antrag nicht, entscheidet es durch Beschluss.

(2) Die Vollstreckung darf nur beginnen, wenn der Beschluss bereits zugestellt ist oder gleichzeitig zugestellt wird.

(3) ¹Der Gerichtsvollzieher ist befugt, erforderlichenfalls die Unterstützung der polizeilichen Vollzugsorgane nachzusuchen. ² § 758 Abs. 1 und 2 sowie die §§ 759 bis 763 der Zivilprozessordnung gelten entsprechend.

(4) Ein Beschluss, der im Vollstreckungsverfahren ergeht, ist mit der sofortigen Beschwerde in entsprechender Anwendung der §§ 567 bis 572 der Zivilprozessordnung anfechtbar.

(5) Für die Kostenentscheidung gelten die §§ 80 bis 82 und 84 entsprechend.

Unterabschnitt 2. Vollstreckung von Entscheidungen über die Herausgabe von Personen und die Regelung des Umgangs

§ 88 Grundsätze. (1) Die Vollstreckung erfolgt durch das Gericht, in dessen Bezirk die Person zum Zeitpunkt der Einleitung der Vollstreckung ihren gewöhnlichen Aufenthalt hat.

(2) Das Jugendamt leistet dem Gericht in geeigneten Fällen Unterstützung.

8. Vollstreckung

§ 89 Ordnungsmittel. (1) [1] Bei der Zuwiderhandlung gegen einen Vollstreckungstitel zur Herausgabe von Personen und zur Regelung des Umgangs kann das Gericht gegenüber dem Verpflichteten Ordnungsgeld und für den Fall, dass dieses nicht beigetrieben werden kann, Ordnungshaft anordnen. [2] Verspricht die Anordnung eines Ordnungsgelds keinen Erfolg, kann das Gericht Ordnungshaft anordnen. [3] Die Anordnungen ergehen durch Beschluss.

(2) Der Beschluss, der die Herausgabe der Person oder die Regelung des Umgangs anordnet, hat auf die Folgen einer Zuwiderhandlung gegen den Vollstreckungstitel hinzuweisen.

(3) [1] Das einzelne Ordnungsgeld darf den Betrag von 25 000 Euro nicht übersteigen. [2] Für den Vollzug der Haft gelten § 901 Satz 2, die §§ 904 bis 906, 909, 910 und 913 der Zivilprozessordnung entsprechend.

(4) [1] Die Festsetzung eines Ordnungsmittels unterbleibt, wenn der Verpflichtete Gründe vorträgt, aus denen sich ergibt, dass er die Zuwiderhandlung nicht zu vertreten hat. [2] Werden Gründe, aus denen sich das fehlende Vertretenmüssen ergibt, nachträglich vorgetragen, wird die Festsetzung aufgehoben.

§ 90 Anwendung unmittelbaren Zwanges. (1) Das Gericht kann durch ausdrücklichen Beschluss zur Vollstreckung unmittelbaren Zwang anordnen, wenn

1. die Festsetzung von Ordnungsmitteln erfolglos geblieben ist;
2. die Festsetzung von Ordnungsmitteln keinen Erfolg verspricht;
3. eine alsbaldige Vollstreckung der Entscheidung unbedingt geboten ist.

(2) [1] Anwendung unmittelbaren Zwanges gegen ein Kind darf nicht zugelassen werden, wenn das Kind herausgegeben werden soll, um das Umgangsrecht auszuüben. [2] Im Übrigen darf unmittelbarer Zwang gegen ein Kind nur zugelassen werden, wenn dies unter Berücksichtigung des Kindeswohls gerechtfertigt ist und eine Durchsetzung der Verpflichtung mit milderen Mitteln nicht möglich ist.

§ 91 Richterlicher Durchsuchungsbeschluss. (1) [1] Die Wohnung des Verpflichteten darf ohne dessen Einwilligung nur auf Grund eines richterlichen Beschlusses durchsucht werden. [2] Dies gilt nicht, wenn der Erlass des Beschlusses den Erfolg der Durchsuchung gefährden würde.

(2) Auf die Vollstreckung eines Haftbefehls nach § 94 in Verbindung mit § 901 der Zivilprozessordnung ist Absatz 1 nicht anzuwenden.

(3) [1] Willigt der Verpflichtete in die Durchsuchung ein oder ist ein Beschluss gegen ihn nach Absatz 1 Satz 1 ergangen oder nach Absatz 1 Satz 2 entbehrlich, haben Personen, die Mitgewahrsam an der Wohnung des Verpflichteten haben, die Durchsuchung zu dulden. [2] Unbillige Härten gegenüber Mitgewahrsamsinhabern sind zu vermeiden.

(4) Der Beschluss nach Absatz 1 ist bei der Vollstreckung vorzulegen.

§ 92 Vollstreckungsverfahren. (1) ¹Vor der Festsetzung von Ordnungsmitteln ist der Verpflichtete zu hören. ²Dies gilt auch für die Anordnung von unmittelbarem Zwang, es sei denn, dass hierdurch die Vollstreckung vereitelt oder wesentlich erschwert würde.

(2) Dem Verpflichteten sind mit der Festsetzung von Ordnungsmitteln oder der Anordnung von unmittelbarem Zwang die Kosten des Verfahrens aufzuerlegen.

(3) ¹Die vorherige Durchführung eines Verfahrens nach § 165 ist nicht Voraussetzung für die Festsetzung von Ordnungsmitteln oder die Anordnung von unmittelbarem Zwang. ²Die Durchführung eines solchen Verfahrens steht der Festsetzung von Ordnungsmitteln oder der Anordnung von unmittelbarem Zwang nicht entgegen.

§ 93 Einstellung der Vollstreckung. (1) ¹Das Gericht kann durch Beschluss die Vollstreckung einstweilen einstellen oder beschränken und Vollstreckungsmaßregeln aufheben, wenn

1. Wiedereinsetzung in den vorigen Stand beantragt wird;
2. Wiederaufnahme des Verfahrens beantragt wird;
3. gegen eine Entscheidung Beschwerde eingelegt wird;
4. die Abänderung einer Entscheidung beantragt wird;
5. die Durchführung eines Vermittlungsverfahrens (§ 165) beantragt wird.

²In der Beschwerdeinstanz ist über die einstweilige Einstellung der Vollstreckung vorab zu entscheiden. ³Der Beschluss ist nicht anfechtbar.

(2) Für die Einstellung oder Beschränkung der Vollstreckung und die Aufhebung von Vollstreckungsmaßregeln gelten § 775 Nr. 1 und 2 und § 776 der Zivilprozessordnung entsprechend.

§ 94 Eidesstattliche Versicherung. ¹Wird eine herauszugebende Person nicht vorgefunden, kann das Gericht anordnen, dass der Verpflichtete eine eidesstattliche Versicherung über ihren Verbleib abzugeben hat. ²§ 883 Abs. 2 bis 4, § 900 Abs. 1 und die §§ 901, 902, 904 bis 910 sowie 913 der Zivilprozessordnung gelten entsprechend.

Unterabschnitt 3. Vollstreckung nach der Zivilprozessordnung

§ 95 Anwendung der Zivilprozessordnung. (1) Soweit in den vorstehenden Unterabschnitten nichts Abweichendes bestimmt ist, sind auf die Vollstreckung

1. wegen einer Geldforderung,
2. zur Herausgabe einer beweglichen oder unbeweglichen Sache,
3. zur Vornahme einer vertretbaren oder nicht vertretbaren Handlung,
4. zur Erzwingung von Duldungen und Unterlassungen oder
5. zur Abgabe einer Willenserklärung

die Vorschriften der Zivilprozessordnung über die Zwangsvollstreckung entsprechend anzuwenden.

(2) An die Stelle des Urteils tritt der Beschluss nach den Vorschriften dieses Gesetzes.

(3) ¹Macht der aus einem Titel wegen einer Geldforderung Verpflichtete glaubhaft, dass die Vollstreckung ihm einen nicht zu ersetzenden Nachteil bringen würde, hat das Gericht auf seinen Antrag die Vollstreckung vor Eintritt der Rechtskraft in der Entscheidung auszuschließen. ²In den Fällen des § 707 Abs. 1 und des § 719 Abs. 1 der Zivilprozessordnung kann die Vollstreckung nur unter derselben Voraussetzung eingestellt werden.

(4) Ist die Verpflichtung zur Herausgabe oder Vorlage einer Sache oder zur Vornahme einer vertretbaren Handlung zu vollstrecken, so kann das Gericht durch Beschluss neben oder anstelle einer Maßnahme nach den §§ 883, 885 bis 887 der Zivilprozessordnung die in § 888 der Zivilprozessordnung vorgesehenen Maßnahmen anordnen, soweit ein Gesetz nicht etwas Anderes bestimmt.

§ 96 Vollstreckung in Verfahren nach dem Gewaltschutzgesetz und in Ehewohnungssachen. (1) ¹Handelt der Verpflichtete einer Anordnung nach § 1 des Gewaltschutzgesetzes zuwider, eine Handlung zu unterlassen, kann der Berechtigte zur Beseitigung einer jeden andauernden Zuwiderhandlung einen Gerichtsvollzieher zuziehen. ²Der Gerichtsvollzieher hat nach § 758 Abs. 3 und § 759 der Zivilprozessordnung zu verfahren. ³Die §§ 890 und 891 der Zivilprozessordnung bleiben daneben anwendbar.

(2) ¹Bei einer einstweiligen Anordnung in Gewaltschutzsachen, soweit Gegenstand des Verfahrens Regelungen aus dem Bereich der Ehewohnungssachen sind, und in Ehewohnungssachen ist die mehrfache Einweisung des Besitzes im Sinne des § 885 Abs. 1 der Zivilprozessordnung während der Geltungsdauer möglich. ²Einer erneuten Zustellung an den Verpflichteten bedarf es nicht.

§ 96 a Vollstreckung in Abstammungssachen. (1) Die Vollstreckung eines durch rechtskräftigen Beschluss oder gerichtlichen Vergleich titulierten Anspruchs nach § 1598 a des Bürgerlichen Gesetzbuchs auf Duldung einer nach den anerkannten Grundsätzen der Wissenschaft durchgeführten Probeentnahme, insbesondere die Entnahme einer Speichel- oder Blutprobe, ist ausgeschlossen, wenn die Art der Probeentnahme der zu untersuchenden Person nicht zugemutet werden kann.

(2) Bei wiederholter unberechtigter Verweigerung der Untersuchung kann auch unmittelbarer Zwang angewendet werden, insbesondere die zwangsweise Vorführung zur Untersuchung angeordnet werden.

Abschnitt 9. Verfahren mit Auslandsbezug

Unterabschnitt 1. Verhältnis zu völkerrechtlichen Vereinbarungen und Rechtsakten der Europäischen Gemeinschaft

§ 97 Vorrang und Unberührtheit. (1) ¹Regelungen in völkerrechtlichen Vereinbarungen gehen, soweit sie unmittelbar anwendbares innerstaatliches Recht geworden sind, den Vorschriften dieses Gesetzes vor. ²Regelungen in Rechtsakten der Europäischen Gemeinschaft bleiben unberührt.

(2) Die zur Umsetzung und Ausführung von Vereinbarungen und Rechtsakten im Sinne des Absatzes 1 erlassenen Bestimmungen bleiben unberührt.

Unterabschnitt 2. Internationale Zuständigkeit

§§ 98–103 *(vom Abdruck wurde abgesehen)*

§ 104 Betreuungs- und Unterbringungssachen; Pflegschaft für Erwachsene. (1) ¹ Die deutschen Gerichte sind zuständig, wenn der Betroffene oder der volljährige Pflegling

1. Deutscher ist oder
2. seinen gewöhnlichen Aufenthalt im Inland hat.

² Die deutschen Gerichte sind ferner zuständig, soweit der Betroffene oder der volljährige Pflegling der Fürsorge durch ein deutsches Gericht bedarf.

(2) § 99 Abs. 2 und 3 gilt entsprechend.

(3) Die Absätze 1 und 2 sind im Fall einer Unterbringung nach § 312 Nr. 3 nicht anzuwenden.

§ 105 Andere Verfahren. In anderen Verfahren nach diesem Gesetz sind die deutschen Gerichte zuständig, wenn ein deutsches Gericht örtlich zuständig ist.

§ 106 Keine ausschließliche Zuständigkeit. Die Zuständigkeiten in diesem Unterabschnitt sind nicht ausschließlich.

Unterabschnitt 3. Anerkennung und Vollstreckbarkeit ausländischer Entscheidungen

§ 107 Anerkennung ausländischer Entscheidungen in Ehesachen.

(1) ¹ Entscheidungen, durch die im Ausland eine Ehe für nichtig erklärt, aufgehoben, dem Ehebande nach oder unter Aufrechterhaltung des Ehebandes geschieden oder durch die das Bestehen oder Nichtbestehen einer Ehe zwischen den Beteiligten festgestellt worden ist, werden nur anerkannt, wenn die Landesjustizverwaltung festgestellt hat, dass die Voraussetzungen für die Anerkennung vorliegen. ² Hat ein Gericht oder eine Behörde des Staates entschieden, dem beide Ehegatten zur Zeit der Entscheidung angehört haben, hängt die Anerkennung nicht von einer Feststellung der Landesjustizverwaltung ab.

(2) ¹ Zuständig ist die Justizverwaltung des Landes, in dem ein Ehegatte seinen gewöhnlichen Aufenthalt hat. ² Hat keiner der Ehegatten seinen gewöhnlichen Aufenthalt im Inland, ist die Justizverwaltung des Landes zuständig, in dem eine neue Ehe geschlossen oder eine Lebenspartnerschaft begründet werden soll; die Landesjustizverwaltung kann den Nachweis verlangen, dass die Eheschließung oder die Begründung der Lebenspartnerschaft angemeldet ist. ³ Wenn eine andere Zuständigkeit nicht gegeben ist, ist die Justizverwaltung des Landes Berlin zuständig.

(3) ¹ Die Landesregierungen können die den Landesjustizverwaltungen nach dieser Vorschrift zustehenden Befugnisse durch Rechtsverordnung auf einen oder mehrere Präsidenten der Oberlandesgerichte übertragen. ² Die Landesregierungen können die Ermächtigung nach Satz 1 durch Rechtsverordnung auf die Landesjustizverwaltungen übertragen.

(4) ¹ Die Entscheidung ergeht auf Antrag. ² Den Antrag kann stellen, wer ein rechtliches Interesse an der Anerkennung glaubhaft macht.

(5) Lehnt die Landesjustizverwaltung den Antrag ab, kann der Antragsteller beim Oberlandesgericht die Entscheidung beantragen.

(6) ¹ Stellt die Landesjustizverwaltung fest, dass die Voraussetzungen für die Anerkennung vorliegen, kann ein Ehegatte, der den Antrag nicht gestellt hat, beim Oberlandesgericht die Entscheidung beantragen. ² Die Entscheidung der Landesjustizverwaltung wird mit der Bekanntgabe an den Antragsteller wirksam. ³ Die Landesjustizverwaltung kann jedoch in ihrer Entscheidung bestimmen, dass die Entscheidung erst nach Ablauf einer von ihr bestimmten Frist wirksam wird.

(7) ¹ Zuständig ist ein Zivilsenat des Oberlandesgerichts, in dessen Bezirk die Landesjustizverwaltung ihren Sitz hat. ² Der Antrag auf gerichtliche Entscheidung hat keine aufschiebende Wirkung. ³ Für das Verfahren gelten die Abschnitte 4 und 5 sowie § 14 Abs. 1 und 2 und § 48 Abs. 2 entsprechend.

(8) Die vorstehenden Vorschriften sind entsprechend anzuwenden, wenn die Feststellung begehrt wird, dass die Voraussetzungen für die Anerkennung einer Entscheidung nicht vorliegen.

(9) Die Feststellung, dass die Voraussetzungen für die Anerkennung vorliegen oder nicht vorliegen, ist für Gerichte und Verwaltungsbehörden bindend.

(10) War am 1. November 1941 in einem deutschen Familienbuch (Heiratsregister) auf Grund einer ausländischen Entscheidung die Nichtigerklärung, Aufhebung, Scheidung oder Trennung oder das Bestehen oder Nichtbestehen einer Ehe vermerkt, steht der Vermerk einer Anerkennung nach dieser Vorschrift gleich.

§ 108 Anerkennung anderer ausländischer Entscheidungen. (1) Abgesehen von Entscheidungen in Ehesachen werden ausländische Entscheidungen anerkannt, ohne dass es hierfür eines besonderen Verfahrens bedarf.

(2) ¹ Beteiligte, die ein rechtliches Interesse haben, können eine Entscheidung über die Anerkennung oder Nichtanerkennung einer ausländischen Entscheidung nicht vermögensrechtlichen Inhalts beantragen. ² § 107 Abs. 9 gilt entsprechend. ³ Für die Anerkennung oder Nichtanerkennung einer Annahme als Kind gelten jedoch die §§ 2, 4 und 5 des Adoptionswirkungsgesetzes, wenn der Angenommene zur Zeit der Annahme das 18. Lebensjahr nicht vollendet hatte.

(3) ¹ Für die Entscheidung über den Antrag nach Absatz 2 Satz 1 ist das Gericht örtlich zuständig, in dessen Bezirk zum Zeitpunkt der Antragstellung

1. der Antragsgegner oder die Person, auf die sich die Entscheidung bezieht, sich gewöhnlich aufhält oder
2. bei Fehlen einer Zuständigkeit nach Nummer 1 das Interesse an der Feststellung bekannt wird oder das Bedürfnis der Fürsorge besteht.

² Diese Zuständigkeiten sind ausschließlich.

§ 109 Anerkennungshindernisse. (1) Die Anerkennung einer ausländischen Entscheidung ist ausgeschlossen,

1. wenn die Gerichte des anderen Staates nach deutschem Recht nicht zuständig sind;
2. wenn einem Beteiligten, der sich zur Hauptsache nicht geäußert hat und sich hierauf beruft, das verfahrenseinleitende Dokument nicht ordnungsgemäß oder nicht so rechtzeitig mitgeteilt worden ist, dass er seine Rechte wahrnehmen konnte;
3. wenn die Entscheidung mit einer hier erlassenen oder anzuerkennenden früheren ausländischen Entscheidung oder wenn das ihr zugrunde liegende Verfahren mit einem früher hier rechtshängig gewordenen Verfahren unvereinbar ist;
4. wenn die Anerkennung der Entscheidung zu einem Ergebnis führt, das mit wesentlichen Grundsätzen des deutschen Rechts offensichtlich unvereinbar ist, insbesondere wenn die Anerkennung mit den Grundrechten unvereinbar ist.

(2) ¹ Der Anerkennung einer ausländischen Entscheidung in einer Ehesache steht § 98 Abs. 1 Nr. 4 nicht entgegen, wenn ein Ehegatte seinen gewöhnlichen Aufenthalt in dem Staat hatte, dessen Gerichte entschieden haben. ² Wird eine ausländische Entscheidung in einer Ehesache von den Staaten anerkannt, denen die Ehegatten angehören, steht § 98 der Anerkennung der Entscheidung nicht entgegen.

(3) § 103 steht der Anerkennung einer ausländischen Entscheidung in einer Lebenspartnerschaftssache nicht entgegen, wenn der Register führende Staat die Entscheidung anerkennt.

(4) Die Anerkennung einer ausländischen Entscheidung, die
1. Familienstreitsachen,
2. die Verpflichtung zur Fürsorge und Unterstützung in der partnerschaftlichen Lebensgemeinschaft,
3. die Regelung der Rechtsverhältnisse an der gemeinsamen Wohnung und an den Haushaltsgegenständen der Lebenspartner,
4. Entscheidungen nach § 6 Satz 2 des Lebenspartnerschaftsgesetzes in Verbindung mit den §§ 1382 und 1383 des Bürgerlichen Gesetzbuchs oder
5. Entscheidungen nach § 7 Satz 2 des Lebenspartnerschaftsgesetzes in Verbindung mit den §§ 1426, 1430 und 1452 des Bürgerlichen Gesetzbuchs

betrifft, ist auch dann ausgeschlossen, wenn die Gegenseitigkeit nicht verbürgt ist.

(5) Eine Überprüfung der Gesetzmäßigkeit der ausländischen Entscheidung findet nicht statt.

§ 110 Vollstreckbarkeit ausländischer Entscheidungen. (1) Eine ausländische Entscheidung ist nicht vollstreckbar, wenn sie nicht anzuerkennen ist.

(2) ¹ Soweit die ausländische Entscheidung eine in § 95 Abs. 1 genannte Verpflichtung zum Inhalt hat, ist die Vollstreckbarkeit durch Beschluss auszusprechen. ² Der Beschluss ist zu begründen.

(3) ¹ Zuständig für den Beschluss nach Absatz 2 ist das Amtsgericht, bei dem der Schuldner seinen allgemeinen Gerichtsstand hat, und sonst das Amtsgericht, bei dem nach § 23 der Zivilprozessordnung gegen den Schuldner

1. Allgemeine Vorschriften §§ 111–118 FamFG 6

Klage erhoben werden kann. ²Der Beschluss ist erst zu erlassen, wenn die Entscheidung des ausländischen Gerichts nach dem für dieses Gericht geltenden Recht die Rechtskraft erlangt hat.

Buch 2. Verfahren in Familiensachen

Abschnitt 1. Allgemeine Vorschriften

§§ 111–112 *(vom Abdruck wurde abgesehen)*

§ 113 Anwendung von Vorschriften der Zivilprozessordnung. (1) ¹In Ehesachen und Familienstreitsachen sind die §§ 2 bis 37, 40 bis 45, 46 Satz 1 und 2 sowie die §§ 47 und 48 sowie 76 bis 96 nicht anzuwenden. ²Es gelten die Allgemeinen Vorschriften der Zivilprozessordnung und die Vorschriften der Zivilprozessordnung über das Verfahren vor den Landgerichten entsprechend.

(2) In Familienstreitsachen gelten die Vorschriften der Zivilprozessordnung über den Urkunden- und Wechselprozess und über das Mahnverfahren entsprechend.

(3) In Ehesachen und Familienstreitsachen ist § 227 Abs. 3 der Zivilprozessordnung nicht anzuwenden.

(4) In Ehesachen sind die Vorschriften der Zivilprozessordnung über

1. die Folgen der unterbliebenen oder verweigerten Erklärung über Tatsachen,
2. die Voraussetzungen einer Klageänderung,
3. die Bestimmung der Verfahrensweise, den frühen ersten Termin, das schriftliche Vorverfahren und die Klageerwiderung,
4. die Güteverhandlung,
5. die Wirkung des gerichtlichen Geständnisses,
6. das Anerkenntnis,
7. die Folgen der unterbliebenen oder verweigerten Erklärung über die Echtheit von Urkunden,
8. den Verzicht auf die Beeidigung des Gegners sowie von Zeugen oder Sachverständigen

nicht anzuwenden.

(5) Bei der Anwendung der Zivilprozessordnung tritt an die Stelle der Bezeichnung

1. Prozess oder Rechtsstreit die Bezeichnung Verfahren,
2. Klage die Bezeichnung Antrag,
3. Kläger die Bezeichnung Antragsteller,
4. Beklagter die Bezeichnung Antragsgegner,
5. Partei die Bezeichnung Beteiligter.

§§ 114–118 *(vom Abdruck wurde abgesehen)*

§ 119 Einstweilige Anordnung und Arrest. (1) ¹In Familienstreitsachen sind die Vorschriften dieses Gesetzes über die einstweilige Anordnung anzuwenden. ²In Familienstreitsachen nach § 112 Nr. 2 und 3 gilt § 945 der Zivilprozessordnung entsprechend.

(2) ¹Das Gericht kann in Familienstreitsachen den Arrest anordnen. ²Die §§ 916 bis 934 und die §§ 943 bis 945 der Zivilprozessordnung gelten entsprechend.

§ 120 Vollstreckung. (1) Die Vollstreckung in Ehesachen und Familienstreitsachen erfolgt entsprechend den Vorschriften der Zivilprozessordnung über die Zwangsvollstreckung.

(2) ¹Endentscheidungen sind mit Wirksamwerden vollstreckbar. ²Macht der Verpflichtete glaubhaft, dass die Vollstreckung ihm einen nicht zu ersetzenden Nachteil bringen würde, hat das Gericht auf seinen Antrag die Vollstreckung vor Eintritt der Rechtskraft in der Endentscheidung einzustellen oder zu beschränken. ³In den Fällen des § 707 Abs. 1 und des § 719 Abs. 1 der Zivilprozessordnung kann die Vollstreckung nur unter denselben Voraussetzungen eingestellt oder beschränkt werden.

(3) Die Verpflichtung zur Eingehung der Ehe und zur Herstellung des ehelichen Lebens unterliegt nicht der Vollstreckung.

Abschnitt 2–8

§§ 121–230 *(vom Abdruck wurde abgesehen)*

Abschnitt 9. Verfahren in Unterhaltssachen

Unterabschnitt 1. Besondere Verfahrensvorschriften

§§ 231–236 *(vom Abdruck wurde abgesehen)*

§ 237 Unterhalt bei Feststellung der Vaterschaft. (1) Ein Antrag, durch den ein Mann auf Zahlung von Unterhalt für ein Kind in Anspruch genommen wird, ist, wenn die Vaterschaft des Mannes nach § 1592 Nr. 1 und 2 oder § 1593 des Bürgerlichen Gesetzbuchs nicht besteht, nur zulässig, wenn das Kind minderjährig und ein Verfahren auf Feststellung der Vaterschaft nach § 1600 d des Bürgerlichen Gesetzbuchs anhängig ist.

(2) Ausschließlich zuständig ist das Gericht, bei dem das Verfahren auf Feststellung der Vaterschaft im ersten Rechtszug anhängig ist.

(3) ¹Im Fall des Absatzes 1 kann Unterhalt lediglich in Höhe des Mindestunterhalts und gemäß den Altersstufen nach § 1612 a Abs. 1 Satz 3 des Bürgerlichen Gesetzbuchs und unter Berücksichtigung der Leistungen nach § 1612 b oder § 1612 c des Bürgerlichen Gesetzbuchs beantragt werden. ²Das Kind kann einen geringeren Unterhalt verlangen. ³Im Übrigen kann in diesem Verfahren eine Herabsetzung oder Erhöhung des Unterhalts nicht verlangt werden.

(4) Vor Rechtskraft des Beschlusses, der die Vaterschaft feststellt, oder vor Wirksamwerden der Anerkennung der Vaterschaft durch den Mann wird der Ausspruch, der die Verpflichtung zur Leistung des Unterhalts betrifft, nicht wirksam.

9. Verfahren in Unterhaltssachen §§ 238–241 FamFG 6

§ 238 Abänderung gerichtlicher Entscheidungen. (1) ¹Enthält eine in der Hauptsache ergangene Endentscheidung des Gerichts eine Verpflichtung zu künftig fällig werdenden wiederkehrenden Leistungen, kann jeder Teil die Abänderung beantragen. ²Der Antrag ist zulässig, sofern der Antragsteller Tatsachen vorträgt, aus denen sich eine wesentliche Veränderung der der Entscheidung zugrunde liegenden tatsächlichen oder rechtlichen Verhältnisse ergibt.

(2) Der Antrag kann nur auf Gründe gestützt werden, die nach Schluss der Tatsachenverhandlung des vorausgegangenen Verfahrens entstanden sind und deren Geltendmachung durch Einspruch nicht möglich ist oder war.

(3) ¹Die Abänderung ist zulässig für die Zeit ab Rechtshängigkeit des Antrags. ²Ist der Antrag auf Erhöhung des Unterhalts gerichtet, ist er auch zulässig für die Zeit, für die nach den Vorschriften des bürgerlichen Rechts Unterhalt für die Vergangenheit verlangt werden kann. ³Ist der Antrag auf Herabsetzung des Unterhalts gerichtet, ist er auch zulässig für die Zeit ab dem Ersten des auf ein entsprechendes Auskunfts- oder Verzichtsverlangen des Antragstellers folgenden Monats. ⁴Für eine mehr als ein Jahr vor Rechtshängigkeit liegende Zeit kann eine Herabsetzung nicht verlangt werden.

(4) Liegt eine wesentliche Veränderung der tatsächlichen oder rechtlichen Verhältnisse vor, ist die Entscheidung unter Wahrung ihrer Grundlagen anzupassen.

§ 239 Abänderung von Vergleichen und Urkunden. (1) ¹Enthält ein Vergleich nach § 794 Abs. 1 Nr. 1 der Zivilprozessordnung oder eine vollstreckbare Urkunde eine Verpflichtung zu künftig fällig werdenden wiederkehrenden Leistungen, kann jeder Teil die Abänderung beantragen. ²Der Antrag ist zulässig, sofern der Antragsteller Tatsachen vorträgt, die die Abänderung rechtfertigen.

(2) Die weiteren Voraussetzungen und der Umfang der Abänderung richten sich nach den Vorschriften des bürgerlichen Rechts.

§ 240 Abänderung von Entscheidungen nach den §§ 237 und 253.

(1) Enthält eine rechtskräftige Endentscheidung nach § 237 oder § 253 eine Verpflichtung zu künftig fällig werdenden wiederkehrenden Leistungen, kann jeder Teil die Abänderung beantragen, sofern nicht bereits ein Antrag auf Durchführung des streitigen Verfahrens nach § 255 gestellt worden ist.

(2) ¹Wird ein Antrag auf Herabsetzung des Unterhalts nicht innerhalb eines Monats nach Rechtskraft gestellt, so ist die Abänderung nur zulässig für die Zeit ab Rechtshängigkeit des Antrags. ²Ist innerhalb der Monatsfrist ein Antrag des anderen Beteiligten auf Erhöhung des Unterhalts anhängig geworden, läuft die Frist nicht vor Beendigung dieses Verfahrens ab. ³Der nach Ablauf der Frist gestellte Antrag auf Herabsetzung ist auch zulässig für die Zeit ab dem Ersten des auf ein entsprechendes Auskunfts- oder Verzichtsverlangen des Antragstellers folgenden Monats. ⁴§ 238 Abs. 3 Satz 4 gilt entsprechend.

§ 241 Verschärfte Haftung. Die Rechtshängigkeit eines auf Herabsetzung gerichteten Abänderungsantrags steht bei der Anwendung des § 818 Abs. 4 des Bürgerlichen Gesetzbuchs der Rechtshängigkeit einer Klage auf Rückzahlung der geleisteten Beträge gleich.

§ 242 Einstweilige Einstellung der Vollstreckung.

¹ Ist ein Abänderungsantrag auf Herabsetzung anhängig oder hierfür ein Antrag auf Bewilligung von Verfahrenskostenhilfe eingereicht, gilt § 769 der Zivilprozessordnung entsprechend. ² Der Beschluss ist nicht anfechtbar.

§ 243 Kostenentscheidung.

¹ Abweichend von den Vorschriften der Zivilprozessordnung über die Kostenverteilung entscheidet das Gericht in Unterhaltssachen nach billigem Ermessen über die Verteilung der Kosten des Verfahrens auf die Beteiligten. ² Es hat hierbei insbesondere zu berücksichtigen:

1. das Verhältnis von Obsiegen und Unterliegen der Beteiligten, einschließlich der Dauer der Unterhaltsverpflichtung,
2. den Umstand, dass ein Beteiligter vor Beginn des Verfahrens einer Aufforderung des Gegners zur Erteilung der Auskunft und Vorlage von Belegen über das Einkommen nicht oder nicht vollständig nachgekommen ist, es sei denn, dass eine Verpflichtung hierzu nicht bestand,
3. den Umstand, dass ein Beteiligter einer Aufforderung des Gerichts nach § 235 Abs. 1 innerhalb der gesetzten Frist nicht oder nicht vollständig nachgekommen ist, sowie
4. ein sofortiges Anerkenntnis nach § 93 der Zivilprozessordnung.

§ 244 Unzulässiger Einwand der Volljährigkeit.

Wenn der Verpflichtete dem Kind nach Vollendung des 18. Lebensjahres Unterhalt zu gewähren hat, kann gegen die Vollstreckung eines in einem Beschluss oder in einem sonstigen Titel nach § 794 der Zivilprozessordnung festgestellten Anspruchs auf Unterhalt nach Maßgabe des § 1612a des Bürgerlichen Gesetzbuchs nicht eingewandt werden, dass die Minderjährigkeit nicht mehr besteht.

§ 245 Bezifferung dynamisierter Unterhaltstitel zur Zwangsvollstreckung im Ausland.

(1) Soll ein Unterhaltstitel, der den Unterhalt nach § 1612a des Bürgerlichen Gesetzbuchs als Prozentsatz des Mindestunterhalts festsetzt, im Ausland vollstreckt werden, ist auf Antrag der geschuldete Unterhalt auf dem Titel zu beziffern.

(2) Für die Bezifferung sind die Gerichte, Behörden oder Notare zuständig, denen die Erteilung einer vollstreckbaren Ausfertigung des Titels obliegt.

(3) Auf die Anfechtung der Entscheidung über die Bezifferung sind die Vorschriften über die Anfechtung der Entscheidung über die Erteilung einer Vollstreckungsklausel entsprechend anzuwenden.

§§ 246–260 *(vom Abdruck wurde abgesehen)*

Abschnitt 10-12 *(vom Abdruck wurde abgesehen)*

§§ 261–270 *(vom Abdruck wurde abgesehen)*

Buch 3

§§ 271–341 *(vom Abdruck wurde abgesehen)*

Buch 4. Verfahren in Nachlass- und Teilungssachen

Abschnitt 1, 2

§§ 342–362 *(vom Abdruck wurde abgesehen)*

Abschnitt 3. Verfahren in Teilungssachen

§ 363 Antrag. (1) Bei mehreren Erben hat das Gericht auf Antrag die Auseinandersetzung des Nachlasses zwischen den Beteiligten zu vermitteln; das gilt nicht, wenn ein zur Auseinandersetzung berechtigter Testamentsvollstrecker vorhanden ist.

(2) Antragsberechtigt ist jeder Miterbe, der Erwerber eines Erbteils sowie derjenige, welchem ein Pfandrecht oder ein Nießbrauch an einem Erbteil zusteht.

(3) In dem Antrag sollen die Beteiligten und die Teilungsmasse bezeichnet werden.

§ 364 Pflegschaft für abwesende Beteiligte. [1] Das Nachlassgericht kann einem abwesenden Beteiligten für das Auseinandersetzungsverfahren einen Pfleger bestellen, wenn die Voraussetzungen der Abwesenheitspflegschaft vorliegen. [2] Für die Pflegschaft tritt an die Stelle des Betreuungsgerichts das Nachlassgericht.

§ 365 Ladung. (1) [1] Das Gericht hat den Antragsteller und die übrigen Beteiligten zu einem Verhandlungstermin zu laden. [2] Die Ladung durch öffentliche Zustellung ist unzulässig.

(2) [1] Die Ladung soll den Hinweis darauf enthalten, dass ungeachtet des Ausbleibens eines Beteiligten über die Auseinandersetzung verhandelt wird und dass die Ladung zu dem neuen Termin unterbleiben kann, falls der Termin vertagt oder ein neuer Termin zur Fortsetzung der Verhandlung anberaumt werden sollte. [2] Sind Unterlagen für die Auseinandersetzung vorhanden, ist in der Ladung darauf hinzuweisen, dass die Unterlagen auf der Geschäftsstelle eingesehen werden können.

§ 366 Außergerichtliche Vereinbarung. (1) [1] Treffen die erschienenen Beteiligten vor der Auseinandersetzung eine Vereinbarung, insbesondere über die Art der Teilung, hat das Gericht die Vereinbarung zu beurkunden. [2] Das Gleiche gilt für Vorschläge eines Beteiligten, wenn nur dieser erschienen ist.

(2) [1] Sind alle Beteiligten erschienen, hat das Gericht die von ihnen getroffene Vereinbarung zu bestätigen. [2] Dasselbe gilt, wenn die nicht erschienenen Beteiligten ihre Zustimmung zu einer gerichtlichen Niederschrift oder in einer öffentlich beglaubigten Urkunde erteilen.

(3) [1] Ist ein Beteiligter nicht erschienen, hat das Gericht, wenn er nicht nach Absatz 2 Satz 2 zugestimmt hat, ihm den ihn betreffenden Inhalt der Urkunde bekannt zu geben und ihn gleichzeitig zu benachrichtigen, dass er die Urkunde auf der Geschäftsstelle einsehen und eine Abschrift der Urkunde fordern kann. [2] Die Bekanntgabe muss den Hinweis enthalten, dass sein Einverständnis mit dem Inhalt der Urkunde angenommen wird, wenn er nicht

innerhalb einer von dem Gericht zu bestimmenden Frist die Anberaumung eines neuen Termins beantragt oder wenn er in dem neuen Termin nicht erscheint.

(4) Beantragt der Beteiligte rechtzeitig die Anberaumung eines neuen Termins und erscheint er in diesem Termin, ist die Verhandlung fortzusetzen; anderenfalls hat das Gericht die Vereinbarung zu bestätigen.

§ 367 Wiedereinsetzung. War im Fall des § 366 der Beteiligte ohne sein Verschulden verhindert, die Anberaumung eines neuen Termins rechtzeitig zu beantragen oder in dem neuen Termin zu erscheinen, gelten die Vorschriften über die Wiedereinsetzung in den vorigen Stand (§§ 17, 18 und 19 Abs. 1) entsprechend.

§ 368 Auseinandersetzungsplan; Bestätigung. (1) [1] Sobald nach Lage der Sache die Auseinandersetzung stattfinden kann, hat das Gericht einen Auseinandersetzungsplan anzufertigen. [2] Sind die erschienenen Beteiligten mit dem Inhalt des Plans einverstanden, hat das Gericht die Auseinandersetzung zu beurkunden. [3] Sind alle Beteiligten erschienen, hat das Gericht die Auseinandersetzung zu bestätigen; dasselbe gilt, wenn die nicht erschienenen Beteiligten ihre Zustimmung zu gerichtlichem Protokoll oder in einer öffentlich beglaubigten Urkunde erteilen.

(2) [1] Ist ein Beteiligter nicht erschienen, hat das Gericht nach § 366 Abs. 3 und 4 zu verfahren. [2] § 367 ist entsprechend anzuwenden.

(3) Bedarf ein Beteiligter zur Vereinbarung nach § 366 Abs. 1 oder zur Auseinandersetzung der Genehmigung des Familien- oder Betreuungsgerichts, ist, wenn er im Inland keinen Vormund, Betreuer oder Pfleger hat, für die Erteilung oder die Verweigerung der Genehmigung an Stelle des Familien- oder des Betreuungsgerichts das Nachlassgericht zuständig.

§ 369 Verteilung durch das Los. Ist eine Verteilung durch das Los vereinbart, wird das Los, wenn nicht ein anderes bestimmt ist, für die nicht erschienenen Beteiligten von einem durch das Gericht zu bestellenden Vertreter gezogen.

§ 370 Aussetzung bei Streit. [1] Ergeben sich bei den Verhandlungen Streitpunkte, ist darüber eine Niederschrift aufzunehmen und das Verfahren bis zur Erledigung der Streitpunkte auszusetzen. [2] Soweit unstreitige Punkte beurkundet werden können, hat das Gericht nach den §§ 366 und 368 Abs. 1 und 2 zu verfahren.

§ 371 Wirkung der bestätigten Vereinbarung und Auseinandersetzung; Vollstreckung. (1) Vereinbarungen nach § 366 Abs. 1 sowie Auseinandersetzungen nach § 368 werden mit Rechtskraft des Bestätigungsbeschlusses wirksam und für alle Beteiligten in gleicher Weise verbindlich wie eine vertragliche Vereinbarung oder Auseinandersetzung.

(2) [1] Aus der Vereinbarung nach § 366 Abs. 1 sowie aus der Auseinandersetzung findet nach deren Wirksamwerden die Vollstreckung statt. [2] Die §§ 795 und 797 der Zivilprozessordnung sind anzuwenden.

3. Verfahren in Teilungssachen §§ 372–491 FamFG 6

§ 372 Rechtsmittel. (1) Ein Beschluss, durch den eine Frist nach § 366 Abs. 3 bestimmt wird, und ein Beschluss, durch den über die Wiedereinsetzung entschieden wird, ist mit der sofortigen Beschwerde in entsprechender Anwendung der §§ 567 bis 572 der Zivilprozessordnung anfechtbar.

(2) Die Beschwerde gegen den Bestätigungsbeschluss kann nur darauf gegründet werden, dass die Vorschriften über das Verfahren nicht beachtet wurden.

§ 373 Auseinandersetzung einer Gütergemeinschaft. (1) Auf die Auseinandersetzung des Gesamtguts nach der Beendigung der ehelichen, lebenspartnerschaftlichen oder der fortgesetzten Gütergemeinschaft sind die Vorschriften dieses Abschnitts entsprechend anzuwenden.

(2) Für das Verfahren zur Erteilung, Einziehung oder Kraftloserklärung von Zeugnissen über die Auseinandersetzung des Gesamtguts einer ehelichen, lebenspartnerschaftlichen oder fortgesetzten Gütergemeinschaft nach den §§ 36 und 37 der Grundbuchordnung sowie den §§ 42 und 74 der Schiffsregisterordnung gelten § 345 Abs. 1 sowie die §§ 352, 353 und 357 entsprechend.

Buch 5–9

§§ 374–491 *(vom Abdruck wurde abgesehen)*

II. Materielle Nebenbestimmungen

7. Bürgerliches Gesetzbuch (BGB)[1)][2)]

In der Fassung der Bekanntmachung vom 2. Januar 2002[3)]
(BGBl. I S. 42, ber. S. 2909 und BGBl. 2003 I S. 738)

FNA 400-2

zuletzt geänd. durch Art. 1 G zur Begrenzung der Haftung von ehrenamtlich tätigen Vereinsvorständen v. 28. 9. 2009 (BGBl. I S. 3161)

— Auszug —

[1)] **Amtl. Anm.:** Dieses Gesetz dient der Umsetzung folgender Richtlinien:
1. Richtlinie 76/207/EWG des Rates vom 9. Februar 1976 zur Verwirklichung des Grundsatzes der Gleichbehandlung von Männern und Frauen hinsichtlich des Zugangs zur Beschäftigung, zur Berufsbildung und zum beruflichen Aufstieg sowie in Bezug auf die Arbeitsbedingungen (ABl. EG Nr. L 39 S. 40),
2. Richtlinie 77/187/EWG des Rates vom 14. Februar 1977 zur Angleichung der Rechtsvorschriften der Mitgliedstaaten über die Wahrung von Ansprüchen der Arbeitnehmer beim Übergang von Unternehmen, Betrieben oder Betriebsteilen (ABl. EG Nr. L 61 S. 26),
3. Richtlinie 85/577/EWG des Rates vom 20. Dezember 1985 betreffend den Verbraucherschutz im Falle von außerhalb von Geschäftsräumen geschlossenen Verträgen (ABl. EG Nr. L 372 S. 31),
4. Richtlinie 87/102/EWG des Rates zur Angleichung der Rechts- und Verwaltungsvorschriften der Mitgliedstaaten über den Verbraucherkredit (ABl. EG Nr. L 42 S. 48), zuletzt geändert durch die Richtlinie 98/7/EG des Europäischen Parlaments und des Rates vom 16. Februar 1998 zur Änderung der Richtlinie 87/102/EWG zur Angleichung der Rechts- und Verwaltungsvorschriften der Mitgliedstaaten über den Verbraucherkredit (ABl. EG Nr. L 101 S. 17),
5. Richtlinie 90/314/EWG des Europäischen Parlaments und des Rates vom 13. Juni 1990 über Pauschalreisen (ABl. EG Nr. L 158 S. 59),
6. Richtlinie 93/13/EWG des Rates vom 5. April 1993 über missbräuchliche Klauseln in Verbraucherverträgen (ABl. EG Nr. L 95 S. 29),
7. Richtlinie 94/47/EG des Europäischen Parlaments und des Rates vom 26. Oktober 1994 zum Schutz der Erwerber im Hinblick auf bestimmte Aspekte von Verträgen über den Erwerb von Teilzeitnutzungsrechten an Immobilien (ABl. EG Nr. L 280 S. 82),
8. der Richtlinie 97/5/EG des Europäischen Parlaments und des Rates vom 27. Januar 1997 über grenzüberschreitende Überweisungen (ABl. EG Nr. L 43 S. 25),
9. Richtlinie 97/7/EG des Europäischen Parlaments und des Rates vom 20. Mai 1997 über den Verbraucherschutz bei Vertragsabschlüssen im Fernabsatz (ABl. EG Nr. L 144 S. 19),
10. Artikel 3 bis 5 der Richtlinie 98/26/EG des Europäischen Parlaments und des Rates über die Wirksamkeit von Abrechnungen in Zahlungs- und Wertpapierliefer- und -abrechnungssystemen vom 19. Mai 1998 (ABl. EG Nr. L 166 S. 45),
11. Richtlinie 1999/44/EG des Europäischen Parlaments und des Rates vom 25. Mai 1999 zu bestimmten Aspekten des Verbrauchsgüterkaufs und der Garantien für Verbrauchsgüter (ABl. EG Nr. L 171 S. 12),
12. Artikel 10, 11 und 18 der Richtlinie 2000/31/EG des Europäischen Parlaments und des Rates vom 8. Juni 2000 über bestimmte rechtliche Aspekte der Dienste der Informationsgesellschaft, insbesondere des elektronischen Geschäftsverkehrs, im Binnenmarkt („Richtlinie über den elektronischen Geschäftsverkehr", ABl. EG Nr. L 178 S. 1),
13. Richtlinie 2000/35/EG des Europäischen Parlaments und des Rates vom 29. Juni 2000 zur Bekämpfung von Zahlungsverzug im Geschäftsverkehr (ABl. EG Nr. L 200 S. 35).

[2)] Wegen der Übergangsregelung zum Inkrafttreten des SchuldrechtsmodernisierungsG beachte Art. 229 §§ 5–7 EGBGB idF der Bek. v. 21. 9. 1994 (BGBl. I S. 2494, ber. 1997 S. 1061), zuletzt geänd. durch G v. 24. 9. 2009 (BGBl. I S. 3142).

[3)] Neubekanntmachung des BGB v. 18. 8. 1896 (RGBl. S. 195) in der ab 1. 1. 2002 geltenden Fassung.

Buch 1. Allgemeiner Teil. Abschnitte 1 bis 6

§§ 1–231 *(vom Abdruck wurde abgesehen)*

Abschnitt 7. Sicherheitsleistung

§ 232 Arten. (1) Wer Sicherheit zu leisten hat, kann dies bewirken
durch Hinterlegung von Geld oder Wertpapieren,
durch Verpfändung von Forderungen, die in das Bundesschuldbuch oder in das Landesschuldbuch eines Landes eingetragen sind,
durch Verpfändung beweglicher Sachen,
durch Bestellung von Schiffshypotheken an Schiffen oder Schiffsbauwerken, die in einem deutschen Schiffsregister oder Schiffsbauregister eingetragen sind,
durch Bestellung von Hypotheken an inländischen Grundstücken,
durch Verpfändung von Forderungen, für die eine Hypothek an einem inländischen Grundstück besteht, oder
durch Verpfändung von Grundschulden oder Rentenschulden an inländischen Grundstücken.

(2) Kann die Sicherheit nicht in dieser Weise geleistet werden, so ist die Stellung eines tauglichen Bürgen zulässig.

§ 233 Wirkung der Hinterlegung. Mit der Hinterlegung erwirbt der Berechtigte ein Pfandrecht an dem hinterlegten Geld oder an den hinterlegten Wertpapieren und, wenn das Geld oder die Wertpapiere in das Eigentum des Fiskus oder der als Hinterlegungsstelle bestimmten Anstalt übergehen, ein Pfandrecht an der Forderung auf Rückerstattung.

§ 234 Geeignete Wertpapiere. (1) ¹Wertpapiere sind zur Sicherheitsleistung nur geeignet, wenn sie auf den Inhaber lauten, einen Kurswert haben und einer Gattung angehören, in der Mündelgeld angelegt werden darf. ²Den Inhaberpapieren stehen Orderpapiere gleich, die mit Blankoindossament versehen sind.

(2) Mit den Wertpapieren sind die Zins-, Renten-, Gewinnanteil- und Erneuerungsscheine zu hinterlegen.

(3) Mit Wertpapieren kann Sicherheit nur in Höhe von drei Vierteln des Kurswerts geleistet werden.

§ 235 Umtauschrecht. Wer durch Hinterlegung von Geld oder von Wertpapieren Sicherheit geleistet hat, ist berechtigt, das hinterlegte Geld gegen geeignete Wertpapiere, die hinterlegten Wertpapiere gegen andere geeignete Wertpapiere oder gegen Geld umzutauschen.

§ 236 Buchforderungen. Mit einer Schuldbuchforderung gegen den Bund oder ein Land kann Sicherheit nur in Höhe von drei Vierteln des Kurswerts der Wertpapiere geleistet werden, deren Aushändigung der Gläubiger gegen Löschung seiner Forderung verlangen kann.

§ 237 Bewegliche Sachen. ¹Mit einer beweglichen Sache kann Sicherheit nur in Höhe von zwei Dritteln des Schätzungswerts geleistet werden. ²Sachen, deren Verderb zu besorgen oder deren Aufbewahrung mit besonderen Schwierigkeiten verbunden ist, können zurückgewiesen werden.

§ 238 Hypotheken, Grund- und Rentenschulden. (1) Eine Hypothekenforderung, eine Grundschuld oder eine Rentenschuld ist zur Sicherheitsleistung nur geeignet, wenn sie den Voraussetzungen entspricht, unter denen am Orte der Sicherheitsleistung Mündelgeld in Hypothekenforderungen, Grundschulden oder Rentenschulden angelegt werden darf.

(2) Eine Forderung, für die eine Sicherungshypothek besteht, ist zur Sicherheitsleistung nicht geeignet.

§ 239 Bürge. (1) Ein Bürge ist tauglich, wenn er ein der Höhe der zu leistenden Sicherheit angemessenes Vermögen besitzt und seinen allgemeinen Gerichtsstand im Inland hat.

(2) Die Bürgschaftserklärung muss den Verzicht auf die Einrede der Vorausklage enthalten.

§ 240 Ergänzungspflicht. Wird die geleistete Sicherheit ohne Verschulden des Berechtigten unzureichend, so ist sie zu ergänzen oder anderweitige Sicherheit zu leisten.

Buch 2.[1)][2)] Recht der Schuldverhältnisse

Abschnitt 1. Inhalt der Schuldverhältnisse

Titel 1. Verpflichtung zur Leistung

§ 241 Pflichten aus dem Schuldverhältnis. (1) ¹Kraft des Schuldverhältnisses ist der Gläubiger berechtigt, von dem Schuldner eine Leistung zu fordern. ²Die Leistung kann auch in einem Unterlassen bestehen.

(2) Das Schuldverhältnis kann nach seinem Inhalt jeden Teil zur Rücksicht auf die Rechte, Rechtsgüter und Interessen des anderen Teils verpflichten.

§ 241 a[3)] Unbestellte Leistungen. (1) Durch die Lieferung unbestellter Sachen oder durch die Erbringung unbestellter sonstiger Leistungen durch einen Unternehmer an einen Verbraucher wird ein Anspruch gegen diesen nicht begründet.

(2) Gesetzliche Ansprüche sind nicht ausgeschlossen, wenn die Leistung nicht für den Empfänger bestimmt war oder in der irrigen Vorstellung einer

---

[1)] Wegen des aufgrund des Gesetzes zur Modernisierung des Schuldrechts geltenden Übergangsrechts zum Recht der Schuldverhältnisse beachte Art. 229 § 5 EGBGB idF der Bek. v. 21. 9. 1994 (BGBl. I S. 2494, ber. 1997 S. 1061), zuletzt geänd. durch G v. 24. 9. 2009 (BGBl. I S. 3142).
[2)] Wegen der für das Gebiet der ehem. DDR zum Recht der Schuldverhältnisse geltenden Übergangsrechts beachte Art. 232 EGBGB idF der Bek. v. 21. 9. 1994 (BGBl. I S. 2494, ber. 1997 S. 1061), zuletzt geänd. durch G v. 24. 9. 2009 (BGBl. I S. 3142).
[3)] **Amtl. Anm.:** Diese Vorschrift dient der Umsetzung von Artikel 9 der Richtlinie 97/7/EG des Europäischen Parlaments und des Rates vom 20. Mai 1997 über den Verbraucherschutz bei Vertragsabschlüssen im Fernabsatz (ABl. EG Nr. L 144 S. 19).

Bestellung erfolgte und der Empfänger dies erkannt hat oder bei Anwendung der im Verkehr erforderlichen Sorgfalt hätte erkennen können.

(3) Eine unbestellte Leistung liegt nicht vor, wenn dem Verbraucher statt der bestellten eine nach Qualität und Preis gleichwertige Leistung angeboten und er darauf hingewiesen wird, dass er zur Annahme nicht verpflichtet ist und die Kosten der Rücksendung nicht zu tragen hat.

§ 242 Leistung nach Treu und Glauben. Der Schuldner ist verpflichtet, die Leistung so zu bewirken, wie Treu und Glauben mit Rücksicht auf die Verkehrssitte es erfordern.

§ 243 Gattungsschuld. (1) Wer eine nur der Gattung nach bestimmte Sache schuldet, hat eine Sache von mittlerer Art und Güte zu leisten.

(2) Hat der Schuldner das zur Leistung einer solchen Sache seinerseits Erforderliche getan, so beschränkt sich das Schuldverhältnis auf diese Sache.

§ 244 Fremdwährungsschuld. (1) Ist eine in einer anderen Währung als Euro ausgedrückte Geldschuld im Inland zu zahlen, so kann die Zahlung in Euro erfolgen, es sei denn, dass Zahlung in der anderen Währung ausdrücklich vereinbart ist.

(2) Die Umrechnung erfolgt nach dem Kurswert, der zur Zeit der Zahlung für den Zahlungsort maßgebend ist.

§ 245 Geldsortenschuld. Ist eine Geldschuld in einer bestimmten Münzsorte zu zahlen, die sich zur Zeit der Zahlung nicht mehr im Umlauf befindet, so ist die Zahlung so zu leisten, wie wenn die Münzsorte nicht bestimmt wäre.

§ 246 Gesetzlicher Zinssatz. Ist eine Schuld nach Gesetz oder Rechtsgeschäft zu verzinsen, so sind vier vom Hundert für das Jahr zu entrichten, sofern nicht ein anderes bestimmt ist.[1]

§ 247[2)3)] **Basiszinssatz.** (1) ¹Der Basiszinssatz beträgt 3,62 Prozent. ²Er verändert sich zum 1. Januar und 1. Juli eines jeden Jahres um die Prozentpunkte, um welche die Bezugsgröße seit der letzten Veränderung des Basiszinssatzes gestiegen oder gefallen ist. ³Bezugsgröße ist der Zinssatz für die jüngste Hauptrefinanzierungsoperation der Europäischen Zentralbank vor dem ersten Kalendertag des betreffenden Halbjahrs.

---

[1] Bei beiderseitigen Handelsgeschäften beachte § 352 HGB v. 10. 5. 1897 (RGBl. S. 219, ber. 1999 S. 42), zuletzt geänd. durch G v. 31. 7. 2009 (BGBl. I S. 2512).
[2] **Amtl. Anm.:** Diese Vorschrift dient der Umsetzung von Artikel 3 der Richtlinie 2000/35/EG des Europäischen Parlaments und des Rates vom 29. Juni 2000 zur Bekämpfung von Zahlungsverzug im Geschäftsverkehr (ABl. EG Nr. L 200 S. 35).
[3] Beachte hierzu Übergangsvorschrift in Art. 229 § 7 EGBGB idF der Bek. v. 21. 9. 1994 (BGBl. I S. 2494, ber. 1997 S. 1061), zuletzt geänd. durch G v. 24. 9. 2009 (BGBl. I S. 3142).

Inhalt der Schuldverhältnisse **§§ 248–251 BGB 7**

(2) Die Deutsche Bundesbank gibt den geltenden Basiszinssatz unverzüglich nach den in Absatz 1 Satz 2 genannten Zeitpunkten im Bundesanzeiger[1] bekannt.

§ 248 Zinseszinsen. (1) Eine im Voraus getroffene Vereinbarung, dass fällige Zinsen wieder Zinsen tragen sollen, ist nichtig.

(2) [1] Sparkassen, Kreditanstalten und Inhaber von Bankgeschäften können im Voraus vereinbaren, dass nicht erhobene Zinsen von Einlagen als neue verzinsliche Einlagen gelten sollen. [2] Kreditanstalten, die berechtigt sind, für den Betrag der von ihnen gewährten Darlehen verzinsliche Schuldverschreibungen auf den Inhaber auszugeben, können sich bei solchen Darlehen die Verzinsung rückständiger Zinsen im Voraus versprechen lassen.

§ 249[2] **Art und Umfang des Schadensersatzes.** (1) Wer zum Schadensersatz verpflichtet ist, hat den Zustand herzustellen, der bestehen würde, wenn der zum Ersatz verpflichtende Umstand nicht eingetreten wäre.

(2) [1] Ist wegen Verletzung einer Person oder wegen Beschädigung einer Sache Schadensersatz zu leisten, so kann der Gläubiger statt der Herstellung den dazu erforderlichen Geldbetrag verlangen. [2] Bei der Beschädigung einer Sache schließt der nach Satz 1 erforderliche Geldbetrag die Umsatzsteuer nur mit ein, wenn und soweit sie tatsächlich angefallen ist.

§ 250 Schadensersatz in Geld nach Fristsetzung. [1] Der Gläubiger kann dem Ersatzpflichtigen zur Herstellung eine angemessene Frist mit der Erklärung bestimmen, dass er die Herstellung nach dem Ablauf der Frist ablehne. [2] Nach dem Ablauf der Frist kann der Gläubiger den Ersatz in Geld verlangen, wenn nicht die Herstellung rechtzeitig erfolgt; der Anspruch auf die Herstellung ist ausgeschlossen.

§ 251 Schadensersatz in Geld ohne Fristsetzung. (1) Soweit die Herstellung nicht möglich oder zur Entschädigung des Gläubigers nicht genügend ist, hat der Ersatzpflichtige den Gläubiger in Geld zu entschädigen.

---

[1] Gem. Bekanntmachung der Deutschen Bundesbank beträgt der Basiszinssatz
- ab 1. 1. 2002 **2,57 %** (Bek. v. 28. 12. 2001, BAnz. 2002 Nr. 3 S. 98);
- ab 1. 7. 2002 **2,47 %** (Bek. v. 25. 6. 2002, BAnz. Nr. 118 S. 14 538);
- ab 1. 1. 2003 **1,97 %** (Bek. v. 30. 12. 2002, BAnz. 2003 Nr. 2 S. 76);
- ab 1. 7. 2003 **1,22 %** (Bek. v. 24. 6. 2003, BAnz. Nr. 117 S. 13 744);
- ab 1. 1. 2004 **1,14 %** (Bek. v. 30. 12. 2003, BAnz. Nr. 2 S. 69);
- ab 1. 7. 2004 **1,13 %** (Bek. v. 29. 6. 2004, BAnz. Nr. 122 S. 14 246);
- ab 1. 1. 2005 **1,21 %** (Bek. v. 30. 12. 2004, BAnz. Nr. 1 S. 6);
- ab 1. 7. 2005 **1,17 %** (Bek. v. 28. 6. 2005, BAnz. Nr. 122 S. 10 041);
- ab 1. 1. 2006 **1,37 %** (Bek. v. 29. 12. 2005, BAnz. Nr. 1 S. 2);
- ab 1. 7. 2006 **1,95 %** (Bek. v. 27. 6. 2006, BAnz. Nr. 191 S. 4754);
- ab 1. 1. 2007 **2,70 %** (Bek. v. 28. 12. 2006, BAnz. Nr. 245 S. 7463);
- ab 1. 7. 2007 **3,19 %** (Bek. v. 28. 6. 2007, BAnz. Nr. 117 S. 6530).
- ab 1. 1. 2008 **3,32 %** (Bek. v. 28. 12. 2007, BAnz. Nr. 242 S. 8415).
- ab 1. 7. 2008 **3,19 %** (Bek. v. 26. 6. 2008, BAnz. Nr. 94 S. 2232).
- ab 1. 1. 2009 **1,62 %** (Bek. v. 30. 12. 2008, BAnz. 2009 Nr. 1 S. 6).
- ab 1. 7. 2009 **0,12 %** (Bek. v. 30. 6. 2009, BAnz. Nr. 95 S. 2302).
- ab 1. 1. 2010 **0,12 %** (Bek. v. 29. 12. 2009, BAnz. Nr. 198 S. 4582).

[2] Beachte hierzu Übergangsvorschrift in Art. 229 § 8 EGBGB.

(2) ¹Der Ersatzpflichtige kann den Gläubiger in Geld entschädigen, wenn die Herstellung nur mit unverhältnismäßigen Aufwendungen möglich ist. ²Die aus der Heilbehandlung eines verletzten Tieres entstandenen Aufwendungen sind nicht bereits dann unverhältnismäßig, wenn sie dessen Wert erheblich übersteigen.

§ 252 Entgangener Gewinn. ¹Der zu ersetzende Schaden umfasst auch den entgangenen Gewinn. ²Als entgangen gilt der Gewinn, welcher nach dem gewöhnlichen Lauf der Dinge oder nach den besonderen Umständen, insbesondere nach den getroffenen Anstalten und Vorkehrungen, mit Wahrscheinlichkeit erwartet werden konnte.

§ 253[1] Immaterieller Schaden. (1) Wegen eines Schadens, der nicht Vermögensschaden ist, kann Entschädigung in Geld nur in den durch das Gesetz bestimmten Fällen gefordert werden.

(2) Ist wegen einer Verletzung des Körpers, der Gesundheit, der Freiheit oder der sexuellen Selbstbestimmung Schadensersatz zu leisten, kann auch wegen des Schadens, der nicht Vermögensschaden ist, eine billige Entschädigung in Geld gefordert werden.

§ 254 Mitverschulden. (1) Hat bei der Entstehung des Schadens ein Verschulden des Beschädigten mitgewirkt, so hängt die Verpflichtung zum Ersatz sowie der Umfang des zu leistenden Ersatzes von den Umständen, insbesondere davon ab, inwieweit der Schaden vorwiegend von dem einen oder dem anderen Teil verursacht worden ist.

(2) ¹Dies gilt auch dann, wenn sich das Verschulden des Beschädigten darauf beschränkt, dass er unterlassen hat, den Schuldner auf die Gefahr eines ungewöhnlich hohen Schadens aufmerksam zu machen, die der Schuldner weder kannte noch kennen musste, oder dass er unterlassen hat, den Schaden abzuwenden oder zu mindern. ²Die Vorschrift des § 278 findet entsprechende Anwendung.

§ 255 Abtretung der Ersatzansprüche. Wer für den Verlust einer Sache oder eines Rechts Schadensersatz zu leisten hat, ist zum Ersatz nur gegen Abtretung der Ansprüche verpflichtet, die dem Ersatzberechtigten auf Grund des Eigentums an der Sache oder auf Grund des Rechts gegen Dritte zustehen.

§ 256 Verzinsung von Aufwendungen. ¹Wer zum Ersatz von Aufwendungen verpflichtet ist, hat den aufgewendeten Betrag oder, wenn andere Gegenstände als Geld aufgewendet worden sind, den als Ersatz ihres Wertes zu zahlenden Betrag von der Zeit der Aufwendung an zu verzinsen. ²Sind Aufwendungen auf einen Gegenstand gemacht worden, der dem Ersatzpflichtigen herauszugeben ist, so sind Zinsen für die Zeit, für welche dem Ersatzberechtigten die Nutzungen oder die Früchte des Gegenstands ohne Vergütung verbleiben, nicht zu entrichten.

---

[1] Beachte hierzu Übergangsvorschrift in Art. 229 § 8 EGBGB idF der Bek. v. 21. 9. 1994 (BGBl. I S. 2494, ber. 1997 S. 1061), zuletzt geänd. durch G v. 24. 9. 2009 (BGBl. I S. 3142).

§ 257 Befreiungsanspruch. [1] Wer berechtigt ist, Ersatz für Aufwendungen zu verlangen, die er für einen bestimmten Zweck macht, kann, wenn er für diesen Zweck eine Verbindlichkeit eingeht, Befreiung von der Verbindlichkeit verlangen. [2] Ist die Verbindlichkeit noch nicht fällig, so kann ihm der Ersatzpflichtige, statt ihn zu befreien, Sicherheit leisten.

§ 258 Wegnahmerecht. [1] Wer berechtigt ist, von einer Sache, die er einem anderen herauszugeben hat, eine Einrichtung wegzunehmen, hat im Falle der Wegnahme die Sache auf seine Kosten in den vorigen Stand zu setzen. [2] Erlangt der andere den Besitz der Sache, so ist er verpflichtet, die Wegnahme der Einrichtung zu gestatten; er kann die Gestattung verweigern, bis ihm für den mit der Wegnahme verbundenen Schaden Sicherheit geleistet wird.

§ 259 Umfang der Rechenschaftspflicht. (1) Wer verpflichtet ist, über eine mit Einnahmen oder Ausgaben verbundene Verwaltung Rechenschaft abzulegen, hat dem Berechtigten eine die geordnete Zusammenstellung der Einnahmen oder der Ausgaben enthaltende Rechnung mitzuteilen und, soweit Belege erteilt zu werden pflegen, Belege vorzulegen.

(2) Besteht Grund zu der Annahme, dass die in der Rechnung enthaltenen Angaben über die Einnahmen nicht mit der erforderlichen Sorgfalt gemacht worden sind, so hat der Verpflichtete auf Verlangen zu Protokoll an Eides statt zu versichern, dass er nach bestem Wissen die Einnahmen so vollständig angegeben habe, als er dazu imstande sei.

(3) In Angelegenheiten von geringer Bedeutung besteht eine Verpflichtung zur Abgabe der eidesstattlichen Versicherung nicht.

§ 260 Pflichten bei Herausgabe oder Auskunft über Inbegriff von Gegenständen. (1) Wer verpflichtet ist, einen Inbegriff von Gegenständen herauszugeben oder über den Bestand eines solchen Inbegriffs Auskunft zu erteilen, hat dem Berechtigten ein Verzeichnis des Bestands vorzulegen.

(2) Besteht Grund zu der Annahme, dass das Verzeichnis nicht mit der erforderlichen Sorgfalt aufgestellt worden ist, so hat der Verpflichtete auf Verlangen zu Protokoll an Eides statt zu versichern, dass er nach bestem Wissen den Bestand so vollständig angegeben habe, als er dazu imstande sei.

(3) Die Vorschrift des § 259 Abs. 3 findet Anwendung.

§ 261 Änderung der eidesstattlichen Versicherung; Kosten. (1) Das Gericht kann eine den Umständen entsprechende Änderung der eidesstattlichen Versicherung beschließen.

(2) Die Kosten der Abnahme der eidesstattlichen Versicherung hat derjenige zu tragen, welcher die Abgabe der Versicherung verlangt.

§ 262 Wahlschuld; Wahlrecht. Werden mehrere Leistungen in der Weise geschuldet, dass nur die eine oder die andere zu bewirken ist, so steht das Wahlrecht im Zweifel dem Schuldner zu.

§ 263 Ausübung des Wahlrechts; Wirkung. (1) Die Wahl erfolgt durch Erklärung gegenüber dem anderen Teil.

(2) Die gewählte Leistung gilt als die von Anfang an allein geschuldete.

§ 264 Verzug des Wahlberechtigten. (1) Nimmt der wahlberechtigte Schuldner die Wahl nicht vor dem Beginn der Zwangsvollstreckung vor, so kann der Gläubiger die Zwangsvollstreckung nach seiner Wahl auf die eine oder auf die andere Leistung richten; der Schuldner kann sich jedoch, solange nicht der Gläubiger die gewählte Leistung ganz oder zum Teil empfangen hat, durch eine der übrigen Leistungen von seiner Verbindlichkeit befreien.

(2) [1] Ist der wahlberechtigte Gläubiger im Verzug, so kann der Schuldner ihn unter Bestimmung einer angemessenen Frist zur Vornahme der Wahl auffordern. [2] Mit dem Ablauf der Frist geht das Wahlrecht auf den Schuldner über, wenn nicht der Gläubiger rechtzeitig die Wahl vornimmt.

§ 265 Unmöglichkeit bei Wahlschuld. [1] Ist eine der Leistungen von Anfang an unmöglich oder wird sie später unmöglich, so beschränkt sich das Schuldverhältnis auf die übrigen Leistungen. [2] Die Beschränkung tritt nicht ein, wenn die Leistung infolge eines Umstands unmöglich wird, den der nicht wahlberechtigte Teil zu vertreten hat.

§ 266 Teilleistungen. Der Schuldner ist zu Teilleistungen nicht berechtigt.

§ 267 Leistung durch Dritte. (1) [1] Hat der Schuldner nicht in Person zu leisten, so kann auch ein Dritter die Leistung bewirken. [2] Die Einwilligung des Schuldners ist nicht erforderlich.

(2) Der Gläubiger kann die Leistung ablehnen, wenn der Schuldner widerspricht.

§ 268 Ablösungsrecht des Dritten. (1) [1] Betreibt der Gläubiger die Zwangsvollstreckung in einen dem Schuldner gehörenden Gegenstand, so ist jeder, der Gefahr läuft, durch die Zwangsvollstreckung ein Recht an dem Gegenstand zu verlieren, berechtigt, den Gläubiger zu befriedigen. [2] Das gleiche Recht steht dem Besitzer einer Sache zu, wenn er Gefahr läuft, durch die Zwangsvollstreckung den Besitz zu verlieren.

(2) Die Befriedigung kann auch durch Hinterlegung oder durch Aufrechnung erfolgen.

(3) [1] Soweit der Dritte den Gläubiger befriedigt, geht die Forderung auf ihn über. [2] Der Übergang kann nicht zum Nachteil des Gläubigers geltend gemacht werden.

§ 269 Leistungsort. (1) Ist ein Ort für die Leistung weder bestimmt noch aus den Umständen, insbesondere aus der Natur des Schuldverhältnisses, zu entnehmen, so hat die Leistung an dem Orte zu erfolgen, an welchem der Schuldner zur Zeit der Entstehung des Schuldverhältnisses seinen Wohnsitz hatte.

(2) Ist die Verbindlichkeit im Gewerbebetrieb des Schuldners entstanden, so tritt, wenn der Schuldner seine gewerbliche Niederlassung an einem anderen Orte hatte, der Ort der Niederlassung an die Stelle des Wohnsitzes.

(3) Aus dem Umstand allein, dass der Schuldner die Kosten der Versendung übernommen hat, ist nicht zu entnehmen, dass der Ort, nach welchem die Versendung zu erfolgen hat, der Leistungsort sein soll.

Inhalt der Schuldverhältnisse §§ 270–274 BGB 7

§ 270 Zahlungsort. (1) Geld hat der Schuldner im Zweifel auf seine Gefahr und seine Kosten dem Gläubiger an dessen Wohnsitz zu übermitteln.

(2) Ist die Forderung im Gewerbebetrieb des Gläubigers entstanden, so tritt, wenn der Gläubiger seine gewerbliche Niederlassung an einem anderen Orte hat, der Ort der Niederlassung an die Stelle des Wohnsitzes.

(3) Erhöhen sich infolge einer nach der Entstehung des Schuldverhältnisses eintretenden Änderung des Wohnsitzes oder der gewerblichen Niederlassung des Gläubigers die Kosten oder die Gefahr der Übermittlung, so hat der Gläubiger im ersteren Falle die Mehrkosten, im letzteren Falle die Gefahr zu tragen.

(4) Die Vorschriften über den Leistungsort bleiben unberührt.

§ 271 Leistungszeit. (1) Ist eine Zeit für die Leistung weder bestimmt noch aus den Umständen zu entnehmen, so kann der Gläubiger die Leistung sofort verlangen, der Schuldner sie sofort bewirken.

(2) Ist eine Zeit bestimmt, so ist im Zweifel anzunehmen, dass der Gläubiger die Leistung nicht vor dieser Zeit verlangen, der Schuldner aber sie vorher bewirken kann.

§ 272 Zwischenzinsen. Bezahlt der Schuldner eine unverzinsliche Schuld vor der Fälligkeit, so ist er zu einem Abzug wegen der Zwischenzinsen nicht berechtigt.

§ 273 Zurückbehaltungsrecht.[1] (1) Hat der Schuldner aus demselben rechtlichen Verhältnis, auf dem seine Verpflichtung beruht, einen fälligen Anspruch gegen den Gläubiger, so kann er, sofern nicht aus dem Schuldverhältnis sich ein anderes ergibt, die geschuldete Leistung verweigern, bis die ihm gebührende Leistung bewirkt wird (Zurückbehaltungsrecht).

(2) Wer zur Herausgabe eines Gegenstands verpflichtet ist, hat das gleiche Recht, wenn ihm ein fälliger Anspruch wegen Verwendungen auf den Gegenstand oder wegen eines ihm durch diesen verursachten Schadens zusteht, es sei denn, dass er den Gegenstand durch eine vorsätzlich begangene unerlaubte Handlung erlangt hat.

(3) ¹Der Gläubiger kann die Ausübung des Zurückbehaltungsrechts durch Sicherheitsleistung abwenden. ²Die Sicherheitsleistung durch Bürgen ist ausgeschlossen.

§ 274 Wirkungen des Zurückbehaltungsrechts. (1) Gegenüber der Klage des Gläubigers hat die Geltendmachung des Zurückbehaltungsrechts nur die Wirkung, dass der Schuldner zur Leistung gegen Empfang der ihm gebührenden Leistung (Erfüllung Zug um Zug) zu verurteilen ist.

(2) Auf Grund einer solchen Verurteilung kann der Gläubiger seinen Anspruch ohne Bewirkung der ihm obliegenden Leistung im Wege der Zwangsvollstreckung verfolgen, wenn der Schuldner im Verzug der Annahme ist.

---

[1] Beachte auch das kaufmännische Zurückbehaltungsrecht: §§ 369 ff. HGB v. 10. 5. 1897 (RGBl. S. 219, ber. 1999 S. 42), zuletzt geänd. durch G v. 31. 7. 2009 (BGBl. I S. 2512).

§ 275[1]) **Ausschluss der Leistungspflicht.** (1) Der Anspruch auf Leistung ist ausgeschlossen, soweit diese für den Schuldner oder für jedermann unmöglich ist.

(2) ¹ Der Schuldner kann die Leistung verweigern, soweit diese einen Aufwand erfordert, der unter Beachtung des Inhalts des Schuldverhältnisses und der Gebote von Treu und Glauben in einem groben Missverhältnis zu dem Leistungsinteresse des Gläubigers steht. ² Bei der Bestimmung der dem Schuldner zuzumutenden Anstrengungen ist auch zu berücksichtigen, ob der Schuldner das Leistungshindernis zu vertreten hat.

(3) Der Schuldner kann die Leistung ferner verweigern, wenn er die Leistung persönlich zu erbringen hat und sie ihm unter Abwägung des seiner Leistung entgegenstehenden Hindernisses mit dem Leistungsinteresse des Gläubigers nicht zugemutet werden kann.

(4) Die Rechte des Gläubigers bestimmen sich nach den §§ 280, 283 bis 285, 311 a und 326.

§ 276 Verantwortlichkeit des Schuldners. (1) ¹ Der Schuldner hat Vorsatz und Fahrlässigkeit zu vertreten, wenn eine strengere oder mildere Haftung weder bestimmt noch aus dem sonstigen Inhalt des Schuldverhältnisses, insbesondere aus der Übernahme einer Garantie oder eines Beschaffungsrisikos, zu entnehmen ist. ² Die Vorschriften der §§ 827 und 828 finden entsprechende Anwendung.

(2) Fahrlässig handelt, wer die im Verkehr erforderliche Sorgfalt außer Acht lässt.

(3) Die Haftung wegen Vorsatzes kann dem Schuldner nicht im Voraus erlassen werden.

§ 277 Sorgfalt in eigenen Angelegenheiten. Wer nur für diejenige Sorgfalt einzustehen hat, welche er in eigenen Angelegenheiten anzuwenden pflegt, ist von der Haftung wegen grober Fahrlässigkeit nicht befreit.

§ 278 Verantwortlichkeit des Schuldners für Dritte. ¹ Der Schuldner hat ein Verschulden seines gesetzlichen Vertreters und der Personen, deren er sich zur Erfüllung seiner Verbindlichkeit bedient, in gleichem Umfang zu vertreten wie eigenes Verschulden. ² Die Vorschrift des § 276 Abs. 3 findet keine Anwendung.

§ 279 (weggefallen)

§ 280 Schadensersatz wegen Pflichtverletzung. (1) ¹ Verletzt der Schuldner eine Pflicht aus dem Schuldverhältnis, so kann der Gläubiger Ersatz des hierdurch entstehenden Schadens verlangen. ² Dies gilt nicht, wenn der Schuldner die Pflichtverletzung nicht zu vertreten hat.

(2) Schadensersatz wegen Verzögerung der Leistung kann der Gläubiger nur unter der zusätzlichen Voraussetzung des § 286 verlangen.

---

[1]) **Amtl. Anm.**: Diese Vorschrift dient auch der Umsetzung der Richtlinie 1999/44/EG des Europäischen Parlaments und des Rates vom 25. Mai 1999 zu bestimmten Aspekten des Verbrauchsgüterkaufs und der Garantien für Verbrauchsgüter (ABl. EG Nr. L 171 S. 12).

Inhalt der Schuldverhältnisse §§ 281–285 BGB 7

(3) Schadensersatz statt der Leistung kann der Gläubiger nur unter den zusätzlichen Voraussetzungen des § 281, des § 282 oder des § 283 verlangen.

§ 281 Schadensersatz statt der Leistung wegen nicht oder nicht wie geschuldet erbrachter Leistung. (1) [1] Soweit der Schuldner die fällige Leistung nicht oder nicht wie geschuldet erbringt, kann der Gläubiger unter den Voraussetzungen des § 280 Abs. 1 Schadensersatz statt der Leistung verlangen, wenn er dem Schuldner erfolglos eine angemessene Frist zur Leistung oder Nacherfüllung bestimmt hat. [2] Hat der Schuldner eine Teilleistung bewirkt, so kann der Gläubiger Schadensersatz statt der ganzen Leistung nur verlangen, wenn er an der Teilleistung kein Interesse hat. [3] Hat der Schuldner die Leistung nicht wie geschuldet bewirkt, so kann der Gläubiger Schadensersatz statt der ganzen Leistung nicht verlangen, wenn die Pflichtverletzung unerheblich ist.

(2) Die Fristsetzung ist entbehrlich, wenn der Schuldner die Leistung ernsthaft und endgültig verweigert oder wenn besondere Umstände vorliegen, die unter Abwägung der beiderseitigen Interessen die sofortige Geltendmachung des Schadensersatzanspruchs rechtfertigen.

(3) Kommt nach der Art der Pflichtverletzung eine Fristsetzung nicht in Betracht, so tritt an deren Stelle eine Abmahnung.

(4) Der Anspruch auf die Leistung ist ausgeschlossen, sobald der Gläubiger statt der Leistung Schadensersatz verlangt hat.

(5) Verlangt der Gläubiger Schadensersatz statt der ganzen Leistung, so ist der Schuldner zur Rückforderung des Geleisteten nach den §§ 346 bis 348 berechtigt.

§ 282 Schadensersatz statt der Leistung wegen Verletzung einer Pflicht nach § 241 Abs. 2. Verletzt der Schuldner eine Pflicht nach § 241 Abs. 2, kann der Gläubiger unter den Voraussetzungen des § 280 Abs. 1 Schadensersatz statt der Leistung verlangen, wenn ihm die Leistung durch den Schuldner nicht mehr zuzumuten ist.

§ 283 Schadensersatz statt der Leistung bei Ausschluss der Leistungspflicht. [1] Braucht der Schuldner nach § 275 Abs. 1 bis 3 nicht zu leisten, kann der Gläubiger unter den Voraussetzungen des § 280 Abs. 1 Schadensersatz statt der Leistung verlangen. [2] § 281 Abs. 1 Satz 2 und 3 und Abs. 5 findet entsprechende Anwendung.

§ 284 Ersatz vergeblicher Aufwendungen. Anstelle des Schadensersatzes statt der Leistung kann der Gläubiger Ersatz der Aufwendungen verlangen, die er im Vertrauen auf den Erhalt der Leistung gemacht hat und billigerweise machen durfte, es sei denn, deren Zweck wäre auch ohne die Pflichtverletzung des Schuldners nicht erreicht worden.

§ 285 Herausgabe des Ersatzes. (1) Erlangt der Schuldner infolge des Umstands, auf Grund dessen er die Leistung nach § 275 Abs. 1 bis 3 nicht zu erbringen braucht, für den geschuldeten Gegenstand einen Ersatz oder einen Ersatzanspruch, so kann der Gläubiger Herausgabe des als Ersatz Empfangenen oder Abtretung des Ersatzanspruchs verlangen.

(2) Kann der Gläubiger statt der Leistung Schadensersatz verlangen, so mindert sich dieser, wenn er von dem in Absatz 1 bestimmten Recht Gebrauch macht, um den Wert des erlangten Ersatzes oder Ersatzanspruchs.

§ 286[1)] **Verzug des Schuldners.** (1) ¹ Leistet der Schuldner auf eine Mahnung des Gläubigers nicht, die nach dem Eintritt der Fälligkeit erfolgt, so kommt er durch die Mahnung in Verzug. ² Der Mahnung stehen die Erhebung der Klage auf die Leistung sowie die Zustellung eines Mahnbescheids im Mahnverfahren gleich.

(2) Der Mahnung bedarf es nicht, wenn

1. für die Leistung eine Zeit nach dem Kalender bestimmt ist,
2. der Leistung ein Ereignis vorauszugehen hat und eine angemessene Zeit für die Leistung in der Weise bestimmt ist, dass sie sich von dem Ereignis an nach dem Kalender berechnen lässt,
3. der Schuldner die Leistung ernsthaft und endgültig verweigert,
4. aus besonderen Gründen unter Abwägung der beiderseitigen Interessen der sofortige Eintritt des Verzugs gerechtfertigt ist.

(3) ¹ Der Schuldner einer Entgeltforderung kommt spätestens in Verzug, wenn er nicht innerhalb von 30 Tagen nach Fälligkeit und Zugang einer Rechnung oder gleichwertigen Zahlungsaufstellung leistet; dies gilt gegenüber einem Schuldner, der Verbraucher ist, nur, wenn auf diese Folgen in der Rechnung oder Zahlungsaufstellung besonders hingewiesen worden ist. ² Wenn der Zeitpunkt des Zugangs der Rechnung oder Zahlungsaufstellung unsicher ist, kommt der Schuldner, der nicht Verbraucher ist, spätestens 30 Tage nach Fälligkeit und Empfang der Gegenleistung in Verzug.

(4) Der Schuldner kommt nicht in Verzug, solange die Leistung infolge eines Umstands unterbleibt, den er nicht zu vertreten hat.

§ 287 Verantwortlichkeit während des Verzugs. ¹ Der Schuldner hat während des Verzugs jede Fahrlässigkeit zu vertreten. ² Er haftet wegen der Leistung auch für Zufall, es sei denn, dass der Schaden auch bei rechtzeitiger Leistung eingetreten sein würde.

§ 288[1)] **Verzugszinsen.** (1) ¹ Eine Geldschuld ist während des Verzugs zu verzinsen. ² Der Verzugszinssatz beträgt für das Jahr fünf Prozentpunkte über dem Basiszinssatz.

(2) Bei Rechtsgeschäften, an denen ein Verbraucher nicht beteiligt ist, beträgt der Zinssatz für Entgeltforderungen acht Prozentpunkte über dem Basiszinssatz.

(3) Der Gläubiger kann aus einem anderen Rechtsgrund höhere Zinsen verlangen.

(4) Die Geltendmachung eines weiteren Schadens ist nicht ausgeschlossen.

[1)] **Amtl. Anm.:** Diese Vorschrift dient zum Teil auch der Umsetzung der Richtlinie 2000/35/EG des Europäischen Parlaments und des Rates vom 29. Juni 2000 zur Bekämpfung von Zahlungsverzug im Geschäftsverkehr (ABl. EG Nr. L 200 S. 35).

Inhalt der Schuldverhältnisse §§ 289–296 BGB 7

§ 289 Zinseszinsverbot. ¹ Von Zinsen sind Verzugszinsen nicht zu entrichten. ² Das Recht des Gläubigers auf Ersatz des durch den Verzug entstehenden Schadens bleibt unberührt.

§ 290 Verzinsung des Wertersatzes. ¹ Ist der Schuldner zum Ersatz des Wertes eines Gegenstands verpflichtet, der während des Verzugs untergegangen ist oder aus einem während des Verzugs eingetretenen Grund nicht herausgegeben werden kann, so kann der Gläubiger Zinsen des zu ersetzenden Betrags von dem Zeitpunkt an verlangen, welcher der Bestimmung des Wertes zugrunde gelegt wird. ² Das Gleiche gilt, wenn der Schuldner zum Ersatz der Minderung des Wertes eines während des Verzugs verschlechterten Gegenstands verpflichtet ist.

§ 291 Prozesszinsen. ¹ Eine Geldschuld hat der Schuldner von dem Eintritte der Rechtshängigkeit an zu verzinsen, auch wenn er nicht im Verzug ist; wird die Schuld erst später fällig, so ist sie von der Fälligkeit an zu verzinsen. ² Die Vorschriften des § 288 Abs. 1 Satz 2, Abs. 2, Abs. 3 und des § 289 Satz 1 finden entsprechende Anwendung.

§ 292 Haftung bei Herausgabepflicht. (1) Hat der Schuldner einen bestimmten Gegenstand herauszugeben, so bestimmt sich von dem Eintritt der Rechtshängigkeit an der Anspruch des Gläubigers auf Schadensersatz wegen Verschlechterung, Untergangs oder einer aus einem anderen Grunde eintretenden Unmöglichkeit der Herausgabe nach den Vorschriften, welche für das Verhältnis zwischen dem Eigentümer und dem Besitzer von dem Eintritt der Rechtshängigkeit des Eigentumsanspruchs an gelten, soweit nicht aus dem Schuldverhältnis oder dem Verzug des Schuldners sich zugunsten des Gläubigers ein anderes ergibt.

(2) Das Gleiche gilt von dem Anspruch des Gläubigers auf Herausgabe oder Vergütung von Nutzungen und von dem Anspruch des Schuldners auf Ersatz von Verwendungen.

Titel 2. Verzug des Gläubigers

§ 293 Annahmeverzug. Der Gläubiger kommt in Verzug, wenn er die ihm angebotene Leistung nicht annimmt.

§ 294 Tatsächliches Angebot. Die Leistung muss dem Gläubiger so, wie sie zu bewirken ist, tatsächlich angeboten werden.

§ 295 Wörtliches Angebot. ¹ Ein wörtliches Angebot des Schuldners genügt, wenn der Gläubiger ihm erklärt hat, dass er die Leistung nicht annehmen werde, oder wenn zur Bewirkung der Leistung eine Handlung des Gläubigers erforderlich ist, insbesondere wenn der Gläubiger die geschuldete Sache abzuholen hat. ² Dem Angebot der Leistung steht die Aufforderung an den Gläubiger gleich, die erforderliche Handlung vorzunehmen.

§ 296 Entbehrlichkeit des Angebots. ¹ Ist für die von dem Gläubiger vorzunehmende Handlung eine Zeit nach dem Kalender bestimmt, so bedarf es des Angebots nur, wenn der Gläubiger die Handlung rechtzeitig vornimmt.
² Das Gleiche gilt, wenn der Handlung ein Ereignis vorauszugehen hat und

eine angemessene Zeit für die Handlung in der Weise bestimmt ist, dass sie sich von dem Ereignis an nach dem Kalender berechnen lässt.

§ 297 Unvermögen des Schuldners. Der Gläubiger kommt nicht in Verzug, wenn der Schuldner zur Zeit des Angebots oder im Falle des § 296 zu der für die Handlung des Gläubigers bestimmten Zeit außerstande ist, die Leistung zu bewirken.

§ 298 Zug-um-Zug-Leistungen. Ist der Schuldner nur gegen eine Leistung des Gläubigers zu leisten verpflichtet, so kommt der Gläubiger in Verzug, wenn er zwar die angebotene Leistung anzunehmen bereit ist, die verlangte Gegenleistung aber nicht anbietet.

§ 299 Vorübergehende Annahmeverhinderung. Ist die Leistungszeit nicht bestimmt oder ist der Schuldner berechtigt, vor der bestimmten Zeit zu leisten, so kommt der Gläubiger nicht dadurch in Verzug, dass er vorübergehend an der Annahme der angebotenen Leistung verhindert ist, es sei denn, dass der Schuldner ihm die Leistung eine angemessene Zeit vorher angekündigt hat.

§ 300 Wirkungen des Gläubigerverzugs. (1) Der Schuldner hat während des Verzugs des Gläubigers nur Vorsatz und grobe Fahrlässigkeit zu vertreten.

(2) Wird eine nur der Gattung nach bestimmte Sache geschuldet, so geht die Gefahr mit dem Zeitpunkt auf den Gläubiger über, in welchem er dadurch in Verzug kommt, dass er die angebotene Sache nicht annimmt.

§ 301 Wegfall der Verzinsung. Von einer verzinslichen Geldschuld hat der Schuldner während des Verzugs des Gläubigers Zinsen nicht zu entrichten.

§ 302 Nutzungen. Hat der Schuldner die Nutzungen eines Gegenstands herauszugeben oder zu ersetzen, so beschränkt sich seine Verpflichtung während des Verzugs des Gläubigers auf die Nutzungen, welche er zieht.

§ 303 Recht zur Besitzaufgabe. [1] Ist der Schuldner zur Herausgabe eines Grundstücks oder eines eingetragenen Schiffs oder Schiffsbauwerks verpflichtet, so kann er nach dem Eintritt des Verzugs des Gläubigers den Besitz aufgeben. [2] Das Aufgeben muss dem Gläubiger vorher angedroht werden, es sei denn, dass die Androhung untunlich ist.

§ 304 Ersatz von Mehraufwendungen. Der Schuldner kann im Falle des Verzugs des Gläubigers Ersatz der Mehraufwendungen verlangen, die er für das erfolglose Angebot sowie für die Aufbewahrung und Erhaltung des geschuldeten Gegenstands machen musste.

Abschnitte 2 bis 8

§§ 305–853 *(vom Abdruck wurde abgesehen)*

Buch 3. Sachenrecht

Abschnitte 1 bis 6

§§ 854–1112 *(vom Abdruck wurde abgesehen)*

Abschnitt 7.[1] Hypothek, Grundschuld, Rentenschuld

Titel 1. Hypothek

§ 1113 Gesetzlicher Inhalt der Hypothek. (1) Ein Grundstück kann in der Weise belastet werden, dass an denjenigen, zu dessen Gunsten die Belastung erfolgt, eine bestimmte Geldsumme zur Befriedigung wegen einer ihm zustehenden Forderung aus dem Grundstück zu zahlen ist (Hypothek).[2]

(2) Die Hypothek kann auch für eine künftige oder eine bedingte Forderung bestellt werden.

§ 1114 Belastung eines Bruchteils. Ein Bruchteil eines Grundstücks kann außer in den in § 3 Abs. 6 der Grundbuchordnung bezeichneten Fällen mit einer Hypothek nur belastet werden, wenn er in dem Anteil eines Miteigentümers besteht.

§ 1115 Eintragung der Hypothek. (1) Bei der Eintragung der Hypothek müssen der Gläubiger, der Geldbetrag der Forderung und, wenn die Forderung verzinslich ist, der Zinssatz, wenn andere Nebenleistungen zu entrichten sind, ihr Geldbetrag im Grundbuch angegeben werden; im Übrigen kann zur Bezeichnung der Forderung auf die Eintragungsbewilligung Bezug genommen werden.

(2) Bei der Eintragung der Hypothek für ein Darlehen einer Kreditanstalt, deren Satzung von der zuständigen Behörde öffentlich bekannt gemacht worden ist, genügt zur Bezeichnung der außer den Zinsen satzungsgemäß zu entrichtenden Nebenleistungen die Bezugnahme auf die Satzung.

§ 1116 Brief- und Buchhypothek. (1) Über die Hypothek wird ein Hypothekenbrief erteilt.

(2) ¹Die Erteilung des Briefes kann ausgeschlossen werden. ²Die Ausschließung kann auch nachträglich erfolgen. ³Zu der Ausschließung ist die Einigung des Gläubigers und des Eigentümers sowie die Eintragung in das Grundbuch erforderlich; die Vorschriften des § 873 Abs. 2 und der §§ 876, 878 finden entsprechende Anwendung.

(3) Die Ausschließung der Erteilung des Briefes kann aufgehoben werden; die Aufhebung erfolgt in gleicher Weise wie die Ausschließung.

---

[1] Wegen des für das Gebiet der ehem. DDR geltenden Übergangsrechts zu §§ 1113 ff. beachte Art. 233 § 6 EGBGB idF der Bek. v. 21. 9. 1994 (BGBl. I S. 2494, ber. 1997 S. 1061), zuletzt geänd. durch G v. 24. 9. 2009 (BGBl. I S. 3142).
[2] Schiffshypothek: §§ 24–81a Gesetz über Rechte an eingetragenen Schiffen und Schiffsbauwerken v. 15. 11. 1940 (RGBl. I S. 1499), zuletzt geänd. durch G v. 17. 12. 2008 (BGBl. I S. 2586).

§ 1117 Erwerb der Briefhypothek. (1) ¹Der Gläubiger erwirbt, sofern nicht die Erteilung des Hypothekenbriefs ausgeschlossen ist, die Hypothek erst, wenn ihm der Brief von dem Eigentümer des Grundstücks übergeben wird. ²Auf die Übergabe finden die Vorschriften des § 929 Satz 2 und der §§ 930, 931 Anwendung.

(2) Die Übergabe des Briefes kann durch die Vereinbarung ersetzt werden, dass der Gläubiger berechtigt sein soll, sich den Brief von dem Grundbuchamt aushändigen zu lassen.

(3) Ist der Gläubiger im Besitz des Briefes, so wird vermutet, dass die Übergabe erfolgt sei.

§ 1118 Haftung für Nebenforderungen. Kraft der Hypothek haftet das Grundstück auch für die gesetzlichen Zinsen der Forderung sowie für die Kosten der Kündigung und der die Befriedigung aus dem Grundstück bezweckenden Rechtsverfolgung.

§ 1119 Erweiterung der Haftung für Zinsen. (1) Ist die Forderung unverzinslich oder ist der Zinssatz niedriger als fünf vom Hundert, so kann die Hypothek ohne Zustimmung der im Range gleich- oder nachstehenden Berechtigten dahin erweitert werden, dass das Grundstück für Zinsen bis zu fünf vom Hundert haftet.

(2) Zu einer Änderung der Zahlungszeit und des Zahlungsorts ist die Zustimmung dieser Berechtigten gleichfalls nicht erforderlich.

§ 1120 Erstreckung auf Erzeugnisse, Bestandteile und Zubehör. Die Hypothek erstreckt sich auf die von dem Grundstück getrennten Erzeugnisse und sonstigen Bestandteile, soweit sie nicht mit der Trennung nach den §§ 954 bis 957 in das Eigentum eines anderen als des Eigentümers oder des Eigenbesitzers des Grundstücks gelangt sind, sowie auf das Zubehör des Grundstücks mit Ausnahme der Zubehörstücke, welche nicht in das Eigentum des Eigentümers des Grundstücks gelangt sind.

§ 1121 Enthaftung durch Veräußerung und Entfernung. (1) Erzeugnisse und sonstige Bestandteile des Grundstücks sowie Zubehörstücke werden von der Haftung frei, wenn sie veräußert und von dem Grundstück entfernt werden, bevor sie zugunsten des Gläubigers in Beschlag genommen worden sind.

(2) ¹Erfolgt die Veräußerung vor der Entfernung, so kann sich der Erwerber dem Gläubiger gegenüber nicht darauf berufen, dass er in Ansehung der Hypothek in gutem Glauben gewesen sei. ²Entfernt der Erwerber die Sache von dem Grundstück, so ist eine vor der Entfernung erfolgte Beschlagnahme ihm gegenüber nur wirksam, wenn er bei der Entfernung in Ansehung der Beschlagnahme nicht in gutem Glauben ist.

§ 1122 Enthaftung ohne Veräußerung. (1) Sind die Erzeugnisse oder Bestandteile innerhalb der Grenzen einer ordnungsmäßigen Wirtschaft von dem Grundstück getrennt worden, so erlischt ihre Haftung auch ohne Veräußerung, wenn sie vor der Beschlagnahme von dem Grundstück entfernt werden, es sei denn, dass die Entfernung zu einem vorübergehenden Zwecke erfolgt.

(2) Zubehörstücke werden ohne Veräußerung von der Haftung frei, wenn die Zubehöreigenschaft innerhalb der Grenzen einer ordnungsmäßigen Wirtschaft vor der Beschlagnahme aufgehoben wird.

§ 1123 Erstreckung auf Miet- oder Pachtforderung. (1) Ist das Grundstück vermietet oder verpachtet, so erstreckt sich die Hypothek auf die Miet- oder Pachtforderung.[1)]

(2) [1] Soweit die Forderung fällig ist, wird sie mit dem Ablauf eines Jahres nach dem Eintritt der Fälligkeit von der Haftung frei, wenn nicht vorher die Beschlagnahme zugunsten des Hypothekengläubigers erfolgt. [2] Ist die Miete oder Pacht im Voraus zu entrichten, so erstreckt sich die Befreiung nicht auf die Miete oder Pacht für eine spätere Zeit als den zur Zeit der Beschlagnahme laufenden Kalendermonat; erfolgt die Beschlagnahme nach dem 15. Tage des Monats, so erstreckt sich die Befreiung auch auf den Miet- oder Pachtzins für den folgenden Kalendermonat.

§ 1124 Vorausverfügung über Miete oder Pacht. (1) [1] Wird die Miete oder Pacht eingezogen, bevor sie zugunsten des Hypothekengläubigers in Beschlag genommen worden ist, oder wird vor der Beschlagnahme in anderer Weise über sie verfügt, so ist die Verfügung dem Hypothekengläubiger gegenüber wirksam. [2] Besteht die Verfügung in der Übertragung der Forderung auf einen Dritten, so erlischt die Haftung der Forderung; erlangt ein Dritter ein Recht an der Forderung, so geht es der Hypothek im Range vor.

(2) Die Verfügung ist dem Hypothekengläubiger gegenüber unwirksam, soweit sie sich auf die Miete oder Pacht für eine spätere Zeit als den zur Zeit der Beschlagnahme laufenden Kalendermonat bezieht; erfolgt die Beschlagnahme nach dem fünfzehnten Tage des Monats, so ist die Verfügung jedoch insoweit wirksam, als sie sich auf die Miete oder Pacht für den folgenden Kalendermonat bezieht.

(3) Der Übertragung der Forderung auf einen Dritten steht es gleich, wenn das Grundstück ohne die Forderung veräußert wird.

§ 1125 Aufrechnung gegen Miete oder Pacht. Soweit die Einziehung der Miete oder Pacht dem Hypothekengläubiger gegenüber unwirksam ist, kann der Mieter oder der Pächter nicht eine ihm gegen den Vermieter oder den Verpächter zustehende Forderung gegen den Hypothekengläubiger aufrechnen.

[1)] Hierzu bestimmt das Gesetz über die Pfändung von Miet- und Pachtzinsforderungen wegen Ansprüche aus öffentlichen Grundstückslasten v. 9. 3. 1934 (RGBl. I S. 181), geänd. durch G v. 19. 6. 2001 (BGBl. I S. 1149):

„(1) Die öffentlichen Lasten eines Grundstücks, die in wiederkehrenden Leistungen bestehen, erstrecken sich nach Maßgabe der folgenden Bestimmungen auf die Miet- und Pachtforderungen.

(2) Werden Miet- oder Pachtforderungen wegen des zuletzt fällig gewordenen Teilbetrages der öffentlichen Last gepfändet, so wird die Pfändung durch eine spätere von einem Hypotheken- oder Grundschuldgläubiger bewirkte Pfändung nicht berührt. Werden die wiederkehrenden Leistungen in monatlichen Beträgen fällig, so gilt dieses Vorrecht auch für den vorletzten Teilbetrag.

(3) Ist vor der Pfändung die Miete oder Pacht eingezogen oder in anderer Weise über sie verfügt, so bleibt die Verfügung gegenüber dem aus der öffentlichen Last Berechtigten, soweit seine Pfändung das Vorrecht des Absatzes 2 genießt, nur für den zur Zeit der Pfändung laufenden Kalendermonat und, wenn die Pfändung nach dem fünfzehnten Tage des Monats bewirkt ist, auch für den folgenden Kalendermonat wirksam."

§ 1126 Erstreckung auf wiederkehrende Leistungen. ¹Ist mit dem Eigentum an dem Grundstück ein Recht auf wiederkehrende Leistungen verbunden, so erstreckt sich die Hypothek auf die Ansprüche auf diese Leistungen. ²Die Vorschriften des § 1123 Abs. 2 Satz 1, des § 1124 Abs. 1, 3 und des § 1125 finden entsprechende Anwendung. ³Eine vor der Beschlagnahme erfolgte Verfügung über den Anspruch auf eine Leistung, die erst drei Monate nach der Beschlagnahme fällig wird, ist dem Hypothekengläubiger gegenüber unwirksam.

§ 1127 Erstreckung auf die Versicherungsforderung. (1) Sind Gegenstände, die der Hypothek unterliegen, für den Eigentümer oder den Eigenbesitzer des Grundstücks unter Versicherung gebracht, so erstreckt sich die Hypothek auf die Forderung gegen den Versicherer.

(2) Die Haftung der Forderung gegen den Versicherer erlischt, wenn der versicherte Gegenstand wiederhergestellt oder Ersatz für ihn beschafft ist.

§ 1128 Gebäudeversicherung. (1) ¹Ist ein Gebäude versichert, so kann der Versicherer die Versicherungssumme mit Wirkung gegen den Hypothekengläubiger an den Versicherten erst zahlen, wenn er oder der Versicherte den Eintritt des Schadens dem Hypothekengläubiger angezeigt hat und seit dem Empfang der Anzeige ein Monat verstrichen ist. ²Der Hypothekengläubiger kann bis zum Ablauf der Frist dem Versicherer gegenüber der Zahlung widersprechen. ³Die Anzeige darf unterbleiben, wenn sie untunlich ist; in diesem Falle wird der Monat von dem Zeitpunkt an berechnet, in welchem die Versicherungssumme fällig wird.

(2) Hat der Hypothekengläubiger seine Hypothek dem Versicherer angemeldet, so kann der Versicherer mit Wirkung gegen den Hypothekengläubiger an den Versicherten nur zahlen, wenn der Hypothekengläubiger der Zahlung schriftlich zugestimmt hat.

(3) Im Übrigen finden die für eine verpfändete Forderung geltenden Vorschriften Anwendung; der Versicherer kann sich jedoch nicht darauf berufen, dass er eine aus dem Grundbuch ersichtliche Hypothek nicht gekannt habe.

§ 1129 Sonstige Schadensversicherung. Ist ein anderer Gegenstand als ein Gebäude versichert, so bestimmt sich die Haftung der Forderung gegen den Versicherer nach den Vorschriften des § 1123 Abs. 2 Satz 1 und des § 1124 Abs. 1, 3.

§ 1130 Wiederherstellungsklausel. Ist der Versicherer nach den Versicherungsbestimmungen nur verpflichtet, die Versicherungssumme zur Wiederherstellung des versicherten Gegenstands zu zahlen, so ist eine diesen Bestimmungen entsprechende Zahlung an den Versicherten dem Hypothekengläubiger gegenüber wirksam.

§ 1131 Zuschreibung eines Grundstücks. ¹Wird ein Grundstück nach § 890 Abs. 2 einem anderen Grundstück im Grundbuch zugeschrieben, so erstrecken sich die an diesem Grundstück bestehenden Hypotheken auf das zugeschriebene Grundstück. ²Rechte, mit denen das zugeschriebene Grundstück belastet ist, gehen diesen Hypotheken im Range vor.

§ 1132 Gesamthypothek. (1) ¹Besteht für die Forderung eine Hypothek an mehreren Grundstücken (Gesamthypothek), so haftet jedes Grundstück für die ganze Forderung. ²Der Gläubiger kann die Befriedigung nach seinem Belieben aus jedem der Grundstücke ganz oder zu einem Teil suchen.

(2) ¹Der Gläubiger ist berechtigt, den Betrag der Forderung auf die einzelnen Grundstücke in der Weise zu verteilen, dass jedes Grundstück nur für den zugeteilten Betrag haftet. ²Auf die Verteilung finden die Vorschriften der §§ 875, 876, 878 entsprechende Anwendung.

§ 1133 Gefährdung der Sicherheit der Hypothek. ¹Ist infolge einer Verschlechterung des Grundstücks die Sicherheit der Hypothek gefährdet, so kann der Gläubiger dem Eigentümer eine angemessene Frist zur Beseitigung der Gefährdung bestimmen. ²Nach dem Ablauf der Frist ist der Gläubiger berechtigt, sofort Befriedigung aus dem Grundstück zu suchen, wenn nicht die Gefährdung durch Verbesserung des Grundstücks oder durch anderweitige Hypothekenbestellung beseitigt worden ist. ³Ist die Forderung unverzinslich und noch nicht fällig, so gebührt dem Gläubiger nur die Summe, welche mit Hinzurechnung der gesetzlichen Zinsen für die Zeit von der Zahlung bis zur Fälligkeit dem Betrag der Forderung gleichkommt.

§ 1134 Unterlassungsklage. (1) Wirkt der Eigentümer oder ein Dritter auf das Grundstück in solcher Weise ein, dass eine die Sicherheit der Hypothek gefährdende Verschlechterung des Grundstücks zu besorgen ist, so kann der Gläubiger auf Unterlassung klagen.

(2) ¹Geht die Einwirkung von dem Eigentümer aus, so hat das Gericht auf Antrag des Gläubigers die zur Abwendung der Gefährdung erforderlichen Maßregeln anzuordnen. ²Das Gleiche gilt, wenn die Verschlechterung deshalb zu besorgen ist, weil der Eigentümer die erforderlichen Vorkehrungen gegen Einwirkungen Dritter oder gegen andere Beschädigungen unterlässt.

§ 1135 Verschlechterung des Zubehörs. Einer Verschlechterung des Grundstücks im Sinne der §§ 1133, 1134 steht es gleich, wenn Zubehörstücke, auf die sich die Hypothek erstreckt, verschlechtert oder den Regeln einer ordnungsmäßigen Wirtschaft zuwider von dem Grundstück entfernt werden.

§ 1136 Rechtsgeschäftliche Verfügungsbeschränkung. Eine Vereinbarung, durch die sich der Eigentümer dem Gläubiger gegenüber verpflichtet, das Grundstück nicht zu veräußern oder nicht weiter zu belasten, ist nichtig.

§ 1137 Einreden des Eigentümers. (1) ¹Der Eigentümer kann gegen die Hypothek die dem persönlichen Schuldner gegen die Forderung sowie die nach § 770 einem Bürgen zustehenden Einreden geltend machen. ²Stirbt der persönliche Schuldner, so kann sich der Eigentümer nicht darauf berufen, dass der Erbe für die Schuld nur beschränkt haftet.

(2) Ist der Eigentümer nicht der persönliche Schuldner, so verliert er eine Einrede nicht dadurch, dass dieser auf sie verzichtet.

§ 1138 Öffentlicher Glaube des Grundbuchs. Die Vorschriften der §§ 891 bis 899 gelten für die Hypothek auch in Ansehung der Forderung und der dem Eigentümer nach § 1137 zustehenden Einreden.

§ 1139 Widerspruch bei Darlehensbuchhypothek. [1] Ist bei der Bestellung einer Hypothek für ein Darlehen die Erteilung des Hypothekenbriefs ausgeschlossen worden, so genügt zur Eintragung eines Widerspruchs, der sich darauf gründet, dass die Hingabe des Darlehens unterblieben sei, der von dem Eigentümer an das Grundbuchamt gerichtete Antrag, sofern er vor dem Ablauf eines Monats nach der Eintragung der Hypothek gestellt wird. [2] Wird der Widerspruch innerhalb des Monats eingetragen, so hat die Eintragung die gleiche Wirkung, wie wenn der Widerspruch zugleich mit der Hypothek eingetragen worden wäre.

§ 1140 Hypothekenbrief und Unrichtigkeit des Grundbuchs. [1] Soweit die Unrichtigkeit des Grundbuchs aus dem Hypothekenbrief oder einem Vermerk auf dem Brief hervorgeht, ist die Berufung auf die Vorschriften der §§ 892, 893 ausgeschlossen. [2] Ein Widerspruch gegen die Richtigkeit des Grundbuchs, der aus dem Briefe oder einem Vermerk auf dem Briefe hervorgeht, steht einem im Grundbuch eingetragenen Widerspruch gleich.

§ 1141 Kündigung der Hypothek. (1) [1] Hängt die Fälligkeit der Forderung von einer Kündigung ab, so ist die Kündigung für die Hypothek nur wirksam, wenn sie von dem Gläubiger dem Eigentümer oder von dem Eigentümer dem Gläubiger erklärt wird. [2] Zugunsten des Gläubigers gilt derjenige, welcher im Grundbuch als Eigentümer eingetragen ist, als der Eigentümer.

(2) Hat der Eigentümer keinen Wohnsitz im Inland oder liegen die Voraussetzungen des § 132 Abs. 2 vor, so hat auf Antrag des Gläubigers das Amtsgericht, in dessen Bezirk das Grundstück liegt, dem Eigentümer einen Vertreter zu bestellen, dem gegenüber die Kündigung des Gläubigers erfolgen kann.

§ 1142 Befriedigungsrecht des Eigentümers. (1) Der Eigentümer ist berechtigt, den Gläubiger zu befriedigen, wenn die Forderung ihm gegenüber fällig geworden oder wenn der persönliche Schuldner zur Leistung berechtigt ist.

(2) Die Befriedigung kann auch durch Hinterlegung oder durch Aufrechnung erfolgen.

§ 1143 Übergang der Forderung. (1) [1] Ist der Eigentümer nicht der persönliche Schuldner, so geht, soweit er den Gläubiger befriedigt, die Forderung auf ihn über. [2] Die für einen Bürgen geltende Vorschrift des § 774 Abs. 1 findet entsprechende Anwendung.

(2) Besteht für die Forderung eine Gesamthypothek, so gilt für diese die Vorschrift des § 1173.

§ 1144 Aushändigung der Urkunden. Der Eigentümer kann gegen Befriedigung des Gläubigers die Aushändigung des Hypothekenbriefs und der sonstigen Urkunden verlangen, die zur Berichtigung des Grundbuchs oder zur Löschung der Hypothek erforderlich sind.

§ 1145 Teilweise Befriedigung. (1) [1] Befriedigt der Eigentümer den Gläubiger nur teilweise, so kann er die Aushändigung des Hypothekenbriefs nicht verlangen. [2] Der Gläubiger ist verpflichtet, die teilweise Befriedigung auf dem Briefe zu vermerken und den Brief zum Zwecke der Berichtigung des Grundbuchs oder der Löschung dem Grundbuchamt oder zum Zwecke der Herstellung eines Teilhypothekenbriefs für den Eigentümer der zuständigen Behörde oder einem zuständigen Notar vorzulegen.

(2) [1] Die Vorschrift des Absatzes 1 Satz 2 gilt für Zinsen und andere Nebenleistungen nur, wenn sie später als in dem Kalendervierteljahr, in welchem der Gläubiger befriedigt wird, oder dem folgenden Vierteljahr fällig werden. [2] Auf Kosten, für die das Grundstück nach § 1118 haftet, findet die Vorschrift keine Anwendung.

§ 1146 Verzugszinsen. Liegen dem Eigentümer gegenüber die Voraussetzungen vor, unter denen ein Schuldner in Verzug kommt, so gebühren dem Gläubiger Verzugszinsen aus dem Grundstück.

§ 1147 Befriedigung durch Zwangsvollstreckung. Die Befriedigung des Gläubigers aus dem Grundstück und den Gegenständen, auf die sich die Hypothek erstreckt, erfolgt im Wege der Zwangsvollstreckung.

§ 1148 Eigentumsfiktion. [1] Bei der Verfolgung des Rechts aus der Hypothek gilt zugunsten des Gläubigers derjenige, welcher im Grundbuch als Eigentümer eingetragen ist, als der Eigentümer. [2] Das Recht des nicht eingetragenen Eigentümers, die ihm gegen die Hypothek zustehenden Einwendungen geltend zu machen, bleibt unberührt.

§ 1149 Unzulässige Befriedigungsabreden. Der Eigentümer kann, solange nicht die Forderung ihm gegenüber fällig geworden ist, dem Gläubiger nicht das Recht einräumen, zum Zwecke der Befriedigung die Übertragung des Eigentums an dem Grundstück zu verlangen oder die Veräußerung des Grundstücks auf andere Weise als im Wege der Zwangsvollstreckung zu bewirken.

§ 1150 Ablösungsrecht Dritter. Verlangt der Gläubiger Befriedigung aus dem Grundstück, so finden die Vorschriften der §§ 268, 1144, 1145 entsprechende Anwendung.

§ 1151 Rangänderung bei Teilhypotheken. Wird die Forderung geteilt, so ist zur Änderung des Rangverhältnisses der Teilhypotheken untereinander die Zustimmung des Eigentümers nicht erforderlich.

§ 1152 Teilhypothekenbrief. [1] Im Falle einer Teilung der Forderung kann, sofern nicht die Erteilung des Hypothekenbriefs ausgeschlossen ist, für jeden Teil ein Teilhypothekenbrief hergestellt werden; die Zustimmung des Eigentümers des Grundstücks ist nicht erforderlich. [2] Der Teilhypothekenbrief tritt für den Teil, auf den er sich bezieht, an die Stelle des bisherigen Briefes.

§ 1153 Übertragung von Hypothek und Forderung. (1) Mit der Übertragung der Forderung geht die Hypothek auf den neuen Gläubiger über.

(2) Die Forderung kann nicht ohne die Hypothek, die Hypothek kann nicht ohne die Forderung übertragen werden.

§ 1154 Abtretung der Forderung. (1) ¹Zur Abtretung der Forderung ist Erteilung der Abtretungserklärung in schriftlicher Form und Übergabe des Hypothekenbriefs erforderlich; die Vorschrift des § 1117 findet Anwendung. ²Der bisherige Gläubiger hat auf Verlangen des neuen Gläubigers die Abtretungserklärung auf seine Kosten öffentlich beglaubigen zu lassen.

(2) Die schriftliche Form der Abtretungserklärung kann dadurch ersetzt werden, dass die Abtretung in das Grundbuch eingetragen wird.

(3) Ist die Erteilung des Hypothekenbriefs ausgeschlossen, so finden auf die Abtretung der Forderung die Vorschriften der §§ 873, 878 entsprechende Anwendung.

§ 1155 Öffentlicher Glaube beglaubigter Abtretungserklärungen. ¹Ergibt sich das Gläubigerrecht des Besitzers des Hypothekenbriefs aus einer zusammenhängenden, auf einen eingetragenen Gläubiger zurückführenden Reihe von öffentlich beglaubigten Abtretungserklärungen, so finden die Vorschriften der §§ 891 bis 899 in gleicher Weise Anwendung, wie wenn der Besitzer des Briefes als Gläubiger im Grundbuch eingetragen wäre. ²Einer öffentlich beglaubigten Abtretungserklärung steht gleich ein gerichtlicher Überweisungsbeschluss und das öffentlich beglaubigte Anerkenntnis einer kraft Gesetzes erfolgten Übertragung der Forderung.

§ 1156 Rechtsverhältnis zwischen Eigentümer und neuem Gläubiger. ¹Die für die Übertragung der Forderung geltenden Vorschriften der §§ 406 bis 408 finden auf das Rechtsverhältnis zwischen dem Eigentümer und dem neuen Gläubiger in Ansehung der Hypothek keine Anwendung. ²Der neue Gläubiger muss jedoch eine dem bisherigen Gläubiger gegenüber erfolgte Kündigung des Eigentümers gegen sich gelten lassen, es sei denn, dass die Übertragung zur Zeit der Kündigung dem Eigentümer bekannt oder im Grundbuch eingetragen ist.

§ 1157 Fortbestehen der Einreden gegen die Hypothek. ¹Eine Einrede, die dem Eigentümer auf Grund eines zwischen ihm und dem bisherigen Gläubiger bestehenden Rechtsverhältnisses gegen die Hypothek zusteht, kann auch dem neuen Gläubiger entgegengesetzt werden. ²Die Vorschriften der §§ 892, 894 bis 899, 1140 gelten auch für diese Einrede.

§ 1158 Künftige Nebenleistungen. Soweit die Forderung auf Zinsen oder andere Nebenleistungen gerichtet ist, die nicht später als in dem Kalendervierteljahr, in welchem der Eigentümer von der Übertragung Kenntnis erlangt, oder dem folgenden Vierteljahr fällig werden, finden auf das Rechtsverhältnis zwischen dem Eigentümer und dem neuen Gläubiger die Vorschriften der §§ 406 bis 408 Anwendung; der Gläubiger kann sich gegenüber den Einwendungen, welche dem Eigentümer nach den §§ 404, 406 bis 408, 1157 zustehen, nicht auf die Vorschrift des § 892 berufen.

§ 1159 Rückständige Nebenleistungen. (1) ¹Soweit die Forderung auf Rückstände von Zinsen oder anderen Nebenleistungen gerichtet ist, bestimmt sich die Übertragung sowie das Rechtsverhältnis zwischen dem Eigentümer und dem neuen Gläubiger nach den für die Übertragung von Forderungen geltenden allgemeinen Vorschriften. ²Das Gleiche gilt für den Anspruch auf Erstattung von Kosten, für die das Grundstück nach § 1118 haftet.

(2) Die Vorschrift des § 892 findet auf die im Absatz 1 bezeichneten Ansprüche keine Anwendung.

§ 1160 Geltendmachung der Briefhypothek. (1) Der Geltendmachung der Hypothek kann, sofern nicht die Erteilung des Hypothekenbriefs ausgeschlossen ist, widersprochen werden, wenn der Gläubiger nicht den Brief vorlegt; ist der Gläubiger nicht im Grundbuch eingetragen, so sind auch die im § 1155 bezeichneten Urkunden vorzulegen.

(2) Eine dem Eigentümer gegenüber erfolgte Kündigung oder Mahnung ist unwirksam, wenn der Gläubiger die nach Absatz 1 erforderlichen Urkunden nicht vorlegt und der Eigentümer die Kündigung oder die Mahnung aus diesem Grunde unverzüglich zurückweist.

(3) Diese Vorschriften gelten nicht für die im § 1159 bezeichneten Ansprüche.

§ 1161 Geltendmachung der Forderung. Ist der Eigentümer der persönliche Schuldner, so findet die Vorschrift des § 1160 auch auf die Geltendmachung der Forderung Anwendung.

§ 1162 Aufgebot des Hypothekenbriefs. Ist der Hypothekenbrief abhanden gekommen oder vernichtet, so kann er im Wege des Aufgebotsverfahrens für kraftlos erklärt werden.

§ 1163 Eigentümerhypothek. (1) ¹Ist die Forderung, für welche die Hypothek bestellt ist, nicht zur Entstehung gelangt, so steht die Hypothek dem Eigentümer zu. ²Erlischt die Forderung, so erwirbt der Eigentümer die Hypothek.

(2) Eine Hypothek, für welche die Erteilung des Hypothekenbriefs nicht ausgeschlossen ist, steht bis zur Übergabe des Briefes an den Gläubiger dem Eigentümer zu.

§ 1164 Übergang der Hypothek auf den Schuldner. (1) ¹Befriedigt der persönliche Schuldner den Gläubiger, so geht die Hypothek insoweit auf ihn über, als er von dem Eigentümer oder einem Rechtsvorgänger des Eigentümers Ersatz verlangen kann. ²Ist dem Schuldner nur teilweise Ersatz zu leisten, so kann der Eigentümer die Hypothek, soweit sie auf ihn übergegangen ist, nicht zum Nachteil der Hypothek des Schuldners geltend machen.

(2) Der Befriedigung des Gläubigers steht es gleich, wenn sich Forderung und Schuld in einer Person vereinigen.

§ 1165 Freiwerden des Schuldners. Verzichtet der Gläubiger auf die Hypothek oder hebt er sie nach § 1183 auf oder räumt er einem anderen Recht den Vorrang ein, so wird der persönliche Schuldner insoweit frei, als er ohne diese Verfügung nach § 1164 aus der Hypothek hätte Ersatz erlangen können.

§ 1166 Benachrichtigung des Schuldners. ¹ Ist der persönliche Schuldner berechtigt, von dem Eigentümer Ersatz zu verlangen, falls er den Gläubiger befriedigt, so kann er, wenn der Gläubiger die Zwangsversteigerung des Grundstücks betreibt, ohne ihn unverzüglich zu benachrichtigen, die Befriedigung des Gläubigers wegen eines Ausfalls bei der Zwangsversteigerung insoweit verweigern, als er infolge der Unterlassung der Benachrichtigung einen Schaden erleidet. ² Die Benachrichtigung darf unterbleiben, wenn sie untunlich ist.

§ 1167 Aushändigung der Berichtigungsurkunden. Erwirbt der persönliche Schuldner, falls er den Gläubiger befriedigt, die Hypothek oder hat er im Falle der Befriedigung ein sonstiges rechtliches Interesse an der Berichtigung des Grundbuchs, so stehen ihm die in den §§ 1144, 1145 bestimmten Rechte zu.

§ 1168 Verzicht auf die Hypothek. (1) Verzichtet der Gläubiger auf die Hypothek, so erwirbt sie der Eigentümer.

(2) ¹ Der Verzicht ist dem Grundbuchamt oder dem Eigentümer gegenüber zu erklären und bedarf der Eintragung in das Grundbuch. ² Die Vorschriften des § 875 Abs. 2 und der §§ 876, 878 finden entsprechende Anwendung.

(3) Verzichtet der Gläubiger für einen Teil der Forderung auf die Hypothek, so stehen dem Eigentümer die im § 1145 bestimmten Rechte zu.

§ 1169 Rechtszerstörende Einrede. Steht dem Eigentümer eine Einrede zu, durch welche die Geltendmachung der Hypothek dauernd ausgeschlossen wird, so kann er verlangen, dass der Gläubiger auf die Hypothek verzichtet.

§ 1170 Ausschluss unbekannter Gläubiger. (1) ¹ Ist der Gläubiger unbekannt, so kann er im Wege des Aufgebotsverfahrens mit seinem Recht ausgeschlossen werden, wenn seit der letzten sich auf die Hypothek beziehenden Eintragung in das Grundbuch zehn Jahre verstrichen sind und das Recht des Gläubigers nicht innerhalb dieser Frist von dem Eigentümer in einer nach § 212 Abs. 1 Nr. 1 zum Neubeginn der Verjährung geeigneten Weise anerkannt worden ist. ² Besteht für die Forderung eine nach dem Kalender bestimmte Zahlungszeit, so beginnt die Frist nicht vor dem Ablauf des Zahlungstags.

(2) ¹ Mit der Rechtskraft des Ausschließungsbeschlusses erwirbt der Eigentümer die Hypothek. ² Der dem Gläubiger erteilte Hypothekenbrief wird kraftlos.

§ 1171 Ausschluss durch Hinterlegung. (1) ¹ Der unbekannte Gläubiger kann im Wege des Aufgebotsverfahrens mit seinem Recht auch dann ausgeschlossen werden, wenn der Eigentümer zur Befriedigung des Gläubigers oder zur Kündigung berechtigt ist und den Betrag der Forderung für den Gläubiger unter Verzicht auf das Recht zur Rücknahme hinterlegt. ² Die Hinterlegung von Zinsen ist nur erforderlich, wenn der Zinssatz im Grundbuch eingetragen ist; Zinsen für eine frühere Zeit als das vierte Kalenderjahr vor der Rechtskraft des Ausschließungsbeschlusses sind nicht zu hinterlegen.

(2) ¹ Mit der Rechtskraft des Ausschließungsbeschlusses gilt der Gläubiger als befriedigt, sofern nicht nach den Vorschriften über die Hinterlegung die

Hypothek, Grundschuld, Rentenschuld §§ 1172–1175 BGB 7

Befriedigung schon vorher eingetreten ist. ² Der dem Gläubiger erteilte Hypothekenbrief wird kraftlos.

(3) Das Recht des Gläubigers auf den hinterlegten Betrag erlischt mit dem Ablauf von 30 Jahren nach der Rechtskraft des Ausschließungsbeschlusses, wenn nicht der Gläubiger sich vorher bei der Hinterlegungsstelle meldet; der Hinterleger ist zur Rücknahme berechtigt, auch wenn er auf das Recht zur Rücknahme verzichtet hat.

§ 1172 Eigentümergesamthypothek. (1) Eine Gesamthypothek steht in den Fällen des § 1163 den Eigentümern der belasteten Grundstücke gemeinschaftlich zu.

(2) ¹ Jeder Eigentümer kann, sofern nicht ein anderes vereinbart ist, verlangen, dass die Hypothek an seinem Grundstück auf den Teilbetrag, der dem Verhältnis des Wertes seines Grundstücks zu dem Werte der sämtlichen Grundstücke entspricht, nach § 1132 Abs. 2 beschränkt und in dieser Beschränkung ihm zugeteilt wird. ² Der Wert wird unter Abzug der Belastungen berechnet, die der Gesamthypothek im Range vorgehen.

§ 1173 Befriedigung durch einen der Eigentümer. (1) ¹ Befriedigt der Eigentümer eines der mit einer Gesamthypothek belasteten Grundstücke den Gläubiger, so erwirbt er die Hypothek an seinem Grundstück; die Hypothek an den übrigen Grundstücken erlischt. ² Der Befriedigung des Gläubigers durch den Eigentümer steht es gleich, wenn das Gläubigerrecht auf den Eigentümer übertragen wird oder wenn sich Forderung und Schuld in der Person des Eigentümers vereinigen.

(2) Kann der Eigentümer, der den Gläubiger befriedigt, von dem Eigentümer eines der anderen Grundstücke oder einem Rechtsvorgänger dieses Eigentümers Ersatz verlangen, so geht in Höhe des Ersatzanspruchs auch die Hypothek an dem Grundstück dieses Eigentümers auf ihn über; sie bleibt mit der Hypothek an seinem eigenen Grundstück Gesamthypothek.

§ 1174 Befriedigung durch den persönlichen Schuldner. (1) Befriedigt der persönliche Schuldner den Gläubiger, dem eine Gesamthypothek zusteht, oder vereinigen sich bei einer Gesamthypothek Forderung und Schuld in einer Person, so geht, wenn der Schuldner nur von dem Eigentümer eines der Grundstücke oder von einem Rechtsvorgänger des Eigentümers Ersatz verlangen kann, die Hypothek an diesem Grundstück auf ihn über; die Hypothek an den übrigen Grundstücken erlischt.

(2) Ist dem Schuldner nur teilweise Ersatz zu leisten und geht deshalb die Hypothek nur zu einem Teilbetrag auf ihn über, so hat sich der Eigentümer diesen Betrag auf den ihm nach § 1172 gebührenden Teil des übrig bleibenden Betrags der Gesamthypothek anrechnen zu lassen.

§ 1175 Verzicht auf die Gesamthypothek. (1) ¹ Verzichtet der Gläubiger auf die Gesamthypothek, so fällt sie den Eigentümern der belasteten Grundstücke gemeinschaftlich zu; die Vorschrift des § 1172 Abs. 2 findet Anwendung. ² Verzichtet der Gläubiger auf die Hypothek an einem der Grundstücke, so erlischt die Hypothek an diesem.

(2) Das Gleiche gilt, wenn der Gläubiger nach § 1170 mit seinem Recht ausgeschlossen wird.

§ 1176 Eigentümerteilhypothek; Kollisionsklausel. Liegen die Voraussetzungen der §§ 1163, 1164, 1168, 1172 bis 1175 nur in Ansehung eines Teilbetrags der Hypothek vor, so kann die auf Grund dieser Vorschriften dem Eigentümer oder einem der Eigentümer oder dem persönlichen Schuldner zufallende Hypothek nicht zum Nachteil der dem Gläubiger verbleibenden Hypothek geltend gemacht werden.

§ 1177 Eigentümergrundschuld, Eigentümerhypothek. (1) [1] Vereinigt sich die Hypothek mit dem Eigentum in einer Person, ohne dass dem Eigentümer auch die Forderung zusteht, so verwandelt sich die Hypothek in eine Grundschuld. [2] In Ansehung der Verzinslichkeit, des Zinssatzes, der Zahlungszeit, der Kündigung und des Zahlungsorts bleiben die für die Forderung getroffenen Bestimmungen maßgebend.

(2) Steht dem Eigentümer auch die Forderung zu, so bestimmen sich seine Rechte aus der Hypothek, solange die Vereinigung besteht, nach den für eine Grundschuld des Eigentümers geltenden Vorschriften.

§ 1178 Hypothek für Nebenleistungen und Kosten. (1) [1] Die Hypothek für Rückstände von Zinsen und anderen Nebenleistungen sowie für Kosten, die den Gläubiger zu erstatten sind, erlischt, wenn sie sich mit dem Eigentum in einer Person vereinigt. [2] Das Erlöschen tritt nicht ein, solange einem Dritten ein Recht an dem Anspruch auf eine solche Leistung zusteht.

(2) [1] Zum Verzicht auf die Hypothek für die im Absatz 1 bezeichneten Leistungen genügt die Erklärung des Gläubigers gegenüber dem Eigentümer. [2] Solange einem Dritten ein Recht an dem Anspruch auf eine solche Leistung zusteht, ist die Zustimmung des Dritten erforderlich. [3] Die Zustimmung ist demjenigen gegenüber zu erklären, zu dessen Gunsten sie erfolgt; sie ist unwiderruflich.

§ 1179 Löschungsvormerkung. Verpflichtet sich der Eigentümer einem anderen gegenüber, die Hypothek löschen zu lassen, wenn sie sich mit dem Eigentum in einer Person vereinigt, so kann zur Sicherung des Anspruchs auf Löschung eine Vormerkung in das Grundbuch eingetragen werden, wenn demjenigen, zu dessen Gunsten die Eintragung vorgenommen werden soll,
1. ein anderes gleichrangiges oder nachrangiges Recht als eine Hypothek, Grundschuld oder Rentenschuld am Grundstück zusteht oder
2. ein Anspruch auf Einräumung eines solchen anderen Rechts oder auf Übertragung des Eigentums am Grundstück zusteht; der Anspruch kann auch ein künftiger oder bedingter sein.

§ 1179 a Löschungsanspruch bei fremden Rechten. (1) [1] Der Gläubiger einer Hypothek kann von dem Eigentümer verlangen, dass dieser eine vorrangige oder gleichrangige Hypothek löschen lässt, wenn sie im Zeitpunkt der Eintragung der Hypothek des Gläubigers mit dem Eigentum in einer Person vereinigt ist oder eine solche Vereinigung später eintritt. [2] Ist das Eigentum nach der Eintragung der nach Satz 1 begünstigten Hypothek durch Sondernachfolge auf einen anderen übergegangen, so ist jeder Eigentümer wegen der zur Zeit seines Eigentums bestehenden Vereinigungen zur Löschung verpflichtet. ³Der Löschungsanspruch ist in gleicher Weise gesichert, als wenn zu seiner Sicherung gleichzeitig mit der begünstigten Hypothek eine Vormerkung in das Grundbuch eingetragen worden wäre.

(2) ¹Die Löschung einer Hypothek, die nach § 1163 Abs. 1 Satz 1 mit dem Eigentum in einer Person vereinigt ist, kann nach Absatz 1 erst verlangt werden, wenn sich ergibt, dass die zu sichernde Forderung nicht mehr entstehen wird; der Löschungsanspruch besteht von diesem Zeitpunkt ab jedoch auch wegen der vorher bestehenden Vereinigungen. ²Durch die Vereinigung einer Hypothek mit dem Eigentum nach § 1163 Abs. 2 wird ein Anspruch nach Absatz 1 nicht begründet.

(3) Liegen bei der begünstigten Hypothek die Voraussetzungen des § 1163 vor, ohne dass das Recht für den Eigentümer oder seinen Rechtsnachfolger im Grundbuch eingetragen ist, so besteht der Löschungsanspruch für den eingetragenen Gläubiger oder seinen Rechtsnachfolger.

(4) Tritt eine Hypothek im Range zurück, so sind auf die Löschung der ihr infolge der Rangänderung vorgehenden oder gleichstehenden Hypothek die Absätze 1 bis 3 mit der Maßgabe entsprechend anzuwenden, dass an die Stelle des Zeitpunkts der Eintragung des zurückgetretenen Rechts der Zeitpunkt der Eintragung der Rangänderung tritt.

(5) ¹Als Inhalt einer Hypothek, deren Gläubiger nach den vorstehenden Vorschriften ein Anspruch auf Löschung zusteht, kann der Ausschluss dieses Anspruchs vereinbart werden; der Ausschluss kann auf einen bestimmten Fall der Vereinigung beschränkt werden. ²Der Ausschluss ist unter Bezeichnung der Hypotheken, die dem Löschungsanspruch ganz oder teilweise nicht unterliegen, im Grundbuch anzugeben; ist der Ausschluss nicht für alle Fälle der Vereinigung vereinbart, so kann zur näheren Bezeichnung der erfassten Fälle auf die Eintragungsbewilligung Bezug genommen werden. ³Wird der Ausschluss aufgehoben, so entstehen dadurch nicht Löschungsansprüche für Vereinigungen, die nur vor dieser Aufhebung bestanden haben.

§ 1179 b Löschungsanspruch bei eigenem Recht. (1) Wer als Gläubiger einer Hypothek im Grundbuch eingetragen oder nach Maßgabe des § 1155 als Gläubiger ausgewiesen ist, kann von dem Eigentümer die Löschung dieser Hypothek verlangen, wenn sie im Zeitpunkt ihrer Eintragung mit dem Eigentum in einer Person vereinigt ist oder eine solche Vereinigung später eintritt.

(2) § 1179 a Abs. 1 Satz 2, 3, Abs. 2, 5 ist entsprechend anzuwenden.

§ 1180 Auswechslung der Forderung. (1) ¹An die Stelle der Forderung, für welche die Hypothek besteht, kann eine andere Forderung gesetzt werden. ²Zu der Änderung ist die Einigung des Gläubigers und des Eigentümers sowie die Eintragung in das Grundbuch erforderlich; die Vorschriften des § 873 Abs. 2 und der §§ 876, 878 finden entsprechende Anwendung.

(2) ¹Steht die Forderung, die an die Stelle der bisherigen Forderung treten soll, nicht dem bisherigen Hypothekengläubiger zu, so ist dessen Zustimmung erforderlich; die Zustimmung ist dem Grundbuchamt oder demjenigen gegenüber zu erklären, zu dessen Gunsten sie erfolgt. ²Die Vorschriften des § 875 Abs. 2 und des § 876 finden entsprechende Anwendung.

§ 1181 Erlöschen durch Befriedigung aus dem Grundstück. (1) Wird der Gläubiger aus dem Grundstück befriedigt, so erlischt die Hypothek.

(2) Erfolgt die Befriedigung des Gläubigers aus einem der mit einer Gesamthypothek belasteten Grundstücke, so werden auch die übrigen Grundstücke frei.

(3) Der Befriedigung aus dem Grundstück steht die Befriedigung aus den Gegenständen gleich, auf die sich die Hypothek erstreckt.

§ 1182 Übergang bei Befriedigung aus der Gesamthypothek. [1] Soweit im Falle einer Gesamthypothek der Eigentümer des Grundstücks, aus dem der Gläubiger befriedigt wird, von dem Eigentümer eines der anderen Grundstücke oder einem Rechtsvorgänger dieses Eigentümers Ersatz verlangen kann, geht die Hypothek an dem Grundstück dieses Eigentümers auf ihn über. [2] Die Hypothek kann jedoch, wenn der Gläubiger nur teilweise befriedigt wird, nicht zum Nachteil der dem Gläubiger verbleibenden Hypothek und, wenn das Grundstück mit einem im Range gleich- oder nachstehenden Recht belastet ist, nicht zum Nachteil dieses Rechts geltend gemacht werden.

§ 1183 Aufhebung der Hypothek. [1] Zur Aufhebung der Hypothek durch Rechtsgeschäft ist die Zustimmung des Eigentümers erforderlich. [2] Die Zustimmung ist dem Grundbuchamt oder dem Gläubiger gegenüber zu erklären; sie ist unwiderruflich.

§ 1184 Sicherungshypothek. (1) Eine Hypothek kann in der Weise bestellt werden, dass das Recht des Gläubigers aus der Hypothek sich nur nach der Forderung bestimmt und der Gläubiger sich zum Beweis der Forderung nicht auf die Eintragung berufen kann (Sicherungshypothek).

(2) Die Hypothek muss im Grundbuch als Sicherungshypothek bezeichnet werden.

§ 1185 Buchhypothek; unanwendbare Vorschriften. (1) Bei der Sicherungshypothek ist die Erteilung des Hypothekenbriefs ausgeschlossen.

(2) Die Vorschriften der §§ 1138, 1139, 1141, 1156 finden keine Anwendung.

§ 1186 Zulässige Umwandlungen. [1] Eine Sicherungshypothek kann in eine gewöhnliche Hypothek, eine gewöhnliche Hypothek kann in eine Sicherungshypothek umgewandelt werden. [2] Die Zustimmung der im Range gleich- oder nachstehenden Berechtigten ist nicht erforderlich.

§ 1187 Sicherungshypothek für Inhaber- und Orderpapiere. [1] Für die Forderung aus einer Schuldverschreibung auf den Inhaber, aus einem Wechsel oder aus einem anderen Papier, das durch Indossament übertragen werden kann, kann nur eine Sicherungshypothek bestellt werden. [2] Die Hypothek gilt als Sicherungshypothek, auch wenn sie im Grundbuch nicht als solche bezeichnet ist. [3] Die Vorschrift des § 1154 Abs. 3 findet keine Anwendung. [4] Ein Anspruch auf Löschung der Hypothek nach den §§ 1179a, 1179b besteht nicht.

§ 1188 Sondervorschrift für Schuldverschreibungen auf den Inhaber. (1) Zur Bestellung einer Hypothek für die Forderung aus einer Schuldverschreibung auf den Inhaber genügt die Erklärung des Eigentümers gegenüber dem Grundbuchamt, dass er die Hypothek bestelle, und die Eintragung in das Grundbuch; die Vorschrift des § 878 findet Anwendung.

(2) [1] Die Ausschließung des Gläubigers mit seinem Recht nach § 1170 ist nur zulässig, wenn die im § 801 bezeichnete Vorlegungsfrist verstrichen ist. [2] Ist innerhalb der Frist die Schuldverschreibung vorgelegt oder der Anspruch aus der Urkunde gerichtlich geltend gemacht worden, so kann die Ausschließung erst erfolgen, wenn die Verjährung eingetreten ist.

§ 1189 Bestellung eines Grundbuchvertreters. (1) [1] Bei einer Hypothek der im § 1187 bezeichneten Art kann für den jeweiligen Gläubiger ein Vertreter mit der Befugnis bestellt werden, mit Wirkung für und gegen jeden späteren Gläubiger bestimmte Verfügungen über die Hypothek zu treffen und den Gläubiger bei der Geltendmachung der Hypothek zu vertreten. [2] Zur Bestellung des Vertreters ist die Eintragung in das Grundbuch erforderlich.

(2) Ist der Eigentümer berechtigt, von dem Gläubiger eine Verfügung zu verlangen, zu welcher der Vertreter befugt ist, so kann er die Vornahme der Verfügung von dem Vertreter verlangen.

§ 1190 Höchstbetragshypothek. (1) [1] Eine Hypothek kann in der Weise bestellt werden, dass nur der Höchstbetrag, bis zu dem das Grundstück haften soll, bestimmt, im Übrigen die Feststellung der Forderung vorbehalten wird. [2] Der Höchstbetrag muss in das Grundbuch eingetragen werden.

(2) Ist die Forderung verzinslich, so werden die Zinsen in den Höchstbetrag eingerechnet.

(3) Die Hypothek gilt als Sicherungshypothek, auch wenn sie im Grundbuch nicht als solche bezeichnet ist.

(4) [1] Die Forderung kann nach den für die Übertragung von Forderungen geltenden allgemeinen Vorschriften übertragen werden. [2] Wird sie nach diesen Vorschriften übertragen, so ist der Übergang der Hypothek ausgeschlossen.

Titel 2. Grundschuld, Rentenschuld

Untertitel 1. Grundschuld

§ 1191 Gesetzlicher Inhalt der Grundschuld. (1) Ein Grundstück kann in der Weise belastet werden, dass an denjenigen, zu dessen Gunsten die Belastung erfolgt, eine bestimmte Geldsumme aus dem Grundstück zu zahlen ist (Grundschuld).

(2) Die Belastung kann auch in der Weise erfolgen, dass Zinsen von der Geldsumme sowie andere Nebenleistungen aus dem Grundstück zu entrichten sind.

§ 1192 Anwendbare Vorschriften. (1) Auf die Grundschuld finden die Vorschriften über die Hypothek entsprechende Anwendung, soweit sich nicht daraus ein anderes ergibt, dass die Grundschuld nicht eine Forderung voraussetzt.

(1 a) ¹ Ist die Grundschuld zur Sicherung eines Anspruchs verschafft worden (Sicherungsgrundschuld), können Einreden, die dem Eigentümer auf Grund des Sicherungsvertrags mit dem bisherigen Gläubiger gegen die Grundschuld zustehen oder sich aus dem Sicherungsvertrag ergeben, auch jedem Erwerber der Grundschuld entgegengesetzt werden; § 1157 Satz 2 findet insoweit keine Anwendung. ² Im Übrigen bleibt § 1157 unberührt.

(2) Für Zinsen der Grundschuld gelten die Vorschriften über die Zinsen einer Hypothekenforderung.

§ 1193 Kündigung. (1) ¹ Das Kapital der Grundschuld wird erst nach vorgängiger Kündigung fällig. ² Die Kündigung steht sowohl dem Eigentümer als dem Gläubiger zu. ³ Die Kündigungsfrist beträgt sechs Monate.

(2) ¹ Abweichende Bestimmungen sind zulässig. ² Dient die Grundschuld der Sicherung einer Geldforderung, so ist eine von Absatz 1 abweichende Bestimmung nicht zulässig.

§ 1194 Zahlungsort. Die Zahlung des Kapitals sowie der Zinsen und anderen Nebenleistungen hat, soweit nicht ein anderes bestimmt ist, an dem Orte zu erfolgen, an dem das Grundbuchamt seinen Sitz hat.

§ 1195 Inhabergrundschuld. ¹ Eine Grundschuld kann in der Weise bestellt werden, dass der Grundschuldbrief auf den Inhaber ausgestellt wird. ² Auf einen solchen Brief finden die Vorschriften über Schuldverschreibungen auf den Inhaber entsprechende Anwendung.

§ 1196 Eigentümergrundschuld. (1) Eine Grundschuld kann auch für den Eigentümer bestellt werden.

(2) Zu der Bestellung ist die Erklärung des Eigentümers gegenüber dem Grundbuchamt, dass die Grundschuld für ihn in das Grundbuch eingetragen werden soll, und die Eintragung erforderlich; die Vorschrift des § 878 findet Anwendung.

(3) Ein Anspruch auf Löschung der Grundschuld nach § 1179 a oder § 1179 b besteht nur wegen solcher Vereinigungen der Grundschuld mit dem Eigentum in einer Person, die eintreten, nachdem die Grundschuld einem anderen als dem Eigentümer zugestanden hat.

§ 1197 Abweichungen von der Fremdgrundschuld. (1) Ist der Eigentümer der Gläubiger, so kann er nicht die Zwangsvollstreckung zum Zwecke seiner Befriedigung betreiben.

(2) Zinsen gebühren dem Eigentümer nur, wenn das Grundstück auf Antrag eines anderen zum Zwecke der Zwangsverwaltung in Beschlag genommen ist, und nur für die Dauer der Zwangsverwaltung.

§ 1198 Zulässige Umwandlungen. ¹ Eine Hypothek kann in eine Grundschuld, eine Grundschuld kann in eine Hypothek umgewandelt werden. ² Die Zustimmung der im Range gleich- oder nachstehenden Berechtigten ist nicht erforderlich.

Untertitel 2. Rentenschuld

§ 1199 Gesetzlicher Inhalt der Rentenschuld. (1) Eine Grundschuld kann in der Weise bestellt werden, dass in regelmäßig wiederkehrenden Terminen eine bestimmte Geldsumme aus dem Grundstück zu zahlen ist (Rentenschuld).

(2) ¹ Bei der Bestellung der Rentenschuld muss der Betrag bestimmt werden, durch dessen Zahlung die Rentenschuld abgelöst werden kann. ² Die Ablösungssumme muss im Grundbuch angegeben werden.

§ 1200 Anwendbare Vorschriften. (1) Auf die einzelnen Leistungen finden die für Hypothekenzinsen, auf die Ablösungssumme finden die für ein Grundschuldkapital geltenden Vorschriften entsprechende Anwendung.

(2) Die Zahlung der Ablösungssumme an den Gläubiger hat die gleiche Wirkung wie die Zahlung des Kapitals einer Grundschuld.

§ 1201 Ablösungsrecht. (1) Das Recht zur Ablösung steht dem Eigentümer zu.

(2) ¹ Dem Gläubiger kann das Recht, die Ablösung zu verlangen, nicht eingeräumt werden. ² Im Falle des § 1133 Satz 2 ist der Gläubiger berechtigt, die Zahlung der Ablösungssumme aus dem Grundstück zu verlangen.

§ 1202 Kündigung. (1) ¹ Der Eigentümer kann das Ablösungsrecht erst nach vorgängiger Kündigung ausüben. ² Die Kündigungsfrist beträgt sechs Monate, wenn nicht ein anderes bestimmt ist.

(2) Eine Beschränkung des Kündigungsrechts ist nur soweit zulässig, dass der Eigentümer nach 30 Jahren unter Einhaltung der sechsmonatigen Frist kündigen kann.

(3) Hat der Eigentümer gekündigt, so kann der Gläubiger nach dem Ablauf der Kündigungsfrist die Zahlung der Ablösungssumme aus dem Grundstück verlangen.

§ 1203 Zulässige Umwandlungen. ¹ Eine Rentenschuld kann in eine gewöhnliche Grundschuld, eine gewöhnliche Grundschuld kann in eine Rentenschuld umgewandelt werden. ² Die Zustimmung der im Range gleich- oder nachstehenden Berechtigten ist nicht erforderlich.

Abschnitt 8. Pfandrecht an beweglichen Sachen und an Rechten

Titel 1. Pfandrecht an beweglichen Sachen

§ 1204 Gesetzlicher Inhalt des Pfandrechts an beweglichen Sachen.

(1) Eine bewegliche Sache kann zur Sicherung einer Forderung in der Weise belastet werden, dass der Gläubiger berechtigt ist, Befriedigung aus der Sache zu suchen (Pfandrecht).[1]

---

[1] Wegen gesetzlicher Pfandrechte siehe § 1257. Beachte auch das Gesetz über Rechte an Luftfahrzeugen v. 26. 2. 1959 (BGBl. I S. 57, ber. S. 223), zuletzt geänd. durch G v. 11. 8. 2009 (BGBl. I S. 2713).

(2) Das Pfandrecht kann auch für eine künftige oder eine bedingte Forderung bestellt werden.

§ 1205 Bestellung. (1) ¹ Zur Bestellung des Pfandrechts ist erforderlich, dass der Eigentümer die Sache dem Gläubiger übergibt und beide darüber einig sind, dass dem Gläubiger das Pfandrecht zustehen soll. ² Ist der Gläubiger im Besitz der Sache, so genügt die Einigung über die Entstehung des Pfandrechts.

(2) Die Übergabe einer im mittelbaren Besitz des Eigentümers befindlichen Sache kann dadurch ersetzt werden, dass der Eigentümer den mittelbaren Besitz auf den Pfandgläubiger überträgt und die Verpfändung dem Besitzer anzeigt.

§ 1206 Übergabeersatz durch Einräumung des Mitbesitzes. Anstelle der Übergabe der Sache genügt die Einräumung des Mitbesitzes, wenn sich die Sache unter dem Mitverschluss des Gläubigers befindet oder, falls sie im Besitz eines Dritten ist, die Herausgabe nur an den Eigentümer und den Gläubiger gemeinschaftlich erfolgen kann.

§ 1207 Verpfändung durch Nichtberechtigten. Gehört die Sache nicht dem Verpfänder, so finden auf die Verpfändung die für den Erwerb des Eigentums geltenden Vorschriften der §§ 932, 934, 935 entsprechende Anwendung.

§ 1208 Gutgläubiger Erwerb des Vorrangs. ¹ Ist die Sache mit dem Recht eines Dritten belastet, so geht das Pfandrecht dem Recht vor, es sei denn, dass der Pfandgläubiger zur Zeit des Erwerbs des Pfandrechts in Ansehung des Rechts nicht in gutem Glauben ist. ² Die Vorschriften des § 932 Abs. 1 Satz 2, des § 935 und des § 936 Abs. 3 finden entsprechende Anwendung.

§ 1209 Rang des Pfandrechts. Für den Rang des Pfandrechts ist die Zeit der Bestellung auch dann maßgebend, wenn es für eine künftige oder eine bedingte Forderung bestellt ist.

§ 1210 Umfang der Haftung des Pfandes. (1) ¹ Das Pfand haftet für die Forderung in deren jeweiligem Bestand, insbesondere auch für Zinsen und Vertragsstrafen. ² Ist der persönliche Schuldner nicht der Eigentümer des Pfandes, so wird durch ein Rechtsgeschäft, das der Schuldner nach der Verpfändung vornimmt, die Haftung nicht erweitert.

(2) Das Pfand haftet für die Ansprüche des Pfandgläubigers auf Ersatz von Verwendungen, für die dem Pfandgläubiger zu ersetzenden Kosten der Kündigung und der Rechtsverfolgung sowie für die Kosten des Pfandverkaufs.

§ 1211 Einreden des Verpfänders. (1) ¹ Der Verpfänder kann dem Pfandgläubiger gegenüber die dem persönlichen Schuldner gegen die Forderung sowie die nach § 770 einem Bürgen zustehenden Einreden geltend machen. ² Stirbt der persönliche Schuldner, so kann sich der Verpfänder nicht darauf berufen, dass der Erbe für die Schuld nur beschränkt haftet.

(2) Ist der Verpfänder nicht der persönliche Schuldner, so verliert er eine Einrede nicht dadurch, dass dieser auf sie verzichtet.

§ 1212 Erstreckung auf getrennte Erzeugnisse. Das Pfandrecht erstreckt sich auf die Erzeugnisse, die von dem Pfande getrennt werden.

§ 1213 Nutzungspfand. (1) Das Pfandrecht kann in der Weise bestellt werden, dass der Pfandgläubiger berechtigt ist, die Nutzungen des Pfandes zu ziehen.

(2) Ist eine von Natur Frucht tragende Sache dem Pfandgläubiger zum Alleinbesitz übergeben, so ist im Zweifel anzunehmen, dass der Pfandgläubiger zum Fruchtbezug berechtigt sein soll.

§ 1214 Pflichten des nutzungsberechtigten Pfandgläubigers. (1) Steht dem Pfandgläubiger das Recht zu, die Nutzungen zu ziehen, so ist er verpflichtet, für die Gewinnung der Nutzungen zu sorgen und Rechenschaft abzulegen.

(2) Der Reinertrag der Nutzungen wird auf die geschuldete Leistung und, wenn Kosten und Zinsen zu entrichten sind, zunächst auf diese angerechnet.

(3) Abweichende Bestimmungen sind zulässig.

§ 1215 Verwahrungspflicht. Der Pfandgläubiger ist zur Verwahrung des Pfandes verpflichtet.

§ 1216 Ersatz von Verwendungen. [1] Macht der Pfandgläubiger Verwendungen auf das Pfand, so bestimmt sich die Ersatzpflicht des Verpfänders nach den Vorschriften über die Geschäftsführung ohne Auftrag. [2] Der Pfandgläubiger ist berechtigt, eine Einrichtung, mit der er das Pfand versehen hat, wegzunehmen.

§ 1217 Rechtsverletzung durch den Pfandgläubiger. (1) Verletzt der Pfandgläubiger die Rechte des Verpfänders in erheblichem Maße und setzt er das verletzende Verhalten ungeachtet einer Abmahnung des Verpfänders fort, so kann der Verpfänder verlangen, dass das Pfand auf Kosten des Pfandgläubigers hinterlegt oder, wenn es sich nicht zur Hinterlegung eignet, an einen gerichtlich zu bestellenden Verwahrer abgeliefert wird.

(2) [1] Statt der Hinterlegung oder der Ablieferung der Sache an einen Verwahrer kann der Verpfänder die Rückgabe des Pfandes gegen Befriedigung des Gläubigers verlangen. [2] Ist die Forderung unverzinslich und noch nicht fällig, so gebührt dem Pfandgläubiger nur die Summe, welche mit Hinzurechnung der gesetzlichen Zinsen für die Zeit von der Zahlung bis zur Fälligkeit dem Betrag der Forderung gleichkommt.

§ 1218 Rechte des Verpfänders bei drohendem Verderb. (1) Ist der Verderb des Pfandes oder eine wesentliche Minderung des Wertes zu besorgen, so kann der Verpfänder die Rückgabe des Pfandes gegen anderweitige Sicherheitsleistung verlangen; die Sicherheitsleistung durch Bürgen ist ausgeschlossen.

(2) Der Pfandgläubiger hat dem Verpfänder von dem drohenden Verderb unverzüglich Anzeige zu machen, sofern nicht die Anzeige untunlich ist.

§ 1219 Rechte des Pfandgläubigers bei drohendem Verderb. (1) Wird durch den drohenden Verderb des Pfandes oder durch eine zu besorgende wesentliche Minderung des Wertes die Sicherheit des Pfandgläubigers gefährdet, so kann dieser das Pfand öffentlich versteigern lassen.

(2) ¹ Der Erlös tritt an die Stelle des Pfandes. ² Auf Verlangen des Verpfänders ist der Erlös zu hinterlegen.

§ 1220 Androhung der Versteigerung. (1) ¹ Die Versteigerung des Pfandes ist erst zulässig, nachdem sie dem Verpfänder angedroht worden ist; die Androhung darf unterbleiben, wenn das Pfand dem Verderb ausgesetzt und mit dem Aufschub der Versteigerung Gefahr verbunden ist. ² Im Falle der Wertminderung ist außer der Androhung erforderlich, dass der Pfandgläubiger dem Verpfänder zur Leistung anderweitiger Sicherheit eine angemessene Frist bestimmt hat und diese verstrichen ist.

(2) Der Pfandgläubiger hat den Verpfänder von der Versteigerung unverzüglich zu benachrichtigen; im Falle der Unterlassung ist er zum Schadensersatz verpflichtet.

(3) Die Androhung, die Fristbestimmung und die Benachrichtigung dürfen unterbleiben, wenn sie untunlich sind.

§ 1221 Freihändiger Verkauf. Hat das Pfand einen Börsen- oder Marktpreis, so kann der Pfandgläubiger den Verkauf aus freier Hand durch einen zu solchen Verkäufen öffentlich ermächtigten Handelsmäkler oder durch eine zur öffentlichen Versteigerung befugte Person zum laufenden Preis bewirken.

§ 1222 Pfandrecht an mehreren Sachen. Besteht das Pfandrecht an mehreren Sachen, so haftet jede für die ganze Forderung.

§ 1223 Rückgabepflicht; Einlösungsrecht. (1) Der Pfandgläubiger ist verpflichtet, das Pfand nach dem Erlöschen des Pfandrechts dem Verpfänder zurückzugeben.

(2) Der Verpfänder kann die Rückgabe des Pfandes gegen Befriedigung des Pfandgläubigers verlangen, sobald der Schuldner zur Leistung berechtigt ist.

§ 1224 Befriedigung durch Hinterlegung oder Aufrechnung. Die Befriedigung des Pfandgläubigers durch den Verpfänder kann auch durch Hinterlegung oder durch Aufrechnung erfolgen.

§ 1225 Forderungsübergang auf den Verpfänder. ¹ Ist der Verpfänder nicht der persönliche Schuldner, so geht, soweit er den Pfandgläubiger befriedigt, die Forderung auf ihn über. ² Die für einen Bürgen geltende Vorschrift des § 774 findet entsprechende Anwendung.

§ 1226 Verjährung der Ersatzansprüche. ¹ Die Ersatzansprüche des Verpfänders wegen Veränderungen oder Verschlechterungen des Pfandes sowie die Ansprüche des Pfandgläubigers auf Ersatz von Verwendungen oder auf Gestattung der Wegnahme einer Einrichtung verjähren in sechs Monaten.

² Die Vorschrift des § 548 Abs. 1 Satz 2 und 3, Abs. 2 findet entsprechende Anwendung.

§ 1227 Schutz des Pfandrechts. Wird das Recht des Pfandgläubigers beeinträchtigt, so finden auf die Ansprüche des Pfandgläubigers die für die Ansprüche aus dem Eigentum geltenden Vorschriften entsprechende Anwendung.

§ 1228 Befriedigung durch Pfandverkauf. (1) Die Befriedigung des Pfandgläubigers aus dem Pfande erfolgt durch Verkauf.

(2) ¹ Der Pfandgläubiger ist zum Verkauf berechtigt, sobald die Forderung ganz oder zum Teil fällig ist. ² Besteht der geschuldete Gegenstand nicht in Geld, so ist der Verkauf erst zulässig, wenn die Forderung in eine Geldforderung übergegangen ist.

§ 1229 Verbot der Verfallvereinbarung. Eine vor dem Eintritt der Verkaufsberechtigung getroffene Vereinbarung, nach welcher dem Pfandgläubiger, falls er nicht oder nicht rechtzeitig befriedigt wird, das Eigentum an der Sache zufallen oder übertragen werden soll, ist nichtig.

§ 1230 Auswahl unter mehreren Pfändern. ¹ Unter mehreren Pfändern kann der Pfandgläubiger, soweit nicht ein anderes bestimmt ist, diejenigen auswählen, welche verkauft werden sollen. ² Er kann nur so viele Pfänder zum Verkauf bringen, als zu seiner Befriedigung erforderlich sind.

§ 1231 Herausgabe des Pfandes zum Verkauf. ¹ Ist der Pfandgläubiger nicht im Alleinbesitz des Pfandes, so kann er nach dem Eintritt der Verkaufsberechtigung die Herausgabe des Pfandes zum Zwecke des Verkaufs fordern. ² Auf Verlangen des Verpfänders hat anstelle der Herausgabe die Ablieferung an einen gemeinschaftlichen Verwahrer zu erfolgen; der Verwahrer hat sich bei der Ablieferung zu verpflichten, das Pfand zum Verkauf bereitzustellen.

§ 1232 Nachstehende Pfandgläubiger. ¹ Der Pfandgläubiger ist nicht verpflichtet, einem ihm im Range nachstehenden Pfandgläubiger das Pfand zum Zwecke des Verkaufs herauszugeben. ² Ist er nicht im Besitz des Pfandes, so kann er, sofern er nicht selbst den Verkauf betreibt, dem Verkauf durch einen nachstehenden Pfandgläubiger nicht widersprechen.

§ 1233 Ausführung des Verkaufs. (1) Der Verkauf des Pfandes ist nach den Vorschriften der §§ 1234 bis 1240 zu bewirken.

(2) Hat der Pfandgläubiger für sein Recht zum Verkauf einen vollstreckbaren Titel gegen den Eigentümer erlangt, so kann er den Verkauf auch nach den für den Verkauf einer gepfändeten Sache geltenden Vorschriften bewirken lassen.

§ 1234 Verkaufsandrohung; Wartefrist. (1) ¹ Der Pfandgläubiger hat dem Eigentümer den Verkauf vorher anzudrohen und dabei den Geldbetrag zu bezeichnen, wegen dessen der Verkauf stattfinden soll. ² Die Androhung kann erst nach dem Eintritt der Verkaufsberechtigung erfolgen; sie darf unterbleiben, wenn sie untunlich ist.

(2) ¹Der Verkauf darf nicht vor dem Ablauf eines Monats nach der Androhung erfolgen. ²Ist die Androhung untunlich, so wird der Monat von dem Eintritt der Verkaufsberechtigung an berechnet.

§ 1235 Öffentliche Versteigerung. (1) Der Verkauf des Pfandes ist im Wege öffentlicher Versteigerung zu bewirken.

(2) Hat das Pfand einen Börsen- oder Marktpreis, so findet die Vorschrift des § 1221 Anwendung.

§ 1236 Versteigerungsort. ¹Die Versteigerung hat an dem Orte zu erfolgen, an dem das Pfand aufbewahrt wird. ²Ist von einer Versteigerung an dem Aufbewahrungsort ein angemessener Erfolg nicht zu erwarten, so ist das Pfand an einem geeigneten anderen Orte zu versteigern.

§ 1237 Öffentliche Bekanntmachung. ¹Zeit und Ort der Versteigerung sind unter allgemeiner Bezeichnung des Pfandes öffentlich bekannt zu machen. ²Der Eigentümer und Dritte, denen Rechte an dem Pfande zustehen, sind besonders zu benachrichtigen; die Benachrichtigung darf unterbleiben, wenn sie untunlich ist.

§ 1238 Verkaufsbedingungen. (1) Das Pfand darf nur mit der Bestimmung verkauft werden, dass der Käufer den Kaufpreis sofort bar zu entrichten hat und seiner Rechte verlustig sein soll, wenn dies nicht geschieht.

(2) ¹Erfolgt der Verkauf ohne diese Bestimmung, so ist der Kaufpreis als von dem Pfandgläubiger empfangen anzusehen; die Rechte des Pfandgläubigers gegen den Ersteher bleiben unberührt. ²Unterbleibt die sofortige Entrichtung des Kaufpreises, so gilt das Gleiche, wenn nicht vor dem Schluss des Versteigerungstermins von dem Vorbehalt der Rechtsverwirkung Gebrauch gemacht wird.

§ 1239 Mitbieten durch Gläubiger und Eigentümer. (1) ¹Der Pfandgläubiger und der Eigentümer können bei der Versteigerung mitbieten. ²Erhält der Pfandgläubiger den Zuschlag, so ist der Kaufpreis als von ihm empfangen anzusehen.

(2) ¹Das Gebot des Eigentümers darf zurückgewiesen werden, wenn nicht der Betrag bar erlegt wird. ²Das Gleiche gilt von dem Gebot des Schuldners, wenn das Pfand für eine fremde Schuld haftet.

§ 1240 Gold- und Silbersachen. (1) Gold- und Silbersachen dürfen nicht unter dem Gold- oder Silberwert zugeschlagen werden.

(2) Wird ein genügendes Gebot nicht abgegeben, so kann der Verkauf durch eine zur öffentlichen Versteigerung befugte Person aus freier Hand zu einem den Gold- oder Silberwert erreichenden Preis erfolgen.

§ 1241 Benachrichtigung des Eigentümers. Der Pfandgläubiger hat den Eigentümer von dem Verkauf des Pfandes und dem Ergebnis unverzüglich zu benachrichtigen, sofern nicht die Benachrichtigung untunlich ist.

§ 1242 Wirkungen der rechtmäßigen Veräußerung. (1) ¹Durch die rechtmäßige Veräußerung des Pfandes erlangt der Erwerber die gleichen

Rechte, wie wenn er die Sache von dem Eigentümer erworben hätte. ²Dies gilt auch dann, wenn dem Pfandgläubiger der Zuschlag erteilt wird.

(2) ¹Pfandrechte an der Sache erlöschen, auch wenn sie dem Erwerber bekannt waren. ²Das Gleiche gilt von einem Nießbrauch, es sei denn, dass er allen Pfandrechten im Range vorgeht.

§ 1243 Rechtswidrige Veräußerung. (1) Die Veräußerung des Pfandes ist nicht rechtmäßig, wenn gegen die Vorschriften des § 1228 Abs. 2, des § 1230 Satz 2, des § 1235, des § 1237 Satz 1 oder des § 1240 verstoßen wird.

(2) Verletzt der Pfandgläubiger eine andere für den Verkauf geltende Vorschrift, so ist er zum Schadensersatz verpflichtet, wenn ihm ein Verschulden zur Last fällt.

§ 1244 Gutgläubiger Erwerb. Wird eine Sache als Pfand veräußert, ohne dass dem Veräußerer ein Pfandrecht zusteht oder den Erfordernissen genügt wird, von denen die Rechtmäßigkeit der Veräußerung abhängt, so finden die Vorschriften der §§ 932 bis 934, 936 entsprechende Anwendung, wenn die Veräußerung nach § 1233 Abs. 2 erfolgt ist oder die Vorschriften des § 1235 oder des § 1240 Abs. 2 beobachtet worden sind.

§ 1245 Abweichende Vereinbarungen. (1) ¹Der Eigentümer und der Pfandgläubiger können eine von den Vorschriften der §§ 1234 bis 1240 abweichende Art des Pfandverkaufs vereinbaren. ²Steht einem Dritten an dem Pfande ein Recht zu, das durch die Veräußerung erlischt, so ist die Zustimmung des Dritten erforderlich. ³Die Zustimmung ist demjenigen gegenüber zu erklären, zu dessen Gunsten sie erfolgt; sie ist unwiderruflich.

(2) Auf die Beobachtung der Vorschriften des § 1235, des § 1237 Satz 1 und des § 1240 kann nicht vor dem Eintritt der Verkaufsberechtigung verzichtet werden.

§ 1246 Abweichung aus Billigkeitsgründen. (1) Entspricht eine von den Vorschriften der §§ 1235 bis 1240 abweichende Art des Pfandverkaufs nach billigem Ermessen den Interessen der Beteiligten, so kann jeder von ihnen verlangen, dass der Verkauf in dieser Art erfolgt.

(2) Kommt eine Einigung nicht zustande, so entscheidet das Gericht.

§ 1247 Erlös aus dem Pfande. ¹Soweit der Erlös aus dem Pfande dem Pfandgläubiger zu seiner Befriedigung gebührt, gilt die Forderung als von dem Eigentümer berichtigt. ²Im Übrigen tritt der Erlös an die Stelle des Pfandes.

§ 1248 Eigentumsvermutung. Bei dem Verkauf des Pfandes gilt zugunsten des Pfandgläubigers der Verpfänder als der Eigentümer, es sei denn, dass der Pfandgläubiger weiß, dass der Verpfänder nicht der Eigentümer ist.

§ 1249 Ablösungsrecht. ¹Wer durch die Veräußerung des Pfandes ein Recht an dem Pfande verlieren würde, kann den Pfandgläubiger befriedigen, sobald der Schuldner zur Leistung berechtigt ist. ²Die Vorschrift des § 268 Abs. 2, 3 findet entsprechende Anwendung.

§ 1250 Übertragung der Forderung. (1) [1] Mit der Übertragung der Forderung geht das Pfandrecht auf den neuen Gläubiger über. [2] Das Pfandrecht kann nicht ohne die Forderung übertragen werden.

(2) Wird bei der Übertragung der Forderung der Übergang des Pfandrechts ausgeschlossen, so erlischt das Pfandrecht.

§ 1251 Wirkung des Pfandrechtsübergangs. (1) Der neue Pfandgläubiger kann von dem bisherigen Pfandgläubiger die Herausgabe des Pfandes verlangen.

(2) [1] Mit der Erlangung des Besitzes tritt der neue Pfandgläubiger anstelle des bisherigen Pfandgläubigers in die mit dem Pfandrecht verbundenen Verpflichtungen gegen den Verpfänder ein. [2] Erfüllt er die Verpflichtungen nicht, so haftet für den von ihm zu ersetzenden Schaden der bisherige Pfandgläubiger wie ein Bürge, der auf die Einrede der Vorausklage verzichtet hat. [3] Die Haftung des bisherigen Pfandgläubigers tritt nicht ein, wenn die Forderung kraft Gesetzes auf den neuen Pfandgläubiger übergeht oder ihm auf Grund einer gesetzlichen Verpflichtung abgetreten wird.

§ 1252 Erlöschen mit der Forderung. Das Pfandrecht erlischt mit der Forderung, für die es besteht.

§ 1253 Erlöschen durch Rückgabe. (1) [1] Das Pfandrecht erlischt, wenn der Pfandgläubiger das Pfand dem Verpfänder oder dem Eigentümer zurückgibt. [2] Der Vorbehalt der Fortdauer des Pfandrechts ist unwirksam.

(2) [1] Ist das Pfand im Besitz des Verpfänders oder des Eigentümers, so wird vermutet, dass das Pfand ihm von dem Pfandgläubiger zurückgegeben worden sei. [2] Diese Vermutung gilt auch dann, wenn sich das Pfand im Besitz eines Dritten befindet, der den Besitz nach der Entstehung des Pfandrechts von dem Verpfänder oder dem Eigentümer erlangt hat.

§ 1254 Anspruch auf Rückgabe. [1] Steht dem Pfandrecht eine Einrede entgegen, durch welche die Geltendmachung des Pfandrechts dauernd ausgeschlossen wird, so kann der Verpfänder die Rückgabe des Pfandes verlangen. [2] Das gleiche Recht hat der Eigentümer.

§ 1255 Aufhebung des Pfandrechts. (1) Zur Aufhebung des Pfandrechts durch Rechtsgeschäft genügt die Erklärung des Pfandgläubigers gegenüber dem Verpfänder oder dem Eigentümer, dass er das Pfandrecht aufgebe.

(2) [1] Ist das Pfandrecht mit dem Recht eines Dritten belastet, so ist die Zustimmung des Dritten erforderlich. [2] Die Zustimmung ist demjenigen gegenüber zu erklären, zu dessen Gunsten sie erfolgt; sie ist unwiderruflich.

§ 1256 Zusammentreffen von Pfandrecht und Eigentum. (1) [1] Das Pfandrecht erlischt, wenn es mit dem Eigentum in derselben Person zusammentrifft. [2] Das Erlöschen tritt nicht ein, solange die Forderung, für welche das Pfandrecht besteht, mit dem Recht eines Dritten belastet ist.

(2) Das Pfandrecht gilt als nicht erloschen, soweit der Eigentümer ein rechtliches Interesse an dem Fortbestehen des Pfandrechts hat.

§ 1257 Gesetzliches Pfandrecht. Die Vorschriften über das durch Rechtsgeschäft bestellte Pfandrecht finden auf ein kraft Gesetzes entstandenes Pfandrecht[1] entsprechende Anwendung.

§ 1258 Pfandrecht am Anteil eines Miteigentümers. (1) Besteht ein Pfandrecht an dem Anteil eines Miteigentümers, so übt der Pfandgläubiger die Rechte aus, die sich aus der Gemeinschaft der Miteigentümer in Ansehung der Verwaltung der Sache und der Art ihrer Benutzung ergeben.

(2) [1] Die Aufhebung der Gemeinschaft kann vor dem Eintritt der Verkaufsberechtigung des Pfandgläubigers nur von dem Miteigentümer und dem Pfandgläubiger gemeinschaftlich verlangt werden. [2] Nach dem Eintritt der Verkaufsberechtigung kann der Pfandgläubiger die Aufhebung der Gemeinschaft verlangen, ohne dass es der Zustimmung des Miteigentümers bedarf; er ist nicht an eine Vereinbarung gebunden, durch welche die Miteigentümer das Recht, die Aufhebung der Gemeinschaft zu verlangen, für immer oder auf Zeit ausgeschlossen oder eine Kündigungsfrist bestimmt haben.

(3) Wird die Gemeinschaft aufgehoben, so gebührt dem Pfandgläubiger das Pfandrecht an den Gegenständen, welche an die Stelle des Anteils treten.

(4) Das Recht des Pfandgläubigers zum Verkauf des Anteils bleibt unberührt.

§ 1259 Verwertung des gewerblichen Pfandes. [1] Sind Eigentümer und Pfandgläubiger Unternehmer, juristische Personen des öffentlichen Rechts oder öffentlich-rechtliche Sondervermögen, können sie für die Verwertung des Pfandes, das einen Börsen- oder Marktpreis hat, schon bei der Verpfändung vereinbaren, dass der Pfandgläubiger den Verkauf aus freier Hand zum laufenden Preis selbst oder durch Dritte vornehmen kann oder dem Pfandgläubiger das Eigentum an der Sache bei Fälligkeit der Forderung zufallen soll. [2] In diesem Fall gilt die Forderung in Höhe des am Tag der Fälligkeit geltenden Börsen- oder Marktpreises als von dem Eigentümer berichtigt. [3] Die §§ 1229 und 1233 bis 1239 finden keine Anwendung.

§§ 1260 bis 1272 (weggefallen)

Titel 2. Pfandrecht an Rechten

§ 1273 Gesetzlicher Inhalt des Pfandrechts an Rechten. (1) Gegenstand des Pfandrechts kann auch ein Recht sein.

(2) [1] Auf das Pfandrecht an Rechten finden die Vorschriften über das Pfandrecht an beweglichen Sachen entsprechende Anwendung, soweit sich nicht aus den §§ 1274 bis 1296 ein anderes ergibt. [2] Die Anwendung der Vorschriften des § 1208 und des § 1213 Abs. 2 ist ausgeschlossen.

---

[1] Vgl. §§ 233, 562, 583, 592, 647, 704 BGB, §§ 397, 441–443, 464, 475 b, 623, 674, 726, 726 a, 731, 752, 752 a, 755–764 HGB v. 10. 5. 1897 (RGBl. S. 219, ber. 1999 S. 42), zuletzt geänd. durch G v. 31. 7. 2009 (BGBl. I S. 2512), §§ 77, 89, 97, 102, 103 BinnenschiffahrtsG idF der Bek. v. 20. 5. 1898 (RGBl. S. 369), zuletzt geänd. durch G v. 31. 7. 2009 (BGBl. I S. 2585) und G zur Sicherung der Düngemittel- und Saatgutversorgung v. 19. 1. 1949 (WiGBl S. 8).

§ 1274 Bestellung. (1) ¹Die Bestellung des Pfandrechts an einem Recht erfolgt nach den für die Übertragung des Rechts geltenden Vorschriften. ²Ist zur Übertragung des Rechts die Übergabe einer Sache erforderlich, so finden die Vorschriften der §§ 1205, 1206 Anwendung.

(2) Soweit ein Recht nicht übertragbar ist, kann ein Pfandrecht an dem Recht nicht bestellt werden.

§ 1275 Pfandrecht an Recht auf Leistung. Ist ein Recht, kraft dessen eine Leistung gefordert werden kann, Gegenstand des Pfandrechts, so finden auf das Rechtsverhältnis zwischen dem Pfandgläubiger und dem Verpflichteten die Vorschriften, welche im Falle der Übertragung des Rechts für das Rechtsverhältnis zwischen dem Erwerber und dem Verpflichteten gelten, und im Falle einer nach § 1217 Abs. 1 getroffenen gerichtlichen Anordnung die Vorschrift des § 1070 Abs. 2 entsprechende Anwendung.

§ 1276 Aufhebung oder Änderung des verpfändeten Rechts. (1) ¹Ein verpfändetes Recht kann durch Rechtsgeschäft nur mit Zustimmung des Pfandgläubigers aufgehoben werden. ²Die Zustimmung ist demjenigen gegenüber zu erklären, zu dessen Gunsten sie erfolgt; sie ist unwiderruflich. ³Die Vorschrift des § 876 Satz 3 bleibt unberührt.

(2) Das Gleiche gilt im Falle einer Änderung des Rechts, sofern sie das Pfandrecht beeinträchtigt.

§ 1277 Befriedigung durch Zwangsvollstreckung. ¹Der Pfandgläubiger kann seine Befriedigung aus dem Recht nur auf Grund eines vollstreckbaren Titels nach den für die Zwangsvollstreckung geltenden Vorschriften suchen, sofern nicht ein anderes bestimmt ist. ²Die Vorschriften des § 1229 und des § 1245 Abs. 2 bleiben unberührt.

§ 1278 Erlöschen durch Rückgabe. Ist ein Recht, zu dessen Verpfändung die Übergabe einer Sache erforderlich ist, Gegenstand des Pfandrechts, so findet auf das Erlöschen des Pfandrechts durch die Rückgabe der Sache die Vorschrift des § 1253 entsprechende Anwendung.

§ 1279 Pfandrecht an einer Forderung. ¹Für das Pfandrecht an einer Forderung gelten die besonderen Vorschriften der §§ 1280 bis 1290. ²Soweit eine Forderung einen Börsen- oder Marktpreis hat, findet § 1259 entsprechende Anwendung.

§ 1280 Anzeige an den Schuldner. Die Verpfändung einer Forderung, zu deren Übertragung der Abtretungsvertrag genügt, ist nur wirksam, wenn der Gläubiger sie dem Schuldner anzeigt.

§ 1281 Leistung vor Fälligkeit. ¹Der Schuldner kann nur an den Pfandgläubiger und den Gläubiger gemeinschaftlich leisten. ²Jeder von beiden kann verlangen, dass an sie gemeinschaftlich geleistet wird; jeder kann statt der Leistung verlangen, dass die geschuldete Sache für beide hinterlegt oder, wenn sie sich nicht zur Hinterlegung eignet, an einen gerichtlich zu bestellenden Verwahrer abgeliefert wird.

§ 1282 Leistung nach Fälligkeit. (1) ¹ Sind die Voraussetzungen des § 1228 Abs. 2 eingetreten, so ist der Pfandgläubiger zur Einziehung der Forderung berechtigt und kann der Schuldner nur an ihn leisten. ² Die Einziehung einer Geldforderung steht dem Pfandgläubiger nur insoweit zu, als sie zu seiner Befriedigung erforderlich ist. ³ Soweit er zur Einziehung berechtigt ist, kann er auch verlangen, dass ihm die Geldforderung an Zahlungs statt abgetreten wird.

(2) Zu anderen Verfügungen über die Forderung ist der Pfandgläubiger nicht berechtigt; das Recht, die Befriedigung aus der Forderung nach § 1277 zu suchen, bleibt unberührt.

§ 1283 Kündigung. (1) Hängt die Fälligkeit der verpfändeten Forderung von einer Kündigung ab, so bedarf der Gläubiger zur Kündigung der Zustimmung des Pfandgläubigers nur, wenn dieser berechtigt ist, die Nutzungen zu ziehen.

(2) Die Kündigung des Schuldners ist nur wirksam, wenn sie dem Pfandgläubiger und dem Gläubiger erklärt wird.

(3) Sind die Voraussetzungen des § 1228 Abs. 2 eingetreten, so ist auch der Pfandgläubiger zur Kündigung berechtigt; für die Kündigung des Schuldners genügt die Erklärung gegenüber dem Pfandgläubiger.

§ 1284 Abweichende Vereinbarungen. Die Vorschriften der §§ 1281 bis 1283 finden keine Anwendung, soweit der Pfandgläubiger und der Gläubiger ein anderes vereinbaren.

§ 1285 Mitwirkung zur Einziehung. (1) Hat die Leistung an den Pfandgläubiger und den Gläubiger gemeinschaftlich zu erfolgen, so sind beide einander verpflichtet, zur Einziehung mitzuwirken, wenn die Forderung fällig ist.

(2) ¹ Soweit der Pfandgläubiger berechtigt ist, die Forderung ohne Mitwirkung des Gläubigers einzuziehen, hat er für die ordnungsmäßige Einziehung zu sorgen. ² Von der Einziehung hat er den Gläubiger unverzüglich zu benachrichtigen, sofern nicht die Benachrichtigung untunlich ist.

§ 1286 Kündigungspflicht bei Gefährdung. ¹ Hängt die Fälligkeit der verpfändeten Forderung von einer Kündigung ab, so kann der Pfandgläubiger, sofern nicht das Kündigungsrecht ihm zusteht, von dem Gläubiger die Kündigung verlangen, wenn die Einziehung der Forderung wegen Gefährdung ihrer Sicherheit nach den Regeln einer ordnungsmäßigen Vermögensverwaltung geboten ist. ² Unter der gleichen Voraussetzung kann der Gläubiger von dem Pfandgläubiger die Zustimmung zur Kündigung verlangen, sofern die Zustimmung erforderlich ist.

§ 1287 Wirkung der Leistung. ¹ Leistet der Schuldner in Gemäßheit der §§ 1281, 1282, so erwirbt mit der Leistung der Gläubiger den geleisteten Gegenstand und der Pfandgläubiger ein Pfandrecht an dem Gegenstand. ² Besteht die Leistung in der Übertragung des Eigentums an einem Grundstück, so erwirbt der Pfandgläubiger eine Sicherungshypothek; besteht sie in der Übertragung des Eigentums an einem eingetragenen Schiff oder Schiffsbauwerk, so erwirbt der Pfandgläubiger eine Schiffshypothek.

§ 1288 Anlegung eingezogenen Geldes. (1) ¹ Wird eine Geldforderung in Gemäßheit des § 1281 eingezogen, so sind der Pfandgläubiger und der Gläubiger einander verpflichtet, dazu mitzuwirken, dass der eingezogene Betrag, soweit es ohne Beeinträchtigung des Interesses des Pfandgläubigers tunlich ist, nach den für die Anlegung von Mündelgeld geltenden Vorschriften verzinslich angelegt und gleichzeitig dem Pfandgläubiger das Pfandrecht bestellt wird. ² Die Art der Anlegung bestimmt der Gläubiger.

(2) Erfolgt die Einziehung in Gemäßheit des § 1282, so gilt die Forderung des Pfandgläubigers, soweit ihm der eingezogene Betrag zu seiner Befriedigung gebührt, als von dem Gläubiger berichtigt.

§ 1289 Erstreckung auf die Zinsen. ¹ Das Pfandrecht an einer Forderung erstreckt sich auf die Zinsen der Forderung. ² Die Vorschriften des § 1123 Abs. 2 und der §§ 1124, 1125 finden entsprechende Anwendung; an die Stelle der Beschlagnahme tritt die Anzeige des Pfandgläubigers an den Schuldner, dass er von dem Einziehungsrecht Gebrauch mache.

§ 1290 Einziehung bei mehrfacher Verpfändung. Bestehen mehrere Pfandrechte an einer Forderung, so ist zur Einziehung nur derjenige Pfandgläubiger berechtigt, dessen Pfandrecht den übrigen Pfandrechten vorgeht.

§ 1291 Pfandrecht an Grund- oder Rentenschuld. Die Vorschriften über das Pfandrecht an einer Forderung gelten auch für das Pfandrecht an einer Grundschuld und an einer Rentenschuld.

§ 1292 Verpfändung von Orderpapieren. Zur Verpfändung eines Wechsels oder eines anderen Papiers, das durch Indossament übertragen werden kann, genügt die Einigung des Gläubigers und des Pfandgläubigers und die Übergabe des indossierten Papiers.

§ 1293 Pfandrecht an Inhaberpapieren. Für das Pfandrecht an einem Inhaberpapier gelten die Vorschriften über das Pfandrecht an beweglichen Sachen.

§ 1294 Einziehung und Kündigung. Ist ein Wechsel, ein anderes Papier, das durch Indossament übertragen werden kann, oder ein Inhaberpapier Gegenstand des Pfandrechts, so ist, auch wenn die Voraussetzungen des § 1228 Abs. 2 noch nicht eingetreten sind, der Pfandgläubiger zur Einziehung und, falls Kündigung erforderlich ist, zur Kündigung berechtigt und kann der Schuldner nur an ihn leisten.

§ 1295 Freihändiger Verkauf von Orderpapieren. ¹ Hat ein verpfändetes Papier, das durch Indossament übertragen werden kann, einen Börsen- oder Marktpreis, so ist der Gläubiger nach dem Eintritt der Voraussetzungen des § 1228 Abs. 2 berechtigt, das Papier nach § 1221 verkaufen zu lassen. ² § 1259 findet entsprechende Anwendung.

§ 1296 Erstreckung auf Zinsscheine. ¹ Das Pfandrecht an einem Wertpapier erstreckt sich auf die zu dem Papier gehörenden Zins-, Renten- oder Gewinnanteilscheine nur dann, wenn sie dem Pfandgläubiger übergeben sind.

² Der Verpfänder kann, sofern nicht ein anderes bestimmt ist, die Herausgabe der Scheine verlangen, soweit sie vor dem Eintritt der Voraussetzungen des § 1228 Abs. 2 fällig werden.

Buch 4.[1] Familienrecht

Abschnitt 1. Bürgerliche Ehe

Titel 1 bis 4

§§ 1297–1320 *(vom Abdruck wurde abgesehen)*

§§ 1321–1352 (weggefallen)

Titel 5. Wirkungen der Ehe im Allgemeinen

§§ 1353–1361 b *(vom Abdruck wurde abgesehen)*

§ 1362 Eigentumsvermutung. (1) ¹ Zugunsten der Gläubiger des Mannes und der Gläubiger der Frau wird vermutet, dass die im Besitz eines Ehegatten oder beider Ehegatten befindlichen beweglichen Sachen dem Schuldner gehören. ² Diese Vermutung gilt nicht, wenn die Ehegatten getrennt leben und sich die Sachen im Besitz des Ehegatten befinden, der nicht Schuldner ist. ³ Inhaberpapiere und Orderpapiere, die mit Blankoindossament versehen sind, stehen den beweglichen Sachen gleich.

(2) Für die ausschließlich zum persönlichen Gebrauch eines Ehegatten bestimmten Sachen wird im Verhältnis der Ehegatten zueinander und zu den Gläubigern vermutet, dass sie dem Ehegatten gehören, für dessen Gebrauch sie bestimmt sind.

Titel 6 bis 8

§§ 1363–1588 *(vom Abdruck wurde abgesehen)*

Abschnitte 2 und 3

§§ 1589–1921 *(vom Abdruck wurde abgesehen)*

Buch 5.[2] Erbrecht

§§ 1922–2385 *(vom Abdruck wurde abgesehen)*

---

[1] Wegen des für das Gebiet der ehem. DDR geltenden Übergangsrechts zum Vierten Buch des BGB beachte Art. 234 EGBGB, zu den §§ 1297–1302 beachte Art. 234 § 2 EGBGB idF der Bek. v. 21. 9. 1994 (BGBl. I S. 2494, ber. 1997 S. 1061), zuletzt geänd. durch G v. 24. 9. 2009 (BGBl. I S. 3142).
[2] Wegen des für das Gebiet der ehem. DDR geltenden Übergangsrechts zum Erbrecht beachte Art. 235 § 1 EGBGB idF der Bek. v. 21. 9. 1994 (BGBl. I S. 2494, ber. 1997 S. 1061), zuletzt geänd. durch G v. 24. 9. 2009 (BGBl. I S. 3142).

8. Gesetz über die Anfechtung von Rechtshandlungen eines Schuldners außerhalb des Insolvenzverfahrens (Anfechtungsgesetz – AnfG)[1)]

Vom 5. Oktober 1994
(BGBl. I S. 2911)
FNA 311-14-2

geänd. durch Art. 11 G zur Modernisierung des GmbH-Rechts u. zur Bekämpfung von Missbräuchen v. 23. 10. 2008 (BGBl. I S. 2026)

Nichtamtliche Inhaltsübersicht

	§§
Grundsatz	1
Anfechtungsberechtigte	2
Vorsätzliche Benachteiligung	3
Unentgeltliche Leistung	4
Rechtshandlungen des Erben	5
Gesellschafterdarlehen	6
Gesicherte Darlehen	6 a
Berechnung der Fristen	7
Zeitpunkt der Vornahme einer Rechtshandlung	8
Anfechtung durch Einrede	9
Vollstreckbarer Titel	10
Rechtsfolgen	11
Ansprüche des Anfechtungsgegners	12
Bestimmter Klageantrag	13
Vorläufig vollstreckbarer Schuldtitel. Vorbehaltsurteil	14
Anfechtung gegen Rechtsnachfolger	15
Eröffnung des Insolvenzverfahrens	16
Unterbrechung des Verfahrens	17
Beendigung des Insolvenzverfahrens	18
Internationales Anfechtungsrecht	19
Übergangsregeln	20

§ 1 Grundsatz. (1) Rechtshandlungen eines Schuldners, die seine Gläubiger benachteiligen, können außerhalb des Insolvenzverfahrens nach Maßgabe der folgenden Bestimmungen angefochten werden.

(2) Eine Unterlassung steht einer Rechtshandlung gleich.

§ 2 Anfechtungsberechtigte. Zur Anfechtung ist jeder Gläubiger berechtigt, der einen vollstreckbaren Schuldtitel erlangt hat und dessen Forderung fällig ist, wenn die Zwangsvollstreckung in das Vermögen des Schuldners nicht zu einer vollständigen Befriedigung des Gläubigers geführt hat oder wenn anzunehmen ist, daß sie nicht dazu führen würde.

§ 3 Vorsätzliche Benachteiligung. (1) [1] Anfechtbar ist eine Rechtshandlung, die der Schuldner in den letzten zehn Jahren vor der Anfechtung mit

---

[1)] Verkündet als Art. 1 G v. 5. 10. 1994 (BGBl. I S. 2911); Inkrafttreten gem. Art. 110 Abs. 1 dieses G am 1. 1. 1999.

dem Vorsatz, seine Gläubiger zu benachteiligen, vorgenommen hat, wenn der andere Teil zur Zeit der Handlung den Vorsatz des Schuldners kannte. ²Diese Kenntnis wird vermutet, wenn der andere Teil wußte, daß die Zahlungsunfähigkeit des Schuldners drohte und daß die Handlung die Gläubiger benachteiligte.

(2) ¹Anfechtbar ist ein vom Schuldner mit einer nahestehenden Person (§ 138 der Insolvenzordnung) geschlossener entgeltlicher Vertrag, durch den seine Gläubiger unmittelbar benachteiligt werden. ²Die Anfechtung ist ausgeschlossen, wenn der Vertrag früher als zwei Jahre vor der Anfechtung geschlossen worden ist oder wenn dem anderen Teil zur Zeit des Vertragsschlusses ein Vorsatz des Schuldners, die Gläubiger zu benachteiligen, nicht bekannt war.

§ 4 Unentgeltliche Leistung. (1) Anfechtbar ist eine unentgeltliche Leistung des Schuldners, es sei denn, sie ist früher als vier Jahre vor der Anfechtung vorgenommen worden.

(2) Richtet sich die Leistung auf ein gebräuchliches Gelegenheitsgeschenk geringen Werts, so ist sie nicht anfechtbar.

§ 5 Rechtshandlungen des Erben. Hat der Erbe aus dem Nachlaß Pflichtteilsansprüche, Vermächtnisse oder Auflagen erfüllt, so kann ein Nachlaßgläubiger, der im Insolvenzverfahren über den Nachlaß dem Empfänger der Leistung im Rang vorgehen oder gleichstehen würde, die Leistung in gleicher Weise anfechten wie eine unentgeltliche Leistung des Erben.

§ 6 Gesellschafterdarlehen. (1) ¹Anfechtbar ist eine Rechtshandlung, die für die Forderung eines Gesellschafters auf Rückgewähr eines Darlehens im Sinne des § 39 Abs. 1 Nr. 5 der Insolvenzordnung oder für eine gleichgestellte Forderung
1. Sicherung gewährt hat, wenn die Handlung in den letzten zehn Jahren vor Erlangung des vollstreckbaren Schuldtitels oder danach vorgenommen worden ist, oder
2. Befriedigung gewährt hat, wenn die Handlung im letzten Jahr vor Erlangung des vollstreckbaren Schuldtitels oder danach vorgenommen worden ist.

² Wurde ein Antrag auf Eröffnung eines Insolvenzverfahrens nach § 26 Abs. 1 der Insolvenzordnung abgewiesen, bevor der Gläubiger einen vollstreckbaren Schuldtitel erlangt hat, so beginnt die Anfechtungsfrist mit dem Antrag auf Eröffnung des Insolvenzverfahrens.

(2) ¹Die Anfechtung ist ausgeschlossen, wenn nach dem Schluss des Jahres, in dem der Gläubiger den vollstreckbaren Schuldtitel erlangt hat, drei Jahre verstrichen sind. ²Wurde die Handlung später vorgenommen, so ist die Anfechtung drei Jahre nach dem Schluss des Jahres ausgeschlossen, in dem die Handlung vorgenommen worden ist.

§ 6 a Gesicherte Darlehen. ¹Anfechtbar ist eine Rechtshandlung, mit der eine Gesellschaft einem Dritten für eine Forderung auf Rückgewähr eines Darlehens innerhalb der in § 6 Abs. 1 Satz 1 Nr. 2 und Satz 2 genannten Fristen Befriedigung gewährt hat, wenn ein Gesellschafter für die Forderung

eine Sicherheit bestellt hatte oder als Bürge haftete; dies gilt sinngemäß für Leistungen auf Forderungen, die einem Darlehen wirtschaftlich entsprechen.
² § 39 Abs. 4 und 5 der Insolvenzordnung und § 6 Abs. 2 gelten entsprechend.

§ 7 Berechnung der Fristen. (1) Die in den §§ 3 und 4 bestimmten Fristen sind von dem Zeitpunkt zurückzurechnen, in dem die Anfechtbarkeit gerichtlich geltend gemacht wird.

(2) Hat der Gläubiger, bevor er einen vollstreckbaren Schuldtitel erlangt hatte oder seine Forderung fällig war, dem Anfechtungsgegner seine Absicht, die Rechtshandlung anzufechten, schriftlich mitgeteilt, so wird die Frist vom Zeitpunkt des Zugangs der Mitteilung zurückgerechnet, wenn schon zu dieser Zeit der Schuldner unfähig war, den Gläubiger zu befriedigen, und wenn bis zum Ablauf von zwei Jahren seit diesem Zeitpunkt die Anfechtbarkeit gerichtlich geltend gemacht wird.

(3) In die Fristen wird die Zeit nicht eingerechnet, während der Maßnahmen nach § 46a Abs. 1 Satz 1 des Gesetzes über das Kreditwesen angeordnet waren.

§ 8 Zeitpunkt der Vornahme einer Rechtshandlung. (1) Eine Rechtshandlung gilt als in dem Zeitpunkt vorgenommen, in dem ihre rechtlichen Wirkungen eintreten.

(2) ¹ Ist für das Wirksamwerden eines Rechtsgeschäfts eine Eintragung im Grundbuch, im Schiffsregister, im Schiffsbauregister oder im Register für Pfandrechte an Luftfahrzeugen erforderlich, so gilt das Rechtsgeschäft als vorgenommen, sobald die übrigen Voraussetzungen für das Wirksamwerden erfüllt sind, die Willenserklärung des Schuldners für ihn bindend geworden ist und der andere Teil den Antrag auf Eintragung der Rechtsänderung gestellt hat. ² Ist der Antrag auf Eintragung einer Vormerkung zur Sicherung des Anspruchs auf die Rechtsänderung gestellt worden, so gilt Satz 1 mit der Maßgabe, daß dieser Antrag an die Stelle des Antrags auf Eintragung der Rechtsänderung tritt.

(3) Bei einer bedingten oder befristeten Rechtshandlung bleibt der Eintritt der Bedingung oder des Termins außer Betracht.

§ 9 Anfechtung durch Einrede. Die Anfechtbarkeit kann im Wege der Einrede geltend gemacht werden, bevor ein vollstreckbarer Schuldtitel für die Forderung erlangt ist; der Gläubiger hat diesen jedoch vor der Entscheidung binnen einer vom Gericht zu bestimmenden Frist beizubringen.

§ 10 Vollstreckbarer Titel. Die Anfechtung wird nicht dadurch ausgeschlossen, daß für die Rechtshandlung ein vollstreckbarer Schuldtitel erlangt oder daß die Handlung durch Zwangsvollstreckung erwirkt worden ist.

§ 11 Rechtsfolgen. (1) ¹ Was durch die anfechtbare Rechtshandlung aus dem Vermögen des Schuldners veräußert, weggegeben oder aufgegeben ist, muß dem Gläubiger zur Verfügung gestellt werden, soweit es zu dessen Befriedigung erforderlich ist. ² Die Vorschriften über die Rechtsfolgen einer ungerechtfertigten Bereicherung, bei der dem Empfänger der Mangel des rechtlichen Grundes bekannt ist, gelten entsprechend.

Anfechtungsgesetz **§§ 12–16 AnfG 8**

(2) ¹ Der Empfänger einer unentgeltlichen Leistung hat diese nur zur Verfügung zu stellen, sobald er durch sie bereichert ist. ² Dies gilt nicht, sobald er weiß oder den Umständen nach wissen muß, daß die unentgeltliche Leistung die Gläubiger benachteiligt.

(3) ¹ Im Fall der Anfechtung nach § 6a hat der Gesellschafter, der die Sicherheit bestellt hatte oder als Bürge haftete, die Zwangsvollstreckung in sein Vermögen bis zur Höhe des Betrags zu dulden, mit dem er als Bürge haftete oder der dem Wert der von ihm bestellten Sicherheit im Zeitpunkt der Rückgewähr des Darlehens oder der Leistung auf die gleichgestellte Forderung entspricht. ² Der Gesellschafter wird von der Verpflichtung frei, wenn er die Gegenstände, die dem Gläubiger als Sicherheit gedient hatten, dem Gläubiger zur Verfügung stellt.

§ 12 Ansprüche des Anfechtungsgegners. Wegen der Erstattung einer Gegenleistung oder wegen eines Anspruchs, der infolge der Anfechtung wiederauflebt, kann sich der Anfechtungsgegner nur an den Schuldner halten.

§ 13 Bestimmter Klageantrag. Wird der Anfechtungsanspruch im Wege der Klage geltend gemacht, so hat der Klageantrag bestimmt zu bezeichnen, in welchem Umfang und in welcher Weise der Anfechtungsgegner das Erlangte zur Verfügung stellen soll.

§ 14 Vorläufig vollstreckbarer Schuldtitel. Vorbehaltsurteil. Liegt ein nur vorläufig vollstreckbarer Schuldtitel des Gläubigers oder ein unter Vorbehalt ergangenes Urteil vor, so ist in dem Urteil, das den Anfechtungsanspruch für begründet erklärt, die Vollstreckung davon abhängig zu machen, daß die gegen den Schuldner ergangene Entscheidung rechtskräftig oder vorbehaltlos wird.

§ 15 Anfechtung gegen Rechtsnachfolger. (1) Die Anfechtbarkeit kann gegen den Erben oder einen anderen Gesamtrechtsnachfolger des Anfechtungsgegners geltend gemacht werden.

(2) Gegen einen sonstigen Rechtsnachfolger kann die Anfechtbarkeit geltend gemacht werden:

1. wenn dem Rechtsnachfolger zur Zeit seines Erwerbs die Umstände bekannt waren, welche die Anfechtbarkeit des Erwerbs seines Rechtsvorgängers begründen;
2. wenn der Rechtsnachfolger zur Zeit seines Erwerbs zu den Personen gehörte, die dem Schuldner nahestehen (§ 138 der Insolvenzordnung), es sei denn, daß ihm zu dieser Zeit die Umstände unbekannt waren, welche die Anfechtbarkeit des Erwerbs seines Rechtsvorgängers begründen;
3. wenn dem Rechtsnachfolger das Erlangte unentgeltlich zugewendet worden ist.

(3) Zur Erstreckung der Fristen nach § 7 Abs. 2 genügt die schriftliche Mitteilung an den Rechtsnachfolger, gegen den die Anfechtung erfolgen soll.

§ 16 Eröffnung des Insolvenzverfahrens. (1) ¹ Wird über das Vermögen des Schuldners das Insolvenzverfahren eröffnet, so ist der Insolvenzverwalter berechtigt, die von den Insolvenzgläubigern erhobenen Anfechtungsansprüche zu verfolgen. ² Aus dem Erstrittenen sind dem Gläubiger die Kosten des Rechtsstreits vorweg zu erstatten.

(2) Hat ein Insolvenzgläubiger bereits vor der Eröffnung des Insolvenzverfahrens auf Grund seines Anfechtungsanspruchs Sicherung oder Befriedigung erlangt, so gilt § 130 der Insolvenzordnung entsprechend.

§ 17 Unterbrechung des Verfahrens. (1) ¹ Ist das Verfahren über den Anfechtungsanspruch im Zeitpunkt der Eröffnung des Insolvenzverfahrens noch rechtshängig, so wird es unterbrochen. ² Es kann vom Insolvenzverwalter aufgenommen werden. ³ Wird die Aufnahme verzögert, so gilt § 239 Abs. 2 bis 4 der Zivilprozeßordnung entsprechend.

(2) Der Insolvenzverwalter kann den Klageantrag nach Maßgabe der §§ 143, 144 und 146 der Insolvenzordnung erweitern.

(3) ¹ Lehnt der Insolvenzverwalter die Aufnahme des Rechtsstreits ab, so kann dieser hinsichtlich der Kosten von jeder Partei aufgenommen werden. ² Durch die Ablehnung der Aufnahme wird das Recht des Insolvenzverwalters, nach den Vorschriften der Insolvenzordnung den Anfechtungsanspruch geltend zu machen, nicht ausgeschlossen.

§ 18 Beendigung des Insolvenzverfahrens. (1) Nach der Beendigung des Insolvenzverfahrens können Anfechtungsansprüche, die der Insolvenzverwalter geltend machen konnte, von den einzelnen Gläubigern nach diesem Gesetz verfolgt werden, soweit nicht dem Anspruch entgegenstehende Einreden gegen den Insolvenzverwalter erlangt sind.

(2) ¹ War der Anfechtungsanspruch nicht schon zur Zeit der Eröffnung des Insolvenzverfahrens gerichtlich geltend gemacht, so werden die in den §§ 3 und 4 bestimmten Fristen von diesem Zeitpunkt an berechnet, wenn der Anspruch bis zum Ablauf eines Jahres seit der Beendigung des Insolvenzverfahrens gerichtlich geltend gemacht wird. ² Satz 1 gilt für die in den §§ 6 und 6a bestimmten Fristen entsprechend mit der Maßgabe, dass an die Stelle der gerichtlichen Geltendmachung des Anfechtungsanspruchs die Erlangung des vollstreckbaren Schuldtitels tritt.

§ 19 Internationales Anfechtungsrecht. Bei Sachverhalten mit Auslandsberührung ist für die Anfechtbarkeit einer Rechtshandlung das Recht maßgeblich, dem die Wirkungen der Rechtshandlung unterliegen.

§ 20 Übergangsregeln. (1) Dieses Gesetz ist auf die vor dem 1. Januar 1999 vorgenommenen Rechtshandlungen nur anzuwenden, soweit diese nicht nach dem bisherigen Recht der Anfechtung entzogen oder in geringerem Umfang unterworfen sind.

(2) ¹ Das Gesetz, betreffend die Anfechtung von Rechtshandlungen eines Schuldners außerhalb des Konkursverfahrens in der im Bundesgesetzblatt Teil III, Gliederungsnummer 311-5, veröffentlichten bereinigten Fassung, zuletzt geändert durch Artikel 9 des Gesetzes vom 4. Juli 1980 (BGBl. I S. 836), wird aufgehoben. ² Es ist jedoch weiter auf die Fälle anzuwenden, bei denen die Anfechtbarkeit vor dem 1. Januar 1999 gerichtlich geltend gemacht worden ist.

(3) Die Vorschriften dieses Gesetzes in der ab dem Inkrafttreten des Gesetzes vom 23. Oktober 2008 (BGBl. I S. 2026) am 1. November 2008 geltenden Fassung sind auf vor dem 1. November 2008 vorgenommene Rechtshandlungen nur anzuwenden, soweit diese nicht nach dem bisherigen Recht der Anfechtung entzogen oder in geringerem Umfang unterworfen sind; andernfalls sind die bis zum 1. November 2008 anwendbaren Vorschriften weiter anzuwenden.

III. Verfahrensrechtliche Nebenbestimmungen

9. Gerichtsverfassungsgesetz (GVG)[1)]

In der Fassung der Bekanntmachung vom 9. Mai 1975[2)]
(BGBl. I S. 1077)
FNA 300-2
zuletzt geänd. durch Art. 5 G über die Internetversteigerung in der Zwangsvollstreckung und zur Änd. anderer G v. 30. 7. 2009 (BGBl. I S. 2474)

– Auszug –

Erster bis Elfter Titel

§§ 1–153 *(vom Abdruck wurde abgesehen)*

[1)] Beachte hierzu auch das EinführungsG zum GVG v. 27. 1. 1877 (RGBl. I S. 77), zuletzt geänd. durch G v. 17. 12. 2008 (BGBl. I S. 2586) und das RechtspflegerG.
Die Länder haben folgende Ausführungsvorschriften erlassen:
Baden-Württemberg: AGGVG v. 16. 12. 1975 (GBl. S. 868), zuletzt geänd. durch G v. 17. 12. 2009 (GBl. S. 809);
Bayern: AGGVG v. 23. 6. 1981 (BayRS IV S. 483), zuletzt geänd. durch G v. 22. 12. 2009 (GVBl S. 632);
Berlin: AGGVG v. 23. 3. 1992 (GVBl. S. 73), zuletzt geänd. durch G v. 17. 12. 2009 (GVBl. S. 846);
Brandenburg: G zur Neuordnung der ordentlichen Gerichtsbarkeit und zur Ausführung des GVG im Land Brandenburg v. 14. 6. 1993 (GVBl. S. 198), geänd. durch G v. 15. 12. 1995 (GVBl.I S. 287) und Gerichtszuständigkeits-VO – GerZustV v. 3. 11. 1993 (GVBl. II S. 689), aufgeh. durch G v. 3. 4. 2009 (GVBl. I S. 26);
Bremen: AGGVG idF der Bek. v. 21. 8. 1974 (Brem.GBl. S. 297), zuletzt geänd. durch G v. 20. 12. 1988 (Brem.GBl. S. 331)
Hamburg: HmbAGGVG v. 31. 5. 1965 (GVBl. S. 99), zuletzt geänd. durch G v. 10. 9. 2002 (GVBl. S. 252);
Mecklenburg-Vorpommern: GerichtsstrukturG idF der Bek. v. 7. 4. 1998 (GVOBl. M-V S. 444, ber. S. 549) und GerichtsorganisationsG (GOrgG) v. 10. 6. 1992 (GVOBl. M-V S. 314, ber. S. 363);
Niedersachsen: AGGVG v. 5. 4. 1963 (Nds. GVBl. S. 225), zuletzt geänd. durch G v. 25. 1. 2007 (Nds. GVBl. S. 51);
Rheinland-Pfalz: AGGVG v. 6. 11. 1989 (GVBl. S. 225), zuletzt geänd. durch G v. 22. 12. 2009 (GVBl. S. 413);
Saarland: SAG GVG v. 4. 10. 1972 (Amtsbl. S. 601), zuletzt geänd. durch G v. 12. 9. 2007 (Amtsbl. S. 1054);
Sachsen: Sächsisches JustizG v. 24. 11. 2000 (SächsGVBl. S. 482, ber. 2001 S. 704), zuletzt geänd. durch G v. 26. 6. 2009 (SächsGVBl. S. 323);
Sachsen-Anhalt: GerOrgG LSA v. 24. 8. 1992 (GVBl. LSA S. 652), zuletzt geänd. durch G v. 15. 1. 2010 (GVBl. LSA S. 8);
Thüringen: ThürAGGVG idF der Bek. v. 12. 10. 1993 (GVBl. S. 612), zuletzt geänd. durch G v. 16. 12. 2008 (GVBl. S. 587); Thüringer GerichtsstandortG und Thüringer GerichtsorganisationsG v. 16. 8. 1993 (GVBl. S. 554).
[2)] Neubekanntmachung des GVG v. 27. 1. 1877 (RGBl. S. 41) in der seit 1. 1. 1975 geltenden Fassung.

Zwölfter Titel. Zustellungs- und Vollstreckungsbeamte

§ 154 [Gerichtsvollzieher] Die Dienst- und Geschäftsverhältnisse der mit den Zustellungen, Ladungen und Vollstreckungen zu betrauenden Beamten (Gerichtsvollzieher) werden bei dem Bundesgerichtshof durch den Bundesminister der Justiz, bei den Landesgerichten durch die Landesjustizverwaltung bestimmt.

§ 155 [Ausschließung des Gerichtsvollziehers] Der Gerichtsvollzieher ist von der Ausübung seines Amts kraft Gesetzes ausgeschlossen:
I. in bürgerlichen Rechtsstreitigkeiten:
   1. wenn er selbst Partei oder gesetzlicher Vertreter einer Partei ist oder zu einer Partei in dem Verhältnis eines Mitberechtigten, Mitverpflichteten oder Schadensersatzpflichtigen steht;
   2. wenn sein Ehegatte oder Lebenspartner Partei ist, auch wenn die Ehe oder Lebenspartnerschaft nicht mehr besteht;
   3. wenn eine Person Partei ist, mit der er in gerader Linie verwandt oder verschwägert, in der Seitenlinie bis zum dritten Grad verwandt oder bis zum zweiten Grad verschwägert ist oder war;
II. *(betrifft Strafsachen)*

Dreizehnter Titel. Rechtshilfe

§§ 156–159 *(vom Abdruck wurde abgesehen)*

§ 160 [Vollstreckungen, Ladungen, Zustellungen] Vollstreckungen, Ladungen und Zustellungen werden nach Vorschrift der Prozeßordnungen bewirkt ohne Rücksicht darauf, ob sie in dem Land, dem das Prozeßgericht angehört, oder in einem anderen deutschen Land vorzunehmen sind.

§ 161 [Vermittlung bei Beauftragung eines Gerichtsvollziehers] [1] Gerichte, Staatsanwaltschaften und Geschäftsstellen der Gerichte können wegen Erteilung eines Auftrags an einen Gerichtsvollzieher die Mitwirkung der Geschäftsstelle des Amtsgerichts in Anspruch nehmen, in dessen Bezirk der Auftrag ausgeführt werden soll. [2] Der von der Geschäftsstelle beauftragte Gerichtsvollzieher gilt als unmittelbar beauftragt.

§§ 162–168 *(vom Abdruck wurde abgesehen)*

Vierzehnter bis Sechzehnter Titel

§§ 169–198 *(vom Abdruck wurde abgesehen)*

Siebzehnter Titel. Gerichtsferien

§§ 199–202 *(aufgehoben)*

10. Zivilprozessordnung[1)2)]

In der Fassung der Bekanntmachung vom 5. Dezember 2005[3)]
(BGBl. I S. 3202, ber. 2006 S. 431 u. 2007 S. 1781)

FNA 310-4

zuletzt geänd. durch Art. 3 G zur Erleichterung elektronischer Anmeldungen zum Vereinsregister und and. vereinsrechtl. Änd. v. 24. 9. 2009 (BGBl. I S. 3145)

– Auszug –

Buch 1. Allgemeine Vorschriften

Abschnitt 1. Gerichte

§§ 1–49 *(vom Abdruck wurde abgesehen)*

Abschnitt 2. Parteien

Titel 1 bis 5

§§ 50–107 *(vom Abdruck wurde abgesehen)*

Titel 6. Sicherheitsleistung

§ 108 Art und Höhe der Sicherheit. (1) ¹In den Fällen der Bestellung einer prozessualen Sicherheit kann das Gericht nach freiem Ermessen bestimmen, in welcher Art und Höhe die Sicherheit zu leisten ist. ²Soweit das Gericht eine Bestimmung nicht getroffen hat und die Parteien ein anderes nicht vereinbart haben, ist die Sicherheitsleistung durch die schriftliche, unwiderrufliche, unbedingte und unbefristete Bürgschaft eines im Inland zum Geschäftsbetrieb befugten Kreditinstituts oder durch Hinterlegung[4)] von Geld oder solchen Wertpapieren zu bewirken, die nach § 234 Abs. 1 und 3 des Bürgerlichen Gesetzbuchs zur Sicherheitsleistung geeignet sind.

(2) Die Vorschriften des § 234 Abs. 2 und des § 235 des Bürgerlichen Gesetzbuchs sind entsprechend anzuwenden.

§ 109 Rückgabe der Sicherheit. (1) Ist die Veranlassung für eine Sicherheitsleistung weggefallen, so hat auf Antrag das Gericht, das die Bestellung der Sicherheit angeordnet oder zugelassen hat, eine Frist zu bestimmen, binnen der ihm die Partei, zu deren Gunsten die Sicherheit geleistet ist, die Einwil-

---

[1)] Die Änderungen durch G v. 7. 7. 2009 (BGBl. I S. 1707) treten teilweise erst **mWv 1. 1. 2012** in Kraft und sind insoweit im Text noch nicht berücksichtigt.
[2)] Die Änderungen durch G v. 29. 7. 2009 (BGBl. I S. 2258) treten teilweise erst **mWv 1. 1. 2013** in Kraft und sind insoweit im Text noch nicht berücksichtigt.
[3)] Neubekanntmachung der ZPO idF der Bek. v. 12. 9. 1950 (BGBl. I S. 533) in der ab 21. 10. 2005 geltenden Fassung.
[4)] Vgl. die HinterlegungsO v. 10. 3. 1937 (RGBl. I S. 285), zuletzt geänd. durch G v. 23. 11. 2007 (BGBl. I S. 2614).

10 ZPO §§ 110–112 Buch 1. Allgemeine Vorschriften

ligung in die Rückgabe der Sicherheit zu erklären oder die Erhebung der Klage wegen ihrer Ansprüche nachzuweisen hat.

(2) ¹ Nach Ablauf der Frist hat das Gericht auf Antrag die Rückgabe der Sicherheit anzuordnen, wenn nicht inzwischen die Erhebung der Klage nachgewiesen ist; ist die Sicherheit durch eine Bürgschaft bewirkt worden, so ordnet das Gericht das Erlöschen der Bürgschaft an. ² Die Anordnung wird erst mit der Rechtskraft wirksam.

(3) ¹ Die Anträge und die Einwilligung in die Rückgabe der Sicherheit können vor der Geschäftsstelle zu Protokoll erklärt werden. ² Die Entscheidungen ergehen durch Beschluss.

(4) Gegen den Beschluss, durch den der im Absatz 1 vorgesehene Antrag abgelehnt wird, steht dem Antragsteller, gegen die im Absatz 2 bezeichnete Entscheidung steht beiden Teilen die sofortige Beschwerde zu.

§ 110[1]) **Prozesskostensicherheit.** (1) Kläger, die ihren gewöhnlichen Aufenthalt nicht in einem Mitgliedstaat der Europäischen Union oder in einem Vertragsstaat des Abkommens über den Europäischen Wirtschaftsraum haben, leisten auf Verlangen des Beklagten wegen der Prozesskosten Sicherheit.

(2) Diese Verpflichtung tritt nicht ein:
1. wenn auf Grund völkerrechtlicher Verträge keine Sicherheit verlangt werden kann;
2. wenn die Entscheidung über die Erstattung der Prozesskosten an den Beklagten auf Grund völkerrechtlicher Verträge vollstreckt würde;
3. wenn der Kläger im Inland ein zur Deckung der Prozesskosten hinreichendes Grundvermögen oder dinglich gesicherte Forderungen besitzt;
4. bei Widerklagen;
5. bei Klagen, die auf Grund einer öffentlichen Aufforderung erhoben werden.

§ 111 Nachträgliche Prozesskostensicherheit. Der Beklagte kann auch dann Sicherheit verlangen, wenn die Voraussetzungen für die Verpflichtung zur Sicherheitsleistung erst im Laufe des Rechtsstreits eintreten und nicht ein zur Deckung ausreichender Teil des erhobenen Anspruchs unbestritten ist.

§ 112 Höhe der Prozesskostensicherheit. (1) Die Höhe der zu leistenden Sicherheit wird von dem Gericht nach freiem Ermessen festgesetzt.

(2) ¹ Bei der Festsetzung ist derjenige Betrag der Prozesskosten zugrunde zu legen, den der Beklagte wahrscheinlich aufzuwenden haben wird. ² Die dem Beklagten durch eine Widerklage erwachsenden Kosten sind hierbei nicht zu berücksichtigen.

(3) Ergibt sich im Laufe des Rechtsstreits, dass die geleistete Sicherheit nicht hinreicht, so kann der Beklagte die Leistung einer weiteren Sicherheit ver-

---

[1]) Vgl. §§ 18 bis 20 GVG und Art. 17 Haager Übereinkommen über den Zivilprozess v. 1. 3. 1954 (BGBl. 1958 II S. 577). Siehe ferner § 11 G über die Rechtsstellung heimatloser Ausländer im Bundesgebiet v. 25. 4. 1951 (BGBl. I S. 269), zuletzt geänd. durch G v. 30. 7. 2004 (BGBl. I S. 1950) und für Mitglieder der in der Bundesrepublik stationierten ausländischen Truppen vgl. Art. 31 Zusatzabkommen zum NATO-Truppenstatut v. 3. 8. 1959 (BGBl. 1961 II S. 1218), zuletzt geänd. durch Abk. v. 28. 9. 1994 (BGBl. II S. 2598).

langen, sofern nicht ein zur Deckung ausreichender Teil des erhobenen Anspruchs unbestritten ist.

§ 113 Fristbestimmung für Prozesskostensicherheit. ¹ Das Gericht hat dem Kläger bei Anordnung der Sicherheitsleistung eine Frist zu bestimmen, binnen der die Sicherheit zu leisten ist. ² Nach Ablauf der Frist ist auf Antrag des Beklagten, wenn die Sicherheit bis zur Entscheidung nicht geleistet ist, die Klage für zurückgenommen zu erklären oder, wenn über ein Rechtsmittel des Klägers zu verhandeln ist, dieses zu verwerfen.

Titel 7. Prozeßkostenhilfe und Prozeßkostenvorschuß

§§ 114–127 a *(vom Abdruck wurde abgesehen)*

Abschnitt 3. Verfahren[1]

§§ 128–252 *(vom Abdruck wurde abgesehen)*

Buch 2 bis 10

§§ 253–1066 *(vom Abdruck wurde abgesehen)*

---

[1] Vgl. §§ 169–197 GVG.

11. Rechtspflegergesetz (RPflG)[1][2]

Vom 5. November 1969
(BGBl. I S. 2065)
FNA 302-2

zuletzt geänd. durch Art. 6 G über die Internetversteigerung in der Zwangsvollstreckung und zur Änd. anderer G v. 30. 7. 2009 (BGBl. I S. 2474)

– Auszug –

Erster Abschnitt. Aufgaben und Stellung des Rechtspflegers

§§ 1, 2 *(vom Abdruck wurde abgesehen)*

§ 3 Übertragene Geschäfte. Dem Rechtspfleger werden folgende Geschäfte übertragen:
1. in vollem Umfange die nach den gesetzlichen Vorschriften vom Richter wahrzunehmenden Geschäfte des Amtsgerichts in
   a) Vereinssachen nach den §§ 29, 37, 55 bis 79 des Bürgerlichen Gesetzbuchs sowie nach Buch 5 des Gesetzes über das Verfahren in Familiensachen und in den Angelegenheiten der freiwilligen Gerichtsbarkeit,
   b) die weiteren Angelegenheiten der freiwilligen Gerichtsbarkeit nach § 410 des Gesetzes über das Verfahren in Familiensachen und in den Angelegenheiten der freiwilligen Gerichtsbarkeit sowie die Verfahren nach § 84 Abs. 2, § 189 des Versicherungsvertragsgesetzes,
   c) Aufgebotsverfahren nach Buch 8 des Gesetzes über das Verfahren in Familiensachen und in den Angelegenheiten der freiwilligen Gerichtsbarkeit,
   d) Pachtkreditsachen im Sinne des Pachtkreditgesetzes,
   e) Güterrechtsregistersachen nach den §§ 1558 bis 1563 des Bürgerlichen Gesetzbuchs sowie nach Buch 5 des Gesetzes über das Verfahren in Familiensachen und in den Angelegenheiten der freiwilligen Gerichtsbarkeit, auch in Verbindung mit § 7 des Lebenspartnerschaftsgesetzes,
   f) Urkundssachen einschließlich der Entgegennahme der Erklärung,
   g) Verschollenheitssachen,
   h) Grundbuchsachen, Schiffsregister- und Schiffsbauregistersachen sowie Sachen des Registers für Pfandrechte an Luftfahrzeugen,
   i) Verfahren nach dem Gesetz über die Zwangsversteigerung und die Zwangsverwaltung[3],

---

[1] Die Änderungen durch G v. 23. 11. 2007 (BGBl. I S. 2614) treten teilweise erst **mWv 1. 12. 2010** in Kraft und sind insoweit im Text noch nicht berücksichtigt.
[2] Die Änderungen durch G v. 15. 7. 2009 (BGBl. I S. 1798) treten teilweise erst **mWv 1. 1. 2018** in Kraft und sind insoweit im Text noch nicht berücksichtigt.
[3] Nr. 2.

Rechtspflegergesetz § 3 RPflG 11

k) Verteilungsverfahren, die außerhalb der Zwangsvollstreckung nach den Vorschriften der Zivilprozeßordnung über das Verteilungsverfahren durchzuführen sind,

l) Verteilungsverfahren, die außerhalb der Zwangsversteigerung nach den für die Verteilung des Erlöses im Falle der Zwangsversteigerung geltenden Vorschriften durchzuführen sind,

m) Verteilungsverfahren nach § 75 Abs. 2 des Flurbereinigungsgesetzes, § 54 Abs. 3 des Landbeschaffungsgesetzes, § 28 Abs. 2 des Luftverkehrsgesetzes, § 119 Abs. 3 des Baugesetzbuchs und § 94 Abs. 4 des Bundesberggesetzes;

2. vorbehaltlich der in den §§ 14 bis 19b dieses Gesetzes aufgeführten Ausnahmen die nach den gesetzlichen Vorschriften vom Richter wahrzunehmenden Geschäfte des Amtsgerichts in

a) Kindschaftssachen und Adoptionssachen sowie entsprechenden Lebenspartnerschaftssachen nach den §§ 151, 186 und 269 des Gesetzes über das Verfahren in Familiensachen und in den Angelegenheiten der freiwilligen Gerichtsbarkeit,

b) Betreuungssachen sowie betreuungsgerichtlichen Zuweisungssachen nach den §§ 271 und 340 des Gesetzes über das Verfahren in Familiensachen und in den Angelegenheiten der freiwilligen Gerichtsbarkeit,

c) Nachlass- und Teilungssachen nach § 342 des Gesetzes über das Verfahren in Familiensachen und in den Angelegenheiten der freiwilligen Gerichtsbarkeit,

d) Handels-, Genossenschafts- und Partnerschaftsregistersachen sowie unternehmensrechtlichen Verfahren nach den §§ 374 und 375 des Gesetzes über das Verfahren in Familiensachen und in den Angelegenheiten der freiwilligen Gerichtsbarkeit,

e) Verfahren nach der Insolvenzordnung,

f) *(aufgehoben)*

g) Verfahren nach der Verordnung (EG) Nr. 1346/2000 des Rates vom 29. Mai 2000 über Insolvenzverfahren (ABl. EG Nr. L 160 S. 1) und nach Artikel 102 des Einführungsgesetzes zur Insolvenzordnung,

h) Verfahren nach der Schiffahrtsrechtlichen Verteilungsordnung;

3. die in den §§ 20 bis 24a, 25 und 25a dieses Gesetzes einzeln aufgeführten Geschäfte

a) in Verfahren nach der Zivilprozeßordnung und dem Mieterschutzgesetz,

b) in Festsetzungsverfahren,

c) des Gerichts in Straf- und Bußgeldverfahren,

d) in Verfahren vor dem Patentgericht,

e) auf dem Gebiet der Aufnahme von Erklärungen,

f) auf dem Gebiet der Beratungshilfe,

g) auf dem Gebiet der Familiensachen,

h) in Verfahren über die Verfahrenskostenhilfe nach dem Gesetz über das Verfahren in Familiensachen und in den Angelegenheiten der freiwilligen Gerichtsbarkeit;

4. die in den §§ 29 bis 31 dieses Gesetzes einzeln aufgeführten Geschäfte
   a) im internationalen Rechtsverkehr,
   b) in Hinterlegungssachen,
   c) der Staatsanwaltschaft im Strafverfahren und der Vollstreckung in Straf- und Bußgeldsachen sowie von Ordnungs- und Zwangsmitteln.

§ 4 Umfang der Übertragung. (1) Der Rechtspfleger trifft alle Maßnahmen, die zur Erledigung der ihm übertragenen Geschäfte erforderlich sind.

(2) Der Rechtspfleger ist nicht befugt,
1. eine Beeidigung anzuordnen oder einen Eid abzunehmen,
2. Freiheitsentziehungen anzudrohen oder anzuordnen, sofern es sich nicht um Maßnahmen zur Vollstreckung
   a) einer Freiheitsstrafe nach § 457 der Strafprozeßordnung oder einer Ordnungshaft nach § 890 der Zivilprozeßordnung,
   b) einer Maßregel der Besserung und Sicherung nach § 463 der Strafprozeßordnung oder
   c) der Erzwingungshaft nach § 97 des Gesetzes über Ordnungswidrigkeiten handelt,

(3) Hält der Rechtspfleger Maßnahmen für geboten, zu denen er nach Absatz 2 Nr. 1 und 2 nicht befugt ist, so legt er deswegen die Sache dem Richter zur Entscheidung vor.

§ 5 Vorlage an den Richter. (1) Der Rechtspfleger hat ihm übertragene Geschäfte dem Richter vorzulegen, wenn
1. sich bei der Bearbeitung der Sache ergibt, daß eine Entscheidung des Bundesverfassungsgerichts oder eines für Verfassungsstreitigkeiten zuständigen Gerichts eines Landes nach Artikel 100 des Grundgesetzes einzuholen ist;
2. zwischen dem übertragenen Geschäft und einem vom Richter wahrzunehmenden Geschäft ein so enger Zusammenhang besteht, daß eine getrennte Behandlung nicht sachdienlich ist.

(2) Der Rechtspfleger kann ihm übertragene Geschäfte dem Richter vorlegen, wenn die Anwendung ausländischen Rechts in Betracht kommt.

(3) [1] Die vorgelegten Sachen bearbeitet der Richter, solange er es für erforderlich hält. [2] Er kann die Sachen dem Rechtspfleger zurückgeben. [3] Gibt der Richter eine Sache an den Rechtspfleger zurück, so ist dieser an eine von dem Richter mitgeteilte Rechtsauffassung gebunden.

§ 6 Bearbeitung übertragener Sachen durch den Richter. Steht ein übertragenes Geschäft mit einem vom Richter wahrzunehmenden Geschäft in einem so engen Zusammenhang, daß eine getrennte Bearbeitung nicht sachdienlich wäre, so soll der Richter die gesamte Angelegenheit bearbeiten.

§ 7 Bestimmung des zuständigen Organs der Rechtspflege. [1] Bei Streit oder Ungewißheit darüber, ob ein Geschäft von dem Richter oder dem Rechtspfleger zu bearbeiten ist, entscheidet der Richter über die Zuständigkeit durch Beschluß. [2] Der Beschluß ist unanfechtbar.

§ 8 Gültigkeit von Geschäften. (1) Hat der Richter ein Geschäft wahrgenommen, das dem Rechtspfleger übertragen ist, so wird die Wirksamkeit des Geschäfts hierdurch nicht berührt.

Rechtspflegergesetz **§§ 9–12 RPflG 11**

(2) Hat der Rechtspfleger ein Geschäft wahrgenommen, das ihm der Richter nach diesem Gesetz übertragen kann, so ist das Geschäft nicht deshalb unwirksam, weil die Übertragung unterblieben ist oder die Voraussetzungen für die Übertragung im Einzelfalle nicht gegeben waren.

(3) Ein Geschäft ist nicht deshalb unwirksam, weil es der Rechtspfleger entgegen § 5 Abs. 1 dem Richter nicht vorgelegt hat.

(4) [1] Hat der Rechtspfleger ein Geschäft des Richters wahrgenommen, das ihm nach diesem Gesetz weder übertragen ist noch übertragen werden kann, so ist das Geschäft unwirksam. [2] Das gilt nicht, wenn das Geschäft dem Rechtspfleger durch eine Entscheidung nach § 7 zugewiesen worden war.

(5) Hat der Rechtspfleger ein Geschäft des Urkundsbeamten der Geschäftsstelle wahrgenommen, so wird die Wirksamkeit des Geschäfts hierdurch nicht berührt.

§ 9 Weisungsfreiheit des Rechtspflegers. Der Rechtspfleger ist sachlich unabhängig und nur an Recht und Gesetz gebunden.

§ 10 Ausschließung und Ablehnung des Rechtspflegers. [1] Für die Ausschließung und Ablehnung des Rechtspflegers sind die für den Richter geltenden Vorschriften entsprechend anzuwenden. [2] Über die Ablehnung des Rechtspflegers entscheidet der Richter.

§ 11[1]) **Rechtsbehelfe.** (1) Gegen die Entscheidungen des Rechtspflegers ist das Rechtsmittel gegeben, das nach den allgemeinen verfahrensrechtlichen Vorschriften zulässig ist.

(2) [1] Ist gegen die Entscheidung nach den allgemeinen verfahrensrechtlichen Vorschriften ein Rechtsmittel nicht gegeben, so findet die Erinnerung statt, die in Verfahren nach dem Gesetz über das Verfahren in Familiensachen und in den Angelegenheiten der freiwilligen Gerichtsbarkeit innerhalb der für die Beschwerde, im Übrigen innerhalb der für die sofortige Beschwerde geltenden Frist einzulegen ist. [2] Der Rechtspfleger kann der Erinnerung abhelfen. [3] Erinnerungen, denen er nicht abhilft, legt er dem Richter zur Entscheidung vor. [4] Auf die Erinnerung sind im übrigen die Vorschriften über die Beschwerde sinngemäß anzuwenden.

(3) [1] Gerichtliche Verfügungen, Beschlüsse oder Zeugnisse, die nach den Vorschriften der Grundbuchordnung, der Schiffsregisterordnung oder des Gesetzes über das Verfahren in Familiensachen und in den Angelegenheiten der freiwilligen Gerichtsbarkeit wirksam geworden sind und nicht mehr geändert werden können, sind mit der Erinnerung nicht anfechtbar. [2] Die Erinnerung ist ferner in den Fällen der §§ 694, 700 der Zivilprozeßordnung und gegen Entscheidungen über die Gewährung eines Stimmrechts (§§ 77, 237 und 238 der Insolvenzordnung) ausgeschlossen.

(4) [1] Das Erinnerungsverfahren ist gerichtsgebührenfrei.

§ 12 Bezeichnung des Rechtspflegers. Im Schriftverkehr und bei der Aufnahme von Urkunden in übertragenen Angelegenheiten hat der Rechtspfleger seiner Unterschrift das Wort „Rechtspfleger" beizufügen.

---

[1]) Für das Gebiet der ehem. DDR beachte zu § 11 Abs. 3 und 5 die Maßgaben nach dem Einigungsvertrag v. 31. 8. 1990 (BGBl. II S. 889, 927).

§ 13 Ausschluß des Anwaltszwangs. § 78 Abs. 1 der Zivilprozeßordnung und § 114 Absatz 1 des Gesetzes über das Verfahren in Familiensachen und in den Angelegenheiten der freiwilligen Gerichtsbarkeit sind auf Verfahren vor dem Rechtspfleger nicht anzuwenden.

Zweiter Abschnitt. Dem Richter vorbehaltene Geschäfte in Familiensachen und auf dem Gebiet der freiwilligen Gerichtsbarkeit sowie in Insolvenzverfahren und schiffahrtsrechtlichen Verteilungsverfahren

§§ 14–17 *(vom Abdruck wurde abgesehen)*

§ 18 Insolvenzverfahren. (1) Im Verfahren nach der Insolvenzordnung bleiben dem Richter vorbehalten:

1. das Verfahren bis zur Entscheidung über den Eröffnungsantrag unter Einschluß dieser Entscheidung und der Ernennung des Insolvenzverwalters sowie das Verfahrens über einen Schuldenbereinigungsplan nach den §§ 305 bis 310 der Insolvenzordnung,
2. bei einem Antrag des Schuldners auf Erteilung der Restschuldbefreiung die Entscheidungen nach den §§ 289, 296, 297 und 300 der Insolvenzordnung, wenn ein Insolvenzgläubiger die Versagung der Restschuldbefreiung beantragt, sowie die Entscheidung über den Widerruf der Restschuldbefreiung nach § 303 der Insolvenzordnung,
3. Entscheidungen nach den §§ 344 bis 346 der Insolvenzordnung.

(2) [1] Der Richter kann sich das Insolvenzverfahren ganz oder teilweise vorbehalten, wenn er dies für geboten erachtet. [2] Hält er den Vorbehalt nicht mehr für erforderlich, kann er das Verfahren dem Rechtspfleger übertragen. [3] Auch nach der Übertragung kann er das Verfahren wieder an sich ziehen, wenn und solange er dies für erforderlich hält.

(3) [1] Die Entscheidung des Rechtspflegers über die Gewährung des Stimmrechts nach den §§ 77, 237 und 238 der Insolvenzordnung hat nicht die in § 256 der Insolvenzordnung bezeichneten Rechtsfolgen. [2] Hat sich die Entscheidung des Rechtspflegers auf das Ergebnis einer Abstimmung ausgewirkt, so kann der Richter auf Antrag eines Gläubigers oder des Insolvenzverwalters das Stimmrecht neu festsetzen und die Wiederholung der Abstimmung anordnen; der Antrag kann nur bis zum Schluß des Termins gestellt werden, in dem die Abstimmung stattgefunden hat.

(4) Ein Beamter auf Probe darf im ersten Jahr nach seiner Ernennung Geschäfte des Rechtspflegers in Insolvenzsachen nicht wahrnehmen.

§§ 19–19 b *(vom Abdruck wurde abgesehen)*

Dritter Abschnitt. Dem Rechtspfleger nach § 3 Nr. 3 übertragene Geschäfte

§ 20 Bürgerliche Rechtsstreitigkeiten. Folgende Geschäfte im Verfahren nach der Zivilprozeßordnung und dem Mieterschutzgesetz werden dem Rechtspfleger übertragen:

Rechtspflegergesetz **§ 20 RPflG 11**

1. das Mahnverfahren im Sinne des Siebenten Buchs der Zivilprozeßordnung einschließlich der Bestimmung der Einspruchsfrist nach § 700 Abs. 1 in Verbindung mit § 339 Abs. 2 der Zivilprozeßordnung sowie der Abgabe an das für das streitige Verfahren als zuständig bezeichnete Gericht, auch soweit das Mahnverfahren maschinell bearbeitet wird; jedoch bleibt das Streitverfahren dem Richter vorbehalten;
2. *(aufgehoben)*
3. die nach den §§ 109, 715 der Zivilprozeßordnung zu treffenden Entscheidungen bei der Rückerstattung von Sicherheiten;
4. im Verfahren über die Prozeßkostenhilfe
   a) die in § 118 Abs. 2 der Zivilprozeßordnung bezeichneten Maßnahmen einschließlich der Beurkundung von Vergleichen nach § 118 Abs. 1 Satz 3 zweiter Halbsatz, wenn der Vorsitzende den Rechtspfleger damit beauftragt;
   b) die Bestimmung des Zeitpunktes für die Einstellung und eine Wiederaufnahme der Zahlungen nach § 120 Abs. 3 der Zivilprozeßordnung;
   c) die Änderung und die Aufhebung der Bewilligung der Prozeßkostenhilfe nach § 120 Abs. 4, § 124 Nr. 2, 3 und 4 der Zivilprozeßordnung;
5. das Verfahren über die Bewilligung der Prozeßkostenhilfe in den Fällen, in denen außerhalb oder nach Abschluß eines gerichtlichen Verfahrens die Bewilligung der Prozeßkostenhilfe lediglich für die Zwangsvollstreckung beantragt wird; jedoch bleibt dem Richter das Verfahren über die Bewilligung der Prozeßkostenhilfe in den Fällen vorbehalten, in welchen dem Prozeßgericht die Vollstreckung obliegt oder in welchen die Prozeßkostenhilfe für eine Rechtsverfolgung oder Rechtsverteidigung beantragt wird, die eine sonstige richterliche Handlung erfordert;
6. im Verfahren über die grenzüberschreitende Prozesskostenhilfe innerhalb der Europäischen Union die in § 1077 der Zivilprozessordnung bezeichneten Maßnahmen sowie die dem Vollstreckungsgericht nach § 1078 der Zivilprozessordnung obliegenden Entscheidungen; wird Prozesskostenhilfe für eine Rechtsverfolgung oder Rechtsverteidigung beantragt, die eine richterliche Handlung erfordert, bleibt die Entscheidung nach § 1078 der Zivilprozessordnung dem Richter vorbehalten;
7. das Europäische Mahnverfahren im Sinne des Abschnitts 5 des Elften Buchs der Zivilprozessordnung einschließlich der Abgabe an das für das streitige Verfahren als zuständig bezeichnete Gericht, auch soweit das Europäische Mahnverfahren maschinell bearbeitet wird; jedoch bleiben die Überprüfung des Europäischen Zahlungsbefehls und das Streitverfahren dem Richter vorbehalten;
8.–10. *(aufgehoben)*
11. die Ausstellung, die Berichtigung und der Widerruf einer Bestätigung nach den §§ 1079 bis 1081 der Zivilprozessordnung sowie die Ausstellung der Bestätigung nach § 1106 der Zivilprozessordnung;
12. die Erteilung der vollstreckbaren Ausfertigungen in den Fällen des § 726 Abs. 1, der §§ 727 bis 729, 733, 738, 742, 744, 745 Abs. 2 sowie des § 749 der Zivilprozeßordnung;

13. die Erteilung von weiteren vollstreckbaren Ausfertigungen gerichtlicher Urkunden und die Entscheidung über den Antrag auf Erteilung weiterer vollstreckbarer Ausfertigungen notarieller Urkunden nach § 797 Abs. 3 der Zivilprozeßordnung und § 60 Satz 3 Nr. 2 des Achten Buches Sozialgesetzbuch;
14. die Anordnung, daß die Partei, welche einen Arrestbefehl oder eine einstweilige Verfügung erwirkt hat, binnen einer zu bestimmenden Frist Klage zu erheben habe (§ 926 Abs. 1, § 936 der Zivilprozeßordnung);
15. die Entscheidung über Anträge auf Aufhebung eines vollzogenen Arrestes gegen Hinterlegung des in dem Arrestbefehl festgelegten Geldbetrages (§ 934 Abs. 1 der Zivilprozeßordnung);
16. die Pfändung von Forderungen sowie die Anordnung der Pfändung von eingetragenen Schiffen oder Schiffsbauwerken aus einem Arrestbefehl, soweit der Arrestbefehl nicht zugleich den Pfändungsbeschluß oder die Anordnung der Pfändung enthält;
16 a. die Anordnung, daß die Sache versteigert und der Erlös hinterlegt werde, nach § 21 des Anerkennungs- und Vollstreckungsausführungsgesetzes vom 19. Februar 2001 (BGBl. I S. 288, 436);
17. die Geschäfte im Zwangsvollstreckungsverfahren nach dem Achten Buche der Zivilprozeßordnung, soweit sie von dem Vollstreckungsgericht, einem von diesem ersuchten Gericht oder in den Fällen der §§ 848, 854, 855 der Zivilprozeßordnung von einem anderen Amtsgericht oder dem Verteilungsgericht (§ 873 der Zivilprozeßordnung) zu erledigen sind. Jedoch bleiben dem Richter die Entscheidungen nach § 766 der Zivilprozeßordnung vorbehalten.

§ 21 Festsetzungsverfahren. Folgende Geschäfte im Festsetzungsverfahren werden dem Rechtspfleger übertragen:
1. die Festsetzung der Kosten in den Fällen, in denen die §§ 103 ff. der Zivilprozeßordnung anzuwenden sind;
2. die Festsetzung der Vergütung des Rechtsanwalts nach § 11 des Rechtsanwaltsvergütungsgesetzes;
3. die Festsetzung der Gerichtskosten nach den Gesetzen und Verordnungen zur Ausführung von Verträgen mit ausländischen Staaten über die Rechtshilfe sowie die Anerkennung und Vollstreckung gerichtlicher Entscheidungen und anderer Schuldtitel in Zivil- und Handelssachen.

§§ 22–25 a *(vom Abdruck wurde abgesehen)*

Vierter bis Sechster Abschnitt

§§ 26–40 *(vom Abdruck wurde abgesehen)*

12. Bürgerliches Gesetzbuch (BGB)[1)]

In der Fassung der Bekanntmachung vom 2. Januar 2002[2)]
(BGBl. I S. 42, ber. S. 2909 und BGBl. 2003 I S. 738)

FNA 400-2

zuletzt geänd. durch Art. 1 G zur Begrenzung der Haftung von ehrenamtlich tätigen Vereinsvorständen v. 28. 9. 2009 (BGBl. I S. 3161)

– Auszug –

Buch 1. Allgemeiner Teil

Abschnitte 1 bis 3

§§ 1–185 *(vom Abdruck wurde abgesehen)*

Abschnitt 4. Fristen, Termine

§ 186 Geltungsbereich. Für die in Gesetzen, gerichtlichen Verfügungen und Rechtsgeschäften enthaltenen Frist- und Terminsbestimmungen gelten die Auslegungsvorschriften der §§ 187 bis 193.

§ 187 Fristbeginn. (1) Ist für den Anfang einer Frist ein Ereignis oder ein in den Lauf eines Tages fallender Zeitpunkt maßgebend, so wird bei der Berechnung der Frist der Tag nicht mitgerechnet, in welchen das Ereignis oder der Zeitpunkt fällt.

(2) ¹Ist der Beginn eines Tages der für den Anfang einer Frist maßgebende Zeitpunkt, so wird dieser Tag bei der Berechnung der Frist mitgerechnet. ²Das Gleiche gilt von dem Tage der Geburt bei der Berechnung des Lebensalters.

§ 188 Fristende. (1) Eine nach Tagen bestimmte Frist endigt mit dem Ablauf des letzten Tages der Frist.

(2) Eine Frist, die nach Wochen, nach Monaten oder nach einem mehrere Monate umfassenden Zeitraum – Jahr, halbes Jahr, Vierteljahr – bestimmt ist, endigt im Falle des § 187 Abs. 1 mit dem Ablauf desjenigen Tages der letzten Woche oder des letzten Monats, welcher durch seine Benennung oder seine Zahl dem Tage entspricht, in den das Ereignis oder der Zeitpunkt fällt, im Falle des § 187 Abs. 2 mit dem Ablauf desjenigen Tages der letzten Woche oder des letzten Monats, welcher dem Tage vorhergeht, der durch seine Benennung oder seine Zahl dem Anfangstag der Frist entspricht.

[1)] Abgedruckt unter Nr. **7**.
[2)] Neubekanntmachung des BGB v. 18. 8. 1896 (RGBl. S. 195) in der ab 1. 1. 2002 geltenden Fassung.

(3) Fehlt bei einer nach Monaten bestimmten Frist in dem letzten Monat der für ihren Ablauf maßgebende Tag, so endigt die Frist mit dem Ablauf des letzten Tages dieses Monats.

§ 189 Berechnung einzelner Fristen. (1) Unter einem halben Jahr wird eine Frist von sechs Monaten, unter einem Vierteljahr eine Frist von drei Monaten, unter einem halben Monat eine Frist von 15 Tagen verstanden.

(2) Ist eine Frist auf einen oder mehrere ganze Monate und einen halben Monat gestellt, so sind die 15 Tage zuletzt zu zählen.

§ 190 Fristverlängerung. Im Falle der Verlängerung einer Frist wird die neue Frist von dem Ablauf der vorigen Frist an berechnet.

§ 191 Berechnung von Zeiträumen. Ist ein Zeitraum nach Monaten oder nach Jahren in dem Sinne bestimmt, dass er nicht zusammenhängend zu verlaufen braucht, so wird der Monat zu 30, das Jahr zu 365 Tagen gerechnet.

§ 192 Anfang, Mitte, Ende des Monats. Unter Anfang des Monats wird der erste, unter Mitte des Monats der 15., unter Ende des Monats der letzte Tag des Monats verstanden.

§ 193 Sonn- und Feiertag; Sonnabend. Ist an einem bestimmten Tage oder innerhalb einer Frist eine Willenserklärung abzugeben oder eine Leistung zu bewirken und fällt der bestimmte Tag oder der letzte Tag der Frist auf einen Sonntag, einen am Erklärungs- oder Leistungsort staatlich anerkannten allgemeinen Feiertag oder einen Sonnabend, so tritt an die Stelle eines solchen Tages der nächste Werktag.

Abschnitte 5 bis 7

§§ 194–240 *(vom Abdruck wurde abgesehen)*

Bücher 2 bis 5

§§ 241–2385 *(vom Abdruck wurde abgesehen)*

IV. Ausführungsbestimmungen

13. Gerichtsvollzieherordnung (GVO)[1)][2)]

Vom 7. März 1980
(JMBl S. 43)

– Auszug –

Erster Abschnitt. Dienstverhältnis

§§ 1–15 *(vom Abdruck wurde abgesehen)*

Zweiter Abschnitt. Zuständigkeit

A. Gerichtsvollzieherbezirk

§ 16 Amtsgerichte mit mehreren Gerichtsvollziehern.
1. [1] Sind bei einem Amtsgericht mehrere Gerichtsvollzieher oder Hilfsbeamte des Gerichtsvollzieherdienstes beschäftigt, so weist der aufsichtführende Richter jedem von ihnen einen örtlich begrenzten Bezirk (Gerichtsvollzieherbezirk) zu. [2] Bei der Einteilung der Bezirke nimmt er auf eine gleichmäßige Verteilung der Geschäfte und auf die Möglichkeit einer zweckmäßigen Gestaltung der Reisen der Vollstreckungsbeamten Rücksicht. [3] Für jeden Beamten bestellt er im voraus einen oder, falls es die örtlichen Verhältnisse erfordern, mehrere Gerichtsvollzieher oder Hilfsbeamte des Gerichtsvollzieherdienstes als ständige Vertreter.
[4] Mit Genehmigung des Präsidenten des Landgerichts (Amtsgerichts) können die Geschäfte anders als nach örtlichen Bezirken verteilt werden.

[1)] Die GVO gilt mWv 1. 4. 1980 in sämtlichen Ländern bundeseinheitlich.
[2)]
– **Baden-Württemberg:** AV v. 12. 2. 1980 (Die Justiz S. 70)
– **Bayern:** Bek. v. 7. 3. 1980 (JMBl S. 43), zuletzt geänd. durch Bek. v. 18. 9. 2003 (JMBl S. 184)
– **Berlin:** AV (VV) v. 4. 3. 1980 (ABl S. 487)
– **Brandenburg:** AV v. 10. 4. 1991 (JMBl S. 2)
– **Hamburg:** AV v. 27. 2. 1980 (JVBl S. 75)
– **Hessen:** RdErl. v. 3. 4. 1980 (JMBl S. 379)
– **Mecklenburg-Vorpommern:** AV v. 20. 12. 1990 (ABl Nr. 4 S. 78)
– **Niedersachsen:** AV v. 13. 2. 1980 (NdsRpfl S. 24), zuletzt geänd. durch AV v. 8. 12. 2003 (NdsRpfl 2004 S. 6)
– **Nordrhein-Westfalen:** AV v. 18. 3. 1980 (JMBl S. 229), zuletzt geänd. durch AV v. 15. 12. 2003 (JMBl 2004 S. 18)
– **Rheinland-Pfalz:** VV v. 27. 2. 1980 (JBl S. 57)
– **Sachsen:** AV v. 20. 3. 1991 (ABl Nr. 8 S. 12)
– **Sachsen-Anhalt:** AV v. 24. 1. 1991 (MBl. Nr. 3 S. 21)
– **Schleswig-Holstein:** AV v. 5. 2. 1980 (SchlHA S. 50)
– **Thüringen:** VV v. 8. 11. 1991 (JMBl 1992 S. 13), zuletzt geänd. durch VV v. 7. 4. 2004 (JMBl S. 23)

13 GVO § 16 — Gerichtsvollzieherordnung

2. [1] Der aufsichtführende Richter kann die Verteilung der Aufträge, die Zustellungen durch den nach § 33 Abs. 1 des Postgesetzes mit Zustellungsaufgaben beliehenen Unternehmer (Post) betreffen, abweichend von § 22 regeln.
[2] Er regelt ferner die Verteilung der Aufträge, die betreffen:

   a) Zustellungen durch Aufgabe zur Post,

   b) Amtshandlungen, die eine Tätigkeit in mehreren Gerichtsvollzieherbezirken erfordern, sofern der Auftrag durch die Verteilungsstelle (§§ 33 ff.) vermittelt wird.

3. [1] Für die Durchführung von Zustellungen, die im Amtsgerichtsbezirk zu bewirken sind, ist der Gerichtsvollzieher, in dessen Bezirk zugestellt werden soll, auch dann zuständig, wenn durch die Post zugestellt wird. [2] Dies gilt nicht für die Zustellung der Benachrichtigungen nach § 845 Abs. 1 Satz 2 ZPO (§ 20 Abs. 2 GVGA[1])) und im Falle des § 16 Nr. 2 Satz 2.

4. [1] Von der Geschäftsverteilung nach Nrn. 1 bis 3 bleiben unberührt

   a) Aufträge zur Erhebung von Wechsel- und Scheckprotesten,

   b) Aufträge, die ohne Gefährdung der Parteirechte keinen Aufschub gestatten.

   [2] Zur Erledigung dieser Aufträge ist jeder Gerichtsvollzieher des Amtsgerichts ohne örtliche Beschränkung berechtigt und verpflichtet.
   [3] An den Aufträgen zu Buchst. a) soll der aufsichtführende Richter die einzelnen Gerichtsvollzieher des Amtsgerichts im Wege der Vereinbarung mit den vorwiegend in Betracht kommenden Auftraggebern und durch zweckmäßige Regelung der Verteilung in der Verteilungsstelle möglichst gleichmäßig beteiligen. [4] In den Fällen zu Buchst. b) hat der Auftraggeber den Grund der Dringlichkeit näher anzugeben, falls er nicht ohne weiteres erkennbar ist. [5] Der Gerichtsvollzieher vermerkt den Dringlichkeitsgrund im Dienstregister.
   [6] Der nach Nr. 1 zuständige Gerichtsvollzieher ist von Pfändungen – unbeschadet der Vorschrift des § 826 Abs. 2 ZPO – in jedem Fall zur Wahrung früherer Pfändungen und zur Berücksichtigung bei Anschlusspfändungen durch Übersendung einer Abschrift der Pfändungsniederschrift zu benachrichtigen.

5. Sofern es ausnahmsweise erforderlich ist, kann der aufsichtführende Richter besondere Bestimmungen über die Geschäftsverteilung für die Zeiten treffen, in denen an Orten im Amtsgerichtsbezirk Messen oder Märkte abgehalten werden; er kann hierbei von den vorstehenden Vorschriften abweichen.

6. [1] Die Geschäftsverteilung ist durch Aushang im Amtsgerichtsgebäude und in den Geschäftszimmern aller Gerichtsvollzieher des Amtsgerichts oder in sonst geeigneter Weise bekanntzumachen. [2] Sie ist den am Ort befindlichen Justizbehörden, dem zuständigen Arbeitsgericht und den örtlichen Niederlassungen der Post, ferner auf Antrag auch anderen Behörden, Körperschaften des öffentlichen Rechts, Rechtsanwälten, Gerichtsvollziehern usw. mitzuteilen; sie kann auch anderen Personen auf Antrag mitgeteilt werden.
[3] Die Mitteilungen erfolgen gegen Erstattung der Dokumentenpauschale, soweit sie nicht an Behörden, Körperschaften des öffentlichen Rechts oder Gerichtsvollzieher gerichtet sind. [4] Im Laufe des Jahres eintretende Verände-

---

[1]) Nr. 14.

rungen der Geschäftsverteilung sind in gleicher Weise bekanntzumachen und mitzuteilen.

7. Die Gültigkeit einer Amtshandlung wird dadurch nicht berührt, daß sie von einem anderen als dem nach der Geschäftsverteilung zuständigen Gerichtsvollzieher vorgenommen worden ist.

§ 17 Amtsgerichte mit einem Gerichtsvollzieher.

1. Ist bei einem Amtsgericht nur ein Gerichtsvollzieher oder ein Hilfsbeamter des Gerichtsvollzieherdienstes beschäftigt, so ist der Amtsgerichtsbezirk der Gerichtsvollzieherbezirk.

2. [1] Der Präsident des Landgerichts (Amtsgerichts) bestellt im voraus einen Gerichtsvollzieher eines benachbarten Amtsgerichts oder einen Hilfsbeamten des Gerichtsvollzieherdienstes als ständigen Vertreter, wenn auch das benachbarte Amtsgericht seiner Dienstaufsicht untersteht; in allen übrigen Fällen wird der ständige Vertreter von dem Präsidenten des Oberlandesgerichts bestimmt. [2] Falls es die örtlichen Verhältnisse erfordern, können auch mehrere Gerichtsvollzieher oder Hilfsbeamte des Gerichtsvollzieherdienstes je für einen bestimmten Teil des Bezirks als ständige Vertreter bestellt werden. [3] Die Vertretung in Eilfällen richtet sich nach § 115 Nr. 1.

§ 18 Amtsgerichte ohne Gerichtsvollzieher.

1. Ist bei einem Amtsgericht kein Gerichtsvollzieher oder Hilfsbeamter des Gerichtsvollzieherdienstes beschäftigt, so teilt, soweit landesrechtlich nichts anderes bestimmt ist, der Präsident des Oberlandesgerichts den Amtsgerichtsbezirk dem Bezirk eines, ausnahmsweise unter zweckmäßiger Aufteilung auch den Bezirken mehrerer Gerichtsvollzieher oder Hilfsbeamten des Gerichtsvollzieherdienstes benachbarter Amtsgerichte zu (zugeschlagener Bezirk).

2. Eigener Gerichtsvollzieherbezirk und zugeschlagener Bezirk bilden den Gesamtbezirk des Gerichtsvollziehers.

3. Name, Bezirk und Amtssitz des zuständigen Gerichtsvollziehers sind im Gebäude des Amtsgerichts des zugeschlagenen Bezirks durch ständigen Aushang oder in sonst geeigneter Weise mit dem Hinweis bekanntzumachen, daß Aufträge, Anfragen und Mitteilungen nach Möglichkeit unmittelbar an den Gerichtsvollzieher zu richten sind, aber auch in der Geschäftsstelle des Amtsgerichts zur Übermittlung an den Gerichtsvollzieher angebracht werden können.

4. [1] Die Geschäftsstelle des Amtsgerichts des zugeschlagenen Bezirks leitet die bei ihr eingehenden, für den Gerichtsvollzieher bestimmten Schriftstücke täglich an diesen weiter. [2] Dies gilt nicht, wenn mit Sicherheit zu erwarten ist, daß der Gerichtsvollzieher an dem betreffenden Tage auf der Geschäftsstelle anwesend sein wird.

5. [1] Ist der Gerichtsvollzieher am Sitz des Amtsgerichts des zugeschlagenen Bezirks anwesend, so hat er sich stets in der Geschäftsstelle zur Entgegennahme seiner Eingänge und zu etwa erforderlichen Dienstbesprechungen einzufinden. [2] Von der Einrichtung bestimmter Sprechtage ist regelmäßig abzusehen.

6. [1] Für Eilaufträge, die im zugeschlagenen Bezirk zu erledigen sind, bestellt der aufsichtführende Richter des Amtsgerichts des zugeschlagenen Bezirks

im voraus einen oder, falls es erforderlich ist, mehrere geeignete Beamte des Amtsgerichts als ständige Vertreter des Gerichtsvollziehers für die Wahrnehmung einzelner Gerichtsvollziehergeschäfte. ²Die Bestimmungen über die Regelung der ständigen Vertretung des Gerichtsvollziehers (§§ 16, 17) werden hierdurch nicht berührt. ³Macht ein eiliger Auftrag eine weitere nicht mehr dringliche Amtshandlung erforderlich, so sind die Vorgänge nach Erledigung des dringlichen Teils an den zuständigen Gerichtsvollzieher abzugeben.

§ 19 Zuteilung eines zugeschlagenen Bezirks in Sonderfällen. ¹Soweit landesrechtlich nichts anderes bestimmt ist, kann der Präsident des Oberlandesgerichts den Gerichtsvollzieherdienst eines Amtsgerichtsbezirks oder eines Bezirksteils auch in anderen als den in § 18 Nr. 1 bezeichneten Fällen einem Gerichtsvollzieher oder einem Hilfsbeamten des Gerichtsvollzieherdienstes eines benachbarten Amtsgerichts übertragen. ²Die Bestimmungen in § 18 Nrn. 2 bis 6 gelten in diesem Fall entsprechend.

B. Örtliche Zuständigkeit

§ 20 Allgemeines.

1. Die örtliche Zuständigkeit des Gerichtsvollziehers beschränkt sich, soweit nichts anderes bestimmt ist, auf den ihm zugewiesenen Gerichtsvollzieherbezirk.

2. Eine Amtshandlung ist nicht aus dem Grund unwirksam, weil der Gerichtsvollzieher sie außerhalb seines Gerichtsvollzieherbezirks vorgenommen hat.

§ 21 Freiwillige Versteigerungen. Für freiwillige Versteigerungen ist der Gerichtsvollzieher zuständig, in dessen Bezirk sich die zu versteigernde Sache befindet.

§ 22 Zustellungen durch die Post. ¹Für Zustellungen durch die Post ist, sofern nicht eine abweichende Regelung nach § 16 Nr. 2 Satz 1 getroffen ist, der Gerichtsvollzieher zuständig, in dessen Gerichtsvollzieherbezirk der Auftraggeber (Partei, Prozeßbevollmächtigter) oder ein Zustellungsempfänger seinen Wohnsitz, Geschäftssitz, Amtssitz, Sitz der Niederlassung oder Aufenthaltsort hat. ²Eilige Zustellungen durch die Post von Vorpfändungsbenachrichtigungen nach § 178 GVGA[1)] darf jeder Gerichtsvollzieher ausführen.

§ 22 a Aufträge zur Abnahme der eidesstattlichen Versicherung.

1. Für die Erledigung eines Auftrags zur Abnahme der eidesstattlichen Versicherung in den Fällen der §§ 807, 836 und 883 ZPO bleibt der Gerichtsvollzieher zuständig, in dessen Gerichtsvollzieherbezirk der Schuldner im Zeitpunkt des Eingangs des Auftrags seinen Wohnsitz oder in Ermangelung eines solchen seinen Aufenthaltsort hatte, auch wenn der Schuldner danach seinen Wohnsitz oder Aufenthaltsort aus dem Gerichtsvollzieherbezirk verlegt.

2. ¹Ist dem Gerichtsvollzieher im Zeitpunkt des Einganges eines ihm von dem Gläubiger unmittelbar übersandten Auftrags bekannt, dass

---

[1)] Nr. 14.

Gerichtsvollzieherordnung **§§ 23, 24 GVO 13**

a) der Schuldner vorher seinen Wohnsitz oder in Ermangelung eines solchen seinen Aufenthaltsort in den Bezirk eines anderen Amtsgerichts verlegt hatte, so verfährt er nach § 29 Nr. 2 Buchst. b,

b) der Schuldner vorher unbekannt verzogen oder sein Aufenthaltsort nicht zu ermitteln ist, so gibt er den Auftrag dem Auftraggeber mit entsprechender Mitteilung zurück,

c) der Schuldner vorher seinen Wohnsitz oder in Ermangelung eines solchen seinen Aufenthaltsort in einen anderen Gerichtsvollzieherbezirk desselben Amtsgerichts verlegt hatte, so verfährt er nach § 29 Nr. 2 Buchst. a.

[2] Bei Aufträgen, die ihm über die Verteilungsstelle beim Amtsgericht zugeleitet werden (§ 33 Nr. 2), verfährt er unter Berücksichtigung des Übergabezeitpunkts (§ 35 Nr. 1 Satz 2) nach Absatz 1.

3. [1] Steht für den Gerichtsvollzieher seine Zuständigkeit nach Nr. 1 fest und verlegt der Schuldner dann seinen Wohnsitz oder in Ermangelung eines solchen seinen Aufenthaltsort in

a) einen anderen Gerichtsvollzieherbezirk des gemeinsamen Amtsgerichtsbezirks, so bleibt der erstbefasste Gerichtsvollzieher allein zuständig. § 23 ist nicht anzuwenden.

b) einen anderen Gerichtsvollzieherbezirk außerhalb des gemeinsamen Amtsgerichtsbezirks, so ersucht er den für den neuen Wohn- oder Aufenthaltsort zuständigen Gerichtsvollzieher in jeder Lage des Verfahrens um Rechtshilfe gemäß §§ 478, 479 ZPO, §§ 156, 157 GVG; ist ihm der zuständige Gerichtsvollzieher nicht bekannt, leitet er ihm das Rechtshilfeersuchen über die Verteilungsstelle des für den Wohn- oder Aufenthaltsort des Schuldners zuständigen Amtsgerichts, sonst unmittelbar zu. §§ 23, 30, 31 finden keine Anwendung.

[2] Der ersuchte Gerichtsvollzieher ist zur Leistung der Rechtshilfe verpflichtet.

§ 23 In mehreren Gerichtsvollzieherbezirken zu erledigende Aufträge.

1. Für die Erledigung eines Auftrags, der eine Tätigkeit in mehreren Gerichtsvollzieherbezirken des gemeinsamen Landgerichtsbezirks erfordert, ist der Gerichtsvollzieher eines jeden der beteiligten Gerichtsvollzieherbezirke zuständig.

2. Die Zuständigkeit ist auch gegeben, wenn der Gerichtsvollzieher zur Durchführung der in seinem Gerichtsvollzieherbezirk begonnenen Amtshandlung die Grenze dieses Bezirks (auch über die Landesgrenze hinaus) überschreiten muß.

3. § 16 Nr. 4 Abs. 3 gilt entsprechend.

C. Sachliche Zuständigkeit

§ 24 [Sachliche Zuständigkeit]

1. Welche Aufträge der Gerichtsvollzieher auszuführen hat, wird durch die Gesetze sowie durch Verwaltungsanordnungen der obersten Landesjustizbehörde bestimmt.

2. Der Gerichtsvollzieher ist verpflichtet, seiner dienstlichen Tätigkeit entsprechende Aufträge der Behörden der Justizverwaltung auszuführen.

3. [1] Wenn dienstliche Belange es notwendig machen, kann der Gerichtsvollzieher nach Maßgabe der beamtenrechtlichen Vorschriften auch ganz oder teilweise im mittleren Justizdienst verwendet werden. [2] Die Anordnungen hierzu trifft der Präsident des Oberlandesgerichts. [3] Er bestimmt auch das Ausmaß der Beschäftigung. [4] In dringenden Fällen kann der aufsichtführende Richter des Amtsgerichts unter Vorbehalt der Genehmigung des Präsidenten des Oberlandesgerichts vorläufige Anordnungen treffen.

Dritter Abschnitt. Aufträge

A. entfallen

§ 25 *(aufgehoben)*

B. Ablehnung und Abgabe von Aufträgen

§ 26 Unzulässige Amtshandlungen; Ablehnungsbefugnis.

1. Aufträge zur Vornahme unzulässiger Amtshandlungen lehnt der Gerichtsvollzieher ab.

2. [1] Nach den bestehenden Vorschriften zulässige Aufträge, für deren Erledigung er zuständig ist, darf der Gerichtsvollzieher nur dann ablehnen, wenn er dies nach der Geschäftsanweisung oder sonstigen Verwaltungsbestimmungen muß oder kann. [2] Die Vorschrift des § 4 GvKostG[1]) bleibt unberührt.

3. Die Ablehnung teilt der Gerichtsvollzieher einem persönlich erschienenen Auftraggeber mündlich, einem nicht anwesenden Auftraggeber unverzüglich schriftlich mit.

§ 27 Rechtliche oder tatsächliche Verhinderung.

1. [1] Ist der Gerichtsvollzieher von der Ausübung seines Amts kraft Gesetzes ausgeschlossen, so gibt er den Auftrag unter Angabe des Grundes seiner Verhinderung an seinen ständigen Vertreter ab. [2] Ist Gefahr im Verzug und ist der Vertreter nicht bei derselben Dienstbehörde beschäftigt, so zeigt er der Dienstbehörde den Sachverhalt unter Beifügung des Auftrags an. [3] Ist die Amtshandlung im zugeschlagenen Bezirk vorzunehmen und kann sie vom Sitz des Amtsgerichts dieses Bezirks schneller und zweckmäßiger erledigt werden, so ist die Anzeige an den aufsichtführenden Richter dieses Amtsgerichts zu richten.

2. Ist auch der ständige Vertreter verhindert, so zeigt dieser die Sachlage unverzüglich der Dienstbehörde an.

3. Die Dienstbehörde sorgt für die Bestellung eines besonderen Vertreters zur Durchführung des Dienstgeschäfts.

4. [1] Der übernehmende Beamte (Nrn. 1 und 3) teilt dem Auftraggeber die Übernahme des Auftrags unverzüglich mit. [2] Die Mitteilung kann unter-

---

[1]) Nr. 17.

bleiben, wenn sie bei dem Auftraggeber nicht früher als die Nachricht über das Ergebnis der Amtshandlung eingehen würde.
5. Ist der Gerichtsvollzieher an der Erledigung eines Auftrags tatsächlich verhindert, so gelten die Bestimmungen in Nrn. 1 bis 4 entsprechend.

§ 28 Sachliche Unzuständigkeit.
1. Ist der Gerichtsvollzieher für die Erledigung eines mündlich erteilten Auftrags sachlich unzuständig, so teilt er dies dem Auftraggeber mit und verweist ihn an die zuständige Stelle, sofern sie ihm bekannt ist.
2. ¹ War der Auftrag schriftlich erteilt, so gibt ihn der Gerichtsvollzieher an die zuständige Stelle weiter, sofern dies ohne Schwierigkeiten geschehen kann. ² In den übrigen Fällen sendet er den Auftrag dem Auftraggeber mit entsprechender Mitteilung zurück.

§ 29 Örtliche Unzuständigkeit bei Erteilung des Auftrags.
1. Ist der Gerichtsvollzieher für die Erledigung eines mündlich erteilten Auftrags örtlich unzuständig, so verweist er den Auftraggeber an den zuständigen Gerichtsvollzieher.
2. ¹ Ist der Gerichtsvollzieher für einen ihm schriftlich erteilten Auftrag nicht zuständig, so gibt er ihn nach Eintragung in das Dienstregister

   a) falls der Auftrag im eigenen Amtsgerichtsbezirk oder in einem zugeschlagenen Bezirk des Amtsgerichts zu erledigen ist, unverzüglich an den zuständigen Gerichtsvollzieher ab, der den Auftraggeber umgehend von der Übernahme des Auftrags zu benachrichtigen hat,

   b) falls der Auftrag in einem anderen Amtsgerichtsbezirk zu erledigen ist, unverzüglich unter Benachrichtigung des Auftraggebers an das zuständige Amtsgericht weiter; ist dies nicht angängig oder zweckmäßig, so ist der Auftrag dem Auftraggeber mit entsprechender Mitteilung zurückzusenden.

   ² Der Verbleib des Auftrags ist im Dienstregister unter Angabe des Tages der Abgabe und der vollen Anschrift des Empfängers zu vermerken.

§ 30 Eintritt der örtlichen Unzuständigkeit nach Auftragserteilung.
Tritt die örtliche Unzuständigkeit infolge Veränderung der tatsächlichen Verhältnisse nach Annahme des Auftrags ein, so verfährt der Gerichtsvollzieher nach § 29 Nr. 2, auch wenn der Auftrag durch die Verteilungsstelle vermittelt ist.

§ 31 Abgabe aus Zweckmäßigkeitsgründen.
¹ Tritt nach Erteilung, aber vor vollständiger Erledigung des Auftrags ein Umstand ein, der die Bearbeitung durch den Gerichtsvollzieher eines anderen Bezirks zweckdienlich erscheinen läßt, so kann die Dienstbehörde – im Fall der Zuständigkeit eines anderen Amtsgerichts im Einvernehmen mit dem aufsichtführenden Richter dieses Amtsgerichts – die weitere Erledigung einem anderen Gerichtsvollzieher übertragen. ² Mehrkosten dürfen der Partei hierdurch nicht entstehen.

§ 32 Wohnungswechsel des Schuldners unter Mitnahme der Pfandstücke.
¹ Ist der Schuldner unter Mitnahme der Pfandstücke in einen anderen Amtsgerichtsbezirk verzogen, so gibt der Gerichtsvollzieher dem Gläubiger

anheim, Antrag auf Abgabe der Zwangsvollstreckung an den nunmehr zuständigen Gerichtsvollzieher zu stellen und hierzu, falls nötig, die neue Anschrift des Schuldners mitzuteilen. [2] Nach Eingang des Antrags sind die Sonderakten diesem Gerichtsvollzieher gegen Empfangsbescheinigung zu überlassen. [3] Behandeln die Akten auch noch andere Angelegenheiten, so sind dem jetzt zuständigen Gerichtsvollzieher beglaubigte Abschriften der in Betracht kommenden Schriftstücke zu übersenden. [4] Der Gerichtsvollzieher des neuen Aufenthaltsortes hat die Pfandstücke zu übernehmen und die Vollstreckung fortzuführen.

C. Vermittlung von Aufträgen durch die Verteilungsstelle

§ 33 Aufgabe; Zuständigkeit.

1. [1] Bei jedem Amtsgericht, bei dem mehrere Gerichtsvollzieher oder Hilfsbeamte des Gerichtsvollzieherdienstes beschäftigt sind, ist eine Verteilungsstelle einzurichten. [2] Sie wird mit den erforderlichen Kräften des mittleren oder einfachen Justizdienstes und Angestellten besetzt, soweit dies landesrechtlich zulässig ist.

2. Aufgabe der Verteilungsstelle ist es, Aufträge, auch wenn sie durch Vermittlung der Geschäftsstelle gestellt werden, und sonstige für die Gerichtsvollzieher bestimmte Eingänge entgegenzunehmen und an den zuständigen Gerichtsvollzieher weiterzuleiten.

3. [1] Das Recht, dem Gerichtsvollzieher Aufträge unmittelbar zu erteilen, bleibt unberührt. [2] Die Verteilungsstelle ist verpflichtet, Rechtsuchenden auf Verlangen den zuständigen Gerichtsvollzieher zu benennen.

4. [1] Der Geschäftsleiter des Amtsgerichts oder der besonders bestellte Leiter der Verteilungsstelle ist befugt, einen Zwangsvollstreckungsauftrag aus besonderen Gründen einem anderen als dem zuständigen Gerichtsvollzieher oder seinem ständigen Vertreter zur Erledigung zuzuteilen. [2] Die Zuteilung muß schriftlich erfolgen. [3] Der Gerichtsvollzieher hat die Anordnung bis zu einer anderweitigen Entscheidung des aufsichtführenden Richters des Amtsgerichts zu befolgen.

5. Aufträge zur Erhebung von Wechsel- und Scheckprotesten sind – sofern nicht eine andere Regelung nach § 16 Nr. 4 getroffen ist – dem Gerichtsvollzieher zuzuteilen, zu dessen Bezirk die Örtlichkeit gehört, an welcher der Protest oder die erste von mehreren Protesthandlungen vorzunehmen ist.

6. Aufträge zur Abnahme der eidesstattlichen Versicherung in den Fällen der §§ 807, 836, 883 ZPO sind dem Gerichtsvollzieher zuzuteilen, in dessen Bezirk der Schuldner nach dem in dem Auftrag enthaltenen Angaben seinen Wohnsitz oder Aufenthaltsort hat.

7. Die Verteilungsstelle darf Kosten, Vorschüsse oder sonstige Geldbeträge für den Gerichtsvollzieher nicht annehmen.

§ 34 Geschäftszeit; Geschäftszimmer.

1. [1] Die Verteilungsstelle muß während der allgemeinen Dienststunden des Amtsgerichts für den Verkehr mit der Bevölkerung geöffnet sein. [2] Soweit eine besondere Regelung der Dienststunden für den Verkehr mit dem Gerichtsvollzieher erforderlich ist, trifft sie der aufsichtführende Richter.

Gerichtsvollzieherordnung §§ 35–37 GVO 13

2. Im Geschäftszimmer der Verteilungsstelle sind die Dienststunden der Verteilungsstelle, die Namen und Anschriften der Gerichtsvollzieher und· ihrer ständigen Vertreter, die Bezirkseinteilung sowie sonstige Anordnungen zur Verteilung der Geschäfte unter die Gerichtsvollzieher durch Aushang oder in sonst geeigneter Weise bekanntzumachen.

§ 35 Entgegennahme der Aufträge.

1. [1] Die mündliche oder schriftliche Erteilung des Auftrags bei der Verteilungsstelle nebst der Aushändigung der erforderlichen Schriftstücke steht der unmittelbaren Auftragserteilung an den zuständigen Gerichtsvollzieher gleich. [2] Die Verteilungsstelle hat den Zeitpunkt der Übergabe auf den Schriftstücken zu vermerken. [3] Ein offensichtlich unvollständiger Auftrag ist dem Auftraggeber zur Vervollständigung zurückzugeben, sofern der festgestellte Mangel nicht durch mündliche oder fernmündliche Rücksprache mit ihm behoben werden kann.

2. [1] Mündlich erteilte Aufträge nebst besonderen Weisungen des Auftraggebers über Art und Umfang ihrer Erledigung vermerkt die Verteilungsstelle nötigenfalls auf den übergebenen Schriftstücken oder einem besonderen Umschlag. [2] Der erschienene Auftraggeber ist an den zuständigen Gerichtsvollzieher selbst zu verweisen, wenn ein Vermerk nicht genügen würde, um den Gerichtsvollzieher über die Sachlage hinreichend zu unterrichten, oder wenn der Auftraggeber eine beschleunigte Erledigung verlangt.

§ 36 Abgabe von Aufträgen an die zuständige Stelle.
[1] Die Verteilungsstelle soll Aufträge, für deren Verteilung sie offensichtlich unzuständig ist, an die zuständige Stelle weiterleiten, sofern ohne weiteres erkennbar ist, daß der Auftrag fehlgeleitet ist, und sofern die zuständige Stelle aus dem Auftrag eindeutig und ohne weiteres zu ersehen ist. [2] Liegen diese Voraussetzungen nicht vor, so ist der Auftrag an den Auftraggeber zurückzugeben.
[3] Die Verteilungsstelle verfährt nach Abs. 1, wenn ihr Aufträge zur Abnahme der eidesstattlichen Versicherung in den Fällen der §§ 807, 836 und 883 ZPO vorgelegt werden und aus den Angaben in dem Auftrag zu ersehen ist, daß der Schuldner seinen Wohnsitz oder Aufenthaltsort nicht im Bezirk des Amtsgerichts hat, bei dem die Verteilungsstelle eingerichtet ist.

§ 37 Verteilung der Aufträge.

1. Für jeden Gerichtsvollzieher wird bei der Verteilungsstelle ein Abholfach eingerichtet, in das die für ihn bestimmten Eingänge gelegt werden.

2. [1] Der Gerichtsvollzieher hat die Eingänge täglich zu der von der Dienstbehörde bestimmten Zeit abzuholen oder unter eigener Verantwortung durch eine zuverlässige, der Verteilungsstelle zu bezeichnende erwachsene Person abholen zu lassen. [2] Im letzteren Fall kann der aufsichtführende Richter anordnen, daß der Gerichtsvollzieher an einem oder an zwei nicht aufeinander folgenden Tagen der Woche persönlich bei der Verteilungsstelle erscheint. [3] Bei der Festsetzung der Zeit für die Abholung der Eingänge ist darauf Bedacht zu nehmen, daß die am Morgen – insbesondere mit der Post – eingehenden Aufträge noch an demselben Tage so zeitig an den Gerichtsvollzieher gelangen, daß ihre Erledigung vor Eintritt der Nachtzeit regelmäßig noch möglich ist.

3. Hat der zuständige Gerichtsvollzieher seinen Amtssitz nicht am Sitz des Amtsgerichts, so leitet ihm die Verteilungsstelle die für ihn bestimmten Eingänge täglich zu, sofern nicht mit Sicherheit zu erwarten ist, daß er an dem betreffenden Tag auf der Verteilungsstelle anwesend sein wird.
4. Durch die Post eingehende besonders eilbedürftige Aufträge sind dem Gerichtsvollzieher schnellstens zuzuleiten.
5. Die Verteilungsstelle hat dem Auftraggeber auf Verlangen den Gerichtsvollzieher zu benennen, dem der Auftrag zugeleitet wird, sofern dieses Verlangen im Auftrag augenfällig gekennzeichnet ist; sie hat ihn dann darauf hinzuweisen, daß weitere Anfragen oder Aufträge in der Angelegenheit unmittelbar an den Gerichtsvollzieher zu richten sind.
6. [1] Aufzeichnungen über den Eingang und die Verteilung der Aufträge bei der Verteilungsstelle sind im allgemeinen nicht erforderlich. [2] Der Präsident des Landgerichts (Amtsgerichts) kann anordnen, daß hierüber Listen in einfacher Form geführt werden, sofern es ausnahmsweise notwendig erscheint.

§ 38 Erledigung von Eilaufträgen.

1. Bei Amtsgerichten mit großem Geschäftsumfang kann der aufsichtführende Richter anordnen, daß sich ein oder mehrere Gerichtsvollzieher an den einzelnen Wochentagen abwechselnd in einer im voraus festgelegten Reihenfolge in ihrem Geschäftszimmer oder in der Verteilungsstelle zur Durchführung von Aufträgen bereithalten, die sofort erledigt werden müssen.
2. [1] Ob eine Sache eilbedürftig ist, ist unter Berücksichtigung aller ersichtlichen Umstande nach Lage des Einzelfalles zu entscheiden. [2] Die Bezeichnung eines Auftrages als Eilsache genügt für sich allein nicht, um die Eilbedürftigkeit zu begründen.
[3] Aufträge zur Vollziehung von Arresten und einstweiligen Verfügungen, einstweilige Anordnungen nach dem Gewaltschutzgesetz sowie zur Erhebung von Protesten sind stets als Eilaufträge zu behandeln.
3. [1] Der aufsichtführende Richter kann allgemein anordnen, daß die dem Eilgerichtsvollzieher übergebenen Aufträge unverzüglich an den zuständigen Gerichtsvollzieher zur weiteren Erledigung abzugeben sind, sobald sie nicht mehr eilbedürftig sind. [2] Etwa erforderliche Bestimmungen über die geschäftliche Behandlung dieser Aufträge durch die beteiligten Gerichtsvollzieher trifft der aufsichtführende Richter.

§ 39 Amtsgerichte ohne Verteilungsstelle.

1. [1] Bei Amtsgerichten ohne Verteilungsstelle muß der Gerichtsvollzieher die für ihn bestimmten Eingänge täglich auf der Geschäftsstelle des Amtsgerichts abholen oder abholen lassen. [2] Die Bestimmungen in § 37 Nr. 2 finden entsprechende Anwendung.
2. Hat der zuständige Gerichtsvollzieher seinen Amtssitz nicht am Sitz des Amtsgerichts, so gilt § 37 Nr. 3 entsprechend.
3. Die Geschäftsstelle darf Kosten, Vorschüsse oder sonstige Geldbeträge für den Gerichtsvollzieher nicht annehmen.

Gerichtsvollzieherordnung §§ 40, 41 GVO 13

D. Behandlung und Überwachung ruhender Vollstreckungsaufträge

§ 40 Ruhen von Vollstreckungsaufträgen (§ 111 Nr. 2, § 112 Nr. 2 Buchst. b, § 141 Nr. 10 GVGA[1]).

1. [1] Gewährt der Gläubiger oder der Gerichtsvollzieher dem Schuldner eine Frist von unbestimmter Dauer oder von mehr als 12 Monaten oder mehrere aufeinander folgende Fristen von zusammen mehr als 12 Monaten, so bleiben die getroffenen Vollstreckungsmaßnahmen zwar bestehen; für die Akten- und Buchführung des Gerichtsvollziehers gilt der Auftrag als büromäßig erledigt (Ruhen des Vollstreckungsauftrags). [2] Der Gerichtsvollzieher gibt dem Gläubiger den Schuldtitel und die sonstigen ihm übergebenen Urkunden zurück. [3] Er setzt die Vollstreckung nur auf besonderen Antrag des Gläubigers fort. [4] Sind die Pfandstücke nicht im Gewahrsam des Schuldners belassen worden, so ruht der Auftrag erst dann, wenn ihre weitere Aufbewahrung durch eine Einigung der Beteiligten oder durch eine gerichtliche Anordnung geregelt ist.

2. [1] Wird die Zwangsvollstreckung bis zur Entscheidung in der Hauptsache über die Klage, den Einspruch, die Berufung oder die Revision eingestellt (§§ 707, 719, 769, 771, 785, 805, 924 ZPO) oder eine Maßnahme der Zwangsvollstreckung nach § 765a ZPO einstweilen eingestellt oder die Verwertung gepfändeter Sachen nach § 813a ZPO ausgesetzt, so ruht der Auftrag ebenfalls. [2] Das weitere Verfahren des Gerichtsvollziehers richtet sich nach Nr. 1.

3. [1] Wird die Zwangsvollstreckung nur kurzfristig einstweilen eingestellt, so gilt der Auftrag als fortbestehend (z.B. bei Einstellung bis zur Entscheidung über die Erinnerung oder die Beschwerde – §§ 570, 766 ZPO – oder über Einwendungen gegen die Zulässigkeit der Vollstreckungsklausel – § 732 ZPO –). [2] Der Gerichtsvollzieher setzt die Zwangsvollstreckung fort, sobald die für die einstweilige Einstellung maßgebliche Frist abgelaufen ist. [3] Sind jedoch seit der einstweiligen Einstellung mehr als 3 Monate verstrichen und ist nach dem pflichtgemäßen Ermessen des Gerichtsvollziehers mit einer baldigen Entscheidung nicht zu rechnen, so verfährt er auch in diesen Fällen nach den Bestimmungen in Nr. 1.

4. [1] Gibt der Gerichtsvollzieher seinem Auftraggeber anheim, einen richterlichen Durchsuchungsbeschluß oder einen Beschluß nach § 758a Abs. 4 ZPO einzuholen, gilt der Auftrag als büromäßig erledigt. [2] Legt der Auftraggeber den Beschluß vor, setzt der Gerichtsvollzieher die Zwangsvollstreckung unter der alten Nummer fort.

§ 41 Überwachung ruhender Aufträge.

1. [1] Der Gerichtsvollzieher vermerkt bei den nach § 40 ruhenden Aufträgen in Spalte 5 des Dienstregisters II unter Hinzufügung des Datums „Ruht seit ...". [2] Bei einer späteren Übertragung in das neue Dienstregister II ist dieser Vermerk zu übernehmen. [3] Das Ruhen ist auf dem Umschlag der Sonderakten zu vermerken. [4] Die Sonderakten sind nach dem Namen der Schuldner alphabetisch geordnet und getrennt von anderen Akten aufzubewahren.

---

[1] Nr. 14.

⁵ Im Fall des § 40 Nr. 4 enthält der Vermerk in Spalte 5 den Klammerzusatz „(§ 40 Nr. 4 GVO)". ⁶ Einer Überwachung dieser Aufträge bedarf es nur, wenn Pfandstücke im Gewahrsam des Schuldners belassen worden sind.

2. ¹ Wird die Zwangsvollstreckung fortgesetzt oder erledigt sie sich (z.B. durch Zahlung, durch Freigabe oder durch Rücknahme des Auftrags), so vermerkt der Gerichtsvollzieher in Spalte 5 des Dienstregisters II „Fortgesetzt" oder „Erledigt". ² Als Fortsetzung gilt nur die tatsächliche Fortsetzung des Verfahrens, z.B. die Anberaumung eines Versteigerungstermins oder eine weitere Pfändung, jedoch nicht die Erklärung des Gläubigers, daß die Sache noch nicht erledigt sei.

3. ¹ Sind seit dem Abschluß des Jahres der Eintragung zwei Jahre verstrichen, so teilt der Gerichtsvollzieher dem Gläubiger durch einfachen Brief folgendes mit:
„Nachdem die Zwangsvollstreckung gegen ... zwei Jahre geruht hat, bitte ich um umgehende Mitteilung, ob die Angelegenheit erledigt ist oder ob Sie die Fortsetzung des Verfahrens beantragen oder weshalb das Verfahren einstweilen nicht fortgesetzt werden soll. Sollten Sie auf diese Anfrage nicht binnen 2 Wochen antworten, so werde ich diese Anfrage durch zuzustellenden Brief wiederholen. Auf die zusätzlich entstehenden Zustellungskosten weise ich ausdrücklich hin."
² Geht binnen der gesetzten Frist eine Antwort des Gläubigers nicht ein, so teilt der Gerichtsvollzieher dem Gläubiger durch zuzustellenden Brief folgendes mit:
„Nachdem die Zwangsvollstreckung gegen ... zwei Jahre geruht hat, bitte ich um umgehende Mitteilung, ob die Angelegenheit erledigt ist oder ob Sie die Fortsetzung des Verfahrens beantragen oder weshalb das Verfahren einstweilen nicht fortgesetzt werden soll. Sollten Sie auf diese Anfrage nicht binnen 2 Wochen antworten, so werde ich den Auftrag als endgültig erledigt ansehen. – Ich werde davon ausgehen, daß Sie auf Ihr Pfandrecht verzichten und die Pfandsache freigeben."
³ Das weitere Verfahren regelt sich wie folgt:

a) Teilt der Gläubiger mit, daß die Sache erledigt sei oder äußert er sich nicht, so vermerkt der Gerichtsvollzieher in Spalte 5 des Dienstregisters II „Erledigt".

b) Beantragt der Gläubiger die Fortsetzung der Zwangsvollstreckung, so vermerkt der Gerichtsvollzieher in Spalte 5 des Dienstregisters II unter Hinzufügung des Datums „Fortgesetzt am ..."

c) Teilt der Gläubiger mit, daß die Zwangsvollstreckung weiter ruhen soll, so fragt der Gerichtsvollzieher spätestens nach einem Jahr erneut bei dem Gläubiger an.

§§ 42–44 *(vom Abdruck wurde abgesehen)*

Vierter bis Vierzehnter Abschnitt

§§ 45–119 *(vom Abdruck wurde abgesehen)*

14. Geschäftsanweisung für Gerichtsvollzieher (GVGA)[1)2)]

Nichtamtliche Inhaltsübersicht

§§

Erster Teil. Allgemeine Vorschriften

Zweck der Geschäftsanweisung.	1
Ausschließung von der dienstlichen Tätigkeit (§ 155 GVG)	2
Amtshandlungen gegen Exterritoriale und die ihnen gleichgestellten Personen sowie gegen NATO-Angehörige	3
Form des Auftrags (§ 161 GVG; §§ 167, 168, 753 Abs. 2, 754, 755, 900 Abs. 1 ZPO)	4
Verhalten bei Entgegennahme des Auftrags	5
Zeit der Erledigung des Auftrags.	6
Post (§ 168 Abs. 1 ZPO)	7
Amtshandlungen an Sonnabenden sowie an Sonn- und Feiertagen und zur Nachtzeit (§ 758 a Abs. 4 ZPO)	8
Berechnung von Fristen (§§ 186–193 BGB; §§ 222, 223 ZPO; §§ 42, 43 StPO; § 17 FGG)	9
Allgemeine Vorschriften über die Beurkundung	10
Amtshandlungen gegenüber Personen, die der deutschen Sprache nicht mächtig sind	10 a

Zweiter Teil. Einzelne Geschäftszweige

Erster Abschnitt. Zustellung

A. Allgemeine Vorschriften

Zuständigkeit im allgemeinen	11
Zustellungsaufträge im Verfahren vor einer ausländischen Behörde.	12
(aufgehoben)	13
Durchführung der Zustellung	14
Zustellung eines Schriftstücks an mehrere Beteiligte.	15
Zustellung mehrerer Schriftstücke an einen Beteiligten.	16

[1)] Diese Anweisung gilt mWv 1. 4. 1980 in sämtlichen Ländern bundeseinheitlich.
[2)]
- **Baden-Württemberg:** AV v. 12. 2. 1980 (Die Justiz S. 70), zuletzt geänd. durch AV v. 20. 6. 2001 (Die Justiz S. 369)
- **Bayern:** Bek. v. 6. 3. 1980 (JMBl S. 39), zuletzt geänd. durch Bek. v. 7. 7. 2003 (JMBl S. 110)
- **Berlin:** VV v. 1. 12. 1980 (ABl S. 487, 1966), zuletzt geänd. durch VV v. 2. 8. 2001 (ABl S. 3963)
- **Brandenburg:** AV v. 20. 2. 1995 (JMBl S. 46)
- **Hamburg:** Bek. v. 27. 2. 1980 (JVBl S. 75), zuletzt geänd. durch AV v. 25. 6. 2001 (JVBl S. 72)
- **Hessen:** RdErl. v. 21. 3. 2000 (JMBl S. 104), zuletzt geänd. durch RdErl. v. 1. 7. 2003 (JMBl S. 257)
- **Mecklenburg-Vorpommern:** AV v. 20. 12. 1990 (ABl S. 78)
- **Niedersachsen:** AV v. 13. 2. 1980 (NdsRpfl S. 24), zuletzt geänd. durch AV v. 6. 6. 2001 (NdsRpfl S. 171)
- **Nordrhein-Westfalen:** AV v. 18. 3. 1980 (JMBl S. 229), zuletzt geänd. durch AV v. 21. 6. 2001 (JMBl S. 173)
- **Rheinland-Pfalz:** VV v. 27. 2. 1980 (JBl S. 57), zuletzt geänd. durch VV v. 26. 6. 2001 (JBl S. 224)
- **Sachsen:** AV v. 20. 3. 1991 (ABl. Nr. 8 S. 12), zuletzt geänd. durch VV v. 28. 2. 2002 (JMBl S. 47)
- **Schleswig-Holstein:** AV v. 5. 2. 1980 (SchlHA S. 50), zuletzt geänd. durch AV v. 26. 7. 2001 (SchlHA S. 181)
- **Thüringen:** VV v. 8. 11. 1991 (JMBl 1992 Nr. 2 S. 13), zuletzt geänd. durch VV v. 5. 7. 2001 (JMBl S. 56)

14 GVGA Geschäftsanweisung für Gerichtsvollzieher

Bezeichnung des Zustellungsadressaten	17
Vorbereitung der Zustellung	18
Arten der Zustellung	19
Örtliche Zuständigkeit	20
Wahl der Zustellungsart	21
Fristen für die Erledigung des Zustellungsauftrags	22

B. Zustellungen in bürgerlichen Rechtsstreitigkeiten

I. Zustellungen auf Betreiben der Parteien

1. Allgemeines

Zuständigkeit	23
Anzuwendende Vorschriften	24
Auftrag (§ 192 ZPO)	25
Empfangnahme und Beglaubigung der Schriftstücke (§§ 192 Abs. 2, 193 Abs. 2 ZPO)	26

2. Die Zustellungsarten

a) Persönliche Zustellung

Ort der Zustellung (§§ 171, 177 ZPO)	27
Personen, an welche die Zustellung zu erfolgen hat (§§ 191, 170, 171 ZPO)	28
Ersatzzustellung	29
Ersatzzustellung in der Wohnung oder in Geschäftsräumen des Zustellungsadressaten sowie in Gemeinschaftseinrichtungen (§§ 191, 178 ZPO)	30
Ersatzzustellung durch Einlegen in den Briefkasten oder eine ähnliche Vorrichtung (§§ 191, 180 ZPO)	31
Zustellung durch Niederlegung (§§ 191, 181 ZPO)	32
Behandlung der niedergelegten Schriftstücke	33
(aufgehoben)	34
(aufgehoben)	35
Besondere Vorschriften über die Ersatzzustellung	36
Verweigerung der Annahme der Zustellung (§§ 191, 179 ZPO)	37
Zustellungsurkunde (§§ 193, 182 ZPO)	38

b) Zustellung durch die Post

Zustellungsauftrag (§§ 194, 191, 176 Abs. 1 ZPO)	39
Aufschrift der Sendung	40
Zustellung mit Angabe der Uhrzeit	41
Ausschluss der Ersatzzustellung	42
Unzulässige Ersatzzustellung	43
Ausschluss der Niederlegung	43 a
Nachsendung	44
Beurkundung der Aushändigung an die Post (§ 194 Abs. 1 ZPO)	45
Überwachung der Zustellung und Übermittlung der Zustellungsurkunde (§ 194 Abs. 2, § 193 Abs. 3 ZPO)	46

c) Zustellung durch Aufgabe zur Post

Zustellung durch Aufgabe zur Post (§ 193 Abs. 1 Satz 2, §§ 191, 184 Abs. 2 ZPO)	47

II. Zustellung von Amts wegen

Zustellung von Amts wegen (§ 168 Abs. 2, §§ 176, 177 bis 182 ZPO)	47 a

III. Besondere Vorschriften über gewisse Zustellungen bei der Zwangsvollstreckung

Besondere Vorschriften über gewisse Zustellungen bei der Zwangsvollstreckung (§§ 763, 829, 835, 845, 846, 857 ZPO)	48

IV. Zustellung von Anwalt zu Anwalt

Zustellung von Anwalt zu Anwalt (§ 195 ZPO)	49

C. Zustellung in Straf- und Bußgeldsachen

Zuständigkeit (§ 38 StPO)	50
Verfahren	51

Geschäftsanweisung für Gerichtsvollzieher **GVGA 14**

D. Zustellung von Willenserklärungen

Zuständigkeit (§ 132 Abs. 1 BGB)	52
Verfahren	53

E. Zustellung von Schiedssprüchen

Zuständigkeit	54
Verfahren bei Schiedssprüchen nach dem Arbeitsgerichtsgesetz (§ 108 ArbGG)	55
Verfahren bei Schiedssprüchen nach der Zivilprozessordnung (§ 1054 ZPO)	56

Zweiter Abschnitt. Zwangsvollstreckung nach den Vorschriften der ZPO

A. Allgemeine Vorschriften

I. Zuständigkeit

Zuständigkeit des Gerichtsvollziehers	57
Selbständiges Handeln des Gerichtsvollziehers	58
Zuständigkeit des Gerichts	59
Vollstreckungsgericht (§§ 764, 766 ZPO)	60

II. Begriffsbestimmungen

Begriffsbestimmungen	61

III. Der Auftrag und seine Behandlung

Auftrag zur Zwangsvollstreckung (§§ 753–758 ZPO)	62
Aufträge zur Vollstreckung gegen vermögenslose Schuldner	63
Frist für die Bearbeitung der Aufträge	64
Zeit der Zwangsvollstreckung (§ 758 a Abs. 4 ZPO)	65
Unterrichtung des Gläubigers	65 a

IV. Voraussetzungen der Zwangsvollstreckung

1. Allgemeines

Allgemeines	66

2. Schuldtitel

Schuldtitel nach der Zivilprozeßordnung	67
Schuldtitel nach anderen Gesetzen	68
Landesrechtliche Schuldtitel (§ 801 ZPO)	69
Schuldtitel, die in der ehemaligen Deutschen Demokratischen Republik oder in Berlin (Ost) errichtet oder erwirkt sind	70
Ausländische Schuldtitel (§§ 722, 723 ZPO)	71

3. Vollstreckungsklausel

Wortlaut und Form der Vollstreckungsklausel (§ 725 ZPO)	72
Zuständigkeit für die Erteilung der Vollstreckungsklausel	73
Prüfungspflicht des Gerichtsvollziehers	74
Vollstreckbare Ausfertigung für oder gegen andere als die im Schuldtitel bezeichneten Personen (§§ 727–730 ZPO)	75

4. Zustellung von Urkunden vor Beginn der Zwangsvollstreckung

Allgemeines	76
Die zuzustellenden Urkunden	77
Zeitpunkt der Zustellung	78
Zustellung an den Prozeßbevollmächtigten (§ 172 ZPO)	79

5. Außenwirtschaftsverkehr und Devisenverkehr

Vollstreckungsbeschränkungen im Außenwirtschaftsverkehr	80

V. Zwangsvollstreckung in besonderen Fällen

1. Fälle, in denen der Gerichtsvollzieher bestimmte besondere Voraussetzungen der Zwangsvollstreckung festzustellen hat

Allgemeines	81

285

14 GVGA
Geschäftsanweisung für Gerichtsvollzieher

Abhängigkeit des Anspruchs von dem Eintritt eines bestimmten Kalendertages (§ 751 Abs. 1 ZPO)	82
Abhängigkeit der Zwangsvollstreckung von einer Sicherheitsleistung des Gläubigers (§ 751 Abs. 2, § 752 ZPO)	83
Sicherungsvollstreckung (§§ 720 a, 795 S. 2, 930 ZPO)	83 a
Abwendungsbefugnis und Schutzantrag des Schuldners (§§ 711, 712 Abs. 1, § 752 Satz 2 ZPO)	83 b
Abhängigkeit der Vollstreckung von einer Zug um Zug zu bewirkenden Gegenleistung (§ 756 ZPO)	84
Zwangsvollstreckung bei Wahlschulden (§§ 262–265 BGB)	85

2. Zwangsvollstreckung aus Schuldtiteln mit Lösungsbefugnis oder Verfallklausel

Zwangsvollstreckung aus Schuldtiteln mit Lösungsbefugnis oder Verfallsklausel	86

3. Zwangsvollstreckung gegen juristische Personen des öffentlichen Rechts

Zwangsvollstreckung gegen den Bund und die Länder sowie gegen Körperschaften, Anstalten und Stiftungen des öffentlichen Rechts (§ 882 a ZPO)	87
Zwangsvollstreckung gegen eine Gemeinde oder einen Gemeindeverband	88

4. Zwangsvollstreckung während eines Vergleichsverfahrens

Zwangsvollstreckung während eines Vergleichsverfahrens	89

5. Zwangsvollstreckung während eines Konkurs-, Gesamtvollstreckungs- oder Insolvenzverfahrens

Eröffnungsbeschluß	90
(aufgehoben)	90 a
Zulässigkeit der Vollstreckung	91

6. Zwangsvollstreckung in einen Nachlaß gegen den Erben

Zwangsvollstreckung auf Grund eines Schuldtitels gegen den Erblasser	92
Zwangsvollstreckung auf Grund eines Schuldtitels gegen den Erben, Nachlaßpfleger, Nachlaßverwalter oder Testamentsvollstrecker (§§ 747, 748, 778, 794 Abs. 2 ZPO)	93
Vorbehalt der Beschränkung der Erbenhaftung (§§ 780 ff. ZPO)	94

7. Zwangsvollstreckung gegen Eheleute

Gewahrsam und Besitz bei Eheleuten	95
Zwangsvollstreckung bei gesetzlichem Güterstand und bei Gütertrennung	96
Zwangsvollstreckung in das Gesamtgut bei der Gütergemeinschaft (§§ 740–745 ZPO)	97
Ersetzung der Verurteilung zur Duldung der Zwangsvollstreckung (§ 794 Abs. 2 ZPO)	98

8. Zwangsvollstreckung gegen Lebenspartner

Gewahrsam und Besitz bei Eingetragenen Lebenspartnerschaften	99
Zwangsvollstreckung beim Vermögensstand der Ausgleichsgemeinschaft und bei Vermögenstrennung	99 a
Ersetzung der Verurteilung zur Duldung der Zwangsvollstreckung (§ 794 Abs. 2 ZPO)	99 b

9. Zwangsvollstreckung in sonstige Vermögensmassen

Zwangsvollstreckung in das Vermögen eines nicht rechtsfähigen Vereins (§§ 735, 736, 50 Abs. 2 ZPO)	100
Zwangsvollstreckung in das Gesellschaftsvermögen einer bürgerlich-rechtlichen Gesellschaft (§ 736 ZPO)	101
Zwangsvollstreckung in das Gesellschaftsvermögen einer offenen Handelsgesellschaft oder einer Kommanditgesellschaft (§§ 124 Abs. 2, 129 Abs. 4, 161 Abs. 2 HGB)	102
Zwangsvollstreckung in ein Vermögen, an dem ein Nießbrauch besteht (§§ 737, 738 ZPO)	103

VI. Verhalten bei der Zwangsvollstreckung

Allgemeines	104
Leistungsaufforderung an den Schuldner	105
Annahme und Ablieferung der Leistung	106
Durchsuchung (§ 758 Abs. 1 und 2, § 758 a ZPO)	107
Widerstand gegen die Zwangsvollstreckung und Zuziehung von Zeugen (§§ 758 Abs. 3, 759 ZPO)	108
Drittschuldnerermittlung (§ 806 a ZPO)	108 a

Geschäftsanweisung für Gerichtsvollzieher **GVGA 14**

VII. Kosten der Zwangsvollstreckung
Kosten der Zwangsvollstreckung (§ 788 ZPO)... 109

VIII. Protokoll
Protokoll (§§ 762, 763 ZPO) 110

IX. Einstellung, Beschränkung, Aufhebung und Aufschub der Zwangsvollstreckung
Einstellung, Beschränkung und Aufhebung der Zwangsvollstreckung auf Anweisung des Gläubigers.. 111
Einstellung, Beschränkung und Aufhebung der Zwangsvollstreckung in anderen Fällen (§§ 775–776 ZPO)... 112
Aufschub von Vollstreckungsmaßnahmen zur Erwirkung der Herausgabe von Sachen (§ 765 a Abs. 2 ZPO) 113

X. Prüfungs- und Mitteilungspflichten bei der Wegnahme und Weitergabe von Waffen und Munition
Prüfungs- und Mitteilungspflichten bei der Wegnahme und Weitergabe von Waffen und Munition.. 113 a

B. Zwangsvollstreckung wegen Geldforderungen

I. Allgemeine Vorschriften
Begriff der Geldforderung... 114
Zügige und gütliche Erledigung des Zwangsvollstreckungsverfahrens; Einziehung von Teilbeträgen (§ 806 b ZPO) .... 114 a
(aufgehoben) 115
Zahlungsverkehr mit Personen in fremden Wirtschaftsgebieten............................. 116

II. Zwangsvollstreckung in bewegliche körperliche Sachen

1. Pfändungspfandrecht
Pfändungspfandrecht (§§ 803, 804 ZPO).. 117

2. Pfändung

a) Gegenstand der Pfändung, Gewahrsam
Allgemeines (§§ 808, 809 ZPO; Art. 13 GG)... 118
Rechte Dritter an den im Gewahrsam des Schuldners befindlichen Gegenständen 119

b) Pfändungsbeschränkungen
Allgemeines 120
Unpfändbare Sachen 121
Künftiger Wegfall der Unpfändbarkeit (§ 811 d ZPO)...................................... 122
Austauschpfändung (§ 811 a ZPO) 123
Vorläufige Austauschpfändung (§ 811 b ZPO) 124
Zwecklose Pfändung (§ 803 Abs. 2 ZPO) 125
Pfändung von Gegenständen, deren Veräußerung unzulässig ist oder die dem Washingtoner Artenschutzübereinkommen unterliegen... 126
Pfändung von Hausrat (§ 812 ZPO).. 127
Pfändung von Barmitteln aus Miet- und Pachtzahlungen (§ 851 b ZPO)..................... 128
Pfändung von Erzeugnissen, Bestandteilen und Zubehörstücken............................ 129
Pfändung urheberrechtlich geschützter Sachen... 129 a

c) Verfahren bei der Pfändung
Berechnung der Forderung des Gläubigers.. 130
Aufsuchen und Auswahl der Pfandstücke 131
Vollziehung der Pfändung (§§ 808, 813 ZPO).. 132
Pfändung von Sachen in einem Zollager 133
Pfändung von Schiffen (§§ 870 a, 931 ZPO)... 134
Pfändung von Luftfahrzeugen .... 134 a
Besondere Vorschriften über das Pfändungsprotokoll (§§ 762, 763 ZPO).................... 135
Widerspruch eines Dritten (§§ 771–774, 805, 815 ZPO) 136

Pfändung von Sachen, die sich im Gewahrsam des Gläubigers oder eines Dritten befinden
(§ 809 ZPO) 137

d) Unterbringung der Pfandstücke

Unterbringung von Geld, Kostbarkeiten und Wertpapieren 138
Unterbringung anderer Pfandstücke 139
Kosten der Unterbringung 140

3. Verwertung

a) Allgemeines

Allgemeines (§§ 813 a–825 ZPO) 141

b) Öffentliche Versteigerung

Ort und Zeit der Versteigerung (§ 816 Abs. 1, 2; § 825 Abs. 1 ZPO) 142
Öffentliche Bekanntmachung (§ 816 Abs. 3 ZPO) 143
Bereitstellung der Pfandstücke 144
Versteigerungstermin (§§ 816 Abs. 4, 817, 817 a, 818 ZPO) 145
Versteigerungsprotokoll 146

c) Freihändiger Verkauf

Zulässigkeit des freihändigen Verkaufs (§§ 817 a, 821, 825 ZPO) 147
Verfahren beim freihändigen Verkauf 148
Protokoll beim freihändigen Verkauf 149

4. Pfändung und Veräußerung in besonderen Fällen

a) Pfändung bei Personen, welche Landwirtschaft betreiben

Pfändung bei Personen, welche Landwirtschaft betreiben (§ 813 Abs. 3 ZPO) 150

b) Pfändung und Versteigerung von Früchten, die noch nicht vom Boden getrennt sind

Zulässigkeit der Pfändung (§ 810 ZPO) 151
Verfahren bei der Pfändung (§ 813 Abs. 3 ZPO) 152
Trennung der Früchte und Versteigerung (§ 824 ZPO) 153

c) Pfändung und Veräußerung von Wertpapieren

Pfändung von Wertpapieren 154
Veräußerung von Wertpapieren (§§ 821–823 ZPO) 155
Hilfspfändung 156

d) Pfändung und Veräußerung von Kraftfahrzeugen

Entfernung des Kraftfahrzeugs aus dem Gewahrsam des Schuldners 157
Kraftfahrzeugschein und Kraftfahrzeugbrief 158
Behandlung des Kraftfahrzeugscheins 159
Behandlung des Kraftfahrzeugbriefs 160
Benachrichtigung der Zulassungsstelle, Versteigerung 161
Wegfall oder Aussetzung der Benachrichtigung 162
Behandlung des Kraftfahrzeugbriefs bei der Veräußerung des Kraftfahrzeugs 163
Anzeige des Namens des Erwerbers an die Zulassungsstelle 164
Kosten des Verfahrens 165
Beitreibungen im Verwaltungsvollstreckungsverfahren 166

e) Pfändung und Versteigerung von Ersatzteilen eines Luftfahrzeugs, die sich in einem Ersatzteillager befinden

Pfändung und Versteigerung von Ersatzteilen eines Luftfahrzeugs, die sich in einem Ersatzteillager befinden .... 166 a

f) Pfändung bereits gepfändeter Sachen

Pfändung bereits gepfändeter Sachen (§§ 826, 827 ZPO) 167

g) Gleichzeitige Pfändung für mehrere Gläubiger

Gleichzeitige Pfändung für mehrere Gläubiger (§ 827 Abs. 3 ZPO) 168

Geschäftsanweisung für Gerichtsvollzieher **GVGA 14**

5. Auszahlung des Erlöses
Berechnung der auszuzahlenden Beträge... 169
Verfahren bei der Auszahlung 170

6. Rückgabe von Pfandstücken
Rückgabe von Pfandstücken 171

III. Zwangsvollstreckung in Forderungen und andere Vermögenswerte
Allgemeine Vorschriften.. 172
Zustellung des Pfändungs- und Überweisungsbeschlusses (§§ 829, 835, 840, 857 ZPO)....... 173
Wegnahme von Urkunden über die gepfändete Forderung (§§ 830, 836, 837 ZPO) 174
Pfändung von Forderungen aus Wechseln, Schecks und anderen Papieren, die durch Indossament übertragen werden können (§ 831 ZPO) 175
Zwangsvollstreckung in Ansprüche auf Herausgabe oder Leistung von beweglichen körperlichen Sachen (§§ 846–849, 854 ZPO)... 176
Zwangsvollstreckung in Ansprüche auf Herausgabe oder Leistung von unbeweglichen Sachen und eingetragenen Schiffen, Schiffsbauwerken, Schwimmdocks, inländischen Luftfahrzeugen, die in der Luftfahrzeugrolle eingetragen sind, sowie ausländischen Luftfahrzeugen (§§ 846, 847 a, 848 ZPO; §§ 99 Abs. 1, 106 Abs. 1 Nr. 1 des Gesetzes über Rechte an Luftfahrzeugen).. 177
Zustellung der Benachrichtigung, daß die Pfändung einer Forderung oder eines Anspruchs bevorsteht (sogenannte Vorpfändung) 178

C. Zwangsvollstreckung zur Erwirkung der Herausgabe von Sachen
Bewegliche Sachen (§§ 883, 884, 897 ZPO).. 179
Unbewegliche Sachen sowie eingetragene Schiffe, Schiffsbauwerke und Schwimmdocks (§ 765 a Abs. 3, § 885 ZPO).. 180
Besondere Vorschriften über die Räumung von Wohnungen.................................. 181
Räumung eines zwangsweise versteigerten Grundstücks, Schiffes, Schiffsbauwerks oder Schwimmdocks oder eines unter Zwangsverwaltung gestellten Grundstücks................ 182
Bewachung und Verwahrung eines Schiffes, Schiffsbauwerks, Schwimmdocks oder Luftfahrzeugs... 183

D. Zwangsvollstreckung zur Beseitigung des Widerstandes des Schuldners gegen Handlungen, die er nach den §§ 887, 890 ZPO zu dulden hat, oder zur Beseitigung von Zuwiderhandlungen des Schuldners gegen eine Unterlassungsverpflichtung aus einer Anordnung nach § 1 des Gewaltschutzgesetzes (§ 892 a ZPO)

Zwangsvollstreckung zur Beseitigung des Widerstandes des Schuldners gegen Handlungen, die er nach den §§ 887, 890 ZPO zu dulden hat 184
Zwangsvollstreckung zur Beseitigung von Zuwiderhandlungen des Schuldners gegen eine Unterlassungsverpflichtung aus einer Anordnung nach § 1 des Gewaltschutzgesetzes (§ 892 a ZPO, § 1 Gewaltschutzgesetz, § 64 b FGG) 185

E. Zwangsvollstreckung durch Abnahme der eidesstaatlichen Versicherung und durch Haft; Vorführung von Parteien und Zeugen
Allgemeines (§ 807 Abs. 3 Satz 2, § 478 ZPO) .... 185 a
Behandlung des Auftrags, Terminsort.. 185 b
Aufhebung des Termins.. 185 c
Durchführung des Termins... 185 d
Aufträge mehrerer Gläubiger .... 185 e
Sofortige Abnahme der eidesstattlichen Versicherung.. 185 f
Verfahren nach Abgabe der eidesstattlichen Versicherung.................................... 185 g
Vertagung des Termins und Einziehung von Teilbeträgen..................................... 185 h
Widerspruch gegen die Pflicht zur Abgabe der eidesstattlichen Versicherung.................. 185 i
Verweigerung der Abgabe der eidesstattlichen Versicherung .... 185 j
Terminsänderung.. 185 k
Eidesstattliche Versicherung zur Vorbereitung der Geltendmachung gepfändeter Forderungen (§ 836 ZPO).. 185 l
Eidesstattliche Versicherung bei einer Herausgabevollstreckung (§ 836 Abs. 3 Satz 3, § 883 ZPO) .... 185 m
Wiederholung der eidesstattlichen Versicherung (§ 903 ZPO)................................ 185 n
Ergänzung oder Nachbesserung des Vermögensverzeichnisses .... 185 o

289

14 GVGA Geschäftsanweisung für Gerichtsvollzieher

Zulässigkeit der Verhaftung (§§ 807, 883, 888, 889, 901 ZPO; § 125 KO, § 153 Abs. 2 InsO)	186
Verfahren bei der Verhaftung	187
Nachverhaftung	188
Verhaftung im Konkursverfahren (§§ 101, 106, 72 KO)	189
Verhaftung im Insolvenzverfahren (§§ 21, 98 InsO)	189a
Vollziehung eines Haftbefehls gegen einen Zeugen (§ 390 ZPO)	190
Vorführung von Zeugen oder Parteien (§§ 372a Abs. 2, 380 Abs. 2, 613 Abs. 2, 640 Abs. 1, 654 Abs. 1 ZPO; §§ 101, 106 KO; § 98 InsO)	191

F. Vollziehung von Arresten und einstweiligen Verfügungen

I. Allgemeines

Allgemeines (§§ 916–945 ZPO)	192

II. Verfahren bei der Vollziehung

Dinglicher Arrest	193
Persönlicher Sicherheitsarrest	194
Einstweilige Verfügung (§§ 935, 938, 940 ZPO)	195

G. Hinterlegung

(§§ 711, 712, 720, 720a, 827, 854, 930 ZPO; § 100 des Gesetzes über Rechte an Luftfahrzeugen)	196

Dritter Abschnitt. Vollstreckung von Entscheidungen in Strafverfahren über die Entschädigung des Verletzten und den Verfall einer Sicherheit

(aufgehoben)	197–210
Vollstreckung von Entscheidungen in Strafverfahren über die Entschädigung des Verletzten (§§ 406, 406b StPO)	211
Vollstreckung von Entscheidungen in Strafverfahren über den Verfall einer Sicherheit (§ 124 StPO)	212

Vierter Abschnitt. Vollstreckung gerichtlicher Anordnungen in Angelegenheiten der freiwilligen Gerichtsbarkeit

Vollstreckung gerichtlicher Anordnungen in Angelegenheiten der freiwilligen Gerichtsbarkeit (§ 33 FGG)	213
Kindesherausgabe	213a

Fünfter Abschnitt. Wechsel- und Scheckprotest

A. Allgemeine Vorschriften

Zuständigkeit	214
Begriff und Bedeutung des Protestes	215
Auftrag zur Protesterhebung	216
Zeit der Protesterhebung (Art. 86, 72 Abs. 1 WG, 55 ScheckG)	217
Berechnung von Fristen (Art. 72 Abs. 2, 73 WG, 55, 56 ScheckG)	218

B. Wechselprotest

Anzuwendende Vorschriften	219
Arten des Wechselprotestes	220
Protestfristen	221
Protestgegner (Protestat)	222
Protestort	223
Proteststelle	224
Verfahren bei der Protesterhebung	225
Fremdwährungswechsel (Art. 41 WG)	226
Wechsel in fremder Sprache	227
Protesturkunde (Art. 80–83, 85 Abs. 1 WG)	228

C. Scheckprotest

Anzuwendende Vorschriften	229
Arten des Scheckprotestes (Art. 40 ScheckG)	230
Fälligkeit (Art. 28 ScheckG)	231
Protestfristen (Art. 41, 29 ScheckG)	232

Geschäftsanweisung für Gerichtsvollzieher **GVGA 14**

Protestgegner 233
Protestort 234
Proteststelle, Verfahren bei der Protesterhebung und Protesturkunde 235

D. Protestsammelakten

Protestsammelakten (Art. 85 Abs. 2 WG, 55 Abs. 3 ScheckG) 236

Sechster Abschnitt. Öffentliche Versteigerung und freihändiger Verkauf außerhalb der Zwangsvollstreckung

A. Allgemeine Vorschriften

Allgemeine Vorschriften 237

B. Pfandverkauf

I. Allgemeines

Allgemeines 238

II. Öffentliche Versteigerung

Ort, Zeit und Bekanntmachung der Versteigerung 239
Versteigerungstermin 240
Versteigerungsprotokoll 241

III. Freihändiger Verkauf

Freihändiger Verkauf 242

IV. Behandlung des Erlöses und der nicht versteigerten Gegenstände

Behandlung des Erlöses und der nicht versteigerten Gegenstände 243

V. Pfandverkauf in besonderen Fällen

Pfandverkauf in besonderen Fällen 244

VI. Befriedigung des Pfandgläubigers im Wege der Zwangsvollstreckung

Befriedigung des Pfandgläubigers im Wege der Zwangsvollstreckung 245

C. Sonstige Versteigerungen, die kraft gesetzlicher Ermächtigung für einen anderen erfolgen

Sonstige Versteigerungen, die kraft gesetzlicher Ermächtigung für einen anderen erfolgen 246

D. Freiwillige Versteigerungen für Rechnung des Auftraggebers

Zuständigkeit und Verfahrensvorschriften 247
Auftrag 248
Ablehnung des Auftrags 249
Versteigerungsbedingungen 250
Schätzung durch Sachverständige 251
Vorbesichtigung 252
Zeit der Vorbesichtigung und Versteigerung 253
Bekanntmachung der Versteigerung 254
Versteigerungstermin 255
Annahme des Erlöses und Aushändigung der versteigerten Sachen 256
Freihändiger Verkauf 257
(aufgehoben) 258
Versteigerungsprotokoll 259

Siebenter Abschnitt. Beitreibung nach der Justizbeitreibungsordnung und im Verwaltungsvollstreckungsverfahren

A. Beitreibung nach der Justizbeitreibungsordnung

Zuständigkeit 260
Beizutreibende Ansprüche (§ 1 JBeitrO) 261
Vollstreckungsbehörde (§ 2 JBeitrO) 262
Vollstreckungsauftrag (§ 6 Abs. 3 JBeitrO) 263
Verfahren des Gerichtsvollziehers (§ 6 JBeitrO) 264
Dienstreisen 265
Einwendungen im Vollstreckungsverfahren (§§ 6, 8 JBeitrO) 266

Nachweis der Zahlung oder Stundung... 267
Pfandkammer.. 268
Verhaftung des Schuldners... 269
Abrechnung des Gerichtsvollziehers.. 270
Vollstreckung für Stellen außerhalb der Justizverwaltung 271
Vollstreckung von Entscheidungen in Straf- und Bußgeldverfahren über den Verfall, die
 Einziehung und die Unbrauchbarmachung von Sachen.................................... 272
Wegnahme von Sachen (§ 459g Abs. 1 StPO, § 1 Nr. 2a JBeitrO)........................... 272a
Versteigerung und freihändiger Verkauf.. 272b
Kosten und Abrechnung 272c

B. Beitreibung im Verwaltungsvollstreckungsverfahren

Beitreibung im Verwaltungsvollstreckungsverfahren....................................... 273

Erster Teil. Allgemeine Vorschriften

§ 1 Zweck der Geschäftsanweisung. ¹Das Bundes- und Landesrecht bestimmt, welche Dienstverrichtungen dem Gerichtsvollzieher obliegen und welches Verfahren er dabei zu beachten hat.

²Diese Geschäftsanweisung soll dem Gerichtsvollzieher das Verständnis der gesetzlichen Vorschriften erleichtern. ³Sie erhebt keinen Anspruch auf Vollständigkeit und befreit den Gerichtsvollzieher nicht von der Verpflichtung, sich eine genaue Kenntnis der Bestimmungen aus dem Gesetz und den dazu ergangenen gerichtlichen Entscheidungen selbst anzueignen.

⁴Die Beachtung der Vorschriften dieser Geschäftsanweisung gehört zu den Amtspflichten des Gerichtsvollziehers.

§ 2 Ausschließung von der dienstlichen Tätigkeit (§ 155 GVG). Der Gerichtsvollzieher ist von der Ausübung seines Amtes kraft Gesetzes ausgeschlossen:

1. in bürgerlichen Rechtsstreitigkeiten:

 a) wenn er selbst Partei oder gesetzlicher Vertreter einer Partei ist oder zu einer Partei in dem Verhältnis eines Mitberechtigten, Mitverpflichteten oder Schadensersatzpflichtigen steht;

 b) wenn sein Ehegatte oder Lebenspartner Partei ist, auch wenn die Ehe oder Lebenspartnerschaft nicht mehr besteht;

 c) wenn eine Person Partei ist, mit der er in gerader Linie verwandt oder verschwägert, in der Seitenlinie bis zum 3. Grad verwandt oder bis zum 2. Grad verschwägert ist oder war;

2. in Strafsachen:

 a) wenn er selbst durch die Straftat verletzt ist;

 b) wenn er der Ehegatte oder Lebenspartner des Beschuldigten oder Verletzten ist oder gewesen ist;

 c) wenn er mit dem Beschuldigten oder Verletzten in dem unter Nr. 1 Buchst. c bezeichneten Verwandtschafts- oder Schwägerschaftsverhältnis steht oder stand.

Geschäftsanweisung für Gerichtsvollzieher §§ 3–5 GVGA 14

§ 3 Amtshandlungen gegen Exterritoriale und die ihnen gleichgestellten Personen sowie gegen NATO-Angehörige.

1. Aufträge zur Vornahme von Amtshandlungen
   a) auf exterritorialem Gebiet oder
   b) gegen
      aa) Mitglieder diplomatischer Missionen, ihre Familienmitglieder und privaten Hausangestellten sowie Mitglieder des Verwaltungs- und technischen Personals und des dienstlichen Hauspersonals der Mission (§ 18 GVG),
      bb) Mitglieder konsularischer Vertretungen, Bedienstete des Verwaltungs- und technischen Personals der Vertretung, die im gemeinsamen Haushalt mit einem Mitglied der konsularischen Vertretung lebenden Familienangehörigen und die Mitglieder seines Privatpersonals (§ 19 GVG),
      cc) sonstige Personen, die nach den allgemeinen Regeln des Völkerrechts, auf Grund völkerrechtlicher Vereinbarungen oder sonstiger Rechtsvorschriften von der deutschen Gerichtsbarkeit befreit sind, insbesondere Mitglieder von Sonderorganisationen der Vereinten Nationen sowie die Beamten und sonstigen Bediensteten der Europäischen Gemeinschaften (§ 20 GVG),
   legt der Gerichtsvollzieher unerledigt seiner vorgesetzten Dienststelle vor und wartet deren Weisung ab. Er benachrichtigt hiervon den Auftraggeber.
2. Hat der Gerichtsvollzieher Amtshandlungen gegen NATO-Angehörige innerhalb der Anlage einer Truppe durchzuführen, so muß er die besonderen Bestimmungen der Art. 32, 34 und 36 des Zusatzabkommens zum NATO-Truppenstatut vom 3. 8. 1959 (BGBl. 1961 II, S. 1218) beachten.

§ 4 Form des Auftrags (§ 161 GVG; §§ 167, 168, 753 Abs. 2, 754, 755, 900 Abs. 1 ZPO).

1. Aufträge an den Gerichtsvollzieher bedürfen keiner Form. Es genügt die mündliche Erklärung des Auftraggebers oder seines Bevollmächtigten oder der Geschäftsstelle, die den Auftrag vermittelt. Nicht schriftlich erteilte Aufträge sind jedoch aktenkundig zu machen.
2. Dem ausdrücklichen Auftrag ist es in der Regel gleichzuachten, wenn die Schriftstücke, die sich auf den Auftrag beziehen, in dem Abholfach des Gerichtsvollziehers in der Geschäftsstelle oder in der Verteilungsstelle für Gerichtsvollzieheraufträge niedergelegt werden. Satz 1 gilt nicht für Aufträge auf Abnahme der eidesstattlichen Versicherung.

§ 5 Verhalten bei Entgegennahme des Auftrags.

1. Bei der Entgegennahme von Aufträgen muß der Gerichtsvollzieher mit der nach den Umständen des Falles gebotenen Vorsicht verfahren, um zu verhindern, daß er über die Person des Auftraggebers oder seines Bevollmächtigten getäuscht wird (vgl. auch § 111 Nr. 1).
2. Auf die Echtheit der Unterschrift unter einem Schriftstück darf er sich in der Regel verlassen. Er ist jedoch zu weiteren Nachforschungen verpflichtet, wenn Anhaltspunkte für eine Fälschung vorhanden sind.

14 GVGA §§ 6–9   Geschäftsanweisung für Gerichtsvollzieher

3. Die Übernahme eines Auftrags ist abzulehnen, wenn der Auftrag mit den bestehenden Vorschriften unvereinbar ist. Von der Ablehnung ist der Auftraggeber unter Bekanntgabe der Gründe zu benachrichtigen.

§ 6 Zeit der Erledigung des Auftrags. [1] Die Erledigung der Aufträge darf nicht verzögert werden. [2] Der Gerichtsvollzieher entscheidet nach pflichtgemäßem Ermessen, in welcher Reihenfolge die vorliegenden Aufträge nach ihrer Dringlichkeit zu erledigen sind. [3] Er muß in jedem Fall besonders prüfen, ob es sich um eine Eilsache handelt oder nicht. [4] Die Eilbedürftigkeit kann sich aus der Art der vorzunehmenden Amtshandlung ergeben; dies gilt insbesondere für die Vollziehung von Arresten oder einstweiligen Verfügungen, für Proteste, Benachrichtigungen des Drittschuldners nach § 845 ZPO und für Zustellungen, durch die eine Notfrist oder eine sonstige gesetzliche Frist gewahrt werden soll. [5] Aufträge, deren eilige Ausführung von der Partei verlangt wird, müssen den für die besondere Beschleunigung maßgebenden Grund erkennen lassen.

§ 7 Post (§ 168 Abs. 1 ZPO). Post im Sinne der nachstehenden Bestimmungen ist jeder nach § 33 Abs. 1 des Postgesetzes mit Zustellungsaufgaben beliehene Unternehmer.

§ 8 Amtshandlungen an Sonnabenden sowie an Sonn- und Feiertagen und zur Nachtzeit (§ 758 a Abs. 4 ZPO).

1. Der Gerichtsvollzieher hat die besonderen Vorschriften zu beachten, die für die Vornahme bestimmter Amtshandlungen an Sonnabenden, an Sonn- und Feiertagen und zur Nachtzeit gelten (vgl. §§ 65, 217, 253, 264).

2. Die Nachtzeit im Sinne des Gesetzes umfasst die Stunden von einundzwanzig bis sechs Uhr.

§ 9 Berechnung von Fristen (§§ 186–193 BGB; §§ 222, 223 ZPO; §§ 42, 43 StPO; § 17 FGG).

1. Bei der Berechnung einer Frist wird – sofern es sich nicht um Stundenfristen handelt – regelmäßig der Tag nicht mitgerechnet, auf den der Zeitpunkt oder das Ereignis (z.B. die Zustellung eines Schriftstückes) fällt, nach dem sich der Anfang der Frist richten soll.

2. Eine nach Tagen bestimmte Frist endet mit dem Ablauf des letzten Tages der Frist. Eine Frist, die nach Wochen oder Monaten bestimmt ist, endet regelmäßig mit dem Ablauf des Tages der letzten Woche oder des letzten Monats, der durch seine Benennung oder Zahl dem Tage entspricht, in welchen der die Frist in Lauf setzende Zeitpunkt oder das Ereignis fällt. Sind z.B. bewegliche Sachen – die nicht vor Ablauf einer Woche seit dem Tage der Pfändung versteigert werden dürfen (vgl. § 142 Nr. 3) – am Mittwoch, dem 13. 7., gepfändet, so dürfen sie frühestens am Donnerstag, dem 21. 7., versteigert werden.
Fehlt bei einer nach Monaten bestimmten Frist in dem letzten Monat der für ihren Ablauf maßgebende Tag, so endet die Frist mit Ablauf des letzten Tages dieses Monats. Ist z.B. ein Arrestbefehl am 31. März verkündet, so muß der Arrest spätestens am 30. April vollzogen werden (vgl. § 192 Nr. 3).

3. Fällt das Ende der Frist auf einen Sonntag, einen allgemeinen Feiertag oder einen Sonnabend, so endet die Frist regelmäßig mit Ablauf des nächsten Werktages.
Bei der Berechnung von Stundenfristen werden Sonntage, allgemeine Feiertage und Sonnabende nicht mitgerechnet. Fällt also das für den Fristbeginn maßgebende Ereignis auf einen Sonntag, einen allgemeinen Feiertag oder einen Sonnabend, so läuft die Frist vom Beginn des nächsten Werktages ab; hatte die Frist bereits vor dem Sonnabend oder Feiertag begonnen, so läuft sie erst mit dem Beginn des nächsten Wochentags weiter.

§ 10 Allgemeine Vorschriften über die Beurkundung.

1. Bei der Aufnahme von Protokollen und anderen Urkunden hat der Gerichtsvollzieher neben den für einzelne Urkunden getroffenen besonderen Vorschriften folgende allgemeine Regeln zu beachten:

a) Jede Urkunde muß die Zeit und den Ort ihrer Abfassung enthalten und von dem Gerichtsvollzieher unter Beifügung seiner Amtseigenschaft und der Bezeichnung seines Amtssitzes unterschrieben werden. Zur Unterschriftleistung dürfen Faksimilestempel nicht verwendet werden.

b) Die Urkunden sind vollständig, deutlich und klar abzufassen. In Vordrucken sind die zur Ausfüllung bestimmten Zwischenräume, soweit sie durch die erforderlichen Eintragungen nicht ausgefüllt werden, durch Füllstriche zu weiteren Eintragungen ungeeignet zu machen. Die Schrift muß haltbar sein; der Bleistift darf auch bei Abschriften nicht verwendet werden.

c) In dem Protokoll über ein Geschäft, das nach der aufgewendeten Zeit vergütet wird, ist die Zeitdauer unter Beachtung der für die Berechnung der Kosten maßgebenden Grundsätze nach den einzelnen Zeitabschnitten genau anzugeben.

d) Abschriften sind als solche zu bezeichnen. Die dem Gerichtsvollzieher obliegende Beglaubigung erfolgt durch den Vermerk „Beglaubigt" unter Beifügung der Unterschrift und des Abdrucks des Dienststempels. Bei mehreren selbständigen Abschriften muß, sofern nicht jede Abschrift besonders beglaubigt wird, aus ihrer äußeren Aufeinanderfolge oder aus dem Beglaubigungsvermerk erkennbar sein, welche Abschriften die Beglaubigung umfaßt. Die Beglaubigung darf erst erfolgen, nachdem sich der Gerichtsvollzieher davon überzeugt hat, daß die Abschrift mit der Urschrift wörtlich übereinstimmt.

e) Auf den Urschriften und Abschriften der Urkunden hat der Gerichtsvollzieher eine Berechnung seiner Gebühren und Auslagen aufzustellen und die Geschäftsnummer anzugeben, die das beurkundete Geschäft bei ihm hat.

f) Besteht eine Urkunde aus mehreren Bogen oder einzelnen Blättern, so sind diese zusammenzuheften oder sonst in geeigneter Weise zu verbinden.

g) Radierungen sind untersagt. Nachträgliche Berichtigungen von Urkunden müssen in der Urkunde selbst oder – soweit dies nicht tunlich ist – in einer besonderen Anlage erfolgen. Sie müssen den Grund der Berichtigung erkennen lassen, sind mit Datum und Unterschrift zu versehen und nötigenfalls den Parteien zuzustellen.

2. Der Gerichtsvollzieher muß sich beständig vergegenwärtigen, daß die von ihm aufgenommenen Urkunden öffentlichen Glauben haben; er soll sie daher mit größter Sorgfalt abfassen. Die Urkunde muß dem tatsächlichen Hergang in jedem einzelnen Punkt entsprechen.

§ 10 a Amtshandlungen gegenüber Personen, die der deutschen Sprache nicht mächtig sind.

1. Ist derjenige, dem gegenüber der Gerichtsvollzieher eine Amtshandlung vorzunehmen hat, der deutschen Sprache nicht hinreichend mächtig, um Grund und Inhalt der Amtshandlung zu erfassen sowie etwaige Einwendungen dagegen vorzubringen, so zieht der Gerichtsvollzieher, sofern er die fremde Sprache nicht selbst genügend beherrscht, eine dieser Sprache kundige Person hinzu, die dazu bereit ist. Der Gerichtsvollzieher bedient sich dabei in erster Linie solcher Personen, die sofort erreichbar sind und den Umständen nach eine Vergütung nicht beanspruchen. Ist die Zuziehung eines Dolmetschers mit Kosten verbunden, so veranlaßt der Gerichtsvollzieher sie erst nach vorheriger Verständigung mit dem Auftraggeber, es sei denn, daß es mit Rücksicht auf die Eilbedürftigkeit nicht tunlich erscheint oder die Kosten verhältnismäßig gering sind.

2. Ist ein zur Abgabe der eidesstattlichen Versicherung verpflichteter Schuldner der deutschen Sprache nicht mächtig, so hat der Gerichtsvollzieher einen Dolmetscher zuzuziehen. Sind für die fremde Sprache Dolmetscher allgemein beeidigt, so sollen andere Personen nur zugezogen werden, wenn besondere Umstände es erfordern. § 185 Abs. 2, § 186 GVG sind entsprechend anzuwenden. Nr. 1 Satz 3 ist zu beachten.

Zweiter Teil. Einzelne Geschäftszweige

Erster Abschnitt. Zustellung

A. Allgemeine Vorschriften

§ 11 Zuständigkeit im allgemeinen.

1. Der Gerichtsvollzieher ist zuständig, im Auftrag eines Beteiligten Zustellungen in bürgerlichen Rechtsstreitigkeiten, in Strafsachen und in nichtgerichtlichen Angelegenheiten durchzuführen, soweit eine Zustellung auf Betreiben der Parteien zugelassen oder vorgeschrieben ist. Ferner hat er im Auftrag des Verhandlungsleiters Schiedssprüche nach dem Arbeitsgerichtsgesetz zuzustellen. Schiedssprüche nach der ZPO stellt der Gerichtsvollzieher zu, wenn er mit der Zustellung beauftragt wird.

2. Für Zustellungen von Amts wegen ist der Gerichtsvollzieher im allgemeinen nicht zuständig. Sind ihm solche Zustellungen durch Gesetz, Rechtsverordnung oder Verwaltungsanordnung übertragen oder hat ihn der Vorsitzende des Prozessgerichts oder ein von diesem bestimmtes Mitglied des Prozessgerichts mit der Ausführung der Zustellung beauftragt, so führt er sie nach den dafür bestehenden besonderen Vorschriften aus.

§ 12 Zustellungsaufträge im Verfahren vor einer ausländischen Behörde. [1] Gehen dem Gerichtsvollzieher Aufträge in einem Verfahren vor einer ausländischen (nichtdeutschen) Behörde unmittelbar von einer ausländischen

Geschäftsanweisung für Gerichtsvollzieher §§ 13–18 GVGA 14

Behörde, einem Beteiligten oder einem Beauftragten (z.B. einem deutschen Rechtsanwalt oder Notar) zu, so legt er sie unerledigt seiner vorgesetzten Dienststelle vor und wartet ihre Weisungen ab.
[2] Soweit ausländische Schuldtitel zur Vollstreckung geeignet sind (§ 71), steht ihrer Zustellung nichts im Wege.

§ 13 *(aufgehoben)*

§ 14 Durchführung der Zustellung.

1. Die Zustellung besteht, wenn eine Ausfertigung zugestellt werden soll, in deren Übergabe, in den übrigen Fällen in der Übergabe einer beglaubigten Abschrift des zuzustellenden Schriftstücks.
2. Kostenfestsetzungsbeschlüsse, die auf das Urteil und die Ausfertigung gesetzt sind, werden nicht besonders zugestellt (§ 105 ZPO).

§ 15 Zustellung eines Schriftstücks an mehrere Beteiligte.

1. Eine Zustellung an mehrere Beteiligte ist durch Übergabe einer Ausfertigung oder beglaubigten Abschrift an jeden einzelnen Beteiligten zu bewirken. Dies gilt auch, wenn die Zustellungsempfänger in häuslicher Gemeinschaft leben (z.B. Ehegatten, Lebenspartner, Eltern, Kinder).
2. Bei der Zustellung an den Vertreter mehrerer Beteiligter (z.B. den gesetzlichen Vertreter oder Prozeßbevollmächtigten) genügt es, wenn dem Vertreter nur eine Ausfertigung oder beglaubigte Abschrift übergeben wird. Einem bloßen Zustellungsbevollmächtigten mehrerer Beteiligter sind jedoch in einer einzigen Zustellung so viele Ausfertigungen oder Abschriften zu übergeben, wie Beteiligte vorhanden sind.
3. Ist der Zustellungsadressat der Zustellung zugleich für seine eigene Person und als Vertreter beteiligt, so muß die Zustellung an ihn in seiner Eigenschaft als Vertreter besonders erfolgen.

§ 16 Zustellung mehrerer Schriftstücke an einen Beteiligten.

1. Sind einem Beteiligten mehrere Schriftstücke zuzustellen, die verschiedene Rechtsangelegenheiten betreffen, so stellt der Gerichtsvollzieher jedes Schriftstück besonders zu.
2. Betreffen die Schriftstücke dieselbe Rechtsangelegenheit, so erledigt der Gerichtsvollzieher den Auftrag durch eine einheitliche Zustellung, wenn die Schriftstücke durch äußere Verbindung zusammengehörig gekennzeichnet sind oder wenn der Auftraggeber eine gemeinsame Zustellung beantragt hat.

§ 17 Bezeichnung des Zustellungsadressaten.
Sache des Auftraggebers ist es, Name, Beruf, Wohnort und Wohnung der Personen genau zu bezeichnen, an die zugestellt werden soll (Zustellungsadressat).

§ 18 Vorbereitung der Zustellung.
[1] Die Zustellung ist mit Sorgfalt vorzubereiten. [2] Der Gerichtsvollzieher prüft dabei auch, ob die Schriftstücke unterschrieben und ordnungsgemäß beglaubigte Abschriften in der erforderlichen Zahl vorhanden sind. [3] Er sorgt dafür, daß Mängel auf dem kürzesten

Wege abgestellt werden, möglichst sofort bei Entgegennahme des Auftrags.
⁴ Soweit es angängig ist, beseitigt er die Mängel selbst.

§ 19 Arten der Zustellung. Für den Gerichtsvollzieher kommen folgende Zustellungsarten in Betracht:

a) Zustellungen, die er selbst vornimmt (persönliche Zustellungen, §§ 27–38),

b) Zustellungen durch die Post (§§ 39–46),

c) Zustellungen durch Aufgabe zur Post (§ 47).

§ 20 Örtliche Zuständigkeit. ¹ Persönliche Zustellungen darf der Gerichtsvollzieher nur in dem Bezirk ausführen, für den er örtlich zuständig ist. ² Bei gerichtlichen Pfändungsbeschlüssen mit mehreren Drittschuldnern kann im Fall des § 840 ZPO der für die Zustellung an den im Pfändungsbeschluß an erster Stelle genannten Drittschuldner zuständige Gerichtsvollzieher auch die Zustellung an die anderen in demselben Amtsgerichtsbezirk wohnenden Drittschuldner vornehmen.

³ Zustellungen durch die Post darf der örtlich zuständige Gerichtsvollzieher (§§ 16 Nr. 2 Satz 1, 22 GVO) nach jedem Ort im Bereich deutscher Gerichtsbarkeit ausführen. ⁴ Aufträge zu Zustellungen nach Orten außerhalb des Bereichs deutscher Gerichtsbarkeit legt er unerledigt seiner vorgesetzten Dienstbehörde vor und wartet ihre Weisungen ab. ⁵ Dies gilt jedoch nicht für Zustellungen durch Aufgabe zur Post; solche Zustellungen kann der Gerichtsvollzieher auch nach Orten außerhalb des Bereichs deutscher Gerichtsbarkeit bewirken.

§ 21 Wahl der Zustellungsart.

1. Die Zustellung durch Aufgabe zur Post ist nur in den gesetzlich bestimmten Fällen zulässig (z.B. §§ 829 Abs. 2, 835 Abs. 3 ZPO). Sie darf nur auf ausdrückliches Verlangen des Auftraggebers vorgenommen werden. Satz 2 gilt nicht für die Zustellung eines Pfändungs- und Überweisungsbeschlusses an einen Schuldner im Ausland (§§ 829 Abs. 2 Satz 4, 835 Abs. 3 ZPO); ist der Pfändungsbeschluß jedoch in einem anderen Schuldtitel, z.B. in einem Arrestbefehl enthalten, so legt der Gerichtsvollzieher den Auftrag nach der Zustellung an den Drittschuldner im Inland seiner vorgesetzten Dienststelle vor und wartet ihre Weisung ab.

2. Zwischen der persönlichen Zustellung und der Zustellung durch die Post hat der Gerichtsvollzieher unbeschadet der folgenden Bestimmungen nach pflichtgemäßem Ermessen die Wahl. Er hat insbesondere persönlich zuzustellen, sofern

   a) die Sache eilbedürftig ist oder besondere Umstände es erfordern,

   b) der Auftraggeber es beantragt hat oder bei der Zustellung durch die Post höhere Kosten entstehen würden; dies gilt nur, soweit die persönliche Zustellung mit der sonstigen Geschäftsbelastung des Gerichtsvollziehers vereinbar ist und die Zustellung sich nicht dadurch verzögert, daß der Gerichtsvollzieher sie selbst vornimmt.

3. Läßt der Gerichtsvollzieher eilige Zustellungen durch die Post ausführen, so muß er ihre rechtzeitige Erledigung überwachen (vgl. § 46 Nr. 1).

4. Von der Zustellung durch die Post sind ausgeschlossen:
 a) gerichtliche Pfändungsbeschlüsse im Fall des § 840 ZPO,
 b) Zustellungen von Willenserklärungen, bei denen eine Urkunde vorzulegen ist.
5. Während eines Konkursverfahrens, eines Gesamtvollstreckungsverfahrens oder eines Insolvenzverfahrens behandelt die Post Sendungen an den Gemeinschuldner oder den Schuldner als unzustellbar, wenn das Gericht die Aushändigung der für den Gemeinschuldner oder den Schuldner bestimmten Briefe an den Konkursverwalter, den Verwalter im Gesamtvollstreckungsverfahren oder den Insolvenzverwalter angeordnet hat (§ 121 KO, § 6 GesO, § 99 InsO). Der Gerichtsvollzieher stellt daher Sendungen an den Gemeinschuldner oder den Schuldner nicht durch die Post zu, solange die Postsperre nicht aufgehoben ist.

§ 22 Fristen für die Erledigung des Zustellungsauftrags.

1. Der Gerichtsvollzieher führt die Zustellung aus:
 a) Innerhalb von drei Tagen nach dem Empfang des Auftrags, möglichst jedoch schon am darauffolgenden Tag, wenn an seinem Amtssitz oder unter seiner Vermittlung durch die Post zuzustellen ist,
 b) auf der ersten Reise, spätestens jedoch binnen einer Woche, wenn außerhalb seines Amtssitzes durch ihn selbst zuzustellen ist.

Die Fristen gelten nicht, wenn die Eilbedürftigkeit der Sache eine noch frühere Erledigung des Auftrags erfordert. Sonntage, allgemeine Feiertage und Sonnabende werden bei den Fristen nicht mitgerechnet.

2. Nr. 1 findet keine Anwendung auf die Zustellung von Vollstreckungstiteln zur Einleitung der Zwangsvollstreckung gemäß § 750 Abs. 1 Satz 2 ZPO sowie von Urkunden, welche die rechtliche Grundlage für eine gleichzeitig vorzunehmende Zwangsvollstreckung bilden.

B. Zustellungen in bürgerlichen Rechtsstreitigkeiten
I. Zustellungen auf Betreiben der Parteien
1. Allgemeines

§ 23 Zuständigkeit. In bürgerlichen Rechtsstreitigkeiten hat der Gerichtsvollzieher insbesondere zuzustellen:

a) Schuldtitel, die ausschließlich im Parteibetrieb zuzustellen sind, und zwar Vergleiche, vollstreckbare Urkunden, Urkunden zur Einleitung der Zwangsvollstreckung (§§ 750 Abs. 2, 751 Abs. 2, 756, 765, 795 ZPO), Arreste und einstweilige Verfügungen, sofern diese durch Beschluß angeordnet worden sind (§§ 922 Abs. 2, 936 ZPO), Pfändungs- und Überweisungsbeschlüsse (§§ 829 Abs. 2, 835 Abs. 3, 846, 857 Abs. 1, 858 Abs. 3 ZPO) sowie Benachrichtigungen nach § 845 ZPO, Verzichte der Gläubiger auf die Rechte aus der Pfändung und Überweisung (§ 843 ZPO).

b) Vollstreckungsbescheide, die das Gericht dem Antragsteller zur Zustellung im Parteibetrieb übergeben hat (§ 699 Abs. 4 Satz 2 und 3 ZPO; § 46a Abs. 1 ArbGG).

c) Schuldtitel zum Zwecke der Einleitung der Zwangsvollstreckung, und zwar Urteile und Beschlüsse einschließlich der Entscheidungen in Ehe- und anderen Familiensachen, Lebenspartnerschaftssachen sowie in Kindschaftssachen, sofern diese einen vollstreckungsfähigen Inhalt haben, ferner Urteile und Beschlüsse der Arbeitsgerichte (§ 62 Abs. 2 ArbGG).

§ 24 Anzuwendende Vorschriften. Der Gerichtsvollzieher führt die Zustellung nach den Bestimmungen der §§ 191 – 194 ZPO aus.

§ 25 Auftrag (§ 192 ZPO).

1. Der Auftrag zu einer Zustellung wird dem Gerichtsvollzieher von der Partei oder ihrem gesetzlichen Vertreter oder ihrem Bevollmächtigten entweder unmittelbar oder durch Vermittlung der Geschäftsstelle erteilt.
2. Der unter Vermittlung der Geschäftsstelle beauftragte Gerichtsvollzieher gilt als unmittelbar von der Partei beauftragt.

§ 26 Empfangnahme und Beglaubigung der Schriftstücke (§§ 192 Abs. 2, 193 Abs. 2 ZPO).

1. Beim Empfang der zuzustellenden Schriftstücke vermerkt der Gerichtsvollzieher den Zeitpunkt der Übergabe auf den Urschriften, Ausfertigungen und allen Abschriften. Bei unmittelbar erteilten Aufträgen bescheinigt er der Partei auf Verlangen den Zeitpunkt der Übergabe.
2. Der Rechtsanwalt, der eine Partei vertritt, hat dem Gerichtsvollzieher die zur Ausführung des Zustellungsauftrags erforderlichen Abschriften mit zu übergeben. Dies gilt auch für den Rechtsanwalt, der einer Partei im Wege der Prozeßkostenhilfe beigeordnet ist. Ist der Partei, der Prozeßkostenhilfe bewilligt ist, kein Rechtsanwalt beigeordnet, so hat die mit der Vermittlung der Zustellung beauftragte Geschäftsstelle die fehlenden Abschriften herstellen zu lassen. Wenn der Rechtsanwalt oder die Geschäftsstelle die erforderlichen Abschriften nicht übergeben hat, fordert der Gerichtsvollzieher sie nach. Er stellt sie selbst her,

   a) wenn durch die Nachforderung die rechtzeitige Erledigung gefährdet würde oder

   b) wenn eine Partei, die nicht durch einen Rechtsanwalt vertreten ist und der auch Prozeßkostenhilfe nicht bewilligt ist, dem Gerichtsvollzieher die erforderlichen Abschriften nicht mitübergeben hat.

   Auch im übrigen kann der Gerichtsvollzieher die Abschriften selbst herstellen, wenn der Partei dadurch nicht wesentlich höhere Kosten entstehen. Absatz 1 gilt entsprechend, wenn der Auftrag von einem Notar, Prozeßagenten oder Rechtsbeistand erteilt wird.
3. Besteht die Zustellung in der Übergabe einer beglaubigten Abschrift des zuzustellenden Schriftstücks, so achtet der Gerichtsvollzieher darauf, daß ein ordnungsgemäßer Beglaubigungsvermerk vorhanden ist.
   Die Beglaubigung geschieht

   a) bei allen von der Partei unmittelbar oder durch Vermittlung der Geschäftsstelle erteilten Aufträgen durch den zustellenden Gerichtsvollzieher, soweit sie nicht schon durch einen Rechtsanwalt erfolgt ist,

   b) bei den auf Betreiben von Rechtsanwälten oder in Anwaltsprozessen zuzustellenden Schriftstücken durch den betreibenden Anwalt (§§ 191,

169 Abs. 2 ZPO), soweit nicht etwa der Gerichtsvollzieher die Abschriften selbst hergestellt hat.
Für die Beglaubigung sind gemäß § 25 EGZPO auch in die Rechtsanwaltskammer gemäß § 209 der Bundesrechtsanwaltsordnung aufgenommene Erlaubnisinhaber (Kammerrechtsbeistände) zuständig, jedoch nicht Prozeßagenten sowie Rechtsbeistände, die nicht Mitglied einer Rechtsanwaltskammer sind, und Inhaber einer Erlaubnis nach Art. 1 § 1 Abs. 1 Satz 2 Nrn. 1 bis 6 RBerG.

4. Bei der Zustellung eines Vollstreckungsbescheids (§ 23 Buchst. b) hat der Gerichtsvollzieher eine beglaubigte Abschrift der Ausfertigung auf Blatt 4 des Vordrucksatzes (Anlage 1 der Verordnung zur Einführung von Vordrucken für das Mahnverfahren vom 6. Mai 1977, BGBl. I S. 693) zu übergeben. Übergibt ihm der Antragsteller außerdem Blatt 5 des Vordrucksatzes, so verwendet der Gerichtsvollzieher als Abschrift dieses Blatt; in diesem Fall hat er – erforderlichenfalls nach Ergänzung durch den Ausfertigungsvermerk – nur die Vorderseite des Blattes 5 zu beglaubigen.
Übergibt ihm der Antragsteller nur Blatt 4 des Vordrucksatzes, so händigt der Gerichtsvollzieher dem Antragsgegner mit der beglaubigten Abschrift des Blattes 4 ein Blatt mit Hinweisen des Gerichts aus (vgl. Anlage 4 zur GVO).

2. Die Zustellungsarten

a) Persönliche Zustellung

§ 27 Ort der Zustellung (§§ 171, 177 ZPO). ¹Die Zustellung kann an jedem Orte erfolgen, an welchem die Person angetroffen wird, der zugestellt werden soll. ²Jedoch sollen ein angemessener Ort und eine passende Gelegenheit gewählt werden, die unter Vermeidung überflüssigen Aufsehens eine ungehinderte und sichere Übergabe und Annahme der Schriftstücke gewährleisten.

§ 28 Personen, an welche die Zustellung zu erfolgen hat (§§ 191, 170, 171 ZPO).

1. Die Zustellung erfolgt in der Regel an den Zustellungsadressat in Person, für eine nicht prozeßfähige Person an den gesetzlichen Vertreter.

2. Ist der Zustellungsadressat keine natürliche Person (z.B. Behörde, Gemeinde, Körperschaft, Stiftung, Verein, eingetragene Genossenschaft, Gesellschaft), erfolgt die Zustellung an den Leiter oder gesetzlichen Vertreter (vgl. § 30 Nr. 2). Sind mehrere Leiter oder gesetzliche Vertreter vorhanden, so genügt die Zustellung an einen von ihnen. In den Fällen der §§ 246 Abs. 2 Satz 2, 249 Abs. 1, 250 Abs. 3, 251 Abs. 3, 253 Abs. 2, 254 Abs. 2, 255 Abs. 3, 256 Abs. 7, 257 Abs. 2, 275 Abs. 4 AktG und § 51 GenG hat die Zustellung jedoch sowohl an den Vorstand als auch an den Aufsichtsrat zu erfolgen; das gleiche gilt in den Fällen des § 75 GmbHG, wenn ein Aufsichtsrat bestellt ist.

3. Gesetzliche Vertreter sind
   a) bei Vereinen und rechtsfähigen Stiftungen der Vorstand (§§ 26, 86 BGB),
   b) bei Aktiengesellschaften der Vorstand (§ 78 AktG); bei Klagen nach §§ 246 Abs. 2, 249 Abs. 1, 250 Abs. 3, 251 Abs. 3, 253 Abs. 2, 254

Abs. 2, 255 Abs. 3, 256 Abs. 7, 257 Abs. 2 und 275 Abs. 4 AktG jedoch der Vorstand und Aufsichtsrat oder der Aufsichtsrat allein, wenn der Vorstand oder ein Vorstandsmitglied klagt, und der Vorstand allein, wenn ein Aufsichtsratsmitglied klagt; Vorstandsmitgliedern gegenüber der Aufsichtsrat (§ 112 AktG),

c) bei Kommanditgesellschaften auf Aktien die persönlich haftenden Gesellschafter (§ 278 AktG; §§ 161 Abs. 2, 170, 125, 126 HGB); im übrigen gilt Nr. 3 Buchst. b) entsprechend mit der Maßgabe, daß an die Stelle des Vorstandes die persönlich haftenden Gesellschafter treten (§ 278 Abs. 3 AktG),

d) bei Gesellschaften mit beschränkter Haftung die Geschäftsführer (§ 35 GmbHG); in den Fällen des § 75 GmbHG gilt, wenn ein Aufsichtsrat bestellt ist, § 246 Abs. 2 AktG – vgl. Nr. 3 Buchst. b) – entsprechend mit der Maßgabe, daß an die Stelle des Vorstandes die Geschäftsführer treten,

e) bei eingetragenen Genossenschaften der Vorstand (§ 24 GenG); bei Klagen nach § 51 GenG jedoch der Vorstand und Aufsichtsrat oder der Aufsichtsrat allein, wenn der Vorstand klagt,

f) bei offenen Handelsgesellschaften die Gesellschafter (§§ 125, 126 HGB),

g) bei Kommanditgesellschaften die persönlich haftenden Gesellschafter (§§ 161 Abs. 2, 170, 125, 126 HGB).

4. Ist im Schuldtitel oder im Auftrag eine bestimmte Person als gesetzlicher Vertreter bezeichnet, so darf der Gerichtsvollzieher an diese zustellen; er braucht nicht nachzuprüfen, ob sie auch wirklich der gesetzliche Vertreter des Empfängers ist. Ist der gesetzliche Vertreter nicht namentlich bezeichnet und sind die gesetzlichen Vertretungsverhältnisse auch sonst nicht in einer Weise angegeben, die es dem Gerichtsvollzieher ermöglicht, von sich aus die zur Entgegennahme der Zustellung berufene Person oder die hierzu berufenen mehreren Personen zu ermitteln, so veranlaßt der Gerichtsvollzieher den Auftraggeber zu einer entsprechenden Ergänzung und stellt bis dahin die Ausführung des Zustellungsauftrags zurück.

5. Ist im Auftrag eine bestimmte Person als rechtsgeschäftlich bestellter Vertreter mit den nach § 17 erforderlichen Angaben bezeichnet, so darf der Gerichtsvollzieher auch an diese zustellen; er hat sich jedoch zuvor die schriftliche Vollmacht vorlegen zu lassen. Das Gleiche gilt, wenn ein rechtsgeschäftlich bestellter Vertreter des Adressaten anlässlich der Zustellung auf den Gerichtsvollzieher zukommt und seine schriftliche Vollmacht vorweist. § 5 Nr. 2 ist entsprechend anzuwenden. Der Gerichtsvollzieher braucht keine Ermittlungen darüber anzustellen, ob ein Dritter bevollmächtigt ist oder ob die ihm vorgelegte Vollmacht ordnungsgemäß ist. Hat er Zweifel an der Echtheit oder dem Umfang der Vollmacht, kommt eine Zustellung an den Vertreter nicht in Betracht. So wird z.B. eine Bevollmächtigung zur Entgegennahme von Postsendungen in der Regel nicht die Entgegennahme von Zustellungen umfassen. Der Gerichtsvollzieher vermerkt auf der Zustellungsurkunde (§ 38), dass die Vollmachtsurkunde vorgelegen hat.

§ 29 Ersatzzustellung.

1. Kann die Zustellung nicht an den Adressaten oder seinen gesetzlichen oder rechtsgeschäftlich bestellten Vertreter (§ 28) in Person erfolgen, so bewirkt sie der Gerichtsvollzieher an bestimmte andere Personen (Ersatzempfänger),

Geschäftsanweisung für Gerichtsvollzieher § 30 GVGA 14

durch Einlegen in den Briefkasten oder einer ähnliche Vorrichtung oder durch Niederlegung. Die näheren Bestimmungen hierüber enthalten die §§ 191, 178–181 ZPO und die nachfolgenden §§ 30–33.

2. Hat der Gerichtsvollzieher den Adressaten an dem Ort, an dem er ihn zuerst aufgesucht hat, nicht angetroffen, so kann er, statt die Zustellung nach den §§ 30–33 durchzuführen, auch den Versuch wiederholen, dem Adressaten in Person zuzustellen. Ob er dies tun will, hängt von seinem Ermessen ab; es darf jedoch nicht geschehen, wenn dadurch das Interesse des Auftraggebers an rascher Durchführung der Zustellung gefährdet oder die Besorgung anderer Geschäfte in nachteiliger Weise verzögert würde.

§ 30 Ersatzzustellung in der Wohnung oder in Geschäftsräumen des Zustellungsadressaten sowie in Gemeinschaftseinrichtungen (§§ 191, 178 ZPO).

1. Zum Zweck der Zustellung begibt sich der Gerichtsvollzieher – vorbehaltlich der Nrn. 2 und 3 – in der Regel in die Wohnung des Zustellungsadressaten. Trifft er den Adressaten dort nicht an, so kann er die Zustellung in der Wohnung bewirken:

    a) an einen erwachsenen Familienangehörigen des Adressatens (z.B. Ehemann oder Ehefrau, Lebenspartnerin oder Lebenspartner einer Eingetragenen Lebenspartnerschaft, Sohn, Tochter); es ist nicht erforderlich, dass der erwachsene Familienangehörige ständig in demselben Haushalt wohnt;

    b) an eine in der Familie beschäftigte Person (z.B. Reinigungskraft, Hausangestellte); es ist nicht erforderlich, dass die beschäftigte Person in demselben Haus wohnt;

    c) an einen erwachsenen ständigen Mitbewohner des Adressaten.

    Ob eine Person erwachsen ist oder nicht, ist nach ihrem Alter und ihrer körperlichen und geistigen Entwicklung zu entscheiden; Volljährigkeit ist nicht erforderlich. Die Zustellung an den in demselben Haus wohnenden Hauswirt oder Vermieter ist nicht zulässig.

2. Hat der Gerichtsvollzieher an einen Zustellungsadressaten zuzustellen, der einen Geschäftsraum unterhält (z.B. Gewerbetreibender, Rechtsanwalt, Notar, Kammerrechtsbeistand (§ 26 Nr. 3), Gerichtsvollzieher, gesetzlicher Vertreter oder Leiter einer Behörde, einer Gemeinde, einer Gesellschaft oder eines Vereins), so begibt sich der Gerichtsvollzieher in der Regel in die Geschäftsräume (Laden, Büro, Werkstatt und dergleichen). Trifft er den Adressaten dort nicht an, so kann er die Zustellung in den Geschäftsräumen an eine anwesende, bei dem Adressaten beschäftigte Person bewirken. Beschäftigte Personen können ein Gewerbegehilfe, ein Gehilfe oder eine Büro- oder Schreibkraft eines Rechtsanwalts, Kammerrechtsbeistands oder Notars oder ein Beamter oder Bediensteter sein. Gewerbegehilfe ist, wer dauernd zur Unterstützung des Geschäftsherrn in dessen Geschäftsbetrieb angestellt ist (z.B. Handlungsgehilfe, Buchhalter, Geselle). Gehilfen im Sinne dieser Bestimmungen sind auch dem Rechtsanwalt während ihres Vorbereitungsdienstes zugewiesene Referendare. Aus dem Umstand, dass der Geschäftsinhaber dem Beschäftigten das Geschäftslokal überlässt, kann der Gerichtsvollzieher schließen, dass der Geschäftsinhaber dem Beschäftigten auch das für Zustellungen notwendige Vertrauen entgegenbringt. Dies

gilt nicht für Reinigungs- oder Bewachungspersonal, das nicht im weitesten Sinne mit Postangelegenheiten des Adressaten befasst ist. Liegen die Geschäftsräume des Adressaten innerhalb seiner Wohnung, so kann die Ersatzzustellung sowohl an eine dort beschäftigte Person als auch an einer der in Nr. 1 bezeichneten Personen erfolgen.

3. Wohnt der Zustellungsadressat in einer Gemeinschaftseinrichtung (z.B. einem Altenheim, Lehrlingsheim, Arbeiterwohnheim, Schwesternheim, einer Kaserne, einer Unterkunft für Asylbewerber oder einer ähnlichen Einrichtung) und trifft der Gerichtsvollzieher ihn dort nicht an, kann der Gerichtsvollzieher die Zustellung auch an den Leiter der Gemeinschaftseinrichtung oder einen dazu ermächtigten Vertreter bewirken.

4. Dem Nichtantreffen des Zustellungsadressaten in der Wohnung, dem Geschäftsraum oder der Gemeinschaftseinrichtung steht es gleich, wenn der Adressat zwar anwesend, jedoch wegen Erkrankung, unabwendbarer Dienstgeschäfte oder aus vergleichbaren Gründen an der Entgegennahme verhindert ist. Dasselbe gilt, wenn bei der Zustellung an Anstaltsinsassen, insbesondere an Pflegebefohlene, im Einzelfall eine Anordnung der Anstaltsleitung einer Zustellung an die verwahrte Person selbst entgegensteht.

5. Der Grund, der eine Zustellung an einen Ersatzempfänger nach Nrn. 1 bis 4 rechtfertigt, ist in der Zustellungsurkunde (§ 38) zu vermerken.

§ 31 Ersatzzustellung durch Einlegen in den Briefkasten oder eine ähnliche Vorrichtung (§§ 191, 180 ZPO).

1. Sind die Zustellung unmittelbar an den Zustellungsadressaten und eine Ersatzzustellung in der Wohnung (§ 30 Nr. 1) oder in Geschäftsräumen (§ 30 Nr. 2) nicht ausführbar, so kann der Gerichtsvollzieher das Schriftstück in einem Umschlag in einen zu der Wohnung oder dem Geschäftsraum gehörenden Briefkasten oder in eine ähnliche Vorrichtung einlegen, die der Zustellungsadressat von dem Postempfang eingerichtet hat und die in der allgemein üblichen Art für eine sichere Aufbewahrung geeignet ist (z.B. Briefschlitz in der Tür eines Einfamilienhauses). Der Gerichtsvollzieher vermerkt auf dem Umschlag des zuzustellenden Schriftstücks das Datum der Zustellung (§ 36 Nr. 3). Der Gerichtsvollzieher hat sich zuvor davon zu überzeugen, dass sich der Briefkasten bzw. das Behältnis in einem ordnungsgemäßen Zustand befindet und dem Adressaten eindeutig zugeordnet ist. Liegt ein ordnungsgemäßer Zustand nicht vor, so ist das Schriftstück durch Niederlegung (§ 32) zuzustellen.

2. Der Gerichtsvollzieher vermerkt auf der Zustellungsurkunde (§ 38), dass er eine Zustellung in der Wohnung oder im Geschäftsraum nicht ausführen konnte und deshalb die Sendung in den Briefkasten oder eine ähnliche Vorrichtung eingelegt hat und wann das geschehen ist. Eine Ersatzzustellung durch Einlegen in den Briefkasten einer Gemeinschaftseinrichtung ist unzulässig.

§ 32 Zustellung durch Niederlegung (§§ 191, 181 ZPO).

1. Der Gerichtsvollzieher bewirkt die Zustellung durch Niederlegung, wenn die Zustellung nach § 30 Nr. 3 oder nach § 31 nicht ausführbar ist.

2. Das zu übergebende Schriftstück ist auf der Geschäftsstelle des Amtsgerichts niederzulegen, in dessen Bezirk der Ort der Zustellung liegt. Ist bei dem

Amtsgericht ein Eildienst für Entscheidungen außerhalb der gewöhnlichen Geschäftszeiten eingerichtet, kann die Niederlegung und Abholung des Schriftstücks auch bei diesem erfolgen.

3. Der Gerichtsvollzieher teilt dem Adressaten die Niederlegung schriftlich mit. Die Mitteilung erfolgt unter der Anschrift des Zustellungsadressaten durch Abgabe in der bei gewöhnlichen Briefen üblichen Weise, z.B. durch Einwerfen in den Briefkasten oder in den Briefeinwurf an der Wohnungstür oder der Tür des Geschäftsraumes. Ist die Abgabe der Mitteilung ausnahmsweise auf diese Weise nicht durchführbar, z.B. weil kein Briefkasten vorhanden ist, der dem Adressaten zugeordnet werden kann, oder weil der Adressat keine abgeschlossene Wohnung hat, so heftet der Gerichtsvollzieher die Mitteilung an der Tür der Wohnung, des Geschäftsraums oder der Gemeinschaftseinrichtung an. In der Mitteilung ist anzugeben, wo das Schriftstück niedergelegt ist; ferner ist zu vermerken, dass das Schriftstück mit dieser Hinterlegung der schriftlichen Mitteilung als zugestellt gilt. Der Gerichtsvollzieher vermerkt auf der Zustellungsurkunde (§ 38), wie die Mitteilung über die Niederlegung abgegeben wurde.

§ 33 Behandlung der niedergelegten Schriftstücke.

1. Die Geschäftsstellen der Amtsgerichte geben die bei ihnen niedergelegten Schriftstücke drei Monate nach der Niederlegung an den Gerichtsvollzieher zurück.
2. Die an ihn zurückgelangenden Schriftstücke öffnet der Gerichtsvollzieher. Er muss diejenigen Teile, die einen selbständigen Wert als Urkunden haben (z.B. Schuldverschreibungen), an den Auftraggeber zurückgeben. Die übrigen Teile darf er an den Auftraggeber zurücksenden; tut er dies nicht, so muss er sie vernichten.

§ 34 *(aufgehoben)*

§ 35 *(aufgehoben)*

§ 36 Besondere Vorschriften über die Ersatzzustellung.

1. Bevor der Gerichtsvollzieher die Zustellung an einen Ersatzempfänger (§ 30) durch Einlegen in den Briefkasten oder eine ähnliche Vorrichtung (§ 31) oder durch Niederlegung (§ 32) bewirkt, überzeugt er sich davon, dass

   a) die Wohnung oder die Geschäftsräume, worin die Zustellung vorgenommen oder versucht wird, auch tatsächlich die Wohnung oder die Geschäftsräume des Adressaten sind,

   b) die Gemeinschaftseinrichtung, in der die Zustellung vorgenommen oder versucht wird, auch tatsächlich die Einrichtung ist, in der der Zustellungsadressat wohnt,

   c) die Personen, mit denen er verhandelt, auch tatsächlich die sind, für die sie sich ausgeben, und dass sie zu dem Adressaten in dem angegebenen Verhältnis stehen, wobei eine Glaubhaftmachung im Zweifel genügt.

   Bei Zustellungen an Gewerbetreibende, die ein offenes Geschäft haben oder eine Gaststätte betreiben, hat der Gerichtsvollzieher den Namen zu beachten, der zur Bezeichnung des Geschäftsinhabers an der Außenseite oder dem Eingang des Geschäfts oder der Gaststätte angebracht ist. Bei Handelsfirmen hat er sich zu vergewissern, ob der Inhaber ein Einzelkaufmann oder eine Gesellschaft ist. Ist der Inhaber ein Einzelkaufmann, so gibt der Gerichtsvollzieher in der Zustellungsurkunde zusätzlich den bürgerlichen Namen (Vor- und Zunamen) des Firmeninhabers an.

2. Eine Ersatzzustellung ist unzulässig, wenn der Zustellungsadressat verstorben ist.

3. Bei jeder Zustellung, die nicht an den Zustellungsadressaten in Person, sondern durch Übergabe an einen Ersatzempfänger (§ 30), durch Einlegen in den Briefkasten oder eine ähnliche Vorrichtung (§ 31) oder durch Niederlegung (§ 32) geschieht, verschließt der Gerichtsvollzieher das zu übergebende Schriftstück in einem Umschlag, nachdem er auf dem Umschlag das Datum, die Dienstregister-Nummer und gegebenenfalls die Uhrzeit der Zustellung vermerkt und den Vermerk unterschrieben hat. Das Schriftstück ist so zu verschließen, daß es ohne Öffnung nicht eingesehen werden kann. Die Außenseite des Briefumschlages ist mit dem Namen und der Amtsbezeichnung des Gerichtsvollziehers sowie mit dem Namen des Zustellungsadressaten zu versehen.
Wird die Ersatzzustellung mit der Aufforderung zur Abgabe der Erklärung nach § 840 Abs. 1 ZPO verbunden und ist der Ersatzempfänger zur Abgabe der Erklärung bereit oder schließt sich an die Zustellung sofort eine Vollstreckungshandlung an, so braucht das zuzustellende Schriftstück nicht in einem verschlossenen Umschlag übergeben zu werden.

4. Der Gerichtsvollzieher weist den Ersatzempfänger darauf hin, daß er verpflichtet ist, die Schriftstücke dem Zustellungsadressaten alsbald auszuhändigen.

5. Unzulässig ist die Ersatzzustellung an eine Person, die an dem Rechtsstreit als Gegner der Partei beteiligt ist, an die zugestellt werden soll (§ 178 Abs. 2 ZPO).

6. Personen, die bei der Zustellung in der Wohnung oder im Geschäftslokal als Ersatzempfänger in Betracht kommen würden (z.B. erwachsene Hausgenossen, Gewerbegehilfen), sind als Ersatzempfänger nicht geeignet, wenn sie außerhalb der Wohnung oder des Geschäftslokals angetroffen werden.

§ 37 Verweigerung der Annahme der Zustellung (§§ 191, 179 ZPO).

1. Verweigert der Zustellungsadressat oder – soweit eine Ersatzzustellung statthaft ist – der Ersatzempfänger in der Wohnung oder in einem Geschäftsraum die Annahme einer Zustellung unberechtigt, so lässt der Gerichtsvollzieher das zu übergebende Schriftstück mit dem Zustellungsvermerk darauf oder der beglaubigten Abschrift der Zustellungsurkunde am Ort der Zustellung zurück. Das Zurücklassen soll in der Weise erfolgen, dass das zu übergebende Schriftstück wie ein gewöhnlicher Brief behandelt und z.B. in einen zu der Wohnung oder dem Geschäftsraum gehörenden Briefkasten eingeworfen wird.

2. Verweigert der Zustellungsadressat die Annahme in einer Gemeinschaftseinrichtung oder an einem anderen Zustellungsort als der Wohnung oder dem Geschäftsraum, ist ein Zurücklassen des Schriftstücks an diesem Ort nicht möglich. Hat der Zustellungsadressat keine Wohnung oder ist kein Geschäftsraum vorhanden, so ist das Schriftstück an die Partei zurückzusenden, für die zugestellt wurde.

Geschäftsanweisung für Gerichtsvollzieher § 38 GVGA 14

3. Die Annahmeverweigerung und das Zurücklassen oder Zurücksenden des Schriftstücks sind in der Zustellungsurkunde (§ 38) zu vermerken. Mit der Annahmeverweigerung gilt das Schriftstück als zugestellt.
4. Der Gerichtsvollzieher soll den Zustellungsadressaten oder Ersatzempfänger auf die Wirkung einer Annahmeverweigerung hinweisen, wenn er die Zustellung versucht.
5. Der Zustellungsadressat oder der Ersatzempfänger dürfen die Annahme der Zustellung insbesondere verweigern, wenn bei unangemessenen Gelegenheiten gemäß § 30 Nr. 4 zugestellt werden soll.

§ 38 Zustellungsurkunde (§§ 193, 182 ZPO).

1. Der Gerichtsvollzieher nimmt über jede von ihm bewirkte Zustellung am Zustellungsort eine Urkunde auf, die den Bestimmungen der §§ 193 Abs. 1, 182 ZPO entsprechen muß.
2. Hat der Auftraggeber die genaue Angabe der Zeit der Zustellung verlangt oder erscheint diese Angabe nach dem Ermessen des Gerichtsvollziehers im Einzelfall von Bedeutung, so ist die Zeit auch nach Stunden und Minuten zu bezeichnen. Dies gilt z.B. bei der Zustellung eines Pfändungsbeschlusses an den Drittschuldner, bei der Benachrichtigung des Drittschuldners nach § 845 ZPO sowie dann, wenn durch die Zustellung eine nach Stunden berechnete Frist in Lauf gesetzt wird.
3. Die Zustellungsurkunde ist auf die Urschrift des zuzustellenden Schriftstücks oder auf einen damit zu verbindenden Vordruck nach Anlage 1 der ZustVV zu setzen.
4. Auf der Zustellungsurkunde vermerkt der Gerichtsvollzieher die Person, in deren Auftrag er zugestellt hat.
5. Eine durch den Gerichtsvollzieher beglaubigte Abschrift der Zustellungsurkunde ist auf das bei der Zustellung zu übergebende Schriftstück oder auf einen mit ihm zu verbindenden Bogen zu setzen.
Die Übergabe einer Abschrift der Zustellungsurkunde kann dadurch ersetzt werden, daß der Gerichtsvollzieher den Tag der Zustellung auf dem zu übergebenden Schriftstück vermerkt. Jedoch soll der Gerichtsvollzieher von dieser Möglichkeit keinen Gebrauch machen, wenn der Zustellungsadressat ein anzuerkennendes Interesse daran hat, die Wirksamkeit der Zustellung an Hand einer Zustellungsurkunde nachzuprüfen.
6. Ist die Zustellungsurkunde auf einem Vordruck oder die für den Empfänger beglaubigte Abschrift auf einen besonderen Bogen geschrieben, so ist besonders darauf zu achten, daß die herzustellende Verbindung mit dem Schriftstück haltbar ist. Auf der Urkunde ist in diesem Fall auch die Geschäftsnummer anzugeben, die das zuzustellende Schriftstück trägt.
7. Die Zustellungsurkunde ist der Partei, für welche die Zustellung erfolgt, unverzüglich zu übergeben oder zu übersenden. War der Auftrag von mehreren Personen erteilt, so übermittelt der Gerichtsvollzieher beim Fehlen einer besonderen Anweisung die Urkunde an eine von ihnen, die er nach seinem Ermessen auswählt. Hatte die Geschäftsstelle den Auftrag vermittelt, so übermittelt der Gerichtsvollzieher die Zustellungsurkunde unmittelbar dem Auftraggeber, der die Vermittlung der Geschäftsstelle in Anspruch genommen hatte.

b) Zustellung durch die Post

§ 39 Zustellungsauftrag (§§ 194, 191, 176 Abs. 1 ZPO).

1. Stellt der Gerichtsvollzieher durch die Post zu, so übergibt er der Post die Ausfertigung oder beglaubigte Abschrift des zuzustellenden Schriftstücks verschlossen in dem Umschlagvordruck nach Anlage 2 der ZustVV mit dem Auftrag, einen Postbediensteten des Bestimmungsorts mit der Zustellung zu beauftragen.
Die Zustellung durch den Postbediensteten erfolgt sodann nach §§ 177 – 182 ZPO.

2. Der Postzustellungsauftrag ist der Post als gewöhnlicher Brief in dem Umschlagvordruck nach Anlage 3 der ZustVV zu übergeben. Für jeden Auftrag ist im allgemeinen ein besonderer Umschlag zu benutzen. Für mehrere Aufträge zur Zustellung an verschiedene Zustellungsadressaten in einem Zustellungsbereich genügt jedoch ein Umschlag.
Die Einlieferung der vorschriftsmäßig beschrifteten und verschlossenen Sendung durch Briefkasten oder bei einer Annahmestelle der Post gilt als Übergabe. Sie ersetzt den Zustellungsauftrag des Gerichtsvollziehers. Es bedarf keines besonderen Anschreibens oder ausdrücklichen Auftrags.

3. Den Entwurf zu der von dem Postbediensteten aufzunehmenden Zustellungsurkunde fügt der Gerichtsvollzieher der Sendung offen bei. Er benutzt einen Vordruck der Zustellungsurkunde nach Anlage 1 der ZustVV. Er füllt den Kopf aus und gibt die für die Rücksendung erforderliche Postanschrift an. Übergibt der Gerichtsvollzieher der Post in einem Umschlag mehrere Aufträge (vgl. Nr. 2 Abs. 1 Satz 3), so sind die Entwürfe für die Zustellungsurkunden so an den zugehörigen Sendungen zu befestigen, daß sie beim Öffnen des Umschlags nicht abfallen können.

4. Auf dem Umschlagvordruck nach Anlage 3 der ZustVV ist die Auftragsgebühr durch Postwertzeichen oder Freistempelabdrucke zu entrichten. Das gilt auch für Sammelaufträge (vgl. Nr. 2 Abs. 1 Satz 3); auf ihnen ist die Summe der Gebühren für die einliegenden Aufträge zu verrechnen.

5. Im übrigen beachtet der Gerichtsvollzieher die jeweils geltenden Allgemeinen Geschäftsbedingungen der Post.

§ 40 Aufschrift der Sendung. [1] Der Gerichtsvollzieher gibt auf dem Umschlagvordruck nach Anlage 2 der ZustVV an:

a) seinen eigenen Namen nebst Wohnort und Amtseigenschaft,

b) die Geschäftsnummer, die der Vorgang bei ihm hat,

c) die Anschrift des Zustellungsadressaten.

[2] Hierbei achtet er darauf, daß Zustellungsadressat und Bestimmungsort genau bezeichnet sind. [3] Insbesondere sorgt er bei häufig vorkommenden Familiennamen und gleich oder ähnlich lautenden Ortsnamen für eine hinreichend bestimmte Bezeichnung.

[4] Bei der Zustellung an Personenmehrheiten (§ 28 Nr. 2) gibt der Gerichtsvollzieher die Anschrift der Behörde, Gemeinde usw. an und fügt den Zusatz bei:

„zu Händen des Leiters (Vorstandes usw.)".

Geschäftsanweisung für Gerichtsvollzieher §§ 41–46 GVGA 14

§ 41 Zustellung mit Angabe der Uhrzeit. Soll der Postbedienstete auch die Zeit der Zustellung näher bezeichnen (vgl. § 38 Nr. 2), so vermerkt der Gerichtsvollzieher auf der Aufschrift des Umschlagvordrucks nach Anlage 2 der ZustVV:

"Mit Angabe der Uhrzeit zuzustellen."

§ 42 Ausschluss der Ersatzzustellung. Soll die Ersatzzustellung des zuzustellenden Schriftstücks an eine Person (§ 30) oder durch Einlegen in den Briefkasten (§ 31) ausgeschlossen werden, so vermerkt der Gerichtsvollzieher auf dem eingeführten Umschlag nach Anlage 2 der ZustVV:

"Ersatzzustellung ausgeschlossen".

§ 43 Unzulässige Ersatzzustellung. Ist eine Ersatzzustellung aufgrund des § 178 Abs. 2 ZPO unzulässig und ist dem Gerichtsvollzieher dies bekannt, so vermerkt er auf der Aufschriftseite des Umschlagvordrucks nach Anlage 2 der ZustVV:

"Keine Ersatzzustellung an: ..."

§ 43 a Ausschluss der Niederlegung. Soll die Niederlegung des zuzustellenden Schriftstücks gemäß § 181 ZPO ausgeschlossen werden, so vermerkt der Gerichtsvollzieher auf dem Umschlagvordruck nach Anlage 2 der ZustVV:

"Nicht durch Niederlegung zuzustellen."

§ 44 Nachsendung. [1] Wünscht der Auftraggeber, dass der Brief gegebenenfalls weitergesandt werden soll, so vermerkt der Gerichtsvollzieher auf dem Umschlagvordruck nach Anlage 2 der ZustVV den Umfang des Weitersendungsauftrags. [2] In Betracht kommen der Amtsgerichtsbezirk, der Landgerichtsbezirk oder der Bereich des Inlands. [3] Der Gerichtsvollzieher soll ein Postunternehmen für die Zustellung auswählen, das eine Zustellung in den von dem Auftraggeber gewünschten Bereich ausführen kann.

§ 45 Beurkundung der Aushändigung an die Post (§ 194 Abs. 1 ZPO). [1] Auf dem bei der Zustellung zu übergebenden Schriftstück vermerkt der Gerichtsvollzieher, für welche Person und in wessen Auftrag er es zur Post gibt. [2] Ferner bezeichnet er auf der Urschrift des zuzustellenden Schriftstücks oder auf einem damit zu verbindenden Bogen den Auftraggeber und vermerkt, dass er der Post den mit den Angaben nach § 40 Satz 1 versehenen Umschlag verschlossen übergeben hat.

§ 46 Überwachung der Zustellung und Übermittlung der Zustellungsurkunde (§ 194 Abs. 2, § 193 Abs. 3 ZPO).

1. Der Gerichtsvollzieher überwacht die rechtzeitige Durchführung der Zustellung und erinnert nötigenfalls die Post an die Erledigung.
2. Die ihm von der Post zugeleitete Zustellungsurkunde überprüft der Gerichtsvollzieher und sorgt dafür, daß etwaige Mängel abgestellt werden. Sodann übersendet er die Urkunde unverzüglich mit der Urschrift des zugestellten Schriftstücks dem Auftraggeber.

c) **Zustellung durch Aufgabe zur Post**

§ 47 [Zustellung durch Aufgabe zur Post] (§ 193 Abs. 1 Satz 2, §§ 191, 184 Abs. 2 ZPO).

1. Bei der Zustellung durch Aufgabe zur Post (§ 21 Nr. 1) gilt das Schriftstück zwei Wochen, nachdem der Gerichtsvollzieher die Briefsendung der Post übergeben hat, als zugestellt; es kommt nicht darauf an, ob sie den Zustellungsadressaten erreicht hat. Hierdurch unterscheidet sich diese Zustellungsart von der Zustellung durch die Post, bei welcher der Postbedienstete dem Zustellungsadressat die Sendung in derselben Weise zustellen muß, wie es der Gerichtsvollzieher selbst tun müßte.

2. Die Zustellung durch Aufgabe zur Post geschieht in der Weise, daß der Gerichtsvollzieher das zu übergebende Schriftstück unter der Anschrift des Zustellungsadressaten nach dessen Aufenthaltsort in gewöhnlicher Briefform zur Post gibt. Er nimmt hierüber eine Zustellungsurkunde nach § 193 Abs. 1, §§ 191, 182 Abs. 2 ZPO auf. Auf dieser vermerkt der Gerichtsvollzieher das Datum und die Anschrift, unter der die Aufgabe zur Post erfolgt. Eine beglaubigte Abschrift der Zustellungsurkunde schließt er in den Umschlag ein. Der Gerichtsvollzieher muß die Aufgabe zur Post persönlich und an dem Tage ausführen, der in der Zustellungsurkunde bezeichnet ist.

3. Die Zustellungsurkunde übermittelt der Gerichtsvollzieher dem Auftraggeber wie bei der gewöhnlichen Zustellung. Eine als unzustellbar zurückkommende Sendung ist dem Auftraggeber gleichfalls zu übermitteln.

II. Zustellung von Amts wegen

§ 47a [Zustellung von Amts wegen] (§ 168 Abs. 2, §§ 176, 177 bis 182 ZPO).

1. Der Vorsitzende des Prozeßgerichts oder ein von ihm bestimmtes Mitglied können den Gerichtsvollzieher mit der Ausführung einer Zustellung von Amts wegen beauftragen. In diesem Fall übergibt die Geschäftsstelle dem Gerichtsvollzieher das zuzustellende Schriftstück in einem verschlossenen Umschlag sowie einen vorbereiteten Vordruck einer Zustellungsurkunde nach Anlage 1 der ZustVV.

2. Der Gerichtsvollzieher führt die Zustellung nach den §§ 27 bis 32, 36, 37 aus.

3. Für die Beurkundung der Ausführung der Zustellung gilt § 38 entsprechend mit folgender Maßgabe:

   a) Für die Beurkundung ist stets der von der Geschäftsstelle des Prozeßgerichts vorbereitete Vordruck nach Anlage 1 der ZustVV zu verwenden.

   b) An Stelle der Übergabe einer beglaubigten Abschrift der Zustellungsurkunde an den Zustellungsadressaten ist der Tag der Zustellung auf dem von der Geschäftsstelle übergebenen Umschlag, der das zuzustellende Schriftstück enthält, zu vermerken.

   c) Die Zustellungsurkunde ist unverzüglich der Geschäftsstelle zurückzuleiten.

Geschäftsanweisung für Gerichtsvollzieher §§ 48–50 GVGA 14

III. Besondere Vorschriften über gewisse Zustellungen bei der Zwangsvollstreckung

§ 48 [Besondere Vorschriften über gewisse Zustellungen bei der Zwangsvollstreckung] (§§ 763, 829, 835, 845, 846, 857 ZPO). Für die Zustellung der Protokolle über Vollstreckungshandlungen, der Beschlüsse über Pfändung und Überweisung von Forderungen und der Benachrichtigung, daß die Pfändung einer Forderung bevorsteht, sind die Vorschriften der §§ 763, 829, 835, 845, 846, 857 ZPO und die entsprechenden Vorschriften dieser Anweisung maßgebend.

IV. Zustellung von Anwalt zu Anwalt

§ 49 [Zustellung von Anwalt zu Anwalt] (§ 195 ZPO).

1. Der Gerichtsvollzieher kann beauftragt werden, die Zustellung eines Rechtsanwalts oder Kammerrechtsbeistands (§ 26 Nr. 3 Satz 3) an den Gegenanwalt oder an dessen allgemeinen Vertreter oder Zustellungsbevollmächtigten nach § 195 ZPO zu vermitteln. Ein solcher Auftrag liegt in der Bestimmung, daß die Zustellung „von Anwalt zu Anwalt" erfolgen solle.

2. Der Gerichtsvollzieher holt in diesem Fall lediglich ein mit Datum und Unterschrift zu versehendes Empfangsbekenntnis des Zustellungsadressaten ein und übermittelt es dem Auftraggeber. Der zustellende Anwalt hat dem anderen Anwalt auf Verlangen eine Bescheinigung über die Zustellung zu erteilen. Diese Bescheinigung hat der Gerichtsvollzieher dem anderen Anwalt, wenn er sie verlangt, Zug um Zug gegen Aushändigung des Empfangsbekenntnisses zu übergeben. Der Gerichtsvollzieher soll daher Aufträge zu derartigen Zustellungen in der Regel nur übernehmen, wenn ihm zugleich von dem zustellenden Anwalt eine Bescheinigung über die Zustellung – in der das Datum zur Ausfüllung durch den Gerichtsvollzieher offen gelassen sein kann – ausgehändigt wird. Eine Beurkundung des Vorgangs durch den Gerichtsvollzieher findet nicht statt. Eine Ersatzzustellung oder eine Niederlegung ist ausgeschlossen.

3. Das schriftliche Empfangsbekenntnis kann auf die Urschrift des zuzustellenden Schriftstücks, die Bescheinigung auf die zu übergebende Abschrift gesetzt werden. Werden die Bescheinigungen besonders ausgestellt, so müssen sie das zugestellte Schriftstück genau bezeichnen.

4. Wird die Ausstellung des Empfangsbekenntnisses verweigert oder ist es wegen Abwesenheit des Gegenanwalts oder aus einem sonstigen Grund nicht zu erlangen, so nimmt der Gerichtsvollzieher die Zustellung unter Aufnahme der gewöhnlichen Zustellungsurkunde nach den allgemeinen Vorschriften vor, soweit nicht der Auftraggeber für diesen Fall etwas anderes bestimmt hat.

C. Zustellung in Straf- und Bußgeldsachen

§ 50 Zuständigkeit (§ 38 StPO). In Strafsachen sind

a) der Beschuldigte – Angeschuldigte, Angeklagte – (§§ 220, 323, 386 StPO),

b) der Privatkläger (§ 386 StPO),

c) gewisse andere an dem Strafverfahren beteiligte Privatpersonen (§§ 286, 298, 433, 444 StPO),

d) gewisse andere an dem Strafverfahren gegen Jugendliche beteiligte Privatpersonen (§§ 67, 69, 104 Abs. 1 Nr. 9, Abs. 2 JGG)

befugt, Zeugen und Sachverständige unmittelbar zu laden, also ohne Mitwirkung des Gerichts oder der Staatsanwaltschaft; in Bußgeldsachen steht diese Befugnis dem Betroffenen und gewissen anderen an dem Verfahren beteiligten Personen zu (§ 46 Abs. 1 OWiG; §§ 298, 433, 444 StPO; §§ 67, 69 JGG). Zuständig für die Zustellung solcher Ladungen ist der Gerichtsvollzieher (§ 38 StPO).

§ 51 Verfahren.

1. Die Ladung erfolgt durch Zustellung einer von dem Auftraggeber unterschriebenen Ladungsschrift; die Vorschriften über Zustellung auf Betreiben der Parteien in bürgerlichen Rechtsstreitigkeiten sind entsprechend anzuwenden.

2. Der unmittelbar geladene Zeuge oder Sachverständige ist nur zum Erscheinen verpflichtet, wenn ihm bei der Ladung die gesetzliche Entschädigung für Reisekosten und Versäumnis bar dargeboten oder wenn ihm nachgewiesen wird, daß die Entschädigung bei der Kasse oder Gerichtszahlstelle hinterlegt ist (§ 220 Abs. 2 StPO). Der Gerichtsvollzieher hat daher auf Verlangen des Auftraggebers

   a) der geladenen Person die Entschädigung bei der Zustellung gegen Quittung zu übergeben, wenn ihm der Auftraggeber den Betrag in bar ausgehändigt hat, oder

   b) die Bescheinigung der Kasse oder Gerichtszahlstelle über die Hinterlegung mit zuzustellen, wenn der Auftraggeber den Betrag hinterlegt hat.

   Soll der Gerichtsvollzieher dem Empfänger den Betrag in bar auszahlen und trifft er ihn nicht in Person an, so übersendet er ihm den Betrag mittels Postanweisung der Deutschen Post AG. Ebenso verfährt er, wenn er die Ladung durch die Post zustellt.

   Der Gerichtsvollzieher übermittelt dem Auftraggeber mit der Zustellungsurkunde die Quittung des Empfängers oder den Einzahlungsnachweis der Deutschen Post AG. Hat der Empfänger die Entschädigung zurückgewiesen, so gibt der Gerichtsvollzieher dem Auftraggeber den Betrag mit der Zustellungsurkunde wieder zurück.

   Auf der Zustellungsurkunde oder einem Nachtrag zu ihr muß der Gerichtsvollzieher ersichtlich machen:

   a) das Anbieten der Entschädigung,

   b) ihre Auszahlung oder Zurückweisung; im Fall der Zurückweisung ist der Grund zu vermerken, den der Empfänger hierfür angegeben hat,

   c) die Mitzustellung der Bescheinigung der Kasse oder Gerichtszahlstelle, wenn der Auftraggeber den Betrag hinterlegt hat.

3. Der Gerichtsvollzieher führt die Zustellung auch dann aus, wenn ihm der Auftraggeber die Entschädigung weder zur Auszahlung übergeben noch sie hinterlegt hat. In diesem Fall darf aber die Ladung keinen Hinweis auf die gesetzlichen Folgen des Ausbleibens enthalten. Dieser Sachverhalt ist in der Zustellungsurkunde ersichtlich zu machen; bei einer Zustellung durch die Post geschieht dies neben dem Vermerk, der auf das zu übergebende Schriftstück gesetzt wird (§ 45).

D. Zustellung von Willenserklärungen

§ 52 Zuständigkeit (§ 132 Abs. 1 BGB).

1. Der Gerichtsvollzieher ist zuständig, auch außerhalb einer anhängigen Rechtsangelegenheit die Zustellung von schriftlichen Willenserklärungen jeder Art (z.B. Erklärung nach § 15 Abs. 2 Nr. 2 LPartG) zu bewirken, die ihm von einem Beteiligten aufgetragen wird.
2. Die Zustellung von Schriftstücken mit unsittlichem, beleidigendem oder sonst strafbarem Inhalt sowie die Zustellung von verschlossenen Sendungen im Parteiauftrag lehnt der Gerichtsvollzieher ab.

§ 53 Verfahren.

1. Die Zustellung erfolgt nach den Vorschriften der ZPO. Die Bestimmungen über die Zustellung auf Betreiben der Parteien in bürgerlichen Rechtsstreitigkeiten finden entsprechende Anwendung.
2. Ist bei der Zustellung einer schriftlichen Willenserklärung dem Adressaten zugleich eine Urkunde vorzulegen (vgl. z.B. §§ 111, 174, 410, 1160, 1831 BGB), so bewirkt der Gerichtsvollzieher auf Verlangen des Auftraggebers auch die Vorlegung. Die Zustellung durch die Post ist in diesem Fall ausgeschlossen. Trifft der Gerichtsvollzieher den Adressat nicht an, so legt er die Urkunde der Person vor, an die er nach den §§ 30, 36 zustellt. In der Zustellungsurkunde ist anzugeben, welcher Person die Urkunde vorgelegt worden ist. Ist die Vorlegung unterblieben, so sind die Gründe hierfür in der Zustellungsurkunde zu vermerken; außerdem ist ausdrücklich zu beurkunden, ob der Gerichtsvollzieher zur Vorlegung imstande und bereit gewesen ist.
Die vorzulegende Urkunde wird nur zugestellt, wenn der Auftraggeber dies ausdrücklich verlangt.

E. Zustellung von Schiedssprüchen

§ 54 Zuständigkeit.
¹Der Gerichtsvollzieher ist zuständig, den Parteien Schiedssprüche im Schiedsgerichtsverfahren nach dem Arbeitsgerichtsgesetz zuzustellen. ²Schiedssprüche im schiedsrichterlichen Verfahren nach der Zivilprozessordnung stellt der Gerichtsvollzieher zu, wenn er vom Schiedsgericht mit der Zustellung beauftragt wird.

§ 55 Verfahren bei Schiedssprüchen nach dem Arbeitsgerichtsgesetz (§ 108 ArbGG).

1. Schiedssprüche, die im Schiedsgerichtsverfahren in Arbeitsstreitigkeiten nach den §§ 101 ff. ArbGG ergangen sind, werden auf Veranlassung des Verhandlungsleiters zugestellt. Den Parteien ist eine vom Verhandlungsleiter unterschriebene Ausfertigung des Schiedsspruches zuzustellen. Die Ausfertigung braucht nicht ausdrücklich als solche bezeichnet zu sein. Es genügt auch eine von dem Verhandlungsleiter unterschriebene weitere Urschrift. Einer weiteren Urschrift ist eine Abschrift gleichzusetzen, die von dem Verhandlungsleiter eigenhändig handschriftlich beglaubigt ist. Die Zustellung einer von dem Gerichtsvollzieher oder einem sonstigen Dritten beglaubigten Abschrift genügt nicht.

2. Die Zustellung erfolgt an jede Partei, die an dem Schiedsgerichtsverfahren beteiligt war. Ob die Zustellung an die Partei selbst oder an ihren Prozessbevollmächtigten zu erfolgen hat, richtet sich für den Gerichtsvollzieher nach den Weisungen des Verhandlungsleiters. Im Übrigen finden die Bestimmungen über die Zustellung auf Betreiben der Parteien in bürgerlichen Rechtsstreitigkeiten entsprechende Anwendung. In der Zustellungsurkunde ist ausdrücklich festzustellen, dass eine von dem Verhandlungsleiter unterschriebene Ausfertigung, eine weitere Urschrift oder eine von dem Verhandlungsleiter eigenhändig handschriftlich beglaubigte Abschrift zugestellt worden ist.

§ 56 Verfahren bei Schiedssprüchen nach der Zivilprozessordung (§ 1054 ZPO). [1] Hat das Schiedsgericht den Gerichtsvollzieher mit der Zustellung des Schiedsspruchs beauftragt, so hat er den Parteien inhaltsgleiche weitere Urschriften des Schiedsspruchs zuzustellen, die von allen Schiedsrichtern unterschrieben sind. [2] Ausfertigungen reichen nicht aus. [3] Im Übrigen ist § 55 entsprechend anzuwenden.

Zweiter Abschnitt. Zwangsvollstreckung nach den Vorschriften der ZPO

A. Allgemeine Vorschriften

I. Zuständigkeit

§ 57 Zuständigkeit des Gerichtsvollziehers.

1. Der Gerichtsvollzieher führt die Zwangsvollstreckung durch, soweit sie nicht den Gerichten zugewiesen ist. Er ist auch in den Fällen für die Zwangsvollstreckung zuständig, in denen der Gläubiger einen Anspruch ohne vorangegangenen Rechtsstreit nach den Vorschriften der ZPO beitreiben kann.

2. Zum Aufgabenbereich des Gerichtsvollziehers gehören folgende Zwangsvollstreckungen:

   a) die Zwangsvollstreckung wegen Geldforderungen in bewegliche körperliche Sachen einschließlich der Wertpapiere und der noch nicht vom Boden getrennten Früchte (§§ 803–827 ZPO);

   b) die Pfändung von Forderungen aus Wechseln und anderen Papieren, die durch Indossament übertragen werden können, durch Wegnahme dieser Papiere (§ 831 ZPO);

   c) die Zwangsvollstreckung zur Erwirkung der Herausgabe von beweglichen Sachen sowie zur Erwirkung der Herausgabe, Überlassung und Räumung von unbeweglichen Sachen und eingetragenen Schiffen und Schiffsbauwerken (§§ 883–885 ZPO);

   d) die Zwangsvollstreckung zur Beseitigung des Widerstandes des Schuldners gegen Handlungen, die er nach den §§ 887, 890 ZPO zu dulden hat (§ 892 ZPO) oder zur Beseitigung von Zuwiderhandlungen des Schuldners gegen eine Unterlassungsverpflichtung aus einer Anordnung nach § 1 des Gewaltschutzgesetzes (§ 892 a ZPO);

   e) die Zwangsvollstreckung durch Abnahme der eidesstattlichen Versicherung und Haft (§§ 899–914 ZPO);

f) die Vollziehung von Arrestbefehlen und einstweiligen Verfügungen in dem Umfang, in dem die Zwangsvollstreckung dem Gerichtsvollzieher zusteht (§§ 916–945 ZPO).

3. Außerdem steht dem Gerichtsvollzieher bei der Zwangsvollstreckung in Forderungen eine beschränkte Mitwirkung zu. Das Nähere bestimmen die §§ 172–178.

§ 58 Selbständiges Handeln des Gerichtsvollziehers.

1. Bei der ihm zugewiesenen Zwangsvollstreckung handelt der Gerichtsvollzieher selbständig. Er unterliegt hierbei zwar der Aufsicht, aber nicht der unmittelbaren Leitung des Gerichts. Er prüft die Voraussetzungen für die Zulässigkeit der Zwangsvollstreckung und der einzelnen Vollstreckungshandlungen selbständig. Z.B. prüft er vor einer Pfändung in selbständiger Verantwortung insbesondere, ob eine Sache Zubehör oder wesentlicher Bestandteil einer anderen Sache ist, ob der Schuldner Alleingewahrsam hat, ob ein Dritter nur Besitzdiener für den Schuldner ist, ob eine Sache der Pfändung nicht unterworfen ist, ob bei Leistungen Zug um Zug die anzubietende Gegenleistung zur Erfüllung geeignet ist usw..

2. Weisungen des Gläubigers hat der Gerichtsvollzieher insoweit zu berücksichtigen, als sie mit den Gesetzen oder der Geschäftsanweisung nicht in Widerspruch stehen.

§ 59 Zuständigkeit des Gerichts.
Dem Gericht sind folgende Zwangsvollstreckungen vorbehalten:

a) die Zwangsvollstreckung wegen Geldforderungen in das unbewegliche Vermögen. Zu diesem Vermögen rechnen auch eingetragene Schiffe, eingetragene und eintragungsfähige Schiffsbauwerke und im Bau befindliche oder fertiggestellte Schwimmdocks, inländische Luftfahrzeuge, die in der Luftfahrzeugrolle oder in dem von dem Amtsgericht Braunschweig geführten Register für Pfandrechte an Luftfahrzeugen eingetragen sind, und ausländische Luftfahrzeuge. Eine Mitwirkung des Gerichtsvollziehers kann hierbei nur in bestimmten Einzelfällen in Betracht kommen (vgl. z.B. §§ 57b, 65, 93, 94 Abs. 2, 108 Abs. 1, 150 Abs. 2, 165, 171, 171c Abs. 2 und 3, 171h ZVG[1]);

b) die Zwangsvollstreckung wegen Geldforderungen in Forderungen und andere Vermögensrechte (vgl. jedoch § 57 Nr. 2 Buchst. a und b und Nr. 3);

c) die Zwangsvollstreckung zur Erwirkung von Handlungen und Unterlassungen (§§ 887–891 ZPO).

§ 60 Vollstreckungsgericht (§§ 764, 766 ZPO).

1. Soweit die Anordnung von Vollstreckungshandlungen und die Mitwirkung bei solchen Handlungen dem Gericht zugewiesen ist, ist dafür das Vollstreckungsgericht zuständig. Das Prozeßgericht ist nur bei der Zwangsvollstreckung zur Erwirkung von Handlungen oder Unterlassungen zur Mitwirkung berufen (§§ 887 ff. ZPO).

---

[1] Nr. 2.

2. Vollstreckungsgericht ist das Amtsgericht, in dessen Bezirk die Zwangsvollstreckung stattfinden soll oder stattgefunden hat, sofern nicht das Gesetz ausnahmsweise – z.B. für die arrestweise Pfändung von Forderungen und anderen Rechten (§ 930 Abs. 1 S. 3 ZPO) – ein anderes Gericht für zuständig erklärt. Dies gilt auch bei der Vollstreckung von Entscheidungen der Gerichte für Arbeitssachen (§§ 62 Abs. 2, 64 Abs. 3, 85, 87 Abs. 2, 92 Abs. 2 ArbGG) und der Gerichte der Sozialgerichtsbarkeit (§ 198 SGG).

3. Das Vollstreckungsgericht entscheidet auch,

   a) wenn Anträge gestellt oder Einwendungen und Erinnerungen erhoben werden, welche die Art und Weise der Zwangsvollstreckung oder das Verfahren des Gerichtsvollziehers betreffen,

   b) wenn der Gerichtsvollzieher sich weigert, einen Vollstreckungsauftrag zu übernehmen oder auftragsgemäß durchzuführen,

   c) wenn Erinnerungen wegen der Kosten erhoben werden, die der Gerichtsvollzieher für Zwangsvollstreckungsmaßnahmen berechnet hat,

   d) wenn der Kostenschuldner Erinnerung gegen die Anordnung des Gerichtsvollziehers erhebt, die Durchführung des Auftrags oder die Aufrechterhaltung einer Vollstreckungsmaßnahme von der Zahlung eines Vorschusses abhängig zu machen (§ 5 Abs. 3 GvKostG[1]), oder sich die Erinnerung gegen die Höhe dieses Vorschusses richtet,

   e) wenn der Schuldner im Termin zur Abgabe der eidesstattlichen Versicherung die Verpflichtung zur Abgabe bestreitet (§ 900 Abs. 4 Satz 1 ZPO),

   f) wenn der Schuldner in dem zur Abgabe der eidesstattlichen Versicherung bestimmten Termin nicht erscheint oder die Abgabe der eidesstattlichen Versicherung ohne Grund verweigert (§ 901 ZPO), über den Erlass eines Haftbefehls gegen den Schuldner.

II. Begriffsbestimmungen

§ 61 [Begriffsbestimmungen]

1. Bei der Zwangsvollstreckung heißt derjenige, für den die Vollstreckung erfolgt, der Gläubiger, derjenige, gegen den sie sich richtet, der Schuldner. Diese Bezeichnungen gelten ohne Rücksicht auf die Parteirollen in dem etwa vorangegangenen Rechtsstreit und ohne Rücksicht darauf, ob es sich um die Beitreibung einer Geldforderung, um die Herausgabe von Sachen oder um die Erzwingung einer Handlung oder Unterlassung handelt.

2. Die Urkunde, auf Grund deren die Vollstreckung durchgeführt wird, heißt Schuldtitel.

3. Aufträge zur Abnahme der eidesstattlichen Versicherung im Fall des § 807 ZPO heißen kombinierte Aufträge, wenn sie mit einem Auftrag zur Sachpfändung verbunden sind. Ein Auftrag zur Abnahme der eidesstattlichen Versicherung, der nicht mit einem Sachpfändungsauftrag verbunden ist, heißt isolierter Auftrag.

---

[1] Nr. 17.

Geschäftsanweisung für Gerichtsvollzieher § 62 GVGA 14

III. Der Auftrag und seine Behandlung

§ 62 Auftrag zur Zwangsvollstreckung (§§ 753–758 ZPO).

1. Der Auftrag zur Zwangsvollstreckung wird dem Gerichtsvollzieher unmittelbar vom Gläubiger oder seinem Vertreter oder Bevollmächtigten – nicht durch das Gericht – erteilt. Der Auftraggeber darf die Vermittlung der Geschäftsstelle in Anspruch nehmen. Der durch Vermittlung der Geschäftsstelle beauftragte Gerichtsvollzieher wird unmittelbar für den Gläubiger tätig; er hat insbesondere auch die beigetriebenen Gelder und sonstigen Gegenstände dem Gläubiger unmittelbar abzuliefern. Ist eine einstweilige Anordnung nach dem Gewaltschutzgesetz ohne mündliche Verhandlung erlassen, so gelten der Auftrag zur Zustellung durch den Gerichtsvollzieher unter Vermittlung der Geschäftsstelle und der Auftrag zur Vollziehung als im Antrag auf Erlass der einstweiligen Anordnung enthalten.

2. Der Prozeßbevollmächtigte des Gläubigers ist auf Grund seiner Prozeßvollmacht befugt, den Gerichtsvollzieher mit der Zwangsvollstreckung zu beauftragen und den Gläubiger im Zwangsvollstreckungsverfahren zu vertreten. Der Gerichtsvollzieher hat den Mangel der Vollmachten grundsätzlich von Amts wegen zu berücksichtigen. Ist Auftraggeber jedoch ein Rechtsanwalt oder Kammerrechtsbeistand (§ 26 Nr. 3 Satz 3), hat er dessen Vollmacht nur auf ausdrückliche Rüge zu überprüfen. Zum Nachweis der Vollmacht genügt die Bezeichnung als Prozeßbevollmächtigter im Schuldtitel.
Jedoch ermächtigt die bloße Prozeßvollmacht den Bevollmächtigten nicht, die beigetriebenen Gelder oder sonstigen Gegenstände in Empfang zu nehmen; eine Ausnahme besteht nur für die vom Gegner zu erstattenden Prozeßkosten (§ 81 ZPO). Der Gerichtsvollzieher darf daher die beigetriebenen Gelder oder sonstigen Gegenstände nur dann an den Prozeßbevollmächtigten abliefern, wenn dieser von dem Gläubiger zum Empfang besonders ermächtigt ist. Die Ermächtigung kann sich aus dem Inhalt der Vollmachtsurkunde ergeben. Der Gläubiger kann sie auch dem Gerichtsvollzieher gegenüber mündlich erklären.

3. Die vollstreckbare Ausfertigung des Schuldtitels muß dem Gerichtsvollzieher übergeben werden. Der schriftliche oder mündliche Auftrag zur Zwangsvollstreckung in Verbindung mit der Übergabe der vollstreckbaren Ausfertigung ermächtigt und verpflichtet den Gerichtsvollzieher – ohne daß es einer weiteren Erklärung des Auftraggebers bedarf –, die Zahlung oder die sonstigen Leistungen in Empfang zu nehmen, darüber wirksam zu quittieren und dem Schuldner die vollstreckbare Ausfertigung auszuliefern, wenn er seine Verbindlichkeit vollständig erfüllt hat. Der Besitz der vollstreckbaren Ausfertigung ist demnach für den Gerichtsvollzieher dem Schuldner und Dritten gegenüber der unerläßliche, aber auch ausreichende Ausweis zur Zwangsvollstreckung und zu allen für ihre Ausführung erforderlichen Handlungen. Der Gerichtsvollzieher trägt deshalb bei Vollstreckungshandlungen die vollstreckbare Ausfertigung stets bei sich und zeigt sie auf Verlangen vor (§§ 754, 755 ZPO).
Hat der Schuldner nur gegen Aushändigung einer Urkunde zu leisten, z.B. eines Wechsels, einer Anweisung oder eines Orderpapiers, so muß sich der Gerichtsvollzieher vor Beginn der Zwangsvollstreckung auch diese Urkunde aushändigen lassen.

4. Bei der Zwangsvollstreckung aus einer Urteilsausfertigung, auf die ein Kostenfestsetzungsbeschluß gesetzt ist (§§ 105, 795 a ZPO), hat der Gläubiger zu bestimmen, ob aus beiden oder nur aus einem der beiden Schuldtitel vollstreckt werden soll. Hat der Gläubiger keine Bestimmung getroffen, so vollstreckt der Gerichtsvollzieher aus beiden Schuldtiteln. Das Urteil eines Arbeitsgerichts, in dem auch der Betrag der Kosten nach § 61 Abs. 1 ArbGG festgestellt ist, bildet einen einheitlichen Titel.

5. Verlangen der Gläubiger oder sein mit Vollmacht versehener Vertreter ihre Zuziehung zur Zwangsvollstreckung, so benachrichtigt der Gerichtsvollzieher sie rechtzeitig von dem Zeitpunkt der Vollstreckung. In ihrer Abwesenheit darf der Gerichtsvollzieher erst nach Ablauf der festgesetzten Zeit mit der Zwangsvollstreckung beginnen, es sei denn, daß gleichzeitig für einen anderen Gläubiger gegen den Schuldner vollstreckt werden soll. Der Gläubiger oder sein Vertreter sind in der Benachrichtigung hierauf hinzuweisen. Leistet der Schuldner gegen die Zuziehung des Gläubigers Widerstand, so gilt § 108 entsprechend. Ein selbständiges Eingreifen des Gläubigers oder seines Bevollmächtigten in den Gang der Vollstreckungshandlung, z.B. das Durchsuchen von Behältnissen, darf der Gerichtsvollzieher nicht dulden.

§ 63 Aufträge zur Vollstreckung gegen vermögenslose Schuldner.

1. Hat der Gerichtsvollzieher begründeten Anhalt dafür, daß die Zwangsvollstreckung fruchtlos verlaufen werde, so sendet er dem Gläubiger unverzüglich den Schuldtitel mit einer entsprechenden Bescheinigung zurück, wenn der Gläubiger nicht zugleich einen Auftrag zur Abnahme der eidesstattlichen Versicherung erteilt hat. Dabei teilt er dem Gläubiger mit, daß er den Auftrag zur Vermeidung unnötiger Kosten als zurückgenommen betrachtet. Hat der Gläubiger den Gerichtsvollzieher zugleich beauftragt, dem Schuldner die eidesstattliche Versicherung abzunehmen, bescheinigt der Gerichtsvollzieher die Voraussetzungen nach Satz 1 zu den Akten und gibt den Schuldtitel nach Erledigung des Verfahrens auf Abnahme der eidesstattlichen Versicherung zurück.

Die Erwartung, daß die Vollstreckung fruchtlos verlaufen werde, kann insbesondere begründet sein, wenn Zwangsvollstreckungen gegen den Schuldner in den letzten drei Monaten fruchtlos verlaufen sind.

War der Gerichtsvollzieher auch beauftragt, dem Schuldner den Schuldtitel zuzustellen, so führt er diesen Auftrag aus.

2. Die Bestimmungen zu Nr. 1 gelten nicht, wenn der Wunsch des Gläubigers auf Ausführung des Auftrags aus der Sachlage hervorgeht (z.B. der Pfändungsauftrag zum Zwecke des Neubeginns der Verjährung erteilt ist) oder wenn das Gläubigerinteresse an der Ermittlung von Drittschuldnern ersichtlich oder zu unterstellen ist.

§ 64 Frist für die Bearbeitung der Aufträge.
[1] Der Gerichtsvollzieher führt die Zwangsvollstreckung schnell und nachdrücklich durch. [2] Die Frist für die Bearbeitung eines Vollstreckungsauftrags ergibt sich aus der Sachlage im Einzelfall; so kann es angebracht sein, einen Pfändungsauftrag umgehend auszuführen, um den Rang des Pfändungsrechts zu sichern. [3] Aufträge zur Vollziehung von einstweiligen Verfügungen nach § 940 a ZPO oder zur Vollziehung von einstweiligen Anordnungen, die das Familiengericht in Verfahren nach den §§ 1 und 2 des Gewaltschutzgesetzes erlassen hat, sind umgehend

Geschäftsanweisung für Gerichtsvollzieher §§ 65–66 GVGA 14

auszuführen, insbesondere, wenn das Gericht gemäß § 64 b Abs. 3 Satz 3 FGG die Vollziehung der einstweiligen Anordnung vor ihrer Zustellung an den Antragsgegner angeordnet hat.

[4] Erfolgt die erste Vollstreckungshandlung nicht innerhalb eines Monats, so ist der Grund der Verzögerung aktenkundig zu machen.

§ 65 Zeit der Zwangsvollstreckung (§ 758 a Abs. 4 ZPO).

1. An Sonntagen und allgemeinen Feiertagen sowie zur Nachtzeit (§ 8) darf der Gerichtsvollzieher außerhalb von Wohnungen (§ 107 Nr. 1 Abs. 2) Zwangsvollstreckungshandlungen vornehmen, wenn dies weder für den Schuldner noch für die Mitgewahrsamsinhaber eine unbillige Härte darstellt und wenn der zu erwartende Erfolg in keinem Missverhältnis zu dem Eingriff steht. Zuvor soll der Gerichtsvollzieher in der Regel wenigstens einmal zur Tageszeit an einem gewöhnlichen Wochentag die Vollstreckung vergeblich versucht haben.

2. In Wohnungen darf der Gerichtsvollzieher an Sonntagen und allgemeinen Feiertagen sowie zur Nachtzeit (§ 8) nur aufgrund einer besonderen richterlichen Anordnung vollstrecken. Dies gilt auch dann, wenn die Vollstreckungshandlung auf die Räumung oder Herausgabe von Räumen und auf die Vollstreckung eines Haftbefehls nach § 901 ZPO gerichtet ist.
Die Anordnung erteilt der Richter bei dem Amtsgericht, in dessen Bezirk die Vollstreckungshandlung vorgenommen werden soll. Es ist Sache des Gläubigers, die Anordnung zu erwirken. Die Anordnung ist bei der Zwangsvollstreckung vorzuzeigen; dies ist im Protokoll über die Zwangsvollstreckungshandlung zu vermerken. Die erteilte Anordnung gilt, soweit aus ihrem Inhalt nichts anderes hervorgeht, nur für die einmalige Durchführung der Zwangsvollstreckung. Sie umfasst die Erlaubnis zur Durchsuchung der Wohnung, falls die Vollstreckungshandlung eine solche erfordert.
Es besteht keine gesetzliche Bestimmung, die es dem Gerichtsvollzieher ausdrücklich gestattet, eine zur Tageszeit in einer Wohnung begonnene Vollstreckung nach Beginn der Nachtzeit weiterzuführen. Daher empfiehlt es sich, die Anordnung des Richters bei dem Amtsgericht vorsorglich einholen zu lassen, wenn zu erwarten ist, dass eine Vollstreckung nicht vor Beginn der Nachtzeit beendet werden kann.

3. Bei Vollziehung von Aufträgen der Steuerbehörde zur Nachtzeit sowie an Sonntagen und allgemeinen Feiertagen ist gemäß § 289 Abs. 1, 2 AO die schriftliche Erlaubnis der Vollstreckungsbehörde erforderlich. Nr. 2 Abs. 2 Satz 3 gilt entsprechend.

§ 65 a Unterrichtung des Gläubigers.
[1] Der Gerichtsvollzieher unterrichtet den Gläubiger über die Erledigung des Auftrages zur Zwangsvollstreckung. [2] Soweit dafür Vordrucke amtlich festgestellt sind, hat der Gerichtsvollzieher sie zu benutzen.

IV. Voraussetzungen der Zwangsvollstreckung

1. Allgemeines

§ 66 [Allgemeines]

1. Die Zwangsvollstreckung ist nur zulässig, wenn folgende Voraussetzungen erfüllt sind:

319

a) ein Schuldtitel zugrunde liegt (§§ 67–71),

b) die Ausfertigung des Schuldtitels vorschriftsmäßig mit der Vollstreckungsklausel versehen ist (vollstreckbare Ausfertigung, §§ 72–75),

c) vor Beginn der Zwangsvollstreckung sämtliche Urkunden zugestellt sind, welche die rechtliche Grundlage für die Zwangsvollstreckung bilden (§§ 76–79).

2. Die nach § 801 ZPO zulässigen landesrechtlichen Schuldtitel bedürfen der Vollstreckungsklausel, sofern die Gesetze des Landes, in dem der Titel errichtet ist, nichts anderes bestimmen.

3. Vollstreckungsbescheide, Arrestbefehle und einstweilige Verfügungen (nicht jedoch einstweilige Anordnungen nach §§ 127a, 620, 620b, 621f, 621g ZPO) sind ohne Vollstreckungsklausel zur Zwangsvollstreckung geeignet. Eine besondere Klausel ist nur nötig, wenn die Zwangsvollstreckung für einen anderen als den ursprünglichen Gläubiger oder gegen einen anderen als den ursprünglichen Schuldner erfolgen soll (vgl. §§ 796, 929, 936 ZPO). Pfändungsbeschlüsse im Fall des § 830 Abs. 1 ZPO, Überweisungsbeschlüsse nach § 836 Abs. 3 ZPO und Haftbefehle nach § 901 ZPO bedürfen ebenfalls keiner Vollstreckungsklausel.

4. Die Zwangsvollstreckung aus einem Kostenfestsetzungsbeschluß, der gemäß § 105 ZPO auf das Urteil gesetzt ist, erfolgt auf Grund der vollstreckbaren Ausfertigung des Urteils. Einer besonderen Vollstreckungsklausel für den Festsetzungsbeschluß bedarf es nicht (§ 795a ZPO).

2. Schuldtitel

§ 67 Schuldtitel nach der Zivilprozeßordnung.

1. Die Zwangsvollstreckung findet nach der ZPO insbesondere aus folgenden Schuldtiteln statt:

a) aus Endurteilen und Vorbehaltsurteilen deutscher Gerichte, die rechtskräftig oder für vorläufig vollstreckbar erklärt sind (§§ 704, 300, 301, 302 Abs. 3, 599 Abs. 3 ZPO),

b) aus Arresten und einstweiligen Verfügungen (§§ 922, 928, 936 ZPO),

c) aus den in § 794 Abs. 1 ZPO bezeichneten Entscheidungen und vollstreckbaren Urkunden.

2. Zu den in § 794 Abs. 1 Nr. 3 ZPO genannten Titeln gehören auch Entscheidungen, gegen welche die Beschwerde gegeben wäre, wenn sie von einem Gericht erster Instanz erlassen worden wären.

Beispiele für beschwerdefähige Entscheidungen sind:

a) die Kostenentscheidungen nach § 91a ZPO,

b) die Anordnung der Rückgabe einer Sicherheit (§§ 109 Abs. 2, 715 ZPO),

c) die Anordnung von Zwangsmaßnahmen nach den §§ 887 ff. ZPO,

d) das Zwischenurteil nach § 135 ZPO.

§ 68 Schuldtitel nach anderen Gesetzen.
Aus anderen Gesetzen sind folgende Schuldtitel hervorzuheben:

1. gerichtliche Beschlüsse und Vergleiche in Landwirtschaftssachen (§ 31 des Gesetzes über das gerichtliche Verfahren in Landwirtschaftssachen vom 21. 7. 1953 – BGBl. I S. 667 ff. –),

Geschäftsanweisung für Gerichtsvollzieher § 68 GVGA 14

2. rechtskräftige Entscheidungen, gerichtliche Vergleiche und einstweilige Anordnungen nach § 45 Abs. 3 des Wohnungseigentumsgesetzes,
3. Entscheidungen, Vergleiche und einstweilige Anordnungen auf Grund der §§ 13 Abs. 3 und 4, 16 und 18a der 6. DVO zum Ehegesetz betr. die Behandlung der Ehewohnung und des Hausrats vom 21. 10. 1944 (RGBl. I S. 256) in der jeweils geltenden Fassung,
4. rechtskräftig bestätigte vorgängige Vereinbarungen oder Auseinandersetzungen nach den §§ 98, 99 FGG,
5. rechtskräftig bestätigte Dispachen (§ 158 Abs. 2 FGG),
6. Vergütungsfestsetzungen nach den §§ 35 Abs. 3, 85 Abs. 3, 104 Abs. 6, 142 Abs. 6, 147 Abs. 3, 163 Abs. 4, 258 Abs. 5, 265 Abs. 4, 336 Abs. 1 Satz 4, 350 Abs. 4 AktG und nach § 33 Abs. 2 des Gesetzes über die Umwandlung von Kapitalgesellschaften und bergrechtlichen Gewerkschaften vom 6. 11. 1969 (BGBl. I S. 2081),
7. rechtskräftige gerichtliche Entscheidungen in Vertragshilfesachen, sofern das Gericht ihre Vollstreckbarkeit nicht ausgeschlossen hat (§ 16 des Vertragshilfegesetzes vom 26. 3. 1952 – BGBl. I S. 198 –),
8. Zuschlagsbeschlüsse im Zwangsversteigerungsverfahren (§§ 93, 118, 132 ZVG[1]),
9. bestätigte Vergleiche nach § 85 VerglO,
10. Beschlüsse über die Eröffnung des Konkursverfahrens (§ 109 KO) und der Gesamtvollstreckung (§ 5 GesO), Eintragungen in die Konkurstabelle nach § 164 Abs. 2 KO und Ausfertigungen aus dem bestätigten Forderungsverzeichnis nach § 18 Abs. 2 Satz 2 GesO,
11. rechtskräftig bestätigte Zwangsvergleiche in Konkursverfahren (§ 194 KO) oder Gesamtvollstreckungsverfahren (§ 16 GesO),
12. für vollstreckbar erklärte Vorschuß-, Zusatz- und Nachschußberechnungen (§§ 105–115d GenG),
13. Entscheidungen in Strafsachen, durch die der Verfall einer Sicherheit ausgesprochen ist (§ 124 StPO),
14. Entscheidungen über die Entschädigung des Verletzten im Strafverfahren (§§ 406, 406b StPO),
15. Entscheidungen der Gerichte in Arbeitssachen (§§ 62, 64 Abs. 3, 85, 87 Abs. 2, 92 Abs. 2 ArbGG) und der Gerichte der Sozialgerichtsbarkeit (§ 199 SGG),
16. gerichtliche Vergleiche, Schiedssprüche und Schiedsvergleiche in Arbeitsstreitigkeiten (§§ 54 Abs. 2, 62, 109 ArbGG) sowie Anerkenntnisse und gerichtliche Vergleiche nach § 199 Abs. 1 Nr. 2 SGG,
17. Widerrufbescheide der Entschädigungsbehörden, soweit die Entscheidungsformel die Verpflichtung zur Rückzahlung bestimmter Beträge enthält (§ 205 des Bundesentschädigungsgesetzes in der Fassung vom 29. 6. 1956 (BGBl. I S. 562),
18. Verwaltungsakte nach dem Sozialgesetzbuch gem. § 66 Abs. 4 SGB – Verwaltungsverfahren – (SGB X),

---

[1] Nr. 2.

19. Vergleiche vor den Einigungsstellen in Wettbewerbssachen (§ 27 a Abs. 7 UWG),

20. vom Präsidenten der Notarkammer ausgestellte, mit der Bescheinigung der Vollstreckbarkeit und dem Siegel der Notarkammer versehene Zahlungsaufforderungen wegen rückständiger Beiträge (§ 73 Abs. 2 BNotO), wegen der von der Notarkammer festgesetzten Zwangsgelder (§ 74 Abs. 2 BNotO) oder wegen der der Notarkammer zukommenden Beträge aus Notariatsverwaltungen (§ 59 Abs. 1 Satz 3 BNotO); ferner die von dem Präsidenten der Notarkammer in München ausgestellten, mit der Bescheinigung der Vollstreckbarkeit versehenen Zahlungsaufforderungen wegen rückständiger Abgaben (§ 113 Abs. 7 Satz 3 BNotO) oder wegen der der Notarkasse zukommenden Beträge aus Notariatsverweserschaften (§ 113 Abs. 3 Nr. 9 in Verbindung mit § 59 Abs. 1 Satz 3 BNotO),

21. vom Schatzmeister der Rechtsanwaltskammer erteilte, mit der Bescheinigung der Vollstreckbarkeit versehene beglaubigte Abschriften der Bescheide des Vorstandes der Rechtsanwaltskammer über die Festsetzung eines Zwangsgeldes (§ 57 Abs. 4 BRAO) und vom Schatzmeister der Patentanwaltskammer erteilte, mit der Bescheinigung der Vollstreckbarkeit versehene beglaubigte Abschriften der Bescheide des Vorstandes der Patentanwaltskammer über die Festsetzung eines Zwangsgeldes (§ 50 Abs. 6 Patentanwaltsordnung vom 7. 9. 1966 – BGBl. I S. 557 ff. –),

22. vom Schatzmeister der Rechtsanwaltskammer ausgestellte, mit der Bescheinigung der Vollstreckbarkeit versehene Zahlungsaufforderungen wegen rückständiger Beiträge (§ 84 Abs. 1 BRAO) und vom Schatzmeister der Patentanwaltskammer ausgestellte, mit der Bescheinigung der Vollstreckbarkeit versehene Zahlungsaufforderungen wegen rückständiger Beiträge (§ 77 Abs. 1 Patentanwaltsordnung),

23. vom Vorsitzenden der Kammer des Anwaltsgerichts erteilte, mit der Bescheinigung der Rechtskraft versehene beglaubigte Abschriften der Entscheidungsformel über die Verhängung einer Geldbuße und der Kostenfestsetzungsbeschlüsse in Verfahren vor dem Anwaltsgericht (§§ 204 Abs. 3, 205 Abs. 1 BRAO),

24. Kostenfestsetzungs- und Kostenerstattungsbeschlüsse im Verfahren betr. Todeserklärungen (§ 38 VerschG),

25. Kostenfestsetzungsbeschlüsse in Strafsachen (§ 464 b StPO),

26. gerichtliche Kostenfestsetzungsbeschlüsse in Bußgeldsachen (§ 46 Abs. 1 OWiG in Verbindung mit § 464 b StPO),

27. Kostenfestsetzungsbeschlüsse nach § 19 der Bundesgebührenordnung für Rechtsanwälte,

28. mit der Vollstreckungsklausel versehene Ausfertigungen der Kostenberechnungen der Notare und Notariatsverwalter (§ 155 KostO, § 58 Abs. 2 und 3 BNotO),

29. von einem Beamten oder Angestellten des Jugendamts aufgenommene und mit der Vollstreckungsklausel versehene Urkunden, welche die Verpflichtung zur Erfüllung von Unterhaltsansprüchen eines Kindes, zur Leistung einer an Stelle des Unterhalts zu gewährenden Abfindung o. zur Erfüllung von Ansprüchen einer Frau nach den §§ 1615 k u. 1615 l BGB

Geschäftsanweisung für Gerichtsvollzieher §§ 69–71 GVGA 14

(Entbindungskosten u. Unterhalt) zum Gegenstand haben (§ 59 Abs. 1 Nrn. 3 u. 4, § 60 Abs. 1 SGB VIII),

30. mit der Vollstreckungsklausel versehene Ausfertigungen von Niederschriften und Festsetzungsbescheiden einer Wasser- und Schiffahrtsdirektion (§ 38 des Bundeswasserstraßengesetzes vom 2. 4. 1968 – BGBl. II S. 173 –)[1],

31. Niederschriften über die Einigung und Festsetzungsbescheide über Entschädigung und Ersatzleistung nach § 52 BLG,

32. Niederschriften über eine Einigung und Beschlüsse über Leistungen, Geldentschädigungen oder Ausgleichszahlungen nach § 122 BauGB,

33. Niederschriften über eine Einigung und Entscheidungen über Entschädigungsleistungen oder sonstige Leistungen nach § 104 BBergG,

34. rechtskräftig bestätigter Insolvenzplan in Verbindung mit der Eintragung in die Tabelle (§ 257 InsO),

35. Eintragungen in die Insolvenztabelle nach § 201 Abs. 2 InsO,

36. Beschlüsse über die Eröffnung des Insolvenzverfahrens (§§ 34, 148 InsO),

37. Auszug aus dem Schuldenbereinigungsplan in Verbindung mit dem Feststellungsbeschluss des Insolvenzgerichts nach § 308 Abs. 1 InsO,

38. Entscheidungen und einstweilige Anordnungen in Verfahren nach §§ 1 und 2 des Gewaltschutzgesetzes.

§ 69 Landesrechtliche Schuldtitel (§ 801 ZPO).

1. Die nach § 801 ZPO zulässigen landesrechtlichen Schuldtitel sind im gesamten Bereich deutscher Gerichtsbarkeit vollstreckbar (VO vom 15. 4. 1937 – RGBl. I S. 466 –).

2. Hat der Gerichtsvollzieher Zweifel, ob ein landesrechtlicher Schuldtitel vollstreckbar ist, so legt er ihn seiner vorgesetzten Dienststelle zur Prüfung der Vollstreckbarkeit vor.

§ 70 Schuldtitel, die in der ehemaligen Deutschen Demokratischen Republik oder in Berlin (Ost) errichtet oder erwirkt sind.

[1] Schuldtitel, die in der ehemaligen Deutschen Demokratischen Republik oder in Berlin (Ost) errichtet oder erwirkt sind, sind grundsätzlich im gesamten Bereich deutscher Gerichtsbarkeit vollstreckbar. [2] Die Umstellung von DM Ost auf DM West regeln Art. 10 Abs. 5 und die Anlage I Art. 7 § 1 des Vertrages über die Schaffung einer Währungs-, Wirtschafts- und Sozialunion zwischen der Bundesrepublik Deutschland und der Deutschen Demokratischen Republik vom 18. Mai 1990 (BGBl. II S. 537, 548).

[3] Wendet der Schuldner ein, daß der Schuldtitel gegen rechtsstaatliche Grundsätze verstößt, so soll der Gerichtsvollzieher ihn an das Vollstreckungsgericht verweisen (vgl. § 112 Nr. 5).

§ 71 Ausländische Schuldtitel (§§ 722, 723 ZPO).

1. Ausländische Schuldtitel sind zur Vollstreckung nur geeignet, wenn ihre Vollstreckbarkeit durch ein deutsches Gericht anerkannt ist. Die Anerken-

---

[1] Zuletzt neu gef. durch Bek. v. 4. 11. 1998 (BGBl. I S. 3249).

nung erfolgt durch Vollstreckungsurteil (§§ 722, 723 ZPO) oder in besonderen Fällen durch Beschluß.

2. Die Zwangsvollstreckung erfolgt allein auf Grund des mit der Vollstreckungsklausel versehenen deutschen Urteils oder Beschlusses, wenn diese den Inhalt des zu vollstreckenden Anspruchs wiedergeben, sonst auf Grund des deutschen Urteils oder Beschlusses in Verbindung mit dem ausländischen Titel.

3. Aus einem ausländischen Schiedsspruch findet die Zwangsvollstreckung ebenfalls nur statt, wenn die vollstreckbare Ausfertigung einer Entscheidung des deutschen Gerichts vorgelegt wird, durch die der Schiedsspruch für vorläufig vollstreckbar erklärt worden ist.

4. Diese Vorschriften gelten nicht, soweit Staatsverträge etwas anderes bestimmen (vgl. z.B. § 90 a).
Wird der Gerichtsvollzieher beauftragt, aus einem ausländischen Schuldtitel zu vollstrecken, der nicht den Erfordernissen der Nrn. 1–3 entspricht, und ist er im Zweifel, ob die Vollstreckung auf Grund von Staatsverträgen zulässig ist, so legt er den Vorgang seiner vorgesetzten Dienstbehörde vor und wartet ihre Weisungen ab.

5. Entscheidungen außerdeutscher Rheinschiffahrtsgerichte werden auf Grund einer von dem Rheinschiffahrtsobergericht Köln mit der Vollstreckungsklausel versehenen Ausfertigung vollstreckt (Ges. vom 27. 9. 1952 – BGBl. I S. 641 –).

6. Schuldtitel aus Island, Norwegen, Polen und der Schweiz sowie aus den EU-Staaten Belgien, Dänemark (ohne Grönland und Faröer-Inseln), Finnland, Frankreich einschließlich der überseeischen Departements und Gebiete, Griechenland, Großbritannien und Nordirland, Irland, Italien, Luxemburg, Niederlande, Österreich, Portugal, Schweden und Spanien bedürfen keiner besonderen Anerkennung; sie sind nach der Erteilung der Vollstreckungsklausel durch den Urkundsbeamten der Geschäftsstelle aufgrund eines Beschlusses des Vorsitzenden einer Kammer beim Landgericht zur Zwangsvollstreckung geeignet (Art. 26, 31 ff., 50, 51 LugÜ, BGBl. 1994 II S. 2660; Art. 26, 31 ff., 50, 51 EuGVÜ, BGBl. 1972 II S. 774 – in der Fassung der Beitrittsübereinkommen vom 9. Oktober 1978, BGBl. 1983 II S. 802, vom 25. Oktober 1982, BGBl. 1988 II S. 453, vom 26. Mai 1989, BGBl. 1994 II S. 519 und vom 29. November 1996, BGBl. 1998 II S. 1412 –; §§ 3 ff. AVAG vom 19. Februar 2001, BGBl. I S. 288; Art. 33, 38 ff. in Verbindung mit Anhang II, Art. 57, 58 der Verordnung (EG) Nr. 44/2001 des Rates vom 22. Dezember 2000 über die gerichtliche Zuständigkeit und die Anerkennung und Vollstreckung von Entscheidungen in Zivil- und Handelssachen – ABl. EG 2001 L 12/1). Solange die Rechtsbehelfsfrist nach Zustellung der Entscheidung über die Zulassung der Zwangsvollstreckung noch nicht abgelaufen oder über einen Rechtsbehelf noch nicht entschieden ist, darf die Zwangsvollstreckung über Maßregeln der Sicherung (§ 83 a Nrn. 4 und 5) nicht hinausgehen (vgl. Art. 36, 39 EuGVÜ; Art. 43, 47 der Verordnung (EG) Nr. 44/2001 des Rates vom 22. Dezember 2000; Art. 36, 39 LugÜ; § 18 AVAG). Gepfändetes Geld ist zu hinterlegen. Die Rechtsbehelfsfrist beträgt einen Monat ab der Zustellung der Entscheidung über die Vollstreckbarerklärung oder die Zulassung der Zwangsvollstreckung (Art. 36 Abs. 1 EuGVÜ; Art. 36 Abs. 1 LugÜ;

Art. 43 Abs. 5 Satz 1 der Verordnung (EG) Nr. 44/2001 des Rates vom 22. Dezember 2000; § 11 Abs. 3 AVAG); sie beträgt zwei Monate, wenn der Verpflichtete seinen Wohnsitz oder seinen Sitz in einem anderen Mitgliedstaat der Europäischen Union oder einem Vertragsstaat des LugÜ hat (vgl. Art. 36 Abs. 2 EuGVÜ; Art. 36 Abs. 2 LugÜ; Art. 43 Abs. 5 Satz 2 und 3 der Verordnung (EG) Nr. 44/2001 des Rates vom 22. Dezember 2000; §§ 35, 55 Abs. 2 AVAG). Außer in den Fällen des Satzes 4 Halbsatz 2 kann das Gericht die in Satz 4 Halbsatz 1 genannte Frist verlängern, wenn die Zustellung der Entscheidung über die Zulassung der Zwangsvollstreckung im Ausland erfolgen muss (§ 10 Abs. 2 und 3, § 11 Abs. 3, §§ 35, 55 Abs. 2 AVAG). Der Gläubiger kann die Zwangsvollstreckung jedoch fortsetzen, wenn dem Gerichtsvollzieher ein Zeugnis des Urkundsbeamten der Geschäftsstelle vorgelegt wird, wonach die Zwangsvollstreckung unbeschränkt stattfinden darf (§§ 23 f. AVAG).

3. Vollstreckungsklausel

§ 72 Wortlaut und Form der Vollstreckungsklausel (§ 725 ZPO).

1. Die Vollstreckungsklausel lautet nach § 725 ZPO:
„Vorstehende Ausfertigung wird dem usw. (Bezeichnung der Person, für die vollstreckt werden soll) zum Zwecke der Zwangsvollstreckung erteilt."
Es ist nicht erforderlich, daß die Vollstreckungsklausel genau diesen vom Gesetz festgelegten Wortlaut hat. Sie muß aber inhaltlich der gesetzlichen Fassung entsprechen, insbesondere die Zwangsvollstreckung als Zweck hervorheben und den Gläubiger ausreichend bezeichnen.

2. Die Vollstreckungsklausel muß der Ausfertigung des Urteils am Schluß beigefügt und mit dem Amtssiegel (Dienststempel) und der Unterschrift der Stelle versehen sein, die sie zu erteilen hat.

§ 73 Zuständigkeit für die Erteilung der Vollstreckungsklausel. Die vollstreckbare Ausfertigung erteilt:

a) bei gerichtlichen Entscheidungen und Vergleichen grundsätzlich der Urkundsbeamte der Geschäftsstelle des Gerichts 1. Instanz. Ist der Rechtsstreit bei einem höheren Gericht anhängig, so ist der Urkundsbeamte der Geschäftsstelle dieses Gerichts zuständig (§§ 724, 795 ZPO). Dies gilt auch für Gerichte für Arbeitssachen und die Gerichte der Sozialgerichtsbarkeit;

b) in den Fällen des § 726 Abs. 1, der §§ 727 bis 729, 733, 738, 742, 744, 745 Abs. 2 und des § 749 ZPO der Rechtspfleger (§ 20 Nr. 12 RPflG);

c) in den Fällen der §§ 9, 13 Abs. 4 und § 17 Abs. 3 des Gesetzes zur Ausführung zwischenstaatlicher Verträge und zur Durchführung von Verordnungen der Europäischen Gemeinschaft auf dem Gebiet der Anerkennung und Vollstreckung in Zivil- und Handelssachen (Anerkennungs- und Vollstreckungsausführungsgesetz – AVAG) vom 19. Februar 2001 (BGBl. I S. 288) der Urkundsbeamte der Geschäftsstelle;

d) bei Vergleichen vor Gütestellen nach § 794 Abs. 1 Nr. 1 ZPO der Urkundsbeamte der Geschäftsstelle des Amtsgerichts, in dessen Bezirk die Gütestelle ihren Sitz hat, soweit nicht nach landesrechtlicher Bestimmung der Vorsteher der Gütestelle zuständig ist (§ 797 a ZPO);

e) bei gerichtlichen Urkunden (§ 794 Abs. 1 Nr. 5 ZPO) der Urkundsbeamte der Geschäftsstelle des Gerichts, das die Urkunde verwahrt (§ 797 Abs. 1 ZPO). Eine weitere vollstreckbare Ausfertigung erteilt der Rechtspfleger (§ 20 Nr. 13 RpflG);

f) bei notariellen Urkunden der Notar oder die Behörde, welche die Urkunde verwahrt (§ 797 Abs. 2 ZPO).

§ 74 Prüfungspflicht des Gerichtsvollziehers.

1. Der Gerichtsvollzieher prüft in jedem Fall sorgfältig die Notwendigkeit (vgl. § 66), das Vorhandensein, die Form und den Wortlaut der Vollstreckungsklausel. Das Zeugnis über die Rechtskraft (§ 706 ZPO) ersetzt die Vollstreckungsklausel nicht.

2. Sind in dem Schuldtitel oder in der Vollstreckungsklausel Beschränkungen ausgesprochen, etwa hinsichtlich des Gegenstandes der Zwangsvollstreckung oder des beizutreibenden Betrags, so darf der Gerichtsvollzieher bei seiner Vollstreckungstätigkeit die Grenzen nicht überschreiten, die ihm hierdurch gezogen sind.

§ 75 Vollstreckbare Ausfertigung für oder gegen andere als die im Schuldtitel bezeichneten Personen (§§ 727–730 ZPO).

1. Die Zwangsvollstreckung findet nur nach dem Inhalt der Vollstreckungsklausel und des für vollstreckbar erklärten Inhalts des Schuldtitels statt, also auch nur

   a) für denjenigen, der in der Vollstreckungsklausel oder – sofern es keiner Vollstreckungsklausel bedarf – im Schuldtitel als Gläubiger bezeichnet ist,

   b) gegen denjenigen, der im Schuldtitel oder in der Vollstreckungsklausel als Schuldner bezeichnet ist.

2. Ein Schuldtitel, in dem als Gläubiger oder Schuldner ein Einzelkaufmann mit seiner Firma bezeichnet ist, ist nicht für oder gegen den jeweiligen Firmeninhaber vollstreckbar.

3. In gewissen Fällen ist ein Schuldtitel nicht unter den Prozeßparteien wirksam, sondern auch für und gegen andere Personen, z.B. Rechtsnachfolger, Nacherben, Übernehmer eines Handelsgeschäfts oder eines ganzen Vermögens (§§ 727 ff. ZPO). Es ist nicht Sache des Gerichtsvollziehers, zu prüfen, ob ein solcher Fall vorliegt. Wird dem Gerichtsvollzieher eine Zwangsvollstreckung für oder gegen andere als die im Schuldtitel bezeichneten Personen aufgetragen, so lehnt er den Auftrag ab und gibt den Beteiligten die Beschaffung einer umgeschriebenen Vollstreckungsklausel auf (vgl. jedoch §§ 97 Nr. 2, 100).

4. Tritt auf Seiten des Gläubigers die Rechtsnachfolge erst nach Beginn der Zwangsvollstreckung ein, so darf die Zwangsvollstreckung für den Rechtsnachfolger erst fortgesetzt werden, wenn die Vollstreckungsklausel auf diesen umgeschrieben und dem Schuldner zugestellt ist.

4. Zustellung von Urkunden vor Beginn der Zwangsvollstreckung

§ 76 Allgemeines.

1. Vor Beginn einer jeden Zwangsvollstreckung prüft der Gerichtsvollzieher, ob dem Schuldner sämtliche Urkunden zugestellt sind, welche die recht-

liche Grundlage für die Zwangsvollstreckung bilden. Nötigenfalls stellt der Gerichtsvollzieher diese Urkunden selbst zu.

2. Die Zustellung auf Betreiben des Gläubigers ist entbehrlich, soweit die Urkunden zulässigerweise schon von Amts wegen zugestellt sind und die Zustellung dem Gerichtsvollzieher nachgewiesen wird.

3. Die Zustellung von Entscheidungen des Familiengerichts in Verfahren nach den §§ 1 und 2 des Gewaltschutzgesetzes und in solchen Verfahren erlassenen einstweiligen Anordnungen erfolgt erst nach deren Vollziehung, wenn das Gericht gemäß § 64b Abs. 2 Satz 2 FGG oder § 64b Abs. 3 Satz 3 FGG die Zulässigkeit der Vollziehung vor der Zustellung an den Antragsgegner, das heißt den Schuldner, angeordnet hat.

§ 77 Die zuzustellenden Urkunden.

1. Der Schuldtitel muss dem Schuldner und den zur Duldung der Zwangsvollstreckung verurteilten Personen zugestellt sein, sofern nicht in den §§ 178, 185, 192 etwas anderes bestimmt ist. Dies gilt nicht, wenn das Familiengericht gemäß § 64b Abs. 2 Satz 2 FGG oder § 64b Abs. 3 FGG für Entscheidungen in Verfahren nach den §§ 1 und 2 des Gewaltschutzgesetzes oder für in solchen Verfahren erlassene einstweiligen Anordnungen die Zulässigkeit der Vollziehung vor der Zustellung an den Antragsgegner, das heißt den Schuldner, angeordnet hat.

Die Vollstreckungsklausel braucht nur zugestellt zu werden,

a) wenn sie für oder gegen einen Rechtsnachfolger oder für oder gegen eine andere als die ursprüngliche Partei erteilt worden ist (z.B. Erben, Nacherben, Testamentsvollstrecker, Übernehmer eines Vermögens oder eines Handelsgeschäfts, Nießbraucher, Ehegatten, Abkömmlinge),

b) wenn es sich um ein Urteil handelt, dessen Vollstreckung von dem durch den Gläubiger zu beweisenden Eintritt einer anderen Tatsache als einer dem Gläubiger obliegenden Sicherheitsleistung abhängt, so daß die Vollstreckungsklausel erst erteilt werden konnte, nachdem dieser Nachweis geführt war (§ 726 Abs. 1 ZPO),

c) wenn die Sicherungsvollstreckung nach § 720a ZPO beantragt wird (§ 750 Abs. 3 ZPO).

2. Ist die Vollstreckungsklausel in den zu Nr. 1 bezeichneten Fällen auf Grund öffentlicher oder öffentlich beglaubigter Urkunden erteilt worden, so müssen außer der Vollstreckungsklausel auch diese Urkunden zugestellt werden (§ 750 Abs. 2 ZPO). Jedoch bedarf es keiner Zustellung der das Rechtsnachfolgeverhältnis beweisenden öffentlichen oder öffentlich beglaubigten Urkunden, wenn der Eigentümer eines Grundstücks sich in einer Urkunde nach § 794 Abs. 1 Nr. 5 ZPO wegen einer auf dem Grundstück lastenden Hypothek, Grundschuld oder Rentenschuld der sofortigen Zwangsvollstreckung unterworfen hat und der Rechtsnachfolger des Gläubigers, dem auf Grund der Rechtsnachfolge eine vollstreckbare Ausfertigung der Urkunde erteilt ist, im Grundbuch als Gläubiger eingetragen steht. Dasselbe gilt, wenn sich der Eigentümer wegen der Hypothek, Grundschuld oder Rentenschuld der sofortigen Zwangsvollstreckung in der Weise unterworfen hat, daß die Zwangsvollstreckung gegen den jeweiligen Eigentümer des Grundstücks zulässig sein soll, sofern die Unterwerfung im Grundbuch vermerkt ist und der Rechtsnach-

14 GVGA §§ 78, 79 Geschäftsanweisung für Gerichtsvollzieher

folger, gegen den die Vollstreckungsklausel erteilt ist, im Grundbuch als Eigentümer eingetragen steht (§§ 799, 800 ZPO).

3. Hängt die Vollstreckung von einer Sicherheitsleistung des Gläubigers ab, so muß die öffentliche oder öffentlich beglaubigte Urkunde, aus der sich die Sicherheitsleistung ergibt, ebenfalls zugestellt werden (§ 751 Abs. 2 ZPO). Wird die Sicherheitsleistung durch Bankbürgschaft erbracht, ist dem Gegner das Original der Bürgschaftsurkunde zu übergeben.

4. Hat der Schuldner Zug um Zug gegen eine von dem Gläubiger zu bewirkende Gegenleistung zu erfüllen, so müssen auch die öffentlichen oder öffentlich beglaubigten Urkunden zugestellt werden, aus denen sich ergibt, daß der Schuldner wegen der Gegenleistung befriedigt oder daß er im Annahmeverzug ist. Dies gilt nicht, wenn der Gerichtsvollzieher die Gegenleistung selbst anbietet (§ 756 ZPO).

§ 78 Zeitpunkt der Zustellung.

1. Alle Urkunden, welche die rechtliche Grundlage für die Zwangsvollstreckung bilden, müssen spätestens bis zum Beginn der Vollstreckung zugestellt sein.

2. Die Zwangsvollstreckung aus den folgenden Schuldtiteln darf nur beginnen, wenn der Titel mindestens zwei Wochen vorher zugestellt ist:

a) Aus einem Kostenfestsetzungsbeschluß, der nicht auf das Urteil gesetzt ist, aus Beschlüssen nach § 794 Abs. 1 Nr. 2a ZPO, und nach § 794 Abs. 1 Nr. 4b ZPO sowie aus den nach § 794 Abs. 1 Nr. 5 ZPO aufgenommenen Urkunden (§ 798 ZPO);

b) aus Kostenentscheidungen ausländischer Gerichte, die auf Grund zwischenstaatlicher Vereinbarungen und der Ausführungsgesetze hierzu für vollstreckbar erklärt wurden, für die mit der Vollstreckungsklausel des Notars oder Notariatsverwalters versehenen Ausfertigungen seiner Kostenberechnungen (§ 155 KostO, § 58 Abs. 2 und 3 BNotO);

c) aus der in § 68 Nr. 22 aufgeführten vom Schatzmeister der Rechtsanwaltskammer bzw. Patentanwaltskammer ausgestellten vollstreckbaren Zahlungsaufforderung (§ 84 Abs. 2 BRAO, § 77 Abs. 2 PatAO).

3. Die Sicherungsvollstreckung nach § 720a ZPO darf nur beginnen, wenn das Urteil und die Vollstreckungsklausel mindestens zwei Wochen vorher zugestellt sind (§ 750 Abs. 3 ZPO).

4. Die Zwangsvollstreckung aus der Niederschrift über die Einigung nach § 38 des Bundeswasserstraßengesetzes vom 2. 4. 1968 (BGBl. I S. 173)[1] findet statt, wenn die vollstreckbare Ausfertigung mindestens eine Woche vorher zugestellt ist.

§ 79 Zustellung an den Prozeßbevollmächtigten (§ 172 ZPO).
[1] Hat der Schuldner einen Prozeßbevollmächtigten bestellt, müssen die Zustellungen an den für den Rechtszug bestellten Prozeßbevollmächtigten erfolgen.
[2] Das Verfahren vor dem Vollstreckungsgericht gehört zum ersten Rechtszug.

[3] Entsprechendes gilt auch für die Zwangsvollstreckung aus rechtskräftigen Urteilen.

---

[1] Zuletzt neu gef. durch Bek. v. 4. 11. 1998 (BGBl. I S. 3249).

Geschäftsanweisung für Gerichtsvollzieher § 80 GVGA 14

5. Außenwirtschaftsverkehr und Devisenverkehr

§ 80 Vollstreckungsbeschränkungen im Außenwirtschaftsverkehr. [1]

1. Der Gerichtsvollzieher hat die Vollstreckungsbeschränkungen zu beachten, die sich für den Außenwirtschaftsverkehr aus dem Außenwirtschaftsgesetz vom 28. 4. 1961 (BGBl. I S. 481) und der Außenwirtschaftsverordnung vom 18. 12. 1986 (BGBl. I S. 2671) in der jeweils geltenden Fassung ergeben.
Außenwirtschaftsverkehr ist:

a) der Waren-, Dienstleistungs-, Kapital-, Zahlungs- und sonstige Wirtschaftsverkehr mit fremden Wirtschaftsgebieten,

b) der Verkehr mit Auslandswerten und Gold zwischen Gebietsansässigen (§ 1 Abs. 1 Satz 1, § 4 Abs. 1 Nrn. 2 und 5 des Außenwirtschaftsgesetzes).

2. Ist nach den in Nr. 1 Abs. 1 genannten Vorschriften zur Leistung des Schuldners eine Genehmigung erforderlich, so ist die Zwangsvollstreckung nur zulässig, wenn und soweit diese Genehmigung erteilt ist. Soweit Vermögenswerte nur mit Genehmigung erworben oder veräußert werden dürfen, gilt dies auch für den Erwerb und die Veräußerung im Wege der Zwangsvollstreckung (§ 32 Abs. 2 des Außenwirtschaftsgesetzes).

3. Eine Genehmigung ist nicht erforderlich für die Vollziehung von Arresten und einstweiligen Verfügungen, die lediglich der Sicherung des zugrunde liegenden Anspruchs dienen (§ 32 Abs. 1 Satz 3 des Außenwirtschaftsgesetzes).

4. Der Gerichtsvollzieher braucht sich im Hinblick auf § 32 Abs. 1 Satz 1 und 2 des Außenwirtschaftsgesetzes die Erteilung der Genehmigung vom Gläubiger vor der Vollstreckung nur nachweisen zu lassen, wenn vollstreckt werden soll

a) aus einer gerichtlichen Entscheidung, die ohne Vollstreckungsklausel zur Zwangsvollstreckung geeignet ist (vgl. § 66 Nrn. 2–4) und den Vorbehalt enthält, daß die Leistung oder Zwangsvollstreckung erst erfolgen darf, wenn die dazu erforderliche Genehmigung erteilt ist, oder

b) aus einem Titel, der gemäß §§ 727 bis 729 ZPO auf einen Rechtsnachfolger des Gläubigers oder des Schuldners umgeschrieben ist, sofern der Rechtsnachfolger seinen Wohnsitz, seinen gewöhnlichen Aufenthalt, den Sitz oder den Ort der Leitung oder Verwaltung in einem fremden Wirtschaftsgebiet (vgl. oben Nr. 1 Buchst. a) hat.

[2] Hat der Gerichtsvollzieher begründete Zweifel, ob zur Zwangsvollstreckung eine Genehmigung nach den in Nr. 1 Abs. 1 genannten Vorschriften erforderlich ist, so gibt er dem Gläubiger auf, eine solche Genehmigung oder eine Bescheinigung der Landeszentralbank, der obersten Wirtschaftsbehörde des Landes oder der sonst zuständigen Stelle beizubringen, wonach gegen die Zwangsvollstreckung keine außenwirtschaftsrechtlichen Bedenken bestehen.
[3] Die Vorlage einer solchen Bescheinigung gibt der Gerichtsvollzieher dem Gläubiger auch dann auf, wenn dieser geltend macht, daß ein im Titel enthaltener Genehmigungsvorbehalt inzwischen gegenstandslos geworden sei.

V. Zwangsvollstreckung in besonderen Fällen

1. Fälle, in denen der Gerichtsvollzieher bestimmte besondere Voraussetzungen der Zwangsvollstreckung festzustellen hat

§ 81 Allgemeines. [1] Diejenige Amtsstelle, der die Erteilung der Vollstreckungsklausel oder die Anordnung ihrer Erteilung obliegt, hat in der Regel zu prüfen, ob die Zwangsvollstreckung aus dem Schuldtitel betrieben werden darf. [2] Durch die Erteilung der Vollstreckungsklausel wird also dargetan, daß die Zwangsvollstreckung aus dem Schuldtitel zulässig ist. [3] In Ausnahmefällen ist jedoch der Gerichtsvollzieher verpflichtet, über die Zulässigkeit der Zwangsvollstreckung nach Feststellung des Sachverhalts selbständig zu entscheiden. [4] Er hat in diesen Fällen gewisse Voraussetzungen selbständig festzustellen, vor deren Eintritt zwar die Vollstreckungsklausel erteilt, die Zwangsvollstreckung aber nicht begonnen werden darf. [5] Das Nähere hierüber bestimmen die folgenden §§ 82–85.

§ 82 Abhängigkeit des Anspruchs von dem Eintritt eines bestimmten Kalendertages (§ 751 Abs. 1 ZPO). [1] Ist die dem Schuldner obliegende Leistung in dem Schuldtitel von dem Eintritt eines bestimmten Kalendertages oder einer bestimmten Tageszeit abhängig gemacht, so darf der Gerichtsvollzieher mit der Zwangsvollstreckung erst beginnen, wenn der für die Leistung bestimmte Kalendertag oder die bestimmte Stunde abgelaufen ist. [2] Ist z.B. der Schuldner verurteilt, am 15. Mai 150 Euro zu zahlen, so ist eine Vollstreckungshandlung frühestens am 16. Mai zulässig. [3] Ebenso muß der Ablauf einer Frist abgewartet werden, die dem Schuldner im Urteil zur Leistung bestimmt ist (z.B. einer Räumungsfrist nach § 721 ZPO).

§ 83 Abhängigkeit der Zwangsvollstreckung von einer Sicherheitsleistung des Gläubigers (§ 751 Abs. 2, § 752 ZPO).

1. Ist die Vollstreckung davon abhängig gemacht, daß der Gläubiger eine Sicherheit leistet, so darf der Gerichtsvollzieher mit der Zwangsvollstreckung erst beginnen oder sie fortsetzen, wenn ihm die Sicherheitsleistung durch eine öffentliche oder öffentlich beglaubigte Urkunde nachgewiesen ist. Wegen der Zustellung dieser Urkunde vgl. § 77 Nr. 3.

2. Beabsichtigt der Gläubiger im Fall der Nr. 1 nur wegen eines bezifferten oder ohne weiteres bezifferbaren Teilbetrages einer Geldforderung zu vollstrecken, so hat er die entsprechende Teilsicherheitsleistung nachzuweisen. Der Gerichtsvollzieher prüft, ob die geleistete Teilsicherheit für die beantragte Teilvollstreckung ausreicht, andernfalls führt er die Teilvollstreckung nur in der Höhe aus, die der Teilsicherheit entspricht. Bei der Berechnung ist von der in dem Urteil angegebenen Gesamtsicherheit (auch bei weiteren Teilvollstreckungen) und von dem Gesamtbetrag der Vollstreckungsforderung zur Zeit der Auftragserteilung, der sich aus der von dem Gläubiger vorzulegenden Forderungsaufstellung ergibt, auszugehen. Der Gläubiger kann mehrfach Teilvollstreckung bei Nachweis weiterer Teilsicherheiten verlangen. Ist bei einer Verurteilung zu verschiedenartigen Leistungen die Gesamtsicherheit für die Geldleistung nicht gesondert ausgewiesen, kommt eine Teilvollstreckung gegen Teilsicherheitsleistung nicht in Betracht.

Die Höhe des zulässigen Betrages für eine Teilvollstreckung errechnet sich wie folgt:

$$\frac{\text{Teilsicherheitsleistung} \times \text{Gesamtbetrag der zu vollstreckenden Forderung}}{\text{Gesamtsicherheitsleistung}}$$

Die Höhe einer Teilsicherheitsleistung kann wie folgt errechnet werden:

$$\frac{\text{Zu vollstreckender Teilbetrag} \times \text{Gesamtsicherheitsleistung}}{\text{Gesamtbetrag der zu vollstreckenden Forderung}}$$

Soweit der Gerichtsvollzieher die Teilvollstreckung durchführt, vermerkt er dies zusammen mit Art, Höhe und Datum der geleisteten Sicherheit und – bei der ersten Teilvollstreckung – mit dem Gesamtbetrag der zu vollstreckenden Forderung auf dem Titel.

Eine Teilvollstreckung ist auch bei einer entsprechenden Gegensicherheitsleistung des Gläubigers im Falle des § 711 Satz 1 ZPO möglich.

3. Enthält der Schuldtitel keine Bestimmung über die Art der Sicherheit, so ist die Sicherheitsleistung durch die schriftliche, unwiderrufliche, unbedingte und unbefristete Bürgschaft eines im Inland zum Geschäftsbetrieb befugten Kreditinstituts oder durch Hinterlegung von Geld oder geeigneten Wertpapieren zu bewirken (§ 108 ZPO), sofern die Parteien nichts anderes vereinbart haben. Geeignete Wertpapiere sind nur Inhaber- oder mit Blankoindossament versehene Orderpapiere, die eine Kurswert haben und einer Gattung angehören, in der Mündelgeld angelegt werden darf (§ 108 ZPO; § 234 Abs. 1 BGB).

Mit Wertpapieren kann nur in Höhe von 3 Vierteilen ihres Kurswertes Sicherheit geleistet werden (§ 234 Abs. 3 BGB). Nicht zur Sicherheitsleistung geeignet sind Sparbücher und ähnliche Papiere, die nur eine Forderung beweisen, aber nicht Träger des Rechts sind (z.B. Depotscheine, Versicherungsscheine, Pfandscheine).

4. Ist die Sicherheit im Schuldtitel nach ihrer Art (z.B. durch Bankbürgschaft) oder nach dem Hinterlegungsort näher bestimmt, so prüft der Gerichtsvollzieher auch, ob diesen Erfordernissen genügt ist.

5. Der Postschein, der die Absendung an die Hinterlegungsstelle bescheinigt, genügt nicht zum Nachweis der Hinterlegung; es bedarf einer Bescheinigung der Hinterlegungsstelle.

6. Von dem Nachweis der Sicherheitsleistung hat der Gerichtsvollzieher abzusehen:

   a) wenn die Entscheidung rechtskräftig geworden ist und der Urkundsbeamte der Geschäftsstelle dies auf dem Schuldtitel bescheinigt hat,

   b) wenn ihm ein vorläufig vollstreckbares Urteil eines Oberlandesgerichts über die Verwerfung oder Zurückweisung der Berufung gegen das Urteil 1. Instanz vorgelegt wird,

   c) wenn ihm die Entscheidung eines Gerichts vorgelegt wird, durch die gemäß §§ 537, 558 und 718 ZPO die vorläufige Vollstreckbarkeit ohne Sicherheitsleistung angeordnet worden ist,

   d) wenn die Sicherungsvollstreckung betrieben wird (§§ 720a, 795 S. 2 ZPO).

§ 83 a Sicherungsvollstreckung (§§ 720 a, 795 S. 2, 930 ZPO).

1. Aus einem nur gegen Sicherheitsleistung vorläufig vollstreckbaren Urteil, durch das der Schuldner zur Leistung von Geld verurteilt ist, aus den auf solchen Urteilen beruhenden Kostenfestsetzungsbeschlüssen und Regelunterhaltsbeschlüssen (§ 794 Abs. 1 Nrn. 2, 2 a, §§ 642 a–642 d ZPO) kann der Gläubiger die Zwangsvollstreckung ohne Sicherheitsleistung insoweit betreiben, als bewegliches Vermögen gepfändet wird.
2. Hinsichtlich der Zustellung der Klausel und der Wartefrist hat der Gerichtsvollzieher die §§ 77 Nr. 1 und 78 Nr. 3 zu beachten.
3. Eine Befriedigung aus den gepfändeten Gegenständen ist vor Rechtskraft der Entscheidung nur nach Leistung der Sicherheit durch den Gläubiger möglich, wobei der Gerichtsvollzieher § 83 zu beachten hat.
4. Gepfändetes Geld und der in einem etwaigen Verteilungsverfahren auf den Gläubiger entfallende Betrag sind zu hinterlegen.
5. Das Vollstreckungsgericht kann die Versteigerung und die Hinterlegung des Erlöses anordnen, wenn die gepfändeten Sachen der Gefahr einer beträchtlichen Wertminderung ausgesetzt sind oder wenn ihre Aufbewahrung unverhältnismäßig hohe Kosten verursachen würde. Erscheint ein Antrag auf Versteigerung erforderlich, so soll der Gerichtsvollzieher die Beteiligten darauf hinweisen.
6. Der Schuldner ist jederzeit befugt, diese Sicherungsvollstreckung durch Leistung einer Sicherheit in Höhe des Hauptanspruches abzuwenden. Der Gerichtsvollzieher ist in diesem Falle verpflichtet, eine bereits erfolgte Pfändung aufzuheben (§§ 775 Nr. 3, 776 ZPO). Diese Abwendungsbefugnis kommt jedoch dann nicht in Betracht, wenn der Gläubiger seinerseits die ihm obliegende Sicherheit erbracht und der Gerichtsvollzieher § 83 beachtet hat.
7. Im Gegensatz zu den Befugnissen aus § 711 Satz 1 und § 712 Abs. 1 ZPO (vgl. § 83 b) stehen Parteien die in den Nrn. 1 bis 6 bezeichneten Rechte kraft Gesetzes zu. Eines Ausspruchs im Tenor des Urteils bedarf es daher insoweit nicht.

§ 83 b Abwendungsbefugnis und Schutzantrag des Schuldners (§§ 711, 712 Abs. 1, § 752 Satz 2 ZPO).

1. Nach § 711 ZPO ist die Abwendungsbefugnis des Schuldners in den Fällen des § 708 Nrn. 4 bis 11 ZPO und der Gegenvorbehalt des Gläubigers bei Urteilen, die ohne Sicherheitsleistung vorläufig vollstreckbar sind, von Amts wegen in den Tenor aufzunehmen.
2. Hat der Schuldner die Sicherheit geleistet, ohne daß der Gläubiger seinerseits diese erbracht hat, stellt der Gerichtsvollzieher die Zwangsvollstreckung nach § 775 Nr. 3 ZPO ein. Dies gilt nur dann nicht, wenn dem Gläubiger nach § 711 Satz 3 in Verbindung mit § 710 ZPO gestattet ist, die Vollstreckung auch ohne Sicherheitsleistung durchzuführen.
3. Haben beide Parteien keine Sicherheit geleistet, so hat der Gerichtsvollzieher die Zwangsvollstreckung mit der Maßgabe durchzuführen, daß gepfändetes Geld und der Erlös gepfändeter Gegenstände zu hinterlegen ist (§§ 720, 815 Abs. 3, 817 Abs. 4, 819 ZPO). Eine Befriedigung des Gläubigers erfolgt also nicht.

Geschäftsanweisung für Gerichtsvollzieher § 84 GVGA 14

4. Leistet der Schuldner die Sicherheit nach dem Beginn der Zwangsvollstreckung, gilt Nr. 2 entsprechend. Eine evtl. vorgenommene Pfändung hebt der Gerichtsvollzieher auf (§ 776 ZPO).
5. Leistet der Gläubiger zu einem späteren Zeitpunkt seinerseits Sicherheit, so setzt der Gerichtsvollzieher die Zwangsvollstreckung bis zur Befriedigung fort.
6. Handelt es sich um einen Herausgabetitel, so finden die vorstehenden Bestimmungen mit der Maßgabe entsprechende Anwendung, daß der Schuldner die Vollstreckung durch Hinterlegung der herauszugebenden Sache abwenden darf.
7. Darüber hinaus kann dem Schuldner in den Fällen, in denen ein Urteil gegen oder ohne Sicherheitsleistung vorläufig vollstreckbar ist (§§ 708, 709 ZPO) nach § 712 Abs. 1 Satz 1 ZPO gestattet werden, die Zwangsvollstreckung durch Sicherheitsleistung abzuwenden. In den Fällen des § 709 ZPO hat der Schuldner, wenn ihm in dem Urteil eine Abwendungsbefugnis gemäß § 712 Abs. 1 Satz 1 ZPO eingeräumt ist und der Gläubiger eine Teilvollstreckung (§ 83 Nr. 2) beantragt, die Möglichkeit, die Vollstreckung durch Leistung einer der beantragten Teilvollstreckung entsprechenden Teilsicherheit abzuwenden. Diese errechnet sich wie zu § 83 Nr. 2, wobei aber anstelle der Gesamtsicherheitsleistung des Gläubigers die des Schuldners in die Formel einzusetzen ist. Schon gepfändetes Geld oder der Erlös gepfändeter Gegenstände müssen dann in jedem Falle von dem Gerichtsvollzieher hinterlegt werden (§ 720 ZPO). Im Gegensatz zu § 711 Satz 1 ZPO führt die Sicherheitsleistung des Gläubigers nicht dazu, daß die Abwendungsbefugnis des Schuldners gegenstandslos wird.
8. Wird in einem Falle des § 712 Abs. 1 Satz 2 ZPO die Vollstreckbarkeit auf Maßnahmen nach § 720a Abs. 1, 2 ZPO beschränkt, findet § 83a Nrn. 4 und 5 entsprechende Anwendung.
9. Bei Herausgabetiteln, die dem Schuldner die Abwendung der Zwangsvollstreckung durch Hinterlegung der herauszugebenden Sachen gestatten, gilt Nr. 7 entsprechend.

§ 84 Abhängigkeit der Vollstreckung von einer Zug um Zug zu bewirkenden Gegenleistung (§ 756 ZPO).

1. Ist die dem Schuldner obliegende Leistung im Schuldtitel von einer Zug um Zug zu bewirkenden Gegenleistung des Gläubigers abhängig gemacht – z.B. der Beklagte ist verurteilt, an den Kläger 250 Euro gegen Übergabe eines näher bezeichneten Pferdes zu zahlen –, so erteilt der Urkundsbeamte der Geschäftsstelle die vollstreckbare Ausfertigung ohne Rücksicht auf die Gegenleistung. Der Gerichtsvollzieher darf aber die Zwangsvollstreckung erst beginnen, nachdem der Schuldner wegen der ihm gebührenden Gegenleistung befriedigt oder nachdem er in Annahmeverzug geraten ist. In Annahmeverzug kommt der Schuldner dadurch, daß er die ihm gehörig angebotene Gegenleistung nicht annimmt. Die Gegenleistung muß ihm tatsächlich angeboten werden. Jedoch genügt ein wörtliches Angebot,
   a) wenn zur Bewirkung der Gegenleistung eine Handlung des Schuldners erforderlich ist, insbesondere wenn er die geschuldete Sache abzuholen hat,

14 GVGA § 85 Geschäftsanweisung für Gerichtsvollzieher

b) wenn der Schuldner bereits erklärt hat, daß er die Gegenleistung nicht annehmen wolle,

c) wenn der Schuldner zwar bereit ist, die Gegenleistung anzunehmen, aber zugleich bestimmt und eindeutig die Erfüllung der ihm obliegenden Verpflichtung verweigert.

Dem Angebot der Gegenleistung steht die Aufforderung gleich, die zu Buchst. a bezeichnete Handlung vorzunehmen.

2. Weist der Gläubiger dem Gerichtsvollzieher nicht durch öffentliche oder öffentlich beglaubigte Urkunden nach, dass er den Schuldner wegen der Gegenleistung befriedigt oder in Annahmeverzug gesetzt hat, so muss der Gerichtsvollzieher selbst dem Schuldner die Gegenleistung in einer den Annahmeverzug begründenden Weise anbieten, bevor er mit der Vollstreckung beginnen darf. Falls er von dem Gläubiger ausdrücklich beauftragt ist, die Gegenleistung tatsächlich anzubieten, müsste er in dem zu Nr. 1 erwähnten Beispiel das Pferd dem Schuldner bringen. Bei einem wörtlichen Angebot im Sinne der Nr. 1 Satz 5 Buchst. a) müsste der Gerichtsvollzieher den Schuldner zur Abholung des Pferdes auffordern, falls der Schuldner nach dem Schuldtitel zur Abholung verpflichtet ist.

Der Gerichtsvollzieher überprüft dabei, ob die angebotene Gegenleistung richtig und vollständig ist. In dem angegebenen Beispiel überzeugt er sich also davon, dass das Pferd das im Schuldtitel bezeichnete ist.

Unabhängig von den in Nr. 1 Satz 5 genannten Fällen kann der Gerichtsvollzieher mit der Zwangsvollstreckung immer dann beginnen, wenn der Schuldner auf das wörtliche Angebot des Gerichtsvollziehers erklärt, dass er die Leistung nicht annehmen werde, oder bestimmt und eindeutig die Erfüllung der ihm obliegenden Verpflichtung verweigert. Der Gerichtsvollzieher prüft die Ordnungsmäßigkeit der Gegenleistung des Gläubigers in diesem Fall nicht.

In der Regel wird der Auftrag des Gläubigers an den Gerichtsvollzieher, dem Schuldner die Gegenleistung wörtlich anzubieten, in der schlüssigen Erklärung liegen, aus dem auf Zug-um-Zug-Leistung lautenden Schuldtitel zu vollstrecken. Im Zweifel fragt der Gerichtsvollzieher bei dem Gläubiger nach, ob der Auftrag auch das wörtliche Angebot der Gegenleistung an den Schuldner umfasst.

Das Angebot und die Erklärung des Schuldners beurkundet der Gerichtsvollzieher in dem Pfändungsprotokoll oder in einem besonderen Protokoll (§§ 756, 762, 763 ZPO).

§ 85 Zwangsvollstreckung bei Wahlschulden (§§ 262–265 BGB). [1] Ist der Schuldtitel auf mehrere Leistungen des Schuldners in der Art gerichtet, daß die eine oder die andere zu bewirken ist (Wahlschuld), so ist zu unterscheiden, ob nach dem Schuldtitel der Gläubiger oder der Schuldner wahlberechtigt ist. [2] Im Zweifel steht das Wahlrecht dem Schuldner zu.

[3] Steht dem Gläubiger das Wahlrecht zu oder hat der wahlberechtigte Schuldner die Wahl nicht vor dem Beginn der Zwangsvollstreckung vorgenommen, so kann der Gläubiger die Zwangsvollstreckung nach seiner Wahl auf die eine oder die andere Leistung richten. [4] Das Wahlrecht des Gläubigers geht auf den Schuldner über, wenn der Gläubiger von seinem Wahlrecht innerhalb einer ihm von dem Schuldner gesetzten angemessenen Frist keinen Gebrauch macht (§ 264 Abs. 2 BGB).

Geschäftsanweisung für Gerichtsvollzieher §§ 86, 87 GVGA 14

⁵ Der wahlberechtigte Schuldner kann sich durch eine der übrigen Leistungen von seiner Verbindlichkeit befreien, solange nicht der Gläubiger die gewählte Leistung ganz oder zum Teil empfangen hat (§ 264 Abs. 1 BGB).

2. Zwangsvollstreckung aus Schuldtiteln mit Lösungsbefugnis oder Verfallklausel

§ 86 Zwangsvollstreckung aus Schuldtiteln mit Lösungsbefugnis oder Verfallsklausel.

1. Ist nach dem Inhalt des Schuldtitels nur eine Leistung geschuldet, dem Schuldner aber nachgelassen, sich durch eine andere Leistung von seiner Verbindlichkeit zu befreien (Lösungs- oder Ersetzungsbefugnis), so muß der Gerichtsvollzieher die vom Schuldner angebotene Ersatzleistung annehmen (vgl. auch § 106 Nr. 2). Jedoch darf er die Zwangsvollstreckung, wenn sie erforderlich wird, nur auf die geschuldete Leistung richten. Hat sich der Schuldner z.B. in einer vollstreckbaren Urkunde zur Herausgabe einer Sache mit der Maßgabe verpflichtet, daß er sich durch Zahlung eines bestimmten Geldbetrages von dieser Verpflichtung befreien dürfe, so darf der Gerichtsvollzieher, wenn der Schuldner keine dieser beiden Leistungen erbringt, die dann notwendige Zwangsvollstreckung nur auf Herausgabe der Sache richten. Den Geldbetrag darf er auch dann nicht beitreiben, wenn die Zwangsvollstreckung auf Herausgabe fruchtlos verläuft.

2. Enthält der Schuldtitel eine Verfallsklausel (z.B. die Bestimmung, daß die ganze Forderung fällig werde, wenn bestimmte Raten oder Zinsen nicht pünktlich gezahlt würden), so braucht sich der Gerichtsvollzieher vom Gläubiger nicht nachweisen zu lassen, daß die Voraussetzungen für die Fälligkeit eingetreten sind. Er richtet die Zwangsvollstreckung, wenn ihn der Gläubiger hierzu beauftragt, auf die gesamte im Titel bezeichnete Schuldsumme, sofern und soweit ihm der Schuldner ihre Zahlung oder Stundung nicht nach § 112 Nr. 1 Buchst. d oder e nachweist. Im übrigen verweist er den Schuldner mit seinen Einwendungen an das Prozeßgericht (§§ 767, 769 ZPO).

3. Zwangsvollstreckung gegen juristische Personen des öffentlichen Rechts

§ 87 Zwangsvollstreckung gegen den Bund und die Länder sowie gegen Körperschaften, Anstalten und Stiftungen des öffentlichen Rechts (§ 882 a ZPO).

1. Die Zwangsvollstreckung gegen den Bund und die Länder sowie – vorbehaltlich des § 88 – gegen Körperschaften, Anstalten und Stiftungen des öffentlichen Rechts ist unzulässig in Sachen, die für die Erfüllung öffentlicher Aufgaben des Schuldners unentbehrlich sind oder deren Veräußerung ein öffentliches Interesse entgegensteht.

2. Die Zwangsvollstreckung gegen die zu Nr. 1 aufgeführten juristischen Personen wegen einer Geldforderung darf, soweit nicht dingliche Rechte verfolgt werden, erst 4 Wochen nach dem Zeitpunkt beginnen, in dem der Gläubiger dem Schuldner seine Vollstreckungsabsicht angezeigt hat. Die Anzeige ist zu richten:
   a) bei der Zwangsvollstreckung gegen den Bund und gegen die Länder an die zur Vertretung des Schuldners berufene Behörde und, sofern die Zwangsvollstreckung in ein von einer anderen Behörde verwaltetes Vermögen erfolgen soll, auch an den zuständigen Minister der Finanzen,

b) in den übrigen Fällen an die gesetzlichen Vertreter der Körperschaft, Anstalt oder Stiftung.
In diesen Fällen ist nur der Gerichtsvollzieher zuständig, der auf Antrag des Gläubigers vom Vollstreckungsgericht besonders dazu bestimmt worden ist. Er läßt sich vom Gläubiger die Erstattung der Anzeige und den Zeitpunkt ihres Eingangs bei der zuständigen Stelle nachweisen. Der Nachweis ist aktenkundig zu machen. Er wird in der Regel durch die Empfangsbescheinigung zu führen sein, die dem Gläubiger vom Schuldner auszustellen ist.

3. Die Beschränkungen der Nrn. 1 und 2 gelten nicht für öffentlich-rechtliche Bank- und Kreditanstalten.

4. Die Beschränkung der Nr. 2 entfällt beim Vollzug von einstweiligen Verfügungen.

§ 88 Zwangsvollstreckung gegen eine Gemeinde oder einen Gemeindeverband.
Bei der Zwangsvollstreckung wegen einer Geldforderung gegen eine Gemeinde oder einen Gemeindeverband beachtet der Gerichtsvollzieher, soweit nicht dingliche Rechte verfolgt werden, die besonderen landesrechtlichen Bestimmungen (z.B. die Gemeindeordnung oder die Kreisordnung).

4. Zwangsvollstreckung während eines Vergleichsverfahrens

§ 89 [Zwangsvollstreckung während eines Vergleichsverfahrens]
Während des Vergleichsverfahrens ergeben sich aus der Vergleichsordnung folgende Richtlinien für den Gerichtsvollzieher:

1. Macht der Schuldner geltend, daß er bei dem Vergleichsgericht einen Antrag auf Eröffnung des Vergleichsverfahrens gestellt hat, so beachtet der Gerichtsvollzieher dies nur, wenn ihm eine Entscheidung des Vergleichsgerichts vorgelegt wird, durch welche die Zwangsvollstreckung einstweilen eingestellt wird.

2. Nach der Eröffnung des Vergleichsverfahrens lehnt der Gerichtsvollzieher neue Vollstreckungsaufträge ab, falls der Gläubiger an dem Vergleichsverfahren beteiligt ist oder einem beteiligten Gläubiger gleichsteht (ausgeschlossene Ansprüche gem. §§ 29, 113 Nr. 7 VerglO); im übrigen ist die Zwangsvollstreckung während des Vergleichsverfahrens für Ansprüche, die erst nach der Eröffnung des Verfahrens entstanden sind, sowie für Ansprüche der nicht beteiligten Gläubiger zulässig. Ferner dürfen Gläubiger, die im Konkurs abgesonderte Befriedigung beanspruchen können (§§ 47–51 KO), in die Gegenstände vollstrecken, die der abgesonderten Befriedigung dienen. Dabei ist jedoch zu beachten, daß solche Sicherungen kein Recht auf abgesonderte Befriedigung gewähren, die durch eine Zwangsvollstreckung später als am 30. Tage vor der Stellung des Eröffnungsantrags (Sperrfrist) erworben worden sind (§ 28 VerglO). Bei der Berechnung der Frist wird der Tag der Antragstellung nicht mitgezählt.

3. Schwebende Zwangsvollstreckungen, durch die ein Vergleichsgläubiger oder ein ausgeschlossener Gläubiger innerhalb der Sperrfrist eine Sicherung erlangt hat, bei denen insbesondere die Pfändung nach Beginn der Sperrfrist vorgenommen worden ist, sind kraft Gesetzes bis zur Rechtskraft der Entscheidung eingestellt, die das Vergleichsverfahren abschließt. Solche Zwangsvollstreckungen setzt der Gerichtsvollzieher daher nicht fort.

4. Ist dem Gerichtsvollzieher die Eröffnung des Vergleichsverfahrens nicht nachgewiesen oder sonst bekannt geworden, so hat er, soweit dies ohne Verzögerung der Zwangsvollstreckung möglich ist, durch Nachfrage bei dem Vergleichsgericht festzustellen, ob das Verfahren eröffnet ist. Hat der Gerichtsvollzieher Zweifel, ob der Gläubiger von der Vollstreckungsbeschränkung betroffen wird, so empfiehlt es sich, den Antrag abzulehnen oder im Fall zu Nr. 3 die Zwangsvollstreckung nicht fortzusetzen und den Gläubiger auf den Weg der Erinnerung an das Vollstreckungsgericht zu verweisen.

5. Wird dem Gerichtsvollzieher nachgewiesen oder auf andere Weise bekannt, daß ein Vergleich zustande gekommen und bestätigt worden ist, oder daß nach Versagung der Bestätigung oder nach Einstellung des Verfahrens der Anschlußkonkurs eröffnet worden ist, so hat er im Fall zu Nr. 3 die erfolgten Vollstreckungsmaßnahmen aufzuheben. Der Gerichtsvollzieher muß dies jedoch dem Gläubiger 1 Woche vorher ankündigen.

6. Wird dem Gerichtsvollzieher nachgewiesen oder auf andere Weise bekannt, daß nach Versagung der Bestätigung des Vergleichs oder nach Einstellung des Verfahrens die Eröffnung des Konkurses abgelehnt worden ist, so kann er die für die Dauer des Vergleichsverfahrens einstweilen eingestellte Zwangsvollstreckungen nunmehr fortsetzen. Es empfiehlt sich, insoweit vorher eine Entschließung des Gläubigers einzuholen.

5. Zwangsvollstreckung während eines Konkurs-, Gesamtvollstreckungs- oder Insolvenzverfahrens

§ 90 Eröffnungsbeschluß.

1. Der Beschluß, durch den ein Konkurs-, Gesamtvollstreckungs- oder Insolvenzverfahren eröffnet wird, ist ein vollstreckbarer Titel zugunsten des Verwalters auf Herausgabe der Masse und auf Räumung der im Besitz des Schuldners befindlichen Räume.

2. Eine Benennung der zur Masse gehörenden Gegenstände ist weder für den Eröffnungsbeschluß vorgesehen noch in der Vollstreckungsklausel nötig. Die mit der Vollstreckung zu erfassenden Gegenstände bezeichnet der Verwalter in seinem Auftrag an den Gerichtsvollzieher.

§ 90 a *(aufgehoben)*

§ 91 Zulässigkeit der Vollstreckung.

1. Während der Dauer eines Konkurs-, Gesamtvollstreckungs- oder Insolvenzverfahrens finden Zwangsvollstreckungen und Arreste zugunsten einzelner Konkursgläubiger (§ 3 KO), Gesamtvollstreckungsgläubiger (§ 5 GesO) oder Insolvenzgläubiger (§ 38 InsO) in das zur Konkursmasse gehörige oder das sonstige Vermögen des Gemeinschuldners (§ 14 KO), in das von der Gesamtvollstreckung erfasste Vermögen des Schuldners (§ 1 Abs. 1 Satz 2 GesO) oder in die Insolvenzmasse und in das sonstige Vermögen des Schuldners (§ 89 Abs. 1 InsO) nicht statt. Einen Auftrag zu solchen Zwangsvollstreckungen lehnt der Gerichtsvollzieher ab. Vor Eröffnung der Gesamtvollstreckung gegen den Schuldner eingeleitete Vollstreckungsmaßnahmen verlieren ihre Wirksamkeit (§ 7 Abs. 3 Satz 1 GesO). Hat ein Insolvenzgläubiger im letzten Monat vor dem Antrag auf Eröffnung des

Insolvenzverfahrens oder nach diesem Antrag durch Zwangsvollstreckung eine Sicherung an dem zur Insolvenzmasse gehörenden Vermögen des Schuldners erlangt, so wird diese Sicherung mit der Eröffnung des Verfahrens unwirksam (§§ 88, 139 InsO). Wird ein Verbraucherinsolvenzverfahren auf Antrag des Schuldners eröffnet, so beträgt die Frist drei Monate (§ 312 Abs. 1 Satz 3 InsO). § 171 Nr. 2 ist zu beachten.

2. Während des Konkursverfahrens ist die Zwangsvollstreckung zulässig:

a) wegen der Ansprüche gegen den Gemeinschuldner, die erst nach der Konkurseröffnung entstanden sind, in das nicht zur Konkursmasse gehörende Vermögen,

b) wegen der Ansprüche auf Herausgabe von Gegenständen, die dem Gemeinschuldner nicht gehören,

c) wegen der Forderungen, für die ein Recht auf abgesonderte Befriedigung besteht, in die zur abgesonderten Befriedigung dienenden Gegenstände (§§ 48, 49, 51 KO); insbesondere kann die Zwangsvollstreckung wegen Forderungen, für die vor Eröffnung des Konkursverfahrens durch Pfändung ein Pfandrecht erlangt worden ist (§ 804 ZPO), in die gepfändeten Sachen fortgesetzt werden.

3. Während des Insolvenzverfahrens ist die Zwangsvollstreckung zulässig:

a) wegen der Ansprüche gegen den Schuldner, die erst nach der Insolvenzeröffnung entstanden sind, in das bei Anwendung der §§ 35 bis 37 InsO nicht zur Insolvenzmasse gehörende Vermögen,

b) wegen der Ansprüche auf Herausgabe von Gegenständen, die dem Schuldner nicht gehören,

c) wegen der Forderungen, für die ein Recht auf abgesonderte Befriedigung besteht, in die zur abgesonderten Befriedigung dienende Gegenstände (§§ 50, 51 InsO), wenn der Insolvenzverwalter sie nicht in Besitz hat sowie im vereinfachten Insolvenzverfahren (§ 313 Abs. 3 InsO),

d) wegen der Masseverbindlichkeiten in die Masse.

Abweichend von Buchst. d sind für die Dauer von sechs Monaten seit der Eröffnung des Insolvenzverfahrens Zwangsvollstreckungsmaßnahmen wegen Masseverbindlichkeiten, die nicht durch eine Rechtshandlung des Insolvenzverwalters begründet sind, unzulässig (§ 90 Abs. 1 InsO). Die Vollstreckung wegen einer Masseverbindlichkeit im Sinne des § 209 Abs. 1 Nr. 3 InsO ist ebenfalls unzulässig, sobald der Insolvenzverwalter die Masseunzulänglichkeit angezeigt hat (§ 210 InsO). Eine Zwangsvollstreckung in die Masse wegen einer Sozialplanforderung ist unzulässig (§ 123 Abs. 3 Satz 2 InsO).

4. In den Fällen des § 127 KO kann die Vollstreckung auch von dem Konkursverwalter betrieben werden.

5. Ist dem Gerichtsvollzieher die Eröffnung des Konkurs-, Gesamtvollstreckungs- oder Insolvenzverfahrens nicht nachgewiesen und auch nicht auf andere Weise bekannt geworden, so stellt er – soweit dies ohne Verzögerung der Zwangsvollstreckung möglich ist – durch Nachfrage bei dem zuständigen Gericht (§ 71 KO, § 1 Abs. 2 GesO, § 3 InsO) fest, ob das Verfahren eröffnet ist.

6. Ein ausländisches Insolvenz-, Gesamtvollstreckungs- oder Konkursverfahren erfasst auch das im Inland befindliche Vermögen des Schuldners (Artikel 102 EGInsO, § 22 GesO, Art. 17 der Verordnung (EG) Nr. 1346/2000 des Rates vom 29. Mai 2000 über Insolvenzverfahren – ABl. EG 2000 L 160/1). Wird der Gerichtsvollzieher beauftragt, in das im Inland befindliche Vermögen des Schuldners zu vollstrecken, und ist ihm bekannt, dass im Ausland ein Insolvenz-, Gesamtvollstreckungs- oder Konkursverfahren gegen den Schuldner eröffnet ist, so legt er die Akten seiner vorgesetzten Dienstbehörde vor und wartet ihre Weisungen ab.
Die Bestimmungen des § 80 bleiben unberührt.

7. Nach Ankündigung der Restschuldbefreiung durch das Insolvenzgericht (§ 291 InsO) ist die Zwangsvollstreckung zugunsten einzelner Insolvenzgläubiger in das Vermögen des Schuldners nicht zulässig, solange nicht die Restschuldbefreiung versagt worden ist (§ 294 Abs. 1, § 299 InsO).

6. Zwangsvollstreckung in einen Nachlaß gegen den Erben

§ 92 Zwangsvollstreckung auf Grund eines Schuldtitels gegen den Erblasser.

1. Eine Zwangsvollstreckung oder Arrestvollziehung, die zu Lebzeiten des Schuldners bereits begonnen hat, ist nach seinem Tode ohne weiteres in den Nachlaß fortzusetzen, und zwar sowohl vor als auch nach der Annahme der Erbschaft (§ 779 Abs. 1 ZPO). Die Vollstreckung ist nicht nur in die Gegenstände zulässig, in die sie bereits begonnen hat; sie kann vielmehr auf alle Gegenstände weiter ausgedehnt werden, die zum Nachlaß gehören.
Ist die Zuziehung des Schuldners zu einer Vollstreckungshandlung notwendig, so hat das Vollstreckungsgericht dem Erben auf Antrag des Gläubigers einen einstweiligen besonderen Vertreter zu bestellen, wenn der Erbe unbekannt ist oder wenn er die Erbschaft noch nicht angenommen hat oder wenn es ungewiß ist, ob er die Erbschaft angenommen hat (§ 779 Abs. 2 ZPO). In diesen Fällen darf der Gerichtsvollzieher die Zwangsvollstreckung erst fortsetzen, wenn ein solcher Vertreter bestellt ist.

2. Hat die Zwangsvollstreckung oder Arrestvollziehung zu Lebzeiten des Schuldners noch nicht begonnen, so darf sie nur durchgeführt werden, wenn die Vollstreckungsklausel des Schuldtitels gegen den Erben, Nachlaßverwalter, Nachlaßpfleger oder Testamentsvollstrecker umgeschrieben ist.

   a) Vor der Annahme der Erbschaft kann die Vollstreckungsklausel nicht gegen den Erben umgeschrieben werden, sondern nur gegen einen Nachlaßpfleger, Nachlaßverwalter oder Testamentsvollstrecker (§§ 1958, 1960 Abs. 3, 1961, 1984, 2213 Abs. 2 BGB).
   Die Zwangsvollstreckung auf Grund einer solchen Vollstreckungsklausel ist nur in den Nachlaß zulässig, nicht auch in das übrige Vermögen des Erben (§ 778 Abs. 1 ZPO). Ist die Klausel gegen einen Testamentsvollstrecker erteilt, so ist die Zwangsvollstreckung nur in die Nachlaßgegenstände zulässig, die seiner Verwaltung unterliegen (§ 749 ZPO).

   b) Nach der Annahme der Erbschaft kann die Vollstreckungsklausel auch gegen den Erben umgeschrieben werden. Auf Grund einer solchen vollstreckbaren Ausfertigung ist die Zwangsvollstreckung sowohl in den Nachlaß als auch in das übrige Vermögen des Erben zulässig. Sind mehrere Erben vorhanden, so ist zur Zwangsvollstreckung in den Nachlaß bis zu dessen Teilung eine gegen sämtliche Erben umgeschriebene Vollstreckungsklausel erforderlich (§ 747 ZPO). Wendet der Erbe ein, daß er für die Nachlaßverbindlichkeiten nur beschränkt hafte, so ist er auf den Klageweg zu verweisen.

§ 93 Zwangsvollstreckung auf Grund eines Schuldtitels gegen den Erben, Nachlaßpfleger, Nachlaßverwalter oder Testamentsvollstrecker (§§ 747, 748, 778, 794 Abs. 2 ZPO).

1. Auf Grund eines Schuldtitels gegen den Nachlaßpfleger, Nachlaßverwalter oder Testamentsvollstrecker darf nur in den Nachlaß vollstreckt werden.

2. Gegen den Erben kann der Gläubiger vor der Annahme der Erbschaft keinen Anspruch geltend machen, der sich gegen den Nachlaß richtet (§ 1958 BGB). Aus einem Schuldtitel wegen einer eigenen Verbindlichkeit des Erben ist eine Zwangsvollstreckung in den Nachlaß vor der Annahme der Erbschaft unzulässig (§ 778 Abs. 2 ZPO).

3. Nach Annahme der Erbschaft ist die Zwangsvollstreckung oder Arrestvollziehung aufgrund eines Schuldtitels gegen den Erben sowohl in den Nachlaß als auch in das übrige Vermögen des Erben zulässig. Sind mehrere Erben vorhanden, so ist für die Zwangsvollstreckung in den Nachlaß bis zu dessen Teilung ein Schuldtitel gegen alle Erben erforderlich (§ 747 ZPO).

4. Unterliegt der Nachlaß der Verwaltung eines Testamentsvollstreckers, so ist zur Zwangsvollstreckung oder Arrestvollziehung in den Nachlaß sowohl vor als auch nach der Annahme der Erbschaft ein Schuldtitel gegen den Testamentsvollstrecker erforderlich und genügend (§ 748 Abs. 1 ZPO). Jedoch gelten folgende Einschränkungen:

   a) Steht dem Testamentsvollstrecker lediglich die Verwaltung einzelner Nachlaßgegenstände zu, so ist die Zwangsvollstreckung in diese Gegenstände nur zulässig, wenn der Erbe zur Leistung und der Testamentsvollstrecker zur Duldung der Zwangsvollstreckung verurteilt ist (§ 748 Abs. 2 ZPO).

   b) Handelt es sich um einen Pflichtteilsanspruch, so ist in jedem Fall ein Schuldtitel sowohl gegen den Testamentvollstrecker als auch gegen den Erben erforderlich (§ 748 Abs. 3 ZPO).

5. Die Verurteilung des Testamentsvollstreckers zur Duldung der Zwangsvollstreckung kann dadurch ersetzt werden, daß dieser in einer gerichtlichen oder notariellen Urkunde die sofortige Zwangsvollstreckung in das Vermögen bewilligt, das seiner Verwaltung unterliegt (§ 794 Abs. 2 ZPO).

§ 94 Vorbehalt der Beschränkung der Erbenhaftung (§§ 780 ff. ZPO).

[1] Sind Erben unter Vorbehalt der Beschränkung ihrer Haftung verurteilt, so kann der Schuldtitel ohne Rücksicht auf diese Beschränkung vollstreckt werden.

[2] Widerspricht der Schuldner der Pfändung bestimmter Sachen unter Berufung auf die ihm vorbehaltene Beschränkung seiner Haftung, so darf der Gerichtsvollzieher diese Sachen bei der Pfändung übergehen, wenn die übrigen im Gewahrsam des Schuldners vorhandenen, vom Widerspruch nicht betroffenen beweglichen Sachen zur Deckung der Forderung des Gläubigers ausreichen. [3] Ist dies nicht der Fall, so führt der Gerichtsvollzieher die Pfändung ohne Rücksicht auf den Widerspruch durch und verweist den Schuldner mit seinen Einwendungen an das Gericht.

7. Zwangsvollstreckung gegen Eheleute

§ 95 Gewahrsam und Besitz bei Eheleuten.
[1] Ist der Schuldner verheiratet, so gilt nach § 739 ZPO nur er als Gewahrsamsinhaber und Besitzer beweglicher Sachen, die sich im Besitz eines Ehegatten oder beider Ehegatten befinden. [2] Inhaberpapiere und Orderpapiere, die mit Blankoindossament versehen sind, stehen hierbei den beweglichen Sachen gleich.

[3] Absatz 1 gilt nicht für Sachen, die ausschließlich zum persönlichen Gebrauch eines Ehegatten bestimmt sind. [4] Bei ihnen gilt der Schuldner dann als Gewahrsamsinhaber und Besitzer, wenn die Sachen für seinen Gebrauch bestimmt sind.
[5] Absatz 1 gilt ferner nicht, wenn die Ehegatten getrennt leben. [6] In diesem Fall ist davon auszugehen, daß der Schuldner nur an den Sachen Gewahrsam hat, die sich in seiner tatsächlichen Gewalt befinden.

§ 96 Zwangsvollstreckung bei gesetzlichem Güterstand und bei Gütertrennung.
[1] Leben die Eheleute im gesetzlichen Güterstand oder in Gütertrennung, so geht der Gerichtsvollzieher bei der Zwangsvollstreckung gegen einen oder beide Ehegatten in der gleichen Weise vor wie bei der Zwangsvollstreckung gegen einen unverheirateten Schuldner.

[2] Der Gerichtsvollzieher hat davon auszugehen, daß ein verheirateter Schuldner im gesetzlichen Güterstand lebt, solange ihm nichts Gegenteiliges durch öffentliche Urkunden nachgewiesen ist.

§ 97 Zwangsvollstreckung in das Gesamtgut bei der Gütergemeinschaft (§§ 740–745 ZPO).

1. Bei dem Güterstand der Gütergemeinschaft wird vermutet, daß die Gegenstände der Ehegatten zum Gesamtgut gehören.
2. Zur Zwangsvollstreckung in das Gesamtgut, das von einem Ehegatten allein verwaltet wird, ist ein Schuldtitel gegen diesen Ehegatten, bei der fortgesetzten Gütergemeinschaft ein Schuldtitel gegen den überlebenden Ehegatten erforderlich und genügend (§ 740 Abs. 1, § 745 Abs. 1 ZPO). Verwalten die Ehegatten das Gesamtgut gemeinschaftlich, so ist die Zwangsvollstreckung in das Gesamtgut nur zulässig, wenn beide Ehegatten zur Leistung verurteilt sind (§ 740 Abs. 2 ZPO).
Ist die Gütergemeinschaft erst eingetreten, nachdem ein gegen einen Ehegatten geführter Rechtsstreit rechtsanhängig geworden ist, und verwaltet dieser Ehegatte das Gesamtgut nicht oder nicht allein, so muß der Schuldtitel gegen diesen Ehegatten auch mit der Vollstreckungsklausel gegen den anderen Ehegatten versehen sein (§ 742 ZPO).
3. Betreibt ein Ehegatte, der das Gesamtgut nicht oder nicht allein verwaltet, selbständig ein Erwerbsgeschäft, so genügt zur Zwangsvollstreckung in das Gesamtgut ein Schuldtitel gegen diesen Ehegatten (§ 741 ZPO).
4. Ist die Gütergemeinschaft beendigt, so ist vor der Auseinandersetzung die Zwangsvollstreckung in das Gesamtgut nur zulässig, wenn beide Ehegatten zu der Leistung oder der eine zu der Leistung und der andere zur Duldung der Zwangsvollstreckung verurteilt ist (§ 743 ZPO).
Ist die Beendigung der Gütergemeinschaft erst nach der Beendigung eines Rechtsstreites des Ehegatten eingetreten, der das Gesamtgut allein verwaltet, so muß zur Zwangsvollstreckung in das Gesamtgut der Schuldtitel gegen

diesen Ehegatten auch mit der Vollstreckungsklausel gegen den anderen Ehegatten versehen sein (§ 744 ZPO).
5. Nach Beendigung einer fortgesetzten Gütergemeinschaft gilt Nr. 4; jedoch treten an die Stelle des Ehegatten, der das Gesamtgut allein verwaltet, der überlebende Ehegatte, an die Stelle des anderen Ehegatten die anteilsberechtigten Abkömmlinge (§ 745 Abs. 2 ZPO).

§ 98 Ersetzung der Verurteilung zur Duldung der Zwangsvollstreckung (§ 794 Abs. 2 ZPO). Die Verurteilung eines Mitbeteiligten zur Duldung der Zwangsvollstreckung kann dadurch ersetzt werden, daß dieser in einer gerichtlichen oder notariellen Urkunde die sofortige Zwangsvollstreckung in das Vermögen bewilligt, das seiner Verwaltung oder Nutzung unterliegt.

8. Zwangsvollstreckung gegen Lebenspartner

§ 99 Gewahrsam und Besitz bei Eingetragenen Lebenspartnerschaften. Für Lebenspartner (§ 1 LPartG) ist § 95 entsprechend anzuwenden.

§ 99 a Zwangsvollstreckung beim Vermögensstand der Ausgleichsgemeinschaft und bei Vermögenstrennung. [1] Leben die Lebenspartner im Vermögensstand der Ausgleichsgemeinschaft oder in Vermögenstrennung, so geht der Gerichtsvollzieher bei der Zwangsvollstreckung gegen einen oder beide Lebenspartner in gleicher Weise vor wie bei der Zwangsvollstreckung gegen einen unverheirateten Schuldner.
[2] Der Gerichtsvollzieher hat davon auszugehen, dass ein Schuldner, der in Eingetragener Lebenspartnerschaft lebt, im Vermögensstand der Vermögenstrennung lebt (§ 6 Abs. 3 LPartG), solange ihm nichts Gegenteiliges durch öffentliche Urkunden nachgewiesen ist.

§ 99 b Ersetzung der Verurteilung zur Duldung der Zwangsvollstreckung (§ 794 Abs. 2 ZPO). § 98 ist für Eingetragene Lebenspartnerschaften entsprechend anzuwenden.

9. Zwangsvollstreckung in sonstige Vermögensmassen

§ 100 Zwangsvollstreckung in das Vermögen eines nicht rechtsfähigen Vereins (§§ 735, 736, 50 Abs. 2 ZPO).
1. Zur Zwangsvollstreckung in das Vermögen eines nicht rechtsfähigen Vereins genügt ein Schuldtitel gegen den Verein, vertreten durch den Vorstand. Aus einem solchen Schuldtitel findet jedoch die Zwangsvollstreckung in das in Gewahrsam der Vereinsmitglieder befindliche Vereinsvermögen nur statt, soweit sie den Gewahrsam als Organ des Vereins haben.
2. Hat der Gläubiger wegen einer Vereinsschuld einen Schuldtitel gegen alle Vereinsmitglieder erwirkt, so erfolgt die Zwangsvollstreckung nach den Bestimmungen über die Vollstreckung gegen die bürgerlich-rechtliche Gesellschaft (§ 101).

§ 101 Zwangsvollstreckung in das Gesellschaftsvermögen einer bürgerlich-rechtlichen Gesellschaft (§ 736 ZPO). [1] Zur Zwangsvollstreckung in das Gesellschaftsvermögen einer nach §§ 705 ff. BGB begründeten Gesellschaft ist entweder ein Schuldtitel gegen die Gesellschaft als solche oder gegen jeden einzelnen Gesellschafter erforderlich. ²Die Verurteilung aller einzelnen Gesellschafter muss nicht in einem einzigen Urteil erfolgen. ³Der Titel gegen die Gesellschaft als solche muss nicht die namentliche Bezeichnung aller Gesellschafter enthalten. ⁴Die Gesellschaft kann unter einem eigenen Namen verurteilt werden. ⁵Aus einem Schuldtitel, in dem nur die Gesellschaft unter ihrem eigenen Namen verurteilt worden ist, kann nicht in das Privatvermögen der Gesellschafter vollstreckt werden.

§ 102 **Zwangsvollstreckung in das Gesellschaftsvermögen einer offenen Handelsgesellschaft oder einer Kommanditgesellschaft (§§ 124 Abs. 2, 129 Abs. 4, 161 Abs. 2 HGB).** ¹Zur Zwangsvollstreckung in das Gesellschaftsvermögen einer offenen Handelsgesellschaft oder einer Kommanditgesellschaft ist ein Schuldtitel gegen die Gesellschaft erforderlich. ²Die Verurteilung sämtlicher Gesellschafter genügt nicht. ³Andererseits findet aus einem Schuldtitel gegen die Gesellschaft die Zwangsvollstreckung in das Privatvermögen der Gesellschafter nicht statt.

§ 103 **Zwangsvollstreckung in ein Vermögen, an dem ein Nießbrauch besteht (§§ 737, 738 ZPO).**
1. Bei dem Nießbrauch an einem Vermögen ist wegen der Verbindlichkeiten des Bestellers, die vor der Bestellung des Nießbrauchs entstanden sind, die Zwangsvollstreckung in die dem Nießbrauch unterliegenden Gegenstände ohne Rücksicht auf den Nießbrauch zulässig, wenn der Besteller zur Leistung und der Nießbraucher zur Duldung der Zwangsvollstreckung verurteilt ist. Dasselbe gilt bei dem Nießbrauch an einer Erbschaft für die Nachlaßverbindlichkeiten (§ 737 ZPO). § 98 findet entsprechende Anwendung.
2. Ist der Nießbrauch an einem Vermögen oder an einer Erbschaft bestellt worden, nachdem die Schuld des Bestellers oder des Erblassers rechtskräftig festgestellt war, so muß der Schuldtitel zum Zweck der Zwangsvollstreckung in die dem Nießbrauch unterworfenen Gegenstände auch mit der Vollstreckungsklausel gegen den Nießbraucher versehen sein (§ 738 ZPO).

VI. Verhalten bei der Zwangsvollstreckung

§ 104 **Allgemeines.** ¹Bei der Zwangsvollstreckung wahrt der Gerichtsvollzieher neben dem Interesse des Gläubigers auch das des Schuldners, soweit dies ohne Gefährdung des Erfolgs der Zwangsvollstreckung geschehen kann. ²Er vermeidet jede unnötige Schädigung oder Ehrenkränkung des Schuldners und die Erregung überflüssigen Aufsehens. ³Er ist darauf bedacht, daß nur die unbedingt notwendigen Kosten und Aufwendungen entstehen.

⁴Auf etwaige Wünsche des Gläubigers oder des Schuldners hinsichtlich der Ausführung der Zwangsvollstreckung nimmt der Gerichtsvollzieher Rücksicht, soweit es ohne überflüssige Kosten und Schwierigkeiten und ohne Beeinträchtigung des Zwecks der Vollstreckung geschehen kann.

§ 105 **Leistungsaufforderung an den Schuldner.**
1. Von der bevorstehenden Zwangsvollstreckung benachrichtigt der Gerichtsvollzieher den Schuldner vorher – unbeschadet des § 187 Nr. 1 Satz 2 –

nur in den Fällen des § 180. Jedoch kann der Gerichtsvollzieher einen Schuldner vor der Vornahme einer Zwangsvollstreckung unter Hinweis auf die Kosten der Zwangsvollstreckung auffordern, binnen kurzer Frist zu leisten oder den Leistungsnachweis zu erbringen, wenn die Kosten der Zwangsvollstreckung in einem Mißverhältnis zu dem Wert des Vollstreckungsgegenstandes stehen würden und der Gerichtsvollzieher mit gutem Grund annehmen kann, daß der Schuldner der Aufforderung entsprechen wird.

2. Zu Beginn der Zwangsvollstreckung fordert der Gerichtsvollzieher den Schuldner zur freiwilligen Leistung auf, sofern er ihn antrifft. Trifft er nicht den Schuldner, aber eine erwachsene Person an, so weist er sich zunächst nur mit seinem Dienstausweis aus und befragt die Person, ob sie über das Geld des Schuldners verfügen darf; bejaht die Person die Frage, fordert er sie zur freiwilligen Leistung auf.

§ 106 Annahme und Ablieferung der Leistung.

1. Der Gerichtsvollzieher ist verpflichtet, die ihm angebotene Leistung oder Teilleistung anzunehmen und den Empfang zu bescheinigen. Leistungen, die ihm unter einer Bedingung oder unter einem Vorbehalt angeboten werden, weist er zurück.

2. Ist dem Schuldner im Schuldtitel nachgelassen, die Zwangsvollstreckung durch eine Ersatzleistung abzuwenden, so nimmt der Gerichtsvollzieher diese Leistung an. Im übrigen darf er aber Ersatzleistungen, die ihm der Schuldner an Erfüllungs Statt oder erfüllungshalber anbietet, nur annehmen, wenn ihn der Gläubiger hierzu ermächtigt hat. Bar- und Verrechnungsschecks darf der Gerichtsvollzieher auch ohne Ermächtigung des Gläubigers erfüllungshalber annehmen. In diesem Fall hat er die Vollstreckungsmaßnahmen gleichwohl in der Regel auftragsgemäß durchzuführen; die auf die Verwertung gepfändeter Gegenstände gerichteten Maßnahmen sind jedoch in der Regel erst vorzunehmen, wenn feststeht, daß der Scheck nicht eingelöst wird.

3. Wird der Anspruch des Gläubigers aus dem Schuldtitel einschließlich aller Nebenforderungen und Kosten durch freiwillige oder zwangsweise Leistung an den Gerichtsvollzieher vollständig gedeckt, so übergibt der Gerichtsvollzieher dem Schuldner gegen den Empfang der Leistung den Schuldtitel nebst einer Quittung (§ 757 ZPO). Er macht die Übergabe und die Person des Empfängers des Schuldtitels aktenkundig. Hat der Schuldner unmittelbar an den Gläubiger oder dessen Vertreter oder Prozeßbevollmächtigten vollständig geleistet, so darf der Gerichtsvollzieher dem Schuldner die vollstreckbare Ausfertigung nur mit Zustimmung des Auftraggebers ausliefern. Bei Entgegennahme von Schecks darf der Gerichtsvollzieher dem Schuldner die vollstreckbare Ausfertigung nur aushändigen, wenn der Scheckbetrag seinem Dienstkonto gutgeschrieben oder an ihn gezahlt worden ist oder wenn der Auftraggeber der Aushändigung zustimmt.

4. Hat jeder von mehreren Gesamtschuldnern einen Teil des Anspruchs des Gläubigers getilgt, so nimmt der Gerichtsvollzieher den Schuldtitel zu seinen Akten, wenn sich die Gesamtschuldner nicht über den Verbleib des Titels einigen.

Geschäftsanweisung für Gerichtsvollzieher § 107 GVGA 14

5. Eine nur teilweise Leistung vermerkt der Gerichtsvollzieher auf dem Schuldtitel. Er händigt den Titel dem Schuldner jedoch nicht aus, da dieser in Höhe des Restanspruchs des Gläubigers wirksam bleibt. Wegen des Restbetrags führt er die Zwangsvollstreckung durch, sofern sich aus dem Auftrag nichts anderes ergibt.

6. Die empfangene Leistung liefert der Gerichtsvollzieher unverzüglich an den Gläubiger ab, sofern dieser nichts anderes bestimmt hat. §§ 15 bis 17 GVKostG[1]) sind zu beachten.
Schecks hat der Gerichtsvollzieher, sofern der Gläubiger keine andere Weisung erteilt hat, dem Kreditinstitut, das sein Dienstkonto führt, einzureichen mit dem Ersuchen, den Gegenwert dem Gerichtsvollzieher-Dienstkonto gutzuschreiben. Sofern nicht nach Satz 3 verfahren wird, sind Schecks, die nicht bereits den Vermerk „Nur zur Verrechnung" tragen, mit diesem Vermerk zu versehen. Barschecks kann er auch bei der bezogenen Bank bar einlösen, wenn zu erwarten ist, daß dadurch eine schnellere Ablieferung an den Gläubiger ermöglicht wird. Der Gegenwert ist alsdann unverzüglich an den Gläubiger abzuführen.
Verlangt der Schuldner ausdrücklich, daß der Gerichtsvollzieher den Scheck an den Gläubiger weitergibt, ist dies im Protokoll zu vermerken; der Scheck sowie der Titel sind – falls die Vollstreckung nicht fortgesetzt wird (vgl. Nr. 2 Sätze 4 und 6) – dem Gläubiger zu übermitteln. Der Gerichtsvollzieher belehrt den Schuldner über dessen Anspruch auf Herausgabe des Titels bei vollständiger Befriedigung des Gläubigers sowie über die Gefahr weiterer Vollstreckungsmaßnahmen, die mit der Aushändigung des Titels an den Gläubiger verbunden ist. Belehrung und Weitergabe des Schecks an den Gläubiger sind aktenkundig zu machen. Der Gerichtsvollzieher erteilt dem Schuldner eine Quittung über die Entgegennahme des Schecks.

§ 107 Durchsuchung (§ 758 Abs. 1 und 2, § 758 a ZPO).

1. Der Gerichtsvollzieher ist befugt, die Wohnung und die Behältnisse des Schuldners zu durchsuchen, wenn dieser oder in seiner Abwesenheit ein erwachsener Hausgenosse der Durchsuchung nicht widerspricht; dies ist im Protokoll zu vermerken.
Zur Wohnung gehören alle Räumlichkeiten, die den häuslichen oder beruflichen Zwecken ihres Inhabers dienen, insbesondere die eigentliche Wohnung, ferner Arbeits-, Betriebs- und andere Geschäftsräume, dazugehörige Nebenräume sowie das angrenzende befriedete Besitztum (Hofraum, Hausgarten).

2. Gestattet der Angetroffene die Durchsuchung nicht, so ist er vom Gerichtsvollzieher nach den Gründen zu befragen, die er gegen eine Durchsuchung geltend machen will. Seine Erklärungen sind ihrem wesentlichen Inhalt nach im Protokoll festzuhalten. Der Gerichtsvollzieher belehrt den Schuldner zugleich, daß er aufgrund der Durchsuchungsverweigerung zur Abgabe der eidesstattlichen Versicherung nach § 807 Abs. 1 Nr. 3 ZPO verpflichtet ist, sobald ein entsprechender Auftrag des Gläubigers vorliegt. Die Belehrung vermerkt er im Protokoll.

---

[1]) Nr. 17.

3. Es ist Sache des Gläubigers, die richterliche Durchsuchungsanordnung zu erwirken. Die Durchsuchungsanordnung erteilt der Richter bei dem Amtsgericht, in dessen Bezirk die Durchsuchung erfolgen soll. Der Gerichtsvollzieher übersendet dem Gläubiger die Vollstreckungsunterlagen und eine Abschrift des Protokolls; ein Antrag auf Übersendung des Protokolls ist zu unterstellen.

4. Auch ohne eine richterliche Anordnung darf der Gerichtsvollzieher die Wohnung des Schuldners durchsuchen, wenn die Verzögerung, die mit der vorherigen Einholung einer solchen Anordnung verbunden ist, den Erfolg der Durchsuchung gefährden würde.

5. Die Durchsuchungsanordnung ist bei der Zwangsvollstreckung vorzuzeigen und in dem Protokoll zu erwähnen.

6. Trifft der Gerichtsvollzieher bei einem Vollstreckungsversuch keine Person in der Wohnung des Schuldners an, so vermerkt er dies in den Akten und verfährt im übrigen, wenn er den Schuldner wiederholt nicht angetroffen hat, nach den Bestimmungen der Nrn. 3 bis 5, im Fall der Nr. 3 Satz 3 übersendet er dem Gläubiger anstelle des Protokolls eine Mitteilung über den Vollstreckungsversuch. Liegt ein kombinierter Auftrag vor (§ 61 Nr. 3) und sind die Voraussetzungen des § 185 a Nr. 2 Buchst. d erfüllt, stimmt der Gerichtsvollzieher das weitere Vorgehen mit dem Gläubiger ab, sofern der Auftrag nicht bereits für diesen Fall bestimmte Vorgaben enthält.

7. Er soll die Wohnung in der Regel erst dann gewaltsam öffnen, wenn er dies dem Schuldner schriftlich angekündigt hat. Die Ankündigung soll Hinweise auf § 758 ZPO und § 288 StGB, auf die Durchsuchungsanordnung sowie eine Zahlungsaufforderung enthalten.

8. Die Nrn. 1–7 gelten entsprechend, wenn die Wohnung wegen der Herausgabe beweglicher Sachen oder zur Vollstreckung von Anordnungen nach § 1 Abs. 1 Nr. 2a JBeitrO[1]) einschließlich der Wegnahme des Führerscheins durchsucht werden soll.
Dagegen ist eine richterliche Durchsuchungsanordnung für die Räumung einer Wohnung und die Verhaftung einer Person auf Grund eines richterlichen Haftbefehls nicht erforderlich; gleiches gilt für die spätere Abholung gepfändeter, im Gewahrsam des Schuldners belassener Sachen, wenn bereits für die Pfändung eine Durchsuchungsanordnung vorgelegen hatte.
Liegt eine richterliche Durchsuchungsanordnung vor, können auch alle weiteren dem Gerichtsvollzieher vorliegenden Aufträge gleichzeitig vollstreckt werden, wenn die Vollstreckung wegen dieser Aufträge keine zusätzlichen, weitergehenden Maßnahmen (Durchsuchung anderer Räume und Behältnisse) erfordert, die zwangsläufig zu einem längeren Verweilen des Gerichtsvollziehers in den Räumen des Schuldners führen. Andernfalls bedarf es gesonderter richterlicher Durchsuchungsanordnungen.

9. Die Kleider und die Taschen des Schuldners darf der Gerichtsvollzieher durchsuchen. Einer besonderen Anordnung des Richters bedarf es nur dann, wenn die Durchsuchung in der Wohnung des Schuldners gegen dessen Willen erfolgen soll. Die Nrn. 1–5 finden entsprechende Anwen-

---

[1]) Nr. 3.

dung. Die Durchsuchung einer weiblichen Person läßt der Gerichtsvollzieher durch eine zuverlässige weibliche Hilfsperson durchführen. Die Durchsuchung einer männlichen Person ist durch eine zuverlässige männliche Hilfskraft durchzuführen, wenn eine Gerichtsvollzieherin vollstreckt.

10. Personen, die gemeinsam mit dem Schuldner die Wohnung bewohnen, haben die Durchsuchung zu dulden, wenn diese gegen den Schuldner zulässig ist. Trotz dieser grundsätzlichen Duldungspflicht hat der Gerichtsvollzieher besondere persönliche Umstände der Mitbewohner wie zum Beispiel eine offensichtliche oder durch ärztliches Zeugnis nachgewiesene schwere akute Erkrankung oder eine ernsthafte Gefährdung ihrer Gesundheit zur Vermeidung unbilliger Härten zu berücksichtigen und danach in Ausnahmefällen auch die Durchsuchung zu unterlassen.

§ 108 Widerstand gegen die Zwangsvollstreckung und Zuziehung von Zeugen (§§ 758 Abs. 3, 759 ZPO).

1. Findet der Gerichtsvollzieher Widerstand, so darf er unbeschadet der Regelung des § 107 Gewalt anwenden und zu diesem Zweck auch polizeiliche Unterstützung anfordern (§ 758 Abs. 3 ZPO).

2. Der Gerichtsvollzieher muß zu einer Vollstreckungshandlung zwei erwachsene Personen oder einen Gemeinde- oder Polizeibeamten als Zeugen zuziehen (§ 759 ZPO):

a) wenn Widerstand geleistet wird;

b) wenn bei einer Vollstreckungshandlung in der Wohnung des Schuldners weder der Schuldner selbst noch eine zu seiner Familie gehörige oder in seiner Familie dienende erwachsene Person gegenwärtig ist.

Als Zeugen sollen unbeteiligte und einwandfreie Personen ausgewählt werden, die möglichst am Ort der Vollstreckung oder in dessen Nähe wohnen sollen. Die Zeugen haben das Protokoll mit zu unterschreiben (vgl. § 110 Nr. 3). Den Zeugen ist auf Verlangen eine angemessene Entschädigung zu gewähren. Die Entschädigung soll in der Regel die Beträge nicht übersteigen, die einem Zeugen nach den Bestimmungen des Gesetzes über die Entschädigung von Zeugen und Sachverständigen zu gewähren sind.

3. Widerstand im Sinne dieser Bestimmungen ist jedes Verhalten, das geeignet ist, die Annahme zu begründen, die Zwangsvollstreckung werde sich nicht ohne Gewaltanwendung durchführen lassen.

§ 108 a Drittschuldnerermittlung (§ 806 a ZPO).

[1] Erhält der Gerichtsvollzieher anläßlich der Zwangsvollstreckung durch Befragung des Schuldners oder durch Einsicht in Schriftstücke Kenntnis von Geldforderungen des Schuldners gegen Dritte und konnte eine Pfändung nicht bewirkt werden oder wird eine bewirkte Pfändung voraussichtlich nicht zur vollständigen Befriedigung des Gläubigers führen, so teilt er Namen und Anschriften der Drittschuldner sowie den Grund der Forderungen und für diese bestehende Sicherheiten dem Gläubiger mit.

[2] Trifft der Gerichtsvollzieher den Schuldner in der Wohnung nicht an und konnte eine Pfändung nicht bewirkt werden oder wird eine bewirkte Pfändung voraussichtlich nicht zur vollständigen Befriedigung des Gläubigers führen, so kann der Gerichtsvollzieher die zum Hausstand des Schuldners gehörenden erwachsenen Personen nach dem Arbeitgeber des Schuldners

befragen. ³ Diese sind zu einer Auskunft nicht verpflichtet und vom Gerichtsvollzieher auf die Freiwilligkeit ihrer Angaben hinzuweisen. ⁴ Seine Erkenntnisse teilt der Gerichtsvollzieher dem Gläubiger mit.

VII. Kosten der Zwangsvollstreckung

§ 109 [Kosten der Zwangsvollstreckung] (§ 788 ZPO). ¹ Bei jeder Zwangsvollstreckung muß der Gerichtsvollzieher auch die Kosten der Vollstreckung einziehen, soweit sie als notwendig dem Schuldner zur Last fallen; nötigenfalls sind die Kosten durch Pfändung und Versteigerung beweglicher Sachen des Schuldners beizutreiben. ² Eines Schuldtitels über diese Kosten bedarf es nicht. ³ Ist der Anspruch aus dem Schuldtitel bereits getilgt, so können die noch rückständig gebliebenen Kosten der Zwangsvollstreckung allein auf Grund des Schuldtitels eingezogen werden.

⁴ Zu den Kosten der Zwangsvollstreckung gehören insbesondere die GV-Kosten, die Kosten der Ausfertigung und Zustellung des Schuldtitels, die sonstigen notwendigen Kosten, die dem Gläubiger durch die Zwangsvollstreckung erwachsen, einschließlich der Rechtsanwaltskosten, ferner der gemäß § 811a Abs. 2 S. 4 ZPO vom Gericht festgesetzte Betrag (vgl. §§ 123, 124).

⁵ Auch die Kosten einer versuchten Zwangsvollstreckung sind beizutreiben.

⁶ Soweit mehrere Schuldner als Gesamtschuldner verurteilt worden sind, haften sie für die nach dem 31. 12. 1998 entstandenen Kosten der Vollstreckung gesamtschuldnerisch; soweit ein Schuldner durch nach diesem Zeitpunkt von ihm gegen Vollstreckungsmaßnahmen eingelegte Rechtsbehelfe weitere Kosten der Vollstreckung auslöst, haftet er hierfür allein.

VIII. Protokoll

§ 110 [Protokoll] (§§ 762, 763 ZPO).
1. Der Gerichtsvollzieher muß über jede Vollstreckungshandlung ein Protokoll nach den Vorschriften der §§ 762, 763 ZPO aufnehmen. Vollstreckungshandlungen sind alle Handlungen, die der Gerichtsvollzieher zum Zweck der Zwangsvollstreckung vornimmt, auch das Betreten der Wohnung des Schuldners und ihre Durchsuchung, die Aufforderung zur Zahlung (§ 105 Nr. 2) und die Annahme der Zahlung, die nachträgliche Wegschaffung der gepfändeten Sachen und ihre Verwertung. Das Protokoll muß den Gang der Vollstreckungshandlung unter Hervorhebung aller wesentlichen Vorgänge angeben. Die zur Vollstreckungshandlung gehörenden Aufforderungen und Mitteilungen des Gerichtsvollziehers und die Erklärungen des Schuldners oder eines anderen Beteiligten sind vollständig in das Protokoll aufzunehmen.
2. Der Schuldtitel, auf Grund dessen vollstreckt wird, ist genau zu bezeichnen. Bleibt die Vollstreckung ganz oder teilweise ohne Erfolg, so muß das Protokoll erkennen lassen, daß der Gerichtsvollzieher alle zulässigen Mittel versucht hat, daß aber kein anderes Ergebnis zu erreichen war. Bei dem erheblichen Interesse des Gläubigers an einem Erfolg der Zwangsvollstreckung darf der Gerichtsvollzieher die Vollstreckung nur nach sorgfältiger Prüfung ganz oder teilweise als erfolglos bezeichnen.
3. Das Protokoll soll im unmittelbaren Anschluß an die Vollstreckungshandlung und an Ort und Stelle aufgenommen werden. Werden Abweichungen

Geschäftsanweisung für Gerichtsvollzieher §§ 111, 112 GVGA 14

von dieser Regel notwendig, so sind die Gründe hierfür im Protokoll anzugeben. Das Protokoll ist auch von den nach § 759 ZPO zugezogenen Zeugen zu unterschreiben (§ 762 Nrn. 3 und 4 ZPO). Nimmt das Geschäft mehrere Tage in Anspruch, so ist das Protokoll an jedem Tag abzuschließen und zu unterzeichnen.

4. Im übrigen sind die allgemeinen Bestimmungen über die Beurkundungen des Gerichtsvollziehers zu beachten (vgl. § 10). Der Dienststempelabdruck braucht dem Protokoll nicht beigefügt zu werden.

5. Kann der Gerichtsvollzieher die zur Vollstreckungshandlung gehörenden Aufforderungen und sonstigen Mitteilungen nicht mündlich ausführen, so übersendet er demjenigen, an den die Aufforderung oder Mitteilung zu richten ist, eine Abschrift des Protokolls durch gewöhnlichen Brief. Der Gerichtsvollzieher kann die Aufforderung oder Mitteilung auch unter entsprechender Anwendung der §§ 191, 178 bis 181 ZPO zustellen. Er wählt die Zustellung jedoch nur, wenn andernfalls ein sicherer Zugang nicht wahrscheinlich ist. Die Befolgung dieser Vorschriften muß im Protokoll vermerkt werden. Bei der Übersendung durch die Post bedarf es keiner weiteren Beurkundung als dieses Vermerks. Eine öffentliche Zustellung findet nicht statt.

6. Sofern nichts anderes vorgeschrieben ist, darf der Gerichtsvollzieher Abschriften von Protokollen nur auf ausdrücklichen Antrag erteilen.

IX. Einstellung, Beschränkung, Aufhebung und Aufschub der Zwangsvollstreckung

§ 111 Einstellung, Beschränkung und Aufhebung der Zwangsvollstreckung auf Anweisung des Gläubigers.

1. Der Gerichtsvollzieher muß die getroffenen Zwangsvollstreckungsmaßnahmen aufheben oder die Zwangsvollstreckung einstellen oder beschränken, wenn ihn der Gläubiger hierzu anweist, z.B. wenn der Gläubiger den Vollstreckungsauftrag zurücknimmt oder ihn einschränkt oder wenn er gepfändete Gegenstände freigibt.
Die Anweisung des Gläubigers ist aktenkundig zu machen; sie ist schriftlich oder zu Protokoll des Gerichtsvollziehers zu erklären oder vom Gerichtsvollzieher in seinen Handakten zu vermerken. Bei telegrafischer oder telefonischer Anweisung ist mit besonderer Vorsicht zu verfahren und nötigenfalls vor Aufhebung von Vollstreckungsmaßnahmen eine schriftliche oder mündliche Bestätigung zu fordern (vgl. auch § 5).

2. Stundet der Gläubiger dem Schuldner die geschuldeten Leistungen, so bleiben bereits durchgeführte Vollstreckungsmaßnahmen bestehen. Für die Akten- und Listenführung gelten die Vorschriften der Gerichtsvollzieherordnung über die Behandlung und Überwachung ruhender Vollstreckungsaufträge, wenn der Gläubiger eine Frist von unbestimmter Dauer oder von mehr als 6 Monaten gewährt.

§ 112 Einstellung, Beschränkung und Aufhebung der Zwangsvollstreckung in anderen Fällen (§§ 775–776 ZPO).

1. Der Gerichtsvollzieher darf sich durch den Widerspruch des Schuldners oder dritter Personen von der Durchführung der Zwangsvollstreckung regelmäßig nicht abhalten lassen.

Der Gerichtsvollzieher darf nur dann vollstrecken, wenn er keine Zweifel daran hat, daß die Person, gegen die er vollstrecken will, der im Titel oder in der Klausel genannte Schuldner ist. Kann er seine Zweifel nicht ohne umfangreiche Nachforschungen ausräumen, benachrichtigt er den Gläubiger mit der Aufforderung, ihm den Nachweis der Identität zu erbringen. Er beginnt mit der Zwangsvollstreckung erst nach Behebung der Zweifel.
Nur in folgenden Fällen hat er die Zwangsvollstreckung von Amts wegen einzustellen oder zu beschränken (§§ 775–776 ZPO):

a) wenn ihm die Ausfertigung einer vollstreckbaren Entscheidung vorgelegt wird, aus der sich ergibt, daß das vollstreckbare Urteil oder seine vorläufige Vollstreckbarkeit aufgehoben oder daß die Zwangsvollstreckung für unzulässig erklärt oder ihre Einstellung angeordnet ist,

b) wenn ihm die Ausfertigung einer gerichtlichen Entscheidung vorgelegt wird, aus der sich ergibt, daß die einstweilige Einstellung der Vollstreckung oder einer Vollstreckungsmaßregel angeordnet ist oder daß die Vollstreckung nur gegen Sicherheitsleistung fortgesetzt werden darf; im letzteren Fall hindert das nicht die Durchführung der in § 83a Nrn. 1 und 5 genannten Vollstreckungsmaßnahmen,

c) wenn ihm eine öffentliche Urkunde vorgelegt wird, aus der sich ergibt, daß die zur Abwendung der Vollstreckung erforderliche Sicherheitsleistung oder Hinterlegung erfolgt ist,

d) wenn ihm eine öffentliche Urkunde oder eine von dem Gläubiger ausgestellte Privaturkunde vorgelegt wird, aus der sich ergibt, daß der Gläubiger nach Erlaß des zu vollstreckenden Urteils befriedigt ist oder Stundung bewilligt hat,e)
wenn ihm ein Einzahlungs- oder Überweisungsnachweis einer Bank oder Sparkasse oder der Deutschen Post AG vorgelegt wird, aus dem sich ergibt, dass nach dem Wirksamwerden des Vollstreckungstitels, bei aufgrund einer mündlichen Verhandlung ergehenden Urteilen nach dem Schluss der letzten mündlichen Verhandlung die zur Befriedigung des Gläubigers erforderliche Summe zur Auszahlung an den Gläubiger oder auf dessen Konto eingezahlt oder überwiesen worden ist.

In den Fällen zu Buchst. a und c sind zugleich die bereits erfolgten Vollstreckungsmaßregeln aufzuheben. In den Fällen zu Buchst. d und e bleiben diese Maßregeln einstweilen bestehen; dasselbe gilt in den Fällen zu Buchst. b, sofern nicht durch die betreffende Entscheidung auch die Aufhebung der bisherigen Vollstreckungshandlungen angeordnet ist.

2. Der Gerichtsvollzieher hat hierbei folgendes zu beachten:

a) Er hat die Vollstreckbarkeit der vorgelegten Entscheidung zu prüfen, wenn sie nicht schon in Form einer vollstreckbaren Ausfertigung vorgelegt wird. Vollstreckbar ist eine Entscheidung, wenn sie für vorläufig vollstreckbar erklärt oder wenn sie mit dem Zeugnis der Rechtskraft versehen ist (§ 706 ZPO); es ist nicht erforderlich, daß die Entscheidung mit der Vollstreckungsklausel versehen oder nach § 750 ZPO zugestellt ist. Urteile, die in der Revisionsinstanz erlassen sind, sind auch ohne Zeugnis als rechtskräftig anzusehen, es sei denn, daß es sich um Versäumnisurteile handelt. Eine in der Beschwerdeinstanz erlassene Entscheidung sowie eine Entscheidung, durch die ein vorläufig vollstreckbares Urteil

Geschäftsanweisung für Gerichtsvollzieher **§ 113 GVGA 14**

oder dessen vorläufige Vollstreckbarkeit aufgehoben wird, ist in jedem Fall geeignet, die Einstellung der Zwangsvollstreckung zu begründen.

b) Im Fall der einstweiligen Einstellung der Vollstreckung ist es nicht erforderlich, daß die gerichtliche Entscheidung rechtskräftig oder vorläufig vollstreckbar ist. Bei einer Einstellung auf unbestimmte Zeit ist der Schuldtitel zurückzugeben und der Antrag des Gläubigers auf Fortsetzung der Vollstreckung abzuwarten, es sei denn, daß mit der alsbaldigen Fortsetzung der Zwangsvollstreckung zu rechnen ist.

3. Die für Urteile getroffenen Bestimmungen finden auf die sonstigen Schuldtitel entsprechende Anwendung (§ 795 ZPO). Die Einstellung der Vollstreckung aus einem Titel hat von selbst auch dieselbe Wirkung für einen auf dem Titel beruhenden Kostenfestsetzungsbeschluß.

4. Die Einstellung oder Beschränkung sowie gegebenenfalls die Aufhebung der Zwangsvollstreckung ist – sofern sie nicht bei der Vollstreckungshandlung erfolgt und in dem über die Vollstreckungshandlung aufzunehmenden Protokoll zu erwähnen ist – unter genauer Bezeichnung der zugrunde liegenden Schriftstücke zu den Vollstreckungsakten zu vermerken. Der Gläubiger ist von der Einstellung, Beschränkung oder Aufhebung von Vollstreckungsmaßregeln unverzüglich zu benachrichtigen. Besteht die Gefahr einer beträchtlichen Wertverringerung oder unverhältnismäßiger Kosten der Aufbewahrung der gepfändeten Sachen, so soll der Gerichtsvollzieher die Beteiligten darauf aufmerksam machen und dies auch in den Akten vermerken.

5. Ohne die Voraussetzungen der §§ 775, 776 ZPO darf der Gerichtsvollzieher nur dann die Zwangsvollstreckung einstellen oder durchgeführte Vollstreckungsmaßnahmen aufheben, wenn es besonders bestimmt ist (vgl. §§ 89 Nr. 5, 106 Nr. 2, 122 Nr. 1, 124 Nr. 3, 125 Abs. 2, 145 Nr. 2, 153 Nr. 4). Ein Entscheidungsrecht darüber, ob er die Zwangsvollstreckung aufschieben darf, steht ihm nur in den gesetzlich bestimmten Fällen zu (vgl. § 113). Der Gerichtsvollzieher weist deshalb einen Beteiligten, der den Aufschub, die Einstellung oder die Aufhebung der Zwangsvollstreckung begehrt, auf die zulässigen Rechtsbehelfe hin. Er belehrt insbesondere den Schuldner, der die Bewilligung von Zahlungsfristen unter Aussetzung der Verwertung der gepfändeten Sachen beantragen will, wenn ein Aufschub nach § 141 nicht möglich ist, dass das Vollstreckungsgericht einen verspäteten Antrag auf zeitweilige Aussetzung der Verwertung nach § 813b Abs. 2 ZPO ohne sachliche Prüfung zurückweisen kann, wenn er nicht binnen einer Frist von zwei Wochen seit der Pfändung oder dem Ende des Verwertungsaufschubs nach § 813a ZPO gestellt worden ist. Die Belehrung ist im Protokoll zu vermerken.

6. Für die Akten- und Listenführung gelten die Vorschriften der Gerichtsvollzieherordnung über die Behandlung und Überwachung ruhender Vollstreckungsaufträge.

§ 113 Aufschub von Vollstreckungsmaßnahmen zur Erwirkung der Herausgabe von Sachen (§ 765a Abs. 2 ZPO).

1. Der Gerichtsvollzieher kann eine Maßnahme zur Erwirkung der Herausgabe von Sachen (§§ 179–183) bis zur Entscheidung des Vollstreckungsgerichts über einen Vollstreckungsschutzantrag des Schuldners (§ 765a Abs. 1 ZPO) aufschieben, jedoch nicht länger als eine Woche. Der Aufschub ist nur zulässig, wenn dem Gerichtsvollzieher glaubhaft gemacht wird, daß

a) die Maßnahme auch bei voller Würdigung des Schutzbedürfnisses des Gläubigers wegen ganz besonderer Umstände eine Härte bedeutet, die mit den guten Sitten nicht vereinbar ist, und

b) es dem Schuldner nicht möglich war, das Vollstreckungsgericht rechtzeitig anzurufen.

2. Eine sittenwidrige Härte im Sinne der Nr. 1 liegt nicht schon dann vor, wenn die Unterlassung oder der Aufschub der Vollstreckungsmaßnahme im Interesse des Schuldners geboten und dem Gläubiger zuzumuten ist. Es muß vielmehr auch bei voller Würdigung der Belange des Gläubigers mit dem Anstandsgefühl aller billig und gerecht Denkenden nicht zu vereinbaren sein, die Vollstreckung alsbald durchzuführen. Diese Voraussetzung wird nur in ganz besonderen Ausnahmefällen erfüllt sein. Sie wird z.B. regelmäßig gegeben sein, wenn die Vollstreckungsmaßregel das Leben oder die Gesundheit des Schuldners oder seiner Angehörigen unmittelbar gefährden würde. Unter Umständen kann sie auch bei der Vollstreckung aus Titeln vorliegen, die außerhalb des Geltungsbereichs des Grundgesetzes errichtet oder erwirkt sind.

3. Schiebt der Gerichtsvollzieher die Zwangsvollstreckung auf, so weist er den Schuldner darauf hin, daß die Vollstreckung nach Ablauf einer Woche durchgeführt wird, falls der Schuldner bis dahin keine Einstellung durch das Vollstreckungsgericht erwirkt hat. Er belehrt den Schuldner zugleich über die strafrechtlichen Folgen einer Vollstreckungsvereitelung (§ 288 StGB).

X. Prüfungs- und Mitteilungspflichten bei der Wegnahme und Weitergabe von Waffen und Munition

§ 113 a [Prüfungs- und Mitteilungspflichten bei der Wegnahme und Weitergabe von Waffen und Munition]

1. Hat der Gerichtsvollzieher Schußwaffen, Munition oder diesen gleichstehende Gegenstände in Besitz genommen und will er sie dem Gläubiger oder einem Dritten übergeben, so prüft er, ob der Erwerb erlaubnis- oder anmeldepflichtig ist.
Ist dies zweifelhaft, überläßt er die Gegenstände erst dann, wenn die zuständige Verwaltungsbehörde dies für unbedenklich erklärt hat.

2. Ist der Erwerb erlaubnis- oder anmeldepflichtig, so zeigt er die beabsichtigte Übergabe der zuständigen Verwaltungsbehörde an. In der Anzeige bezeichnet er

a) den früheren Inhaber und den Empfänger der Schußwaffe, der Munition oder des gleichstehenden Gegenstandes mit Namen und Anschrift,

b) Art (ggf. Fabrikat und Nummer) und Kaliber der Waffe, der Munition oder des gleichstehenden Gegenstandes.

Die Waffe, Munition oder die ihnen gleichstehenden Gegenstände händigt er erst einen Monat nach dieser Anzeige an den Gläubiger oder Dritten aus; hierauf weist er in der Anzeige hin.

3. Örtlich zuständig ist die Behörde, in deren Bezirk derjenige, dem der Gerichtsvollzieher den Gegenstand aushändigen will, seinen gewöhnlichen Aufenthalt oder bei Fehlen eines gewöhnlichen Aufenthalts seinen jeweiligen Aufenthalt hat.

B. Zwangsvollstreckung wegen Geldforderungen

I. Allgemeine Vorschriften

§ 114 Begriff der Geldforderung.

1. Geldforderung ist jede Forderung, die auf Leistung einer bestimmten Wertgröße in Geld gerichtet ist. Geldforderungen im Sinne des Vollstreckungsrechts sind auch die Haftungsansprüche für Geldleistungen, z.B. die Ansprüche im Fall der Verurteilung zur Duldung der Zwangsvollstreckung.

2. Sollen Stücke einer bestimmten Münzsorte oder bestimmte Wertzeichen geleistet werden (Geldsortenschuld), so erfolgt die Zwangsvollstreckung nach den Vorschriften über die Herausgabe beweglicher Sachen (§§ 884, 883 Abs. 1 ZPO).

§ 114 a Zügige und gütliche Erledigung des Zwangsvollstreckungsverfahrens; Einziehung von Teilbeträgen (§ 806 b ZPO).

1. Der Gerichtsvollzieher ist zu allen Maßnahmen, die ihm zur gütlichen und zügigen Erledigung des Zwangsvollstreckungsverfahrens geeignet erscheinen, in jeder Lage des Verfahrens, auch bei der Verhaftung des Schuldners in dem Verfahren zu Abgabe der eidesstattlichen Versicherung ermächtigt (vgl. § 105).

2. Findet der Gerichtsvollzieher bei dem Vollstreckungsversuch pfändbare körperliche Sachen nicht vor (fruchtloser Pfändungsversuch), so zieht er von dem Schuldner danach angebotene Teilbeträge ein, wenn

   a) der Schuldner nach der Einschätzung des Gerichtsvollziehers glaubhaft darlegt, wie und aus welchen Mitteln er wann und in welcher Höhe Teilzahlungen zur Tilgung der Schuld einschließlich der laufenden Zinsen leisten wird,

   b) dadurch die Schuld voraussichtlich kurzfristig, in der Regel innerhalb von sechs Monaten, nach dem Vollstreckungsversuch getilgt werden könnte und

   c) der Gläubiger einverstanden ist.

3. Die Umstände der von dem Schuldner angebotenen Tilgung durch Ratenzahlung sind in dem Protokoll im einzelnen zu erwähnen, insbesondere Höhe und Zeitpunkt der Teilzahlung, Zahlungsweg und Gründe für die Glaubhaftigkeit bzw. Unglaubhaftigkeit des Schuldnervorbringens. Ferner ist anzugeben, ob Ratenzahlungen eingezogen werden.

4. Kommt die Einziehung von Teilbeträgen nicht in Betracht, unterrichtet der Gerichtsvollzieher sofort den Schuldner und verfährt weiter nach dem Auftrag des Gläubigers.

5. Zieht der Gerichtsvollzieher Teilbeträge ein, so unterrichtet er darüber und über den fruchtlosen Pfändungsversuch den Gläubiger durch eine Abschrift des Protokolls. Das Einverständnis des Gläubigers kann der Gerichtsvollzieher, wenn es nicht bereits bei der Auftragserteilung erklärt worden ist, zunächst bis zu einer Antwort des Gläubigers auf die Nachricht über den fruchtlosen Pfändungsversuch und die Umstände der von dem Schuldner angebotenen Teilzahlung unterstellen, es sei denn, dass der Gläubiger den Vollstreckungsauftrag mit dem Auftrag zur Abnahme der eidesstattlichen Versicherung verbunden hatte. Hatte der Gläubiger seine Einwilligung von

Bedingungen abhängig gemacht, ist der Gerichtsvollzieher bei der Einziehung der Teilzahlungen hieran gebunden. Verweigert der Gläubiger sein Einverständnis, teilt der Gerichtsvollzieher dies dem Schuldner mit. Bereits eingezogene Teilbeträge leitet der Gerichtsvollzieher entsprechend § 106 Nr. 6 an den Gläubiger weiter.

6. Genehmigt der Gläubiger den Rateneinzug oder willigt er ein, so ruht der Pfändungsauftrag. Der Gerichtsvollzieher zieht im Einverständnis mit dem Gläubiger die Raten ein. Der Gerichtsvollzieher ist auch berechtigt, die Raten bei dem Schuldner abzuholen.
7. Widerruft der Gläubiger die Ratenbewilligung, so ist das Ruhen des Verfahrens aufzuheben und der Auftrag nach den Bestimmungen des Gläubigers auszuführen. Der Gerichtsvollzieher vermerkt auf dem Titel die bisher eingezogenen Beträge und händigt diesen nach Abschluss des Verfahrens an den Gläubiger, bei vollständiger Befriedigung an den Schuldner aus.
8. Gehen weitere Aufträge gegen den Schuldner ein, so vollstreckt der Gerichtsvollzieher diese nach den geltenden Bestimmungen. Hinsichtlich der im ruhenden Verfahren angebotenen Zahlungen ist davon auszugehen, dass diese aus dem pfandfreien Betrag des Schuldnereinkommens bestritten werden.
9. Hat der Gerichtsvollzieher für mehrere Gläubiger gleichzeitig (§ 168) einen erfolglosen Vollstreckungsversuch unternommen und versichert der Schuldner glaubhaft, die Geldforderung aller Gläubiger innerhalb der Frist durch Teilbeträge zu tilgen, verfährt der Gerichtsvollzieher nach den vorstehenden Nummern.

§ 115 *(aufgehoben)*

§ 116 Zahlungsverkehr mit Personen in fremden Wirtschaftsgebieten.

1. Zahlungen zwischen dem Geltungsbereich des Außenwirtschaftsgesetzes und fremden Wirtschaftsgebieten (§ 4 Abs. 1 Nr. 2 des Außenwirtschaftsgesetzes vom 28. 4. 1961 – BGBl. I S. 481 –) unterliegen keinen Beschränkungen.
2. Zahlungen, die der Gerichtsvollzieher an Gläubiger in fremden Wirtschaftsgebieten oder für deren Rechnung an Gebietsansässige (§ 4 Abs. 1 Nr. 5 des Außenwirtschaftsgesetzes) leistet oder von Schuldnern aus fremden Wirtschaftsgebieten oder für deren Rechnung von Gebietsansässigen entgegennimmt, sind gem. §§ 59 ff. der Außenwirtschaftsverordnung gegenüber der Deutschen Bundesbank meldepflichtig, es sei denn, daß die Zahlung die Meldefreigrenze von 12.500 Euro oder den Gegenwert in anderer Währung nicht übersteigt. Die Meldungen sind bei der örtlich zuständigen Landeszentralbank, Hauptstelle oder Zweigstelle, auf vorgeschriebenem Vordruck (§§ 60, 63 der Außenwirtschaftsverordnung) einzureichen. Meldungen über ausgehende Zahlungen, die über ein gebietsansässiges Geldinstitut geleistet werden, übergibt der Gerichtsvollzieher dem beauftragten Geldinstitut zur Weiterleitung an die Deutsche Bundesbank (§ 63 Abs. 2 in Verbindung mit § 60 Abs. 1 der Außenwirtschaftsverordnung). Der Gerichtsvollzieher hat die Meldefristen nach § 61 der Außenwirtschaftsverordnung zu beachten.

II. Zwangsvollstreckung in bewegliche körperliche Sachen

1. Pfändungspfandrecht

§ 117 [Pfändungspfandrecht] (§§ 803, 804 ZPO).

1. Der Gerichtsvollzieher führt die Zwangsvollstreckung wegen Geldforderungen in bewegliche körperliche Sachen einschließlich der Wertpapiere und der vom Boden noch nicht getrennten Früchte durch Pfändung und Verwertung aus.
2. Durch Pfändung erwirbt der Gläubiger ein Pfandrecht an den gepfändeten Gegenständen. Grundlage für die Verwertung der Pfandstücke ist aber nicht das Pfandrecht, sondern die Verstrickung, die durch die Pfändung bewirkt wird. Der Gerichtsvollzieher hat allein die prozessualen Erfordernisse der Pfändung zu beachten (§§ 803, 804 ZPO). Der Rang des Pfandrechts bestimmt sich nach dem Zeitpunkt der Pfändung. Das durch eine frühere Pfändung begründete Pfandrecht geht allen später entstandenen Pfandrechten vor und berechtigt den Gläubiger, für den die Pfändung ausgeführt ist, zur vorzugsweisen Befriedigung aus dem Erlös der Pfandstücke vor späteren Gläubigern.

2. Pfändung

a) Gegenstand der Pfändung, Gewahrsam

§ 118 Allgemeines (§§ 808, 809 ZPO; Art. 13 GG).

1. Der Pfändung unterliegen diejenigen beweglichen Sachen des Schuldners, die sich in seiner tatsächlichen Gewalt (in seinem Gewahrsam) befinden.
Gewahrsam kann der Schuldner unter Umständen auch an Sachen haben, die sich in den Räumen eines Dritten befinden. Dies kann z.B. der Fall sein, wenn der Untermieter einen Teil seiner Sachen, die er in dem ihm vermieteten Zimmer nicht unterbringen kann, in anderen Räumen des Untervermieters verwahrt. In solchen Fällen ist der Gerichtsvollzieher auch berechtigt, die Räume des Dritten zur Durchführung der Vollstreckung zu betreten. Sachen, die der gesetzliche Vertreter des Schuldners für diesen im Gewahrsam hat, sind wie solche im Gewahrsam des Schuldners zu behandeln.
Wegen des Gewahrsams von Eheleuten oder Lebenspartnern an beweglichen Sachen wird auf die §§ 95, 99 verwiesen.
2. Sachen, die sich nicht im Gewahrsam des Schuldners befinden, können vom Gerichtsvollzieher gepfändet werden, wenn der Gewahrsamsinhaber zur Herausgabe der Sachen bereit oder wenn der Gläubiger selbst Gewahrsamsinhaber ist.
Befindet sich eine Sache im gemeinsamen Gewahrsam des Schuldners und eines Dritten, so darf sie nur mit Zustimmung des Dritten gepfändet werden.
Die Erklärungen des Dritten, daß er zur Herausgabe bereit sei oder der Pfändung zustimme, müssen unbedingt sein, sofern nicht die gestellten Bedingungen von allen Beteiligten angenommen werden; sie müssen auch ergeben, daß er mit der Verwertung der Sache einverstanden ist. Nach Durchführung der Pfändung können die Erklärungen nicht mehr widerrufen werden.

Auf die Bereitschaft des Dritten zur Herausgabe oder seine Zustimmung kommt es nicht an, wenn er zur Duldung der Zwangsvollstreckung verurteilt ist oder wenn die Zwangsvollstreckung auf Grund des Urteils gegen den Schuldner auch gegen ihn zulässig ist (vgl. z.B. § 97 Nr. 2).

3. Personen, die nur Besitzdiener (§ 855 BGB) sind, z.B. Hausangestellte, Gewerbegehilfen, Kellner, Kraftdroschkenfahrer, haben keinen Gewahrsam an Sachen, die ihnen vom Schuldner überlassen sind. Alleiniger Gewahrsamsinhaber bleibt der Schuldner. Der Gerichtsvollzieher darf solche Sachen auch gegen den Willen des Besitzdieners pfänden; er kann den Widerstand des Besitzdieners mit Gewalt brechen (§ 758 Abs. 3 ZPO).

4. Haftet der Schuldner nicht mit seinem eigenen, sondern nur mit fremdem Vermögen (z.B. Testamentsvollstrecker, Konkursverwalter, Insolvenzverwalter), so ist der Gewahrsam allein nicht genügend. Der Gerichtsvollzieher hat in diesem Fall vielmehr auch zu prüfen, ob die Sache zu dem Vermögen gehört, in das zu vollstrecken ist.

5. In den Fällen der Nrn. 1 und 3 ist § 107 entsprechend anzuwenden.

§ 119 Rechte Dritter an den im Gewahrsam des Schuldners befindlichen Gegenständen.

1. Der Gerichtsvollzieher prüft im allgemeinen nicht, ob die im Gewahrsam des Schuldners befindlichen Sachen zu dessen Vermögen gehören. Dies gilt sowohl dann, wenn zugunsten einer dritten Person ein die Veräußerung hinderndes Recht in Anspruch genommen wird, als auch dann, wenn der Schuldner behauptet, daß er die tatsächliche Gewalt über die Sachen nur für den Besitzer ausübe oder daß er sein Besitzrecht von einem anderen ableite. Für den Gerichtsvollzieher kommt es hiernach nur auf den äußeren Befund an. Für ihn gilt als Vermögen des Schuldners alles, was sich in dessen Gewahrsam befindet.

2. Gegenstände, die offensichtlich zum Vermögen eines Dritten gehören, pfändet der Gerichtsvollzieher nicht, z.B. dem Handwerker zur Reparatur, dem Frachtführer zum Transport und dem Pfandleiher zum Pfand übergebene Sachen, Klagewechsel in den Akten eines Rechtsanwalts. Dies gilt nicht, wenn der Dritte erklärt, daß er der Pfändung nicht widerspreche oder wenn der Gläubiger die Pfändung ausdrücklich verlangt.

3. Im Handelsverkehr wird dem Käufer das für die Aufbewahrung oder den Versand der Ware erforderliche wertvollere Leergut häufig nur leihweise überlassen. Dies gilt insbesondere für Eisen-, Stahl-, Blei- und Korbflaschen, Kupfer- und Aluminiumkannen sowie Metallfässer bei Lieferung von Erzeugnissen der chemischen Industrie, für Fässer, Glas- und Korbflaschen sowie Flaschenkästen bei Lieferung von Flüssigkeiten und für wertvollere Kisten und Säcke bei Lieferungen sonstiger Art. Daß solches Leergut nur leihweise überlassen ist, ergibt sich oft aus den Angeboten und Rechnungen. Auch ist das Gut meist mit einem Metallschild oder einem Stempel versehen, der den Eigentümer näher bezeichnet oder auch den Vermerk „unverkäuflich" enthält.

Leergut, das mit einem solchen auf das Eigentum eines Dritten hinweisenden Zeichen versehen ist, pfändet der Gerichtsvollzieher nur, wenn keine anderen Pfandstücke in ausreichendem Maße vorhanden sind und wenn es der Gläubiger ausdrücklich verlangt. Dasselbe gilt, wenn dem Gerichtsvollzieher Verträge oder Rechnungen zum Nachweis dafür vorgelegt werden, daß das Leergut einem Dritten gehört. Der Gerichtsvollzieher teilt dem vermutlichen Eigentümer die Pfändung mit, sofern es sich nicht um Leergut von geringerem Wert handelt.

b) Pfändungsbeschränkungen

§ 120 Allgemeines.

1. Soweit nach dem Gesetz Pfändungsbeschränkungen bestehen, entscheidet der Gerichtsvollzieher selbständig, welche Sachen des Schuldners von der Pfändung auszuschließen sind. Sachen, deren Pfändbarkeit zweifelhaft ist, pfändet er, sofern sonstige Pfandstücke nicht in ausreichendem Maße vorhanden sind.

2. Hat der Gerichtsvollzieher eine Pfändung durchgeführt, so darf er sie nicht eigenmächtig wieder aufheben, auch wenn er sich von ihrer Unrechtmäßigkeit überzeugt hat. Die Vorschriften der §§ 125, 145 Nr. 2 Buchst. c bleiben unberührt.

Die Pfändung ist auf Anweisung des Gläubigers, bei Verzicht des Gläubigers auf das Pfandrecht oder auf Anordnung des Vollstreckungsgerichts aufzuheben.

§ 121 Unpfändbare Sachen.

1. Nach § 811 ZPO sind folgende Sachen der Pfändung nicht unterworfen:

   a) die dem persönlichen Gebrauch oder dem Haushalt dienenden Sachen, insbesondere Kleidungsstücke, Wäsche, Betten, Haus- und Küchengerät, soweit die Schuldner ihrer zu einer seiner Berufstätigkeit und seiner Verschuldung angemessenen, bescheidenen Lebens- und Haushaltsführung bedarf; ferner Gartenhäuser, Wohnlauben und ähnliche Wohnzwecken dienende Einrichtungen, die der Zwangsvollstreckung in das bewegliche Vermögen unterliegen und deren der Schuldner und seine Familie zur ständigen Unterkunft bedarf;

   b) die für den Schuldner, seine Familie und seine Hausangehörigen, die ihm im Haushalt helfen, auf 4 Wochen erforderlichen Nahrungs-, Feuerungs- und Beleuchtungsmittel oder, soweit für diesen Zeitraum solche Vorräte nicht vorhanden sind und ihre Beschaffung auf anderem Wege nicht gesichert ist, der zur Beschaffung erforderliche Geldbetrag;

   c) Kleintiere in beschränkter Zahl sowie eine Milchkuh oder nach Wahl des Schuldners statt einer solchen insgesamt 2 Schweine, Ziegen oder Schafe, wenn diese Tiere für die Ernährung des Schuldners, seiner Familie oder Hausangehörigen, die ihm im Haushalt, in der Landwirtschaft oder im Gewerbe helfen, erforderlich sind; ferner die zur Fütterung und zur Streu auf 4 Wochen erforderlichen Vorräte oder, soweit solche Vorräte nicht vorhanden sind und ihre Beschaffung für diesen Zeitraum auf anderem Wege nicht gesichert ist, der zu ihrer Beschaffung erforderliche Geldbetrag;

   d) bei Personen, die Landwirtschaft betreiben, das zum Wirtschaftsbetrieb erforderliche Gerät und Vieh nebst dem nötigen Dünger sowie die landwirtschaftlichen Erzeugnisse, soweit sie zur Sicherung des Unterhalts des Schuldners, seiner Familie und seiner Arbeitnehmer oder zur

Fortführung der Wirtschaft bis zur nächsten Ernte gleicher oder ähnlicher Erzeugnisse erforderlich sind;

e) bei Arbeitnehmern in landwirtschaftlichen Betrieben die ihnen als Vergütung gelieferten Naturalien, soweit der Schuldner ihrer zu seinem und seiner Familie Unterhalt bedarf;

f) bei Personen, die aus ihrer körperlichen oder geistigen Arbeit oder sonstigen persönlichen Leistungen ihren Erwerb ziehen, die zur Fortsetzung dieser Erwerbstätigkeit erforderlichen Gegenstände;

g) bei den Witwen und minderjährigen Erben der unter f bezeichneten Personen, wenn sie die Erwerbstätigkeit für ihre Rechnung durch einen Stellvertreter fortführen, die zur Fortsetzung dieser Erwerbstätigkeit erforderlichen Gegenstände;

h) Dienstkleidungsstücke sowie Dienstausrüstungsgegenstände, soweit sie zum Gebrauch des Schuldners bestimmt sind, sowie bei Beamten, Rechtsanwälten, Kammerrechtsbeiständen (§ 26 Nr. 3 Satz 3), Notaren, Ärzten und Hebammen die zur Ausübung des Berufes erforderlichen Gegenstände einschließlich angemessener Kleidung;

i) bei Personen, die wiederkehrende Einkünfte der in den §§ 850 bis 850b ZPO bezeichneten Art beziehen, ein Geldbetrag, der dem der Pfändung nicht unterworfenen Teil der Einkünfte für die Zeit von der Pfändung bis zum nächsten Zahlungstermin entspricht;

k) die zum Betrieb einer Apotheke unentbehrlichen Geräte, Gefäße und Waren;

l) die Bücher, die zum Gebrauch des Schuldners und seiner Familie in der Kirche oder Schule oder einer sonstigen Unterrichtsanstalt oder zur häuslichen Andacht bestimmt sind;

m) die in Gebrauch genommenen Haushalts- und Geschäftsbücher, die Familienpapiere sowie Trauringe, Orden und Ehrenzeichen;

n) künstliche Gliedmaßen, Brillen und andere wegen körperlicher Gebrechen notwendige Hilfsmittel, soweit diese Gegenstände zum Gebrauch des Schuldners und seiner Familie bestimmt sind;

o) die zur unmittelbaren Verwendung für die Bestattung bestimmten Gegenstände.

2. Die in Nr. 1 Buchst. a, d, f, g und h bezeichneten Sachen kann der Gerichtsvollzieher nur dann pfänden, wenn

a) der Vorbehaltsverkäufer wegen der durch Eigentumsvorbehalt gesicherten Kaufpreisforderung aus dem Verkauf der zu pfändenden Sache vollstreckt und auf die Pfändbarkeit hinweist,

b) ein einfacher Eigentumsvorbehalt, der sich lediglich auf die verkaufte, unter Eigentumsvorbehalt übereignete Sache erstreckt und mit dem Eintritt der Bedingung der sofortigen Kaufpreiszahlung erlischt, oder ein weitergegebener einfacher Eigentumsvorbehalt gegeben ist, bei dem der Vorbehaltsverkäufer mit dem Käufer einen einfachen Eigentumsvorbehalt vereinbart hat, aber seinerseits die Sache von seinem Lieferanten ebenfalls nur unter einfachem Eigentumsvorbehalt erworben hatte, und

c) der Vorbehaltsverkäufer die Vereinbarung des Eigentumsvorbehalts durch Originalurkunden oder beglaubigte Ablichtungen derselben nachweist.

Wegen der an ihn abgetretenen Kaufpreisforderung kann auch der Lieferant des Verkäufers die Sache pfänden lassen. Soweit sich der Nachweis des einfachen oder weitergegebenen einfachen Eigentumsvorbehalts nicht aus dem zu vollstreckenden Titel ergibt, kommen als Nachweis auch andere Urkunden (§ 416 ZPO), insbesondere der Kaufvertrag, in Betracht.

3. Nach § 811 c ZPO sind Tiere, die im häuslichen Bereich und nicht zu Erwerbszwecken gehalten werden, der Pfändung nicht unterworfen.
Auf Antrag des Gläubigers läßt das Vollstreckungsgericht eine Pfändung wegen des hohen Wertes des Tieres zu, wenn die Unpfändbarkeit für den Gläubiger eine Härte bedeuten würde, die auch unter Würdigung der Belange des Tierschutzes und der berechtigten Interessen des Schuldners nicht zu rechtfertigen ist.

4. Unpfändbar sind weiter insbesondere:
   a) Die Nutzungen der Erbschaft sowie die Nutzungen des Gesamtgutes einer fortgesetzten Gütergemeinschaft in den Fällen des § 863 ZPO;
   b) Fahrbetriebsmittel aller Eisenbahnen, welche Güter oder Personen im öffentlichen Verkehr befördern (Gesetz vom 3. 5. 1886 – RGBl. I S. 131 –);

§ 122 Künftiger Wegfall der Unpfändbarkeit (§ 811 d ZPO).

1. Ist zu erwarten, daß eine unpfändbare Sache demnächst pfändbar wird (z.B. wegen eines bevorstehenden Berufswechsels des Schuldners), so kann der Gerichtsvollzieher sie pfänden. Er muß sie aber im Gewahrsam des Schuldners belassen und im Pfändungsprotokoll darauf hinweisen, aus welchem Grunde dies geschehen ist. Die Vollstreckung darf der Gerichtsvollzieher erst fortsetzen, wenn die Sache pfändbar geworden ist. Ist die Sache nicht binnen eines Jahres pfändbar geworden, so hebt der Gerichtsvollzieher nach Anhörung des Gläubigers die Pfändung auf.

2. Dagegen ist der Gerichtsvollzieher nicht berechtigt, eine Pfändung deshalb zu unterlassen, weil die zu pfändende Sache wahrscheinlich demnächst unpfändbar wird.

§ 123 Austauschpfändung (§ 811 a ZPO).

1. Die Pfändung einer nach § 121 Nr. 1 Buchst. a, f und g unpfändbaren Sache kann vom Vollstreckungsgericht zugelassen werden, wenn der Gläubiger dem Schuldner vor der Wegnahme der Sache ein Ersatzstück, das dem geschützten Verwendungszweck genügt, oder den zur Beschaffung eines solchen Ersatzstücks erforderlichen Geldbetrag überläßt; ist dem Gläubiger die rechtzeitige Ersatzbeschaffung nicht möglich oder nicht zuzumuten, so kann die Pfändung mit der Maßgabe zugelassen werden, daß dem Schuldner der zur Ersatzbeschaffung notwendige Geldbetrag aus dem Vollstreckungserlös erstattet wird (Austauschpfändung). Das Vollstreckungsgericht setzt den Wert eines vom Gläubiger angebotenen Ersatzstücks oder den zu Ersatzbeschaffung erforderlichen Geldbetrag fest.

2. Wird dem Gerichtsvollzieher ein Beschluß des Vollstreckungsgerichts vorgelegt, durch den die Austauschpfändung zugelassen wird, so führt er die Pfändung durch. Spätestens bei der Wegnahme der Sache übergibt er dem Schuldner gegen Quittung das Ersatzstück oder den von dem Vollstreckungsgericht festgesetzten Geldbetrag – sofern die Übergabe nicht schon

vom Gläubiger vorgenommen worden ist – und vermerkt dies im Pfändungsprotokoll. Hat das Vollstreckungsgericht zugelassen, daß dem Schuldner der zur Ersatzbeschaffung notwendige Geldbetrag aus dem Vollstreckungserlös erstattet wird, so ist die Wegnahme der gepfändeten Sache erst nach Rechtskraft des Zulassungsbeschlusses zulässig.

3. Der vom Vollstreckungsgericht nach Nr. 1 Satz 2 festgesetzte Geldbetrag ist dem Gläubiger aus dem Vollstreckungserlös zu erstatten; er gehört zu den Kosten der Zwangsvollstreckung.

Ist dem Schuldner der zur Ersatzbeschaffung notwendige Betrag aus dem Versteigerungserlös zu erstatten, so ist er vorweg aus dem Erlös zu entnehmen.

4. Der dem Schuldner überlassene Geldbetrag ist unpfändbar.

§ 124 Vorläufige Austauschpfändung (§ 811 b ZPO).

1. Nach § 811 b ZPO darf der Gerichtsvollzieher eine Austauschpfändung (§ 123 Nr. 1) auch ohne vorherige Entscheidung des Vollstreckungsgerichts durchführen (vorläufige Austauschpfändung).

2. Die vorläufige Austauschpfändung ist nur zulässig, wenn die Austauschpfändung nach Lage der Verhältnisse angemessen ist und wenn deshalb zu erwarten ist, daß das Vollstreckungsgericht sie zulassen wird. Der Gerichtsvollzieher soll die vorläufige Austauschpfändung ferner nur vornehmen, wenn zu erwarten ist, daß der Vollstreckungserlös den Wert des Ersatzstücks erheblich übersteigen wird.

3. Sachen, deren vorläufige Pfändung nach Nr. 2 zulässig ist, pfändet der Gerichtsvollzieher, wenn er im Gewahrsam des Schuldners keine pfändbaren Sachen vorfindet oder wenn die vorhandenen pfändbaren Sachen zur Befriedigung des Gläubigers nicht ausreichen. Er beläßt die vorläufig gepfändeten Sachen jedoch im Gewahrsam des Schuldners. Im Pfändungsprotokoll vermerkt er, daß er die Pfändung als vorläufige Austauschpfändung durchgeführt hat. Sodann verfährt er wie folgt:

a) Er benachrichtigt den Gläubiger davon, daß er die Pfändung als vorläufige Austauschpfändung durchgeführt hat und weist ihn darauf hin, daß die Pfändung nach § 811 b Abs. 2 ZPO aufgehoben werden müsse, wenn der Gläubiger nicht binnen 2 Wochen nach Eingang der Nachricht die Zulassung der Austauschpfändung bei dem Vollstreckungsgericht beantragt habe. In der Benachrichtigung bezeichnet der Gerichtsvollzieher das Pfandstück, dessen gewöhnlichen Verkaufswert und den voraussichtlichen Erlös. Ferner gibt er an, welches Ersatzstück nach Art und besonderen Eigenschaften in Betracht kommt, um dem geschützten Verwendungszweck zu genügen, und weist darauf hin, daß er die Vollstreckung nach gerichtlicher Zulassung der Austauschpfändung nur auf Anweisung des Gläubigers fortsetzt.

b) Stellt der Gläubiger den Antrag auf Zulassung der Austauschpfändung nicht fristgemäß, so hebt der Gerichtsvollzieher die Pfändung auf. Wird der Antrag dagegen fristgemäß gestellt, so wartet der Gerichtsvollzieher die gerichtliche Entscheidung über ihn ab.

c) Weist das Gericht den Antrag rechtskräftig zurück, so hebt der Gerichtsvollzieher die Pfändung auf.

d) Läßt das Vollstreckungsgericht eine Austauschpfändung nach § 123 Nr. 1 Halbsatz 1 zu, so übergibt der Gerichtsvollzieher nach Anweisung des Gläubigers dem Schuldner gegen Quittung das Ersatzstück oder den zu seiner Beschaffung erforderlichen Geldbetrag und setzt die Zwangsvollstreckung sodann fort; er darf nunmehr dem Schuldner auch das Pfandstück wegnehmen. Die Rechtskraft des Zulassungsbeschlusses braucht der Gerichtsvollzieher nicht abzuwarten.

e) Läßt das Vollstreckungsgericht die Austauschpfändung mit der Maßgabe zu, daß der zur Ersatzbeschaffung notwendige Geldbetrag dem Schuldner aus dem Vollstreckungserlös erstattet wird (§ 123 Nr. 1 Halbsatz 2), so setzt der Gerichtsvollzieher die Zwangsvollstreckung fort, sofern ihn der Gläubiger hierzu anweist. Er darf jedoch in diesem Fall dem Schuldner das Pfandstück erst dann wegnehmen, wenn der Zulassungsbeschluß rechtskräftig geworden ist.

f) Gibt der Gläubiger innerhalb von 6 Monaten seit dem Erlaß des Zulassungsbeschlusses keine Anweisung zur Fortsetzung der Zwangsvollstreckung, so findet § 111 Nr. 2 entsprechende Anwendung.

§ 125 Zwecklose Pfändung (§ 803 Abs. 2 ZPO).

[1] Die Pfändung hat zu unterbleiben, wenn sich von der Verwertung der gepfändeten Gegenstände ein Überschuß über die Kosten der Zwangsvollstreckung nicht erwarten läßt.

[2] Eine Pfändung, deren Zwecklosigkeit sich nachträglich herausstellt (z.B. infolge einer Veränderung der Marktlage), hebt der Gerichtsvollzieher auf.

[3] Vor der Aufhebung gibt er dem Gläubiger Gelegenheit zur Äußerung binnen einer angemessenen, von dem Gerichtsvollzieher zu bestimmenden Frist.

§ 126 Pfändung von Gegenständen, deren Veräußerung unzulässig ist oder die dem Washingtoner Artenschutzübereinkommen unterliegen.

1. Gegenstände, deren Veräußerung unzulässig ist, dürfen nicht gepfändet werden (z.B. Lebensmittel, deren Verzehr die Gesundheit schädigen kann – § 8 des Gesetzes zur Gesamtreform des Lebensmittelrechtes vom 15. 8. 1974, BGBl. I S. 1945 –, Bildnisse, die nach § 22 des Kunsturhebergesetzes nicht verbreitet werden dürfen).

2. Bei der Zwangsvollstreckung, die lebende Tiere betrifft oder in Pflanzen sowie Teile und Erzeugnisse von Exemplaren besonders geschützter Arten [siehe die Anhänge I und II des Washingtoner Artenschutzübereinkommens vom 3. 3. 1973 – BGBl. II 1975, 777 (799 ff.) –, den Anhang C der Verordnung (EWG) Nr. 3626/82 zur Anwendung des Übereinkommens über den internationalen Handel mit gefährdeten Arten freilebender Tiere und Pflanzen in der Gemeinschaft und die durch die Bundesartenschutzverordnung (BArtSchV) in der Fassung vom 18. 9. 1989 – BGBl. I S. 1677 – (berichtigt BGBl. I 1989, 2011) besonders unter Schutz gestellten Arten] bestehen häufig Vermarktungsverbote. Der Gerichtsvollzieher hat sich vor der Versteigerung im Zweifel mit der zuständigen Naturschutzbehörde in Verbindung zu setzen. Dies gilt bei Arten, die dem Washingtoner Artenschutzübereinkommen unterliegen (etwa exotischen Tieren und Pflanzen) insbesondere dann, wenn der Schuldner keine CITES-Bescheinigung vorweisen kann.

§ 127 Pfändung von Hausrat (§ 812 ZPO). Gegenstände, die zum gewöhnlichen Hausrat gehören und im Haushalt des Schuldners gebraucht werden, sollen nicht gepfändet werden, wenn ohne weiteres ersichtlich ist, daß durch ihre Verwertung nur ein Erlös erzielt werden würde, der außer allem Verhältnis zu ihrem Wert steht.

§ 128 Pfändung von Barmitteln aus Miet- und Pachtzahlungen (§ 851 b ZPO). ¹Barmittel, die aus Miet- und Pachtzahlungen herrühren, sollen nicht gepfändet werden, wenn offenkundig ist, daß sie der Schuldner zur laufenden Unterhaltung des Grundstücks, zur Vornahme notwendiger Instandsetzungsarbeiten und zur Befriedigung von Ansprüchen braucht, welche bei der Zwangsvollstreckung in das Grundstück dem Anspruch des Gläubigers nach § 10 ZVG[1]) vorgehen würden. ²Sind diese Voraussetzungen nicht offenkundig, so führt der Gerichtsvollzieher die Pfändung durch, verweist den Schuldner an das Vollstreckungsgericht und belehrt ihn darüber, daß das Gericht einen verspäteten Antrag auf Aufhebung der Pfändung ohne sachliche Prüfung zurückweisen kann (§§ 851 b Abs. 2, 813 a Abs. 2 ZPO). ³Die Belehrung vermerkt er im Protokoll.

§ 129 Pfändung von Erzeugnissen, Bestandteilen und Zubehörstücken.

1. Bewegliche Sachen, auf die sich bei Grundstücken die Hypothek erstreckt und die daher der Zwangsvollstreckung in das unbewegliche Vermögen unterliegen, sind nur nach Maßgabe des § 865 ZPO pfändbar. Der Gerichtsvollzieher hat hierbei die Nrn. 2 bis 5 zu beachten.

2. Das Bürgerliche Gesetzbuch bestimmt in den §§ 1120–1122, auf welche Gegenstände außer dem Grundstück nebst hängenden und stehenden Früchten sich die Hypothek erstreckt. Insbesondere gehören hierzu die vom Boden getrennten Erzeugnisse, die sonstigen Bestandteile sowie die Zubehörstücke eines Grundstücks, sofern diese Gegenstände in das Eigentum des Grundstückseigentümers gelangt und nicht wieder veräußert, auch nicht von dem Grundstück entfernt sind.

3. Der Gerichtsvollzieher hat hinsichtlich dieser Gegenstände zu unterscheiden:

   a) Zubehörstücke eines Grundstücks, die dem Grundstückseigentümer gehören, sind unpfändbar. Was Zubehör ist, bestimmen die §§ 97, 98 BGB. Der Gerichtsvollzieher darf z.B. bei der Zwangsvollstreckung gegen den Eigentümer eines landwirtschaftlichen Betriebes das Milch- und Zuchtvieh, bei der Zwangsvollstreckung gegen den Eigentümer einer Fabrik die zum Betrieb bestimmten Maschinen nicht pfänden.

   b) Im übrigen unterliegen die Gegenstände, auf die sich die Hypothek erstreckt (z.B. Getreidevorräte auf einem landwirtschaftlichen Betrieb, die nicht zur Fortführung der Wirtschaft, sondern zum Verkauf bestimmt sind, § 98 BGB) der Pfändung, solange nicht ihre Beschlagnahme im Wege der Zwangsvollstreckung in das unbewegliche Vermögen erfolgt ist.

---

[1]) Nr. 2.

4. Wegen der Zwangsvollstreckung in Früchte, die noch nicht vom Boden getrennt sind, wird auf die §§ 151–153 verwiesen.

5. Die genannten Vorschriften finden entsprechende Anwendung auf die Zwangsvollstreckung in Erzeugnisse oder Zubehörteile einer Berechtigung, für welche die Vorschriften gelten, die sich auf Grundstücke beziehen.

6. Die Schiffshypothek bei Schiffen, Schiffsbauwerken, im Bau befindlichen oder fertiggestellten Schwimmdocks sowie das Registerpfandrecht bei Luftfahrzeugen erstrecken sich auf das Zubehör des Schiffes, Schiffsbauwerks, Schwimmdocks (bei Schiffsbauwerken und im Bau befindlichen Schwimmdocks auch die auf der Bauwerft zum Einbau bestimmten und als solche gekennzeichneten Bauteile) oder des Luftfahrzeugs mit Ausnahme der Zubehörstücke oder der Bauteile, die nicht in das Eigentum des Eigentümers des Schiffes, Schiffsbauwerks, im Bau befindlichen oder fertiggestellten Schwimmdocks oder Luftfahrzeugs gelangt sind. Im übrigen wird auf die §§ 31, 79, 81 a des Gesetzes über Rechte an eingetragenen Schiffen und Schiffsbauwerken vom 15. 11. 1940 (RGBl. I S. 1499 i.d.F. des Gesetzes vom 4. 12. 1968 – BGBl. I S. 1295 –) und des § 31 des Gesetzes über Rechte an Luftfahrzeugen vom 26. 2. 1959 (BGBl. I S. 57) verwiesen. Zubehör eines Seeschiffes sind auch die Schiffsboote. Wegen der Zwangsvollstreckung in Ersatzteile für Luftfahrzeuge, die sich in einem Ersatzteillager befinden, vgl. § 166 a.

§ 129 a Pfändung urheberrechtlich geschützter Sachen.

1. Ist der Schuldner Urheber oder dessen Rechtsnachfolger, so können nach den näheren Bestimmungen der §§ 114, 116–118 UrhG die ihm gehörenden Originale

   a) von Werken (§ 114 UrhG),

   b) von wissenschaftlichen Ausgaben (§ 118 Nr. 1 UrhG),

   c) von Lichtbildern sowie solchen Erzeugnissen, die ähnlich wie Lichtbilder hergestellt werden (§ 118 Nr. 2 UrhG),

   nur mit seiner Einwilligung, im Falle des § 117 UrhG nur mit Einwilligung des Testamentsvollstreckers, gepfändet werden. Der Einwilligung bedarf es in den in § 114 Abs. 2 und § 116 Abs. 2 UrhG bezeichneten Fällen nicht.

2. Vorrichtungen, die ausschließlich

   a) zur Vervielfältigung oder Funksendung eines Werkes bestimmt sind, wie Formen, Platten, Steine, Druckstöße, Matrizen und Negative (§ 119 Abs. 1 UrhG),

   b) zur Vorführung eines Filmwerks bestimmt sind, wie Filmstreifen und dergleichen (§ 119 Abs. 2 UrhG),

   c) entsprechend Buchst. a) und b) zur Vervielfältigung oder Wiedergabe

   aa) der nach § 70 UrhG geschützten wissenschaftlichen Ausgaben urheberrechtlich nicht geschützter Werke oder Texte,

   bb) der nach § 71 UrhG geschützten Ausgaben nachgelassener Werke,

   cc) der nach § 72 UrhG geschützten Lichtbilder und ähnlicher Erzeugnisse,

dd) der nach § 75 Satz 2, §§ 85, 87, 94 und 95 UrhG geschützten Bild- und Tonträger
bestimmt sind (§ 119 Abs. 3 UrhG),
sind nur pfändbar, soweit der Gläubiger zur Nutzung des Werkes oder sonstigen Gegenstandes des Urheberrechtsschutzes mittels dieser Vorrichtungen berechtigt ist.

c) Verfahren bei der Pfändung

§ 130 Berechnung der Forderung des Gläubigers.

1. Vor der Pfändung berechnet der Gerichtsvollzieher den Betrag der beizutreibenden Geldsumme oder prüft die vom Gläubiger aufgestellte Berechnung nach; Herabsetzungen, die sich aus der Nachprüfung ergeben, teilt er dem Gläubiger mit. Bei der Feststellung des Betrages kommen insbesondere in Betracht:

   a) die im Schuldtitel bezeichnete Hauptforderung,

   b) die Nebenforderungen, die dem Gläubiger im Schuldtitel zuerkannt sind. Hierbei sind Zinsen, die dem Gläubiger ohne Bestimmung des Endes des Zinslaufes zugesprochen sind, vorläufig bis zu dem Tage anzusetzen, an dem die Zwangsvollstreckung erfolgt. Die Berechnung erfolgt – für den Fall, daß der Schuldner an diesem Tage nicht zahlt – vorbehaltlich der Erhöhung um den Zinsenbetrag bis zu dem Tage, an dem der Erlös der gepfändeten Sachen voraussichtlich in die Hände des Gerichtsvollziehers gelangt (§ 819 ZPO),

   c) die Prozeßkosten. Diese sind jedoch nur insoweit zu berücksichtigen, als sich ihr Betrag aus dem Urteil (§ 61 ArbGG) oder aus einem auf die vollstreckbare Ausfertigung des Titels gesetzten oder aus dem vom Gläubiger in besonderer Ausfertigung zu überreichenden Festsetzungsbeschluß ergibt,

   d) die Kosten der Zwangsvollstreckung.

2. Bei der Berechnung zu Nr. 1 Buchst. a bis d sind etwaige Abschlagszahlungen des Schuldners zu berücksichtigen. Die Verrechnung geschieht nach den §§ 366, 367 BGB. Handelt es sich um eine Forderung aufgrund eines Verbraucherdarlehensvertrages (§ 491 BGB), so richtet sich die Verrechnung nach § 497 Abs. 3 BGB.

3. Unter besonderen Umständen kann der Gerichtsvollzieher vom Gläubiger eine Berechnung des Guthabens erfordern, insbesondere, wenn es wegen zahlreicher Posten mit verschiedenem Zinsenlauf und mit Abschlagszahlungen einer umfangreichen Berechnung bedarf.

4. Ist die Geldforderung in einer ausländischen Währung ausgedrückt, so erfolgt die Umrechnung nach dem Kurswert, der zur Zeit der Zahlung für den Zahlungsort maßgebend ist (§ 244 Abs. 2 BGB). Bei der Berechnung des Betrages ist daher seine Erhöhung oder Herabsetzung entsprechend dem am Zahltage geltenden Kurs vorzubehalten.

5. Sind nach dem Schuldtitel mehrere zur Zahlung verpflichtet, so schuldet im Zweifel jeder nur den gleichen Anteil (§ 420 BGB). Haften mehrere als Gesamtschuldner (§ 421 BGB), so kann bei jedem von ihnen bis zur vollen Deckung der Forderung vollstreckt werden. Die Haftung als Gesamtschuldner muß sich aus dem vollstreckbaren Titel ergeben.

Geschäftsanweisung für Gerichtsvollzieher §§ 131, 132 GVGA 14

§ 131 Aufsuchen und Auswahl der Pfandstücke.

1. Bleibt die Aufforderung zur Leistung (§ 105 Nr. 2) ohne Erfolg, so fordert der Gerichtsvollzieher den Schuldner auf, ihm seine bewegliche Habe vorzuzeigen und – soweit der Zweck der Vollstreckung es erfordert – seine Zimmer, Keller, Böden und anderen Räume sowie die darin befindlichen Schränke, Kästen und anderen Behältnisse zu öffnen. Trifft der Gerichtsvollzieher den Schuldner nicht an, so richtet er eine entsprechende Aufforderung an eine zur Familie des Schuldners gehörige oder beim Schuldner beschäftigte erwachsene Person, die er in der Wohnung oder in den Geschäftsräumen antrifft. Werden die Behältnisse nicht freiwillig geöffnet oder trifft der Gerichtsvollzieher weder den Schuldner noch eine der vorstehend bezeichneten Personen an, so wendet er Gewalt an und verfährt dabei nach den §§ 107, 108 (§§ 758, 759 ZPO).
2. Bei der Auswahl der zu pfändenden Gegenstände sieht der Gerichtsvollzieher darauf, daß der Gläubiger auf dem kürzesten Wege befriedigt wird, ohne daß der Hausstand des Schuldners unnötig beeinträchtigt wird. Der Gerichtsvollzieher richtet daher die Pfändung in erster Linie auf Geld, Kostbarkeiten oder solche Wertpapiere, die den Vorschriften über die Zwangsvollstreckung in bewegliche körperliche Sachen unterliegen (vgl. §§ 154–156), sowie auf die Sachen, die der Schuldner sonst am ehesten entbehren kann. Sachen, deren Aufbewahrung, Unterhaltung oder Fortschaffung unverhältnismäßig hohe Kosten verursachen oder deren Versteigerung nur mit großem Verlust oder mit großen Schwierigkeiten möglich sein würde, pfändet er nur, wenn keine anderen Pfandstücke in ausreichendem Maße vorhanden sind. Ist es zweifelhaft, ob die Pfändung eines im Besitz des Schuldners befindlichen Wertpapiers durch den Gerichtsvollzieher zulässig ist, und sind keine anderen geeigneten Pfandstücke vorhanden, so pfändet der Gerichtsvollzieher das Papier einstweilen und überläßt es dem Gläubiger, den notwendigen Gerichtsbeschluß herbeizuführen.

§ 132 Vollziehung der Pfändung (§§ 808, 813 ZPO).

1. Die Pfändung körperlicher Sachen und der im § 154 bezeichneten Wertpapiere sowie die Pfändung von Forderungen aus Wechseln und anderen Papieren, die durch Indossament übertragen werden können (vgl. § 175), wird dadurch bewirkt, daß der Gerichtsvollzieher die Sachen oder Papiere in Besitz nimmt. Geld, Kostbarkeiten und Wertpapiere nimmt der Gerichtsvollzieher sogleich an sich. Andere Pfandstücke beläßt er im Gewahrsam des Schuldners, sofern hierdurch die Befriedigung des Gläubigers nicht gefährdet wird (§ 808 Abs. 2 ZPO). Ob eine solche Gefährdung vorliegt oder nach der Pfändung einzutreten droht, beurteilt der Gerichtsvollzieher nach Prüfung aller Umstände selbständig. Er nimmt die Pfandstücke nachträglich an sich, wenn eine Gefährdung erst nach der Pfändung erkennbar wird. Wegen der Wegnahme der Pfandstücke bei der Austauschpfändung und beim künftigen Wegfall der Unpfändbarkeit vgl. §§ 122 bis 124.
2. Werden die Pfandstücke im Gewahrsam des Schuldners belassen, so ist die Pfändung nur wirksam, wenn sie kenntlich gemacht ist. Dies gilt auch dann, wenn die Fortschaffung nur aufgeschoben wird. Die Pfändung ist so kenntlich zu machen, daß sie jedem Dritten, der die im Verkehr übliche Sorgfalt aufwendet, erkennbar ist. Der Gerichtsvollzieher versieht daher in

der Regel jedes einzelne Pfandstück an einer in die Augen fallenden Stelle mit einer Siegelmarke oder einem sonst geeigneten Pfandzeichen. Das Pfandzeichen muß mit dem Pfandstück mechanisch verbunden sein. Es ist so anzubringen, daß die Sache dadurch nicht beschädigt wird. Das Dienstsiegel oder der Dienststempel ist zur Kennzeichnung gepfändeter Gegenstände nur dann zu verwenden, wenn die Anbringung von Siegelmarken oder anderen Pfandzeichen unmöglich oder unzweckmäßig ist. Für eine Mehrzahl von Pfandstücken – insbesondere eine Menge von Waren oder anderen vertretbaren Sachen, die sich in einem Behältnis oder in einer Umhüllung befinden oder mit Zustimmung des Schuldners in einem abgesonderten Raum untergebracht werden – genügt ein gemeinschaftliches Pfandzeichen, wenn es so angelegt wird, daß kein Stück aus dem Behältnis, der Umhüllung oder dem Raum entfernt werden kann, ohne daß das Pfandzeichen zerstört wird. Den Schlüssel zu versiegelten Behältnissen oder Räumen nimmt der Gerichtsvollzieher an sich.

3. Die Pfändung kann auch durch eine Pfandanzeige erkennbar gemacht werden. Der Gerichtsvollzieher bringt in diesem Fall an dem Ort, an dem sich die Pfandstücke befinden (z.B. dem Lagerboden, dem Speicher, dem Viehstall), ein Schriftstück an, das auf die Pfändung hinweist. Das Schriftstück ist so anzubringen, daß jedermann davon Kenntnis nehmen kann. Es ist mit der Unterschrift und dem Abdruck des Dienststempels des Gerichtsvollziehers zu versehen und soll die Pfandstücke genau bezeichnen. Werden Vorräte gepfändet, so ist der dem Schuldner belassene Teil der Vorräte von dem gepfändeten Teil äußerlich zu trennen. Wenn die Umstände es erfordern, ist für die Pfandstücke ein Hüter zu bestellen.

4. Beläßt der Gerichtsvollzieher Tiere im Gewahrsam des Schuldners, so kann er mit dem Schuldner vereinbaren, daß dieser befugt sein soll, die gewöhnlichen Nutzungen der Tiere (z.B. die Milch gepfändeter Kühe) als Entgelt für deren Fütterung und Pflege im Haushalt zu verbrauchen. Der Gerichtsvollzieher weist den Schuldner an, ihm eine Erkrankung der Tiere, insbesondere eine etwa erforderliche Notschlachtung, sofort anzuzeigen.

5. Der Gerichtsvollzieher eröffnet dem Schuldner oder in dessen Abwesenheit den im § 131 Nr. 1 Satz 2 bezeichneten Personen, daß der Besitz der Pfandstücke auf ihn übergegangen sei. Er weist darauf hin,

   a) daß der Schuldner und jeder andere die Handlung zu unterlassen hat, die diesen Besitz beeinträchtigt, wie etwa die Veräußerung, die Wegschaffung oder den Verbrauch der gepfändeten Sachen,

   b) daß jede Beschädigung oder Zerstörung der Pfandzeichen untersagt ist,

   c) daß Zuwiderhandlungen gegen diese Bestimmungen strafbar sind.

6. Nach den Vorschriften zu Nrn. 2–5 verfährt der Gerichtsvollzieher auch, wenn er dem Schuldner Pfandstücke, die nicht in dessen Gewahrsam waren oder belassen sind, nachträglich unter Aufrechterhaltung der Pfändung herausgibt. Eine Herausgabe ohne Anbringung von Pfandzeichen bringt das Pfändungspfandrecht zum Erlöschen.

7. Die Pfändung darf nicht weiter ausgedehnt werden, als es zur Befriedigung des Gläubigers und zur Deckung der Kosten der Zwangsvollstreckung notwendig ist (§ 803 Abs. 1 Satz 2 ZPO). Der Gerichtsvollzieher

rechnet deshalb den von ihm geschätzten voraussichtlichen Erlös der Pfandstücke zusammen, um eine Überpfändung zu vermeiden.

8. Der Gerichtsvollzieher schätzt die Sachen bei der Pfändung auf ihren gewöhnlichen Verkaufswert und trägt das Ergebnis der Schätzung in das Pfändungsprotokoll ein. Ist die Schätzung bei der Pfändung nicht möglich, so ist sie unverzüglich nachzuholen und ihr Ergebnis nachträglich im Pfändungsprotokoll zu vermerken. Die Schätzung von Kostbarkeiten überträgt der Gerichtsvollzieher einem Sachverständigen; sofern es sich um Gold- und Silbersachen handelt, läßt er hierbei sowohl den Gold- und Silberwert als auch den gewöhnlichen Verkaufswert schätzen. Der Sachverständige hat die Schätzung schriftlich oder zu Protokoll des Gerichtsvollziehers abzugeben. Das Ergebnis der Schätzung ist den Parteien rechtzeitig mitzuteilen. Wird der gewöhnliche Verkaufswert der Pfandstücke nachträglich von dem Gerichtsvollzieher oder einem Sachverständigen (vgl. auch § 813 Abs. 1 Satz 3 ZPO) geringer geschätzt, so vermerkt der Gerichtsvollzieher dies im Protokoll und teilt es den Parteien mit. Für die Vergütung des Sachverständigen gilt § 150 Nr. 4 entsprechend.

9. Erscheint dem Gerichtsvollzieher nach einer Neuschätzung die volle Befriedigung des Gläubigers nicht mehr gesichert, so führt er eine weitere Pfändung durch.

10. Sind die Vorkehrungen, die dazu dienten, die Pfändung erkennbar zu machen, später beseitigt oder sind die angebrachten Siegelmarken abgefallen, so sorgt der Gerichtsvollzieher, sobald er davon Kenntnis erhält, für die Erneuerung. Er prüft dabei auch, ob die Befriedigung des Gläubigers gefährdet wird, wenn er die Pfandstücke weiter im Gewahrsam des Schuldners beläßt; ist eine Gefährdung gegeben, so entfernt er die Pfandstücke nachträglich aus dem Gewahrsam des Schuldners.

11. Bei Verstrickungsbruch und Siegelbruch (§ 136 StGB) und bei Vereiteln der Zwangsvollstreckung (§ 288 StGB) hat der Gerichtsvollzieher keine Anzeigepflicht, sofern nicht allgemein oder für den besonderen Fall etwas Abweichendes angeordnet ist; er hat jedoch in jedem Fall den Gläubiger zu benachrichtigen.

§ 133 Pfändung von Sachen in einem Zollager.

[1] Sollen Waren gepfändet werden, die in einem unter Mitverschluß der Zollbehörde stehenden Zollager niedergelegt sind, so benachrichtigt der Gerichtsvollzieher die zuständige Überwachungszollstelle von der beabsichtigten Pfändung. [2] Er darf die Pfändung erst durchführen, wenn diese Zollstelle die Öffnung des Lagers zur Vornahme der Pfändung veranlaßt hat.

§ 134 Pfändung von Schiffen (§§ 870a, 931 ZPO).

1. Die Pfändung von Schiffen, Schiffsbauwerken oder Schwimmdocks geschieht nach den Bestimmungen über die Zwangsvollstreckung in das bewegliche Vermögen, wenn

a) es sich um nicht eingetragene Schiffe, um ausländische Schiffe, die, wenn es deutsche Schiffe wären, nicht in das Schiffsregister eingetragen werden müßten, um nicht eingetragene und nicht eintragungsfähige Schiffsbauwerke, um nicht eingetragene und nicht eintragungsfähige im Bau be-

14 GVGA §§ 134a, 135 Geschäftsanweisung für Gerichtsvollzieher

findliche oder fertiggestellte Schwimmdocks handelt (wegen der eingetragenen Schiffe usw. vgl. §§ 59, 129 Nr. 6) oder

b) die Pfändung zur Vollziehung eines Arrestes erfolgt (vgl. § 931 ZPO).

2. Die Pfändung ist in der Regel in der Weise ersichtlich zu machen, daß dem Schiff, Schiffsbauwerk oder Schwimmdock eine mit Schloß und Siegel versehene Kette angelegt wird. Ist dies nicht angängig oder handelt es sich um ein kleineres Fahrzeug, so verfährt der Gerichtsvollzieher nach § 132 Nrn. 2 und 3.

3. Die zur Bewachung und Verwahrung des gepfändeten Schiffes, Schiffsbauwerks oder Schwimmdocks erforderlichen Maßregeln veranlaßt der Gerichtsvollzieher bei Gefahr im Verzuge sofort nach der Pfändung und im übrigen, sobald die durch die Maßregeln voraussichtlich entstehenden Kosten gesichert sind. Zur Vollstreckung und zur Bewachung des Schiffes, Schiffsbauwerks oder Schwimmdocks ist die Hafenbehörde um ihre Unterstützung zu ersuchen, soweit es erforderlich und zweckmäßig erscheint.

4. Bei der Pfändung eines ausländischen Schiffes benachrichtigt der Gerichtsvollzieher die konsularische Vertretung des Flaggenstaates.

§ 134a Pfändung von Luftfahrzeugen. Inländische Luftfahrzeuge, die nicht in der Luftfahrzeugrolle oder im Register für Pfandrechte an Luftfahrzeugen eingetragen sind, werden nach den Bestimmungen über die Zwangsvollstreckung in das bewegliche Vermögen gepfändet.

§ 135 Besondere Vorschriften über das Pfändungsprotokoll (§§ 762, 763 ZPO).

1. Das Pfändungsprotokoll muß enthalten:

   a) ein genaues Verzeichnis der Pfandstücke unter fortlaufender Nummer, geeignetenfalls mit Angabe der Zahl, des Maßes, des Gewichts, der besonderen Merkmale und Kennzeichen der gepfändeten Sachen (z.B. Fabrikmarke, Baujahr, Typ, Fabriknummer und dgl.) nebst den vom Gerichtsvollzieher oder einem Sachverständigen geschätzten gewöhnlichen Verkaufswerten;

   b) eine Beschreibung der angelegten Pfandzeichen;

   c) den wesentlichen Inhalt der Eröffnungen, die dem Schuldner oder den in § 131 Nr. 1 bezeichneten Personen gemacht sind.
   Es soll ferner den Inhalt der angebrachten Pfandanzeigen sowie den Inhalt der Vereinbarungen wiedergeben, die mit einem Hüter (§ 132 Nr. 3) getroffen sind.

2. Werden Pfandstücke aus dem Gewahrsam des Schuldners entfernt, so ist dies im Protokoll zu begründen. Auch ist anzugeben, welche Maßnahmen für die Verwahrung der Pfandstücke getroffen sind (vgl. auch § 139 Nr. 2).

3. Das Protokoll hat auch die Angaben der Zeit und des Ortes des Versteigerungstermins oder die Gründe zu enthalten, aus denen die sofortige Ansetzung des Versteigerungstermins unterblieben ist (vgl. § 142).

4. Sind dieselben Sachen gleichzeitig für denselben Gläubiger gegen denselben Schuldner auf Grund mehrerer Schuldtitel gepfändet, so ist nur ein Protokoll aufzunehmen. In diesem sind die einzelnen Schuldtitel genau zu bezeichnen.

Geschäftsanweisung für Gerichtsvollzieher § 136 GVGA 14

5. Eine Abschrift des Pfändungsprotokolls ist zu erteilen

   a) dem Gläubiger, wenn er es verlangt oder wenn ihm Erkenntnisse nach § 108 a mitzuteilen sind;

   b) dem Schuldner, wenn er es verlangt oder wenn die Vollstreckung in seiner Abwesenheit stattgefunden hat.

   Die Absendung ist auf dem Protokoll zu vermerken.

6. Kann eine Pfändung überhaupt nicht oder nicht in Höhe der beizutreibenden Forderung erfolgen, weil der Schuldner nur Sachen besitzt, die nicht gepfändet werden dürfen oder nicht gepfändet werden sollen oder von deren Verwertung ein Überschuß über die Kosten der Zwangsvollstreckung nicht zu erwarten ist, so genügt im Protokoll der allgemeine Hinweis, daß eine Pfändung aus diesen Gründen unterblieben ist.

   Abweichend von Satz 1 sind im Protokoll zu verzeichnen:

   a) Sachen, deren Pfändung vom Gläubiger ausdrücklich beantragt war, unter Angabe der Gründe, aus denen der Gerichtsvollzieher von einer Pfändung abgesehen hat,

   b) die Art der Früchte, die vom Boden noch nicht getrennt sind, und die gewöhnliche Zeit der Reife, wenn eine Pfändung noch nicht erfolgen durfte (§ 810 Abs. 1 Satz 2 ZPO),

   c) Art, Beschaffenheit und Wert der Sachen, wenn eine Austauschpfändung (§ 811 a ZPO) in Betracht kommt, unter Angabe der Gründe, aus denen der Gerichtsvollzieher von einer vorläufigen Austauschpfändung (§ 811 b ZPO) abgesehen hat,

   d) Art und Wert eines Tieres, das im häuslichen Bereich und nicht zu Erwerbszwecken gehalten wird, wenn dessen Pfändung in Betracht kommt (§ 811 c Abs. 2 ZPO).

   Sind bereits Entscheidungen des Vollstreckungsgerichts ergangen, durch die die Unpfändbarkeit vergleichbarer Sachen festgestellt wurde, so soll sie der Gerichtsvollzieher im Protokoll erwähnen, soweit sie für den Gläubiger von Belang sind.

§ 136 Widerspruch eines Dritten (§§ 771–774, 805, 815 ZPO).

1. Nach den Vorschriften der ZPO kann ein Dritter der Zwangsvollstreckung widersprechen und ihre Einstellung durch Gerichtsbeschluß herbeiführen,

   a) wenn ihm an dem Gegenstand der Vollstreckung ein die Veräußerung hinderndes Recht (z.B. Eigentum, Nießbrauch) zusteht (§ 771 ZPO),

   b) wenn eine ihm nachteilige Verfügung über den Gegenstand auf Grund eines zu seinem Schutz bestehenden Veräußerungsverbots (§ 772 ZPO) oder vermöge seiner Stellung als Nacherbe des Schuldners (§ 773 ZPO) oder als Ehegatte des Schuldners (§ 774 ZPO) ihm gegenüber unwirksam sein würde.

   Auf Grund eines Pfand- oder Vorzugsrechts kann ein Dritter, der sich nicht im Besitz der Sache befindet (z.B. der Vermieter hinsichtlich der vom Mieter eingebrachten Sachen), der Pfändung der im Gewahrsam des Schuldners befindlichen Sachen nicht widersprechen; vielmehr hat er seinen Anspruch auf vorzugsweise Befriedigung aus dem Erlös im Wege der Klage geltend zu machen (§ 805 ZPO).

2. Wird ein Widerspruch dem Gerichtsvollzieher gegenüber von dem Dritten geltend gemacht oder von dem Schuldner angekündigt, so darf der Gerichtsvollzieher die Pfändung der Sachen, auf die sich der Widerspruch erstreckt, nur dann unterlassen, wenn die sonst vorhandene, von einem Widerspruch nicht betroffene bewegliche Habe des Schuldners zur Deckung der beizutreibenden Forderung ausreicht. Ist dies nicht der Fall, so führt der Gerichtsvollzieher die Pfändung ohne Rücksicht auf den Widerspruch durch und verweist die Beteiligten darauf, ihre Ansprüche bei dem Gläubiger und gegebenenfalls bei dem Gericht geltend zu machen. Da sich hierbei nicht im voraus übersehen läßt, welcher Teil der Pfandstücke nach Durchführung des Widerspruchs zur Befriedigung des Gläubigers verwendbar bleiben wird, wird in diesem Fall die Pfändung auch über die im § 132 Nr. 7 bezeichnete Wertgrenze hinaus zu erstrecken sein. Dasselbe gilt, wenn ein Dritter ein Recht geltend macht, das ihn zur vorzugsweisen Befriedigung aus dem Erlös berechtigt (§ 805 ZPO), z.B. der Vermieter sein gesetzliches Vermieterpfandrecht in Anspruch nimmt; denn solche Rechte schmälern bei erfolgreicher Geltendmachung den Erlös, der zur Befriedigung des Gläubigers verfügbar ist.

3. Werden Sachen trotz des Widerspruchs des Dritten oder der Ankündigung eines derartigen Widerspruchs gepfändet, so beurkundet der Gerichtsvollzieher diese Erklärungen im Protokoll, möglichst unter näherer Angabe der Person des Berechtigten und des Rechtsgrundes seines Anspruchs, und benachrichtigt den Gläubiger unverzüglich von dem Widerspruch. Dem Dritten ist auf Verlangen auf seine Kosten eine Abschrift des Protokolls zu erteilen.

4. Gepfändetes Geld hinterlegt der Gerichtsvollzieher, wenn ihm vor der Ablieferung an den Gläubiger (z.B. durch eine eidesstattliche Versicherung) glaubhaft gemacht wird, daß einem Dritten an dem Geld ein die Veräußerung hinderndes oder zur vorzugsweisen Befriedigung berechtigendes Recht zusteht. Wird ihm nicht binnen 2 Wochen seit dem Tage der Pfändung eine gerichtliche Entscheidung über die Einstellung der Zwangsvollstreckung vorgelegt, so veranlaßt er die Rückgabe des Geldes zur Aushändigung an den Gläubiger (§§ 805, 815 Abs. 2 ZPO).

§ 137 Pfändung von Sachen, die sich im Gewahrsam des Gläubigers oder eines Dritten befinden (§ 809 ZPO). [1] Die Pfändung von Sachen im Gewahrsam des Gläubigers oder eines Dritten (vgl. § 118 Nr. 2) geschieht ebenso wie die Pfändung von Sachen im Gewahrsam des Schuldners. [2] Der Sachverhalt, insbesondere die Erklärung des Dritten, ob er zur Herausgabe bereit sei oder nicht, ist im Protokoll zu vermerken. [3] Verlangt der Gewahrsamsinhaber die Fortschaffung der Pfandstücke, so ist diesem Verlangen stattzugeben.

[4] Von einer Pfändung bei dem Gläubiger oder einem Dritten ist der Schuldner durch Übersendung einer Protokollabschrift zu benachrichtigen. [5] Auf Antrag ist auch dem Dritten auf seine Kosten eine Protokollabschrift zu erteilen.

d) Unterbringung der Pfandstücke

§ 138 Unterbringung von Geld, Kostbarkeiten und Wertpapieren.

1. Gepfändetes oder ihm gezahltes Geld liefert der Gerichtsvollzieher nach Abzug der Vollstreckungskosten unverzüglich an den Gläubiger ab (§ 815 Abs. 1 ZPO) oder hinterlegt es, sofern die Hinterlegung erfolgen muß (vgl. § 196). Ist dem Gläubiger Prozeßkostenhilfe bewilligt und reicht der gepfändete oder gezahlte Geldbetrag nicht zur Tilgung der Forderung des Gläubigers und der Vollstreckungskosten aus, so beachtet der Gerichtsvollzieher die Bestimmungen des § 15 Abs. 3 Sätze 2 bis 4 GVKostG[1].

2. Gepfändete Kostbarkeiten und Wertpapiere sowie Geld bis zur Auszahlung oder Hinterlegung verwahrt der Gerichtsvollzieher unter sicherem Verschluß und getrennt von seinen eigenen Geldern und Wertgegenständen; nötigenfalls gibt er Kostbarkeiten und Wertpapiere bei einer sicheren Bank oder öffentlichen Sparkasse in Verwahrung. Dasselbe gilt für Wechsel und andere indossable Papiere.

§ 139 Unterbringung anderer Pfandstücke.

1. Der Gerichtsvollzieher ist verpflichtet, für eine sichere Unterbringung und Verwahrung der Pfandstücke zu sorgen, die er nicht im Gewahrsam des Schuldners beläßt. Er muß auch die notwendigen Maßnahmen zur Erhaltung der Pfandstücke treffen. Er hat hierbei besondere Sorgfalt anzuwenden, um Schadensersatzansprüche wegen Verlustes oder Beschädigung der Sachen zu vermeiden.

2. Im Pfändungsprotokoll oder in einem Nachtrag darunter vermerkt der Gerichtsvollzieher, welche Maßnahmen er zur Unterbringung der Pfandstücke getroffen hat. Entfernt er die Pfandstücke erst nachträglich aus dem Gewahrsam des Schuldners, so nimmt er auch darüber ein Protokoll auf; jedoch genügt ein Vermerk im Versteigerungsprotokoll, wenn die Wegschaffung nur zum Zwecke der anschließenden sofortigen Versteigerung erfolgt.

3. Die in der Pfandkammer verwahrten Sachen bezeichnet der Gerichtsvollzieher mit der Geschäftsnummer, die der Vorgang bei ihm hat. Er bewahrt sie getrennt von den Sachen auf, die zu anderen Zwangsvollstreckungen gehören.
Der Gerichtsvollzieher darf die Pfandkammer nicht zur Verwahrung benutzen, wenn die Versteigerung der Pfandstücke an einem anderen Ort notwendig oder zweckmäßig ist, wenn die Pfandstücke nach ihrer Beschaffenheit zur Verwahrung in der Pfandkammer nicht geeignet sind oder wenn die Beförderung zur Pfandkammer besondere Schwierigkeiten bereiten oder außergewöhnlich hohe Kosten verursachen würde.

4. Pfandstücke, die der Gerichtsvollzieher nicht nach § 138 oder in einer Pfandkammer verwahren kann, übergibt er einem Verwahrer. Zum Verwahrer soll er möglichst nur eine zuverlässige, zahlungsfähige und am Ort der Vollstreckung ansässige Person wählen; bei ihrer Auswahl ist in Landgemeinden tunlichst die Mitwirkung des Hauptverwaltungsbeamten der Gemeinde zu erbitten, falls dieser die Verwahrung nicht selbst übernimmt. Die Bestellung des Gläubigers zum Verwahrer wird in der Regel nicht

---

[1] Nr. 17.

angebracht sein. Die Vergütung für die Verwahrung, Beaufsichtigung und gegebenenfalls auch für die Erhaltung der Sache vereinbart der Gerichtsvollzieher mit dem Verwahrer möglichst bei Übergabe. Der Verwahrungsvertrag soll schriftlich abgeschlossen werden. Der Verwahrer hat unter einem Verzeichnis der übergebenen Sachen ihren Empfang zu bescheinigen; eine Abschrift dieses Verzeichnisses nebst der Bescheinigung ist ihm auf Verlangen auszuhändigen.
Der Gerichtsvollzieher vermerkt die Bestellung eines Verwahrers und die mit ihm getroffenen Vereinbarungen im Pfändungsprotokoll oder in einem Nachtrag darunter. Er verbindet die Bescheinigung des Verwahrers über den Empfang mit dem Protokoll, sofern sie nicht in das Protokoll selbst aufgenommen ist.

5. Beläßt der Gerichtsvollzieher gepfändete Tiere nicht im Gewahrsam des Schuldners, so ist er verpflichtet, die notwendigen Maßnahmen für die ordnungsgemäße Fütterung und Pflege der Tiere zu treffen. Werden ihm die hierzu nötigen Geldmittel nicht rechtzeitig zur Verfügung gestellt, so versteigert er die Tiere unverzüglich, selbst wenn er dabei die Fristen für die Vornahme und die Bekanntmachung der Versteigerung nicht einhalten kann (§ 816 ZPO).

§ 140 Kosten der Unterbringung.

1. Der Gerichtsvollzieher achtet darauf, daß durch die Fortschaffung und Verwahrung der Pfandstücke sowie durch die Bestellung eines Verwahrers oder Hüters nicht mehr als die angemessenen und unbedingt notwendigen Kosten entstehen.

2. Bewahrt der Gerichtsvollzieher Sachen in einer Pfandkammer auf, die ihm von seiner Dienstbehörde gegen Entgelt zur Verfügung gestellt ist oder die er sich auf eigene Kosten beschafft hat, so kann er hierfür einen angemessenen Betrag als bare Auslage ansetzen. Für die Aufbewahrung von Geld, Kostbarkeiten, Wertpapieren und anderen Papieren darf er jedoch keine Auslagen berechnen, es sei denn, daß durch den außergewöhnlich hohen Wert der Gegenstände im Einzelfall besondere Schutzmaßregeln notwendig wurden oder daß es notwendig war, die Gegenstände einer Bank, einer Sparkasse oder einem Verwahrer zu übergeben.

3. Verwertung

a) Allgemeines

§ 141 [Allgemeines] (§§ 813 a–825 ZPO).

1. Die Verwertung der Pfandstücke erfolgt in der Regel durch öffentliche Versteigerung (§§ 142–146). Als Formen der anderweitigen Verwertung kommen insbesondere in Betracht:

   a) freihändiger Verkauf durch den Gerichtsvollzieher (§§ 147–149),

   b) freihändiger Verkauf durch einen Dritten – gegebenenfalls unter Festsetzung eines Mindestpreises,

   c) Übereignung an den Gläubiger zu einem bestimmten Preis,

   d) Versteigerung durch den Gerichtsvollzieher an einem anderen Ort als nach § 816 Abs. 2 ZPO vorgesehen.

Ist nach der Auffassung des Gerichtsvollziehers wegen der Art der gepfändeten Sachen bei einer Verwertung durch öffentliche Versteigerung kein angemessener Erlös zu erwarten, so soll er den Schuldner und den Gläubiger sofort auf die Möglichkeit der anderweitigen Verwertung (§ 825 Abs. 1 ZPO) aufmerksam machen.
Beantragt eine der Parteien nach § 825 Abs. 1 ZPO eine Verwertung der Sache in anderer Weise oder an einem anderen Ort, unterrichtet der Gerichtsvollzieher den Antragsgegner über alle Einzelheiten der beabsichtigten anderweitigen Verwertung, insbesondere den Mindestpreis und belehrt ihn, daß er die Sache ohne seine Zustimmung nicht vor Ablauf von zwei Wochen nach Zustellung der Unterrichtung verwerten wird. Der Gerichtsvollzieher besorgt selbst die Zustellung der Unterrichtung. Nach der Zustimmung des Antragsgegners oder spätestens nach dem Ablauf der Frist, wenn eine Einstellungsanordnung des Vollstreckungsgerichts nicht ergangen ist, führt der Gerichtsvollzieher die anderweitige Verwertung durch. Er kann sie schon vor Fristablauf vorbereiten.
Ist bei der beantragten anderweitigen Verwertung nach der Überzeugung des Gerichtsvollziehers kein höherer Erlös zu erwarten, teilt er dies dem Antragsteller unter Fortsetzung des Verwertungsverfahrens mit.

2. Der Gerichtsvollzieher führt die Verwertung – ohne einen besonderen Auftrag des Gläubigers abzuwarten – nach den §§ 814 bis 825 ZPO durch. Die Verwertung ist auch dann vorzunehmen, wenn der Schuldner verstorben ist oder wenn das Konkursverfahren oder das Insolvenzverfahren über sein Vermögen eröffnet worden ist. § 91 Nr. 1 und § 171 Nr. 2 Satz 2 sind zu beachten.
Grundsätzlich darf der Gerichtsvollzieher die Verwertung der Pfandstücke nur mit Zustimmung des Gläubigers zu der Teilzahlungsverpflichtung des Schuldners (§ 813 a ZPO) aufschieben oder auf Anweisung des Vollstreckungsgerichts (§ 813 b ZPO) aussetzen. Ein Aufschub der Verwertung durch den Gerichtsvollzieher (§ 813 a ZPO) ist nur zulässig, wenn der Gläubiger eine Zahlung der Schuld in Teilbeträgen nicht bereits bei Erteilung des Vollstreckungsauftrags ausdrücklich ausgeschlossen hat. Wenn der Gläubiger lediglich einen Vollstreckungsauftrag mit einem Auftrag zur Abnahme der eidesstattlichen Versicherung verbunden hat, hindert dies einen Verwertungsaufschub durch den Gerichtsvollzieher zunächst nicht. Hat der Gläubiger in dem Vollstreckungsauftrag Bedingungen für sein Einverständnis mit einer Ratenzahlung festgelegt, so darf der Gerichtsvollzieher hiervon nicht abweichen.

3. Beim Vorliegen der Zustimmung des Gläubigers zu der Teilzahlung oder beim Fehlen eines ausdrücklichen Ausschlusses ist der Gerichtsvollzieher befugt, die Verwertung der gepfändeten Sachen aufzuschieben, hierfür Raten nach Höhe und Zeitpunkt unter Berücksichtigung der Gegebenheiten des Einzelfalles festzusetzen und einen Termin zur Verwertung auf einen Zeitpunkt zu bestimmen, der nach dem jeweils nächsten Zahlungstermin liegt oder einen bereits bestimmten Termin auf diesen Zeitpunkt zu verlegen, wenn sich der Schuldner verpflichtet, den Betrag, der zu Befriedigung des Gläubigers und zur Deckung der Kosten der Zwangsvollstreckung erforderlich ist, innerhalb eines Jahres zu zahlen. Als Beispiel kann der Gerichtsvollzieher einem plötzlich arbeitslos gewordenen Schuldner gestatten, mit der Tilgung durch Ratenzahlung erst von dem

Zeitpunkt an zu beginnen, von dem an er Arbeitslosengeld erhält. Er kann auch die Tilgung der Schuld durch eine einmalige Zahlung, die bis zu einem von ihm festgesetzten Zeitpunkt zu erfolgen hat, bestimmen.

4. Zwischen dem Zahlungstermin und dem Verwertungstermin soll wenigstens eine Woche liegen. Wird der Verwertungstermin verlegt, nachdem der Schuldner die Rate gezahlt hat, gehören die Kosten der öffentlichen Bekanntmachung der Terminsverlegung (§ 143) zu den notwendigen Kosten der Zwangsvollstreckung im Sinne des § 788 Abs. 1 ZPO. Bei der Bestimmung der Termine für die Verwertung soll der Gerichtsvollzieher im Einzelfall einerseits die Notwendigkeit, den Schuldner durch die Terminsbestimmung zur pünktlichen Zahlung zu veranlassen, und andererseits die Höhe der zusätzlichen Vollstreckungskosten z.B. für die öffentliche Bekanntmachung berücksichtigen.

5. Der Gerichtsvollzieher ist nicht nur dann befugt, einen Verwertungsaufschub vorzunehmen, wenn die Pfändung teilweise erfolgreich war, sondern auch dann, wenn der voraussichtliche Verwertungserlös den zu vollstreckenden Betrag voll deckt. Ein förmlicher Antrag des Schuldners ist nicht erforderlich. Der Gerichtsvollzieher kann einen solchen regelmäßig in dem Angebot einer Teilzahlung sehen. Er ist auch noch kurz vor dem bereits bestimmten Versteigerungstermin möglich.

6. Vorschläge des Schuldners zur Zahlungsfrist und zur Ausgestaltung der Ratenzahlung vermerkt der Gerichtsvollzieher ebenso wie die Verpflichtung des Schuldners und die getroffenen Maßnahmen (z.B. Verwertungsaufschub, Bewilligung von Ratenzahlungen, Bestimmung oder Verlegung des Verwertungstermins) im einzelnen im Protokoll und unterrichtet den Gläubiger.

7. Schiebt der Gerichtsvollzieher die Verwertung auf und setzt er Raten fest, so unterrichtet er den Schuldner zugleich darüber, dass der Verwertungsaufschub endet, wenn er am Fälligkeitstag den bestimmten Teilbetrag nicht oder nur teilweise bezahlt oder wenn er von dem Gerichtsvollzieher über den Widerspruch des Gläubigers unterrichtet wird, falls dieser sich in seinem Auftrag nicht zu einem Aufschub erklärt hatte. Er belehrt den Schuldner ferner darüber, dass er gemäß § 813 b ZPO bei dem Vollstreckungsgericht eine Aussetzung der Verwertung beantragen kann. Er weist ihn dabei ausdrücklich darauf hin, dass das Vollstreckungsgericht den Antrag ohne sachliche Prüfung zurückweisen wird, wenn dieser nicht innerhalb einer Frist von zwei Wochen ab dem Ende des Verwertungsaufschubs gestellt worden ist und das Vollstreckungsgericht der Überzeugung ist, dass der Schuldner den Antrag in der Absicht der Verschleppung oder aus grober Nachlässigkeit nicht innerhalb der Frist gestellt hat. Die Belehrung des Schuldners vermerkt er ebenfalls im Protokoll.

8. Hat der Gläubiger bei der Erstellung des Vollstreckungsauftrags eine Zahlung in Teilbeträgen weder ausgeschlossen noch einer Ratenzahlung zugestimmt, unterrichtet ihn der Gerichtsvollzieher unverzüglich über einen Aufschub der Verwertung und über die festgesetzten Raten durch Übersendung einer Abschrift des Protokolls. Widerspricht der Gläubiger gegenüber dem Gerichtsvollzieher, so unterrichtet der Gerichtsvollzieher den Schuldner über den Widerspruch durch Zustellung einer beglaubigten Ablichtung der Widerspruchsschrift oder des über einen fernmündli-

chen Widerspruch aufgenommenen Vermerks und belehrt ihn über die Rechtsfolgen und die Möglichkeit, einen Antrag nach § 813 b ZPO zu stellen; er kann den Schuldner auch mündlich unterrichten und dies im Protokoll vermerken. Danach verfährt er ebenso wie in dem Fall, dass der Schuldner die festgesetzten Raten zu dem bestimmten Termin nicht oder nicht in voller Höhe zahlt, nach Nr. 2 Absatz 1. Der Verwertungsaufschub endet mit Ablauf des Tages der Unterrichtung oder der Fälligkeit. Wendet sich der Gläubiger lediglich gegen die Teilzahlungsbestimmungen des Gerichtsvollziehers, liegt kein Widerspruch vor. In diesem Fall ändert der Gerichtsvollzieher die Teilzahlungsbestimmungen nach den Auflagen des Gläubigers und unterrichtet den Schuldner.

9. Der Gerichtsvollzieher kann die Verwertung auch wiederholt aufschieben, allerdings darf die Verwertung durch einen wiederholten Aufschub nicht länger als um insgesamt ein Jahr aufgeschoben werden. Hatte ein erster Verwertungsaufschub wegen des Widerspruchs des Gläubigers geendet, kommt ein wiederholter Aufschub nicht in Betracht. Hatte er geendet, weil der Schuldner einen Teilbetrag nicht oder nicht vollständig gezahlt hat, und schiebt der Gerichtsvollzieher die Verwertung erneut auf, dann hat er den Gläubiger über den erneuten Verwertungsaufschub wieder unverzüglich zu unterrichten, auch wenn er dem ersten Verwertungsaufschub zugestimmt hatte. Der Gerichtsvollzieher verfährt dann gemäß Zustimmung oder Widerspruch des Gläubigers.

10. Beauftragt der Gläubiger den Gerichtsvollzieher, dem Schuldner eine Stundung über 12 Monate hinaus zu gewähren, so ist dem Schuldner aufzugeben, den geschuldeten Betrag oder die Raten unmittelbar an den Gläubiger zu zahlen. Der Gläubiger ist sodann unter Rücksendung des Schuldtitels und der sonstigen für die Vollstreckung übergebenen Urkunden entsprechend zu unterrichten mit dem Anheimgeben, die Fortsetzung der Vollstreckung zu beantragen, falls der Schuldner seinen Verpflichtungen nicht nachkommt.

11. Bei der Verwertung muß der Gerichtsvollzieher gesetzliche und behördliche Veräußerungs- oder Erwerbsbeschränkungen beachten (vgl. z.B. § 772 ZPO).

12. Bei der Verwertung dürfen der Gerichtsvollzieher und die von ihm zugezogenen Gehilfen (Ausrufer, Schreiber, Protokollführer, Schätzungssachverständige) weder für sich (persönlich oder durch einen anderen) noch als Vertreter eines anderen kaufen (§§ 450, 451 BGB). Der Gerichtsvollzieher darf auch seinen Angehörigen und den bei ihm beschäftigten Personen das Mitbieten nicht gestattet.

13. Auf Antrag des Gläubigers oder des Schuldners kann das Vollstreckungsgericht anordnen, dass eine gepfändete Sache durch eine andere Person als den Gerichtsvollzieher versteigert wird (§ 825 Abs. 2 ZPO).

b) Öffentliche Versteigerung

§ 142 Ort und Zeit der Versteigerung (§ 816 Abs. 1, 2; § 825 Abs. 1 ZPO).

1. Der Gerichtsvollzieher bestimmt den Termin zur öffentlichen Versteigerung in der Regel sogleich bei der Pfändung. Die Anberaumung des Termins ist nur dann einstweilen auszusetzen,

a) wenn die Parteien einverstanden sind, daß der Termin erst später bestimmt werden soll,

b) wenn die sofortige Terminbestimmung im Einzelfall nicht tunlich oder nicht zweckmäßig erscheint, z.b. weil Früchte auf dem Halm gepfändet sind und der Eintritt der Reife der Früchte noch nicht mit Sicherheit übersehen werden kann oder weil das Vollstreckungsgericht voraussichtlich eine andere Art der Veräußerung oder die Versteigerung an einem anderen Orte anordnen wird.

2. Die Pfandstücke werden in der Gemeinde versteigert, in der sie gepfändet worden sind, an einem anderen Ort im Bezirk des Vollstreckungsgerichts oder am Amtssitz des Gerichtsvollziehers, sofern nicht der Gläubiger und der Schuldner sich auf einen anderen Ort einigen oder der Gerichtsvollzieher auf Antrag des Gläubigers oder des Schuldners einen anderen Ort bestimmt hat (§§ 816 Abs. 2, 825 Abs. 1 ZPO). Liegt die Versteigerung an einem dritten Ort im Interesse der Parteien, so soll der Gerichtsvollzieher auf die Möglichkeit eines Antrags nach § 825 Abs. 1 ZPO hinweisen.

3. Der erste Versteigerungstermin darf nicht vor Ablauf einer Woche seit dem Tage der Pfändung stattfinden. Ein früherer Termin darf nur bestimmt werden, wenn

a) der Gläubiger und der Schuldner sich über eine frühere Versteigerung einigen,

b) die frühere Versteigerung nach der pflichtgemäßen Überzeugung des Gerichtsvollziehers erforderlich ist, um die Gefahr einer beträchtlichen Wertminderung der Pfandstücke oder eines unverhältnismäßigen Kostenaufwands für längere Aufbewahrung abzuwenden.

Die Einigung der Parteien oder die sonstigen Gründe für die vorzeitige Versteigerung sind aktenkundig zu machen.

In der Regel soll die Versteigerung nicht später als einen Monat nach der Pfändung stattfinden; wird sie weiter hinausgeschoben, so ist der Grund dafür in den Akten zu vermerken.

4. Sämtliche beteiligten Gläubiger und der Schuldner sind von dem Versteigerungstermin besonders zu benachrichtigen, wenn ihnen der Termin nicht bereits anderweit bekanntgegeben worden ist, etwa durch die übersandte Abschrift des Pfändungsprotokolls. Der Gerichtsvollzieher kann den Gläubiger hierbei auf die Bedeutung seiner persönlichen Teilnahme hinweisen.

§ 143 Öffentliche Bekanntmachung (§ 816 Abs. 3 ZPO).

1. Die Versteigerung muß öffentlich bekannt gemacht werden. Die Bekanntmachung muß rechtzeitig erfolgen, spätestens am Tage vor dem Versteigerungstermin. Eine Bekanntmachung am Tage der Versteigerung genügt nur, wenn die Pfandstücke alsbald versteigert werden müssen, etwa weil sie dem Verderb oder einer beträchtlichen Wertminderung ausgesetzt sind. Erfolgt die Bekanntmachung nicht spätestens am Tage vor der Versteigerung, so ist der Grund dafür aktenkundig zu machen.

2. Die Bekanntmachung enthält

a) den Ort, den Tag und die Stunde der Versteigerung,

b) eine allgemeine Bezeichnung der Gegenstände, die zu versteigern sind (z. B. Möbel, Betten, Kleidungsstücke und dgl.). Besonders wertvolle Sachen sind dabei hervorzuheben. Zur allgemeinen Bezeichnung gehört auch die Fabrikmarke (z.B. bei Motoren, Kraftwagen, Krafträdern, Fahrrädern, Schreib- und Büromaschinen, Nähmaschinen, Registrierkassen und dgl.). Vielfach wird es sich empfehlen, auch die Herstellungsnummer anzugeben, da sie Interessenten die Feststellung des Herstellungsjahres ermöglicht.

Die Bekanntmachung soll ferner die Zeit und den Ort enthalten, an dem die Pfandstücke vor der Versteigerung besichtigt werden können.

In der Bekanntmachung ist ersichtlich zu machen, daß es sich um eine Versteigerung im Wege der Zwangsvollstreckung handelt; die Namen des Gläubigers und des Schuldners sind wegzulassen. Die Bekanntmachung ist aktenkundig zu machen; die Belegblätter und Rechnungen sind zu den Sachakten zu nehmen, soweit nicht in Nr. 5 eine andere Aufbewahrung angeordnet ist.

3. Über die Art der Bekanntmachung (Ausruf, Aushang, Veröffentlichung in Zeitungen) entscheidet der Gerichtsvollzieher nach pflichtgemäßem Ermessen unter besonderer Berücksichtigung des Einzelfalles, sofern nicht die Justizverwaltung bestimmte Weisungen erteilt hat.

Die öffentliche Bekanntmachung hat das Ziel, die Personen, die im Einzelfall als Kauflustige in Betracht kommen, möglichst umfassend auf die bevorstehende Versteigerung hinzuweisen und durch Heranziehung zahlreicher Bieter ein günstiges Versteigerungsergebnis zu erzielen.

Die Kosten der Bekanntmachung müssen, soweit sie nicht vom Auftraggeber übernommen werden, in angemessenem Verhältnis zu dem Wert des Versteigerungsgutes und zu dem voraussichtlichen Erlös stehen.

Die Beachtung dieser Richtlinien wird vielfach zu folgendem Verfahren führen:

a) Werden Gegenstände von geringerem Wert versteigert (z.B. gebrauchte Haushaltungsgegenstände, Kleidungsstücke und dgl.), so kann eine öffentliche Bekanntmachung durch Ausruf oder Anschlag genügen. Erfahrungsgemäß hat sich in diesem Fall, insbesondere bei Versteigerungen in ständig dafür bestimmten und daher allgemein bekannten Pfandkammern oder Versteigerungsräumen, ein Anschlag an einer Tafel oder in einem Kasten vor den Versteigerungsräumen als ausreichend erwiesen.

b) Haben die zur Versteigerung bestimmten Gegenstände einen höheren Wert (z.B. gut erhaltene Haushaltungsgegenstände oder Kleidungsstücke), so wird die Bekanntmachung durch eine Zeitung in Betracht kommen. Bei der Auswahl der Zeitung wird zu beachten sein, daß in diesen Fällen neben den Händlern meist solche Kauflustige in Frage kommen, die den Ort der Versteigerung ohne Aufwendung von Fahrkosten erreichen und das Versteigerungsgut ohne wesentliche Transportkosten wegschaffen können. Der Gerichtsvollzieher wird daher zu prüfen haben, ob eine mit mäßigen Kosten verbundene Anzeige in einer Ortszeitung oder – in größeren Städten – einer Bezirks- oder Vorortszeitung genügt.

c) Hat das Versteigerungsgut beträchtlichen Wert (z.B. Kunstgegenstände, echte Teppiche, Luxusgegenstände), so muß die Bekanntmachung die Kreise umfassen, die für den Erwerb solcher Sachen Interesse haben und über die notwendigen Mittel dazu verfügen. Daher ist eine Zeitung zu wählen, die einen entsprechenden Leserkreis und ein entsprechendes Verbreitungsgebiet hat.

d) Sollen Gegenstände versteigert werden, deren Erwerb nur für bestimmte Berufsgruppen in Frage kommen (z.b. Rohstoffe, Maschinen, kaufmännische und gewerbliche Einrichtungen, Halbfabrikate), so wird vielfach die Bekanntmachung in einer Fachzeitschrift oder Fachzeitung zu bevorzugen sein.

e) Bei besonders umfangreichen Versteigerungen kann eine Bekanntmachung in mehreren Zeitungen in Betracht kommen, sofern die hierzu erforderlichen Kosten im angemessenen Verhältnis zum Wert des Versteigerungsgutes stehen.

4. Bei Bekanntmachungen, insbesondere bei Veröffentlichungen in Zeitungen, achtet der Gerichtsvollzieher auf einwandfreie Sprache, sachgemäß Kürze und die Verwendung verständlicher Abkürzungen.

5. a) Zur Verminderung der Bekanntmachungskosten vereinigt der Gerichtsvollzieher mehrere Bekanntmachungen von Versteigerungsterminen, die an demselben Tage und an demselben Ort abgehalten werden sollen, zu einer Bekanntmachung. Er soll auch möglichst mehrere Bekanntmachungen von Versteigerungsterminen, die zu verschiedenen Zeiten und an verschiedenen Orten stattfinden, in einer Sammelbekanntmachung vereinigen. In diesen Fällen nimmt er das Belegblatt und die Rechnung zu einem der Handaktenstücke, berechnet dabei die Kosten, die auf die einzelnen Angelegenheiten abfallen, und vermerkt in den Akten über die anderen Angelegenheiten, wie hoch die anteiligen Kosten sind und wo sich Rechnung und Belegblatt befinden. Der Gerichtsvollzieher kann Rechnung und Belegblätter auch zu besonderen Sammelakten über Bekanntmachungen nehmen. Er vermerkt dann in den einzelnen Sonderakten die Höhe der anteiligen Kosten und verweist auf die Blattzahl der Sammelakte, wo sich Belegblatt, Rechnung und Berechnung der anteiligen Kosten befinden.

b) Auch die Bekanntmachungen mehrerer Gerichtsvollzieher können aus Kostenersparnisgründen zu einer Sammelbekanntmachung vereinigt werden. In diesen Fällen muß jeder Gerichtsvollzieher ein Belegblatt zu seinen Akten nehmen und dabei die Kosten angeben, die auf seine Bekanntmachung entfallen. Im übrigen ist entsprechend den Bestimmungen zu Buchst. a) zu verfahren.

6. Wird der Versteigerungstermin aufgehoben, so sind Aushänge und Anschläge sofort zu entfernen. Die Aufhebung ist öffentlich bekanntzumachen, soweit dies noch tunlich ist. Eine Terminverlegung ist den Beteiligten unverzüglich mitzuteilen.

§ 144 Bereitstellung der Pfandstücke.

1. Vor Beginn des Termins sind die zu versteigernden Sachen zum Verkauf und zur Besichtigung durch Kauflustige bereitzustellen; ihre Identität ist aus dem Pfändungsprotokoll festzustellen. War ein Verwahrer oder Hüter bestellt, so ist mit ihm über die Rückgabe der Sachen ein Protokoll aufzunehmen; auf Verlangen ist ihm eine Bescheinigung hierüber zu erteilen. Ergibt sich, daß Pfandstücke fehlen oder beschädigt sind, so ist dies im Protokoll oder zu den Akten zu vermerken und den Beteiligten bekanntzugeben.

2. Die Pfandstücke sollen zur Erzielung eines ihrem Wert angemessenen Erlöses in sauberem und möglichst ansehnlichem Zustand zur Versteigerung gestellt werden. Hiernach kann es z.b. erforderlich sein, wertvollere Kleider oder Anzüge bügeln oder Gegenstände aus Silber putzen zu lassen. Die hierdurch entstehenden Kosten sind als Kosten der Zwangsvollstreckung zu behandeln. Solche Kosten dürfen jedoch nur aufgewendet werden, wenn sie in einem angemessenen Verhältnis zu dem zu erwartenden Mehrerlös stehen.

Dagegen ist der Gerichtsvollzieher nicht berechtigt, gebrauchte oder beschädigte Pfandstücke ohne Einverständnis des Gläubigers und des Schuldners instandsetzen zu lassen, z.B. den Anstrich oder die Politur gebrauchter Möbel erneuern zu lassen.

§ 145 Versteigerungstermin (§§ 816 Abs. 4, 817, 817 a, 818 ZPO).

1. Bei der Eröffnung des Termins sind zunächst die Versteigerungsbedingungen bekanntzumachen. Abweichungen von den im § 817 ZPO bestimmten Versteigerungsbedingungen sind nur zulässig, wenn das Vollstreckungsgericht sie angeordnet hat oder der Gläubiger und der Schuldner sie vereinbart haben.

Versteigert der Gerichtsvollzieher Gase, Flüssigkeiten oder andere Sachen, die sich in Behältnissen befinden, welche dem Schuldner zweifellos nicht gehören, so nimmt er in die Versteigerungsbedingungen die Bestimmung auf, daß

a) die Behältnisse alsbald nach der Entleerung, spätestens binnen einer festzusetzenden Frist, dem Eigentümer zu übergeben seien,

b) der Ersteher eine dem Betrage nach zu bestimmende Sicherheit außer dem Meistgebot an den Gerichtsvollzieher zu leisten habe.

Versteigert der Gerichtsvollzieher Schußwaffen, Munition oder diesen gleichstehende Gegenstände, deren Erwerb erlaubnis- oder anmeldepflichtig ist, so nimmt er in die Versteigerungsbedingungen die Bestimmung auf, daß sie nur von einem Berechtigten ersteigert werden können (vgl. § 113 a).

2. a) Der Gerichtsvollzieher fordert alsdann zum Bieten auf. Er bietet die Pfandstücke regelmäßig einzeln aus; jedoch kann er auch Gegenstände, die sich dazu eignen, zusammen anbieten, insbesondere Gegenstände gleicher Art. Die Pfandstücke sind tunlichst nach ihrer Reihenfolge im Pfändungsprotokoll aufzurufen, sofern nicht die Beteiligten andere Wünsche haben. Beim Ausbieten ist der gewöhnliche Verkaufswert der gepfändeten Sachen und das Mindestgebot bekanntzugeben, bei Gold- und Silbersachen auch der Gold- und Silberwert.

b) Der Gläubiger und der Schuldner können bei der Versteigerung mitbieten; jedoch ist ein Gebot des Schuldners zurückzuweisen, wenn er nicht den Betrag sofort bar hinterlegt.

c) Der Zuschlag ist zu versagen, wenn das Meistgebot nicht die Hälfte des gewöhnlichen Verkehrswertes erreicht (Mindestgebot; § 817 a Abs. 1 S. 1 ZPO). Der Gerichtsvollzieher hat dann auf Antrag des Gläubigers einen neuen Versteigerungstermin anzuberaumen oder es dem Gläubiger anheimzugeben, einen Antrag nach § 825 ZPO zu stellen. Bleibt auch der neue Termin oder der Versuch anderweitiger Verwertung ohne Erfolg und ist auch von weiteren Verwertungsversuchen kein Erfolg zu erwarten, so kann der Gerichtsvollzieher die Pfändung aufheben. Vor der Aufhebung gibt er dem Gläubiger Gelegenheit zur Äußerung binnen einer angemessenen, von ihm zu bestimmenden Frist. Eine Versagung des Zuschlags kommt jedoch nicht in Betracht, wenn alle beteiligten Gläubiger und der Schuldner mit der Erteilung des Zuschlags zu einem Gebot einverstanden sind, welches das gesetzliche Mindestgebot nicht erreicht, oder wenn die sofortige Versteigerung erforderlich ist, um die Gefahr einer beträchtlichen Wertverringerung der zu versteigernden Sachen abzuwenden oder um unverhältnismäßige Kosten für eine längere Aufbewahrung zu vermeiden.

d) Bei Gold- und Silbersachen ist der Zuschlag ferner zu versagen, wenn das Meistgebot den Gold- und Silberwert nicht erreicht. Der Gerichtsvollzieher kann diese Sachen dann durch freihändigen Verkauf verwerten (vgl. § 147).

e) Ist eine Austauschpfändung mit der Maßgabe zugelassen, daß dem Schuldner der zur Ersatzbeschaffung notwendige Geldbetrag aus dem Vollstreckungserlös zu erstatten ist (§ 123 Nr. 1 Satz 1, zweiter Halbsatz), so ist der Zuschlag zu versagen, wenn das Meistgebot nicht den vom Vollstreckungsgericht zur Ersatzbeschaffung bestimmten Geldbetrag sowie die Kosten der Zwangsvollstreckung deckt.

f) Erweist sich im Versteigerungstermin eine andere Schätzung des gewöhnlichen Verkaufswertes als notwendig, z.B. wegen Veränderung der Marktlage (Mangel an ausreichenden Geboten genügt nicht), so ist das Ergebnis der Schätzung bekanntzugeben. Ist eine der Parteien im Termin nicht vertreten und wird der gewöhnliche Verkaufswert niedriger geschätzt als bisher, so wird ein neuer Versteigerungstermin anzuberaumen und den Parteien zunächst das Ergebnis der abweichenden Schätzung mitzuteilen sein. Dies gilt jedoch nicht, wenn die sofortige Versteigerung aus den oben zu Buchst. c) genannten Gründen notwendig ist. Falls es erforderlich ist, muß der Gerichtsvollzieher zur Sicherung des Gläubigers eine weitere Pfändung durchführen.

g) Beim Einzelausgebot von Gegenständen, die sich zum Gesamtausgebot eignen, kann der Gerichtsvollzieher den Zuschlag davon abhängig machen, daß beim darauf folgenden Gesamtausgebot kein höherer Erlös erzielt wird.

3. Der Gerichtsvollzieher hat für den ordnungsgemäßen Ablauf der Versteigerung zu sorgen. Er hat insbesondere unzulässige Einwirkungen der Händlerringe (Verkäuferringe, Zusammenschlüsse) entgegenzutreten. Weiß er oder muß er nach den Umständen annehmen, daß Verabredungen getroffen sind, auf Grund deren andere vom Bieten abgehalten oder Sachen durch vorgeschobene Personen ersteigert werden sollen, um unter den Teilnehmern sodann zum gemeinsamen Vorteil veräußert zu werden, so hat er Personen, die an solchen Verabredungen beteiligt sind, zu entfernen, nötigenfalls mit polizeilicher Hilfe. Er kann die Versteigerung auch unterbrechen.

4. Der Zuschlag ist dem Meistbietenden zu erteilen. Dem Zuschlag soll ein dreimaliger Aufruf vorausgehen. Dabei muß der Gerichtsvollzieher mit strenger Unparteilichkeit verfahren. Er darf insbesondere den Zuschlag

Geschäftsanweisung für Gerichtsvollzieher § 146 GVGA 14

nicht zugunsten eines Bieters übereilen. Die Verpflichtung eines jeden Bieters erlischt, wenn ein Übergebot abgegeben wird oder wenn die Versteigerung ohne Erteilung des Zuschlags geschlossen wird (§ 156 BGB, § 817 Abs. 1 ZPO).

5. Die zugeschlagene Sache ist dem Ersteher zu übergeben, und zwar nur gegen bare Zahlung des Kaufpreises. Einen Scheck darf der Gerichtsvollzieher nur mit Zustimmung des Auftraggebers annehmen. Hat der Meistbietende nicht bis zu der in den Versteigerungsbedingungen bestimmten Zeit oder mangels einer solchen Bestimmung nicht vor dem Schluß des Versteigerungstermins die Ablieferung gegen Zahlung des Kaufgeldes verlangt, so ist die Sache anderweit zu versteigern. Bei der Wiederversteigerung wird der Meistbietende zu keinem weiteren Gebot zugelassen. Er haftet für den Ausfall; auf den Mehrerlös hat er keinen Anspruch (§ 817 Abs. 3 ZPO).

6. Wird der Zuschlag dem Gläubiger erteilt, so ist dieser von der Verpflichtung zur Barzahlung insoweit befreit, als der Erlös zu seiner Befriedigung zu verwenden ist. Der Gläubiger hat mithin nur die Beträge bar zu zahlen, die zur Deckung der Zwangsvollstreckungskosten erforderlich sind oder sich nach seiner Befriedigung als Überschuß ergeben. Sofern jedoch dem Schuldner nachgelassen ist, die Vollstreckung durch Sicherheitsleistung oder Hinterlegung abzuwenden, hat auch der Gläubiger den Preis für die von ihm erstandene Sache bar zu entrichten (§ 817 Abs. 4 ZPO). Dasselbe gilt, wenn der Gläubiger das Recht eines Dritten auf vorzugsweise Befriedigung (§ 805 ZPO) anerkannt hat oder der Erlös auf Grund einer gerichtlichen Anordnung zu hinterlegen ist.

7. Die Versteigerung ist einzustellen, sobald der Erlös zur Befriedigung des Gläubigers und zur Deckung der Kosten der Zwangsvollstreckung hinreicht (§ 818 ZPO). Um die Versteigerung nicht zu weit auszudehnen, hat der Gerichtsvollzieher die bereits erzielten Erlöse von Zeit zu Zeit zusammenzurechnen. Der Erlös darf an den Gläubiger erst abgeführt werden, wenn die Übergabe der verkauften Sachen stattgefunden hat.

8. Hat nach dem Ergebnis der Verwertung der Pfandstücke die Vollstreckung nicht zur vollen Befriedigung des Gläubigers geführt oder sind Pfandstücke abhanden gekommen oder beschädigt worden, so muß der Gerichtsvollzieher auch ohne ausdrückliche Weisung des Gläubigers alsbald die weitere Vollstreckung betreiben, wenn nach seinem pflichtgemäßen Ermessen eine erneute Pfändung zur weiteren Befriedigung des Gläubigers führen kann.

§ 146 Versteigerungsprotokoll.

1. Das Protokoll über die Versteigerung hat insbesondere zu enthalten:

   a) die betreibenden Gläubiger nach ihrer Rangfolge;

   b) die Beträge der beizutreibenden Forderungen und der Zwangsvollstreckungskosten;

   c) den Hinweis auf die gesetzlichen Versteigerungsbedingungen oder den Wortlaut der Versteigerungsbedingungen, soweit von den gesetzlichen abweichende oder ergänzende Bestimmungen getroffen sind;

   d) die Bezeichnung der ausgebotenen Sachen sowie ihre Nummern nach dem Pfändungsprotokoll und die abgegebenen Meistgebote;

e) die Namen der Bieter, denen der Zuschlag erteilt ist; bei Geboten über 50 Euro auch deren Anschriften; der Gerichtsvollzieher kann verlangen, daß ihm der Erwerber einen amtlichen Ausweis über seine Person vorlegt;

f) die Angabe, daß der Kaufpreis bezahlt und die Sache abgeliefert ist oder daß Zahlung und Ablieferung unterblieben sind.

2. Die ausgebotenen Sachen sind sogleich beim Ausgebot im Versteigerungsprotokoll zu verzeichnen. Neben jeder Sache sind alsbald nach dem Zuschlag das Meistgebot und der Ersteher zu vermerken. Dasselbe gilt von der Zahlung des Kaufgeldes, sobald sie erfolgt. Die dem Meistgebot vorangegangenen Gebote und deren Bieter, die den Zuschlag nicht erhalten haben, sind nicht zu verzeichnen. Ein zurückgewiesenes Gebot ist im Protokoll zu vermerken, jedoch nicht in der Spalte, die für das Meistgebot bestimmt ist. Bei Gold- und Silbersachen ist zutreffendenfalls zu beurkunden, daß trotz des wiederholten Aufrufs kein Gebot abgegeben worden ist, das den Gold- und Silberwert deckt. Ein entsprechender Vermerk ist zu machen, wenn bei anderen Sachen nach § 145 Nr. 2 ein Zuschlag nicht erteilt ist. Am Schluß des Verzeichnisses ist die Summe des erzielten Erlöses festzustellen.

3. Das Protokoll braucht nicht im ganzen vorgelesen zu werden. Von den Bietern brauchen nur diejenigen in oder unter dem Protokoll zu unterzeichnen, die den Zuschlag erhalten haben oder – falls der Zuschlag im Termin nicht erteilt ist – an ihr Gebot gebunden bleiben. Unterbleibt die Unterzeichnung, etwa weil ein Beteiligter sich entfernt hat oder die Unterschrift verweigert, so ist der Grund dafür im Protokoll aufzunehmen.

c) Freihändiger Verkauf

§ 147 Zulässigkeit des freihändigen Verkaufs (§§ 817a, 821, 825 ZPO). Die Veräußerung erfolgt durch freihändigen Verkauf

a) bei Gold- und Silbersachen, wenn bei der Versteigerung kein Gebot abgegeben worden ist, das den Gold- und Silberwert erreicht (§ 817a ZPO),

b) bei Wertpapieren, die einen Börsen- oder Marktpreis haben (§ 821 ZPO),

c) im Einzelfall auf Antrag des Gläubigers oder des Schuldners (§ 825 Abs. 1 ZPO).

§ 148 Verfahren beim freihändigen Verkauf.

1. Für den freihändigen Verkauf gilt die im § 142 Nr. 3 Abs. 1 S. 1 bezeichnete Frist nicht. Der Gerichtsvollzieher führt den Verkauf unverzüglich durch, falls das Vollstreckungsgericht nichts anderes angeordnet hat oder die Beteiligten nichts anderes vereinbart haben. Er ist darauf bedacht, einen möglichst hohen Preis zu erzielen.

2. Die Bestimmungen des § 145 Nr. 2 Buchst. c über das Mindestgebot finden beim freihändigen Verkauf entsprechende Anwendung (§ 817a ZPO). Gold- und Silbersachen darf der Gerichtsvollzieher nicht unter ihrem Gold- und Silberwert und nicht unter der Hälfte des gewöhnlichen Verkaufswerts, Wertpapiere nicht unter dem Tageskurs verkaufen, der für den Ort des Verkaufs maßgebend ist. Den Tageskurs stellt der Gerichtsvollzieher durch den Kurszettel oder die Bescheinigung einer Bank fest.

Geschäftsanweisung für Gerichtsvollzieher §§ 149, 150 GVGA 14

3. Die Sache darf dem Käufer nur gegen bare Zahlung des Kaufpreises oder, falls der Auftraggeber dem zustimmt, gegen Übergabe eines über den Kaufpreis ausgestellten Schecks übergeben werden, soweit das Vollstreckungsgericht nichts anderes angeordnet hat oder alle Beteiligten einer anderen Regelung zustimmen.
4. Der Verkauf kann auch an den Gläubiger erfolgen.
5. Bei dem Verkauf von Wertpapieren bleibt es dem Ermessen des Gerichtsvollziehers überlassen, ob er den Verkauf selbst besorgen oder sich der Vermittlung eines Bankgeschäfts bedienen will.
6. Hat das Vollstreckungsgericht den Verkauf angeordnet, so beachtet der Gerichtsvollzieher die etwaigen besonderen Anordnungen des Gerichts. Ist eine Sache durch Beschluß des Vollstreckungsgerichts dem Gläubiger oder einem Dritten übereignet, so hat der Gerichtsvollzieher die Sache zu übergeben.

§ 149 Protokoll beim freihändigen Verkauf. [1] Das Protokoll über den freihändigen Verkauf hat insbesondere zu enthalten:

a) den Grund des freihändigen Verkaufs,
b) die genaue Bezeichnung des verkauften Gegenstandes mit Angabe des geschätzten Gold- und Silberwertes, des Tageskurses oder des vom Vollstreckungsgericht bestimmten Preises,
c) die mit Käufern getroffenen Abreden, den Nachweis der Preiszahlung und die Erfüllung des Geschäfts.

[2] § 146 Nr. 1 Buchst. e gilt entsprechend.

[3] Verkauft der Gerichtsvollzieher ein Wertpapier durch Vermittlung eines Bankgeschäfts, so wird das Protokoll durch die Abrechnung ersetzt, die das Bankgeschäft über den Verkauf erteilt. [4] Die Abrechnung ist zu den Akten zu nehmen.

4. Pfändung und Veräußerung in besonderen Fällen

a) Pfändung bei Personen, welche Landwirtschaft betreiben

§ 150 [Pfändung bei Personen, welche Landwirtschaft betreiben] (§ 813 Abs. 3 ZPO).

1. Ist der Gerichtsvollzieher mit der Pfändung bei einer Person beauftragt, die Landwirtschaft betreibt, und werden voraussichtlich Gegenstände der im § 811 Abs. 1 Nr. 4 ZPO bezeichneten Art zu pfänden sein, so zieht der Gerichtsvollzieher einen landwirtschaftlichen Sachverständigen hinzu, wenn anzunehmen ist, daß der Wert der zu pfändenden Gegenstände den Betrag von 500 Euro übersteigt. Bei einem geringeren Wert soll ein Sachverständiger zugezogen werden, wenn der Schuldner es verlangt und wenn dadurch die Zwangsvollstreckung weder verzögert wird noch unverhältnismäßige Kosten entstehen.
2. Der Sachverständige hat zu begutachten, ob die zu pfändenden Sachen zu denen gehören, die im § 811 Abs. 1 Nr. 4 ZPO bezeichnet sind oder auf die sich die Hypothek usw. erstreckt (vgl. § 129). Das Gutachten des Sachverständigen ist für den Gerichtsvollzieher nicht bindend; jedoch soll er nur aus besonderen und gewichtigen Gründen von ihm abweichen.

3. Das Ergebnis des Gutachtens ist, sofern der Sachverständige es nicht sofort schriftlich oder in einer Anlage zum Pfändungsprotokoll niederlegt, nebst den wesentlichen Gründen in dieses Protokoll aufzunehmen. Ist der Gerichtsvollzieher dem Gutachten bei der Pfändung nicht gefolgt, so sind die Gründe dafür im Protokoll anzugeben.
4. Dem Sachverständigen ist eine Vergütung nach dem ortsüblichen Preis seiner Leistung zu gewähren. Der Gerichtsvollzieher zahlt die Vergütung sofort bei der Pfändung gegen Empfangsbescheinigung aus. Soweit nicht ein anderer ortsüblicher Preis feststeht, sind für die Bemessung die Sätze des Gesetzes über die Entschädigung von Zeugen und Sachverständigen maßgebend. Die Vergütung umfaßt sowohl den Wert der Leistung als auch die Aufwandsentschädigung. An Reisekosten sind dem Sachverständigen nur die tatsächlichen Auslagen zu erstatten. Ist der Sachverständige mit der Bemessung seiner Entschädigung nicht einverstanden, so verweist ihn der Gerichtsvollzieher mit seinen Einwendungen gemäß § 766 ZPO an das Vollstreckungsgericht.

b) Pfändung und Versteigerung von Früchten, die noch nicht vom Boden getrennt sind

§ 151 Zulässigkeit der Pfändung (§ 810 ZPO).

1. Früchte, die noch nicht vom Boden getrennt sind, können gepfändet werden, solange nicht ihre Beschlagnahme im Wege der Zwangsvollstreckung in das unbewegliche Vermögen erfolgt ist, und soweit sie nicht nach § 811 Abs. 1 Nr. 4 ZPO unpfändbar sind. Diese Früchte werden jedoch von der Beschlagnahme dann nicht umfaßt, wenn das Grundstück verpachtet ist (§ 21 Abs. 3 ZVG[1]). Gegen den Pächter ist daher die Pfändung trotz der Beschlagnahme des Grundstücks zulässig, soweit ihr nicht § 811 Abs. 1 Nr. 4 ZPO entgegensteht.
Früchte im Sinne dieser Bestimmung sind nur die wiederkehrend geernteten Früchte (z.B. Getreide, Hackfrüchte, Obst; dagegen nicht Holz auf dem Stamm, Torf, Kohle, Steine und Mineralien).
2. Die Pfändung darf nicht früher als einen Monat vor der gewöhnlichen Reife der Früchte erfolgen. Auf den bevorstehenden Eintritt der Reife achtet der Gerichtsvollzieher besonders, damit er den Versteigerungstermin so rechtzeitig ansetzen kann, daß nicht durch Überreife der Früchte Verluste entstehen können. Der Gerichtsvollzieher verpflichtet den Hauptverwaltungsbeamten der Gemeinde oder den etwa bestellten Hüter, ihm rechtzeitig von der herannahenden Ernte Kenntnis zu geben.

§ 152 Verfahren bei der Pfändung (§ 813 Abs. 3 ZPO).

1. Die Pfändung von Früchten, die vom Boden noch nicht getrennt sind, erfolgt nach den Vorschriften über die Pfändung beweglicher Sachen. Insbesondere dürfen die Früchte nur gepfändet werden, wenn sie sich im Alleingewahrsam des Schuldners oder eines zur Herausgabe bereiten Dritten befinden. Ist z.B. ein Grundstück verpachtet oder ist ein Nießbrauch daran bestellt, so ist die Pfändung der Früchte im Rahmen der Zwangsvollstreckung gegen den Pächter oder Nießbraucher als Schuldner ohne weiteres zulässig; richtet sich die Zwangsvollstreckung dagegen gegen den

---

[1] Nr. 2.

Grundstückseigentümer, den Verpächter oder den Besteller des Nießbrauchs, so dürfen die Früchte nur mit Zustimmung des Pächters oder des Nießbrauchers gepfändet werden.

2. Die Pfändung ist in geeigneter Weise für jedermann kenntlich zu machen. Dies geschieht durch Aufstellung von Pfandtafeln oder Pfandwischen (Pfandzeichen) mit einer vom Gerichtsvollzieher unterschriebenen Pfandanzeige oder durch andere zweckentsprechende Vorrichtungen, tunlichst unter Verwendung des Dienstsiegels oder des Dienststempels. In geeigneten Fällen bestellt der Gerichtsvollzieher einen Hüter.

3. Werden bei der Zwangsvollstreckung gegen eine Person, die Landwirtschaft betreibt, voraussichtlich Früchte zu pfänden sein, die noch nicht vom Boden getrennt sind, so zieht der Gerichtsvollzieher einen landwirtschaftlichen Sachverständigen zu, wenn anzunehmen ist, daß der Wert der zu pfändenden Gegenstände 500 Euro übersteigt. Der Sachverständige hat zu begutachten, ob die gewöhnliche Zeit der Reife binnen einem Monat zu erwarten ist (§ 151 Nr. 2) und ob die Früchte ganz oder zum Teil zur Fortführung der Wirtschaft bis zu der Zeit erforderlich sind, zu der voraussichtlich gleiche oder ähnliche Erzeugnisse gewonnen werden (§ 811 Abs. 1 Nr. 4 ZPO). Im übrigen gelten für die Zuziehung des Sachverständigen die Bestimmungen des § 150 Nrn. 2–4.

Auch wenn der Wert der zu pfändenden Gegenstände unter 500 Euro liegt, soll der Gerichtsvollzieher einen Sachverständigen zuziehen,

a) wenn nach seinem pflichtgemäßen Ermessen mit Rücksicht auf die Art und den Umfang des landwirtschaftlichen Betriebes eine sachgemäße Entscheidung der vorstehend bezeichneten Fragen nur auf Grund des Gutachtens eines Sachverständigen erfolgen kann,

b) wenn der Schuldner die Zuziehung verlangt und hierdurch die Zwangsvollstreckung weder verzögert wird noch unverhältnismäßige Kosten entstehen.

4. Das Pfändungsprotokoll hat insbesondere zu enthalten:

a) die Bezeichnung des Grundstücks nach Lage und ungefährem Flächeninhalt und die Bezeichnung der Fruchtart, die darauf steht,

b) die Angabe, welcher Erlös aus der Verwertung der gepfändeten Früchte voraussichtlich zu erwarten ist,

c) die Angabe, in welcher Weise die Pfändung äußerlich erkennbar gemacht und wer als Hüter bestellt ist oder aus welchen Gründen die Bestellung eines Hüters unterblieben ist,

d) die Angabe, wann der Eintritt der Ernte zu erwarten ist,

e) die zu Nr. 3 Abs. 1 bezeichneten Angaben, wenn ein landwirtschaftlicher Sachverständiger zugezogen ist.

§ 153 Trennung der Früchte und Versteigerung (§ 824 ZPO).

1. Die Früchte dürfen vor der Reife nicht vom Boden getrennt werden. Ihre Versteigerung ist erst nach der Reife zulässig. Sie kann vor oder nach der Trennung der Früchte erfolgen. Hierüber entscheidet der Gerichtsvollzieher – gegebenenfalls nach Anhörung eines Sachverständigen – insbesondere mit Rücksicht darauf, auf welche Weise voraussichtlich ein höherer Erlös zu

erzielen ist. Nach diesem Gesichtspunkt entscheidet er auch, ob die Versteigerung im ganzen oder in einzelnen Teilen geschehen soll.

2. Sollen die reifen Früchte **vor** ihrer Aberntung versteigert werden, so hält der Gerichtsvollzieher den Termin in der Regel an Ort und Stelle ab.
Sollen die Früchte **nach** der Trennung versteigert werden, so läßt sie der Gerichtsvollzieher durch eine zuverlässige Person abernten. Es ist nicht unbedingt ausgeschlossen, daß er hierfür auch den Schuldner wählt. Die Vergütung für die Aberntung vereinbart der Gerichtsvollzieher im voraus. Er beaufsichtigt die Aberntung, soweit es erforderlich ist, um den Ertrag der Ernte mit Sicherheit festzustellen. Er sorgt auch dafür, daß die Ernte bis zur Versteigerung sicher untergebracht und verwahrt wird.

3. In den Versteigerungsbedingungen ist zu bestimmen, innerhalb welcher Zeit der Käufer die Früchte von dem Grund und Boden wegzuschaffen hat. Der Erlös darf erst ausgezahlt werden, wenn die Früchte weggeschafft sind oder die für ihre Fortschaffung bestimmte Frist verstrichen ist.

4. Wird dem Gerichtsvollzieher ein Gerichtsbeschluß vorgelegt, durch den die Zwangsvollstreckung des Grundstücks angeordnet ist, so stellt er die Zwangsvollstreckung einstweilen ein; er unterläßt also die Pfändung, die Aberntung und die Versteigerung der Früchte sowie – falls der Käufer die Früchte noch nicht an sich genommen hat – die Auszahlung des Erlöses.
Wird die Zwangsversteigerung des Grundstücks angeordnet, so ist die Zwangsvollstreckung einzustellen, wenn die Beschlagnahme (§§ 20 ff. ZVG[1])) erfolgt, solange die Früchte noch nicht vom Boden getrennt sind. Hat die Trennung schon stattgefunden, so ist die Vollstreckung trotz der Beschlagnahme fortzusetzen.
Von der Einstellung der Zwangsvollstreckung ist der Gläubiger unverzüglich zu benachrichtigen.

c) Pfändung und Veräußerung von Wertpapieren

§ 154 Pfändung von Wertpapieren.

1. Bei der Zwangsvollstreckung wegen Geldforderungen werden Wertpapiere wie bewegliche körperliche Sachen behandelt. Sie werden dadurch gepfändet, daß der Gerichtsvollzieher sie in Besitz nimmt.

2. Zu den Wertpapieren der Nr. 1 gehören alle Inhaberpapiere, auch wenn sie auf den Namen eines bestimmten Berechtigten umgeschrieben sind, sowie alle Aktien, auch wenn sie auf den Namen eines bestimmten Berechtigten lauten. Dagegen gehören Legitimationspapiere nicht dazu (z.B. Sparbücher, Pfandscheine, Lebensversicherungspolicen).

3. Für die Pfändung von Forderungen aus Wechseln und anderen auf den Namen lautenden, aber durch Indossament übertragbaren Forderungspapieren gelten die Bestimmungen des § 175.

4. Inländische Banknoten sind bei der Zwangsvollstreckung nicht als Wertpapiere, sondern als bares Geld zu behandeln.

---

[1] Nr. 2.

§ 155 Veräußerung von Wertpapieren (§§ 821–823 ZPO).

1. Die Veräußerung von Wertpapieren erfolgt, wenn sie einen Börsen- oder Marktpreis haben, durch freihändigen Verkauf, sonst durch öffentliche Versteigerung (§ 821 ZPO).
2. Bei der Veräußerung von Inhaberpapieren genügt die Übergabe des veräußerten Papiers an den Erwerber, um das im Papier verbriefte Recht auf ihn zu übertragen. Dagegen sind Papiere, die durch Indossament übertragen werden können, jedoch nicht Forderungspapiere sind, zum Zweck der Übertragung mit dem Indossament zu versehen (z.B. Namensaktien). Andere Papiere, die auf den Namen lauten, sind mit der Abtretungserklärung zu versehen. Dies gilt auch für auf den Namen umgeschriebene Inhaberpapiere, sofern nicht ihre Rückverwandlung (Nr. 3) beantragt wird.
3. Die Abtretungserklärung oder das Indossament stellt der Gerichtsvollzieher anstelle des Schuldners aus, nachdem ihn das Vollstreckungsgericht dazu ermächtigt hat (§ 822 ZPO). Ebenso bedarf der Gerichtsvollzieher der Ermächtigung des Vollstreckungsgerichts, wenn er anstelle des Schuldners die Erklärungen abgegeben soll, die zur Rückverwandlung einer auf den Namen umgeschriebenen Schuldverschreibung in eine Inhaberschuldverschreibung erforderlich sind (§ 823 ZPO). Der Gerichtsvollzieher fügt dem Antrag, durch den er die Ermächtigung erbittet, den Schuldtitel und das Pfändungsprotokoll bei.

§ 156 Hilfspfändung.
¹ Papiere, die nur eine Forderung beweisen, aber nicht Träger des Rechts sind (z.B. Sparbücher, Pfandscheine, Versicherungsscheine und Depotscheine, ferner Hypotheken- und solche Grundschuld- und Rentenschuldbriefe, die nicht auf den Inhaber lauten), sind nicht Wertpapiere im Sinne des § 154. ² Sie können deshalb auch nicht nach den Vorschriften über die Zwangsvollstreckung in bewegliche körperliche Sachen gepfändet werden. ³ Der Gerichtsvollzieher kann aber diese Papiere vorläufig in Besitz nehmen (Hilfspfändung). ⁴ Er teilt dem Gläubiger die vorläufige Wegnahme unverzüglich mit und bezeichnet die Forderungen, auf die sich die Legitimationspapiere beziehen. ⁵ Die Papiere sind jedoch dem Schuldner zurückzugeben, wenn der Gläubiger nichts alsbald, spätestens innerhalb eines Monats, den Pfändungsbeschluß über die Forderung vorlegt, die dem Papier zugrunde liegt. ⁶ Die in Besitz genommenen Papiere sind im Pfändungsprotokoll genau zu bezeichnen.

⁷ Grund- und Rentenschuldbriefe, die auf den Inhaber lauten, werden nach § 154 gepfändet.

d) Pfändung und Veräußerung von Kraftfahrzeugen

§ 157 Entfernung des Kraftfahrzeugs aus dem Gewahrsam des Schuldners.

1. Bei der Pfändung eines Kraftfahrzeugs wird in der Regel davon auszugehen sein, daß die Befriedigung des Gläubigers gefährdet wird, wenn das Fahrzeug im Gewahrsam des Schuldners verbleibt (vgl. § 808 ZPO). Der Gerichtsvollzieher nimmt das gepfändete Fahrzeug daher in Besitz, sofern nicht der Gläubiger damit einverstanden ist, daß es im Gewahrsam des Schuldners bleibt, oder eine Wegnahme aus sonstigen Gründen ausnahmsweise nicht erforderlich erscheint.

2. Kann der Gerichtsvollzieher – obwohl die gesetzlichen Voraussetzungen hierfür gegeben sind – das Fahrzeug nicht in Besitz nehmen (z.b. wegen fehlender Unterbringungsmöglichkeiten) und erscheint die Wegnahme der Kraftfahrzeugpapiere (§§ 158–160) nicht ausreichend, um eine mißbräuchliche Benutzung des Kraftfahrzeugs zu verhindern, so muß der Gerichtsvollzieher weitere geeignete Sicherungsmaßnahmen treffen (z.b. die Herausnahme einzelner Teile aus dem Motor oder die Abnahme und Verwahrung des amtlichen Kennzeichens).

§ 158 Kraftfahrzeugschein und Kraftfahrzeugbrief.

1. Der Gerichtsvollzieher muß bei der Zwangsvollstreckung in Kraftfahrzeuge die Bedeutung des Kraftfahrzeugscheins und des Kraftfahrzeugbriefs beachten. Der Kraftfahrzeugschein wird aufgrund der Betriebserlaubnis und nach Zuteilung des Kennzeichens ausgestellt und weist die Zulassung des Kraftfahrzeugs zum Verkehr nach. Der Kraftfahrzeugbrief liefert Unterlagen für Maßnahmen der Wirtschafts- und Verkehrspolitik und trägt zur Sicherung des Eigentums oder anderer Rechte am Fahrzeug bei. Beide Urkunden sind daher für den Erwerber eines Kraftfahrzeugs von wesentlichem Wert.

2. Die Bestimmungen für Kraftfahrzeuge, Kraftfahrzeugscheine, amtliche Kennzeichen und Kraftfahrzeugbriefe gelten entsprechend für Anhänger, Anhängerscheine und Anhängerbriefe.

§ 159 Behandlung des Kraftfahrzeugscheins.

1. Pfändet der Gerichtsvollzieher ein Kraftfahrzeug, so nimmt er den über das Kraftfahrzeug ausgestellten und im Gewahrsam des Schuldners befindlichen Kraftfahrzeugschein in Besitz, sofern das Fahrzeug nicht gemäß § 157 Nr. 1 im Gewahrsam des Schuldners belassen wird. Findet der Gerichtsvollzieher den Kraftfahrzeugschein nicht, vermerkt er dies im Protokoll.

2. Der Gerichtsvollzieher händigt den in seinem Besitz befindlichen Kraftfahrzeugschein dem Erwerber bei der Übergabe des Kraftfahrzeugs gegen Empfangsbestätigung aus.

§ 160 Behandlung des Kraftfahrzeugbriefs.

1. Bei der Pfändung eines Kraftfahrzeuges nimmt der Gerichtsvollzieher auch den über das Fahrzeug ausgestellten Kraftfahrzeugbrief in Besitz, wenn er ihn im Gewahrsam des Schuldners findet.

2. Findet der Gerichtsvollzieher den Kraftfahrzeugbrief nicht, so forscht er durch Befragen des Schuldners oder der bei der Vollstreckung anwesenden Personen (Familienangehörige, beim Schuldner Beschäftigte) nach dem Verbleib des Briefes; das Ergebnis vermerkt er im Protokoll. Befindet sich der Kraftfahrzeugbrief hiernach angeblich in der Hand eines Dritten, so teilt der Gerichtsvollzieher dem Gläubiger den Namen und die Wohnung des Dritten mit; er gibt möglichst auch an, weshalb sich der Brief in der Hand des Dritten befindet.

3. Hat der Gerichtsvollzieher den Kraftfahrzeugbrief nicht in Besitz nehmen können, so kann er in geeigneten Fällen den Schuldner darauf hinweisen, daß die Pfändung voraussichtlich nach § 161 der Zulassungsstelle mitgeteilt werden wird.

Geschäftsanweisung für Gerichtsvollzieher §§ 161, 162 GVGA 14

§ 161 Benachrichtigung der Zulassungsstelle, Versteigerung.

1. Hat der Gerichtsvollzieher den Kraftfahrzeugbrief nicht in Besitz nehmen können, so teilt er dies unverzüglich der für das Fahrzeug zuständigen Zulassungsstelle mit, soweit nicht § 162 etwas anderes bestimmt. Welche Zulassungsstelle zuständig ist, ergibt sich aus dem Kraftfahrzeugschein und meist auch aus dem Dienststempelabdruck, der sich auf dem amtlichen Kennzeichen befindet. Kennt die Zulassungsstelle den Verbleib des Briefes, so verständigt sie den Gerichtsvollzieher; die Zwangsvollstreckung setzt der Gerichtsvollzieher trotzdem fort.

2. Die Mitteilung soll folgende Angaben enthalten:

   a) Namen und Wohnung des Gläubigers,

   b) Namen, Dienststelle und Geschäftsnummer des Gerichtsvollziehers,

   c) Bezeichnung des Fahrzeugs unter Angabe der Fabrikmarke,

   d) amtliches Kennzeichen,

   e) den aus dem Kraftfahrzeugschein ersichtlichen Namen und Wohnung dessen, für den das Kraftfahrzeug zugelassen ist,

   f) Nummer des Fahrgestells,

   g) Tag der Pfändung und Versteigerung,

   h) Namen und Wohnung des angeblichen Briefbesitzers.

3. Der Gerichtsvollzieher vermerkt die Absendung der Mitteilung unter Angabe des Tages in seinen Akten.

4. Die Versteigerung soll nicht vor Ablauf von 4 Wochen seit der Pfändung stattfinden. Der Gerichtsvollzieher braucht jedoch die Mitteilung der Zulassungsstelle nicht abzuwarten. Vor der Aufforderung zum Bieten weist der Gerichtsvollzieher darauf hin, daß er den Kraftfahrzeugbrief nicht im Besitz hat und daß es Sache des Erwerbers ist, sich ihn für die Zulassung zu beschaffen oder einen Ersatzbrief ausstellen zu lassen; die Belehrung ist im Versteigerungsprotokoll zu vermerken.

§ 162 Wegfall oder Aussetzung der Benachrichtigung.

1. Von der Nachricht an die Zulassungsstelle ist abzusehen, wenn

   a) der gewöhnliche Verkaufswert eines Kraftwagens den Betrag von 400 Euro und der eines Kraftrades den Betrag von 200 Euro nicht übersteigt,

   b) besondere Umstände die baldige Verwertung erfordern, z.B. die Kosten der Verwahrung im Verhältnis zum voraussichtlichen Erlös zu hoch sind.

2. Von der Nachricht an die Zulassungsstelle kann einstweilen abgesehen werden, wenn

   a) ein sicherer Anhalt für die gütliche Erledigung der Vollstreckung besteht,

   b) der Versteigerungstermin von vornherein mit einer Frist von mehr als 6 Wochen angesetzt wird.

   Sobald jedoch feststeht, daß das Fahrzeug im Wege der Zwangsvollstreckung veräußert werden wird, ist die Zulassungsstelle spätestens 4 Wochen vor dem Termin zu benachrichtigen.

§ 163 Behandlung des Kraftfahrzeugbriefs bei der Veräußerung des Kraftfahrzeugs.

1. Besitzt der Gerichtsvollzieher den Kraftfahrzeugbrief, so händigt er ihn dem Erwerber bei der Übergabe des Fahrzeugs gegen Empfangsbestätigung aus.
2. Besitzt der Gerichtsvollzieher den Kraftfahrzeugbrief nicht, so gibt er dem Erwerber eine mit seiner Unterschrift und dem Dienststempelabdruck versehene Bescheinigung dahin, daß der Erwerber das nach § 161 Nr. 2 Buchst. c, d, f näher bezeichnete Kraftfahrzeug in der Zwangsvollstreckung erworben hat und daß der Kraftfahrzeugbrief bei der Pfändung nicht gefunden worden ist.

§ 164 Anzeige des Namens des Erwerbers an die Zulassungsstelle.
Geht ein zugelassenes und nicht endgültig abgemeldetes Kraftfahrzeug im Wege der Zwangsvollstreckung auf einen neuen Eigentümer über, so zeigt der Gerichtsvollzieher die Anschrift des Erwerbers unter Bezeichnung des Fahrzeugs nach § 161 Nr. 2 Buchst. c, d, f unverzüglich der für das Kraftfahrzeug zuständigen Zulassungsstelle an und fügt die etwaigen Empfangsbestätigungen nach § 159 Nr. 2 und § 163 Nr. 1 bei.

§ 165 Kosten des Verfahrens.
Die Kosten für die Mitteilung und Anzeigen (§§ 161 und 164) sind Kosten der Zwangsvollstreckung (§ 788 ZPO).

§ 166 Beitreibungen im Verwaltungsvollstreckungsverfahren.
Die §§ 157–165 gelten entsprechend für die Vollstreckung im Verwaltungsvollstreckungsverfahren.

e) Pfändung und Versteigerung von Ersatzteilen eines Luftfahrzeugs, die sich in einem Ersatzteillager befinden

§ 166 a [Pfändung und Versteigerung von Ersatzteilen eines Luftfahrzeugs, die sich in einem Ersatzteillager befinden]
[1] Das Registerpfandrecht an einem inländischen oder ein Recht an einem ausländischen Luftfahrzeug kann sich auf Ersatzteile erstrecken, die an einer bestimmten Stelle (Ersatzteillager) lagern oder von ihr entfernt werden, nachdem sie in Beschlag genommen worden sind (vgl. hierzu §§ 68, 69, 71, 105, 106 Abs. 1 Nr. 2 des Gesetzes über Rechte an Luftfahrzeugen vom 26. 2. 1959 – BGBl. I S. 57 –). [2] Soll wegen einer Geldforderung die Zwangsvollstreckung in solche Ersatzteile betrieben werden, so sind die besonderen Vorschriften des § 100 des Gesetzes über Rechte an Luftfahrzeugen vom 26. 2. 1959 zu beachten.

f) Pfändung bereits gepfändeter Sachen

§ 167 [Pfändung bereits gepfändeter Sachen] (§§ 826, 827 ZPO).

1. Die Pfändung bereits gepfändeter Sachen muß in derselben Form wie eine Erstpfändung erfolgen, wenn sie sich gegen einen anderen Schuldner als den der Erstpfändung richtet (sog. Doppelpfändung). Der Gerichtsvollzieher vermerkt in diesem Fall in den Akten über beide Pfändungen, daß und wann er die Sache auch gegen den anderen Schuldner gepfändet hat.
2. In den übrigen Fällen kann die weitere Pfändung in der Form einer Erstpfändung vorgenommen werden. Zur Bewirkung der Pfändung ge-

nügt aber auch die Erklärung des Gerichtsvollziehers, daß er die schon gepfändeten Sachen für seinen Auftraggeber gleichfalls pfände (Anschlußpfändung). Die Erklärung ist unter genauer Bezeichnung der Zeit, zu der sie abgegeben wird, in das Pfändungsprotokoll aufzunehmen. War die Erstpfändung von einem anderen Gerichtsvollzieher bewirkt, so ist diesem eine Abschrift des Pfändungsprotokolls zuzustellen. Die Anschlußpfändung ist mit der sie vollziehenden Erklärung bewirkt. Hat derselbe Gerichtsvollzieher die erste Pfändung und die Anschlußprüfung bewirkt, so muß er sicherstellen, daß bei der weiteren Bearbeitung, insbesondere bei der Versteigerung, keine der Pfändungen übersehen werden kann. Insbesondere muß der Gerichtsvollzieher darauf achten, daß Pfändungspfandrechte ruhender Vollstreckungen nicht gefährdet werden.

3. Die Anschlußpfändung setzt zu ihrer Wirksamkeit das Bestehen einer staatlichen Verstrickung voraus. Der Gerichtsvollzieher vergewissert sich deshalb, daß die erste Pfändung eine wirksame Verstrickung herbeigeführt hat und daß diese noch besteht. Er sieht in der Regel das Protokoll ein, das über die erste Pfändung aufgenommen ist.

Bei Pfandstücken, die sich im Gewahrsam des Schuldners oder eines anderen befinden, sieht der Gerichtsvollzieher grundsätzlich an Ort und Stelle nach, ob die Pfandstücke noch vorhanden sind und ob die Pfändung noch ersichtlich ist. Unterbleibt die Nachschau, weil der Angetroffene dem Gerichtsvollzieher die Durchsuchung der Wohnung des Schuldners nicht gestattet oder weil der Gerichtsvollzieher an Ort und Stelle niemand angetroffen hat, so hat der Gerichtsvollzieher dies im Protokoll über die Anschlußpfändung festzuhalten, den Gläubiger durch Übersendung einer Protokollabschrift zu unterrichten und auf die Möglichkeit des § 758 ZPO zur Überprüfung des Pfandrechts hinzuweisen; ein Antrag auf Übersendung des Protokolls ist erforderlichenfalls zu unterstellen. Eine Anschlußpfändung darf nicht deshalb unterbleiben, weil eine gleichzeitige Nachschau nicht möglich ist. Bei der Anschlußpfändung von Sachen im Gewahrsam eines Dritten ist dessen Herausgabebereitschaft (vgl. § 118 Nr. 2) erneut festzustellen.

Den Wert der Pfandstücke prüft der Gerichtsvollzieher nach. Hat sich der Wert verändert, so gibt er den Wert zum Zeitpunkt der Anschlußpfändung an.

4. Der Gerichtsvollzieher soll schon gepfändete Sachen regelmäßig durch Anschlußpfändung und nicht in den Formen einer Erstpfändung pfänden, es sei denn, daß die Rechtsgültigkeit oder das Fortbestehen der vorangegangenen Pfändung zweifelhaft oder die Wirksamkeit einer durch bloße Erklärung bewirkten Anschlußpfändung aus sonstigen Gründen fraglich erscheint.

5. Die Pfändung bereits gepfändeter Gegenstände ist ohne Rücksicht darauf vorzunehmen, ob sich nach Befriedigung der Ansprüche des Gläubigers der Erstpfändung und der Kosten der ersten Vollstreckung noch ein Überschuß erwarten läßt. Eine solche Pfändung soll jedoch nur erfolgen, wenn die Befriedigung des Gläubigers aus anderen Pfandstücken nicht erlangt werden kann oder wenn sie entweder vom Gläubiger ausdrücklich verlangt wird oder aus besonderen Gründen zweckentsprechender erscheint als die Pfändung anderer, noch nicht gepfändeter Sachen.

6. Der Auftrag des Gläubigers, für den eine Anschlußpfändung bewirkt ist, geht kraft Gesetzes auf den Gerichtsvollzieher über, der die Erstpfändung durchgeführt hat (§ 827 Abs. 1 ZPO). Daher ist dem Gerichtsvollzieher, der die Erstpfändung durchgeführt hat, der Schuldtitel nebst den sonstigen für die Vollstreckung erforderlichen Urkunden auszuhändigen, sofern nicht das Vollstreckungsgericht die Verrichtungen dieses Gerichtsvollziehers einen anderen überträgt (§ 827 Abs. 1 ZPO). Dem Auftraggeber und dem Schuldner ist hiervon Kenntnis zu geben. Der Gerichtsvollzieher, dem die Fortsetzung der Vollstreckung obliegt, hat sich als von allen Gläubigern beauftragt zu betrachten.

7. Die Versteigerung erfolgt durch den hiernach zuständigen Gerichtsvollzieher für alle beteiligten Gläubiger. Reicht der Erlös zur Deckung sämtlicher Forderungen nicht aus, so ist er nach der Reihenfolge der Pfändungen zu verteilen. Verlangt ein Gläubiger ohne Zustimmung der übrigen Gläubiger eine andere Art der Verteilung, so ist nach § 827 Abs. 2 ZPO zu verfahren.

8. Die Stundung seitens eines der Gläubiger oder die Einstellung des Verfahrens gegenüber einem der Gläubiger hat auf die Fortsetzung der Vollstreckung für die anderen Gläubiger keinen Einfluß. Wird die Vollstreckung fortgesetzt, so ist der Gläubiger, der gestundet hat oder demgegenüber die Vollstreckung eingestellt ist, zur Wahrung seiner Interessen ohne Verzug zu benachrichtigen. Der auf diesen Gläubiger entfallende Betrag ist zu hinterlegen, und zwar im Fall der Einstellung unter Vorbehalt einer anderweitigen Überweisung, falls der Anspruch des Gläubigers ganz oder teilweise wegfallen sollte. Im Fall der Stundung bedarf es beim Einverständnis des Schuldners mit der Zahlung nicht der Hinterlegung, sofern sie nicht aus anderen Gründen zu erfolgen hat.

9. Wenn ein anderer Gerichtsvollzieher als derjenige, der die Erstpfändung vorgenommen hat, bei der weiteren Pfändung noch pfandfreie Gegenstände pfändet, so hat er geeignetenfalls bei seinem Auftraggeber nachzufragen, ob dieser mit der Erledigung des ganzen Vollstreckungsauftrages – also auch wegen der neu gepfändeten Sachen – durch den Gerichtsvollzieher einverstanden ist, dem die Versteigerung der früher gepfändeten Sachen zusteht. Wird dieses Einverständnis erteilt, so ist der Auftrag wegen der neu gepfändeten Sachen an den anderen Gerichtsvollzieher abzugeben.

10. Ist derselbe Gegenstand im Verwaltungsvollstreckungsverfahren oder zur Beitreibung von Abgaben und durch Gerichtsvollzieher für andere Auftraggeber gepfändet, so sind die besonderen Bestimmungen zu beachten, die hierfür in Betracht kommen (§ 6 der Justizbeitreibungsordnung[1], die noch anzuwendenden landesrechtlichen Vorschriften, §§ 307, 308 AO).
Ist die erste Pfändung im Wege der Verwaltungsvollstreckung erfolgt, so hat der Gerichtsvollzieher bei einer folgenden Vollstreckung nach der Zivilprozeßordnung die Form der Erstpfändung (§ 808 ZPO) zu wählen.

---

[1] Nr. 3.

g) Gleichzeitige Pfändung für mehrere Gläubiger

§ 168 [Gleichzeitige Pfändung für mehrere Gläubiger] (§ 827 Abs. 3 ZPO).

1. Ein Gerichtsvollzieher, der vor Ausführung einer ihm aufgetragenen Pfändung von den anderen Gläubigern mit der Pfändung gegen denselben Schuldner beauftragt wird, muß alle Aufträge als gleichzeitige behandeln und deshalb die Pfändung für alle beteiligten Gläubiger zugleich bewirken. Auf die Reihenfolge, in der die Vollstreckungsaufträge an den Gerichtsvollzieher gelangt sind, kommt es nicht an, sofern nicht die Pfändung aufgrund eines früheren Auftrags schon vollzogen ist; denn der Eingang des Vollstreckungsauftrags für sich allein begründet kein Vorzugsrecht des Gläubigers vor anderen Gläubigern. Steht der Vollziehung eines oder einzelner Aufträge ein Hindernis entgegen, so darf die Erledigung der anderen Aufträge deshalb nicht verzögert werden.

2. Will der Schuldner vor der Pfändung einen Geldbetrag freiwillig leisten, der die Forderungen sämtlicher Gläubiger nicht deckt, so darf der Gerichtsvollzieher diesen Betrag nur dann als Zahlung annehmen, wenn der Schuldner damit einverstanden ist, daß der Betrag unter alle Gläubiger nach dem Verhältnis der beizutreibenden Forderungen (Nr. 5 Satz 2) verteilt wird. Willigt der Schuldner hierin nicht ein, so ist das Geld für sämtliche Gläubiger zu pfänden.

3. Über die gleichzeitige Pfändung für mehrere Gläubiger ist nur ein Pfändungsprotokoll aufzunehmen; dieses muß die beteiligten Gläubiger und ihre Schuldtitel bezeichnen und die Erklärung enthalten, daß die Pfändung gleichzeitig für alle bewirkt ist.
Bei erfolgloser Vollstreckung gilt Absatz 1 Halbsatz 1 entsprechend. § 135 Nr. 5 Satz 1 ist mit der Maßgabe anzuwenden, daß ein Gläubiger aufgrund eines allgemein gehaltenen Antrags auf Abschrift eines Pfändungsprotokolls nur eine Teilabschrift mit den ihn betreffenden Daten erhält; eine vollständige Protokollabschrift mit den Namen und Forderungen aller beteiligten Gläubiger ist nur auf ausdrücklichen Antrag zu erteilen.

4. Alle zu pfändenden Sachen sind für alle beteiligten Gläubiger zu pfänden, sofern nicht ein Gläubiger bestimmte Sachen ausgeschlossen hat.

5. Die Versteigerung erfolgt für alle beteiligten Gläubiger. Der Erlös ist nach dem Verhältnis der beizutreibenden Forderungen zu verteilen, wenn er zur Deckung der Forderungen aller Gläubiger nicht ausreicht. Verlangt ein Gläubiger ohne Zustimmung der übrigen Gläubiger eine andere Art der Verteilung, so ist nach § 827 Abs. 2 ZPO zu verfahren. Im übrigen gilt § 167 Nr. 8 entsprechend.

6. Hat der Gerichtsvollzieher für einen Gläubiger ganz oder teilweise erfolglos vollstreckt und findet er bei der Erledigung des Auftrags eines anderen Gläubigers weitere pfändbare Sachen vor, so verfährt er nach den Bestimmungen zu Nrn. 1–5, sofern der Auftrag des ersten Gläubigers noch besteht. Dies gilt nicht, wenn der Gerichtsvollzieher den Schuldtitel dieses Gläubigers nicht mehr besitzt.

7. Hat der Gerichtsvollzieher eine Pfändung im Verwaltungsvollstreckungsverfahren und im Auftrag eines anderen Gläubigers durchzuführen, so finden die Nrn. 1–6 entsprechende Anwendung.

5. Auszahlung des Erlöses

§ 169 Berechnung der auszuzahlenden Beträge.

1. Der Gerichtsvollzieher muß in seinen Akten eine Abrechnung über die Geldbeträge aufstellen, die infolge der Zwangsvollstreckung in seine Hände gelangt sind.

2. Aus dem Erlös sind vorweg ein etwa dem Schuldner zu erstattender Ersatzbetrag (§§ 123, 124) sowie die Kosten gemäß § 15 Abs. 1 GvKostG[1]) zu entnehmen. Darauf ist der Betrag, der dem Gläubiger zusteht, einschließlich der Zinsen und Kosten anzusetzen und der Überschuß festzustellen, der dem Schuldner etwa verbleibt. Reicht der Erlös zur Deckung der Forderung des Gläubigers nicht aus, so ist er zunächst auf die Kosten der Zwangsvollstreckung, sodann auf die übrigen Kosten des Gläubigers, weiter auf die Zinsen der beizutreibenden Forderung und schließlich auf die Hauptleistung zu verrechnen (§ 367 BGB), es sei denn, daß die Anrechnung der Teilleistung nach § 497 Abs. 3 BGB vorzunehmen ist. Wird der Gläubiger nicht voll befriedigt, so muß die Berechnung ergeben, welche von diesen Forderungsarten ungetilgt bleiben. Reicht im Fall der Bewilligung von Prozeßkostenhilfe der Erlös nicht zur Befriedigung des Gläubigers aus, so beachtet der Gerichtsvollzieher die Bestimmungen des § 15 Abs. 3 Sätze 2 bis 4 GvKostG.

3. Sind mehrere Gläubiger an dem Erlös beteiligt und reicht dieser nicht zur Deckung aller Forderungen aus, so sind – vorbehaltlich des § 15 Abs. 3 Sätze 2 bis 4 GvKostG – zunächst die Kosten gemäß § 15 Abs. 1 GvKostG aus dem Erlös zu entnehmen. Der Resterlös wird sodann nach §§ 167 Nr. 7, 168 Nr. 5 verteilt.

4. Dem Schuldner ist eine Abschrift der Abrechnung zu erteilen, falls deren wesentlicher Inhalt nicht bereits in die ihm ausgestellte Quittung (§ 757 ZPO) aufgenommen ist.

§ 170 Verfahren bei der Auszahlung.

1. Bei Ablieferung von Geld an den Gläubiger sind – vorbehaltlich des § 15 Abs. 3 Sätze 2 bis 4 GvKostG[1]) – die gesamten GV-Kosten, für die der Gläubiger haftet, einzubehalten, soweit sie nicht bereits nach § 169 Nr. 2 Satz 1 dem Erlös vorweg entnommen sind; das gilt auch, wenn Geld an einen Bevollmächtigten des Gläubigers abzuführen ist (vgl. § 62 Nr. 2).

2. Der Gerichtsvollzieher führt die Beträge, die auf die Gläubiger entfallen, sowie den etwa für den Schuldner verbleibenden Überschuß unverzüglich an die Empfangsberechtigten ab, soweit die Gelder nicht zu hinterlegen sind. Macht ein Dritter dem Gerichtsvollzieher glaubhaft, daß die alsbaldige Auszahlung seine Rechte auf den Erlös gefährden würde (vgl. §§ 771, 781, 786, 805 ZPO) und daß deshalb in Kürze ein Einstellungsbeschluß des Gerichts zu erwarten sei, so muß der Gerichtsvollzieher mit der Auszahlung eine angemessene Frist warten. Diese Frist soll regelmäßig nicht mehr als zwei Wochen betragen.

---

[1]) Nr. 17.

Geschäftsanweisung für Gerichtsvollzieher § 171 GVGA 14

3. Die Auszahlung ist grundsätzlich über das Gerichtsvollzieher-Dienstkonto abzuwickeln (§ 73 Nr. 7 GVO). Ist im Einzelfall nur eine Barauszahlung möglich, ist diese durch Quittung zu belegen.
4. Macht ein Dritter auf Grund eines Pfand- oder Vorzugsrechts seinen Anspruch auf vorzugsweise Befriedigung aus dem Erlös geltend (§ 805 ZPO), so darf ihm der Gerichtsvollzieher den beanspruchten Betrag nur dann auszahlen, wenn sämtliche Beteiligten einwilligen oder wenn ein rechtskräftiges Urteil gegen den nicht zustimmenden Gläubiger oder Schuldner vorgelegt wird. Die Einwilligung ist aktenkundig zu machen.
5. Wird durch den Widerspruch eines Gläubigers gegen die in Aussicht genommene Verteilung eine gerichtliche Verteilung notwendig, so hinterlegt der Gerichtsvollzieher den Erlös, der nach Abzug der zu entnehmenden Kosten (§ 169 Nr. 3) verbleibt. Er zeigt die Sachlage dem Vollstreckungsgericht an und fügt die Schriftstücke bei, die sich auf das Verfahren beziehen.

6. Rückgabe von Pfandstücken

§ 171 [Rückgabe von Pfandstücken]

1. Pfandstücke, deren Veräußerung nicht erforderlich gewesen ist oder die entweder auf Anweisung des Gläubigers oder auf Grund einer gerichtlichen Entscheidung freigegeben sind, stellt der Gerichtsvollzieher ohne Verzug dem Empfangsberechtigten zur Verfügung und gibt sie gegen Empfangsbescheinigung heraus, wenn sie aus dem Gewahrsam des Schuldners oder eines Dritten entfernt waren. War die Pfändung zu Recht erfolgt, hat der Schuldner die Kosten der Zurückschaffung zu tragen, war sie zu Unrecht erfolgt, hat der Gläubiger die Kosten zu tragen. Bei der Bekanntmachung der Freigabe ist der Schuldner ausdrücklich zur Entfernung der Pfandzeichen zu ermächtigen. Ein etwa bestellter Hüter ist von dem Ende der Vollstreckung zu benachrichtigen.
2. Empfangsberechtigt ist grundsätzlich derjenige, aus dessen Gewahrsam die Sachen genommen worden sind. Ist über das Vermögen des Schuldners das Konkurs-, Gesamtvollstreckungs- oder Insolvenzverfahren eröffnet, so stellt der Gerichtsvollzieher die zurückzugebenden Gegenstände dem Verwalter zur Verfügung, soweit sie zur Masse gehören.
3. Befinden sich die Pfandstücke im Gewahrsam des Gerichtsvollziehers oder eines Verwahrers und verweigert oder unterläßt der Empfangsberechtigte innerhalb einer ihm gestellten angemessenen Frist die Abholung der Pfandstücke oder ist der Aufenthalt des Empfangsberechtigten nicht zu ermitteln, so kann der Gerichtsvollzieher die Pfandstücke hinterlegen (§ 372 BGB) oder nach § 383 BGB verfahren, sofern dessen Voraussetzungen vorliegen. Bei der Fristsetzung ist der Empfangsberechtigte hierauf hinweisen. Gegenstände, die sich in der Pfandkammer befinden, können auch nach § 983 BGB versteigert werden, wenn sich der Empfangsberechtigte oder sein Aufenthalt nicht ermitteln läßt. Die Gründe, aus denen zu einer dieser Maßregeln geschritten wird, sind aktenkundig zu machen; auch ist zu vermerken, welche Versuche zur Ermittlung des Empfangsberechtigten unternommen worden sind. Das Verfahren nach §§ 383 oder 983 BGB darf der Gerichtsvollzieher nur auf Anordnung seiner vorgesetzten Dienststelle einleiten. Der Gerichtsvollzieher legt dieser die Akten vor.

III. Zwangsvollstreckung in Forderungen und andere Vermögenswerte

§ 172 Allgemeine Vorschriften.

1. Die Zwangsvollstreckung in Forderungen, die dem Schuldner gegen einen Dritten (Drittschuldner) zustehen, erfolgt im Wege der Pfändung und Überweisung durch das Vollstreckungsgericht (§§ 829, 835 ZPO); jedoch gelten besondere Bestimmungen für die Pfändung von Wertpapieren (§ 154) und von Forderungen aus Wechseln und anderen durch Indossament übertragbaren Papieren (§ 175).

2. Unter den im § 844 ZPO[1]) bestimmten Voraussetzungen kann das Vollstreckungsgericht an Stelle einer Überweisung eine andere Art der Verwertung anordnen, z.B. die Versteigerung oder den Verkauf der Forderung aus freier Hand durch einen Gerichtsvollzieher. Bei der Ausführung einer solchen Anordnung beachtet der Gerichtsvollzieher die vom Vollstreckungsgericht etwa getroffenen besonderen Bestimmungen.

3. Das Vollstreckungsgericht kann die Pfändung und Überweisung in einem Beschluß, aber auch in getrennten Beschlüssen aussprechen. Die Mitwirkung des Gerichtsvollziehers ist im wesentlichen auf die Zustellung dieser Beschlüsse an den Drittschuldner und den Schuldner beschränkt; mit der Zustellung wird er vom Gläubiger beauftragt.

4. Auf die Zwangsvollstreckung in andere Vermögensrechte, die nicht Gegenstand der Zwangsvollstreckung in das unbewegliche Vermögen sind (z.B. Gesellschaftsanteile – § 859 ZPO –), finden die Vorschriften über die Pfändung von Forderungen entsprechende Anwendung.
Bei der Zwangsvollstreckung in Nutzungsrechte kann das Gericht eine Verwaltung anordnen. In diesem Fall kann die Wegnahme und die Übergabe der zu benutzenden Sachen an einen Verwalter durch einen Gerichtsvollzieher auf Grund des Schuldtitels und der Ausfertigung des die Verwaltung anordnenden Beschlusses nach den Bestimmungen erfolgen, die für die Zwangsvollstreckung zur Erwirkung der Herausgabe von Sachen gelten (§ 857 ZPO).
Für die Zwangsvollstreckung in die Schiffspart gelten die besonderen Bestimmungen des § 858 ZPO.

§ 173 Zustellung des Pfändungs- und Überweisungsbeschlusses (§§ 829, 835, 840, 857 ZPO).

1. Die Pfändung einer Forderung ist mit der Zustellung des Pfändungsbeschlusses an den Drittschuldner als bewirkt anzusehen (§ 829 Abs. 3 ZPO). Die Zustellung an den Drittschuldner ist daher regelmäßig vor der Zustellung an den Schuldner durchzuführen, wenn nicht der Auftraggeber ausdrücklich etwas anderes verlangt (vgl. Nr. 3). Diese Zustellung ist zu beschleunigen; in der Zustellungsurkunde ist der Zeitpunkt der Zustellung nach Stunde und Minute anzugeben. Bei Zustellung durch die Post ist nach § 41 zu verfahren. Ist der Gerichtsvollzieher mit der Zustellung mehrerer Pfändungsbeschlüsse an denselben Drittschuldner beauftragt, so stellt er sie alle in dem gleichen Zeitpunkt zu und vermerkt in den einzelnen Zustellungsurkunden, welche Beschlüsse er gleichzeitig zugestellt hat. Läßt ein Gläubiger eine Forderung pfänden, die dem Schuldner gegen ihn selbst

---

[1]) Nr. 1.

Geschäftsanweisung für Gerichtsvollzieher § 173 GVGA 14

zusteht, so ist der Pfändungsbeschluß dem Gläubiger wie einem Drittschuldner zuzustellen.

2. Auf Verlangen des Gläubigers fordert der Gerichtsvollzieher den Drittschuldner bei der Zustellung des Pfändungsbeschlusses auf, binnen zwei Wochen, von der Zustellung an gerechnet, dem Gläubiger zu erklären:

a) ob und inwieweit er die Forderung anerkenne und Zahlung zu leisten bereit sei,

b) ob und welche Ansprüche andere Personen an die Forderung erheben,

c) ob und wegen welcher Ansprüche die Forderung bereits für andere Gläubiger gepfändet sei.

Die Aufforderung zur Abgabe dieser Erklärung muß in der Zustellungsurkunde aufgenommen werden (§ 840 ZPO). Die Zustellung an den Drittschuldner kann in solchen Fällen nur im Wege der persönlichen Zustellung bewirkt werden. Eine Erklärung, die der Drittschuldner bei der Zustellung abgibt, ist in die Zustellungsurkunde aufzunehmen und von dem Drittschuldner nach Durchsicht oder nach Vorlesung zu unterschreiben. Gibt der Drittschuldner keine Erklärung ab oder verweigert er die Unterschrift, so ist dies in der Zustellungsurkunde zu vermerken. Eine Erklärung, die der Drittschuldner später dem Gerichtsvollzieher gegenüber abgibt, ist ohne Verzug dem Gläubiger zu übermitteln und, soweit sie mündlich erfolgt, zu diesem Zweck durch ein Protokoll festzustellen.

Sollen mehrere Drittschuldner, die in verschiedenen Amtsgerichtsbezirken wohnen, aber in einem Pfändungsbeschluß genannt sind, zur Abgabe der Erklärungen aufgefordert werden, so führt zunächst der für den zuerst genannten Drittschuldner zuständige Gerichtsvollzieher die Zustellung an die in seinem Amtsgerichtsbezirk wohnenden Drittschuldner aus (vgl. § 20 Abs. 1). Hiernach gibt er den Pfändungsbeschluß an den Gerichtsvollzieher ab, der für die Zustellung an die im nächsten Amtsgerichtsbezirk wohnenden Drittschuldner zuständig ist. Dieser verfährt ebenso, bis an sämtliche Drittschuldner zugestellt ist. Die Zustellung an den Schuldner (vgl. die folgende Nr. 3) nimmt der zuletzt tätig gewesene Gerichtsvollzieher vor.

3. Nach der Zustellung an den Drittschuldner stellt der Gerichtsvollzieher den Pfändungsbeschluß mit einer beglaubigten Abschrift der Urkunde über die Zustellung an den Drittschuldner – im Fall der Zustellung durch die Post mit einer beglaubigten Abschrift der Postzustellungsurkunde – auch ohne besonderen Auftrag sofort dem Schuldner zu. Muß diese Zustellung im Auslande bewirkt werden, so geschieht sie durch Aufgabe zur Post. Die Zustellung an den Schuldner unterbleibt, wenn eine öffentliche Zustellung erforderlich sein würde. Ist auf Verlangen des Gläubigers die Zustellung an den Schuldner erfolgt, bevor die Zustellung an den Drittschuldner stattgefunden hat oder ehe die Postzustellungsurkunde dem Gerichtsvollzieher zugegangen ist, so stellt der Gerichtsvollzieher dem Schuldner die Abschrift der Zustellungsurkunde nachträglich zu. Ist ein Drittschuldner nicht vorhanden (z.B. bei Pfändung von Urheber- und Patentrechten), so ist die Pfändung mit der Zustellung des Pfändungsbeschlusses an den Schuldner erfolgt (§ 857 ZPO).

4. Wird neben dem Pfändungsbeschluß ein besonderer Überweisungsbeschluß erlassen, so ist dieser ebenfalls dem Drittschuldner und sodann unter ent-

sprechender Anwendung der Vorschriften zu Nr. 3 dem Schuldner zuzustellen (§ 835 Abs. 3 ZPO).
5. Hat der Gerichtsvollzieher die Zustellung im Fall der Nr. 1 durch die Post bewirken lassen, so überprüft er die Zustellungsurkunde an den Drittschuldner nach ihrem Eingang und achtet darauf, ob die Zustellung richtig durchgeführt und mit genauer Zeitangabe beurkundet ist. Ist die Zustellung durch die Post fehlerhaft, so stellt er umgehend erneut zu. Sofern es die Umstände erfordern, wählt er dabei die persönliche Zustellung.

§ 174 Wegnahme von Urkunden über die gepfändete Forderung (§§ 830, 836, 837 ZPO).

1. Hat der Gläubiger die Pfändung einer Forderung, für die eine Hypothek besteht, oder die Pfändung einer Grundschuld oder Rentenschuld erwirkt, so ist der Schuldner verpflichtet, den etwa bestehenden Hypotheken-, Grundschuld- oder Rentenschuldbrief an den Gläubiger herauszugeben (§ 830 ZPO). Dasselbe gilt für andere über eine Forderung vorhandene Urkunden (z.B. Schuldschein, das Sparbuch, den Pfandschein, die Versicherungspolice), wenn außer der Pfändung auch schon die Überweisung zugunsten des Gläubigers erfolgt ist (§ 836 ZPO).
2. Verweigert der Schuldner die Herausgabe der Urkunden, so nimmt der Gerichtsvollzieher sie ihm weg. Die Wegnahme ist im Wege der Zwangsvollstreckung zu bewirken (§§ 179 ff.). Der Gerichtsvollzieher wird dazu durch den Besitz des Schuldtitels und einer Ausfertigung des Pfändungsbeschlusses (bei Wegnahme eines Hypotheken-, Grundschuld- oder Rentenschuldbriefes) oder des Überweisungsbeschlusses (bei Wegnahme anderer Urkunden) ermächtigt. Der Pfändungs- oder Überweisungsbeschluß ist dem Schuldner spätestens bis zum Beginn der Vollstreckungstätigkeit zuzustellen, welche die Wegnahme der Urkunde zum Ziel hat.
3. Sind die wegzunehmenden Urkunden in dem Pfändungs- oder Überweisungsbeschluß nicht so genau bezeichnet, daß sie der Gerichtsvollzieher nach dieser Bezeichnung bei dem Schuldner aufsuchen kann, so überläßt er es dem Gläubiger, eine Vervollständigung des Beschlusses bei dem Gericht zu beantragen.

§ 175 Pfändung von Forderungen aus Wechseln, Schecks und anderen Papieren, die durch Indossament übertragen werden können (§ 831 ZPO).

1. Die Zwangsvollstreckung in Forderungen aus Wechseln, Schecks und anderen Wertpapieren, die durch Indossament übertragen werden können, z.B. aus kaufmännischen Anweisungen und Verpflichtungsscheinen, Konnossementen, Ladescheinen, Lagerscheinen, die an Order gestellt sind (vgl. § 363 HGB), erfolgt durch ein Zusammenwirken des Gerichtsvollziehers und des Vollstreckungsgerichts. Der Gerichtsvollzieher pfändet die Forderungen dadurch, daß er die bezeichneten Papiere in Besitz nimmt. Ein Pfändungsbeschluß ist nicht erforderlich. Die weitere Durchführung der Vollstreckung erfolgt sodann auf Antrag des Gläubigers durch das Vollstreckungsgericht.
2. Forderungen aus Wechseln und ähnlichen Papieren sind Vermögensstücke von ungewissem Wert, wenn die Zahlungsfähigkeit des Drittschuldners nicht unzweifelhaft feststeht. Der Gerichtsvollzieher soll diese Forderungen

Geschäftsanweisung für Gerichtsvollzieher **§ 176 GVGA 14**

nur pfänden, wenn ihn der Gläubiger ausdrücklich dazu angewiesen hat oder wenn andere Pfandstücke entweder nicht vorhanden sind oder zur Befriedigung des Gläubigers nicht ausreichen.

3. In dem Pfändungsprotokoll ist die weggenommene Urkunde nach Art, Gegenstand und Betrag der Forderung, nach dem Namen des Gläubigers und des Schuldners, dem Tag der Ausstellung und eventuell mit der Nummer genau zu bezeichnen. Auch der Fälligkeitstag der Forderung ist nach Möglichkeit anzugeben. Von der Pfändung ist der Gläubiger unter genauer Bezeichnung der gepfändeten Urkunden und eventuell auch des Fälligkeitstages unverzüglich zu benachrichtigen. Der Schuldtitel ist dem Gläubiger zurückzugeben; dieser benötigt ihn zur Erwirkung des Überweisungsbeschlusses.

4. Der Gerichtsvollzieher verwahrt die weggenommene Urkunde so lange, bis das Gericht sie einfordert oder bis ihm ein Beschluß des Vollstreckungsgerichts vorgelegt wird, durch den die Überweisung der Forderung an den Gläubiger ausgesprochen oder eine andere Art der Verwertung der Forderung angeordnet wird, z.B. die Veräußerung oder die Herausgabe der den Gegenstand der Forderung bildenden körperlichen Sachen an einen Gerichtsvollzieher.

5. Werden gepfändete Schecks oder Wechsel zahlbar, bevor eine gerichtliche Entscheidung über ihre Verwertung ergangen ist, so sorgt der Gerichtsvollzieher in Vertretung des Gläubigers für die rechtzeitige Vorlegung, eventuell auch für die Protesterhebung. Wird der Wechsel oder der Scheck bezahlt, so hinterlegt der Gerichtsvollzieher den gezahlten Betrag und benachrichtigt den Gläubiger und den Schuldner hiervon.

6. Der Gerichtsvollzieher darf die Urkunde über die gepfändete Forderung nur gegen Empfangsbescheinigung des Gläubigers oder – wenn die Forderung freigegeben wird – des Schuldners herausgeben.

§ 176 Zwangsvollstreckung in Ansprüche auf Herausgabe oder Leistung von beweglichen körperlichen Sachen (§§ 846–849, 854 ZPO).

1. Bei der Zwangsvollstreckung in Ansprüche des Schuldners, auf Grund deren der Drittschuldner bewegliche körperliche Sachen herauszugeben oder zu leisten hat, erfolgt die Pfändung nach den Vorschriften über die Pfändung von Geldforderungen, also regelmäßig durch die Zustellung eines gerichtlichen Pfändungsbeschlusses. Eine Ausnahme gilt, wenn die Forderung in einem indossablen Papier verbrieft ist (z.B. bei kaufmännischen Anweisungen über die Leistung von Wertpapieren oder anderen vertretbaren Sachen, bei Lagerscheinen, Ladescheinen und Konnossementen); in diesen Fällen geschieht die Pfändung dadurch, daß der Gerichtsvollzieher das Papier in Besitz nimmt.
In dem gerichtlichen Pfändungsbeschluß oder im Fall des § 175 durch eine besonderen Beschluß wird angeordnet, daß die geschuldeten Sachen an einen von dem Gläubiger zu beauftragenden Gerichtsvollzieher herauszugeben sind (§ 847 ZPO).

2. Der Pfändungsbeschluß als solcher ermächtigt jedoch den Gerichtsvollzieher nicht, die Herausgabe der Sachen gegen den Willen des Drittschuldners zu erzwingen. Verweigert der Drittschuldner die Herausgabe, so muß sich der Gläubiger den Anspruch zur Einziehung überweisen lassen und dann

Klage gegen den Drittschuldner erheben. Der Gerichtsvollzieher beurkundet deshalb in diesem Fall die Weigerung des Drittschuldners und überläßt das weitere dem Gläubiger.

3. Ist dagegen der Drittschuldner zur Herausgabe oder zur Leistung bereit, so nimmt der Gerichtsvollzieher, dessen Ermächtigung durch den Besitz des Schuldtitels und einer Ausfertigung des Beschlusses dargetan wird, die Sache beim Drittschuldner gegen Quittung oder gegen Herausgabe des indossablen Papiers in Empfang.
In dem aufzunehmenden Protokoll bezeichnet er die Sache. Das weitere Verfahren wegen Unterbringung und Verwertung der übernommenen Sache richtet sich nach den Vorschriften, die für die Verwertung gepfändeter Sachen gelten (§ 847 Abs. 2 ZPO). Durch die Herausgabe des Gegenstandes seitens des Drittschuldners geht das Pfandrecht, das durch die Pfändung des Anspruchs begründet worden ist, ohne neue Pfändung in ein Pfandrecht an der Sache selbst über.

4. Von der Übernahme und von dem anberaumten Versteigerungstermin sind der Schuldner und der Gläubiger zu benachrichtigen.

5. Hat der Gläubiger gegen den Drittschuldner einen vollstreckbaren Titel erlangt, nach dessen Inhalt der Drittschuldner die Sache zum Zweck der Zwangsvollstreckung an einen Gerichtsvollzieher herauszugeben hat, so nimmt der Gerichtsvollzieher die Sache dem Drittschuldner auf Grund dieses Titels nach den Vorschriften über die Zwangsvollstreckung zur Erwirkung der Herausgabe von Sachen weg und verwertet sie.

6. Das Verfahren bei einer Pfändung desselben Anspruchs für mehrere Gläubiger ist im § 854 ZPO näher geregelt. Für die Reihenfolge der Pfändungen ist die Zeit entscheidend, zu der die einzelnen Pfändungsbeschlüsse dem Drittschuldner zugestellt sind.

7. Liegt der Antrag eines anderen Gläubigers zur Pfändung der an den Gerichtsvollzieher herauszugebenden Sachen vor, so sind die Sachen bei der Übernahme gleichzeitig zu pfänden.

§ 177 Zwangsvollstreckung in Ansprüche auf Herausgabe oder Leistung von unbeweglichen Sachen und eingetragenen Schiffen, Schiffsbauwerken, Schwimmdocks, inländischen Luftfahrzeugen, die in der Luftfahrzeugrolle eingetragen sind, sowie ausländischen Luftfahrzeugen (§§ 846, 847 a, 848 ZPO; §§ 99 Abs. 1, 106 Abs. 1 Nr. 1 des Gesetzes über Rechte an Luftfahrzeugen). Die Zwangsvollstreckung in Ansprüche auf Herausgabe oder Leistung folgender Gegenstände:

unbewegliche Sachen,

eingetragene Schiffe,

eingetragene und eintragungsfähige Schiffsbauwerke

und im Bau befindliche oder fertiggestellte Schwimmdocks,

inländische Luftfahrzeuge, die in der Luftfahrzeugrolle oder im Register für Pfandrechte an Luftfahrzeugen eingetragen sind,

ausländische Luftfahrzeuge,

erfolgt gleichfalls durch Zustellung eines gerichtlichen Pfändungsbeschlusses. Für die Zustellung gelten die Bestimmungen in § 173 entsprechend (§ 846 ZPO). Die unbewegliche Sache wird an einen von dem Amtsgericht der

Geschäftsanweisung für Gerichtsvollzieher **§§ 178, 179 GVGA 14**

belegenen Sache zu bestellenden Sequester, das Schiff, Schiffsbauwerk, im Bau befindliche oder fertiggestellte Schwimmdock oder Luftfahrzeug an einen vom Vollstreckungsgericht zu bestellenden Treuhänder herausgegeben (§ 847 a ZPO in Verbindung mit Art. 3 des Gesetzes vom 4. 12. 1968 – BGBl. I S. 1295 –, §§ 848, 855, 855 a ZPO; §§ 99 Abs. 1, 106 Abs. 1 Nr. 1 des Gesetzes über Rechte an Luftfahrzeugen vom 26. 2. 1959 – BGBl. I S. 57 –).

§ 178 Zustellung der Benachrichtigung, daß die Pfändung einer Forderung oder eines Anspruchs bevorsteht (sogenannte Vorpfändung).

1. der Gläubiger kann dem Drittschuldner und dem Schuldner schon vor der Pfändung einer Forderung oder eines Anspruchs die Benachrichtigung, daß die Pfändung bevorsteht, mit den in § 845 ZPO näher bezeichneten Aufforderungen zustellen lassen.
Die Benachrichtigung an den Drittschuldner hat zugunsten des Gläubigers die Wirkung eines Arrestes, sofern innerhalb eines Monats seit ihrer Zustellung die angekündigte Pfändung erfolgt.

2. Der Gerichtsvollzieher muß deshalb die Zustellung dieser Benachrichtigung an den Drittschuldner besonders beschleunigen und den Zustellungszeitpunkt (Tag, Stunde, Minute) beurkunden oder veranlassen, daß dies durch den Postbediensteten erfolgt. Auf die Zustellung finden die Vorschriften des § 173 mit Ausnahme der Nr. 2 entsprechende Anwendung. Der Gerichtsvollzieher hat nicht zu prüfen, ob dem Gläubiger eine vollstreckbare Ausfertigung erteilt und ob der Schuldtitel bereits zugestellt ist.

3. Der Gerichtsvollzieher hat die Benachrichtigung mit den Aufforderungen selbst anzufertigen, wenn er von dem Gläubiger hierzu ausdrücklich beauftragt worden ist. Dies gilt nicht für die Vorpfändung von Vermögensrechten im Sinne des § 857 ZPO (vgl. § 857 Abs. 7 ZPO und § 172 Nr. 4).
In diesem Fall hat der Gerichtsvollzieher zu prüfen, ob der Gläubiger einen vollstreckbaren Schuldtitel erwirkt hat und ob die Voraussetzungen der §§ 82–84 vorliegen. Der Gerichtsvollzieher hat die vorzupfändende Forderung nach Gläubiger, Schuldner und Rechtsgrund in der Benachrichtigung möglichst so genau zu bezeichnen, daß über die Identität der Forderung kein Zweifel bestehen kann.

4. Stellt der Gerichtsvollzieher lediglich eine vom Gläubiger selbst angefertigte Benachrichtigung zu, so obliegt ihm nicht die Prüfungspflicht nach Nr. 3 Abs. 2 Satz 1. In diesem Fall wirkt er bei der Vorpfändung nur als Zustellungsorgan mit.

C. Zwangsvollstreckung zur Erwirkung der Herausgabe von Sachen

§ 179 Bewegliche Sachen (§§ 883, 884, 897 ZPO).

1. Hat der Schuldner nach dem Schuldtitel eine bestimmte bewegliche Sache oder eine gewisse Menge von bestimmten beweglichen Sachen herauszugeben (z.B. 5 Ztr. von dem auf dem Speicher lagernden Roggen), so wird die Zwangsvollstreckung dadurch bewirkt, daß der Gerichtsvollzieher die Sache dem Schuldner wegnimmt und sie dem Gläubiger übergibt. Hat der Schuldner eine Menge von vertretbaren Sachen (§ 91 BGB) oder von Wertpapieren zu leisten, so ist in derselben Weise zu verfahren, wenn der Gerichtsvollzieher Sachen der geschuldeten Gattung (z.B. Saatkartoffeln einer bestimmten Sorte) im Gewahrsam des Schuldners vorfindet. Befindet

sich die herauszugebende Sache im Gewahrsam eines Dritten, so darf sie der Gerichtsvollzieher nur wegnehmen, wenn der Dritte zur Herausgabe bereit ist (§ 118 Nr. 2) oder wenn die Zwangsvollstreckung auch in das in seinem Gewahrsam befindliche Vermögen zulässig ist (vgl. z.B. §§ 97, 98). In den übrigen Fällen überläßt es der Gerichtsvollzieher dem Gläubiger, bei dem Vollstreckungsgericht die Überweisung des Anspruches des Schuldners auf Herausgabe der Sache zu erwirken (§ 886 ZPO).

2. Der Gerichtsvollzieher händigt die weggenommenen Sachen dem Gläubiger unverzüglich gegen Empfangsbescheinigung aus oder sendet sie an ihn ab. Die Sachen sollen dem Gläubiger tunlichst an Ort und Stelle ausgehändigt werden. Der Gerichtsvollzieher zeigt dem Gläubiger den Tag und die Stunde der beabsichtigten Vollstreckung rechtzeitig an, damit sich dieser zur Empfangnahme der Sachen an dem Ort der Vollstreckung einfinden oder einen Vertreter entsenden und die notwendigen Maßnahmen zur Fortschaffung der Sachen treffen kann.

3. Macht ein Dritter bei der Vollstreckung ein Recht an dem wegzunehmenden Gegenstand geltend, das ihn zur Erhebung der Widerspruchsklage (§ 771 ZPO) berechtigt, so verweist ihn der Gerichtsvollzieher an das Gericht.

4. Trifft mit dem Auftrag des Gläubigers auf Wegnahme einer Sache ein Pfändungsbeschluß nach § 176 zusammen, so nimmt der Gerichtsvollzieher die Sache in Besitz und überläßt es den Beteiligten, eine Einigung oder eine gerichtliche Entscheidung über ihre Rechte herbeizuführen.

5. Trifft mit dem Auftrag eines Gläubigers auf die Wegnahme einer Sache der Auftrag eines anderen Gläubigers auf Pfändung zusammen, so verfährt der Gerichtsvollzieher – sofern nicht die Sachlage oder der Inhalt der Aufträge eine andere Erledigung erfordern – wie folgt: Er führt zunächst die Pfändung durch. Hierbei pfändet er die herauszugebenden Sachen nur dann ganz oder teilweise, wenn andere Pfandstücke nicht oder nicht in ausreichendem Umfang vorhanden sind. Pfändet er zugunsten des einen Gläubigers Sachen, die der Schuldner an den anderen Gläubiger herauszugeben hat, so nimmt er sie dem Schuldner auf Verlangen des Gläubigers, der die Herausgabe verlangen kann, für diesen Gläubiger weg. Er darf sie jedoch dem Gläubiger nicht herausgeben, sondern muß sie in seinem Besitz behalten. Die Zwangsvollstreckung in diese Sachen darf er erst fortsetzen, sobald sie der eine Gläubiger von dem Recht des anderen befreit hat. Soweit die herauszugebenden Sachen nicht gepfändet sind, nimmt der Gerichtsvollzieher sie dem Schuldner weg und übergibt sie dem Gläubiger.

6. In dem Protokoll über die Vollstreckungshandlung sind die weggenommenen Sachen genau zu bezeichnen. Bei vertretbaren Sachen sind Maß, Zahl und Gewicht anzugeben, bei Wertpapieren der Nennwert, die Nummer oder die sonstigen Unterscheidungsmerkmale sowie die noch bei dem Stammpapier vorgefundenen Zins- oder Gewinnanteil- oder Erneuerungsscheine. Das Protokoll muß ferner ergeben, ob die Sachen dem Gläubiger ausgehändigt, an ihn abgesandt oder in welcher anderen Weise sie untergebracht sind.

Findet der Gerichtsvollzieher die geschuldeten Sachen nicht oder nur zum Teil vor, so macht er dies im Protokoll ersichtlich; ebenso vermerkt er es im Protokoll, wenn der Schuldner bestreitet, daß die weggenommenen Sachen die geschuldeten sind, oder wenn ein Dritter Rechte auf den Besitz der Sachen geltend macht.

7. Ist der Schuldner zur Übertragung des Eigentums oder zur Bestellung eines Rechts an einer beweglichen Sache, auf Grund dessen die Gläubiger die Besitzeinräumung verlangen kann, verurteilt, so nimmt der Gerichtsvollzieher die Sache dem Schuldner unter Beachtung der vorstehenden Vorschriften weg und händigt sie dem Gläubiger aus. Dasselbe gilt für den Hypotheken-, Grundschuld- oder Rentenschuldbrief, wenn der Schuldner zur Bestellung, zur Abtretung oder zur Belastung der durch diese Urkunde verbrieften Hypothek, Grundschuld oder Rentenschuld verurteilt ist (§ 897 ZPO).

§ 180 Unbewegliche Sachen sowie eingetragene Schiffe, Schiffsbauwerke und Schwimmdocks (§ 765 a Abs. 3, § 885 ZPO).

1. Hat der Schuldner nach dem Schuldtitel ein Grundstück, einen Teil eines Grundstücks, Wohnräume oder sonstige Räume oder ein eingetragenes Schiff, Schiffsbauwerk oder im Bau befindliches oder fertiggestelltes Schwimmdock herauszugeben, so wird die Zwangsvollstreckung dadurch vollzogen, daß der Gerichtsvollzieher den Schuldner aus dem Besitz setzt und den Gläubiger in den Besitz einweist. Der Gerichtsvollzieher hat den Schuldner aufzufordern, eine Anschrift zum Zweck von Zustellungen oder einen Zustellungsbevollmächtigten zu benennen.

2. Der Gerichtsvollzieher teilt dem Gläubiger und dem Schuldner Tag und Stunde der beabsichtigten Vollstreckung rechtzeitig vor dem Vollstreckungstermin mit.
Die Benachrichtigung ist dem Schuldner in der Regel zuzustellen. Der Gerichtsvollzieher benachrichtigt den Schuldner zusätzlich durch einfachen Brief von dem Vollstreckungstermin, wenn zu besorgen ist, daß die zuzustellende Benachrichtigung den Schuldner nicht erreicht. Dies gilt nicht, wenn der Gerichtsvollzieher im Falle einer von verletzter Person und Täter im Sinne von § 2 Abs. 1 des Gewaltschutzgesetzes, das heißt Gläubiger und Schuldner, gemeinsam genutzten Wohnung einstweilige Verfügungen nach § 940 a ZPO vollzieht oder Entscheidungen des Familiengerichts in Verfahren nach § 2 des Gewaltschutzgesetzes oder in solchen Verfahren erlassene einstweilige Anordnungen vor der Zustellung vollziehen darf, weil das Gericht dies gemäß § 64 b Abs. 2 Satz 2 FGG oder § 64 b Abs. 3 Satz 3 FGG als zulässig angeordnet hat. Zwischen dem Tag der Zustellung und dem Tag des Vollstreckungstermins müssen wenigstens drei Wochen liegen. Die Zustellung kann unterbleiben, wenn der Schuldner unbekannt verzogen oder sein Aufenthalt unbekannt ist. Eine öffentliche Zustellung soll nicht erfolgen.
Die Herausgabe der Räume kann auch in Abwesenheit des Gläubigers bewirkt werden, wenn der Gläubiger durch die von dem Gerichtsvollzieher getroffenen Maßregeln (z.B. Übergabe der Schlüssel, Bestellung des Hüters) in die Lage versetzt wird, die tatsächliche Gewalt über das Grundstück oder die Räume auszuüben. Auch die Anwesenheit des Schuldners ist nicht notwendig.

3. Das bewegliche Zubehör (§§ 97, 98 BGB) ist Gegenstand der Vollstreckung in das Grundstück, auch wenn es im Schuldtitel nicht ausdrücklich erwähnt ist.

4. Bewegliche Sachen, die weder mit herauszugeben noch wegen einer gleichzeitig beizutreibenden Forderung oder wegen der Kosten zu pfänden sind, entfernt der Gerichtsvollzieher von dem Grundstück, Schiff (Schiffsbauwerk, im Bau befindlichen oder fertiggestellten Schwimmdock) oder aus den Räumen, falls nicht der Gläubiger der Entfernung wegen eines Pfand- oder Zurückhaltungsrechts widerspricht, das er an diesen Sachen in Anspruch nimmt.

In den Fällen, in denen die Überlassung der Wohnung an den Gläubiger (verletzte Person) gemäß § 2 Abs. 2 des Gewaltschutzgesetzes befristet ist, kommt die Entfernung der beweglichen Sachen des Schuldners aus der Wohnung gegen seinen Willen nicht in Betracht.Die Sachen sind dem Schuldner außerhalb des Grundstücks, der Räume oder des Schiffs (Schiffsbauwerks, im Bau befindlichen oder fertiggestellten Schwimmdocks) zu übergeben oder zur Verfügung zu stellen. Ist der Schuldner abwesend, so tritt an seine Stelle sein Bevollmächtigter oder eine erwachsene Person, die zur seiner Familie gehört oder in seiner Familie dient.

Der Gerichtsvollzieher ist nicht verpflichtet, die herausgeholten Sachen in die neue Wohnung des Schuldners zu schaffen. Er ist jedoch befugt, auf Antrag des Schuldners das Räumungsgut in dessen neue Wohnung zu bringen, wenn die hierdurch entstehenden Kosten nicht höher als diejenigen sind, die durch den Transport des Räumungsguts in die Pfandkammer und durch dessen Lagerung entstehen würden.

Bei der Wegschaffung der Sachen beachtet der Gerichtsvollzieher die polizeilichen Vorschriften über die Ordnung des Straßenverkehrs.

5. Ist weder der Schuldner noch eine der in Nr. 4 Abs. 2 Satz 2 bezeichneten Personen anwesend, so schafft der Gerichtsvollzieher die Sachen auf Kosten des Schuldners in die Pfandkammer oder trägt sonst für ihre Verwahrung Sorge. Unpfändbare und nicht verwertbare Sachen hat er bis zu ihrem Verkauf oder ihrer Vernichtung jederzeit ohne irgendwelche Kostenzahlungen des Schuldners auf dessen Verlangen herauszugeben.

Für die entstehenden Kosten der Räumung einschließlich der Kosten der ersten Einlagerung ist der Gläubiger dem Gerichtsvollzieher gemäß § 4 GVKostG[1]) vorschußpflichtig.

Der Gerichtsvollzieher benachrichtigt den Schuldner, dass er die verwertbaren Sachen, auch soweit sie unpfändbar sind, verkaufen und den Erlös nach Abzug der Unkosten hinterlegen und die unverwertbaren Sachen vernichten wird, wenn der Schuldner die Sachen nicht innerhalb einer Frist von zwei Monaten nach der Räumung herausverlangt oder sie zwar innerhalb der Frist herausverlangt, aber die aufgelaufenen Kosten nicht bezahlt. Die Mitteilung soll zugleich die Höhe der zu erstattenden Kosten und den Hinweis enthalten, dass unpfändbare Sachen und Sachen, für die ein Verwertungserlös nicht zu erwarten ist, jederzeit und ohne irgendwelche Kostenzahlungen an den Schuldner herausgegeben werden. Der Gerichtsvollzieher kann die Mitteilung schon in die Benachrichtigung über den Vollstreckungstermin aufnehmen (Nr. 2). In diesem Fall ist der Schuldner darauf hinzuweisen, dass dieser die Höhe der zu erstattenden Kosten bei ihm erfragen kann.

---

[1]) Nr. 17.

Der Verkauf erfolgt nach den Vorschriften des Selbsthilfeverkaufs (§§ 383 ff. BGB). Die Schutzvorschriften, die bei der Pfändung von Sachen (§ 803 Abs. 2, §§ 811, 812, 813 a, 813 b, 816, 817 a, 765 a ZPO) gelten, finden keine Anwendung. Der Gerichtsvollzieher darf aus dem Erlös, bevor er diesen hinterlegt, seine noch offenen, durch den Vorschuss des Gläubigers nicht gedeckten Kosten für Räumung, Einlagerung und Verkauf (Versteigerung) unmittelbar abziehen. Über die Hinterlegung unterrichtet er den Gläubiger, der einen Vorschuss geleistet hat.

Nach Ablauf der genannten Frist entscheidet der Gerichtsvollzieher nach pflichtgemäßen Ermessen über die Vernichtung des wertlosen oder nach seiner Einschätzung unverwertbaren Räumungsgutes. Eines vorangehenden erfolglosen Verwertungsversuches bedarf es nicht.

6. In dem Protokoll über die Vollstreckungshandlung ist die Sache (das Grundstück, die Wohnung oder die sonstigen Räume, das Schiff, das Schiffsbauwerk oder das Schwimmdock), deren Herausgabe oder Räumung erzwungen werden soll, genau zu bezeichnen. Das Protokoll muß ferner ergeben, welche Personen der Vollstreckungshandlung beigewohnt haben, welche Maßregeln getroffen worden sind, um den Schuldner aus dem Besitz zu setzen und den Gläubiger in den Besitz einzuweisen, und welche Zubehörstücke dem Gläubiger mit übergeben worden sind. Nimmt der Gerichtsvollzieher Sachen des Schuldners in Verwahrung, so gibt er die Sachen, den Grund und die Art der Verwahrung im Protokoll an.

§ 181 Besondere Vorschriften über die Räumung von Wohnungen.

1. Ist ein Titel auf Räumung einer Wohnung zu vollstrecken, so darf die Zwangsvollstreckung erst beginnen, wenn die Räumungsfrist abgelaufen ist, die dem Schuldner im Urteil oder in einem Gerichtsbeschluß gewährt ist. Die Anberaumung des Räumungstermins ist schon vor Ablauf der Räumungsfrist zulässig.

2. Während der Geltungsdauer einer einstweiligen Anordnung, die Regelungen über die Behandlung der Ehewohnung und des Hausrats getroffen hat (§ 620 Nr. 7, 9 und § 621 g Satz 1 ZPO), kann der Gerichtsvollzieher den Schuldner mehrfach aus dem Besitz der Wohnung setzen und den Gläubiger in den Besitz der Wohnung einweisen, ohne dass es weiterer Anordnungen oder einer erneuten Zustellung an den inzwischen wieder in die Wohnung eingezogenen Schulner bedarf (§ 885 Abs. 1 Satz 3 und 4 ZPO). Nach jeder Erledigung eines Auftrags ist der Vollstreckungstitel innerhalb seiner Geltungsdauer jeweils dem Gläubiger zurückzugeben, der dem Gerichtsvollzieher durch die erneute Übergabe des Titels einen neuen Auftrag erteilen kann. Im Übrigen ist bei der Vollziehung von Entscheidungen des Familiengerichts in Verfahren nach § 2 des Gewaltschutzgesetzes zur Überlassung einer von Gläubiger (verletzte Person) und Schuldner (Täter) gemeinsam genutzten Wohnung und der in solchen Verfahren erlassenen einstweiligen Anordnungen entsprechend § 185 zu verfahren.

3. Ist zu erwarten, daß der Räumungsschuldner durch Vollstreckung des Räumungstitels obdachlos werden wird, so benachrichtigt der Gerichtsvollzieher unverzüglich die für die Unterbringung von Obdachlosen zuständige Verwaltungsbehörde. Die Befugnis des Gerichtsvollziehers, die Zwangsvollstreckung aufzuschieben, richtet sich nach § 113.

4. Nimmt die für die Unterbringung von Obdachlosen zuständige Behörde die bisherigen Räume des Schuldners ganz oder teilweise für dessen vorläufige Unterbringung auf ihre Kosten in Anspruch, so unterläßt der Gerichtsvollzieher die Zwangsvollstreckung hinsichtlich der in Anspruch genommenen Räume.

§ 182 Räumung eines zwangsweise versteigerten Grundstücks, Schiffes, Schiffsbauwerks oder Schwimmdocks oder eines unter Zwangsverwaltung gestellten Grundstücks.

1. Im Fall des § 93 ZVG[1]) findet aus dem Beschluß, durch den der Zuschlag erteilt wird, die Zwangsvollstreckung auf Räumung gegen den Besitzer des versteigerten Grundstücks statt. Sie erfolgt im Auftrag des Erstehers nach den Vorschriften der §§ 180, 181. Diese Vorschriften finden im Fall der Räumung eines versteigerten eingetragenen Schiffes, Schiffsbauwerks oder (im Bau befindlichen oder fertiggestellten) Schwimmdocks entsprechende Anwendung.

2. In den Fällen des § 94 Abs. 2 und des § 150 Abs. 2 ZVG kann der Gerichtsvollzieher von dem Vollstreckungsgericht beauftragt werden, ein Grundstück dem Zwangsverwalter zu übergeben. Der Gerichtsvollzieher setzt in diesem Fall den Schuldner aus dem Besitz und weist den Zwangsverwalter in den Besitz ein. Er wird zur Vornahme dieser Handlungen durch den gerichtlichen Auftrag ermächtigt. Der Auftrag ist dem Schuldner oder der an Stelle des Schuldners angetroffenen Person vorzuzeigen und auf Verlangen in Abschrift mitzuteilen. Einer Zustellung des Auftrags bedarf es nicht. Wohnt der Schuldner auf dem Grundstück, so sind ihm die für seinen Hausstand unentbehrlichen Räume zu belassen, sofern das Vollstreckungsgericht nichts anderes bestimmt hat (§ 149 ZVG).

§ 183 Bewachung und Verwahrung eines Schiffes, Schiffsbauwerks, Schwimmdocks oder Luftfahrzeugs. [1] Werden Schiffe, Schiffsbauwerke, im Bau befindliche oder fertiggestellte Schwimmdocks oder Luftfahrzeuge zwangsversteigert, so kann das Vollstreckungsgericht in den Fällen der §§ 165, 170, 171 c Abs. 2 und 3 und 171 g ZVG[1]) den Gerichtsvollzieher mit ihrer Bewachung und Verwahrung beauftragen. [2] In diesem Fall beschränkt sich die Tätigkeit des Gerichtsvollziehers, soweit das Vollstreckungsgericht keine besonderen Anweisungen erteilt, in der Regel darauf, sie anzuketten, die Beschlagnahme kenntlich zu machen, das Inventar aufzunehmen, die vorhandenen Schiffs- oder Bordpapiere wegzunehmen sowie einen Wachtposten (Hüter, Bewachungsunternehmen) zu bestellen und zu überwachen. [3] Die Bestellung des Wachtposten und die dadurch entstehenden Kosten teilt der Gerichtsvollzieher dem Vollstreckungsgericht unverzüglich mit. [4] Ohne Weisung des Vollstreckungsgerichts darf der Gerichtsvollzieher von der Bestellung eines Wachtpostens nur absehen, wenn die Sicherheit des Schiffes (Schiffsbauwerks, Schwimmdocks) oder Luftfahrzeugs anderweit gewährleistet erscheint.

---

[1]) Nr. 2.

Geschäftsanweisung für Gerichtsvollzieher §§ 184, 185 GVGA 14

⁵ Für die Bewachung ist der Gerichtsvollzieher nicht verantwortlich, wenn er nur mit der Übergabe zur Bewachung und Verwahrung an eine ihm bezeichnete Person beauftragt ist.

D. Zwangsvollstreckung zur Beseitigung des Widerstandes des Schuldners gegen Handlungen, die er nach den §§ 887, 890 ZPO zu dulden hat, oder zur Beseitigung von Zuwiderhandlungen des Schuldners gegen eine Unterlassungsverpflichtung aus einer Anordnung nach § 1 des Gewaltschutzgesetzes (§ 892 a ZPO)

§ 184 [Zwangsvollstreckung zur Beseitigung des Widerstandes des Schuldners gegen Handlungen, die er nach den §§ 887, 890 ZPO zu dulden hat]

1. Leistet der Schuldner gegen die Vornahme einer Handlung Widerstand, die er nach dem Inhalt des Schuldtitels zu dulden hat (§ 890 ZPO) oder zu deren Vornahme an Stelle des Schuldners der Gläubiger durch einen Beschluß des Prozeßgerichts 1. Instanz ermächtigt ist (§ 887 ZPO), so kann der Gläubiger zur Beseitigung des Widerstandes einen Gerichtsvollzieher zuziehen (§ 892 ZPO). Der Gläubiger braucht nicht nachzuweisen, daß der Schuldner Widerstand geleistet hat.
Der Beschluß des Prozeßgerichts ist ein vollstreckbarer Schuldtitel im Sinne des § 794 Abs. 1 Nr. 3 ZPO; er muß daher insbesondere auch dem Schuldner vor Beginn der Tätigkeit des Gerichtsvollziehers zugestellt werden, die auf Beseitigung des Widerstandes gerichtet ist.

2. Der Gerichtsvollzieher wird zur Beseitigung des Widerstandes durch den Besitz des Schuldtitels und einer Ausfertigung des etwa erlassenen Beschlusses ermächtigt. Er prüft nach dem Inhalt dieser Urkunden selbständig, ob und inwieweit das Verlangen des Gläubigers oder der Widerstand des Schuldners gerechtfertigt erscheinen. Einen unberechtigten Widerstand des Schuldners muß der Gerichtsvollzieher unter Beachtung der §§ 758, 759 ZPO – nötigenfalls mit Gewalt, jedoch unter Vermeidung jeder unnötigen Härte – überwinden. Die Zwangsmaßnahmen dürfen nicht über das zur Beseitigung des Widerstandes notwendige Maß hinausgehen.

3. Das Protokoll über die Vollstreckung muß die vorzunehmende Handlung, die bei der Vollstreckung anwesenden Personen und die von dem Gerichtsvollzieher angewandten Zwangsmaßregeln bezeichnen.

§ 185 [Zwangsvollstreckung zur Beseitigung von Zuwiderhandlungen des Schuldners gegen eine Unterlassungsverpflichtung aus einer Anordnung nach § 1 des Gewaltschutzgesetzes] (§ 892 a ZPO, § 1 Gewaltschutzgesetz, § 64 b FGG).

1. Handelt der Schuldner einer Verpflichtung aus einer Anordnung nach § 1 des Gewaltschutzgesetzes zuwider, die Handlung zu unterlassen, kann der Gläubiger zur Beseitigung einer jeden andauernden Zuwiderhandlung einen Gerichtsvollzieher zuziehen (§ 892 a ZPO).

2. Die gerichtliche Anordnung gemäß § 1 Gewaltschutzgesetz ist ein vollstreckbarer Schuldtitel; er muss daher insbesondere auch dem Schuldner vor Beginn der Tätigkeit des Gerichtsvollziehers zugestellt werden, die auf Beseitigung des Widerstandes gerichtet ist. Abweichend von der Regel der §§ 76 und 77 ist die Vollstreckung einer Anordnung des Familiengerichts

gemäß § 1 Gewaltschutzgesetz gemäß § 64 b Abs. 2 Satz 2 FGG oder die Vollziehung einer einstweiligen Anordnung des Familiengerichts nach § 64 b Abs. 3 Satz 1 FGG gemäß § 64 b Abs. 3 Satz 3 FGG auch zulässig, bevor die Entscheidung dem Antragsgegner, das heißt dem Schuldner, zugestellt ist, wenn das Gericht dies ausdrücklich angeordnet hat. Hat das Gericht die Anordnung nach § 64 b Abs. 2 Satz 2 FGG getroffen, wird die Entscheidung auch in dem Zeitpunkt wirksam, in dem sie der Geschäftsstelle des Gerichts zur Bekanntmachung übergeben wird. Das Gleiche gilt, wenn einstweilige Anordnungen nach § 64 b Abs. 3 Satz 3 FGG ohne mündliche Verhandlung erlassen werden. Der Antrag auf Erlass einer einstweiligen Anordnung gemäß § 64 b Abs. 3 Satz 1 FGG gilt zugleich als Auftrag zur Zustellung durch den Gerichtsvollzieher unter Vermittlung der Geschäftsstelle und zur Vollziehung, wenn die einstweilige Anordnung ohne mündliche Verhandlung erlassen wurde. Verlangt der Antragsteller in diesem Fall von dem Gerichtsvollzieher, die Zustellung nicht vor der Vollziehung durchzuführen, so ist der Gerichtsvollzieher an dieses Verlangen gebunden.

3. Der Gerichtsvollzieher wird zur Beseitigung der Zuwiderhandlung durch den Besitz einer Ausfertigung der gerichtlichen Entscheidung ermächtigt. Er prüft nach dessen Inhalt selbständig, ob und wieweit das Verlangen des Gläubigers gerechtfertigt erscheint. Zuwiderhandlungen des Schuldners muss der Gerichtsvollzieher unter Beachtung der § 758 Abs. 3, § 759 ZPO, nötigenfalls mit Gewalt, jedoch unter Vermeidung jeder unnötigen Härte, überwinden.

4. Das Protokoll über die Vollstreckung muss die Zuwiderhandlung des Schuldners, die bei der Vollstreckung anwesenden Personen und die von dem Gerichtsvollzieher angewandten Zwangsmaßregeln bezeichnen.

E. Zwangsvollstreckung durch Abnahme der eidesstaatlichen Versicherung und durch Haft; Vorführung von Parteien und Zeugen

§ 185 a Allgemeines (§ 807 Abs. 3 Satz 2, § 478 ZPO).

1. Die eidesstaatliche Versicherung muß der Schuldner vor dem Gerichtsvollzieher persönlich leisten. Für prozeßunfähige Schuldner ist deren gesetzlicher Vertreter zur Abgabe der eidesstaatlichen Versicherung verpflichtet. Der gesetzliche Vertreter, den der Gläubiger dem Gerichtsvollzieher anzugeben hat, offenbart im Namen des Schuldners dessen Vermögen. Bei einer Mehrheit von gesetzlichen Vertretern ist die eidesstaatliche Versicherung von so vielen Vertretern abzugeben, wie zur Vertretung des Schuldners erforderlich sind. Besteht bei einer Mehrheit von gesetzlichen Vertretern jeweils Einzelvertretungsbefugnis, entscheidet der Gerichtsvollzieher nach pflichtgemäßem Ermessen, welcher der Vertreter die eidesstaatliche Versicherung abzugeben hat.

2. Bei Auftragseingang prüft der Gerichtsvollzieher anhand des von dem Gläubiger dem Auftrag beizufügenden Schuldtitels und der sonstigen für die Vollstreckung, insbesondere die Abnahme der eidesstaatlichen Versicherung übergebenen Urkunden, ob die Voraussetzungen für die Abnahme der eidesstaatlichen Versicherung vorliegen. Neben den übrigen Voraussetzungen für die Zwangsvollstreckung prüft er, ob eine der folgenden Verfahrensvoraussetzungen vorliegt:

Geschäftsanweisung für Gerichtsvollzieher § 185 a GVGA 14

a) Die Pfändung hat nicht zu einer vollständigen Befriedigung des Gläubigers geführt.
Den Nachweis der erfolglosen Pfändung hat der Gläubiger durch Vorlage des Vollstreckungsprotokolls oder der besonderen Fruchtlosigkeitsbescheinigung des Gerichtsvollziehers, der die Vollstreckung versucht hat, zu erbringen. Eine Bezugnahme auf die in den Sonderakten des Gerichtsvollziehers befindlichen Urkunden reicht aus, wenn dieser auch mit der Abnahme der eidesstaatlichen Versicherung beauftragt wird. Der Gerichtsvollzieher entscheidet im Einzelfall nach pflichtgemäßem Ermessen, insbesondere unter Berücksichtigung ihres Alters über den Beweiswert der Unterlagen. Im Regelfall sollen seit dem Tag des bescheinigten erfolglosen Vollstreckungsversuchs nicht mehr als sechs Monate vergangen sein.

b) Der Gläubiger macht glaubhaft, daß er durch die Pfändung seine Befriedigung nicht vollständig erlangen kann.
Die Glaubhaftmachung kann durch Vorlage einer Bescheinigung nach § 63, durch Vorlage einer Fruchtlosigkeitsbescheinigung oder eines Vollstreckungsprotokolls in einer anderen Sache, durch Hinweis auf die Eintragung des Erlasses eines Haftbefehls gegen den Schuldner im Schuldnerverzeichnis sowie eine Versicherung des Gläubigers an Eides statt (§ 294 ZPO) vor einem Gericht erfolgen. Hinsichtlich des Alters der Unterlagen gilt Buchst. a Abs. 2, Sätze 3 und 4 entsprechend.

c) Der Schuldner hat die Durchsuchung (§ 758 ZPO) verweigert.
Die Voraussetzung ist nur erfüllt, wenn der anwesende Schuldner oder sein anwesender gesetzlicher Vertreter eine nach Ort, Zeit und Umständen gerechtfertigte Durchsuchung durch den Gerichtsvollzieher ausdrücklich verweigert hat. Die Verweigerung der Durchsuchung durch eine andere Person, die statt des Schuldners in die Durchsuchung einwilligen könnte, reicht nicht aus.

d) Der Schuldner ist bei Vollstreckungsversuchen für denselben Gläubiger wiederholt in seiner Wohnung (§ 107 Nr. 1 Abs. 2) nicht angetroffen worden, nachdem ihm von dem Gerichtsvollzieher einmal die Vollstreckung mindestens zwei Wochen vorher angekündigt worden war.
Dabei hat der Gerichtsvollzieher zu prüfen, ob

aa) bei einem Vollstreckungsversuch der Schuldner in der Wohnung (§ 107 Nr. 1 Abs. 2) nicht angetroffen worden ist,

bb) dem Schuldner der Termin eines weiteren Zwangsvollstreckungsversuchs formlos angekündigt worden ist,

cc) in der Ankündigung auf die gesetzliche Folge des § 807 Abs. 1 Nr. 4 ZPO für den Fall hingewiesen worden ist, daß der Schuldner nicht durch seine eigene Anwesenheit oder die eines von ihm beauftragten Dritten die Durchführung der Zwangsvollstreckung in seiner Wohnung sicherstellt,

dd) dem Schuldner in der Ankündigung aufgegeben worden ist, den Gerichtsvollzieher zu unterrichten, falls er an dem angekündigten Termin verhindert ist und entsprechende Nachweise vorzulegen,

ee) die beiden Termine des Nichtantreffens, insbesondere der Zeitpunkt und die Form der Ankündigung über den vorangekündigten Termin, aktenkundig gemacht sind und ob zwischen dem Tag des Zugangs der Ankündigung und dem Tag des erneuten Vollstreckungsversuchs mindestens zwei Wochen lagen,

ff) von dem Schuldner eine schriftlich oder zu Protokoll erklärte ausreichende und z.B. auf Grund eines Nachweises durch eine Urkunde glaubhaft gemachte Entschuldigung für die Abwesenheit vorliegt,

gg) von dem Gläubiger bei der Auftragserteilung an ihn die Voraussetzungen des § 807 Abs. 1 Nr. 4 ZPO durch Vorlage einer Protokollabschrift oder durch eine Bescheinigung eines anderen Gerichtsvollziehers oder durch Bezugnahme auf seine Sonderakte nachgewiesen worden sind.

3. Wenn eine der in Nr. 2 genannten Voraussetzungen erfüllt ist, stellt der Gerichtsvollzieher vor Abnahme der eidesstattlichen Versicherung oder vor der Bestimmung eines Termins zur Abnahme der eidesstattlichen Versicherung in geeigneter Weise fest, ob der Schuldner innerhalb der letzten drei Jahre eine eidesstattliche Versicherung abgegeben hat. Er kann zu diesem Zweck eine Auskunft aus dem bei dem für den Wohnsitz oder den Aufenthaltsort des Schuldners zuständigen Amtsgericht geführten Schuldnerverzeichnis einholen oder den Schuldner persönlich hierzu befragen.

Ist dem Gerichtsvollzieher bekannt, dass der Schuldner die eidesstattliche Versicherung innerhalb der letzten drei Jahre abgegeben hat, liegt kein Fall des § 903 ZPO vor und hat der Gläubiger die Erteilung einer Abschrift des Vermögensverzeichnisses verlangt, übersendet der Gerichtsvollzieher den Auftrag mit den Unterlagen umgehend an das Vollstreckungsgericht zur zuständigen Bearbeitung. Andernfalls leitet er die Vollstreckungsunterlagen an den Gläubiger zurück.

§ 185 b Behandlung des Auftrags, Terminsort.

1. Weist der Auftrag behebbare Mängel auf, so gibt der Gerichtsvollzieher dem Gläubiger Gelegenheit, diese innerhalb einer angemessenen Frist zu beheben.
Bei unbehebbaren oder in der Frist nicht behobenen Mängeln lehnt der Gerichtsvollzieher den Auftrag ab und leitet dem Gläubiger die vorgelegten Unterlagen wieder zu.

2. Den Ort der Abgabe der eidesstattlichen Versicherung bestimmt der Gerichtsvollzieher nach pflichtgemäßem Ermessen nach vorheriger Absprache mit den das Hausrecht ausübenden Personen. In der Regel bestimmt er sein Geschäftszimmer (§ 46 GVO). Er kann auch die Wohnung (§ 107 Nr. 1 Abs. 1) des Schuldners bestimmen, wenn er erwarten kann, daß der Schuldner damit und gegebenenfalls mit der Anwesenheit des Gläubigers in dem Termin in seiner Wohnung einverstanden sein wird.

3. Der Gerichtsvollzieher stellt die Ladung zum Termin persönlich oder durch die Post dem Schuldner zu (§ 11 Nr. 1). Der Ladung an den Schuldner fügt der Gerichtsvollzieher je ein Überstück des Auftrages und der Forderungsaufstellung sowie den Vordruck des vom Schuldner auszufüllenden Vermögensverzeichnisses und eine dahingehende Belehrung bei, daß der Schuldner den Vordruck vollständig ausgefüllt mit den dazu gehörenden Nachweisen zum Termin mitzubringen hat, die eidesstattliche Versicherung stets persönlich abzugeben ist und daher die bloße Übersendung des ausgefüllten Vordrucks nicht ausreicht, schriftliche Einwendungen gegen die

Verpflichtung zur Angabe der eidesstattlichen Versicherung unbeachtlich sind und bei seinem Nichterscheinen oder grundloser Verweigerung der Abgabe der eidesstattlichen Versicherung auf Antrag des Gläubigers Haftbefehl gegen ihn ergehen kann. Soweit amtliche Vordrucke für das Vermögensverzeichnis und die Belehrung eingeführt sind, bedient sich der Gerichtsvollzieher ihrer. Reicht der Gläubiger nach Auftragserteilung schriftlich Fragen an den Schuldner ein, die dieser der Abnahme der eidesstattlichen Versicherung beantworten soll, so übersendet der Gerichtsvollzieher dem Schuldner eine Ablichtung des Fragenkatalogs nachträglich formlos durch die Post unter Hinweis auf den Termin. Er weist dabei darauf hin, welche Fragen der Schuldner im Termin zu beantworten hat.

4. Zwischen dem Terminstag und dem Tag der Zustellung der Ladung an den Schuldner müssen wenigstens drei Tage liegen.

5. Den Prozeßbevollmächtigten des Schuldners muß der Gerichtsvollzieher von dem Termin nicht unterrichten. Dem Gläubiger oder dessen Verfahrensbevollmächtigten teilt er die Terminsbestimmung formlos mit.

§ 185 c Aufhebung des Termins.

1. Kann dem Schuldner die Ladung zu dem Termin zur Abgabe der eidesstattlichen Versicherung nicht zugestellt werden, weil er unbekannt oder unbekannt verzogen ist, dann hebt der Gerichtsvollzieher den Termin auf und benachrichtigt den Gläubiger unter Übersendung der Zwangsvollstreckungsunterlagen.

2. Ist der Schuldner nach der Rückbriefadresse an einen Ort außerhalb des Bezirkes des Gerichtsvollziehers verzogen, kann der Gerichtsvollzieher mangels anderer Anhaltspunkte regelmäßig davon ausgehen, daß der Schuldner bereits bei Auftragseingang an dem anderen Ort verzogen war. In diesem Fall hebt er den Termin auf. Ist der Schuldner innerhalb des Amtsgerichtsbezirks in den Bezirk eines anderen Gerichtsvollziehers umgezogen, so gibt er den Auftrag an den zuständigen Gerichtsvollzieher ab. Ist der Schuldner außerhalb des Amtsgerichtsbezirks verzogen, leitet der Gerichtsvollzieher den Auftrag an das zuständige Amtsgericht weiter und benachrichtigt unverzüglich den Gläubiger; ist dies nicht angängig oder zweckmäßig, so ist der Auftrag dem Gläubiger mit entsprechender Mitteilung zurückzusenden (§ 29 Nr. 2 Buchst. b GVO).

3. Ist der Schuldner nach Eingang des Auftrags zur Bestimmung eines Termins zur Abgabe der eidesstattlichen Versicherung nach dem Wissen des Gerichtsvollziehers an einen Ort außerhalb des Amtsgerichtsbezirks verzogen, dann ersucht der Gerichtsvollzieher den für den jetzigen Wohnort oder Aufenthaltsort zuständigen Gerichtsvollzieher, den Schuldner im Wege der Rechtshilfe dort zur Abgabe der eidesstattlichen Versicherung bei ihm zu laden. Der Gerichtsvollzieher benachrichtigt von seinem Rechtshilfeersuchen den Gläubiger formlos. Der ersuchte Gerichtsvollzieher ist nicht berechtigt, selbst die Voraussetzungen für die Durchführung des Verfahrens zur Abgabe der eidesstattlichen Versicherung zu prüfen. Er ist auch nicht befugt, bei einem glaubhaften Ratenzahlungsversprechen des Schuldners nach § 900 Abs. 3 ZPO Ratenzahlung zu bewilligen. In einem solchen Fall legt er unter Aufhebung des Termins zur Abgabe der eidesstattlichen Versicherung die Unterlagen mit dem im Protokoll aufgenommenen Raten-

zahlungsversprechen und seinen Hinweisen zu dessen Glaubhaftigkeit dem beauftragten Gerichtsvollzieher zur Entscheidung vor.

4. Nach Abnahme der eidesstattlichen Versicherung hat der ersuchte Gerichtsvollzieher die Urschrift des Protokolls und des Vermögensverzeichnisses an den ersuchenden Gerichtsvollzieher zu senden. Dieser ist verpflichtet, dem Gläubiger eine Abschrift von Protokoll und Vermögensverzeichnis nebst Vollstreckungsunterlagen zuzuleiten und unverzüglich, spätestens nach drei Werktagen die Urschrift des Protokolls und des Vermögensverzeichnisses bei dem für ihn zuständigen Vollstreckungsgerichts zu hinterlegen.

5. Soweit dem Gerichtsvollzieher nach Ladung und vor dem Termin zur Abnahme der eidesstattlichen Versicherung im Einzelfall Mängel in den von Amts wegen zu beachtenden Voraussetzungen bekannt werden, hebt er stets den Termin unter Benachrichtigung von Gläubiger und Schuldner endgültig oder einstweilen auf. Eine einstweilige Verfahrenseinstellung unter Aufhebung des Termins kommt in den Fällen des § 775 Nrn. 2, 4 und 5 ZPO, eine endgültige in den Fällen des § 775 Nrn. 1 und 3 ZPO in Betracht. In den Fällen des § 775 Nrn. 4 und 5 ZPO hat der Gerichtsvollzieher einen neuen Termin zu bestimmen, wenn der Gläubiger dies beantragt.

§ 185 d Durchführung des Termins.

1. Der Termin ist nicht öffentlich. Der Gerichtsvollzieher achtet darauf, daß Dritte vom Inhalt der Sitzung keine Kenntnisse erlangen. Nur der Gläubiger, sein Vertreter und die Personen, denen der Schuldner die Anwesenheit gestattet oder die vom Gerichtsvollzieher zu seiner Unterstützung zugezogen werden, dürfen an dem Termin teilnehmen.

Nimmt der Gläubiger am Termin teil, kann er den Schuldner innerhalb der diesem nach § 807 ZPO obliegenden Auskunftspflicht befragen und Vorhalte machen. Er kann den Gerichtsvollzieher zum Termin auch schriftlich auf Vermögenswerte des Schuldners, zu denen er fehlende oder unrichtige Angaben des Schuldners befürchtet, hinweisen, damit dieser dem Schuldner bei Abwesenheit des Gläubigers im Termin den Vorhalt macht.

2. Zu Beginn des Termins belehrt der Gerichtsvollzieher den Schuldner eingehend über die Bedeutung einer eidesstattlichen Versicherung und weist auf die Strafvorschriften der §§ 156 und 163 StGB hin.

Der Gerichtsvollzieher macht ihn auf besondere Fehlerquellen, die sich beim Ausfüllen des Vermögensverzeichnisses ergeben, aufmerksam. Er hat das Vermögensverzeichnis mit dem Schuldner erschöpfend durchzusprechen und fehlende oder unzureichende Angaben ergänzen oder verbessern zu lassen. Der Gerichtsvollzieher trägt dafür Sorge, das[1]) der Schuldner beim Ausfüllen des Vermögensverzeichnisses auch § 807 Abs. 2 ZPO Genüge getan hat. Es obliegt ihm, dem Schuldner die für diesen nicht verständlichen Begriffe zu erläutern. Der Gerichtsvollzieher hat auf Vollständigkeit der Angaben unter Beachtung der vom Gläubiger im Termin oder zuvor schriftlich gestellten Fragen zu dringen. Auf ein erkennbar unvollständiges Vermögensverzeichnis darf die eidesstattliche Versicherung nicht abgenommen werden, es sei denn, dass der Schuldner glaubhaft erklärt, genauere und vollständigere Angaben insoweit nicht machen zu können. Der Ge-

---

[1]) Richtig wohl: „dass".

richtsvollzieher hat nach § 807 Abs. 3 Satz 2 ZPO in Verbindung mit § 480 ZPO den Schuldner über die Bedeutung und Strafbarkeit einer vorsätzlich (Freiheitsstrafe bis zu drei Jahren) oder fahrlässig (Freiheitsstrafe bis zu einem Jahr) falschen eidesstattlichen Versicherung (§§ 156, 163 StGB) zu belehren. Der Schuldner hat an Eides statt zu versichern, dass er die verlangten Angaben nach bestem Wissen und Gewissen richtig und vollständig gemacht hat. Bei der Abnahme der eidesstattlichen Versicherung verfährt der Gerichtsvollzieher in entsprechender Anwendung der Vorschriften der §§ 478 bis 480, 483 ZPO.
Über den Ablauf des Termins erstellt der Gerichtsvollzieher in entsprechender Anwendung des[1] §§ 159 ff. ZPO ein Protokoll. Soweit ein amtlicher Protokollvordruck eingeführt ist, hat sich der Gerichtsvollzieher desselben zu bedienen. Zu den in das Protokoll aufzunehmenden rechtserheblichen Erklärungen des Schuldners zählen auch die von ihm vorgebrachten Gründe, aus denen er die eidesstattliche Versicherung nicht abgeben will.

§ 185 e Aufträge mehrerer Gläubiger. [1] Hat der Gerichtsvollzieher Aufträge mehrerer Gläubiger zur Abnahme der eidesstattlichen Versicherung erhalten, so bestimmt er den Termin zur Abgabe in diesen Verfahren auf dieselbe Zeit am selben Ort, soweit er die Ladungsfrist jeweils einhalten kann. [2] Für jeden Auftrag stellt der Gerichtsvollzieher dem Schuldner eine gesonderte Ladung zu diesem Termin zu. [3] Hat der Gerichtsvollzieher dem Schuldner den Vermögensverzeichnisvordruck mit der ersten Ladung zugeleitet, ist die Zuleitung weiterer Vordrucke bei den folgenden Ladungen zum selben Termin entbehrlich, es sei denn, dass zusätzlich Vordrucke für unterschiedliche Anlagen zu übersenden sind. [4] Gibt der Schuldner die eidesstattliche Versicherung ab, so nimmt der Gerichtsvollzieher für alle Gläubiger in allen Verfahren zusammen nur ein Protokoll auf und ein Vermögensverzeichnis entgegen. [5] Ablichtungen des Protokolls und des Vermögensverzeichnisses übersendet er den beteiligten Gläubigern. [6] Die Urschriften des Protokolls und des Vermögensverzeichnisses leitet er dem Vollstreckungsgericht zu.

[7] Ist für den ersten von mehreren Gläubigern, die einen Auftrag zur Abnahme der eidesstattlichen Versicherung erteilt haben, die eidesstattliche Versicherung abgenommen worden, so hebt der Gerichtsvollzieher die späteren Termine auf, benachrichtigt die Gläubiger und den Schuldner und reicht die Aufträge der anderen Gläubiger an das Vollstreckungsgericht zur Erteilung der Abschriften weiter; insoweit kann er einen Antrag der Gläubiger unterstellen.

§ 185 f Sofortige Abnahme der eidesstattlichen Versicherung.
1. Hat der Gläubiger zusammen mit dem Pfändungsauftrag für den Fall, dass die Sachpfändung deshalb nicht möglich ist, weil die Voraussetzungen des § 807 Abs. 1 Nr. 1 bis 4 ZPO vorliegen, einen Auftrag zur Abnahme der eidesstattlichen Versicherung erteilt, so führt der Gerichtsvollzieher die Pfändung und, falls danach die Voraussetzungen für die Abnahme der eidesstattlichen Versicherung vorliegen, diese bei Einverständnis des Schuldners sofort durch, ohne dass es der Bestimmung eines Termins bedarf. Mangels anderer Umstände oder Erklärungen in dem kombinierten Auftrag kann der Gerichtsvollzieher unterstellen, dass der Gläubiger mit einer sofortigen

---

[1] Richtig wohl: „der".

Abnahme der eidesstattlichen Versicherung ohne vorherige fernmündliche Unterrichtung einverstanden ist.

2. Der Gerichtsvollzieher versucht in diesen Fällen die Vollstreckung zu einer Zeit, zu der er mit höchster Wahrscheinlichkeit den Schuldner persönlich antrifft. Im Einzelfall kann er mit dem Schuldner eine Zeit vereinbaren.

3. Hat der Gerichtsvollzieher forderungsdeckend gepfändet, erreicht aber die Verwertung den benötigten Erlös nicht und bleibt auch eine Nachpfändung fruchtlos, so führt der Gerichtsvollzieher anschließend den Auftrag zur Abnahme der eidesstattlichen Versicherung aus und nimmt dem anwesenden und zur Abgabe bereiten Schuldner die eidesstattliche Versicherung ab. Danach verfährt er wie bei einer Abgabe der eidesstattlichen Versicherung im Termin.

4. Lehnt der Schuldner die sofortige Abnahme der eidesstattlichen Versicherung ab, hat der Gerichtsvollzieher einen besonderen Termin zur Abnahme unter Angabe des Terminsorts zu bestimmen. Zwischen dem Tag der Pfändung oder des Pfändungsversuchs und dem Tag des Termins sollen wenigstens zwei und höchstens vier Wochen liegen. Der Gerichtsvollzieher stellt dem anwesenden Schuldner in geeigneten Fällen die Ladung unter Übergabe je einer Abschrift des Auftrags, der Forderungsaufstellung sowie des Vermögensverzeichnisvordrucks am Ort der Vollstreckung persönlich zu und vermerkt dies im Protokoll. Im übrigen verfährt er wegen der Ladung des Schuldners und der Terminsnachricht an den Gläubiger wie bei der Bestimmung eines Termins bei isolierten Aufträgen. Lehnt der Schuldner die Durchsuchung ab, so verfährt der Gerichtsvollzieher, als wenn der Schuldner auch die sofortige Abnahme der eidesstattlichen Versicherung abgelehnt hätte.

5. Widerspricht der zur Abgabe bereite Schuldner seiner Verpflichtung zur Abgabe der eidesstattlichen Versicherung, so verfährt der Gerichtsvollzieher entsprechend § 185 i.

6. Macht der Schuldner glaubhaft, dass er die Forderung des Gläubigers binnen einer Frist von sechs Monaten tilgen werde, so verfährt der Gerichtsvollzieher entsprechend § 185 h.

§ 185 g Verfahren nach Abgabe der eidesstattlichen Versicherung.

[1] Die Urschriften des Protokolls über die Abnahme der eidesstattlichen Versicherung und des Vermögensverzeichnisses hinterlegt der Gerichtsvollzieher zusammen mit einer Ablichtung des Vollstreckungstitels oder einer Bescheinigung, dass der Schuldner wie in dem Schuldtitel, der dem Vollstreckungsverfahren zugrunde liegt, bezeichnet ist (§ 1 Abs. 1 Nr. 1 SchuVVO[1])), unverzüglich, spätestens am dritten Werktag nach der Abnahme, bei dem Vollstreckungsgericht. [2] Die Bescheinigung kann auch in das Protokoll aufgenommen werden. [3] Weicht die Bezeichnung des Schuldners in dem Vermögensverzeichnis von der Bezeichnung in dem Titel ab, so macht der Gerichtsvollzieher wegen § 1 Abs. 4 Satz 1 SchuVVO bei der Hinterlegung in geeigneter Weise darauf aufmerksam. [4] Dem Gläubiger oder seinem Verfahrensbevollmächtigten leitet er die Vollstreckungsunterlagen zusammen mit je einer Abschrift des Protokolls und des Vermögensverzeichnisses zu.

---

[1]) Nr. 16.

Geschäftsanweisung für Gerichtsvollzieher   § 185 h   GVGA 14

§ 185 h Vertagung des Termins und Einziehung von Teilbeträgen.

1. Macht der Schuldner im Termin glaubhaft, dass er die Forderung des Gläubigers binnen einer Frist von sechs Monaten tilgen werde (§ 900 Abs. 3 ZPO), so setzt der Gerichtsvollzieher den Termin zur Abgabe der eidesstattlichen Versicherung unverzüglich nach Ablauf dieser Frist an oder vertragt bis zu sechs Monaten. Ist das Vorbringen des Schuldners nicht glaubhaft, setzt der Gerichtsvollzieher den begonnenen Termin fort.

2. Die von dem Schuldner angebotene Tilgung kann regelmäßige feste monatliche Teilzahlungen, eine spätere einmalige Zahlung oder unterschiedlich hohe Zahlungen zu unterschiedlichen Zeitpunkten vorsehen.
An die Glaubhaftmachung des Schuldners sind hohe Anforderungen zu richten. In der Regel ist eine Teilleistung in Höhe etwa eines Sechstels der Gläubigerforderung zu verlangen.

3. Der Gerichtsvollzieher kann sogleich einen neuen Termin zur Abgabe der eidesstattlichen Versicherung z.B. nach Ablauf des Zeitpunkts für die Leistung der ersten Rate bestimmen. Eine neue Ladung des Schuldners ist entsprechend § 218 ZPO entbehrlich.

4. Hat der Gerichtsvollzieher keinen neuen Termin bestimmt, wird die Forderung aber tatsächlich nicht getilgt, beraumt er einen neuen Termin zur Abgabe der eidesstattlichen Versicherung an. Diesen Termin soll der Gerichtsvollzieher unmittelbar nach Einstellung der Ratenzahlung – spätestens nach Ablauf der Sechsmonatsfrist – bestimmen und den Schuldner erneut laden.

5. Der Gerichtsvollzieher ist nach seinem pflichtgemäßen Ermessen befugt, den Termin jeweils zur Rateneinziehung Monat für Monat zu vertagen oder auf einen Zeitpunkt unmittelbar nach Ablauf der Gesamttilgungsfrist anzusetzen. Macht der Schuldner schon vor dem Termin dem Gerichtsvollzieher gegenüber glaubhaft, dass er binnen sechs Monaten tilgen kann, kann der Gerichtsvollzieher den Termin entsprechend später ansetzen.
In dem nach Ablauf der Sechsmonatsfrist anberaumten neuen Termin ist eine nochmalige Vertagung bis zu zwei weiteren Monaten möglich, falls in dem Termin nachgewiesen wird, dass die Forderung zu drei Vierteln getilgt ist.

6. Der Gerichtsvollzieher bestimmt, in welcher Weise der Schuldner die Zahlungen zu leisten hat. Er zieht die Teilbeträge ein, wenn der Gläubiger hiermit einverstanden ist. Wenn das Einverständnis des Gläubigers mit einer Einziehung von Teilbeträgen durch den Gerichtsvollzieher bei einer von dem Schuldner angebotenen Tilgung nicht bereits im Auftrag enthalten war, fragt der Gerichtsvollzieher schriftlich unter Beifügung einer Abschrift des Protokolls, das den Anforderungen der Nr. 9 genügt, wegen einer Genehmigung an. Dabei bittet er den Gläubiger unter Fristsetzung, sich zu der Einziehung der Teilbeträge durch den Gerichtsvollzieher zu erklären, andernfalls er nach Fristablauf dessen Schweigen als Zustimmung verstehen werde. An Bestimmungen des Gläubigers im Hinblick auf den Einzug einer vom Schuldner angebotenen Ratenzahlung ist der Gerichtsvollzieher gebunden.
Hat der Gerichtsvollzieher einen Termin nach Nr. 1 angesetzt oder vertagt, sendet er die Vollstreckungsunterlagen dem Gläubiger zusammen mit dem aufgenommenen Protokoll und der Terminbestimmung mit der Aufforde-

rung zurück, diese rechtzeitig zu dem bestimmten Termin wieder einzureichen. Er weist den Gläubiger darauf hin, dass der bestimmte Termin nicht durchgeführt werden kann, wenn die Vollstreckungsunterlagen nicht vorliegen. Zieht der Gerichtsvollzieher mit Einverständnis des Gläubigers Teilbeträge ein, so verbleiben die Vollstreckungsunterlagen bei dem Gerichtsvollzieher.

7. Macht der Schuldner ein Ratenzahlungsangebot, bei dem die Höhe der Teilzahlungen nicht ausreicht, um die Forderung in sechs Monaten zu tilgen, so weist ihn der Gerichtsvollzieher darauf hin, dass er zur Abgabe der eidesstattlichen Versicherung verpflichtet ist, und das unzureichende Ratenzahlungsangebot als grundlose Verweigerung der Abgabe der eidesstattlichen Versicherung mit der Folge gilt, dass gegen ihn Haft angeordnet werden kann.

8. Ein nach dieser Vorschrift angesetzter Termin ist aufzuheben, wenn der Schuldner die eidesstattliche Versicherung außerhalb eines solchen Termins abgibt.

9. Der Gerichtsvollzieher hat alles, was der Schuldner zur Glaubhaftmachung seines Ratenzahlungsangebots vorgetragen hat und die wesentlichen Umstände, die den Gerichtsvollzieher zur Annahme dieses Angebots bestimmt haben, in dem Protokoll oder einer Anlage dazu anzugeben. Ferner hat der Gerichtsvollzieher den genauen Inhalt des Ratenzahlungsangebots in dem Protokoll oder in einer Anlage dazu festzuhalten, insbesondere Zahlungstermine, Ratenhöhe und Zahlungsart.

§ 185 i Widerspruch gegen die Pflicht zur Abgabe der eidesstattlichen Versicherung.

1. Den Widerspruch gegen die Verpflichtung zur Abgabe der eidesstattlichen Versicherung kann der Schuldner nur im Termin erheben. Der Gerichtsvollzieher beachtet den Widerspruch nur, wenn der Schuldner ihn begründet.

2. Macht der Schuldner im Termin zur Überzeugung des Gerichtsvollziehers geltend, dass eine von Amts wegen zu beachtende Vollstreckungsvoraussetzung nicht erfüllt ist oder dass ein gesetzliches Hindernis besteht, so hebt der Gerichtsvollzieher den Termin auf und weist bei unbehebbaren Mängeln den Auftrag zur Abnahme der eidesstattlichen Versicherung zurück. Ebenso verfährt er bei behebbaren Mängeln, wenn diese von dem Gläubiger innerhalb einer zur Behebung gesetzten Frist nicht behoben werden. Andernfalls bestimmt er einen neuen Termin und lädt den Schuldner erneut.

3. Stützt der im Termin persönlich erschienene Schuldner den Widerspruch auf Gründe, die der Gerichtsvollzieher nicht für zutreffend hält oder die andere als die von Amts wegen zu beachtenden Voraussetzungen und Hindernisse betreffen, dann wirkt er darauf hin, dass sich der Schuldner über alle erheblichen Tatsachen vollständig erklärt und nimmt diese Erklärung in das Protokoll auf. Er hebt den Termin auf und legt seine Sonderakte mit allen Unterlagen dem Vollstreckungsgericht zur Entscheidung über den Widerspruch vor.

4. Nach dem Eintritt der Rechtskraft der Entscheidung über den Widerspruch, die dem Gerichtsvollzieher durch die Rechtskraftbescheinigung nachzuweisen ist, oder nach der Anordnung zur Abgabe der eidesstattlichen

Versicherung vor Eintritt der Rechtskraft durch das Vollstreckungsgericht, die durch Vorlage des entsprechenden Beschlusses nachzuweisen ist, setzt der Gerichtsvollzieher das Verfahren zur Abnahme der eidesstattlichen Versicherung durch Bestimmung eines Termins fort und lädt den Schuldner unter Hinweis auf die Entscheidung des Gerichts erneut.

§ 185 j Verweigerung der Abgabe der eidesstattlichen Versicherung.
[1] Erscheint der Schuldner im Termin nicht, so prüft der Gerichtsvollzieher, ob der Schuldner zu dem Termin ordnungsgemäß geladen worden ist. [2] Ist dem Gerichtsvollzieher ein Entschuldigungsgrund bekannt, so beraumt er einen neuen Termin zur Abgabe der eidesstattlichen Versicherung an und lädt den Schuldner erneut. [3] Ist der Schuldner unentschuldigt nicht erschienen oder verweigern er oder sein Vertreter die Abgabe der eidesstattlichen Versicherung im Termin ohne Angabe von Gründen oder aus Gründen, die bereits rechtskräftig verworfen sind, so legt der Gerichtsvollzieher seine Sonderakte und die Unterlagen zusammen mit einer Protokollabschrift dem Vollstreckungsgericht zur Entscheidung über den Erlaß des Haftbefehls vor, wenn der Gläubiger bereits in seinem Auftrag zur Abnahme der eidesstattlichen Versicherung einen entsprechenden Antrag gestellt hatte. [4] Andernfalls sendet er die Vollstreckungsunterlagen zusammen mit einer Protokollabschrift dem Gläubiger zurück und weist darauf hin, dass für den Erlass eines Haftbefehls ein besonderer Antrag bei dem Vollstreckungsgericht unter Vorlage der genannten Unterlagen erforderlich ist und dass bei Erlass des Haftbefehls ein besonderer Verhaftungsauftrag an den dann für den Wohn- oder Aufenthaltsort des Schuldners zuständigen Gerichtsvollzieher erforderlich ist.

[5] Einem unentschuldigten Nichterscheinen steht es gleich, wenn der Schuldner außerhalb des Termins seine Verpflichtung zur Abgabe der eidesstattlichen Versicherung bestreitet oder wenn der Schuldner, nachdem mit seinem Einverständnis ein Termin zur Abgabe der eidesstattlichen Versicherung in seiner Wohnung bestimmt worden war, diese zur Terminzeit verschlossen hält.

§ 185 k Terminsänderung. [1] Der Gerichtsvollzieher hat auf Antrag des Gläubigers, der nicht begründet werden muss, den Termin zur Abgabe der eidesstattlichen Versicherung aufzuheben, zu verlegen oder zu vertagen. [2] Er kann auch bei Vorliegen erheblicher in der Person des Gerichtsvollziehers oder des Schuldners liegender Gründe von Amts wegen oder auf Antrag des Schuldners so verfahren.

§ 185 l Eidesstattliche Versicherung zur Vorbereitung der Geltendmachung gepfändeter Forderungen (§ 836 ZPO). [1] Hat der Gläubiger bei einer Geldvollstreckung gegen den Schuldner dessen angebliche Forderung gegen einen Drittschuldner pfänden und überweisen lassen und erteilt der Schuldner nicht die von dem Gläubiger zur Geltendmachung der Forderung benötigte Auskunft, so hat der Gerichtsvollzieher nach dem entsprechenden Auftrag des Gläubigers das Verfahren zur Abnahme der eidesstattlichen Versicherung einzuleiten. Dazu sind von dem Gläubiger der Schuldtitel und die sonstigen für die Vollstreckung erforderlichen Urkunden, eine Forderungsaufstellung, eine Ausfertigung des zugestellten Pfändungs- und Überweisungsbeschlusses, eine Abschrift des Schreibens, mit dem er den Schuldner zur Erteilung der Auskunft unter Fristsetzung aufgefordert hatte, sowie eine Erklärung, dass der Schuldner die Auskunft nicht erteilt hat, vorzulegen. [2] Allerdings ist die Auskunftspflicht des Schuldners für den Gerichtsvollzieher durch die Anordnung, die in dem Pfändungs- und Überweisungsbeschluss über die Auskunftserteilung getroffen worden ist, begrenzt. [3] Statt des Vermögensverzeichnisses übermittelt er dem Schuldner mit der Zustellung der Ladung zum Termin je eine Abschrift des Auftrages und des Auskunftsverlangens des Gläubigers. [4] Ist der Schuldner zur Abgabe der eidesstattlichen Versicherung bereit, so nimmt der Gerichtsvollzieher zunächst die von dem Gläubiger verlangte Auskunft und dann die von dem Schuldner erteilte Auskunft in das Protokoll auf. [5] Der Schuldner hat nach Belehrung zu versichern, dass er die von ihm verlangte Auskunft nach bestem Wissen und Gewissen richtig und vollständig erteilt hat. [6] Die Vorschriften über das Verfahren zur Abnahme der eidesstattlichen Versicherung zur Offenbarung des Vermögens sind entsprechend anzuwenden.

§ 185 m Eidesstattliche Versicherung bei einer Herausgabevollstreckung (§ 836 Abs. 3 Satz 3, § 883 ZPO).

1. Ist der Schuldner verpflichtet, eine bewegliche Sache oder eine Menge bestimmter beweglicher Sachen herauszugeben, so führt der Gerichtsvollzieher auf Antrag des Gläubigers das Verfahren zur Abgabe der eidesstattlichen Versicherung in entsprechender Anwendung der §§ 478 bis 480, 483, 889 ff. ZPO durch, wenn ihm

   a) ein Vollstreckungstitel vorgelegt wird, der auf die Herausgabe oder Übereignung oder Rückgabe von beweglichen Sachen lautet,

   b) und durch eine Protokollabschrift des mit der Wegnahme beauftragten Gerichtsvollziehers (§ 179) nachgewiesen wird, dass dieser die geschuldeten Sachen nicht vorgefunden hat.

   Zum Nachweis kann der Gläubiger auch auf die Sonderakte des Gerichtsvollziehers hinweisen, wenn dieser selbst die Wegnahme versucht hat.

2. Der Schuldner hat an Eides statt zu versichern, dass er die Sache nicht besitze und auch nicht wisse, wo sie sich befindet. Wird aufgrund der Sachlage eine Änderung der eidesstattlichen Versicherung erforderlich, so kann der Gerichtsvollzieher die Formel der eidesstattlichen Erklärung der Sachlage anpassen, insbesondere kann er die Fassung wählen, dass der Schuldner lediglich seine persönliche Überzeugung zu versichern hat. Macht der Schuldner im Termin Angaben zum Verbleib der herauszugebenden Sache, so nimmt der Gerichtsvollzieher darauf die eidesstattliche Versicherung ab.

§ 185 n Wiederholung der eidesstattlichen Versicherung (§ 903 ZPO).

[1] Hat der Schuldner die in § 807 ZPO oder in § 284 AO bezeichnete eidesstattliche Versicherung abgegeben, ist die Abgabe der eidesstattlichen Versicherung in dem Schuldnerverzeichnis noch nicht gelöscht und sind seit der Abgabe noch keine drei Jahre vergangen, so bestimmt der Gerichtsvollzieher einen Termin zur erneuten Abgabe der eidesstattlichen Versicherung nur, wenn der Gläubiger bei der Auftragserteilung glaubhaft macht, dass der Schuldner seit der Abgabe der eidesstattlichen Versicherung Vermögen erworben hat oder dass ein bisher bestehendes Arbeitsverhältnis mit dem Schuldner aufgelöst ist oder der damals

arbeitslose Schuldner inzwischen ein Arbeitsverhältnis eingegangen ist. ²Der Gläubiger muss in seinem Auftrag nicht dartun, dass die Voraussetzungen des § 807 Abs. 1 ZPO erfüllt sind.

³ Einem späteren Vermögenserwerb des Schuldners kann der Gerichtsvollzieher annehmen, wenn der Gläubiger Umstände vorträgt und glaubhaft macht, die nach seiner Erfahrung darauf schließen lassen, dass sich die Vermögensverhältnisse des Schuldners verbessert haben. ⁴ Die Glaubhaftmachung entsprechender Umstände für die Auflösung eines bisher bestehenden Arbeitsverhältnisses oder die inzwischen erfolgte Begründung eines solchen reicht aus.

§ 185 o Ergänzung oder Nachbesserung des Vermögensverzeichnisses. ¹ Ein Verfahren auf Abgabe der eidesstattlichen Versicherung ist auf Gesuch des früheren Gläubigers oder eines anderen Gläubigers zur Ergänzung oder Nachbesserung des Vermögensverzeichnisses fortzusetzen, wenn der Schuldner ein erkennbar unvollständiges Vermögensverzeichnis abgegeben oder darin ungenaue oder widersprüchliche Angaben gemacht hat. ² Hat der Gläubiger in dem Auftrag die fehlenden Angaben bezeichnet und erforderlichenfalls glaubhaft gemacht sowie den Vollstreckungstitel, eine Ablichtung des Vermögensverzeichnisses, des Protokolls und sonstige urkundliche Nachweise vorgelegt, so führt der Gerichtsvollzieher das alte Verfahren zur Behebung der Mängel weiter. ³ Für die Fortsetzung des Verfahrens ist der zur Zeit des Ergänzungsauftrags für den früheren Wohnort oder Aufenthaltsort des Schuldners zuständige Gerichtsvollzieher berufen. ⁴ Der Gerichtsvollzieher bestimmt einen Termin zur Abgabe der eidesstattlichen Versicherung auf die von dem Schuldner abzugebenden Nachbesserungs- oder Ergänzungsangaben und verfährt danach wie in dem ordentlichen Verfahren zur Abgabe der eidesstattlichen Versicherung zur Offenbarung des Vermögens. ⁵ Der Gerichtsvollzieher, der die eidesstattliche Versicherung in dem Ergänzungs- oder Nachbesserungsverfahren abgenommen hat, hinterlegt das Protokoll und das Vermögensverzeichnis bei dem Vollstreckungsgericht, bei dem das erste Protokoll und das erste Vermögensverzeichnis hinterlegt worden sind. ⁶ Zugleich leitet er dem Gläubiger, der den Auftrag zur Abnahme der Ergänzung oder Nachbesserung erteilt hat, Abschriften des neuen Protokolls und des neuen Vermögensverzeichnisses zu.

§ 186 Zulässigkeit der Verhaftung (§§ 807, 883, 888, 889, 901 ZPO; § 125 KO, § 153 Abs. 2 InsO).

1. Auf Antrag des Gläubigers kann das Gericht gegen den Schuldner einen Haftbefehl erlassen und von ihm

   a) die Abgabe der in den §§ 807, 836, 883 ZPO, § 125 KO, § 153 InsO bezeichneten eidesstattlichen Versicherung (vgl. §§ 899 ff. ZPO) oder

   b) die Abgabe der ihm nach dem bürgerlichen Recht obliegenden eidesstattlichen Versicherung oder die Vornahme einer sonstigen Handlung zu erzwingen, zu welcher der Schuldner verurteilt worden ist und die ein anderer nicht vornehmen kann (z.B. die Erteilung einer Auskunft; vgl. §§ 888, 889, 901 ZPO).

   Eine Zwangsvollstreckung auf Grund des § 888 ZPO ist jedoch ausgeschlossen, wenn im Fall der Verurteilung zur Vornahme einer Handlung der Beklagte für den Fall, daß die Handlung nicht binnen einer zu bestimmenden Frist vorgenommen wird, zur Zahlung einer Entschädigung verurteilt ist (§§ 510 b, 888 a ZPO).

2. Die Verhaftung führt der Gerichtsvollzieher im Auftrag des Gläubigers durch. Für die Verhaftung ist örtlich der Gerichtsvollzieher zuständig, in dessen Amtsbezirk der Schuldner zur Zeit des Verhaftungsauftrages seinen Wohnsitz oder in Ermangelung eines solchen seinen Aufenthaltsort hat. Er wird dazu durch den Besitz des Schuldtitels und einer Ausfertigung des gerichtlichen Haftbefehls ermächtigt, in dem der Gläubiger, der Schuldner und der Grund der Verhaftung bezeichnet sind (§ 901 ZPO). Ob die Voraussetzungen für den Erlaß des Haftbefehls vorlagen, hat der Gerichtsvollzieher nicht zu prüfen.

3. Der Gerichtsvollzieher hat vor einer Verhaftung die §§ 904, 906, 910 ZPO zu beachten. Er soll eine Verhaftung auch erst durchführen, wenn die Besorgnis ausgeschlossen erscheint, daß dadurch eine Gefährdung der öffentlichen Sicherheit und Ordnung entstehen kann.

4. Die Verhaftung unterbleibt, wenn seit dem Tage, an dem der Haftbefehl erlassen worden ist, drei Jahre vergangen sind.

5. Die Verhaftung unterbleibt, wenn der Schuldner die Leistung bewirkt, die ihm nach dem Schuldtitel obliegt. Von der Verhaftung darf der Gerichtsvollzieher jedoch nicht absehen, wenn der Schuldner nur eine Teilleistung erbringt.

6. Der Gerichtsvollzieher kann von einer Verhaftung absehen, wenn sich der Gläubiger damit für den Fall einverstanden erklärt hat, dass der Schuldner glaubhaft macht, dass er die Schuld innerhalb von sechs Monaten wirklich tilgen wird. Eine solche Glaubhaftmachung kann der Gerichtsvollzieher in der Regel annehmen, wenn der Schuldner die erste Teilzahlungsrate bereits erbracht hat oder sie unmittelbar an den Gerichtsvollzieher zahlt. Die Höhe der Raten wird durch die Höhe der Forderung, die dem Verhaftungsantrag zu entnehmen ist, und die Laufzeit bestimmt. Der Gerichtsvollzieher kann ein Einverständnis des Gläubigers mit einem Teilzahlungsangebot des Schuldners unterstellen, wenn der Gläubiger in dem Verhaftungsauftrag für einen solchen Fall nichts ausgeführt hat. Andernfalls ist er an die Vorgaben des Gläubigers in dem Verhaftungsauftrag gebunden. Wegen der Einziehung der Raten verfährt der Gerichtsvollzieher im übrigen entsprechend § 114 a.

7. Ist gegen den Schuldner die Haft als Strafe angeordnet worden (§ 890 ZPO), so finden die vorstehenden Vorschriften keine Anwendung. Die Haftstrafe wird durch das Prozeßgericht vollstreckt, das mit der Verhaftung auch einen Gerichtsvollzieher beauftragen kann.

§ 187 Verfahren bei der Verhaftung.

1. Der Gerichtsvollzieher vermeidet bei der Verhaftung unnötiges Aufsehen und jede durch den Zweck der Vollstreckung nicht gebotene Härte. In geeigneten Fällen kann er den Schuldner schriftlich zur Zahlung und zum Erscheinen an der Gerichtsstelle auffordern. Dies hat jedoch zu unterbleiben, wenn zu befürchten ist, der Schuldner werde sich der Verhaftung entziehen oder Vermögensgegenstände beiseite schaffen. Bei Widerstand wendet der Gerichtsvollzieher Gewalt an und beachtet dabei die §§ 758, 759 ZPO.

Vor der Verhaftung stellt der Gerichtsvollzieher fest, daß die angetroffene Person die im Haftbefehl bezeichnete ist. Er übergibt dem Schuldner bei der Verhaftung eine beglaubige Abschrift des Haftbefehls (§ 909 ZPO); eine Zustellung des Befehls ist nicht erforderlich.

Der Gerichtsvollzieher befragt den Verhafteten, ob er jemanden von seiner Verhaftung zu benachrichtigen wünsche, und gibt ihm Gelegenheit zur Benachrichtigung seiner Angehörigen und anderer nach Lage des Falles in Betracht kommender Personen, soweit es erforderlich ist und ohne Gefährdung der Inhaftnahme geschehen kann. Ist die Benachrichtigung durch den Verhafteten nicht möglich oder angängig, so führt der Gerichtsvollzieher die Benachrichtigung selbst aus.

Der Gerichtsvollzieher, der den Schuldner verhaftet hat, liefert ihn in die nächste zur Aufnahme von Schuldgefangenen bestimmte Justizvollzugsanstalt ein. Der Haftbefehl ist dem zuständigen Vollzugsbediensteten zu übergeben. Ist das Amtsgericht des Haftorts nicht die Dienstbehörde des einliefernden Gerichtsvollziehers, so weist er den Justizvollzugsbediensteten außerdem darauf hin, dass der verhaftete Schuldner zu jeder Zeit verlangen kann, bei dem zuständigen Gerichtsvollzieher des Amtsgerichts des Haftorts die eidesstattliche Versicherung abzugeben. Er weist ihn ferner darauf hin, den Schuldner sogleich zu unterrichten, zu welchen Zeiten Gründe der Sicherheit der Justizvollzugsanstalt einer Abnahme entgegenstehen. Außerdem übergibt er dem Justizvollzugsbediensteten die Vollstreckungsunterlagen, der sie dem bei Abgabebereitschaft des Schuldner herbeigerufenen Gerichtsvollzieher des Haftorts aushändigt. Eines besonderen Annahmebefehls bedarf es nicht. Einer Einlieferung in die Justizvollzugsanstalt steht nicht entgegen, dass der Schuldner sofortige Beschwerde gegen den Haftbefehl eingelegt hat oder seine Absicht dazu erklärt.

2. Das Protokoll muss die genaue Bezeichnung des Haftbefehls und die Bemerkung enthalten, dass dem Schuldner eine beglaubigte Abschrift desselben übergeben worden ist; es muss ferner ergeben, ob und zu welcher Zeit der Schuldner verhaftet worden oder aus welchem Grund die Verhaftung unterblieben ist. Die Einlieferung des Schuldners in die Justizzugsanstalt ist von dem zuständigen Beamten unter dem Protokoll zu bescheinigen; dabei ist die Stunde der Einlieferung anzugeben.

3. Ist der Schuldner zur Abgabe der eidesstattlichen Versicherung bereit, so nimmt ihm der verhaftende Gerichtsvollzieher die eidesstattliche Versicherung ab. Dem Gläubiger ist die Teilnahme zu ermöglichen, wenn er dies beantragt hat und die Versicherung gleichwohl ohne Verzug abgenommen werden kann. Dazu setzt sich der Gerichtsvollzieher fernmündlich mit dem Gläubiger in Verbindung. Ist dieser telefonisch erreichbar und will er nicht teilnehmen oder ist er oder sein Vertreter nicht in der Lage, innerhalb eines kurzen Zeitraums anwesend zu sein, so erfolgt die Abnahme der eidesstattlichen Versicherung unverzüglich. Über die Angemessenheit der Wartezeit entscheidet der Gerichtsvollzieher. Im Zweifel ist dem Recht des Schuldners auf persönliche Freiheit der Vorrang vor dem Teilnahmeinteresse des Gläubigers einzuräumen. Von dem abwesenden Gläubiger fernmündlich übermittelte zulässige Fragen stellt der Gerichtsvollzieher dem Schuldner.

4. Für die Abnahme der eidesstattlichen Versicherung in Steuersachen ist die Vollstreckungsbehörde (Finanzamt/Hauptzollamt) zuständig, in deren Be-

zirk sich der Wohnsitz oder in Ermangelung eines solchen der Aufenthaltsort des Vollstreckungsschuldners befindet. Liegen diese örtlichen Voraussetzungen bei der Vollstreckungsbehörde, welche die Vollstreckung betreibt, nicht vor, so kann sie die eidesstattliche Versicherung abnehmen, wenn der Schuldner zur Abgabe vor dieser Vollstreckungsbehörde bereit ist (vgl. § 284 Abs. 5 AO).

Die Vollstreckungsbehörde, die die Vollstreckung betreibt, kann bei dem nach § 899 Abs. 1 ZPO zuständigen Amtsgericht den Erlass eines Haftbefehls beantragen. Für die Verhaftung des Vollstreckungsschuldners aufgrund des Haftbefehls ist der Gerichtsvollzieher zuständig. Die Vollstreckungsbehörde teilt dem Gerichtsvollzieher den geschuldeten Betrag sowie den Schuldgrund mit und ermächtigt ihn, den geschuldeten Betrag anzunehmen und über den Empfang Quittung zu erteilen. Der Vollstreckungsschuldner kann die Verhaftung dadurch abwenden, dass er den geschuldeten Betrag in voller Höhe an den Gerichtsvollzieher zahlt oder nachweist, dass ihm eine Zahlungsfrist bewilligt worden oder die Schuld erloschen ist. Die Verhaftung kann er auch dadurch abwenden, dass er dem Gerichtsvollzieher eine Entscheidung vorlegt, aus der sich die Unzulässigkeit der Maßnahme ergibt, oder eine Post- oder Bankquittung vorlegt, aus der sich ergibt, dass er den geschuldeten Betrag eingezahlt hat. Ist der verhaftete Vollstreckungsschuldner vor Einlieferung in die Justizvollzugsanstalt zur Abgabe der eidesstattlichen Versicherung bereit, hat ihn der Gerichtsvollzieher grundsätzlich der Vollstreckungsbehörde zur Abnahme der eidesstattlichen Versicherung vorzuführen. Abweichend hiervon kann der Gerichtsvollzieher des Haftortes die eidesstattliche Versicherung abnehmen, wenn sich der Sitz der in § 284 Abs. 5 AO bezeichneten Vollstreckungsbehörde nicht im Bezirk dieses Amtsgerichts befindet oder wenn die Abnahme der eidesstattlichen Versicherung durch die Vollstreckungsbehörde nicht möglich ist, weil die Verhaftung zu einer Zeit stattfindet, zu der der für die Abnahme der eidesstattlichen Versicherung zuständige Beamte der Vollstreckungsbehörde nicht erreichbar ist. Der Gerichtsvollzieher kann unter den gleichen Voraussetzungen wie die Vollstreckungsbehörde von der Abnahme der eidesstattlichen Versicherung absehen. Diese soll nach Abschnitt 52 Abs. 2 der Vollstreckungsanweisung vom 13. März 1980 (BStBl. I S. 112) – geändert durch Allgemeine Verwaltungsvorschriften vom 19. März 1987 (BStBl. I S. 370), vom 21. April 1992 (BStBl. I S. 283) und vom 5. Juli 1996 (BStBl. I S. 1114) – von der Abnahme der eidesstattlichen Versicherung Abstand nehmen, wenn nach ihrer Überzeugung feststeht, dass das vom Vollstreckungsschuldner vorgelegte Vermögensverzeichnis vollständig und wahrheitsgemäß ist.

5. Ist die Vollstreckung des Haftbefehls nicht möglich, weil der Schuldner nicht aufzufinden oder nicht anzutreffen ist, so vermerkt der Gerichtsvollzieher dies zu den Akten und benachrichtigt unverzüglich den Gläubiger.
Nach wiederholtem fruchtlosen Verhaftungsversuch in einer Wohnung (§ 107 Nr. 1 Abs. 2), der mindestens einmal kurz vor Beginn oder nach Beendigung der Nachtzeit (§ 8 Nr. 2) erfolgt sein muss, soll der Gerichtsvollzieher dem Gläubiger anheimgeben, einen Beschluss des zuständigen Richters bei dem Amtsgericht darüber herbeizuführen, dass die Verhaftung auch an Sonntagen und allgemeinen Feiertagen sowie zur Nachtzeit in den bezeichneten Wohnungen erfolgen kann.

6. Kann der Schuldner keine vollständigen Angaben machen, weil er die dazu notwendigen Unterlagen bei der Verhaftung nicht bei sich hat, kann der Gerichtsvollzieher einen neuen Termin zur Abgabe der eidesstattlichen Versicherung bestimmen und die Vollziehung des Haftbefehls bis zu diesem Termin aussetzen. Zu diesem Termin lädt der Gerichtsvollzieher den Schuldner persönlich und verständigt den Gläubiger formlos von dem Termin. Gibt der Schuldner in dem neuen Termin die eidesstattliche Versicherung nicht ab und bewirkt er auch nicht die Leistung, die ihm nach dem Schuldtitel obliegt, so vollzieht der Gerichtsvollzieher den Haftbefehl wieder.

Im Einzelfall kann der Gerichtsvollzieher den Haftbefehl auch aussetzen, damit der Schuldner sofortige Beschwerde gegen den Erlass des Haftbefehls bei dem Vollstreckungsgericht einlegen und die Aussetzung der Vollziehung gemäß § 570 Abs. 3 ZPO beantragen kann.

7. Der Gerichtsvollzieher des Haftorts entlässt den Schuldner nach Abgabe der eidesstattlichen Versicherung oder Bewirkung der geschuldeten Leistung aus der Haft. Der Haftbefehl ist damit verbraucht. Der Gerichtsvollzieher übergibt dem Schuldner den Haftbefehl und macht die Übergabe aktenkundig. Zugleich unterrichtet er den Gläubiger. Die Urschriften des Protokolls und des Vermögensverzeichnisses übersendet er zusammen mit den Vollstreckungsunterlagen unverzüglich dem beauftragten Gerichtsvollzieher. Dieser hinterlegt beides unverzüglich bei dem Vollstreckungsgericht und leitet Abschriften dem Gläubiger zu.

§ 188 Nachverhaftung.

1. Ist der Schuldner bereits nach den §§ 186, 187 in Zwangshaft genommen, so ist ein weiterer Haftbefehl gegen ihn dadurch zu vollstrecken, daß der Gerichtsvollzieher sich in die Justizvollzugsanstalt zu dem Schuldner begibt und ihn durch persönliche Eröffnung unter Übergabe einer beglaubigten Abschrift des Haftbefehls für nachverhaftet erklärt. Der Haftbefehl ist dem zuständigen Vollzugsbediensteten mit dem Ersuchen auszuhändigen, an dem Schuldner die fernere Haft nach Beendigung der zuerst verhängten Haft zu vollstrecken.

2. Das Protokoll muß die Bezeichnung des Haftbefehls und die vom Gerichtsvollzieher abgegebenen Erklärungen enthalten. Die Aushändigung des Haftbefehls ist von dem Vollzugsbediensteten unter dem Protokoll zu bescheinigen. Im übrigen finden die Vorschriften des § 187 entsprechende Anwendung.

3. Gegen einen Schuldner, der sich in Untersuchungshaft oder in Strafhaft befindet, kann die Zwangshaft erst nach Beendigung der Untersuchungshaft oder der Strafhaft vollzogen werden. Der Gerichtsvollzieher erfragt bei dem Vollzugsbediensteten, bis zu welchem Tag gegen den Schuldner voraussichtlich noch Untersuchungshaft oder Strafhaft vollstreckt wird. Liegt dieser Tag vor dem Tag, von dem an die Vollziehung des Haftbefehls unstatthaft ist, weil seit seinem Erlass drei Jahre vergangen sind (§ 909 Abs. 2 ZPO), verfährt der Gerichtsvollzieher entsprechend Nr. 1 und Nr. 2. Anderfalls gibt der Gerichtsvollzieher den Auftrag unerledigt an den Gläubiger zurück. Es bleibt dem Gläubiger überlassen, sich nötigenfalls mit dem Gericht, der Staatsanwaltschaft oder dem Anstaltsleiter in Verbindung zu setzen, um die Beendigung der Untersuchungshaft oder Strafhaft zu erfahren. Sodann kann er den Gerichtsvollzieher erneut mit der Verhaftung beauftragen.

§ 189 Verhaftung im Konkursverfahren (§§ 101, 106, 72 KO).
Für die Verhaftung des Gemeinschuldners nach § 101 KO und des Schuldners nach § 106 KO gelten die Vorschriften der Zivilprozeßordnung über die Zwangsvollstreckung durch Haft entsprechend (§ 72 KO). Die Verhaftung erfolgt jedoch auf Anordnung des Gerichts.

§ 189 a Verhaftung im Insolvenzverfahren (§§ 21, 98 InsO).
Für die Verhaftung des Schuldners nach § 21 InsO und nach § 98 InsO gelten die Vorschriften der Zivilprozessordnung über die Zwangsvollstreckung durch Haft entsprechend (§ 98 Abs. 3 InsO). Die Verhaftung erfolgt jedoch auf Anordnung des Gerichts.

§ 190 Vollziehung eines Haftbefehls gegen einen Zeugen (§ 390 ZPO).
1. Ist gegen einen Zeugen zur Erzwingung des Zeugnisses die Haft angeordnet (§ 390 Abs. 2 ZPO), so finden die Vorschriften über die Zwangshaft im Vollstreckungsverfahren (§§ 186, 187) entsprechende Anwendung. Den Auftrag zur Verhaftung des Zeugen erteilt die Partei, die den Antrag auf Erlaß des Haftbefehls gestellt hat. Der Gerichtsvollzieher wird zur Verhaftung durch den Besitz des gerichtlichen Haftbefehls ermächtigt.
2. Ist gegen den Zeugen wegen unentschuldigten Ausbleibens oder unberechtigter Verweigerung des Zeugnisses für den Fall, daß das gegen ihn festgesetzte Ordnungsgeld nicht beigetrieben werden kann, Ordnungshaft festgesetzt (§§ 380 Abs. 1, 390 Abs. 1 ZPO), so wird die Entscheidung von Amts wegen nach den Vorschriften vollstreckt, die für Strafsachen gelten. Das vollstreckende Gericht kann mit der Verhaftung auch einen Gerichtsvollzieher beauftragen.

Dasselbe gilt für die Vollstreckung einer Ordnungshaft, die nach § 178 GVG festgesetzt wird.

§ 191 Vorführung von Zeugen oder Parteien (§§ 372 a Abs. 2, 380 Abs. 2, 613 Abs. 2, 640 Abs. 1, 654 Abs. 1 ZPO; §§ 101, 106 KO; § 98 InsO).
[1] Das Gericht kann den Gerichtsvollzieher mit der zwangsweisen Vorführung einer Person, insbesondere eines Zeugen oder einer Partei, beauftragen.

[2] Der Gerichtsvollzieher führt den Auftrag nach den Anordnungen des Gerichts aus. [3] Der Auftrag ist schriftlich zu erteilen; das Schriftstück ist dem Betroffen vor der Ausführung des Auftrages vorzuzeigen. [4] Im übrigen finden die Bestimmungen der §§ 186, 187 entsprechende Anwendung.

[5] Die in § 187 Nr. 5 Satz 1 vorgesehene unverzügliche Benachrichtigung erfolgt durch den Gerichtsvollzieher fernmündlich gegenüber der zuständigen Geschäftsstelle des Gerichts, wenn nur auf diese Weise gewährleistet ist, daß der Termin noch rechtzeitig aufgehoben werden kann.

F. Vollziehung von Arresten und einstweiligen Verfügungen

I. Allgemeines

§ 192 [Allgemeines] (§§ 916–945 ZPO).
1. Arrestbefehle und einstweilige Verfügungen sind Schuldtitel, die nicht eine Befriedigung des Gläubigers, sondern nur eine Sicherung seines Anspruchs oder die einstweilige Regelung eines rechtlichen Zustandes bezwecken.

Der dingliche Arrest wird durch Beschlagnahme des gesamten Vermögens des Schuldners oder eines in dem Befehl näher bezeichneten Teiles hiervon, der persönliche Sicherheitsarrest je nach dem Inhalt des Befehls durch Verhaftung des Schuldners oder eine sonstige Beschränkung seiner persönlichen Freiheit vollzogen. Bei der einstweiligen Verfügung trifft das Gericht in dem Befehl die zur Erreichung des Zwecks erforderlichen Anordnungen, die z.B darin bestehen können, daß dem Schuldner eine Handlung geboten oder verboten, unter Umständen auch eine Leistung an den Gläubiger oder die Herausgabe einer beweglichen Sache oder eines Grundstücks aufgegeben wird.

2. Der Arrestbefehl oder die einstweilige Verfügung ergehen in Form eines Urteils oder eines Beschlusses. Sie werden dem Gläubiger von dem Gericht durch Verkündung oder durch Zustellung von Amts wegen bekannt gemacht, dem Schuldner dagegen auf Betreiben und im Auftrag des Gläubigers durch einen Gerichtsvollzieher zugestellt, sofern der Arrest oder die einstweilige Verfügung durch Beschluß angeordnet worden ist (vgl. § 922 Abs. 2 ZPO). Ist über das Gesuch durch Urteil entschieden worden, kann eine Zustellung an den Schuldner von Amts wegen nach § 317 Abs. 1 Satz 1 ZPO oder zum Zwecke der Einleitung der Vollziehung im Parteibetrieb nach § 750 Abs. 1 Satz 2 erster Halbsatz und § 795 ZPO erfolgen.

3. Die Vollziehung des Arrestes ist nur innerhalb einer Ausschlußfrist von einem Monat zulässig. Die Frist beginnt mit der Verkündung des Arrestbefehls oder dessen Zustellug an den Gläubiger (§ 929 Abs. 2 ZPO). Dasselbe gilt für die Vollziehung einer einstweiligen Verfügung, soweit sich nicht aus den darin getroffenen Anordnungen etwas anderes ergibt (§ 936 ZPO). Der Gerichtsvollzieher prüft selbständig, ob die Ausschlußfrist abgelaufen ist. Er beachtet dabei, daß der Arrestbefehl dem Gläubiger auch dann zugestellt ist, wenn er ihm an der Amtstelle ausgehändigt worden ist (§ 173 ZPO). Die Monatsfrist ist schon dadurch gewahrt, daß die Vollziehung vor ihrem Ablauf begonnen hat. Soweit die Vollziehung nicht mehr statthaft ist, lehnt er den Auftrag ab.

4. Eine Vollstreckungsklausel ist auf Arrestbefehlen und einstweiligen Verfügungen nur dann erforderlich, wenn die Vollziehung für einen anderen als den im Befehl bezeichneten Gläubiger oder gegen einen anderen als den im Befehl bezeichneten Schuldner erfolgen soll (§ 929 Abs. 1 ZPO).

5. Abweichend von der Regel der §§ 76 und 77 ist die Vollziehung eines Arrestes oder einer einstweiligen Verfügung auch zulässig, bevor die Entscheidung oder – falls eine Vollstreckungsklausel erteilt ist – bevor die Klausel und die in ihr erwähnten, die Rechtsnachfolge beweisenden Urkunden dem Schuldner zugestellt sind. Die Wirksamkeit der Vollziehung ist dadurch bedingt, daß die Zustellung innerhalb einer Woche nach der Vollziehung und zugleich vor Ablauf der Ausschlußfrist von einem Monat nachgeholt wird (§ 929 Abs. 3 ZPO; vgl. auch § 207 ZPO). Der mit der Vollziehung beauftragte Gerichtsvollzieher hat auch ohne ausdrückliche Anweisung des Gläubigers für die rechtzeitige Zustellung der Entscheidung zu sorgen.

II. Verfahren bei der Vollziehung

§ 193 Dinglicher Arrest.

1. Bei der Vollziehung des dinglichen Arrestes wirkt der Gerichtsvollzieher in gleicher Weise mit wie bei der sonstigen Zwangsvollstreckung.
2. In bewegliche körperliche Sachen wird der Arrest durch Pfändung nach den Vorschriften vollzogen, die für die Zwangsvollstreckung gelten (§§ 928, 929 ZPO). Zu den beweglichen Sachen rechnen in diesem Fall auch die in das Schiffsregister eingetragenen Schiffe, Schiffsbauwerke und im Bau befindlichen oder fertiggestellten Schwimmdocks (§ 931 Abs. 1 ZPO in Verbindung mit Art. 3 des Gesetzes vom 4. 12. 1968 – BGBl. I S. 1295 –); dies gilt nicht nur für deutsche, sondern auch für alle ausländischen Schiffe. Wegen der Benachrichtigung der konsularischen Vertretung bei der Pfändung von ausländischen Schiffen vgl. § 134 Nr. 4.
3. Der Gerichtsvollzieher pfändet in erster Linie Geld. Kann dies nicht geschehen, so pfändet er so viele Vermögensstücke des Schuldners, wie notwendig sind, um die im Befehl bezeichneten Beträge der Hauptforderung sowie der Zinsen und Kosten zu decken.
4. Die Unterbringung der Pfandstücke richtet sich nach den Vorschriften, die für gepfändete Sachen gelten. Jedoch ist gepfändetes Geld und der in einem etwaigen Verteilungsverfahren auf den Arrestgläubiger entfallende Betrag zu hinterlegen, falls nicht der Schuldner die Auszahlung an den Gläubiger ausdrücklich gestattet.
5. Die Pfandstücke dürfen auf Grund des Arrestbefehls nicht veräußert werden. Das Vollstreckungsgericht kann jedoch die Versteigerung und die Hinterlegung des Erlöses anordnen, wenn eine im Arrestwege gepfändete Sache der Gefahr einer beträchtlichen Wertverringerung ausgesetzt ist oder wenn ihre Aufbewahrung unverhältnismäßig hohe Kosten verursachen würde (§ 930 ZPO); erscheint die Stellung eines Antrags auf Versteigerung erforderlich, so soll der Gerichtsvollzieher die Beteiligten darauf aufmerksam machen.
Die Pfändung auf Grund eines Arrestbefehls steht der Veräußerung der Pfandstücke für einen anderen Gläubiger nicht entgegen. Der Teil des Erlöses, der auf die durch das Arrestpfandrecht gesicherte Forderung entfällt, ist zu hinterlegen.
6. Bei der Vollziehung des Arrestes in ein Schiff, Schiffsbauwerk oder Schwimmdock sorgt der Gerichtsvollzieher durch geeignete Maßnahmen für die Bewachung und Verwahrung des Schiffes, Schiffsbauwerks oder Schwimmdocks. Die Vollziehung des Arrestes in das Schiff ist nicht zulässig, wenn sich das Schiff auf der Reise befindet und nicht in einem Hafen liegt (§ 482 HGB).
Ist z. Zt. der Arrestvollziehung die Zwangsversteigerung des Schiffes, Schiffsbauwerks oder Schwimmdocks eingeleitet, so reicht der Gerichtsvollzieher dem Vollstreckungsgericht eine Abschrift des Pfändungsprotokolls ein (§ 931 Abs. 5 ZPO).
7. In inländische Luftfahrzeuge, die in der Luftfahrzeugrolle oder im Register für Pfandrechte an Luftfahrzeugen eingetragen sind, wird der Arrest dadurch vollzogen, daß der Gerichtsvollzieher das Luftfahrzeug in Bewachung und Verwahrung nimmt und ein Registerpfandrecht für die Forde-

rung eingetragen wird (§ 99 Abs. 2 des Gesetzes über Rechte an Luftfahrzeugen vom 26. 2. 1959 – BGBl. I S. 57 –).
In ausländische Luftfahrzeuge wird der Arrest dadurch vollzogen, daß der Gerichtsvollzieher das Luftfahrzeug in Bewachung und Verwahrung nimmt und es nach den Vorschriften über die Zwangsvollstreckung pfändet (§ 106 Abs. 3 des Gesetzes über Rechte an Luftfahrzeugen).
Die Bewachung und Verwahrung sowie Pfändung des Luftfahrzeuges unterbleiben, soweit nach den Vorschriften des Gesetzes über die Unzulässigkeit der Sicherungsbeschlagnahme von Luftfahrzeugen vom 17. 3. 1935 (RGBl. I S. 385) eine Pfändung unzulässig ist.

8. Die Vollziehung des Arrestes unterbleibt, wenn der Schuldner dem Gerichtsvollzieher die Hinterlegung des Geldbetrags nachweist, durch die nach dem Inhalt des Befehls die Vollziehung des Arrestes abgewendet werden kann (§ 923 ZPO). Hinterlegt der Schuldner den Betrag erst nach der Vollziehung des Arrestes, so ist er mit dem Antrag auf dessen Aufhebung an das Gericht zu verweisen. Hat ausweislich des Arrestbefehls der Gläubiger wegen der dem Gegner drohenden Nachteile Sicherheit zu leisten, so stellt der Gerichtsvollzieher vor der Vollziehung des Arrestes fest, daß der Gläubiger die Sicherheitsleistung bewirkt hat.

9. Soll ein Arrestbefehl vor oder bei der Zustellung vollzogen werden (§§ 929 Abs. 3, 750 Abs. 1 ZPO) und übergibt der Schuldner dem Gerichtsvollzieher die im Arrestbefehl bestimmte Lösungssumme (§ 923 ZPO), so darf der Gerichtsvollzieher die Summe in Empfang nehmen und von der Vollziehung absehen, vorausgesetzt, daß der Schuldner auch die erwachsenen GV-Kosten mit entrichtet. Der Gerichtsvollzieher handelt in diesem Fall in amtlicher Eigenschaft und hat die ihm übergebene Lösungssumme unverzüglich zu hinterlegen.

10. Erwirkt der Gläubiger demnächst wegen der Arrestforderung einen vollstreckbaren Titel und liegen im übrigen die Voraussetzungen der Zwangsvollstreckung (Zustellung des Titels usw.) vor, so bedarf es zur Durchführung der Vollstreckung keiner nochmaligen Pfändung, es sei denn, die Arrestpfändung ist unwirksam oder aufgehoben (§ 934 ZPO). Das Arrestpfandrecht geht ohne weiteres in ein Vollstreckungspfandrecht über; der Gläubiger kann daher die Auszahlung des hinterlegten Geldes verlangen. Dem Schuldner steht das Recht nicht mehr zu, die Versteigerung oder sonstige Durchführung des Verfahrens durch Hinterlegung gemäß § 923 ZPO abzuwenden.

11. Bei der Vollziehung des dinglichen Arrestes in eine Forderung, die dem Schuldner gegen eine Dritte Person (den Drittschuldner) zusteht, oder in andere zum beweglichen Vermögen gehörende Vermögensrechte des Schuldners erfolgt die Pfändung durch das Arrestgericht. Die Mitwirkung des Gerichtsvollziehers regelt sich nach §§ 172 ff. Der mit der Zustellung des Pfändungsbeschlusses beauftragte Gerichtsvollzieher achtet darauf, daß die Zustellung dieses Beschlusses an den Drittschuldner innerhalb der Ausschlußfrist von einem Monat (§ 192 Nr. 3) geschieht. Er stellt dem Schuldner innerhalb derselben Frist und zugleich vor Ablauf einer Woche nach der Zustellung an den Drittschuldner den Arrestbefehl zu, sofern dessen Zustellung nicht schon vorher erfolgt war. Für die Zustellung des Pfändungsbeschlusses an den Schuldner gilt § 173 Nr. 3.

§ 194 Persönlicher Sicherheitsarrest. ¹Die Vollziehung des persönlichen Sicherheitsarrestes richtet sich, wenn die Verhaftung des Schuldners angeordnet ist, nach den Vorschriften über die Haft im Zwangsvollstreckungsverfahren (§§ 186 ff. der Geschäftsanweisung¹⁾, §§ 904–913 ZPO). ²Der Gerichtsvollzieher wird durch den Besitz des Haftbefehls zur Verhaftung des Schuldners ermächtigt. ³Die Verhaftung ist unzulässig, wenn der Schuldner dem Gerichtsvollzieher die Hinterlegung des in dem Haftbefehl bezeichneten Geldbetrags nachweist. ⁴Auf § 193 Nr. 8 wird verwiesen. ⁵Bestehen die in dem Befehl angeordneten Sicherheitsmaßregeln in einer anderen Beschränkung der persönlichen Freiheit, so sind die in dem Befehl getroffenen besonderen Anordnungen des Arrestgerichts maßgebend: die für die Haft geltenden gesetzlichen Beschränkungen (vgl. § 186) finden Anwendung.

§ 195 Einstweilige Verfügung (§§ 935, 938, 940 ZPO).

1. Eine einstweilige Verfügung wird im Auftrag des Gläubigers nach den Anordnungen vollzogen, die das Gericht in der Verfügung getroffen hat. Dabei ist diejenige Art des Vollstreckungsverfahrens anzuwenden, die zur Durchführung dieser Anordnungen erforderlich ist. Ist z.B. dem Schuldner die Herausgabe einer beweglichen Sache an den Gläubiger aufgegeben, so richtet sich das Verfahren nach § 179; hat der Schuldner einen bestimmten Geldbetrag (z.B. Unterhaltsgelder) zu leisten, so wird dieser nach den Bestimmungen über die Zwangsvollstreckung wegen Geldforderungen beigetrieben.

2. Nach § 938 ZPO kann die einstweilige Verfügung auch in einer Sequestration bestehen, d.h. in der Verwahrung und Verwaltung durch eine Vertrauensperson. Der Gerichtsvollzieher wird bei der Vollziehung einer solchen Verfügung nur insoweit tätig, als es sich darum handelt, dem Sequester durch eine Zwangsmaßnahme die Durchführung der Sequestration zu ermöglichen, z.B. durch die Wegnahme einer beweglichen Sache oder die Räumung eines Grundstücks und die Übergabe an den Sequester. Der Gerichtsvollzieher ist nicht verpflichtet, das Amt eines Sequesters zu übernehmen.

3. Erfordert die in einer einstweiligen Verfügung angeordnete Sicherstellung einer Sache nur eine Verwahrung (ohne Verwaltung), so liegt keine Sequestration vor. Der Gerichtsvollzieher muß die Verwahrung mit übernehmen, da sie noch eine Vollstreckungshandlung darstellt. Die Kosten einer solchen Verwahrung sind Vollstreckungskosten. Die Sicherstellung einer beweglichen Sache bedeutet in der Regel keine Sequestration, da sie keine selbständige Verwaltung notwendig macht.

Ist in der einstweiligen Verfügung die Sequestration angeordnet, so kann der Gerichtsvollzieher im Zweifel davon ausgehen, daß es sich um die Anordnung einer Verwaltung handelt; er kann in diesen Fällen nach Nr. 2 verfahren.

4. Einstweilige Verfügungen kann das Gericht auch vor Eröffnung des Konkurs-, Gesamtvollstreckungs- oder Insolvenzverfahrens erlassen (§ 106 KO, § 2 Abs. 3 GesO, § 21 InsO). Solche Verfügungen werden auf Anordnung des Gerichts vollzogen, nicht im Parteiauftrag.

---

¹⁾ Nr. 14.

Geschäftsanweisung für Gerichtsvollzieher § 196 GVGA 14

G. Hinterlegung

§ 196 (§§ 711, 712, 720, 720 a, 827, 854, 930 ZPO; § 100 des Gesetzes über Rechte an Luftfahrzeugen).

1. Der Gerichtsvollzieher darf gepfändetes Geld oder den durch Verwertung der Pfandstücke erzielten Erlös in den Fällen nicht auszahlen, in denen die Hinterlegung erfolgen muß. Dies gilt insbesondere

   a) wenn dem Schuldner im Urteil nachgelassen ist, die Zwangsvollstreckung durch Sicherheitsleistung oder durch Hinterlegung abzuwenden (§§ 711 Satz 1, 712 Abs. 1 Satz 1, 720 ZPO in Verbindung mit §§ 817 Abs. 4, 819, 847 Abs. 2 ZPO),

   b) wenn gegen den Schuldner nur die Sicherungsvollstreckung nach § 720 a ZPO betrieben wird (vgl. § 83 a) oder nach § 712 Abs. 1 Satz 2 ZPO im Urteil die Vollstreckung auf die in § 720 a Abs. 1 und 2 ZPO bezeichneten Maßregeln beschränkt ist (vgl. § 83 b Nr. 8),

   c) wenn ein gerichtliches Verteilungsverfahren erforderlich wird (§§ 827 Abs. 2, 3, 854 Abs. 2, 3, 872 ZPO; vgl. auch § 170 Nr. 5),

   d) wenn dem Gerichtsvollzieher glaubhaft gemacht wird, daß an dem gepfändeten Geld ein die Veräußerung hinderndes oder zur vorzugsweisen Befriedigung berechtigendes Recht eines Dritten besteht (§§ 805, 815 Abs. 2 ZPO; vgl. auch § 136 Nr. 4 der Geschäftsanweisung[1]),

   e) wenn auf Grund eines Arrestbefehls Geld vom Gerichtsvollzieher gepfändet oder als Lösungssumme gemäß § 923 ZPO an ihn geleistet wird oder wenn in einem anhängig gewordenen Verteilungsverfahren auf den Arrestgläubiger ein Betrag von dem Erlös der Pfandstücke entfallen ist (§ 930 Abs. 2 ZPO),

   f) wenn das Gericht die Hinterlegung angeordnet hat (vgl. §§ 805 Abs. 4, 885 Abs. 4 ZPO),

   g) wenn die Auszahlung aus Gründen, die in der Person des Empfangsberechtigten liegen, nicht bewirkt werden kann,

   h) wenn im Verfahren zum Zweck der Zwangsversteigerung eines Grundstücks eine Forderung oder eine bewegliche Sache besonders versteigert oder in anderer Weise verwertet worden ist (§ 65 ZVG[2]),

   i) wenn Ersatzteile eines Luftfahrzeugs verwertet sind, auf die sich ein Sicherungsrecht erstreckt (vgl. § 166 a).

2. Die Hinterlegung ist unverzüglich bei der zuständigen Hinterlegungsstelle zu bewirken. Die maßgebenden Bestimmungen enthält die Hinterlegungsordnung vom 10. 3. 1937 (RGBl. I S. 285). Der Gerichtsvollzieher verständigt den Gläubiger und den Schuldner von der Hinterlegung.

3. Im Fall zu Nr. 1 Buchst. a unterbleibt die Hinterlegung, wenn der Schuldtitel mit dem Zeugnis der Rechtskraft versehen ist oder wenn der Schuldner schriftlich erklärt, daß er der Auszahlung des Geldes oder des Erlöses an den Gläubiger zustimme. Ist die Hinterlegung zur Herbeiführung eines gerichtlichen Verteilungsverfahrens oder auf Anordnung des Gerichts oder im Zwangsversteigerungsverfahren erfolgt, so erstattet der Gerichtsvollzieher

---
[1] Nr. **14**.
[2] Nr. **2**.

dem Vollstreckungsgericht unter Beifügung des Hinterlegungsscheins Anzeige; im ersteren Fall fügt er auch die Handakten, den Schuldtitel und die sonstigen Urkunden bei, die das Verfahren betreffen (§§ 827 Abs. 2, 854 Abs. 2 ZPO).

Dritter Abschnitt. Vollstreckung von Entscheidungen in Strafverfahren über die Entschädigung des Verletzten und den Verfall einer Sicherheit

§§ 197–210 *(aufgehoben)*

§ 211 [Vollstreckung von Entscheidungen in Strafverfahren über die Entschädigung des Verletzten] (§§ 406, 406 b StPO). [1] Die Vollstreckung von Urteilen über die Entschädigung des Verletzten in Strafsachen (§ 406 StPO) richtet sich nach den Vorschriften, die für die Vollstreckung von Urteilen in bürgerlichen Rechtsstreitigkeiten gelten (§ 406 b StPO).

[2] Die Vollstreckungsklausel erteilt in diesem Fall der Urkundsbeamte der Geschäftsstelle des Strafgerichts erster Instanz. [3] Vollstreckungsgericht ist das Strafgericht. [4] Jedoch ist für das Verfahren nach den §§ 731, 767, 768, 887–890 ZPO das Gericht der bürgerlichen Rechtspflege zuständig, in dessen Bezirk das Strafgericht des ersten Rechtszuges seinen Sitz hat.

§ 212 [Vollstreckung von Entscheidungen in Strafverfahren über den Verfall einer Sicherheit] (§ 124 StPO). [1] Die Entscheidung, die den Verfall einer zur Abwendung der Untersuchungshaft geleisteten Sicherheit ausspricht, hat gegen ihn, welche für den Angeschuldigten Sicherheit geleistet haben, die Wirkungen eines von dem Zivilrichter erlassenen Endurteils (§ 124 StPO).
[2] Die Zwangsvollstreckung findet im Auftrag des Gerichts auf Grund einer vollstreckbaren Ausfertigung statt.

Vierter Abschnitt. Vollstreckung gerichtlicher Anordnungen in Angelegenheiten der freiwilligen Gerichtsbarkeit

§ 213 [Vollstreckung gerichtlicher Anordnungen in Angelegenheiten der freiwilligen Gerichtsbarkeit] (§ 33 FGG).

1. Das Gericht kann dem Gerichtsvollzieher den Auftrag erteilen, die Herausgabe einer Sache, die Vorlegung einer Sache oder die Durchführung einer gerichtlichen Anordnung mit Gewalt zu erzwingen. Der Gerichtsvollzieher muß in diesem Fall durch eine besondere Verfügung des Gerichts zur Anwendung von Gewalt ermächtigt oder angewiesen werden. Die gerichtliche Verfügung ist der Person vorzuzeigen, die von der Amtshandlung betroffen ist; auf Verlangen ist ihr eine Abschrift der Verfügung zu erteilen. Über die Ausführung der Anordnung hat der Gerichtsvollzieher schriftlich zu berichten.

2. Der Gerichtsvollzieher ist befugt, erforderlichenfalls die Unterstützung der polizeilichen Vollzugsorgane in Anspruch zu nehmen (§ 33 Abs. 2 Satz 2 FGG)

3. Die in § 759 ZPO vorgesehene Zuziehung von Zeugen begründet bei der Vollstreckung gerichtlicher Anordnungen in Angelegenheiten der freiwilligen Gerichtsbarkeit keine Verpflichtung des Gerichtsvollziehers, ist zu

Geschäftsanweisung für Gerichtsvollzieher §§ 213 a, 214 GVGA 14

seiner eigenen Absicherung jedoch geboten, wenn er nicht die Hilfe der polizeilichen Vollzugsorgane in Anspruch nimmt.

§ 213 a Kindesherausgabe.

1. Das die Kinderherausgabe anordnende Gericht (nicht der Herausgabeberechtigte) ersucht den Gerichtsvollzieher gemäß § 33 FGG um die Vollstreckung. Über die Erledigung des Ersuchens hat der Gerichtsvollzieher dem Gericht schriftlich zu berichten. Der Gerichtsvollzieher ist befugt, die Vollstreckung in sinngemäßer Anwendung und im Rahmen des § 113 aufzuschieben.

2. Gewalt darf der Gerichtsvollzieher nur anwenden, wenn er hierzu von dem Gericht durch eine besondere Verfügung ermächtigt worden ist (§ 33 Abs. 2 FGG). Die gerichtliche Verfügung berechtigt den Gerichtsvollzieher, den Widerstand des Herausgabepflichtigen zu überwinden sowie dessen Wohnung zu durchsuchen. § 213 Nr. 1 Satz 3 gilt entsprechend.

3. § 213 Nr. 2 und 3 gilt entsprechend.

4. Bevor der Termin zur Wegnahme bestimmt wird, weist der Gerichtsvollzieher den Herausgabeberechtigten darauf hin, daß die Vollstreckung nur durchgeführt werden kann, wenn der Berechtigte das Kind an Ort und Stelle übernimmt.

5. Der Gerichtsvollzieher vergewissert sich vor Beginn der Vollstreckung durch Besprechung mit dem Herausgabeberechtigten und gegebenenfalls mit dem Jugendamt und dem Familien- oder Vormundschaftsgericht, ob zur Vermeidung und notfalls Überwindung eines Kindeswiderstandes von vornherein ein Vertreter des Jugendamts zur Unterstützung des Herausgabeberechtigten zuzuziehen ist.

6. Der Gerichtsvollzieher darf Sachen, die für den persönlichen Gebrauch des Kindes bestimmt sind und im Zeitpunkt der Herausgabe nicht dringend vom Kind benötigt werden, gegen den Willen des Herausgabepflichtigen nur dann wegnehmen, wenn er durch einen entsprechenden Vollstreckungstitel dazu legitimiert ist (z.B. einstweilige Anordnung nach § 50 d FGG oder § 620 Satz 1 Nr. 8 ZPO). Sachen, die das Kind sofort benötigt, wie z.B. angemessene Kleidung für eine Reise sowie Schulsachen, können gleichzeitig weggenommen werden.

7. Die vorstehenden Bestimmungen gelten entsprechend für die Vollstreckung von Anordnungen.

   a) über den Umgang mit dem Kind;

   b) über die Herausgabe von erwachsenen Mündeln.

Fünfter Abschnitt. Wechsel- und Scheckprotest

A. Allgemeine Vorschriften

§ 214 Zuständigkeit. [1] Wechsel- und Scheckproteste werden durch einen Notar oder einen Gerichtsbeamten aufgenommen (Art. 79 WG, 55 Abs. 3 ScheckG).

[2] Zu den Gerichtsbeamten, die für die Aufnahme von Protesten zuständig sind, gehört auch der Gerichtsvollzieher.

§ 215 Begriff und Bedeutung des Protestes.

1. Hat ein Wechselbeteiligter eine wechselrechtliche Leistung unterlassen – z. B. die Zahlung oder die Annahme –, so hängt die weitere Geltendmachung und Durchführung der wechselrechtlichen Ansprüche des Wechselgläubigers in der Regel davon ab, daß er

   a) den Wechselbeteiligten durch einen der im § 214 bezeichneten Beamten unter Vorlegung des Wechsels, gegebenenfalls einer Ausfertigung oder Abschrift davon, zur Leistung auffordern läßt und,

   b) falls die Leistung nicht erfolgt, durch den Beamten in urkundlicher Form feststellen läßt, daß die Aufforderung zu der wechselrechtlichen Leistung oder Handlung ohne Erfolg geblieben ist.

   Den Vorgang der Vorlegung, der Aufforderung zur Leistung und der Beurkundung durch den Beamten bezeichnet als Protesterhebung, die Urkunde als Protest oder Protesturkunde.

2. Wird ein Scheck nicht bezahlt, so muß dies ebenfalls durch einen Protest festgestellt werden (Art. 40 Nr. 1 ScheckG). Jedoch genügen an Stelle des Protestes auch die in Art. 40 Nr. 2 und 3 ScheckG bezeichneten schriftlichen Erklärungen des Bezogenen oder der Abrechnungsstelle.

3. Der Protest liefert den urkundlichen, unter Umständen ausschließlichen Beweis für die Tatsachen, die zur Erhaltung und Geltendmachung der Rechte aus dem Wechsel oder Scheck erheblich sind, insbesondere für den Rückgriff des Inhabers gegen seine Vormänner. Für die Protesterhebung sind kurze Fristen maßgebend; auch muß der Inhaber des Wechsels oder Schecks nach den Bestimmungen der Art. 45 WG, 42 ScheckG seinen unmittelbaren Vormann und den Aussteller innerhalb kurzer Frist davon benachrichtigen, daß die Annahme oder die Zahlung unterblieben ist. Der Gerichtsvollzieher muß daher bei der Protesterhebung besondere Sorgfalt anwenden. Jeder Verstoß gegen die Formvorschriften und jede Verzögerung bei der Aufnahme des Protestes oder Rückgabe des protestierten Wechsels oder Schecks können zu Rechtsnachteilen für den Auftraggeber führen und das Land und den Gerichtsvollzieher zum Schadenersatz verpflichten.

§ 216 Auftrag zur Protesterhebung.

1. Der Auftrag zur Protesterhebung wird dem Gerichtsvollzieher von dem Berechtigten oder dessen Vertreter unmittelbar erteilt. Ob ihm die Protesterhebung auch durch das Amtsgericht übertragen werden kann, bei dem der Berechtigte die Erhebung des Protestes beantragt hat, richtet sich nach den landesrechtlichen Bestimmungen.

2. Der Auftrag zur Protesterhebung verpflichtet den Gerichtsvollzieher, alle im Einzelfall erforderlichen Handlungen vorzunehmen, insbesondere den Wechselverpflichteten zu der wechselmäßigen Leistung aufzufordern, wegen deren Nichterfüllung Protest erhoben werden soll, und diese Leistung anzunehmen. Die Befugnis des Gerichtsvollziehers zur Annahme der Zahlung kann nicht ausgeschlossen werden (Art. 84 WG, 55 Abs. 3 ScheckG). Ein Auftrag, der allgemein auf Protesterhebung lautet, verpflichtet den Gerichtsvollzieher im Zweifel auch, den von dem Bezogenen nicht eingelösten Wechsel bei dem am Zahlungsort wohnenden Notadressaten oder Ehrenannehmer vorzulegen und, falls dieser nicht leistet, zu protestieren (Art. 60 WG).

3. Der Gerichtsvollzieher darf den Auftrag zur Protesterhebung auch dann nicht ablehnen, wenn er der Meinung ist, der Protest sei nicht notwendig oder die Protestfrist sei versäumt oder wenn er weiß, daß keine Zahlung erfolgen wird, weil der Schuldner zahlungsunfähig ist.

§ 217 Zeit der Protesterhebung (Art. 86, 72 Abs. 1 WG, 55 ScheckG).

1. Die Protesterhebung darf nur an einem Werktag, jedoch nicht an einem Sonnabend, stattfinden.
2. Die Proteste sollen in der Zeit von 9–18 Uhr erhoben werden (Proteststunden); die Protesturkunde braucht jedoch nicht innerhalb dieser Zeit errichtet zu werden.

Bei der Protesterhebung in den Geschäftsräumen des Protestgegners (vgl. § 224) ist tunlichst auf die übliche Geschäftszeit Rücksicht zu nehmen.

Außerhalb der Proteststunden soll die Protesterhebung nur erfolgen, wenn der Protestgegner ausdrücklich einwilligt.

§ 218 Berechnung von Fristen (Art. 72 Abs. 2, 73 WG, 55, 56 ScheckG).

[1] Bei der Berechnung der gesetzlichen oder im Wechsel bestimmten Fristen wird der Tag, an dem sie zu laufen beginnen, nicht mitgezählt.

[2] Fällt der letzte Tag einer Frist, innerhalb deren eine wechsel- oder scheckrechtliche Handlung vorgenommen weden muß, auf einen Sonntag, einen sonstigen gesetzlichen Feiertag oder einen Sonnabend, so wird die Frist bis zum nächsten Werktag verlängert.

[3] Feiertage, die in den Lauf der Frist fallen, werden bei der Berechnung der Frist mitgezählt.

B. Wechselprotest

§ 219 Anzuwendende Vorschriften.
Der Gerichtsvollzieher führt die Aufnahme von Wechselprotesten nach den Art. 79–88 WG und den folgenden §§ 220–228 durch.

§ 220 Arten des Wechselprotestes.
Das Wechselgesetz kennt folgende Arten des Protestes:

1. den Protest mangels Zahlung, wenn der Bezogene, der Annehmer, der am Zahlungsort wohnende Notadressat oder Ehrenannehmer sowie – beim eigenen Wechsel – der Aussteller den Wechsel nicht bezahlt hat (Art. 44, 56, 60, 77 WG);

2. den Protest mangels Annahme,

   a) wenn der Bezogene oder der am Zahlungsort wohnende Notadressat die Annahme des Wechsels ganz oder teilweise verweigert hat oder wenn die Annahme wegen einer anderen Abweichung von den Bestimmungen des Wechsels als verweigert gilt (Art. 44, 56, 26 Abs. 2 WG);

   b) wenn in den besonderen Fällen des Art. 25 Abs. 2 WG (Nachsichtwechsel, Wechsel mit Annahmefrist) die Annahmeerklärung den Tag der Annahme oder Vorlegung nicht bezeichnet;

3. den Protest mangels Sichtbestätigung, wenn der Austeller eines eigenen Nachsichtwechsels die Sichtbestätigung oder ihre Datierung verweigert hat (Art. 78 Abs. 2 WG);
4. den Protest mangels Aushändigung
   a) einer zur Annahme versandten Ausfertigung, wenn der Verwahrer der Ausfertigung dem rechtmäßigen Inhaber einer anderen Ausfertigung die Aushändigung verweigert hat und die Annahme oder Zahlung auch nicht auf eine andere Ausfertigung zu erlangen war (Art. 66 WG);
   b) der Urschrift, wenn der Verwahrer der Urschrift dem rechtmäßigen Inhaber der Abschrift die Aushändigung verweigert hat (Art. 66, 77 WG).

§ 221 Protestfristen.

1. Der Protest mangels Annahme muß innerhalb der Frist erhoben werden, die für die Vorlegung zur Annahme gilt. Die Vorlegung kann nur bis zum Verfall erfolgen. Die Frist zur Vorlegung kann im Wechsel näher bestimmt sein. Nachsichtwechsel müssen spätestens binnen einem Jahr nach dem Tag der Ausstellung zur Annahme vorgelegt werden, falls nicht der Aussteller eine kürzere oder längere Frist bestimmt hat oder die Indossanten die Vorlegungsfrist abgekürzt haben (Art. 44 Abs. 2, 21–23 WG). Der Bezogene kann verlangen, daß ihm der Wechsel am Tag nach der ersten Vorlegung nochmals vorgelegt wird (Art. 24 Abs. 1 WG). Ist in diesem Fall der Wechsel am letzten Tag der Frist zum erstenmal vorgelegt worden, so kann der Protest noch am folgenden Tag erhoben werden (Art. 44 Abs. 2 WG). Wegen des Verfahrens des Gerichtsvollziehers vgl. § 225 Nr. 4.

2. Der Protest mangels Zahlung muß bei einem Wechsel, der an einem bestimmten Tag oder bestimmte Zeit nach der Ausstellung oder nach Sicht zahlbar ist, an einem der beiden auf den Zahlungstag folgenden Werktage erhoben werden.
   Der Auftrag, einen Wechsel mangels Zahlung zu protestieren, darf auch dann nicht abgelehnt werden, wenn der Protest erst an einem Tag erhoben werden kann, welcher – ohne den dem Zahlungstag folgenden Sonnabend mitzuzählen – der zweite Werktag nach dem Zahlungstag ist.
   Bei einem Sichtwechsel muß der Protest mangels Zahlung in den Fristen erhoben werden, die für den Protest mangels Annahme vorgesehen sind (oben Nr. 1). Der Inhaber eines Sichtwechsels ist daher nicht genötigt, stets nach der ersten Vorlegung Protest erheben zu lassen. Er kann die Vorlegung innerhalb der hierfür bestimmten Frist beliebig wiederholen (Art. 44 Abs. 3 WG). Der Protest wegen unterbliebener Ehrenzahlung ist spätestens am Tag nach Ablauf der Frist für die Erhebung des Protestes mangels Zahlung, in der Regel also am dritten Werktag nach dem Zahlungstag, zu erheben (Art. 60 WG).
   Zahlungstag ist in der Regel der Verfalltag (vgl. Art. 33–37 WG). Verfällt jedoch der Wechsel an einem Sonntag, einem sonstigen gesetzlichen Feiertag oder einem Sonnabend, so kann die Zahlung erst am nächsten Werktag verlangt werden.

3. Der Protest mangels Sichtbestätigung muß in der Frist für die Vorlegung zur Sicht erhoben werden (Art. 78 Abs. 2, 23, 44 Abs. 2 WG). Dem Aussteller steht die Überlegungsfrist nach Art. 24 Abs. 1 WG nicht zu.

4. Für die Erhebung des Protestes mangels Aushändigung gegen den Verwahrer einer zur Annahme versandten Ausfertigung (Ausfolgungsprotest nach Art. 66 Abs. 2 Nr. 1 WG) gilt dieselbe Frist wie für den Hauptprotest mangels Annahme oder Zahlung (Art. 66 Abs. 2 Nr. 2 WG). Die Frist für den Protest mangels Aushändigung der Urschrift (Ausfolgungsprotest nach Art. 68 Abs. 2 WG) richtet sich nach den Fristen für den Protest mangels Zahlung.

5. Die in Nrn. 1–4 bezeichneten Fristen sind gesetzliche Ausschlußfristen. Steht jedoch der rechtzeitigen Vorlegung des Wechsels oder der rechtzeitigen Protesterhebung ein unüberwindliches Hindernis entgegen, so werden die für diese Handlungen bestimmten Fristen verlängert. Der Gerichtsvollzieher gibt in diesem Fall dem Auftraggeber den Wechsel unverzüglich zurück und teilt ihm die Gründe mit, die der rechtzeitigen Erledigung des Auftrags entgegenstehen.

Ein unüberwindliches Hindernis kann durch die gesetzliche Vorschrift eines Staates (z.B. ein Moratorium) oder durch einen anderen Fall höherer Gewalt (z.B. Kriegsereignisse, Überschwemmungen, Erdbeben) gegeben sein (vgl. Art. 54 Abs. 1 WG). Jedoch gelten solche Tatsachen nicht als Fälle höherer Gewalt, die rein persönlich den mit der Vorlegung oder Protesterhebung beauftragten Gerichtsvollzieher betreffen (Art. 54 Abs. 6 WG). Der Gerichtsvollzieher sorgt daher bei persönlicher Verhinderung für die beschleunigte Weitergabe des Auftrags an seinen Vertreter; gegebenenfalls unterrichtet er unter Vorlegung des Auftrags den aufsichtführenden Richter.

§ 222 Protestgegner (Protestat).

1. Der Protest mangels Zahlung muß in jedem Fall

   a) beim gezogenen Wechsel gegen den Bezogenen (nicht etwa gegen den Annehmer),

   b) beim eigenen Wechsel gegen den Aussteller erhoben werden.

   Dies gilt insbesondere auch dann, wenn der Wechsel bei einem Dritten am Wohnort des Bezogenen (beim eigenen Wechsel vom Wohnort des Ausstellers) oder an einem anderen Ort zahlbar gestellt ist (Art. 4, 27, 77 Abs. 2 WG). Die Angabe eines Dritten im Wechsel selbst oder in der Annahmeerklärung, bei dem Zahlung geleistet werden soll, oder die Angabe eines vom Wohnort des Bezogenen (beim eigenen Wechsel vom Wohnort des Ausstellers) verschiedenen Zahlungsorts oder einer am Zahlungsort befindlichen Stelle, wo Zahlung geleistet werden soll, ist somit nur entscheidend für den Ort, an dem der Protest zu erheben ist, nicht aber für die Person des Protestgegners. Befindet sich auf dem Wechsel eine Notadresse oder Ehrenannahme von Personen, die ihren Wohnsitz am Zahlungsort haben, so ist gegebenenfalls auch gegen diese Person Protest wegen unterbliebener Ehrenzahlung zu erheben (Art. 60, 77 Abs. 2 WG). Ist Protest mangels Annahme erhoben worden, so bedarf es weder der Vorlegung zur Zahlung noch des Protestes mangels Zahlung (Art. 44 Abs. 4 WG).

2. Der Protest mangels Annahme muß gegen den Bezogenen erhoben werden (Art. 21 WG). Befindet sich auf dem Wechsel eine auf den Zahlungsort lautende Notadresse, so erfolgt gegebenenfalls die Protesterhebung auch gegen den Notadressaten (Art. 56 Abs. 2 WG).

3. Der Protest mangels Sichtbestätigung muß gegen den Aussteller erhoben werden.
4. Der Protest mangels Aushändigung einer zur Annahme versandten Ausfertigung (Art. 66 Abs. 2 Nr. 1 WG) oder mangels Aushändigung der Urschrift des Wechsels (Art. 68 Abs. 2 WG) muß gegen den Verwahrer der Ausfertigung oder der Urschrift erhoben werden.
5. Ist über das Vermögen des Protestgegners (Nrn. 1–4) das Insolvenz-, Konkurs- oder Vergleichsverfahren eröffnet worden, so ist der Protest gleichwohl gegen ihn selbst und nicht etwa gegen den Insolvenzverwalter, den Konkursverwalter oder den Vergleichsverwalter zu erheben. Der Gerichtsvollzieher muß in diesem Fall einen ihm aufgetragenen Protest auch dann erheben, wenn ausnahmsweise die Protesterhebung zur Ausübung des Rückgriffsrechts nicht erforderlich ist (vgl. Art. 44 Abs. 6 WG).
6. Ist der Protestgegner gestorben, so ist in seinen letzten Geschäftsräumen oder in seiner letzten Wohnung ein Protest des Inhalts aufzunehmen, daß der Protestgegner nach Angabe einer mit Namen, Stand und Wohnort zu bezeichnenden Auskunftsperson verstorben sei (vgl. auch § 228 Nr. 3).

§ 223 Protestort.

1. Der Protest muß – mit Ausnahme der in Nr. 3 bezeichneten Fälle – an dem Protestort erhoben werden.

Protestort ist

a) beim Protest mangels Zahlung der Zahlungsort,

b) beim Protest mangels Annahme der Wohnort des Bezogenen, beim eigenen Wechsel der Wohnort des Ausstellers,

c) beim Protest mangels Sichtbestätigung der Wohnort des Ausstellers,

d) beim Protest mangels Aushändigung der Wohnort des Verwahrers der Ausfertigung oder der Urschrift.

2. Dabei gilt beim Fehlen einer besonderen Angabe der bei dem Namen (Firma) des Bezogenen angegebene Ort als Zahlungsort und zugleich als Wohnort des Bezogenen, beim eigenen Wechsel der Ausstellungsort als Zahlungsort und zugleich als Wohnort des Ausstellers (Art. 2 Abs. 3, 76 Abs. 3 WG).

Der Ort, der gesetzlich als Zahlungsort oder Wohnort gilt, bleibt für die Protesterhebung auch dann maßgebend, wenn der Beteiligte während des Wechselumlaufs nach einem anderen Ort verzieht. Der Protest mangels Zahlung muß daher z.B. auch dann an dem Wohnort erhoben werden, den der Bezogene nach dem Inhalt des Wechsels zur Zeit der Wechselausstellung hatte, wenn der Gerichtsvollzieher weiß, daß der Bezogene inzwischen seinen Wohnort gewechselt hat.

§ 224 Proteststelle.

1. Innerhalb des Protestorts muß der Protest an der gesetzlich vorgeschriebenen Proteststelle erhoben werden. An einer anderen Stelle, z.B. an der Börse, kann dies nur mit beiderseitigem Einverständnis geschehen (Art. 87 Abs. 1 WG).
2. Proteststelle sind die Geschäftsräume des Protestgegners, im Fall der Bezeichnung eines Dritten, bei dem die Zahlung erfolgen soll, die Geschäfts-

räume dieses Dritten. Geschäftsräume sind z.B. Büros, Kontore und Verkaufsräume, dagegen nicht bloße Lagerräume.
Lassen sich die Geschäftsräume des Protestgegners (des Dritten) nicht ermitteln, so muß der Protest in dessen Wohnung erhoben werden. Ist im Wechsel eine bestimmte Stelle als Zahlstelle bezeichnet, so ist diese Proteststelle.
Für den Fall, daß der Bezogene seine Zahlungen eingestellt hat oder gegen ihn fruchtlos vollstreckt worden ist, ferner auf ausdrücklichen Antrag des Inhabers des Wechsels auch bei eröffnetem Konkurs-, Insolvenz- oder Vergleichsverfahren gegen den Bezogenen, kann der Inhaber auch schon vor Verfall des Wechsels Protest erheben lassen (vgl. Art. 43 Abs. 2 Nr. 2 WG). Der Wechsel ist in diesen Fällen trotz Angabe einer Zahlstelle stets beim Bezogenen vorzulegen und zu protestieren.

3. Ist im Wechsel eine Zahlstelle angegeben oder sind darin Geschäftsräume vermerkt oder ergibt sich aus seinem Inhalt, daß der Protestgegner zu den Personen gehört, die in der Regel Geschäftsräume haben, so stellt der Gerichtsvollzieher nach den Geschäftsräumen oder der Zahlstelle geeignete Ermittlungen an.
Findet der Gerichtsvollzieher den Protestgegner in den Geschäftsräumen nicht vor oder kann er die Geschäftsräume nicht betreten, etwa weil sie vorübergehend geschlossen sind oder weil ihm der Zutritt verweigert wird, so braucht er sich nicht in die Wohnung des Protestgegners zu begeben. Er erhebt dann Protest nach § 225 Nr. 6.
Ermittelt der Gerichtsvollzieher die Geschäftsräume nicht, so begibt er sich in die Wohnung des Protestgegners und erhebt dort Protest (Art. 87 Abs. 1 WG). Nötigenfalls stellt er geeignete Ermittlungen nach der Wohnung an; ist eine Nachfrage bei der Polizeibehörde des Ortes ohne Erfolg geblieben, so ist der Gerichtsvollzieher zu weiteren Nachforschungen nicht verpflichtet (Art. 87 Abs. 3 WG).

§ 225 Verfahren bei der Protesterhebung.

1. An der Proteststelle erkundigt sich der Gerichtsvollzieher nach dem Protestgegner und, falls die Zahlung bei einem Dritten erfolgen soll, nach diesem. Trifft er den Protestgegner oder den Dritten an, so legt er ihm den Wechsel je nach dem Inhalt seines Auftrags zur Zahlung, Annahme, Datierung usw. vor und nimmt seine Erklärungen entgegen.

2. Trifft der Gerichtsvollzieher nicht den Protestgegner, aber dessen Vertreter an, so erfragt er Namen und Beruf des Vertreters und richtet an ihn unter Vorlegung des Wechsels die erforderlichen Aufforderungen. Vertreter im Sinne dieser Bestimmung ist nur der gesetzliche Vertreter oder der Bevollmächtigte; Gewerbegehilfen, Lehrlinge, Hausdiener usw. sind ohne Vollmacht nicht ermächtigt, die Aufforderung des Gerichtsvollziehers entgegenzunehmen.

3. Bietet der Protestgegner oder ein anderer für ihn die Zahlung des Wechsels oder die andere wechselrechtliche Leistung tatsächlich an, so nimmt der Gerichtsvollzieher sie entgegen.
Ist die Wechselsumme in Buchstaben und in Ziffern angegeben, so gilt bei Abweichungen die in Buchstaben angegebene Summe. Ist die Wechselsumme mehrmals in Buchstaben oder mehrmals in Ziffern angegeben, so gilt bei Abweichungen die geringste Summe (Art. 6 WG).

Gegen Vollzahlung, d.h. gegen Zahlung der Wechselsumme und der etwa entstandenen Zinsen und Protestkosten, quittiert der Gerichtsvollzieher auf dem Wechsel, sofern dieser noch nicht vom Gläubiger quittiert ist; er händigt den Wechsel demjenigen aus, der ihn eingelöst hat. Zahlt der Notadressat oder Ehrenannehmer die Wechselsumme, so ist in der Quittung und auf dem Wechsel auch anzugeben, für wen gezahlt worden ist (Art. 62 WG). Eine Teilzahlung darf der Gerichtsvollzieher nicht zurückweisen. Er erhebt in diesem Fall wegen des Restes Protest. Die Teilzahlung vermerkt er im Protest; der Bezogene kann verlangen, daß sie auch auf dem Wechsel vermerkt wird und das ihm eine besondere Quittung erteilt wird (Art. 39 WG).

Das gezahlte Geld führt der Gerichtsvollzieher nach Abzug der GV-Kosten unverzüglich an den Berechtigten ab.

Bei teilweiser Annahme ist wegen des Restes Protest zu erheben, desgleichen auch, wenn die Annahmeerklärung irgendeine andere Abweichung von den Bestimmungen des Wechsels enthält.

4. Verlangt der Bezogene bei der Vorlegung zur Annahme, daß ihm der Wechsel nach der ersten Vorlegung nochmals vorgelegt wird, so ist diesem Verlangen zu entsprechen. Der Gerichtsvollzieher nimmt über die Vorlegung und das Verlangen des Bezogenen einen urkundlichen Vermerk auf, legt den Wechsel dem Bezogenen am nächsten Tag nochmals vor und erhebt dann Protest, wenn die Annahme verweigert wird. In dem Protest vermerkt er auch, daß der Bezogene die nochmalige Vorlegung des Wechsels verlangt hat. Dasselbe gilt, wenn der Bezogene bei der Protesterhebung erneut die nochmalige Vorlegung verlangt. Ohne Zustimmung des Wechselinhabers darf der Gerichtsvollzieher den zur Annahme vorgelegten Wechsel während der Überlegungsfrist nicht in der Hand des Bezogenen lassen (Art. 24, 44 Abs. 2 WG).

5. Wird der Auftrag ohne Protesterhebung erledigt, so muß der Gerichtsvollzieher dies urkundlich vermerken und den Vermerk zu den Protestsammelakten (§ 236) nehmen.

6. Trifft der Gerichtsvollzieher weder den Protestgegner (Dritten) noch seinen Vertreter an der Proteststelle an oder findet er die Proteststelle vorübergehend verschlossen vor oder wird er an dem Zutritt zu der Proteststelle aus einem nicht in seiner Person liegenden Grund gehindert oder kann er die Proteststelle oder den Protestort nicht ermitteln, so erhebt er durch Feststellung dieser Tatsachen Protest.

7. Eine Protesterhebung ist auch dann erforderlich, wenn derjenige, für den protestiert wird (Protestnehmer), und der Dritte, bei dem der Wechsel zahlbar gestellt ist (vgl. § 222 Nr. 1), ein und dieselbe Person ist.

8. Über die Erledigung des Auftrags zur Protesterhebung macht der Gerichtsvollzieher dem Auftraggeber unverzüglich Mitteilung. War ihm die Protesterhebung durch das Amtsgericht übertragen (§ 216 Nr. 1), so richtet er die Mitteilung an das Amtsgericht und fügt alle entstandenen Schriftstücke bei. Wegen des Wechsels und der Protesturkunde vgl. jedoch § 228 Nr. 8.

§ 226 Fremdwährungswechsel (Art. 41 WG).

1. Lautet der Wechsel auf eine fremde, am Zahlungsort nicht geltende Währung, so kann die Wechselsumme in der Landeswährung nach dem Wert

bezahlt werden, den sie am Verfalltag besitzt. Verzögert der Schuldner die Zahlung, so kann der Inhaber wählen, ob die Wechselsumme nach dem Kurs des Verfalltages oder nach dem Kurs des Zahlungstages in die Landeswährung umgerechnet werden soll. Für den Gerichtsvollzieher ist insoweit die nähere Bestimmung durch den Auftraggeber maßgebend.

2. Der Wert der fremden Wahrung bestimmt sich nach den Handelsbräuchen des Zahlungsorts. Der Aussteller kann jedoch im Wechsel für die zahlende Summe einen Umrechnungskurs bestimmen. Hat der Gerichtsvollzieher hinsichtlich der Umrechnung Zweifel, so kann er den Auftraggeber um die Umrechnung ersuchen, falls dies im Hinblick auf die Protestfrist angängig ist.

3. Die Vorschriften in Nrn. 1 und 2 gelten nicht, wenn der Aussteller die Zahlung in einer bestimmten Währung vorgeschrieben hat (Effektivvermerk).

§ 227 Wechsel in fremder Sprache. Erhält der Gerichtsvollzieher den Auftrag, einen Wechsel in fremder Sprache zu protestieren, so soll er von dem Auftraggeber die Aushändigung einer Übersetzung des Wechsels verlangen. Ist dies wegen der Kürze der Protestfrist nicht möglich, so läßt er den Wechsel durch einen Gerichtsdolmetscher oder einen gerichtlich beeidigten Dolmetscher übersetzen. Die Übersetzung kann er an Stelle des in § 236 Nr. 2 vorgeschriebenen Vermerks zu den Protestsammelakten nehmen.

§ 228 Protesturkunde (Art. 80–83, 85 Abs. 1 WG).

1. Über den Verlauf der Protesterhebung ist eine Urkunde (Protest) aufzunehmen.

2. Der Protest muß enthalten:

   a) den Namen (Firma) des Protestnehmers; Wechsel, die von den Kreditinstituten nach dem Wechseleinzugsabkommen eingezogen werden, sind an dem Inkassostempel mit dem Inahlt „Vollmacht gemäß Wechseleinzugsabkommen" zu erkennen. Protesturkunden über derartige Wertpapiere müssen stets die erste Inkassostelle als Protestnehmerin ausweisen und dürfen die letzte Inkassostelle allenfalls in der Funktion als Vertreterin der ersten Inkassostelle erwähnen;

   b) den Namen (Firma) des Protestgegners, z.B. des Bezogenen, Notadressaten, Ehrenannehmers, Ausstellers oder Verwahrers; ferner den Namen des Dritten, wenn die Zahlung bei einem Dritten bewirkt werden soll, und die Bezeichnung eines etwa angetroffenen Vertreters, falls der Protestgegner oder der Dritte nicht angetroffen worden ist;

   c) die Angaben, daß der Protestgegner (der Dritte) oder sein Vertreter ohne Erfolg zur Vornahme der wechselrechtlichen Leistung aufgefordert worden oder nicht anzutreffen gewesen ist oder daß seine Geschäftsräume oder seine Wohnung sich nicht haben ermitteln lassen. Ist eine Nachfrage bei der Polizeibehörde des Ortes ohne Erfolg geblieben, so ist dies im Protest zu vermerken. Wegen des Inhalts der Portesturkunde in besonderen Fällen vgl. § 225 Nrn. 4 und 6;

   d) den Ort und den Tag, an dem die Aufforderung geschehen oder ohne Erfolg versucht worden ist;

   e) die Unterschrift des Gerichtsvollziehers unter Beifügung eines Abdrucks des Dienstsiegels oder Dienststempels.

14 GVGA § 228 Geschäftsanweisung für Gerichtsvollzieher

3. Erfährt der Gerichtsvollzieher, daß der Protestgegner verstorben ist oder daß über sein Vermögen das Konkurs-, das Insolvenz- oder das gerichtliche Vergleichsverfahren eröffnet ist, so vermerkt er dies nachrichtlich im Protest. Um klarzustellen, daß keine Gewähr für die Richtigkeit der mitgeteilten Tatsache übernommen wird, faßt er den Vermerk wie folgt:
„NN. (Protestgegner) s o l l verstorben sein"
oder
„Über das Vermögen des NN. s o l l das Konkursverfahren (das gerichtliche Vergleichsverfahren, das Insolvenzverfahren) eröffnet worden sein."

4. Wird der Protest mit Einverständnis des Protestgegners außerhalb der Proteststunden (§ 217 Nr. 2) oder außerhalb der Proteststelle (§ 224) erhoben, so ist in dem Protest auch zu beurkunden,

   a) daß der Protestgegner einverstanden gewesen ist,

   b) ob der Gerichtsvollzieher ihn gekannt hat oder wie er seine Persönlichkeit festgestellt hat.

5. Muß eine wechselrechtliche Leistung von mehreren Personen oder von derselben Person mehrfach verlangt werden, so ist über die mehrfache Aufforderung nur eine Protesturkunde erforderlich. Dagegen können Proteste, die auf Grund mehrerer Wechsel erhoben werden, nicht in einer Urkunde aufgenommen werden.

6. Für die äußere Form des Protestes gelten folgende Vorschriften:

   a) Der Protest ist auf den Wechsel oder ein damit zu verbindendes Blatt zu setzen.

   b) Der Protest soll unmittelbar hinter den letzten auf der Rückseite des Wechsels befindlichen Vermerk, beim Fehlen eines solchen unmittelbar an den Rand der Rückseite gesetzt werden.

   c) Wird der Protest auf ein Blatt gesetzt, des mit dem Wechsel verbunden wird, so soll die Verbindungsstelle mit dem Abdruck des Dienstsiegels oder Dienststempels des Gerichtsvollziehers versehen werden. Ist dies geschehen, so braucht der Unterschrift des Gerichtsvollziehers kein Abdruck des Siegels oder Stempels beigefügt werden.

   d) Wird der Protest unter Vorlegung mehrerer Ausfertigungen desselben Wechsels oder unter Vorlegung der Urschrift und einer Abschrift erhoben, so genügt die Beurkundung auf einer der Ausfertigungen oder auf der Urschrift. Auf den anderen Ausfertigungen oder auf der Abschrift ist zu vermerken, auf welche Ausfertigung der Protest gesetzt ist oder daß er sich auf der Urschrift befindet. Für diesen Vermerk gelten die Vorschriften zu Buchst. b) und c) Satz 1 entsprechend. Der Gerichtsvollzieher muß den Vermerk unterschreiben.

   e) Der Protest wegen Verweigerung der Aushändigung der Urschrift ist auf die Abschrift oder ein damit zu verbindendes Blatt zu setzen. Die Vorschriften zu Buchst. b) und c) finden entsprechende Anwendung.

   f) Wird Protest erhoben, weil die Annahme auf einen Teil der Wechselsumme beschränkt worden ist, so ist eine Abschrift des Wechsels anzufertigen und der Protest auf diese Abschrift oder ein damit zu verbindendes Blatt zu setzen. Die Abschrift hat auch die Indossamente und anderen Vermerke zu enthalten, die sich auf dem Wechsel befinden. Die Bestimmungen zu Buchst. b) und c) gelten entsprechend. Die Abschrift nebst Protest ist im Fall des Rückgriffs für den Rückgriffsschuldner bestimmt, der den nicht angenommenen Teil der Wechselsumme gezahlt hat (Art. 51 WG).

7. Die Urkunde soll möglichst im unmittelbaren Anschluß an den zu beurkundenden Vorgang aufgenommen werden. Sie ist noch vor Ablauf der gesetzlichen Protestfrist fertigzustellen. Schreibfehler, Auslassungen und sonstige Mängel der Protesturkunde kann der Gerichtsvollzieher bis zur Aushändigung der Urkunde an den Protestnehmer berichtigen. Die Berichtigung ist als solche unter Beifügung der Unterschrift kenntlich zu machen.

8. Der Protest ist dem Auftraggeber mit dem Wechsel in Urschrift auszuhändigen oder durch eingeschriebenen Brief zu übersenden, auch wenn der Auftrag durch eine Postanstalt vermittelt war. Hatte das Amtsgericht dem Gerichtsvollzieher die Protestaufnahme übertragen, so ist der Protest dem Berechtigten gleichfalls unmittelbar auszuhändigen, sofern sich nicht das Gericht die Vermittlung der Aushändigung vorbehalten hat.

9. Eine abhanden gekommene oder vernichtete Protesturkunde kann durch ein Zeugnis über die Protesterhebung ersetzt werden. Das Zeugnis ist von der Stelle zu erteilen, welche die beglaubigte Abschrift der Urkunde verwahrt (§ 236), in der Regel also von dem Gerichtsvollzieher oder dem Amtsgericht. In dem Zeugnis muß der Inhalt des Protestes und des gemäß § 236 Nr. 2 aufgenommenen Vermerks angegeben sein (Art. 90 Abs. 2 WG).

C. Scheckprotest

§ 229 Anzuwendende Vorschriften. Die Aufnahme von Scheckprotesten führt der Gerichtsvollzieher nach den Vorschriften des Scheckgesetzes, den dort in Art. 55 Abs. 3 bezeichneten Vorschriften des Wechselgesetzes und den folgenden §§ 230–235 durch.

§ 230 Arten des Scheckprotestes (Art. 40 ScheckG). [1] Das Scheckgesetz kennt lediglich den Protest mangels Zahlung. [2] Er dient zum Nachweis dafür, daß der Scheck rechtzeitig zur Zahlung vorgelegt und nicht eingelöst oder daß die Vorlegung vergeblich versucht worden ist. [3] Die Protesterhebung ist auch beim Verrechnungsscheck erforderlich.

§ 231 Fälligkeit (Art. 28 ScheckG). [1] Der Scheck ist bei Sicht zahlbar. [2] Jede gegenteilige Angabe gilt als nicht geschrieben. [3] Ein Scheck, der vor Eintritt des auf ihm angegebenen Ausstellungstages zur Zahlung vorgelegt wird, ist am Tag der Vorlegung zahlbar.

§ 232 Protestfristen (Art. 41, 29 ScheckG).

1. Der Protest muß vor Ablauf der Vorlegungsfrist erhoben werden.
2. Die Vorlegungsfristen sind in Art. 29 ScheckG festgelegt. Danach sind in Deutschland zahlbare Schecks vorzulegen,

    a) wenn sie in Deutschland ausgestellt sind, binnen acht Tagen,

    b) wenn sie in einem anderen europäischen oder in einem an das Mittelmeer angrenzenden Land ausgestellt sind, binnen 20 Tagen,

    c) wenn sie in einem anderen Erdteil ausgestellt sind, binnen 70 Tagen.

Diese Fristen beginnen an dem Tag zu laufen, der im Scheck als Ausstellungstag angegeben ist.

3. Ist die Vorlegung am letzten Tag der Frist erfolgt, so kann der Protest auch noch an dem folgenden Werktag erhoben werden.

§ 233 Protestgegner. [1] Protestgegner ist der Bezogene, und zwar auch dann, wenn der Scheck bei einem Dritten zahlbar gestellt ist.

[2] Bezogener kann nur ein Bankier (Geldinstitut) im Sinne der Art. 3, 54 ScheckG sein. [3] Der Scheck kann nicht angenommen werden (Art. 4 ScheckG).

§ 234 Protestort.

1. Protestort ist der Zahlungsort. Fehlt eine besondere Angabe, so gilt der bei dem Namen des Bezogenen angegebene Ort als Zahlungsort. Sind mehrere Orte bei dem Namen des Bezogenen angegeben, so ist der Scheck an dem Ort zahlbar, der an erster Stelle genannt ist. Fehlt jede Angabe, so ist der Scheck an dem Ort zahlbar, an dem der Bezogene seine Hauptniederlassung hat (Art. 2 Abs. 2 u. 3 ScheckG).

2. Der Scheck kann bei einem Dritten, am Wohnort des Bezogenen oder an einem anderen Ort zahlbar gestellt werden, sofern der Dritte Bankier ist (Art. 8 ScheckG).

§ 235 Proteststelle, Verfahren bei der Protesterhebung und Protesturkunde.

1. Die Vorschriften des § 224 über die Proteststelle, des § 225 über das Verfahren bei der Protesterhebung und des § 228 über die Protesturkunde finden für den Scheckprotest sinngemäße Anwendung.

2. Für die Protesterhebung beim Verrechnungsscheck gelten folgende besondere Bestimmungen:
Der Scheckinhaber hat dem Gerichtsvollzieher Weisung zu erteilen, wie die Verrechnung vorgenommen werden soll, z.B. durch Gutschrift auf seinem bei dem Bezogenen bereits vorhandenen oder einzurichtenden Konto. Der Bezogene kann jedoch jede andere Art einer rechtlich zulässigen Verrechnung wählen.
Ist der Bezogene zur Verrechnung bereit, so darf der Gerichtsvollzieher den Scheck erst aushändigen, wenn er von dem Bezogenen eine Gutschriftsanzeige oder eine sonstige verbindliche Erklärung über die Verrechnung erhalten hat.
Bietet der Bezogene dem Gerichtsvollzieher bei der Vorlegung eines Verrechnungsschecks Barzahlung an, so ist der Gerichtsvollzieher trotz des Verrechnungsvermerks berechtigt und verpflichtet, die Zahlung anzunehmen. Ferner ist er verpflichtet, angebotene Teilzahlungen anzunehmen (Art. 34 Abs. 2 ScheckG).

D. Protestsammelakten

§ 236 [Protestsammelakten] (Art. 85 Abs. 2 WG, 55 Abs. 3 ScheckG).

1. Von jedem Wechsel- oder Scheckprotest ist eine beglaubigte Abschrift zurückzubehalten.

Geschäftsanweisung für Gerichtsvollzieher § 237 GVGA 14

2. Über den Inhalt des Wechsels, der Wechselabschrift oder des Schecks ist ein Vermerk aufzunehmen, der enthalten muß:
   a) den Betrag des Wechsels oder des Schecks,
   b) die Verfallzeit,
   c) den Ort und den Tag der Ausstellung,
   d) den Namen des Ausstellers, den Namen dessen, an den oder an dessen Order gezahlt werden soll, und den Namen des Bezogenen,
   e) falls eine vom Bezogenen (oder beim eigenen Wechsel vom Aussteller) verschiedene Person angegeben ist, bei der die Zahlung bewirkt werden soll, den Namen dieser Person,
   f) die Namen der etwaigen Notadressaten und Ehrenannehmer.

   Wegen des Vermerks bei Wechseln in fremder Sprache vgl. § 227.

3. Der Vermerk über den Inhalt des Wechsels, der Wechselabschrift oder des Schecks sowie die Protestabschrift sind tunlichst auf dasselbe Blatt zu schreiben.

4. Die Protestabschriften und die Vermerke sind nach der zeitlichen Reihenfolge in Protestsammelakten einzuheften. Die Protestabschriften erhalten innerhalb eines jeden Bandes laufende Nummern. Enthält ein Band 200 Nummern, so ist ein neuer Band anzulegen.

Sechster Abschnitt. Öffentliche Versteigerung und freihändiger Verkauf außerhalb der Zwangsvollstreckung

A. Allgemeine Vorschriften

§ 237 [Allgemeine Vorschriften]

1. Außerhalb der Zwangsvollstreckung ist der Gerichtsvollzieher zuständig,
   a) die öffentliche Versteigerung oder den freihändigen Verkauf in allen Fällen durchzuführen, in denen das Gesetz einen Berechtigten ermächtigt, bewegliche Sachen oder Wertpapiere zum Zweck seiner Befriedigung oder sonst für Rechnung eines anderen öffentlich versteigern oder durch eine zu öffentlichen Versteigerungen befugte Person aus freier Hand verkaufen zu lassen,
   b) freiwillige Versteigerungen für Rechnung des Auftraggebers durchzuführen.

2. Die Versteigerung oder der freihändige Verkauf erfolgt auf Betreiben des Berechtigten. Eines Schuldtitels oder einer gerichtlichen Ermächtigung bedarf es nicht.

3. Dem Gerichtsvollzieher ist es nicht gestattet,
   a) Sachen zu versteigern, die ihm, seinen Angehörigen oder seinen Gehilfen (Ausrufern, Schreibern, Schriftführern, Sachverständigen usw.) gehören,
   b) selbst oder durch einen anderen zu bieten oder zu kaufen,
   c) für einen anderen zu bieten oder zu kaufen,
   d) seinen Angehörigen oder seinen Gehilfen das Bieten oder das Kaufen zu gestatten,

e) eine Gewähr für den Eingang der Kaufgelder (Kaufgeldergewähr) oder für eine bestimmte Höhe des Versteigerungserlöses (Ausbietungsgewähr) zu übernehmen,

f) eine Beteiligung an einem Überpreis oder eine besondere Vergütung für den Empfang des Erlöses und seiner Ablieferung zu vereinbaren,

g) die zu versteigernden Gegenstände anzupreisen.

4. In Gast- und Schankwirtschaften sollen Versteigerungen nur stattfinden, wenn keine anderen geeigneten Räume vorhanden sind und wenn während der Versteigerung keine geistigen Getränke ausgeschenkt werden. Betrunkene sind zum Bieten nicht zuzulassen und aus den Versteigerungsräumen zu entfernen.

5. Der Gerichtsvollzieher muß die Versteigerung unterbrechen oder abbrechen, wenn er weiß oder nach den Umständen annehmen muß, daß

a) Personen Verabredungen getroffen haben, nach denen andere vom Mitbieten oder Weiterbieten abgehalten werden sollen,

b) Sachen durch vorgeschobene Personen ersteigert werden sollen, um von den Beteiligten sodann zum gemeinsamen Vorteil veräußert oder unter ihnen verteilt zu werden,

c) Personen mitbieten, die gewerbsmäßig das Mitbieten für andere übernehmen oder sich dazu erbieten.

Der Gerichtsvollzieher kann die unter Buchst. a) bis c) bezeichneten Personen nötigenfalls mit polizeilicher Hilfe entfernen lassen.

B. Pfandverkauf

I. Allgemeines

§ 238 [Allgemeines]

1. Aus einem Pfand, das aus beweglichen Sachen oder Inhaberpapieren (§§ 1293, 1296 BGB) besteht, kann sich der Pfandgläubiger ohne gerichtliches Verfahren nach den §§ 1228–1248 BGB im Wege des Pfandverkaufs befriedigen; es macht keinen Unterschied, ob das Pfandrecht durch Rechtsgeschäft bestellt oder kraft Gesetzes entstanden war (§ 1257 BGB).

Ein gesetzliches Pfandrecht haben insbesondere

a) der aus einer Hinterlegung Berechtigte (§ 233 BGB),

b) der Vermieter (§ 562–562 d BGB),

c) der Verpächter (§§ 581 Abs. 2, 592 BGB),

d) der Pächter (§ 583 BGB),

e) der Unternehmer eines Werkes (§ 647 BGB),

f) der Gastwirt (§ 704 BGB),

g) der Kommissionär, Spediteur, Lagerhalter und Frachtführer (§§ 397, 398, 410, 421, 440 HGB).

2. Der Verkauf des Pfandes ist – vorbehaltlich der in § 245 bezeichneten Befugnis des Pfandgläubigers – nach den §§ 1234–1240 BGB durchzuführen. Der Auftraggeber ist dem Eigentümer des Pfandes dafür verantwortlich, daß das Pfand unter den gesetzlichen Voraussetzungen und in den gesetzlichen Formen veräußert wird. Der Gerichtsvollzieher muß sich an die Weisungen des Auftraggebers halten. Er soll jedoch den Auftraggeber

auf die Folgen (§ 1243 BGB) aufmerksam machen, wenn dieser einen Pfandverkauf unter anderen als den gesetzlichen Formen ohne die erforderliche Einwilligung des Eigentümers und der Personen, denen sonstige Rechte an dem Pfand zustehen (§ 1245 BGB) oder ohne die erforderliche Anordnung des Gerichts (§ 1246 BGB) verlangt. Den Auftrag zu einem offenbar unzulässigen Pfandverkauf lehnt der Gerichtsvollzieher jedoch ab.

3. Der Verkauf darf – vorbehaltlich der Abweichung nach § 244 Nr. 2 – nicht vor dem Ablauf eines Monats nach der Androhung (§ 1234 BGB) oder, wenn die Androhung als untunlich unterblieben ist, nach dem Eintritt der Verkaufsberechtigung erfolgen. Die Androhung ist Sache des Pfandgläubigers; er kann den Gerichtsvollzieher beauftragen, die Androhung in seinem Namen vorzunehmen (vgl. § 239 Nr. 2). Der Verkauf ist durch öffentliche Versteigerung oder, wenn das Pfand einen Börsen- oder Marktpreis hat, aus freier Hand zum laufenden Preis zu bewirken (§§ 1235, 1221 BGB). Bei der Versteigerung oder bei dem freihändigen Verkauf ist der zu veräußernde Gegenstand ausdrücklich als Pfand zu bezeichnen.

4. Der Gerichtsvollzieher trägt die zum Verkauf gestellten Gegenstände unter fortlaufender Nummer in ein Verzeichnis ein. Dabei sind die Gegenstände geeignetenfalls nach Zahl, Maß, Gewicht und besonderen Merkmalen und Kennzeichen zu bezeichnen. Auch Fabrikmarken und Herstellungsnummern sind anzugeben; falls es erforderlich ist, müssen mehrere Nummern angegeben werden, z.B. Fahrgestell- und Motoren-Nummern bei Kraftfahrzeugen. Das Verzeichnis ist dem Auftraggeber zur Anerkennung vorzulegen und von ihm zu unterschreiben.

Hat der Auftraggeber ein solches Verzeichnis bereits übergeben, so prüft es der Gerichtsvollzieher nach und bestätigt es durch Namensunterschrift als richtig. Nimmt der Gerichtsvollzieher auf Verlangen die Pfänder bis zum Versteigerungstermin in Verwahrung, so nimmt er über die Übernahme ein Protokoll auf und verbindet es mit dem Verzeichnis.

Schätzungspreise sind nur auf besonderes Verlangen in das Verzeichnis aufzunehmen; bei Gold- und Silbersachen muß das Verzeichnis den Gold- und Silberwert, erforderlichenfalls nach der Schätzung eines Sachverständigen, ergeben. Der Sachverständige braucht nicht vereidigt zu sein.

II. Öffentliche Versteigerung

§ 239 Ort, Zeit und Bekanntmachung der Versteigerung.

1. Die Versteigerung erfolgt an dem Ort, an dem das Pfand aufbewahrt wird; ist dort ein angemessener Erfolg nicht zu erwarten, so ist das Pfand an einem anderen geeigneten Ort zu versteigern (§ 1236 BGB). Die Bestimmung des Ortes ist Sache des Gläubigers. Zeit und Ort der Versteigerung werden unter allgemeiner Bezeichnung des Pfandes in ortsüblicher Weise öffentlich bekanntgemacht. Bei der Wahl der Art der Bekanntmachung (z.B. durch Ausruf, Anschlag oder Veröffentlichung in Zeitungen oder Zeitschriften) ist der Wert des Gegenstandes zu berücksichtigen (vgl. § 143 Nr. 3). In der Bekanntmachung ist ersichtlich zu machen, daß es sich um einen Pfandverkauf handelt. Die Namen des Pfandgläubigers und des Verpfänders sind wegzulassen. Die Bekanntmachung ist aktenkundig zu machen; war sie in öffentliche Blätter eingerückt, so ist ein Belegblatt zu den Akten zu nehmen.

2. Der Eigentümer des Pfandes und die vom dem Pfandgläubiger etwa bezeichneten dritten Personen, denen Rechte an dem Pfand zustehen, sind tunlichst von dem Versteigerungstermin besonders zu benachrichtigen (§ 1237 BGB). Die Benachrichtigung des Eigentümers kann mit der Androhung des Pfandverkaufs verbunden werden. Die erforderlichen Benachrichtigungen erfolgen durch eingeschriebenen Brief, sofern der Auftraggeber nichts anderes bestimmt.

3. Die Aufhebung eines Versteigerungstermins ist in der Regel öffentlich bekanntzumachen. Die nach Nr. 2 benachrichtigten Personen sind von der Aufhebung des Termins zu verständigen.

§ 240 Versteigerungstermin.

1. Vor dem Beginn des Versteigerungstermins sind die zu versteigernden Sachen bereitzustellen und mit dem Verzeichnis zu vergleichen. Sollten Sachen fehlen oder beschädigt sein, so ist dies unter dem Verzeichnis zu vermerken. § 144 Nr. 1 gilt entsprechend.

2. Die Versteigerungsbedingungen müssen dem § 1238 BGB entsprechen. Insbesondere ist darin aufzunehmen, daß der Käufer den Kaufpreis sofort bar zu entrichten habe und andernfalls seine Rechte verliere (§ 1238 Abs. 1 BGB). Verlangt der Pfandgläubiger die Versteigerung unter anderen Bedingungen (vgl. § 1238 Abs. 2 BGB), so soll er darauf hingewiesen werden, daß er für den Schaden haftet, der daraus für den Eigentümer des Pfandes entsteht.

3. Im Termin sind zunächst die Kaufbedingungen bekanntzumachen. Sodann ist zum Bieten aufzufordern. Die Gegenstände sind in der Regel einzeln und in der Reihenfolge des Verzeichnisses aufzurufen und den Kauflustigen zur Besichtigung vorzuzeigen. Gegenstände, die sich dazu eignen, insbesondere eine Anzahl von Gegenständen derselben Art, können auch zusammen ausgeboten werden.

Der Auftraggeber und der Eigentümer des Pfandes können bei der Versteigerung mitbieten (§ 1239 Abs. 1 BGB). Das Gebot des Eigentümers und – wenn das Pfand für eine fremde Schuld haftet – das Gebot des Schuldners ist zurückzuweisen, wenn nicht der gebotene Betrag sogleich bar erlegt wird (§ 1239 Abs. 2 BGB). Dies gilt nicht, wenn der Auftraggeber etwas anderes bestimmt.

Dem Zuschlag an den Meistbietenden soll ein dreimaliger Aufruf vorausgehen. Gold- und Silbersachen dürfen nicht unter dem Gold- und Silberwert zugeschlagen werden (§ 1240 Abs. 1 BGB). Die Verpflichtung eines jeden Bieters erlischt, sobald ein Übergebot abgegeben wird oder wenn die Versteigerung ohne Erteilung des Zuschlags geschlossen wird (§ 156 BGB).

4. Wenn die Versteigerungsbedingungen nichts anderes ergeben oder der anwesende Auftraggeber nichts anderes bestimmt (vgl. Nr. 2), hat der Ersteher den zugeschlagenen Gegenstand gegen Zahlung des Kaufgeldes sogleich in Empfang zu nehmen. Unterbleibt die Zahlung bis zu der in den Versteigerungsbedingungen bestimmten Zeit oder beim Fehlen einer solchen Bestimmung bis zum Schluß des Termins, so kann die Wiederversteigerung zu Lasten des Erstehers sofort vorgenommen werden.

5. Wird der Zuschlag dem Gläubiger erteilt, so ist dieser von der Verpflichtung zur baren Zahlung insoweit befreit, als der Erlös nach Abzug der Kosten an

Geschäftsanweisung für Gerichtsvollzieher §§ 241, 242 GVGA 14

ihn abzuführen wäre; der Gerichtsvollzieher ist zur Herausgabe der Sache an ihn nur verpflichtet, wenn die GV-Kosten bar erlegt werden.

6. Die Versteigerung ist einzustellen, sobald der Erlös zur Befriedigung des Gläubigers und zur Deckung der Kosten hinreicht. Der Gerichtsvollzieher rechnet deshalb die bereits erzielten Erlöse von Zeit zu Zeit zusammen.

§ 241 Versteigerungsprotokoll.

1. Das Protokoll über die Versteigerung muß insbesondere enthalten:

a) den Namen des Pfandgläubigers und des Eigentümers der Pfänder; wenn das Pfand für eine fremde Schuld haftet, auch den Namen des Schuldners;

b) den Betrag der Forderung und der Kosten, derentwegen der Gläubiger seine Befriedigung aus dem Pfand sucht;

c) den Hinweis auf die gesetzlichen Versteigerungsbedingungen und den Wortlaut der Versteigerungsbedingungen, soweit sie von den gesetzlichen abweichen; ferner die Bemerkung, daß die Gegenstände als Pfand verkauft werden;

d) die Bezeichnung der angebotenen Gegenstände, die abgegebenen Meistgebote und die Namen der Bieter, denen der Zuschlag erteilt ist;

e) die Angabe, daß der Kaufpreis bezahlt oder daß die Zahlung und die Übergabe der Sachen unterblieben ist.

Die Gegenstände werden in dem Versteigerungsprotokoll sogleich bei dem Ausgebot verzeichnet. Neben jedem Gegenstand ist alsbald nach dem Zuschlag das Meistgebot und der Name des Meistbietenden anzugeben, bei Geboten über 50 Euro auch dessen Anschrift. Ebenso ist die Zahlung des Kaufgeldes alsbald zu vermerken. Die dem Meistgebot vorangegangenen Gebote und deren Bieter, die den Zuschlag nicht erhalten haben, sind nicht zu verzeichnen. Jedoch ist ein zurückgewiesenes Gebot im Protokoll zu vermerken, aber nicht in der Spalte, die für das Meistgebot bestimmt ist. Bei Gold- und Silbersachen ist zutreffendenfalls zu beurkunden, daß trotz des wiederholten Aufrufs kein genügendes Gebot abgegeben worden ist.

2. Das Protokoll braucht nicht im ganzen vorgelesen zu werden. Von den Bietern brauchen nur diejenigen in oder unter dem Protokoll zu unterzeichnen, die den Zuschlag erhalten haben oder – falls der Zuschlag in dem Termin nicht erteilt ist – an ihr Gebot gebunden bleiben. Unterbleibt die Unterzeichnung, etwa weil ein Beteiligter sich entfernt hat oder die Unterschrift verweigert, so ist der Grund dafür im Protokoll zu vermerken.

III. Freihändiger Verkauf

§ 242 [Freihändiger Verkauf] [1] Ein freihändiger Verkauf findet statt:

a) bei Wertpapieren, Waren und anderen Pfändern, die einen Börsen- oder Marktpreis haben (§§ 1235 Abs. 2, 1295 BGB),

b) bei Gold- und Silbersachen, deren Versteigerung fruchtlos versucht worden ist (§ 1240 Abs. 2 BGB),

c) auf Anordnung des Amtsgerichts (§ 1246 Abs. 2 BGB, § 166 FGG).

[2] Der Verkauf ist unter entsprechender Anwendung der Vorschriften der §§ 148, 149 durchzuführen. [3] Die Bestimmungen über das Mindestgebot (vgl.

§ 148) gelten jedoch nicht. ⁴Beim Verkauf ist die Sache als Pfand zu bezeichnen. ⁵Die Sachen zu Buchst. a) sind nur zum laufenden Preise, die Sachen b) nur zu einem den Gold- und Silberwert erreichenden Preise zu verkaufen. ⁶Unter dem laufenden Preise ist der Börsen- oder Marktpreis zu verstehen, der am Tage des Verkaufs für den Verkaufsort gilt. ⁷Der Pfandgläubiger kann solche Pfänder, die einen Börsen- oder Marktpreis haben, statt durch freihändigen Verkauf auch durch Versteigerung veräußern lassen, sofern es sich nicht um die im § 1295 BGB bezeichneten indossablen Papiere handelt.

IV. Behandlung des Erlöses und der nicht versteigerten Gegenstände

§ 243 [Behandlung des Erlöses und der nicht versteigerten Gegenstände]

1. Der Gerichtsvollzieher führt den Erlös der Versteigerung oder des freihändigen Verkaufs nach Abzug der GV-Kosten unverzüglich an den Auftraggeber ab. Dies gilt auch dann, wenn der Erlös den Betrag der Forderung und der Kosten übersteigt, es sei denn, daß der Gläubiger den Gerichtsvollzieher beauftragt hat, den Überschuß an den Eigentümer des Pfandes abzuführen oder für diesen zu hinterlegen. In gleicher Weise ist mit Gegenständen zu verfahren, die gemäß § 240 Nr. 6 nicht versteigert worden sind.

2. Die Benachrichtigung des Eigentümers über das Ergebnis des Pfandverkaufs ist dem Pfandgläubiger zu überlassen (§ 1241 BGB).

V. Pfandverkauf in besonderen Fällen

§ 244 [Pfandverkauf in besonderen Fällen]

1. Die Vorschriften über den Pfandverkauf finden auch Anwendung auf eine Versteigerung,

   a) die zwecks Auseinandersetzung unter den Teilhabern einer Gemeinschaft (§ 753 BGB), unter den Mitgliedern einer Gesellschaft (§ 731 in Verbindung mit § 753 BGB), unter Ehegatten bei Auflösung der Gütergemeinschaft (§ 1477 BGB), unter den Beteiligten bei Aufhebung der fortgesetzten Gütergemeinschaft (§ 1498 BGB) oder unter Miterben (§ 2042 in Verbindung mit § 753 BGB) vorgenommen wird,

   b) die der Besitzer einer beweglichen Sache veranlaßt, um sich wegen seiner Verwendungen aus der Sache zu befriedigen (§§ 1003, 2022 BGB),

   c) die der Konkursverwalter nach § 127 Abs. 1 KO veranlaßt, sofern er hierbei die Verwertung nach den Vorschriften über den Pfandverkauf wählt.

2. Steht einem Kaufmann ein Zurückbehaltungsrecht auf Grund des § 369 HGB zu, so darf er sich aus den zurückbehaltenen Gegenständen für seine Forderungen im Wege des Pfandverkaufs befriedigen, vorausgesetzt, daß er einen vollstreckbaren Titel über sein Recht zur Befriedigung aus den Gegenständen besitzt (§ 371 Abs. 3 HGB). Bei einem Pfandverkauf, der auf Grund eines kaufmännischen Zurückbehaltungsrechts oder auf Grund eines Pfandrechts vorgenommen wird, dessen Bestellung auf Seiten des Pfandgläubigers und des Verpfänders ein Handelsgeschäft war, verkürzt sich die im § 238 Nr. 3 genannte Frist auf 1 Woche. Dies gilt entsprechend auch für das gesetzliche Pfandrecht des Kommissionärs, des Spediteurs, des Lagerhalters und des Frachtführers, für das Pfandrecht des Spediteurs und des Fracht-

führers auch dann, wenn der Speditions- oder Frachtvertrag nur auf ihrer Seite ein Handelsgeschäft ist (§ 368 HGB). Bei einem Pfandverkauf im Auftrag eines Frachtführers oder Verfrachters sind die Androhung und die Benachrichtigung an den Empfänger des Gutes zu richten; ist dieser nicht zu ermitteln oder verweigert er die Annahme des Gutes, so hat die Androhung und Benachrichtigung gegenüber dem Absender zu erfolgen (§§ 440, 623 HGB). Der Kommissionär kann auch solches Kommissionsgut, dessen Eigentümer er ist, im Wege des Pfandverkaufs veräußern lassen; der Verkauf erfolgt dann für Rechnung des Kommittenten (§ 398 HGB).

VI. Befriedigung des Pfandgläubigers im Wege der Zwangsvollstreckung

§ 245 [Befriedigung des Pfandgläubigers im Wege der Zwangsvollstreckung] [1] Hat der Pfandgläubiger einen vollstreckbaren Titel gegen den Eigentümer aus dem sein Recht zum Verkauf des Pfandes hervorgeht, so kann er seine Befriedigung aus dem Pfand statt durch Pfandverkauf auch durch die Veräußerung des Pfandes nach den Vorschriften betreiben, die für gepfändete Sachen gelten (§ 1233 Abs. 2 BGB). [2] Er hat in diesem Fall das Pfand und den vollstreckbaren Titel an den Gerichtsvollzieher herauszugeben, den er mit der Veräußerung beauftragt. [3] In dem Übernahmeprotokoll sind die einzelnen Stücke in der Weise aufzuführen, die für das Pfändungsprotokoll vorgeschrieben ist. [4] Die Zustellung des Schuldtitels, die Unterbringung und Verwertung der Gegenstände sowie die Verrechnung und Abführung des Erlöses geschieht nach den Bestimmungen für das Zwangsvollstreckungsverfahren.

C. Sonstige Versteigerungen, die kraft gesetzlicher Ermächtigung für einen anderen erfolgen

§ 246 [Sonstige Versteigerungen, die kraft gesetzlicher Ermächtigung für einen anderen erfolgen]

1. Die Bestimmungen über den Pfandverkauf finden keine Anwendung, wenn der Auftraggeber seine gesetzliche Ermächtigung zur Versteigerung auf andere als die in den §§ 238–245 bezeichneten Vorschriften gründet. In diesem Fall richtet sich das Verfahren des Gerichtsvollziehers nach den folgenden Nrn. 2–9. Dies gilt insbesondere für die Versteigerung

   a) von Fundsachen, deren Verderb zu besorgen oder deren Aufbewahrung mit unverhältnismäßigen Kosten verbunden ist (§ 966 BGB), oder von Sachen, die in den Geschäftsräumen oder Beförderungsmitteln einer öffentlichen Behörde oder einer dem öffentlichen Verkehr dienenden Anstalt gefunden worden sind (§ 979 BGB),

   b) von verpfändeten oder anderen Sachen wegen drohenden Verderbs oder wegen der Besorgnis wesentlicher Wertminderung (§ 1219 BGB; §§ 379, 388, 391, 437 HBG),

   c) von Sachen, die zur Hinterlegung nicht geeignet sind, im Fall des Verzugs des Gläubigers (§ 383 Abs. 1 BGB),

   d) von Waren wegen Verzugs des Käufers mit der Annahme der Ware gemäß § 373 HGB,

   e) von Sachen wegen des Erfüllungsverzugs beim Fixgeschäft gemäß § 376 HGB.

2. Die nach den gesetzlichen Vorschriften etwa erforderliche Androhung des Verkaufs und die im Fall des § 966 BGB erforderliche Anzeige bei der zuständigen Behörde bleibt dem Auftraggeber überlassen.
3. Die zum Verkauf gestellten Sachen sind in ein Verzeichnis einzutragen, das den Bestimmungen des § 238 Nr. 4 entspricht. Die Versteigerungsbedingungen, die Zeit und den Ort der Versteigerung sowie die Art der Bekanntmachung hat der Auftraggeber zu bestimmen. Der Gerichtsvollzieher soll den Auftraggeber nötigenfalls darauf hinweisen, daß der Gegner den Verkauf nicht als für seine Rechnung geschehen anzuerkennen brauche, wenn er zu ungewöhnlichen oder den Umständen des Falles nicht angemessenen Bedingungen vorgenommen worden ist, z.B. unter Ausschluß der Gewährleistung. Bleibt die Bestimmung dem Gerichtsvollzieher überlassen, so erfolgt die Versteigerung ohne besondere Bedingungen nach den Vorschriften des Bürgerlichen Gesetzbuchs, die für den Kauf gelten. Die Bekanntmachung erfolgt nach den Grundsätzen des § 143 Nr. 3, soweit sie erforderlich und ohne Gefährdung des Versteigerungszwecks ausführbar ist.
4. Von dem Versteigerungstermin sind der Auftraggeber und nach dessen Bestimmungen auch die Personen, für deren Rechnung der Verkauf erfolgt, zu benachrichtigen. Die Benachrichtigung geschieht durch eingeschriebenen Brief, sofern der Auftraggeber nichts anderes angeordnet hat.
Gold- und Silbersachen dürfen – vorbehaltlich einer anderen Bestimmung des Auftraggebers – nicht unter dem Gold- und Silberwert zugeschlagen werden. Für die Versteigerung gelten im übrigen die Bestimmungen des § 240 Nr. 3 entsprechend. Die Versteigerung ist solange fortzusetzen, bis alle zum Verkauf stehenden Sachen angeboten sind, wenn nicht der Auftraggeber den früheren Schluß verlangt.
5. Das Protokoll muß den gesetzlichen Grund der Versteigerung angeben. Die Vorschriften des § 241 Nr. 1 finden entsprechende Anwendung. Die Bemerkung, daß die Sachen als Pfand angeboten werden, ist nur aufzunehmen, wenn der Fall des § 1219 BGB vorliegt.
6. Der Erlös ist nach Abzug der GV-Kosten ohne Verzug an den Auftraggeber abzuführen oder auf sein Verlangen für die von ihm bestimmten Personen zu hinterlegen.
7. Wird der Gerichtsvollzieher beauftragt, Sachen, die einen Börsen- oder Marktpreis haben, aus freier Hand zu veräußern (vgl. §§ 385, 1221 BGB; § 373 Abs. 2 HGB), so ist der Verkauf unter entsprechender Anwendung der §§ 148, 149 vorzunehmen. Die Sachen sind jedoch zum laufenden Preis zu verkaufen, sofern der Auftraggeber nichts anderes bestimmt hat.
8. Nach den vorstehenden Bestimmungen ist auch die Veräußerung einer Aktie oder eines Anteilrechts im Auftrag einer Aktiengesellschaft in den Fällen der §§ 65, 226 Abs. 3 AktG sowie eines Geschäftsanteils in den Fällen der §§ 23, 27 GmbHG durchzuführen.

D. Freiwillige Versteigerungen für Rechnung des Auftraggebers

§ 247 Zuständigkeit und Verfahrensvorschriften.

1. Der Gerichtsvollzieher darf außerhalb der Zwangsvollstreckung freiwillige Versteigerungen von
a) beweglichen Sachen,

b) Früchten, die vom Boden noch nicht getrennt sind (z.B. Früchten auf dem Halm, Holz auf dem Stamm),

für Rechnung des Auftraggebers ausführen.

2. Zu freiwilligen Versteigerungen von unbeweglichen Sachen ist der Gerichtsvollzieher nicht zuständig.
3. Für die freiwillige Versteigerung von beweglichen Sachen gelten neben den Vorschriften des § 237 die besonderen Bestimmungen der §§ 248–259. Diese Vorschriften finden auf die Versteigerung von Früchten, die vom Boden noch nicht getrennt sind, entsprechende Anwendung.

§ 248 Auftrag.

1. Dem Gerichtsvollzieher ist es nicht gestattet, Aufträge zu freiwilligen Versteigerungen aufzusuchen.
2. Der Gerichtsvollzieher darf freiwillige Versteigerungen nur auf Grund eines gedruckten oder mit Tinte oder Schreibmaschine geschriebenen Auftrags übernehmen.
3. Der Auftrag muß enthalten:

   a) den Vor- und Zunamen sowie die Wohnung (Straße und Hausnummer) des Auftraggebers,

   b) den Anlaß der Versteigerung,

   c) die Angabe, wo sich die zur Versteigerung bestimmten Sachen befinden,

   d) die Unterschrift des Auftraggebers.

4. Dem Auftrag ist eine vollständige Liste der zur Versteigerung bestimmten Sachen mit folgenden Spalten beizufügen:

   1. lfd. Nummer,

   2. Bezeichnung der Sachen mit Angabe von Zahl, Maß und Gewicht,

   3. Schätzungswert,

   4. Mindestpreis,

   5. Bemerkungen des Sachverständigen zu der Schätzung und seine Unterschrift.

   Die Spalten 1 und 2 müssen, die Spalten 3 und 4 können vom Auftraggeber ausgefüllt werden. Der Gerichtsvollzieher kann dem Auftraggeber bei der Aufstellung der Liste behilflich sein.

5. Sollen Waren versteigert werden, die in offenen Verkaufsstellen feilgeboten werden und die ungebraucht sind oder deren bestimmungsmäßiger Gebrauch in ihrem Verbrauch besteht, so ist dem Auftrag ferner eine Bescheinigung der nach § 155 Abs. 2 der Gewerbeordnung zuständigen Behörde darüber beizufügen, daß der Versteigerung unter den Gesichtspunkten des § 34b Abs. 6 Nr. 5 Buchst. b der Gewerbeordnung und des § 12 der Versteigerervorschriften vom 1. 6. 1976 (BGBl. I S. 1345) keine Bedenken entgegenstehen.

§ 249 Ablehnung des Auftrags.

1. Der Gerichtsvollzieher kann den Auftrag ohne Angabe von Gründen ablehnen.

2. Der Gerichtsvollzieher muß den Auftrag oder seine Durchführung ablehnen, wenn er weiß
oder den Umständen nach annehmen muß, daß

a) der Auftraggeber nicht über die Sache verfügen darf,

b) eine Umgehung des § 34 b der Gewerbeordnung oder Versteigerervorschriften vom 1. 6. 1976 (BGBl. I S. 1345) beabsichtigt ist,

c) die Allgemeinheit über die Herkunft, den Wert, die Beschaffenheit usw. der Sachen getäuscht werden soll, z.B. durch unrichtige Herkunftsbezeichnungen, durch Beseitigung oder Veränderung von Firmenzeichen und Schutzmarken, durch gemeinschaftliche Versteigerung einer Nachlaß-, Konkurs- oder Liquidationsmasse sowie von Wohnungs- und Geschäftseinrichtungen mit anderen Sachen,

d) nach der Beschaffenheit der Sachen die Versteigerung nur gewählt wird, um Mängel der Sachen zu verheimlichen,

e) die Sachen lediglich für die Versteigerung angefertigt oder beschafft sind,

f) durch Ausführung des Auftrags sonstige gesetzliche oder polizeiliche Bestimmungen verletzt werden.

3. Der Gerichtsvollzieher muß den Auftrag ferner ablehnen, wenn der Auftraggeber die Möglichkeit hat, mit der Versteigerung einen zugelassenen Versteigerer zu beauftragen und der aufsichtführende Richter diese Möglichkeit für den Bezirk des Amtsgerichts festgestellt hat. Der Gerichtsvollzieher kann den Auftrag jedoch trotzdem dann annehmen, wenn ihm die Nebentätigkeit als freiwilliger Versteigerer genehmigt worden ist.

4. Hat der Auftraggeber einen Mindestpreis festgesetzt, so darf der Gerichtsvollzieher den Auftrag nur annehmen, falls er unwiderruflich ermächtigt wird, den Zuschlag zu erteilen, wenn das Meistgebot den Mindestpreis erreicht oder überschreitet.

§ 250 Versteigerungsbedingungen.

1. Der Auftraggeber soll die Versteigerungsbestimmungen bestimmen.

2. Bleibt die Bestimmung dem Gerichtsvollzieher überlassen, so erfolgt die Versteigerung nach den Vorschriften des BGB über den Kauf. Dabei ist in die Versteigerungsbedingungen aufzunehmen, daß

a) das Los entscheidet, wenn 2 oder mehrere Personen gleichzeitig ein und dasselbe Gebot abgeben und die Aufforderung zur Abgabe eines höheren Gebots erfolglos bleibt,

b) die Übergabe der zugeschlagenen Sachen gegen sofortige Barzahlung erfolgt,

c) der Meistbietende, wenn er nicht vor Schluß der Versteigerung oder der sonst etwa bestimmten Zeit die Übergabe gegen Barzahlung verlangt, seine Rechte aus dem Zuschlag verliert und bei der weiteren Versteigerung der Sache nicht als Bieter zugelassen wird, jedoch für den Ausfall haftet.

§ 251 Schätzung durch Sachverständige.

1. Der Gerichtsvollzieher muß die zur Versteigerung bestimmten Sachen auf Verlangen des Auftraggebers durch Sachverständige schätzen oder begutachten lassen.
   Der Sachverständige hat die Schätzungswerte in Spalte 3 der Liste (§ 248 Nr. 4) einzutragen und sie – falls er kein besonderes schriftliches Gutachten abgegeben hat – in Spalte 5 durch seine Unterschrift als richtig zu bestätigen.
2. Bei Gold- und Silbersachen muß der Gerichtsvollzieher den Gold- und Silberwert nach Nr. 1 feststellen lassen, sofern nicht der Auftraggeber schriftlich hierauf verzichtet oder schriftlich erklärt, daß er mit der Erteilung des Zuschlags unter dem Gold- und Silberwert einverstanden ist.

§ 252 Vorbesichtigung.
Vor Beginn oder vor dem Tage der Versteigerung muß die Besichtigung der zur Versteigerung bestimmten Gegenstände für die Dauer von mindestens 2 Stunden gestattet werden.

§ 253 Zeit der Vorbesichtigung und Versteigerung.
[1] Vorbesichtigungen und Versteigerungen dürfen an Sonn- und Feiertagen nicht stattfinden. [2] Dies gilt nicht für Sachen, deren alsbaldiger Verderb zu besorgen ist. [3] An Werktagen kann während des ganzen Tages versteigert und Gelegenheit zur Vorbesichtigung gegeben werden.

§ 254 Bekanntmachung der Versteigerung.

1. Die Art der Bekanntmachung bestimmt der Auftraggeber. Unterläßt dieser die Bestimmung, so verfährt der Gerichtsvollzieher nach den Richtlinien in § 143 Nr. 3.
2. Die Bekanntmachung muß enthalten:
   a) Die Bezeichnung als freiwillige Versteigerung,
   b) den Anlaß der Versteigerung,
   c) die allgemeine Bezeichnung der zu versteigernden Sachen,
   d) den Ort und die Zeit der Vorbesichtigung und der Versteigerung,
   e) den Namen und die Wohnung des Gerichtsvollziehers.
3. Eine freiwillige Versteigerung darf nicht in Verbindung mit einer Versteigerung anderer Art bekanntgemacht werden.
4. Die Bekanntmachung ist zu den Akten zu vermerken. Erfolgt sie in einer Zeitung, so ist ein Belegblatt zu den Akten zu nehmen.
5. Der Auftraggeber ist von der Zeit und dem Ort der Versteigerung rechtzeitig zu benachrichtigen, falls er nicht selbst die Zeit und den Ort der Versteigerung bestimmt hat.

§ 255 Versteigerungstermin.

1. Eine freiwillige Versteigerung darf nicht in Verbindung mit einer Versteigerung anderer Art durchgeführt werden. Andere Sachen, die zum Verkauf oder zu einer späteren Versteigerung bestimmt sind, müssen von den zu versteigernden Gegenständen getrennt gehalten oder durch eine Aufschrift als nicht zur Versteigerung bestimmt gekennzeichnet werden.

2. Der Gerichtsvollzieher darf die Versteigerung nicht vor der angekündigten Zeit und nur dann beginnen oder fortsetzen, wenn mindestens 3 zum Mitbieten bereite und berechtigte Personen anwesend sind.
3. Vor der Aufforderung zum Bieten verliest der Gerichtsvollzieher die Versteigerungsbedingungen. Während der Versteigerung sind die Versteigerungsbedingungen an einer den Beteiligten leicht zugänglichen Stelle auszuhängen.
4. Die zu versteigernden Sachen müssen in der Reihenfolge der Liste (§ 248 Nr. 4) oder etwa vorhandener Verzeichnisse (Kataloge) ausgeboten werden. Bei dem Ausbieten ist die Bezeichnung der Sachen und die Nummer, die sie in der Liste oder in dem Verzeichnis haben, zu verkünden. Das Zurückstellen von Sachen ist bekanntzugeben; es ist nur zulässig, wenn ein besonderer Grund dafür vorliegt, insbesondere wenn anzunehmen ist, daß für eine Sache später ein höherer Preis erzielt werden kann. Der Gerichtsvollzieher darf eine Sache erst ausbieten, wenn er die vorher ausgebotenen Sachen zugeschlagen oder von der Versteigerung zurückgezogen hat oder wenn er erklärt hat, daß der Zuschlag vorbehalten ist.
5. Den Zuschlag darf der Gerichtsvollzieher erst erteilen, wenn nach dreimaligem Wiederholen des Höchstgebotes kein Übergebot abgegeben wird.
Der Auftraggeber kann sich den Zuschlag vorbehalten; der Gerichtsvollzieher hat dies nach dreimaligem Wiederholen des Höchstgebots zu erklären. Der Meistbietende ist in diesem Fall nur bis zum Schluß der Versteigerung an sein Gebot gebunden.
Wird eine Sache dem Eigentümer oder dem Auftraggeber zugeschlagen, so gibt der Gerichtsvollzieher dies bei Erteilung des Zuschlags bekannt.
Hat der Auftraggeber einen Mindestpreis festgesetzt, so muß der Gerichtsvollzieher den Zuschlag erteilen, wenn das Meistgebot den Mindestpreis erreicht oder überschreitet.
Gold- und Silbersachen dürfen nicht unter dem Gold- und Silberwert, Wertpapiere, die einen Börsen- und Marktpreis haben, nicht unter dem Tageskurs für den Ort des Verkaufs zugeschlagen werden. Dies gilt nicht, wenn sich der Auftraggeber schriftlich mit der Versteigerung zu einem geringeren Preis einverstanden erklärt hat.

§ 256 Annahme des Erlöses und Aushändigung der versteigerten Sachen.

1. Wenn der Auftraggeber nichts anderes bestimmt hat, nimmt der Gerichtsvollzieher den Versteigerungserlös an und händigt ihn dem Auftraggeber nach Abzug der Kosten unverzüglich nach Beendigung der Versteigerung aus. Dabei übergibt er dem Auftraggeber eine Rechnung über die GV-Kosten. Auf Verlangen erteilt er ihm auch eine Abschrift des Versteigerungsprotokolls, deren Richtigkeit er bescheinigt.
2. Für die in der Versteigerung nicht verkauften Sachen gilt Nr. 1 sinngemäß.
3. Die versteigerten Sachen händigt der Gerichtsvollzieher dem Käufer oder seinem Bevollmächtigten gegen Empfang des Kaufgeldes aus. Er kann das Kaufgeld schriftlich stunden, wenn ihn der Auftraggeber hierzu schriftlich ermächtigt hat.

§ 257 Freihändiger Verkauf. Der Gerichtsvollzieher kann in der Versteigerung nicht verkaufte Gold- und Silbersachen oder Wertpapiere, die nach § 255 Nr. 5 nicht zugeschlagen worden sind, nach Schluß der Versteigerung aus freier Hand zu einem Preis verkaufen, der dem zulässigen Gebot entspricht; dies gilt nicht, wenn der Auftraggeber etwas anderes bestimmt hat.

§ 258 *(aufgehoben)*

§ 259 Versteigerungsprotokoll. Das Protokoll über die freiwillige Versteigerung muß enthalten:

a) den Ort und die Zeit der Versteigerung;

b) den Namen des Auftraggebers;

c) die Versteigerungsbedingungen, soweit sie von den Vorschriften des BGB über den Kauf abweichen;

d) die Bezeichnung der zu versteigernden Sachen;

e) das Gebot und den Namen des Erstehers oder des Bieters, der an sein Gebot gebunden bleibt, wenn der Zuschlag nicht in der Versteigerung erteilt wird; § 146 Nr. 1 Buchst. e gilt entsprechend;

f) einen kurzen Vermerk, wenn ein Gebot zurückgewiesen oder ein ungenügendes Gebot (§ 255 Nr. 5) abgegeben wird;

g) Angaben über die Versagung des Zuschlags, die Übergabe und die Zahlung;

h) die Maßnahmen, die beim Ausbleiben der Zahlung getroffen worden sind.

Siebenter Abschnitt. Beitreibung nach der Justizbeitreibungsordnung[1]) und im Verwaltungsvollstreckungsverfahren

A. Beitreibung nach der Justizbeitreibungsordnung[1])

§ 260 Zuständigkeit. ¹Der Gerichtsvollzieher ist zuständig, als Vollziehungsbeamter bei Beitreibungen nach der Justizbeitreibungsordnung[1]) in demselben Umfang mitzuwirken, in dem ihm die Zwangsvollstreckung in bürgerlichen Rechtsstreitigkeit obliegt. ²Dies gilt nicht, soweit Beitreibungen nach den bestehenden Verwaltungsanordnungen den Vollziehungsbeamten der Justiz übertragen sind.

§ 261 Beizutreibende Ansprüche (§ 1 JBeitrO[1])).

1. Nach der Justizbeitreibungsordnung werden folgende Ansprüche beigetrieben, soweit sie von Justizbehörden des Bundes oder der Länder einzuziehen sind:

   a) Geldstrafen und andere Ansprüche, deren Beitreibung sich nach den Vorschriften über die Vollstreckung von Geldstrafen richtet;

   b) gerichtlich erkannte Geldbußen und Nebenfolgen einer Ordnungswidrigkeit, die zu einer Geldzahlung verpflichten;

   c) Ansprüche aus gerichtlichen Anordnungen über den Verfall, die Einziehung oder die Unbrauchbarmachung einer Sache;

---

[1]) Nr. 3.

d) Ordnungs- und Zwangsgelder;
e) Gerichtskosten;
f) Ansprüche auf Zahlung der vom Gericht im Verfahren der Prozesskostenhilfe bestimmten Beträge;
g) Zulassungs- und Prüfungsgebühren;
h) alle sonstigen Justizverwaltungsabgaben;
i) Kosten der Gerichtsvollzieher und Vollziehungsbeamten, soweit sie selbständig oder gleichzeitig mit einem Anspruch, der nach den Vorschriften der Justizbeitreibungsordnung vollstreckt wird, bei dem Auftraggeber oder Ersatzpflichtigen beigetrieben werden;
k) Ansprüche gegen Beamte, nichtbeamtete Beisitzer und Vertrauenspersonen, gegen Rechtsanwälte, gegen Zeugen und Sachverständige sowie gegen mittellose Person auf Erstattung von Beiträgen, die ihnen in einem gerichtlichen Verfahren zuviel gezahlt sind;
l) Ansprüche gegen Beschuldigte und Nebenbeteiligte auf Erstattung von Beträgen, die ihnen in den Fällen der § 465, 467, 467 a, 470, 472 b, 473 StPO zuviel gezahlt sind;
m) nach §§ 56 g, 69 e Satz 1 FGG festgesetzte Ansprüche;
n) alle sonstigen Ansprüche, die nach Bundes- oder Landesrecht im Verwaltungsvollstreckungsverfahren beigetrieben werden können (z.B. Geldbeträge, die auf Grund von Entscheidungen in Disziplinarsachen oder auf Grund des Erstattungsgesetzes geschuldet werden).

2. Werden mit Ansprüchen nach Nr. 1 Buchst. a–d zugleich die Kosten des Verfahrens beigetrieben, so gelten für die Beitreibung der Kosten die gleichen Vorschriften, die für die Beitreibung der Ansprüche maßgebend sind (§ 1 Abs. 4 JBeitrO).

3. Zwangsgelder, die gegen den Schuldner im Zwangsvollstreckungsverfahren zur Erzwingung einer Handlung festgesetzt sind (§ 888 Abs. 1 ZPO), werden nicht nach der Justizbeitreibungsordnung beigetrieben, sondern nach der Zivilprozeßordnung auf Antrag des Gläubigers vollstreckt. Sie gebühren der Landeskasse; der Gerichtsvollzieher überweist sie nach der Einziehung unmittelbar an die zuständige Kasse.

§ 262 Vollstreckungsbehörde (§ 2 JBeitrO[1]).

1. Vollstreckungsbehörden sind (§ 2 Abs. 1 JBeitrO):
a) in den Fällen des § 261 Nr. 1 Buchst. a–d die Stelle, die nach den Verfahrensgesetzen für die Vollstreckung dieser Ansprüche zuständig ist. Dies ist
aa) in den Fällen, auf die die Strafvollstreckungsordnung anzuwenden ist, die darin bezeichnete Behörde;
bb) im übrigen diejenige Behörde oder Dienststelle der Behörde, die auf die Verpflichtung zur Zahlung des Geldbetrages erkannt hat, oder, soweit es sich um eine kollegiale Behörde oder Dienststelle handelt, deren Vorsitzender;

---
[1] Nr. 3.

b) in den übrigen Fällen die Kasse oder eine an ihrer Stelle durch Landesrecht bestimmte Behörde.
2. Vollstreckungsbehörden sind ferner (§ 2 Abs. 2 JBeitrO):
   a) für Ansprüche, die beim Bundesverfassungsgericht, beim Bundesgerichtshof oder beim Generalbundesanwalt entstehen, die Justizbeitreibungsstelle des Bundesgerichtshofs;
   b) für Ansprüche, die beim Bundesverwaltungsgericht entstehen, die Justizbeitreibungsstelle des Bundesverwaltungsgerichts;
   c) für Ansprüche, die beim Bundesfinanzhof, beim Bundespatentgericht oder beim Deutschen Patentamt entstehen, die Justizbeitreibungsstelle des Bundespatentgerichts;
   d) für Ansprüche, die beim Bundesdisziplinargericht entstehen, die Justizbeitreibungsstelle des Bundesdisziplinargerichts.
3. Von den in Nr. 1 bezeichneten Vollstreckungsbehörden ist diejenige zuständig, die den Anspruch einzuziehen hat. Vollstreckungsmaßnahmen sind nicht deshalb unwirksam, weil die Vollstreckungsbehörde unzuständig war.
4. Dem Vollziehungsbeamten obliegende Vollstreckungshandlungen kann die Vollstreckungsbehörde außerhalb ihres Amtsbezirks durch einen Vollziehungsbeamten vornehmen lassen, der für den Ort der Vollstreckung zuständig ist.

§ 263 Vollstreckungsauftrag (§ 6 Abs. 3 JBeitrO[1]).

1. Der Gerichtsvollzieher wird zu Vollstreckungshandlungen einschließlich der Abnahme der eidesstattlichen Versicherung durch einen schriftlichen Auftrag der Vollstreckungsbehörde ermächtigt. Aufträge, die mit Hilfe automatischer Einrichtungen erstellt werden, werden mit dem Dienstsiegel versehen; einer Unterschrift bedarf es nicht. In dem Auftrag sind der Anspruch und der Vollstreckungsschuldner, nötigenfalls auch die Vollstreckungshandlung, näher zu bezeichnen.
2. Der schriftliche Auftrag ermächtigt den Gerichtsvollzieher auch zur Annahme der Leistung, zur Ausstellung von Empfangsbekenntnissen und – sofern die Vollstreckungsbehörde nichts anderes bestimmt – zu Verwertung gepfändeter Sachen (§ 6 Abs. 3 JBeitrO).
3. Der Gerichtsvollzieher prüft nicht, ob die sonstigen Voraussetzungen für die Beitreibung erfüllt sind; namentlich ob der Anspruch fällig und der Schuldner gemahnt ist. Er macht jedoch die Vollstreckungsbehörde auf offensichtliche Unrichtigkeiten aufmerksam.

§ 264 Verfahren des Gerichtsvollziehers (§ 6 JBeitrO[1]).

1. Der Gerichtsvollzieher wendet bei der Vollstreckung grundsätzlich die Bestimmungen an, die für eine Vollstreckung in bürgerlichen Rechtsstreitigkeiten maßgebend sind.
2. An die Stelle des Gläubigers tritt die Vollstreckungsbehörde.
3. Ist bei der Vornahme einer Vollstreckungshandlung weder der Schuldner noch ein erwachsener Haushaltsangehöriger noch ein gesetzlicher oder

---

[1] Nr. 3.

rechtsgeschäftlicher Vertreter anwesend gewesen, so unterrichtet der Gerichtsvollzieher den Schuldner in schriftlicher Form kurz über die erfolgten Maßnahmen und vermerkt dies im Protokoll. Eine Abschrift des Protokolls ist ihm nicht zu übersenden.
4. Die Vollstreckung ist so zu fördern, daß der Vollstreckungsauftrag fristgerecht erledigt wird. Eine etwa erforderliche Nachfrist ist rechtzeitig vor Ablauf der Erledigungsfrist bei der Vollstreckungsbehörde zu beantragen.

§ 265 Dienstreisen.

1. Eine zur Erledigung des Auftrags notwendige Dienstreise verbindet der Gerichtsvollzieher möglichst mit einer Reise zur Erledigung von Aufträgen, auf die nicht die JBeitrO[1]) anzuwenden ist. Eine besondere Reise ist jedoch namentlich dann gerechtfertigt, wenn der Auftrag als Eilauftrag zu behandeln ist oder die Vollstreckungsbehörde darum ersucht hat, den Auftrag nötigenfalls gesondert auszuführen.
2. Ob der Gerichtsvollzieher von der Justizverwaltung für Dienstreisen und -wege eine Entschädigung erhält, richtet sich nach den hierfür geltenden Bestimmungen.
Im übrigen gelten für die Tätigkeit des Gerichtsvollziehers als Vollziehungsbeamter die Vorschriften der GVKostG[2]) sinngemäß (§ 11 Abs. 2 JBeitrO).

§ 266 Einwendungen im Vollstreckungsverfahren (§§ 6, 8 JBeitrO[1])).

1. Werden gegenüber dem Gerichtsvollzieher Einwendungen gegen die Vollstreckung erhoben, denen er nicht selbst abhelfen kann, so verweist er die Beteiligten an die Stelle, die über die Einwendungen zu entscheiden hat (vgl. §§ 6, 8 JBeitrO, § 60 GVGA[3])); kann er diese Stelle nicht selbst feststellen, so verweist er die Beteiligten an die Vollstreckungsbehörde. In dringenden Fällen verweist er die Beteiligten stets an die Vollstreckungsbehörde, da diese bei Einwendungen aller Art vorläufige Anordnungen treffen kann (einstweilige Einstellung oder Aufhebung der Vollstreckung, Absehen von weiteren Vollstreckungsmaßnahmen).
2. Die Verweisung vermerkt der Gerichtsvollzieher in seinen Akten. Er legt den Vorgang vorsorglich der Vollstreckungsbehörde vor.

§ 267 Nachweis der Zahlung oder Stundung.
Wird dem Gerichtsvollzieher nachgewiesen, daß die Schuld bezahlt oder gestundet ist (z.B. durch Vorlegung von Einzahlungs- oder Überweisungsnachweise einer Bank, einer Sparkasse oder der Deutschen Post AG (§ 775 Nr. 5 ZPO), Quittungen der Kasse, Bescheinigungen der Vollstreckungsbehörde), so sieht er von Vollstreckungsmaßnahmen ab.

§ 268 Pfandkammer.

1. Der Gerichtsvollzieher bringt Pfandstücke, die er nicht im Gewahrsam des Schuldners beläßt, in den von der Vollstreckungsbehörde zur Verfügung gestellten Räumen unter.

---
[1]) Nr. 3.
[2]) Nr. 17.
[3]) Nr. 14.

Geschäftsanweisung für Gerichtsvollzieher §§ 269–272 a GVGA 14

2. Gerichtsvollzieher, die eine Pfandkammer auf eigene Kosten halten, sind verpflichtet, diese nötigenfalls auch für die Unterbringung und Verwahrung von Pfandstücken im Beitreibungsverfahren zur Verfügung zu stellen. Sie können in diesem Fall die Kosten der Verwahrung (z.B. anteilige Miete) nach § 11 Abs. 2 JBeitrO[1], Nr. 707 KV-GvKostG[2] ansetzen.

§ 269 Verhaftung des Schuldners. [1] Die Verhaftung eines Schuldners zur Abgabe der eidesstattlichen Versicherung führt der Gerichtsvollzieher im Auftrag der Vollstreckungsbehörde nach den Bestimmungen der Zivilprozeßordnung aus. [2] Er wird durch den Besitz des Haftbefehls zur Verhaftung ermächtigt.

§ 270 Abrechnung des Gerichtsvollziehers. Der Gerichtsvollzieher rechnet über die eingezogenen Beträge mit der für ihn zuständigen Kasse – ggf. durch Vermittlung der Gerichtszahlstelle – nach den für ihn geltenden Bestimmungen über die Buchführung und den Zahlungsverkehr ab.

§ 271 Vollstreckung für Stellen außerhalb der Justizverwaltung. [1] Die Zuständigkeit des Gerichtsvollziehers für die Vollstreckung von Geldbußen, Nebenfolgen, Zwangs- und Ordnungsgeldern, die nicht von der Justiz verhängt worden sind, richtet sich nach den dafür geltenden besonderen Bestimmungen. [2] Will der Gerichtsvollzieher einen solchen Vollstreckungsauftrag wegen Unzuständigkeit ablehnen, so legt er den Vorgang unverzüglich dem aufsichtführenden Richter vor. [3] Für die Ablieferung der eingezogenen Beträge (Geldbußen, Zwangs- und Ordnungsgelder sowie Nebenkosten) sind die Weisungen des Auftraggebers maßgebend.

§ 272 Vollstreckung von Entscheidungen in Straf- und Bußgeldverfahren über den Verfall, die Einziehung und die Unbrauchbarmachung von Sachen.

1. Mit der Rechtskraft der Entscheidung geht das Eigentum an verfallenden oder eingezogenen Sachen auf das Land (Justizfiskus) über, dessen Gericht im ersten Rechtszug entschieden hat. Dies gilt auch dann, wenn im ersten Rechtszug in Ausübung der Gerichtsbarkeit des Bundes entschieden worden ist. Hat jedoch das Gericht den Verfall oder die Einziehung zu Gunsten des Bundes angeordnet, so wird die Bundesrepublik Deutschland (Justizfiskus) Eigentümer. Die verfallenen oder eingezogenen Sachen werden durch die Vollstreckungsbehörde verwertet, soweit nichts anderes bestimmt ist.
2. Mit der Wegnahme von Sachen, auf deren Verfall, Einziehung oder Unbrauchbarmachung erkannt ist, kann die Vollstreckungsbehörde den Gerichtsvollzieher beauftragen. § 260 Satz 2 gilt entsprechend.

§ 272 a Wegnahme von Sachen (§ 459 g Abs. 1 StPO, § 1 Nr. 2 a JBeitrO[1]). [1] Die Wegnahme richtet sich nach den Bestimmungen der Justizbeitreibungsordnug. [2] Die §§ 262, 263 Nr. 3, 264, 265, 266, 269 gelten entsprechend. [3] Der Gerichtsvollzieher wird zur Wegnahme durch einen schriftlichen Auftrag der Vollstreckungsbehörde ermächtigt. [4] Der Auftrag

---
[1] Nr. 3.
[2] Nr. 17.

muß die Person des Verurteilten, ggf. des Verfall- oder Einziehungsbeteiligten, und die wegzunehmende Sache genau bezeichnen. [5] Der Gerichtsvollzieher zeigt der Vollstreckungsbehörde den Tag und die Stunde der beabsichtigten Vollstreckung nur dann an, wenn sie darum ersucht hat. [6] Für die Übergabe oder Verwahrung der weggenommenen Gegenstände sind die etwaigen Weisungen der Vollstreckungsbehörde maßgebend.

§ 272 b Versteigerung und freihändiger Verkauf.

1. Die Vollstreckungsbehörde beauftragt den Gerichtsvollzieher mit der öffentlichen Versteigerung und in der Regel auch mit dem freihändigen Verkauf verfallener oder eingezogener Sachen. Der Auftrag ist schriftlich zu erteilen. Er kann nähere Weisungen hinsichtlich der Veräußerung, z.B. des Orts und der Zeit der Versteigerung oder des Mindestpreises enthalten; er soll die Personen bezeichnen, an welche die Sache nicht veräußert werden darf.
2. Die Versteigerung erfolgt nach den Bestimmungen für freiwillige Versteigerungen und der freihändige Verkauf nach den Bestimmungen für freihändige Verkäufe. Dabei ist folgendes zu beachten:
Der Versteigerungstermin ist der Vollstreckungsbehörde mitzuteilen. Die verfallenen oder eingezogenen Sachen dürfen an Täter und Teilnehmer der Straftat oder Beteiligte an der Ordnungswidrigkeit nur mit Einwilligung der obersten Justizbehörde veräußert werden. Der freihändige Verkauf an Richter, Beamte, Angestellte oder Arbeiter der Justizverwaltung (einschl. des Strafvollzuges) oder an Hilfsbeamte der Staatsanwaltschaft (§ 152 GVG) ist nicht zulässig.

§ 272 c Kosten und Abrechnung.

1. Kosten für die Wegnahme werden nach dem Gerichtsvollzieherkostengesetz[1]) gegenüber dem Verurteilten angesetzt und von diesem beigetrieben. Können die Kosten nicht beigetrieben werden, so werden dem Gerichtsvollzieher Auslagen nach den allgemeinen Bestimmungen aus der Landeskasse erstattet.
2. Für eine Versteigerung oder einen freihändigen Verkauf dürfen Kosten (Gebühren und Auslagen) nicht angesetzt werden (§ 2 GVKostG), jedoch sind die Kosten aus dem Erlös (§ 15 GVKostG) zu entnehmen (§ 2 Abs. 4 GvKostG).
3. Die Abrechnung über den bei der Veräußerung erzielten Erlös richtet sich nach den für den Gerichtsvollzieher geltenden Bestimmungen über Buchführung und Zahlungsverkehr.

B. Beitreibung im Verwaltungsvollstreckungsverfahren

§ 273 [Beitreibung im Verwaltungsvollstreckungsverfahren]

1. Nach bundesrechtlichen und landesrechtlichen Vorschriften können die Gerichtsvollzieher durch die Behörden anderer Verwaltungen um die Erledigung von Vollstreckungen im Verwaltungsvollstreckungsverfahren ersucht werden. Auch kann die Justizverwaltung nach landesrechtlichen Vorschrif-

---

[1]) Nr. 17.

ten die Gerichtsvollzieher anderen Dienststellen allgemein für die Durchführung von Vollstreckungen im Verwatungsvollstreckungsverfahren zur Verfügung stellen.

2. Solche Aufträge führt der Gerichtsvollzieher nach den dafür geltenden bundes- oder landesrechtlichen Vorschriften aus. Dabei gelten für ihn folgende einheitliche Richtlinien:
Der Vollstreckungsauftrag wird von der Vollstreckungsbehörde erteilt. Der Gerichtsvollzieher hat den Auftrag einer beteiligten Person auf Verlangen vorzuzeigen.
Der Gerichtsvollzieher hat nicht zu prüfen, ob die Zwangsvollstreckung zulässig ist oder nicht; diese Prüfung obliegt der Vollstreckungsbehörde. Der Gerichtsvollzieher kann von einer Vollstreckung absehen, wenn der Schuldner eine Fristbewilligung oder die vollständige Zahlung des beizutreibenden Geldbetrages durch Quittung oder Postschein nachweist (vgl. auch § 267).
Wegen der Richtlinien für den Gerichtsvollzieher beim Zusammentreffen einer Pfändung nach der Zivilprozeßordnung und im Verwaltungsvollstreckungsverfahren vgl. §§ 167 Nr. 10, 168 Nr. 7.

15. Zwangsverwalterverordnung (ZwVwV)

Vom 19. Dezember 2003
(BGBl. I S. 2804)
FNA 310-14-2

Nichtamtliche Inhaltsübersicht

	§§
Stellung	1
Ausweis	2
Besitzerlangung über das Zwangsverwaltungsobjekt, Bericht	3
Mitteilungspflicht	4
Nutzungen des Zwangsverwaltungsobjektes	5
Miet- und Pachtverträge	6
Rechtsverfolgung	7
Rückstände, Vorausverfügungen	8
Ausgaben der Zwangsverwaltung	9
Zustimmungsvorbehalte	10
Auszahlungen	11
Beendigung der Zwangsverwaltung	12
Masseverwaltung	13
Buchführung der Zwangsverwaltung	14
Gliederung der Einnahmen und Ausgaben	15
Auskunftspflicht	16
Vergütung und Auslagenersatz	17
Regelvergütung	18
Abweichende Berechnung der Vergütung	19
Mindestvergütung	20
Auslagen	21
Festsetzung	22
Grundstücksgleiche Rechte	23
Nichtanwendbarkeit der Verordnung	24
Übergangsvorschrift	25
Inkrafttreten, Außerkrafttreten	26

Auf Grund des § 152 a des Gesetzes über die Zwangsversteigerung und die Zwangsverwaltung[1] in der im Bundesgesetzblatt Teil III, Gliederungsnummer 310-14, veröffentlichten bereinigten Fassung, der durch Artikel 7 Abs. 23 des Gesetzes vom 17. Dezember 1990 (BGBl. I S. 2847) eingefügt worden ist, in Verbindung mit Artikel 35 des Gesetzes vom 13. Dezember 2001 (BGBl. I S. 3574), verordnet das Bundesministerium der Justiz:

§ 1 Stellung. (1) ¹Zwangsverwalter und Zwangsverwalterinnen führen die Verwaltung selbständig und wirtschaftlich nach pflichtgemäßem Ermessen aus. ² Sie sind jedoch an die vom Gericht erteilten Weisungen gebunden.

(2) Als Verwalter ist eine geschäftskundige natürliche Person zu bestellen, die nach Qualifikation und vorhandener Büroausstattung die Gewähr für die

---
[1] Nr. 2.

ordnungsgemäße Gestaltung und Durchführung der Zwangsverwaltung bietet.

(3) ¹Der Verwalter darf die Verwaltung nicht einem anderen übertragen. ²Ist er verhindert, die Verwaltung zu führen, so hat er dies dem Gericht unverzüglich anzuzeigen. ³Zur Besorgung einzelner Geschäfte, die keinen Aufschub dulden, kann sich jedoch der Verwalter im Fall seiner Verhinderung anderer Personen bedienen. ⁴Ihm ist auch gestattet, Hilfskräfte zu unselbständigen Tätigkeiten unter seiner Verantwortung heranzuziehen.

(4) ¹Der Verwalter ist zum Abschluss einer Vermögensschadenshaftpflichtversicherung für seine Tätigkeit mit einer Deckung von mindestens 500 000 Euro verpflichtet. ²Durch Anordnung des Gerichts kann, soweit der Einzelfall dies erfordert, eine höhere Versicherungssumme bestimmt werden. ³Auf Verlangen der Verfahrensbeteiligten oder des Gerichts hat der Verwalter das Bestehen der erforderlichen Haftpflichtversicherung nachzuweisen.

§ 2 Ausweis. Der Verwalter erhält als Ausweis eine Bestallungsurkunde, aus der sich das Objekt der Zwangsverwaltung, der Name des Schuldners, das Datum der Anordnung sowie die Person des Verwalters ergeben.

§ 3 Besitzerlangung über das Zwangsverwaltungsobjekt, Bericht.

(1) ¹Der Verwalter hat das Zwangsverwaltungsobjekt in Besitz zu nehmen und darüber einen Bericht zu fertigen. ²Im Bericht sind festzuhalten:

1. Zeitpunkt und Umstände der Besitzerlangung;
2. eine Objektbeschreibung einschließlich der Nutzungsart und der bekannten Drittrechte;
3. alle der Beschlagnahme unterfallenden Mobilien, insbesondere das Zubehör;
4. alle der Beschlagnahme unterfallenden Forderungen und Rechte, insbesondere Miet- und Pachtforderungen, mit dem Eigentum verbundene Rechte auf wiederkehrende Leistungen sowie Forderungen gegen Versicherungen unter Beachtung von Beitragsrückständen;
5. die öffentlichen Lasten des Grundstücks unter Angabe der laufenden Beträge;
6. die Räume, die dem Schuldner für seinen Hausstand belassen werden;
7. die voraussichtlichen Ausgaben der Verwaltung, insbesondere aus Dienst- oder Arbeitsverhältnissen;
8. die voraussichtlichen Einnahmen und die Höhe des für die Verwaltung erforderlichen Kostenvorschusses;
9. alle sonstigen für die Verwaltung wesentlichen Verhältnisse.

(2) ¹Den Bericht über die Besitzerlangung hat der Verwalter bei Gericht einzureichen. ²Soweit die in Absatz 1 bezeichneten Verhältnisse nicht schon bei Besitzübergang festgestellt werden können, hat der Verwalter dies unverzüglich nachzuholen und dem Gericht anzuzeigen.

§ 4 Mitteilungspflicht. ¹Der Verwalter hat alle betroffenen Mieter und Pächter sowie alle von der Verwaltung betroffenen Dritten unverzüglich über die Zwangsverwaltung zu informieren. ²Außerdem kann der Verwalter den

Erlass von Zahlungsverboten an die Drittschuldner bei dem Gericht beantragen.

§ 5 Nutzungen des Zwangsverwaltungsobjektes. (1) Der Verwalter soll die Art der Nutzung, die bis zur Anordnung der Zwangsverwaltung bestand, beibehalten.

(2) ¹Die Nutzung erfolgt grundsätzlich durch Vermietung oder Verpachtung. ²Hiervon ausgenommen sind:
1. landwirtschaftlich oder forstwirtschaftlich genutzte Objekte in Eigenverwaltung des Schuldners gemäß § 150 b des Gesetzes über die Zwangsversteigerung und die Zwangsverwaltung[1];
2. die Wohnräume des Schuldners, die ihm gemäß § 149 des Gesetzes über die Zwangsversteigerung und die Zwangsverwaltung unentgeltlich zu belassen sind.

(3) Der Verwalter ist berechtigt, begonnene Bauvorhaben fertig zu stellen.

§ 6 Miet- und Pachtverträge. (1) Miet- oder Pachtverträge sowie Änderungen solcher Verträge sind vom Verwalter schriftlich abzuschließen.

(2) Der Verwalter hat in Miet- oder Pachtverträgen zu vereinbaren,
1. dass der Mieter oder Pächter nicht berechtigt sein soll, Ansprüche aus dem Vertrag zu erheben, wenn das Zwangsverwaltungsobjekt vor der Überlassung an den Mieter oder Pächter im Wege der Zwangsversteigerung veräußert wird;
2. dass die gesetzliche Haftung des Vermieters oder Verpächters für den vom Ersteher zu ersetzenden Schaden ausgeschlossen sein soll, wenn das Grundstück nach der Überlassung an den Mieter oder Pächter im Wege der Zwangsversteigerung veräußert wird und der an die Stelle des Vermieters oder Verpächters tretende Ersteher die sich aus dem Miet- oder Pachtverhältnis ergebenden Verpflichtungen nicht erfüllt;
3. dass der Vermieter oder Verpächter auch von einem sich im Fall einer Kündigung (§ 57 a Satz 1 des Gesetzes über die Zwangsversteigerung und die Zwangsverwaltung[1], § 111 der Insolvenzordnung) möglicherweise ergebenden Schadensersatzanspruch freigestellt sein soll.

§ 7 Rechtsverfolgung. Der Verwalter hat die Rechtsverfolgung seiner Ansprüche im Rahmen des pflichtgemäßen Ermessens zeitnah einzuleiten.

§ 8 Rückstände, Vorausverfügungen. Die Rechtsverfolgung durch den Verwalter erstreckt sich auch auf Rückstände nach § 1123 Abs. 1 und 2 des Bürgerlichen Gesetzbuchs und unterbrochene Vorausverfügungen nach § 1123 Abs. 1, §§ 1124 und 1126 des Bürgerlichen Gesetzbuchs, sofern nicht der Gläubiger auf die Rechtsverfolgung verzichtet.

§ 9 Ausgaben der Zwangsverwaltung. (1) Der Verwalter hat von den Einnahmen die Liquidität zurückzubehalten, die für Ausgaben der Verwaltung

---

[1] Nr. 2.

einschließlich der Verwaltervergütung und der Kosten des Verfahrens vorgehalten werden muss.

(2) Der Verwalter soll nur Verpflichtungen eingehen, die aus bereits vorhandenen Mitteln erfüllt werden können.

(3) ¹ Der Verwalter ist verpflichtet, das Zwangsverwaltungsobjekt insbesondere gegen Feuer-, Sturm-, Leitungswasserschäden und Haftpflichtgefahren, die vom Grundstück und Gebäude ausgehen, zu versichern, soweit dies durch eine ordnungsgemäße Verwaltung geboten erscheint. ² Er hat diese Versicherung unverzüglich abzuschließen, sofern

1. Schuldner oder Gläubiger einen bestehenden Versicherungsschutz nicht innerhalb von 14 Tagen nach Zugang des Anordnungsbeschlusses schriftlich nachweisen und
2. der Gläubiger die unbedingte Kostendeckung schriftlich mitteilt.

§ 10 Zustimmungsvorbehalte. (1) Der Verwalter hat zu folgenden Maßnahmen die vorherige Zustimmung des Gerichts einzuholen:

1. wesentliche Änderungen zu der nach § 5 gebotenen Nutzung; dies gilt auch für die Fertigstellung begonnener Bauvorhaben;
2. vertragliche Abweichungen von dem Klauselkatalog des § 6 Abs. 2;
3. Ausgaben, die entgegen dem Gebot des § 9 Abs. 2 aus bereits vorhandenen Mitteln nicht gedeckt sind;
4. Zahlung von Vorschüssen an Auftragnehmer im Zusammenhang insbesondere mit der Erbringung handwerklicher Leistungen;
5. Ausbesserungen und Erneuerungen am Zwangsverwaltungsobjekt, die nicht zu der gewöhnlichen Instandhaltung gehören, insbesondere wenn der Aufwand der jeweiligen Maßnahme 15 Prozent des vom Verwalter nach pflichtgemäßem Ermessen geschätzten Verkehrswertes des Zwangsverwaltungsobjektes überschreitet;
6. Durchsetzung von Gewährleistungsansprüchen im Zusammenhang mit Baumaßnahmen nach § 5 Abs. 3.

(2) Das Gericht hat den Gläubiger und den Schuldner vor seiner Entscheidung anzuhören.

§ 11 Auszahlungen. (1) Aus den nach Bestreiten der Ausgaben der Verwaltung sowie der Kosten des Verfahrens (§ 155 Abs. 1 des Gesetzes über die Zwangsversteigerung und die Zwangsverwaltung[1])) verbleibenden Überschüssen der Einnahmen darf der Verwalter ohne weiteres Verfahren nur Vorschüsse sowie die laufenden Beträge der öffentlichen Lasten nach der gesetzlichen Rangfolge berichtigen.

(2) ¹ Sonstige Zahlungen an die Berechtigten darf der Verwalter nur aufgrund der von dem Gericht nach Feststellung des Teilungsplans getroffenen Anordnung leisten. ² Ist zu erwarten, dass solche Zahlungen geleistet werden können, so hat dies der Verwalter dem Gericht unter Angabe des voraussichtlichen Betrages der Überschüsse und der Zeit ihres Einganges anzuzeigen.

---

[1]) Nr. 2.

(3) Sollen Auszahlungen auf das Kapital einer Hypothek oder Grundschuld oder auf die Ablösesumme einer Rentenschuld geleistet werden, so hat der Verwalter zu diesem Zweck die Anberaumung eines Termins bei dem Gericht zu beantragen.

§ 12 Beendigung der Zwangsverwaltung. (1) [1] Die Beendigung der Zwangsverwaltung erfolgt mit dem gerichtlichen Aufhebungsbeschluss. [2] Dies gilt auch für den Fall der Erteilung des Zuschlags in der Zwangsversteigerung.

(2) [1] Das Gericht kann den Verwalter nach dessen Anhörung im Aufhebungsbeschluss oder auf Antrag durch gesonderten Beschluss ermächtigen, seine Tätigkeit in Teilbereichen fortzusetzen, soweit dies für den ordnungsgemäßen Abschluss der Zwangsverwaltung erforderlich ist. [2] Hat der Verwalter weiterführende Arbeiten nicht zu erledigen, sind der Anordnungsbeschluss und die Bestallungsurkunde mit der Schlussrechnung zurückzugeben, ansonsten mit der Beendigung seiner Tätigkeit.

(3) [1] Unabhängig von der Aufhebung der Zwangsverwaltung bleibt der Verwalter berechtigt, von ihm begründete Verbindlichkeiten aus der vorhandenen Liquidität zu begleichen und bis zum Eintritt der Fälligkeit Rücklagen zu bilden. [2] Ein weitergehender Rückgriff gegen den Gläubiger bleibt unberührt. [3] Dies gilt auch für den Fall der Antragsrücknahme.

(4) [1] Hat der Verwalter die Forderung des Gläubigers einschließlich der Kosten der Zwangsvollstreckung bezahlt, so hat er dies dem Gericht unverzüglich anzuzeigen. [2] Dasselbe gilt, wenn der Gläubiger ihm mitteilt, dass er befriedigt ist.

§ 13 Masseverwaltung. (1) Der Massebestand ist von eigenen Beständen des Verwalters getrennt zu halten.

(2) [1] Der Verwalter hat für jede Zwangsverwaltung ein gesondertes Treuhandkonto einzurichten, über das er den Zahlungsverkehr führt. [2] Das Treuhandkonto kann auch als Rechtsanwaltsanderkonto geführt werden.

(3) [1] Der Verwalter hat die allgemeinen Grundsätze einer ordnungsgemäßen Buchführung zu beachten. [2] Die Rechnungslegung muss den Abgleich der Solleinnahmen mit den tatsächlichen Einnahmen ermöglichen. [3] Die Einzelbuchungen sind auszuweisen. [4] Mit der Rechnungslegung sind die Kontoauszüge und Belege bei Gericht einzureichen.

(4) Auf Antrag von Gläubiger oder Schuldner hat der Verwalter Auskunft über den Sachstand zu erteilen.

§ 14 Buchführung der Zwangsverwaltung. (1) Die Buchführung der Zwangsverwaltung ist eine um die Solleinnahmen ergänzte Einnahmenüberschussrechnung.

(2) [1] Die Rechnungslegung erfolgt jährlich (Jahresrechnung) nach Kalenderjahren. [2] Mit Zustimmung des Gerichts kann hiervon abgewichen werden.

(3) Bei Aufhebung der Zwangsverwaltung legt der Verwalter Schlussrechnung in Form einer abgebrochenen Jahresrechnung.

(4) Nach vollständiger Beendigung seiner Amtstätigkeit reicht der Verwalter eine Endabrechnung ein, nachdem alle Zahlungsvorgänge beendet sind und das Konto auf Null gebracht worden ist.

§ 15 Gliederung der Einnahmen und Ausgaben. (1) Die Soll- und Isteinnahmen sind nach folgenden Konten zu gliedern:
1. Mieten und Pachten nach Verwaltungseinheiten,
2. andere Einnahmen.

(2) Der Saldo der vorigen Rechnung ist als jeweiliger Anfangsbestand vorzutragen.

(3) Die Gliederung der Ausgaben erfolgt nach folgenden Konten:
1. Aufwendungen zur Unterhaltung des Objektes;
2. öffentliche Lasten;
3. Zahlungen an die Gläubiger;
4. Gerichtskosten der Verwaltung;
5. Vergütung des Verwalters;
6. andere Ausgaben.

(4) Ist zur Umsatzsteuer optiert worden, so sind Umsatzsteueranteile und Vorsteuerbeträge gesondert darzustellen.

§ 16 Auskunftspflicht. Der Verwalter hat jederzeit dem Gericht oder einem mit der Prüfung beauftragten Sachverständigen Buchführungsunterlagen, die Akten und sonstige Schriftstücke vorzulegen und alle weiteren Auskünfte im Zusammenhang mit seiner Verwaltung zu erteilen.

§ 17 Vergütung und Auslagenersatz. (1) [1] Der Verwalter hat Anspruch auf eine angemessene Vergütung für seine Geschäftsführung sowie auf Erstattung seiner Auslagen nach Maßgabe des § 21. [2] Die Höhe der Vergütung ist an der Art und dem Umfang der Aufgabe sowie an der Leistung des Zwangsverwalters auszurichten.

(2) Zusätzlich zur Vergütung und zur Erstattung der Auslagen wird ein Betrag in Höhe der vom Verwalter zu zahlenden Umsatzsteuer festgesetzt.

(3) [1] Ist der Verwalter als Rechtsanwalt zugelassen, so kann er für Tätigkeiten, die ein nicht als Rechtsanwalt zugelassener Verwalter einem Rechtsanwalt übertragen hätte, die gesetzliche Vergütung eines Rechtsanwalts abrechnen. [2] Ist der Verwalter Steuerberater oder besitzt er eine andere besondere Qualifikation, gilt Satz 1 sinngemäß.

§ 18 Regelvergütung. (1) [1] Bei der Zwangsverwaltung von Grundstücken, die durch Vermieten oder Verpachten genutzt werden, erhält der Verwalter als Vergütung in der Regel 10 Prozent des für den Zeitraum der Verwaltung an Mieten oder Pachten eingezogenen Bruttobetrags. [2] Für vertraglich geschuldete, nicht eingezogene Mieten oder Pachten erhält er 20 Prozent der Vergütung, die er erhalten hätte, wenn diese Mieten eingezogen worden wären. [3] Soweit Mietrückstände eingezogen werden, für die der Verwalter bereits eine Vergütung nach Satz 2 erhalten hat, ist diese anzurechnen.

(2) Ergibt sich im Einzelfall ein Missverhältnis zwischen der Tätigkeit des Verwalters und der Vergütung nach Absatz 1, so kann der in Absatz 1 Satz 1 genannte Prozentsatz bis auf 5 vermindert oder bis auf 15 angehoben werden.

(3) ¹ Für die Fertigstellung von Bauvorhaben erhält der Verwalter 6 Prozent der von ihm verwalteten Bausumme. ² Planungs-, Ausführungs- und Abnahmekosten sind Bestandteil der Bausumme und finden keine Anrechnung auf die Vergütung des Verwalters.

§ 19 Abweichende Berechnung der Vergütung. (1) ¹ Wenn dem Verwalter eine Vergütung nach § 18 nicht zusteht, bemisst sich die Vergütung nach Zeitaufwand. ² In diesem Fall erhält er für jede Stunde der für die Verwaltung erforderlichen Zeit, die er oder einer seiner Mitarbeiter aufgewendet hat, eine Vergütung von mindestens 35 Euro und höchstens 95 Euro. ³ Der Stundensatz ist für den jeweiligen Abrechnungszeitraum einheitlich zu bemessen.

(2) Der Verwalter kann für den Abrechnungszeitraum einheitlich nach Absatz 1 abrechnen, wenn die Vergütung nach § 18 Abs. 1 und 2 offensichtlich unangemessen ist.

§ 20 Mindestvergütung. (1) Ist das Zwangsverwaltungsobjekt von dem Verwalter in Besitz genommen, so beträgt die Vergütung des Verwalters mindestens 600 Euro.

(2) Ist das Verfahren der Zwangsverwaltung aufgehoben worden, bevor der Verwalter das Grundstück in Besitz genommen hat, so erhält er eine Vergütung von 200 Euro, sofern er bereits tätig geworden ist.

§ 21 Auslagen. (1) ¹ Mit der Vergütung sind die allgemeinen Geschäftskosten abgegolten. ² Zu den allgemeinen Geschäftskosten gehört der Büroaufwand des Verwalters einschließlich der Gehälter seiner Angestellten.

(2) ¹ Besondere Kosten, die dem Verwalter im Einzelfall, zum Beispiel durch Reisen oder die Einstellung von Hilfskräften für bestimmte Aufgaben im Rahmen der Zwangsverwaltung, tatsächlich entstehen, sind als Auslagen zu erstatten, soweit sie angemessen sind. ² Anstelle der tatsächlich entstandenen Auslagen kann der Verwalter nach seiner Wahl für den jeweiligen Abrechnungszeitraum eine Pauschale von 10 Prozent seiner Vergütung, höchstens jedoch 40 Euro für jeden angefangenen Monat seiner Tätigkeit, fordern.

(3) ¹ Mit der Vergütung sind auch die Kosten einer Haftpflichtversicherung abgegolten. ² Ist die Verwaltung jedoch mit einem besonderen Haftungsrisiko verbunden, so sind die durch eine Höherversicherung nach § 1 Abs. 4 begründeten zusätzlichen Kosten als Auslagen zu erstatten.

§ 22 Festsetzung. ¹ Die Vergütung und die dem Verwalter zu erstattenden Auslagen werden im Anschluss an die Rechnungslegung nach § 14 Abs. 2 oder § 14 Abs. 3 für den entsprechenden Zeitraum auf seinen Antrag vom Gericht festgesetzt. ² Vor der Festsetzung kann der Verwalter mit Einwilligung des Gerichts aus den Einnahmen einen Vorschuss auf die Vergütung und die Auslagen entnehmen.

§ 23 Grundstücksgleiche Rechte. Die vorstehenden Bestimmungen sind auf die Zwangsverwaltung von Berechtigungen, für welche die Vorschriften über die Zwangsverwaltung von Grundstücken gelten, entsprechend anzuwenden.

§ 24 Nichtanwendbarkeit der Verordnung. (1) Die Vorschriften dieser Verordnung gelten nicht, falls der Schuldner zum Verwalter bestellt ist (§§ 150 b bis 150 e des Gesetzes über die Zwangsversteigerung und die Zwangsverwaltung[1])).

(2) Die Vorschriften dieser Verordnung gelten ferner nicht, falls die durch die §§ 150, 153, 154 des Gesetzes über die Zwangsversteigerung und die Zwangsverwaltung dem Gericht zugewiesene Tätigkeit nach landesgesetzlichen Vorschriften von einer landschaftlichen oder ritterschaftlichen Kreditanstalt übernommen worden ist.

§ 25 Übergangsvorschrift. In Zwangsverwaltungen, die bis einschließlich zum 31. Dezember 2003 angeordnet worden sind, findet die Verordnung über die Geschäftsführung und die Vergütung des Zwangsverwalters vom 16. Februar 1970 (BGBl. I S. 185), zuletzt geändert durch Artikel 9 des Gesetzes vom 13. Dezember 2001 (BGBl. I S. 3574), weiter Anwendung; jedoch richten sich die Vergütung des Verwalters und der Auslagenersatz ab dem ersten auf den 31. Dezember 2003 folgenden Abrechnungszeitraum nach den §§ 17 bis 22 dieser Verordnung.

§ 26 Inkrafttreten, Außerkrafttreten. [1] Diese Verordnung tritt am 1. Januar 2004 in Kraft. [2] Gleichzeitig tritt die Verordnung über die Geschäftsführung und die Vergütung des Zwangsverwalters vom 16. Februar 1970 (BGBl. I S. 185), zuletzt geändert durch Artikel 9 des Gesetzes vom 13. Dezember 2001 (BGBl. I S. 3574), außer Kraft.

Der Bundesrat hat zugestimmt.

---

[1]) Nr. 2.

16. Verordnung über das Schuldnerverzeichnis (Schuldnerverzeichnisverordnung – SchuVVO)

Vom 15. Dezember 1994
(BGBl. I S. 3822)
FNA 310-4-6

zuletzt geänd. durch Art. 3 Siebtes G zur Änd. der Pfändungsfreigrenzen v. 13. 12. 2001 (BGBl. I S. 3638)

Nichtamtliche Inhaltsübersicht

§§

Erster Abschnitt. Das Schuldnerverzeichnis

Inhalt des Schuldnerverzeichnisses	1

Zweiter Abschnitt. Bewilligungsverfahren

Bewilligung als Voraussetzung des Bezugs von Abdrucken und der Erteilung von Listen	2
Zuständigkeit	3
Antrag	4
Speicherung von Daten des Antragstellers im Falle der Nichterteilung der Bewilligung	5
Bewilligung	6
Befristungen, Auflagen und Bedingungen	7
Widerruf und Rücknahme von Bewilligungen	8

Dritter Abschnitt. Abdrucke und Listen

Inhalt von Abdrucken	9
Erteilung und Aufbewahrung von Abdrucken	10
Einstweiliger Ausschluß vom Bezug von Abdrucken	11
Inhalt von Listen	12
Anfertigung, Erteilung und Verwendung von Listen	13
Ausschluß vom Bezug von Listen	14
Löschungen in Abdrucken und Listen	15
Kontrolle von Löschungen in Abdrucken und Listen	16

Vierter Abschnitt. Automatisiertes Abrufverfahren

Einrichtung	17
Ausgestaltung, insbesondere Protokollierung	18
Ausschluß von der Abrufberechtigung	19

Fünfter Abschnitt. Schlußvorschriften

Rechtsweg	20
Inkrafttreten	21

Auf Grund des § 915 h der Zivilprozeßordnung, der durch Artikel 1 Nr. 2 des Gesetzes vom 15. Juli 1994 (BGBl. I S. 1566) eingefügt worden ist, des § 107 Abs. 2 Satz 2 der Konkursordnung, der durch Artikel 2 Nr. 3 des oben genannten Gesetzes eingefügt worden ist, des § 284 Abs. 6 Satz 2, Abs. 7 Satz 2 der Abgabenordnung vom 16. März 1976 (BGBl. I S. 613), der durch Artikel 3 des oben genannten Gesetzes teils neugefaßt, teils geändert worden ist und des § 6 Abs. 1 Nr. 1 der Justizbeitreibungsordnung[1] in der im Bundes-

---

[1] Nr. 3.

gesetzblatt Teil III, Gliederungsnummer 365-1, veröffentlichten bereinigten Fassung, der durch Artikel 4 des oben genannten Gesetzes geändert worden ist, verordnet das Bundesministerium der Justiz:

Erster Abschnitt. Das Schuldnerverzeichnis

§ 1 Inhalt des Schuldnerverzeichnisses. (1) In das Schuldnerverzeichnis werden gemäß § 915 Abs. 1 der Zivilprozeßordnung eingetragen:

1. die Bezeichnung des Schuldners wie in dem Titel, der dem Vollstreckungsverfahren zugrunde liegt;
2. das Geburtsdatum, soweit bekannt;
3. das Datum der Abgabe der eidesstattlichen Versicherung; das Datum der Anordnung der Haft gemäß § 901 der Zivilprozeßordnung; die Vollstreckung der Haft gemäß § 915 Abs. 1 Satz 3 der Zivilprozeßordnung;
4. das Aktenzeichen der Vollstreckungssache; die Bezeichnung des Vollstreckungsgerichts oder der Vollstreckungsbehörde.

(2) In das Schuldnerverzeichnis werden gemäß § 26 Abs. 2 der Insolvenzordnung eingetragen:

1. die Bezeichnung des Schuldners wie in dem Beschluss, durch den der Antrag auf Eröffnung des Insolvenzverfahrens nach § 26 Abs. 1 der Insolvenzordnung abgewiesen wurde;
2. das Datum dieses Beschlusses;
3. die Bezeichnung des Gerichts, das diesen Beschluß erlassen hat; das Aktenzeichen des Insolvenzverfahrens.

(3) Vertreter des Schuldners werden nicht in das Schuldnerverzeichnis eingetragen.

(4) [1] Offenbare Unrichtigkeiten der Bezeichnung des Schuldners in dem Titel nach Absatz 1 Nr. 1 oder dem Beschluß nach Absatz 2 Nr. 1 sind bei der Eintragung im Schuldnerverzeichnis zu berichtigen. [2] Die Berichtigung ist kenntlich zu machen.

Zweiter Abschnitt. Bewilligungsverfahren

§ 2 Bewilligung als Voraussetzung des Bezugs von Abdrucken und der Erteilung von Listen. (1) Abdrucke aus Schuldnerverzeichnissen dürfen nur Inhabern einer Bewilligung nach den Vorschriften dieses Abschnitts erteilt werden.

(2) Die Bewilligung ist zu erteilen, wenn die Voraussetzungen des § 915 Abs. 3, § 915 d Abs. 1 und § 915 e Abs. 1 der Zivilprozeßordnung und dieser Verordnung erfüllt sind.

(3) Die Bewilligung ist zu versagen, wenn

1. der Antragsteller schuldhaft unrichtige Angaben macht,
2. Voraussetzungen vorliegen, unter denen die Bewilligung gemäß § 8 widerrufen werden könnte,

3. Tatsachen vorliegen, welche die Unzuverlässigkeit des Antragstellers in bezug auf die Verarbeitung und Nutzung personenbezogener Daten begründen, oder

4. dem Antragsteller oder einer Person, die im Auftrag des Antragstellers die aus dem Schuldnerverzeichnis zu beziehenden Daten verarbeitet oder nutzt, der Betrieb eines Gewerbes untersagt ist.

(4) ¹Die Bewilligung des Bezugs von Abdrucken berechtigt Kammern, die Abdrucke in Listen zusammenzufassen oder hiermit Dritte zu beauftragen und die Listen ihren Mitgliedern oder Mitgliedern anderer Kammern auf Antrag zum laufenden Bezug zu überlassen. ²Die Überlassung von Listen ist unzulässig, wenn bei den Listenbeziehern die Voraussetzungen des § 915 Abs. 3, § 915d Abs. 1 und § 915e Abs. 1 Buchstabe c der Zivilprozeßordnung nicht erfüllt sind oder Versagungsgründe entsprechend Absatz 3 vorliegen.

§ 3 Zuständigkeit. ¹Über Anträge nach § 915d Abs. 1 Satz 1 der Zivilprozeßordnung entscheidet der Präsident des Amtsgerichts, bei dem das Schuldnerverzeichnis geführt wird. ²Ist das Amtsgericht nicht mit einem Präsidenten besetzt, so entscheidet der Präsident des Landgerichts. ³Ist durch Rechtsverordnung gemäß § 915h Abs. 2 Nr. 1 der Zivilprozeßordnung die Führung eines zentralen Schuldnerverzeichnisses bestimmt, so entscheidet der Präsident des Amtsgerichts, bei dem dieses geführt wird; Satz 2 gilt entsprechend.

§ 4 Antrag. (1) ¹Der Antrag ist schriftlich bei dem nach § 3 zuständigen Präsidenten des Amts- oder Landgerichts anzubringen. ²Die zur Entscheidung über den Antrag erforderlichen Angaben sind auf Verlangen glaubhaft zu machen.

(2) ¹Der Antrag muß die Angaben enthalten, aus denen sich das Vorliegen der in § 915 Abs. 3 und § 915e Abs. 1 der Zivilprozeßordnung geforderten Voraussetzungen ergibt. ²Darüber hinaus muß er enthalten:

1. die Angabe von Wohn- oder Geschäftssitz des Antragstellers; die Angabe von Gewerbe- oder Handelsregistereintragung oder des ausgeübten Berufs;

2. die Angabe, ob, wann, bei welchem Gericht und mit welchem Ergebnis bereits Anträge im Sinne dieses Abschnittes gestellt wurden;

3. die Erklärung, in welcher der dem Gericht möglichen Formen die Abdrucke erteilt werden sollen;

4. die Erklärung, ob Listen gefertigt werden sollen;

5. die Erklärung, von wem die Listen gefertigt und an wen oder welchen Personenkreis diese weitergegeben werden sollen;

6. die Erklärung, ob Einzelauskünfte im automatisierten Abrufverfahren erteilt werden sollen.

§ 5 Speicherung von Daten des Antragstellers im Falle der Nichterteilung der Bewilligung. (1) ¹Im Falle der Ablehnung oder Rücknahme des Antrages werden der Name des Antragstellers, das Datum des Antrages sowie die Angaben des Antragstellers nach § 4 Abs. 2 Nr. 1 von der nach § 3 zuständigen Stelle erfaßt und aufbewahrt oder maschinell lesbar gespeichert.

Schuldnerverzeichnisverordnung **§§ 6–8 SchuVVO 16**

² Diese Angaben dürfen nur dazu erhoben, verarbeitet und verwendet werden, Mehrfachanträge und Bewilligungshindernisse zu erkennen.

(2) ¹ Die Frist für die Aufbewahrung oder Speicherung beträgt drei Jahre ab dem Ende des Jahres, in dem der Antrag gestellt wurde. ² Nach Ablauf der Frist sind die Angaben zu löschen.

§ 6 Bewilligung. (1) ¹ Die Bewilligung ist nur für und gegen den Antragsteller wirksam. ² Sie ist nicht übertragbar.

(2) Gegenstand der Bewilligung ist die Entscheidung über den Antrag, Befristungen, Auflagen, Bedingungen und der Vorbehalt des Widerrufs.

(3) ¹ Die Bewilligung enthält die Belehrung über die vom Begünstigten zu beachtenden datenschutzrechtlichen Vorschriften, insbesondere der Zivilprozeßordnung und dieser Verordnung. ² In den Fällen des § 10 Abs. 4 Satz 1 ist weiterhin über die anzuwendenden Datenübertragungsregeln zu belehren. ³ Auf § 8 ist gesondert hinzuweisen. ⁴ Der Bewilligung ist eine Rechtsmittelbelehrung beizufügen.

(4) Die Bewilligung wird der nach den jeweils maßgeblichen datenschutzrechtlichen Vorschriften für die Kontrolle über den Bezieher der Abdrucke zuständigen Stelle mitgeteilt.

§ 7 Befristungen, Auflagen und Bedingungen. (1) Die Bewilligung ist auf mindestens ein und höchstens sechs Jahre zu befristen.

(2) Zum Zwecke der Einhaltung der Vorschriften des § 915 Abs. 3, der §§ 915 a, 915 b und 915 d Abs. 2 und 3 und der §§ 915 e bis 915 g der Zivilprozeßordnung, der anzuwendenden Vorschriften der Datenschutzgesetze und dieser Verordnung kann die Bewilligung mit

1. Bestimmungen, durch die dem Begünstigten ein Tun, Dulden oder Unterlassen vorgeschrieben wird (Auflagen),
2. Bestimmungen, nach denen der Eintritt oder Wegfall einer Vergünstigung oder Belastung von dem ungewissen Eintritt eines zukünftigen Ereignisses abhängt (Bedingung),

ergehen.

§ 8 Widerruf und Rücknahme von Bewilligungen. (1) Für den Widerruf von Bewilligungen gilt § 49 Abs. 2, 3 und 5 Satz 1 und 2 des Verwaltungsverfahrensgesetzes entsprechend.

(2) Für die Rücknahme von Bewilligungen gilt § 48 Abs. 1, 3 und 4 des Verwaltungsverfahrensgesetzes entsprechend.

(3) ¹ Über Widerruf und Rücknahme von Bewilligungen entscheidet die nach § 3 zuständige Stelle. ² Wenn die Bewilligung widerrufen oder zurückgenommen wird, ist die Entscheidung dem ehemaligen Inhaber der Bewilligung mit Rechtsmittelbelehrung zuzustellen. ³ Die Entscheidung ist den Präsidenten der Gerichte, bei denen weitere Anträge auf Erteilung einer Bewilligung zugunsten des ehemaligen Inhabers der Bewilligung gestellt wurden, mitzuteilen. ⁴ Sind aus den Abdrucken Listen gefertigt und weitergegeben worden, so ist die rechtskräftige Entscheidung den Beziehern der Listen unter Hinweis auf ihre Pflichten nach Absatz 4 bekanntzugeben. ⁵ Betrifft die Entscheidung eine Kammer, erfolgen die Mitteilungen nach Satz 3 durch

diese, ansonsten durch das entscheidende Gericht. [6] Benachrichtigungen nach Satz 4 erfolgen durch die betroffene Kammer.

(4) [1] Ist eine Bewilligung rechtskräftig widerrufen oder zurückgenommen, so sind Abdrucke sowie daraus gefertigte Dateien, Listen und sonstige Aufzeichnungen unverzüglich ordnungsgemäß zu löschen oder zu vernichten. [2] Der Bezieher der Abdrucke und die Inhaber von Listen können dazu durch Zwangsgeld angehalten werden. [3] Das einzelne Zwangsgeld darf den Betrag von fünfundzwanzigtausend Euro nicht übersteigen. [4] Ist die Verhängung von Zwangsgeld untunlich oder erfolglos, so ist die Ersatzvornahme anzuordnen.

Dritter Abschnitt. Abdrucke und Listen

§ 9 Inhalt von Abdrucken. (1) [1] Abdrucke werden als Vollabdruck oder als Teilabdruck erteilt. [2] Der Vollabdruck enthält alle Eintragungen im Schuldnerverzeichnis. [3] Der Teilabdruck enthält nur die in dem Antrag auf Bewilligung des Bezugs von Abdrucken bezeichneten Eintragungen im Schuldnerverzeichnis.

(2) [1] An gut sichtbarer Stelle ist auf die sich aus § 915 Abs. 3, §§ 915 a, 915 b und 915 d bis 915 g der Zivilprozessordnung sowie aus § 26 Abs. 2 der Insolvenzordnung ergebenden Pflichten des Inhabers von Abdrucken hinzuweisen. [2] Dieser Hinweis kann den Abdrucken auch in Form eines Merkblattes beigefügt werden.

(3) Die Abdrucke dürfen keine weiteren Mitteilungen enthalten.

§ 10 Erteilung und Aufbewahrung von Abdrucken. (1) [1] Die Abdrucke werden dem Bezieher in verschlossenem Umschlag gegen Empfangsnachweis übersandt oder auf Antrag ausgehändigt. [2] Ersatzzustellung nach § 178 und Zurücklassung nach § 179 der Zivilprozeßordnung sowie öffentliche Zustellung sind ausgeschlossen.

(2) Die Abdrucke dürfen, außer mit dem Merkblatt nach § 9 Abs. 2, nicht mit anderen Druckerzeugnissen verbunden werden.

(3) [1] Der Inhaber der Bewilligung hat dafür Sorge zu tragen, daß ihm ausgehändigte oder übersandte Abdrucke

1. gesondert aufbewahrt werden,
2. bis zu ihrer Vernichtung jederzeit auffindbar sind und
3. gegen unbefugten Zugriff gesichert sind.

[2] Satz 1 gilt auch für Vervielfältigungen und jede andere Form der Bearbeitung der Abdrucke, insbesondere zum Zwecke der Maschinenlesbarkeit der Abdrucke.

(4) [1] Werden die Abdrucke gemäß § 915 d Abs. 1 der Zivilprozeßordnung in maschinell lesbarer Form übermittelt, gelten die Datenübertragungsregeln der Landesjustizverwaltung des Landes, in dem das Schuldnerverzeichnis geführt wird. [2] Darüber hinaus hat der Empfänger der Daten durch geeignete Vorkehrungen sicherzustellen, daß die Anforderungen des Absatzes 3 auch bezüglich der übermittelten Daten erfüllt werden.

Schuldnerverzeichnisverordnung **§§ 11–14 SchuVVO 16**

§ 11 Einstweiliger Ausschluß vom Bezug von Abdrucken. (1) Der Inhaber einer Bewilligung kann von dem Bezug von Abdrucken einstweilen ausgeschlossen werden, wenn Tatsachen bekannt werden, die eine hinreichende Wahrscheinlichkeit begründen, daß die Bewilligung alsbald widerrufen oder zurückgenommen wird.

(2) [1] Über den einstweiligen Ausschluß entscheidet die nach § 3 zuständige Stelle. [2] Die Entscheidung ist mit einer Rechtsmittelbelehrung zu versehen und zuzustellen; § 8 Abs. 3 Satz 3 und 5 gilt entsprechend. [3] Die Wirksamkeit der Entscheidung entfällt, wenn nicht binnen eines Monats ab Zustellung eine Entscheidung nach § 8 ergeht.

(3) [1] Ein nach Absatz 2 Satz 3 unwirksam gewordener oder alsbald unwirksam werdender einstweiliger Ausschluß kann wiederholt erlassen werden, wenn während der Dauer der Wirksamkeit des zuerst erlassenen einstweiligen Ausschlusses ein Verfahren mit dem Ziel des Widerrufs oder der Rücknahme der Bewilligung gemäß § 8 zwar eingeleitet, aber noch nicht abgeschlossen wurde. [2] Die Gesamtdauer des einstweiligen Ausschlusses darf in einem Verfahren nicht mehr als drei Monate betragen. [3] Für den wiederholten einstweiligen Ausschluß gelten im übrigen die Absätze 1 und 2.

§ 12 Inhalt von Listen. (1) [1] Listen sind Zusammenstellungen von Angaben aus einem oder mehreren Abdrucken. [2] Die Aufnahme anderer Angaben als solchen aus rechtmäßig bezogenen Abdrucken oder die Verknüpfung mit anderen Angaben ist unzulässig.

(2) [1] Die Zusammenstellung der Angaben erfolgt aufgrund von Merkmalen, die diesen Angaben gemeinsam sind und aufgrund derer sie aus den Abdrucken ausgewählt werden (Auswahlmerkmale) sowie aufgrund von Sortieranweisungen, nach denen die Angaben in den Listen zu ordnen sind (Ordnungsmerkmale). [2] Auswahlmerkmale dürfen sich nur auf Eintragungen nach § 1 Abs. 1 und 2 beziehen.

(3) [1] Listen müssen das Datum ihrer Erstellung tragen, den Ersteller benennen und mit Quellenangaben versehen sein. [2] In den Listen ist an gut sichtbarer Stelle auf die sich aus § 915 Abs. 3, §§ 915 a, 915 b und 915 d bis 915 g der Zivilprozeßordnung sowie aus § 26 Abs. 2 der Insolvenzordnung ergebenden Pflichten des Beziehers von Listen hinzuweisen. [3] § 9 Abs. 2 Satz 2 findet Anwendung.

(4) Die Listen dürfen keine weiteren Mitteilungen enthalten.

§ 13 Anfertigung, Erteilung und Verwendung von Listen. (1) Listen sind unverzüglich nach dem Eingang der Abdrucke zu erstellen und den Beziehern zu überlassen.

(2) [1] Die Listen werden dem Bezieher in verschlossenem Umschlag gegen Empfangsnachweis übersandt oder persönlich ausgehändigt. [2] § 10 Abs. 2 und 3 gilt entsprechend.

§ 14 Ausschluß vom Bezug von Listen. (1) [1] Die Kammern sind verpflichtet, einen Bezieher von Listen von deren Bezug auszuschließen, wenn diesem die Bewilligung zum Bezug von Abdrucken zu versagen wäre. [2] Diesen Ausschluß teilen die Kammern ihren Aufsichtsbehörden mit.

(2) Die Aufsichtsbehörden der Kammern teilen Verstöße gegen Absatz 1 den Präsidenten der Gerichte mit, die Bewilligungen zum Bezug von Abdrucken zugunsten der Kammern erteilt haben.

(3) Bei Verstößen gegen Absatz 1 kann die Bewilligung zum Bezug von Abdrucken gemäß § 8 widerrufen werden.

§ 15 Löschungen in Abdrucken und Listen. (1) Löschungen gemäß § 915 g Abs. 1 der Zivilprozeßordnung sowie § 26 Abs. 2 der Insolvenzordnung führen die Bezieher von Abdrucken und Listen sowie die Inhaber sonstiger Aufzeichnungen im Sinne des § 915 g Abs. 1 der Zivilprozeßordnung eigenverantwortlich durch.

(2) [1] Löschungsmitteilungen gemäß § 915 g Abs. 2 der Zivilprozeßordnung werden in der gleichen Weise wie die zugrundeliegenden Abdrucke übermittelt. [2] § 9 Abs. 3 und § 10 finden entsprechende Anwendung.

(3) [1] Die Kammern unterrichten die zur Umsetzung der Löschungsmitteilungen verpflichteten Listenbezieher in der Form, in der die zugrundeliegenden Listen erteilt werden. [2] Kammern oder von ihnen gemäß § 915 e Abs. 3 der Zivilprozeßordnung beauftragte Dritte, die Listen ohne Einsatz von Techniken der automatisierten Datenverarbeitung erstellen, dürfen alle Listenbezieher unterrichten, die zu diesem Zeitpunkt Listen beziehen; davon ausgenommen sind die Listenbezieher, von denen die Kammer oder der beauftragte Dritte ohne unverhältnismäßigen Aufwand feststellen können, daß ihnen die zu löschende Eintragung bis zu diesem Zeitpunkt nicht durch eine Liste oder eine Auskunft der Kammer bekannt geworden ist.

(4) [1] Löschungsmitteilungen nach Absatz 2 sind zu vernichten oder zu löschen, sobald sie umgesetzt sind. [2] Satz 1 gilt entsprechend für die Mitteilungen an die Listenbezieher nach Absatz 3.

§ 16 Kontrolle von Löschungen in Abdrucken und Listen. [1] Werden öffentlichen Stellen bekannt, die die Annahme rechtfertigen, daß einer Löschungspflicht nach § 915 g der Zivilprozeßordnung oder § 26 Abs. 2 der Insolvenzordnung nicht nachgekommen wurde, haben sie diese dem Amtsgericht mitzuteilen, bei dem das Schuldnerverzeichnis geführt wird, dem die zu löschende Eintragung entnommen wurde. [2] Dieses legt die Angelegenheit der nach § 3 zuständigen Stelle vor, die Maßnahmen nach dieser Verordnung ergreifen und die zur Kontrolle über die Einhaltung der Datenschutzvorschriften zuständigen Stellen benachrichtigen kann.

Vierter Abschnitt. Automatisiertes Abrufverfahren

§ 17 Einrichtung. (1) Bezieher von Abdrucken dürfen unter den Voraussetzungen des § 915 e Abs. 2 der Zivilprozeßordnung Einzelauskünfte aus den Abdrucken im automatisierten Abrufverfahren nach Maßgabe der folgenden Vorschriften erteilen.

(2) [1] Im automatisierten Abrufverfahren dürfen nur die nach § 1 Abs. 1 oder 2 in das Schuldnerverzeichnis aufzunehmenden Eintragungen übermittelt werden. [2] Die Verknüpfung zu übermittelnder Daten mit anderen Daten ist nur zulässig, wenn

Schuldnerverzeichnisverordnung **§ 18 SchuVVO 16**

1. die Verknüpfung notwendig ist, um die Zwecke des § 915 Abs. 3 der Zivilprozessordnung zu erreichen,
2. die Daten, mit denen die Daten aus dem Schuldnerverzeichnis verknüpft werden sollen, rechtmäßig und ausschließlich zu den in § 915 Abs. 3 der Zivilprozessordnung genannten Zwecken erhoben, verarbeitet und verwendet werden,
3. die Herkunft der Daten durch den Bezieher der Abdrucke nachgewiesen werden kann und
4. der Bezieher der Abdrucke sicherstellt, daß der Empfänger der Auskunft nicht im Wege des Abrufs von mit Daten aus dem Schuldnerverzeichnis verknüpften Daten Kenntnis von Daten aus Schuldnerverzeichnissen erhält, ohne dazu berechtigt zu sein oder ohne daß dies zur Erfüllung der Zwecke des § 915 Abs. 3 der Zivilprozessordnung notwendig ist.

(3) Für Anfragen im automatisierten Abrufverfahren dürfen nur Angaben verwendet werden, deren Eintragung in das Schuldnerverzeichnis nach § 1 Abs. 1 oder 2 zu erfolgen hätte.

§ 18 Ausgestaltung, insbesondere Protokollierung. (1) [1] Der Bezieher von Abdrucken, der Einzelauskünfte im automatisierten Abrufverfahren erteilt (Auskunftsstelle), darf einen Abruf nur zulassen, wenn dessen Durchführung unter Verwendung von Benutzerkennung und Paßwort (Authentifikation) des zum Abruf Berechtigten (Abrufberechtigter) und einer davon unabhängigen, selbständigen Kennung des zum Abruf zugelassenen Endgerätes (Endgerätekennung) erfolgt. [2] Ist der Abruf zulässig, wird die Auskunft im Wege des automatischen Rückrufs erteilt.

(2) [1] Das Paßwort ist jeweils spätestens nach 120 Tagen zu ändern. [2] Erfolgt die Änderung nicht rechtzeitig, ist durch ein selbsttätiges Verfahren sicherzustellen, daß mit dem Paßwort keine Abrufe mehr erfolgen können. [3] Ein Paßwort darf nicht bereits an Abrufberechtigte derselben Auskunftsstelle vergeben sein oder gewesen sein, muß mindestens sechs Stellen lang sein und aus Buchstaben, Zahlen und Zeichen bestehen. [4] Die Auskunftsstelle speichert die Paßwörter, die innerhalb der zurückliegenden drei Jahre benutzt wurden. [5] Die Speicherung dient der Kontrolle der Ordnungsgemäßheit der Paßwörter, insbesondere zur Vermeidung unzulässiger wiederholter oder mehrfacher Verwendung.

(3) [1] Wird eine Benutzerkennung innerhalb von 120 Tagen nicht benutzt, ist sie umgehend zu sperren. [2] Sie darf als Teil der Authentifikation erst wieder zugelassen werden, wenn die Berechtigung zum Abruf der Auskunftsstelle erneut nachgewiesen wurde.

(4) Die Auskunftsstelle hat durch ein selbsttätiges Verfahren zu gewährleisten, daß keine Abrufe erfolgen können, sobald die Benutzerkennung, das Paßwort oder die Endgerätekennung mehr als zweimal hintereinander unrichtig eingegeben wurde.

(5) [1] Sind bei einem Abrufberechtigten mehrere Nutzer vorhanden, darf der Abrufberechtigte diesen den Zugang zum automatisierten Abrufverfahren nur unter Verwendung jeweils eigener Authentifikationen eröffnen. [2] Sind bei einem Abrufberechtigten mehrere Endgeräte vorhanden, ist zusätzlich eine Endgerätekennung zu verwenden. [3] Für die Authentifikation der Nutzer und die Endgerätekennung nach den Sätzen 1 und 2 gelten die Absätze 2, 3 und 4

mit der Maßgabe, daß an die Stelle der Auskunftsstelle der Abrufberechtigte und an die Stelle des Abrufberechtigten die Nutzer treten. ⁴ Bei den von den Nutzern verwendeten Endgeräten hat der Abrufberechtigte durch geeignete technische Vorkehrungen sicherzustellen, daß eine Weiterverbreitung von Paßwörtern, Benutzer- oder Endgerätekennungen nicht möglich ist. ⁵ Der Abrufberechtigte hat der Auskunftsstelle die Einhaltung der Vorschriften dieses Absatzes jederzeit auf Anforderung nachzuweisen und die gefertigten Protokolle zu diesem Zweck vorzulegen.

(6) ¹ Die Auskunftsstelle hat sicherzustellen, daß Abrufe selbsttätig aufgezeichnet werden, wobei

1. die bei der Durchführung der Abrufe verwendeten Daten,

2. der Tag und die Uhrzeit der Abrufe,

3. die Authentifikation und die Endgerätekennung und

4. die abgerufenen Daten

festgehalten werden und daß Abrufe bei nicht ordnungsgemäßer Aufzeichnung unterbrochen werden. ² Mindestens aufzuzeichnen sind

1. alle Abrufe in der Zeit von 20 bis 8 Uhr, an Sonn- und allgemeinen Feiertagen oder außerhalb der normalen Geschäftszeit der Auskunftsstelle,

2. zehn Prozent der Abrufe der Abrufberechtigten, die innerhalb von 24 Stunden mehr als zehnmal abrufen,

3. zehn Prozent der nicht bereits nach Nummer 1 oder 2 aufzuzeichnenden Abrufe, die nach dem Zufallsprinzip auszuwählen sind,

4. alle Abrufe, bei denen datensicherheitsrelevante Ereignisse auftreten, und

5. alle versuchten Abrufe, die unter Verwendung von fehlerhafter Authentifikation oder Endgerätekennung mehr als einmal vorgenommen werden.

³ Die Aufzeichnungen dürfen nur zur Datenschutzkontrolle, insbesondere zur Kontrolle der Zulässigkeit der Abrufe, zur Sicherstellung eines ordnungsgemäßen Betriebes der Datenverarbeitungsanlage sowie in gerichtlichen Verfahren verwendet werden. ⁴ Sie sind nach drei Jahren zu löschen, es sei denn, sie werden noch bis zum Abschluß eines bereits eingeleiteten Verfahrens der Datenschutzkontrolle oder eines anhängigen gerichtlichen Verfahrens benötigt.

(7) ¹ Zwischen der Auskunftsstelle und dem Abrufberechtigten kann vertraglich vereinbart werden, daß

1. das Paßwort und die Endgerätekennung abweichend von Absatz 1 nur beim Abrufberechtigten interne Zugangsvoraussetzungen zum Abrufverfahren sind;

2. die Paßwortspeicherung nach Absatz 2 vom Abrufberechtigten statt von der Auskunftsstelle durchgeführt wird;

3. die Abrufsperre nach Absatz 4 bei mehr als zweimal hintereinander unrichtiger Eingabe von Paßwort oder Endgerätekennung durch ein selbsttätiges Verfahren beim Abrufberechtigten gewährleistet wird;

4. das Paßwort und die Endgerätekennung nach Absatz 6 beim Abrufberechtigten protokolliert werden.

² Der Vertrag bedarf der Schriftform. ³ In ihm muß sich der Abrufberechtigte verpflichten, seine Aufzeichnungen der Auskunftsstelle zu Kontrollzwecken jederzeit zur Verfügung zu stellen.

§ 19 Ausschluß von der Abrufberechtigung. (1) ¹ Werden der Auskunftsstelle Tatsachen bekannt, die erkennen lassen, daß
1. die abgerufenen Daten vom Abrufberechtigten nicht zu den in § 915 Abs. 3 der Zivilprozessordnung genannten Zwecken verwendet werden,
2. ein berechtigtes Interesse nach § 915e Abs. 1 Buchstabe c der Zivilprozeßordnung bei dem Abrufberechtigten nicht vorliegt und dennoch wiederholt Daten abgerufen wurden,
3. die abgerufenen Daten vom Abrufberechtigten in unzulässiger Weise genutzt, insbesondere weitergegeben werden,
4. der Abrufberechtigte seinen Pflichten nach § 18 Abs. 5 nicht oder nicht hinreichend nachkommt,
5. der Abrufberechtigte vertraglichen Pflichten nach § 18 Abs. 7 nicht oder nicht hinreichend nachkommt oder
6. bei dem Abrufberechtigten aus sonstigen Gründen die Unzuverlässigkeit in bezug auf die Verarbeitung und Nutzung personenbezogener Daten begründet ist,

ist die Auskunftsstelle verpflichtet, den Abrufberechtigten vom Abrufverfahren auszuschließen. ² Diesen Ausschluß teilt sie der für die Kontrolle der datenschutzrechtlichen Vorschriften zuständigen Stelle mit.

(2) Die Aufsichtsbehörde teilt Verstöße gegen Absatz 1 den Präsidenten der Gerichte mit, die Bewilligungen zum Bezug von Abdrucken zugunsten der Auskunftsstelle erteilt haben.

(3) Bei Verstößen gegen Absatz 1 kann die Bewilligung gemäß § 8 widerrufen werden.

Fünfter Abschnitt. Schlußvorschriften

§ 20 Rechtsweg. (1) In Ansehung von Entscheidungen des Präsidenten des Amtsgerichts oder des Präsidenten des Landgerichts nach dieser Verordnung finden die §§ 23 bis 30 des Einführungsgesetzes zum Gerichtsverfassungsgesetz Anwendung.

(2) Die Entscheidung über den Antrag, Befristungen, Auflagen, Bedingungen und der Vorbehalt des Widerrufs, die gemäß § 6 Abs. 2 Gegenstand der Bewilligung sind, sind nicht isoliert anfechtbar und einklagbar.

§ 21 Inkrafttreten. ¹ Diese Verordnung tritt am 1. Januar 1995 in Kraft.
² Gleichzeitig treten die Allgemeinen Vorschriften des Bundesministers der Justiz über die Erteilung und die Entnahme von Abschriften oder Auszügen aus den Schuldnerverzeichnissen vom 1. August 1955 (BAnz. Nr. 156 vom 16. August 1955) außer Kraft.

V. Kostenvorschriften

17. Gesetz über Kosten der Gerichtsvollzieher (Gerichtsvollzieherkostengesetz – GvKostG)[1)2)]

Vom 19. April 2001

(BGBl. I S. 623)

FNA 362-2

zuletzt geänd. durch Art. 3 G über die Internetversteigerung in der Zwangsvollstreckung und zur Änd. anderer G v. 30. 7. 2009 (BGBl. I S. 2474)

Nichtamtliche Inhaltsübersicht

§§

Abschnitt 1. Allgemeine Vorschriften

Geltungsbereich	1
Kostenfreiheit	2
Auftrag	3
Vorschuss	4
Zuständigkeit für den Kostenansatz, Erinnerung, Beschwerde	5
Nachforderung	6
Nichterhebung von Kosten wegen unrichtiger Sachbehandlung	7
Verjährung, Verzinsung	8
Höhe der Kosten	9

Abschnitt 2. Gebührenvorschriften

Abgeltungsbereich der Gebühren	10
Tätigkeit zur Nachtzeit, an Sonnabenden, Sonn- und Feiertagen	11
Siegelungen, Vermögensverzeichnisse, Proteste und ähnliche Geschäfte	12

Abschnitt 3. Kostenzahlung

Kostenschuldner	13
Fälligkeit	14
Entnahmerecht	15
Verteilung der Verwertungskosten	16
Verteilung der Auslagen bei der Durchführung mehrerer Aufträge	17

Abschnitt 4. Übergangs- und Schlussvorschriften

Übergangsvorschrift	18
Übergangsvorschrift aus Anlass des Inkrafttretens dieses Gesetzes	19
(aufgehoben)	20

Kostenverzeichnis

Abschnitt 1. Allgemeine Vorschriften

§ 1 Geltungsbereich. (1) Für die Tätigkeit des Gerichtsvollziehers, für die er nach Bundes- oder Landesrecht sachlich zuständig ist, werden Kosten (Gebühren und Auslagen) nur nach diesem Gesetz erhoben.

[1)] Verkündet als Art. 1 G zur Neuordnung des Gerichtsvollzieherkostenrechts (GvKostRNeuOG) v. 19. 4. 2001 (BGBl. I S. 623); Inkrafttreten gem. Art. 4 dieses G am 1. 5. 2001.

[2)] Die Änderungen durch G v. 29. 7. 2009 (BGBl. I S. 2258) treten erst **mWv 1. 1. 2013** in Kraft und sind im Text noch nicht berücksichtigt.

(2) Landesrechtliche Vorschriften über die Kosten der Vollstreckung im Verwaltungszwangsverfahren bleiben unberührt.

§ 2 Kostenfreiheit. (1) ¹ Von der Zahlung der Kosten sind befreit der Bund, die Länder und die nach dem Haushaltsplan des Bundes oder eines Landes für Rechnung des Bundes oder eines Landes verwalteten öffentlichen Körperschaften oder Anstalten, bei einer Zwangsvollstreckung nach § 885 der Zivilprozessordnung wegen der Auslagen jedoch nur, soweit diese einen Betrag von 5 000 Euro nicht übersteigen. ² Bei der Vollstreckung wegen öffentlich-rechtlicher Geldforderungen ist maßgebend, wer ohne Berücksichtigung des § 252 der Abgabenordnung oder entsprechender Vorschriften Gläubiger der Forderung ist.

(2) ¹ Bei der Durchführung des Zwölften Buches Sozialgesetzbuch sind die Träger der Sozialhilfe, bei der Durchführung des Zweiten Buches Sozialgesetzbuch die nach diesem Buch zuständigen Träger der Leistungen, bei der Durchführung des Achten Buches Sozialgesetzbuch die Träger der öffentlichen Jugendhilfe und bei der Durchführung der ihnen obliegenden Aufgaben nach dem Bundesversorgungsgesetz die Träger der Kriegsopferfürsorge von den Gebühren befreit. ² Sonstige Vorschriften, die eine sachliche oder persönliche Befreiung von Kosten gewähren, gelten für Gerichtsvollzieherkosten nur insoweit, als sie ausdrücklich auch diese Kosten umfassen.

(3) Landesrechtliche Vorschriften, die in weiteren Fällen eine sachliche oder persönliche Befreiung von Gerichtsvollzieherkosten gewähren, bleiben unberührt.

(4) Die Befreiung von der Zahlung der Kosten oder der Gebühren steht der Entnahme der Kosten aus dem Erlös (§ 15) nicht entgegen.

§ 3 Auftrag. (1) ¹ Ein Auftrag umfasst alle Amtshandlungen, die zu seiner Durchführung erforderlich sind; einem Vollstreckungsauftrag können mehrere Vollstreckungstitel zugrunde liegen. ² Werden bei der Durchführung eines Auftrags mehrere Amtshandlungen durch verschiedene Gerichtsvollzieher erledigt, die ihren Amtssitz in verschiedenen Amtsgerichtsbezirken haben, gilt die Tätigkeit jedes Gerichtsvollziehers als Durchführung eines besonderen Auftrags. ³ Jeweils verschiedene Aufträge sind die Zustellung auf Betreiben der Parteien, die Vollstreckung einschließlich der Verwertung und besondere Geschäfte nach dem 4. Abschnitt des Kostenverzeichnisses, soweit sie nicht Nebengeschäft sind. ⁴ Die Vollziehung eines Haftbefehls ist ein besonderer Auftrag.

(2) ¹ Es handelt sich jedoch um denselben Auftrag, wenn der Gerichtsvollzieher gleichzeitig beauftragt wird,

1. einen oder mehrere Vollstreckungstitel zuzustellen und hieraus gegen den Zustellungsempfänger zu vollstrecken,
2. mehrere Zustellungen an denselben Zustellungsempfänger oder an Gesamtschuldner zu bewirken oder
3. mehrere Vollstreckungshandlungen gegen denselben Vollstreckungsschuldner oder Verpflichteten (Schuldner) oder Vollstreckungshandlungen gegen Gesamtschuldner auszuführen; der Gerichtsvollzieher gilt als gleichzeitig beauftragt, wenn der Auftrag zur Abnahme der eidesstattlichen Versicherung mit einem Vollstreckungsauftrag verbunden ist (§ 900 Abs. 2 Satz 1

Gerichtsvollzieherkostengesetz **§ 4 GvKostG 17**

der Zivilprozessordnung), es sei denn, der Gerichtsvollzieher nimmt die eidesstattliche Versicherung nur deshalb nicht ab, weil der Schuldner nicht anwesend ist. ² Bei allen Amtshandlungen nach § 845 Abs. 1 der Zivilprozessordnung handelt es sich um denselben Auftrag. ³ Absatz 1 Satz 2 bleibt unberührt.

(3) ¹ Ein Auftrag ist erteilt, wenn er dem Gerichtsvollzieher oder der Geschäftsstelle des Gerichts, deren Vermittlung oder Mitwirkung in Anspruch genommen wird, zugegangen ist. ² Wird der Auftrag zur Abnahme der eidesstattlichen Versicherung mit einem Vollstreckungsauftrag verbunden (§ 900 Abs. 2 Satz 1 der Zivilprozessordnung), gilt der Auftrag zur Abnahme der eidesstattlichen Versicherung als erteilt, sobald die Voraussetzungen nach § 807 Abs. 1 der Zivilprozessordnung vorliegen.

(4) ¹ Ein Auftrag gilt als durchgeführt, wenn er zurückgenommen worden ist oder seiner Durchführung oder weiteren Durchführung Hinderungsgründe entgegenstehen. ² Dies gilt nicht, wenn der Auftraggeber zur Fortführung des Auftrags eine richterliche Anordnung nach § 758 a der Zivilprozessordnung beibringen muss und diese Anordnung dem Gerichtsvollzieher innerhalb eines Zeitraumes von drei Monaten zugeht, der mit dem ersten Tag des auf die Absendung einer entsprechenden Anforderung an den Auftraggeber folgenden Kalendermonats beginnt. ³ Satz 2 ist entsprechend anzuwenden, wenn der Schuldner zu dem Termin zur Abnahme der eidesstattlichen Versicherung nicht erscheint oder die Abgabe der eidesstattlichen Versicherung ohne Grund verweigert und der Gläubiger innerhalb des in Satz 2 genannten Zeitraums einen Auftrag zur Vollziehung eines Haftbefehls erteilt. ⁴ Der Zurücknahme steht es gleich, wenn der Gerichtsvollzieher dem Auftraggeber mitteilt, dass er den Auftrag als zurückgenommen betrachtet, weil damit zu rechnen ist, die Zwangsvollstreckung werde fruchtlos verlaufen, und wenn der Auftraggeber nicht bis zum Ablauf des auf die Absendung der Mitteilung folgenden Kalendermonats widerspricht. ⁵ Der Zurücknahme steht es auch gleich, wenn im Falle des § 4 Abs. 1 Satz 1 und 2 der geforderte Vorschuss nicht bis zum Ablauf des auf die Absendung der Vorschussanforderung folgenden Kalendermonats beim Gerichtsvollzieher eingegangen ist.

§ 4 Vorschuss. (1) ¹ Der Auftraggeber ist zur Zahlung eines Vorschusses verpflichtet, der die voraussichtlich entstehenden Kosten deckt. ² Die Durchführung des Auftrags kann von der Zahlung des Vorschusses abhängig gemacht werden. ³ Die Sätze 1 und 2 gelten nicht, wenn der Auftrag vom Gericht erteilt wird oder dem Auftraggeber Prozess- oder Verfahrenskostenhilfe bewilligt ist. ⁴ Sie gelten ferner nicht für die Erhebung von Gebührenvorschüssen, wenn aus einer Entscheidung eines Gerichts für Arbeitssachen oder aus einem vor diesem Gericht abgeschlossenen Vergleich zu vollstrecken ist.

(2) ¹ Reicht ein Vorschuss nicht aus, um die zur Aufrechterhaltung einer Vollstreckungsmaßnahme voraussichtlich erforderlichen Auslagen zu decken, gilt Absatz 1 entsprechend. ² In diesem Fall ist der Auftraggeber zur Leistung eines weiteren Vorschusses innerhalb einer Frist von mindestens zwei Wochen aufzufordern. ³ Nach Ablauf der Frist kann der Gerichtsvollzieher die Vollstreckungsmaßnahme aufheben, wenn die Aufforderung verbunden mit einem Hinweis auf die Folgen der Nichtzahlung nach den Vorschriften der Zivilprozessordnung zugestellt worden ist und die geforderte Zahlung nicht bei dem Gerichtsvollzieher eingegangen ist.

(3) In den Fällen des § 3 Abs. 4 Satz 2 bis 5 bleibt die Verpflichtung zur Zahlung der vorzuschießenden Beträge bestehen.

§ 5 Zuständigkeit für den Kostenansatz, Erinnerung, Beschwerde.

(1) [1] Die Kosten werden von dem Gerichtsvollzieher angesetzt, der den Auftrag durchgeführt hat. [2] Der Kostenansatz kann im Verwaltungswege berichtigt werden, solange nicht eine gerichtliche Entscheidung getroffen ist.

(2) [1] Über die Erinnerung des Kostenschuldners und der Staatskasse gegen den Kostenansatz entscheidet, soweit nicht nach § 766 Abs. 2 der Zivilprozessordnung das Vollstreckungsgericht zuständig ist, das Amtsgericht, in dessen Bezirk der Gerichtsvollzieher seinen Amtssitz hat. [2] Auf die Erinnerung und die Beschwerde sind die §§ 5a und 66 Abs. 2 bis 8 des Gerichtskostengesetzes, auf die Rüge wegen Verletzung des Anspruchs auf rechtliches Gehör ist § 69a des Gerichtskostengesetzes entsprechend anzuwenden.

(3) Auf die Erinnerung des Kostenschuldners gegen die Anordnung des Gerichtsvollziehers, die Durchführung des Auftrags oder die Aufrechterhaltung einer Vollstreckungsmaßnahme von der Zahlung eines Vorschusses abhängig zu machen, und auf die Beschwerde ist Absatz 2 entsprechend anzuwenden.

§ 6 Nachforderung. Wegen unrichtigen Ansatzes dürfen Kosten nur nachgefordert werden, wenn der berichtigte Ansatz vor Ablauf des nächsten Kalenderjahres nach Durchführung des Auftrags dem Zahlungspflichtigen mitgeteilt worden ist.

§ 7 Nichterhebung von Kosten wegen unrichtiger Sachbehandlung.

(1) Kosten, die bei richtiger Behandlung der Sache nicht entstanden wären, werden nicht erhoben.

(2) [1] Die Entscheidung trifft der Gerichtsvollzieher. [2] § 5 Abs. 2 ist entsprechend anzuwenden. [3] Solange nicht das Gericht entschieden hat, kann eine Anordnung nach Absatz 1 im Verwaltungsweg erlassen werden. [4] Eine im Verwaltungsweg getroffene Anordnung kann nur im Verwaltungsweg geändert werden.

§ 8 Verjährung, Verzinsung. (1) Ansprüche auf Zahlung von Kosten verjähren in vier Jahren nach Ablauf des Kalenderjahres, in dem die Kosten fällig geworden sind.

(2) [1] Ansprüche auf Rückerstattung von Kosten verjähren in vier Jahren nach Ablauf des Kalenderjahres, in dem die Zahlung erfolgt ist. [2] Die Verjährung beginnt jedoch nicht vor dem in Absatz 1 bezeichneten Zeitpunkt. [3] Durch die Einlegung eines Rechtsbehelfs mit dem Ziel der Rückerstattung wird die Verjährung wie durch Klageerhebung gehemmt.

(3) [1] Auf die Verjährung sind die Vorschriften des Bürgerlichen Gesetzbuchs anzuwenden; die Verjährung wird nicht von Amts wegen berücksichtigt. [2] Die Verjährung der Ansprüche auf Zahlung von Kosten beginnt auch durch die Aufforderung zur Zahlung oder durch eine dem Kostenschuldner mitgeteilte Stundung erneut. [3] Ist der Aufenthalt des Kostenschuldners unbekannt, so genügt die Zustellung durch Aufgabe zur Post unter seiner letzten bekannten

Anschrift. ⁴ Bei Kostenbeträgen unter 25 Euro beginnt die Verjährung weder erneut noch wird sie oder ihr Ablauf gehemmt.

(4) Ansprüche auf Zahlung und Rückerstattung von Kosten werden nicht verzinst.

§ 9 Höhe der Kosten. Kosten werden nach dem Kostenverzeichnis der Anlage zu diesem Gesetz erhoben, soweit nichts anderes bestimmt ist.

Abschnitt 2. Gebührenvorschriften

§ 10 Abgeltungsbereich der Gebühren. (1) ¹ Bei Durchführung desselben Auftrags wird eine Gebühr nach derselben Nummer des Kostenverzeichnisses nur einmal erhoben. ² Dies gilt nicht für die nach dem 6. Abschnitt des Kostenverzeichnisses zu erhebenden Gebühren, wenn für die Erledigung mehrerer Amtshandlungen Gebühren nach verschiedenen Nummern des Kostenverzeichnisses zu erheben wären. ³ Eine Gebühr nach dem genannten Abschnitt wird nicht neben der entsprechenden Gebühr für die Erledigung der Amtshandlung erhoben.

(2) ¹ Ist der Gerichtsvollzieher beauftragt, die gleiche Vollstreckungshandlung wiederholt vorzunehmen, sind die Gebühren für jede Vollstreckungshandlung gesondert zu erheben. ² Dasselbe gilt, wenn der Gerichtsvollzieher auch ohne ausdrückliche Weisung des Auftraggebers die weitere Vollstreckung betreibt, weil nach dem Ergebnis der Verwertung der Pfandstücke die Vollstreckung nicht zur vollen Befriedigung des Auftraggebers führt oder Pfandstücke bei dem Schuldner abhanden gekommen oder beschädigt worden sind. ³ Gebühren nach dem 1. Abschnitt des Kostenverzeichnisses sind für jede Zustellung, die Gebühr für die Entgegennahme einer Zahlung (Nummer 430 des Kostenverzeichnisses) ist für jede Zahlung gesondert zu erheben. ⁴ Das Gleiche gilt für die Gebühr nach Nummer 600 des Kostenverzeichnisses, wenn eine Zustellung nicht erledigt wird.

(3) ¹ Ist der Gerichtsvollzieher gleichzeitig beauftragt, Vollstreckungshandlungen gegen Gesamtschuldner auszuführen, sind die Gebühren nach den Nummern 200, 205, 260 und 270 des Kostenverzeichnisses für jeden Gesamtschuldner gesondert zu erheben. ² Das Gleiche gilt für die im 6. Abschnitt des Kostenverzeichnisses bestimmten Gebühren, wenn Amtshandlungen der in den Nummern 205, 260 und 270 des Kostenverzeichnisses genannten Art nicht erledigt worden sind.

§ 11 Tätigkeit zur Nachtzeit, an Sonnabenden, Sonn- und Feiertagen. Wird der Gerichtsvollzieher auf Verlangen zur Nachtzeit (§ 758 a Abs. 4 Satz 2 der Zivilprozessordnung) oder an einem Sonnabend, Sonntag oder Feiertag tätig, so werden die doppelten Gebühren erhoben.

§ 12 Siegelungen, Vermögensverzeichnisse, Proteste und ähnliche Geschäfte. (1) ¹ Die Gebühren für Wechsel- und Scheckproteste, für Siegelungen und Entsiegelungen, für die Aufnahme von Vermögensverzeichnissen sowie für die Mitwirkung als Urkundsperson bei der Aufnahme von Vermögensverzeichnissen bestimmen sich nach den §§ 18 bis 35, 51, 52, 130 Abs. 2 bis 4 der Kostenordnung. ²Das Wegegeld (Nummer 711 des Kostenverzeichnisses) wird auf die nach § 51 Abs. 2 Satz 1 der Kostenordnung zu erhebende Wegegebühr angerechnet.

(2) Für die Empfangnahme der Wechsel- oder Schecksumme (Artikel 84 des Wechselgesetzes, Artikel 55 Abs. 3 des Scheckgesetzes) wird die in § 149 der Kostenordnung bestimmte Gebühr erhoben.

Abschnitt 3. Kostenzahlung

§ 13 Kostenschuldner. (1) Kostenschuldner sind

1. der Auftraggeber,
2. der Vollstreckungsschuldner für die notwendigen Kosten der Zwangsvollstreckung und
3. der Verpflichtete für die notwendigen Kosten der Vollstreckung.

(2) Mehrere Kostenschuldner haften als Gesamtschuldner.

(3) Wird der Auftrag vom Gericht erteilt, so gelten die Kosten als Auslagen des gerichtlichen Verfahrens.

§ 14 Fälligkeit. ¹Gebühren werden fällig, wenn der Auftrag durchgeführt ist oder länger als zwölf Kalendermonate ruht. ²Auslagen werden sofort nach ihrer Entstehung fällig.

§ 15 Entnahmerecht. (1) ¹Kosten, die im Zusammenhang mit der Versteigerung oder dem Verkauf von beweglichen Sachen, von Früchten, die vom Boden noch nicht getrennt sind, sowie von Forderungen oder anderen Vermögensrechten, ferner bei der öffentlichen Verpachtung an den Meistbietenden und bei der Mitwirkung bei einer Versteigerung durch einen Dritten (§ 825 Abs. 2 der Zivilprozessordnung) entstehen, können dem Erlös vorweg entnommen werden. ²Dies gilt auch für die Kosten der Entfernung von Pfandstücken aus dem Gewahrsam des Schuldners, des Gläubigers oder eines Dritten, ferner für die Kosten des Transports und der Lagerung.

(2) Andere als die in Absatz 1 genannten Kosten oder ein hierauf zu zahlender Vorschuss können bei der Ablieferung von Geld an den Auftraggeber entnommen werden.

(3) ¹Die Absätze 1 und 2 gelten nicht, soweit § 459b der Strafprozessordnung oder § 94 des Gesetzes über Ordnungswidrigkeiten entgegensteht. ²Sie gelten ferner nicht, wenn dem Auftraggeber Prozess- oder Verfahrenskostenhilfe bewilligt ist. ³Bei mehreren Auftraggebern stehen die Sätze 1 und 2 einer Vorwegentnahme aus dem Erlös (Absatz 1) nicht entgegen, wenn deren Voraussetzungen nicht für alle Auftraggeber vorliegen. ⁴Die Sätze 1 und 2 stehen einer Entnahme aus dem Erlös auch nicht entgegen, wenn der Erlös höher ist als die Summe der Forderungen aller Auftraggeber.

§ 16 Verteilung der Verwertungskosten. Reicht der Erlös einer Verwertung nicht aus, um die in § 15 Abs. 1 bezeichneten Kosten zu decken, oder wird ein Erlös nicht erzielt, sind diese Kosten im Verhältnis der Forderungen zu verteilen.

§ 17 Verteilung der Auslagen bei der Durchführung mehrerer Aufträge. [1] Auslagen, die in anderen als den in § 15 Abs. 1 genannten Fällen bei der gleichzeitigen Durchführung mehrerer Aufträge entstehen, sind nach der Zahl der Aufträge zu verteilen, soweit die Auslagen nicht ausschließlich bei der Durchführung eines Auftrags entstanden sind. [2] Das Wegegeld (Nummer 711 des Kostenverzeichnisses) und die Auslagenpauschale (Nummer 713 des Kostenverzeichnisses) sind für jeden Auftrag gesondert zu erheben.

Abschnitt 4. Übergangs- und Schlussvorschriften

§ 18 Übergangsvorschrift. (1) [1] Die Kosten sind nach bisherigem Recht zu erheben, wenn der Auftrag vor dem Inkrafttreten einer Gesetzesänderung erteilt worden ist, Kosten der in § 15 Abs. 1 genannten Art jedoch nur, wenn sie vor dem Inkrafttreten einer Gesetzesänderung entstanden sind. [2] Wenn der Auftrag zur Abnahme der eidesstattlichen Versicherung mit einem Vollstreckungsauftrag verbunden ist, ist der Zeitpunkt maßgebend, zu dem der Vollstreckungsauftrag erteilt ist.

(2) Absatz 1 gilt auch, wenn Vorschriften geändert werden, auf die dieses Gesetz verweist.

§ 19 Übergangsvorschrift aus Anlass des Inkrafttretens dieses Gesetzes. (1) [1] Die Kosten sind vorbehaltlich des Absatzes 2 nach dem Gesetz über Kosten der Gerichtsvollzieher in der im Bundesgesetzblatt Teil III, Gliederungsnummer 362-1, veröffentlichten bereinigten Fassung, zuletzt geändert durch Artikel 2 Abs. 5 des Gesetzes vom 17. Dezember 1997 (BGBl. I S. 3039), zu erheben, wenn der Auftrag vor dem Inkrafttreten dieses Gesetzes erteilt worden ist; § 3 Abs. 3 Satz 1 und § 18 Abs. 1 Satz 2 sind anzuwenden. [2] Werden solche Aufträge und Aufträge, die nach dem Inkrafttreten dieses Gesetzes erteilt worden sind, durch dieselbe Amtshandlung erledigt, sind die Gebühren insoweit gesondert zu erheben.

(2) Kosten der in § 15 Abs. 1 genannten Art sind nach neuem Recht zu erheben, soweit sie nach dem Inkrafttreten dieses Gesetzes entstanden sind.

§ 20 *(aufgehoben)*

17 GvKostG Anl.

Gerichtsvollzieherkostengesetz

Anlage
(zu § 9)

Kostenverzeichnis

Nr.	Gebührentatbestand	Gebührenbetrag
1. Zustellung auf Betreiben der Parteien		
(1) Die Zustellung an den Zustellungsbevollmächtigten mehrerer Beteiligter gilt als eine Zustellung. (2) Die Gebühr nach Nummer 100 oder 101 wird auch erhoben, wenn der Gerichtsvollzieher die Ladung zum Termin zur Abnahme der eidesstattlichen Versicherung (§ 900 ZPO) oder den Pfändungs- und Überweisungsbeschluss an den Schuldner (§ 829 Abs. 2 Satz 2, auch i.V.m. § 835 Abs. 3 Satz 1 ZPO) zustellt.		
100	Persönliche Zustellung durch den Gerichtsvollzieher	7,50 EUR
101	Sonstige Zustellung	2,50 EUR
102	Beglaubigung eines Schriftstückes, das dem Gerichtsvollzieher zum Zwecke der Zustellung übergeben wurde (§ 192 Abs. 2 ZPO) je Seite .... Eine angefangene Seite wird voll berechnet.	Gebühr in Höhe der Dokumentenpauschale
2. Vollstreckung		
200	Amtshandlung nach § 845 Abs. 1 Satz 2 ZPO (Vorpfändung)	12,50 EUR
205	Bewirkung einer Pfändung (§ 808 Abs. 1, 2 Satz 2, §§ 809, 826 oder § 831 ZPO) .... Neben dieser Gebühr wird gegebenenfalls ein Zeitzuschlag nach Nummer 500 erhoben.	20,00 EUR
206	Übernahme beweglicher Sachen zum Zwecke der Verwertung in den Fällen der §§ 847 und 854 ZPO	12,50 EUR
210	Übernahme des Vollstreckungsauftrags von einem anderen Gerichtsvollzieher, wenn der Schuldner unter Mitnahme der Pfandstücke in einen anderen Amtsgerichtsbezirk verzogen ist	12,50 EUR
220	Entfernung von Pfandstücken, die im Gewahrsam des Schuldners, des Gläubigers oder eines Dritten belassen waren .... Die Gebühr wird auch dann nur einmal erhoben, wenn die Pfandstücke aufgrund mehrerer Aufträge entfernt werden. Neben dieser Gebühr wird gegebenenfalls ein Zeitzuschlag nach Nummer 500 erhoben.	12,50 EUR
221	Wegnahme oder Entgegennahme beweglicher Sachen durch den zur Vollstreckung erschienenen Gerichtsvollzieher	20,00 EUR

Gerichtsvollzieherkostengesetz **Anl. GvKostG 17**

Nr.	Gebührentatbestand	Gebührenbetrag
	Neben dieser Gebühr wird gegebenenfalls ein Zeitzuschlag nach Nummer 500 erhoben.	
230	Wegnahme oder Entgegennahme einer Person durch den zur Vollstreckung erschienenen Gerichtsvollzieher	40,00 EUR
	Neben dieser Gebühr wird gegebenenfalls ein Zeitzuschlag nach Nummer 500 erhoben. Sind mehrere Personen wegzunehmen, werden die Gebühren für jede Person gesondert erhoben.	
240	Entsetzung aus dem Besitz unbeweglicher Sachen oder eingetragener Schiffe oder Schiffsbauwerke und die Einweisung in den Besitz (§ 885 ZPO)	75,00 EUR
	Neben dieser Gebühr wird gegebenenfalls ein Zeitzuschlag nach Nummer 500 erhoben.	
241	Wegnahme ausländischer Schiffe, die in das Schiffsregister eingetragen werden müssten, wenn sie deutsche Schiffe wären, und ihre Übergabe an den Gläubiger	100,00 EUR
	Neben dieser Gebühr wird gegebenenfalls ein Zeitzuschlag nach Nummer 500 erhoben.	
242	Übergabe unbeweglicher Sachen an den Verwalter im Falle der Zwangsversteigerung oder Zwangsverwaltung	75,00 EUR
	Neben dieser Gebühr wird gegebenenfalls ein Zeitzuschlag nach Nummer 500 erhoben.	
250	Zuziehung zur Beseitigung des Widerstandes (§ 892 ZPO) oder zur Beseitigung einer andauernden Zuwiderhandlung gegen eine Anordnung nach § 1 GewSchG (§ 96 Abs. 1 FamFG) sowie Anwendung von unmittelbarem Zwang auf Anordnung des Gerichts im Fall des § 90 FamFG	40,00 EUR
	Neben dieser Gebühr wird gegebenenfalls ein Zeitzuschlag nach Nummer 500 erhoben.	
260	Abnahme der eidesstattlichen Versicherung	30,00 EUR
270	Verhaftung, Nachverhaftung, zwangsweise Vorführung	30,00 EUR

3. Verwertung

Die Gebühren werden bei jeder Verwertung nur einmal erhoben. Dieselbe Verwertung liegt auch vor, wenn der Gesamterlös aus der Versteigerung oder dem Verkauf mehrerer Gegenstände einheitlich zu verteilen ist oder zu verteilen wäre und wenn im Falle der Versteigerung oder des Verkaufs die Verwertung in einem Termin, bei einer Versteigerung im Internet in einem Ausgebot, erfolgt.

300	Versteigerung oder Verkauf von – beweglichen Sachen, – Früchten, die noch nicht vom Boden getrennt sind,	

17 GvKostG Anl.

Nr.	Gebührentatbestand	Gebührenbetrag
	– Forderungen oder anderen Vermögensrechten	40,00 EUR
	Neben dieser Gebühr wird gegebenenfalls ein Zeitzuschlag nach Nummer 500 erhoben. Dies gilt nicht bei einer Versteigerung im Internet.	
301	Öffentliche Verpachtung an den Meistbietenden	40,00 EUR
	Neben dieser Gebühr wird gegebenenfalls ein Zeitzuschlag nach Nummer 500 erhoben.	
302	Anberaumung eines neuen Versteigerungs- oder Verpachtungstermins oder das nochmalige Ausgebot bei einer Versteigerung im Internet	7,50 EUR
	(1) Die Gebühr wird für die Anberaumung eines neuen Versteigerungs- oder Verpachtungstermins nur erhoben, wenn der vorherige Termin auf Antrag des Gläubigers oder des Antragstellers oder nach den Vorschriften der §§ 765a, 775, 813a, 813b ZPO nicht stattgefunden hat oder wenn der Termin infolge des Ausbleibens von Bietern oder wegen ungenügender Gebote erfolglos geblieben ist.	
	(2) Die Gebühr wird für das nochmalige Ausgebot bei einer Versteigerung im Internet nur erhoben, wenn das vorherige Ausgebot auf Antrag des Gläubigers oder des Antragstellers oder nach den Vorschriften der §§ 765a, 775, 813a, 813b ZPO abgebrochen worden ist oder wenn das Ausgebot infolge des Ausbleibens von Geboten oder wegen ungenügender Gebote erfolglos geblieben ist.	
310	Mitwirkung bei der Versteigerung durch einen Dritten (§ 825 Abs. 2 ZPO)	12,50 EUR
	Neben dieser Gebühr wird gegebenenfalls ein Zeitzuschlag nach Nummer 500 erhoben.	
4. Besondere Geschäfte		
400	Bewachung und Verwahrung eines Schiffes, eines Schiffsbauwerks oder eines Luftfahrzeugs (§§ 165, 170, 170a, 171, 171c, 171g, 171h ZVG[1]), § 99 Abs. 2, § 106 Abs. 1 Nr. 1 des Gesetzes über Rechte an Luftfahrzeugen)	75,00 EUR
	Neben dieser Gebühr wird gegebenenfalls ein Zeitzuschlag nach Nummer 500 erhoben.	
401	Feststellung der Mieter oder Pächter von Grundstücken im Auftrag des Gerichts je festgestellte Person	5,00 EUR
	Die Gebühr wird auch erhoben, wenn die Ermittlungen nicht zur Feststellung eines Mieters oder Pächters führen.	
410	Tatsächliches Angebot einer Leistung (§§ 293, 294 BGB) außerhalb der Zwangsvollstreckung	12,50 EUR
411	Beurkundung eines Leistungsangebots	5,00 EUR

---

[1] Nr. 2.

Nr.	Gebührentatbestand	Gebührenbetrag
	Die Gebühr entfällt, wenn die Gebühr nach Nummer 410 zu erheben ist.	
420	Entfernung von Gegenständen aus dem Gewahrsam des Inhabers zum Zwecke der Versteigerung oder Verwahrung außerhalb der Zwangsvollstreckung	12,50 EUR
430	Entgegennahme einer Zahlung, wenn diese nicht ausschließlich auf Kosten nach diesem Gesetz entfällt, die bei der Durchführung des Auftrags entstanden sind	3,00 EUR
	Die Gebühr wird auch erhoben, wenn der Gerichtsvollzieher einen entgegengenommenen Scheck selbst einzieht oder einen Scheck aufgrund eines entsprechenden Auftrags des Auftraggebers an diesen weiterleitet. Die Gebühr wird nicht im Falle des § 12 Abs. 2 GvKostG erhoben.	

5. Zeitzuschlag

500	Zeitzuschlag, sofern dieser bei der Gebühr vorgesehen ist, wenn die Erledigung der Amtshandlung nach dem Inhalt des Protokolls mehr als 3 Stunden in Anspruch nimmt, für jede weitere angefangene Stunde	15,00 EUR
	Maßgebend ist die Dauer der Amtshandlung vor Ort.	

6. Nicht erledigte Amtshandlung

Gebühren nach diesem Abschnitt werden erhoben, wenn eine Amtshandlung, mit deren Erledigung der Gerichtsvollzieher beauftragt worden ist, aus Rechtsgründen oder infolge von Umständen, die weder in der Person des Gerichtsvollziehers liegen noch von seiner Entschließung abhängig sind, nicht erledigt wird. Dies gilt insbesondere auch, wenn nach dem Inhalt des Protokolls pfändbare Gegenstände nicht vorhanden sind oder die Pfändung nach § 803 Abs. 2, §§ 812, 851 b Abs. 2 Satz 2 ZPO zu unterbleiben hat. Eine Gebühr wird nicht erhoben, wenn der Auftrag an einen anderen Gerichtsvollzieher abgegeben wird oder hätte abgegeben werden können.

	Nicht erledigte	
600	– Zustellung (Nummern 100 und 101)	2,50 EUR
601	– Wegnahme einer Person (Nummer 230)	20,00 EUR
602	– Entsetzung aus dem Besitz (Nummer 240), Wegnahme ausländischer Schiffe (Nummer 241) oder Übergabe an den Verwalter (Nummer 242)	25,00 EUR
603	– Beurkundung eines Leistungsangebots (Nummer 411)	5,00 EUR
604	– Amtshandlung der in den Nummern 205 bis 221, 250 bis 301, 310, 400, 410 und 420 genannten Art	12,50 EUR
	Die Gebühr für die nicht abgenommene eidesstattliche Versicherung wird nicht erhoben, wenn diese deshalb nicht abgenommen wird, weil der Schuldner sie innerhalb der letzten drei Jahre bereits abgegeben hat (§ 903 ZPO).	

17 GvKostG Anl.

Nr.	Auslagentatbestand	Höhe
7. Auslagen		
700	Pauschale für die Herstellung und Überlassung von Dokumenten:	
	1. Ablichtungen und Ausdrucke,	
	a) die auf Antrag angefertigt oder per Telefax übermittelt werden,	
	b) die angefertigt werden, weil der Auftraggeber es unterlassen hat, die erforderliche Zahl von Mehrfertigungen beizufügen:	
	für die ersten 50 Seiten je Seite	0,50 EUR
	für jede weitere Seite	0,15 EUR
	2. Überlassung von elektronisch gespeicherten Dateien anstelle der in Nummer 1 genannten Ablichtungen und Ausdrucke:	
	je Datei	2,50 EUR
	(1) Die Höhe der Dokumentenpauschale nach Nummer 1 ist bei Durchführung eines jeden Auftrags und für jeden Kostenschuldner nach § 13 Abs. 1 Nr. 1 GvKostG[1]) gesondert zu berechnen; Gesamtschuldner gelten als ein Schuldner. (2) § 191a Abs. 1 Satz 2 GVG bleibt unberührt. (3) Eine Dokumentenpauschale für die erste Ablichtung oder den ersten Ausdruck eines mit eidesstattlicher Versicherung abgegebenen Vermögensverzeichnisses und der Niederschrift über die Abgabe der eidesstattlichen Versicherung werden von demjenigen Kostenschuldner nicht erhoben, von dem die Gebühr 260 zu erheben ist.	
701	Entgelte für Zustellungen mit Zustellungsurkunde	in voller Höhe
702	Auslagen für öffentliche Bekanntmachungen und Einstellung eines Ausgebots auf einer Versteigerungsplattform zur Versteigerung im Internet	
	1. bei Veröffentlichung in einem elektronischen Informations- und Kommunikationssystem oder Einstellung in einer Versteigerungsplattform, wenn ein Entgelt nicht zu zahlen ist oder das Entgelt nicht für den Einzelfall oder ein einzelnes Verfahren berechnet wird:	
	je Veröffentlichung oder Einstellung pauschal	1,00 EUR
	2. in sonstigen Fällen	in voller Höhe
703	Nach dem JVEG an Zeugen, Sachverständige, Dolmetscher und Übersetzer zu zahlende Beträge	in voller Höhe

---

[1]) Nr. 17.

Gerichtsvollzieherkostengesetz **Anl. GvKostG 17**

Nr.	Auslagentatbestand	Höhe
	(1) Die Beträge werden auch erhoben, wenn aus Gründen der Gegenseitigkeit, der Verwaltungsvereinfachung oder aus vergleichbaren Gründen keine Zahlungen zu leisten sind. (2) Auslagen für Gebärdensprachdolmetscher (§ 186 Abs. 1 GVG) und für Übersetzer, die zur Erfüllung der Rechte blinder oder sehbehinderter Personen herangezogen werden (§ 191 a Abs. 1 GVG), werden nicht erhoben.	
704	An die zum Öffnen von Türen und Behältnissen sowie an die zur Durchsuchung von Schuldnern zugezogenen Personen zu zahlende Beträge	in voller Höhe
705	Kosten für die Umschreibung eines auf den Namen lautenden Wertpapiers oder für die Wiederinkurssetzung eines Inhaberpapiers	in voller Höhe
706	Kosten, die von einem Kreditinstitut erhoben werden, weil ein Scheck des Schuldners nicht eingelöst wird	in voller Höhe
707	An Dritte zu zahlende Beträge für die Beförderung von Personen, Tieren und Sachen, das Verwahren von Tieren und Sachen, das Füttern von Tieren, die Beaufsichtigung von Sachen sowie das Abernten von Früchten	in voller Höhe
708	An Einwohnermeldestellen für Auskünfte über die Wohnung des Beteiligten zu zahlende Beträge	in voller Höhe
709	Kosten für Arbeitshilfen	in voller Höhe
710	Pauschale für die Benutzung von eigenen Beförderungsmitteln des Gerichtsvollziehers zur Beförderung von Personen und Sachen je Fahrt ...	5,00 EUR
711	Wegegeld je Auftrag für zurückgelegte Wegstrecken	
	– bis zu 10 Kilometer	2,50 EUR
	– von mehr als 10 Kilometern bis 20 Kilometer	5,00 EUR
	– von mehr als 20 Kilometern bis 30 Kilometer	7,50 EUR
	– von mehr als 30 Kilometern	10,00 EUR
	(1) Das Wegegeld wird erhoben, wenn der Gerichtsvollzieher zur Durchführung des Auftrags Wegstrecken innerhalb des Bezirks des Amtsgerichts, dem der Gerichtsvollzieher zugewiesen ist, oder innerhalb des dem Gerichtsvollzieher zugewiesenen Bezirks eines anderen Amtsgerichts zurückgelegt hat. (2) Maßgebend ist die Entfernung vom Amtsgericht zum Ort der Amtshandlung, wenn nicht die Entfernung vom Geschäftszimmer des Gerichtsvollziehers geringer ist. Werden mehrere Wege zurückgelegt, ist der Weg mit der weitesten Entfernung maßgebend. Die Entfernung ist nach der Luftlinie zu messen. (3) Wegegeld wird nicht erhoben für 1. die sonstige Zustellung (Nummer 101), 2. die Versteigerung von Pfandstücken, die sich in der Pfandkammer befinden, und	

17 GvKostG Anl. Gerichtsvollzieherkostengesetz

Nr.	Auslagentatbestand	Höhe
	3. im Rahmen des allgemeinen Geschäftsbetriebes zurückzulegende Wege, insbesondere zur Post und zum Amtsgericht.	
	(4) In den Fällen des § 10 Abs. 2 Satz 1 und 2 GvKostG[1]) wird das Wegegeld für jede Vollstreckungshandlung, im Falle der Vorpfändung für jede Zustellung an einen Drittschuldner gesondert erhoben. Zieht der Gerichtsvollzieher Teilbeträge ein (§§ 806 b, 813 a, 900 Abs. 3 ZPO), wird das Wegegeld für den Einzug des zweiten und jedes weiteren Teilbetrages gesondert erhoben.	
712	Bei Geschäften außerhalb des Bezirks des Amtsgerichts, dem der Gerichtsvollzieher zugewiesen ist, oder außerhalb des dem Gerichtsvollzieher zugewiesenen Bezirks eines anderen Amtsgerichts, Reisekosten nach den für den Gerichtsvollzieher geltenden beamtenrechtlichen Vorschriften	in voller Höhe
713	Pauschale für sonstige bare Auslagen je Auftrag	20% der zu erhebenden Gebühren – mindestens 3,00 EUR, höchstens 10,00 EUR

---

[1]) Nr. 17.

VI. Strafrecht

18. Strafgesetzbuch (StGB)

In der Fassung der Bekanntmachung vom 13. November 1998[1]
(BGBl. I S. 3322)

FNA 450-2

zuletzt geänd. durch Art. 3 UmsetzungsG Rahmenbeschlüsse Einziehung und Vorverurteilungen v. 2. 10. 2009 (BGBl. I S. 3214)

– Auszug –

Allgemeiner Teil

§§ 1–79 b *(vom Abdruck wurde abgesehen)*

Besonderer Teil

§§ 80–283 d *(vom Abdruck wurde abgesehen)*

Fünfundzwanzigster Abschnitt. Strafbarer Eigennutz

§§ 284–287 *(vom Abdruck wurde abgesehen)*

§ 288 Vereiteln der Zwangsvollstreckung. (1) Wer bei einer ihm drohenden Zwangsvollstreckung in der Absicht, die Befriedigung des Gläubigers zu vereiteln, Bestandteile seines Vermögens veräußert oder beiseite schafft, wird mit Freiheitsstrafe bis zu zwei Jahren oder mit Geldstrafe bestraft.

(2) Die Tat wird nur auf Antrag verfolgt.

§ 289 Pfandkehr. (1) Wer seine eigene bewegliche Sache oder eine fremde bewegliche Sache zugunsten des Eigentümers derselben dem Nutznießer, Pfandgläubiger oder demjenigen, welchem an der Sache ein Gebrauchs- oder Zurückbehaltungsrecht zusteht, in rechtswidriger Absicht wegnimmt, wird mit Freiheitsstrafe bis zu drei Jahren oder mit Geldstrafe bestraft.

(2) Der Versuch ist strafbar.

(3) Die Tat wird nur auf Antrag verfolgt.

---

[1] Neubekanntmachung des StGB idF der Bek. v. 10. 3. 1987 (BGBl. I S. 945, 1160) in der seit 1. 1. 1999 geltenden Fassung.

§ 290 Unbefugter Gebrauch von Pfandsachen. Öffentliche Pfandleiher, welche die von ihnen in Pfand genommenen Gegenstände unbefugt in Gebrauch nehmen, werden mit Freiheitsstrafe bis zu einem Jahr oder mit Geldstrafe bestraft.

§§ 291–297 *(vom Abdruck wurde abgesehen)*

Sechsundzwanzigster bis Dreißigster Abschnitt

§§ 298–358 *(vom Abdruck wurde abgesehen)*

Sachverzeichnis

Die fetten Zahlen bezeichnen die Gesetze, die mageren deren Artikel oder Paragraphen.
Die Buchstaben ä, ö und ü sind wie a, o und u in das Alphabet eingeordnet.

Abänderungsklage, einstweilige Anordnungen **1** 769
Abdruck aus Schuldnerverzeichnis **1** 915 d; **16** 9 f.
Abgabe der eidesstattl. Versicherung bei Zwangsvollstr. **1** 807, 889, 899
Ablehnungsbefugnis des Gerichtsvollziehers **13** 26
Ablösungsrecht des dinglich Berechtigten und des Besitzers **7** 268; bei Hypothek **7** 1142, 1150; bei Pfandveräußerung **7** 1249; bei Rentenschuld **7** 1199 ff.
Abmahnung statt Fristsetzung **7** 281
Abnahme, Unzuständigkeit des Rechtspflegers **11** 4
Abrundung, Aufteilung rückständige Steuern **5** 275
Abschrift aus Akten **1** 760; Gerichtsvollziehergebühren **17** Anl.
Abtretung des Ersatzanspruchs **7** 255, 285; von Hypothekenforderungen **7** 1153 ff.; durch Pfandrecht gesicherter Forderungen **7** 1250 f.
Abwendung, Vollstreckung **5** 292, 339–341
Abwendungsbefugnis bei Zwangsvollstreckung **14** 83 b
Akten, Einsicht **1** 760
Akzessorietät der Hypothek **7** 1153
Alternativobligation 7 262 ff.
Altersrenten, Pfändungsschutz **1** 851 c
Altersvorsorgevermögen, Pfändungsschutz **1** 851 a
Amtsgericht als Vollstreckungsgericht **1** 764, für Zwangsverst. und Zwangsverw. **2** 1 f., 163, 171 b; Zuständigkeit bei einstweiliger Verfügung **1** 942, sonstige **7** 1141
Amtsgerichte mit einem Gerichtsvollzieher **13** 17; mit mehreren Gerichtsvollziehern **13** 16; ohne Gerichtsvollzieher **13** 18; ohne Verteilungsstelle **13** 39
Amtshandlung des Gerichtsvollziehers Wochenende, Feiertag, Nachtzeit **14** 8
Amtshandlungen des Gerichtsvollziehers, Gebühren **17** 13 ff.
Amtshilfe 3 2; Vollstreckungsverfahren **5** 250
Änderung des Arrestes **1** 925; der Unpfändbarkeitsvoraussetzung **1** 850 g; von Unterhaltstiteln, Zuständigkeit **11** 20

Änderung von Bescheiden, Aufteilungsbescheid **5** 280
Androhung des Pfandverkaufs **7** 1234; Zwangsmittel **5** 332, 336
Anerkenntnis, Anerkennung des Rechts **7** 1170
Anerkenntnisurteil, Vollstreckbarkeit **1** 708
Anerkennung des Urteils eines ausländischen Gerichts **1** 723
Anfechtbarkeit außerhalb des Insolvenzverf. **8;** von Rechtshandlungen **8** 3 ff., außerhalb des Insolvenzverf. **8**
Anfechtung der Entscheidung des Rechtspflegers **11** 11, 21; durch Hypothekenschuldner **7** 1137
Anfechtungsberechtigte nach AnfG **8** 2
Anfechtungsgesetz 8
Angebot, Ersatz der Mehraufwendungen bei Gläubigerverzug **7** 304; der Leistung **7** 294 ff., Gerichtsvollziehergebühr **17** Anl.
Angelegenheiten der freiwilligen Gerichtsbarkeit, Vollstreckung gerichtlicher Anordnungen **14** 213 f
Angestellter, Haftung für Verschulden **7** 278
Anhörung vor Erteilung der Vollstreckungsklausel **1** 730; bei Erwirkung von Handlungen oder Unterlassungen **1** 891; keine vor Pfändung einer Forderung **1** 834
Anmeldung von Rechten im Zwangsversteigerungsverf. **2** 37; Steuern, Verfahren **5** 249; im Zwangsversteigerungsverf. **2** 45, 114, 140
Annahme der Leistung **7** 281, 293
Annahmeverhinderung, vorübergehende **7** 299
Annahmeverweigerung 7 274, 293; durch Zustellungsempfänger **14** 37
Annahmeverzug 7 293, 298, 301 f.; Gerichtsvollziehergebühr **17** Anl.; kein A. bei Unvermögen des Schuldners **7** 297; Wirkungen **7** 300; bei Zug-um-Zug-Leistung **1** 756, 765
Anordnung, richterliche A. **5** 287
Anordnung, -en der Zwangsverst. **2** 15 bis 27, 181
Anrechnung, Zahlungen bei Gesamtschuldnern **5** 276

497

Sachverzeichnis

fette Zahlen = Gesetze

Anschlusspfändung 1 826 f.; 5 307; 14 167
Anspruch, Ansprüche auf Herausgabe 7 285
Anstalten, Zwangsvollstr. gegen 1 882 a
Anteil, -e des Miteigentümers 7 1114, 1258
Antrag auf Abdruck oder Listen aus Schuldnerverzeichnis 16 4; auf Anordnung der Zwangsverst. 2 15 f.; auf einstweil. Einstellung der Zwangsverst. 2 30 b; auf Eintragung in Grundbuch 7 1115, 1139, 1157, 1168, 1189; auf Fortsetzung der Zwangsverst. 2 31; auf Versagung des Zuschlags im Zwangsversteigerungsverf. 2 74 a
Anwaltszwang, Ausschluss 11 13
Anzeige der Verpfändung der Forderung 7 1280
Arbeitseinkommen, Begriff iSd Pfändungsschutzvorschriften 1 850; Berechnung des pfändbaren 1 850 e; Pfändung gleichgestellter Bezüge 1 850; Pfändungsfreigrenze 1 850 c; Pfändungsschutz 1 850 bis 850 i; Pfändungsumfang 1 833; Schätzung bei Lohnpfändung 1 850 i
Arbeitsgericht, -e, Niederlegung des Schiedsspruchs 4 108; Verfahren 4 46 ff.; Zuständigkeit 4 110 f.
Arbeitsgerichtsverfahren, Erledigung des Verfahrens 4 83 a; Mahnverf. 4 46 a; Vergleich 4 83 a; Zwangsvollstreckung aus Beschlüssen 4 85
Arbeitslohn, Pfändung 1 850 bis 850 i
Arrest 1 916 bis 934; in Arbeitssachen 4 62; Aufhebung 1 923, 925 ff., 934; dinglicher 1 917; Gebühren für Anordnung, Abänderung, Gesuch 1 920; persönl. 1 918, 933; Pfändungskosten 17 Anl.; Schadensersatz nach Aufhebung eines ungerechtfertigten 1 945; Unzulässigkeit des dingl. 1 Anm. zu 917; Vollstreckbarkeit des aufhebenden Urteils 1 708; Vollstreckungsverfahren 5 324–326; Vollziehung 1 928 bis 933; 14 192 bis 194
Arrestbefehl 1 923 f.
Arrestbeschluss 1 922
Arrestgericht 1 919, 926
Arrestgrund 1 917 f., 920; Erledigung 1 927
Arresthypothek 1 932
Arrestpfandrecht an Schiffen 1 931
Arresturteil 1 922
Arrestverfahren, Geschäfte des Rechtspflegers 11 20
Aufenthaltsort des Schuldners im Gerichtsvollzieherbezirk 13 22 a
Aufgabe des Besitzes 7 303; des Pfandrechts 7 1255

Aufgebot eines Hypothekenbriefes 7 1162; des Hypothekengläubigers 7 1170 f., 1188
Aufgebotsverfahren im Zwangsversteigerungsverf. 2 136, 138, 140
Aufhebung, Arrest 5 325, 326; der einstweiligen Verfügung 1 939; der Gemeinschaft 7 1258; der Hypothek 7 1165; des Pfandrechts 7 1255; Vollstreckung 5 257, 258, 262; der Vollstreckung in Kostensachen 3 8 f.; von Vollstreckungsmaßregeln 1 811 d, 851 b, ohne Sicherheit 1 776; der vorläufigen Vollstreckbarkeit 1 868
Aufhebungsklage gegen Schiedsspruch in Arbeitssachen 4 110
Auflage, Nachlassverbindlichkeit, Anfechtung 8 5
Aufrechnung zur Befriedigung des Pfandgläubigers 7 1224; durch Dritte zur Abwendung der Zwangsvollstreckung 7 268; des Grundstückseigentümers 7 1137; gegenüber Hypotheken- und Pfandgläubiger 7 1142, 1224; gegen Miet- oder Pachtforderungen 7 1125
Aufschiebende Einreden des Erben bei Zwangsvollstr. 1 782 f., 785
Aufschiebende Wirkung der Berufung und Revision 1 705
Aufschub, Vollstreckung 5 258
Aufsicht des Gerichts über Zwangsverwalter 2 153; über Schuldner als Zwangsverwalter 2 150 c
Aufteilung, Gesamtschulden 5 268–280
Auftrag an den Gerichtsvollzieher Allgemeines 14 4 bis 6, Form 14 4; des Gerichtsvollziehers 13 18; iSd GvKostG 17 3; zur Vollstreckung 5 285; zur Zwangsvollstr. 1 753 ff.
Aufträge, Ablehnung und Abgabe 13 26 bis 32; des Gerichtsvollziehers 13 26 bis 41
Auftraggeber, Kostenschuldner für Gerichtsvollzieherkosten 17 3
Aufwandsentschädigung, Vollziehungsbeamte 5 345
Aufwendungen, Befreiungsanspruch von Verbindlichkeiten für 7 257; Ersatz 7 256 f.; Ersatz vergeblicher A. 7 284
Aufwendungsersatz statt Schadensersatz 7 284
Auseinandersetzung eines Nachlasses durch Zwangsverst. 2 175 bis 179; Übernahme im Wege der Zwangsverst. 2 180
Ausfertigung, Leistung, Zug um Zug 1 726; für und gegen Testamentsvollstr. 1 749
Ausgleich des Zugewinnes der Ehegatten, Pfändbarkeit 1 852
Aushändigung des Hypothekenbriefs 7 1117

magere Zahlen = Artikel, Paragraphen

Sachverzeichnis

Auskunft über Eintragungen im Schuldnerverzeichnis **1** 915 b
Auskunftspflicht über einen Inbegriff von Gegenständen, Bestandsverzeichnis **7** 260
Auskunftspflichten, Drittschuldner **5** 316; Vollstreckungsverfahren **5** 249, 315
Auslagen der Gerichtsvollzieher **17** 1, 17, Anl. Nr. 7; Vollstreckungsverfahren **5** 344, 345; des Zwangsverwalters **15** 21
Ausland, Zwangsvollstr. **1** 917
Ausländische Schuldtitel, Vollstreckbarerklärung **1** 722
Ausschließliche Gerichtsstände 1 802
Ausschließung der Erteilung eines Hypothekenbriefes **7** 1116; des Gerichtsvollziehers von dienstlicher Tätigkeit **14** 2
Ausschluss der Haftung wegen Vorsatzes **7** 276
Ausschluss der Leistungspflicht, Schadensersatz **7** 283
Ausschlussurteil im Zwangsversteigerungsverf. **2** 141
Außenwirtschaftsverkehr, Vollsteckungsbeschränkungen **14** 80
Aussetzung des Verteilungsverf. **2** 116; Verwertung **5** 297
Austauschpfändung 1 811 a, 811 b; **14** 123; eidesstattliche Versicherung **5** 284; vorläufige **14** 124
Auswechslung der Forderung bei Hypothek **7** 1180

Banken, Zinseszinsen **7** 248
Bankguthaben, Pfändungsschutz **1** 8501
Bargebot im Zwangsversteigerungstermin **2** 49, 51
Basiszinssatz 7 247
Beamte, Beitreibung von Ansprüchen gegen **3** 1; Verhaftung zur Abgabe einer eidesstattl. Versicherung **1** 910
Bedingte Ansprüche, Arrest wegen **1** 916; im Zwangsversteigerungsverf. **2** 14, 48, 50, 119 f., 125
Bedingte Forderungen, Hypothek **7** 1113; Pfandrecht **7** 1204, 1209; Verwertung gepfändeter **1** 844
Beeidigung, keine B. durch Rechtspfleger **11** 4
Beeinträchtigung des Pfandrechts **7** 1227
Befreite Pflegschaft 12 191
Befreiung von Gerichtsvollzieherkosten **17** 2
Befreiungsanspruch von der Verbindlichkeit für Aufwendungen **7** 257
Befriedigung bei Gesamthypothek **7** 1182; des Gläubigers durch einen Dritten **7** 267 f., Erlöschen der Hypothek **7** 1181; Klage auf vorzugsweise **1** 805; durch persönlichen Schuldner **7** 1174; des Pfandgläubigers **7** 1224 f., 1228, 1247; aus verpfändetem Rechte **7** 1277
Beglaubigung, Gerichtsvollziehergebühren **17** 16, Anl.; durch Rechtspfleger **11** 3; zuzustellender Schriftstücke durch den Gerichtsvollzieher **14** 26
Behörde, Zwangsvollstr. mittels Ersuchens einer **1** 789
Behörden, Vollstreckung **5** 255
Beisitzer, Beitreibung von Ansprüchen gegen nichtbeamtete **3** 1
Beitreibung von Ansprüchen der Bundeskasse **3** 1 ff.; Beizutreibende Ansprüche **14** 261; gepfändeter Geldforderung **1** 842 f.; nach Justizbeitreibungsordnung, im Zwangsvollstreckungsverfahren **14** 260 bis 273; von Justizkosten **3**; Verfahren des Gerichtsvollziehers **14** 264; Vollstreckungsbehörde **14** 262; Zuständigkeit **14** 260
Beitritt zum Zwangsversteigerungsverf. **2** 27
Bekanntmachung, Auslagen des Gerichtsvollziehers **17** Anl.; der Versteigerung **7** 1237; des Versteigerungstermins bei Zwangsverst. **2** 39 f.
Belastung mit Hypothek **7** 1113 f.; mit Rentenschuld **7** 1199; Verträge über **7** 1136
Belastungsverbot 7 1136
Bemessungsgrundlage, Vollstreckungsgebühren **5** 339–341
Benachrichtigung des Eigentümers vom Verkauf des Pfandes **7** 1241
Benachteiligung des Gläubigers durch Schuldner **8** 3
Berechtigungen, Zwangsvollstr. und Arrestvollziehung in grundstücksgleiche **1** 864
Berichtigung des Grundbuchs **2** 158; **7** 1144 f., 1167
Berufung 4 61; Einstellung der Vollstreckung wegen **1** 719; vorläufige Vollstreckbarkeit des Urteils **1** 718
Berufungsgericht als Gericht der Hauptsache **1** 943
Bescheid, Aufteilungsbescheid **5** 279
Beschlagnahme von Erzeugnissen des Grundstücks **7** 1121 f.; des Grundstücks **7** 1124, 1126, bei Zwangsverst. **2** 20 bis 23, 26, 173, bei Zwangsverw. **2** 148, 151; Pfändung von Früchten und Zubehör nach **1** 810, 865; Vermögen, Pfändung **5** 281, 282; im Zwangsversteigerungsverf. **2** 55; durch den Zwangsverwalter **15** 3 bis 8
Beschluss im arbeitsgerichtl. Verfahren **4** 84; Aufhebung der Arrestvollziehung **1**

499

Sachverzeichnis

fette Zahlen = Gesetze

934; über einstweilige Einstellung der Zwangsvollstreckung **1** 707; über Erinnerung gegen Vollstreckungsklausel **1** 732; zur Erteilung des Zuschlags in Zwangsverst. **2** 87, 89; Familiensachen **6** 38 ff.; freiwillige Gerichtsbarkeit **6** 38 ff.; über Räumungsfrist **1** 721; Rückgabe der Sicherheit **10** 109

Beschränkte Haftung, Vollstreckung **5** 266; und Zwangsvollstr. **1** 780 bis 786

Beschränkte Pfändung 5 281

Beschränkte Vollstreckung 5 257, 258, 268, 277, 278

Beschränkung der Haftung des Erben **1** 781, und Zwangsvollstr. **1** 786; des Schuldverhältnisses bei Wahlschuld **7** 265

Beschuldigter, Beitreibung von Ansprüchen gegen **3** 1

Beschwerde gegen Entscheidungen des Rechtspflegers **11** 11; gegen Schuldnerverzeichnis **1** 915 c; im Verf. nach JBeitrO **3** 8; im Zwangsversteigerungsverf. **2** 95 f.; im Zwangsvollstreckungsverf. **1** 793

Besitz, Aufgabe **7** 303; Entsetzung durch Gerichtsvollzieher, Gebühr **17** Anl.; mittelbarer **7** 1205; der Pfandsache **7** 1205

Besitzer, Befriedigungsrecht **7** 268; eines Hypothekenbriefs **7** 1155

Besorgnis der Vollstreckungsvereitelung **1** 917 (Arrest)

Bestandsverzeichnis bei Auskunftspflicht **7** 260

Bestandteile, Erstreckung der Hypothek auf **7** 1120 ff.; eines Grundstücks **7** 1120 ff.

Bestätigung des Arrests **1** 925, 927

Bestellung des Pfandrechts **7** 1274; eines Sequesters **1** 848; eines Zwangsverwalters **2** 150 b

Betagte Ansprüche, Arrest **1** 916; Verwertung bei Pfändung **1** 844; bei der Zwangsverst. **2** 111

Beteiligte im Zwangsversteigerungsverf. **2** 9, 163

Betreiben der Partei, Zustellung des Arrestbeschlusses **1** 922; des Pfändungsbeschlusses an den Drittschuldner **1** 829

Betriebssteuern, Haftung **5** 75

Betriebsübernahme, Haftung **5** 75

Beurkundung durch Gerichtsvollzieher **14** 10, Gebühren **17** Anl.; durch Rechtspfleger **11** 3; vollstreckbarer Urkunden **1** 799 f.

Bevollmächtigte, Haftung **5** 191

Bewachung von Schiffen, Gebühr **17** Anl.

Bewegliche Sachen, Pfandrecht **7** 1204 bis 1258; des Schuldners **1** 777; Sicherheitsleistung **7** 232, 235, 237; Überweisung einer durch Pfandrecht gesicherten Forderung **1** 838; Zwangsvollstr. **1** 803 ff., in Ansprüche auf Herausgabe **1** 847, 854, 886

Bewegliches Vermögen, Arrestvollziehung **1** 930; Vollstreckung **5** 281–321; Zwangsvollstr. **1** 803 bis 863

Beweislast bei Anfechtung außerhalb des Insolvenzverf. **8** 3; bei Unmöglichkeit der Leistung **7** 283

Bewilligung der einstweil. Einstellung des Zwangsversteigerungsverf. **2** 30

Bewilligungsverfahren für Schuldnerverzeichnis **16** 2 bis 8

Bezüge, bedingt pfändbare **1** 850 b

Billiges Ermessen beim Pfandverkauf **7** 1246

Billigkeitsmaßnahmen, Verwertung von Pfandsachen **5** 297; Vollstreckung **5** 258

Binnenschifffahrt, privatrechtl. Verhältnisse **7** Anm. zu 1257

Binnenschifffahrtsrechtliche Haftungsbeschränkung 1 786 a

Börsenpreis beim Pfandverkauf **7** 1221, 1235, 1295

Böser Glaube des Pfandrechterwerbers **7** 1207 f.

Brandversicherung des Hypothekengegenstandes **7** 1127 bis 1130

Brief, Unpfändbarkeit auf der Post **1** Anm. zu 811

Briefhypothek 7 1116 f.; des Eigentümers **7** 1163; Form der Abtretung **7** 1154; Legitimation des Gläubigers **7** 1160 f.

Bringschuld 7 270

Bruchteil von Grundstücken **7** 1114; Zwangsvollstr. **1** 864

Buchforderungen, Sicherheitsleistung **7** 232, 236

Buchhypothek 7 1116 f., 1139, 1154, 1160; Sicherungshypothek **7** 1185

Bund, Freiheit von Gerichtsvollzieherkosten **17** 2; Zwangsvollstr. gegen **1** 882 a

Bundesamt für Justiz, Kostenbeitreibung **3** 2

Bundesbank, Stellung in Zwangsverst. **2** 67

Bürge, Bürgschaft, Einreden **7** 1137, 1211, 1251; Erlöschen bei Antrag auf Rückgabe der Sicherheit **1** 715; Sicherheitsleistung **7** 232, 239; als Sicherheitsleistung **10** 108; Unzulässigkeit der Sicherheitsleistung **7** 273

Bürgerliche Rechtsstreitigkeiten, Ausschließung der Gerichtsvollzieher **9** 155; Geschäfte des Rechtspflegers **11** 20

Darlehen, gesicherte D., Anfechtbarkeit **8** 6 a; einer Kreditanstalt **7** 1115; Nichtgewährung **7** 1139

Darlehenshypothek 7 1139

magere Zahlen = Artikel, Paragraphen

Sachverzeichnis

Datensammlung 5 249
Datenschutz, Schuldnerverzeichnis 1 915 f; beim Schuldnerverzeichnis 1 915 e; 16 5
Deckungsregister, unpfändbare Sachen 1 811
Deputat als Arbeitseinkommen 1 850 e
Deutsche Genossenschaftsbank, keine Sicherheitsleistung bei Versteigerung 2 67
Deutsche Girozentrale 2 67
Deutsche Kommunalbank 2 67
Dienstbehörde, Anzeige des Gerichtsvollziehers 1 910
Dienstbezüge, Pfändung 1 850
Diensteinkommen, Pfändung 1 832 f., 850
Dienstleistungen, Verurteilung zu 1 888
Dienstreise des Gerichtsvollziehers 14 265
Dinglicher Arrest 1 917; 14 193; Vollstreckungsverfahren 5 324, 325
Dokumentenpauschale des Gerichtsvollziehers 17 Anl. Nr. 7
Dolmetscher, Zuziehung durch Gerichtsvollzieher 14 10 a
Dringlichkeit bei Arrest und einstweiliger Verfügung 1 937, 942, 944
Dritte, Geltendmachung eines Pfand- oder Vorzugsrechts durch einen nichtbesitzenden 1 805; Gewahrsam bei Pfändung 1 886; Leistungen durch 7 267 f.; Pfändung von körperl. Sachen 1 809; Vornahme einer Handlung 1 887; Widerspruch gegen Zwangsvollstr. 1 771; 3 6; Zwangsvollstr. 1 750
Drittschuldner 14 172 f; Anzeige an Amtsgericht 1 853 bis 856; Erklärung über gepfändete Forderungen 1 840; Vollstreckungsverfahren 5 309, 315, 316; Zahlungsverbot an 1 829; Zwangsvollstr. in Vermögensrechte 1 857
Drittschuldnerermittlung 14 108 a
Drittwiderspruch, Drittwiderspruchsklage 1 771
Duldung, Zwangsvollstr. zur Erwirkung einer 1 890, 892
Duldungsbescheid, Vollstreckungsverfahren 5 191, 323
Duldungspflicht, Vollstreckungsverfahren 5 77, 287
Duldungstitel 1 737, 739, 743, 748
Durchsuchung durch Gerichtsvollzieher 1 758; bei Zwangsvollstreckung 14 107
Durchsuchungsbefugnisse, Vollziehungsbeamter 5 287

Edelmetalle, Versteigerung im Vollstreckungsverfahren 5 300
Ehegatte, Pfändung des Anteils am Gesamtgut der Gütergemeinschaft 1 860; Rechtsstellung bei Zwangsvollstr. gegen den anderen 1 739 bis 745; Widerspruchsklage gegen Zwangsvollstr. 1 774; Zwangsvollstr. 1 744 a
Ehegatten, Vollstreckung 5 263
Eheleute, Zwangsvollstreckung 14 95 bis 98
Ehesachen, Urteil, nicht vorläufig vollstreckbar 1 704
Eheschließung, keine Verurteilung zur 1 894
Eid, Unzuständigkeit des Rechtspflegers 11 4
Eidesstattliche Versicherung 1 899 bis 903, 915; Abgabe 7 259 ff.; Abnahme durch Gerichtsvollzieher, Gebühr 17 Anl.; Abnahme durch den Gerichtsvollzieher 13 22 a; Änderung 7 261; Ergänzung oder Nachbesserung des Vermögensverzeichnisses 14 185 o; bei Herausgabe eines Inbegriffs von Gegenständen 7 260 f.; bei Herausgabevollstreckung 14 185 m; Kosten der Abnahme 7 261; in Kostensachen 3 7; bei Pfändung 1 807; bei Rechnungslegung 7 259; sofortige Abnahme 14 185 f; in Steuersachen 14 187; Verfahren nach Abgabe 14 185 g; Verpflichtung zur Abgabe 1 883, 889; Verweigerung der Abgabe 14 185 j; Vollstreckungsverfahren 5 284, 315; zur Vorbereitung der Geltendmachung gepfändeter Forderungen 14 185 l; Widerspruch gegen Pflicht zur Abgabe 14 185 i; Wiederholung 14 185 n; in Zwangsvollstreckung 14 185 a bis 185 o
Eigenbesitz des Schuldners bei Zwangsverw. 2 147
Eigenmacht, verbotene 1 940 a
Eigentum, Erwerb durch Zuschlag 2 90; gutgläubiger Erwerb 7 1244; des Verpfänders, Unterstellung 7 1248; an verpfändeten Sachen 7 1229
Eigentümer, Befriedigungsrecht 7 1142; Bietungsrecht bei Versteigerung 7 1239; Einreden gegen Hypothek 7 1137; Unterwerfung unter sofortige Zwangsvollstr. 1 799 f.
Eigentümergrundschuld 7 1177, 1196 f.
Eigentümerhypothek 1 868; 7 1163, 1168 ff.; Gesamthypothek 7 1143, 1172 f., 1182
Eigentumserwerb beim Pfandverkauf 7 1242
Eigentumsfiktion bei Hypothek 7 1148; beim Pfandverkauf 7 1248
Eigentumsvermutung zugunsten der Gläubiger eines Ehegatten 7 1362; bei Hypothek 7 1148
Eilaufträge des Gerichtsvollziehers 13 38

Sachverzeichnis

fette Zahlen = Gesetze

Einigung über Rechte an bewegl. Sachen **7** 1205, 1250
Einkommensteuer, Aufteilung bei Gesamtschuldnern **5** 270, 274
Einlagen, Verzinsung **7** 248
Einlösungsrecht 7 268, 1150, 1249
Einrede bei Anfechtung **5** 191
Einrede, -n, Erhebung des Anfechtungsanspruchs **8** 9; gegen Hypothek **7** 1137 f., 1157, 1169; gegen Pfandrecht **7** 1211, 1254; des Schuldners bei Faustpfand **1** 838; des Verpfänders **7** 1211; Verzicht auf E. der Vorausklage **7** 239; des Zurückbehaltungsrechts **7** 273
Einspruch, Einstellung der Vollstreckung nach **1** 719
Einstellung der Beitreibung in Kostensachen **3** 8; Versteigerung **5** 301; Vollstreckung **5** 257, 258, 262; der Vollstreckung im Verf. nach JBeitrO **3** 9; des Zwangsversteigerungsverf. **2** 30, 75 ff., 180; der Zwangsvollstr. **1** 719, 868, beim Antrag auf Wiedereinsetzung oder Wiederaufnahme des Verf. **1** 707, bei Einwendungen gegen Zulässigkeit der Vollstreckungsklausel **1** 769, bei Widersprüchen Dritter **1** 805
Einstweilige Anordnung bei Einwendungen gegen Zulässigkeit der Vollstreckungsklausel **1** 732, 769; Familiensachen **6** 49 ff.; bei Widerspruch gegen Arrest **1** 924, Dritter gegen Zwangsvollstr. **1** 805
Einstweilige Einstellung der Kostenbeitreibung **3** 9; der Zwangsvollstr. **1** 707, 719, 919
Einstweilige Verfügung 1 935 bis 945; in Arbeitssachen **4** 62, 85; Aufhebung **1** 942; Räumung von Wohnraum **1** 940 a; gegen Sicherheitsleistung **1** 939; Sicherstellung einer Sache **14** 195; zur Sicherung des Rechtsfriedens **1** 940; Vollstreckbarkeit des Urteils **1** 708; im Vollstreckungsverfahren **14** 195; Vollziehung **1** 936; Vormerkung oder Widerspruch auf Grund einer **1** 942
Eintragung der Abtretung der Hypothek **7** 1154; in öffentl. Buch oder Register **1** 895 f.; einer Sicherungshypothek aus vollstreckbarem Urteil **1** 868; des Treuhänders bei Hypothek für indossable Papiere **7** 1189; des Verzichts auf Hypothek **7** 1168
Eintragungsbewilligung, Bezugnahme **7** 1115
Einwendungen gegen vollstreckbare gerichtl. und notarielle Urkunden **1** 797; gegen vollstreckbaren Anspruch **1** 767 bis 770, 796 f.; gegen Vollstreckung **5** 256, nach JBeitrO **3** 8 f.; gegen Vollstreckungsbescheid **1** 796; gegen Zulässigkeit der Vollstreckungsklausel **1** 732, 797 a; gegen Zwangsvollstr. **1** 766
Einwilligung des Schuldners zur Leistung durch einen Dritten **7** 267
Einzelausgebot bei Zwangsverst. **2** 63
Einziehung, gepfändete Forderung **5** 314, 315; einer verpfändeten Forderung **7** 1282, 1284 f.
Einziehungsverfügung, Vollstreckungsverfahren **5** 314, 315
Eisenbahnbetrieb, Zwangsvollstr. **1** 871
Eisenbahnen, Frachtverkehr **7** Anm. zu 1257; Unpfändbarkeit der Fahrbetriebsmittel **1** Anm. zu 811; Unzulässigkeit der Sicherungsbeschlagnahme im Frachtverkehr **1** Anm. zu 917
Empfangsbedürftige Geschäfte 7 263
Endurteil, Arrestverf. **1** 922, 925, 927; Zwangsvollstreckung **1** 704 bis 723
Entgangener Gewinn 7 252
Entgeltforderung, Verzug **7** 286
Entnahmerecht der Gerichtsvollzieher **17** 15
Entschädigung in Geld **7** 249 ff., bei Heilbehandlung von Tieren **7** 251; Verurteilung zur Zahlung einer **1** 888 a
Entstehung, Vollstreckungsgebühren **5** 339–341
Erbbaurecht, Vollstreckung **5** 322, 323
Erbe, Anfechtbarkeit der Rechtshandlungen **8** 5; Beschränkung in guter Absicht **1** 863; Geltendmachung der Haftungsbeschränkung **1** 780 bis 785; Wirksamkeit von Urteilen für und gegen, Nacherben **1** 728; Zwangsversteigerungsantrag **2** 175; Zwangsvollstr. gegen **1** 747 f., 778 bis 785
Erben, Vollstreckung **5** 265
Erbenhaftung, Vorbehalt der Beschränkung bei Zwangsvollstreckung **14** 94
Erblasser, Urteil gegen **1** 750
Erbschaft, Nießbrauch **1** 737 f.; Pfändung der Nutzungen einer E. bei Nacherbfolge **1** 863; Zwangsvollstr. in **1** 778
Erbschein, Zwangsvollstr. **1** 792, 896
Erfüllung, Angebot **7** 294; Zug um Zug **7** 274
Erfüllungsgehilfe 7 278
Erfüllungsort 7 269
Ergänzung der Sicherheitsleistung **7** 240
Ergänzungsurteil 1 716
Erhaltung, Kosten bei Gläubigerverzug **7** 304
Erhebung, Kosten im Vollstreckungsverfahren **5** 337–346
Erinnerung gegen Ansatz von Gerichtsvollzieherkosten **17** 5; gegen Art und Weise der Zwangsvollstr. **1** 766; gegen

magere Zahlen = Artikel, Paragraphen **Sachverzeichnis**

Entscheidungen des Rechtspflegers **11** 11, 21
Erklärung des Drittschuldners über gepfändete Forderung **1** 840
Erklärungspflichten, Drittschuldner **5** 316
Erlass, Steuern, Haftung **5** 191
Erledigung des Arrestgrundes **1** 927; des Auftrags für Gerichtsvollzieher **17** Anl.
Erledigung des Verfahrens, Arbeitssachen **4** 83 a
Erlös aus dem Pfande **7** 1219, 1247; der Versteigerung Annahme **14** 256; Verteilung nach Grundstücksversteigerung **2** 105 bis 145; der Zwangsversteigerung Auszahlung **14** 169 f
Erlöschen des Gebotes bei Versteigerung **2** 72; der Hypothek **7** 1178, 1181; des Pfandrechts **7** 1242, 1250, 1252 f., 1255 f., 1276, 1278; der Rechte Dritter durch Zuschlag **2** 52, 91 f.
Ermächtigung zur Vornahme einer vertretbaren Handlung **1** 887
Ermessen des Gerichts bei einstweiliger Verfügung **1** 938
Erneuerungsschein bei Hinterlegung **7** 234
Eröffnungsbeschluss bei Konkurs-, Gesamtvollstreckungsverfahren, Insolvenzverfahren **14** 90
Ersatz von Aufwendungen **7** 256 f.; wegen einstweiliger Verfügungen **1** 945; der Nutzungen **7** 302; wegen ungerechtfertigter Arreste **1** 945
Ersatzansprüche, Abtretung **7** 255, 285
Ersatzbeschaffung für unpfändbare Sache **1** 811a, 811b
Ersatzteile für Luftfahrzeuge **14** 166 a; Vollstreckung **5** 306
Ersatzvornahme, Vollstreckungsverfahren **5** 328, 330
Ersatzzustellung, besondere Vorschriften **14** 36; bei Nichtantreffen durch Gerichtsvollzieher **14** 29
Ersatzzwangshaft, Vollstreckungsverfahren **5** 334
Ersetzungsbefugnis (facultas alternativa) **7** 249
Ersteher, Übergang von Nutzungen und Lasten **2** 56
Ersuchen, Vollstreckung **5** 250
Erwerb, Betrieb, Haftung **5** 75; der Hypothek **7** 1117, 1167
Erwerbsgeschäft eines Ehegatten, Zwangsvollstr. **1** 741
Erzeugnisse, Erstreckung der Hypothek auf **7** 1120 ff., des Pfandrechts auf **7** 1212; landwirtschaftl., Zulässigkeit und Voraussetzung der Pfändung **1** 813

Erzwingungshaft bei vergebl. Vollstreckung einer Geldbuße **11** 4
Erzwingungsmaßnahmen, eidesstattliche Versicherung **5** 284; Finanzbehörde **5** 328–336
Europäischer Zahlungsbefehl, Zuständigkeit des Richters **11** 20
Europäisches Mahnverfahren, Zuständigkeit des Rechtspflegers **11** 20
Exterritoriale, Amtshandlungen des Gerichtsvollziehers gegen **14** 3

Fahrlässigkeit, Begriff **7** 276; grobe **7** 277; des Schuldners **7** 287; bei Verzug des Gläubigers **7** 300
Fälligkeit des Anspruchs **7** 271; Einziehungsrecht, Verkaufsberechtigung des Pfandgläubigers bei **7** 1228, 1282; der Geldschuld **7** 291; der Gerichtsvollzieherkosten **17** 14; des Kapitals der Grundschuld **7** 1193; Zahlung vor Eintritt der **7** 272
Familienangehörige, Anwesenheit bei Vollstreckungshandlungen **1** 759
Familiensachen, Beschluss **6** 38 ff.; einstweilige Anordnung **6** 49 ff.; Gerichtskosten **6** 80 ff.; Verfahren **6** 1, mit Auslandsbezug **6** 97 ff.; Vergleich **6** 36; Vollstreckung **6** 86 ff.; Zwangsmittel **6** 35
Faustpfand, Einrede des Schuldners **1** 838
Faustpfandrecht 1 804; **7** 1205
Fehlerhafter Kostenansatz 17 6
Feiertage, Termine an **12** 193; Vollstreckungsmaßnahmen **5** 289
Feldfrüchte, Zulässigkeit und Voraussetzung der Pfändung **1** 813
Fernschreibgebühren des Gerichtsvollziehers **17** Anl.
Fernsprechgebühren der Gerichtsvollzieher **17** Anl.
Festgebühr, -en des Gerichtsvollziehers **17** 10 bis 12
Festsetzung der Vergütung des Rechtsanwalts **11** 21
Festsetzungsfrist, Haftung **5** 191; Vollstreckungskosten **5** 346
Feststellung des geringsten Gebots bei Zwangsverst. **2** 45; des Grundstückswertes bei Zwangsverst. **2** 74 a; von Mietern oder Pächtern, Gebühr **17** Anl.
Feuerversicherung des Hypothekengegenstandes **7** 1127 bis 1130
Fiskus, Hinterlegung **7** 233; Zwangsvollstr. gegen **1** 882 a
Flößerei, privatrechtl. Verhältnisse **7** Anm. zu 1257
Forderung, Zwangsvollstreckung in die **14** 172 bis 178

Sachverzeichnis

fette Zahlen = Gesetze

Forderungen, Anschlusspfändung **1** 853 bis 856; Auswechslung bei Hypothek **7** 1180; beschränkt pfändbare F. **1** 852; Pfändbarkeit **1** 851; Pfandrecht **7** 1279 ff.; Pfändung **5** 309–321; als Sicherheit **7** 232, 236, 238; Übergang der F. kraft Gesetzes **7** 268; Übertragung **7** 1153 ff.; Verpfändung **7** 1279 ff.; Zwangsvollstr. in **1** 828 bis 863

Forderungspfändung, Gerichtsvollzieherkosten **17** Anl.; nach JBeitrO **3** 11; in Kostensachen **3** 6

Forderungsübergang kraft Gesetzes **7** 1143, 1225, 1249, 1251

Form, Aufteilungsbescheid **5** 279

Forstwirtschaftliche Grundstücke, Zwangsverst. **2** 21; Zwangsverw. **2** 149

Fortgesetzte Gütergemeinschaft, Zwangsvollstr. **1** 745

Fortlaufende Bezüge, Pfändung **5** 312

Fortsetzung der Zwangsverst., nach einstweil. Einstellung **2** 31

Freihändiger Verkauf, außerhalb der Zwangsvollstreckung **14** 242, 257, Erlös, nicht versteigerte Gegenstände **14** 243; von Pfandstücken **14** 147 bis 149; Protokoll **14** 149; Verfahren **14** 148

Freiwillige Gerichtsbarkeit, Familiensachen **6** 38 ff.

Freiwillige Versteigerung, Auftrag **14** 248 f; Bedingungen **14** 250; Bekanntmachung, Termin **14** 254 f; Erlös, versteigerte Sachen **14** 256; für Rechnung des Auftraggebers durch Gerichtsvollzieher **14** 247 bis 259; Schätzung durch Sachverständige **14** 251; Vorbesichtigung **14** 252 f; Zuständigkeit, Verfahren **14** 247

Freiwillige Versteigerungen durch den Gerichtsvollzieher **13** 21

Fremdwährungswechsel, Wechselprotest **14** 226

Frist, -en, Auslegungsvorschriften **12** 186 bis 193; nach dem BGB **12** 186; für Rechtsbehelfe nach der RPflG **11** 11; bei Rechtsgeschäften **12** 186 bis 193; bei Sicherheitsleistung **10** 109, 113; Verlängerung **12** 190; zur Wiederherstellung des früheren Zustandes **7** 250; Zustellung von Urteil mit Vollstreckungsklausel **1** 750

Fristen, Mahnf. **5** 259; Vollstreckungsf. **5** 254

Fristenberechnung durch Gerichtsvollzieher **14** 9

Fristsetzung bei Leistungsverweigerung des Schuldners **7** 281

Früchte, Haftung für Hypothek **7** 1120 ff.; Kosten der Pfändung **17** Anl.; Pfändung **5** 294, 304, der F. auf dem Halm **1** 810; Trennung zur Versteigerung **14** 153; Versteigerung **1** 824

Fruchtlose Pfändung, eidesstattl. Versicherung **1** 903

Gärtnerisches Grundstück, Zwangsverw. **2** 149

Gattungsschuld 7 243, 300

Gebäude, Versicherung **7** 1128

Gebot, geringstes **2** 44; in der Zwangsverst. **2** 71 ff., 74 b, 82, 114 a

Gebrauchsgegenstände eines Ehegatten, Eigentumsvermutung **7** 1362

Gebühren der Gerichtsvollzieher **17** 10 bis 12, Tabelle **17** Anl.; Vollstreckungsverfahren **5** 338–341

Gebührenvorschuss der Gerichtsvollzieher **17** 4

Geburt, Berechnung des Lebensalters vom Tage der **12** 187

Gefahr, Übergang bei Annahmeverzug **7** 300

Gefährdung einer verpfändeten Forderung **7** 1286

Gegenleistung, Verwertung einer von einer G. abhängigen gepfändeten Forderung **1** 844

Gegenstände, Inbegriff **7** 260

Gehalt, Pfändung **1** 832 f., 850 bis 850 i

Gehaltsforderungen, Pfändung **5** 313

Gehilfe, Haftung für Erfüllungsgehilfen **7** 278

Geistliche, Verhaftung **1** 910

Geld, Hinterlegung von gepfändetem **1** 930; Pfändung **1** 808; Sicherheitsleistung durch **7** 232 f., 235; Übermittlung **7** 270

Geldbuße, Beitreibung **3** 1

Geldentschädigung 7 249 ff.

Geldforderung, Begriff **14** 114; Zwangsvollstreckung **14** 114 bis 116

Geldforderungen, Arrest wegen **1** 916; Einziehung **7** 1288; Pfandrecht **7** 1288; Pfändung **1** 829 bis 834, 853; Überweisung **1** 835 bis 840; Verwertung **1** 844; Verzug **7** 286; Vollstreckung **5** 259–327; Zwangsvollstr. in **1** 829 bis 844; Zwangsvollstr. wegen **1** 803 bis 882

Geldrente, Vollstreckbarkeit des Urteils **1** 708

Geldschuld in ausländischer Währung **7** 244; in bestimmter Münzsorte **7** 245; Übermittlung **7** 270; Verzinsung **7** 288, 291, 301; Zahlungsort **7** 270

Geldsortenschuld 7 245

Geldstrafe, Beitreibung **3** 1

Geltendmachung der Hypothek **7** 1160 f.

Gemeinde, Zwangsvollstr. gegen **1** 882 a

magere Zahlen = Artikel, Paragraphen

Sachverzeichnis

Gemeinschaft, Aufhebung 7 1258, durch Zwangsverst. 2 180 bis 185
Gerichtliche Verwaltung eines Grundstücks 2 94
Gerichtliche Zuweisung eines landwirtschaftl. Betriebes 2 185
Gerichtskasse als Vollstreckungsbehörde 3 2
Gerichtskosten, Beitreibung 3 1; Familiensachen 6 80 ff.
Gerichtskostengesetz, Anwendung für Verf. nach JBeitrO 3 11
Gerichtssiegel auf Vollstreckungsklausel 1 725
Gerichtsstand im Arrestverf. 1 919, 927; ausschließl. 1 802, 943; für einstweilige Verfügungen 1 937; des Vermögens 1 797, 828; für Vollstreckungsklausel 1 797; für Widerspruchklagen im Verteilungsverf. 1 879; im Zwangsvollstreckungsverf. 1 802
Gerichtstafel, Anheftung 2 40, 105
Gerichtsvollzieher, Ablehnungsbefugnis 13 26; Abnahme der eidesstattlichen Versicherung 13 22 a; Abrechnung 14 270; Amtshandlung Wochenende, Feiertag, Nachtzeit 14 8; Amtshandlungen gegen Exteritoriale, NATO-Angehörige 14 3; Aufschieben einer Vollstreckungsmaßnahme 1 765 a; Auslagenersatz 17 Anl.; Ausschließung des 9 155; Ausschließung von der dienstlichen Tätigkeit 14 2; Austauschpfändung 1 811 b; Beitreibung 14 263 bis 272 c, von Kosten des 3 1, Vollstreckungsauftrag 14 263; Bestellung und Zuständigkeit 1 827; 9 154; Beurkundung durch 14 10; Dienstreisen 14 265; Durchsuchungen 1 758; Einsicht in Akten der 1 760; Entgegennahme des Auftrags 14 5; Erinnerung gegen Art und Weise der Zwangsvollstr. 1 766; Erledigungszeit des Auftrags 14 6; Form des Auftrags 14 4; freiwillige Versteigerungen für Rechnung des Auftraggebers 14 247 bis 259; Fristenberechnung 14 9; KostenG 17 Anl.; Kostenverzeichnis 17 Anl.; Legitimation 1 755; Mitteilungen an Gläubiger 1 806 a; Mitteilungspflicht, Prüfungspflicht bei Wegnahme von Waffen und Munition 14 113 a; örtliche Zuständigkeit 13 20 bis 23; Pflicht zur gütlichen und zügigen Erledigung anzuhalten 1 806 b; Protokoll 1 762 f.; Quittung des 1 754, 757; rechtliche Verhinderung 13 27; in Rechtshilfesachen 9 161; richterl. Anordnung einer Durchsuchung 1 758 a; sachliche Unzuständigkeit 13 28; sachliche Zuständigkeit 13 24; selbstständiges Handeln 14 58; tatsächliche Verhinderung 13 27; Verhaftung des Schuldners 14 186 f; Vollstreckung in Straf- und Bußgeldsachen 14 272; Vollstreckung außerhalb der Justizverwaltung 14 271; Wegegeld 17 17; Wegnahme von Sachen 14 272 a bis 272 c; Zahlungsverkehr mit Personen in fremden Wirtschaftsgebieten 14 116; Zuständigkeit bei Zwangsvollstreckung nach ZPO 14 57; Zustellung an 14 34; Zuziehung eines Dolmetschers 14 10 a; Zwangsvollstr. 1 753, 808 bis 827, 831, 847, 854, 883, 892; Zwangsvollstreckung in Sonderfällen 14 81 bis 103; zwangsweise Vorführung von Zeugen und Parteien 14 191
Gerichtsvollzieherbezirk, Amtsgerichte mit einem Gerichtsvollzieher 13 17; Amtsgerichte mit mehreren Amtsrichtern 13 16; Amtsgerichte ohne Gerichtsvollzieher 13 18; Einteilung 13 16
Gerichtsvollzieherkosten, Berechnung 17 13 ff.; Schuldner 17 13
Gerichtsvollzieherkostengesetz 17
Gerichtsvollzieherordnung 13
Geringstes Gebot in der Zwangsverst. 2 44 bis 53, 59 bis 65, 83, 174, 179, 182
Gesamtausgebot bei Zwangsverst. 2 63, 83, 112
Gesamtgut, Unpfändbarkeit des Anteils eines Ehegatten am 1 860; Voraussetzungen für Zwangsvollstr. 1 740 bis 745
Gesamthypothek 7 1132, 1143, 1172 bis 1176, 1181 f.; Verzicht 7 1175; im Zwangsversteigerungsverf. 2 50, 64, 122 f.
Gesamtrechtsnachfolge, Vollstreckung 5 265
Gesamtschuldner, Aufteilung von Steuerschulden 5 268–280; Vollstreckungsgebühren 5 342
Gesamtschuldnerische Haftung für Kosten des Gerichtsvollziehers 17 3
Geschäftsanweisung für Gerichtsvollzieher 14; Zweck 14 1
Geschäftsherr, Schadenshaftung 7 278
Geschäftsstelle, Auskunftserteilung aus Schuldnerverzeichnis 1 915; Erklärungen zu Protokoll der 1 920, 924; Niederlegung auf 2 144; Rechtshilfe 9 161; Rechtskraftzeugnis, Notfristzeugnis 1 706; Vermittlung der Zustellung durch 1 829
Geschäftsverteilung, Gerichtsvollzieher 13 16
Geschäftszeit der Verteilungsstelle des Amtsgerichts 13 34
Geschäftszimmer der Verteilungsstelle des Amtsgerichts 13 33
Gesellschaft des bürgerlichen Rechts, Pfändung des Anteils 1 859; Zwangsvollstr. 1 736; Zwangsvollstreckung in Gesellschaftsvermögen 14 101

505

Sachverzeichnis

fette Zahlen = Gesetze

Gesellschafterdarlehen, Anfechtbarkeit **8** 6
Gesellschaftsanteile, Pfändung **1** 859
Gesellschaftsvermögen, Zwangsvollstr. in **1** 736
Gesetz, Übergang einer Forderung kraft **7** 268, 1143, 1225, 1249, 1251
Gesetzlicher Vertreter, Haftung für **7** 278
Gewährleistung, Ausschluss bei öffentl. Versteigerung **2** 56; keine G. bei Zwangsveräußerung **1** 806
Gewährleistungsansprüche, Erwerb von Pfandgegenständen **5** 283
Gewalt, Anwendung von G. durch Gerichtsvollzieher **1** 758
Gewaltanwendung durch Vollziehungsbeamten **5** 287
Gewerbebetrieb, Leistungsort **7** 269; Verbindlichkeit aus G., Zahlungsort **7** 270
Gewinn, entgangener **7** 252
Gewinnanteilscheine, Hinterlegung **7** 234; Pfandrecht **7** 1296
Gläubiger, Recht der **7** 241; Verpflichtung des Schuldners zur Leistung an **7** 241 bis 292; Wahl zwischen Leistung oder Schadensersatz **7** 281
Goldsachen als Pfand **7** 1240
Grobe Fahrlässigkeit 7 277; bei Annahmeverzug **7** 300
Grobe Nachlässigkeit des Schuldners bei Zwangsvollstr. **1** 813 b
Grundbuch, Berichtigung **2** 130 f.; **7** 1144, 1155, 1157, 1167; Berücksichtigung der Grundbucheinträge bei Zwangsverst. **2** 34, 114; Eintragung **1** 941 f.; **2** 130 f., des Zwangsversteigerungsvermerks **2** 19, im Zwangsvollstreckungsverfahren **1** 895; öffentl. Glaube **7** 1138 ff.; Richtigkeitsvermutung **7** 1148; Unrichtigkeit **7** 1140
Grundbucheintragung, Pfändung **5** 310
Grundpfandrecht in ausl. Währung **2** 145 a
Grundschuld 7 1191 bis 1198, 1191; des Eigentümers **7** 1177, 1196 f.; Kündigung des Kapitals **7** 1193; Löschung **7** 1196; Sicherheitsleistung **7** 232, 238; Umwandlung **7** 1198, 1203, der Hypothek in **7** 1177; Verpfändung **7** 1291; Verurteilung zur Bestellung einer **1** 897; im Zwangsversteigerungsverf. **2** 50, 53, 64, 67, 83, 126 f., 131, 136, 184; bei Zwangsverw. **2** 158, 158 a
Grundschuldbrief, Herausgabe bei Pfändung **14** 174; auf den Inhaber **7** 1195
Grundsteuer, Vollstreckung **5** 77
Grundstücke, Arrestvollziehung **1** 932; Aufgabe des Besitzes **7** 303; Belastung **7** 1123 mit Anm.; Beschlagnahme bei Zwangsverst. **2** 20 bis 23; Gefahrübergang bei Zwangsverst. **2** 56; Grundschuld **7** 1191 bis 1198; Haftung für Hypothekenzinsen **7** 1118 f.; herrenlose, Zwangsvollstr. **1** 787; Recht auf Befriedigung aus einem **1** 810; Vollstreckung **5** 322, 323; Zuschreibung **7** 1131; Zwangsverst. und Zwangsverw. **2** 1 bis 161, 172 bis 185; Zwangsvollstr. **1** 864 bis 869
Grundstückseigentümer, Schadensersatzpflicht **1** 799 a
Grundstücksgleiche Rechte, Zwangsvollstr. **1** 870
Grundstückswert bei Zwangsverst. **2** 74 a, 114 a
Gruppenausgebot bei Zwangsverst. **2** 63
Guter Glaube bei Pfandrechtserwerb **7** 1207 f.; bei Pfandveräußerung **7** 1244
Gütergemeinschaft, Unpfändbarkeit des Anteils eines Ehegatten am Gesamtgut **1** 860; Widerspruchsklage bei Zwangsvollstr. **1** 774; Zwangsvollstr. **1** 740 bis 745, 750
Gütestellen, Vergleiche vor, Vollstreckung **1** 797 a

Haft, keine Anordnung durch Rechtspfleger **11** 4; Aufschub oder Unterbrechung **1** 906; Erzwingung der Abgabe einer eidesstattl. Versicherung **1** 901 bis 915; Unterbrechung **1** 905; Unzulässigkeit **1** 904; Vollziehung des persönl. Sicherheitsarrestes durch **1** 933; bei Zwangsvollstreckung **14** 186 bis 190
Haftbefehl zur Abgabe der eidesstattl. Versicherung **1** 901; gegen Vollstreckungsschuldner **5** 284; gegen Zeugen **14** 190
Hafterneuerung nach Entlassung **1** 911
Haftung, Bescheide **5** 191; Betriebsübernahme **5** 75; für Dritte **7** 278; des Grundstücks für Zinsen und Kosten der Hypothek **7** 1118; des Pfandes **7** 1210; des Pfandgläubigers **7** 1251; des Schuldners **7** 276 ff., 287, bei Gläubigerverzug **7** 300; für Sorgfalt wie in eigenen Angelegenheiten **7** 277; Vollstreckung **5** 266; des Zwangsverwalters **2** 154; Zwangsvollstr. gegen beschränkt haftenden Erben **1** 780 bis 786
Haftungsbeschränkung 7 276
Halbes Jahr, halber Monat als Frist, Berechnung **12** 189
Handelsgeschäfte, vollstreckbare Urteilsausfertigung gegen Übernehmer eines **1** 729
Handelsmakler, Verkauf durch **7** 1221
Handlungen, Zwangsvollstr. zur Erwirkung von **1** 887 f.

magere Zahlen = Artikel, Paragraphen

Sachverzeichnis

Handzeichen, beglaubigte, Gebühren 17 Anl.
Hauptsache, Gericht der **1** 943
Hausgewerbetreibende, Lohnpfändung **1** 850 mit Anm.
Hausrat, Beschränkung der Pfändung **1** 812; Pfändung **14** 127
Hebegebühr des Gerichtsvollziehers 17 Anl.
Hehlerei, Haftung **5** 191
Heimarbeit, Lohnpfändung **1** 850 mit Anm.
Hemmung des Arrestes durch Hinterlegung **1** 923
Herausgabe, Ansprüche auf H. körperlicher Sachen **1** 846 bis 849; bei Aufhebung von Urteilen der OLG **1** 717; bewegl. Sachen **1** 854, 886; des Ersatzes **7** 285, oder Ersatzanspruchs **7** 285; eines Gegenstandes **7** 273; des Grundstücks **7** 303; eines Inbegriffes von Gegenständen **7** 260; der Nutzungen **7** 302; des Pfandes **7** 1231 ff., 1251, für überwiesene Forderung **1** 838; der Sache zur Pfändung **1** 847; Sachen und Urkunden, Vollstreckungsverfahren **5** 315, 318; unbewegl. Sachen **1** 848, 855, 885; Zwangsvollstr. zur Erwirkung der H. von Sachen **1** 883 bis 886
Herausgabeanspruch 7 292
Herausgabepflicht 7 273, 292
Herausgabevollstreckung, eidesstattliche Versicherung **14** 185 m
Hilfspfändung bei Wertpapieren **14** 156
Hinterbliebenenbezüge als Arbeitseinkommen **1** 850
Hinterlegung, Abwendung der Zwangsvollstr. **1** 720, 839, 868; Aufhebung des Arrestes gegen **1** 923, 934; als Ausschluss zur Befriedigung des Hypothekengläubigers **7** 1171; zur Befriedigung des Gläubigers **7** 268, des Hypothekengläubigers **7** 1142, des Pfandgläubigers **7** 1224; des Erlöses verkaufter bewegl. Sachen **1** 885, der Zwangsvollstr. **1** 805, 854; von Geld und Wertpapieren, Sicherheitsleistung **7** 232 ff.; durch Gerichtsvollzieher **14** 196; Gerichtsvollzieherkosten **17** Anl.; des Pfanderlöses **7** 1219; des Pfandes **7** 1217; bei Pfandrecht an einer Forderung **7** 1281; des Schuldbetrags einer überwiesenen Forderung **1** 839, 853; Sicherheiten **5** 342; als Sicherheitsleistung **2** 69; **7** 232 bis 235; **10** 108; Wirkung **7** 233
Hinterziehung, Haftung **5** 191
Hochseekabel, Unpfändbarkeit **1** Anm. zu 811
Höchstbetrag, Zwangsgeld **5** 329
Höchstbetragshypothek 1 932; **7** 1190

Höhe der Pfändungsfreigrenze **1** 850 c
Holschuld 7 295
Hypothek 7 1113 bis 1190; Aufhebung **7** 1183; Auswechslung der Forderung **7** 1180; Bestellung **7** 1188; und Eigentum **7** 1163, 1168; Eintragung **7** 1115, neuer Gläubiger **1** 837; Erlöschen **7** 1181; Gefährdung **7** 1133 ff.; Höchstbetragsh. **7** 1190; Kollision **7** 1176; Kündigung **7** 1141; Löschung **7** 1187; Löschungsanspruch bei eigenem Recht **7** 1179 b, bei fremdem Recht **7** 1179 a; Löschungsvormerkung **7** 1179; mehrere **7** 1176; Nebenleistungen **7** 1158 f.; Pfändung **1** 830, 837; Sicherheitsleistung durch **7** 232, 238; Sicherungsh. **7** 1184 bis 1190; Übergang **7** 1153 ff.; Umwandlung **7** 1186, 1198; Versicherung des belasteten Gegenstandes **7** 1127 ff.; Verurteilung zur Bestellung einer **1** 897; Wiederherstellung des Gegenstandes **7** 1130; im Zwangsversteigerungsverf. **2** 50, 53, 64, 67, 83, 126 f., 131, 136, 184; bei Zwangsverw. **2** 158, 158 a
Hypotheken als Pfandsache **5** 310, 311, 315, 318, 322, 323
Hypothekenbestellung zum Zwecke der Sicherheitsleistung **7** 232
Hypothekenbrief 7 1116 f., 1144 f., 1152, 1154, 1160, 1163, 1170, 1185; Aushändigung **7** 1167 f.; Herausgabe bei Pfändung **14** 174; Kraftloserklärung **7** 1162; Übergabe bei Pfändung **1** 830; Verzicht auf **7** 1116, 1154, 1160
Hypothekengläubiger, Aufgebot **7** 1170 f.; Ausschluss unbekannter **7** 1170 f.; Befriedigung **7** 1147
Hypothekenstelle, Einräumung **7** 1180
Hypothekenzinsen 7 1118 f.

Immaterieller Schaden, Ersatz **7** 253
Inbegriff von Gegenständen **7** 260
Indossable Papiere, Hypothek **7** 1187 ff.; Pfandrecht **7** 1292, 1294 ff.; Pfändungskosten **17** Anl.
Indossament, Pfändung von Forderung **14** 175
Inhabergrundschuld 7 1195
Inhaberhypothek 7 1187 ff.
Inhaberpapiere 7 248; der Ehegatten, Eigentumsvermutung **7** 1362; Hinterlegung zur Sicherheitsleistung **7** 234; Pfandrecht **7** 1293 ff.; Sicherungshypothek **7** 1187 ff.; Verpfändung **7** 1293, 1296; Wiederinkurssetzung **1** 823
Inhalt, Aufteilungsbescheid **5** 279; Pfändungsverfügung **5** 260; der Schuldverhältnisse **7** 241 bis 304; Vollstreckungsauftrag **5** 260

507

Sachverzeichnis

fette Zahlen = Gesetze

Insolvenz, Haftung bei Erwerb aus Insolvenzmasse **5** 75; Vollstreckungsverfahren **5** 251
Insolvenzverfahren, Anfechtung **8** 16 bis 18; Auflage zur einstweil. Einstellung der Zwangsverst. **2** 30 e; Einstellung der Zwangsverst. **2** 30 d; bei Nachlasssachen **1** 782; Verhaftung **14** 189 a; Zuständigkeit des Rechtspflegers **11** 18; Zwangsverst. **2** 172 ff.
Insolvenzverwalter, Antrag auf einstweil. Einstellung **2** 153 b, auf Zwangsverst. **2** 172 ff.; Antragsrecht bei Zwangsverst. **2** 174 a; Verfolgung von Anfechtungsansprüchen **8** 16
Instandsetzungsarbeiten, Unpfändbarkeit der zu I. benötigten Mittel **1** 851 b
Irrtum bei Ansatz von Gerichtsvollzieherkosten **17** 6

Jahresfrist, Berechnung **12** 188 f., 191
Jugendhilfe, öff. J., Gerichtsvollzieherkosten **17** 2
Juristische Personen, Vollstreckung **5** 255; Zwangsvollstr. gegen **1** 882 a
Justizbeitreibungsordnung 3; Beitreibung **14** 260 bis 272 c
Justizverwaltungsabgaben, Beitreibung **3** 1

Kalender, Bestimmung für die Leistung **7** 286
Kennen und Kennenmüssen der Gefahr eines hohen Schadens **7** 254
Kind, -er, Einstellung der Zwangsverst. zur Abwendung von Gefährdung der **2** 180
Kindesherausgabe 14 213 a
Kindschaftssachen, Urteile, nicht vorläufig vollstreckbar **1** 704
Klage eines Dritten gegen Zwangsvollstr. **1** 771; wegen Einwendungen gegen vollstreckbaren Anspruch **1** 767; auf Erteilung der Vollstreckungsklausel **1** 731, 797; auf Hinterlegung oder Herausgabe **1** 856; auf das Interesse wegen Nichterfüllung **1** 893; Rechte Dritter im Vollstreckungsverfahren **5** 262, 293; auf Unterlassung von Einwirkungen auf Hypothekengegenstand **7** 1134; wegen Unzulässigkeit der Vollstreckungsklausel **1** 768; auf vorzugsweise Befriedigung aus Erlös **1** 805
Klageantrag, bestimmter **8** 13
Klageerhebung als Mahnung **7** 286
Klagerücknahme im Zivilprozess wegen mangelnder Sicherheitsleistung **10** 113
Kleider der Ehegatten, Eigentumsvermutung **7** 1362
Konkurseröffnung, Schuldnerverzeichnis bei Ablehnung **16** 1

Konkursverfahren, Verhaftung **14** 189; Zwangsvollstreckung **14** 90 bis 91
Konsolidation beim Pfandrecht **7** 1256
Kontoguthaben, Pfändungsumfang **1** 833 a
Körperliche Sachen, Anschlusspfändung **1** 826; Versteigerung **1** 814 bis 821; Verwertung **1** 825; Zwangsvollstr. **1** 808 bis 827
Körperschaft, Zwangsvollstr. **1** 882 a
Körperschaft des öffentlichen Rechts, Vorschlagsrecht für Zwangsverwalter **2** 150 a
Körperschaften, Vollstreckung **5** 255
Körperverletzung, Schadensersatz **7** 249
Korrespondentreeder, Zustellung des Pfändungsbeschlusses **1** 858
Kostbarkeiten, Schätzung **1** 813
Kosten, Beschwerde **17** 5; des Gerichtsvollziehers **17**; Erinnerung **17** 5, gegen K. des Gerichtsvollziehers **1** 766; Festsetzung durch Beschluss **11** 21; der Geldleistung **7** 270; der Gerichtsvollzieher, Gesetz **17**; Haftung des Pfandes **7** 1210; der Hypothek, Haftung des Grundstückes **7** 1118; Nichterhebung bei unrichtiger Sachbehandlung **17** 7; Überprüfung **17** 5; in Verf. nach JBeitrO **3** 11; Verjährung der Gerichtsvollzieherkosten **17** 8; des Verteilungsverfahrens **1** 874; Vollstreckung **5** 337–346; der Zwangsverw. **2** 155; der Zwangsvollstr. **1** 788, 803, 811 a; der Zwangsvollstreckung **14** 109
Kostenbefreiung, Gerichtsvollzieherkosten **17** 2
Kostenentscheidung, Vollstreckbarkeit **1** 708
Kostenfestsetzung, Zuständigkeit des Rechtspflegers **11** 21
Kostenfestsetzungsbeschluss als Vollstreckungstitel **1** 795 a
Kostenschuldner für Tätigkeit des Gerichtsvollziehers **17** 3
Kraftfahrzeug, Pfändung **14** 157 bis 166
Kraftfahrzeugbrief 14 160; Behandlung bei Veräußerung des Kfz **14** 163
Kraftfahrzeugschein 14 158 f
Kraftloserklärung von Grundpfandbriefen **2** 136; von Hypothekenbriefen **7** 1162
Krankheit, Haftaufschub- oder Unterbrechung **1** 906
Kreditanstalten, Hypotheken **7** 1115; Zinseszinsen **7** 248
Kreditinstitute, Vollstreckung **5** 255
Kündigung der Grundschuld **2** 54; der Hypothek **2** 54; **7** 1141, 1156, 1160; des Kapitals der Grundschuld **7** 1193; Kosten der K. der Hypothek **7** 1118, des Pfandes **7** 1210; Leistung nach K., Verzug **7** 286;

magere Zahlen = Artikel, Paragraphen

Sachverzeichnis

der Miete bei Zwangsverst. des Grundstücks **2** 183; der Rentenschuld **2** 54; **7** 1202; einer verpfändeten Forderung **7** 1283, 1286; Verzug **7** 296
Kurswert von Wertpapieren bei Sicherheitsleistung **7** 234, 236

Ladung, Rechtshilfe **9** 160
Länder, Freiheit von Gerichtsvollzieherkosten **17** 2; Zwangsvollstr. gegen **1** 882 a
Landesgesetze den L. vorbehaltene Bestimmungen **1** 871
Landesjustizverwaltung, Pfändungsbestimmungen **1** 813
Landesrechtliche Schuldtitel, Vollstreckung **1** Anm. zu 801
Landwirtschaft, Pfändung des Geräts **1** 813
Landwirtschaftliche Erzeugnisse, Forderungen aus Verkauf, bedingte Pfändbarkeit **1** 851 a
Landwirtschaftliche Grundstücke, Zwangsverst. **2** 21; Zwangsverw. **2** 149
Lasten, Übergang bei Zwangsverst. **2** 56
Lebensalter, Berechnung **12** 187
Lebenspartner, Rechtsstellung bei Zwangsvollstr. gegen den anderen **1** 739 bis 745
Lehrer, Verhaftung zur Abgabe einer eidesstattl. Versicherung **1** 910
Leistung 7 241; Abhängigkeit von Gegenleistung **7** 298; durch Dritte **7** 267 f.; Pfandrecht am Anspruch auf **7** 1275; an Samstag, Sonn- oder Feiertag **12** 193; Schadensersatz bei nichterbrachter L. **7** 280 bis 283; Teilleistung **7** 266; nach Treu und Glauben **7** 242; Unmöglichkeit der **7** 265, 275, 283; Verpflichtung des Schuldners zur **7** 241 bis 292; Verzögerung der **7** 280; Zeit der **7** 271 f., 299; Zug um Zug **7** 274; Zwangsvollstr. in Ansprüche auf **1** 846, körperl. Sachen **1** 883 bis 886
Leistungsaufforderung an Schuldner bei Zwangsvollstreckung **14** 105
Leistungsausschluss durch Geltendmachung von Schadensersatz **7** 281
Leistungsfrist 7 283
Leistungsgebot im Besteuerungsverfahren **5** 254
Leistungsort 7 269; für Grundschuld **7** 1194
Leistungspflicht, Ausschluss **7** 275
Leistungsverweigerung, Schadensersatzpflicht **7** 281
Leistungszeit 7 271 f., 299
Lieferung unbestellter Sachen 7 241 a
Liquidation, Haftung **5** 75

Listen aus Schuldnerverzeichnis **16** 12 f.
Lohnpfändung bei Heimarbeitern und Hausgewerbetreibenden **1** 850 mit Anm.; Pfändungsschutz **1** 850 bis 850 i
Lohnpfändungstabelle 1 850 c
Lohnschiebungsverträge 1 850 h
Löschung, Eigentümergrundschuld **7** 1196; einer Eintragung aus Schuldnerverzeichnis **1** 915 a; von Grundpfandrechten nach Befriedigung bei Zwangsverw. **2** 158; der Hypothek **7** 1144 f., 1179 ff., 1187; im Schuldnerverzeichnis **16** 15; des Versteigerungsvermerks **2** 34
Löschungsanspruch des Hypothekengläubigers **7** 1179 a, 1179 b
Löschungsvormerkung bei Hypothek **7** 1179
Luftfahrt-Bundesamt, Sitz des L., maßgebend für Zwangsverst. von Luftfahrzeugen **2** 171 b
Luftfahrzeug, Bewachung und Verwahrung **14** 183; Pfändung von Herausgabe-, Leistungsansprüchen **14** 177
Luftfahrzeuge, Bewachung und Verwahrung, Kosten **17** Anl.; Vollstreckung **5** 306, 311, 315, 318, 322, 323; Zwangsverst. **2** 181

Mahnbescheid 7 286; im Arbeitsgerichtsverf. **4** 46 a; Zuständigkeit **7** 286
Mahnung des Hypothekenschuldners bei Briefhypothek **7** 1160 f.; Vollstreckungsverfahren **5** 259, 337; als Voraussetzung des Verzugs **7** 286
Mahnverfahren 4 46 a; **7** 286; Zuständigkeit des Rechtspflegers **11** 20
Marktpreis beim Pfandverkauf **7** 1221, 1235, 1295
Maschinelle Bearbeitung, Zuständigkeit **11** 20
Maßstab, Aufteilung von Gesamtschulden **5** 270–274
Mehraufwendungen bei Annahmeverzug **7** 304
Mehrfache Pfändung 5 308, 320
Mehrheit von Pfandrechten an einer Forderung **7** 1290
Mehrheit von Schuldnern, Vollstreckungsgebühren **5** 342
Meistgebot bei Zwangsversteigerungsverf. **2** 49, 73 f., 81, 85, 114 a
Miete, Räumungsfrist **1** 721; Zwangsverst. des Grundstücks **2** 57 ff.
Mieter, Feststellung durch Gerichtsvollzieher **17** Anl.
Mietstreitigkeiten, Vollstreckbarkeit des Urteils in **1** 708, 721

509

Sachverzeichnis

fette Zahlen = Gesetze

Mietverhältnis, Kündigung bei Zwangsverst. des Grundstücks **2** 183; Vollstreckungsschutz **1** 721
Mietzins, beschränkte Zwangsvollstr. in **1** 851 b; Haftung für Hypothek **7** 1123 ff.; Pfändung wegen öffentl. Lasten **7** Anm. zu 1123
Minderung des Schadensersatzes **7** 285
Mindestgebot 1 817 a; bei Versteigerung gepfändeter Sachen **2** 44, 85; Versteigerung von Pfandsachen **5** 300
Mindestvergütung des Zwangsverwalters **15** 20
Mitbesitz, Einräumung beim Pfandrecht **7** 1206
Mitbieten bei Versteigerung **7** 1239
Miteigentum, Hypotheken an **7** 1114; Pfandrecht **7** 1258
Miterbe, Zuweisung eines landwirtschaftl. Betriebes **2** 185; Zwangsvollstr. in den Anteil **1** 859
Mitteilung, Vollstreckung **5** 290
Mittelbarer Besitz, Einräumung **7** 1205
Mittelbares Arbeitseinkommen, Pfändung **1** 850 h
Mitverschulden des Geschädigten **7** 254
Monat, Anfang **12** 192; Ende **12** 192; Fristberechnung **12** 188, 191; halber **12** 189; Mitte **12** 192
Mündliche Verhandlung, Entscheidungen ohne **1** 926
Münzsorten bei Geldschuld **7** 245

Nacherbe, Beschränkung der Pfändung wegen Einsetzung eines **1** 863; vollstreckbare Ausfertigung für und gegen **1** 728; Widerspruch gegen Zwangsvollstr. in Vorerbschaft **1** 773
Nacherfüllung einer Leistungspflicht **7** 281
Nachforderung, Aufteilung bei Gesamtschuldnern **5** 273, 274; von Gerichtsvollzieherkosten **17** 6
Nachfrist 7 281
Nachlass, Pfändung des Anteils eines Miterben **1** 859; Vollstreckung **5** 265; Zwangsverst. zur Auseinandersetzung **2** 175 bis 179; Zwangsvollstr. in **1** 747 f., 778 bis 785; Zwangsvollstreckung **14** 92 bis 94
Nachlassgläubiger, Befriedigung **2** 175, 179
Nachlassinsolvenzverfahren 1 782, 784; keine Anordnung der Zwangsverst. zur Nachlaßauseinandersetzung **2** 178
Nachlasspfleger, Zwangsvollstr. **1** 779 f.
Nachlassverwaltung, Anordnung während eines Rechtsstreits **1** 784
Nachteil, Ausschluss der Vollstreckbarkeit bei nicht zu ersetzendem **1** 712

Nachtzeit, Bestimmung bei Zwangsvollstreckung **1** 758 a; Vollstreckung zur N. **5** 289
Nachverhaftung des Schuldners **14** 188
Nachweis, Abwendung der Pfändung **5** 292
Namenspapiere, Umschreibung **1** 822
NATO-Angehörige, Amtshandlungen des Gerichtsvollziehers gegen **14** 3
Naturalherstellung, Schadensersatz durch **7** 249
Naturalleistungen als Arbeitseinkommen **1** 850 e
Nebenleistungen bei Hypothek **7** 1158 f.; zu Steuern **5** 337–346
Neue Tatsachen oder Beweismittel, Änderung Bescheide **5** 280
Nichterhebung von Kosten bei unrichtiger Sachbehandlung **17** 7; Vollstreckungsgebühren **5** 346
Nichtigkeit von Veräußerungsverboten **7** 1136; des Verfallvertrages bei Verpfändung **7** 1229
Niederlassung, Leistungsort **7** 269; Zahlungsort **7** 270
Niederlegung, Zustellung durch Gerichtsvollzieher **14** 31 f
Niederschlagung, Steuerschulden **5** 261
Niederschrift, Vollstreckungshandlung **5** 290, 291, 307
Nießbrauch, Endigung an Pfandsache **7** 1242; an Grundstücken im Zwangsversteigerungsverf. **2** 92, 121; an Vermögen, Zwangsvollstr. **1** 737 f.; Vollstreckung **5** 264; Zwangsvollstreckung **14** 103
Nießbraucher, Zwangsvollstr. gegen **1** 750
Notar, Haftung **5** 191; vollstreckbare Urkunden des **1** 797; Vollstreckbarerklärung **1** 796 c; Zustellung an durch Gerichtsvollzieher **14** 34
Notariatsurkunden, vollstreckbare **1** 797
Nutzung, -en, Ersatz **7** 292, 302; eines Grundstücks, Bestreitung der Kosten der Zwangsverw. **2** 155; Herausgabe **7** 292, 302; des Pfandes **7** 1213 f.; Übergang bei Zwangsverst. **2** 56

Oberlandesgericht, Vollstreckbarkeit der Urteile **1** 708, 717
Offene Handelsgesellschaft, Zwangsvollstreckung in Gesellschaftsvermögen **14** 102
Öffentliche Bekanntmachung, Zahlungserinnerung **5** 259
Öffentliche Urkunden in der Zwangsvollstr. **1** 726, 751
Öffentliche Versteigerung 14 142 bis 146; außerhalb der Zwangsvollstreckung **14**

magere Zahlen = Artikel, Paragraphen   **Sachverzeichnis**

237 bis 259, Erlös, nicht versteigerte Gegenstände **14** 243, Ort, Zeit, Bekanntmachung **14** 239, Versteigerungsprotokoll **14** 241, Versteigerungstermin **14** 240; gepfändeter Sachen **1** 814; von Kfz, Benachrichtigung der Zulassungsstelle **14** 161 f; öffentliche Bekanntmachung **14** 143; Ort und Zeit **14** 142; von Pfändern **7** 1219 ff., 1235 ff.; Versteigerungsprotokoll **14** 146; Versteigerungstermin **14** 145

Öffentliche Zustellung bei Forderungspfändung **1** 829

Öffentlicher Glaube des Grundbuchs **7** 1138 ff.

Öffentliches Recht, jur. Personen, Zwangsvollstr. gegen **1** 882 a

Orderpapiere, Eigentumsvermutung bei Ehegatten **7** 1362; Hinterlegung zur Sicherheitsleistung **7** 234; als Sicherheit **2** 69

Ordnungsmittel 1 890

Ort der Leistung **7** 269; der Pfandversteigerung **7** 1236; der Zahlung der Grundschuld **7** 1194

Österreichischer Konkurseröffnungsbeschluss 14 90 a

Pacht, Zwangsverst. des Grundstücks **2** 57 ff., 183

Pächter, Feststellung durch Gerichtsvollzieher **17** Anl.

Pachtzins, Aufhebung der Pfändung **1** 851 b; Erstreckung der Hypothek **7** 1123 ff.; Pfändung **7** Anm. zu 1123

Patentamt, Beitreibung von Kosten für Deutsches **3** 1

Patentanwalt, Beitreibung von Ansprüchen gegen **3** 1; Haftung **5** 191

Person, Kosten der Wegnahme durch Gerichtsvollzieher **17** Anl.; Schadensersatz wegen Verletzung **7** 249

Personenvereinigung, Vollstreckung **5** 267

Persönliche Zustellung durch den Gerichtsvollzieher **14** 27 bis 38

Persönlicher Arrest 1 918, 933

Persönlicher Schuldner bei Hypothek **7** 1142 f., 1161, 1164 ff., 1174

Persönlicher Sicherheitsarrest 14 194; Vollstreckungsverfahren **5** 326

Pfand 7 1210, 1212 ff.; Herausgabe zum Zwecke des Verkaufs **7** 1231; Rückgabe **7** 1223, 1253, Verkauf **7** 1221, 1233; mehrere Sachen **7** 1222, 1230

Pfandgläubiger 7 1205, 1208, 1210 f.; Rechtsverletzung **7** 1217; vollstreckbarer Titel **7** 1233

Pfandkammer 14 268

Pfandkehr 18 289

Pfandleiher, unbefugter Gebrauch von Pfandsachen **18** 290

Pfandlokal, Wegschaffung von Sachen durch den Gerichtsvollzieher **1** 885

Pfandrecht, Bestellung **7** 1205 f.; an bewegl. Sachen **7** 1204 bis 1259; Dritter **1** 805; Erlöschen **7** 1250, 1252 f., 1255 f., 1276, 1278; an Forderungen **7** 1279 bis 1290; gesetzl. **7** 1257; an Grund- und Rentenschulden **7** 1291; gutgläubiger Erwerb **7** 1207; an hinterlegtem Geld und Wertpapieren **7** 233; an Inhaberpapieren, Wechseln **7** 1292 ff.; an Miteigentumsanteilen **7** 1258; Pfändungspfandrecht **1** 804, 832; an Rechten **7** 1273 bis 1296; Schutz **7** 1227; Übergang auf Erwerber der Forderung **7** 1250; Vereinigung mit Eigentum **7** 1256; Verwertung des gewerbl. Pf. **7** 1259; Vollstreckungsverfahren **5** 282, 293; Vorbehalt **7** 1253; bei Zwangsvollstr. in übriges Vermögen des Schuldners **1** 777

Pfandsiegelmarke, Anbringung zur Pfändung **1** 808

Pfandstück, Auswahl, Aufsuchen **14** 131

Pfandstücke, Bereitstellung **14** 144; freihändiger Verkauf **14** 147 bis 149; Mitnahme durch den Schuldner **13** 32; Rückgabe **14** 171; Unterbringung **14** 138 bis 140; Verwertung **14** 141

Pfändung, Änderung des Betrages **1** 850 f.; Anschlusspfändung **1** 826 f.; eines Anspruchs **1** 803 bis 807, ein Schiff betreffend **1** 847 a; des Arbeitseinkommens **1** 850 bis 850 i; Aufschub der Verwertung **1** 813 a; eines Bankguthabens **1** 835; von Barmitteln aus Miet-, Pachtzinszahlungen **14** 128; Berechnung der Gläubigerforderung **14** 130; bereits gepfändete Sachen **14** 167; von bewegl. Vermögen **1** 720 a; Erzeugnisse, Bestandteile, Zubehörstücke **14** 129; einer Forderung **1** 829 bis 834, 930; von Forderungen **14** 172 bis 178; Gegenstand der **14** 118 f; Gerichtsvollzieherkosten **17** Anl.; gleichzeitige für mehrere Gläubiger **14** 168; von Hausrat **14** 127; körperl. Sachen **1** 808 ff.; in Kostensachen **3** 6; von Kraftfahrzeugen **14** 157 bis 166; bei Landwirtschafttreibenden **14** 150; von Luftfahrzeugersatzteilen aus Ersatzteillager **14** 166 a; für mehrere Gläubiger **1** 853 bis 856; von nicht vom Boden getrennten Früchten **14** 151 bis 153; einer noch nicht pfändbaren Sache **1** 811 d; Rechte Dritter an Gegenständen des Schuldners **14** 119; Rückgabe von Pfandstücken **14** 171; von Sachen in Gläubiger-, Drittgewahrsam **14** 137; von Sachen in Zolllager **14** 133;

Sachverzeichnis

fette Zahlen = Gesetze

Schätzung des Verkaufswertes **1** 813; von Schiffen **14** 134; einer Schiffshypothekenforderung **1** 830 a; unzulässige **1** 811; unzulässige Veräußerung, Washingtoner Artenschutzübereinkommen **14** 126; urheberrechtlich geschützter Sachen **14** 129 a; von Vermögensrechten **1** 857; im Verwaltungsvollstreckungsverfahren **14** 168; Vollstreckungsverfahren **5** 281, 282, 286, 292–321, 339; Vollziehung **14** 132, des Arrestes durch **1** 930; Vorpfändung **1** 845; von Wechseln und indossablen Papieren **1** 831; von Wertpapieren **14** 154; zwecklose **14** 125

Pfändungs- und Überweisungsbeschluss, Formular **1** 829

Pfändungsbeschluss, Änderung **1** 850 g; bei Forderung Zustellung **14** 173; bei Herausgabe- und Leistungsansprüchen **14** 176

Pfändungsbeschränkungen 14 120 bis 129

Pfändungsfreigrenze 1 850 c

Pfändungsgebühr, Vollstreckungsverfahren **5** 339

Pfändungspfandrecht 1 804, 832, 930; **14** 117

Pfändungsprotokoll, besondere Formvorschriften **14** 135

Pfändungsschutz 1 811 ff.; bei Altersrenten **1** 851 c; für Arbeitseinkommen **1** 850 bis 850 i; Ausnahmefälle **1** 851; für Bankguthaben **1** 850 l; bei steuerl. geförd. Altersvorsorgevermögen **1** 851 d

Pfändungsschutzkonto 1 850 k

Pfändungsverfügung 5 309

Pfandverkauf 7 1228 ff., 1238 ff.; **14** 238 bis 245; Anwendung der Regeln auf Versteigerung **14** 244; Vereinbarung über Art **7** 1246, über Art des **7** 1245; in der Zwangsvollstr. **1** 814 bis 825

Pfandverwertung, Aussetzung **1** 813 b

Pfandzeichen 14 132; Kennzeichnung der Pfändung **14** 152

Pflichtteilsanspruch, Pfändung **1** 852; Zwangsvollstr. wegen eines **1** 748

Pflichtverletzung, -en im Schuldverhältnis **7** 280, 282

Polizei, Hilfe bei Zwangsvollstr. **1** 758 f.; Vollstreckungshandlung **5** 287, 288

Positive Forderungsverletzung 7 276, 280, 287

Post, Übersendung von Vollstreckungsmitteilungen **1** 763; Zustellung durch Aufgabe zur **1** 829

Post- und Telekommunikationsdienstleistungsentgelte des Gerichtsvollziehers **17** Anl.

Postsparbuch, Pfändung von Forderung aus **14** 175

Postspareinlagen, Pfändung **1** Anm. zu 831; Pfändungskosten **17** Anl.

Protest, Gerichtsvollziehergebühr **17** Anl.

Protestat beim Wechselprotest **14** 222

Protestort im Wechselprozess **14** 223

Protestsammelakten bei Wechsel-, Scheckprotest **14** 236

Protesturkunde im Wechselprotest **14** 228

Protokoll, Abgabe der eidesstattlichen Versicherung **1** 883; des Gerichtsvollziehers bei Zwangsvollstreckung **14** 110; über Zwangsverst. **2** 78, 80, 127; über Zwangsvollstr. **1** 762 f., 826

Prozessgericht, Tätigkeit **1** 887 bis 890, 893

Prozesskosten, Beitreibung **3** 1; Sicherheitsleistung **10** 110 ff.

Prozesskostenhilfe, Verwendung des Erlöses von Zwangsvollstr. **17** 15; Zuständigkeit des Rechtspflegers **11** 20

Prozesszinsen 7 291

Prüfungsgebühren, Beitreibung **3** 1

Prüfungspflicht des Gerichtsvollziehers bei Wegnahme von Waffen und Munition **14** 113 a

Quittung des Schuldners **1** 757

Rangeinräumung 7 1180

Rangordnung bei Zwangsverst. und Zwangsverw. **2** 10 ff., 110

Rangverhältnis für Pfändbarkeit von Unterhaltsansprüchen **1** 850; der Pfandrechte **7** 1208 f., 1232; von Teilhypotheken **7** 1151

Ratenzahlung, Zwangsvollstreckung **14** 185 h

Räumung bewohnter Schiffe **1** 885; unbewegl. Sachen **1** 885; Vollstreckbarkeit eines Urteils auf **1** 708; von Wohnraum durch einstweilige Verfügung **1** 940 a

Räumungsfrist, Bestimmung im Urteil **1** 721; Verlängerung **1** 721

Realangebot 7 294

Reallast, Pfändung **5** 321

Reallasten, Wertersatz bei Zwangsverst. **2** 92, 121

Rechenschaftspflicht 7 259; des Pfandgläubigers **7** 1214

Rechnung, Verzug **7** 286

Rechnungslegung des Zwangsverwalters **2** 154

Recht, -e, Erlöschen durch Zuschlag **2** 91 f.; Pfandrecht an **7** 1273 bis 1296

Rechte, Drittrechte im Vollstreckungsverfahren **5** 262, 293; Pfandrecht **5** 282;

magere Zahlen = Artikel, Paragraphen

Sachverzeichnis

Pfändung von Vermögensrechten **5** 309–321

Rechtsanwalt, Beitreibung von Ansprüchen gegen **3** 1; Haftung **5** 191; Vollstreckbarerklärung durch **1** 796 a; Zustellung an durch Gerichtsvollzieher **14** 34

Rechtsbehelfe gegen Ansatz von Gerichtsvollzieherkosten **17** 5; gegen Entscheidungen des Rechtspflegers **11** 11; nach JBeitrO **3** 8 f.; in Kostensachen **3** 5

Rechtsbehelfsverfahren, Vollstreckung **5** 256

Rechtshandlungen, Anfechtung außerhalb des Insolvenzverf. **8**

Rechtshängigkeit, Wirkungen **7** 291 f., bürgerl.-rechtl. **7** 286

Rechtskraft, formelle **1** 705; Zeugnis **1** 706

Rechtsmittel, Hemmung der Rechtskraft **1** 705; Verwerfung wegen mangelnder Sicherheitsleistung **10** 113

Rechtsnachfolge im Rechtsstreit **1** 799 f., Vollstreckungsklausel **1** 727 bis 730

Rechtsnachfolger, Anfechtung nach AnfG **8** 15; Vollstreckung **5** 323

Rechtspfleger, Ablehnung **11** 10; in Arbeitssachen **4** 46; Ausschließung **11** 10; Bezeichnung **11** 12; Erinnerung gegen Entscheidungen des **11** 11; Rechtsbehelfe gegen Entscheidungen des **11** 11, 21; dem Richter vorbehaltene Geschäfte **11** 3; übertragene Geschäfte **11** 3 f., 20 bis 24; Unzuständigkeit **11** 4; Vorlage übertragener Geschäfte **11** 5, 11; Weisungsfreiheit **11** 9; Zuständigkeit in Straf- und Bußgeldverf. **11** 3

Regelvergütung des Zwangsverwalters **15** 18

Register, Eintragung in öffentl. R. auf Grund eines Urteils **1** 896; für Pfandrechte im Zwangsversteigerungsverf. **2** 171 b

Registerpfandrecht 5 311

Reichsmarkforderungen, Schuldtitel über **14** 115

Reihenfolge, Verteilung des Versteigerungserlöses **5** 308

Reisekosten, Vollziehungsbeamter **5** 345

Rente, Anspruchspfändung wegen Unterhalts. **1** 850 d; Pfändungsschutz **1** 850

Renten, Vollstreckung **5** 321

Rentenscheine, Hinterlegung mit Wertpapieren **7** 234; Pfandrecht **7** 1296

Rentenschuld 7 1199 bis 1203; Kündigung **7** 1202; Pfandrecht **7** 1291; Recht zur Ablösung **7** 1201; Sicherheitsleistung durch **7** 232, 238; Umwandlung in Grundschuld **7** 1203; Verurteilung zur Bestellung einer **1** 897; im Zwangsversteigerungsverf. **2** 50, 53, 64, 67, 83, 126 f., 131, 136, 184; bei Zwangsverw. **2** 158, 158 a

Rentenschuldbrief, Herausgabe bei Pfändung **14** 174

Retentionsrecht, Verletzung **18** 289

Revision, Einstellung der Vollstreckung nach Einlegung **1** 719

Richter, Wahrnehmung von Geschäften des Rechtspflegers **11** 6 bis 8

Rückforderungsrecht bei Schadensersatz **7** 281

Rückgabe des Pfandes **7** 1223, 1253 f., 1278

Rückgriff des persönlichen Schuldners bei Hypotheken **7** 1174

Rücknahme des Versteigerungsantrags **2** 30

Rückstandsanzeige, Vollstreckung **5** 276

Rücktritt bei teilweiser Unmöglichkeit **7** 280

Ruhegehalt, Pfändung **1** 850

Sachbeschädigung, Schadensersatz **7** 249

Sachen, der Gattung nach bestimmte **7** 243; unpfändbare bewegl. **1** 811

Sachliche Zuständigkeit des Gerichtsvollziehers **13** 24

Sachverständige, Beitreibung von Ansprüchen gegen **3** 1; landwirtschaftl. **1** 813; Schätzung von gepfändeten Sachen **1** 813

Samstag, Ende der Frist **12** 193

Schaden, Ersatz des immateriellen **7** 253

Schadensminderungspflicht 7 254

Schadensersatz statt Leistung **7** 280 bis 283; bei Leistungsausschluss **7** 281, 283; Minderung **7** 285

Schadensersatzpflicht, berechtigtes Interesse des Gläubigers **7** 281; des Gläubigers bei Arrest **1** 945, bei einstweiliger Verfügung **1** 945; Inhalt und Umfang **7** 249 bis 255; wegen Nichterfüllung **7** 280 f.; beim Pfandverkauf **7** 1243; bei Pflichtverletzung **7** 280; keine S. bei Verzug **7** 281; wegen Verschlechterung usw. **7** 292; bei Verzug **7** 280, 286, 288 f.; bei Vollstreckung aus Urkunden durch andere Gläubiger **1** 799 a; für Vollstreckung von Urteilen **1** 717

Schätzung durch Gerichtsvollzieher, Gebühr **17** Anl.; durch Sachverständige bei Versteigerung **14** 251; des Verkaufswerts gepfändeter Sachen **1** 813; im Zwangsversteigerungsverf. **2** 74 a

Scheck, Leistung in Zwangsvollstreckung **14** 106; Vollstreckung **5** 312

Scheckprotest 14 229 bis 235; Arten **14** 230; Fälligkeit **14** 231; Gerichtsvollziehergebühren **17** Anl.; Protestfristen **14** 232; Protestgegner **14** 233; Protestort **14** 234;

513

Sachverzeichnis

fette Zahlen = Gesetze

Proteststelle, Verfahren bei Protesterhebung, Protesturkunde **14** 235
Schenkung, Vermögen, Vollstreckung **5** 278
Schickschuld 7 270
Schiedsspruch 4 108; Aufhebungsklage **4** 110; Vollstreckung **4** 109; Zustellung durch den Gerichtsvollzieher **14** 54 bis 56
Schiff, Bewachung und Verwahrung **14** 183; Pfändung von Herausgabe-, Leistungsansprüchen **14** 177
Schiffe, Anspruch auf **1** 855 a; Aufgabe des Besitzes **7** 303; Gebühren für Bewachung und Verwahrung **17** Anl.; herrenlose, Zwangsvollstr. **1** 787; Pfändung **1** 931; und Schiffsbauwerke, Zwangsverst. **2** 181; Übertragung des Eigentums **7** 1287; Vollstreckung **5** 311, 315, 318, 322, 323; Vollziehung des Arrestes in **1** 931; zuständiges Vollstreckungsgericht **2** 163; Zwangsverst. **2** 162 bis 171, 181; Zwangsvollstr. **1** 847 a, 864, 870 a, 885
Schiffsbauwerke, Aufgabe des Besitzes **7** 303; Zwangsvollstr. **1** 800 a, 864, 870 a
Schiffshypothek 7 1287; Bestellung zum Zwecke der Sicherheitsleistung **7** 232; Eintragung **1** 720 a, 870 a; Pfändung **1** 830 a; Überweisung einer Forderung bei bestehender **1** 837 a; mit Unterwerfungsklausel **1** 800 a; Zwangsvollstr. **1** 864
Schiffspart, Zwangsvollstr. **1** 858
Schiffsregister, Eintragung **1** 895, 941 f.; Zwangsversteigerungsverf. **2** 163
Schriftform für Abtretung der Hypothek **7** 1154
Schuld, Nachweis über Zahlung, Stundung **14** 267
Schuldner, Abwendung der Zwangsvollstr. durch Sicherheitsleistung **1** 711, 720 a; bei Geldinstitut gepfändetes Guthaben **1** 835; Hafterneuerung **1** 911; Haftung **7** 276; Leistungsverweigerungsrecht **7** 275; Pfändungsfreigrenze **1** 850 c; Teilleistungen **7** 266; Verpflichtung zur Leistung **7** 241 bis 292; Wahlrecht bei Wahlschuld **7** 262 ff.; als Zwangsverwalter **2** 150 b, 150 d
Schuldnerverzeichnis 1 915 bis 915 h; **16** 1; automatisiertes Abrufverf. **16** 17 f.; eidesstattliche Versicherung **5** 284
Schuldnerverzeichnisverordnung 16
Schuldtitel, ausländische **14** 71; ehem. DDR, Berlin (Ost) **14** 70; nach Landesrecht **14** 69; vollstreckbarer **1** 795, 801; Zustellung **14** 23; Zwangsvollstreckung **14** 67 bis 71
Schuldübernahme bei Zwangsverst. **2** 53
Schuldverhältnis, -se 7 241 bis 853; Inhalt **7** 241 bis 304; Schadensersatz bei Pflicht-

verletzung **7** 280; Schadensersatz bei sonstiger Pflichtverletzung **7** 282
Schuldverschreibungen, Hypothek für Forderungen aus **7** 1187 ff.; auf Inhaber **7** 248
Schutz des Pfandrechts **7** 1227
Schutzantrag bei Zwangsvollstreckung **14** 83 b
Seerechtl. Haftungsbeschränkung 1 786 a
Sequester, Herausgabe unbewegl. Sachen an einen **1** 848, 855
Sequestration 14 195; Anordnung **1** 938
Sicherheiten, Erzwingung **5** 328, 336; Verwertung **5** 327
Sicherheitsarrest, dingl. **1** 917; persönl. **1** 918, 933; Vollstreckungsverfahren **5** 326
Sicherheitsleistung, Abwendung der Vollstreckung **1** 720, 868; Arrest gegen **1** 921 f., 925; Art und Weise **7** 232 bis 240; **10** 108; Aufhebung des Arrestes gegen **1** 923, 927, 934; statt Befreiung von Verbindlichkeit **7** 257; vor Beginn der Zwangsvollstr. **1** 751; Einstellung der Vollstreckung gegen **1** 732, 769; bei einstweiliger Verfügung **1** 939; Ergänzung **7** 240; für künftig entstehenden Schaden **1** 890; beim Pfande **7** 1218, 1220; für Prozeßkosten, Rückgabe **1** 715; **11** 20; wegen Prozeßkosten **10** 110; bei Teilbetrag **1** 752; als Voraussetzung für Zwangsvollstreckung **1** 83; vorläufige Vollstreckbarkeit von Urteilen **1** 709; bei Wegnahme von Einrichtungen **7** 258; im Zivilprozeß **10** 108 bis 113; Zurückbehaltungsrecht, Abwendung **7** 273; bei Zwangsversteigerung von Grundstücken **2** 67 bis 70, 184; bei Zwangsvollstr. aus Versäumnisurteil **1** 719
Sicherungsgrundschuld 7 1192
Sicherungshypothek 7 1184 bis 1190; Eintragung **1** 720 a; Entstehung **1** 848; Erwerb **7** 1287; des Pfandgläubigers **7** 1287; Pfändung **1** 830; als Sicherungsmittel **7** 238; Vollstreckung **5** 318, 322; im Zwangsversteigerungsverf. **2** 128 f.; Zwangsvollstr. durch Eintragung einer **1** 866 f.
Sicherungsmaßnahmen im Zwangsversteigerungsverf. **2** 25
Sicherungsvollstreckung 14 83 a
Siedlungsunternehmen, Vorschlagsrecht für Zwangsverwalter **2** 150 a
Siegel, Anlegung von **1** 808
Siegelung, Gerichtsvollziehergebühren **17** Anl.
Silbersachen als Pfand **7** 1240
Sofortige Beschwerde gegen Aufhebung des Arrestes **1** 934; gegen einstweil. Ein-

magere Zahlen = Artikel, Paragraphen

Sachverzeichnis

stellung der Zwangsverst. **2** 30 b; Räumung von Wohnraum **1** 721; gegen Rückgabe einer Sicherheitsleistung **10** 109; im Zwangsvollstreckungsverf. **1** 793
Sofortige weitere Beschwerde im Zwangsvollstreckungsverf. **1** 793
Sonn- und Feiertage, Vollstreckungsmaßnahmen **5** 289
Sonnabend, Ende der Frist **12** 193
Sonntag, Ende der Frist **12** 193
Sorgfalt wie in eigenen Angelegenheiten **7** 277; im Verkehr erforderliche **7** 276
Sozialhilfe, Gerichtsvollzieherkosten **17** 2
Sparkassen, Zinseszinsen **7** 248
Sparkassenbuch, Pfändung von Forderung **14** 174
Speziesschuld 7 292
Staatskasse, Erinnerung gegen Ansatz von Gerichtsvollzieherkosten **17** 5
Staatsschuldbuch, Verpfändung von Forderungen **7** 232
Stellungnahme zur Haftung von Bevollmächtigten **5** 191
Steuerberater, Haftung **5** 191
Steuerbevollmächtigter, Haftung **5** 191
Steuerschuldverhältnis, Ansprüche **5** 261
Stiftung, Vollstreckung **5** 255
Stiftungen, öffentl.-rechtl., Zwangsvollstr. **1** 882 a
Strafandrohung 1 890
Strafsachen, Ausschließung der Gerichtsvollzieher **9** 155
Strafverfahren, Entschädigungsanspruch, Zwangsvollstreckung **14** 211; Sicherheitsleistung zur Abwendung der Untersuchungshaft **14** 212
Streitgegenstand, Wert in Arbeitssachen **4** 61
Streitgenossen 1 856; bei Drittwiderspruchsklage **1** 771; bei Klage auf vorzugsweise Befriedigung **1** 805
Streitverkündung 1 841
Streitwert in Arbeitssachen **4** 61
Stundung durch Gläubiger, Einstellung der Vollstreckung **3** 9; der Schuld Nachweis **14** 267

Tabelle der Gebühren für Gerichtsvollzieher **17** Anl.; für Lohnpfändung **1** Anl. zu 850 c
Tag, Frist nach **12** 188
Teilbetrag, Einziehung **14** 185 h
Teilbeträge, Einziehung in Zwangsvollstreckung **14** 114 a
Teilhypotheken 7 1145, 1151 f.
Teilhypothekenbrief 7 1152
Teilleistungen 7 266, 281, 1145; Aufrechnung an Gerichtsvollzieher **1** 757

Teilung der Hypothekenforderung **7** 1151
Teilungsmasse im Zwangsversteigerungsverf. **2** 106, 113 bis 132, 137 bis 141; im Zwangsverwaltungsverf. **2** 157 ff.
Teilungsplan 2 106, 113 bis 132, 137, 156 bis 159; in der Zwangsvollstr. **1** 874 bis 877, 878 f.
Teilungssachen, Verfahren **6** 363 ff.
Teilweise Unmöglichkeit der Leistung **7** 280
Telefondienstleistungen der Gerichtsvollzieher **17** Anl.
Telegraphengebühren des Gerichtsvollziehers **17** Anl.
Termin, eidesstattliche Versicherung **14** 185 b bis 185 d; der eidesstattlichen Versicherung Änderung **14** 185 k; der Zwangsvollstreckung Vertagung **14** 185 h
Termin, -e, Auslegungsvorschriften **12** 186 bis 193; bei Rechtsgeschäften **12** 186, 193; im Verteilungsverf. **1** 875 ff.
Terminsbestimmung vom Amts wegen **1** 924; Gerichtsvollziehergebühr **17** Anl.; im Zwangsversteigerungsverf. **2** 36 ff.
Testamentsvollstrecker bei Zwangsvollstr. in Nachlass **1** 728, 748 f., 779 f.
Tiere, Unpfändbarkeit **1** 811 c; Vollstreckungsschutz **1** 765 a
Titel, Bestätigung durch Rechtspfleger **11** 20
Tod des Schuldners nach Beginn der Vollstreckung **1** 779
Treu und Glauben bei Leistungen **7** 242
Treuhänder, Herausgabe eines Schiffes an **1** 855 a
Treuhandverhältnis, Vollstreckungsverfahren **5** 318

Übereignung, Unternehmen, Haftung **5** 75
Übergabe bei Bestellung des Pfandrechts **7** 1205
Übergang der Forderung bei Ablösungsrecht **7** 268; der Hypothek **7** 1164
Übergebot im Zwangsversteigerungstermin **2** 72
Übermittlung von Geld **7** 270
Übernahme, beweglicher Sachen, Gerichtsvollzieherkosten **17** Anl.
Überpfändungsverbot 5 281
Übertragung von Aufgaben auf Rechtspfleger **11** 4; von Hypothekenforderungen **7** 1153 ff.; des Pfandrechts **7** 1250
Überweisung des Anspruchs auf Herausgabe bewgl. Sachen **1** 886; einer Forderung bei bestehender Schiffshypothek **1** 837 a; von Geldforderungen **1** 835 bis 840, 853; gepfändeter Forderungen **3** 6; Verzicht auf Rechte aus **1** 843

515

Sachverzeichnis

fette Zahlen = Gesetze

Überweisungsbeschluss 1 836 f.
Unbekannte, Berechtigte in der Zwangsverst. 2 126, 135
Unbewegliche Sache, Arrest in 1 923; Zwangsvollstr. 1 810, 864 bis 871, Herausgabeansprüche 1 848, 855, 885
Unbewegliches Vermögen, Vollstreckung 5 318, 322, 323
Unentgeltliche Leistung, Anfechtbarkeit 8 4
Unerlaubte Handlungen, Nachteile für Verletzten 7 273
Ungetrennte Früchte, Pfändung 5 294, 304
Unmittelbare Ersetzung beim Pfandverkauf 7 1247; bei Schadensersatz 7 285
Unmittelbarer Zwang, Vollstreckungsverfahren 5 328, 331
Unmöglichkeit der Herausgabe 7 292; der Leistung 7 265, 275, 280 bis 282, 286 f.
Unpfändbare Bezüge 1 850 a
Unpfändbare Forderungen 1 850 a, 851 f., 859 bis 863; 7 1274
Unpfändbare Sachen 14 121; Pfändung 1 811 mit Anm., 811 a bis 811 c
Unpfändbarkeit, künftiger Wegfall 14 122; Vollstreckungsverfahren 5 295, 319
Unrichtige Sachbehandlung, Nichterhebung von Kosten 17 7
Untergang der Sache 7 292
Unterhalt bei Feststellung der Vaterschaft 6 237
Unterhaltsanspruch, beschränkter Pfändungsschutz 1 850 d; Pfändbarkeit des Arbeitseinkommens 1 850 d; Rangverhältnis für Pfändbarkeit 1 850; Vollstreckbarkeit 1 708
Unterhaltspflicht, erweiterter Pfändungsschutz 1 850 c; besonders umfangreiche gesetzliche, Pfändungsschutz 1 850 f; Vollstreckbarkeit von Urteilen 1 708
Unterlassung als Anspruchsgegenstand 7 1134; als Gegenstand eines Schuldverhältnisses 7 241; Zwangsvollstr. zur Erwirkung von 1 890 ff.
Unterschrift, Gebührenhöhe für Beglaubigung 17 Anl.; des Rechtspflegers 11 12
Unterwerfung unter sofortige Zwangsvollstr. 1 799 f.
Unterwerfungsklausel in Urkunden 1 799 ff.
Unveräußerliche Rechte, Vollstreckung 5 321
Unvermögen des Schuldners kein Gläubigerverzug 7 297, zur Leistung 7 275
Unzulässige Amtshandlungen des Gerichtsvollziehers 13 26
Unzulässigkeit des Schiedsverfahrens, Aufhebungsklage 4 110
Unzumutbare Härte bei Maßnahme der Zwangsvollstr. 1 765 a
Unzuständigkeit des Gerichtsvollziehers 13 28 bis 32; örtliche des Gerichtsvollziehers 13 29 f; des Rechtspflegers, Rechtswirkung 11 8
Urkunde, Ausstellung durch Gerichtsvollzieher 14 10; über gepfändete Forderung, Wegnahme 14 174; Zustellung vor Beginn der Zwangsvollstreckung 14 76 bis 79
Urkunden, Aushändigung 7 1150; Herausgabe der U. über überwiesene Forderungen 1 848; vollstreckbare 1 797
Urkundenprozess, Vollstreckbarkeit der Urteile 1 708
Urkundsbeamter, Erteilung der Vollstreckungsklausel 1 724 f.
Urteil im Arbeitsgerichtsverf., Zustellung 4 50; Ergänzung 1 716; Rechtskraft 1 705; über Teilungsplan 1 880; Vollstreckungsabwendung durch Sicherheitsleistung 1 711 f.; vorläufige Vollstreckbarkeit ohne Sicherheitsleistung 1 710
Urteilsverfahren vor Arbeitsgericht 4 46 ff.

Vaterschaft, Feststellung, Unterhalt 6 237
Veränderung des Pfandes 7 1226
Verantwortlichkeit des Schuldners 7 276
Veräußerung einer gepfändeten Sache, Gewährleistung 1 806; einer mit Hypothek belasteten Sache 7 1136; rechtswidrige beim Pfandverkauf 7 1243
Veräußerungsverbot 7 1136; bei einstweiliger Verfügung 1 938; Widerspruchsklage bei Zwangsvollstr. trotz 1 772; in Zwangsversteigerungsverf. 2 23, 26
Verderb der Pfandsache 7 1218; Zurückweisung der Hinterlegung einer dem V. ausgesetzten Sache 7 237
Verein, nicht rechtsfähiger Zwangsvollstreckung 14 100
Vereine, Zwangsvollstr. gegen nicht rechtsfähige 1 735
Vereinigung von Hypothek und Eigentum 7 1177 ff.; von Schuld und Forderung 7 1164, 1174
Verfahren über Prozesskostenhilfe, Zuständigkeit des Rechtspflegers 11 20; in Teilungssachen 6 363 ff.
Verfallvertrag beim Pfandrecht 7 1229
Verfügung über Miet- und Pachtzins 7 1124
Vergleich in Arbeitssachen 4 83 a; in Familiensachen 6 36; vor Gütestellen, Zwangsvollstr. 1 797 a; vor Schiedsgericht 4 107;

magere Zahlen = Artikel, Paragraphen

Sachverzeichnis

sofort vollstreckbarer **1** 797; Vollstreckbarerklärung des gerichtl. V. **1** 795 b
Vergleichsverfahren, Haftung für Erwerb aus V. **5** 75; Zwangsvollstreckung **14** 89
Vergütung des Anwalts, Festsetzung **11** 21; für unentgeltl. Leistungen eines Schuldners, Pfändung **1** 850 h; des Zwangsverwalters **2** 150 a, 150 e, 153; **15** 17 ff.
Verhaftung zur Abgabe einer eidesstattl. Versicherung **1** 909; Gerichtsvollzieherkosten **17** Anl.; im Insolvenzverfahren **14** 189 a; im Konkursverfahren **14** 189; des Schuldners **14** 269; Verfahren bei Zwangsvollstreckung **14** 187; Vollstreckungsschuldner **5** 284
Verhinderung des Gerichtsvollziehers **13** 27
Verjährung der Ansprüche hinsichtl. Gerichtsvollzieherkosten **17** 8; Haftungsanspruch **5** 191; bei Verpfändung **7** 1226
Verkauf durch Gerichtsvollzieher, Kosten **17** Anl.
Verkaufswert, Schätzung von gepfändeten Sachen **1** 813
Verkehrshypothek 7 1113 bis 1183
Verkehrssitte 7 242
Verkehrswert eines Grundstücks, Schätzung im Zwangsversteigerungsverf. **2** 74 a
Verkündung des Zuschlags bei Zwangsverst. **2** 89
Verlängerung der Fristen **12** 190
Verletzter, Mitverschulden **7** 254
Verletzung einer Person **7** 249; der Rechte des Verpfänders **7** 1217
Vermögen, Übernahme **1** 729; Übertragung **1** 729; vollstreckbare Ausfertigung für und gegen Rechtsnachfolger **1** 729; Vollstreckung **5** 281–327; Zwangsvollstr. in bewegl. **1** 803 bis 863, in unbewegl. **1** 864 bis 871
Vermögensloser Schuldner, Zwangsvollstreckung **14** 63
Vermögensrechte, Zwangsvollstr. in **1** 857 bis 863
Vermögensrechtliche Ansprüche im Zivilprozess **1** 708
Vermögensschaden 7 253
Vermögensteuer, Aufteilung bei Gesamtschuldnern **5** 271, 274
Vermögensverwaltung, Vollstreckung **5** 77
Vermögensverzeichnis, Ergänzung oder Nachbesserung **14** 185 o; Gerichtsvollziehergebühren **17** Anl.; bei Pfändung, Angabe in **1** 807; Vollstreckung **5** 284; Vorlegung mit eidesstattl. Versicherung **1** 807
Vermögensvorteil des Eigentums eines Ehegatten **7** 1362; für Erlöschen des Pfandrechts **7** 1253

Vernichtung von Hypothekenbriefen **7** 1162
Verpachtung durch Gerichtsvollzieher, Gebühr **17** Anl.
Verpfändung fremder Sachen **7** 1207; mehrfache **7** 1232; Unterstellung des Eigentums des Verpfänders **7** 1248; zum Zwecke der Sicherheitsleistung **7** 232
Verpflichtung zur Streitverkündung **1** 841
Versagung des Zuschlags bei Zwangsverst. **2** 74 a, 74 b, 83, 85 bis 86
Versäumnisurteil, Vollstreckbarkeit **1** 708; bei Widerspruch gegen Teilungsplan **1** 881
Verschlechterung, Haftung wegen, des Pfandes **7** 1226; Haftung wegen V. **7** 292; Schutz des Hypothekengläubigers gegen **7** 1133 ff.
Verschleiertes Arbeitseinkommen, Pfändung **1** 850 h
Verschleppung, Maßnahmen gegen V. des Prozesses **1** 813 b
Verschulden, Haftung für V. Dritter **7** 278; mitwirkendes **7** 254; beim Pfandverkauf **7** 1243; des Schuldners **7** 276
Versicherer, Anmeldung einer Hypothek durch Gläubiger **7** 1128; Anzeige des Schadens an Hypothekengläubiger **7** 1128; Befreiung von Verpflichtung zur Leistung **7** 1128, 1130; Zahlung des V. auf Versicherungsforderung **7** 1128
Versicherung des belasteten Grundstücks **7** 1127 ff.; an Eides Statt **5** 284, 315; Erstreckung der Hypothek auf Versicherungsforderung **7** 1127 ff.
Versicherungsforderung 7 1127 ff.
Versicherungsnehmer, Anzeige des Schadens durch V. an Hypothekengläubiger **7** 1128
Versicherungspolice, Herausgabe bei Pfändung **14** 174
Versorgungsbezüge, Pfändung **1** 850
Versteigerung mit Arrest belegter Sachen **1** 930; der Früchte auf dem Halm **1** 824; gepfändeter Sachen **1** 814 bis 827; Gerichtsvollzieherkosten **17** Anl.; von Grundstücken, Verf. **2** 66 bis 78; Pfandsachen **5** 296, 298–301, 304, 308, 341
Versteigerungsantrag, Rücknahme **2** 29 f., 76
Versteigerungsbedingungen, Zwangsverst. **2** 44 bis 65
Versteigerungserlös, Verteilung **2** 105 bis 145
Versteigerungsort bei Pfandversteigerung **7** 1236
Versteigerungsprotokoll 14 259
Versteigerungstermin im Zwangsversteigerungsverf. **2** 30, 35 bis 43, 85

Sachverzeichnis

fette Zahlen = Gesetze

Versteigerungsvermerk, Eintragung in Grundbuch **2** 19; Löschung **2** 34
Verteilung des Versteigerungserlöses, außergerichtl. **2** 143 ff.
Verteilungsstreitigkeiten in der Zwangsvollstr. **1** 879, 882
Verteilungstermin in der Zwangsverst., Verf. **2** 105, 107, 109
Verteilungsverfahren, Hinterlegung des Erlöses **1** 930; in der Zwangsvollstr. **1** 872 bis 882; **2** 105 bis 145
Vertragsstrafe, Haftung des Pfandes für **7** 1210
Vertrauensperson, Beitreibung von Ansprüchen gegen **3** 1
Vertretbare Handlungen, Zwangsvollstr. **1** 887
Vertretbare Sachen, Anspruch auf Leistung **1** 884
Vertreter, Haftung für **7** 278; für Hypothekengläubiger **7** 1189
Verwahrung des Pfandes **7** 1215, 1217; der Sache bei Forderungsverpfändung **7** 1281; von Schiffen, Gerichtsvollzieherkosten **17** Anl.
Verwaltung, Rechnungslegung **7** 259
Verwaltungsvollstreckungsverfahren, Beitreibung **14** 166
Verwaltungszwangsverfahren, Beitreibung der Kosten **3** 1
Verwandte, Arbeit des Schuldners für **1** 850 h
Verweigerung der Herausgabe des Pfandes **1** 838
Verwendungen des Gläubigers **7** 292; des Pfandgläubigers **7** 1210, 1216; des Schuldners **7** 273; bei Verzug des Gläubigers **7** 304; Zurückbehaltungsrecht **7** 273
Verwertung von Forderungen **1** 844; gepfändeter Sachen, Aussetzung **1** 813 b; Gerichtsvollzieherkosten **17** Anl.; des gewerbl. Pfandrechts **7** 1259; körperl. Sachen **1** 825, 847; Pfandsachen **5** 296–305, 308, 317, 341; von Pfandstücken **14** 141; Sicherheiten **5** 327
Verwertungsgebühr, Vollstreckungsverfahren **5** 341
Verwirkungsklausel bei Hypotheken- und Pfandbestellung **7** 1149, 1229, 1277
Verzeichnis des Bestandes eines Inbegriffs von Gegenständen **7** 260; der Schuldner, die eine eidesstattl. Versicherung abgegeben haben **1** 915; Vermögen, Vollstreckung **5** 284
Verzicht auf Einrede der Vorausklage **7** 239; auf Gesamthypothek **7** 1175; auf Hypothek **7** 1165, 1168 f., 1175, 1178; auf Pfandrecht **7** 1255; auf Rechte aus Pfändung einer Geldforderung **1** 843
Verzinsung bei Aufwendungsersatz **7** 256
Verzug, Gerichtsvollziehergebühr **17** Anl.; des Gläubigers **7** 264, 274, 293 bis 304; des Schuldners **7** 264, 274, 286 bis 288
Verzugsschaden 7 286 ff.
Verzugszinsen 7 288 ff., 1146
Vieh, Entgelt für Fütterung bei Zwangsverw. **2** 153 a
Vierteljahr 12 188 f.
Vollstreckbare Ausfertigung 1 724 bis 750, 799, 894; Auslieferung an den Schuldner **1** 754; Erteilung durch Rechtspfleger **11** 20; gerichtl. und notarieller Urkunden **1** 797; bei Gütergemeinschaft **1** 742, 744; Legitimation des Gerichtsvollziehers durch **1** 754 f.; Vermerk der Erteilung auf Urteil **1** 734; weitere **1** 733, 797
Vollstreckbare Urkunden 1 797
Vollstreckbarerklärung des gerichtl. Vergleichs **1** 795 b; durch Notar **1** 796 c; durch Rechtsanwälte **1** 796 a; Zuständigkeit **1** 796 b
Vollstreckbarkeit, Aufhebung der V. gegen Sicherheitsleistung **1** 769; der Endurteile **1** 704; von Kostenentscheidungen **1** 708; Schadensersatzpflicht **1** 717
Vollstreckung, Allgemeines **5** 249–346; von Ansprüchen nach JBeitrO **3** 11; Duldung **5** 191; der Erzwingungshaft **11** 4; Familiensachen **6** 86 ff.; Gerichtsvollzieherkosten **17** Anl.; Haftung **5** 75, 77, 191; Rechtshilfe **9** 160
Vollstreckungsabwehrklage 1 767 f., 785 f.
Vollstreckungsaufschub, Allgemeines **5** 258
Vollstreckungsauftrag, Ruhen des **13** 40; Überwachung des Ruhens **13** 41
Vollstreckungsaufträge, Abgabe an zuständige Verteilungsstelle **13** 36; Entgegennahme durch Gerichtsvollzieher **13** 35; Zuleitung an Gerichtsvollzieher **13** 37
Vollstreckungsauftragsvermittlung an Gerichtsvollzieher durch Verteilungsstelle des Amtsgerichts **13** 33 bis 39
Vollstreckungsbeamte 1 753
Vollstreckungsbeginn von Ansprüchen nach JBeitrO **3** 5
Vollstreckungsbehörde, Beitreibung **14** 262; Gerichtskasse als **3** 2, 6
Vollstreckungsbescheid, Zustellung **14** 23; Zwangsvollstr. **1** 794, 796
Vollstreckungsersuchen 5 250
Vollstreckungsgegenklage 1 767
Vollstreckungsgericht 1 813, 828; Amtsgericht **1** 764 f., 858; **2** 1; Anordnung und

magere Zahlen = Artikel, Paragraphen

Sachverzeichnis

Durchführung der Zwangsverst. **2** 15, 35; Arrestvollziehung **1** 930; Aufgebotsverf. **2** 140; Austauschpfändung **1** 811 a; Entscheidung über Erinnerungen **1** 766; für Schiffe **2** 163; Zuständigkeit **14** 60
Vollstreckungsgläubiger, Begriff **5** 252
Vollstreckungshandlungen des Gerichtsvollziehers **1** 762
Vollstreckungsklausel 1 724 f.; **2** 132 f.; **14** 72 bis 75; auf Arrestbefehl **14** 192; der Arrestbefehle **1** 929; Einwendungen gegen Zulässigkeit **1** 732, 797, 797 a; Klage auf Erteilung **1** 731, 796 f., wegen Unzulässigkeit **1** 768
Vollstreckungskosten 1 788
Vollstreckungsmaßnahmen, Aufhebung **1** 765 a; Einstellung **1** 765 a; Kosten **1** 788; Untersagung **1** 765 a
Vollstreckungsschuldner bei Ansprüchen nach JBeitrO **3** 4 f.; Begriff **5** 253; Kostenschuldner für Gerichtsvollzieherkosten **17** 3
Vollstreckungsschutz 1 765 a, 811
Vollstreckungstitel 1 704, 794; kein Ausschluss der Anfechtung **8** 10; Zuschlag in der Zwangsverst. **2** 93, 132
Vollstreckungsurteil für Urteil eines ausländischen Gerichts **1** 722 f.
Vollstreckungsvereitelung 18 288
Vollziehung des Arrestes, Kosten **17** Anl.
Vollziehungsbeamte, Kosten **3** 11, Beitreibung **3** 1, 6
Vollziehungsbeamter 5 285
Vorabentscheidung im arbeitsgerichtl. Verf. **4** 61
Vorausklage, Verzicht auf Einrede der **7** 239
Vorausverfügungen durch den Zwangsverwalter **15** 8
Vorauszahlung der Kosten der Vornahme einer Handlung **1** 887
Vorauszahlungen, Aufteilung bei Gesamtschuldnern **5** 272, 274
Vorbehaltsurteil und Anfechtung **8** 14; Erbenhaftung **1** 780; Fortsetzung des Rechtsstreits nach Verkündung **1** 707
Vordrucke des Gerichtsvollziehers, Auslagen **17** Anl.
Vorerbe, vollstreckbare Ausfertigung für und gegen Nacherben **1** 728
Vorführung, Gerichtsvollzieherkosten **17** Anl.
Vorläufige Austauschpfändung 1 811 b
Vorläufige Vollstreckbarkeit 1 704 ff.; und Anfechtung **8** 14; Antrag auf **1** 714; der arbeitsgerichtl. Urteile **4** 62; Außerkraftsetzen **1** 717; im Berufungsrechtszug **1** 718; im ordentl. Verf. **1** 708 bis 720; gegen Sicherheitsleistung **1** 709; Zurückweisung eines Antrags **1** 712 f.
Vorlegung des Hypotheken-, Grundschuld- und Rentenschuldbriefs **7** 1160; der Rechnungsbelege **7** 259
Vorlegungsfrist bei Schuldverschreibungen **7** 1188
Vormerkung, Eintragung einer V., Zuständigkeit **1** 942; zur Sicherung des Anspruchs auf Löschung einer Hypothek **7** 1179; Verurteilung zur Bewilligung **1** 895; Wegfall der Wirkung **2** 130 a
Vorpfändung 1 845; **14** 178; Kosten **17** Anl.
Vorrang, Einräumung **7** 1165
Vorsatz als Verschuldensform **7** 276, 300
Vorschuss der Gerichtsvollzieherkosten **17** 4; der Kosten der Fortdauer des Arrestes **1** 934
Vorsitzender der Kammer, alleinige Entscheidung **1** 944
Vorzugsrechte in der Zwangsvollstr. **1** 804 f.
Vorzugsweise Befriedigung, Klage auf **1** 805

Waffen, Zwangsvollstreckung **14** 113 a
Wahlrecht bei mehreren Leistungen **7** 262 bis 265
Wahlschuld 7 262 ff.; Unmöglichkeit einer Leistung **7** 265; Verzögerung der Wahl **7** 264
Währung bei Geldschulden **7** 244
Washingtoner Artenschutzübereinkommen, Pfändung von Gegenständen **14** 126
Wechsel, Hypothek für Wechselforderungen **7** 1187 ff.; Pfandrecht **7** 1292, 1294; Pfändung **1** 831; Pfändung von Forderung aus **14** 175; Pfändungskosten **17** Anl.; Verpfändung **7** 1292, 1295; Vollstreckung **5** 312
Wechselprotest 14 214 bis 228; Allgemeine Vorschriften **14** 215 bis 218; anzuwendende Vorschriften **14** 219; Arten **14** 220; Fremdwährungswechsel **14** 226; Gerichtsvollziehergebühr **17** Anl.; Protestfristen **14** 221; Protestgegner (Protestat) **14** 222; Proteststelle **14** 224; Protesturkunde **14** 228; Verfahren bei Protesterhebung **14** 225; Wechsel in fremder Sprache **14** 227
Wechselprozess, Protestort **14** 223; Vollstreckbarkeit der Urteile **1** 708
Wechselsachen, keine Aussetzung der Pfandverwertung **1** 813 b
Wegegeld für Gerichtsvollzieher **17** 17
Wegnahme bei Austauschpfändung **1** 811 a; von Einrichtungen **7** 258, 1216; von Per-

519

Sachverzeichnis

fette Zahlen = Gesetze

sonen durch Gerichtsvollzieher, Gebühr **17** Anl.; von Sachen, Gebühr **17** Anl., durch Gerichtsvollzieher **14** 272 a bis 272 c

Wegnahmegebühr, Vollstreckungsverfahren **5** 340

Weigerung des Gerichtsvollziehers **1** 766

Weihnachtsgratifikation, Pfändbarkeit **1** 850 a

Wert, Ersatz des W. eines Gegenstandes **7** 290; des Gegenstandes der Verurteilung **1** 708; Kosten der Schätzung **17** Anl.

Wertfestsetzung bei Austauschpfändung **1** 811 a

Wertminderung, Ersatz **7** 290

Wertpapiere, Anspruch auf Leistung von **1** 884; Pfandrecht **7** 1292 ff.; Pfändung **1** 808; **14** 154; Sicherheitsleistung durch **2** 69; **7** 232 ff.; Umschreibung auf den Namen lautender **1** 822; Unpfändbarkeit von in Hypotheken- und Deckungsregister eingetragenen **1** Anm. zu 811; Veräußerung bei Zwangsvollstreckung **14** 155; Verkauf gepfändeter **1** 821; Verpfändung **7** 1296; Versteigerung im Vollstreckungsverfahren **5** 302, 303

Widerspruch gegen Arrestbeschluss **1** 924 ff.; Bewilligung der Eintragung **1** 895; Dritter gegen Zwangsvollstr. **1** 771, 773 f.; des Ehegatten **1** 774; gegen Hypothek **7** 1139, 1160; des Nacherben **1** 773; gegen Pfändung **1** 805, 810; gegen die Richtigkeit des Grundbuchs **7** 1140, des Schiffsregisters **1** 942; des Schuldners gegen Zwangsvollstr. **1** 777; gegen Teilungsplan **1** 876 bis 881; **2** 115, 124; gegen Vollstreckungsmaßnahmen **5** 262, 293, 294

Widerspruchsklage 3 6; (Zwangsvollstr.) **1** 771 ff.

Widerstand, Brechen von W. gegen Gerichtsvollzieher **1** 892, Gebühr **17** Anl.; gegen Zwangsvollstreckung **14** 108

Wiederaufnahme, Einstellung der Vollstreckung wegen beantragter **1** 707

Wiedereinsetzung, Einstellung der Zwangsvollstr. wegen beantragter **1** 707

Wiederherstellung des früheren Zustandes **7** 249 bis 252, 258; des versicherten Gegenstandes bei Hypothek **7** 1130

Wiederkehrende Bezüge, Pfändung **5** 313

Wiederkehrende Leistungen, Hypothek **7** 1126; in der Zwangsverst. **2** 13, 30 a, 46 f.

Willenserklärung, Abgabe an Samstagen, Sonn- oder Feiertagen **12** 193; Gerichtsvollziehergebühren bei Mitwirkung **17** Anl.; Verurteilung zur Abgabe einer **1** 894 bis 898; Zustellung durch den Gerichtsvollzieher **14** 52 f

Wirtschaftsprüfer, Haftung **5** 191

Woche, Berechnung **12** 188

Wohnraum, Belassung des W. des Schuldners bei Zwangsverw. **2** 149; Räumung durch einstweilige Verfügung **1** 940 a

Wohnsitz des Schuldners **13** 22 a, Leistungsort **7** 269

Wohnungswechsel des Schuldners **13** 32

Zahlung der Ablösungssumme **7** 1200 ff.; einer Geldschuld **7** 244 f.; an Gerichtsvollzieher, Gebühr **17** Anl.

Zahlungs Statt, Abtretung an **7** 1282; Überweisung an **1** 835, 849

Zahlungsaufforderung, Beginn der Vollstreckung nach **3** 5

Zahlungserinnerung 5 259

Zahlungsnachweis bei Vollstreckung **3** 9

Zahlungsort 7 270; Änderung bei Hypotheken **7** 1119; bei Grundschuld **7** 1194

Zahlungszeit, Änderung **7** 1119

Zeit der Leistung **7** 271, 299; der Vollstreckung **5** 289

Zeitpunkt der Zwangsvollstr. gegen jur. Personen des öffentl. Rechts **1** 882 a

Zeuge, Vollziehung des Haftbefehls gegen **14** 190; Vorführung in Zwangsvollstreckung **14** 185 a; Zuziehung bei Zwangsvollstreckung **14** 108; zwangsweise Vorführung **14** 191

Zeugen, Beitreibung von Ansprüchen gegen **3** 1; Vollstreckungsverfahren **5** 288; Zuziehung von Z. bei Zwangsvollstr. **1** 759

Zinsen von Aufwendungen **7** 256; Erstreckung des Pfandrechts auf **7** 1289; Erweiterung der Hypothek auf **7** 1119; Grundschuld auch für **7** 1191 f.; Haftung des Grundstücks **7** 1118 f.; Hypothekenforderung **7** 1115, 1118, 1145, 1158 f., 1178; des Pfandes **7** 1210; Prozesszinsen **7** 291; vertragsmäßige **7** 248; bei Verzug des Gläubigers **7** 301; Verzugszinsen **7** 288 ff.

Zinseszinsen 7 248, 289

Zinshypothek 7 1178

Zinssatz, gesetzlicher Z. nach BGB **7** 246

Zinsscheine, Hinterlegung **7** 234; Pfandrecht **7** 1296

Zinsverbindlichkeiten 7 246

Zivilprozess, Zuständigkeit des Rechtspflegers **11** 20

Zivilprozessordnung, Anwendung im Arbeitsgerichtsverf. **4** 46, 46 a

Zubehör, Erstreckung der Hypothek **7** 1120 ff., 1135; keine Pfändung des Z. von Grundstücken **1** 865; bei Zwangsverst. **2** 55

Zufall, Haftung für Z. bei Verzug **7** 287

magere Zahlen = Artikel, Paragraphen

Sachverzeichnis

Zug um Zug, Erfüllung 7 274; Vollstreckung von Urteilen auf Leistung Zug um Zug **1** 756, 765; Vollstreckungsklausel **1** 726
Zugeschlagener Bezirk der Gerichtsvollzieher **13** 18, 19
Zugewinn, Pfändbarkeit des Anspruchs auf Ausgleich **1** 852
Zulassungsgebühren, Beitreibung **3** 1
Zulassungsstelle, Benachrichtigung bei Zwangsversteigerung **14** 161; Wegfall, Aussetzung der Benachrichtigung **14** 162
Zumutbarkeit der einstweil. Einstellung der Zwangsverst. **2** 30 a
Zurückbehaltungsrecht 7 273 f.; des Gläubigers (Zwangsvollstr.) **1** 777
Zurücknahme eines Auftrags, Gerichtsvollzieherkosten **17** Anl.
Zurückweisung eines Gebotes bei Zwangsverst. **2** 71
Zusammenveranlagung, Gesamtschuldner **5** 268–280; Vollstreckung **5** 268–280
Zuschlag, Beschwerde gegen Erteilung **2** 95; Gefahrübergang auf Ersteher **2** 56; Kosten des Beschlusses **2** 58; bei öffentlicher Versteigerung **14** 145; Versagung **2** 74 a, 74 b, 83, 85 f.; Versteigerung von Pfandsachen **5** 299, 300; im Zwangsversteigerungstermin **2** 74, 79 ff., 90; bei Zwangsvollstr., Versagung **2** 85 a
Zuschreibung von Grundstücken **7** 1131
Zuständigkeit, Aufteilung Gesamtschuld **5** 269; eidesstattliche Versicherung **5** 284; für einstweilige Verfügung **1** 943; des Gerichts für Zwangsvollstreckung **14** 59; örtliche des Gerichtsvollziehers **13** 20; des Rechtspflegers **11** 3; sachliche des Gerichtsvollziehers **13** 24; der Verteilungsstelle des Amtsgerichts **13** 33
Zustellung von Anwalt zu Anwalt **14** 49; in der Arbeitsgerichtsbarkeit **4** 50; Aufgabe zur Post **14** 47; an Behörden, juristische Personen, Gesellschaften, Personenmehrheiten durch Gerichtsvollzieher **14** 35; Bewilligung der, Zuständigkeit des Rechtspflegers **11** 20; Erteilung der Erlaubnis **11** 20; durch Gerichtsvollzieher in bürgerlichen Rechtsstreitigkeiten **14** 23 bis 49, Erledigungsfristen **14** 22, Kosten **17** Anl., Verfahren vor ausländischer Behörde **14** 12, in der Wohnung **14** 30, Zeit **14** 13, Zuständigkeit **14** 11 bis 56; an Gewerbetreibende **14** 33; nach JBeitrO **3** 3; durch Niederlegung **14** 31 f; öffentl. **1** 829, 841, 875; örtliche Zuständigkeit des Gerichtsvollziehers **14** 20; durch die Post **14** 39 bis 46; an Rechtsanwälte, Notare, Gerichtsvollzieher **14** 34; Rechtshilfe **9** 160; von Schiedssprüchen **14** 54 bis 56; von Schriftstücken durch Gerichtsvollzieher **14** 15 bis 19; in Straf- und Bußgeldsachen **14** 50 f; von Urkunden vor Beginn der Zwangsvollstreckung **14** 76 bis 79; unter Vermittlung des Urkundsbeamten der Geschäftsstelle **1** 829; von Willenserklärungen **14** 52 f; in der Zwangsverst. **2** 3 bis 8, 32, 41, 88
Zustellungen, eilige **13** 22; durch den Gerichtsvollzieher **13** 16; durch die Post **13** 22
Zustellungsadressat, Zustellung in bürgerlichen Rechtsstreitigkeiten **14** 28
Zustellungsart, Wahl durch Gerichtsvollzieher **14** 21
Zustellungsbeamte 9 154 f.
Zustellungsbevollmächtigte, Bestellung durch Rechtspfleger **11** 20
Zustellungsersuchen des Gerichtsvollziehers an die Post **14** 39 bis 46
Zustellungsurkunde, Form **14** 38
Zustimmung, Vollstreckung **5** 255
Zuweisung eines landwirtschaftl. Betriebes **2** 185
Zuziehung, Zeugen bei Vollstreckungshandlungen **5** 288
Zwangsgeld zur Erwirkung einer Handlung **1** 888; gegen Zwangsverwalter **2** 153
Zwangsgelder gegen Steuer- oder Haftungsschuldner **5** 316, 328, 329, 332, 334
Zwangshaft zur Erwirkung einer Handlung **1** 888
Zwangshypothek 1 867; für Ansprüche nach JBeitrO **3** 4
Zwangsmittel 1 888; Vollstreckungsverfahren **5** 328–336
Zwangsversteigerung, Anordnung der Versteigerung **2** 15 bis 27; Aufhebung und einstweil. Einstellung des Verf. **2** 28 bis 34, 75 ff., 86; Ausführung des Teilungsplans **2** 117 f.; von ausländischen Schiffen **2** 171; Auszahlung des Erlöses **14** 169 f; wegen bedingter Ansprüche **2** 14; Benachrichtigung des persönl. Schuldners **7** 1166; Beschwerde **2** 95 bis 104; bestehen bleibende Rechte **2** 52; Einstellung des Verfahrens wegen Gefährdung des Kindeswohls **2** 180; erneute Einstellung **2** 30 c; Gefahrübergang **2** 56; zur Gemeinschaftsaufhebung **2** 180 bis 185; Gesamtausgebot mehrerer Grundstücke **2** 112; eines Grundstücks **2** 15 bis 145, Eintragung des Schuldners **2** 17; im Insolvenzverf. **2** 172 ff.; von Luftfahrzeugen **2** 171 a bis 171 n; mehrerer Grundstücke **2** 18; zur Nachlassauseinandersetzung **2** 175 bis 179; Rangordnung **2** 10 bis 12; von Schiffen

521

Sachverzeichnis

fette Zahlen = Gesetze

und Schiffsbauwerken **1** 931; **2** 162 bis 171; Versagung des Zuschlags **2** 33; Versteigerung **2** 66 bis 78; Versteigerungsbedingungen **2** 44 bis 65, 82; Verteilung des Erlöses **2** 105 bis 145; Verwaltung des Grundstücks durch Schuldner **2** 24; Vollstreckungsverfahren **5** 322, 323; wiederkehrende Leistungen **2** 46 f.; Zustellung des Beschlusses über Aufhebung oder Einstellung des Verf. **2** 32; Zwangsvollstr. durch **1** 866, 869, 870 a

Zwangsverwalter 2 150, 150 a, 152, 152 a; Ausgabenverwaltung **15** 9 bis 11; Auskunftspflicht **15** 16; Auslagen **15** 21; Ausweis **15** 2; Beendigung der Verwaltung **15** 12; Besitzerlangung über Objekt, Bericht **15** 3; Buchführung **15** 14; Masseverwaltung **15** 13; Mitteilungspflicht **15** 4; Nutzung des Grundstücks **15** 7; Rechtsverfolgung **15** 7; Stellung **15** 1; Vergütung **15** 17 ff.; Vorausverfügungen **15** 8

Zwangsverwaltung, Anordnung nach versuchter Zwangsversteigerung **2** 77; Aufhebung **2** 161, der einstweil. Einstellung **2** 153 c; außergerichtl. Verteilung **2** 160; und Eigentümergrundschuld **7** 1197; eines Grundstücks **1** 866, 869; **2** 146 bis 161, Räumung **14** 182; im Insolvenzverf. **2** 172 ff.; Rangordnung **2** 10 bis 12; Vollstreckungsverfahren **5** 322, 323

Zwangsvollstreckung 1 704 bis 945; Abgabe an zuständigen Gerichtsvollzieher **13** 32; Abhängigkeit des Anspruchs von Kalendertag **14** 82; Abhängigkeit von Gegenleistung **14** 84; Abhängigkeit von Sicherheitsleistung **14** 83; Ablösungsrecht **7** 268; durch Abnahme eidesstattlicher Versicherung **14** 185 a bis 185 o; Abwendungsbefugnis, Schutzantrag **14** 83 b; allg. Vorschriften **1** 704 bis 802; Annahme und Ablieferung der Leistung **14** 106; Aufschub von Vollstreckungsmaßnahmen **14** 113; Auftrag an Gerichtsvollzieher **14** 62; zur Befriedigung des Hypothekengläubigers **7** 1147, des Pfandgläubigers bei Pfandrecht an Rechten **7** 1277; aus Beschlüssen der Arbeitsgerichte **4** 85; Beschränkungen **1** 765 a, 775, 811, 811 b, 811 d, 813 b, 851 a, 851 b; Beseitigung des Widerstandes des Schuldners **14** 185; in bewegl. Vermögen, Beschränkung **1** 811; in bewegliche, körperliche Sachen **14** 117 bis 171; in Bruchteil eines Grundstücks oder Schiffs **1** 864; gegen Bund, Länder, Körperschaften, Anstalten, Stiftungen des öffentl. Rechts **14** 87; gegen Eheleute **14** 95 bis 98; gegen jeweiligen Eigentümer des Grundstücks **1** 800, des Schiffes **1** 800 a; Einstellung **1** 707, 769, 775 f.; Einstellung, Beschränkung, Aufhebung **14** 111 f; Einwendungen gegen Art und Weise **1** 766; Einwendungen im Vollstreckungsverfahren **14** 266; Entschädigungstitel des Verletzten in Strafsachen **14** 211; Ersetzung der Verurteilung zur Duldung **14** 98; zur Erwirkung der Herausgabe von Sachen und Handlungen oder Unterlassungen **1** 883 bis 898; zur Erwirkung der Herausgabe von Sachen **14** 179 bis 183; in Forderungen **14** 172 bis 178, und andere Vermögensrechte **1** 828 bis 863; bei fortgesetzter Eigentums- und Vermögensgemeinschaft **1** 744 a; Fortsetzung **1** 751, der ruhenden **13** 41; wegen Geldforderung **14** 114 bis 116; wegen Geldforderungen **1** 803 bis 882; gegen Gemeinde, Gemeindeverband **14** 88; Gerichtsstand **1** 802; gegen Gesellschaft bürgerlichen Rechts **14** 101; bei gesetzlichem Güterstand, Gütertrennung **14** 96; bei Gütergemeinschaft **14** 97; durch Haft **14** 186 bis 190; in eine Heimstätte **1** Anm. zu 866; Herausgabe von Immobilien, eingetragenen Schiffen, Schiffsbauwerken, Schwimmdocks **14** 180; Herausgabe beweglicher Sachen **14** 179; in Herausgabe- Leistungsansprüche bei Immobilien, Schiffen, Luftfahrzeugen **14** 177; in Herausgabe- und Leistungsansprüche bei Mobilien **14** 176; gegen jur. Personen des öffentl. Rechts **1** 882 a; in körperl. Sachen **1** 808 bis 827; Kosten **14** 109, und Gebühren **1** 788, der Gerichtsvollzieher **17**; aus Kostenentscheidungen **3**; in Kostensachen **3** 7; bei Leistung Zug um Zug **1** 756; Leistungsaufforderung an Schuldner **14** 105; Löschungsbefugnis, Verfallsklausel in Schuldtitel **14** 86; in den Nachlass **14** 92 bis 94; gegen nicht rechtsfähigen Verein **14** 100; bei Nießbrauch an Vermögen **14** 103; gegen offene Handelsgesellschaft **14** 102; Protokoll **14** 110; Räumung von Grundstücken, Schiffen **14** 182; Räumung von Wohnungen **14** 181; aus Räumungsvergleich **1** 794 a; in Schiffe **1** 847 a, 864, 870 a; in die Schiffspart **1** 858; ohne Sicherheit **1** 720 a; Sicherheitsleistung zur Abwendung der Unterschungshaft **1** 212; sofortige Beschwerde **1** 793; Sonderfälle **14** 81 bis 103; in unbewegl. Vermögen **1** 864 bis 871; zur Unzeit **1** 758 a; aus Urteilen der Arbeitsgerichte **4** 62; Verteilung der **18** 288; aus Vergleich **4** 109; gegen vermögenslosen Schuldner **14** 63; Versagung des Zuschlags **2** 85 a; Verteilungsverf. **1** 872 bis 882; Verwendung des

522

magere Zahlen = Artikel, Paragraphen **Sachverzeichnis**

Erlöses bei Prozesskostenhilfe **17** 15; Vollstreckungsabwehrklage **1** 786 a; aus Vollstreckungsbescheid **1** 794; Vollstreckungsklausel **1** 724 f.; Voraussetzungen **14** 66 bis 80; Voraussetzungen des Beginns **1** 750 f.; Vorführen von Zeugen und Parteien **14** 191; Vorführung von Zeugen und Parteien **14** 185 a; bei Wahlschuld **14** 85; bei Wahlschulden **7** 264; während Vergleichsverfahren **14** 89; Wartefrist vor Beginn **1** 798; Widerspruch eines Dritten **14** 136; Widerstand **14** 108; wiederkehrende Leistungen bei Z. in unbewegl. Vermögen **2** 13, 30 a; in Wohnraum **1** 721; Zahlungsverkehr mit Personen in fremden Wirtschaftsgebieten **14** 116; Zeit **14** 65; bei Zug-um-Zug-Leistungen **7** 274; Zuständigkeit des Gerichts **14** 59, des Rechtspflegers **11** 20, des Richters **11** 20; Zuziehung von Zeugen **14** 108

Zwangsvollstreckungsverfahren, Beitreibung **14** 273

Zwecklose Pfändung 5 281

Zweckvermögen, Vollstreckung **5** 267

Zwischenurteil 4 61

Zwischenzinsen 7 272, 1133, 1217

Buchanzeigen

Streit und Strafe
Besser im Recht sein

Strafe und Bußgeld

StGB · Strafgesetzbuch
Textausgabe **Toptitel**
47. Aufl. 2009. 371 S.
€ 6,90. dtv 5007

Mit EinführungsG, Völkerstrafgesetzbuch, WehrstrafG, WirtschaftsstrafG, BetäubungsmittelG, VersammlungsG, Auszügen aus dem JugendgerichtsG und OrdnungswidrigkeitenG sowie anderen Vorschriften des Nebenstrafrechts. Stand: 1.9.2009.

StPO · Strafprozessordnung
Textausgabe **Toptitel**
46. Aufl. 2009. 356 S.
€ 6,90. dtv 5011

Mit Auszügen aus dem GerichtsverfassungsG, EGGVG, JugendgerichtsG und StraßenverkehrsG. Stand: 1.9.2009.

StVollzG · Strafvollzugsgesetze
Textausgabe
4. Aufl. 2008. 528 S.
€ 10,90. dtv 5523

Mit Strafvollstreckungsordnung, Untersuchungshaftvollzugsordnung, BundeszentralregisterG und JugendgerichtsG. Stand: 1.6.2008.

OWiG · Gesetz über Ordnungswidrigkeiten
Textausgabe **Toptitel**
21. Aufl. 2010. 266 S.
€ 7,90. dtv 5022

Mit Auszügen aus der Strafprozessordnung, dem JugendgerichtsG, dem StraßenverkehrsG, der Abgabenordnung, dem WirtschaftsstrafG u.a.

Burmann/Gebhardt
Bußgeldkatalog von A–Z
Geldbußen · Verfahrensablauf · Rechtsschutz.
Rechtsberater **Toptitel**
3. Aufl. 2009. 189 S.
€ 12,90. dtv 5681

Dieser Ratgeber für alle Verkehrsteilnehmer gibt leicht verständliche Information zu den Voraussetzungen und der Höhe der aktuellen Bußgeldsätze bei Verkehrsverstößen und zu den Rechtsmitteln gegen den Bußgeldbescheid. Mit allen Änderungen zum 1. Februar 2009.

Prozesse und Verfahren

ZPO · Zivilprozessordnung
Textausgabe `Toptitel`
46. Aufl. 2010. 734 S.
€ 7,90. dtv 5005

Mit Schuldnerverzeichnis-VO, GerichtsverfassungsG mit EG (Auszug), ZwangsversteigerungsG (Auszug), EuGVO und EuEheVO, RechtspflegerG, GerichtskostenG (Auszug), RechtsanwaltsvergütungsG (Auszug) u.a.

FG · Freiwillige Gerichtsbarkeit
Textausgabe `Toptitel`
17. Aufl. 2009. 378 S.
€ 11,90. dtv 5527

Das neue Gesetz über das Verfahren in Familiensachen in den Angelegenheiten der freiwilligen Gerichtsbarkeit (FamFG), das alte Gesetz über die Angelegenheiten der freiwilligen Gerichtsbarkeit (FGG), RechtspflegerG, Gesetz über die Kosten in Angelegenheiten der freiwilligen Gerichtsbarkeit (Kostenordnung), FamGKG sowie weitere Bestimmungen.

SGG · Sozialgerichtsgesetz, SGB X
Textausgabe
1. Aufl. 2010. 328 S.
€ 12,90. dtv 5778

Mit Sozialverwaltungsverfahren und Sozialdatenschutz (SGB X), GerichtsverfassungsG, Deutsches RichterG, ZPO, VerwaltungszustellungsG, VerwaltungsvollstreckungsG.

ZVR · Zwangsvollstreckungsrecht
Textausgabe `Neu`
4. Aufl. 2010. 567 S.
Ca. € 18,90. dtv 5587
Neu im Juli 2010

ZPO (Auszug), Gesetz über die Zwangsversteigerung und Zwangsverwaltung, BGB (Auszug), AnfechtungsG, RechtspflegerG (Auszug), Gerichtsvollzieherordnung (Auszug), Geschäftsanweisung für Gerichtsvollzieher, SchuldnerverzeichnisVO, Gerichtsvollzieher-KostenG, EuGVO (Auszug) u.a.

ewing/Nickel
Mahnen · Klagen · Vollstrecken
Leitfaden für Gläubiger und Schuldner mit Beispielen und Checklisten.
Rechtsberater
Aufl. 2006. 266 S.
€ 11,–. dtv 5218

Dieser Rechtsberater zeigt Ihnen, wie Sie mit Mahnung, Klagen und Zwangsvollstreckung zu Ihrem Recht kommen und dabei unnötige Kosten vermeiden. Ein Anhang mit Gebühren- und Pfändbarkeitstabellen sowie Mustern und Übersichten erleichtert Ihnen die Durchsetzung Ihrer Rechte.

Matschke
Immobilien-Versteigerung
Zwangs- und Teilungsversteigerung · Zwangsverwaltung · Bieterinformation.
Rechtsberater **Toptitel**
4. Aufl. 2010. 175 S.
€ 9,90. dtv 5297

Private Grundstücksauktion. Ein Ratgeber für Interessenten, Schuldner, Gläubiger, Erbengemeinschaften und Eheleute, die sich scheiden lassen. Eine systematische Darstellung mit einem ABC aller wichtigen Begriffe.

Slizyk
Guter Rat zum Schmerzensgeld
Voraussetzungen und Höhe Ihres Anspruchs.
Rechtsberater
3. Aufl. 2009. 175 S.
€ 9,90. dtv 5659

Wofür gibt es wie viel Schmerzensgeld? Wie mache ich meinen Anspruch geltend? Guten Rat bietet der Rechtsberater anhand von vielen Beispielen. Praktisch: Tabellenteil mit Urteilen zum Schmerzensgeld.

Weiner/Haas
Opferrechte bei Stalking, Gewalt- und Sexualverbrechen
Rechte wahrnehmen · Hilfe finden.
Rechtsberater **Toptitel**
1. Aufl. 2009. 283 S.
€ 15,90. dtv 50664

Der verständliche Rechtsberater für Betroffene und Angehörige.

Finanzen und Vermögen
Geld gezielt einsetzen

Hering
Rechtsschutzversicherung
Kosten der Rechtsverfolgung · Versicherungsschutz und Leistungen · Problemlösungen im Schadenfall.
Rechtsberater
1. Aufl. 2006. 222 S.
€ 14,50. dtv 50635

SGB VI · Gesetzliche Rentenversicherung
Textausgabe
9. Aufl. 2007. 489 S.
€ 15,50. dtv 5561
U.a. mit VersorgungsruhensG, FremdrentenG, Fremdrenten- und Auslandsrenten-NeuregelungsG.

Birk
Altersvorsorge
Arbeitnehmer · Beamte – Private Altersvorsorge.
Rechtsberater
3. Aufl. 2010. Rd. 400 S.
Ca. € 12,–. dtv 5646
In Vorbereitung für Herbst 2010
Ausführliche Informationen zu den drei Säulen der Altersvorsorge: gesetzliche Rentenversicherung, betriebliche Altersvorsorge und private Altersvorsorge.

SGB XI · Soziale Pflegeversicherung
Textausgabe
10. Aufl. 2010. 552 S.
€ 15,90. dtv 5581
Mit SGB I, SGB IV, Pflegeweiterentwicklungsgesetz, Pflegezeitgesetz. Stand: 15.12.2009.

Schmidt/Merkel
Pflegeversicherung in Frage und Antwort
Versicherungspflicht · Beitragsbemessung · Pflegeleistungen.
Rechtsberater
4. Aufl. 2007. 196 S.
€ 8,50. dtv 50619

SGB VII · Gesetzliche Unfallversicherung
Textausgabe
5. Aufl. 2009. 447 S.
€ 16,90. dtv 5578
Mit Nebenbestimmungen, BerufskrankheitenVO, LeistungsR und FremdrentenR.
Stand: 16.3.2009.

Finanzen und Vermögen

rke/Kölbl
es über Bankgeschäfte
hr Kompetenz im Umgang
t Kreditinstituten.
irtschaftsberater
Aufl. 2004. 399 S.
12,50. dtv 5825

schneller und sachkundiger
blick in die Grundlagen des
nkgeschäfts.

ost/Rohwetter
as große Unvermögen
arum wir beim Reichwerden
mer wieder scheitern.
ck im dtv
Aufl. 2005. 197 S.
9,50. dtv 50889

häfer
nancial Dictionary
chwörterbuch Finanzen,
nken, Börse.
glisch–Deutsch/
eutsch–Englisch.
irtschaftsberater
Aufl. 2004. 895 S.
22,–. dtv 50886

as bewährte Nachschlagewerk
r Studium, Ausbildung und
axis mit 30000 Stichwörtern.

stmann
örsen- und Finanzlexikon
nd 4000 Begriffe für Studium
d Praxis.
irtschaftsberater
Aufl. 2007. 917 S.
19,50. dtv 5803

ebers/Siebers
nleihen
eld verdienen mit fest-
erzinslichen Wertpapieren.
irtschaftsberater
Aufl. 2004. 229 S.
11,–. dtv 5824

Beike/Potthoff
Optionsscheine
Grundlagen für den gezielten
Einsatz an der Börse.
Wirtschaftsberater
3. Aufl. 2000. 281 S.
€ 9,97. dtv 50812

Uszczapowski
**Optionen und Futures
verstehen**
Grundlagen und neue Entwicklungen.
Wirtschaftsberater **Toptitel**
6. Aufl. 2008. 403 S.
€ 12,90. dtv 5808

Der Band bietet einen schnellen und leichten Zugang zu
der komplexen Materie.

Pilz
**Erfolgsstrategien für
Geldanleger**
Wie Sie mehr aus Ihrem Geld
machen.
Wirtschaftsberater
1. Aufl. 2008. 202 S.
€ 9,90. dtv 50919

Grundlagen, langfristig
sinnvolle Vorgehensweisen,
Strategien mit hoher Rendite
und marktneutrale Ansätze.

Pilz
Geldanlage in Rohstoffen
Energieträger, Edelmetalle,
Industrie- und Agrarrohstoffe.
Wirtschaftsberater
1. Aufl. 2007. 288 S.
€ 12,50. dtv 50912

Pilz
Emerging Markets
Geld anlegen in Schwellenländern.
Wirtschaftsberater
1. Aufl. 2008. 221 S.
€ 12,50. dtv 50917

Pilz
Zertifikate
Indexzertifikate, Discount- und Strategiezertifikate, Zins-, Rohstoff- und Hebelzertifikate.
Wirtschaftsberater
1. Aufl. 2006. 367 S.
€ 10,–. dtv 50903

Das gesamte Spektrum der Zertifikate mit Daten aus der Finanzmarktforschung, Anlagestrategien und Praxiswissen für die Altersvorsorge mit Zertifikaten.

Pilz
Aktien
Grundlagen, Bewertung, Strategien.
Wirtschaftsberater
1. Aufl. 2007. 217 S.
€ 9,50. dtv 50853

Einführung in die Grundlagen der Aktienanlage, Aktien für die Altersvorsorge, Anlagestrategien und Analysemethoden, Branchen und Märkte.

Pilz
Sichere Geldanlagen
Investments, die jede Krise überstehen.
Wirtschaftsberater Neu
1. Aufl. 2010. 236 S.
€ 11,90. dtv 50925

Das Buch gibt einen umfassenden Überblick über alle wertbeständigen Anlagen, wie zum Beispiel auch Immobilien oder Garantiezertifikate und beleuchtet die einzelnen Renditechancen.

Aschoff
Aktienanalyse für jedermann
Praktische Tipps für Ihre Anlageentscheidungen.
Wirtschaftsberater
1. Aufl. 2005. 296 S.
€ 12,50. dtv 50880

Mit konkreten Beispielen aus der Praxis.

Kiehling
Kursstürze am Aktienmarkt
Crashs in der Vergangenheit und was wir daraus lernen können.
Wirtschaftsberater
2. Aufl. 2000. 304 S.
€ 12,53. dtv 5826

Bergdolt
Meine Rechte als Aktionär
Praktisches Know-how für Neu- und Kleinaktionäre.
Wirtschaftsberater
2. Aufl. 2010. Rd. 230 S.
Ca. € 9,90. dtv 5619
In Vorbereitung für Herbst 2010

Objektive und unabhängige Informationen zum Aktienrecht, zu Risiken und Vorteilen – gut verständlich mit vielen Beispielen.

Bergdolt
Meine Rechte als Anleger
Rechte, Pflichten, Haftung und Ansprüche bei Vermögensverlusten.
Rechtsberater Neu
1. Aufl. 2010. 119 S.
Ca. € 9,90. dtv 50704
Neu im Juli 2010

Schnelle Antworten und Hilfestellung bei Anlageverlusten unter Berücksichtigung der aktuellen Rechtsprechung. Mit zahlreichen Beispielen und praktischen Tipps.